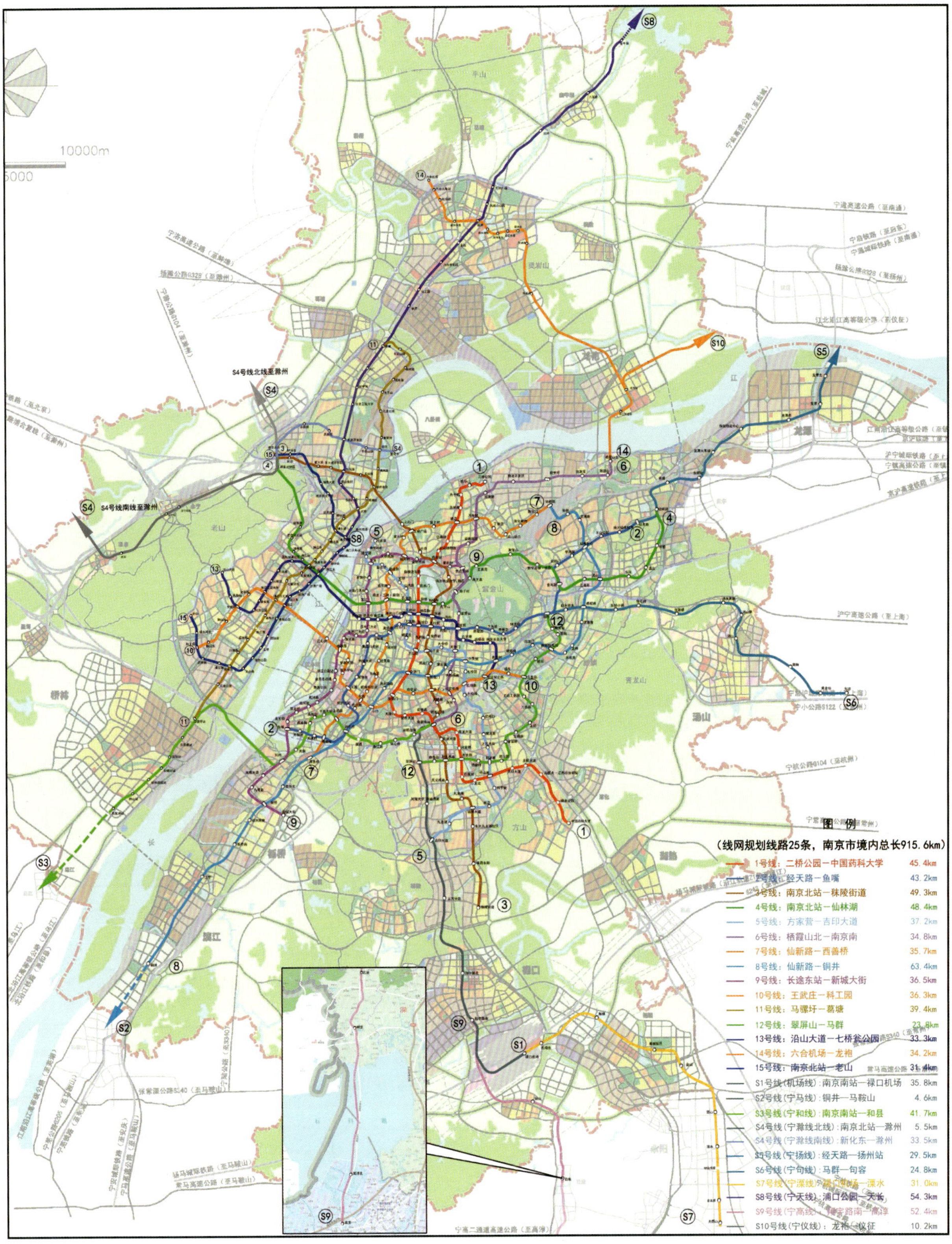

南京市轨道交通线网规划图

3 号线夫子庙上盖开发

3 号线武定门 8.5 米无柱站台

3 号线卡子门站艺术品

灵山控制中心

10 号线过江大盾构

10 号线安德门站换乘厅

10 号线绿博园站

机场线(S1)高架区间

机场线与宁和线南京南站换乘大厅

机场线(S1)禄口机场换乘厅

机场线(S1)禄口新城南车辆段

宁和线(S3)大胜关大桥区间

宁和线(S3)天保站商业公交一体化

宁溧线(S7)空港新城溧水站

宁天线(S8)泰冯路至高新开发区站地面转高架区间

宁天线(S8) 泰山新村站艺术品

宁高线(S9)区间跨石臼湖

宁高线(S9) 铜山站

宁高线(S9)明觉站

宁高线(S9)高淳站

南京地铁十年建设技术论文集

佘才高　主编

中国铁道出版社有限公司

2020年·北　京

内 容 简 介

本书是以南京地铁建成10条、在建13条轨道交通线路的工程实践为背景，从建设管理角度对工程进行全面总结的论文集。全书共分为三个部分，第一部分综合篇，包括项目建设管理与实践、总体技术应用与实践（含规划、一体化、勘察、测量）、筹融资与财务对策；第二部分土建篇，包括地下工程技术与施工实践、高架工程技术与施工实践、施工环境保护技术实践、新技术应用与实践；第三部分设备篇，包括设备系统技术应用与实践、设备系统创新实践、设备系统诊断与故障分析。

本书全面总结南京地铁近十年的建设历程，盘点实践经验和创新成果，将先进的理念、技术进行沉淀，对指导城市轨道交通工程的建设、提高建设管理水平、推动行业技术进步具有重要指导借鉴意义，可供从事轨道交通管理和设计的相关人员，以及相关专业高等院校师生学习和参考。

图书在版编目(CIP)数据

南京地铁十年建设技术论文集/佘才高主编．—北京：中国铁道出版社有限公司，2020.9

ISBN 978-7-113-26641-7

Ⅰ.①南… Ⅱ.①佘… Ⅲ.①地下铁道-铁路工程-建设-南京-文集 Ⅳ.①U231-53

中国版本图书馆CIP数据核字(2020)第025113号

书　　名：南京地铁十年建设技术论文集
作　　者：佘才高

责任编辑：冯海燕　朱荣荣　张　瑜　　　**编辑部电话：**(010)51873017
封面设计：高博越
责任校对：孙　玫
责任印制：高春晓

出版发行：中国铁道出版社有限公司(100054，北京市西城区右安门西街8号)
网　　址：http://www.tdpress.com
印　　刷：中煤(北京)印务有限公司
版　　次：2020年9月第1版　2020年9月第1次印刷
开　　本：880 mm×1 230 mm 1/16　印张：47.5　彩插：6　字数：1553千
书　　号：ISBN 978-7-113-26641-7
定　　价：240.00元

主编简介

佘才高，男，1965 年 1 月生于安徽，汉族，中共党员，工学硕士，教授级高级工程师，现任南京市地铁工程建设指挥部常务副指挥长，南京地铁集团有限公司党委书记、董事长。

长期从事南京地铁的规划设计、工程管理、企业管理工作，获各类省、市科技进步奖 20 余项。是中国城市轨道交通协会副会长，中国土木工程学会城市轨道交通技术工作委员会副理事长，江苏省"333 高层次人才培养工程"（第二层次）中青年科技领军人才，江苏省岩土力学与工程学会副理事长，中国地铁 50 年致敬人物。

十二届、十三届江苏省党代表，十三届全国人大代表，全国劳动模范，江苏省有突出贡献中青年专家，享受政府特殊津贴。

编委会

序　言

南京是我第二故乡，我对南京有着深厚的感情，多年来一直很关注南京地铁的建设发展。1999年，我主持了南京地铁南北线一期工程可行性研究报告和初步设计的审查，当时南京市深入扎实的前期规划和建设用地控制，创造了综合单价全国最低的范例，曾主持出版过专著在全国予以推介。

南京地铁多年来秉持"求真务实 守正创新"的工作理念，工程建设稳扎稳打，在2010年开通1、2号线共计83.5公里的基础上，十二五期间又开通了3、4、10号线等8条线路，2018年运营线路达10条共计378公里，居国内第4位，形成了覆盖全市11个辖区的城市轨道交通网络，是国内首个实现了轨道交通行政区域全覆盖的城市。城市轨道交通的建设促进了长三角区域交通一体化发展，提升了南京省会城市和中心城市的功能。

南京地铁近十年建设项目既有采用常规地铁列车及运营组织的城市中心骨干线，也有采用市域列车大站快行的外围郊区线，在同一建设期内涵盖项目规模之大、种类之多、范围之广、所面临的建设环境之复杂艰巨，为国内轨道交通罕见。为实现从"高速发展"向"高质量发展"的转变，2019年南京地铁在13条线近300公里同时建设的新起点上，全面总结近十年工程建设历程，盘点实践经验和创新成果，将先进的理念、技术进行沉淀，对指导后续线路的建设、提高建设管理水平、推动行业技术进步具有重要意义。本论文集就是南京地铁近十年建设历程的实践总结和经验凝结，是地铁一线建设管理者的智慧结晶，涵盖了项目建设管理、总体技术应用、土建施工和设备系统新技术与创新等多个方面。论文集编写思路清晰，重点突出，内容全面，兼具理论性、实践性、创新性。

最后寄语南京地铁，不忘初心、砥砺前行，秉持创新的理念，按照习总书记"要继续大力发展轨道交通，构建综合、绿色、安全、智能的立体化现代化城市交通系统"指示精神，规划好、建设好、运营好南京的轨道交通，为千家万户谋取更大的福祉！为轨道交通行业谱写新的篇章、创造更大的辉煌！

中国工程院院士

2019年12月

目　录

第1部分　综 合 篇

第2部分 土建篇

2.5　新技术应用与实践

第 3 部分　设 备 篇

3.1　综　　述

3.2　设备系统技术应用与实践

第1部分　综 合 篇

1.1 综　述

城市轨道交通是世界公认的低能耗、少污染的“绿色交通”，是解决“城市病”的一把金钥匙，对于贯彻“创新、协调、绿色、开放、共享”的新发展理念具有重要意义。南京市轨道交通建设在南京都市圈协调发展，推动生活方式绿色化、减少环境污染等方面发挥了重要作用。

南京地铁经过 18 年的筹备，于 1999 年开工建设 1 号线，至 2010 年建成开通 1、2 号线共计 83.5 km。随后近十年，南京地铁建设持续发力，至 2018 年将运营里程提升至 10 条线 378 km，位列全国第四，同时启动了 13 条线近 300 km 的建设和前期研究。如果说第一个十年的建设实现了南京地铁从无到有，那么近十年的建设使南京地铁真正实现了跨越式发展。近十年建设成果一方面是运营里程的快速增加，另一方面是工程建设者经验的积累与丰富，工程技术的精进与提高，以及工程管理制度的精细与完善。

这十年里，南京地铁紧抓长三角区域一体化发展机遇，着眼于高水平打造长三角世界级城市群，增强长三角中心城市支撑作用，立足南京都市圈发展规划，着力提升区域发展整体水平和南京城市首位度，高起点，高定位，在国内率先谋划市域轨道交通建设。在建成主城范围内地铁 3、4、10 号线的同时，南京还开通超 200 km 主城外围的机场线、宁溧线、宁天线等市域线，成为全国首个行政区域轨道交通全覆盖的城市。轨道交通不仅为乘客提供了高品质的公共交通服务，缓解了主城区地面交通压力，还进一步覆盖了城市重点建设地区，拉开了城市框架，优化了城市布局，完善了城市功能。

这十年里，3、4 号线的建成与既有 1、2 号线共同构筑了南京主城区“井”字形轨道交通主骨架；3、10 号线及宁和线三线跨越长江，大大缓解了南京市民多年来的“过江难”，为南京拥江发展和江北国家级新区建设提供了有力支撑。10 条轨道交通线路建成后，南京站有 1、3 号线两线接入，南京南站有 1 号线、3 号线、机场线、宁和线四线汇集，使前往南京两个最大对外交通枢纽的乘客享受到了轨道交通的便利；机场线承担了禄口国际机场超过 32％的集疏运客流，轨道交通客流占比位居全国前列。上述线路的建设强化了三大交通枢纽的沟通联系，助力了南京市构建陆港、空港、海港和信息港四港合一的枢纽都市、公交都市和畅达都市。随着网络的日趋完善，轨道交通在公共交通中的骨干作用日益突显，最高单日客流超 415 万人次（2019 年 4 月 4 日），日均客运量 350 万人次，占全市公共交通出行量的近 60％，为南京获得首批“国家公交都市示范城市”做出了重要贡献。

这十年里，从城市轨道交通到市域轨道交通，从地铁 A/B 型车到市域轨道 B/D 型车，从列车最高运行速度 80～100 km/h 到 120～160 km/h，从单一的列车 6 辆编组或 4 辆编组运行到 4～6 编组混跑，从传统运营组织模式到快慢车越站混行模式，从市域线在城市外围单点换乘到与主城线网多点衔接和贯通运营，从有人驾驶到全自动驾驶，南京轨道交通建设基本涵盖了目前轨道交通领域所有的综合性技术。都市圈城市之间的互联互通规划和因地制宜的系统制式选择，适应了不同线路的功能定位需求，展示出南京轨道交通建设的特色与亮点。《宁句城际车辆选型及快慢车运营模式研究》和《南京宁高城际轨道交通二期工程系统制式研究》两篇文章从技术经济方面深入研究了南京都市圈两个发展廊道上轨道交通系统制式、运营组织等关键性问题。

这十年里，南京地铁不仅在综合技术方面全面拓展，在土建施工方面也不断攻坚克难。南京素有“地质博物馆”之称，长江漫滩、富水软土、岗地、岩溶多种地貌单元并存，地铁工程建设不仅要适应复杂多变的地质环境，还要在主城区街道狭窄、两侧建筑物密集的环境下面对历史文化名城带来的文物保护和南京特有的“法桐保护”问题，同时线路穿越长江、秦淮河、玄武湖、紫金山、高铁等复杂环境也对建设者提出了严峻的考验。单洞双线穿越长江、零沉降穿越京沪高铁和机场停机坪、零覆土盾构始发（GPST 地面出入式盾构法隧道新技术）、超深基坑开挖、超大断面矿山法隧道施工、岩溶突水治理、小间距盾构隧道掘进、盾构水中进洞、与市政工程合建、高架桥转体施工等关键施工技术得到成功运用。

这十年里，南京地铁不仅在土建施工方面攻坚克难，同时也积极推动设备系统新技术应用和创新。建成具有南京地铁特色的 NCC 系统，提升线网应急指挥能力；推进综合通信传输网络建设，提高线路互联互通效率；国内首次在 120 km/h 高速条件下实现 LTE 技术应用，保证列车行车安全。精心筹划，首次高效完成 1、10 号线割接；通过消防性能化手段，解决过江大盾构单洞双线隧道疏散难题；稳步推进 7 号线全自动驾驶进入实施阶段；对车载以及轨旁信号系统创先实践，优化 4、6 编组混跑模式；借力科研，解决车辆段杂散电流泄漏顽疾；利用物联网技术，提升线路智能运维水平；移动支付实现全覆盖，支持二维码和 NFC 支付方式；稳步推进 BIM 技术在地铁全寿命周期的应用水平。

这十年里，南京地铁不断探索多元化的建设模式，兼收并蓄，博采众长，成功实践了总承包、BT、PPP、代建等建设模式，形成了不同模式下的项目管理制度体系。委托市交通运输局代建宁高城际二期土建工程，通过与宁高新通道（公路）的捆绑建设实现了一体化管理与施工，避免了多方参建单位交叉施工带来的协调问题。宁句城际在既有多元化建设模式基础上开启了南京首条跨市域轨道交通合作建设新模式。《南京轨道交通 BT 项目的策划和管理分析》和《宁和城际建设管理介绍和分析》全面总结和分析了采用 BT 模式的机场线、宁天线和代建模式的宁和线项目策划和管理，提出协调、处理参建各方关系和细化管理工作的做法。

这十年里，南京地铁持续关注制度建设，在项目推进，制度执行中不断探索和总结，形成了循环提升的制度管理机制，建立了涵盖合同（招投标）、技术、质量安全、文明施工、施工准备、用户单位需求管理、行政等 16 大板块的制度管理体系，并加强制度的执行。将最终用户单位的建设需求看作是整体项目需求的重要组成部分，打通建设与运营的沟通环节，组织形成《新线建设运营建议汇编》指导新线建设，《南京地铁用户单位建设需求管理工作实践与思考》一文对此进行了详细的分析和总结。

在技术管理方面，南京地铁贯彻 “规划前瞻、资源节约、可评可比、精品极品”的目标，提出“公众地铁、绿色地铁、安全地铁、经营地铁”的设计理念，全面落实技术管理为工程建设服务的思想。南京南站和南京站采用同站台换乘及站内丰富的便民设施等体现了“公众地铁”；节能坡、光环境设计、水冷系统及友好型工法等体现了“绿色地铁”；加强设计源头管理、提前把控建设过程风险、推行全过程风险设计、标准化设计等体现了“安全地铁”；同步开展沿线站点上盖开发、城市一体化设计研究、开发建设地铁小镇等体现了“经营地铁”。

在质量把控方面，健全工程质量保证体系，出台一系列工程质量管理办法，保证在建工程的质量受控。住建部门成立国内首个轨道交通建设工程质量安全监督站，专门负责轨道交通建设的安全和质量监督工作。坚持首件和节点工程验收制，主材甲供甲控制度，严把工程施工质量关。

安全管理和文明施工方面，始终强化“红线意识”，坚守“底线思维”，充分发挥建设公司安全委员会作用，把牢安全形势，点评突出问题，落实五方主体责任。对沿线建构筑物和管线等基础资料进行专项调查，作为设计和施工输入条件；发挥监测、检测、测量第三方作用，深入开展安全监管及检查，从源头防范风险；在实践中不断探索针对复杂地质状况的风险管控措施，工程风险管理水平逐步提升；全面推进智慧工地建设，创新风险识别管理，落实质量管控新要求，打造文明施工样板。

在计划管控方面，开工初期通过建立合理进度指标，制定工程总体筹划，确定关键线路；建设过程中根据各线不同情况和建设阶段，有针对性地制定年度目标，分析重点工作，从而对总体筹划进行动态调整，为计划目标的实现提供保障。宁天线 26 个月、宁溧线 28 个月的建设工期，展现了地铁建设的“南京速度”。《南京城市轨道交通进度管理研究与思考》一文结合工程实践提出了轨道交通建设进度管理的经验和一致性协调的新手段。

在投资控制方面，实施贯穿于轨道交通项目工程建设全过程的动态控制，通过对项目立项设计、招标管理、施工过程、竣工结算等全过程阶段性投资的严格把控，在规定的投资范围内随阶段性工作不断深化，从而使轨道交通项目工期、质量、造价和预期目标得以实现。过去十年，取得了建设 10 条线平均每公里造价约 5 亿元的显著成绩。

这十年里，南京地铁建设公司从 52 人扩大至 224 人，已完成 10 条线近 300 km 的建设任务，同时还承担着 12 条线 240 km 的建设任务。通过高强度多线路建设，培养了一大批能担大任、善打硬仗、敢于胜利的技术领军人才。“精干、高效、务实、奉献”已成为南京地铁建设公司的品牌。技术、合约、设备、用地集中管理，公司领导带队土建分线管理，安装装修阶段集中指挥，分工明确，责任清晰，协调共进。高效的决策、执行力保障了大规模、高难度建设任务的顺利完成。迄今拥有各类专利 100 余项，先后荣获詹天佑土木工程奖（3 号和 10 号线过江隧道、机场线）、国家优质工程奖（机场线、宁天线）、国家技术发明奖（10 号线过江隧道）、全国市政工程金杯示范奖等省部级以上奖项 50 余项。

展望未来，南京地铁将紧紧围绕建设交通强国和长三角区域一体化国家战略，以建设创新名城、美丽古都为目标，创新思路，追求突破，推动南京轨道交通高质量发展。南京地铁将继续学习借鉴国内外先进经验，以“建轨道就是建城市”的理念，深入开展轨道交通建设与城市发展一体化研究，构建多层次高效率的轨道交通网络体系，挖掘轨道交通站点和场段周边土地开发潜力，为更好引领南京都市圈发展和服务长三角一体化奠定坚实基础。同时，面对日新月异的科学技术，南京地铁人将加大科技创新力度，以建设智慧地铁为目标，围绕云计算、大数据、物联网、人工智能、5G、区块链等新技术，以人为本、创新设想，实现高质量提升；提升轨道交通设备系统技术水平；加大信息化建设力度，使其成为推动南京轨道交通高质量发展的引擎。

综合篇收录的各篇论文，均来源于地铁建设和管理一线，是一线建设者管理经验、心得体会和技术探索的总结。他们结合工程建设中遇到的诸多问题，深入研究，提出了一些既有基础理论，又有实践案例，既可作学术探讨，又可推广应用的新思路、新方法和新对策，供轨道交通从业者相互借鉴学习、交流参考。

1.2　项目建设管理与实践

地铁工程招标的风险管理与控制

李　慧

（南京地铁建设有限责任公司，南京　210017）

摘　要：结合地铁工程实际情况分析工程招标阶段风险发生的可能性，进而从经济上、技术上和管理上采取措施，尽可能避免风险发生，降低风险损失。

关键词：风险；管理；控制

地铁工程不仅投资量大，而且属于国有资金投资项目，受到法律、法规和国有资产监管规范的严格约束，其工程招标存在诸多风险需要加以严格管理和控制。实践中遇到的主要风险可以归纳为三个方面：一是招标程序不合法合规；二是工程投资超概算；三是工程建设合同的风险。三个方面的风险有着不同的特点。

1　招标程序不合法合规风险的管理和控制

招标程序的合法、合规是国有资金投资项目招标结果公平、公正的基本保障，因而是地铁工程招标风险控制的重要环节。招标程序不合法或不合规将导致直接和间接两个方面的严重后果。

直接后果是指因招标程序不合法或不合规而给投标人、项目业主造成的实际损失，包括时间损失和物质损失。招标程序不合法或不合规轻则引发投标人争议或投诉，甚至需要监管机关的介入，从而使招标工作无法顺利实施，造成时间上的延宕，重则造成整个招标活动、招标结果的无效，需要重新启动新的招标程序。此外，在上述后果出现的情况下，还会因投标人利益受损而产生项目业主的管理责任。显然，直接后果的产生，无论是对投标人，还是对项目业主，都会造成一定的利益损失。

间接后果是指因招标程序不规范造成的对工程项目后续建设的影响。无论是招标过程中发生争议而导致时间上的延宕，还是被迫重新启动新的招标程序，都会使招标工作无法按计划落实，从而影响整个项目工程建设计划的执行，可能导致整个项目工程无法按期交付使用，甚至造成为赶工期而影响工程质量与施工安全的隐患。

因此，招标程序不合法合规是所有政府投资工程项目，尤其是地铁工程项目招标首先需要加以管理和控制的风险。实践中，有效地管理和控制招标程序中的不合法合规风险应当从以下三个方面入手。

1.1　严格审查法定招标条件

符合法定招标条件是启动招标程序的前提，也是保证招标程序合法合规的基础。只有严格审查拟招标项目已经符合法定招标条件，才能使整个招标程序的合法合规建立在可靠的基础之上。

我国招投标法律规范设定的招标前提条件主要有两个：一是招标项目已按规定履行审批手续，取得批准；二是招标项目的相应资金或者资金来源已经落实。这两个条件也是地铁工程项目正式实施的法定条件，而招标程序是项目实施的首要环节，若项目实施本身不具备合法性，招标活动便失去了合法性基础。实践中，国家在不同的时期、不同的经济政策下，对地铁工程项目的审批事项和审批条件会有变化，项目业主应当及时了解、掌握国家的审批事项和审批条件，确保招标程序启动的合法性，避免产生因为审批手续不齐、项目资金不到位等因素而给招标活动以及工程项目的后续实施带来风险。

1.2　严格依法依规控制招标过程各个环节的活动

我国现有的招投标法律针对招投标程序和具体操作环节的规定相对原则，但是在实行工程建设招投标制度的二十多年，在原则性的基础之上陆续颁布了一系列行政法规、部门规章以及各种规范性文件，对招投标活动加以规范。同时，各地设立的政府招标投标交易中心也制定了一些相应的操作规范，并且对招投标活动进行统一管理和现场监督。这类规定往往相对具体和细致，对实际操作要求较高。

因此，实践中开展招标活动除了要遵循法律、法规的原则性规定和具体规范外，还需要特别注意招标活动所在地的程序性规定和监管规定，以确保招投标过程的合法合规。

1.3　妥善处置招标过程中的特殊问题

我国现行的招投标法律、法规对于招投标过程中常见的违法事项已经有了相对明确的规范，例如串通投标、泄露秘密、行贿等。但是实践中经常会碰到一些与招投标活动的公开、公平、公正目标的实现有关，相应的法律规范尚不十分明确、具体的事项，例如隶属关系的判断、利害关系的判断、投标人异议的处置、所有投标人的价格偏高时的处置等。对这些特殊问题的处置在很大程度上影响到招投标活动的合法性、合规性，需要给予特别关注。

此类特殊问题处置的困难之处，主要是招标人难以在现有的招投标法律规范体系中找到直接、明确的处置依据，而一旦处置不当，很可能引发招投标活动不合法合规风险，造成招投标过程中的争议和投诉，影响项目业主正常的招投标工作，进而影响合同的签订甚至有可能影响工程正常的建设。因此一旦遇到此类问题，项目业主常常处于进退两难的境地。

实践中我们对于此类问题的处置通常遵循以下原则：首先是在现有的招投标法律法规体系内寻找处置依据，包括直接、明定的依据和原则性规范依据；其次是在招投标法律法规以外的法律法规范围内寻找处置依据，主要是在公司法、合同法、经济法、经济行政法等领域中寻找处置依据，例如对于隶属关系的判断，我国《反垄断法》中关于控制人的规范便有重要的参考价值；再次是遵循招投标法律法规的立法宗旨作出处置，招投标法律法规公开、公平、公正，保障招投标各方权利的立法宗旨为我们处置特殊问题提供了最终指引，依此指引作出的处置往往因其符合招投标各方的利益而受到当事人的认同和肯定。

2　工程投资超概算风险的管理和控制

作为政府投资的地铁工程建设项目，控制工程投资的重要性不言而喻。如果最终工程总造价超出概算，项目业主将面临政府审计问题，还会引起上级主管部门及社会公众质疑项目业主在政府资金使用方面的规范性等。因此，地铁工程在招标阶段便面临着工程投资超概算的风险管理和控制问题。各类政府投资重点工程项目的业主对于工程投资超概算风险的管理和控制都十分重视，但实践中此类风险仍时有发生，表明工程项目的合约预算管理工作任务十分艰巨。

地铁工程建设中工程投资控制风险管理的关键环节有三个：一是设计环节；二是招标环节；三是合同变更环节。本文主要就招标环节的工程投资超概算风险的管理和控制进行探讨和分析。

地铁工程招标有别于其他一般工程招标的特点之一是，地铁工程本身的系统性和复杂性，其建设项目内容包括勘察、设计、监理、施工、材料采购、各类机电设备系统采购及安装等。项目专业种类多、投资巨大、建设周期长，因此，工程总投资超概算风险的管理和控制需要在多专业、多批次项目招标中严格地、系统地加以实现，才能最终有效控制、节省工程总投资。

总体上看，招标环节中工程投资超概算风险管理和控制的主要措施包括以下几个方面：

2.1　根据招标项目特点科学确定招标程序

实践中大多数项目业主倾向于在招标时采用国内传统的“一次开标”的招标程序，即一次性开启投标人的商务、经济和技术等全部投标文件，进行统一评审。这种“一次开标”的招标程序对于构造复杂、技术难度大的单项工程招投标而言是科学的，但是对于地铁工程项目而言，单纯采用“一次开标”的招标程序则难以有效控制工程整体造价水平，不利于项目业主对工程总投资超概算风险的管理和控制。

一般来说，项目业主应当根据招标项目自身的特点选择适当的招标程序：对于技术难度不大的一般性工程、通用类型的材料设备采购，应当优先采用“先技术方案，后经济报价”的“两阶段开标”的招标程序，在确定技术方案可行或基本技术指标性能满足要求的前提下，重点考虑经济因素。而对于技术复杂、专业性强的项目则优先考虑“一次开标”的招标程序，从而有利于综合比较各投标方案的优劣和该方案下的经济报价是否合理。

2.2 合理确定评标办法

目前经常采用的评标办法主要是综合评标法、合理低价评标法和最低价评标法。但在实际招标过程中，如何结合项目特点和实际情况合理运用这些评标办法，对于工程投资控制具有十分重要的作用。

对于通用型设备采购、一般类型的材料采购以及技术要求不高的施工项目，招标中主要考虑的应当是工程造价因素，因此这些项目在招标过程中主要采用最低价评标法、合理低价评标法等以投标价格为核心因素的评标办法。而对技术复杂、专业性强的项目而言，则优先采用综合评标法。

然而，招标过程中评标办法的选用应与招标程序的选择，以及评审指标的权重比例设定等因素紧密结合，综合考量。例如“两阶段开标”比“一次开标”更侧重价格因素，而同为“两阶段开标”，最终选择最低价评标法还是合理低价评标法或者综合评标法，则需要项目业主结合招标项目技术复杂程度、投标人市场情况等因素综合考量。

因此，实践中需要根据项目自身特点、市场分析，结合所选择采用的招标程序，设定合理的评审指标权重体系，在此基础上最终确定评标办法。只有这样，才能实现在选择最优承包商、供货商的同时，有效控制工程造价。

2.3 合理使用最高投标限价规则

降低造价、控制成本是工程项目招标需要实现的重要目标，但不是唯一的目标，就地铁工程建设而言，工程质量、工期保障、施工安全等都是项目业主需要实现的重要目标，必须在项目招标过程中加以统筹考虑。实践中，过低的中标价格必然会影响中标人的履约行为，可能导致工程质量下降，工期延误，甚至工程合同无法顺利履行等一系列严重后果。而不合理的高价中标则会带来工程投资突破概算的风险。因此，只有在综合考虑工程建设各项目标的基础上形成的相对低价，才是符合项目业主利益的合理低价，才能保证工程建设的顺利进行。

基于合理低价的理念，我们在地铁工程施工类项目招标中通常会根据项目特点设置最高限价，要求投标人投标报价不能超过最高限价，以引导有序竞争，防止盲目报价。而在特定情况下，还会根据需要在设置招标项目总价最高限价的同时，设置特殊项目的单项最高限价，进一步抑制不均衡报价。

鉴于最高限价在投资控制中所起的重要作用，如何设定合理的最高限价则显得尤为重要。实践中，地铁工程招标最高限价的编制除了遵循招标标底编制的通用原则外，需要着重把握好以下几个环节：

首先，通过最高限价的编制检验招标文件工程量清单编制的准确性和完整性。如果发现清单项目设置不合理甚至漏项、清单项目特征表述不清、清单计价规则设置不合理或者提供的工程量不准确等，则应及时修订完善，避免日后扯皮。

其次，了解掌握招标项目的地质条件、周边环境及施工难度，结合招标阶段提供的基础资料，预判项目实施中不确定因素可能引起的合同变更金额，结合经验数据综合考虑确定相关费用。例如特殊地层处理、穿越铁路加固、周边构建筑物保护、杆管线迁改、交通导改以及其他必要的技术措施等。

再次，准确掌握市场行情，使最高限价水平更加贴近市场。例如，掌握重要材料设备的市场价格、投标企业内部报价和管理费用体系、施工企业市场运作模式、劳务分包市场价格及计量方式等。

此外，在最高限价编制完成后，抓住对限价总价水平影响较大的重点项目综合单价或造价指标，结合以往建成线路的经验数据及价格浮动规律进行综合比对分析，同时根据工程复杂程度平衡好同期或同批次招标项目之间的限价水平，使之更趋合理。

最后，分析招标设计与初步设计、最高限价与设计概算之间的差异，找准原因，做到心中有数。最终的最高限价确定，一方面应当适度掌握与设计概算的离差尺度，同时也要为投标人留有充分的竞争空间。

2.4 通过充分竞争保障投资控制目标的实现

地铁工程项目招投标是涉及公共资金的招投标活动，我国招投标相关法律、法规对涉及公共资金的项目招标确定了两项基本原则：一是保证招标采购项目实现充分竞争；二是国有资金投资建设项目能够通过招标控制建设成本，节约公共资金。两项基本原则是相互关联的，充分竞争是控制成本的必要条件和手段，而控制成本是充分竞争的结果和目的。

因此，招投标活动中发生的任何妨碍竞争的行为，都必然加大工程投资超概算风险，需要加以严格管控。实践中，除了法律明确禁止的串通投标等妨碍竞争的行为以外，还存在着各种各样的妨碍竞争或不正当竞争行为，项目业主应当给予充分的关注。一旦发现妨碍竞争的情况线索，应当及时进行分析和调查，确定是否存在违反招投标法律法规的情形存在，如果确实存在违背招投标法律规范嫌疑的，应当遵循招投标法的基本精神，按照法定程序公平、公正、合理地进行处置，以确保公共资金投资成本控制目标的实现。

3　工程建设合同风险的管理和控制

近年来，建设市场的繁荣成为经济发展过程中重要亮点，但随之而来的是建设工程合同纠纷也在大量增加，因而工程合同的风险分析和控制，合同纠纷预防、合同纠纷处置等相关领域也越来越受到工程建设各方的重视。

实践中，建设工程合同因其合同标的的特殊性、合同履行周期长、合同涉及的主体众多等因素而容易产生履约纠纷和争议。招投标活动是建设工程合同缔约过程的一个环节，其形成的招投标文件与中标以后各方签署的合同文件都构成建设工程合同的组成部分。因此，招投标文件的编制和招投标活动各个环节所形成的文件，对于建设工程合同签订和执行过程中的风险管理和控制具有重要的意义。

3.1　工程合同签订阶段的风险管理和控制

项目工程招标投标阶段，需要关注的工程合同签订阶段的风险主要包括承包商的资信风险、合同条款的完善风险两大类。

承包商的资信风险主要指承包商是否有足够的资金实力能够保证完成工程建设项目，并且承包商是否有守信履约的意愿，保证项目最终顺利完成。因此，在招投标阶段项目业主主要从审查投标人的资信实力，包括注册资金以及企业的财务状况，审查投标人的履约信用记录等方面判断承包商的资信风险，进而采取相应的风险控制措施，如设置履约担保、提高失信的违约赔偿等，以防止或降低违约风险发生的可能性。

工程合同条款的完善风险主要指因合同条款内容存在遗漏、内容不够明确具体、条款存在瑕疵等原因导致合同存在纠纷隐患的风险。因此，项目业主应当在招投标阶段通过澄清、询问、确认等手段，对招投标文件中存在的风险隐患加以消除。在中标以后的签约阶段将招投标过程中澄清的内容明确地写入合同。常见的确认项包括中标候选人技术方案和综合报价中需要进一步明确或约定的部分、中标候选人漏报费用的处理、重要材料设备价格的锁定方式等。

此外，项目业主还应当从合同效力和合同内容两个方面进行严格而细致的技术审查和法律审查，尽可能保证最终签订的工程合同内容完善，可以作为双方进行工程管理的核心依据。

3.2　工程合同执行阶段的风险管理和控制

合同执行阶段需要管理和控制的风险主要包括客观环境因素变化产生的风险、工程本身涉及的技术风险、工程变更风险、工程质量风险等。

客观环境因素变化产生的工程合同风险主要包括施工环境变化导致工程无法正常建设的风险、原材料市场价格波动的风险、国家政策和法律规定发生变化对工程建设产生的影响等。

客观环境因素变化产生的风险是工程合同双方必须面对且无法回避的，实践中项目业主应当在招投标阶段本着公平原则，设置风险处置的具体规则，以确保在项目执行阶段发生此类风险时，能够按照预先确定的规则进行处理，应对风险。

工程本身涉及的技术风险主要指工程合同履行过程中因工程施工而产生的风险，如工程技术运用不恰当而引起的第三方索赔、工程变更而引起的工程量变化等。对此类风险控制的基本原则应是提前确定好风险责任的公平分担规则，实际遇到此类风险时，按照规则进行处理。

工程变更风险主要指因上述客观环境变化、工程本身设计变化等原因引起的工程量变化或工程造价变化而产生合同价款变更。合同价款变更在工程建设实践中十分常见，对于政府投资的地铁建设项目而言，工程变更有着严格的控制程序，也是项目业主上级主管部门、监管部门以及审计部门所关注的重点，如果工程变更处理不够规范，很可能导致项目业主承担相应的管理责任。

因此，项目业主在招投标阶段必须对工程变更设置严格、完善、可操作的程序，包括有权提出变更的主体、可以成立的变更的具体情形和理由、变更的审批主体和审批程序、工程变更价款的确定依据、程序和规则等。严格控制工程变更的发生，确保工程变更价款确定的科学性、合理性。

工程质量风险主要指作为合同标的物的工程自身建设质量不能满足合同所明确的工程质量要求。工程自身建设质量存在问题的原因是多方面的，作为项目业主应当在合同中明确工程质量要求和验收移交标准，同时对工程实施中的质量管理体系、质量管理要求予以明确，规范工程项目质量管理，控制工程质量风险。

总体而言，工程合同中的问题和风险总是存在的，不可能绝对的完美和均衡，也不可能完全杜绝风险的发生。对于招投标活动来说，应当根据工程实际情况分析风险发生的可能性，进而从经济上、技术上和管理上采取措施，尽可能地管理和控制风险，避免风险发生，降低风险损失。

“过程把控、动态管理、技术创新”
南京地铁宁溧城际线安全管理工作实践

郭建强　王　鹏

（南京地铁建设有限责任公司，南京　210017）

摘　要：轨道交通工程建设具有点多、线长、面广、工期紧、交叉施工多、外部协调难度大等特点，加之是民生工程，备受各方瞩目，安全管理工作为各项工作之首。南京地铁建设单位在宁溧城际线建设过程中始终以安全事故预防预控为核心，以落实参建单位主体责任为出发点和落脚点，坚持完善安全风险技术管理体系和隐患排查治理体系，深入推进安全标准化建设，创新监管手段，强化失信惩戒，坚决杜绝发生安全事故，保证了安全、质量和进度目标的实现，最终获取投资效益。

关键词：轨道交通；建设单位；安全事故预防；主体责任；目标实现

宁溧城际线自宁高城际一期工程禄口机场站，经溧水柘塘新区、溧水开发区，至溧水城区，是联系南京中心城区与禄口机场、溧水区的市域快速轨道交通线路，是溧水地区与主城快速联系的主通道。线路全长约30.161 km，其中地下线10.822 km，高架线17.831 km，过渡段0.797 km，路基0.711 km。全线共新设9座车站，其中5座地下站，4座高架站。全线2016年3月初全面开工，2017年下半年分别实现了“洞通”“轨通”“电通”、不载客试运行等重大节点目标，2018年3月份完成了全线项目验收工作，计划2018年5月份全线开通载客试运营。建设单位严格按照《城市轨道交通地下工程建设风险管理规范》《建筑工程五方责任主体项目负责人质量终身责任追究暂行办法》要求，从规划、可行性研究、勘察设计、施工至竣工验收，实施全过程建设风险管理，实现了安全全过程、动态控制目标，为宁溧城际线工程快速、有序、稳步推进奠定了坚实的基础。

1　提前介入，在工程规划、可行性研究阶段做好风险管理工作

组织相关单位从线路、站位选择与工程选址进行了风险分析，对重大不良地质条件与周边区域环境条件进行了风险分析，对邻近或穿越既有铁路、建构筑物、江河湖泊及影响结构使用和施工安全的特殊不良地质条件等风险因素进行了专项风险分析。建设单位按照国家法规及省市有关规定，委托并参与了资料与标准收集、现场调研、工程分析、危险及有害因素分析、评价单元划分及方法选择等工作，并在此基础上提出了安全管控措施，最后按要求编制了全线的工程安全预评价报告，目的之一就是为建设单位安全管理及事故的预防提供依据，为设计方案比选、工法适用、结构设计等提供安全技术支持。

2　参与初步设计方案优化，从设计阶段做好风险规避工作

在可行性研究阶段的基础上，线路选址基本稳定，初步勘察工作基本结束，宁溧工程管理处（简称宁溧处）与勘察、设计单位对线路个站点、区间详细踏勘，结合各站点、区间地质状况、周边环境、地下管线、建构筑物等状况进行了部分站点设计方案优化，如：机柘区间盾构区间原方案在距秦淮河岸约100 m处的中间工作井始发，至明挖段接收，后经反复考虑，中间工作井距离秦淮河较近，调研发现秦淮河堤出现过管涌渗漏，尤其在汛期此段河道水位较高，加上周边场地狭窄，临时道路不畅，施工风险较大，经讨论决定盾构机改为明挖段始发、中间工作井接收的方案，中间工作井长度由原方案41 m减少至12 m，优化后的方案降低了风险、减少了投资；机场东站原站位在禄口机场公司翔鹰四路东端和鲲鹏路交汇处，在施工期间需将鲲鹏路半幅封

闭，同时需拆除禄口机场公司污水处理厂，因机场高速匝道桥距封闭处约 150 m 下至鲲鹏路，交通事故风险增大，拆除污水处理厂时间长、费用高，经与设计单位研究将机场东站站位向西平移了 60 m，规避了污水处理厂拆除、封闭半幅鲲鹏路的施工风险，节约了拆迁成本和缓减了本站及区间的工期压力。

3 严把准入门槛，保障费用充足，做好招标阶段的安全管理

根据工程的不同难易程度，对预选择的承包商的资质、人员配备、设备投入在招标文件中进行了不同约束，尤其对项目经理、总工程师、安全总监在资历、经验、学历等作了严格要求，对其按期到场履约制定了相应管理约束文件，并对其相关资格证书、职称证书等原件在施工建设期预留在建设单位保存，以确保主要管理人员到岗、到位，按合同要求履职。

安全文明措施费在投标时作为不可竞争费用计入，降低此费用作为废标处理，确保施工期间安全管理费用充足并及时到位。

4 跟踪管线迁改，注重施工方案先行，做好施工准备阶段的安全管控

(1)按照建设单位宁溧线工程管理处制定的管线迁改方案，承包商、监理单位全程参与，核对站位边界与管线迁改之间的关系，尤其注重燃气、自来水、高压电力管线等重要管线迁改全程跟踪；在相关管线迁改完成后维护结构或工程桩基施工前，要求承包商在施工场地周边进行人工探槽工作，避免不明管线和已知管线漏迁改或已知管线错迁改，造成安全风险。

(2)组织各单位进行风险源识别、分析、制定风险管控措施。根据《城市轨道交通地下工程建设风险管理规范》(GB 50652—2011)要求，结合宁溧线工程实际情况，在 2016 年 1 月各施工、监理单位进场后，宁溧线工程管理处组织各施工、监理、设计等参建单位按照规范要求并结合各工点实际情况，对各风险点等级划分、识别进行了统一；对各工法共同风险点的预控措施进行了分类、汇总；对各标段特有风险进行了梳理统计；对施工中高处坠落、重物打击、施工用电、特殊季节施工等常规、共性风险点预控措施进行了统一要求，编制了《南京地铁宁溧线工程风险点识别、防控、险情逃生及综合应急预案》，并组织专家对各工点风险源进行了专家评审。根据专家的评审意见，各施工单位对本标段方案进行了修改、完善，并完成了相关报审工作。要求各施工、监理标段在土建施工阶段，必须对风险进行动态管理，利用监测、巡查等方式，实现风险动态跟踪与控制，建立风险预警、消警机制，落实各项风险管理措施，确保宁溧线建设期间施工安全全程受控。经梳理，全线风险源共 251 处，其中，Ⅱ级风险源 71 处，Ⅲ级风险源 149 处，Ⅳ级风险源 31 处。按照相关规定，宁溧处要求承包商对Ⅱ级风险源编制了专项事故应急处置方案，并提供重大风险动态评估报告，同时对Ⅲ级风险源按照设计单位要求，确定工程施工预警监控指标及标准，此项工作在施工监测方案中进行体现。

(3)严格方案审查，为施工安全管理做好前期技术储备。

组织专家分别对全线各施工标段《施工组织设计》《安全文明施工方案》《工程检测方案》逐一审查，通过专家把脉，全面落实预防为主的理念，保证严格落实各项法规和制度，最终作为施工安全管理的指导书。

按照《危险性较大的分部分项工程安全管理办法》(建质〔2009〕87 号)、《住房城乡建设部办公厅关于进一步加强危险性较大的分部分项工程安全管理的通知》(建办质〔2017〕39 号)等文件要求，编制了危大工程安全管理制度，建立健全危大工程安全管控体系。在危大工程施工前，严把方案编审、方案交底、方案实施、工序验收等安全管控流程，各施工、监理单位按照相关要求，严格执行施工单位项目技术负责人编制方案，施工单位技术负责人批准方案，项目总监审核确认签字等程序。对超过一定规模的危大工程，施工单位组织专家对专项方案进行论证。

5 坚持制度落实，推广创新管理，做好土建施工阶段的安全风险管理

5.1 制定并落实相关管理制度，为安全管理提供制度约束

(1)制定并落实宁溧城际线检查制度

为达到施工安全、质量的全过程动态控制的目的，根据省、市、公司相关要求，宁溧处制定了《宁溧线工程

管理处安全、质量施工检查实施方案》(下简称《检查实施方案》),根据以往建设经验及上级部门的相关要求,《检查实施方案》将建设期土建、安装、装修等各阶段、各工法施工应注意的质量通病和安全要点制定了较为详细、实用的表格,将检查方式分为三个层级:①由项目工程师牵头,对各自管理标段进行每日巡查,每周工地例会对巡查情况进行通报;②由项目组组长牵头,每月不定期组织两个项目组之间进行互查;③每季度由宁溧处处长牵头,根据施工不同阶段的工作重点,组织宁溧处成员、三个中心(必要时邀请专家)对全线各标段施工、监理单位进行检查,对检查排名前两名的施工单位及前一名的监理单位授予"优胜单位流动红旗"称号,对排名靠后的施工、监理单位,根据情况按照建设公司新出台的"红、橙、黄牌"制度给予警示。除此之外,宁溧处还根据不同季节、施工重要阶段等不同特点,开展有针对性的大检查,如消防专项检查、春节前专项检查、内业资料专项检查、测量及监测工作检查、冬季施工检查、防台防汛检查、起重设备吊装检查等。

(2)坚持关键节点工程验收制,严把风险管控关

建设单位根据《城市轨道交通工程安全质量管理暂行办法》(建质〔2010〕5 号)、《住房和城乡建设部办公厅关于加强城市轨道交通工程关键节点风险管控的通知》(建办质〔2017〕68 号)等文件要求,编制了《关键节点验收规定》,进一步明确了关键节点施工前条件核查标准、程序、内容和组织方式,要求各参建单位按照城市轨道交通工程自身风险和周边环境特点及危险程度确定专项施工方案编制、审批和专家论证等具体内容,严格执行关键节点风险管控程序,督促参建单位做好关键节点风险管控工作,对因关键节点风险管控不到位而引发事故的责任单位和责任人,依规进行处理、处罚,全面履行建设、监理、施工、勘察、设计、第三方监测等单位的安全生产职责。

(3)严格落实危大工程安全管理制度

根据经审批的危险性较大的分部分项工程方案,在实施过程中,宁溧处进一步落实安全生产责任,施工单位对危大工程安全生产负总责,施工单位项目经理是危大工程安全管控第一责任人,在危大工程施工期间严格执行领导现场带班制度。项目总监理工程师或其专业监理工程师对危大工程实施监管并旁站监理。建设、勘察、设计等单位根据各自职责对危大工程承担相应责任。对于未编制危大工程专项方案或未按照专项方案施工等行为,立即责令整改,严肃查处危大工程安全违法行为,并对查处情况予以公开曝光,使人、机、物、环始终处于安全状态,形成过程控制、持续改进的安全生产管理机制。

5.2 建设标准化工地,强化现场管理,提升质量安全水平

(1)开展标准化工地的建设,明确工地建设的标准。根据公司制定的《标准化工地建设标准》,通过对围挡、大门、出入口和门卫设置标准、环保控制、安全防护、消防设施、工地临建建设等设施的标准化制定,将工地管理工作的内容具体化、定量化、系统化,切实做好南京轨道交通工程工地标准化建设。

(2)通过样板效应,落实标准化工地建设。为建立标准化工地标杆,宁溧处在试验段先开工的站点,将其打造成标准化工地样板站。工地采用全封闭管理,人员进出场地全部须通过门禁系统刷卡通行,施工生产区、生活区、办公区设置多路监控系统,实现全覆盖监控,临时道路及场地 100%硬化,设备和方案等采用二维码管理,场地围挡、临时房屋、消防设施、临边护栏等临建设施严格按照相关标准设置,并采取了种树绿化措施,设置规范、布局合理、美观大方。在线路全面开工后,公司组织其余施工、监理单位至样板站参观学习,并要求各单位参照执行,以确保标准化工地建设落地。

(3)将标准化工地的实施和省市文明工地评选相挂钩。对标准化工地验收不达标或因扬尘、噪声等环境问题造成较大社会不良影响的工点采取一票否决制,取消其省、市文明工地的申报资格,并对获得市级文明工地或省级文明工地的单位奖励标段结算金额的 0.2%或 0.4%,以提高各参建单位的积极性和对标准化工地建设的重视程度。

5.3 推广创新管理,提升安全管控能力

(1)首次引入数控钢筋加工设备。在 TA06 标段高架区间和车站钢筋加工中心首次引入数控加工技术和设备,总投资 100 多万元,在南京地铁尚属首次应用。钢筋加工中心主要设备有数控钢筋笼滚焊机 1 台、数控弯箍机 1 台、数控钢筋弯曲中心 1 台、5 t 桁吊 2 台,配备切断机、弯箍机、调直机、电焊机等常规设备,钢筋加工中心于 2016 年 3 月 1 日正式安装调试完成,并投入使用。数控钢筋加工中心的建成投产,实现工厂

化、精细化施工,降低了现场钢筋加工生产成本,减轻了施工操作人员劳动强度,提高了钢筋剪切、箍筋及弯曲精度和加工质量,增强了文明施工形象,为更好的质量、安全管理提供了保障。

(2)首次建立安全体验区。为使安全培训更有针对性,将施工安全教育与体验相结合,通过亲身体验式安全教育,提高工人的安全意识和自我防范意识,同时通过安全体验区的设置,提高标段安全管理水平。南京地铁宁溧线土建工程 TA04 标段建设安全体验区,安全体验区内有安全防护用的样品和使用方法介绍,设计实施了物体打击体验、防护体验、高空坠落体验、触电体验、消防防火知识体验、安全带悬空体验、平横木一系列安全体验。通过各种体验项目将施工现场常见的危险行为与施工事故预演重现,施工管理人员、工人可以通过观看、细听和触摸等感官直觉,体验到触电、高空坠落、物体打击各种施工事故的发生过程以及后果,学习并掌握正确的安全防护用品使用方法和有效的自救方法,用直接体验代替了文字、影像等传统教育方式,通过"亲身参与,亲自体会,亲自体验,亲自感悟",有效地加强施工人员的安全意识以及自我保护意识,真正达到"安全第一、预防为主、消除隐患"的目的。

(3)首次采用二维码安全管理。由于施工单位人员、机械流动性大,施工现场人员、设备安全管理一直是工程现场管理的难点,宁溧处在 TA06 标段首次试点了新的管理系统,对人员管理采用"一人一码"、机械设备管理采用"一机一码"的信息化数字化手段,极大提高了现场人员、设备管理的便捷性、规范性、可靠性。人员"一人一码",即从进厂初期的三级教育卡、身份证复印件、安全责任书、安全考核试题、岗位危险源告知书、特种操作证等信息通过网络生成独一无二的二维信息码,然后统一粘贴在安全帽上方式进行统一管理,从而方便现场人员管理,并随时对人员信息进行更新。机械设备管理"一机一码",即机械验收记录标、工程设备登记证、机械设备安全认证报告、工程设备安全检测报告、人员操作证、产品合格证、维修保养记录等信息通过网络生成独一无二的二维信息码,然后统一粘贴在设备驾驶室进行统一管理,从而方便现场机械设备管理,并随时对机械设备信息进行更新。二维码安全管理尤其在可以实现封闭管理的地下车站标段,结合车站施工监控系统实现施工人员、设备动态跟踪管控。

(4)首次试点盾构管片预埋槽道技术。盾构管片预埋槽道是一种预埋于混凝土中的槽型装置,由一条 U 形槽和分布在 U 形槽背面的锚杆组成,预先安置于混凝土管片内部,可使用与之配套的 T 形螺栓安置区间隧道内的供电、通信、信号、给排水及消防等管线。传统的打孔植筋技术存在"破坏混凝土结构、施工工效低、施工质量差、维护困难、费用高"等问题,而预埋槽道技术具有"施工速度快、质量可靠、外观效果好、对隧道管片影响小"等优点,相比传统打孔植筋技术具有明显优势,其他城市(如上海、深圳)已逐步使用并推广预埋槽道技术。根据公司安排,宁溧处选定宁溧线 TA10 标段盾构区间作为预埋槽道技术试点区间,为充分了解预埋槽道技术要求、施工质量控制及试验检测事项,宁溧处多次组织设计、施工、监理、检测单位赴上海、北京等地进行考察、调研和论证,结合专家意见及考察结果,制定了预埋槽道技术标准及施工方案,为以后线路中推广实施预埋槽道技术积累了宝贵的经验。

(5)首次试点 BIM 技术。BIM 技术是一种应用于工程设计建造管理的数据化工具,通过参数模型整改各种项目的相关信息,在项目策划、运行和维护的全生命周期过程中进行共享和传递,使工程技术人员对各种建筑信息作出正确的理解和高效的应对,为设计团队及各工程参建各方提供协同工作的基础,在提供生产效率、节约成本和缩短工期方面发挥重要作用。BIM 技术将之前二维施工图数据通过建立的模型转换成三维可视模型,可以在设计、施工过程中进行全过程监控,同时对于模型中各分项是否存在冲突能进行直观反应,能够有效地减少后期不必要的变更,BIM 技术是今后设计、施工过程管理的发展方向。宁溧处选定宁溧线 TA12 标段土石方工程综合地下管线施工为 BIM 技术试点工程,为今后大范围实施该项技术积累经验。在宁溧线 TA11 标段房建工程和 CA04 标段安装装修工程招标中宁溧处已要求将 BIM 技术应用作为相关要求纳入合同文件中,并得以有效实施和应用,成果显著,为今后大范围实施该项技术积累经验。

(6)首次应用基坑防渗流技术(三维流速矢量声纳成像检测系统)。由于地下工程渗漏的隐蔽性,很难对其渗漏的路径进行有效检测。宁溧处通过与相关专业单位合作,利用其三维流速矢量声纳成像检测系统,为工程的顺利实施保驾护航。三维流速矢量声纳成像检测系统借助于高灵敏度的海军声纳侦探技术,通过自主研发的专利产品,解决了渗漏隐患检测中的关键技术难题。该系统可以对不同渗流场景下的渗漏流速、流向、流量、渗透系数以及渗漏缺陷入水口的三维位标位置的进行准确测量,并通过智能化的数据采集、计算机功能界面显示、测量数据的三维渗流模型形成可视化成像,立体地显示渗漏流场参数的空间数据分布,能够直接用于围护结构(止水帷幕)渗漏缺陷开挖前预测预报与开挖过程中的无损跟踪检测超前警报机制。TA02标段中间工作井位于溧水河边,地质条件复杂,开挖风险大,宁溧处选定该基坑作为基坑防渗流技术试点,一方面通过该项技术为基坑施工增加一道保护措施,另外一方面通过实际应用检验该系统的适用性和准确性,为今后在其他线路应用积累宝贵的经验。

6　加大统筹协调力度,落实各方责任,做好安装装修阶段安全生产管理

安装装修阶段安全管理的特点:土建、铺轨、安装、装修、系统等专业在同一作业面交叉施工多、协调工作量大;各专业均为不同施工队伍,人员混杂,管理难度大;场地有限,界面接口多,协调难度大;此阶段最后施工阶段,大多工程进度紧张,安全管理压力艰巨,在工程实施中容易发生高空坠落、触电、失火、重物打击等常规安全事故。宁溧处主要从以下几项措施强化安全管理工作。

6.1　成立宁溧线设备安装现场协调办公室

为保证全线施工安全、优质、高效完成,尤其在土建、安装、装修、系统各专业交叉施工阶段进度、质量、安全及文明施工得到有效管控,地铁建设公司成立了宁溧线设备安装现场协调办公室(以下简称"现场协调办"),全面细化、落实各管理部门、各参建单位的管理职责,确保工程顺利开展。为强化协调管理的职能,明确参建各方职责,规范工程管理机制,确保各专业、各工序能够有序开展,现场协调办制定了《南京地铁宁溧线安装装修现场协调办公室管理办法》,建立了例会制度和施工协调的方法和流程,其主要职能是负责方案的决策、接口的协调及现场安全文明施工的监督、考核与奖惩。

6.2　制定并严格落实了与此阶段施工相配套的安全管理办法

(1)在土建工程施工后期,安装、装修、铺轨、系统等单位进场之前,宁溧处代表建设公司制定并下发了《宁溧线安装装修阶段属地管理办法》。办法的基本原则是在宁溧线工程管理处的具体协调下,以车站设备安装装修商和轨道承包商为单位履行施工现场管理职责,各承包商服从属地单位管理并实行自我管理、自我约束的管理职责。安装装修施工阶段,宁溧线实行车站属地管理和轨行区属地管理模式,车站除轨行区外属地管理单位为安装装修单位或土建单位(由宁溧处根据双方场地交接情况界定),区间及车站轨行区范围属地管理单位为轨道施工单位。管理办法对各承包商施工现场管理职责、施工队伍准入、施工场地交接、设备(或材料)进出场、安全文明施工管理、现场保卫、半成品、成品保护等各方面进行了具体要求。

(2)在土建单位将区间或车站轨行区交由轨道施工单位后,轨行区安全管理执行《宁溧线轨行区管理办法》。成立了轨行区管理领导小组,对运转调度室、施工调度室、各方监理职责、轨行区单位准入要求、施工计划管理、施工管理、奖罚制度等做了明确要求,在安全管理中,做到了各进入轨行区施工的单位从请点到准入、实施、巡视、退出场地等一套完善、容易操作流程和规定,确保了轨行区施工的安全可控。轨行区施工结束后,全线轨行区管理工作统一交由运营单位集中调度管理。

(3)在部分区域正式"电通"后,首次制定下发了《宁溧线电力调度管理办法》。在供电系统送电完成后,各专业进行相关设备安装调试过程中,为保证宁溧线工程车辆、作业人员及施工料具进入带电区域的安全,确保部分未完工程的施工安全和相关专业调试顺利进行,特制定了《南京地铁宁溧线电力调度管理办法》。办法规定了电力调度施工作业计划申报、施工登记、注销、带电区施工作业安全措施等运作流程进行了明确规定。对需进入宁溧线已受电运行区,进行未完工程施工、设备安装及调试的参建单位明确了各方责任,实现了统一调度、服务现场、合理计划、有序可控、动态监管、确保安全的管理目标。

6.3　强化重点施工阶段的安全检查力度

安装装修施工阶段全线施工全面铺开,点多面广,是一般性事故的高发期。宁溧处根据各工点的进展情况,适时开展了临边洞口防护、临时用电、吊装作业、脚手架施工、消防、冬季施工、安全教育、安全技术交底、监理旁站、安全人员配备等综合或专项安全工作检查,现场反馈检查的问题,并对整改工作提出要求,全线检查结束后及时下发通报,对做的较好的单位,按照属地管理办法、轨行区管理办法给予表扬或奖励,对现场管

理较差、整改不力的单位，按情况轻重程度，分别给予全线通报批评、经济处罚、停工整顿、约谈单位领导等处置，同时按照公司的《南京轨道交通工程红、橙、黄牌警示管理办法》，根据情节轻重，对负有责任的单位实施红、橙、黄牌警示。

地铁建设安全管理是一项复杂的系统工程，宁溧处以严格落实工程建设各方主体责任为主线，以预防工程风险和治理质量安全隐患为抓手，坚持不懈地抓好全线安全管控工作。始终以如履薄冰的态度，责无旁贷的信念和严防死守的行动开展全线安全管理工作。通过提前介入、过程把控、动态管理、科技创新等管理手段，确保了安全管理目标的实现，同时，为宁溧城际线工程快速、有序、稳步推进、按期通车奠定了坚实的基础。

南京轨道交通 BT 项目的策划和管理分析

徐　源

（南京地铁建设有限责任公司，南京　210017）

摘　要："十二五""十三五"期间，南京市轨道交通多条线路同时集中在线建设。为了拓宽融资渠道，缓解政府融资压力，南京地铁集团有限公司不断探索实践多元建设管理模式，在机场线、宁天线的建设中，受南京市委市政府委托，引入了 BT 模式。南京地铁为了保障项目建设的合理性，对两线建设实施全过程监管，确保工程质量、安全受控和顺利完成。

关键词：轨道交通；BT 模式

0　引　　言

2018 年底，南京城市轨道交通运营里程达 378 km，总规模居全国第四。在轨道交通快速发展的过程中，南京市政府为缓解短期财政压力，创新轨道交通投融资模式，拓宽融资渠道，南京地铁机场线、宁天城际一期轨道交通工程采用 BT 模式进行建设。

1　项目概述

南京地铁机场线起自禄口机场，经禄口新城、东善桥—秣陵片区、东山副城西侧，止于南京南站，全长约 35.8 km，其中高架段长约 16.9 km，过渡段长约 0.7 km，地下段长约 18.2 km。该线共设置 8 座车站，其中高架车站 3 座，地下车站 5 座。全线设有车辆段一座，控制中心一座。

南京地铁宁天城际一期工程起自大桥北路站，沿泰冯路、江北大道、金江公路至线路终点金牛湖站。线路全长为 45.211 km，其中地下线 11.06 km，采用盾构法和矿山法施工，地面线和过渡段 1.509 km，高架线 32.642 km。全线共设车站 17 座，其中地下站 6 座，高架站 11 座，全线设主变电站 2 座，车辆基地 1 处。

南京市政府授权南京地铁集团完成项目建议书、可行性研究、筹划报批等前期工作，并且通过公开招标确定了两线 BT 项目承办人，南京地铁集团与投资方签订 BT 投资合同，投资方依法注册成立 BT 项目公司，投资方在建设期间行使业主职能，对项目进行融资、建设、并承担建设期间的风险。

机场线 BT 项目承办人为上海隧道工程股份有限公司，上海隧道工程股份有限公司出资组建南京元平发展有限公司并授权其对南京地铁机场线进行建设管理；宁天城际一期工程项目承办人为中铁电气化局集团有限公司及其联合体，中铁电气化局集团有限公司及其联合体出资组建中铁电化集团南京有限公司并授权其对宁天城际一期工程进行建设管理。

在建设过程中，BT 项目公司承担项目建设的主体责任，对工程安全、质量、投资、进度、文明施工负责，履行建设单位职责。地铁建设公司 BT 项目部作为南京地铁机场线、宁天城际一期 BT 项目监管的牵头部门，履行项目监管职责，对项目质量、进度、投资、安全生产及文明施工进行全过程监管。

2　项目策划

BT 项目筹划包含筹融资方案、回购方案、法律关系等诸多内容。从两线工程现场实施监管角度出发，项目筹划阶段的主要工作有以下内容。

2.1　项目整体工程筹划

在消化设计文件和现场踏勘的基础上，编定工程筹划，包含工程里程碑时间、进度指标、关键线路、重难点分析等，稳定工程推进的总体思路。

两线实际总工期均与策划总工期基本吻合，见表 1、表 2。

表 1　机场线工程策划工期与实际工期对比

策 划 工 期	实 际 工 期
2011 年 6 月 1 日，全面开工 2012 年 12 月 31 日，洞通 2013 年 4 月 30 日，轨通 2013 年 6 月 30 日，电通 2013 年 9 月 30 日，完成“冷、热滑”及系统总联调 2013 年 10 月 1 日～12 月 31 日，试运行 2013 年 12 月 31 日，开通试运营	2011 年 12 月 27 日，正式开工 2013 年 11 月 15 日，开始实施系统联调 2013 年 12 月 15 日，实现全线“洞通” 2014 年 1 月 20 日，实现全线“电通” 2014 年 2 月 25 日，实现全线“轨通” 2014 年 3 月 9 日，实现列车上线“热滑” 2014 年 3 月 10 日，开始空载试运行 2014 年 7 月 1 日，正式试运营
策划总工期 31 个月	实际总工期 30 个月

表 2　宁天线工程策划工期与实际工期对比

策 划 工 期	实 际 工 期
2012 年 3 月 1 日，全面开工 2013 年 6 月 30 日，洞通 2013 年 10 月 30 日，轨通 2013 年 12 月 30 日，电通 2014 年 3 月 30 日，“冷、热滑”及系统总联调 2014 年 4 月 1 日～6 月 30 日，试运行 2014 年 6 月 30 日，开通试运营	2012 年 6 月 21 日，正式开工 2014 年 1 月 15 日，实现全线“洞通” 2014 年 4 月 8 日，实现全线“轨通” 2014 年 4 月 20 日，实现全线“电通” 2014 年 4 月 23 日，开始空载试运行 2014 年 7 月 19 日，通过试运营基本条件评审 2014 年 8 月 1 日，正式试运营
策划总工期 28 个月	实际总工期 26 个月

2.2　与 BT 方的工作界面划分

与 BT 方的工作界面划分，主要从前期工作、工程主体、监理单位管理、设计单位管理、中心单位管理、招标工作、工程验收七个方面予以考虑。

(1)前期工作

机场线：包括征地拆迁、强弱电的杆管线迁移、市政道路及绿化迁移等，均由南京地铁集团有限公司负责实施并支付费用。

宁天城际线：除征地拆迁、10 000 V 及以上高压线的迁改工作仍由南京地铁集团有限公司负责实施外，其余前期工作由 BT 方负责实施并支付费用。

根据机场线工程的实践与经验，为充分调动 BT 项目公司的参与积极性，宁天城际线前期工作任务划分做了调整，从实施的结果来看效果比较理想。

(2)工程主体

撇开 BT 模式特点，仅从加大扫清工程进展主要障碍的力度、加快项目推进角度考虑，个别外部协调难度较大的施工节点(如下穿高铁、机场等节点)由南京地铁集团有限公司自建、自管为宜。机场线，禄口机场站由南京地铁委托建设、南京南站土建工程由南京地铁集团有限公司招标；宁天线，泰冯路站(含联络线)土建工程由南京地铁集团有限公司 3 号线一并实施，BT 项目公司实施除泰冯路站(含联络线)土建的其他工程。

(3)监理单位管理

监理单位作为建筑活动法定主体之一，由建设单位委托。但根据《建筑法》规定，工程监理单位与被监理单位不得有隶属关系或者其他利害关系。鉴于 BT 项目中，BT 项目公司与施工总承包部一体两面的事实，若简单按照由建设单位委托监理单位的传统做法，将使监理与被监理者产生利害关系，必将严重影响监理公正性和独立性。在 BT 模式下，地铁公司应保证监理单位公正、独立、自主地开展工程监理活动，确保法律法规规定的监理地位不发生改变。

双线监理单位均由南京地铁集团有限公司负责招标、管理和支付费用。

(4)设计单位管理

作为完整意义上的 BT 项目，施工图设计全交由 BT 方管理，但为了施工图阶段不降低设计标准，不变动重要设计原则、方案、接口，保证使用功能，设计总体总包单位由南京地铁集团有限公司管理。建筑规模、设计标准等重大方案变更时，须经总体总包审核后上报南京地铁集团有限公司审批。另外，为保证装饰装修不降低标准，装修顾问单位由南京地铁管理。设计总体、设计审图、装修顾问由南京地铁集团有限公司管理，更有利南京地铁集团有限公司对设计整体标准及设计总体质量的控制。

双线的设计管理模式一致，地铁公司负责初步设计阶段之前的工作以及设计总体、设计审图、装修顾问的管理；BT 项目公司负责施工图设计阶段的设计管理（包括详勘、补勘）工作。

（5）中心单位管理

中心单位管理界面的划分，要考虑其对施工质量、安全控制的实时性特点，以及如何更好地发挥其作用。

机场线，测量、检测、监测以及防雷中心由 BT 项目公司负责委托并管理，南京地铁集团有限公司负责进行指导。这也是出于增强 BT 项目公司建设管理手段的考虑。

在机场线的实施过程中，BT 方缺乏对中心单位的管理经验，不能很好地发挥中心单位对现场的抽检、管理作用。

宁天城际，在各中心单位的委托、管理方面进行了适当优化、调整。为利于 BT 方在工程实施过程中对工程风险的管控，宁天城际监测中心、防雷中心仍由 BT 方管理；测量中心、检测中心由南京地铁集团有限公司负责管理。

（6）招标工作

BT 方在项目公司层面或总承包方层面均存在公开招标项目。招标过程中，对技术参数、设计标准的响应性是南京地铁集团有限公司监管的重要内容，也是做好工程质量事前控制的一个重要方面。

BT 方（或总承包商）在其资质满足招标文件对工程资格要求的条件下自行承包的工程，须报南京地铁集团有限公司及南京市有关招标管理部门审查，经批准后方可实施。招标文件应参照南京地铁集团有限公司有关招标文件范本进行编制，设备招标技术方案应报南京地铁集团有限公司审查。

（7）工程验收

工程验收是对已完工程的全面检查、验收，也是 BT 方移交工程的重要前提。在充分借鉴已建成运营地铁线路的验收经验的基础上，在两线进行工程验收方面，作如下工作界面划分。

专项验收、竣工验收由 BT 项目公司负责组织实施。专项验收包括规划、消防、人防、环评、档案、节能等。

试运营由南京地铁集团有限公司组织，运营单位、项目公司及其总承包商、分包商参加，试运营费用由南京地铁集团有限公司承担，配合费用由项目公司承担。

2.3　项目建设组织形式确定

为理清项目执行各方关系，顺利推进项目建设，明确了各方职责范围，确定了项目建设组织形式。

（1）机场线 BT 组织形式

机场线 BT 组织形式如图 1 所示。

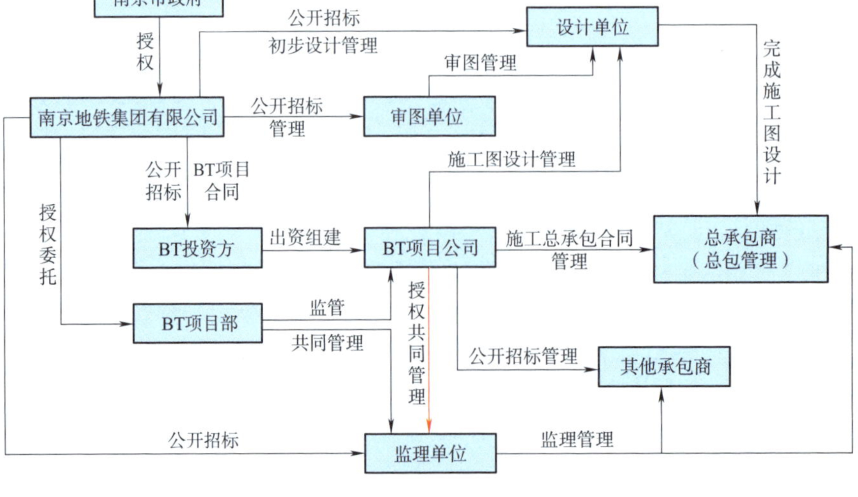

图 1　机场线 BT 组织形式

(2)宁天城际 BT 组织形式

宁天城际 BT 组织形式如图 2 所示。

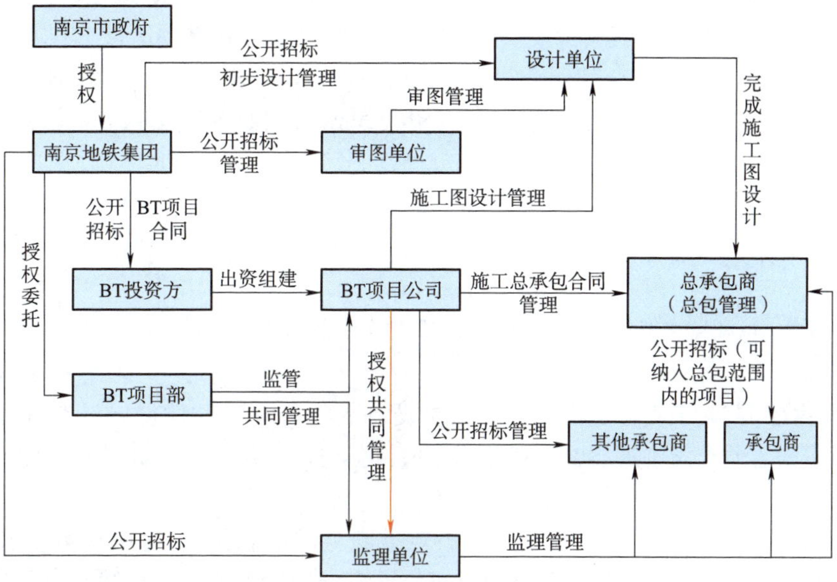

图 2 宁天城际 BT 组织形式

3 项目管理

3.1 项目组织架构的形成

(1)南京地铁 BT 项目组织架构

受市委、市政府委托，市地铁指挥部作为机场线工程、宁天城际工程 BT 项目的发起方通过公开招标的方式，确定了上海隧道工程股份有限公司为机场线工程 BT 项目的承办方，确定了中铁电气化局集团有限公司及其联合体为宁天城际工程 BT 项目的承办方。南京地铁集团有限公司分别与两个 BT 承办方签署了 BT 项目合同文件。两个 BT 承办方分别依据合同文件，组建了 BT 项目公司——南京元平建设发展有限公司和中铁电化集团南京有限公司。

机场线、宁天线 BT 项目组织架构见表 3。

表 3 机场线、宁天线 BT 项目组织架构

BT 项目 / 组织架构	南京至高淳城际轨道南京南站至禄口机场段工程(机场线工程)	南京至天长城际轨道大桥北路至金牛湖段工程(宁天城际线)
项目发起方	南京市地下铁道工程建设指挥部 南京地铁集团有限公司(原南京地下铁道有限责任公司)	
项目承办方	上海隧道工程股份有限公司	中铁电气化局集团有限公司及其联合体
项目监管方	南京地铁建设有限责任公司	
项目监管部门	南京地铁建设有限责任公司 BT 项目部 (原南京地下铁道有限责任公司项目管理分公司)	
BT 项目公司	南京元平建设发展有限公司	中铁电化集团南京有限公司

(2)对 BT 方组织架构的监管

项目执行过程中，BT 方项目管理人员，尤其是主要人员的管理水平、工作能力，在承办方公司的内部利用、调配资源的权限都有着重要的作用，虽然在合同中预先有考虑和限定，但变化在所难免，其中机场线变化较大。

3.2　制度的建立、办法的形成

针对BT项目建设模式特点，为更好地对BT项目实施监管。南京地铁建设有限责任公司作为监管方，一方面出台了《南京地铁BT项目建设管理暂行办法》《监理管理办法》《南京地铁BT项目招标与采购监管暂行办法》，并形成了设计例会制度、监理例会制度、季度检查制度、工程大例会制度、月度项目执行报告上报制度等。另一方面，要求BT方参照南京地铁集团有限公司做法编制各项BT项目管理办法和细则，并报BT项目部审查。BT项目部征询相关部门意见并汇总后回复审查意见。BT项目公司经修改完善后，再报BT项目部备案。

3.3　工程监管

在工程建设过程中，对两线的监管工作主要从以下5个方面予以重点关注与实施。

(1)关于报质安监

根据1996年国家计委《关于实行建设项目法人责任制的暂行规定》，建设项目实行法人责任制。结合BT项目的特点，经多次与质安站沟通、协调，确定BT项目公司作为建设单位，承担项目的建设，对项目的质量、安全负责。

在BT项目开展之际，南京市专门组建了南京市轨道安全质量监督站，对南京市轨道项目实施政府监督。双线BT项目实施过程中，BT项目部配合南京市轨道安全质量监督站，通过“借力”，加强了对BT项目实施过程中各工序施工标准、施工资料的规范管理。并且在工程验收工作中，与轨道站一起通过开展阶段性验收、条件验收、预验收等不同层次的验收工作，及时发现工程问题，推动工程整改，加强了工程质量的事中控制。

(2)质量安全监管

针对BT项目管理特点，BT项目部将总体设计管理、招标文件审查、专项方案评审、关键节点验收、分部分项验收等作为日常监管的重点环节。

①加强技术把关工作。会同总工办，坚持参加总体院组织的设计例会，重要方案评审和关键节点验收会议以及工程变更初审会议，在技术层面上进行指导、把关，选择合理工法，规避施工风险，加强工程质量安全控制。

②组织开展质量安全专题检查。针对BT项目的管理特点，BT项目部组织开展日常检查、专项检查、不定期巡查等方式，全面督促和加强施工现场的工程质量及安全生产管理。

③重点加强重大风险控制。BT项目部形成了遇重大风险特殊管理的做法，从风险源排查阶段开始参与施工方案审查。施工期间，各项目工程师参与与各相关单位的协调，参加现场每日例会。通过会议，及时分析每天上报的监测数据、调整施工参数，形成上下一心、神经紧绷的紧张氛围，确保了各专项方案的落实，保证了工程安全。如机场线1#—禄口机场站区间盾构下穿机场滑行道和停机坪不停航施工；宁天线方沈区间盾构下穿宁启铁路路基段；雄风区间盾构下穿延安桥等地面构(建)筑物；凤凰山公园站在地质条件复杂、紧贴周边老旧房屋条件下进行深基坑施工等。

④对于BT公司公开招标的项目，重点做好资审文件和招标文件中技术要求，特别是系统设备用户需求书和技术规格书的审查，确保不低于初步设计技术标准。

(3)招投标工作监管

①自行承包项目监管。对于BT方在投标时自行承包方案符合招标文件及法律、法规规定的由BT方自行承包。经南京地铁集团有限公司审核并报市货物办备案，机场线自行承包项目为全线土建工程、车站风水电安装工程、车辆段、设备用房等房建工程共计7个标段；宁天线自行承包项目为全线土建工程、车站风水电安装工程、系统设备安装等共计12个标段。

自行采购实施方案包括但不限于承包的范围、标段划分、承包单位的资质、业绩、能力，拟投入人员、机械设备情况以及自行承包项目下的主要设备、材料采购方式、采购程序以及自行采购文件的用户需求书等。

系统设备处、车站设备处负责对设备项目自行采购文件的用户需求书提出审查意见。

②公开招标项目。BT项目自行承包工程范围外的项目应采取公开招标的方式。

南京地铁集团有限公司重点审查 BT 项目公司提交的 BT 项目招标与采购实施细则、审查资格预审文件的主要原则、招标文件主要商务条款等，审查和批准监管招标及自行采购项目的用户需求书。

机场线 BT 项目《自行承包方案、招标方案》于 2012 年 8 月报备市工程建设项目货物招投标管理办公室。宁天线 BT 项目《自行承包方案、招标方案》于 2012 年 10 月报备市工程建设项目货物招投标管理办公室。

招标过程审批流程如图 3 所示。

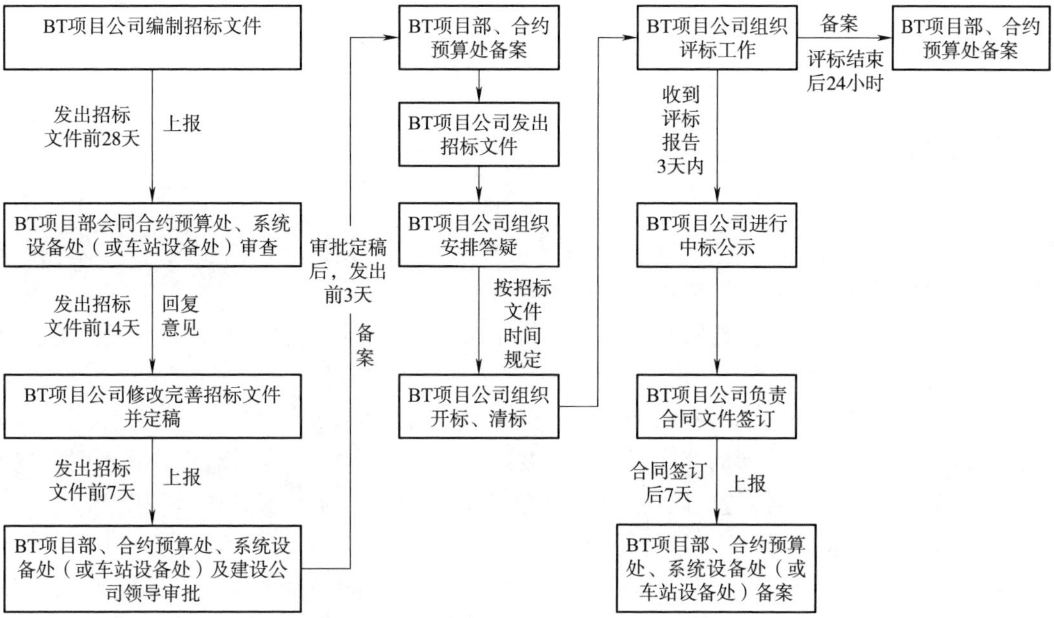

图 3　招标过程审批流程图

(4)充分发挥监理、中心单位作用

监理工作是工程质量安全控制的重要手段，尤其在 BT 项目中，监理也是对工程进行有效监管的抓手之一。针对项目 BT 模式的特点，要求监理单位理顺南京地铁集团有限公司与 BT 方、BT 方与施工标段的关系，明确 BT 模式下监理工作流程。对监理例会中发现的问题，一方面要求监理单位在 BT 项目中主动出击，敢于管理；另一方面及时向 BT 公司提出工程管理中存在的问题并督促整改。对监理开展不定期的检查，内容涵盖人员到位、现场旁站、工序报验、资料完整等各方面。并专门组织夜间检查，检查各监理单位夜间监理工作的开展情况。对检查中发现的各监理单位存在的问题及存在问题的整改要求，以通报的形式予以明确。充分发挥中心单位作用，针对现场发现的问题加强检测力度。

(5)季度检查

加强部门联合检查监管。BT 项目部会同财务部、资产部、合约处、规计处、质安处等职能部门每季度组织 BT 项目季度检查。重点对 BT 项目工程进度控制、安全质量管理、技术及验收工作管理、合约设备工作管理、资产管理以及财务融资管理等方面进行检查，并对检查发现的问题及时下发通报，要求 BT 公司及时整改，并对整改落实情况组织复查。

4　几点思考

4.1　把握全局、正确协调和处理参与各方之间的关系

(1)地铁公司、BT 方与监理的关系

监理单位是地铁公司监管工程项目的直接抓手，需要协调好监理单位与 BT 方的关系。一方面，作为 BT 项目的建设单位，BT 公司应与监理单位保持密切联系，参与监理的管理考核。另一方面，监理单位要及时向南京地铁集团有限公司反映工程中出现的问题，也包括 BT 方处理的方式，问题是否得到有效解决，是

否会留下安全、质量隐患。

两线均以施工企业为BT项目承办方，若BT承办方不存在管理、施工合一的问题，监理单位可由BT承办方管理，以进一步彰显BT模式的特点。

(2)地铁公司、BT公司与设计的关系

设计单位受BT公司管理，但也要及时向南京地铁集团有限公司反映设计变更情况。与自管项目类似设计单位在施工阶段，做好现场服务工作，主动完善设计交底。对根据现场实际情况需进行设计变更的要及时补充设计图纸。在BT项目中，不论在施工图阶段还是在施工阶段，设计单位对BT方提出的变更要更加慎重，充分考虑对今后运营功能的影响，以免回购后，运营期间想到补充相关功能时，却发现相关概算费用划归BT方所有。

4.2　管理工作需更加细致

(1)设计监管工作还需加强

虽然双线均将工点施工图设计交由BT方管理，但BT方缺乏对设计单位的管理经验，体现在设计进度的把握、设计现场服务的组织以及设计变更的完善等方面。

对于施工单位深化设计项目，工点院及总体院必须加强审核。自管项目的审核力度不适用于BT项目，自管项目施工方的深化图纸会加大材料用量以增加工程量，而BT项目会简化图纸，甚至违背原设计原则，减少材料用量，这次宁天城际高架钢结构的深化设计事件给我们教训深刻。

由于设计管理不到位，对设计图的交底只局限于设计方的再次说明，并未及时反映施工图与现场的不符及矛盾，施工方认为照图施工即可，造成问题直至验收甚至运营过程中才发现，只能作为整改项。

(2)监理单位的管理有待加强

①由于是BT项目，不是每个工点都安排有项目工程师，所以不能够全面深入掌握监理的工作状态，对监理单位人员的变化、工作的深度，监理单位与施工单位之间产生的矛盾，暴露出的监理单位的管理问题都不能得到及时的解决。所以在过程中也出现了个别监理单位管理不力造成投诉，甚至涉及工程质量，造成不良影响。

②由于BT项目的特殊性，施工单位的计量支付会有不正常开展现象，BT方可能会采取直接拨款等方式解决施工方资金困难，造成监理单位缺乏管理力度、手段，产生消极反应。

③人防工程在施工上实现专业化，但往往是监理监管的空白，过程中资料缺失严重该工程在人防门的安装中还存在安全隐患，建议设立专门的人防监理。

④监理工作范围应在工程开展初期考虑完整，双线过程中均出现高架钢结构、声屏障、外涂装监理单位未明确的情况，虽然过程中以建设单位工作通知单的形式明确，但未完善合同增补手续，不利于现场责任的落实。

(3)加强工程变更监管

由于工程常规的变更管理归属BT方，所以变更流程等由BT方根据管理办法自行完成，但在日常检查中，在验收过程中，均暴露出设计变更不完善的现象，为质量的事中控制、工程正常验收造成阻碍。这也是今后类似工程管理中需要关注的重点。

(4)加大对BT项目设备供货商选择的监管

设备系统中，应加大对设备规格、型号的控制，建议采取设备供货商准入制度。在南京地铁1号线南延线PPP项目中，由于大部分设备已定型，所以过程中在品牌和参数方面变更都较少，利于监管。BT项目中，BT方完全自主采购设备，不利于现场的监管与判断。

(5)BT合同还有待完善

双线BT合同为概算包干，有大的通车工期要求，工程质量、安全要求及相关管理要求。但对于过程中，工期节点的滞后，发生质量、安全事故，BT公司管理不力，如何处罚没有约定，BT项目部对工程不能直接管理，监理、中心等单位仅作为辅助抓手，对BT公司的管理没有手段及力度，很难在过程中落实管理措施。对现场一些问题，明明有了预见，但还是眼睁睁看其发展，建议在今后类似BT项目的合同中加入相关条款以利于加强工程建设的“事中”监管。

南京地铁用户单位建设需求管理工作实践与思考

毛　建

（南京地铁集团有限公司，南京　210008）

摘　要：作者先从统筹方案、精细化设计、加强标准化管理、有效协同四方面阐述了建设需求管理的目的，之后从计划、实施、检查和优化四个阶段介绍了建设需求管理的实践。最后对建设需求管理工作提出了期许。

关键词：地铁；建设需求管理；实践；思考

1　前　　言

根据《南京市城市轨道交通建设规划（2015－2020）》及《南京市城市轨道交通第二期建设规划调整》，2016～2021年南京市城市轨道交通第二期建设规划总规模将达196.4 km，工程投资总额达1 480亿元。如何在这么高的建设强度下，在一期建设经验基础上进一步提高建设管理水平，更加适应运营管理需求，全面发挥城市公共交通的骨干作用，从用户单位需求管理角度进行总结提升是非常必要的。

回顾从1号线建设以来的十多年建设历程，在建设管理经验不断丰富、管理能力不断提高的同时，我们也面临着建设周期越来越短、外部协调难度越来越大、建设要求越来越高等诸多难题，其中来自运营公司、资源公司、公安分局、地保办等地铁用户单位提出的建设阶段的需求由于及时性、稳定性、合理性等多种原因，给工程建设的规划设计、进度投资及验收移交带来了较大的影响。本文着重从总工办前期工作出发，介绍对用户单位建设需求管理工作进行的若干实践与思考。

项目需求管理最早应用在软件开发领域，如今已经延伸到生产、制造等众多领域。需求管理是项目计划和实施的基础，直接影响到项目的进度、质量与成本，是决定项目能否取得成功的关键因素之一。地铁工程作为一个大型的复杂项目，对项目需求进行管理同样是非常必要的。

从工程参与主体的角度来分析，南京地铁项目的用户除建设归口管理的建设公司外，还有最终用户单位，包括南京地铁运营公司、南京地铁资源公司、南京地铁地保办、地铁公安分局等。南京地铁建设公司需将最终用户从地铁实际管理、维护及使用方面提出建设需求纳入到整个地铁项目用户需求中，通过统筹规划和研究分析，分解落实到每一个专业项目需求中。因此，最终用户单位的建设需求是整体项目需求的重要组成部分。用户单位建设需求管理就是使用户单位和建设公司之间建立起对建设需求的共识与承诺，并维护建设需求与地铁工程功能实现的一致性。

2　用户单位建设需求管理的目的

从南京地铁一期线路建设管理经验来看，开展用户单位的建设需求管理主要出于如下几个方面的考虑：

（1）统筹方案，控制工程变更

地铁建设包括了工可、初步设计、施工设计、现场实施以及验收移交等多个环节，是一个设计方案持续细化并逐步转化为实体的一个较长过程，通过需求管理，可以在工程建设的整个阶段，统筹用户单位建设需求，保持需求内容的稳定和提出时机与工程进度相匹配，避免需求变化或需求滞后引起工程变更。例如通过与运营管理对接后，制定区间标识、门禁设置范围与权限的统一要求，可以避免工程实施或移交过程中再进行调整变更的情况。

（2）精细化设计，提升服务水平

地铁工程是一个庞大的系统，相关标准、规范不可能面面俱到，设计、施工单位在细节处理上往往决定了最终工程的服务水平。但在目前全国城市轨道交通建设项目持续高涨的情况下，经验丰富、熟悉本地情况且能全身心投入到一个项目中专业人员越来越少，因此，通过与用户单位一起对既有工程经验教训进行总结，制定更细致的需求定义就显得很有必要了。通过这些工作，可以消减缺陷，提升精细化管理水平。例如针对寒潮明露给水管大量爆裂、管材选型引起采购困难、基地埋地非金属材质水管被碾压损坏等情况制定了《新建工程各类管材选型标准和防冻保温设置要求》，取得了良好的成效。

(3)加强标准化管理，合理控制规模

用户单位提出的许多需求是从局部或个案出发，甚至是不同部门提出相互矛盾的需求，需要从整体角度对需求实现的经济性、合理性及必要性进行全面评估，充分地利用系统功能和容量，以达到物尽其用的效果，避免能力过剩和投资浪费。例如，通过实地调研分析，制定用房标准，实现了车站在不增加建筑规模的条件下，通过优化设备用房与管理用房设置，解决了乘务用房不足、生产管理用房分配不均等问题，车辆基地总体建筑规模也得到较大的压缩。

(4)有效协同，挖掘资源价值

资源开发是南京地铁三位一体协调发展的重要组成部分，是南京地铁的另一个重要用户单位，做好资源公司建设需求的管理，将可以更好地为资源开发创造有利条件，挖掘资源价值，促进地铁长期滚动发展。资源开发需求的特点在不同的线路需求不尽相同，需要针对每条线路的特点、站位的选择等多种因素分别进行策划与开发，另外具体需求也需根据线路规划设计的不断深入逐步明确，因此，无法在项目开始阶段提出完整和具体的需求，有必要从需求提出的计划上做好安排，由粗到细，由大到小，实现与地铁工程进度的匹配，并保持需求的连续性与稳定性。

3　用户单位建设需求管理实践

用户单位建设需求管理贯穿规划、设计、施工、移交建设全过程的工作，是一个不断总结提升和优化的过程，包括计划、实施、检查和优化四个阶段，是一个 PDCA 的循环。

3.1　在计划阶段确定管理流程和技术标准

(1)运营建议汇编研究

运营公司于 2012 年向建设公司提交了第一版《新线建设运营建议汇编》(下称《建议汇编》)，总工办组织当时在建的 3 号线、10 号线、宁天线以及机场线的设计单位对该建议进行了讨论和回复，但是由于《建议汇编》提出时机较晚，尽管大部分合理建议得到了落实，但却增加了工程实施难度，并造成了一定的工程变更，部分运营意见也只有通过后期整改来完成。随着新线的陆续开通，运营公司在接管、整改及维护管理工作总结的基础上，对《建议汇编》进行了修订，并于 2014 年 11 月提交至建设公司。

总工办组织设计单位对 30 个章节近 700 多条建议进行逐条分析梳理，其中大部分需求已经在前期线路建设中得到了落实，重点对尚未得到落实，或本次修改、新增的建议内容，总工办组织相关单位对其规范符合性、必要性、可实施性以及经济性进行了认真的分析，并多次召集各相关部门、设计单位与运营公司召开专项会议进行讨论，对必要性与合理性不充分或描述不准确的需求，积极与运营公司的提出部门进行沟通，取得了统一意见，并由运营公司删除或修改完善。

其余重点需求进行分类研究：对符合设计规范要求，且有利于运营管理及维护维修需要，但需要一定投入的建议需求，做好经济性分析待批准后执行；对有利于运营管理及维护需要，但与规范要求有冲突或超出规范要求的建议需求，开展详细的技术与经济分析，并从实际运营现状出发给出建议措施；对少数应用尚不成熟、性价比不高或实施困难的需求，建议暂不采纳。目前，经集团董事长专题会审定，《建议汇编》已经完成修改并定稿发布，确定了南京地铁新一轮线路建设中运营公司的统一需求。

本次《建议汇编》经过了长达 9 个月的充分讨论与研究，建设、运营、设计各方共同参与，完成了对运营的需求定义与确认，并经集团审定正式发布，保证了新线建设过程中运营公司建设需求的稳定性与权威性。

(2)建设单位用户建设需求管理办法

地铁作为一个大型的复杂项目，尽管在一开始对部分用户单位的建设需求进行了定义与确认，仍需在工程不同阶段不断深化和具体化。此外，在长达 3～4 年的建设周期中，由于认识的深入、用户单位管理模式可能发生的调整以及地铁工程外部条件可能发生的变化等原因，用户单位的建设需求也可能发生变更，因此需做好过程中的跟踪管理工作。为保证此项工作顺利开展，保障各阶段工作成果的权威性与稳定性，总工办起草了《南京地铁建设单位用户建设需求管理办法》，该管理办法主要包括如下几方面的内容：一是明确了建设公司、用户单位、设计单位等各参与方在需求管理工作的职责分工，用户单位主要负责建设需求的提出、修订、核实与核查，建设公司主要负责需求的评估、管理、实施及移交，设计单位主要负责对需求的分析、落实及台账管理；二是根据不同用户单位的建设需求特点，规定了在工程前期、初步设计、施工设计及施工配合等各个阶段需明确的内容，总体上要求稳定、全面、前瞻、连续和一致，并以附件的形式统一了需求提出的格式，以便对每项需求的落实与变更进行跟踪管理；三是建立了各个阶段的工作流程，从建设需求的提出与变更、审查与确认、实施与核查各个方面，结合地铁工程实施特点及南京地铁的具体的组织形式以流程图的方式建立起明确的工作流程，并对时间节点、交互内容、裁决机制等进行了规定，以保证管理办法的可操作性。

3.2 在实施阶段做好设计统筹和工程落实

在工可开展前，按照用户单位需求管理办法研究落实用户单位线网层面的大型工艺设施配置、延伸线路系统技术方案建议、网络化运营需求等建设需求，通过需求征集，组织开展技术经济分析，结合线网开展进度，统筹设计和分线落实。

在初步设计和施工图设计阶段，组织设计单位认真研究，分专业落实运营设计汇编意见，将设计单位对运营意见汇编执行情况纳入对设计单位的考核，避免了设计图纸不到位引起的移交整改问题，而且还通过设计改进，解决了既往难题。例如原先转辙机基坑与道床排水沟相连，容易引起积水倒灌，影响道岔转辙设备正常使用，宁溧线充分考虑上述不利因素，根据汇编要求，将转辙机基坑与道床排水沟隔离，通过潜水排污泵将积水排入道床水沟，降低了转辙机基坑积水的风险。

在施工设计过程中，严格落实运营意见汇编要求，以最终安全运营为共同目标，相关工程量纳入施工合同，进一步提升了总体工程效率。例如站台加装防踏空胶条，由于缺少相关规范依据，一直都是运营验收后施工，不仅工程费用增加，而且效率不高。通过运营意见汇编明确后，4 号线一期在建设阶段完成此项工作，具体技术要求参照运营既有线路加装标准以及专家评审会意见执行，一次性通过运营条件评审。

3.3 在检查阶段重视现场检查和用户反馈

加强对设计单位设计成果的管理，检查设计单位对设计汇编的执行情况。根据《南京地铁建设单位用户建设需求管理办法》，总工办组织设计单位将各线路前期设计阶段成果文件均书面征求各用户单位意见，认认真真地研究回复需求建议 910 条，不仅研究落实用户单位的通用建设需求，还能满足各条线路具体情况进一步提出的个性需求。试想，如果不能在前期设计阶段及时研究落实这些意见，招标后，施工阶段为此将会付出多少经济或工期的代价，甚至有些需求连实施条件都没有了。

重视工程实施和验收移交阶段对实际执行效果的检查。根据运营公司新线管理部统计，4 号线、宁和城际、宁高城际的汇编落实率为 93.22%，96.22%，94.66%，因此非施工类整改问题有显著下降。前期线路均有 300 余条整改意见，但是新开的 4 号线、宁高二和宁和线均大幅下降(图 1)。

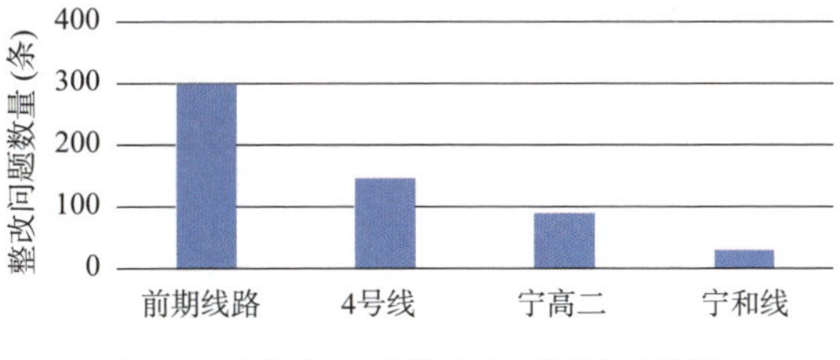

图 1 新线移交运营整改问题数量统计

3.4 在优化阶段优化流程和完善标准

随着南京地铁新一轮新线建设高峰的到来，多条线路多个工点同步开展设计，参建设计单位众多，《建议汇编》对指导设计单位充分理解运营需求、完善细节处理、统一技术标准和执行尺度的重要性愈发突出。

2015 版汇编自执行以来，尽管起到了良好的成效，但是，由于三年来新的经验教训积累、国家地方行业规范新的要求以及新技术、新工艺及新材料的发展，都对《建议汇编》提出了改版的要求。2018 年，建设公司和运营公司共同启动了本轮修编工作，组织设计单位在按照专业分工，分批次与运营相关专业部门进行对接，组织设计单位、运营单位多次赴车站、车辆基地进行现场实地调研，与一线员工和操作人员进行深入沟通，掌握了大量的一手资料，为后续对需求合理性的分析和决策提供依据，同时进一步准确理解运营单位的合理诉求，过程中就一些有争议的运营需求达成一致意见，新增262条，对原条款修改83条。

同时组织设计院开展设计回访工作，通过现场调研设备、管理各类用房的实际使用情况，并与运营人员充分沟通，深入调查运营管理模式，收集各类用房内设备设施布置、面积大小、布局要求、人员班次、具体功能等运营现场一手资料，并会同运营公司，在目前运营管理模式基本稳定的情况下，对各类用房需求进行了系统分析，提出下阶段线路建设的统一标准，明确定义了各类用房的名称、编号、功能定位、定员人数、面积、数量、位置要求等。更新了用房需求规模控制表，为开展标准化设计奠定了基础。

4 结束语

上述工作仅是在总结既有线路建设管理经验基础上的初步探索，地铁建设工程作为一个大型的复杂工程，做好用户单位建设需求管理工作仅靠这些工作一定是远远不够的。还需在后续的实施过程中，结合工程实际，加强与用户单位的沟通协调，做好现场实施的落实与核查，努力实现用户单位建设需求管理的规范化，进一步满足南京地铁快速建设发展的需要。

南京地铁用户单位建设需求是一件非常有意义的工作，至今已完成过三轮，建议将过去三轮的意见总数、采纳、建议调整和不采纳等分类进行统计回顾，以体现此项工作不断完善的过程。

地铁建设工程招标与合同管理工作总结及提高

高继传

（南京地铁建设有限责任公司，南京　210017）

摘　要：本文主要对南京地铁“十二五”期间建设线路的工程招标与合同管理工作进行了总结，分析了过程中所采取措施的成效和仍存在的不足。从南京地铁建设工程项目管理的特点和现状出发，提出了通过调整相关工程管理制度和建立地铁建设工程管理信息化系统的方式，初步实现从工程概算到结算审计的全过程电子化、程序化管理，以适应新时期南京地铁招标与合同管理的需求。

关键词：地铁；招标；合同；信息化

工程项目始于合同（招标）、终于合同（结算审计），贯穿于工程建设的整个周期，是工程管理的基础和依据，而招标又是合同订立的关键过程，因此招标与合同管理工作的好坏直接影响到整个工程的投资、进度、质量安全控制效果。“十二五”期间，南京地铁完成了3、4、10、S1、S3、S7、S8、S9共8条线路的建设工作，其中工程建设类合同1 075份，涵盖了多种专业、多种模式，有力地保证了各项工程的推进。总结这几年的招标与合同管理工作，主要采取以下措施和方法，以供参考。

1　管理措施和成效分析

1.1　招标条件和评分设置

在政府职能部门招标监管越趋严格规范的前提下，我们对招标文件和评分办法进行整合，根据不同专业建立起招标文件范本体系，减少招标文件因种类繁杂带来的不利影响，减少了重复工作量和招标条件设置遗漏差错的风险。根据专业特点，设置了土建施工、安装装修施工、勘察设计、监理、设备供货集成、设备采购、材料、车辆、信号等范本；评审方式根据具体项目不同可采用一阶段综合、两阶段综合、两阶段合理低价方式。

目前在评标办法中主要通过：①资质和轨道交通业绩初步遴选合格投标人；②投标限价锁定总价控制范围；③K值设定和基准价偏离扣分来鼓励投标人以适当低于均价的方式竞标；④在技术打分中，客观分与主观分相结合，技术指标量化来鼓励投标人选用技术质量先进的产品、方案投标，以获得更多的优势；⑤投标人数量较多时采用两阶段方式，进一步筛选合格投标人，降低围标可能性。

此外，通过长期的招投标历程，逐渐形成了南京地铁工程项目中标价格合理偏低的态势，引导投标人以合适的价格竞争。

1.2　招标合同条款设置

我们常说“设计是工程建设的龙头”，是指设计工作的好坏对工程建设的各方面都起着首要作用，而地铁工程设计有着复杂多变、分步长时的特点，因此在招标与合同订立过程中，必须充分考虑到这些特点，尽可能地通过一些合理方法来消除不利影响，为后续工程建设现场管理提供便利。因此在“十二五”建设周期，主要围绕招标合同条款设置与设计文件的结合关系之间，针对以往合同执行和工程建设中出现的变更情况，在招标合同条款设置上采用“抓大放小”的原则，根据不同的合同项目采用不同的变更条款设置，以消除地铁工程易变多变的影响。

（1）设计合同仅考虑站点增减等重大变化，以往常受制于地勘不充分和市政规划等前期变化产生的设计调整均不考虑；同时对受设计输入条件不稳定因素影响较大的城中复杂站点和城郊相对稳定简单站点加以难度系数平衡，并根据批复后的初步设计调整一次，使得设计费用在总价控制的前提下分布更加合理。对比2号线和3、10号线和4号线（增加了初步设计调整环节）的设计费用统计数据，可以看出采用这一措施，有效地降低了设计费用的变更数量、比例和概算使用比例，见表1。

表1　各线路设计费用统计

线　路	原合同金额(万元)	变更金额(万元)	变更数量	变更比例	概算(万元)/使用比例
2号线	17 985	5 307	94	29.5%	30 568/76.2%
3号线	35 589	2 631	35	7.4%	63 676/60%
10号线	12 944	2 051	26	15.8%	24 431/62.7%
4号线	31 718	2 798	12	8.8%	47 408/72.8%

（2）土建合同中的盾构区间进出洞门土体加固项目，在实施阶段经常会发生变化，因此3、10号线在招标时按暂定项目计列，实施时再按变更处理。4号线以后修改为采用合价包干模式，在招标图纸中列出冻结法及加固辅助设计方案，投标人根据现场工程实际条件和招标设计文件，按设计-施工总承包的方式自行报价，减少了后期变更核价、审计等一系列程序工作，提高了管理效率。

（3）安装装修合同在支吊架安装项中，针对招标设计文件深度不够、后期施工设计调整变化多的特点，采用综合单价＋特征说明，不因高度和尺寸变化而新增单价变更，规避后期出现的频繁调整情况。

（4）设备集成合同中的安装、调试、监管等项目，充分考虑土建施工滞后、各站点进度不一致、设备系统安装调试工作面局促反复的特点，尽量采用合价包干方式，消除工期、工作面变化引起的变更。

（5）BT、PPP合同中设置重大变更条款，符合条件的才给予变更，在控制总体工程造价的前提下也具备一定灵活性，同时也提高了南京地铁的管理效率。

1.3　设计的完善和新技术的采用

在本轮建设的3、10号线前期设计阶段，组织了各设计单位对各工点、专业的设计接口界面进行了梳理，尽量避免专业接口上的设计遗漏问题导致的工程变更。设计上开展了基于BIM技术的车站三维管线综合设计，有效地解决了车站各专业管线冲突问题，提高了设计质量，减少了工程变更导致造价上升情况，同样也降低了间接的业主管理成本，提高了工作效率。表2将本轮建设周期的10号线设备安装3标和上一轮建设周期的2号线设备安装6标做了对比（这两个标段的车站均由同一家设计单位设计，同一家施工单位施工，但时隔5年，设计、施工承担人员则更年轻、工程经验欠缺）。

表2　10号线3标段与2号线6标段对比

线路标段	合同金额(万元)	因管线冲突引起的变更金额(万元)	变更百分比	平均每站变更金额(万元)
2号线6标(2地下站1高架站3区间)	4 762.311	132.053	2.77%	44.018
10号线3标(5地下站5区间)	10 556.5	21.32	0.2%	4.264

从表2可以看出，做了三维管线综合设计后，工程变更大为减少，仅每个车站平均工程直接变更投资就减少近40万元。而工程停滞、协调、返工的时间，施工、监理、设计人员的投入，业主的精力，以及后续运营维护等这些间接成本还没计算在内。

2　存在的不足和改进方向

2.1　存在的不足

通过在招标与合同管理工作采取的一系列改进措施和新方法，“十二五”期间基本满足各线建设需求，但仍存在不足和需改进的地方，主要表现在：

（1）政府职能部门的监管力度不断变化和加大，电子招投标方式的实施推进，招标文件和评分办法需要不断的调整以适应监管要求，同时还需要在依法合规的前提下，满足南京地铁工程招标与合同管理工作的要求。

(2)设计文件质量还要加强和提高,专业之间的接口界面还要继续理清,招标内容和清单编制与设计工作的衔接还要重视和加强;“抓大放小”等合同条款的设置要更加优化和完善,但工程变更和造价控制最根本的还是依靠设计质量的提高和招标-设计联动工作的优化。

(3)合同管理还处于纸质化流程阶段,文件会签、支付审核周期时有拖延不定;数据资料的汇总查询不便,各级管理部门难以及时准确获得各类合同的执行情况和相关数据;工程变更立项和完成审核周期较长,与工程现场的实际进度不一致,过程中也时有缺失立项审核依据和重要单据,给后续结算审查、政府审计带来不便。

(4)地铁是重资产项目,无论是前期建设还是后前运营,都有巨量资金流转。建设期的造价控制、竣工结算期的审计、运营期的资产管理维护需要建立一个完整的资产数据管理体系。目前的工程竣工资料和资产移交工作不能及时完成,在主要工程本体建设结束后,承包单位人员投入和重视程度不够,大量的数据资料又非常繁琐,归档移交工作往往不到位。

(5)建设公司合约预算处面临建设任务繁重、人员紧缺、建设管理模式多样化的特点,须在现有的条件下做好招标与合同管理工作。

2.2 改进方向

分析以上不足和需改进的方面,首先国家政府层面的严格监管、电子化招投标推行、全方位审计等客观要求无法改变,只能在适应变化的原则下,调整我们的工作方式、完善招标与合同管理工作。其次建设公司虽已经补充了新生力量,但通过工程建设历练和培养有个过程,完全融入南京地铁建设管理体系并成为经验丰富的地铁人还需要时间,简单依靠增加人力投入来克服“十三五”期间的建设任务,不是一个完全的解决办法。再次地铁工程是个多专业复杂系统,设计承担单位相对专业、有限、固定,在国内特有的工期紧迫,大干快上,外部条件多变的情况下,设计人员的数量和经验都非常欠缺,招标造价咨询单位人员也是一样,因此,做好设计质量提升和招标-设计联动工作是一项“永远在路上的工作”。

那么在这样一种条件下,只有通过新技术应用和管理水平的提高才能来弥补不足,尽量克服和解决上述不足之处。从技术应用角度上,BIM、LTE、复合风管、预埋槽道等新技术、新工艺的采用可以提高设计标准、质量,减少接口冲突矛盾,并降低全系统的综合造价;从管理角度上,一方面调整和修正各项管理制度,另一方面通过建立一套地铁建设工程管理信息化系统平台,将修订后的管理制度落实固化,利用信息化管理的优势来提高管理水平,使之适应南京地铁“十三五”的建设要求。

3 地铁建设工程管理信息化系统

一个管理信息化系统不能代替人的判断和处理,但可以完成信息传递过程的近乎零距离和零时间。可以完成信息数据汇总、统计查询过程的近乎零差错和零时间。从而减少管理人员为传递获得信息数据,熟悉理顺管理流程所付出的精力和时间,同时也可以暴露出部分进程中滞后薄弱环节,使得管理人员可将更多的精力和时间投入到关键的分析决策、组织协调工作中去。

因此考虑依据建设公司现有的管理模式,通过在部分管理领域实施信息化建设,实现工程建设信息的电子化,提高信息传递的有效性,局部解决目前建设公司迫切需要改进提高的方面。从目前南京地铁工程建设任务重、工期紧的特点和公司信息化基础较为薄弱的实际情况出发,遵循总体规划、分步实施、有限目标、滚动发展的原则,本期具体建设内容:以合同管理和进度管理为主线,按地铁线路实现工程项目自招投标、合同执行变更到竣工结算整个建设周期的信息管理系统,初步实现对工程建设项目管理“三控两管一协调”中的投资控制、进度控制、合同管理、信息管理工作的电子信息化管理;并在南京地铁集团信息中心的统一规划下,实现与既有 OA 等应用系统的接口,以及后续的财务、资产、档案等系统的扩展。以“互联网+地铁建设工程管理”方式,充分利用网络信息化的优点,发挥地铁工程参建各方的作用,从而提高南京地铁建设公司的工程建设管理水平和效率,以适应轨道交通大建设的要求。

系统主要模块和功能:

(1)统一的用户登录和门户网站界面。南京地铁工程建设方面的信息发布和各应用模块的接入,可分为内部用户和外单位用户，PC 机和手机端，本地和远程登录，分类有着不同的权限和界面。

(2)合同管理模块。实现合同从立项策划、招投标、签订、支付、变更、结算、政府审计全过程的电子化管理。不同用户可以分级实现流程的设定，电子化签名，外单位用户可以递交相应送审文件。

(3)进度管理模块。实现分线路、分站点区间、分系统的工程进度管理，用图形化、表格化的界面完成各工点的计划进度和实际进度的对比，并有预警功能。

(4)红黄牌和违约管理模块。实现对承包单位红黄牌和违约行为的电子化管理，并与招投标、财务支付模块联动。

(5)资料库和管理驾驶舱模块。通过对合同、进度等各项数据的分类汇总查询，获得宏观上的数据分析。

上述各主要模块相辅相成，关键数据之间进行交换，如工程进度与合同支付、变更审核之间可以进行对比。

4　结　　语

招标与合同管理工作普通而又复杂、关键，如何科学客观地选择合适的承担队伍、高质量的产品技术，合理地控制工程造价，规范约束工程执行各项过程是一项长期工作。去做容易，但做得好不容易，需要我们长期细致的工作，去探索多样的方法和途径。“十二五”期间，合约预算处在这一方面做了很多有益的尝试，有措施有成效，当然也有经验和教训，执行过程中也得到了建设公司各位同仁很多好的意见和建议。在“十三五”建设周期中，我们将在初步实现合同信息化管理的基础上，持续分析各项数据信息，找出在招标与合同管理中的薄弱环节和缺陷，不断总结和提高，为高效高质建设南京地铁工程而努力。

一致性协调方在南京地铁建设工程设备项目管理中的实践

李　勇

（南京地铁建设有限责任公司，南京　210017）

摘　要：本文以南京地铁7号线全自动驾驶建设工程设备项目管理为例，介绍了在设备项目管理中首次采用的以信号合同供应商承担的一致性协调方职责，旨在通过这个技术上和管理上的手段，协调和解决全自动驾驶工程建设中遇到的繁杂的技术管理问题，把对全自动驾驶核心设备系统的管理做到更加专业化和精准化，从而辅助业主提高对设备项目管理的工作效率和质量。

关键词：一致性协调方；地铁建设；设备；项目管理

1　工程概况

南京地铁7号线工程是南京城市快速轨道交通第一条全自动驾驶建设项目，该工程线路全长35.49 km，共设有27座车站，全部为地下车站，其中含换乘站13座。本线路主控制中心位于线路东端的马家园车辆段内，备用控制中心位于城东仙林的地铁灵山控制中心，在马家园车辆段内设有一条长度约1.15 km试车线。本项目还包含一条异地的外场测试线，将进行全自动驾驶技术的部分场景功能试验和性能验证。

本线路初期、近期、远期配属列车均采用4动2拖6节编组的B型车，设计时速为80 km，供电系统采用DC 1 500 V架空接触网受电，信号系统采用无线CBTC方式，车地无线通信采用20 M A/B双网冗余设计的LTE综合承载技术，全线所有车站设计采用全高屏蔽门系统。

本工程设计标准采用全自动驾驶GOA4等级，初期配属车辆为53列车，目前该工程正在全面建设之中，计划2022年正式开通运营。

2　一致性协调方

为确保南京地铁7号线全自动驾驶项目的计划、进度、质量和投资的按期完成，特别是实现核心设备系统（信号、车辆、通信、站台门、综合监控、车辆段无人区设备）的全自动驾驶GOA4功能，实现接口的安全性、完整性和一致性的目标，确保全自动驾驶系统在工程建设过程中有序、可靠、稳步推进，我们在设备专业当中首先进行信号系统的招标，把中标确定的信号供应商作为承担一致性协调方职责，在业主成立的总协调方领导下开展工作。

一致性协调方在整个全自动驾驶项目的管理过程中，成立了专门的协调机构和项目办公室，安排由项目经理、技术经理和各专业协调经理开展工作，工作时间至本项目53列车全部交付，并取得南京地铁7号线全自动驾驶项目最终的独立第三方安全评估总报告以后结束。

一致性协调方本着科学、合理、公正、高效、务实的原则开展工作，负责项目执行过程中的项目组织、管理、协调和决策工作。在信号系统之后的其他核心设备系统招标过程中，由一致性协调方提出相关技术上和管理上的要求条款列入招标文件，等该设备系统完成招投标程序签订合同以后，一致性协调方将及时协调处理核心设备系统之间的接口问题，统一技术标准、划清接口界面，统筹设计联络、外场测试、综合联调、试验验收等关键节点，并协调各设备系统厂家有关运营场景的独立第三方安全评估工作，充分验证设备功能以满足GOA4设计要求，确保项目达到预定的结果并符合合同要求。

以下结合工程进展叙述一致性协调方在接口技术和外场测试方面的工作。

2.1 接口技术

一致性协调方牵头制定全自动驾驶的接口技术需求，分解细化南京地铁 7 号线全自动运行 80 个运营场景（分为正常模式场景、故障模式场景、应急模式场景）内容至各个核心设备专业用户需求书，对在信号系统之后所有其他核心设备系统（车辆、通信、站台门、综合监控、车辆段无人区设备）招标文件接口技术部分进行审核，并参加该设备系统的合同谈判以确认其中接口技术和接口功能，保证接口内容的完整性和安全性。

一致性协调方对全自动驾驶核心设备系统供应商在本项目的技术工作、计划管理工作、合同费用支付工作，具有指导和管理、审核和否决的权利，以保证一致性协调方管理的工作效率和协调的严谨性、严肃性。

一致性协调方负责定期组织召开信号与车辆、通信、站台门、综合监控、车辆段无人区设备供应商的接口设计联络会议，目的是为组织各方交流接口设计思路，澄清技术问题，确认设计协议，最终以接口双方的供应商之间协商确定的接口文件为准，并形成会议纪要作为各自合同组成的一部分。

一致性协调方对确认过的接口要求、接口内容、接口功能、接口定义、接口供货范围等，将监督设备供应商按计划目标进行推进和落实到设备合同执行中去，并进行必要检查。

2.2 外场测试

一致性协调方负责编制全自动驾驶整个调试工作计划特别是外场测试，以缩短设备系统在南京地铁 7 号线的地铁正线调试工期。外场测试用于完全与全自动驾驶相关专业的单体及联合调试，以验证各系统是否满足全自动驾驶运行及各场景的联动等功能。外场测试大纲内容包括但不限于系统接口测试、车地通信测试、休眠/唤醒、启动、加速、惰性、制动、精确停车、开关门测试等。

外场测试首先是各个核心设备系统的单体调试，本项目核心设备系统独立第三方安全评估机构需对信号、车辆、通信、站台门等各个核心设备进行分别评估，确认该设备系统是否满足设计技术要求，经评估合格以后方可进行外场测试的相关试验项目和内容。

外场测试场地线路长度约 2 km，按照三站两区间进行设备布置，包含 1 个实体车站和 2 个虚拟车站，一座简易控制中心及一个模拟停车库，安排上线一列车进行测试。实体车站配置与全自动驾驶调试内容相关的设备，具备无线连续式通信列车控制、联锁控制级别的功能，具备各种驾驶模式的折返功能。

外场测试包括功能性测试和安全性测试，要对全自动运行场景进行充分验证（如正常场景：休眠、唤醒、自动发车、站台停车、站台清客等；异常场景：紧急手柄激活、烟火报警、紧急对讲等），在外场测试线控制室设置工作站，满足全自动运行功能验证。

一致性协调方全权负责外场测试工作，为后续在南京地铁 7 号线车辆段和正线调试积累经验，通过外场测试能够提前发现全自动驾驶核心设备系统在设计上和接口上存在的缺陷与不足，以寻求及时拿出针对性方案并给予解决。

3 结　　语

根据本项目工程建设的实际进展情况，采用一致性协调方，业主对全自动驾驶工程设备项目管理的能力得到了增强，对项目技术管理的水平得到了提高，业主通过选择一致性协调方，寻找到了协调解决全自动驾驶系统复杂技术问题的另外一种途径，并且这也是南京地铁建设有限责任公司在工程建设中对设备项目管理的一个积极探索。

浅谈地铁车站安装、装修阶段质量管控的有效做法

李长春

（南京地铁建设有限责任公司，南京　210017）

摘　要：南京地铁截至2016年年底，已建成7条线路，总里程约258 km。目前日客流已超过300万人次，约占南京市公共交通出行的42%。由此可见，地铁在南京市公共交通地位显著，也倍受广大市民的广泛关注。地铁车站在安装、装修阶段的施工特点：空间小、专业多，施工组织难；影响因素多，工期较为紧张。这一阶段虽然持续的时间只有一年左右，但是对今后运营质量和效果却是最具有决定性的。这一阶段作为项目工程师现场管理工作尤为重要，如何高标准、高质量移交运营，笔者结合南京地铁4号线某车站安装装修实施的情况，谈谈这一阶段现场质量管控采取的有效做法。

关键词：地铁车站；安装装修；质量管控；有效做法

0　引　　言

地铁车站在安装装修阶段所涉及的专业有土建（含铺轨）、机电安装（含建筑装修）、公共区装修、各类系统如供电系统、接触网、通信系统、信号系统、PIS系统、综合监控、气体消防和防灾报警（FAS）、自动售检票（AFC）、屏蔽门、自动电扶梯、多联空调（VRV）等，同步交叉施工的单位有机电安装单位、装修单位、各类系统安装单位等十多家。地铁设备满足地铁运营所需的功能，而装修似为“人的服装”起到美化亮化地铁给乘客以舒适感。设备和安装质量关系到后续运营安全和故障率，装修质量关系地铁品牌和形象。南京地铁4号线安装装修采用的是一体化施工总承包模式，安装与装修间协调工作属承包方，大大减少业主的协调工作量。试想倘若业主不关注安装与装修工序安排，不介入安装与土建、系统等别专业间的协调，肯定会影响到整个车站的安装进度；若不关注安装的每一环节、不注重细节的处理，装修效果会大大降低。

1　认真审查图纸，现场核对实量

开工前，安装单位组织技术人员对车站结构进行核对和测量，提交“三表”即土建预留孔洞、预埋件偏差情况汇总表，土建渗漏点统计表，结构尺寸误差（含错漏）统计表。业主及时组织土建单位、安装单位、监理单位、设计院等进行会商，由设计院下发技术联系单提出处理方案，业主明确分工，督促各责任单位限时按要求完成整改。现场尽早核对发现问题（土建施工误差在后期装修中能消化的可不予整改），争取事前解决，避免后期施工中出现矛盾而相互扯皮，影响安装进度与质量。另根据现场实测实量的数据，进行综合管线深化设计和公共区装修排版图的深化设计。装饰设计顾问，在这个阶段主要重点工作是做好设计交底工作。设计交底工作，除了对施工单位提出的设计问题进行答疑外，还应该把设计过程中的一些重要信息进行全面梳理，在设计交底中，详细向施工方阐明。

2　认真复核车站基准线，准确测设1 m标高线

车站轴线和1 m标高线是各系统和专业安装的基准，必须准确可靠。从理论上来说，应以车站轨行区轨面标高为基准往上面引设，以保证站台完成面与列车的平行误差。但现场实际情况是轨通时间相对滞后，车站安装装修工作不可能等到轨道铺设完毕才能施工。为此，一般是以车站主体结构的基准点进行测设，以供风、水、电等机电设备安装和设备房的建筑装修施工。但是在电扶梯、屏蔽门安装和站台层装修完成面的

施工时，公共区装修专业必须以轨面标高为基准进行导引和控制，保证接口平、顺，杜绝倒坡现象。设计车站主体结构中都考虑了3‰～5‰的坡度，以利于车站中渗漏水自然排至站台端头的废水泵房，装修时在1 m线的测设中同样需考虑车站坡度的问题。

3 深化设计先行，各方会签确认

业主首先要树立大局意识、服务意识，致力于为安装单位提供全方位的服务保障工作，力求从全局出发，不分专业、不分部门，主动出击、及时协调，扫清影响安装装修进度的一切障碍。深化设计工作由业主牵头，深化图纸出来后，先给各系统单位认真审阅后，再组织深化图纸的交底和会签。

3.1 综合管线深化设计

督促机电安装单位认真审阅安装、装修、系统等专业各种管线有关施工图，统计除机电单位负责安装的水管、风管、照明等所有管线、线槽，由安装单位牵头应用BIM技术进行综合管线的深化设计，并交各系统承包商进行位置、空间的确认，避免施工过程中管线位置冲突，导致返工。排版图是施工能否顺利展开的关键，施工单采用BIM技术对设备区走廊综合管线进行深化位进场后（图1），须根据施工图进行放线，并作出天、地、墙的装饰材料模数排版图，排版图直接反映出现场装修与各专业系统间的接口是否合理。排版图必须要经过相关专业工程师审核，对设备接口的位置、开孔大小等确认无误后，进行签字确认（图2）。

图1 采用BIM技术对设备区走廊综合管线进行深化

图2 与监理、设计院、系统单位管线和装修深化设计会签

3.2 公共区装修深化设计

实行装修深化设计先行，经各专业会审会签后再实施的原则。首先是施工图的核对，进行各专业图纸综合叠加，核对各层面各专业设备、终端、管线位置、数量，协调处理好容易出差错的制约点，互相交换界面标色，经协商认可达成一致。天、地、墙面必须进行深化设计，将各专业末端设备和装置重新进行排版和布置，既满足各专业相关规范和要求的前提下，又能达到装修效果。不能单方面、单层次来解决与相关专业的接口，如果要做到车站装修整体美观、大方，达到一定的深度，就必须整体考虑天、地、墙相结合的原则，做到地面石材的缝隙与墙面干挂装饰面的缝隙、墙面装饰面的缝隙与天花吊顶的缝隙对齐、对准。同时还要考虑地面设备与墙面设备、墙面设备与天花安装的设备互不干扰、互不影响。

4 现场示范墙交底，执行首件制度

现场业主组织机电安装单位和监理认真进行图纸会审，组织各专业设计院进行设计技术交底，参加施工单位组织的施工交底。在此基础上，在工人上下班出入口通道处制作风、水、电安装标准件等示范墙（图3），组织所有管理人员和施工人员进行现场交底和学习。根据现场条件，选择一段或一轴线完成天、地、墙的装修首件工程，组织施工、设计、监理、材料供应商、系统单位等参加现场首件工程验收，明确施工工艺流程和成品标准。后续按此标准批量施工，不符合首件要求的立即返工，做到首件样板引路。

装饰设计顾问经常深入现场，及时解决现场施工设计、技术问题。

图 3　风、水、电安装示范墙和工艺流程

5　注重细节处理，追求装修效果

诸多缝隙处理原则：卫生间的天、地、墙拼缝力求“三缝”合一，公共区墙面底部与踢脚板间缝宽一致，墙顶部与天花边缘间缝宽一致。风口、灯具、插座等布置原则：天花上的风口、灯具力求居中设置，通道或站厅站台处同一直线；插座居中且同一标高。地面石材铺设原则：站厅站台地面石材铺贴以柱中对称规律布置，出入口通道处地面石材居中对称铺贴，如图 4 所示。

卫生间力求“三缝”合一　　灯具风口吊顶板居中设置　　交接处缝宽一致

对缝、对称设置

图 4　缝隙处理原则

6　常规做法做到位，避免因小失大

6.1　车站孔洞封堵

孔洞封堵包括防火、密闭、防爆三种不同类别的封堵。其中，防火封堵主要是在电缆桥架穿越孔洞、穿墙孔洞，高低压配电柜及控制柜底部电缆开孔，电缆穿管孔，电缆竖井、电缆沟阻火墙、电缆隧道阻火墙等部位电缆敷设后的防火封堵，如图5所示。通风管道穿墙孔、穿楼板孔，水管穿墙孔、楼板孔，PVC排水管穿楼板孔等建筑贯穿孔洞的防火封堵。密闭封堵主要是组合风阀、消声器、管线套管外圈、废弃的孔洞利用砖、水泥砂浆进行封堵。防爆封堵是在人防门各种预留管线孔洞的封堵。防火封堵在管线铺设的同时需进行封堵，“随做随堵”以避免铺设完成后没有封堵的操作空间，如大规格风管的顶部和侧面封堵空间非常有限。防火堵料的质量和施工质量是防火封堵的关键。为了确保车站施工完成后符合消防验收要求，确保运营安全，防火封堵孔、洞、墙是工程验收的重点监测部位。重点关注穿越防火分区、防烟分区部位以及电缆井的封堵质量，另外风道隔墙部位也是防火封堵的重点，风道风压大，易发生送风和排风、新风和混合风串风现象。孔洞封堵在施工过程中是一个不断发生、不断实施的工序。地盘管理承包商要有专人负责清查、监督和管理。为了减少地盘管理承包商与其他施工单位的纠纷和争议，建议所有系统承包孔洞封堵的责任全部由地盘管理承包商一个单位实施，对其消防验收时的放烟试验最终负责。

6.2　成品保护

在地铁施工中，破损最大的出现在空调专业的保温棉，装修专业的天花、防静电地板、墙面以及各机电专业的灯具、仪表等易损件。

对于成品保护，关键在于工序的安排和衔接上。特别是设备房走廊部位的保温风管，体形较大，占用空间较多，如风管安装时，一并将保温做完，否则后期灯具安装、线管穿线、电缆敷设，因操作空间不够，许多作业人员踩在风管上。在施工计划安排时，保温工作既要考虑自己的施工顺序，也要充分考虑其他专业的施工工序和进度计划，过早对成品保护不利，过迟不利于自己施工的便利。在工程实践中，一般粘钉会在风管安装时，配合一并施工，保温放到工程的后期，如其他管线安装后，保温空间不够的部位，则尽可能只将风管顶部和侧面的保温棉安装完，减少底部受施工时楼梯和其他作业碰撞的风险。先期需移交给通信、信号、车控室等弱电设备的房间，防静电地板只将底座支架安装完，防静电地板待弱电设备就位后再行安装。天花吊顶，将天花龙骨安装好，天花标高线控制好，天花板建议只铺设30%，作为样板，等其他专业的管线全部敷设完成后，再行安装天花板。墙面的油漆涂刷，同样需放到工程调试、设备抹扫的后期。灯具和仪表等易损件，在施工计划安排上要安排在后期工序，同时要做好标识和提醒。公共区石材，要严防堵漏时的聚氨酯胶、油漆、机油等液体沾污到表面，上述溶液一旦浸入石材结构内部，极难清理。成品保护效果如图6所示。

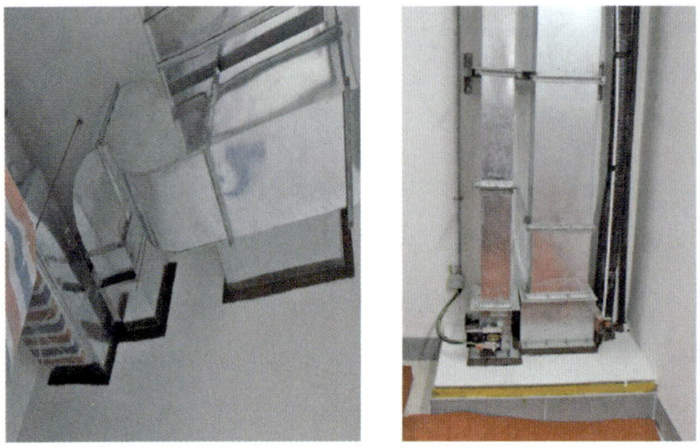

图5　防火封堵效果

图6　成品保护效果

成品保护需对车站加大通风力度，特别是春夏返潮季节，车站内受风亭、出入口未全部完工影响，不能形成空气对流，同时地铁车站渗漏水还非常多，排水沟和污水井的排水功能还不能及时形成，造成施工中的车站内湿度很大。应采用临时风井进行抽排，形成对流，加快堵漏，加强积水的疏排管理。对于配电箱需采用塑料布进行包扎防潮，对于配电柜、变压器可采用临时通电或辅助加热措施。减少受潮影响。对于未经防腐处理的钢管，需及时进行防腐处理。

工程完工后，对工程的设计、技术管理等环节进行总结，有利于在新的地铁线路少犯错误，少走弯路，提高设计施工管理水平。

总之，地铁设备与安装质量会体现在后续运营质量上，装修质量体现了地铁管理水平和地铁文化。在地铁安装装修阶段，必须认真做好深化设计，过程加强协调配合，及时化解矛盾；认真领会设计意图，注重细节处理，力求做到美观、大方。

南京城市轨道交通进度管理研究与思考

邢崴崴　汪青葆

（南京地铁建设有限责任公司，南京　210017）

摘　要：城市轨道交通建设是一项非常复杂的系统工程，包括土建、轨道、设备等多个专业，建设周期长，其进度管控有别于其他工程。总结南京城市轨道交通多条线路共建，笔者通过土建工程进度数据及进度管理的分析，为轨道交通进度管理寻找科学、合理的优化措施，以期对今后的工程进度管理及计划编制提供参考。

关键词：轨道交通；进度管理；进度指标

城市轨道交通是世界公认低能耗、少污染的“绿色交通”，对于实现城市的可持续发展具有非常重要的意义。由于投资巨大，涉及专业多，施工周期长，城市轨道交通的进度管理不仅影响整个项目的建设周期，还对项目投资、质量及项目风险等有直接影响。长久以来，对于单个工点、单项专业的进度研究较为细致，然而一条轨道交通线路涉及多个车站、区间，由点及线、由线及面，轨道交通的进度管理工作对于总体把控能力提出了更高的要求。本文根据南京城市轨道交通多条线路的建设经验，从线路整体的角度针对总体进度管理进行总结与分析。

1　南京城市轨道交通概况

南京轨道交通工程自 2001 年开始建设以来，通车线路已达 10 条，总里程约 380 km。2019 年将有 13 条线路同时建设，建设总里程近 300 km，建设模式更加多元化，有常规的自建项目、代建项目、PPP 项目、总承包项目等。作为业主单位，管理人员有限，面对多条线路、模式复杂的建设局面，专题研究与分析已建成项目进度管理的经验与教训，对今后的建设管理工作具有十分重要的意义。

2　城市轨道交通进度管理的特点

根据管理模式、工程进展的阶段以及专业，城市轨道交通建设的进度管理呈现出层次化、阶段化以及专业化的特点。

（1）层次化

城市轨道交通工程一般按照总体、年度、季度、月度和周 5 个层次来进行进度管控。各层次之间自上而下分解，自下而上调节，因此进度管理的层次化十分明显。

工程总体进度管理的重点是确定建设总体时序，找出关键路和控制点，并提前对关键线路的设计方案进行优化，从而指导工程有序展开。年度进度管理以工程总体筹划为纲领，其重点在于制定年度工程重点，并对总体进度目标进行预警和适当调节。季度、月度及周进度管理为年度目标到季、月、周的分解，其重点在于根据当期完成情况对年度目标的实现进行分析，指导后续工程管理工作。

（2）阶段化

由于城市轨道交通工期长，各阶段进度管理的重点不尽相同，呈现出典型的阶段化。工程前期，进度管理主要围绕开工条件如招标、设计等展开。

土建工程阶段，前期进度管理的重点是各工区的实质性开工和区间盾构始发；中期进度管理围绕车站、区间土建的顺利推进可能进行的施工组织优化展开；后期进度管理以车站完成主体结构、区间贯通，土建逐步将工作面移交至向轨道和设备安装专业为重点。

机电安装阶段，应围绕各专业互相移交工作面如轨道向供电专业、安装装修移交设备房等关键点进行进度管理。工程后期进入调试阶段应围绕各项验收关键点进行进度管理。

(3)专业化

城市轨道交通涉及不同领域、众多专业，如土建有车站、区间不同部位，明挖、暗挖、盾构、桥梁不同工法；设备有供电、信号、通信等多个专业，各专业进度管控的重点和手段也各有特色，专业的多样化决定了城市轨道交通进度管理跨领域、多交叉的专业化。

3 土建进度管理平均指标的确立

通常，城市轨道交通线路的总体工期主要取决于土建工期，而土建工期取决于车站围护及主体、盾构区间的进度，了解土建关键进度的平均指标对土建进度管控十分重要。笔者对南京城市轨道交通建设中共78条盾构隧道、近40座车站的土建工期进行分析，得出了南京城市轨道交通的土建进度关键指标。

(1)软土地层盾构隧道的平均指标

通过对30条软土地层盾构隧道进度数据的统计和计算，得出南京城市轨道交通软土地层盾构平均推进指标为5.4环/d(表1，图1)。

表1 南京城市轨道交通软土地层盾构隧道指标统计

区　间		区间长度(环)	区间平均掘进指标(环/d)	按权重测算区间平均掘进指标(环/d)
区间1	左线	1 405	3.6	0.2
	右线	1 405	5.3	0.3
区间2	左线	498	5.1	0.1
	右线	298	4.0	0.1
区间3	左线	581	7.4	0.2
	右线	582	5.1	0.1
区间4	左线	619	6.9	0.2
	右线	616	7.1	0.2
区间5	左线	715	5.4	0.2
	右线	720	6.4	0.2
区间6	左线	806	4.5	0.2
	右线	791	6.3	0.2
区间7	左线	291	4.0	0.1
	右线	292	4.5	0.1
区间8	左线	889	5.7	0.2
	右线	889	6.3	0.3
区间9	左线	1 351	5.5	0.3
	右线	1 372	5.7	0.4
区间10	左线	721	5.5	0.2
	右线	724	5.7	0.2
区间11	左线	838	5.1	0.2
	右线	821	4.9	0.2
区间12	左线	944	6.7	0.3
	右线	942	6.3	0.3
区间13	左线	475	5.1	0.1
	右线	475	5.2	0.1

续上表

区　　间		区间长度(环)	区间平均掘进指标(环/d)	按权重测算区间平均掘进指标(环/d)
区间 14	左线	518	4.6	0.1
	右线	518	5.1	0.1
区间 15	左线	518	4.8	0.1
	右线	518	3.9	0.1
			平均指标 5.4	

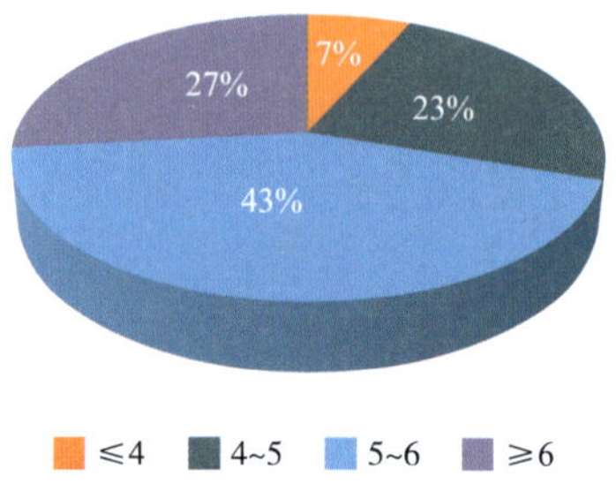

图 1　软土地层盾构平均掘进指标分析(单位:环/d)

(2)复合地层盾构隧道的平均指标

通过对 48 条复合地层盾构隧道进度数据的统计和计算,南京城市轨道交通复合地层盾构平均推进指标为 4.2 环/d(表 2,图 2)。

表 2　南京城市轨道交通复合地层盾构隧道指标统计

区　　间		区间长度(环)	区间平均掘进指标(环/d)	按权重测算区间平均掘进指标
区间 1	左线	676	4.4	0.1
	右线	676	8.5	0.1
区间 2	左线	505	5.0	0.0
	右线	507	4.4	0.0
区间 3	左线	1 010	5.8	0.1
	右线	935	4.8	0.1
区间 4	单洞单线	1 677	2.3	0.1
区间 5	左线	1 405	7.0	0.2
	右线	1 329	5.4	0.1
区间 6	左线	832	5.7	0.1
	右线	861	4.4	0.1
区间 7	左线	708	2.3	0.0
	右线	702	1.9	0.0
区间 8	左线	811	2.3	0.0
	右线	813	2.7	0.0
区间 9	左线	2 226	3.2	0.1
	右线	2 223	3.2	0.1
区间 10	左线	943	5.1	0.1
	右线	939	4.9	0.1
区间 11	左线	1 341	4.5	0.1
	右线	1 334	4.8	0.1

续上表

区　间		区间长度(环)	区间平均掘进指标(环/d)	按权重测算区间平均掘进指标
区间 12	左线	1 070	2.9	0.1
	右线	1 071	3.5	0.1
区间 13	单洞单线	1 800	4.1	0.1
区间 14	左线	518	4.8	0.0
	右线	518	3.9	0.0
区间 15	左线	1 018	5.3	0.1
	右线	1 032	3.9	0.1
区间 16	左线	1 171	4.8	0.1
	右线	1 171	4.2	0.1
区间 17	左线	821	4.5	0.1
	右线	821	4.9	0.1
区间 18	左线	1 666	3.9	0.1
	右线	1 666	4.1	0.1
区间 19	左线	1 616	5.7	0.2
	右线	1 596	4.7	0.1
区间 20	左线	1 184	4.4	0.1
	右线	1 190	4.8	0.1
区间 21	左线	1 479	3.4	0.1
	右线	1 472	3.5	0.1
区间 22	左线	907	4.8	0.1
	右线	908	5.2	0.1
区间 23	左线	1 433	3.0	0.1
	右线	1 437	3.8	0.1
区间 24	左线	922	3.0	0.1
	右线	921	3.2	0.1
区间 25	左线	1 245	3.2	0.1
	右线	1 239	3.6	0.1
			平均指标 4.2	

(3)车站主体结构土建工程的进度指标

通过近 40 座地下车站主体结构施工进度数据的统计和分析,选取常见的地下两层站作为研究对象。南京城市轨道交通 59%的地下两层站在 15 个月以内完成主体结构,33%的地下两层站在 15～20 个月以内完成主体结构,8%的地下两层站超过 20 个月完成主体结构,如图 3 所示。超过 20 个月完成土建主体结构的车站在实施中主要受客观条件影响,如车站范围内为岩石地层,导致围护结构及土方开挖工效较低,或车站受拆迁或重要管线改移影响局部施工后再次停工等待作业面等。

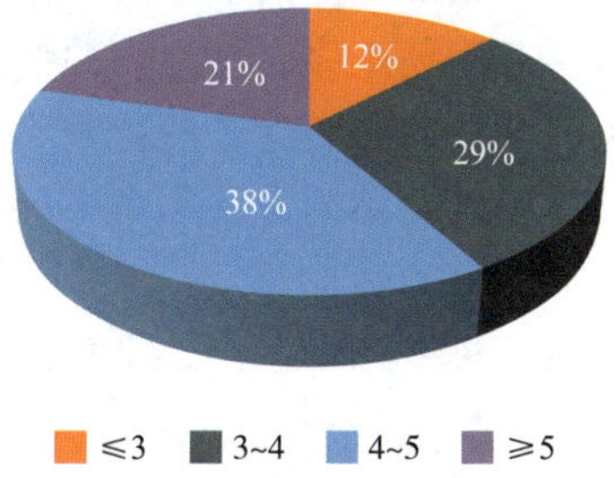

图 2　复合地层盾构平均掘进指标分析(单位:环/d)

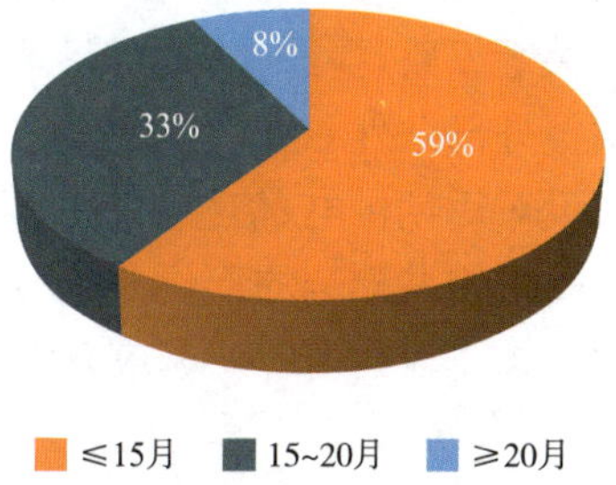

图 3　车站主体结构工期指标分析(单位:月)

4　影响轨道交通建设进度的主要因素

(1)外部条件对工程实质性开工的时间影响大,制约总体工期

城市轨道交通建设的外部条件主要指用地、管线、周边绿化等。由于轨道交通线路往往贯穿主城,周边房屋征收工作量大,谈判周期长,工程建设难于打开局面。同时,地铁建设不可避免要迁移大量的市政管线、沿线树木,迁移风险高,审批手续复杂,往往也导致车站无法按原计划开工,影响整体计划目标的实现。如南京地铁曾有一条线路在开工一年后仍有近2/3的工点受拆迁影响未能进入实质性施工阶段,导致该线工期长达50个月,最终未能按最初制定的目标竣工通车;而同期开工的另一条线路,由于大多数区段位于主城以外,外部条件较好,40个月即按既定目标竣工通车。一般而言,穿越主城线路总工期较长,一般4～5年;而在主城以外的城际线路(多含高架线路)总工期较短,通常3年左右。

(2)地质条件制约土建工程进度

城市轨道交通多为地下线路,地下工程就是与地下的土、石、水及溶洞打交道,具有一定的不确定性。土建工期计划编制一般采用平均指标,实际遇到不良地质情况如溶洞、硬岩、软土等,施工指标远远低于平均指标。一方面,地质条件复杂,导致施工难度增加,工效降低,如部分车站开挖范围内存在较多溶洞,需进行相关处理工作,因此土建工期长于一般车站;另一方面,不良地质条件对设备适应性要求很高,若施工设备故障率较高,则进度指标偏低,如南京地铁某线路的一个盾构区间实际平均指标仅1～2环/d,远低于复合地层盾构4～5环/d的平均指标。

(3)施工组织、统筹安排是否合理影响线路整体推进

由于城市轨道交通线路长、多阶段、多专业,因此做好各阶段的合理衔接和各专业的科学交叉,以线路整体为大局的施工组织优化思路尤为重要。一条线路往往难以按照理想状态,完成一道工序后统一进入下道工序,而是一个区段甚至一个部位先行完成后即进入下道工序,专业之间有交叉,工序之间也有交叉,只有合理安排各道工序的进出场时间,科学统筹施工组织与衔接,才是高质量的进度管理。若未能做到合理的统筹施组,必然出现停工、待工,以致影响整体进度。

(4)验收等各项配套程序能否提前筹谋、及时启动影响通车目标

城市轨道交通试运营前需完成各种验收验收、取得安全认证、通过各种评审,因此提前统筹考虑各项配套程序的启动,是确保线路按既定目标试运营的重要因素。

5　进度管理要点

(1)计划编制分阶段,进度管理分层次

一是建设的不同阶段编制相应的计划,围绕各阶段重点展开,合理分配人员、机械,后道工序未雨绸缪,做好筹划;二是各部门、各单位职责明确,分层次进行进度管控。

(2)未雨绸缪,以线路整体为大局,及时调整方案

一是根据工程实际情况,及时调整方案,尽量减少局部工点滞后对整体线路的影响。如合理增加封堵墙,具备条件的工区尽早施作,创造盾构始发条件,减少车站对区间的影响。

二是适当加大投入,如根据需要增加盾构机,矿山法隧道、高架区间增加作业面。

三是根据关键线路,提前考虑轨道和设备用房的布设,优化设计方案,使工序交接更为顺畅。轨排基地、轨排口等应根据外部条件和土建进展进行合理布设,一方面减少土建滞后对轨道施工的影响,另一方面要减少轨排口的布设对后期供电、信号等专业的影响。优化盾构区间始发及接收站的设备用房布局,将主要设备用房调整至不受盾构井影响的部位,减少盾构井对机电安装的影响。

四是工序交叉阶段的统筹协调应有大局意识,理顺工程推进主线,各专业的施工安排务必服从主线,见缝插针。

(3)进度实时监控,计划动态调整

利用信息化手段对进度情况实时监控和预警,同时利用进度的反馈及时对计划进行动态调整和总体控制。

宁和城际建设管理介绍和分析

韦玉亭

（南京地铁建设有限责任公司，南京　210017）

摘　要：本文对南京地铁宁和城际工程建设管理工作进行了介绍，对工程建设现场管理特点作了总结和分析，探讨了地铁建设模式多元化情况下业主方有效管理问题，以供同行参考。

关键词：地铁；建设管理；模式

1　引　　言

宁和城际历时五年建成通车，建设管理过程之复杂前所未有。参建各方主体的组织关系，大大增加了项目管理的难度，在以前的建设管理经历中没有先例可循。当前地铁建设模式的多元化趋势明显，对于业主方项目管理而言，必需适应这种新形势，创新流程方法，探索建管新路子。本文以工程建设现场管理部门的角度对宁和城际建设管理进行总结分析，希望对今后的工作有所帮助。对工程建设管理的两点基本看法：

（1）建设工程不同于一般产品，每一个工程都是单一的、具体的、复杂的，都具有自身的特点。地铁工程作为公益性市政基础设施项目，又不同于其他建设项目，其具有投资额大、建设期长、环境复杂、影响面广等特点，这些特点造成了地铁工程建设管理的复杂性和特殊性。

（2）管理是科学性和艺术性的统一，而其中管理者的素质至关重要。没有管理者的积极性和执行力，再好的制度措施都会落空。事情的发展往往会因为不同人的不同处理而产生大不一样的结果。

2　宁和城际管理特点

宁和城际一期工程东起南京南站，西至高家冲站，线路全长 36.22 km，其中地下线 14.13 km，高架线 21.365 km，地面线 0.425 km，敞开段 0.3 km。共设 19 座车站（含南京南站），其中地下站 10 座，高架站 8 座，地面站 1 座。全线设车辆段 1 座，预留停车场 1 座，主变电所 2 座，区间变电所 3 座，控制中心利用南京南控制中心。全线自南京南站起，沿路分别经过城南密集居民区、跨长江的大胜关大桥、浦口乡村地区，既有地下段，也有地上段，还有跨江段，沿线周边环境复杂，复杂程度也层出不穷。城南段全部采用地下线路形式，穿越密集居民区，沿线涉及各类居民区、学校、工厂、道路等，地下段普遍采用明挖及盾构施工形式。跨江段是目前南京市过江线中唯一以桥梁形式跨越长江的轨道交通线路，利用高铁大胜关长江大桥专用过江通道并与其合建，地铁线路与高铁线路在桥上并驾齐驱，是国内罕见的设计实例。江北段全部为高架线路，其穿越浦口广大乡村地区，规划条件不明朗，设计时既要考虑现有实际情况，方便施工，还要考虑与将来的规划道路（比如标高、宽度）以及规划区域功能相匹配。宁和城际工程于 2012 年 12 月 18 日正式开工，计划于 2017 年 12 月建成试运营。

2.1　建设模式和监管方式

宁和城际采取了三种建设模式，分别为代建、PPP 及自建。三种模式对应三家建设单位。地铁公司负责总体监管，由总工办、工程处先后牵头负责。土建工程采取代建模式，代建方为政府集中代建单位，具有丰富的建设管理经验，但对地铁的系统复杂性和专业间配合相对缺少经验；地铁公司主要跟踪进度信息和配合外部协调，以工作面交接为工作重点。设备工程采取 PPP 模式，PPP 方为南京南瑞和中铁二局联合体，以牵头方南京南瑞为主体成立了 PPP 项目公司并承担建设单位责任。在 PPP 项目招标时，还同时确定了各专业总集成+总承包+自行承包+分包的承包方式:南京南瑞承担系统总集成的角色;中铁二局承担施工总承包的角色。PPP项目公司首次作为建设单位,相对缺少工程建设管理经验;地铁公司主要指导帮助其开展项目建设管理,做好全方位协调服务,实施全面监管。

2.2　设计管理界面

初步设计、设计总体及施工设计(土建除外)由地铁公司管理,详勘和土建施工设计由代建方管理。设计总体为上铁院牵头的三家设计院联合体。在业主与三家总体之间、三家总体相互之间、总体与工点之间存在诸多界面,协调量大,多头管理。总体管理形总实散,不利于发挥设计总体作用。土建施工设计在代建协议中明确由代建方负责管理,但地铁公司实际上承担了大部分的协调管理工作,管理责任界面关系较模糊。

2.3　车站安装装修模式

车站风水电安装及公共区装修施工采取了分开招标的模式。其中风水电安装是PPP项目,全线19座车站由一个施工单位负责,定位为总承包下的专业分包,由PPP公司负责建设管理,中铁二局负责总包管理,地铁公司负责监管;公共区装修是自建项目,全线分为七个施工标段,由地铁公司自行招标和管理;安装及装修监理全线一个标段负责,由地铁公司自行招标和管理。管理模式复杂,管理界面交叉。为适应现场监管和管理要求,工程处按照分专业分区段进行了条块分工,项目工程师和工点专业一一人事对应,以地铁项目工程师为主,带动PPP项目工程师,抓住监理工程师,深入现场全面协调。

2.4　协调工作方式

宁和城际建立了由分管领导召集的联席会议协调机制,成立了三家建设单位联合参加的现场协调办。工程处在分管领导带领下,高度重视外部协调工作,深度介入克服外部条件障碍,在拆迁用地、市政接入、涉铁涉军等方面,通过高位协调使工程得以顺利推进。安装装修阶段交叉施工多,工作面相互移交,矛盾夹杂牵扯不清,比如移交条件、缺陷整改、垃圾清理不及时不彻底等。有些问题在其他线路可能都不存在,但在本线由于涉及多家建设、施工单位,就需花大力气去协调解决。有些在其他线路也会发生的问题在本线协调起来就会更加困难一些。比如预埋预留的问题、公网施工问题、垃圾清理的矛盾等。

2.5　工作面场地移交

宁和城际建设从总体上看工期是比较宽裕的,但相对于铺轨和安装来说,工期仍然较紧,主要是土建进度全线不平衡,工期跨度长。鉴于建设模式的特殊性,工程处把场地移交作为监管协调的关键,专门制定了《工程交接管理办法》,以促进工序转换为目标,以场地移交为抓手,不断倒逼土建合理安排工序,加快进度,组织安装单位提前进场,对接计划、排查问题和移交工作面。全线车站根据土建进度差别大的实际情况,采取安装单位在土建属地管理下先进场施工,再扩大作业地盘,最后正式接管并实现安装属地管理三步走的进场方案,按河西段、高架段、城南段的顺序具体到每个车站分块分阶段进行移交。全线在提供铺轨条件方面也有一些经验教训,工作面因盾构计划安排、联络通道进度、融沉注浆没有及时跟进等原因不能按计划移交铺轨。

2.6　大胜关段风险控制

大胜关段地铁工程总体分两个阶段,第一阶段已于2012年高铁通车前完成了与国铁合建段、并行引桥段的土建、轨道及接触网部分工程;第二阶段即本期实施部分,包括前阶段遗留工作以及后续土建、轨道、设备安装等工程。本期实施的地铁工程需要在高铁正常运营情况下施工,作为涉铁工程特别是邻近高铁营业线施工,安全要求高、手续办理难,涉及单位众多,作业环境复杂,夜间施工时间短、工效低、工期紧、任务重。工程处采取了一系列预防和保障措施,包括成立安全领导小组、组织上桥人员专项培训考试、明确包保领导负责、开展每日安全点评、严查违规、从严处罚等,通过积极主动的管理协调,最终攻克了大胜关涉铁段施工节点,顺利度过了这个重大安全风险,探索出了邻近高铁安全管理新模式。

3 经验和分析

(1)复杂的建设模式带来了复杂的责权利关系

同一条线路上采用多种模式混合的情形,在合同界面、工作界面和工序交叉配合上都额外增加了单一模式下不会出现的问题,增加了建设单位之间的协调界面。地铁公司对工程进度、质量等方面的管理从直接变成间接。不同单位多以自身角度考虑问题,难以达到理想的合作效率。在本线建设过程中,三家建设单位管理者在工作过程中立场和思路的差异是客观存在的。在混合模式中,地铁项目工程师管理能力得到了锻炼,但确实也存在着精力分散、能量不够的问题;而另一方面,PPP 公司和总包单位并没有配备得力的现场管理人员。虽然也安排人员,进行了分工,但大部分人员角色定位不清、责任担当不强,工作中缺乏管理经验,缺少督促协调。

本线项目管理的指令关系复杂程度远超一般线路,而工程处常常处于想深深不得、想浅浅不得的尴尬境地。从工程处与代建方、PPP 公司的关系来讲,承担着多重角色,既是教导队又是督战队,既做指挥又做替身,出于工作的需要往往要越位、补位。工程处以及时协调解决问题和矛盾,有效推进现场进度为主要工作方式和目标,以我为主、居中协调、主动出击、关口前移、前逼后拽,在建设过程中发挥了重要作用,保障了宁和城际顺利通车,实现了工程项目管理的目的和效益。

(2)设计联合体中的总体总包管理必须集中强力

所谓集中强力,就是一家管、总负责、管到位,关键是要管到位。宁和城际这种组织分工增加了总体在设计信息管理上的难度,增加了协调的工作量和难度,也弱化了设计总体方面的控制。比如,施工图纸中出现不少的设计疏漏,既有工点院设计人员流动变化和缺乏经验的原因,也有总体把关考核不到位的因素。一般设计人员对工程施工缺少认识,对现场条件变化和问题不敏感,在施工图后由于设计原因提出的修改较多,尤其是涉及不同专业不同单位提资的接口问题。从合同界面和工作界面上看,也存在一些问题复杂纠缠。

(3)实行大标段监理存在优点,但风险同样很大

实行大标段监理是否成功取决于监理单位的人员投入。初衷是利用一家监理单位总揽,解决各专业接口,协调施工矛盾,提高现场效率,加强总体控制。但由于中标监理单位不够重视,仍以老观念应对,刚开工就把总监、总代全部变更,过程中总代和专监配备不足,而一般监理人员多是为项目而临时外聘,造成现场监理发挥作用不够,没有达到预期设想的效果。许多应由监理做的事需要项目工程师不断操心督促。监理单位难以在一个项目上提供质量、数量符合合同要求的监理人员,一是出于成本考虑,二是合格监理从业人员短缺。一旦项目配置的人员质数不足,必然使得大量工作集中到少数的监理身上,尤其总监必然分身乏术疲于应付。

(4)市政接入工作启动早、进度慢

给排水接入因代建方管综设计报规工作没有抓紧,等到安装结束要调试时,规划设计要点还没有报进窗口。给排水接入的施工图设计一开始也没有明确设计单位。过程中 PPP 公司执行不坚决、不重视,直到 2017 年 4 月份才实质性开始,但已经极大地影响了风水电安装工程的调试和验收工作。经过现场多次协商才确定:管综报规仍由代建方办理;排水施工图设计纳入施工合同由 PPP 公司委托排水公司实施。现场施工和报规同步走,但现场还是遇到了因缺少规划要件无法办理占道挖掘手续的困难。管综规划手续应该提前办理完成,避免后期被动受制。同时,要整体考虑室外工程及环境衔接,尽早梳理车站出入口与市政道路衔接、站外周边环境整治等方面存在的问题,积极与地方协调,提前制定解决方案。

4 总结和建议

近年来,地铁建设不断加速,短期内大规模集中建设带来了巨大的投资压力和建设管理压力。项目实施阶段的建设管理模式依照不同的合作方式而呈现多样化,如 PPP 模式、代建模式、工程总承包模式、大标段施工总承包模式等。如何适应不同模式下的项目管理是需要我们不断思考的问题。这里主要结合宁和城际建设管理经验提四点思考。

(1)在多方共同行使建设管理权的情形下,合同结构和指令系统极其复杂。建设过程中,地铁公司的管理权力和手段被转移和分散,不同利益方基于不同立场,难以统一思想和力量,弱化了对工程的控制。在PPP方或其他建设方不能代替地铁公司实现强力和有效管理的情况下,工程进度、质量等各项控制目标必将难以达成。地铁工程系统复杂,对建设管理的经验和能力要求极高,相对地铁公司而言,一般的社会投资人并不具备技术和管理上的优势。PPP作为一种融资和项目管理模式,应该有利于充分发挥各方的优势,社会投资人具有经济上的优势,而政府部门在基建领域管理上无疑具有比较明显的优势。因此,无论投资主体如何变化,地铁建设主体不宜太复杂。

(2)在当前的PPP模式下,地铁项目工程所有权、建设权和管理权被分离、重构、组合。虽然每个项目的具体模式都不尽相同,但一般而言PPP中标人既负责投资又负责建设,同时也是供货和施工承包人。虽然PPP项目由社会投资人在履行建设单位管理职责,但现阶段,由地铁公司对项目建设实行适度从紧的过程监管仍十分必要。从监管者角度看,地铁公司需进一步理顺责权对应的关系,厘清各方责任界面和权利清单,解决有效监管手段的问题,加强对企业业绩、信誉、人员资格等方面的评价和运用,运用市场化管理方式,按照合同、规范、法律法规制度,加强对PPP方的控制力,对企业不合理的短视逐利行为进行约束,实现对PPP项目及参建各方主体的监管。

(3)现场管理就是管人理事。在PPP模式或者其他非自建模式中,多少都会存在隔靴搔痒的问题。命令式的工作方式已难以奏效,必须适应协商开展工作的方式。因此,为确保业主的意志和要求得到有效贯彻执行,项目管理者需以专业的水平和敬业的精神,加强业务指导与人际沟通。项目工程师应精通业务,既要熟悉工程技术,更要擅于项目管理,了解建设程序,掌握设计前期到移交运营整个过程各个阶段的工作重点,具体过程中抓好、用好监理,强化材料进场、工序报验和隐蔽验收等重要环节的检查监督。只有做到心中有数、胸有成竹,才能做到统筹安排、善始善终。

(4)在混合建设模式下,稳定的施工图纸和明确的施工界面可以大大减少现场实施时可能发生的问题和矛盾。工程现场管理部门应尽早介入项目,重视图纸会审和设计交底,把施工图复核作为管理重点,尤其是土建预留预埋、标高等关键位置复核。设计工作要超前。设计超前不仅是为了满足现场施工对图纸的需求,更是为了保证足够的设计深度,尽量减少因设计疏漏对施工的影响以及由此产生的变更。不同建设单位工作界面要明确合理地设置设计接口,比如在建筑图中增加施工界面的说明、考虑有利于合同界面划分的设计方案等。

宁和城际 PPP 项目系统调试管理总结

胡　冬

（南京地铁建设有限责任公司，南京　210017）

摘　要：城市轨道交通联调目的是为了更可靠、更安全、更舒适的运营，是建设转向运营的关键一环。乘客及时、安全舒适到达目的地是运营的主要目标，系统联调从技术的角度进行统一考虑和验证，从系统角度验证各设备之间的接口技术，整合各设备系统的技术性能和使用功能，实现各设备系统在同一技术水平、同一管理模式、同一安全认证平台上，机与机、人与机之间有序可控、安全可靠地协调运转。

关键词：轨道交通；系统联调

1　联调联试的重要性

宁和城际是南京地铁首次设备系统采用 PPP 模式的线路，由南京南瑞及中铁二局成立南京宁和轨道交通建设发展有限公司作为 PPP 建设方进行管理，负责全线车站、系统设备工程的施工招标、质量安全、技术、合约等管理。南京地铁集团受南京市委、市政府的委托，对宁和城际轨道交通一期工程的土建代建工程和车站、系统设备 PPP 工程进行监管，并对全线装修、轨道及车辆工程进行建设管理。

联调联试可以实现地铁设备系统的有机集成，对其进行技术修正和完善，实现设备系统之间的最佳整体匹配和整体性能，验证和确认各系统设备的可靠性、可用性、可维护性及安全性，提高系统安全性，全面、系统地检验各系统的实际功能是否达到开通运营的标准以及系统间是否可按设计要求协同运作，为运营提供成熟的技术系统。

由于轨道交通专业众多，接口纷繁复杂，对联调联试的组织能力提出了非常高的要求，在开展联调联试工作之前，要编制联调联试的总体方案，方案评审通过后，按照联调联试方案的要求开展相关的工作。

在联调联试过程中，明确调试的牵头单位和配合单位，明确分工，相互协作，相互配合，提高工作效率。在宁和项目中，确定了供电、通信、信号和综合监控四大牵头专业，统一指挥，发挥大平台的协调作用。在联调联试工程中，负责进行现场协调、跟踪，有力组织相关单位到场及时开展工作。

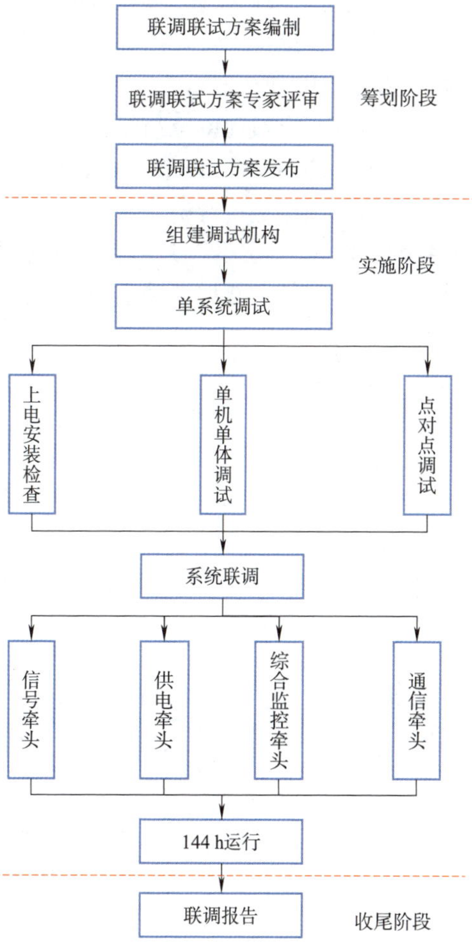

图 1　联调联试整体流程

2　联调联试的整体流程

一个完整的联调联试包括三个密不可分的阶段，分别是筹划阶段、实施阶段及收尾阶段，涵盖了方案编制、专家评审、方案发布、单系统调试、联调、144 h 测试、生成报告等多个方面和环节，如图 1 所示。

3　调试方案编制

3.1　单系统调试方案编制

根据宁和城际项目特点，由监理单位牵头组建系统单调指挥部，全面负责组织对 PPP 项目范围内的各专业或系统进行 3 个月左右的系统单调，为后续的系统联调奠定坚实的基础。

为保证系统单调工期的实现，单调指挥部将对各专业系统的设备进场、安装施工、单调前的安装检查、各系统单机调试、系统间的点对点或端到端调试进行全过程管理，确保各专业单调工期计划节点按时完成，为联调奠定坚实基础。

根据车站安装完成情况及车站电通的情况，分江北段、江南段、过江段进行系统单调工作，并对单调计划实行动态管理、短板管理，对于调试进度滞后的专业，采取联系单、函件形式进行督促，及时解决调试问题。在问题解决前，在保证安全的前提下采用模拟条件跳过问题区域，确保完成调试任务和计划，做到调试工期管理有序可控。

3.1.1　单调工程范围

宁和城际轨道交通一期工程 PPP 项目全部系统或专业。从江北车站电通开始进入 3 个月系统单调期。宁和城际单系统调试管理及服务包括但不限于以下内容：

(1)单调前的安装检查

设备安装到位、线缆敷设接续成端等是单体/单机调试前的首要条件，为确保单调顺利推进，减少单调过程中因施工安装造成的反复或返工，提高调试效率，各系统在进行单调前要充分进行安装检查。需确保设备安装规范、线缆敷设接续符合图纸要求、电源系统配置正确，上电检查需顺利通过等，为后续单调做好准备。

(2)系统单体/单机调试

安装检查后，由监理单位组织系统单体/单机调试，逐个对设备单体进行上电调试，确保本体设备的各项功能均能符合合同和技术规范的要求。

(3)点对点或端到端调试

系统单体/单机调试结束后，就具备开展点对点或端到端的调试，按照 100%的比例，测试从现场设备到远端监控终端，在整个数据链路上的一致性、正确性等。

3.1.2　系统单调工作流程

宁和城际 PPP 项目系统单调工作流程如图 2 所示。

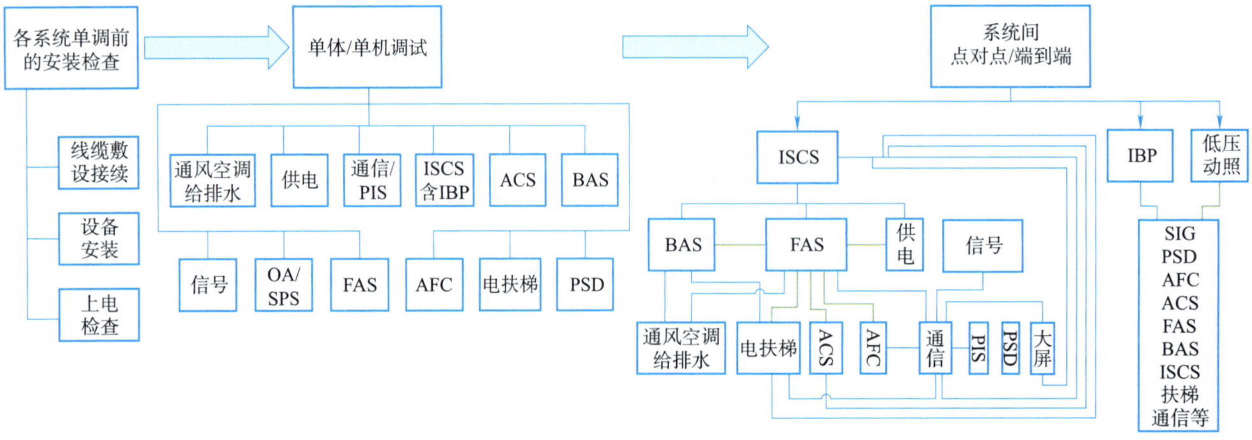

图 2　宁和城际 PPP 项目系统单调工作流程图

3.2 联调联试方案编制

3.2.1 联调工作范围

宁和城际轨道交通一期工程 PPP 项目的联调范围包括：供电、通信、综合监控、售检票、火灾报警和气体灭火、站台门、电扶梯、通风空调给排水、导向、乘客信息、车辆段工艺设备、信号系统或专业之间的联调联试，以及 PPP 范围内的系统或专业与 PPP 范围之外的系统或专业之间的联调联试。

3.2.2 联调总体工作流程

根据宁和城际项目特点，督促项目公司组建综合联调指挥部，全面负责组织对 PPP 项目进行 3 个月左右的综合联调，使这些设备系统结合成一个有机整体来满足运营需求。

根据轨道交通的特点，综合联调大致可以划分为以下三个阶段：

(1)第一阶段——接口分析和识别

城市轨道交通联调联试作为一项综合性的多专业的测试工作，涉及系统众多，系统之间的接口功能繁杂，因此在开展联调工作之前，应该开展接口分析，确定各个测试项目所涉及的相关接口系统及相关接口功能，为开展每个测试项目的具体方案设计奠定基础。

在完成联调联试接口分析和流程分析之后，以接口分析确定联调联试的基本流程，描述各项测试工作与相关系统验收测试的关系，以及各项测试工作自身开展的大致顺序，为联调联试测试人员及各接口相关方明确联调联试主要工作及流程提供一个清晰、易于理解的指南。

(2)第二阶段——联调实施

联调实施阶段是整个联调过程中最为关键和重要的环节，包括限界检测及冷热滑，关联系统联调，与行车/运营相关系统联调，全线系统联调。

1)关联系统联调。

关联系统调试是指在单项设备系统安装、单系统调试完成后，对具有接口联系的设备系统间的联合调试。联调内容包括相关设备的接口功能测试、相关设备系统联动测试。通过具有接口联系的相关设备系统调试，保证接口正确、信息传递无误，系统能够正常联动工作。

2)与行车/运营相关系统联调。

行车相关系统调试是指列车与列车运行有关的设备系统按照各种列车运行模式进行的联合调试，对列车、中央及车站调度控制、相关行车设备的功能及工作状况进行测试。运营相关系统调试是指与运营相关设备系统按照车站的各种工作模式进行的联合调试，分车站控制级联调和中央控制级联调两个层次，分别在每个车站进行车站控制能力及车站设备系统的功能测试，然后在中央控制中心内对整个城市轨道交通线车站设备系统进行功能测试。

3)全线系统联调。

全线系统联调是指在行车相关设备系统调试和运营相关设备系统调试完成后进行的全线设备系统总联调，目的是按照城市轨道交通运营的要求，验证城市轨道交通各设备系统能结合成一个有机的整体，满足城市轨道交通安全、正常运营的需求，并适应城市轨道交通的各种运营模式和各种紧急情况下对设备系统的要求。

(3)第三阶段——三权移交及试运营准备

在综合联调的基础上，完成三权移交，做好 3 个月的试运行，包括协助值班值守。通过不载客模拟试运行检验各系统设备间运行磨合情况、检验运行图要素，初步建立调度体系、行车值守体系、现场安保体系、车辆司乘服务体系、维管体系，开展试运营各项培训工作，为宁和城际载客试运营做好充分准备。

联调联试工作千头万绪，每个阶段的工作都非常重要，都会直接关系到联调的进度及最终成效，因此必须予以充分重视。为保证综合联调工期的实现，对各专业系统的设备进场、安装施工、各系统单机调试完成进行全过程管理，确保各专业总工期计划节点按时完成，为联调实施阶段奠定坚实基础。

宁和城际 PPP 项目系统联调的主要流程如图 3 所示。

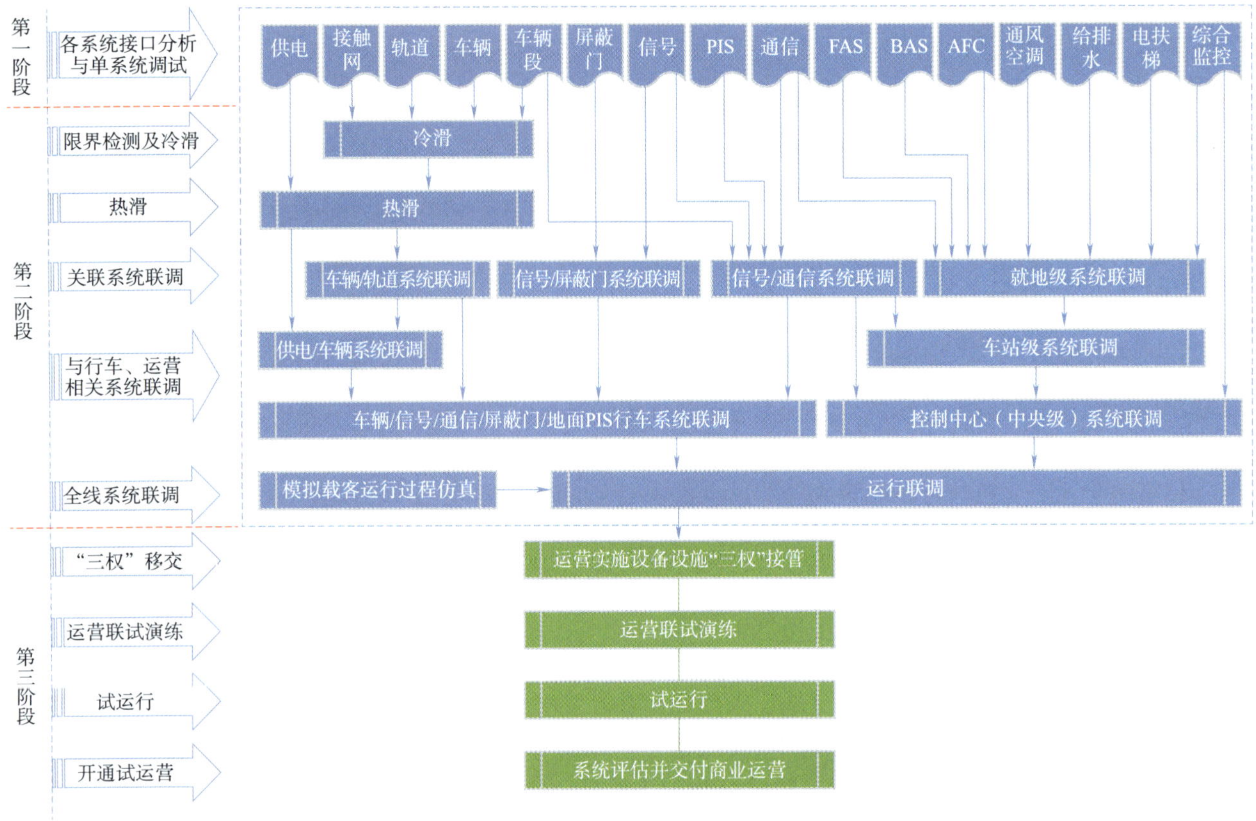

图 3　宁和城际 PPP 项目系统联调总体工程流程图

3.2.3　联调接口管理

(1)联调整体接口关系

轨道交通建设是一项系统工程，其涵盖的子系统多、综合性强、技术复杂，各子系统有相对独立性和整体性又具有相互间的密切关联性，使之在硬件连接上和软件协议上存在众多接口。

宁和城际轨道交通 PPP 项目公司承担的工程范围包括以下子系统：供电系统、通信系统、信号系统、综合监控系统(包括主控系统 ISCS、环境与设备监控系统 BAS、门禁系统 ACS、安防系统 SPS、办公网络自动化系统 OA)、自动售检票系统(AFC)、乘客信息系统(PIS)、屏蔽门系统(PSD)、防灾报警系统(FAS)、通风空调给排水系统、自动扶梯(电梯)等。

宁和城际轨道交通各系统相互关联示意图如图 4 所示。

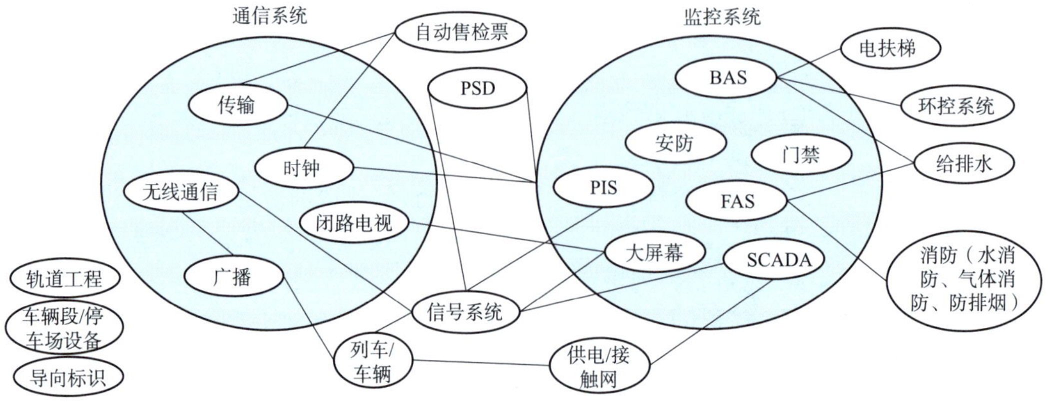

图 4　宁和城际轨道交通各系统相互关联示意图

(2)联调接口识别矩阵

宁和城际的接口纷繁复杂，为保证联调过程中各项接口功能得到充分测试，需分析和认识接口的复杂性和重要性，对各项接口进行充分的梳理和分类，编制接口汇总表，明确接口编号、名称、功能、类型、接口协议等。形成接口识别矩阵，如图 5 所示。

专业名称	轨道	车辆	信号	供电	通信	PIS	ISCS (含 PSCADA)	BAS	ACS	FAS	AFC	通风空调 给排水	PSD	电扶梯
轨道		★	★	★										
车辆			★	★	★	★	★						★	
信号(牵头)				★	★	★	★						★	
供电(牵头)					★		★							
通信(牵头)						★	★							
PIS							★							
ISCS (牵头)								★	★	★	★		★	★
BAS										★		★		
ACS										★				
FAS											★	★		★
AFC														
通风空调给排水														
PSD														
电扶梯														

图 5 宁和城际 PPP 项目接口识别矩阵图

4 联调组织与实施阶段

4.1 设立调试样板站

在单系统调试和联调期间，选择某个条件较好的车站作为调试样板站，由项目公司组织相关设备、施工单位集中全部力量，攻克样板站调试过程中遇到的各种问题和困难，形成经验和教训，并推广复制到其他车站，提高调试的效率。

4.2 PDCA 循环

在编制联调计划过程中要遵循“整合资源、统筹规划、灵活安排”的原则，由联调项目组依据工程建设及设备系统现状功能条件，按照分期、分段、分批、分级形式编制计划，根据项目之间的相关性采用多项目、同一时间平行作业模式安排，提高时间、空间和人力等资源的利用率。

执行中要全过程、全方位督导和检查，设计、监理、业主、承包商等要步调一致和协调运作，保证各项目均能高效有序开展；要定期(每周)形成一份联调周报。

执行后及时总结，分析问题的原因，提出整改措施及计划，跟踪整改结果，并进行补充测试。

4.3 问题跟踪表

问题责任单位须按整改期限完成整改工作，逾期未完成整改且无正当理由的，按综合联调管理办法进行考核。

受现场条件限制未完成调试或整改的内容，由项目执行组组织跟进，待条件成熟后及时开展联调或复测工作，确保问题收口。

试运行前，所有 A 类问题须 100%完成整改；试运营前，所有 B 类问题须完成整改。

未按期完成整改的问题，由责任单位出具书面说明并制定整改计划进行整改。

5　联调收尾完善阶段工作

联调联试及 144 h 测试结束后，编制联调联试报告，详细描述单系统调试和联调过程中出现的问题、解决方法、遗留问题及后续的处理时间等。

对单系统调试和联调联试的整体情况进行统计梳理，通过表格或图表的形式，反映出单系统调试和联调联试的项目，标明已完成的项目及所占百分比，并给出联调联试的结论。

宁和城际车站装饰装修工程现场管理

王延长

（南京地铁建设有限责任公司，南京　210017）

摘　要：宁和城际采用代建、PPP和自建三种建设模式，装修是地铁建设形成工程实体的最后过程，装修工程推进往往受制于土建、系统和安装专业。本文主要介绍在多种建设模式并存下，装饰装修工程现场管理中采取的具体有效措施，并对实际中碰到的问题进行思考和总结，供类似工程建设项目参考。

关键词：装饰装修工程；代建；PPP；自建；管理；协调

宁和城际一期工程起自南京南站，止于高家冲站，线路全长36.22 km，其中地下线14.13 km，高架线21.365 km，地面线0.425 km，敞开段0.3 km。共设19座车站，其中地下站10座，高架站8座，地面站1座。全线设桥林车辆段1处，预留双龙停车场1处，设主变电所2座，利用南京南主变电站并新建朱石路主变电站，共享南京南站控制中心。宁和城际建设模式复杂，土建工程由南京市公建中心代建，系统和安装工程由PPP方负责，轨道、装修和绿化工程由南京地铁公司自建。装修是地铁建设形成工程实体最后过程，装修工程推进往往受制于土建、系统和安装专业。由于宁和城际整个工程被割裂后交由三方管理，大大增加了交叉协调工作量，弱化了协调力度和成效。针对工程实际情况及管理中出现的问题，我们不断总结和创新管理方式，顺利完成了装修工程，为高标准开通宁和城际奠定了坚实基础。

1　推行装修工程管理表格化

地铁车站装修工作琐碎、材料种类繁多、专业交叉多，管理工作繁重，表格化管理目标明确、条理清楚，在装修施工管理中发挥了提纲挈领、纲举目张的作用。

（1）装修施工准备中推行《车站装修工程主要施工准备工作进度表》，将报监、开工报审内容（施工组织设计、工程用材料和设备、首道工序的分项施工方案、施工测量、工程总进度计划、开工报审附件）、主要施工方案、安全协议、甲供材计划（总计划、单次/首批计划）、排版图、深化设计等主要准备工作梳理出来，明确完成时间，制成表格，通过定期和不定期对表格内容进行检查落实，牢牢抓住了推进施工准备的主动性。

（2）甲供材料管理是装修管理工作重中之重，制约装修工程进度。通过采用《装修甲供材料供应计划台账》，明确供应单位、材料名称、总计划数量、首次申报数量及日期、首次进场数量及日期、二次申报数量及日期、二次进场数量及日期等，使琐碎而又重要的甲供材管理工作简单化、条理化、明晰化。

（3）装修工程是地铁建设的最后一项工作，工作面受制于土建和安装工程，特别是装修单位准备封板时，系统和安装单位还有线槽、线缆、设备支架等未安装到位，为了保证装修工程进度，避免出现装修单位等工作面情况，提前组织装修、系统、安装和监理单位梳理影响装修工程封板的各专业剩余工作，主要包括风水电专业（顶棚喷黑、线缆布放、防火封堵）、通信专业（时钟吊架及线缆、摄像机架及线缆、扬声器吊架及线管、天线及线管）、综合监控专业（线槽及管线布设、传感器）、乘客信息专业（线槽布设、显示屏底座吊架）、信号专业（线缆布放、紧急停车按钮、LED导向屏、发车计时器）、火灾报警专业（线缆布放、烟感及温感、手报及电话）、扶梯专业（出入口扶梯、站厅-站台扶梯）、电梯专业（地面-站厅电梯、站厅-站台电梯）、屏蔽门专业，约定各专业剩余工作完成时间，以《车站装修隐蔽工程筹划表》的形式予以明确。

（4）装修施工中各方高度重视大面工作进度，但到了收边收口阶段，往往出现拖拖拉拉现象，总是几个月收不了口，为了防止这种现象出现，我们采用《装修工程收尾工作销项表》，梳理剩余收尾工作内容、明确完成时间、跟踪当前进展、提出需要协调解决的问题，极大方便了现场管理，大大加快了装修扫尾工作。

(5)资料管理是工程管理的重要部分,也是一项老大难问题。通过《装修工程资料推进表》,将工程变更(变更上会、变更立项、变更完成、变更指令)、移交档案馆资料、移交地铁公司资料、竣工备案(轨道站)、竣工结算等纳入一张表进行管理,取得了良好效果。

2　装修排版图和图纸深化设计管理

装修排版图绘制和深化设计是装修施工的龙头工作。装修施工单位拿到施工图纸后,立即要求施工单位复核现场结构尺寸,核实预留孔洞位置和数量,核查装修设计图纸和工程实体是否存在差异,同时根据甲供材深化设计资料,开展内装排版图绘制、地下站出入口雨篷和高架站外幕墙深化设计工作。

装修材料的下单直接受排版图绘制进度和深化设计进度影响,定期组织由设计、装修施工和监理、安装和系统单位参加的专题会,检查图纸绘制进度、梳理相关预留工作、协调专业接口问题、解决工作推进中的困难。装修单位绘制完排版图、完成深化设计后,组织设计、安装、系统单位集中会签,提高出图工作效率。

3　以甲供材管理为抓手,保障材料按时按量保质供应

按公司相关管理制度,排版图绘制完并按规定走完层层审批流程后,装修施工单位才能据批复的排版图上报标段甲供材需求总计划,根据工程进度上报甲供材单次计划。然而装修排版图从绘制到批复一般需要两个多月时间,甲供材又需要 15～35 天供货时间,按常规流程下单将严重影响现场工程进度,因车站装修材料中标准板数量占大多数,经与计材处充分沟通,采取先报部分标准板单次需求计划的方式,保证了现场装修工作面不会出现等料现象,为装修工程进度争取了宝贵时间。

在甲供材管理中与计材处密切配合,作为工程管理处,我们督促装修施工单位及时上报甲供材需求计划,计材处协调督促供应商按时供货。同时建立了供应商自控、材料进场后施工和监理单位检查和抽检、检测中心和工程处及计材处抽查等层层把关的甲供材质量控制体系,确保形成工程实体的材料符合设计和规范要求。

将甲供材供应商同装修施工、监理单位一道纳入现场管理范围,要求供应商定期和不定期参加工地周例会,检查供货计划落实情况,商讨解决材料供应中的问题。针对工点具体问题,经常组织供应商、施工、监理单位召开现场专题会,加快甲供材料供应,推动质量缺陷整改,协调与装修单位配合问题。

4　装修施工单位、监理单位管理

4.1　装修施工单位管理

装修单位进场后,立即组织装修施工和监理单位,现场查看装修工作面情况,梳理土建、安装和系统单位制约装修施工问题,包括剩余工作、遗留问题、设计“错、碰、漏、缺”问题等,研究制定工作面移交计划,组织召开由土建、安装、装修和监理参加的协调会,明确责任单位、完成时间表。

以计划管理为抓手、甲供材供应为保障,推进装修工程进度。个别装修标段在施工中也一度出现进度滞后问题,采用直接与施工单位、作业班组一起倒排工期、定期检查分析进度偏差、一起研究纠偏措施等方法,还采取要求装修单位上报公司包保领导,进行约谈直至要求公司派人蹲点等措施,在装修施工进度管理中取得了显著效果。

以项目工程师日常检查和部门月度检查为抓手,强化装修工程质量和安全管理。项目工程师每天巡查各自负责工点,纵向到底、横向到边,及时发现质量缺陷、安全隐患苗头,防微杜渐,抓早抓小,参加每周监理例会,对一周工地情况进行点评,肯定成绩,指出问题,督促整改,跟踪检查。每月部门长带领项目工程师、监理人员开展全线装修工程质量安全专项检查,还经常邀请安装施工单位和监理单位的骨干力量作为专家参加,当即形成检查通报,明确责任人,落实整改时间,并进行跟踪复查,实现问题闭环管理。

4.2 监理单位管理

宁和城际全线共19座车站，一家监理公司承担了全线系统安装、装修监理工作。监理工作量大、任务繁重，现场监理人员数量、专业涵盖宽度及深度离项目和业主的要求存在差距。通过约谈和按公司相关管理规定发牌警示，要求监理单位调配人员。同时，采取多种方式培训监理人员、传授工作方法，组织监理人员学习相关规范和公司相关管理制度，还聘请专家授课，讲解城市轨道交通装饰装修常见问题及质量控制措施。通过“传、帮、带”逐步提高监理单位的管理水平，一家监理公司统一协调各家施工单位的优势逐渐显现出来。

5 装修工程协调管理

5.1 建设联席会和现场协调会

鉴于宁和城际多种建设模式并存的现状，为了便于沟通，及时协调解决问题，建设联席会和现场协调会发挥了极其重要作用。建设联席会由公司分管副总经理召集，每月召开，代建方、PPP方、代建处及公司相关部门、设计、施工和监理单位参加，统一思想，明确目标，解决工程建设中重大问题、疑难问题。现场协调会由代建处处长召集，每周召开，代建方、PPP方、代建处及公司相关部门、设计、施工和监理单位参加，督促落实建设联席会商定事宜，解决现场提出的具体问题。以“宁和城际第××次现场协调会问题跟踪表”对新发现问题和历史遗留问题进行分类汇总，从“问题描述”“问题解决方案”“提交时间”“责任方”“会议处理意见”“督办人”等纬度追踪问题直至解决销项，每周现场协调会后，以现场办会议纪要的形式将“宁和城际第××次现场协调会问题跟踪表”分发到代建方、PPP方等相关单位落实整改。通过建设联席会的高位协调、现场协调会的点对点推进，高效解决了制约装修施工的方方面面问题。

5.2 充分利用现代社交软件，直观、及时、高效解决现场问题

装修施工期间，我们将QQ群作为重要管理手段，根据不同被管理对象建立不同QQ群，现场管理层在一线发现问题后，要求第一时间在群内进行通报，并尽可能以图片形式进行直观反映，问题解决后，整改方须以图片形式在群内反馈整改结果。利用QQ群解决现场问题，收效显著。其一，许多问题无需到现场协调即可解决，让管理者腾出精力和时间解决工程其他问题；其二，问题在QQ群内被通报后，使责任方倍感压力，起到督促作用，加快问题整改速度；其三，管理者能便捷、及时、直观地掌握现场情况。

5.3 其　他

由于宁和城际PPP合同变更条款苛刻，只有符合重大变更条款的项目才予变更，在装修施工中，经常出现安装与装修位置冲突现象，有时安装单位必须调整位置(如配电箱、消防箱与墙面门板位置冲突)，这将导致安装单位成本增加。此时协调安装单位配合调整非常困难，往往要花费大量时间和精力，不得不绕过PPP方以南京地铁业主的姿态对安装单位进行“施压”。

6 竣工资料管理

抓实抓牢竣工资料编制、归档、移交和竣工结算资料编制。为防止工程完成后，施工、监理单位思想松懈、人员变动，导致竣工资料和竣工结算资料迟迟不能移交和上报问题，我们积极采取有效措施，在宁和城际开通试运营后，仍坚持每周召开工地例会，将自管的七个装修标资料员集中到现场项目部一起办公，项目工程师轮流值班，指导、检查竣工资料编制工作。项目工程师在部门领导带领下、质安处帮助指导下，心下沉、脚下走，潜心钻研公司档案管理办法、表格填写要求等，避免出现资料返工现象。

7 几点思考和建议

(1)宁和城际设计总体单位由中铁大桥院、中铁上海院和中铁隧道院组成的联合体担当，各家分管一块，

未能形成有机统一的整体，缺少一家单位统领全局，全线标准不统一的情况时有发生，现场出现问题后，责任不明确，总体单位应有的作用未能全部发挥出来。建议后续新开工项目设计总体单位由一家具备相应资质的单位担任，以便责任明确、技术标准统一，避免出现推诿扯皮现象。

(2)合理控制装修施工标段工作量。宁和城际部分装修标包含四座车站装修任务，现场管理中，经常发现装修单位力不从心、管理人员不足、乙供材供应不及时、赶工期间工人组织不上去等诸多问题，建议后续新开工的项目采用小标段管理模式，装修标段按 2～3 个标准站或一个标准站和一个非标准站的体量进行划分。

(3)建议后续新开工项目一座车站的安装、装修工程由一家单位施工，且以一家监理单位监理 2～3 家安装装修单位为限，全线系统工程另外委托一家实力雄厚的监理单位，这样监理单位工作量适中、责任明确，人员易于配备，利于现场管理。

城市轨道交通报批报建工作管理回顾

陈小娟

（南京地铁建设有限责任公司，南京 210017）

摘　要：随着我国城市轨道交通的快速发展，项目管理在工程建设中越来越受到重视，前期报批报建工作是工程项目管理的重要组成部分。报批报建工作涉及的审批部门多、周期长、内容繁琐，其进度的快慢直接导致工程能否按期实施，因此提高报批报建工作的效率很有必要。本文就南京市轨道交通建设项目前期报批报建工作项目背景，报批报建工作内容，提高项目报批报建工作的效率，优化项目前期管理体系等方面，分析如何提高轨道交通建设项目报批报建工作的管理水平。

关键词：城市轨道交通；报批报建；项目管理；效率

0　引　　言

根据《南京市城市轨道交通第二期建设规划（2007—2030）》线网规划，南京市中心城区城市轨道交通线网由15条线路组成，总长约520 km；另规划有8条都市圈快速轨道线路，全长295 km（南京行政区划范围内长度），总长约815 km。

目前已开通运营的线路有地铁1号线、2号线、3号线、4号线一期，10号线一期、城际S1线、S3线、S8线、S9线，即将开通运营的线路S7线，总长度约378 km，在全国已开通运营地铁的城市中位列第四。以上线路的开通，有效解决了沿线甚至整个城市的路面交通拥堵状况，也极大方便了市民出行，为南京城市的发展做出了不可估量的贡献。

在“十三五”期间内，仍有12条线路要建设，报批报建工作量大、任务紧，如何又好又快完成前期报审工作计划管理，是项目顺利实施的关键。

1　报批报建工作内容

城市轨道交通建设项目前期报批报建工作内容从大的方面来分，主要包括规划、国土、消防、人防、防雷、规费等报建手续的办理。

（1）规划报建是前期报建中工作内容最多，工作量最大的阶段，同时也是后续手续办理的前置条件。主要内容为控地修编上报、历史文化名城保护专题上报、规划外部条件入库，项目选址意见书、建设用地规划许可证、规划条件、规划设计方案审查意见、规划许可证、规划条件核实等内容。而在办理项目选址意见书、方案审查意见之前又要征求水利、文物、园林、铁路等相关部门的意见。例如南京地铁6号线在办理项目选址意见书前要征求意见的相关部门：中山陵园管理局、市园林局、住建厅园林处、市规划局、市文广新局、省文物局、国家文物局、市水务局、水利厅、上海铁路局等，征求意见之前需向以上部门进行多轮方案汇报直至该部门同意。以上所有工作都是为了顺利拿到工程建设所必须的两证一书，即项目选址意见书、建设用地规划许可证、建设工程规划许可证。

（2）国土报建主要内容为用地预审意见、土地证或土地划拨手续的办理，涉及农用地的，还需办理农用地征用手续。

（3）消防报建主要包括前期技术咨询及施工图审查，由于轨道交通前期规划手续办理周期较长的特殊性，为了保证工程尽早开工，在建设工程规划许可证办理完成之前，主要是与消防审查部门进行频繁沟通，在满足消防审查要求的情况下，办理消防设计技术咨询意见。待建设工程规划许可证办理完成之后，再办理消防设计审核意见书。

(4)人防、防雷的工作内容和办理流程基本类似,在施工图完成后办理相应的审查合格意见书。

(5)规费报建内容主要是指城市基础配套费及人防异地建设费的申报和缴纳。

2 提高项目报批报建工作效率

城市轨道交通建设项目的报批报建工作内容繁杂,各个步骤紧密相连,环环相扣,必须完成上一步工作,待材料完备后方可进行下一步的工作,一个环节出问题,后面的所有步骤都无法进行,加上涉及的部门多,导致整个报建工作难度极大。报建工作的进展直接影响工程的进度,所以提高报批报建工作的效率至关重要。那么,在我国现今的情况下并结合南京市的具体情况,如何提高项目报建的工作效率,总结的方法如下:

(1)首先从人的方面入手,人是一切事物进行的主体。一个高素质的报建人员可以起到事半功倍的效果。报建工作需要的是沟通能力和口才良好、专业知识扎实的工作人员。良好的交流能力和口才不仅具有亲和力,还可以让对方很容易从报建人员表达的内容中清晰地获取需要的信息,这样可以节约时间,提高工作效率。一名优秀的报建人员还必须具备扎实的专业知识,充分了解工程建设项目报建工作的工作流程和各个环节的具体要求,搜集整理资料,对各个环节的工作及时作出准确反馈。

(2)最近几年南京地铁同时开展多条线路的建设,报建工作必须同时进行。大量的工作仅靠一两个人的力量是无法承担的,这时就需要一个专业的、高效的、合作默契的工作团队来完成。但具体到每个人如何分工,是采用纵切模式,还是采用横切模式,要根据项目的具体情况具体选择。

纵切,即每个报建工作者只负责一个工程项目的报建工作,从头到尾全权负责。这个方法的优点:便于报建人员掌握自己所负责的项目全局,制定报建计划,熟悉各个阶段进展及各个环节之间衔接情况。但缺点也有,报建的程序复杂,环节多,涉及专业面广,一个人的能力和专业知识是有限的,不可能对每个环节的工作都熟悉,由于报建工作具有连续性,如果其中一个环节出了问题,就会影响后面所有工作的进展。

横切,是指把报建工作分为若干部分,每个人可根据自己的特长、专业知识及所掌握资源的不同,只负责一个部分的报建工作。这个方法的优点:报建人员只负责自己擅长的那部分工作,同时进行不同项目的同一部分的报建工作,对整体来说可以大大提高工作效率。缺点:当上一环节的报建工作完成后,负责人需要把上一环节的资料和获得的证书移交给下一环节的负责人进行后续报建工作,但移交过程可能会出现材料的丢失或者遗漏,必须有相应严谨的移交手续。

(3)在项目报建工作开展之前制定详细的工作计划,明确相关责任人。报建工作的开展可依据这个工作计划,严格按照时间划分、责任分配、办理状态等合理有序地进行。报建工作人员根据计划合理安排工作进度,在报建工作进行之前收集整理资料,为报建工作顺利进行做好充分的准备,提高工作效率。

(4)合理优化报建工作的程序。有的报建环节必须有序进行,有的环节是可以同时进行的。在报建工作前细化报建的每个环节,合理报建的整体程序。例如:在办理完成建设工程规划许可证后,消防、人防、防雷等手续是可以同时进行办理的。

3 加强项目前期管理体系

加强对总体总包、工点设计、测绘等参与单位的管理,这些单位资料的完善程度,直接决定报审的进度;加强对报批报建人员管理,制定完善的报审制度。

(1)要求总体总包单位必须按照业主要求开展集中设计,负责对报审资料审查,如选址线路、选址范围、方案设计、用地范围、施工图质量等内容的审查;并对报审资料的合规性、完整性、准确性负责;同时协调外部调查单位、测量单位。

(2)要求外部调查单位、测量单位必须在规定的时间提供满足要求的调查及测绘成果;要求工点设计单位按照报审计划,按时提供满足规范要求的规划、消防、人防、防雷等方案设计及施工图审查资料。

(3)对报建人员进行明确分工,要求报建人员按照工程开工时间,倒排报建工作计划,必须在规定的时间内完成相应报审手续。

4 结　语

在轨道交通工程建设过程中，对报批报建工作进行有效地管理把控在项目管理中也越显重要。作为项目管理的重要组成部分，目前很多城市轨道交通工程报批报建工作都存在效率低、进度慢、人员组织不合理等管理方面的问题，直接影响工程的开工及工程的建设进度。因此，为提高报批报建工作效率，压缩周期，应从强化管理方面入手，合理分工，提高报建人员的工作积极性和专业能力；加强对设计院及相关参与单位的管理，构建严格的管理体系，使轨道交通建设项目报批报建工作的管理水平有一个较大提升。

1.3 总体技术应用与实践(含规划、一体化、勘察、测量)

地铁区间与地块开发协同建设综合利用方式研究

郁　梨

（南京地铁建设有限责任公司，南京　210017）

摘　要：随着我国城市的迅速发展，轨道交通建设进入了快速发展的新时期，而我国大部分大中型城市，都是在老城基础上发展形成的，老城区又面临着旧城重建、翻新，轨道交通为了提高服务功能，在建设时，不可避免地会穿越老城区建（构）筑物或穿越拆迁后待开发地块。本文以南京宁和城际铁心桥站至春江路站区间穿越拆迁待开发工程为实例，通过对地铁区间工程与拆迁后地块开发项目结合形式方案进行比选研究，以及对复杂环境下地铁和地块开发项目结合设计中的关键点进行概述，为今后同类型工程条件下的地铁与地块开发一体化建设项目工程提供参考。

关键词：地铁区间；地块开发；合建方案；一体化设计

1　工程概况

1.1　工程周边环境概况

南京宁和城际春江路站，为宁和城际线的中间站，车站位于春江路和西春路交叉口附近。春江路南北两侧为春江新城小区 6 层砖混住宅楼，小区围墙紧贴道路红线设置；路口交汇处有部分 1～3 层商业建筑；西春路东侧有 110 kV 高压线一回和 220 kV 高压线两回；西春路西侧，为铁心桥街道社区服务中心、春江学校及春江幼儿园，社区服务中心设计有 1～2 层地下室，地下室为人防指挥所，如图 1 所示。

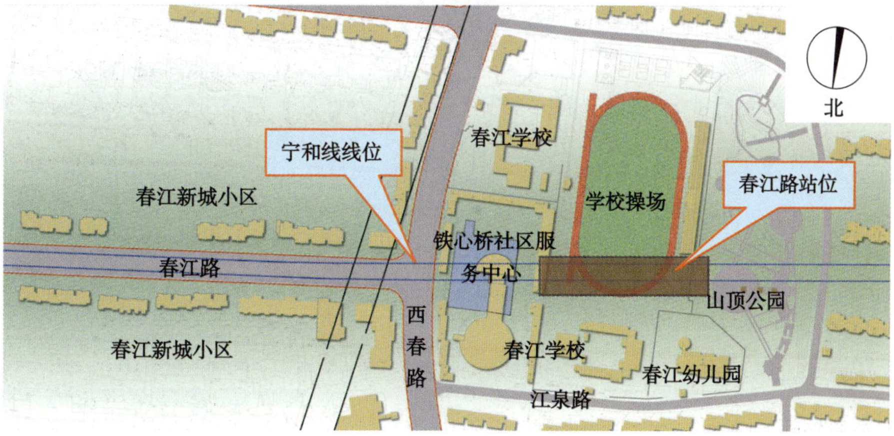

图 1　春江路站周边环境

受西春路东侧 110 kV、220 kV 两路高压线控制，春江路站呈东西走向，设于春江学校操场地下，车站东侧为铁心桥街道社区服务中心（已拆迁）。春江路站总平面如图 2 所示。

铁心桥街道社区服务中心设有 1～2 层地下室，地下室为区人防指挥所，人防级别较高。周边地坪绝对标高为 31.6 m，地下室底板最深处绝对标高为 24.50 m，最大底板埋深约为 7.0 m，人防破除后基坑深约 7.1 m，如图 3 所示。

铁心桥站—春江路站区间为春江路站东侧区间，结合雨花区政府提出铁心桥社区服务中心地块开发建设的要求，需对铁心桥站—春江路站区间与拆迁后的地块开发项目统一建设、综合协调利用，进行一体化研究、设计。

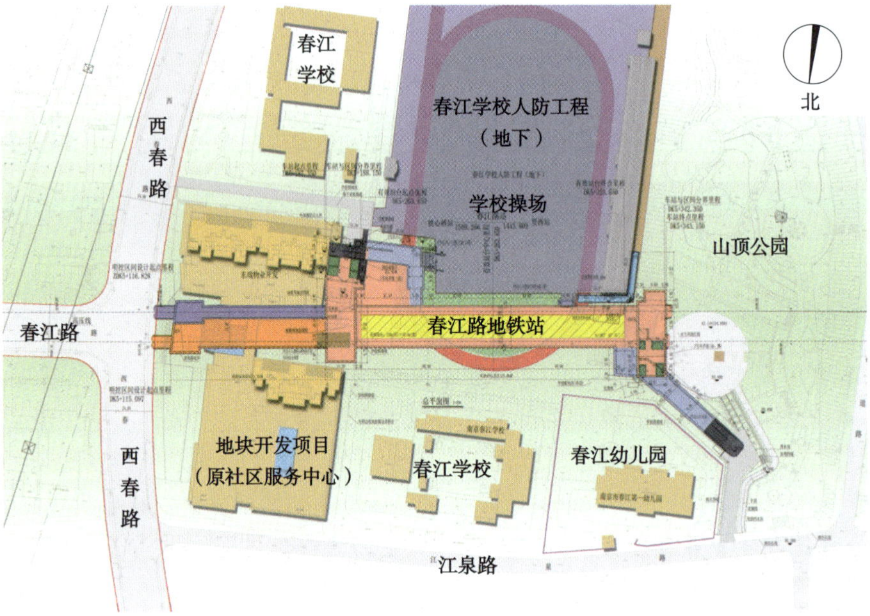

图 2　春江路站总平面图

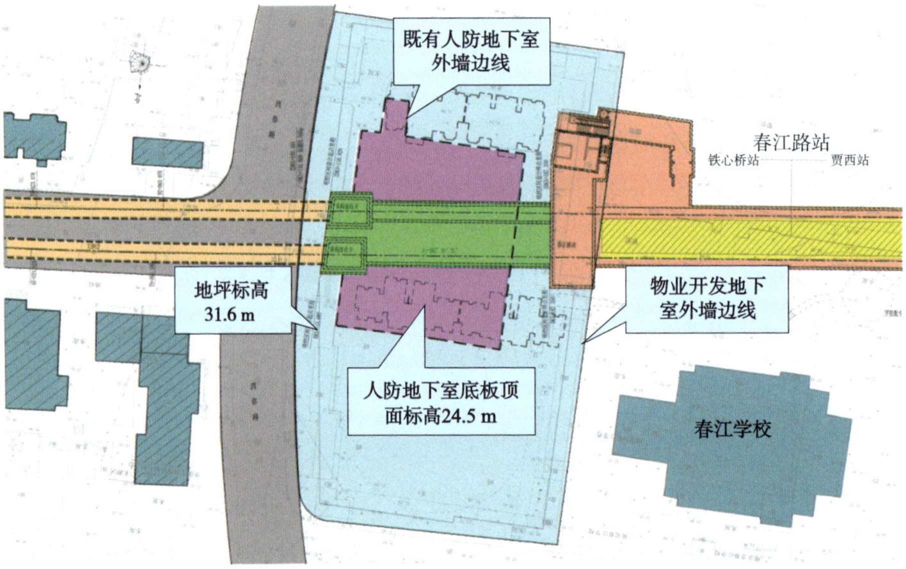

图 3　既有人防地下室总平面图

1.2　工程地质概况

区间地貌单元属岗地及岗间洼地。根据地勘报告资料，拟建场地自上而下地层主要为杂填土、粉质黏土（可塑～硬塑）、全风化安山质凝灰岩、强风化安山质凝灰岩、中风化安山质凝灰岩，基底坐落于中风化安山岩。地层情况较好。

根据地下水赋存条件，本区间沿线地下水类型主要为松散岩类孔隙水及基岩裂隙水。

2　地铁区间与地块开发项目结合方案研究

2.1　地铁区间工法研究

地铁区间常用的工法有盾构法、明挖法和暗挖法。

若采用地块建筑先建，暗挖法或盾构法下穿施工，为避免地铁区间施工对地块建筑的影响，暗挖法、盾构法隧道结构应与地块结构底板需预留一定的安全净距，按最小 1 m 考虑，则地块建筑地下室只能设置一层或一层半，地块地下室连通性较差，下穿施工风险也相对较大，如图 4、图 5 所示。

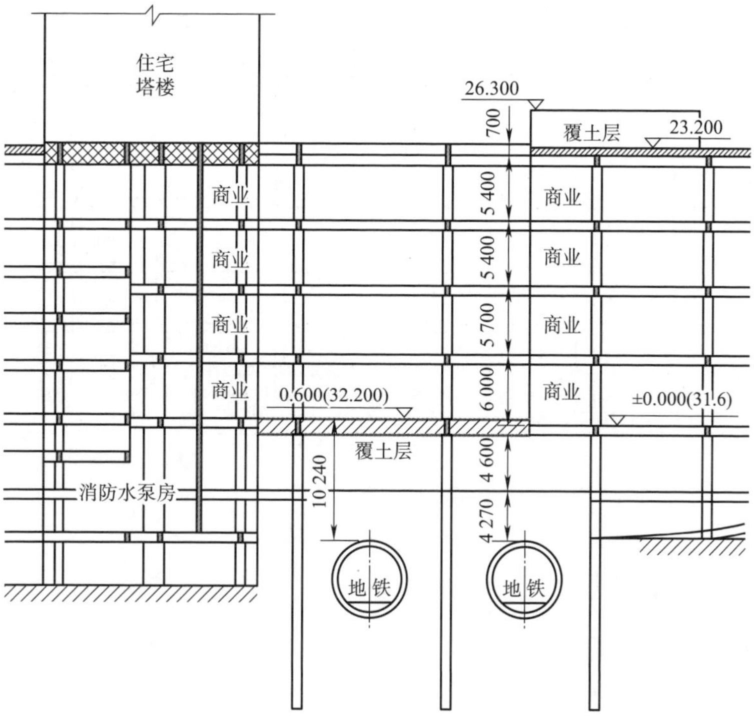

图 4 盾构法隧道方案与地块结构相互关系（单位：mm）

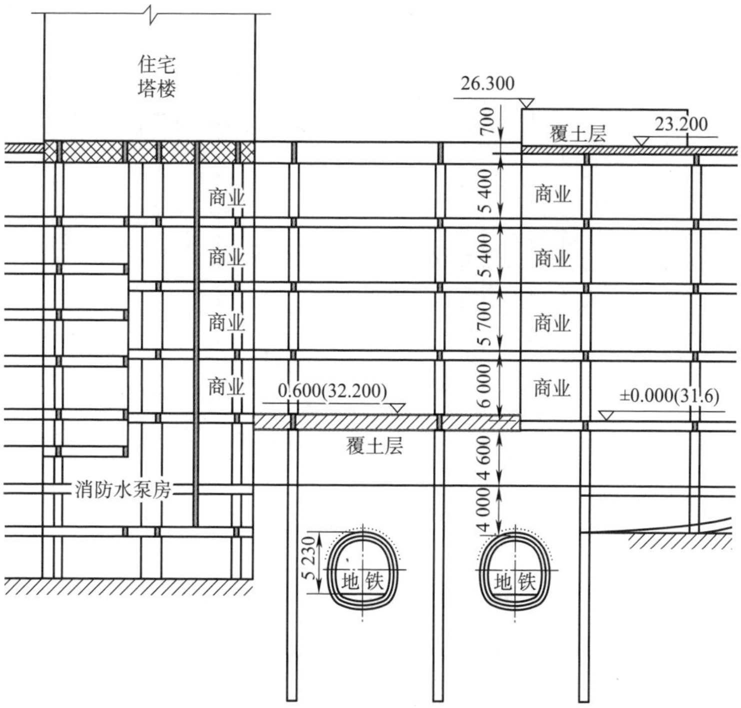

图 5 矿山法隧道方案与地块结构相互关系（单位：mm）

明挖法隧道方案，地铁区间顶板可与地块结构底板直接共用，节约了空间，地块建筑地下室可设置两层，地下室连通性好，极大地提高了地块的综合利用价值，且两者施工相互影响最小，推荐采用如图 6 所示的明挖法隧道结构形式。

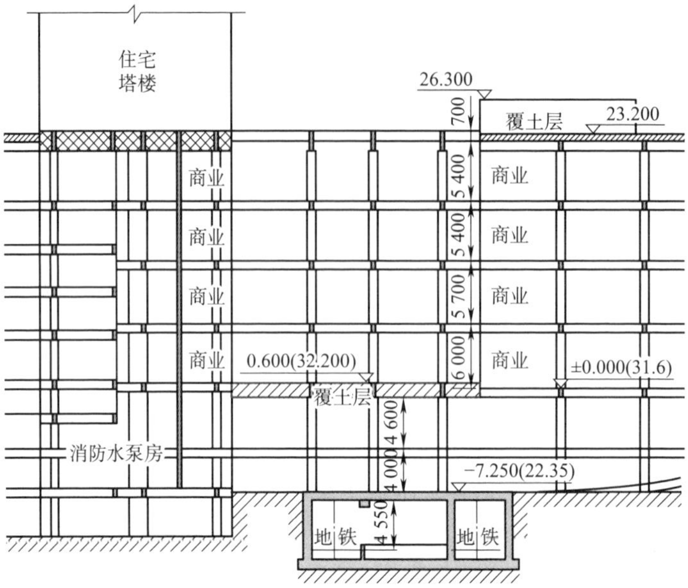

图 6　明挖法隧道方案与地块结构相互关系(单位:mm)

2.2　与地块开发项目结合方式研究

与地块建筑地下室结合设计,有两种形式:

(1)地铁区间与地块地下室结构相互独立设置

为避免上下层结构相互影响较大,地铁区间结构顶板考虑与地块地下室结构底板相互脱离,两个结构采用单独的受力体系,地铁给地块建筑地下室预留底板施工空间即可,地铁区间两侧的围护桩兼作地块建筑的承重结构,如图 7 所示。

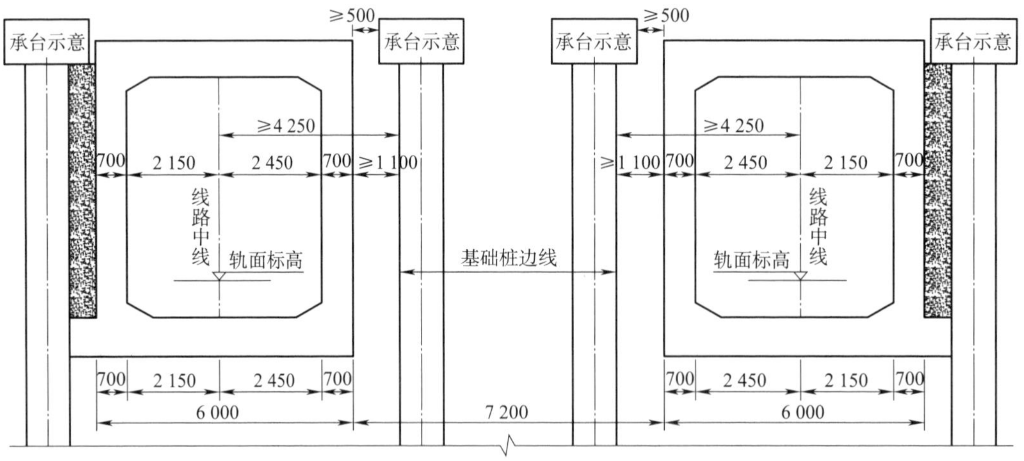

图 7　地铁区间与上盖物业结合段基础关系图(单位:mm)

为确保地铁区间主体结构安全,避免影响永久结构安全,地铁区间采用两个分离的单箱结构形式,位于区间中间的地块基础桩与地铁区间的围护桩同期实施,在明挖区间施工期间注意对暴露的桩基进行保护。地铁区间主体结构高度范围内上地块商业建筑的桩基不考虑桩侧摩阻力作用。

地铁明挖区间设置墙趾,作为抗浮措施,围护桩及区间结构间的空隙采用素混凝土进行回填。

(2)地铁区间与地块地下室结构相互结合设置

地块建筑地下室底板与地铁区间顶板直接共用,同时地铁区间结构设计时预留梁柱体系并满足上部地块建筑荷载受力需求,地铁区间柱轴压比按 0.85 控制(埋深≤20 m,考虑柱全高范围箍筋加密,箍筋直径不小于 ϕ12),地铁区间结构作为地下室结构柱基础,如图 6 所示。

3 区间与地块项目基坑一体化设计研究

铁心桥社区服务中心地下人防工程破除后坑长约 61 m，宽约 53 m，深 7.1 m。地铁区间基坑宽 20.4 m，长 75 m，盾构井段深 17.93 m，标准段深 10.27 m(从地下人防拆除后基坑底开始算)。

地铁区间基坑为横跨地下人防拆除后既有基坑的坑中坑，如图 8 所示。

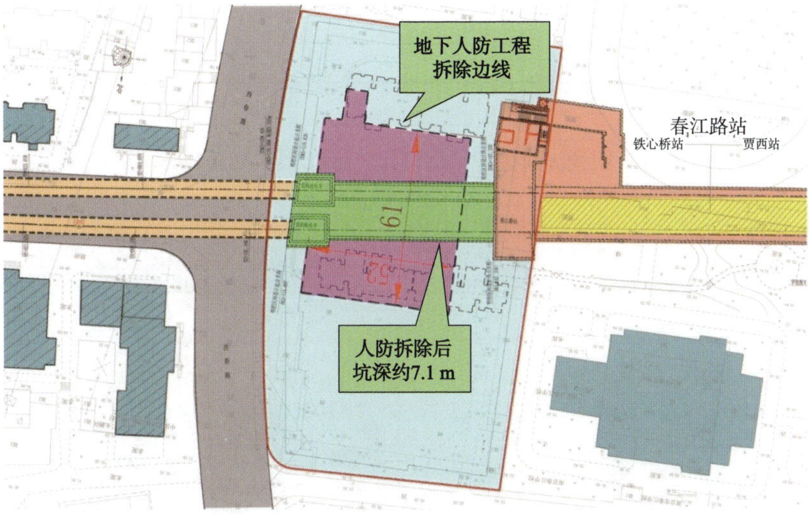

图 8　地块基坑、人防既有基坑与地铁区间相互关系

根据工程计划，地铁区间需先实施，地块基坑后实施，同时，地块基坑通过一体化设计、分期实施，既能确保基坑安全，同时也节约工程造价。

地铁区间基坑在地下人防工程拆除后基坑内实施，即按坑中坑设计，端头井部位通过放坡支护与地下人防工程拆除后基坑实现顺接，最大程度地减小支护桩工程量及开挖、回填量，如图 9、图 10 所示。

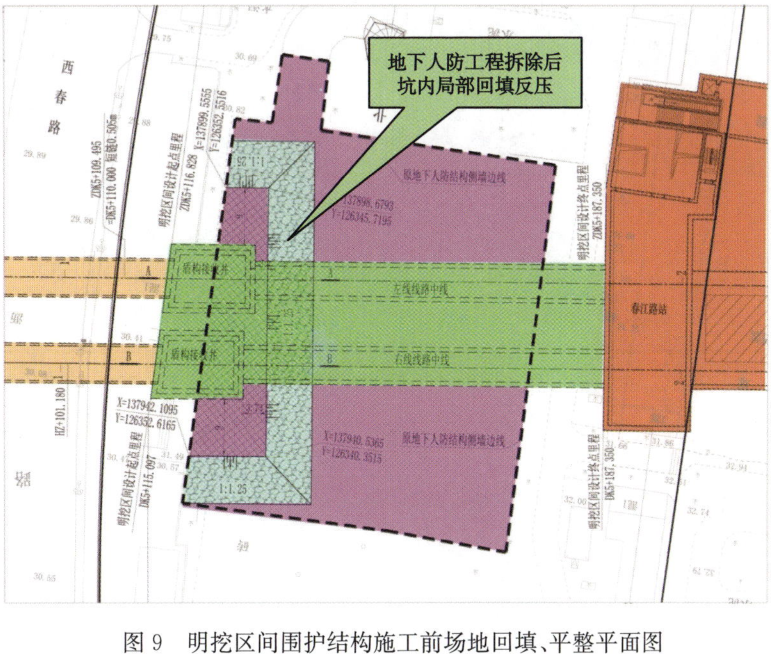

图 9　明挖区间围护结构施工前场地回填、平整平面图

地块基坑工程采用明挖顺作法施工，共分为两期施工，一期施工距离宁和城际春江路站较近的南侧地下两层基坑和部分北侧地下三层基坑，二期施工剩余西南角通道基坑及北侧部分基坑。预留土台部位需待二层地下室其余区域底板内完成后再进行开挖，如图 11、图 12 所示。

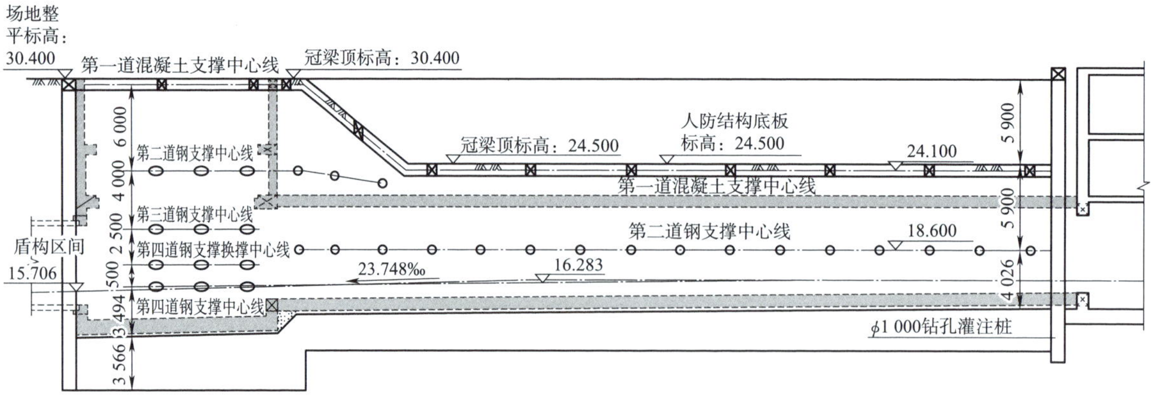

图 10　明挖区间围护结构设计剖面示意图(单位:mm)

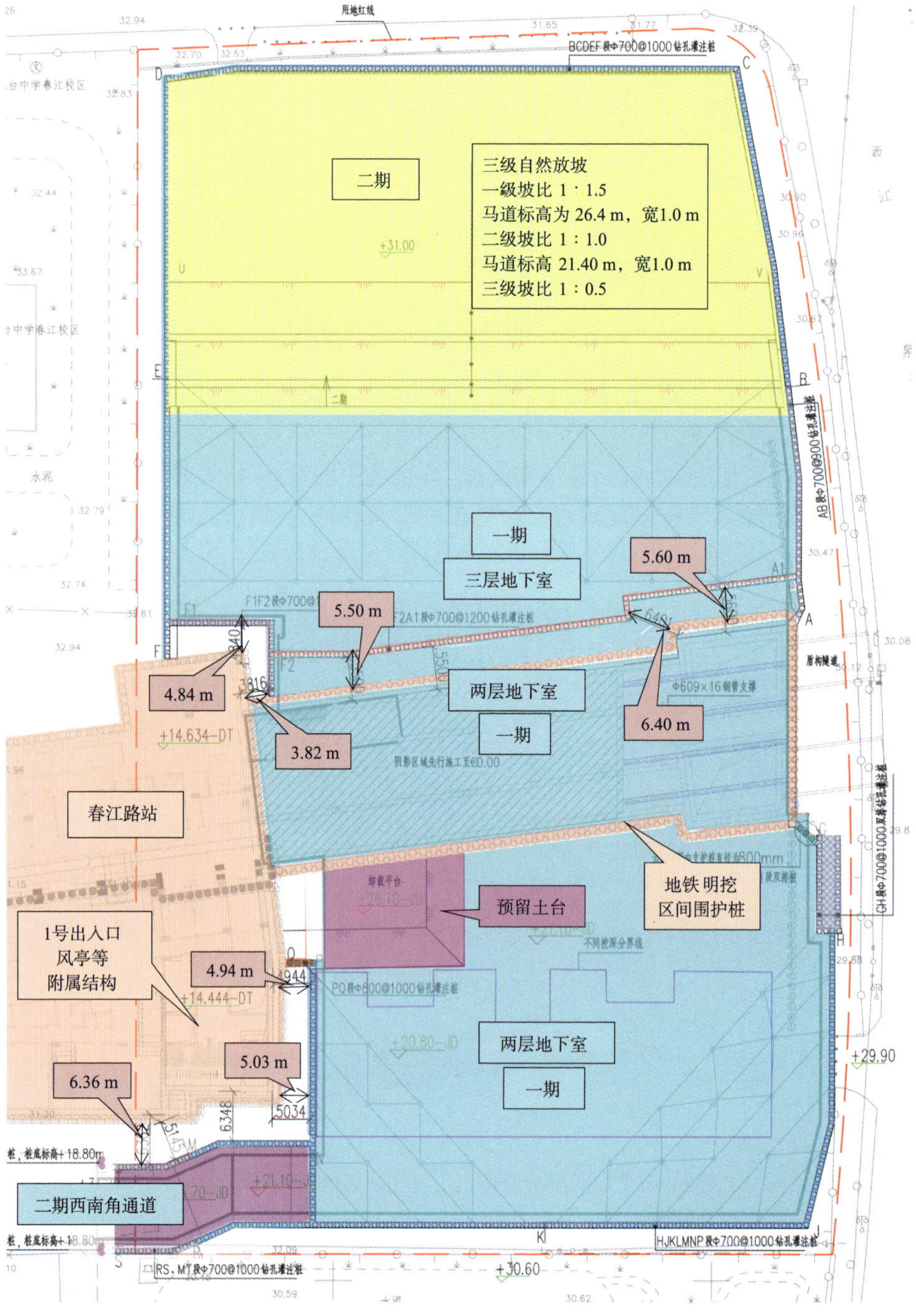

图 11　地块基坑分期开挖实施示意图

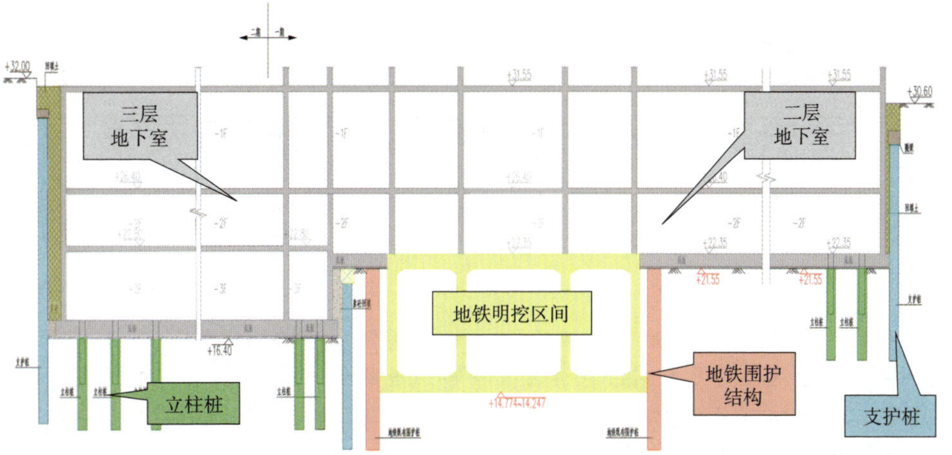

图 12　地块基坑与地铁区间横断面关系

4　地铁与地块开发项目一体化建设要点浅谈

(1)应提前谋划,从规划层面就做好地铁工程沿线相关地块的综合利用规划,统筹好建设时序,特别是被地铁工程穿越且有结合建设需求的地块开发项目。

(2)由于专业限制,大部分情况下,地铁和地块开发的设计单位都是由各自建设主体独立招标确定,所以应合理明确合建项目中地铁工程与地块开发项目工程的设计分界面及边界条件,做好结构安全、结构衔接等方面的预留。

(3)根据地铁和地块开发的功能需要,在结构安全和空间最优利用的前提下,确定结合方案,提高地块的综合利用价值。

(4)地铁区间与地块结合段宜采用明挖箱型结构形式,空间设计和空间利用更为灵活。

(5)应根据各建设项目的特点,特别是有地下拆除工程的,可采用多种围护结构组合形式,可大大减少工程项目的投资。

南京轨道交通换乘车站的回顾与展望

王　霆

（南京地铁建设有限责任公司，南京　210017）

摘　要：换乘站的合理性是线网网络化运营及乘客乘坐舒适性的重要指标，本文回顾了南京地铁已建成通车的典型换乘车站，针对不同换乘形式的车站梳理分析总结各自的优缺点，同时对于南京“十三五”建设期设计建设的换乘站进行了梳理统计，并提出优化改进意见。

关键词：换乘站；换乘形式；实施条件

南京地铁自2005年1号线开通以来，已运营15年。目前开通运营10条线路，总计378 km，运营里程位居全国第四位，已初步进入网络化运营时代。

城市轨道交通是百年工程，规划—设计—建设—运营各个阶段环环相扣，其中，换乘站作为轨道交通网络的重要节点，是线网乘客在不同线路间的中转站，具有客流量大、客流流线复杂的特点，同时随着线网网络的成型，三线、四线换乘的车站也日益增多，对前期规划、站体方案设计、换乘节点预留、周边地块结合、其他市政项目的配合等提出更高的要求，换乘车站是地铁设计及运营的重点及难点，是体现轨道交通线网综合服务水平的重要指标。

1　已建成运营线路的换乘站回顾

车站的换乘形式一般分为站台换乘、站厅换乘及通道换乘，其中最为便捷的为同台换乘，一般适用于线路平行且车站需同期实施，常见的有双岛四线、一岛两侧、上下叠台等形式。

其次在线路相交的情况下，又可分为“＋”形、“T”形、“L”形等节点换乘形式，具体站点所采用的换乘方式需综合考虑线路条件、周边的地块条件、管线迁改、交通导改等多方面因素。

“＋”形的换乘方式虽然换乘距离最短，但往往受换乘客流量大、公共区的楼扶梯布置困难、周边地块的条件等限制，采用较少。

“T”形、“L”形换乘方式，公共区楼扶梯的布置更合理，对周边地块的条件适应更为灵活，同时换乘节点留有部分的缓冲空间，为常用的节点换乘形式。

已建成运营换乘站点统计见表1。

表1　已建成运营换乘站点统计

序　号	站　　点	换乘线路	换乘形式	备　　注
1	新街口站	1、2号线	“T”形节点	
2	南京站	1、3号线	通道	预留9号线与3号线同台换乘
3	鼓楼站	1、4号线	站厅层通道	
4	鸡鸣寺站	3、4号线	“T”形节点	
5	大行宫站	2、3号线	“T”形节点	
6	金马路站	2、4号线	地面二层通道	后期与12号线通道换乘
7	元通站	2、10号线	“＋”形上侧下岛	
8	安德门站	1、10号线	通道	地上换乘地下
9	油坊桥站	2、S3号线	通道	地上换地下后期与8号线通道换乘

续上表

序号	站点	换乘线路	换乘形式	备注
10	南京南站	1、3、S1、S3 号线	1/3 双岛四线同台、S1/S3 一岛两侧同台，站厅层通道	后期 6 号线接入与 S1 线贯通
11	泰冯路站	3、S8 号线	"T"形节点	
12	翔宇路南站	S1、S9 号线	双岛四线同台	路侧高架站
13	空港新城江宁站	S1、S7 号线	站台接驳	

1.1 新街口站

新街口站位于中山东路与中山南路的交叉口，为 1、2 号线"T"形换乘车站，也是南京地铁首开的两个换乘站之一。

站位处位为南京老城区的新街口商圈核心区，新街口商圈有"中华第一商圈"的美誉，日均客流量达 40～50 万人次，节假日超 100 万人次，商业密集度高，集聚了大洋百货、中央商场、东方商城、新百、国贸等综合商业体，如图 1 所示。

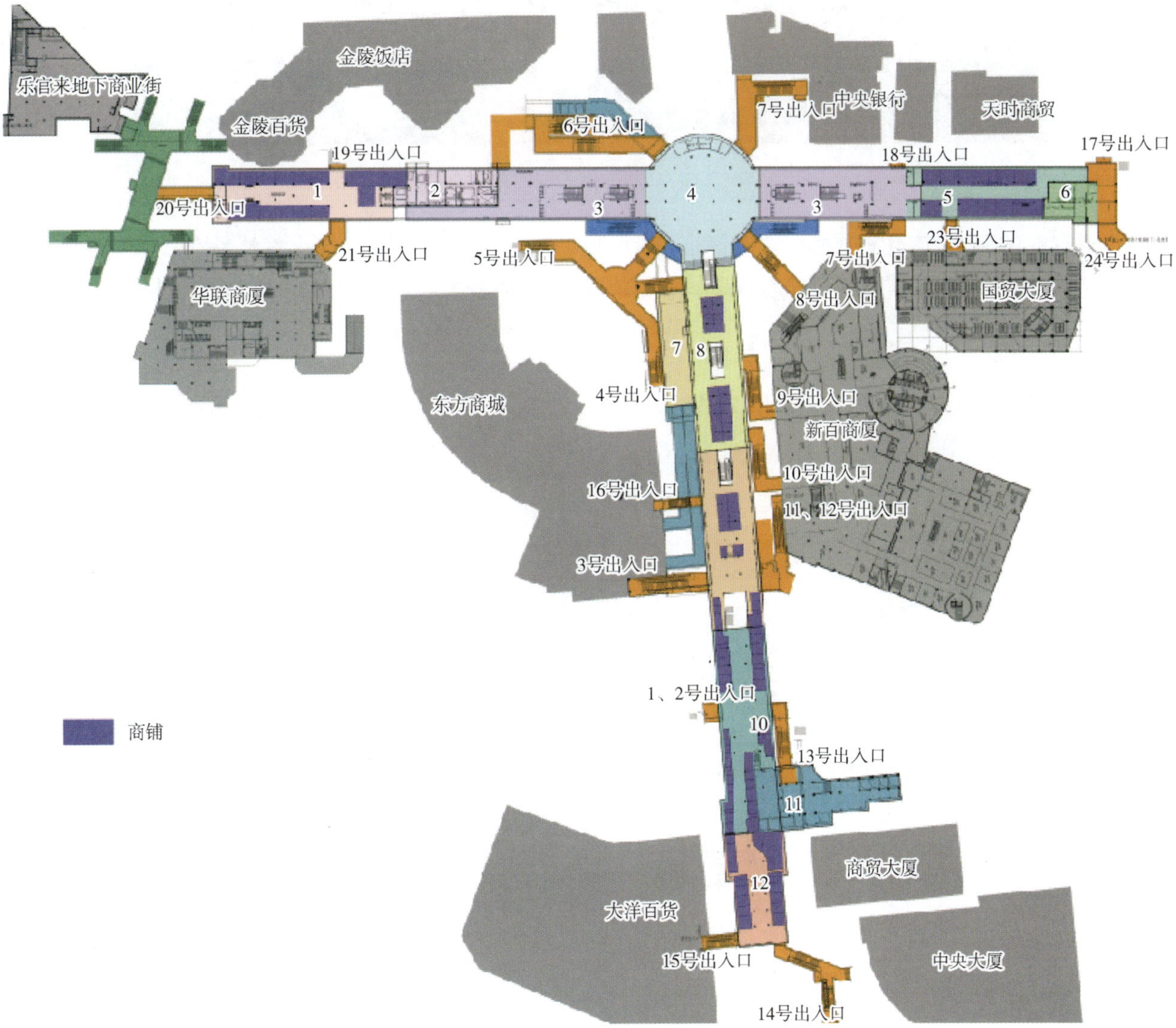

图 1 新街口站地下空间平面图

(1)针对两线换乘量大，采用 T 形节点换乘，2 号线换 1 号线采用节点楼梯换乘，1 号线换 2 号线采用站厅层通道换乘，形成单向换乘流线，避免换乘流线交织，降低运营风险。

(2)由于新街口地区的商业大多位于交叉口中山南路两侧，为此在车站设计初打破了习惯做法，将先期建设的 1 号线做成了地下三层车站，其中地下一层为商业步行街，设置部分的商业连通通道和过街通道。

(3)2 号线车站付费区分设在东西两侧，在道路交叉口下方设置以过街功能为主直径达 60 m 的圆形大厅，与南侧 1 号线的地下一层贯通，形成了南北向贯通的非付费区大空间，为周边地块的地下空间连通创造了有利的条件。

(4)充分预留与周边地下空间连通的条件，车站共设 24 个出口(含与地块的连通通道)。

(5)出入口、风亭、紧急疏散口、冷却塔等地面建筑与周边建筑结合设置，如图 2 所示。

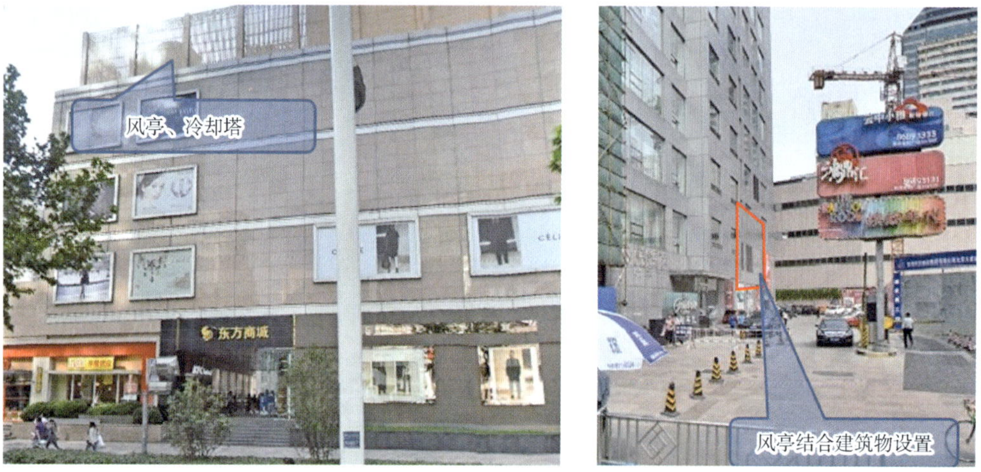

图 2　风亭、冷却塔与周边建筑合设

主要存在的问题：节点换乘楼梯宽度偏小，仅为 4.4 m 宽，对于高峰期的换乘客流易在 2 号线的站台层产生拥堵，同时 1 号线车站的站台层未留出足够的侧站台空间，导致客流在纵向移动时产生拥堵。

1.2　元通站

元通站位于江东中路与河西大街的交叉口，为 2、10 号线上侧下岛“十”字形换乘车站，如图 3 所示。

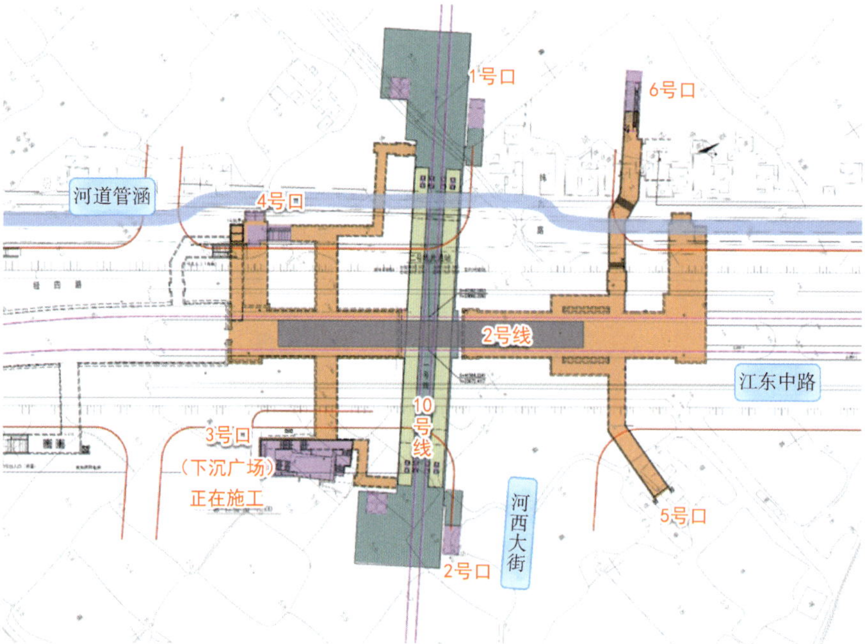

图 3　元通站总平面图

10 号线(原 1 号线)车站为地下二层侧式车站，受制于江东中路西侧的河道，车站站厅层采用端头厅两个付费区的方案以减少埋深。

2 号线为地下三层岛式车站，地下二层为站厅层，受制于 10 号线的轨行区，同样采用两侧端厅的方案，通过设于 2 号线付费区的换乘楼梯可以非常便捷地直接抵达 10 号线站台层。

元通站换乘平面图及剖面关系示意图如图 4、图 5 所示。

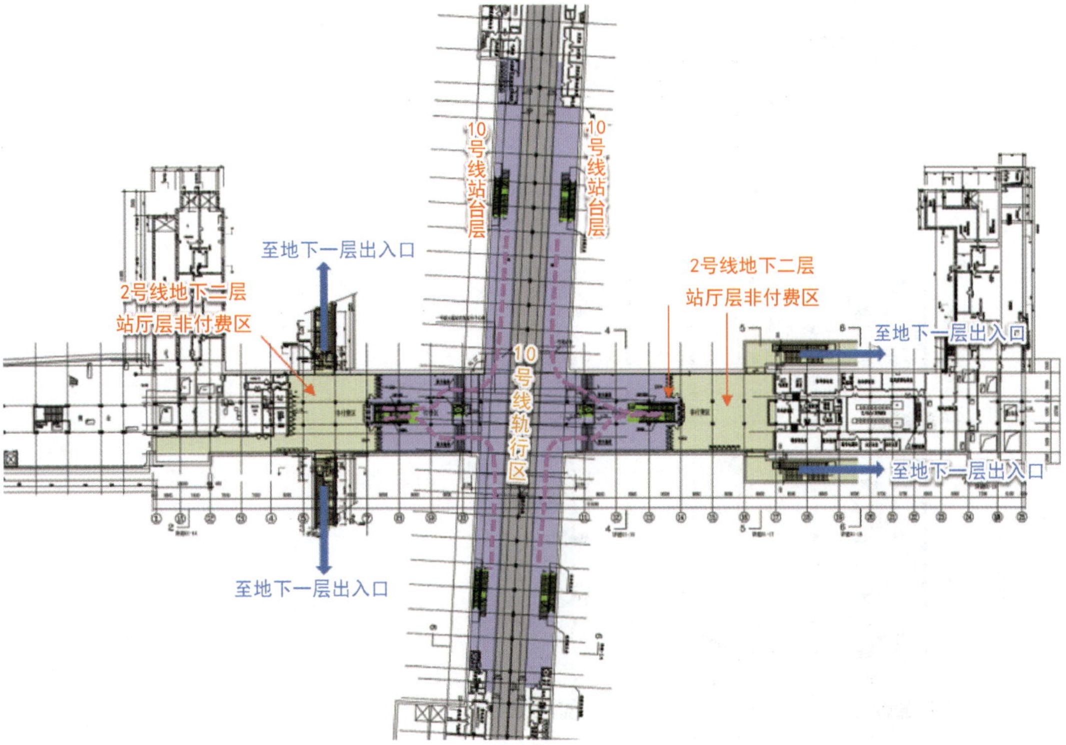

图 4　元通站换乘平面图

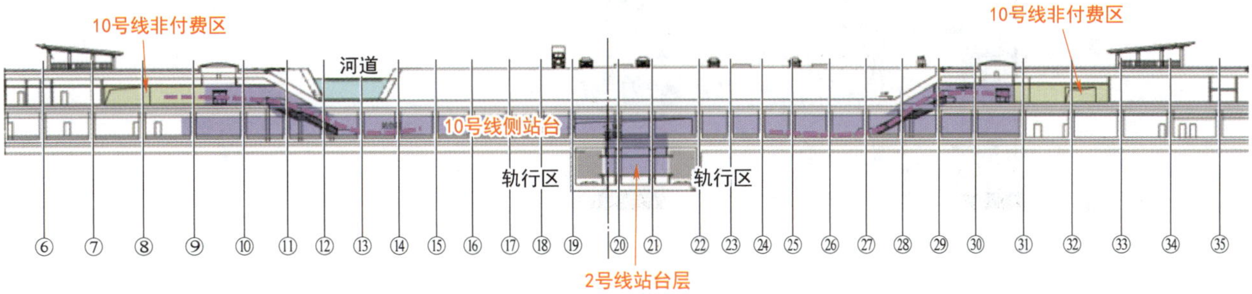

图 5　元通站剖面关系示意图

上侧下岛、车站端头厅的方案换乘便捷，但是也带来了运营管理的问题。两线各自的站厅层无法直接连通，需通过站台层才能到达，同时乘客出站容易走错站厅以致不能到达正确的出入口，需加强导向的引导及站务人员的引导。

1.3　南京南站

南京南站位于高铁南京南站站体的下方，为 1、3、6、S1、S3 多线换乘车站(S1 与 6 号线贯通运营)，其中南北向 1、3 号线为双岛四线同台换乘车站，站台宽均为 14.2 m，东西向 6(S1)、S3 号线为一岛两侧同台换乘车站，如图 6 所示。

1、3 号线同向的换乘客流通过站台直接换乘，S1 线南向北的客流通过站台直接换乘 S3 线，换乘便捷，同时两组车站之间通过站厅层的付费区换乘通道相连接，如图 7 所示。

存在问题：受制于高铁南站的客运线调整，1、3 号线的车站站台偏南侧设置，导致和 S1、S3 线车站换乘需行走近 250 m 的换乘通道，换乘距离较远。

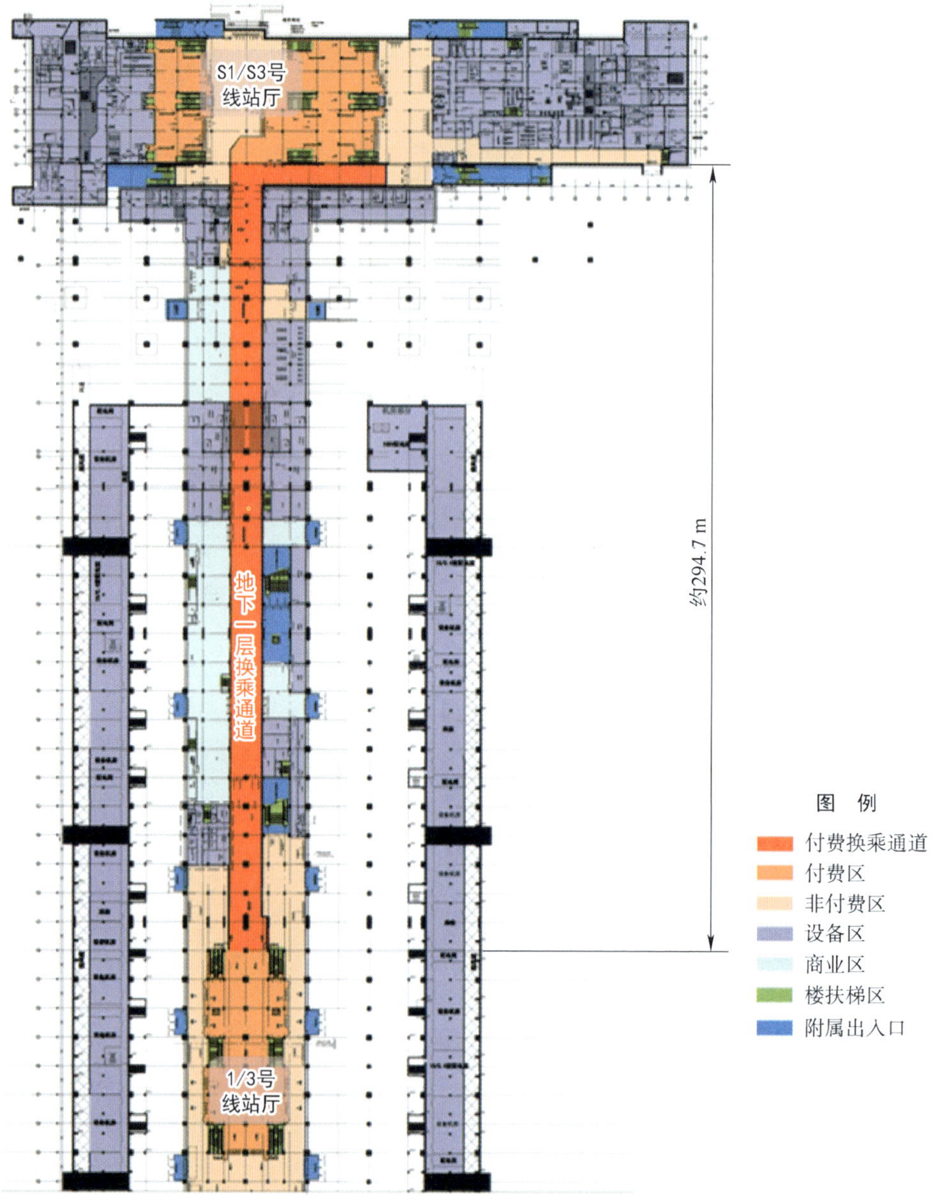

图 6　南京南站换乘关系示意图

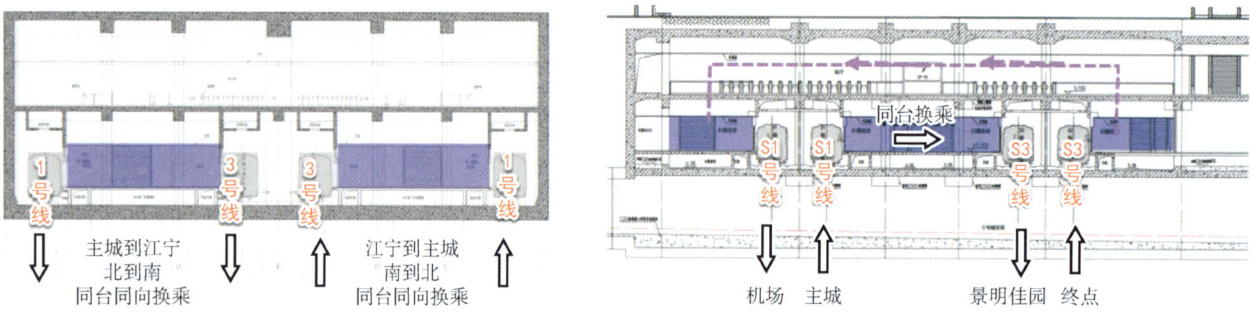

图 7　1/3 号线车站、S1/S3 号线车站剖面图

1.4　鼓 楼 站

鼓楼站位于北京西路与中山路交叉口，为 1、4 号线换乘站，其中前期实施的 1 号线车站为地下三层，4 号线为地下二层，两线通过站厅层两个 5 m、12 m 宽的通道形成换乘厅换乘，如图 8 所示。

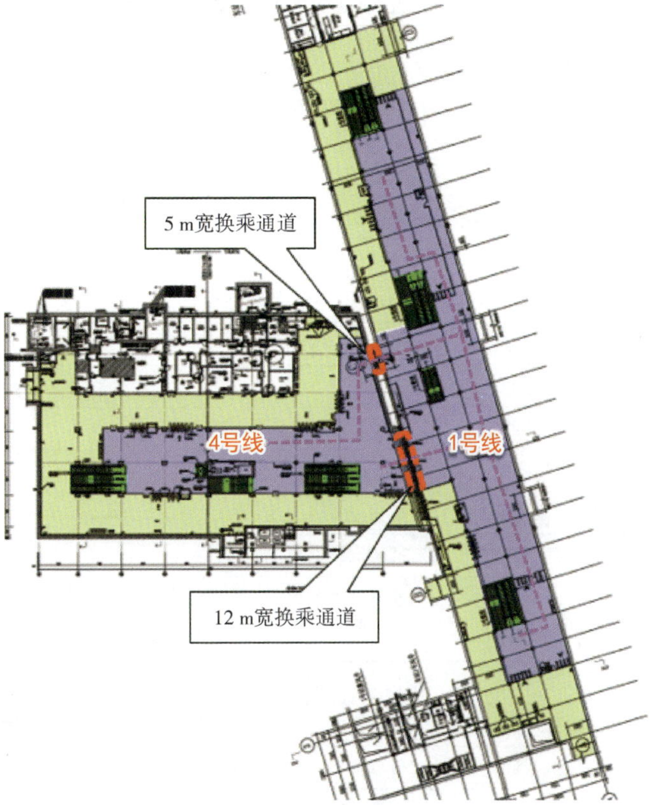

图 8　鼓楼站换乘关系示意图

1 号线设计之初,原规划与 3 号线换乘,同时东西向的北京东路规划有市政隧道,故将 1 号线车站设为地下三层,地下二层空间预留了市政隧道及规划 3 号线的空间及接口条件。

后期线路实施阶段,上位规划有相应的调整,市政隧道取消,线网与鼓楼站换乘的线路调整为 4 号线,4 号线利用了市政隧道的预留空间,站台与站台之间无换乘楼梯,如图 9 所示。

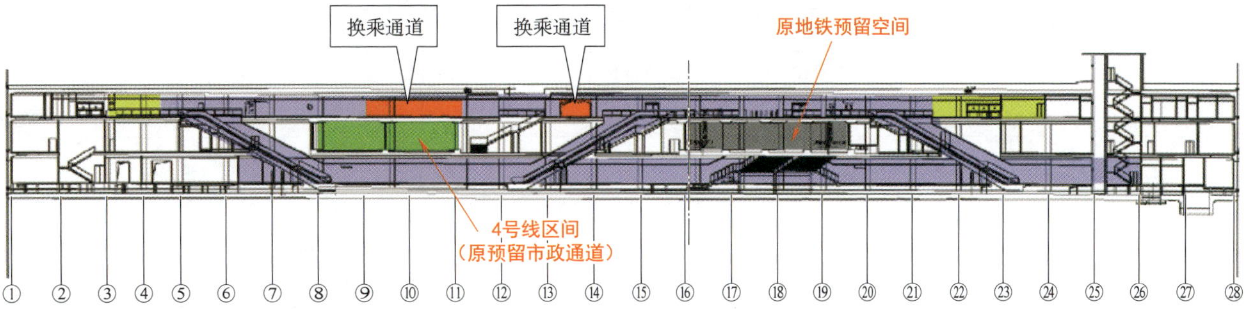

图 9　鼓楼站纵剖面图

总结:南京已开通的 13 座换乘站,换乘方式多样,多以同台换乘、节点换乘为主,换乘便捷。

2 “十三五”建设期换乘站展望

目前南京轨道交通已进入新一轮的建设周期,第二轮建设规划及第二轮建设规划调整共计 11 条轨道线路(含 6 条延伸线),另沿江城市群城际轨道交通规划实施方案中宁句城际和宁扬城际也同期获批,南京即将迎来共计 13 条线路的建设任务。其中换乘站点总计 60 座,推进换乘站科学、经济、合理的设计及建设将至关重要,见表 2。

表 2 "十三五"在建及待建换乘站点统计

序　号	站　　点	换乘线路	换乘形式	备　　注
1	下关站	5、9 号线	节点	
2	福建路站	5、7 号线	节点	
3	云南路站	4、5 号线	节点	
4	五台山站	5、13 号线	通道	
5	上海路站	2、5 号线	节点	2 号线已预留
6	三山街站	1、5 号线	通道	
7	夫子庙站	3、5 号线	节点	3 号线已预留
8	光华门站	5、6 号线	节点	
9	小天堂站	5、8 号线	节点	
10	机场路站	5、10 号线	节点	
11	上元大街站	5、12 号线	节点	
12	竹山路站	1、5 号线	通道	
13	诚信大道站	3、5 号线	通道	
14	吉印大道站	5、S1 号线	节点	
15	丹霞路站	6、9 号线	双岛四线同台	
16	南京站	1、3、9 号线	3/9 号线同台，与 1 号线通道	土建已实施
17	城河村站	7、9 号线	节点	
18	龙江站	4、9 号线	节点	
19	管子桥站	9、13 号线	节点	
20	汉中门大街站	9、接驳线	同向同台	
21	绿博园站	9、10 号线	节点	
22	滨江公园站	9、17 号线	通道	
23	西善桥站	7、8 号线	通道	
24	螺塘街站	2、7 号线	节点	
25	永初路站	7、S3 号线	节点	S3 号线已预留
26	中胜站	7、10 号线	通道	
27	冬青石站	7、17 号线	通道	
28	莫愁湖站	2、7 号线	通道	
29	清凉山站	7、13 号线	通道	
30	草场门站	4、7 号线	节点	4 号线已预留
31	五塘广场站	3、7 号线	节点	3 号线已预留
32	晓庄站	1、7 号线	节点	
33	万寿村站	6、7 号线	节点	
34	仙新路站	7、8 号线	通道	
35	红花机场站	6、10、16 号线	节点	
36	御水湾站	6、8 号线	节点	
37	明故宫站	2、6 号线	通道	2 号线车站无预留
38	岗子村站	4、6 号线	通道	4 号线已预留
39	新生圩站	6、8 号线	节点	
40	栖霞山站	6、14 号线	节点	
41	栖霞站	6、S5 号线	通道	
42	鱼嘴站	2、9 号线	节点	

续上表

序　号	站　　点	换乘线路	换乘形式	备　　注
43	马骡圩站	11、S3 号线	通道	
44	绿水湾站	11、15 号线	节点	
45	浦口万汇城站	10、11 号线	节点	
46	中央商务区站	4、11、13 号线	节点	
47	滨江站	4、15、13 号线	节点	
48	浦江东站	11、18 号线	节点	
49	浦东路站	11、15 号线	节点	
50	大桥站	11、S8 号线	节点	
51	柳州东路站	3、11 号线	通道	
52	卡子门站	3、10 号线	节点	3 号线已预留节点
53	七桥瓮公园站	10、13 号线	通道	
54	王武庄站	10、S3 号线	节点	
55	石杨东站	10、12 号线	节点	
56	仙林湖站	4、S5 号线	通道	
57	经天路站	2、S5 号线	通道	
58	马群站	2、S6 号线	通道	
59	白水桥东站	12、S6 号线	节点	
60	麒麟镇站	8、S6 号线	节点	

2.1　与线网规划调整紧密结合，针对线网功能，完善换乘节点功能

新一轮的南京城市轨道交通线网规划，根据最新的修编成果，在"十三五"建设期的换乘站点提前规划，避免因线路调整带来的工程浪费及功能缺失。

(1)马群站由三线换乘站调整为两线换乘站(图 10)

原线网规划中，马群站为 2、12、S6 三线换乘车站，其中 2 号线为路中高架侧式车站，已建成运营，S6 线马群站为终点站，与 2 号线的换乘客流量大，根据客流资料计算，原 2 号线的侧站台宽度需由原 4.7 m 增加至 14.3 m，同时 S6 号线车站的站台宽度也将达到 20 m。

2 号线目前的运能在早晚高峰已达极限，S6 线及远期 12 号线的接入将极大地增加 2 号线的换乘压力，同时站位的东侧已有开通的麒麟有轨电车 1 号线终点站，4 线换乘的方案对 2 号线的冲击将对运营及安全带来极大的挑战。综合上述原因，在线网层面进行分析，将 12 号线的路由及终点站做相应的调整，避开马群站的矛盾点，将换乘站东移至 S6 线的白水桥东站，以缓解马群站的压力。

调整后的方案为 2 号线与 S6 线的两线换乘车站，S6 号线站台宽度减少至 16 m，2 号线的侧站台加宽 9.4 m。

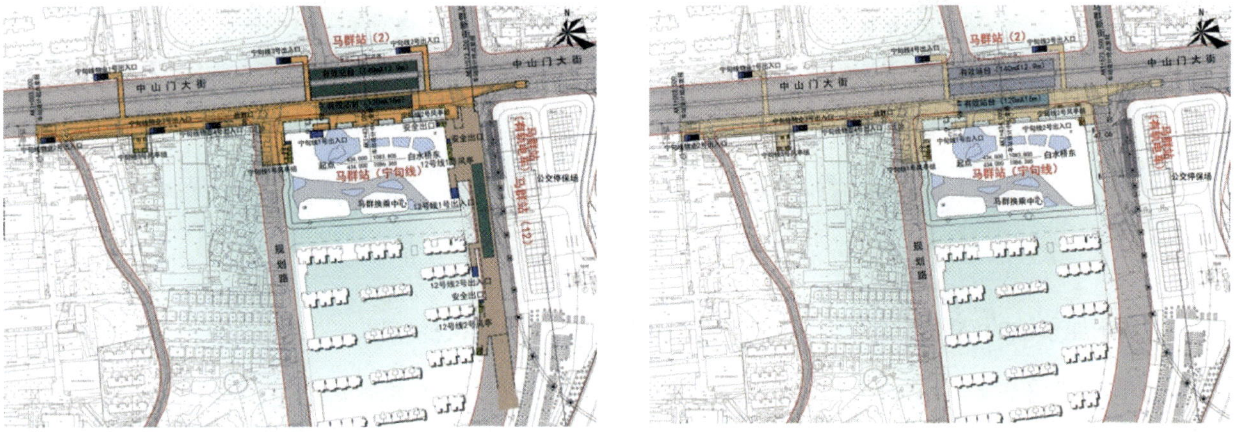

与12号线换乘方案　　　　12号线移走方案

图 10　马群站换乘方案比较

(2)增加 2、9 号线的联络线,实现江东路的南北客流贯通(图 11)

江东路作为河西片区的中轴线,联系河西南、河西中与河西北,沿线居住及商业服务设施用地集中,但由于历史原因南北轴线并没有一条完整度的线路可以便捷地串联起沿路的客流。北段为待建的 9 号线,南段为已建成运营的 2 号线,无法直接换乘。

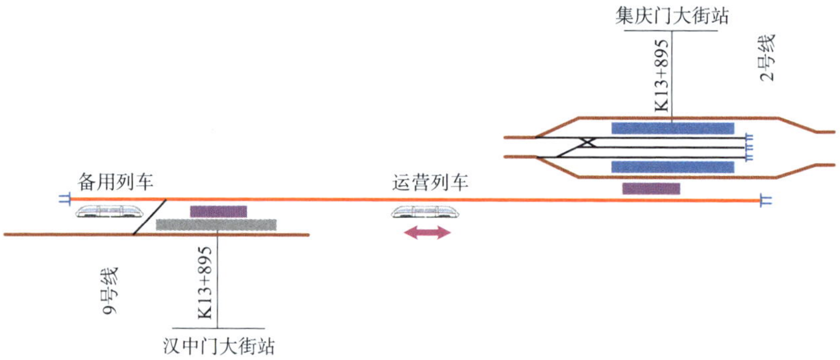

图 11　2、9 号线联络线示意图

在 9 号线工可评审阶段,考虑弥补江东路南北侧无法贯通的遗憾,增加线网的连通度,缓解出行效率低的问题,增加了一条连接 2、9 号线的联络线,采用单区间单列车来回摆渡的运营模式,将 9 号线的汉中门大街站调整为换乘站,接驳线位于地下三层,与 9 号线的由北向南的区间同台同向换乘,符合主要换乘客流的方向,实现了江东路南北向客流的便捷换乘,如图 12 所示。

接驳线车站与既有的 2 号线集庆门大街站换乘采用站厅层通道换乘。

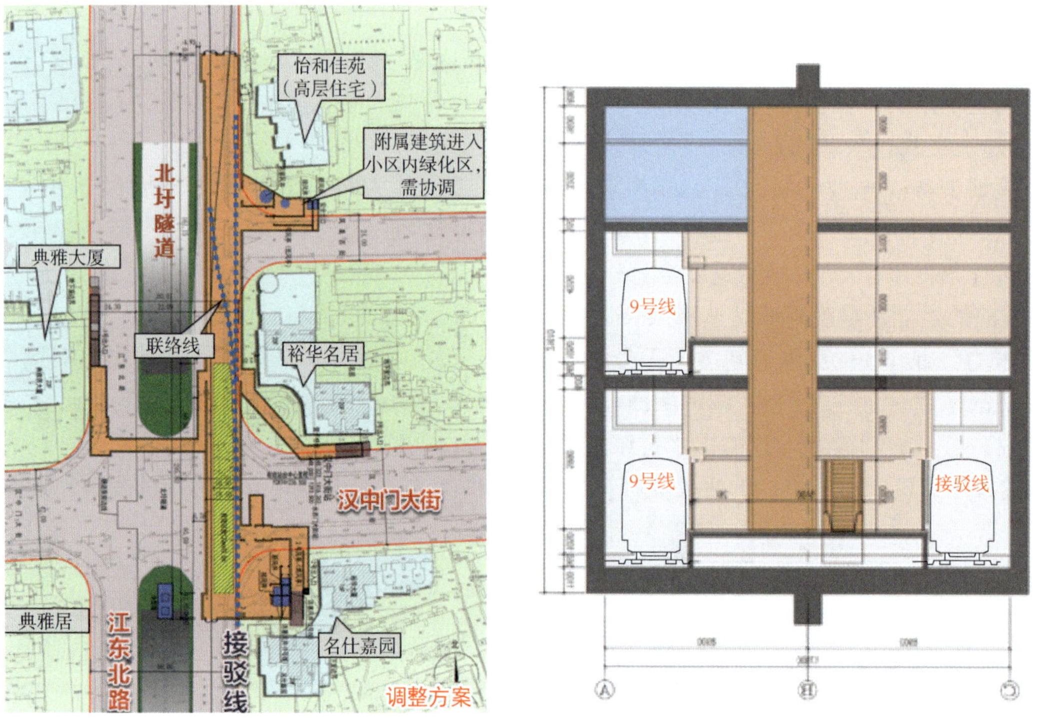

图 12　调整后汉中门大街站

2.2　适当增加车站的站台宽度,增加换乘节点的楼梯宽度,优化楼扶梯布置

对于换乘线路交叉,采用台～台节点换乘的车站,换乘设施(换乘楼梯、无障碍电梯、扶梯等)的合理性至关重要,对于目前采用较多的“T”形、“L”形节点换乘车站,应尽可能地增加换乘楼梯的宽度,合理利用屏蔽门端门之外的空间,对于换乘节点靠近端部的站台,其中一组楼扶梯可调整为双扶或一楼一扶,在双柱之间留出一定的空间留给纵向的换乘客流,如图 13 所示。

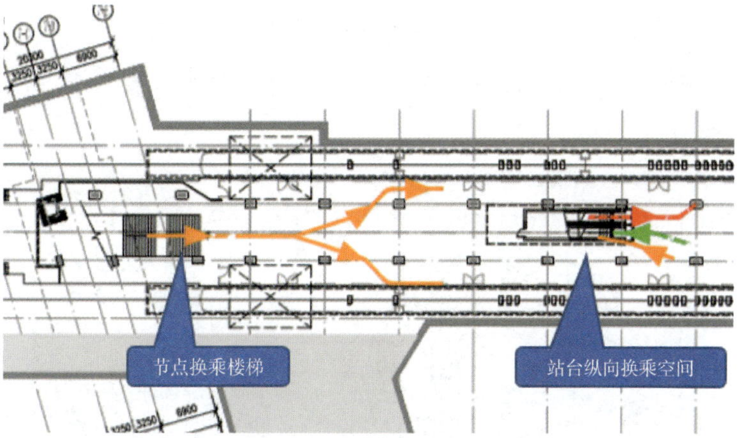

图 13　换乘节点示意图

2.3　未预留换乘节点的换乘站，通过新建换乘厅来增加换乘空间

随着城市的发展及线网的不断优化调整，已运营的标准站往往会因规划的调整与新的规划线换乘，换乘方案宜重点考虑既有车站的调整改造，新建换乘大厅形成缓冲空间满足换乘客流的集散。

5 号线三山街站与既有的 1 号线车站换乘，原 1 号线车站未预留换乘条件，5 号线车站采用了新建大换乘厅的方案，结合老城改造、地块结合换乘大厅整体开发，解决了换乘空间不足的问题，同时更新地块，改善城市功能，如图 14 所示。

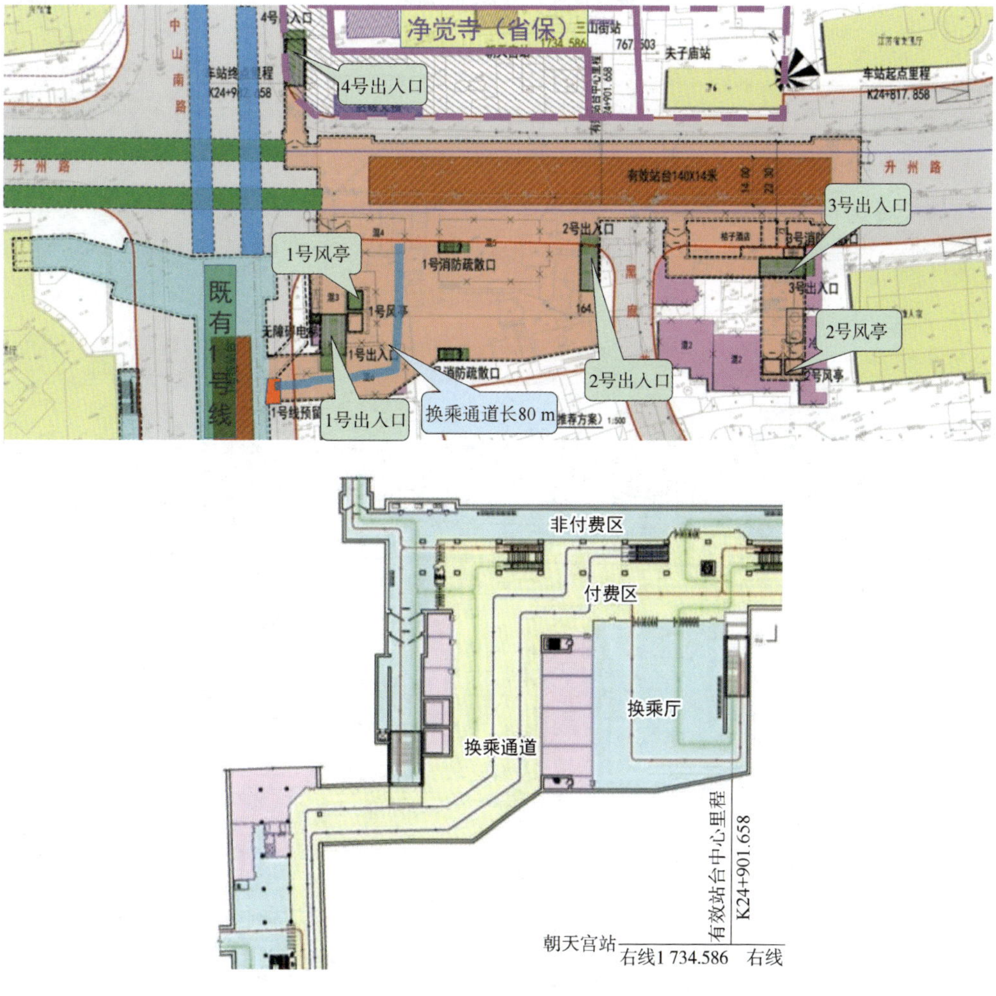

图 14　三山街站换乘示意图

2.4 周边环境条件复杂的车站抓主要矛盾，因地制宜，避让敏感点

6 号线明故宫站位于明故宫路与中山东路交叉口，与既有 2 号线车站换乘，站位处周边条件限制因素较多。明故宫站总平面图如图 15 所示。

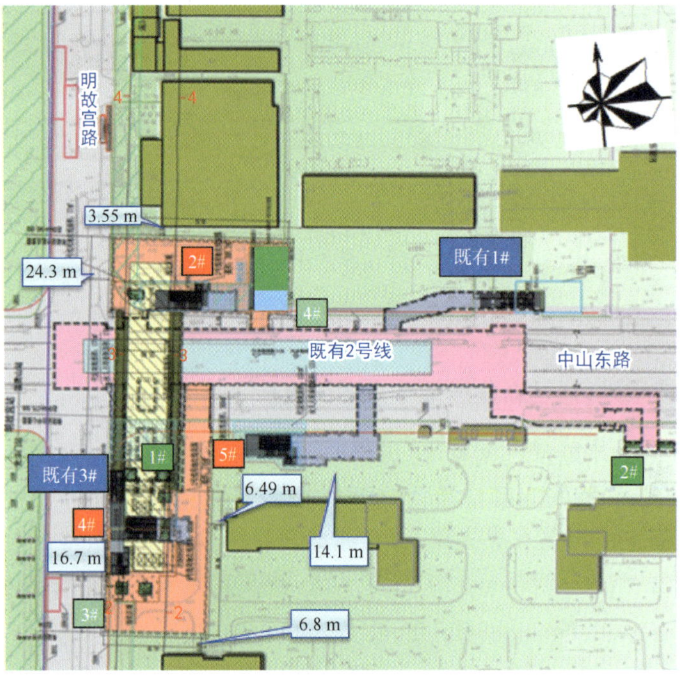

图 15 明故宫站总平面图

已运营的 2 号线为地下二层 13 m 岛式车站，在交叉路口下方预留实施了地下三层的换乘节点，如利用原换乘节点，6 号线车站为地下三层明挖施工，站体贴近保护区，施工期间的道路开挖、管线迁改、交通导改将对保护区产生一定的影响。工可阶段，经与国家文物局多次汇报，结合国家文物局对新建车站需尽可能地远离明故宫遗址重点保护区的要求，将 6 号线站位调整东移至地块内，如图 16、图 17 所示。

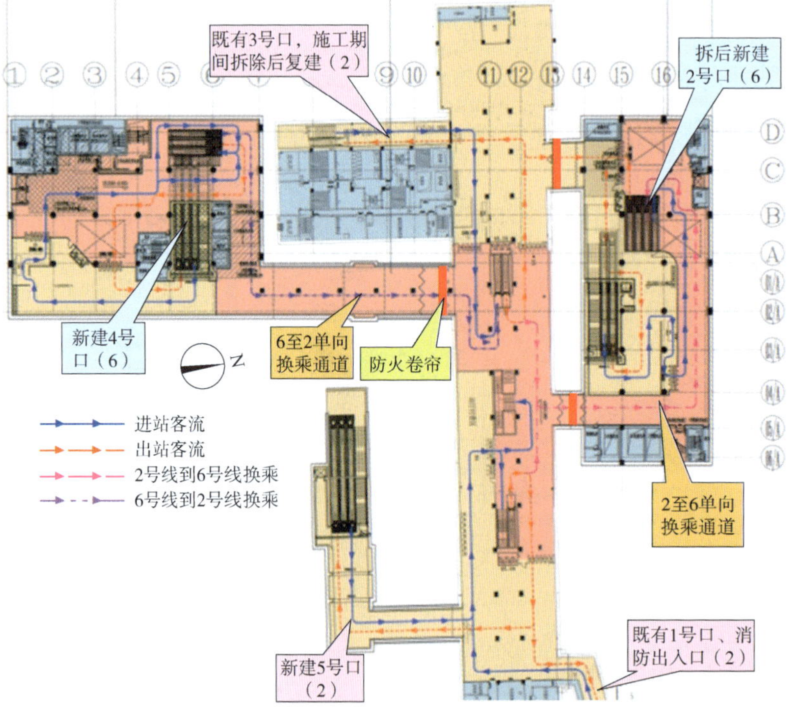

图 16 明故宫站换乘关系示意图

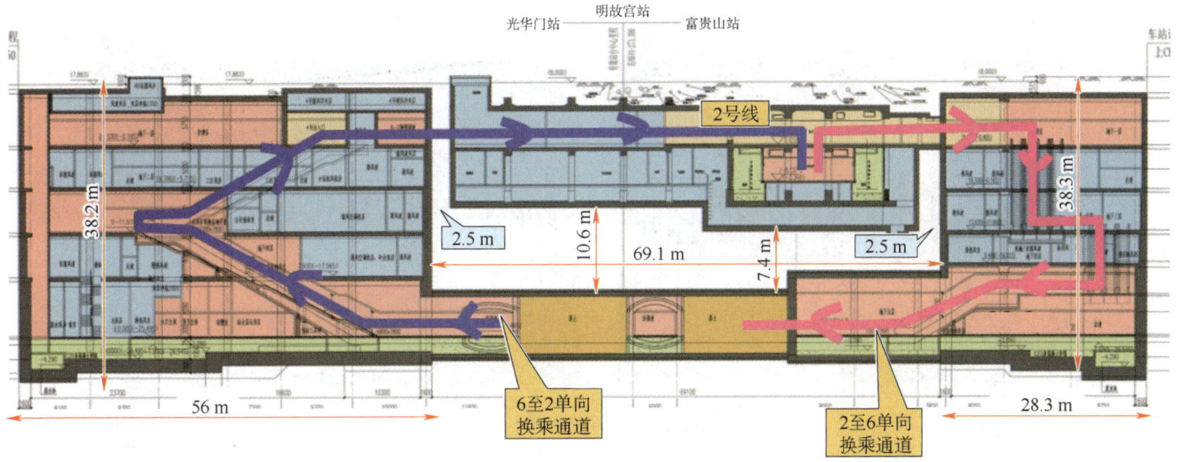

图 17　明故宫站纵剖面图

调整后的 6 号线车站明挖段为地下五层车站，区间下穿 2 号线车站部分为单层暗挖，与 2 号线换乘采用站厅层通道单向换乘，车站围护结构距离已勘测文化层、明故宫遗址重点保护范围最近点分别为 16.7 m、24.3 m，将施工期间对文物的影响减小至最小的范围。

2.5　增加导向对于换乘的指引，提高辨识度

从顶面、地面、墙面和柱面等区域来实现换乘信息显示，正确引导乘客便捷换乘。

(1)通过顶面与灯具结合显示换乘线路信息，如图 18、图 19 所示。

(2)多种客流交汇点的地贴形式，依据客流组织动线，在重要的节点进行布置，如图 20 所示。

图 18　换乘信息与顶面装修结合效果

图 19　深圳车公庙站站顶面装修导向

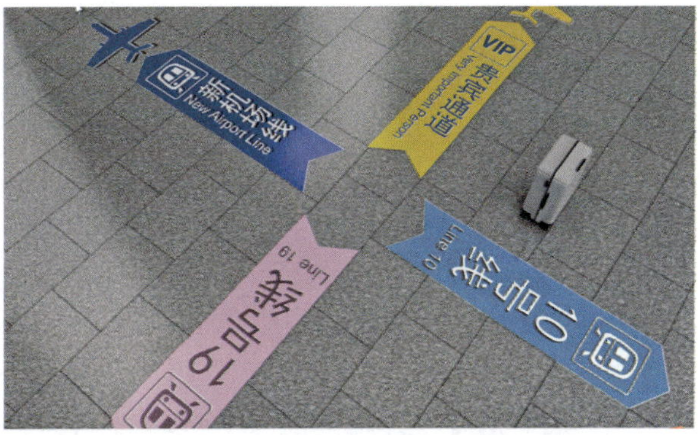

图 20　地贴导向示意图

(3)墙面采用灯箱显示换乘信息，如图 21 所示。

图 21　灯箱导向实例

2.6　建立有效的换乘站的评估、评价体系

南京地铁已进入网络化运营时代，已运营 13 座换乘车站，“十三五”期间同时将新建 59 座换乘车站，需要建立一套换乘站的分类分级体系及评价指标体系，使用大数据客流分析，对在建的换乘站进行指标评价，提出客流风险，优化方案，并提出换乘站设备、设施资源的共享建议。

合理评价体系能有效地评估换乘站设计的合理性及保障运营组织的便捷性，保证换乘站客流安全、出行便捷、节约成本、运营高效。

目前已委托研究机构对南京地铁“十三五”工程换乘站功能评价体系做深入的专题研究。

优质公交成就美好生活——欧洲行动学习的体会与启示

黎　庆

（南京地铁建设有限责任公司，南京　210017）

摘　要：有机会参加了中瑞合作管理培训项目第三期江苏行动学习子项目，赴瑞士、西班牙、德国的七个城市现场实地观摩和培训学习，对当前欧洲先进城市公共交通建设发展的理念、政策、制度、技术及实践有了全面系统的了解和认识，获益良多。

关键词：考察；公交；启示

1　学习的主要体会

1.1　公共交通系统发达，成为城市可持续发展的重要引擎

本次学习考察的七个欧洲城市公共交通出行方式丰富、覆盖面广、换乘方便，城市内部、城市周围以及城市之间的可达性、流动性都非常高，为大众的出行提供了十分良好的条件。瑞士拥有全世界最稠密的公共交通网络，有超过 26 000 km 的火车、陆路及水路的线路，服务延升到瑞士的每个角落，作为瑞士最主要的公共交通方式的火车主要有四种：城际列车（InterCity IC），主要连接苏黎世、日内瓦等大城市；摆式列车（Tilt technology trains ICN）主要开行于多角多弯的山区；区际列车（InterRegio IR、RegioExpress），主要连接中等城镇；市郊铁路（S-Bahn），主要连接大城市市中心与郊区。其中瑞士联邦铁路系统 SBB，运营线路 3 000 km，每年运输超过 3.5 亿乘客，日客运量 980 000 人次，铁路网使用率达 95%。瑞士首都伯尔尼人口 13.26 万，工作岗位 15.26 万个，通勤人数 9.5 万。全市就有 39.6 km 长的 5 条有轨电车（Tram），11.7 km 的 3 条无轨电车（Trolleybus），116 km 长的 19 条公交巴士线路，公交车站 310 座，13 条市郊铁路（S-Bahn）。公交出行比例达 46%，客流还以每年 2%～6%增长。苏黎世的市内公共交通线路总长 270 km（其中电车线路 117 km）系统规模的公交出行比例达 42%，高峰时段高达 70%以上。慕尼黑的公共交通网（MVV）由市郊铁路（S-Bahn）、地铁（U-Bahn）、有轨电车（Tram）、公交巴士组成。地铁和市郊铁路组成的城市轨道网覆盖范围非常广阔，地铁全天运营 21 h，运营间隔 5～10 min，市郊铁路一直延伸到城市周边的很多风景点或居民区，运营间隔 5～10 min。

直接的到达、较短的时间间隔发车，更多的车站以及舒适的单一票价制度使乘客受益。苏黎世交通局官员提到"高质量生活基于高质量公共交通"，公共交通管理部门"希望每一位乘客在任何时间点能得到一个座位""未来人们的生活质量须由我们今天来做决定"。在瑞士市民乘坐公共交通能非常方便到达目的地，乘坐电车、公交巴士或火车去旅行是轻松而愉快的事，并且比开车节省时间。城市管理者持续不断地采取诸多措施以提高公交设施的速度、舒适性、愉快程度，使公共交通保持着强大的吸引力，乘坐公共交通不会有低人一等的感觉，使不同年龄层次和不同社会阶层的人士都能积极使用公共交通。完善和发达的公共交通系统对创造一个宜居的、令人向往的、充满的活力和可持续发展的城市起到了非常重要的引擎和推动作用。

1.2　有力贯彻公交优先政策

他们强烈认识到严重依赖汽车的局限性，在建设和保养相对快捷、舒适又稳定的公共交通设施方面给予了高度的优先权。这次考察的城市苏黎世是世界上公共交通使用率最高的城市之一，苏黎世公共交通的成功之处不是因为建设了几个宏伟工程，而是落实了一系列精心策划的公共交通优先政策。在苏黎世，明确给

予公共交通扩建的建设优先权，将道路的空间优先分配给高承载率的公共交通工具，同时对小汽车的使用进行了限制，电车和公交巴士行驶在受保护的专用车道上，苏黎世全市道路网络的总长度为 90 km，其中 21 km 的道路上有各种形式的公交专用道，公共交通的道路空间与小汽车道路空间基本相当；信号优先，并利用计算机系统对全市公交车辆进行统一调度，在交叉路口前 300 m 处安装了电子感应器，交通控制系统为电车和公交巴士提供绿灯优先通行；对城市街道系统进行了大量的改善措施，使汽车交通之间的冲突降到最低，在电车线路上禁止左转行使，某些区域禁止停车，在商业区停车需要支付高昂的停车费用。

1.3 城市和交通规划、建设和管理理念先进

在瑞士的规划体系中，各州制定指导性规划，而城市的规划必须与之保持一致。如苏黎世的指导性规划制定了三项原则：一是明确加强城市化的区域和城市化结构的未来发展的可行性；二是城市化的未来发展应该主要集中在有公共交通服务的区域；三是现有相关的自然环境需要保护及积极管理。其政府官员赞成只聚焦三项原则的重要性，并相信制定的方针越少，得到的重视和关注就越多，原则的理念也就在决策人和公众头脑中越明确。瑞士确定“多中心的城市网络”规划战略，引导城市向紧凑型模式发展，开发和巩固现有城市，这个城市网络通过铁路系统进行连接，强调的是城市和各个枢纽之间连接的可靠性上，而不是在快速的火车上。该网络提供了足够大的市场，可以满足高层次的专业服务和顶级技术人员的需求，能够与周边的大都市形成竞争。

1.4 公共交通一体化程度高

这次考察的七座欧洲城市，公共交通的一体化程度都很高。首先是上公共交通模式综合程度高，如城市地方的和国家的铁路系统在地方交通枢纽上完全连接起来，很容易从一趟列车换乘到另外一趟列车或城市内的有轨电车和公交巴士，这意味着公共交通在投资与建设时需相互协商，各类交通模式彼此互相补充。二是公共交通系统性强，主要体现在“一票制”，本次考察的七座城市公共交通均采用了“一票制”做法。如慕尼黑公交公司(MVG)有单程票和日票，是按照乘坐范围计算价格，在地图上分为内圈(白色)、中圈(绿色)、中外圈(黄色)和外圈(红色)四档。同时加入慕尼黑交通资费联合体(MVV)的公共交通事业均共享票价，且在相应的行程内一票到底，无需在换乘时另购车票。如果要去慕尼黑周边的城镇，只要看到车辆上有 MVV 标志，也可要求利用票制乘坐，即一张票直接连通住处和目的地。而作为瑞士国家区域长距离公交出行主要方式的铁路，更是以其“一张网、一张票、一个时间表”闻名于世，投资新建和改造的铁路，首先考虑的是该线路如何融入到全国铁路网络，突出的是网络的稳定性和节奏的可靠性。系统性还体现在不同公交方式服务信息的及时性交互。几个城市的公共交通系统都为乘客提供了大量的公交服务信息，从城市各类公共交通地图到车站内乘坐信息牌等静态信息，还有车站上和车辆内及时提供时效性和换乘情况的资讯信息，大大方便了乘客的使用。

1.5 公共交通管理创新

欧洲城市公共交通在 20 世纪 80 年代也曾出现过运营商各自为政、定价水平参差不齐、服务水准不一等管理混乱的局面。随着大力发展公共交通，公交优先的原则被社会广泛接受，在城市交通管理上进行创新，陆续建立起“公交联合体(协会)”组织，该组织总体负责制定公共交通的规划、票务、运营服务、时间表等，协调政府与运营公司、运营公司之间的关系。如苏黎世 ZVV，巴塞罗那大都会公交联盟 ATM，慕尼黑 MVV 等。苏黎世公交联合体(ZVV)1990 年成立，根据有关法律将州内 49 家运营公司收归麾下，组织 8 家大的企业以并购或合营方式整合其他小的运输企业。ZVV 负责苏黎世州公共交通的战略规划、财务、票务、服务标准和时间表的设定等；联合体对上级单位交通委员会负责，接受州议会的监管。其目标是保证该州公共交通既有效又经济的服务，因此总是在服务质量和成本之间找平衡。因为 ZVV 手中握有运用政府对公共交通的大笔补贴进行投资和分配权，参与的公交企业都愿意与其合作。在 ZVV 的组织管理下 40 多家运输企业的运营成本降到一个相对合理水平，与邻近的州合作开辟新的线路服务；ZVV 根据线路多少等量化指标分配线路和资金；监管运营企业的服务水平，如果哪家企业的服务满意度持续不达标，就可能将其线路权减少甚至收回。正是通过管理创新，在 ZVV 成立 10 多年后，苏黎世乘坐公共交通的人数翻了一番，高峰时段超出运力，目前 ZVV 正在提高运力上增加投入，计划于 2015 年增加运力 40%，2025 年增加运力 80%。

1.6　城市对公共交通建设和维护投入大

欧洲城市在公共交通上的投资非常大，并且采取了一系列其他行动来促进和推动更为环保的交通方式。主要包括扩大和更新现有的铁路设施，建设新的城市轨道交通设施，陈旧的电车设施更新升级，改善既有城市道路系统等。如瑞士目前全国每年用于公共交通的建设与维护费用达 80 亿瑞士法郎，占 1.5%GDP(法国 1%，意大利 0.6%)。1990 年至 2000 年交通基础设施建设主要在公路与轨道交通，而 2000 年后主要用于轨道交通的建设。瑞士政府为满足 21 世纪乘客的流动性需求、鼓励使用轨道出行、减少公路出行量实施了“铁路 2000”计划，提高火车时速及增加车次，包括建设、增加了新的城市火车换乘枢纽，建设新的铁路线路，确保每个城市之间的运营时间不超过一小时；升级了传统的列车信号系统以适合时速 200 km 列车运营要求，保证列车运营间隔可以达到 2 min；引进了新型列车，如双层火车和适应于山区小半径线路条件的倾斜列车以提高火车的运能和速度。如巴塞罗那新建的地铁 9 号线和 10 号线，对历史悠久的既有地铁线路全部加装了垂直电梯，以满足老年人和年轻夫妇带婴儿车出行。

欧洲城市具有发达的公共交通系统、舒适的设施、良好的运营服务和相对低廉的票价，拿瑞士人来说，交通出行费占家庭支出的 10.8%，而公共交通支出又仅占到其中的 17.4%。因此公共交通的票务收入与其建设运营成本支出相比缺口很大，一般城市公共交通的票务及其他收入只占到总支出的 40%～50%，巴塞罗那约 40%，苏黎世约 60%，伯尔尼能达到 67.8%。公共交通服务作为重要的公益事业，政府遵循购买公共交通服务的理念，都会采取积极的财政方案来支持公共交通。

1.7　完善和平稳的公共交通融资系统

欧洲城市对公共交通的高额投入及不断持续的发展，完善和平稳的融资系统是保障。从欧洲公共交通总体收支看，跨区域长途公交和旅游性交通可以实现自给自足，具有盈利能力，区域公交很难自给自足，只能通过政府补贴。公共交通的成本支出主要包括：基础设施的新项目建设和既有项目的维护；运营的能耗；员工的薪酬和福利；运营管理的费用。资金来源主要包括票务收入、政府对公共交通服务所支付的费用、政府的直接拨款、政府税务的减免，政府的专项补贴等。瑞士的铁路系统是全欧洲综合评价最优的，其成本也是最高的，瑞士政府 1998 年在铁路基础设施上投入达 300 亿瑞士法郎，这种高额投入是通过全民公决批准，在政治上有保证。瑞士各地区的重大公交基础设施项目也是公民投票来决定建设与否。通常围绕公共交通的建设和运营维护，各地设有专门的交通基金，该基金来源于国家、州、市和社区各级政府的税务和补贴。由各地的“公交联合体(协会)”负责管理，并由它统一向公交运营企业分配到的票款和政府补贴。2008 年全德国公共交通的资金来源 246.1 亿欧元，其中票务收入为 36%，政府支付公交服务费为 34%，政府直接补贴为 10%，税务减免为 11%，针对学生和残疾人等的专项补贴为 9%，如图 1 所示。

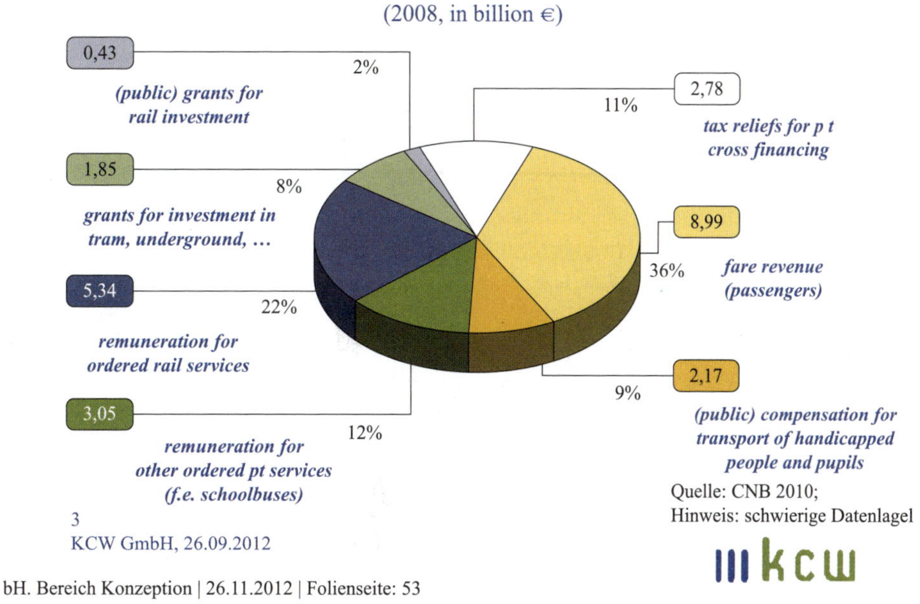

图 1　公共交通资金组成

2 几点启示

2.1 构建平衡的交通系统

欧洲城市公共交通系统覆盖面广、形式丰富且一体化程度高，其便捷的可达性和高度的流动性为城市环境改善和活力提升创造了坚实基础。他们的经验给我们的启示是，我们必须找到合理的方法，注重交通系统的顶层设计，包括合理土地利用规划、严控小汽车的使用、提升公共交通吸引力等，构建更加可持续发展的、平衡的交通系统。

2.2 培养和形成公共交通和公交优先的理念

要打破道路建设、混乱交通、道路再建设的交通恶性循环。认识到严重依赖汽车的局限性，寻找更有利于环境、更能增强流动性的公共交通，并给予强大的优先权。从公共交通的政策法规、基础设施条件、管理手段、服务水平、财政投入等各方面提供保障，持续和长久地扩大和改善公共交通，使其更具有吸引力，保证公共交通相对于小汽车持久的竞争优势。

2.3 以可持续发展的城市交通模式带动绿色城市的建设

可持续发展作为欧洲的基本目标已经在1997年的阿姆斯特丹条约中被欧盟所确定，已经有超过400个城市和城镇签署了可持续发展宪章——《奥尔堡宪章》。促进城市可持续发展，建设绿色城市已成为欧洲许多国家优先考虑的问题，苏黎世等城市针对绿色城市建设提出了有特色的流动性战略、城市建设规划、应对汽车战略等一系列减少环境破坏和降低对汽车依赖的理念、技术和策略，苏黎世持续用了20年时间对该市原有公共交通系统采取一系列改进措施，建立起一套成功的系统化方案，交通政策已成为一种经济福利，世界一流的公交系统支撑起一个欧洲最为富有、宜居、令人向往和可持续发展的城市。

南京轨道交通枢纽站建设开发的对策和建议

黎　庆

（南京地铁建设有限责任公司，南京　210017）

摘　要：当前我国社会经济的快速发展，城市化进程日益加快，主要体现在中心城市随着社会经济实力的增强而导致其人口及用地规模的扩大，城市辐射功能以及近郊城市化进程的迅猛加快，旧城区日益难以满足城市扩张的需求。“优先发展公共交通”的交通发展战略已成为城市在实现扩张和发展转型的必然选择。南京的公共交通规划目标是“建立以城市轨道交通为骨干、路面公交为主体、出租车为补充的多层次一体化公共客运交通体系”，城市总体规划中明确提出依托轨道交通网规划建设重要城市客运枢纽、换乘枢纽群及区域停车换乘中心，以服务于市级城市中心、副城中心及片区中心；提出以快速轨道、快速道路形成的复合交通走廊以及一体化综合交通枢纽，引导都市区空间布局，引导土地集约开发、高效利用。在城市规划和发展战略上，作为城市公共交通骨干的轨道交通，其枢纽站在全市整个公共客运交通体系中充当着重要的关键角色，轨道交通枢纽站的建设方式对城市交通结构、公共交通系统效益以及城市区域发展的影响巨大且深远。因此，当前在南京公交都市创建、轨道交通网络快速构建过程中，规划建设好轨道交通枢纽十分重要。

关键词：轨道交通枢纽站；公共交通系统；轨道交通网络

1　高度重视轨道交通枢纽站建设与开发的重要意义

城市功能和社会活动的多样性决定了其交通需求的多样性，出行范围的扩展及不同的出行目的，促成了出行方式链的形成，人们会根据不同交通区域的特点选择最合适的交通方式组合（即出行方式链），以取得最高的出行效率。因此出行方式链是都市交通的核心问题，出行方式链要求交通运行联运化、交通设施整合化、交通信息交互化。轨道交通系统作为一种快速、大运量的交通方式，一方面表现出对城市空间和土地开发的强导向作用，另一方面它对大规模客流的需求又依赖于沿线土地的充分开发与利用。

轨道交通枢纽站是指轨道交通车站周边 500 m 范围内具有对外交通、市内公共客运交通、私人交通以及轨道交通换乘等一种或多种交通方式的车站。该类车站一般具有以下几个特点：①车站周边 500 m 范围内、步行时间 10 min 内可方便地实现轨道交通与不同种类的交通方式之间的换乘，转换点一般不少于 5 个；②站点通常位于城市核心区边缘或者城市重要的交通节点处；往来客流量巨大，多种交通方式集中，区域城市建设开发强度高；③人流的集聚效益使得站域范围形成良好的区域公共服务和商业开发氛围；④肩负着城市区域中心重要的“窗口”形象。

轨道交通枢纽车站不仅承担着轨道交通网络系统客流的集散功能，同时也承担着与城市对外交通、市内公共客运交通、私人交通等多种之间的联系与承接，是城市交通出行方式链中的重要环节和节点。轨道交通促使城市不同种类交通模式由封闭性向互连性方面转变，使乘客出行不再是无奈的割裂的旅途，枢纽站承担着弥合裂缝的关键性角色。这样的角色往往使得它又成为城市多种要素的连接核心，通过打破建筑与交通、建筑与城市之间的界限，建立起集交通、居住、办公、商业、娱乐等多种城市功能的综合性、混合型、一体化建设开发，对构建系统和完善的地上地下立体交通网络，提升区域城市空间环境品质，增加城市经济活力，激发地区发展潜力，有着非常重要的意义。

城市轨道交通属于社会公益事业，是准公共产品，具有很强的正外部性。轨道交通建设费用和运营成本都非常巨大，当前我国各城市在建设上多采取政府主导的负债融资模式、政府补贴运营亏损的经营模式。轨道交通所产生的巨大的正外部效益缺乏有效机制转化为建设和运营的内部收益，结合轨道交通枢纽站的建设进行一体化综合开发和利用是实现轨道交通外部效益内部化的重要手段，对解决轨道交通可持续发展具有重要意义。

2　国内外轨道交通枢纽站建设发展趋势和启示

2.1　轨道交通枢纽站的发展趋势

轨道交通枢纽的出现和发展与城市公共交通尤其是轨道交通紧密联系在一起，经历了从简单到复杂、从低级到高级的发展过程，逐渐演变成一个具有多种类型、多种结构、功能互补、具有层级结构的交通枢纽系统。发展趋势体现在集多种交通方式于一体，并与商业、办公、娱乐等产业联合开发、功能多元化的大型"交通综合体"的迅速发展。轨道交通枢纽站以发达的轨道交通网络为基础，将常规公交车站、出租车站、停车场、长途汽车站等集中布设甚至在同一座建筑物内，构成一个集多种交通方式于一体的，同时具有对外和对内交通功能的综合换乘枢纽，枢纽在完成快线交通和慢线交通的转换，对外交通和对内交通的转换，机动车流、停车场和步行交通转换的同时，通过枢纽功能的延续性开发，建立商业中心、服务中心和娱乐中心等公共场所，提高枢纽的开发强度。不仅能在高峰时间满足大量的换乘需求，而且能使相当一部分乘客换乘等候时间完成日常用餐和购物，减少了乘客的单纯候车时间和单纯购物出行次数，促进了客运服务的多元化，从而增加公共交通的吸引力和客运量。

2.2　典型案例

(1)柏林中央火车站

柏林中央火车站是欧洲最大、最现代化的综合交通枢纽，集国铁、地铁、轻轨、公交为一体的综合性立体化换乘中心，也是柏林市重要的商业、商务中心。车站建于原莱特车站的旧址上，用地约 10 万 m^2，总建筑面积 17.5 万 m^2，其中站房主体近 9 万 m^2，车站两侧为 12 层、70 m 高的双塔楼，总投资约 7 亿欧元，如图 1、图 2 所示。枢纽设有城市轨道 5 条、常规公交 7 条，客流达 30 万人次/日。站房为十字交叉、四层贯通布局，地上三层设长途及区域国铁、轻轨 S3、S5、S6、S7、S9 线；地上二层为综合换乘及商业层，面积 1.6 万 m^2；首层为进站广厅，与常规公交、出租、步行及轮船等进行换乘；地下二层设长途及区域国铁、地铁 U5 线，并预留有磁浮铁路。设有机动车停车位 90 个，地下停车场车位 860 个；电动扶梯 54 部，垂直电梯 49 部，可实现任何两层之间最短程和最方便的通达。枢纽商业区集中了约 80 家商店，是柏林一个重要的购物及餐饮中心，创造了近 900 个工作岗位。两座 12 层塔楼包括了总面积 1.5 万 m^2 的办公和酒店设施。

图 1　柏林中央火车站实景图

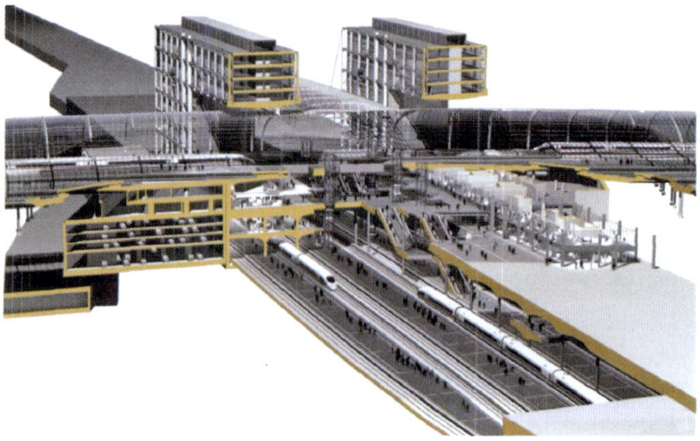

图 2　柏林中央火车站剖视图

项目主要特点：①交通功能高度集聚化，形成城市支撑型交通节点；②枢纽内多种交通方式之间互不干扰，乘客完全在枢纽建筑主体内进行换乘；③大量使用电动扶梯来分散大规模客流，货运流线与主要人流流线不交叉，大大减少乘客换乘的时间，枢纽的集散效率高；④枢纽内融入商业、办公等服务功能，形成充满活力的建筑综合体，并与周边城市空间紧密相连。

(2)大阪难波城公园枢纽

大阪难波城公园是日本成功结合轨道交通站点和旧城改造进行综合开发的代表项目，将城际列车、地铁等交通枢纽功能与办公、酒店、住宅完美结合，如图 3、图 4 所示。项目原址是一座棒球场，占地 37 232 m^2，总建筑面积 24.38 万 m^2，分两期开发建设。一期面积 16.7 万 m^2（商业 4 万 m^2，办公楼 8 万 m^2）；二期面积 7.66 万 m^2，高 8 层，总投资约 8 亿美元。枢纽包含三个轨道交通站：大阪难波站（近畿日本铁道及阪神电气铁道）、JR 难波站（西日本旅客铁道）和难波站（南海电气铁道、大阪市营地下铁）；共有 5 条铁路线路（关西线、奈良线、阪神难波线、南海本线、高野县线）、3 条地铁线路（御堂筋线、四桥线、千日前线）和 10 条市内公交线路，以及前往关西国际机场、大阪国际机场和日本各地的高速巴士线路等。地铁车站位于地下一层，地上三层是城际铁路。并设有一个立体停车场和一个地下停车场。项目的各个方面都结合周边的公交系统、人行流线，使得整个项目各个功能之间都是非常连贯的。两层之间的“8”字形的交通循环设计，为顾客通向商业零售区、户外花园或露台提供了连续、便捷的选择。良好的内部动线设计为客流提供一整套可辨、清晰的脉络，可以让顾客在商业体内部停留时间更久，在购物过程中尽可能经过更多有效区域，降低顾客在购物过程中的体力消耗，将顾客的购物兴致、新鲜感、兴奋感保持在较高水平。

图 3　难波城公园实景图

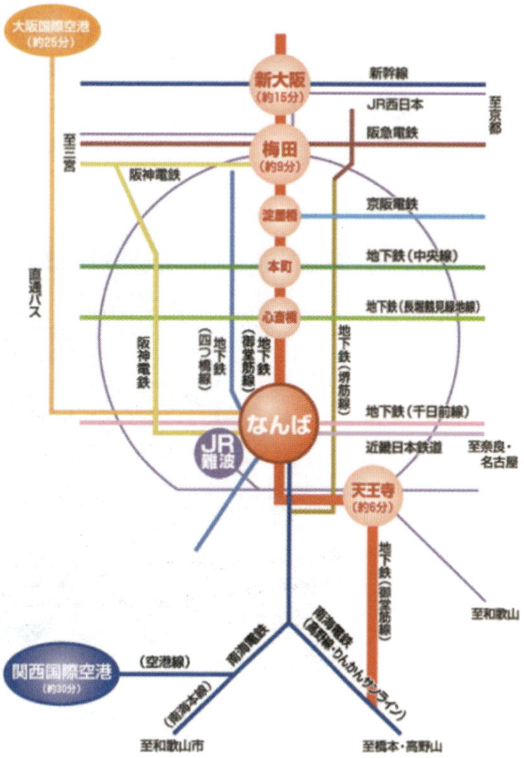

图 4　难波城公园周边轨道交通分布图

项目主要特点：①建设开发方把项目建设目标明确为“提升大阪城市形象的建筑作品”；②充分考虑既有交通设施的利用、新旧交通设施之间以及交通设施与开发功能部分的融合；整个项目各个功能之间都是非常连贯，交通人流被非常有效地运用到商业里面，商业价值得到了极大的发挥；③通过构建大型公园式开发，改善原来拥挤而杂乱的城市环境；④通过都市花园与商业办公相结合的综合开发，形成极具特色城市购物中心。

(3)香港青衣城

青衣城是位于香港新界青衣岛青衣地铁站大型上盖物业，占地 4.6 万 m^2，总建设开发面积 30 万 m^2，如图 5 所示。地铁东涌线及机场快线在此交汇，并有 20 条公交线路接驳，平均日客流量 50 298 人次。青衣城裙楼为六层，下面四层为地铁车站和购物中心，上面两层为 600 个车位的住宅停车场；裙楼以上部分为围合布局的高层住宅，中间是居住区的中心花园。该项目一楼至三楼，共设三个贯通商场和地铁车站出入口，方便地铁与商业之间联系；高层住宅平台与商场、地铁站之间通过设在三处不同位置的自动电梯进行相互之间联系。地下、二楼和三楼设有小汽车落客区经车站及各主要出入口通道，方便顾客到达。

项目主要特点：①地铁换乘枢纽站与商业和居住的同步开发建设，环境和配套设施均极为完善，体现了明确的“区域开发”概念;②购物中心位于地铁上盖,地铁通道与商场地下入口融合,便利的购物条件吸引大量乘客,枢纽商业价值不断提升;③一体化建设理念很好地贯穿和落实到车站开发中,实现了周边非直接建于地铁轨道上方的物业与地铁车站的相互连通。

图5 青衣城实景图

(4)北京西直门综合枢纽

西直门交通枢纽是集国铁、城市轨道、公交、社会机动车等多种交通体系和综合服务功能为一体的综合性交通枢纽,如图6所示。枢纽位于城市旧城的西北角,占地5.99 ha,总建筑面积26.4万m^2,其中交通面积6.7万m^2,商业和办公面积18.2万m^2,3栋高100 m的塔楼,总投资约29亿元,枢纽日客流量40万人次,总换乘量为20.1万人次/日。枢纽设有1条国铁、3条城市轨道和14条公交线路,1万m^2的P+R停车场。地下二、二层为地铁2、4号线及P+R停车场;地下一层为换乘广场、非机动车停车场、出租车站及商业;地面一层为国铁及公交站台;地面二层为城轨13号线,小汽车通过高架桥,可以直接上到二层的城铁站台口。不同交通方式之间通过地下一层、一层广场和地面二层分别进行换乘。

图6 西直门交通枢纽实景图

项目主要特点:①交通功能高度集聚化,形成城市支撑型交通节点。②枢纽内融入商业、办公等服务功能,形成充满活力的城市综合体;枢纽内多种交通方式之间互不干扰,乘客完全在枢纽建筑主体内进行换乘。③枢纽群体建筑提供了新的城市轮廓线,改善原来拥挤而杂乱的城市环境;④枢纽内部轨道交通之间的换乘效率偏低,13号线换乘2、4号线为站外换乘,换乘距离约230 m;2、4号线换乘13号线为站厅换乘,换乘距离分别为245 m和315 m。⑤枢纽步行系统不完善,尤其与外部空间连接的部分步行系统被城市道路所切断。西直门交通枢纽平面布局如图7所示。

2.3 案例启示

启示一:轨道枢纽站的建设的向综合化、立体化、多元化方向发展。越来越注重多种交通方式以及统一方式内部多条线路在枢纽建筑物内的有效衔接,为乘客提供方便、舒适的换乘服务。枢纽不仅注重多种交通方式的综合,而且更加注重对站域范围的城市空间进行综合开发和利用,使之成为为乘客提供全过程服务的城市中心。

启示二:多方面体现并实现“以人为本”的建设和管理理念。不仅注重枢纽内部空间衔接,更加注重功能的衔接,通过对换乘站的形态与空间组织的合理设计、换乘辅助设施如自动扶梯、垂直电梯、水平步道等设计应用,为旅客提供“零距离”的换乘服务;舒适的换乘条件与空间容量、简洁的平面组织与一目了然的导向标

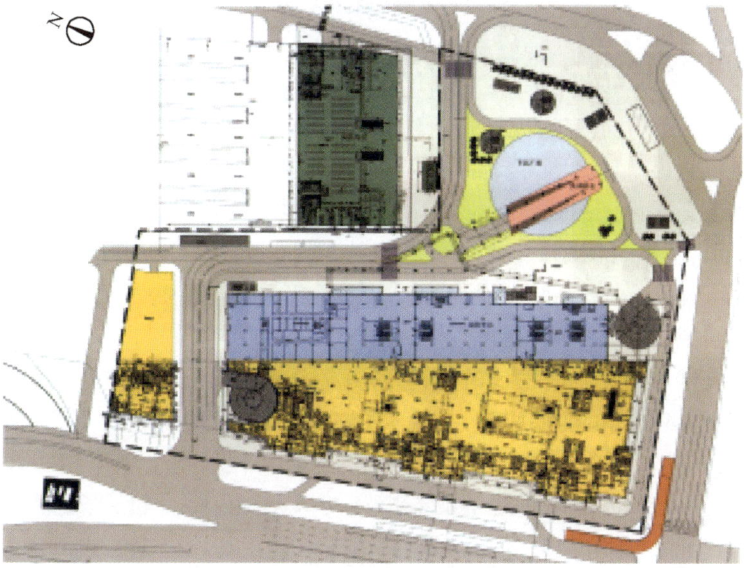

图 7 西直门交通枢纽平面布局图

示，为旅客提供优质、安全与必要的全过程服务。

启示三：充分利用城市轨道交通新建的契机和动力，优化、调整城市中心区的土地利用空间结构，加速中心区的改造和重建，使旧城区恢复生机和活力。

启示四：在城市土地资源约束越来越明显的形势下，单纯的交通用地越来越受到限制，利用轨道交通枢纽可达性高的优势，采用地下和地上立体方式，以巨额投资换取必要的区位，提高枢纽周边及枢纽内部土地利用强度和效率来获得巨大的经济利益是城市发展的必然趋势。

3 轨道交通枢纽站建设开发的对策和建议

3.1 建设目标

轨道交通枢纽站点不仅仅是一个交通转换的中心，更是城市功能、城市空间结构的重要组成部分，具有交通控制节点和带动城市开发的双重功能。因此轨道交通枢纽站点的建设目标：整合交通功能、复合服务物业进行综合开发。整合交通功能：根据枢纽站的客流和车流来自多方向、多路径、多种目的，多种交通方式，客流方面具有到、发量大而集中、多向集散和换乘、各小时段客流不均衡性的特征，通过交通设施的整合来构建一个以枢纽为核心的交通衔接系统；将换乘客流和到发客流分开、车流和人流分开，既能各行其道，又能相互贯通、相互转换，构筑一体化交通集散中心。复合服务物业：结合枢纽站交通功能的高效整合，在其集聚效应引导下，进一步复合城市公共服务、商业娱乐功能，构建城市区域中心，提升区域城市空间环境品质，增加城市经济活力，激发地区发展潜力，实现综合效益最大化。

3.2 建设理念

轨道交通枢纽站的建设，首要的是实现交通集散、换乘、停车、引导的基本功能。合理组织、有效衔接枢纽站点各种交通方式是关键，核心功能在于换乘。同时也要实现公共服务、商业开发的提升功能。轨道交通枢纽站应树立一体化交通建设和综合开发理念。一体化交通建设和综合开发，表现在交通系统的内部整合和外部关联，内部整合包括设施平衡、运行协调和管理统一，包括以枢纽建设为纲，发挥交通设施的整体效益；以换乘服务为中心，促进各种交通方式协调运行，合理分工和紧密衔接；依托法制与体制，充分发挥政府、企业和公众各种作用的组合优势。外部关联是指充分重视交通与城市功能提升的互动作用，交通发展与土地利用、社会、经济和环境等城市发展领域密切结合，促进城市的全面发展。一体化建设开发的关键：一是将轨道交通车站的建设与城市规划密切配合；二是需要确定投资主体，使站点综合开发与轨道交通工程的建设进度相适应,综合开发的规划建设应保持整体性和协调性。

3.3 有关问题及对策和建议

(1)问题1——城市规划与轨道交通规划及土地利用规划之间的互动性不足。

城市轨道交通规划与城市总体规划互动编制的强制要求和必要的审查机制不足;目前国内的城市规划方法中功能分区法与轨道交通设施的线状特征不适应;城市在快速建设发展过程中缺少足够的时间来细致考虑轨道交通与土地利用、发展的秩序、质量以及之间的关系。轨道交通站点与城市空间的规划整合度不足,目前的整合多限于自下而上的引导城市建设和设计层面简单的空间叠加方式。

对策和建议——遵循城市总体规划、交通规划、强化并促进城市规划与轨道交通规划的良性互动。抓住大规模轨道交通网络建设这一城市空间发展的关键发展阶段,树立轨道交通枢纽站点引领城市区域中心体系建设发展的观念,通过总体规划的全面引导,控地规划的协调和专项规划的落实,有机整合轨道交通站点与城市空间,实现两者之间的良好耦合,确保城市整体协调发展,使轨道交通车站一体化建设的交通设施容量及综合开发服务能够对区域的发展发挥足够的支撑和支持。建议结合轨道交通控地规划的编制,同步研究轨道交通沿线物业发展规划,配合地区规划、轨道交通建设规划和轨道交通站点研究确定物业发展项目的类型、位置、规模和时间。过程中需平衡并处理好三种情况:现实与规划的矛盾;需求与可能的矛盾;规模与可实施性矛盾。

轨道交通短时间内集聚大量人流的特点,这种集聚功能为已建成的城市中心城区的交通需求提供有效供给,而对于城市新区提供了集聚开发建设机会,可以使轨道交通枢纽从单一的交通服务功能发展成既是城市的交通枢纽,又是高效率、快节奏、带有综合服务性质的城市商业、公共服务中心。从大量研究及经验表明,在地价规律作用下轨道交通沿线开发的利益影响范围是以站点为中心,距离站点越近,土地不动产的增值越大。因此在车站影响区范围内城市规划和土地利用规划时,尽量采取中高强度的土地开发利用模式,引导城市向多中心结构、紧凑的城市形态以及功能混合利用方向发展。

(2)问题2——结合轨道交通车站建设的土地集约利用和复合使用率不高,尚未形成通过车站站域的复合利用和开发反哺轨道交通的建设和运营局面。

我国以往一直将交通运输功能放在轨道交通基础设施建设的首要位置,轨道交通站点建设更多的是着眼于乘客进出车站的集散功能。结合车站进行的商业开发配套不足,不能给乘客提供交通之外更多的生活服务;车站与周边地块之间的连通、联系度不足,车站的出入口、风亭风道设置只注重功能的满足,而忽视景观形态的要求。总的来看,轨道交通站点建设还不能做到土地的集约、复合、高效利用。究其原因,既有轨道交通项目的建设内容、工程投资及项目审批等方面因素,也有轨道交通建设所面临的外部条件复杂、各方协调难度大、工期紧迫等方面因素,还有交通市政基础设施建设与经营性物业商业开发结合所面临的政策方面的制约和影响。轨道交通项目的建设投资大、运营成本高,而票价收费很低,全世界的城市轨道交通的运营亏损是一个普遍的现象。我国轨道交通项目的资金筹集,一般由政府投入部分资本金,并由政府实际控制的、代政府行使投融资建设职能的企业,目前轨道交通项目资金缺乏、融资渠道单一、市场化程度不高,不能有效充分通过车站土地的复合、集约开发的收益支撑建设和运营的资金需求。

对策和建议——城市轨道交通与土地资源的综合开发是城市轨道交通建设筹资的有效途径之一,是实现轨道交通运营商业化的关键。通过轨道交通与土地资源的统一规划、整合开发,充分利用并经营好城市土地资产,为轨道交通建设和运营筹集资金,促进轨道交通的健康、快速和可持续发展具有重要的战略意义。建议由地铁公司统一实施轨道交通车站及枢纽站的规划及建设;政府以划拨或协议出让方式配置轨道交通枢纽项目建设用地;以市政基础设施配套建设的名义采用挂牌方式拿地,由地铁公司实施物业和商业开发。建议政府支持地铁公司发挥轨道交通线网规划、设计、建设的优势,积极参与轨道交通站点及周边商业价值突出的优质地块的开发,为轨道交通线路建设、弥补运营亏损、银行借贷的还本付息筹集资金。建议在地铁公司参与沿线土地“招、拍、挂”时,政府土地、规划管理部门应配合地铁公司设置有利的规划设计条件。地铁公司在轨道交通枢纽车站及周边的规划和开发建设时,坚持以土地经营效益最大化和为轨道交通提供尽可能多的客流为目标。通过轨道交通沿线土地综合开发,以轨道交通带动土地开发,以土地开发培育轨道交通的客源,形成客流和资金两方面的良性循环。

(3)问题3——轨道交通枢纽站的设计理念、方法和做法上有待进一步提升。

以往国内在轨道交通换乘站、枢纽站的规划建设时,更多关注的是轨道交通系统内不同线路之间的换乘,而在轨道交通与城市其他交通方式之间换乘和衔接缺乏深入研究。换乘设施布局不合理,使得不同交通方式之间的接驳距离较远、换乘不便;交通枢纽内外的人流、车流混杂,组织管理混乱;交通管理部门的条块分割,对交通方式之间的衔接构成人为障碍;虽然轨道交通、常规公交、快速公交应有尽有,由于互不统属,导致相互之间的协调性不足。既影响了轨道交通大容量、快速特性的发挥,又不利于整个城市公交应有效率的提高。同时我国在轨道交通这种公益性项目上,其审批、投资、建设和运营采取的主要是政府承担的非商业化运作模式,更多关注于为市民提供公共交通服务的目标,缺乏通过市场化运作创造最大收益,以市场无形之手来塑造高质量、高准点、高舒适度的城市公交的内在动力。现行的轨道交通建设标准、设计规范侧重于轨道交通系统本身的技术和功能,面向乘客服务标准方面,仅限于概念性、原则性要求,缺少量化、细化和约束性的要求,建设方和设计方缺乏细致研究,导致建设成果的粗线条、简单化。

对策和建议——树立"站城一体化"设计理念。英国皇家特许测量师学会(RICS)在交通换乘枢纽实践指南提出:"土地利用的良性循环配合良好的交通规划将实现更好的整合效果;将空间发展框架和地域规划作为重点;设立支持城市复兴并在地面交通建设方面达到理想效果的共同愿望或战略"。轨道交通枢纽站首先是交通换乘的场所,不仅意味着交通的可达性,它还意味着"选择"与"协作",它能提供更多选择交通方式的机会。同时它也是市民生活的场所,枢纽站的综合建设开发应以轨道交通的建设为触媒,建设具有高度便利性的车站空间,提高换乘的方便性并加强与城市的衔接,强化车站节点凝聚力,使其成为集交通、商业、办公、居住、娱乐等为一体的地区中心,打造充满活力为市民提供全过程服务的中心。人性化和方便性为首要考虑内容。交通枢纽站对乘客来说应该是一个积极有效的使用和体验经历。没有好的交通换乘系统,政府和交通管理部门设定的"提高公共交通使用率"的目标将成为空谈。枢纽站的换乘结构规划既要注意到轨道交通的内部和外部的换乘关系,又要处理好其他交通方式之间的换乘关系,同时还要兼顾其与物业开发之间的人流组织与交换。换乘结构的核心问题——"层次清、路径顺和距离近"。层次清——枢纽内各种交通系统按照车辆制式和客流性质分区归类,如国铁、城市轨道、市内公交、长途汽车、出租车、私人交通等停车应进行分区管理,并人车分流、进出分流,使换乘结构层次清楚、流线分明。尤其轨道交通车站与其他交通的换乘区域要立体化分层,干扰少,安全性好。路径顺——每两种交通方式之间的换乘路线要顺捷,方向清楚,通视性好,视觉亲近。换乘通道宽度满足通行能力,导向标识系统清晰,容易搜索目标;不同高程之间的换乘,通道顺接合理,通过自动步行系统提高服务水平。距离近——换乘的步行距离近,高差小,直观感受佳。把握人、车、路、场、业五项要素,通过对人流、车流、道路、场站、商业服务的流线规划处理好动态、静态之间的联系。保证各种车辆的载客能力、速度和舒适度标准;处理好乘客流动路径、车行的道路通行能力等技术条件;为乘客提供方便、顺捷、高质量、高水平服务;控制好建设规模、建筑、景观和环境影响。借鉴国外交通建筑建设和设计的思想和做法。国外在枢纽建设的设计标准包括:令人振奋的乘车体验;便捷换乘使乘客产生乘车兴趣;宽敞、通透、健康和舒适的环境;建筑、技术和设施为统一整体;高品质服务设施;建筑应如同生物一样的整体结构或相互关联和连接的形态;通过优秀的设计来打造换乘枢纽恒久的魅力等。做法上包括:通过换乘站的形态与空间组织,垂直与水平自动步行道的设置等实现最短的换乘距离;舒适的换乘条件与充分的空间容量;安全与必要的服务;简洁的平面组织与一目了然的诱导标识;各种交通工具的联运(包括票价、运行时刻表等)。

(4)问题4——围绕轨道交通枢纽站建设的不同利益方之间的协作与合作机制不足。

轨道交通枢纽站涉及到多种交通方式,一般涉及众多的利益主体,不同利益方在建设目标、总体方案、建设时序、投资劈分、管理模式等方面站在各自的立场上往往有着不同的想法,通常只从自身利益最大化的角度来选择与其他交通方式衔接的形式,很可能导致枢纽的多种交通方式之间"衔而不接""管理脱节",因此需要一个有效途径和机制来推进。

对策与建议——市政府规划或交通部门结合城市规划、交通规划围绕轨道交通枢纽站站域的开发建设编制专项规划和建设任务书,提出并明确交通需求、容量、交通设施及配套公共服务、商业物业开发的规模。由地铁公司承接项目的总体方案研究和建设与开发任务。市政府或主管部门组织各利益相关方对枢纽方案的合理性、管理模式、相关方职责进行研讨并予以明确。

(5)问题5——地铁公司需进一步提升综合建设开发能力。

在政府、地铁公司、开发商三个主要市场参与者中，地铁公司扮演了“向上承接政府战略，向下启动市场资源”的角色，成为整合政府与市场资源的平台。其核心就是围绕地铁沿线土地物业开发权，充分实现规划升值。受我国现行土地政策的制约，轨道交通企业获得经营性开发用地必须通过招拍挂程序，其操作空间被局限在招拍挂环节之后，难以在土地一级开发阶段，将地铁建设、物业开发和政府区域规划战略结合。缺乏对站点及周边土地的集约化利用、科学控制入市节奏，也造成大量土地价值的浪费与流失。加上地铁公司由于在地铁物业开发上，运作时间短、市场化经验不足，往往普遍缺乏规划能力，缺乏对规划能力的价值有个清楚的认知，难以在和政府、市场进行价值沟通时获得话语权。

对策与建议——在轨道交通项目前期研究阶段，除了目前我国在工程可行性研究报告中要求的内容外，专门研究并编制项目的“市场预测”“资源条件评价”报告，结合项目交通一体化，着重研究轨道交通枢纽站点的综合开发的可行性专题。从而实现交通建设与综合开发的良性互动。强化提升地铁公司自身的规划能力建设，更要做好土地的区域规划和具体项目规划。通过区域开发规划，更好地承接政府战略，承担部分城市运营商的角色，获得政府的支持。通过项目规划，清晰地划分二级开发价值链中，规划设计与施工建设环节的价值。并以建设招标的方式实现对规划设计环节的利润占有。地铁公司在协助政府进行土地一级开发时，可以实现三个价值：一是通过将地铁建设与站点周边土地开发统筹考虑，提高土地的集约利用效率，从而带来直接的经济收益；二是协助政府根据地铁建设进度控制土地入市时机，从而最大限度实现土地市场价值；三是协助政府更好地围绕地铁站点进行区域规划，形成以地铁为驱动的新一轮区域发展动力。在这一过程中，地铁公司应科学量化地铁建设带来的土地升值，通过部分收益财政返还的方式减少政府对地铁建设的直接投入。

宁句城际车辆选型及快慢车运营模式研究

唐　武

（北京城建设计发展集团股份有限公司，北京　100032）

摘　要：南京至句容城际轨道交通线路为南京线网中较为特殊的市域快线，其具有跨行政区域、远距离出行、沿线服务组团多、兼顾市域及市区通勤客流等特征，分析宁句城际功能定位、线路特征及客流特征等研究确定列车最高运行速度及车辆选型，对类似市域线的规划、设计提供参考。通过开行快慢车运营组织方案，可有效减低市域线旅行时间，提高旅行速度，满足市域线部分乘客快速、直达出行的需求。

关键词：市域快线；车辆选型；运营模式；快慢车

1　宁句城际线功能特征

1.1　功能定位

宁句城际自西向东途经马群组团、麒麟组团、汤山组团、黄梅组团、句容北部新城组团、句容市中心，最后到达句容南；线路选线完全覆盖南京东部至句容的主要发展带，如图1所示。

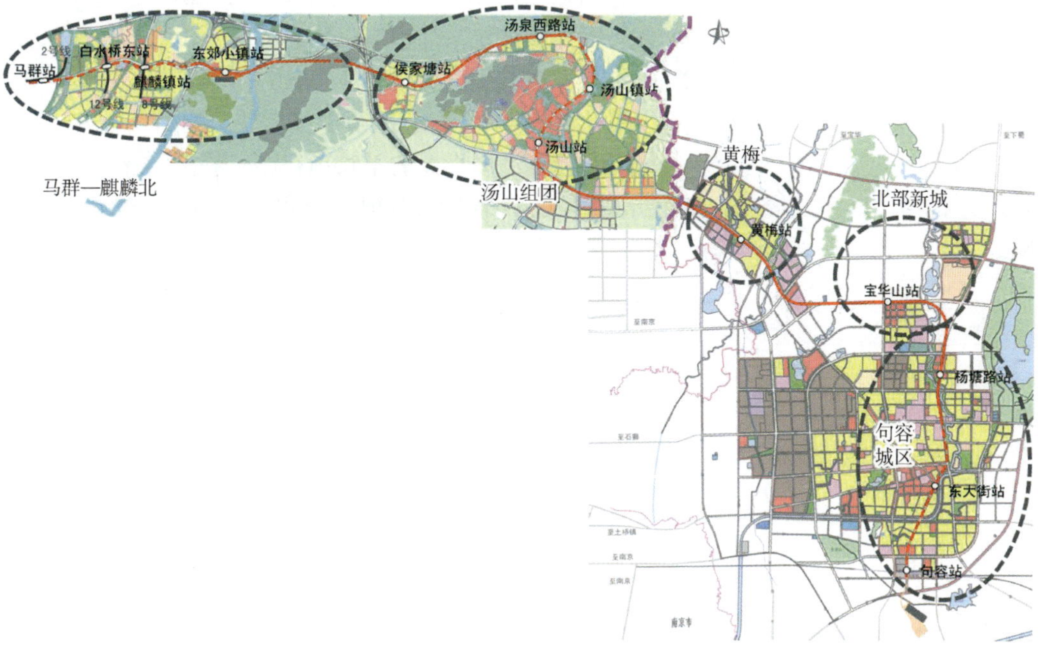

图1　宁句城际沿线组团分布图

宁句城际为服务市域组团间、组团与城市中心客流出行的都市圈轨道交通工程，是干线铁路服务的补充和完善，是城市轨道交通的延伸和拓展。主要服务南京至句容沿线组团、新城的发展及客流需求，对城市发展的带动模式为带状带动。

1.2　线路特征

宁句城际线路全长43.602 km，其中高架与地面过渡段长约26.824 km，地下段长约16.778 km。全线共设车站 13 座,其中地下站 7 座、高架站 6 座,平均站间距为 3.574 km,最大站间距为 7.422 km,最小站间距为 1.289 km,如图 2 所示。

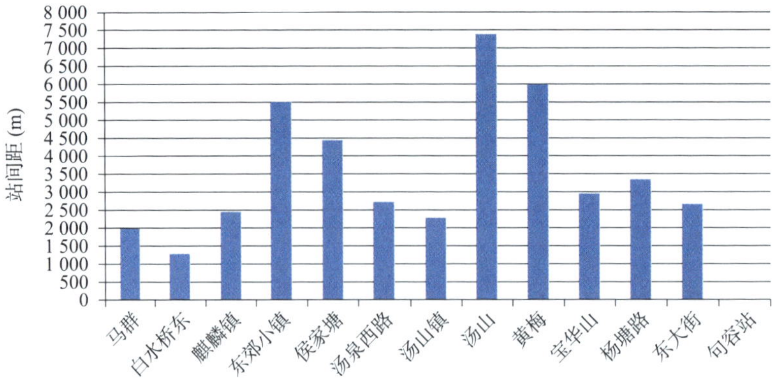

图 2　站间距关系图

1.3　客流特征

宁句城际是连接句容组团、汤山组团与麒麟镇组团的市域快线,侧重服务市域客流并带有明显的引导发展功能。宁句城际客流规模整体上有如下特点:

(1)服务通勤客流为主,全日客流量较小、高峰最大断面客流大,本线预测初、近、远期全日客运量为 17.63 万人次、29.12 万人次、38.31 万人次,初、近、远期早高峰最大客流断面为 1.38 万人次、2.25 万人次、2.72 万人次;初、近、远期早高峰系数均超过 15%、晚高峰均超过 12%。

(2)市区段客流强度远高于市域段,市区段(马群站—东郊小镇站,长 5.7 km)初、近、远期全日客流强度分别达到 1.71 万人次、2.63 万人次、3.57 万人次,市域段(东郊小镇—句容,长 37.3 km)初、近、远期全日客流强度分别仅 0.21 万人次、0.38 万人次、0.48 万人次。

(3)平均运距相对较大,本线初、近、远期平均运距约 12 km,远高于城市轨道交通线路 6～7 km 的出行距离,体现了市域线长距离出行的特点。另外,本线市域段客流的平均出行距离在 20 km 以上。

(4)市域段内各组团客流差异大。本线市域段由汤山组团、黄梅组团和句容组团三个组团构成,汤山组团距离线路起点马群站 11～20 km,位于线路 1/3～1/2 的位置,全日客流量占市域段客流的 50%以上。而位于线路终点区域、占据全线长度 1/3 的句容组团,全日客流量仅占市域段客流量的约 33%,仅占全线客流量的 15%。

(5)换乘客流大,本线换乘客流量占比很高,初期为 60.5%,远期达到了 68.8%的水平,验证了本线为进城放射线路输送客流的特点。

(6)潮汐客流特征明显,早高峰上行/下行不均衡系数初、近、远期分别为 0.35、0.24、0.28,早高峰主要为进城方向的通勤客流,出城客流仅为进城客流的 1/4～1/3;晚高峰下行/上行不均衡系数初、近、远期分别为 0.38、0.28、0.31,晚高峰主要为出城方向的通勤客流,进城方向客流较少,仅为出城客流的 1/3。

2　宁句城际车辆选型研究

2.1　适用于市域快线的车辆

针对本线市域快线功能特性、最高运行速度 120～160 km/h 的要求,目前南京及国内其他城市类似功能特性的市域线,已运营或在建的线,主要采用的车辆有市域 A、B、D 型三种。

市域 A 型车最高运行速度 120～160 km/h,供电制式可采用 DC 1 500 V 和 AC 25 kV;成都 18 号线即采用此种车型,最高运行速度 140 km/h、AC 25 kV。

市域 B 型车最高运行速度 120～140 km/h,供电制式可采用 DC 1 500 V 和 AC 25 kV;此种车型在国内运用较多,如广州地铁 3 号线、南京 S8 线、青岛 11 号线等,均采用最高运行速度 120 km/h、DC 1 500 V。

市域 D 型车最高运行速度 120～160 km/h，供电制式采用 AC 25 kV；如温州 S1 线最高运行速度 120 km/h、AC 25 kV；北京大兴机场线最高运行速度 160 km/h、AC 25 kV。

2.2 车辆选型分析

2.2.1 满足最高运行速度需求

宁句城际平均站间距 3 574 m，站间距大于 2.5 km 的区间达 8 个，占全线区间的 66.7%，总长度 35.4 km，站全线长度的 80.5%。对站间距匹配、线路条件适应等角度分析，宁句城际适宜采用 120 km/h 的最高运行速度标准。

从最高运行速度需求，本线采用市域 A、B、D 型车均能满足需求。

2.2.2 满足运能需求

宁句城际线初、近、远期早高峰最大客流断面为 1.38 万人次、2.25 万人次、2.72 万人次。

采用 A、D 型车 6 辆编组，远期分别开行 20 对/h、21 对/h 均可满足运能需求，行车间隔较大，服务水平相对较低，造成运能浪费。采用 A、D 型车 4 辆编组，远期高峰小时开行对数达 30 对/h。结合本线客流特征，客流风险及不确定性较大，远期开行达 30 对/h，应对客流突发增大情况的抗风险能力弱。

采用 B 型车 6 辆编组，初期开行 13 对/h、近期开行 21 对/h、远期开行 24 对/h，其运能满足客流需求，对于远期客流需求具有较好适应性，能够应对客流风险。

2.2.3 符合资源共享需求

减少投资、降低成本、节约资源，实现资源共享，是选择轨道交通制式的一个重要的方面。资源共享就是在满足功能需求的前提下，尽可能减少车辆制式和类型，实现网络中车辆、维修设备以及人力等的资源共享。

目前南京线网中已建或在建的市域快线 S1、S3、S7、S8、S9 均采用市域 B 型车，根据线网资源共享需求，线网规划的 12 号线、13 号线与宁句城际线进行车辆大架修资源共享，因此本线宜采用市域 B 型车。

2.2.4 满足线网互联互通运营需求

宁句城际建成通车后与线网中的 2 号线形成单点换乘，在马群站的换乘客流占全日客流的比例达 60%。线网规划宁句城际线西延后与规划的 13 号线衔接，宁句城际与 13 号线采用部分列车贯通运营组织方案，可实现宁句城际市域客流直达中心城区。宁句城际车辆制式及供电制式应与 13 号线保持一致，而根据 13 号线客流规模采用 B 型车较为合理，如图 3 所示。

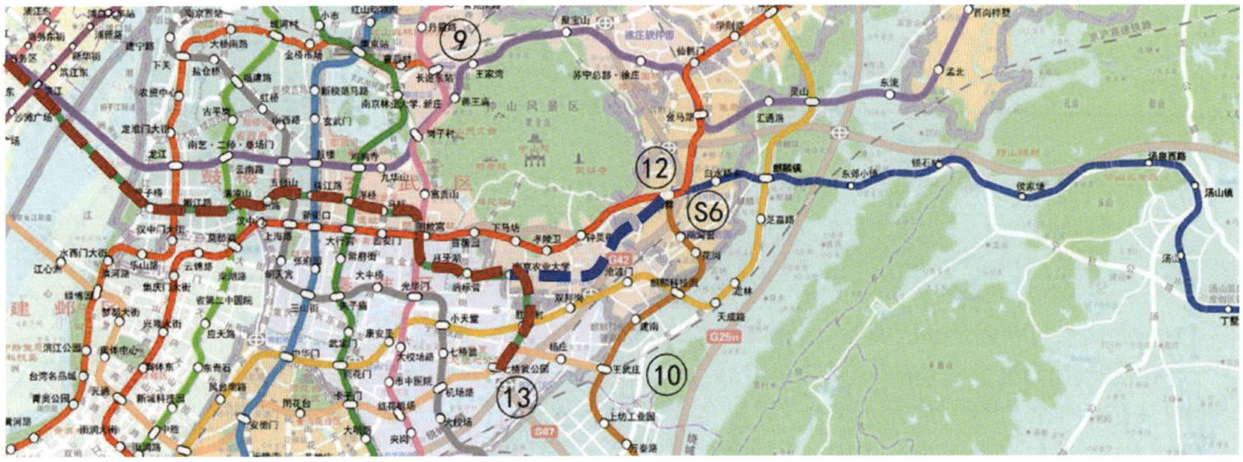

图 3　宁句城际与 13 号线关系图

2.2.5 供电系统适应性

从目前国内外市域线路供电制式的运用，车速 140 km/h 是 DC 1 500 V 与 AC 25 kV 的分界速度。DC 1 500 V 一般适用于车辆最高速度为 120 km/h 及以下速度，车速达到 140 km/h 后，采用 AC 25 kV 更为合理。

从土建工程规模角度，AC 25 kV 需采用柔性接触网，地下隧道断面主要受接触网安装要求控制，采用 AC 25 kV 会增大隧道断面，另一方面不利于宁句城际与线网的互联互通运营。因此采用 DC 1 500 V 供电制式更符合本线需求。

2.2.6 土建工程规模

宁句城际线地下段长约 16.78 km 占比达 38.5%。相同速度标准情况下，不同车辆对地下区间的建筑限界有直接影响，进而影响到隧道结构尺寸，因此本线在满足运能、最高运行速度需求的提前下，宜采用建筑限界的车型。

2.3 车辆选型的确定

综合以上分析，确定宁句城际选用市域 B 型车，DC 1 500 V 供电制式，最高运行速度应选择 120 km/h。

3 宁句城际快慢车运营模式研究

3.1 采用快慢车运营组织模式的必要性

宁句城际远期全日区域客流交换量情况统计如图 4、图 5 所示。

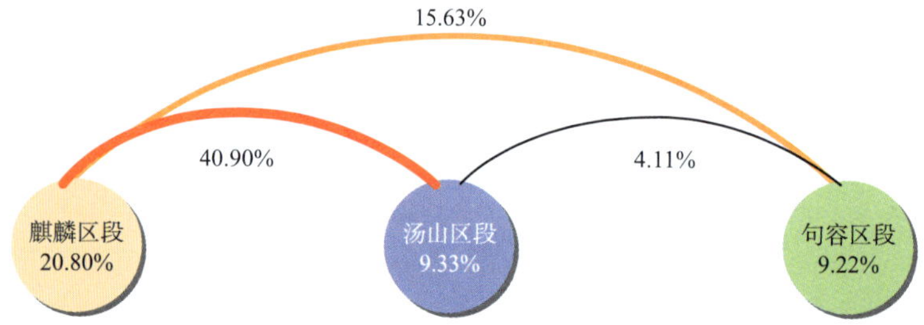

图 4 全线远期全日区域客流交换量

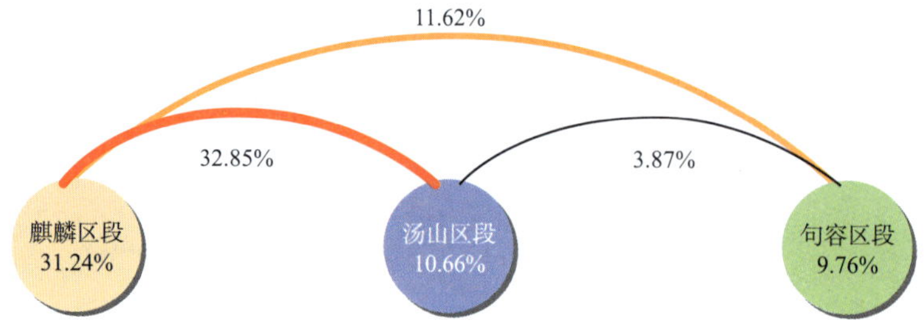

图 5 全线远期早高峰区域客流交换量

分析远期宁句城际全日区域客流交换量，有如下特征：

(1)全线组团内部全日客流交互量占 39.35%，组团间全日客流交互量占 60.64%，以组团间客流交互量为主。

(2)市区段(马群站—东郊小镇站)线路长度仅占全线的 13.3%，早高峰内部客流出行量占全线的 31.24%，平均运距仅 3.17 km；市区段高峰时段客流强度高、出行距离短，以满足客流需求解决运力为主。

(3)市域段(东郊小镇站—句容站)跨组团出行的全日客流占全线的 60.64%、平均运距达 15.9 km，跨组团出行的早高峰客流占全线的 48.34%，市域段客流强度相对较小、出行距离长，重点解决客流吸引，为乘客提供快速、高舒适度的乘车环境。

本线作为城际线的功能特点，主要解决句容组团、汤山组团客流进出城区的出行需求。对于句容组团和汤山组团乘客而言，出行速度的提高可提高线路的吸引力，诱增新的上线客流，促使原来采用小汽车出行的居民向轨道交通系统转移。

3.2 快慢车运营组织方案研究

3.2.1 快车停车站点的选择

(1)快车应停靠客流集散量较大的车站

以远期全日为例，马群站下行方向客流集散量达到了 9.79 万人次，占全线的 25.6%，麒麟镇站下行方向客流集散量达到了 5.8 万人次，占全线的 15.2%，白水桥东站、东郊小镇站、汤山站、黄梅站下行方向客流集散量占全线的 5%～10%，均属于客流集散量较大站，如图 6 所示。

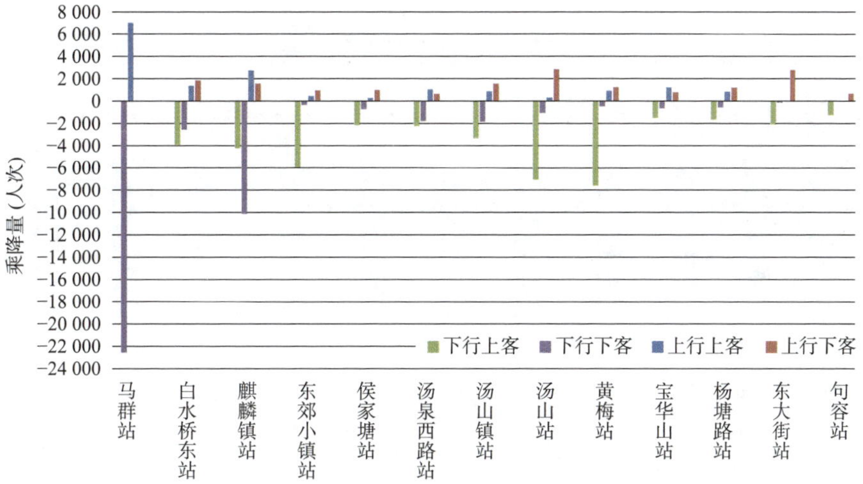

图 6 宁句城际远期早高峰各站乘降量图

(2)快车应停靠换乘站

便于乘客出行换乘，提高服务水平，快车应停靠换乘站，如麒麟镇站与 8 号线换乘、白水桥东站与 12 号线换乘、马群站与 2 号线。

(3)考虑工程条件对配线的影响

本工程车站有地下和地上两种，地下车站设置越行线工程造价为原来的 1.5～2 倍，因此地下站不适宜作为越行站设置点，部分高架站沿线为现状居民居住区，为减少拆迁，亦不适宜作为越行站设置点。

综合以上分析，马群站、白水桥东站、麒麟镇站、东郊小镇站、汤山站、黄梅站、东大街站及句容站均为快车必须停靠的车站。

3.2.2 越行站的选择

(1)越行站选择原则

越行站应选择客流集散量小的非换乘站，并应尽量选择地面或者高架站。

(2)越行站设置地点

本线市区段为地下线，且线路靠近起点，不适于设置越行站。而市域段中的汤山镇站、汤山站、杨塘路站、句容站为地下车站，不适于设置越行站。因此具备设置越行站条件的车站仅有 4 座车站，即宝华山站、黄梅站、汤泉西路站、侯家塘站。

(3)越行站的设置数量

越行站的设置与全线车站的数量有关，设置 1 个越行站，可以实现快车跨越 3 座车站不停车，因此当快车跨站不停车的车站数量有限时，设置过多的越行站并不能有效提高快车的通过能力，反而导致资源浪费。

本线共 13 个车站，其中客流集散量大的车站无法组织越行，适合快车跨站的车站为 6 座，由于黄梅站—宝华山站为大交路段，高峰期最大行车间隔达 5 min，因此在大交路区域快车追慢车的形式，不需要设置越行站。因此本线在汤泉西路站设置一座越行站即可满足全线快慢车运营组织方案的需求。

3.2.3　快慢车运营组织方案

(1)高峰时段快慢车运营方案

高峰时段全线采用大、小交路；快车在杨塘路站、宝华山站、汤山镇站、汤泉西路站、侯家塘站 5 座车站过站不停车，快车在汤泉西路站越行慢车，其余车站为大站快车。

常规大交路站站停列车运行时间 38.3 min，小交路站站停列车运行时间 25.3 min，大交路慢车运行时间 40.8 min，快车运行时间 33.3 min。远期早高峰快慢车运营方案如图 7 所示。

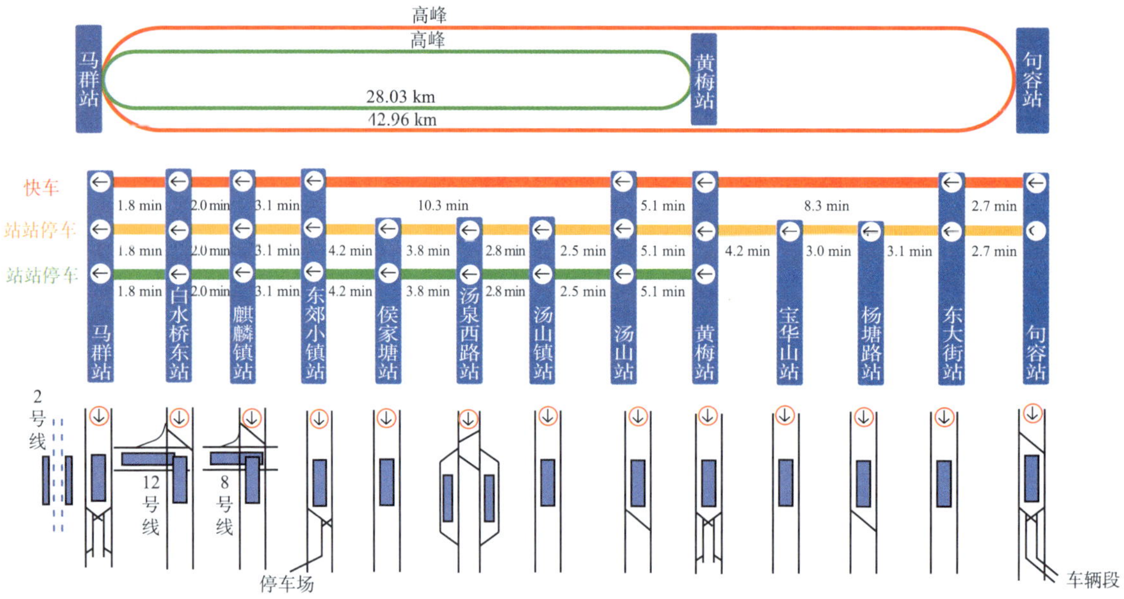

图 7　远期早高峰快慢车运营方案

(2)平峰时段快慢车运营方案

远期平峰时段全线采用一个大交路，快慢车运营组织方案如图 8 所示。

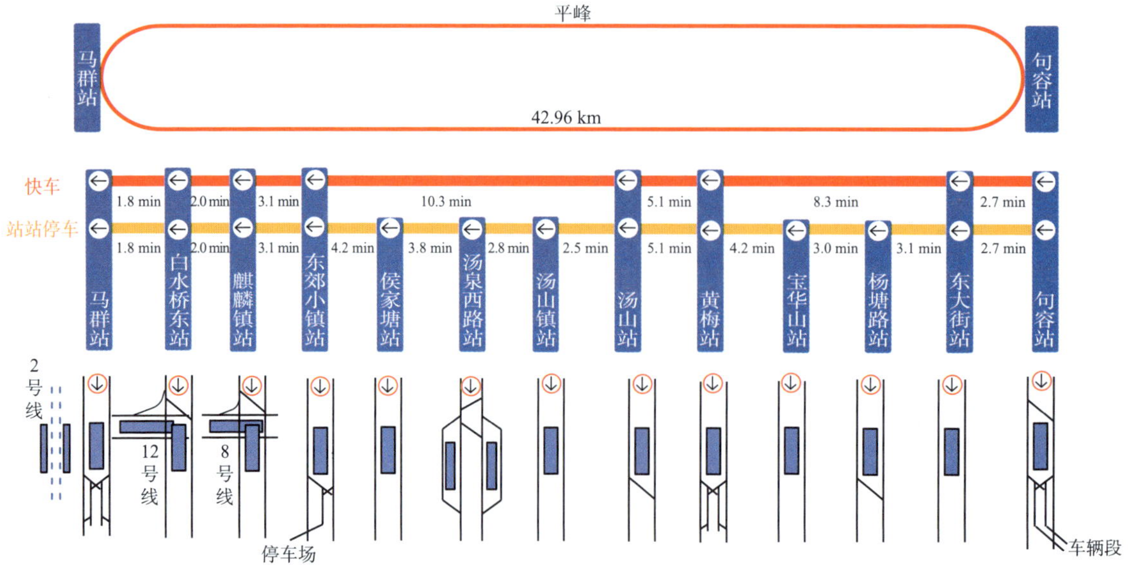

图 8　远期平峰快慢车运营方案

快车在杨塘路站、宝华山站、汤山镇站、汤泉西路站、侯家塘站 5 座车站过站不停车，快车在汤泉西路站越行慢车，其余车站为大站快车。

常规站站停列车运行时间 38.3 min，站站停慢车运行时间 40.8 min，快车运行时间 33.3 min。

3.2.4 快慢车运营组织方案开行效果分析

经过列车模拟牵引计算，在快慢车组合的运营模式中，快车不停站所节省的总时间可按 1 min/站取值。初、近、远期早高峰及平峰时段快车均在杨塘路站、宝华山站、汤山镇站、汤泉西路站、侯家塘站 5 座车站过站不停车，快车可节省 5 min。

快车全线旅行时间 33.3 min，约节省了 13%的出行时间，旅行速度达到了 78 km/h。

4 结　语

总结宁句城际车辆制式及快慢车运营组织方案的设计经验：

(1)市域快线因其服务的行政区域、沿线组团、不同客流出行需求存在较大差异性，其功能定位复杂，往往兼顾服务于市域段及市区段通勤客流为主，对时间出现目标、服务水平需求不一致，因此在研究确定市域快线的最高运行速度、车辆选型时，需综合考虑多方因素的影响。

(2)市域快线因其客流跨组团、远距离出行的特征，对提高旅行速度、缩短旅行时间有着更高的需求，在线路条件、最高运行速度确定的条件下，快慢车运营组织可有效降低旅行时间；同时结合市域线以高架敷设为主的背景下，配线设置更为灵活，在高架车站设置越行线对工程规模影响较小，能以最小的工程代价实现快慢车运营组织方案。

南京宁高城际轨道交通二期工程系统制式研究

刘　飞

（中铁第四勘察设计院集团有限公司，武汉　430063）

摘　要： 本次研究从线网衔接方式、速度目标值、车辆选型、网络资源共享、工程投资等方面，综合分析研究宁高城际轨道交通二期工程系统制式。

关键词： 城际轨道交通；速度目标值；车辆选型；网络资源共享；系统制式

0　引　言

城际轨道交通制式选择直接决定项目的建设标准、建设规模和工程投资，影响轨道交通网络资源共享，是工程建设首先需要解决的问题。城际轨道交通可供选择的制式有两种：国铁制式（交流供电）和城轨制式（直流供电）。

规划的城际轨道交通线路中，有的线路同时与国铁制式和城轨制式的线路相衔接。因此，在系统制式选择方面就面临到底是用国铁制式还是城轨制式，如南京宁高城际轨道交通二期工程的系统制式选择问题。本次研究从线网衔接方式、速度目标值、车辆选型、网络资源共享、工程投资等方面，综合分析研究宁高城际轨道交通二期工程的系统制式。

1　城际轨道交通系统制式选择的关键因素

1.1　线网衔接方式

城际轨道交通线路与相邻干线铁路、城市轨道交通、城际网内其他城际线路的衔接方式有旅客换乘衔接和运输组织衔接两种模式。

旅客换乘衔接是指两线独立运营，旅客在换乘车站通过专用通道或站台实现跨线换乘。运输组织衔接是指两线贯通衔接或者利用联络线衔接，通过合理运输组织方案和调度指挥，实现列车跨线运行，以缩短旅行时间。若城际轨道交通需与干线铁路相互跨线直通运行时，则采用国铁制式，如珠三角城际等；若城际轨道交通需与城市轨道交通线路直通运行时，则采用城轨制式；若在衔接站通过旅客换乘衔接，则两种制式均可采用，具体需要结合其他重要因素研究确定。

1.2　速度目标值

速度目标值是城际轨道交通技术标准的核心指标，也是表征系统技术水平最重要的参数之一。一方面，速度目标值应符合城际轨道交通在线网中的功能定位和分工，结合项目客流特点、旅客出行时间目标要求、车辆选型及工程投资综合比选确定。另一方面，速度目标值又会影响城际轨道交通的车辆选型、限界、隧道断面尺寸、弓网受流质量及牵引供电系统供电能力等方面，其中，尤以车辆选型为核心。

1.3　车辆选型

若采用城轨制式，目前国内城轨车辆最高运行速度一般在 80～120 km/h，选用 B 型车技术成熟稳定，可以直接运用。

若采用国铁制式，由于国内区域城际轨道交通及市域轨道交通正在起步发展阶段，可参照 CRH6 型城际(市域)动车组,其中,速度目标值为 160～200 km/h 的参照珠三角城际 CRH6 城际动车组,速度目标值为 120～140 km/h 的参照温州市 CRH6 市域铁路动车组。

1.4 网络资源共享

网络资源共享主要是结合城市轨道交通线网规划,共享城市轨道交通的车辆、车辆基地、供电系统、控制中心等,或是结合城市铁路枢纽总图布置,共享国铁的动车运用检修设施、供电设施、调度指挥中心等,以减少工程用地,节省工程投资。

1.5 工程投资

城轨制式车辆与国铁制式车辆在设计限界、设计荷载等方面不同,两者在区间隧道、桥梁、轨道、站场等的设计标准、体系有较大差异,从而导致两者在工程投资方面有差异。

2 宁高城际轨道交通二期工程制式选择

2.1 项目简介

宁高城际轨道交通二期(禄口新城南—高淳)线路自宁高城际一期工程禄口新城南站高架接出,经江宁、溧水至高淳,线路全长约 52.41 km(运营长度为 51.7 km),其中地下线 3.61 km、高架线 44.19 km、地面线 4.61 km。新设铜山、石湫、明觉、高淳北、高淳 5 座车站,设置车辆段 1 座,位于高淳站。新设主变 2 座,分别位于明觉站和高淳车辆段。宁高城际轨道交通二期工程客流指标见表 1。

表 1 宁高城际轨道交通二期工程客流总体指标

规划期	运营长度	客流量	周转量	单向高峰断面	客流强度	平均乘距
	km	万人次	km·万人次	万人次/h	万人次/km	km
初期	51.7	2.93	102	0.18	0.06	34.81
近期	51.7	7.26	247	0.45	0.14	34.02
远期	51.7	12.82	440	0.68	0.25	34.32

2.2 从线网衔接方面分析

根据江苏沿江城市群城际轨道交通网规划(图 1),以南京为中心规划了合宁(合肥—南京)、宁滁(南京—滁州)、宁仪(南京—仪征)、宁天(南京—天长)、沪宁、宁句(南京—句容)、宁高(南京—高淳)和宁安(南京—六安)8 条城际轨道交通线路。本项目为宁高城际轨道交通二期(禄口新城南—高淳),本线在禄口新城南站与宁高城际轨道交通一期衔接,在高淳站与镇宣(镇江—宣城)城际相衔接,其中宁高城际轨道交通一期为城轨制式,而镇宣城际为国铁制式。

从本线承担客流性质来看,宁高城际轨道交通二期工程主要承担南京市域内南京至高淳的城市内部客流。此外,宁高城际一期工程采用了城轨制式,目前一期工程已开工建设,计划 2014 年建成。宁高城际轨道交通二期工程在禄口新城南站与一期工程衔接,因此,宁高城际轨道交通二期工程选择城轨制式可充分利用一期工程的预留条件,与城市轨道交通衔接,可实现与城轨网络相互联通。

2.3 从适应速度目标值方面分析

(1)时间目标值

宁高城际轨道交通二期连接禄口新城和高淳的淳溪新城,淳溪新城处于南京都市区紧密圈层边缘,通过宁高城际轨道交通一期工程可抵达主城区。为符合南京市综合交通发展目标,更好吸引客流,增强城市轨道交通竞争力,宁高城际轨道交通二期时间目标值为全线旅行时间 40 min 以内,从南京南站到达淳溪新城旅行时间 1 h 以内。

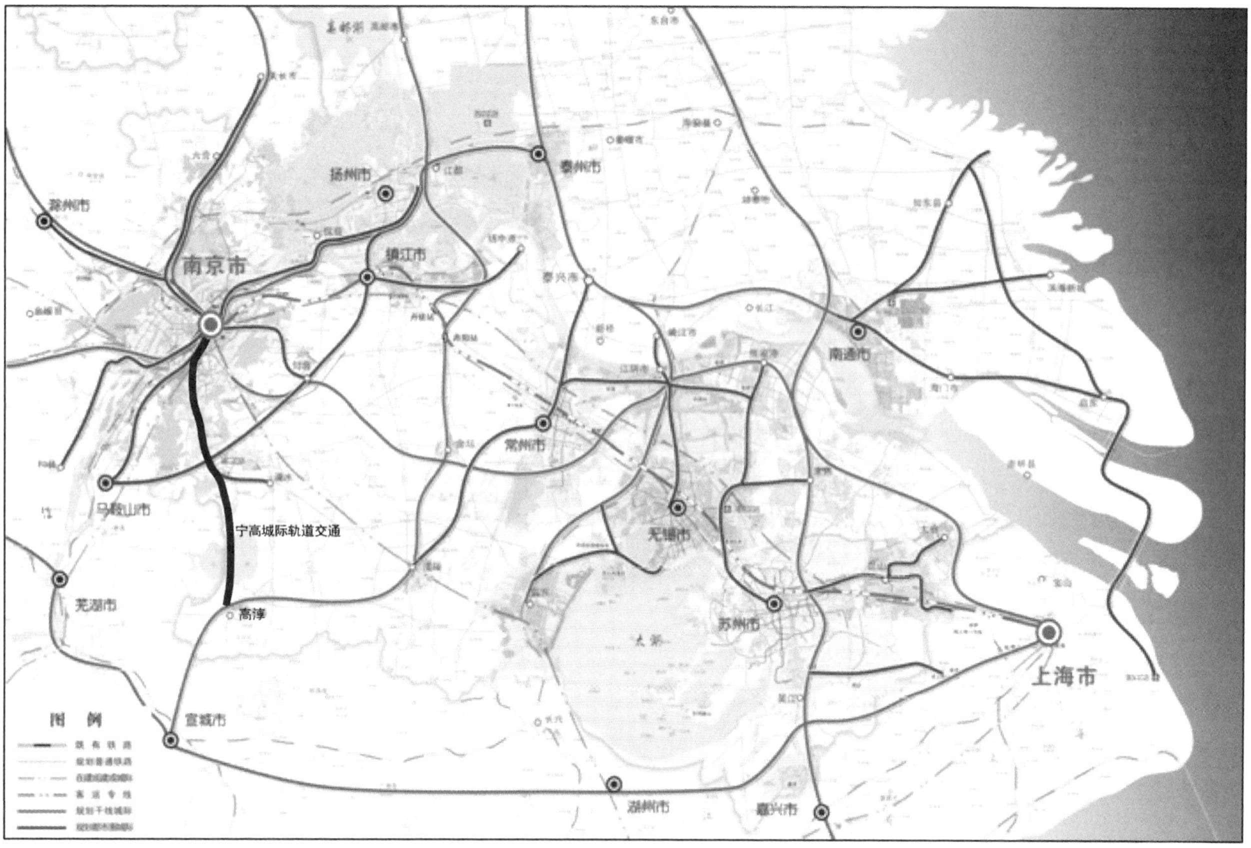

图 1　江苏沿江城市群城际轨道交通网规划

(2)旅行速度及时间

宁高城际轨道交通二期运营全长为 51.7 km，全线设 6 座车站，平均站间距为 10.34 km。由于平均站间距比一般轨道交通线路长，故可采用较高速度的目标值。不同速度目标值列车运行模拟结果见表 2。

表 2　不同速度目标值列车旅行时间及旅行速度

车　　辆	城轨制式				国铁制式		
最高速度(km/h)	80	100	120	140	120	140	160
旅行速度(km/h)	62	72	86	91	82	88	89
旅行时间(min)	50	43	36	34	38	35	34

注：停站时间暂按 30 s 考虑。

根据表 2 列车运行模拟结果看，城轨制式 120 km/h、140 km/h 速度目标值方案和国铁制式 120～160 km/h 速度目标值方案均能够满足时间目标值要求，此外，相同速度目标值条件下，国铁制式的旅行时间略长。

(3)技术经济比较

采用不同速度目标值方案的能耗费用、车辆购置费等指标见表 3。

表 3　技术经济比较

车辆	城轨制式				国铁制式		
最高速度(km/h)	80	100	120	140	120	140	160
能耗现值(万元)	26 549	31 858	37 168	42 478	38 283	44 602	47 278
车辆购置费现值(万元)	81 901	79 099	77 109	81 664	101 074	97 191	95 275
合计(万元)	108 450	110 957	114 277	124 142	139 357	141 793	142 553
差值(万元)	−5 827	−3 320	—	9 865	25 080	27 516	28 276

注：运营期按 25 年考虑；折现率 3%。

从表 3 可以看出，相同制式下，速度目标值越高，则能耗现值越高，能耗与车辆购置费现值总额越高。从经济技术综合指标来看，城轨制式 120 km/h 方案较城轨制式 140 km/h、国铁制式 120～160 km/h 节省，较城轨制式 80 km/h、100 km/h 略有增加。

(4)速度目标值推荐意见

根据以上对不同速度目标值下的旅行时间、工程经济技术指标分析可知，城轨制式 120 km/h 速度目标值方案不仅可符合本线时间目标值要求，而且是可选方案中经济技术指标最节省的方案。

2.4 从车辆选型适配性分析

(1)从适应本线特征分析

CRH6 型城际(市域)动车组适用于城市间以及市区和郊区间的短途通勤客运，满足载客量大、快速乘降、快启快停的运营要求。该型动车涵盖 120～140 km/h、160 km/h、200 km/h、250 km/h 4 种速度等级，依据客流量的不同，动车组可以实现 8 辆、6 辆、4 辆和 3 辆灵活编组。本线速度目标值为 120 km/h，因此，既可选用国铁制式 CRH6 型城际(市域)动车组，又可以选用城轨制式 B 型车。

(2)从车辆购置费分析

不同速度目标值方案配属车数及车辆购置费见表 4。

表 4 不同速度目标值车辆购置费比较

车 辆	速度目标值及配属车数、车辆购置费		初 期	近 期	远 期
城轨制式	80 km/h	列	15	28	38
		辆	60	112	152
		购置费(万元)	39 000	72 800	98 800
	100 km/h	列	14	25	34
		辆	56	100	136
		购置费(万元)	39 200	70 000	95 200
	120 km/h	列	12	23	31
		辆	48	92	124
		购置费(万元)	36 000	69 000	93 000
	140 km/h	列	11	21	27
		辆	44	84	108
		购置费(万元)	39 600	75 600	97 200
国铁制式	120 km/h	列	13	24	32
		辆	52	96	128
		购置费(万元)	52 000	96 000	128 000
	140 km/h	列	12	23	31
		辆	48	92	124
		购置费(万元)	48 000	92 000	124 000
	160 km/h	列	11	21	27
		辆	44	84	108
		购置费(万元)	46 200	88 200	113 400

从表 4 中可见，相同制式条件下，随着速度目标值的提高，配属车数相应减少；相同速度目标值条件下，城轨制式比国铁制式的车辆配属车数少。国铁制式车辆购置费均高于城轨制式。

(3)从运营维护考虑

车辆选型应力求同一型号车辆达到一定规模，以利于大批量购置，从而降低购车成本。车辆选型还应考虑今后整车和零部件实现国产化的可能性，以便为今后产品更新和降低维修成本创造条件。南京城市轨道交通已经建成 1 号线一期、1 号线南延线、2 号线一期、2 号线东延线，在建 3 号线、4 号线一期、10 号线一期等线路，城轨制式设备采购已成规模，故本线采用城轨制式车辆较为合理。

(4)车辆选型适配性推荐意见

120 km/h 城轨制式在适应本线特征、降低车辆购置费以及降低运营维护成本等方面优势突出。

2.5 从网络资源共享分析

网络资源共享是提高设备利用率、降低轨道交通综合造价的有效方法，本项目考虑车辆、车辆基地、供电设施等资源共享。若采用国铁制式，则应与国铁系统实现资源共享；若采用城轨制式，则应与市区地铁线网实现资源共享。

(1)车辆

若采用国铁制式，则本线供电制式为 AC 25 kV、50 Hz，而市区地铁线采用城轨制式，供电制式为 DC 1 500 V。由于南京市轨道交通线网存在 2 种不同的车辆供电制式，宁高城际轨道交通二期和市区地铁线均需各自配置备用车，增加了车辆配置，能够共享的资源较少，工程投资节省有限。

若采用城轨制式，与南京轨道交通线网既有制式一致，有利于线网车辆资源合理调配，降低备用车数，有利于车辆备品备件的共享，有利于技术人力资源的共享，有利于检修基地及设备的共享。

(2)车辆基地

目前国铁动车组检修贯彻“检修集中、运用分散”的原则，全国共设北京、上海、广州和武汉 4 座动车段，承担各自管辖线路范围内动车组 3-5 级修程的高级检修任务；同时在动车组始发终到列车较多的大中城市设动车运用所，承担动车组运用和 1-2 级修程的低等级检修任务。目前，南京地区城际轨道交通线尚无动车组检修设施，若采用国铁制式，本地区内始发终到的动车组检修需到上海动车段进行。

若采用城轨制式，宁高一期、二期共用禄口新城南厂架修基地，将与城市轨道交通线网资源实现共享。

(3)供电系统

两种制式的变电所设置数量均为 2 座，资源共享情况见表 5。

表 5 资源共享比较

变电所名称	资源共享情况	
	国铁制式	城轨制式
禄口新城南(在建)		宁高一期、二期高淳、溧水段
航空产业园(新建)	宁高二期高淳、溧水段	
高淳(新建)	宁高二期高淳段	宁高二期高淳段

若采用国铁制式，需新建 1 座 25 kV 牵引变电所，即可满足要求；但考虑到牵引变电所解列后的备用，则需新建备用的牵引变电所。根据线路特点，可考虑在宁高城际二期铜山站和宁溧城际柘塘站之间的位置设置 1 座 25 kV 牵引变电所，同时给宁高城际二期、宁溧城际线路供电。因此宁高城际轨道交通二期工程共新建 2 座牵引变电所，其中 1 座与宁溧城际共享。

采用城轨制式，由于宁高城际一期工程在禄口新城南设置主变电所，并预留给二期工程供电的技术条件。因此，宁高城际二期可与宁高城际一期共享 1 座主变电所，并新建 1 座主变电所，即可满足要求。

(4)资源共享推荐意见

本线采用城轨制式能较好地实现在车辆、车辆基地和供电设施等方面的资源共享。

2.6 工程投资比较

根据 120 km/h 城轨制式与国铁制式方案的投资估算结果可知，本线采用城轨制式方案工程估算总额约为 119.4 亿元，较国铁制式方案可节省工程投资约 7 亿元。

3 结 论

综上所述，城轨制式(直流供电)在适应项目特点、与城市轨道交通网互联互通、实现资源共享以及技术经济方面优势明显，本项目推荐采用城轨制式(直流 1 500 V)。

高架车站组团式设计风格探讨

漆　宏

（北京城建设计发展集团股份有限公司，北京　100032）

摘　要：目前国内高架站造型设计多为一站一景和一线一景两种风格。南京宁天城际一期工程结合组团式城市规划布局和线路条件，提出了“一段一景，分组团显特色”的设计概念。高架站设计为组团式风格，即同一组团内的车站站型、造型风格基本统一，而不同组团结合地域特色设计为不同风格，彰显不同的主题特色和文化内涵。组团式风格使各个组团有强烈的识别感、认同感和归属感。同时，组团内风格统一，建筑标准化、系列化，使建设管理和设计、施工高效便利。本文对高架站组团式设计风格及适用条件进行总结和探讨。

关键词：高架站；景观；组团式；规划布局；线路条件

高架站既是交通建筑又是城市景观的组成部分，社会关注度高，景观形象要求高。目前国内高架站造型设计多为一站一景和一线一景两种风格。以往高架线多为一站一景风格，如已建成的南京1号线和2号线21座高架站均为不同造型风格。近几年建成的高架线路一线一景风格逐渐增多，如北京昌平线、北京房山线、深圳3号线，全线统一造型元素，只在细部、色彩做一些变化。一站一景，一条线的车站风格迥异，设计、建设和运营维护无法形成高效的系统。地铁站是数量多，功能基本统一，技术要求严格的交通建筑，有条件和有必要进行系列化、标准化设计和建设。而一线一景，如果线路较长，则略显单调且与城市景观缺乏良好协调。

南京宁天城际是一条市郊线，位于长江北岸的浦口区和六合区。江北大部分地区建成度不高，城市规划布局为组团式，宁天城际一期沿线串联了5个组团。这条线的线路敷设方式分段不同，站型多样。投资控制严格，经济性要求高，工期短。列车为4B编组，车站规模小。针对这些特点，我们提出了“一段一景，分组团显特色”的设计概念，采用了组团式风格，即同一组团内的车站站型、造型统一，而不同组团设计为不同风格。宁天城际一期于2014年8月1日通车，组团式风格得到了各界的认同和好评。本文对其使用条件和风格进行探讨和总结。

1　宁天城际概况

南京至天长城际轨道交通（简称宁天城际）南北向纵贯南京长江北地区，北端未来将延长至安徽省天长市，南端将衔接地铁11号线。一期工程沿江北大道南北向布置，南起浦口区大桥北路的泰山新村，北至六合区金牛湖风景区。线路全长45.2 km，其中地下线约11 km，高架线约33 km。共设置17座车站，其中地下站6座，高架站11座。列车采用两动两拖B型车4辆车编组。宁天城际一期线路如图1所示。

宁天城际一期工程于2012年6月开工建设，由于第二届青年奥林匹克运动会帆船赛场设在一期工程终点站—金牛湖，促进了工程的建设。一期工程已于青奥会前2014年8月1日建成通车，工期仅25个月。

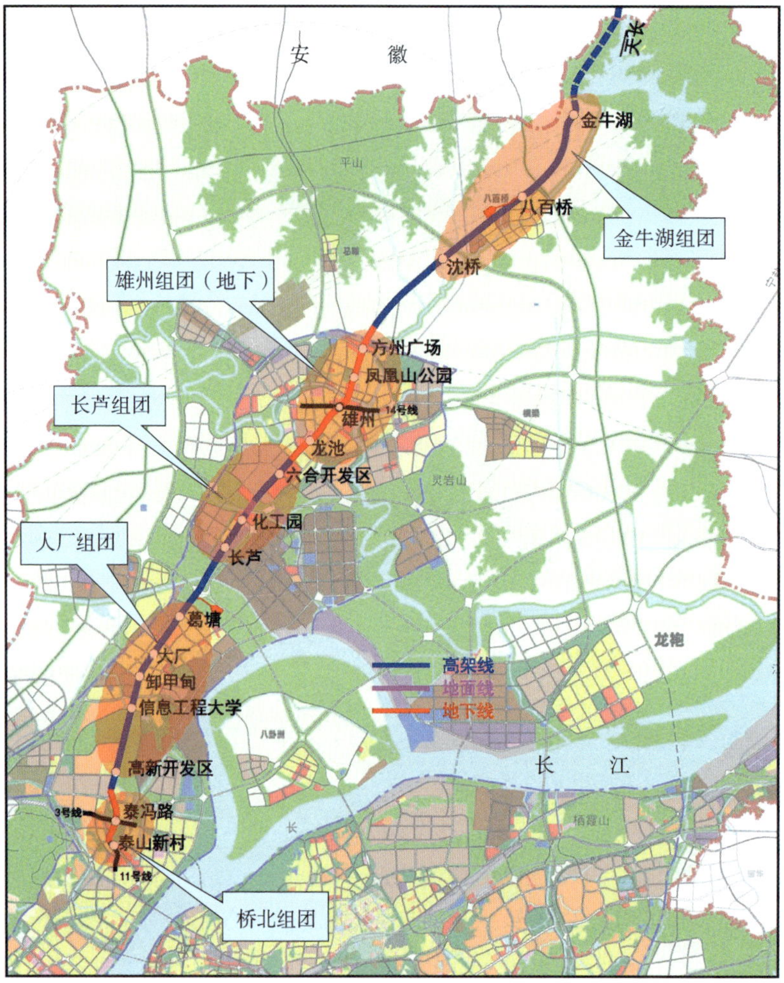

图 1　宁天城际一期线路示意图

2　“组团式”概念的提出

2.1　组团式城市规划布局

组团式规划布局是指城市空间呈非聚集的分布方式，每个组团分成若干块不连续的用地，每块用地之间被农田、山地、河流等分隔。每个组团内都有其生产、生活、商业活动中心，各组团有不同功能定位。由快速交通连接各组团。

南京江北副城规划为组团式布局。宁天城际一期将沿线的桥北、大厂、长芦、雄州、金牛湖 5 个组团串联在一起。其中桥北组团在浦口区，其余为六合区。六合片区规划思想为“一核两心四组团，沿路拓展”。其中“四组团”性质：大厂组团——居住；长芦组团——工业；雄州组团——行政、居住；金牛湖组团——休闲旅游、度假(图 1、图 2)。

宁天城际是连接江北各组团和带动沿线发展的轨道交通骨干线，同时它是一条郊区线、青奥线。建设是加快六合地区发展，带动雄州新城和沿线组团开发的需要。通过轨道交通，使城市价值得到最大的延伸，做到组团的内在发展动力与城市的整体经济发展趋势有机结合。

可见江北副城的组团式规划布局给宁天城际组团式设计风格提供了环境基础，组团式设计风格契合城市规划条件。

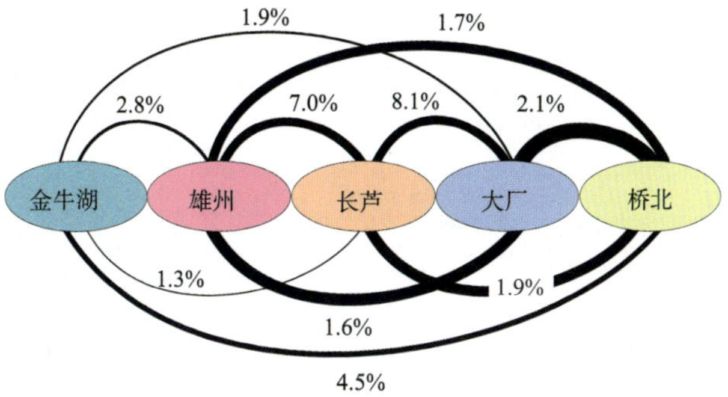

图 2　宁天城际一期组团内交通示意

2.2　线路条件和车站形式呈分段特点

宁天城际一期共 17 座车站，沿线串联了 5 个组团。其中有两个组团两段地下线是在建成度较高的老城区—浦口区的桥北组团设 2 座地下站，六合中心区的雄州组团设 4 座地下车站。其余 3 个组团，大厂组团、长芦组团、金牛湖组团建成度相对较低，沿线规划尚未实现，设置为高架线(图 1)。

线路在大厂组团沿江北大道走行，江北大道改扩建与地铁建设同步进行，线路设置在路中，有 5 座路中高架站。葛塘以北段的长芦组团，受外部条件制约，只能在路侧走行，设置 3 座路侧高架。线路在方舟广场以北金牛湖组团沿金江公路走行，金江公路建设与地铁建设同步进行，线路设置在路中，有 2 座路中高架站。线路在终点站拐向金牛湖风景区，设置为路侧高架站(图 1)。可见由于线路条件不同，各组团的站型也不同，11 个高架站分属 3 个组团，详情如下：

(1)大厂组团：高新开发区站、信息工程大学站、卸甲甸站、大厂站、葛塘站站型为路中侧式和路中岛式高架站。

(2)长芦组团：长芦站、化工园站、六合开发区站站型为路侧岛式高架站。

(3)金牛湖组团：沈桥站、八百桥站、金牛湖站站型为路中侧式和路侧侧式高架站。

可见宁天城际线路条件和车站形式呈分段不同的特点。不同组团站型各异，同一组团内站型基本相同，这是组团化设计的技术基础。

2.3　"组团式"设计概念

基于上述组团式城市规划布局和每个组团不同的线路条件，我们提出了"一段一景，分组团显特色"的设计概念。即组团内站型、造型风格基本统一，各组团站型和造型风格不同，彰显不同的主题特色和文化内涵。

每个组团分布在城市不同区位，要深入挖掘地域文化内涵。地域文化在地铁站中的表达过程中不仅要抓住最能代表本土的文化特征元素，更要紧握时代内涵，表达朝气蓬勃的时代形象。组团式风格结合当地的历史文化积淀立意，抓住时代的经济发展脉搏，彰显轨道交通给当地带来的活力。组团式建筑风格使各个组团有强烈的识别感、认同感和归属感。

组团内风格统一，给建设管理和施工、设计提供了极大的便利：标段划分明确，同一组团为同一个设计和施工标段；标段内车站形式统一，材料标准化、定型化，生产加工组装施工便捷。既满足了紧迫的工期，加快了建设进度，也为将来运营维护提供了很大的方便。

3　宁天高架站"组团式"风格

3.1　大厂组团

该组团中线路沿江北大道路中走行，设 5 座路中高架站。两侧地块大多为多层住宅和小型企业(图 3)。

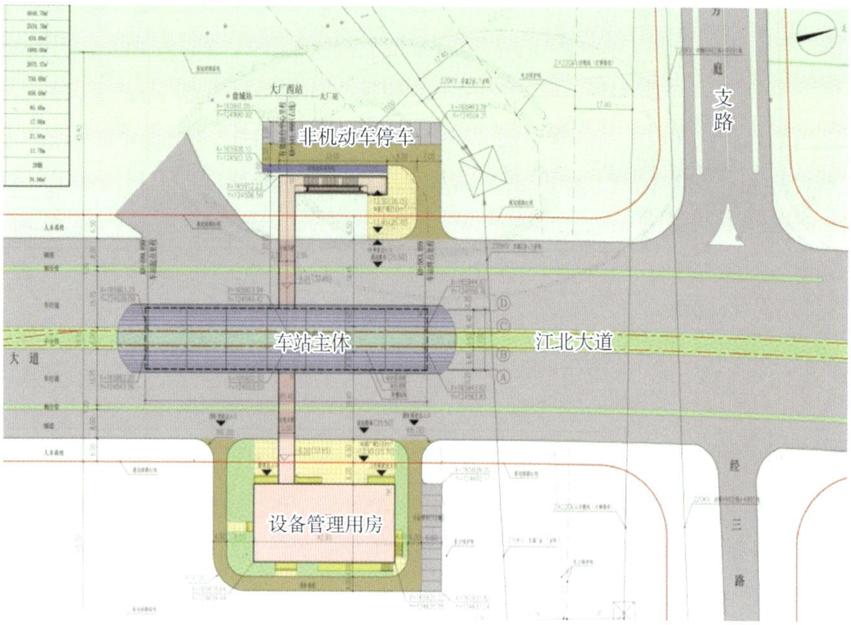

图 3　大厂组团典型站总平面图

创作灵感取自江南水乡运河上川流不息的乌篷船。提取乌篷船的造型元素增加车站的文化韵味，是水乡船坞交通文化的延续。乌篷船是江南水乡的交通工具，车站是这一交通文化的载体，轻盈穿梭于江北大道（图 4）。

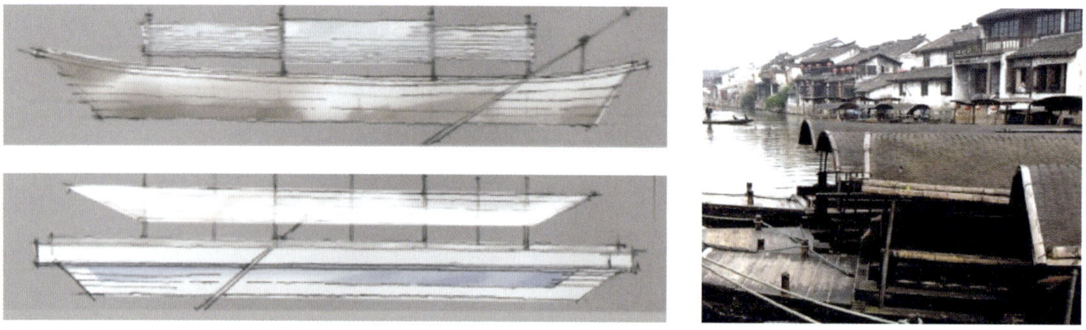

图 4　大厂组团设计意向

典型站总建筑面积 4 800 m^2，主体总长 84 m，总宽 18 m。主体为单跨框架式建桥合一结构形式，站台雨棚为钢桁架结构。墙面为银白色干挂铝板，深红色线条点缀。站台雨棚为银灰色铝镁锰合金直立锁边屋面系统，雨棚中部为夹胶安全玻璃采光带（图 5）。

(a) 高新开发区站　　(b) 卸甲甸站

图 5

(c) 葛塘站

(d) 信息工业大学站

图 5　大厂组团车站实景

3.2　长芦组团

该组团中线路行走在江北大道路侧。3 座高架车站均设置在路侧地块内，为 2 层岛式站台。线路周边主要为化工园、厂矿企业。

轨道交通的建设实现了江北人民多年来的梦想，使江北和主城融为一体。设计灵感来源于折纸飞机，通过折纸与剪纸的艺术手法展现车站的灵动和轻巧（图 6）。寓意为放飞梦想，化梦想为现实。顶部为“折纸飞机”与“剪纸花格”的组合。花格投影使候车空间出现变化的光影效果，增加艺术趣味。

图 6　长芦组团设计意向

典型站总长 110.8 m，总宽 18.8 m，总建筑面积 3 824 m^2。一层为站厅和设备管理用房，二层为站台。车站主体结构为框架式建桥合一形式，站台雨棚为简支式钢桁架结构。主立面采用白色铝板，门窗等重点部位穿插咖啡色铝板，如图 7、图 8 所示。

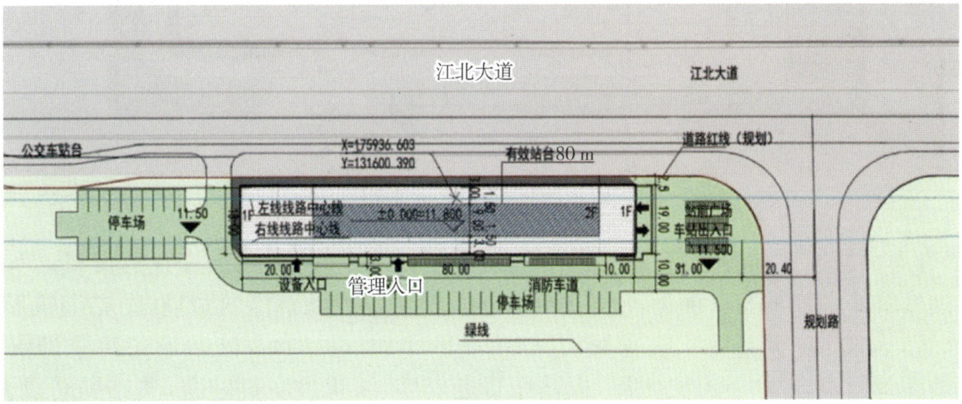

图　7

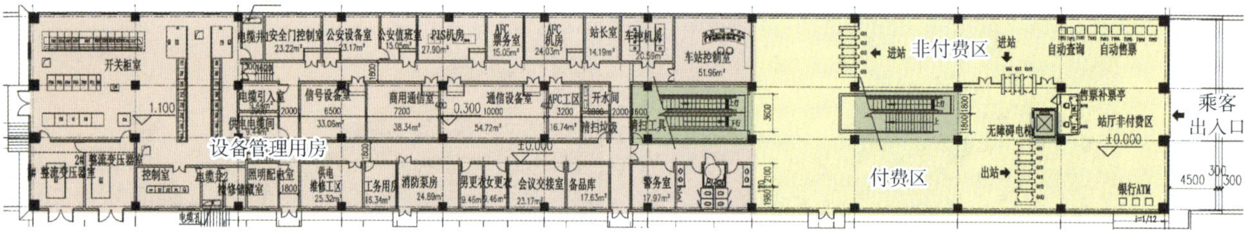

图 7　长芦组团典型站

图 8　长芦组团车站实景

3.3　金牛湖组团

该组团北边与安徽天长接壤，建成度低，站间距较大。有 3 座高架站，有路中侧式和路侧侧式两种站型。其中金牛湖站为宁天城际一期的终点站，位于南京市六合区与安徽省天长市交界处的金牛湖风景区。这里是 2014 年第二届青奥会帆船比赛场地和江苏省水上运动训练基地，为宁天一期的核心站点。车站主体位于道路一侧的地块内，周边用地开阔。车站为 2 层侧式站台高架站，一层为站厅和设备管理用房，二层为站台。车站总长 110.8 m，总宽 22.6 m，总建筑面积 4 330 m^2（图 9）。

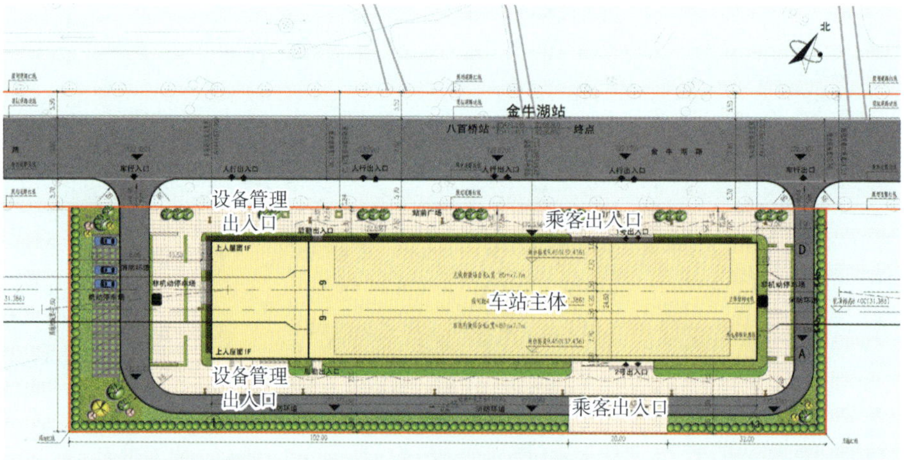

图 9　金牛湖站总平面图

金牛湖为青奥会帆船比赛场地，车站是南京地铁向世界展现形象，拥抱青春的窗口。车站如一艘扬帆的古船，传递郑和下西洋的悠久渊源，波浪形屋顶表达金牛湖微波荡漾的意境，十二个帆形钢柱张开怀抱欢迎各方来客，表现金牛湖赛区千帆竞发，百舸争流的主题（图 10）。该站建成后成为南京地铁新名片——“百舸争流博巨浪，郑和下海史渊源，桅樯张臂迎宾客，云锦披身舞翩跹，典雅美仑兼古色，青奥竞渡桨声喧”。

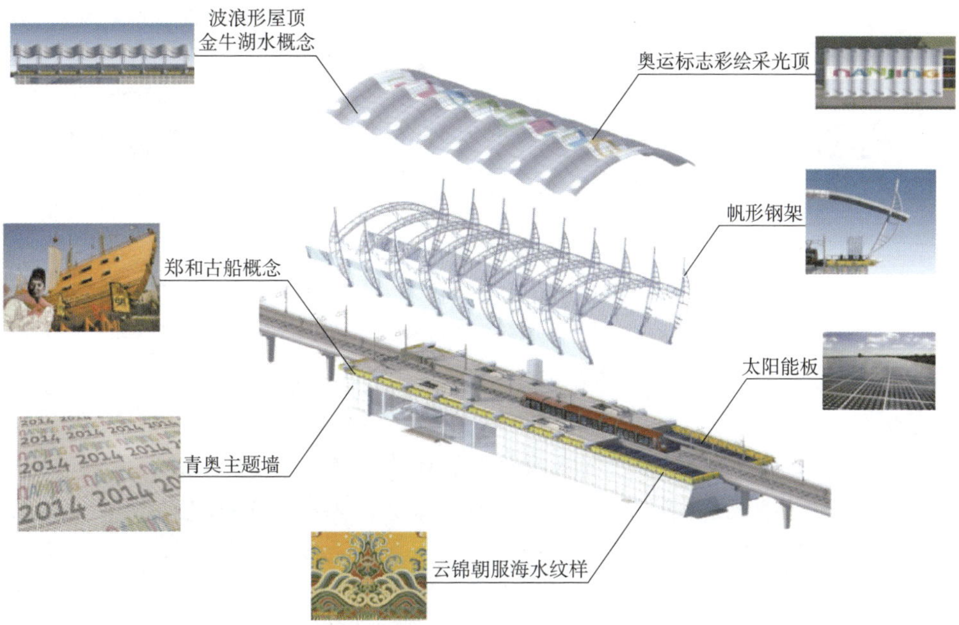

图 10　金牛湖站设计意向

该组团其他两个车站采用了与金牛湖站相似的形式语言符号，选用与金牛湖站相同的材料和色彩。在建筑语言和整体形象上与金牛湖站协调统一（图 11）。

图 11　金牛湖组团车站实景

4 结　　语

（1）高架站设计风格应结合周边环境确定。采用组团式设计风格，要结合城市规划布局和线路条件。城市规划布局为组团式，同时线路条件呈分段特点，组团内线站位条件基本一致，是组团式设计风格的技术基础。

（2）组团式风格应结合当地的历史文化积淀立意，抓住经济生活脉搏，彰显轨道交通给当地带来的活力。组团式建筑风格使各个组团有强烈的识别感、认同感和归属感。

（3）组团内风格统一，使设计、建设和运营维护形成高效的系统—标段划分明确，同一组团为同一个设计和施工标段，材料标准化、定型化，生产加工组装施工便捷，提高了工作效率，加快了建设进度，也为将来运营维护提供了方便。

南京地铁 7 号线全自动驾驶车站方案研究

吴伟涛

（中铁第四勘察设计院集团有限公司，武汉　430063）

摘　要：南京地铁 7 号线是南京市第一条全自动驾驶线路，与传统的有人驾驶线路相比，从系统模式、设备车辆、车站方案及管理模式等很多方面都有很大区别，行车更为智能高效，管理更为精细，安全要求更高。全自动驾驶系统的重点在于车辆自动运行和信号通信为主的自动控制与监控系统，而作为乘客集中使用的车站却关注不多。本文从地铁系统中的重要一环车站出发，基于全自动驾驶的特性，考虑安全、高效和合理的要求，研究地铁车站在建筑设计方面所应具备的应对措施，从而提出地铁车站在全自动驾驶模式下在站台层设置应急处置室、站台层设备区临轨行区侧走道完全隔离和存车线快速撤离通道的“车站三标准”处置方案。

关键词：全自动驾驶；地铁；车站；建筑；应急；完全隔离；撤离通道

地铁 7 号线在南京城市轨道交通线网中属于长大干线，南起西善桥，北至仙新路，自南向北串联雨花台区、建邺区、鼓楼区和栖霞区共四个城市行政区域，线路全长 35.7 km，全线共设 27 座车站，均为地下站。7 号线建设之初，南京地铁公司高瞻远瞩，分析利弊，决策在地铁 7 号线采用全自动驾驶系统，而且是最高等级、真正意义的全自动驾驶系统。

1　全自动驾驶的含义和特点

城市轨道交通全自动运行指的是列车的全自动运行和车站设备的全自动运行。完全的全自动运行应包括无人值守的列车无人驾驶和无人值守的车站设备全自动控制，以实现列车运行自动化、设备检修智能化和乘客服务自助化。

本文仅就列车驾驶系统以及与列车运行有关的设备设施的全自动运行进行研讨，不包括与列车运行无关的车站设备的全自动运行。

根据国际标准 IEC 62290-2《铁路应用 城市有轨交通管理与控制系统 第二部分 功能需求规格》的相关规定，按照以地面信号方式进行车运行、以非自动方式进行列车运行、以半自动方式进行列车运行、以无需驾驶的方式进行列车运行和以无人值守的方式进行列车运行，分别定义为 GoA0、GoA1、GoA2、GoA3 和 GoA4，如图 1 所示。

Grade of Automation	Type of train operation	Setting train in motion	Stopping train	Door closure	Operation in event of disruption
GoA1	ATP* with driver	Driver	Driver	Driver	Driver
GoA2	ATP and ATO* with driver	Automatic	Automatic	Driver	Driver
GoA3	Driverless	Automatic	Automatic	Train attendant	Train attendant
GoA4	UTO	Automatic	Automatic	Automatic	Automatic

* ATP—Automatic Train Protection; ATO—Automatic Train Operation.

图 1　自动驾驶等级划分

其中,GoA2、GoA3 和 GoA4 定义为自动模式。GoA2 相对于 ATO,仅发车和开关门需要司机操作,GoA3 或称为 DTO,即有人值守的全自动驾驶,列车启停和车门开关均由系统自动完成,但列车上须有一名司机随车以应对突发事件。GoA4 又称为 UTO,即为无人全自动驾驶,为最高等级的全自动驾驶,列车运行由系统自动控制完成,列车上无随车司机。

相比传统的有人驾驶模式,全自动驾驶可以实现列车启停行驶、清洗和相关设备设施的全自动化运行,有效提高运量和系统运行效率。启停自动控制,列车行驶更为均匀顺畅,乘客乘坐更为舒适,同时因为自动化程度高,可节省人力、物力,虽然初期建设成本较高,但后期维护成本低,降低了运营成本。

2 国内外全自动驾驶发展现状

全自动驾驶系统在国内外有很多运营案例,世界范围内已有 50 余条。国外全自动驾驶线路运营里程比较多的是新加坡(93 km)、迪拜(80 km)和温哥华(68 km)。国内,2016 年底开通运营的香港南港岛线是我国第一条正式运营的 GoA4 等级的全自动驾驶线路,全线设 5 座车站。2017 年开通的北京地铁燕房线和上海8 号线三期也是全自动驾驶线路,但两线均为 B 型车 4 辆编组,针对的是客流量较小的情况,其中北京地铁燕房线设站 9 座,上海 8 号线三期为胶轮 APM 捷运系统,设站 6 座。

3 南京地铁 7 号线的特征

南京地铁 7 号线为大运量骨干线路,采用 B 型车 6 辆编组,线路长、车站多、客流大。大客流的运营条件,对全自动驾驶在运营安全、效率、管理等方面的要求更高,国内并没有同运量等级的全自动驾驶线路可供参考。

4 南京地铁 7 号线全自动驾驶车站建筑方案

4.1 全自动驾驶对车站建筑的要求

首先,列车全自动驾驶的运营安全是第一位的,必须保证运行区域严格无人。全区段严格划分为无人区和有人区。无人区是列车全自动行驶的区域,有人区是有工作人员驻守或操作的区域。对车站来说,轨行区为无人区,其他区域为有人区,两者必须完全隔离。在相通处需设置信号连锁以识别工作人员是否进入或离开无人区,从而自动控制列车的运营和停止。

其次,为了保证突发事故在需要人为处置的情况下,车站驻守工作人员必须马上判断事故情况和迅速赶到事故地点,以便以最短的时间解决突发事件,尽快恢复列车运营。

第三,对于故障列车在处置工作人员的人工干预下,应就近把列车驶往最近的车站存车线,同时处置工作人员需要尽快撤离出轨行区,恢复无人区的无人状态,以便马上恢复列车的全自动运行。

4.2 车站建筑设计应对方案

全自动驾驶的上述要求,反映到车站建筑设计上就需要有相应的应对方案。

首先,无人区严格无人的功能要求:对应无人行驶区完整隔离方案。

地铁车站无人区和有人区的分界面在站台层,公共区部分分界物是站台门,设备区部分是临轨行区侧走道的分隔栏杆。但传统有人驾驶车站站台层设备区侧走道的护栏高 900 mm,仅能对在设备区检修、巡视操作的工作人员起到基本的安全防护作用,且下轨行区楼梯处为开放式设计,不能作为无人区和有人区的隔离措施。

南京 7 号线针对这种要求,车站建筑设计做了特殊研究。车站站台层设备区走道靠轨行区一侧设置不锈钢编织金属网防护隔离栏,高度 1.8 m,将轨行区与设备区分隔。走道端部下轨行区楼梯处设 1.8 m 高隔离门,并设门禁、CCTV 摄像机,该处门禁与 CCTV 及 SPKS 联动。安全隔离栏高度设为 1.8 m,有两个考虑:一个是在设备区操作的工作人员经过专业的严格培训,有很强的安全意识;二是隔离栏高度超过了人的高度,攀爬有较大困难,同时高出人视线的高度在心理上进一步暗示了隔离护栏的隔离作用。这两个方面保证了隔离护栏的隔离效果,从而无需做全高护栏。而下轨行区楼梯处设置的与通信信号联动的门禁隔离门,可以保证对下轨行区工作人员进行有效识别,打开即识别为有人进去,无人区有人,列车停驶,从而确保运行安全。隔离栏与隔离门构成完整的无人区与有人区的隔离方案。若有中间风井,隔离方案与车站相同。

详细建筑设计方案如图 2~图 4 所示。

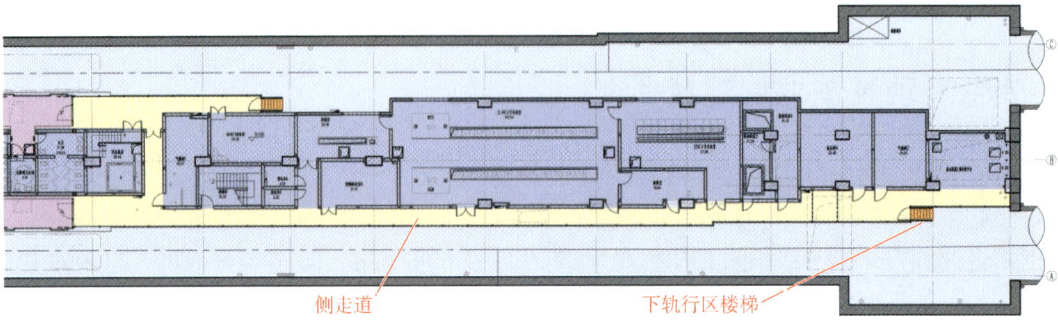

图 2　站台层设备区侧走道完整隔离方案平面示意图

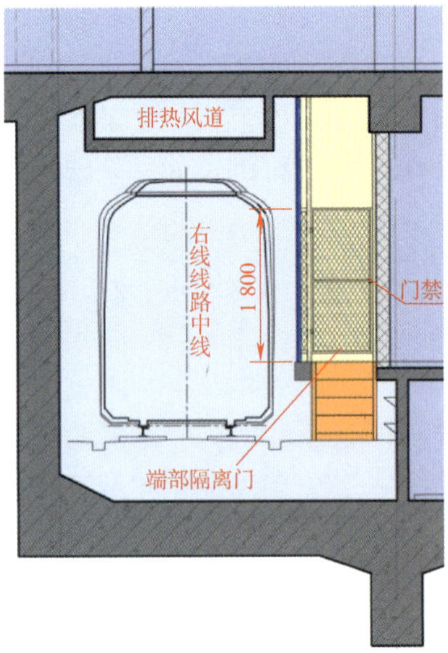

图 3　隔离门示意图(单位:mm)

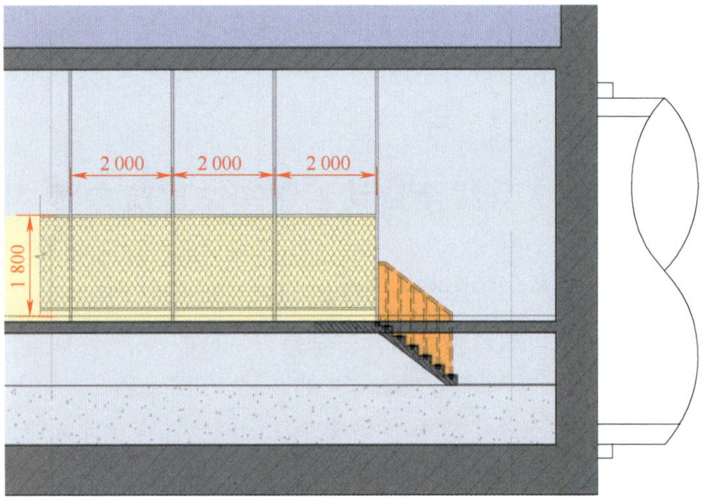

图 4　隔离栏示意图(单位:mm)

其次,在发生突发事故时的快速应急处置要求:对应在站台层设置应急处置室方案。

7 号线车站在站台层公共区靠主要设备端和岔线端设置应急处置室,平面尺寸为 3 m×5 m,形式为有顶盖票亭式,可在内部对外部公共区瞭望巡视。应急处置室内设置 ATS(列车运行监视系统)显示设备、综合监控终端、时钟、CCTV(视频监控系统)、电话、广播、站台门工作站、再次开关门按钮、PSL(站台门手动控制盘)、站台区域紧急停车按钮、应急抢修物品及日常备品、备件等设备。应急处置室主要供“多职能工作人员”(一岗多责,身兼数职)监控正线运营状况,对站台区域设备故障或突发事件开展应急处置,同时兼顾多职能工作人员休息、派班之用。简单地说,应急处置室靠近列车运营区域,一旦发生突发事故,值班的多职能工作人员可以立即对事故状态进行判断,随即采取相应的处置方案,或手动操作,或迅速赶至事故现场进行处理,从而把突发事故的影响降至最低。

第三,故障列车应急处置人员的快速撤离或登车需要:对应在停车线车站设置快速撤离专用通道方案。

虽然名为撤离通道,其实功能有两个:一个是撤离,一个是登车。

所谓撤离,是指列车在正线发生故障,车站多职能工作人员赶到故障列车,转为人工驾驶模式,在最近车站清客后行驶至最近的停车线暂停,以便尽快清空正线轨行区物理条件,恢复正线列车运行。此时应急处置工作人员需要迅速撤离出无人区,保证人员安全。

所谓登车，是指根据运营需求，将库内或已完成当日运营工作的列车运行至车站存车线收车待命，列车进入休眠状态（可称为过夜车），但次日列车无法自动激活，此时需要应急工作人员获得授权后从专用通道快速登车进行人工激活操作。

具体的撤离专用通道方案是在有停车线的车站在停车线之间设置司机登车平台。该平台长 21.6 m，两侧各宽 900 mm，高度与有效站台一致，位置对应列车第一节车厢位置。平台边缘设置 900 mm 高顶部设有水平通长扶手的防护栏杆，栏杆间距 500 mm。平台上设置 600 mm 宽钢结构斜梯通向站厅层楼梯间，设防火门，司机通过站厅层设备区走道疏散。该防火门设门禁，该处门禁与 CCTV 联动，不与 SPKS 联动。

停车线范围内设 CCTV 摄像机。应急工作人员无论是撤离或是登车，均走专用通道，无需经过轨行区，不会触动下轨行区隔离门联动开关，对正线列车运营没有影响。

详细设置情况如图 5～图 7 所示。

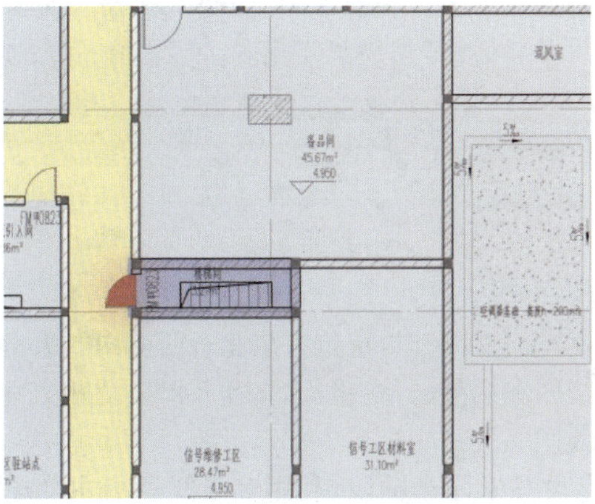

图 5　站厅层楼梯间平面图

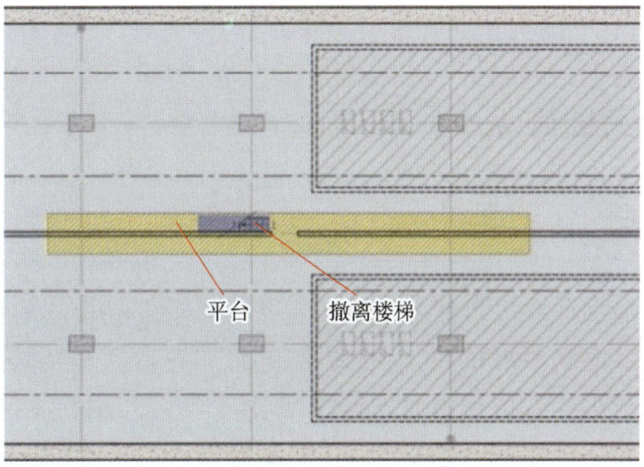

图 6　站台层登车平台与撤离楼梯

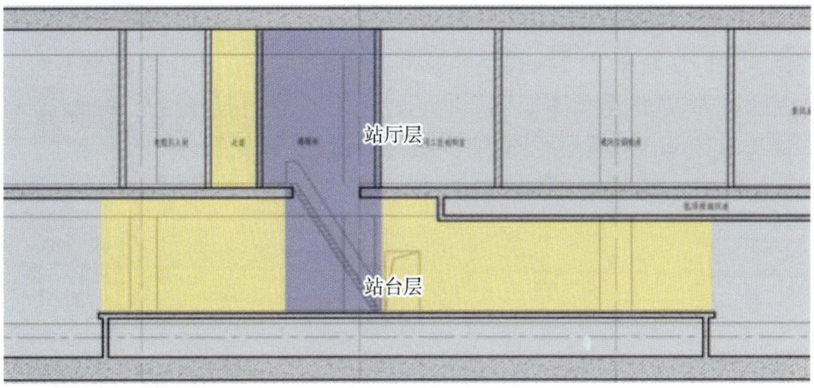

图 7　登车平台与撤离楼梯剖面示意图

5　延伸思考

城市轨道交通全自动驾驶的关键是车辆控制自动化和以信号通信为核心的自动控制系统，但同时不能忽视为完成全自动驾驶所必须具备的应对措施和处置方案，包括硬件和软件都应做相应的优化完善。本文所阐述的车站部分建筑设计对应方案就是其中之一，只有各个方面都做好做优做强，才能最终实现最优化的全自动驾驶。

做到全自动驾驶只是实现全自动运营的第一步。目前我们还不能实现所有车站设备的完全自动化运营，虽然如卷帘控制、扶梯启停、照明空调调节等可以实现自动化运营，但部分设备设施还必须有人值守或操作，比如安检机的安检作业、火灾事故时扶梯的停运或反向作业等。若想真正实现全系统的全自动运营，必须有一个异常强大的“智慧大脑”，强大的纠错机制，完整的备份，与物联网强强联合，无论发生了什么故障，都可以没有人工干预的情况下自主完成，而这看起来似乎很有科幻的感觉，也肯定还有很长的一段路要走，权且作为我们的目标吧。

南京地铁7号线全自动驾驶高架车辆段设计

王亚丽
（中铁上海设计院集团有限公司，上海　200070）

摘　要：本文叙述了全自动驾驶车辆段总平面布置形式及其优缺点，提出了全自动运行区有别于常规车辆段的设计内容，并结合马家园车辆段用地条件，将库房及轨行区置于盖板上，综合楼及配套设施置于盖板下，针对高架形式采用了特殊的结构、消防、通风、采光等设计，同时考虑到该车辆段为南京首个全自动驾驶车辆段，承载着企业文化展示的功能，对盖下空间、建筑外立面及绿化景观进行了强化设计。

关键词：城市轨道交通；全自动驾驶；高架车辆段；总平面布局

1　概　　述

南京地铁7号线为南京市首条全自动驾驶模式的线路，位于长江南岸，定位为东北—西南向的大运量局域线。南起西善桥，北止仙新路，途经雨花台区、建邺区、鼓楼区和栖霞区，线路长约35.6 km，设站27座，含换乘站13座，均采用地下敷设方式，平均站间距约1.35 km。

全线按一段一场设置，在起点设西善桥停车场，在终点设马家园车辆段；利用2号线所街主变电所和3号线滨江路主变电所供电，7号线主控制中心设在马家园车辆段内；采用B型车、6辆编组，设计最高时速为80 km，DC 1 500 V接触网供电。初/近/远期均采用大小交路，高峰小时开行对数分别为20/24/30对。本线场段分布及交路形式如图1所示。

马家园车辆段为定修段，接轨于7号线线路北端仙新路站，段址位于南京铁路枢纽南京东站既有宁芜出发线、宁东环到线合围地块内，选址示意图如图2所示。主要工程内容包括总平面、工艺、站场、路基、桥涵、房建（含装修）、给排水及消防、动照、暖通、综合管网、道路、围墙、绿化等。

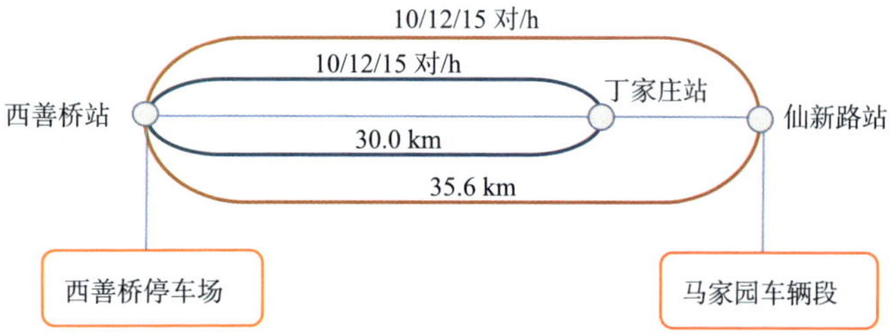

图1　7号线场段分布及交路示意图

图2　马家园车辆段选址示意图

由于车辆段用地被铁路线包围，对外交通条件较差，出入口均需上跨既有铁路；出入段线需下穿南京东编组站、京沪铁路、仙新路并上跨宁东环到线后再以大坡度引入车辆段。此外，车辆段周边要考虑铁路退界，场坪与既有铁路线高差较大，受控因素多，用地局促。经与地面方案进行多方面比较论证后，马家园车辆段采用架空方式，即出入段线上跨宁东环到线后以平坡入段，将轨行区置于盖板上，其他生产辅助房屋置于盖板下，这样有利于改善出入段线和车辆运营条件，有利于土地集约利用，同时为了改善盖下通风采光，在盖板上因地制宜设置若干采光天井，并引入光导管等先进技术，将盖下空间打造成集生产、办公、生活、休闲、绿化为一体的“地下城市”。

2 全自动驾驶车辆段总平面布置形式

全自动驾驶技术在国内外得到了快速发展，在增加运能、提高系统效率、改善乘坐舒适度、节省人力资源等方面具有显著优势。基于全自动驾驶技术的车辆段与常规车辆段不同的是，它需考虑全自动运行区和非自动运行区的划分，并设置转换轨用于信号模式的转换。一般将停车列检库、洗车库线群纳入全自动运行区，将周月检库、定临修库、镟轮库、调机工程车库线群纳入非自动运行区，两个区域不宜间隔布置，并进行物理分割。

总平面布局通常有以下几种形式：

(1)顺接布置。转换轨兼作牵出线，如图 3 所示。

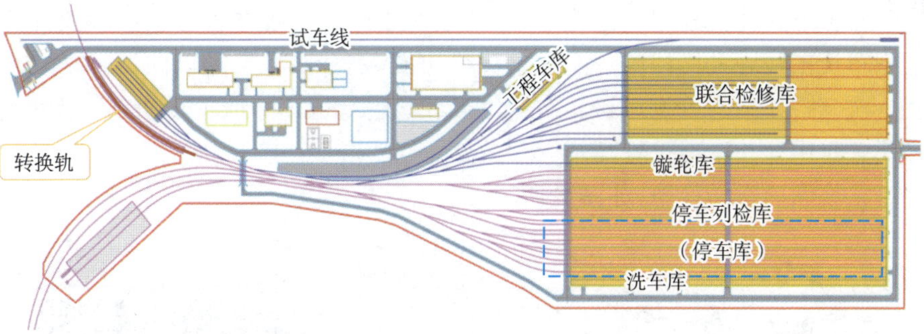

图 3　北京地铁 17 号线歇甲村车辆段布置示意图

停车列检库和检修库并列顺向布置，在出入线一侧设牵出线兼转换轨。这种布置形式在传统驾驶模式下，列车可以从正线直接驶入停车列检库或检修库，调车工艺顺畅，折角次数少，在地形条件允许的情况下应优先考虑。但在全自动驾驶模式下，由于列车不能直接从正线(全自动运行区)驶入检修库(非自动运行区)，必须经过段内信号模式转换，因此列车先自动进入停车列检库，再折返至转换轨，最后运行至检修库，总共需经过两次换向，一次模式切换。同理，检修结束后返回停车列检库待命的列车需经过一次换向、一次模式切换。

此外，如果运营单位能够充分信赖全自动驾驶列车的自检功能，即列车不需要每日列检，而是双日检或四日检，那么可将停车列检库分为两部分，一部分仅用于停车(如图 3 中虚框所示的停车库)，无需分区或设置检查地沟；另一部分兼顾停车和列检，划分保护区，并设置检查地沟。

(2)倒装布置。牵出线兼作转换轨，如图 4 所示。

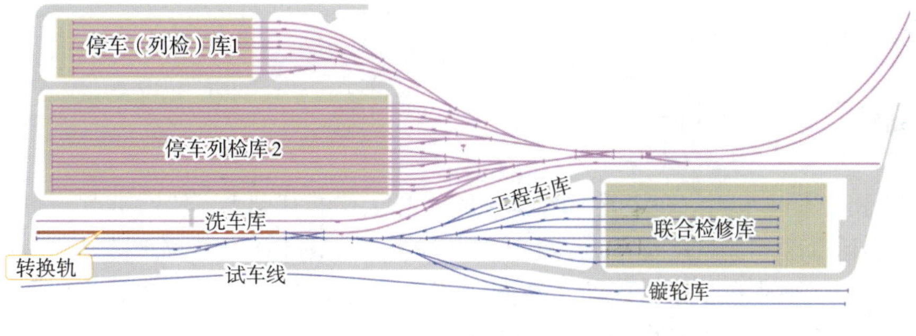

图 4　上海地铁 10 号线吴中路车辆段布置示意图

停车列检库和检修库逆向倒装布置，牵出线兼作转换轨，全自动运行区与非自动运行区相互独立，界限分明。这种布置形式在传统驾驶模式下，进入检修库的列车都需要在牵出线上折返，调车效率低，但该形式布置紧凑，占地面积较小，在用地条件受限的情况也经常采用。在全自动驾驶模式下，列车从正线驶入检修库需经过一次换向、一次模式切换；检修结束返回停车列检库需经过两次换向、一次模式切换。因此总的换向和模式切换次数与顺接方案相同。

(3)顺向纵列式。走行线兼作转换轨，如图 5 所示。

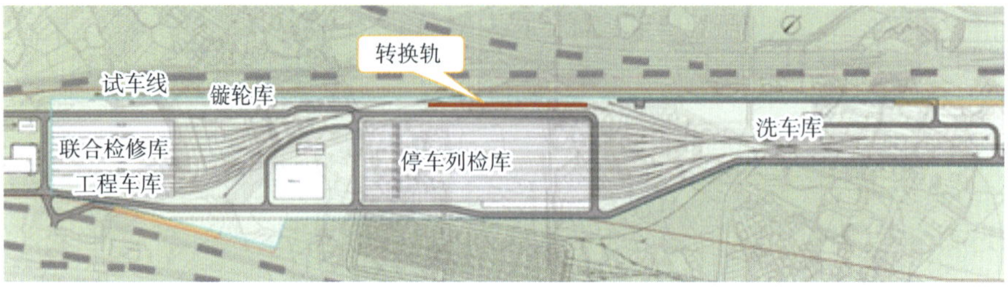

图 5　顺向纵列式车辆段布置示意图

停车列检库和检修库顺向纵列布置，走行线兼做转换轨，全自动运行区与非自动运行区一前一后相互独立，界限分明。这种布置形式在传统驾驶模式下，列车下线通过走行线可直接进入检修库，工艺顺畅。在全自动驾驶模式下，列车从正线驶入检修库只需在走行线切换一次模式，无需换向；检修结束返回停车列检库需经过一次换向、一次模式切换。可见，纵列式布置折返次数少，可较好地满足初期有人—无人驾驶过渡，且分区鲜明，但这种形式对用地长度要求较高。

(4)顺接布置。检修库前设转换轨，如图 6 所示。

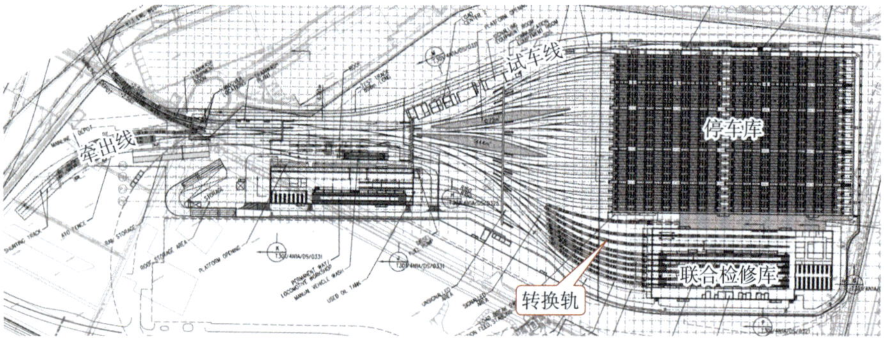

图 6　新加坡 TEL 车辆段布置示意图

停车库(新加坡 TEL 仅用于停车，不作列检)和检修库并列顺向布置，在检修库每股道前留有一列车长＋安全距离的有效长作为转换轨，需要检修的列车可以直接从正线运行到库前转换轨，再经信号转换后驶入检修库，不需换向。这种布置形式适用于国外列车编组较小的情况，且由于国内检修体制的不同，停车库一般兼作列检，需考虑检查地沟和分区隔离。

马家园车辆段总平面方案引用并优化了这种形式，即在检修库岔群前集中设置一处转换轨，而不是对应每条检修线设置。

3　全自动运行区工艺设计

基于全自动驾驶技术的车辆段在满足常规车辆段检修工艺的基础上，还应满足下列需求：

(1)设置全自动运行区和非自动运行区，两个区域划分界面清晰并配有物理隔离措施。

(2)对全自动运行区和非自动运行区的转换作业，在牵出线或检修库前配置转换区段。转换区段设于全自动运行区内，配套设置司机登乘平台，并具备司机上下车的安全措施。

(3)停车列检库除了停车功能外，还兼顾日检功能，按 100％列位设置检查地沟；防护分区的划分兼顾安全与效率的原则，通常每2～3股道设置为一个防护分区，采用防护围栏分隔。

(4)停车列检库内应满足信号自动停车的安全防护距离要求，并宜满足相关测试的长度要求；列车停车点至车挡(不含车挡长度)大于等于15 m，库内两列车间距大于等于20 m。

(5)对司机在停车库列检库的上下车作业，应配套设置司机登乘平台，并具备司机上下车的安全措施(包括从非自动运行区域至登乘平台的通道)；为保证司机上下车的绝对安全，司机通道与一般作业人员通道宜严格分离，互不交叉。

(6)为了保证工作人员进入停车列检库各分区的安全和便捷，需设置地下横向通道。

(7)洗车库设于全自动运行区域，并满足自动洗车的要求。

4 马家园车辆段总平面布局

4.1 盖上平面布局

盖上总平面呈并列尽端式布置，停车列检库(34列位)与洗车库为全自动运行区，位于场地北侧，停车列检库中间设一条纵向采光天井；联合检修库由周月检库(3列位)、定临修库(2列位)、静调库、吹扫库组成，为非自动运行区，位于场地南侧，岔群前设一列位转换轨，一端设司机登车台；镟轮库及材料棚平行布置于联合检修库南侧，材料线尾部同时考虑新车装卸；工程车库布置于停车列检库咽喉东南侧；试车线长约1 150 m，设于场地东南侧，采用连续梁上跨南京东编组站环到线。盖上总平面示意图如图7所示。

车辆段设三个出入口，其中两个通过匝道上跨铁路线与市政道路连接，另一个利用既有涵洞，主要供公安派出所使用。

大库尾部为开放性的入口广场，与大库区盖下半开放的观景庭院及咽喉区盖下私密性的内庭院形成一体化的景观主轴，完成空间过渡。

4.2 盖下平面布局

(1)盖下空间利用分析

考虑车辆段处于铁路线包围的夹心地块，直达此处的市政道路较少，地面交通不便，声环境较差，因此盖下空间不适合作为住宅、商业、仓储等类似大客流车站开发性质的功能。故考虑盖板下部空间主要作为车辆段自身使用以及作为地铁内部使用做预留，例如会议用房、材料仓库等对选址没有限制并对采光要求不高的一些功能用房。

盖下地面标高结合现状地形及盖下房间功能特点，根据厂区土石方平衡原则，并考虑百年洪水位要求，将场坪作阶梯状处理，盖下西侧区域以挖方为主，室内地面标高29.5～30.8 m，东侧区域以填方为主，室内地面标高约27.0 m。

(2)盖下平面布局

盖下总平面示意如图8所示。盖下面积约13.5万m^2，长度方向约770 m，宽度方向约280 m，盖下通风采光条件差，根据盖上整体布局以及盖下消防设计原则，在盖上局部单体与单体、单体与道路之间和线路退界后的空白区域设置天井，同时采用光导照明系统景观设计相结合的方式，最大限度地改善盖下自然通风与采光条件。

盖下空间结合盖上各单体功能布局特点而布置：物资总库设置在联合检修库南侧、材料堆场盖板下，并设置一部货梯，便于其物资的搬运；7号线控制中心、车辆段综合维修、办公、食堂等设置在停车列检库及联合检修库西部盖下，与附跨用房通过垂直交通设施连接，流线简短，工作交流方便快捷。公安派出所位于盖下东端出入段线桥下，以北侧铁路涵洞作为出入口，与车辆段功能区域隔开。

在联合检修库南侧与工程车库尾部天井边沿布置间休室，以充分利用天井采光与通风，提升周边环境。同时设置有适量的运动休闲场所，供车辆段内部员工休憩放松。

预留区域主要位于岔区盖下，近期做简单绿化，可通过一个单独的汽车匝道及一个地面出入口到达此区域。

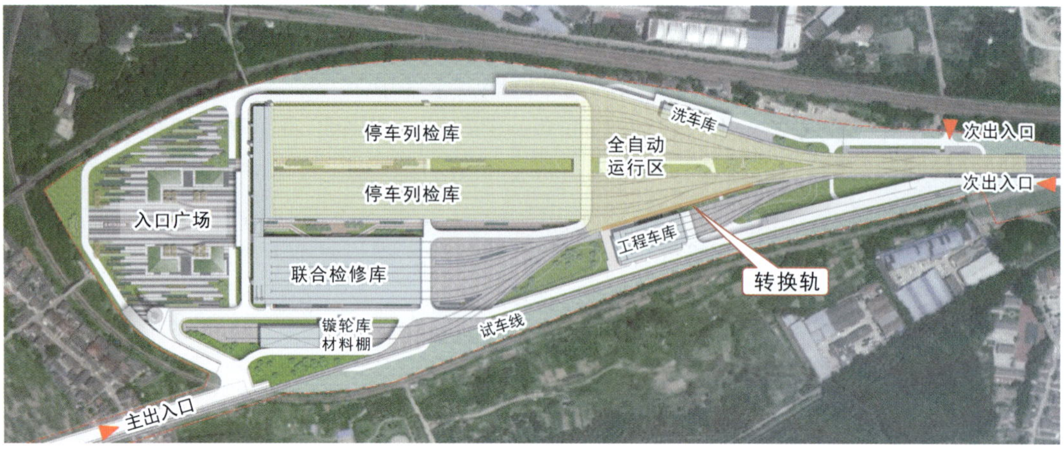

图 7　马家园车辆段盖上平面布置示意图

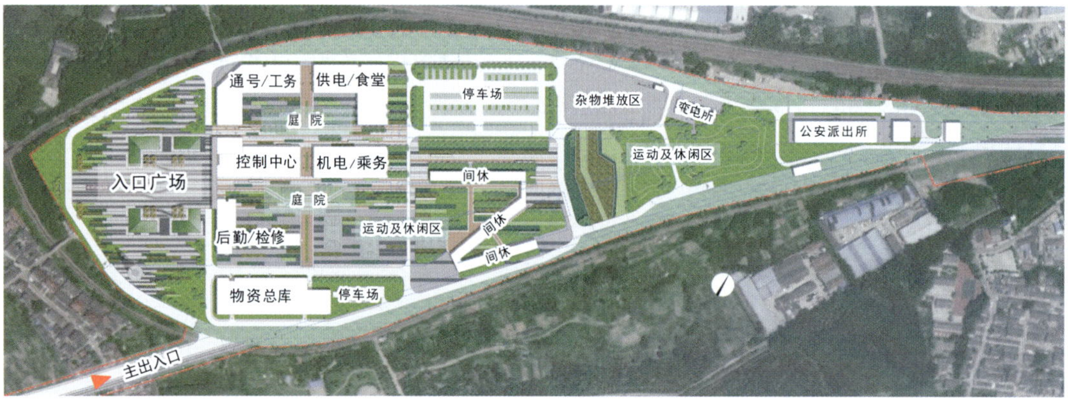

图 8　马家园车辆段盖下平面布置示意图

5　高架车辆段特殊设计

5.1　盖体及房屋结构

盖体、盖上、盖下房屋结构结合车辆段各功能分区、建筑布局及不同的工艺设备需求，合理选择结构形式及基础形式。停车列检库、联合检修库跨度大，故选用型钢梁＋钢骨架轻型板的结构体系，其余库房及盖体跨度约为 15 m，故采用整体现浇混凝土框架结构。针对各库房不同设备基础的要求及体系，个别如地坑式架车机基础、不落轮镟床基础均设置独立框架，以避免出现结构不规则。

为减小盖体振动对盖下有人区域的影响，结构采取了相应的措施。大库盖下主要为办公区域，采用了双层屋面板；间休区域采用双层屋面板并设置独立基础，与盖体完全分离，有利于减振降噪。

5.2　盖上排水

盖板上采用雨水斗排水方式，道路区域每间隔约 15 m 设置一处雨水斗，由建筑面层找坡。轨道区域按最多 3 股道(横向间距约 15 m)设置一处雨水斗，由结构面层找坡。雨水斗收集盖上排水后，沿立柱设置雨水立管排至盖下地面雨水系统。

5.3　盖下通风采光

结合盖上功能布局与线路走向特点，在停车列检库中部，停车列检库与联合检修库之间，咽喉区轨道限界之余的空地设置采光通风天井，同时根据盖下单体布置特点，在建筑入口、重要的人员办公空间，餐厅、景观节点布置适量的光导管进行辅助照明，极大地改善了盖下环境，达到了深度节能减排的效果。

5.4 盖下消防

盖下房屋大都为多层工业建筑（派出所、间休室为民用建筑），耐火等级为二级（控制中心为一级），火灾危险性等级为丁、戊类，根据《建筑设计防火规范》（GB 50016—2014），工业建筑与民用建筑之间防火间距不小于 10 m。盖下综合楼、间休室、派出所等单体防火分区按不大于 5 000 m^2 设计，物资库防火分区按不大于 3 000 m^2 设计。每个防火分区至少两个安全出口，疏散至盖板外或盖板下的开敞空间。整个车辆段共设三个出入口与市政道路连接。盖下单体设消防环道，单体长度大于 150 m 设穿越建筑的消防车道。消防道路中心线距离小于 160 m。消防车道顶部开口面积达到车道面积的 25%。盖板耐火时间为 3 h。设置天井优化自然采光通风与排烟，天井处防火分隔：楼板交接处设高≥1.2 m 实体墙或设宽度≥1.0 m 挑檐。

6 结　　语

全自动驾驶技术是未来轨道交通发展的方向，也是未来地铁建设的首选模式，南京地铁 7 号线无人驾驶线路在此背景下应运而生。

马家园车辆段是南京首个全自动驾驶的车辆段，由于受用地条件限制，经权衡比较后采用了高架形式，即将大库及轨行区置于盖板上，综合楼等配套设施位于盖板下，在有限的用地范围内较好地实现了全自动运行、生产、办公、生活等基本功能，同时考虑到该车辆段代表南京地铁前沿技术和工艺水平，承载了企业文化展示的需要，对建筑外立面和景观进行了适度超前设计，体现了先进性、生态性和体验性的理念，未来一段时间将成为业内的标杆项目，效果图如图 9 所示。

图 9　马家园车辆段效果图

此外，综合楼、物资库、间休室、公安用房等置于工业厂房盖板之下尚未有规划、消防等方面的规范可依；间休室位于联合检修库咽喉区，会产生振动与噪声干扰；盖下部分房间无法直接采光通风，影响室内环境。本案例在上述几方面作了积极尝试，其应用效果尚待实践检验。

南京北站城市轨道交通接驳换乘方案研究

李江平

（中铁第四勘察设计院集团有限公司，武汉　430063）

摘　要：南京北站是南京铁路枢纽三大主客站之一，也是城市总体规划确定的集铁路、公路、城市轨道、公共交通为一体的综合性客运枢纽，与南京站、南京南站共同构成南京铁路交通运输枢纽网络。南京北站共有 4 条轨道交通线路引入，枢纽内部存在国铁客流、轨道交通客流、公路交通客流、地面客流等多种客流相互交织，换乘种类多，换乘关系复杂，能否处理好各类客流之间的换乘关系成为南京北站交通枢纽设计的关键所在。该文通过对南京北站枢纽范围内各种类型客流之间的换乘关系研究，对国铁站房的布局提出了详细建议，并创新性地提出了国铁客流与轨道交通客流之间的免安检换乘方法。

关键词：轨道交通；铁路枢纽；免安检换乘

0　引　　言

南京处于我国沿长江和东部沿海“T”形经济发展战略带结合部、长江三角洲与中西部地区的交接点，是我国东西、南北交通大动脉交汇点上重要的交通枢纽城市。江北地区作为南京枢纽城市的重要组成部分，承担着大量过境交通和南京与长江以北地区沟通联系的对外交通功能。2015 年，国家批复南京江北新区为国家级新区，成为华东面向内陆腹地的战略支点，拥有便捷的公路、铁路、水路和航空枢纽，是长江经济带与东部沿海经济带的重要交汇节点，长三角辐射中西部地区的综合门户，连接中西部的重要区域。为满足江北新区相对独立发展和作为国家级新区所带来的城市功能和交通能级的提升，在江北地区建设高铁枢纽——南京北站，作为江北新区最重要的铁路枢纽，与南京站、南部枢纽南京南站共同构建南京铁路交通运输枢纽网络（图 1）。

根据轨道交通线网规划，共有 3 号线、4 号线、18 号线和 S4（宁滁城际）共 4 条地铁线路接入枢纽。目前，南京北站国铁部分工程可行性研究工作正在开展，考虑到南京北站是集多种公共交通为一体的

图 1　南京市铁路枢纽网络示意图

综合枢纽，换乘关系极其复杂，彼此之间协调量大，加上周边环境复杂，控制点多，需要对与枢纽有关的如地铁线路接入方案和与国铁换乘方案、道路集疏运系统及枢纽核心区用地开发规划等诸多方面进行研究，以保证整个工程项目的良好的功能性和可实施性。本文主要从地铁线路接入方案入手，对北站枢纽范围内的地铁与国铁、地铁与地铁以及地铁与城际之间的换乘功能进行研究，并给出了详细的应对方案。

1 项目概况

南京北站是南京铁路枢纽三大主客站之一，也是城市总体规划确定的集铁路、公路、城市轨道、公共交通为一体的综合性客运枢纽，与南京站、南京南站及仙林站(辅助站)共同构成南京铁路交通枢纽网络。根据规划，共有 4 条地铁线路接入枢纽，如图 2、图 3 所示。

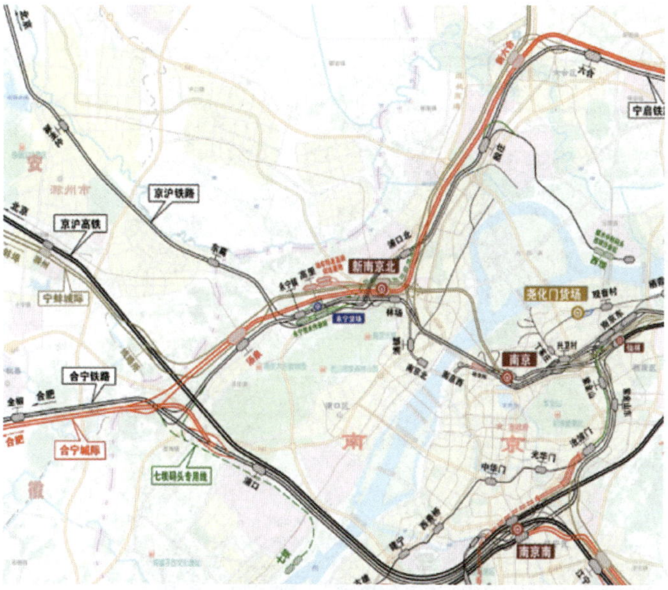

图 2 南京市铁路枢纽总图规划

图 3 轨道交通线网规划(江北部分)

地铁 3 号线是南京南北向城区干线，起自浦口区林场站，终点至江宁区秣周路站，线路全长 44.1 km，最高运行速度 80 km/h，采用 A 型车 6 辆编组，于 2015 年 4 月正式运营。在新的线网规划中，远期将由北端起点林场站向西延伸至南京北站，起点林场站与南京北站距离约 1.5 km。

4 号线位于长江以南地区，连接南京艺术学院、省政府、鼓楼、市政府以及栖霞中心等，是南京东西向城市主干线，线路全长 43.6 km，最高运行速度 100 km/h，采用 B 型车 6 辆编组。其中一期工程(龙江站—仙林湖站)长 33.8 km，已于 2017 年 1 月正式运营。二期工程(珍珠泉站—龙江站)，穿越长江后经过江北 CBD 核心区，终点位于老山南麓的珍珠泉站，该段已进入前期准备阶段，计划于 2019 年年底开工建设。枢纽接入的 4 号线属于三期工程(南京北站—珍珠泉站)，从珍珠泉站接出，隧道形式下穿老山后接入南京北站枢纽。

地铁 18 号线是一条串联南京三大枢纽的快速轨道交通线路。线路起于规划的南京北站，连接新街口、南京南、禄口机场，全长约 66.8 km，目前仍处于线网研究阶段。

根据滁州市线网规划，宁滁城际 S4 线分北线和南线，在南京北站贯通运营，远期形成连接滁州与南京北站的一条环线，能有效促进宁滁同城化发展，加强长三角与皖江城市带之间的联系。同时带动沿线区域消费以及经济发展。建成通车后，从南京江北新区到滁州只需要短短的数十分钟，将进一步完善滁州市区域综合交通网络、优化运输结构，加强滁州市与南京市联系，推进宁滁一体化发展，提升滁州城市品质，真正意义上实现双城一体化。S4 北线始于滁州高铁站，经水口镇、汉河新城至南京北站，线路全长

54 km,其中滁州段约 47 km,南京段 7 km。滁州段目前处于可行性研究阶段,南京段目前处于线网规划阶段。S4 南线由滁州高铁站经乌衣镇至新化东,滁州段长约 20 km,南京段长约 27 km,宁滁南线尚处于概念规划阶段。

2 枢纽选址

根据江苏省人民政府专题会议纪要第 56 号:"原则同意新南京北站设置于林场,宁淮铁路、北沿江高铁经六合西引入枢纽,经新南京北站后利用上元门通道引入南京站。南京市要尽快协调解决林场设站需占用军事用地等问题,同时进一步做好上元门过江通道规划预控,为方案稳定提供支撑和保障"。故枢纽选址意向位于宁启线东侧、浦泗路北侧与朱家山河所围地块内,该选址占用现状舟桥旅军事用地。枢纽西侧国铁区间需要跨越多条既有铁路高架桥梁,北侧地铁区间需下穿朱家山河,枢纽选址用地较小,控制因素众多,建设条件极其苛刻。枢纽选址及周边环境如图 4 所示。

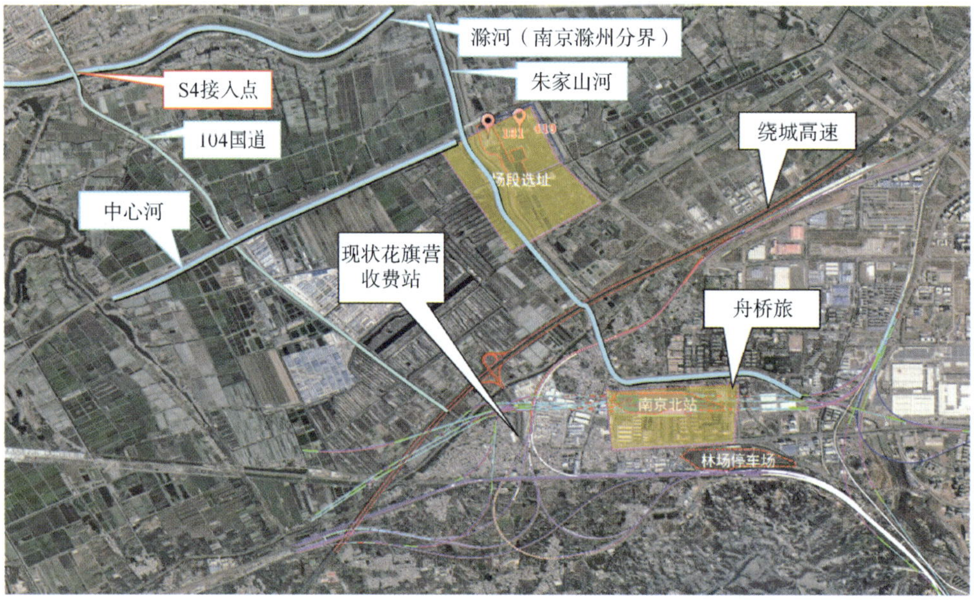

图 4 枢纽选址及周边环境

3 轨道交通线路接入走向与相互关系

南京北站规划区内共有 4 条地铁线引入,包括南京地铁 3 号线、南京地铁 4 号线、南京地铁 18 号线、宁滁城际。本次研究在南京北站相关成果基础上完成南京北站综合枢纽内的相关地铁线路接入方式和与国铁的换乘方案研究,同时根据方案研究成果,提出便于综合枢纽国铁客流流线的轨道交通换乘方案的优化思路。

(1)需要处理的换乘关系种类多

枢纽需要考虑以下几种流线关系:研究国铁与轨道交通换乘需求;宁滁城际与 3 号、4 号、18 号线换乘需求;枢纽经济区乘坐轨道交通的需求。并对以上几类换乘流线的需求层级进行优先排序。

考虑到宁滁南北线贯通,位于南京北站的轨道交通车站为四线换乘车站。四线换乘有三种模形:T 形、工字形、平行布置,如图 5 所示。其中平行布置延展面过宽,换乘流线混乱,客流组织困难,功能较差。T 形或工字形布局在竖向空间上错开,平面尺度合适,利用地面作为共用站厅,客流组织较为顺畅,功能较好,应作为换乘方式的研究方向。

引入南京北站的地铁线路,其中 3 号线同时具备东西、南北向接入条件;18 号线定位为快线,东西向接入绕行过远,无法满足功能定位,只具备南北向接入条件;4 号线东西向需沿老山外围绕行,绕行过远,同时

(a) T形布局　(b) 工字形布局　(c) 平行布局

图 5　四线换乘车站布局示意图

根据线网调整情况，该线与 18 号线老山段共通道南北向接入南京北站；宁滁线受南线与北线贯通需要，且北线滁州段已锚固，只具备南北向接入南京北站的条件。

(2)地铁接入路由及敷设方式选择

根据最新南京市轨道交通线网规划，枢纽范围内共有 4 轨道交通线路接入，分别为 3 号、4 号、18 号、宁滁线，且多线为终点站，线路需具备折返条件。同时铁路枢纽周边存在京沪、宁启及相关联络线等铁路路基、桥梁，对轨道交通接入的路由及敷设方式影响较大。

目前 3 号线林场站已建成通车，且为高架二层站，需向西延伸一站一区间约 800 m 至南京北枢纽。受纵向爬坡能力影响，3 号线南京北站仅能东西向平行于枢纽区布置为地面或高架站，考虑到轨道交通对道路交通的切割，建议采用高架敷设。

4 号线需从二期终点珍珠泉站延伸至南京北站，接入南京北站存在南北向接入或绕行后东西向接入两种可能，南北向接入考虑到需穿越既有铁路路基及桥梁，建议采用地下敷设。

18 号线尚处于预可研究阶段，线网规划为沿老山生态保护区南北向接入南京北站，考虑到浦泗路北侧为枢纽规划开发区域，南北向接入考虑到降低轨道交通对枢纽区空间的切割占用及站后折返线下穿既有铁路路基及桥梁，建议采用地下敷设。

宁滁南线、北线均为南北向接入，考虑到需穿越既有铁路路基及桥梁，建议采用地下敷设。

4　换乘与客流组织

(1)换乘序列分析

枢纽区存在多种客流相互交织，不同类别的客流之间或存在相互换乘关系，或相互独立。相互独立的客流之间需做好避免流线交叉，增加流线间距，预留足够的集散空间。存在换乘关系的客流之间，需考虑换乘的主次关系，尽量做到主要客流之间换乘便捷、集散迅速，次要客流之间换乘距离适中。枢纽区客流通过分析国铁、宁滁城际和轨道交通的功能定位及客流特征，不同线路间的相互换乘关系可分为三个层次：

第一层次是国铁与宁滁城际及地铁之间的换乘。

第二层次是宁滁城际与地铁之间的换乘。

第三层次是地铁与地铁之间的换乘。

经过分析，北站枢纽重点是要处理好第一层次和第二层次的换乘关系，第三层次作为次要换乘关系。

(2)换乘模式分析

枢纽的换乘模式应基于国铁方案的成果来考虑，根据现有的国铁方案成果，并基于现状诸多控制性因素综合分析，国铁轨面高程位于选址地面以上约 22 m，下部空间不具备设置候车大厅的条件，故采用线上式站房较为合理，候车层标高位于地面以上约 32 m。

根据轨道交通线网规划，4 号线、S4 线及 18 号线为南北向线路，受周边环境制约，采用地下线路敷设方式进入北站枢纽区域，3 号线为东西向线路，由现状终点站林场站向西延伸进入枢纽。因 3 号线林场站及东侧区间现状采用高架敷设，为了避免对已运营的 3 号线路造成太大的影响，故 3 号线西延拟采用高架敷设方式进入北站枢纽。枢纽区域的竖向空间分布：地下部分为 4 号、S4、18 号线轨道层；地面层为交通转换层；地上一层为 3 号线轨道层；地上层为国铁站台层；地上三层为国铁候车层。理想的换乘模式应尽量减小国铁与地铁之间的换乘距离，轨道交通与其他交通方式之间应采用集约式布局，以提高换乘效率。

(3)安检互信功能分析

在国内，有很多的城市主要通过轨道交通来组织国铁客流的快速集散，国铁客流有季节性和突发性的特征，在突发客流通过轨道交通疏散时，二次安检往往成为疏散能力的瓶颈所在。研究如何实现国铁与地铁之间免安检换乘组织模式，为提高换乘效率提供保障。

基于国内现状，国铁的安检等级较高，轨道交通的安检等级普遍低于国铁，国铁出站客流在不出站的情况下可直接进入轨道交通区域，实现快速疏散的目的，这一模式在上海、天津、成都等地均已实现。反之，轨道交通客流到达国铁后，往往需进行二次安检，这一现状目前暂时缺乏有效的改善手段。在将来，随着科技的进步，相信可以实现轨道交通客流免安检进入国铁的可能。在方案研究阶段，应有足够的前瞻性，设法预留双向免安检换乘的条件。

5 换乘实施方案

(1)控制因素分析

①国铁站房方案：受国铁站房西侧现状高架铁路线标高控制，国铁轨面高程位于地面上方 22 m，国铁站房采用上进下出的客流组织模式，候车层位于选址地面以上约 32 m。

②轨道交通引入：根据最新的南京市轨道交通线网规划方案及滁州市轨道交通线网规划方案，共有 4 条轨道交通线路引入南京北站枢纽。其中 4 号、S4、18 号线为南北向地下引入，受线路下穿枢纽北侧朱家山河标高的影响，轨面高程约为地面以下 18 m。3 号线为东西向高架引入，轨面高程约为地面以上 9 m。

(2)换乘实施方案

南京北站枢纽共地上三层(地上一层设有夹层)，地下二层。地下二层为轨道交通 4 号线、宁滁城际 S4、18 号线站台层，埋深约 18 m。地下一层为小汽车停车层和轨道交通设备用房层，埋深约 8 m。地面层层高约 20 m，主要布置有国铁出站、轨道交通公共大厅以及出租车停车场等。地面层夹层为轨道交通 3 号线站台层、国铁进出站转换平台、国铁到达接客平台和免安检通道转换层，夹层完成面标高＋10 m。地上二层层高约 8 m，布置有国铁站台层，布置有 12 组岛式站台，轨面标高＋22 m。地上三层为国铁候车大厅、国铁出发送客平台、售票厅等，完成面标高＋32 m。

国铁至轨道交通免安检换乘流线：国铁站台→地上一层夹层交通转换平台→出站检票→免安检换乘地铁专用通道乘坐轨道交通。

轨道交通至国铁免安检换乘流线：轨道交通客流到达首层换乘大厅→免安检换乘国铁专用通道→地上一层夹层交通转换平台→地上三层国铁候车厅。

负二层为 4 号线、18 号线、宁滁城际(S4)三条轨道交通线的站台层(图 6)，受北侧朱家山河影响，埋深较大。三线均为岛式站台，国铁桥桩位于两线站台之间。

负一层为地下停车场及轨道交通 4 号线、18 号线、宁滁城际(S4)三条线的设备层(图 7)。

地面层为轨道交通 3 号线、4 号线、18 号线、宁滁城际(S4)四条线的共用站厅层，同时是综合换乘层，乘客在本层可以乘其他交通工具，如图 8 所示。

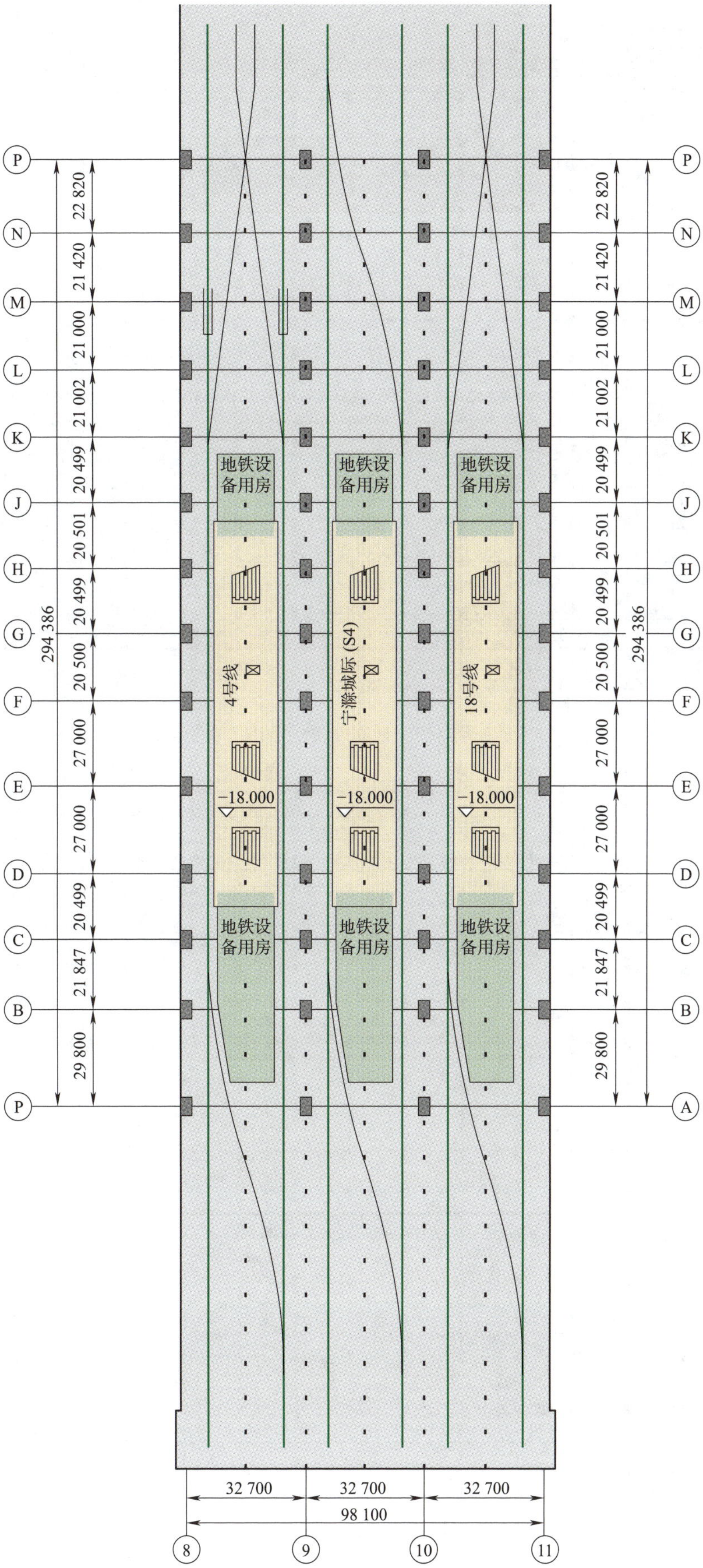

图 6　负二层(轨道站台)平面图(单位:mm)

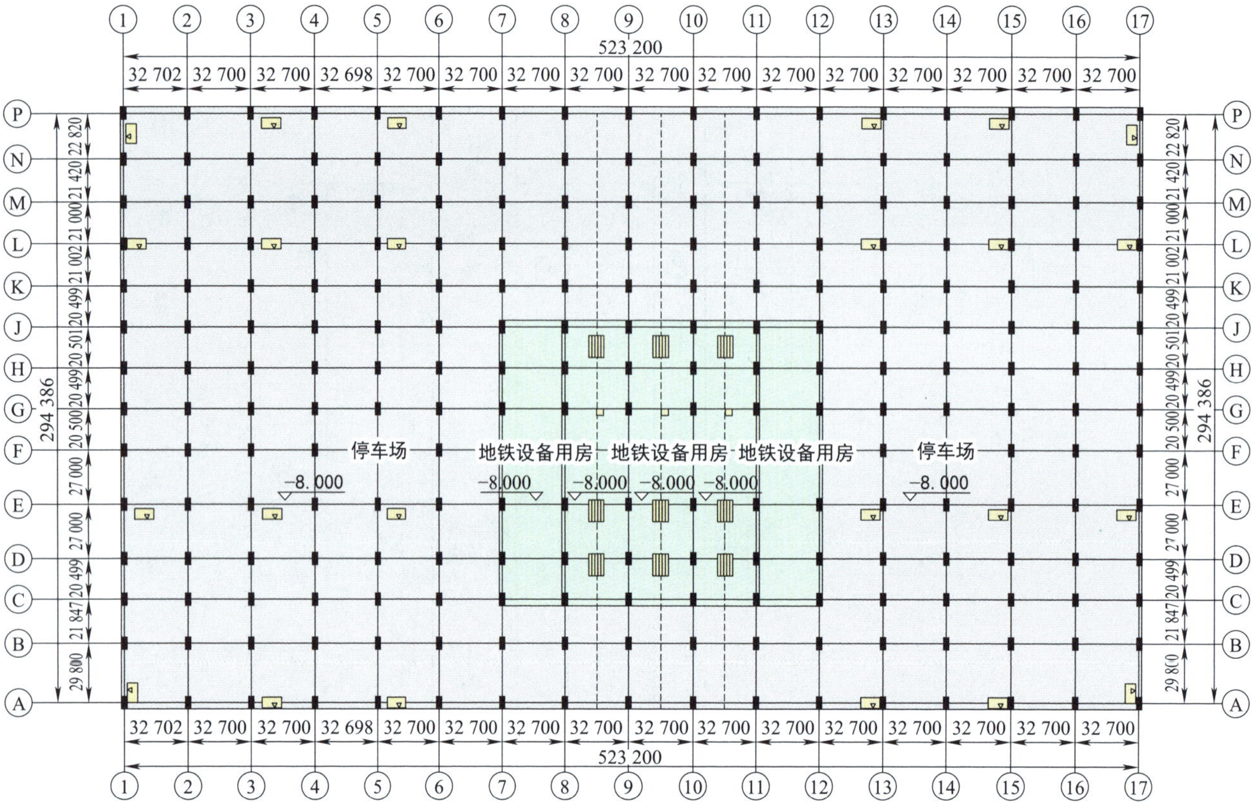

图 7　负一层(停车、地铁设备)平面图(单位:mm)

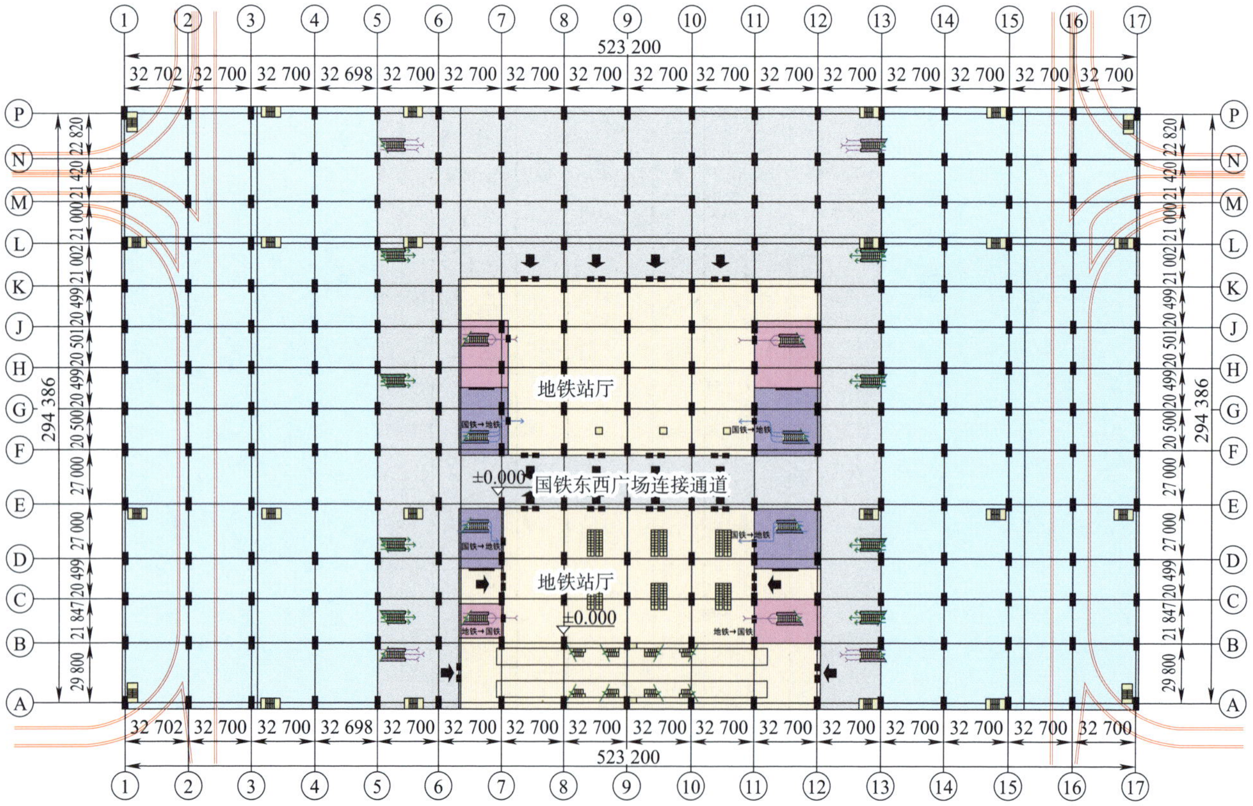

图 8　地面层(综合换乘)平面图(单位:mm)

地面夹层为地铁与国铁换乘的安检互信转换层，乘客通过转换夹层可以实现二者之间的安检互信换乘。本层同时是轨道交通 3 号线的站台层(图 9)。

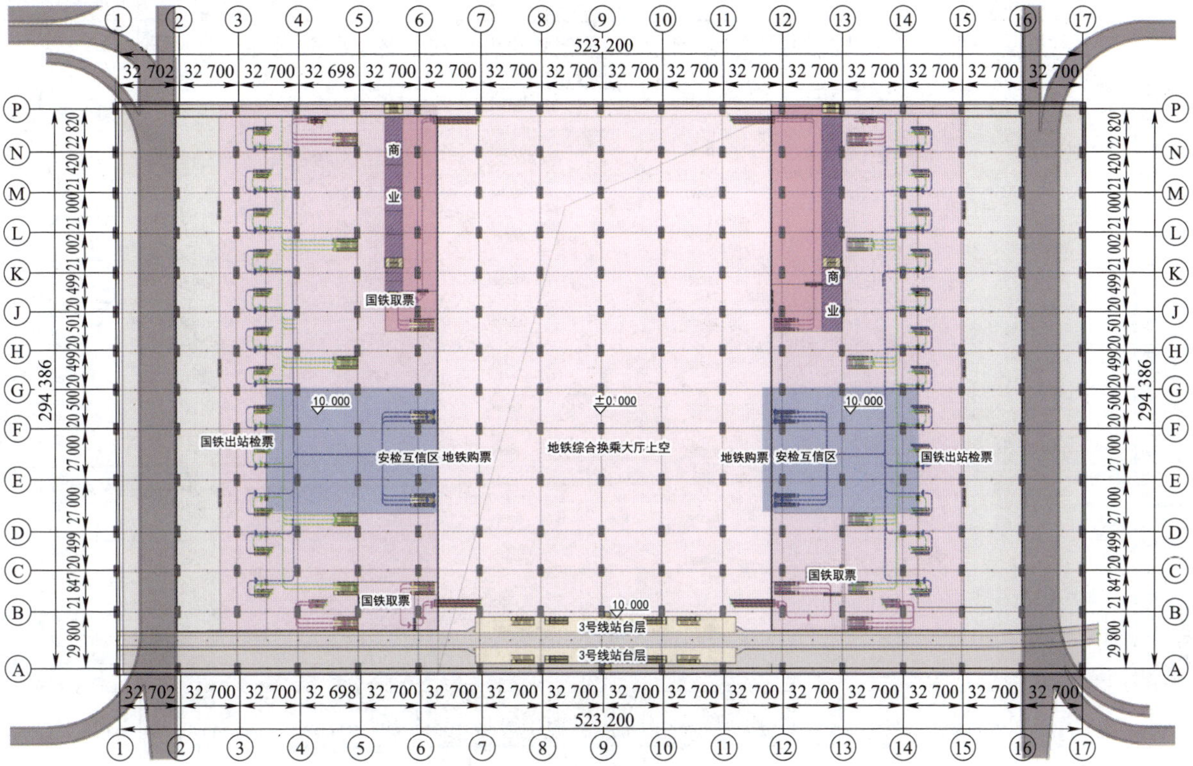

图 9　地面层夹层(交通转换)平面图(单位：mm)

地上二层为国铁站台层(图 10)，地上三层为国铁候车层(图 11)，实现国铁客流的到发功能。

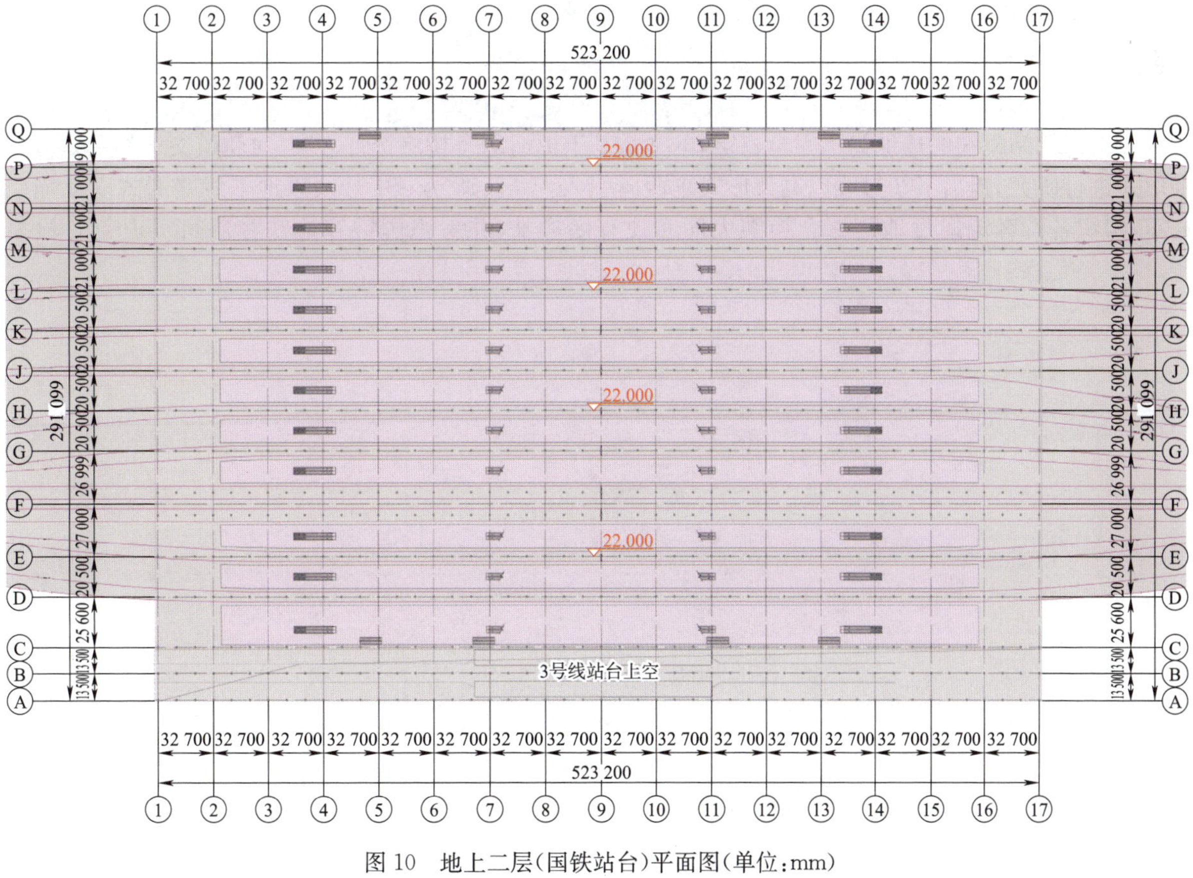

图 10　地上二层(国铁站台)平面图(单位：mm)

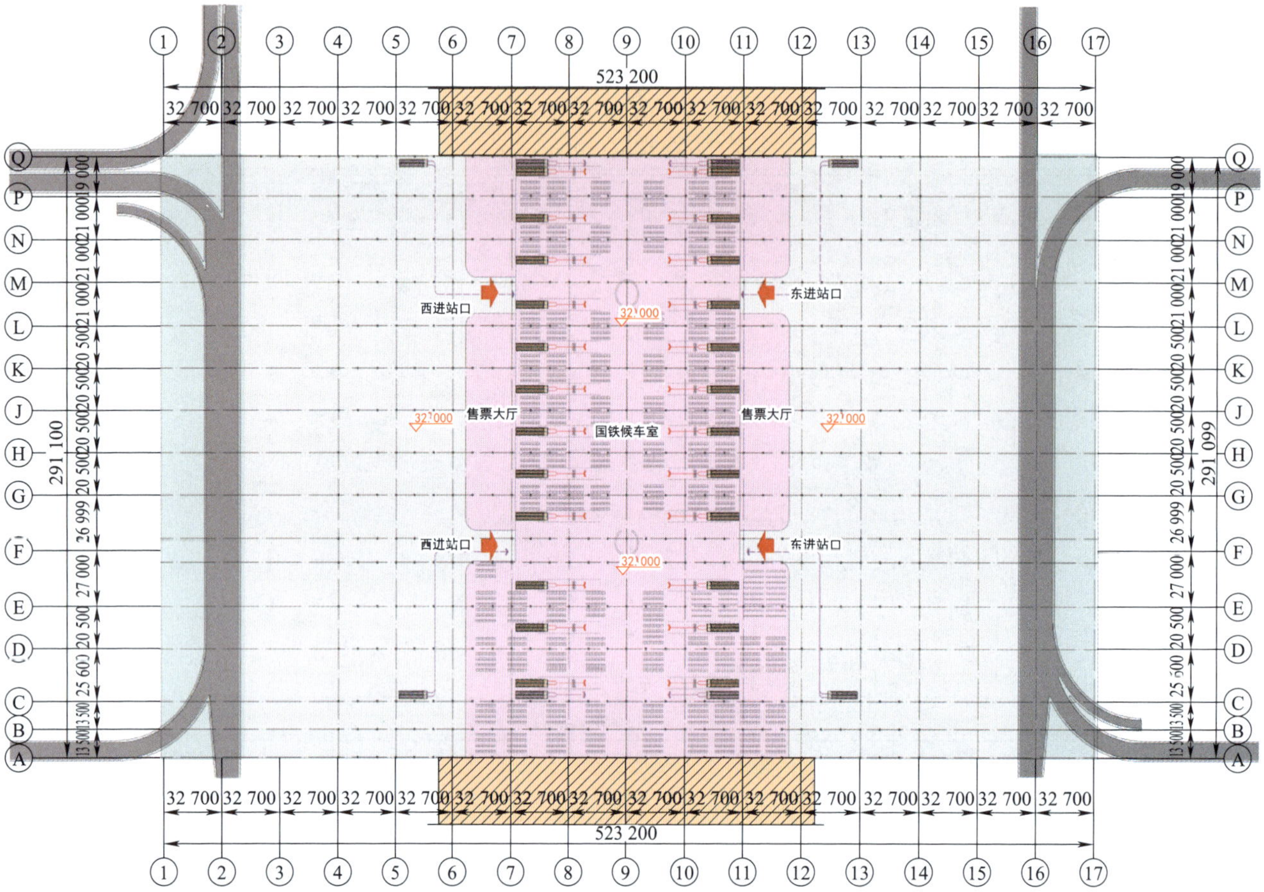

图 11　地上三层(国铁候车)平面图(单位:mm)

6 结　语

鉴于南京北站枢纽的选址尚不完全稳定,本文是基于枢纽的舟桥旅选址方案,对轨道交通的引入方案和换乘形式进行研究,提出了 3 号线以高架形式东西向引入,4 号、18 号、S4 号线以地下线路形式南北向引入的方案,组织各类客流通过地面综合换乘大厅实现有序换乘,并考虑国铁和地铁客流间实现免安检换乘功能。

南京轨道交通一体化开发设计与实施探索

董晓春

(南京地铁建设有限责任公司,南京　210017)

摘　要:目前我国城市轨道交通正处于网络化大建设时期,因而面临着城市空间发展如何应对大规模轨道交通建设带来土地系统重构的现实问题。鉴于当前轨道交通一体化综合开发滞后于地铁线路建设进度的客观条件,从轨道交通一体化开发已成为提升城市公共空间及综合交通换乘枢纽的核心主导角度出发,提出从轨道交通线路设计到一体化实施阶段的关联性,利用土地功能混合使用与公共交通高效换乘的理论,对城市轨道交通一体化土地开发范围和实施模式进行控制、激发和引导,实现城市功能集聚、空间整合。旨在对当前城市轨道交通一体化开发的模式进行案例研究、反思并提出建议。因此,研究轨道交通一体化开发模式,对于目前我国以轨道交通为主的城市空间建设研究具有重要的现实意义。

关键词:轨道交通一体化开发;综合换乘枢纽;城市空间发展;南京地铁

随着城市公共交通快速建设,塑造高品质城市空间、改善公共交通对城市形象的影响成为城市空间发展重要战略的必然需求。其中轨道交通站点、车辆基地一体化开发高度的融合性,促进了城市系统间的整合与重构,提升轨道交通周边土地物业价值、扩大城市空间容量、优化城市空间结构、推动城市经济可持续发展,这也是轨道交通一体化开发的规划目标。由于轨道交通一体化综合开发具有周期长、成本高、与轨道交通线路建设同步实施难度较大等特点,因此南京地铁对“轨道＋土地”综合开发规划模式进行了积极探索、实践与思考,从线路规划设计到一体化开发实施进行统筹考虑,以充分利用沿线土地资源,发挥轨道交通对城市发展的高效推动。

1　轨道交通一体化开发与城市空间演化

1.1　轨道交通一体化开发涵义

轨道交通对城市空间会产生直接效应与间接效应,直接效应指线路建设的收益和成本,间接效应指受其影响的相关经济收益。其中间接效应是城市空间规划建设关注的重点,主要体现在交通与土地整合利用,可从技术、经济以及社会视角三个层面进行研究,一体化开发不但可以缓解由于城市人口增长和经济发展所造成的城市空间容量不足的问题,更对城市总体规划产生重要引导作用。以可持续发展为理论基础,从资源系统优化整合的角度,在城市规划控制层面上与地铁线路建设结合,统筹轨道交通与上盖物业及周边土地的一体化开发建设,达到各个空间功能和谐、有序、可持续、高密度开发,促使土地增值溢价,改善传统性的土地单纯蔓延扩张,促进地铁建设及城市空间的健康可持续发展。

1.2　轨道交通一体化开发体系构建

(1)空间特征。随着经济繁荣,时间成本的经济价值日益增长,而轨道交通大大降低了城市人群出行的时间成本。同时人们对公共交通换乘关系的便捷性要求也越来越高,轨道交通网络系统为空间发展创造了机会,快速可达性使得土地利用系统改变。地铁换乘站作为城市区域的中心节点,是连接公交、长途车、出租车、私家车以及非机动车的纽带,多种交通方式结合土地一体化开发,通过横向或纵向方式满足使用者出行、工作、购物、娱乐、休憩等社会功能。一体化开发在交通换乘的过程中针对人的需求及行为,创造适应性业态及其相关功能，高效连接各个空间，从而改变并形成城市空间新型分布模式，重塑城市区域空间系统。

(2)规划定位。轨道交通一体化开发高度的融合性、通达性，引导了规划总体定位。不同区位的站点所面临的发展问题是不同的，其对城市空间的影响也不一样。位于城市中心的站点，人们能够较为便捷地到达，周边配套设施完善，有利于加强城市中心的聚集程度。但同时城市中心存在着建筑密度大、用地局促、汽车停车位紧张等因素，适合利用轨道交通地下空间进行一体化开发。位于城市边缘的站点，停车设施宽裕、周边未开发用地相对充足，制约条件少，整体规划可塑性强，依托轨道交通站点建设，可供实现地铁站点、车辆基地上盖物业一体化开发，有助于城市发展重心的外移，促进多中心城市的形成。一体化城市开发过程中同时涉及配套设施建设、公共交通衔接等多重内容，应开展近期建设计划和中远期建设规划。目前在操作层面还存在相关配套政策缺失、征地拆迁难度大、一体化开发成本与收益平衡比、沿线各区政府积极性等限制性因素。

(3)设计原则。轨道交通一体化开发设计可涵盖文化、体育、商务、商业、居住和社区中心等功能，各种用途交错分布、相得益彰，同时结合景观绿化，发挥土地最大效用，使得区域发展成为都市副中心。通过合理引导，各个都市副中心平衡发展，并与城市整体规划相互协调。

合理组织站点、车辆基地及综合交通枢纽地下、地面交通流线，形成立体空间关系。在区域交通的基础上展开更为深入的一体化开发建筑设计，建立大范围的人车系统。人行系统可设置天桥或地下通道与周边地块、公共建筑与车站出入口连接。车行系统设置地下交通大平层及通道，将周边商业办公建筑的地下停车库全部连接，将交通网络编织在地下，充分利用地下空间，舒缓地面交通压力，使枢纽车辆快速高效疏散到城市其他区域。地下空间统一考虑区域市政管廊综合设计，提升城市市政在突发情况下的应急能力。地面建筑方面尽量将地铁出入口、风亭、冷却塔纳入商业建筑综合体内，不仅减少轨道交通附属设施对城市景观的影响，并且在提升出行便捷性的同时，吸引人流与上盖物业开发空间互动，形成相互交混的人行交通体系，实现各个功能衔接，人流群体的多样化使得商业业态、流线丰富化，适度整合各个功能空间的疏散，有效地提高整体建筑开发品质。

轨道交通线路设计在工可研究阶段提前开展站点、车辆基地一体化开发可行性研究，梳理用地条件，形成轨道交通综合换乘枢纽与上盖物业开发结合的设计模式；前期明确轨道交通与上盖开发建设的道路交通流线、工程预留及实施界面、划清投资及管理界面，实现轨道交通土地资源优化配置。初步设计阶段应确定站点周边用地性质，明确上盖物业开发业态、规模、功能布局、同步建设界面、消防专题、工程投资等，提供切实可行的方案。在施工图设计阶段进一步明确上盖物业开发建设边界条件。

(4)实施战略。轨道交通一体化开发建设是一个长期的过程，需要根据线站位方案、线路工筹、建设资金落实、地方企业参与轨道交通一体化项目建设的积极性等因素有序推进近、远期建设计划。

地铁公司依据“市政府关于推进南京市轨道交通场站及周边土地综合开发利用的实施意见”文件，结合地铁场站控地范围，利用旧城改造及地铁建设拆迁等，通过开展轨道交通场站周边城市设计，对周边的土地潜力进行分析评价，锁定场站周边一体化开发用地，调整场站红线范围及选址，加强土地集约利用，促使土地增值溢价，反哺地铁建设，提升城市形象。实现各轨道交通场站及周边地区的功能发展战略、土地利用规划、空间景观设计、综合交通设计、土地利用收益“五个一体化”。

通过市场公开摘牌或协议出让方式获得上盖物业的开发权，使所开发的物业具有产权或能形成资产的权证手续；以物业开发形态为依据、项目公司为载体、股权结构为纽带，实现每个项目的独立运作和独立核算，以期发挥地铁公司在土地综合开发利用中的优势。股权结构合作应进一步研究政策，消除一些法规壁垒，在确保安全的前提下，形成地铁及上盖开发的规模化发展，最终形成土地资源、物业资产、建设资金的良性循环。

对具备同步开发上盖条件的场站及周边土地进行同步规划、同步拆迁、同步建设；联合规划、土地等相关部门，以站点建设为契机对周边的城市区域进行适度整合和调整。依据用地面积、限高、容积率等规划要点，以交通换乘便捷及上盖物业开发利益最大化为原则，合理设置功能和业态，实施多用途地上、地下综合一体化开发。

2 南京轨道交通一体化开发模式探讨

2.1 南京轨道交通一体化开发建设背景

南京轨道交通建设在同等城市中起步较早，目前已有运营线路 10 条，车站 174 座，运营里程达 378 km，实现了全市行政区域内轨道交通全覆盖。南京市第二期城市轨道交通建设规划批复了 11 条线路，加上沿江城际网中的宁句城际、宁扬城际线，“十三五”期间开工建设 13 条线路，车站 170 座，“十三五”线路全部建成后，南京市轨道交通运营总里程将达到 624 km(南京境内)。

近年来，南京市轨道交通在建设中存在未充分发挥轨道交通资源应有的社会、经济效益的问题，轨道交通带动效应不突出，土地开发价值低效。针对目前出现的问题，南京地铁积极探索，加强城市轨道交通沿线地区的规划引导，促进城市可持续发展与健康生长，逐步明确以轨道交通为主导的一体化开发规划设计和实施模式。

2.2 南京轨道交通一体化开发设计

目前南京地铁在线路建设规划批复后即对站点周边用地开发进行可行性梳理，研究线路站点位置、拆迁、土地现状及规划条件等诸多情况，对具备一体化开发的站点及周边土地进行站点周边范围内总体城市设计。线路工可报告中包含车站、车辆基地一体化开发设计内容。联合规划、国土地等相关部门，以站点建设为契机对站点周边的城市区域总规进行适度整合和调整，加强上盖物业开发和车站的一体化设计整合，以实现线路建设与地铁物业开发有效衔接的多赢局面。

由于轨道交通一体化开发建设和管理涉及较多现行规范、标准及管理规定中未涵盖或需突破的内容。因此，为解决轨道交通站点及车辆基地综合开发利用可能涉及的特殊性问题，为相关规划编制、建筑设计和项目审批、建设管理等提供一定依据，并为将来相关技术标准和规范的制定提供基础，南京地铁对轨道交通综合开发利用提出相应建设导则，以便指导南京轨道交通站点及车辆基地的综合开发利用。

2.3 南京轨道交通上盖开发案例研究

自 2014 年以来，南京地铁开展了轨道交通站点及周边土地综合开发利用的工作，作为调整城市空间结构的重要战略部署，充分发挥了轨道交通引领城市发展的作用。政府建立“轨道站点地区一体化规划特定意图区”制度，通过开展站点周边 500 m 范围内城市规划设计，锁定站点周边可一体化开发土地，完善站点周边城市副中心功能，促进轨道建设与城市规划相融合及土地开发与城市发展战略的协同性。

(1)新街口站地下商业开发探析

新街口位于南京市中心区域，拥有近百年历史，被誉为“中华第一商圈”。以地铁建设为依托，有序开发具有一定规模的商业空间，通过规划设计和建设，协调发展地上、地下商业空间，提高空间利用效率，改善地面交通组织，形成轨道交通与建筑一体化发展的现代化城市商圈。

南京地铁新街口站为 1、2 号线“T”形换乘站，日均客流量 50 万人次，最高客流量超过 100 万人次，是亚洲最大的商业一体化地铁站(图 1)，设有 24 个出入口，分别直达地面及通向十家大型商场地下商业空间，形成庞大的地下交通商业系统，并实现地铁及周边商家双赢。

由于新街口地区的商业大多位于中山南路两侧，为此车站设计将先期建设的 1 号线设计为地下三层车站，其中地下一层为步行街，设置面积约 12 510 m^2 的地铁通道商业，连通商场地下空间和过街通道，接口处设双层、双轨防火卷帘门。目前新街口站通道商铺租金年收益已达 4 377.6 万元。同时在道路十字交叉口下方设置了直径达 60 m 的以过街功能为主的圆形大厅。地面风亭与建筑物合建，减少对城市景观的影响。

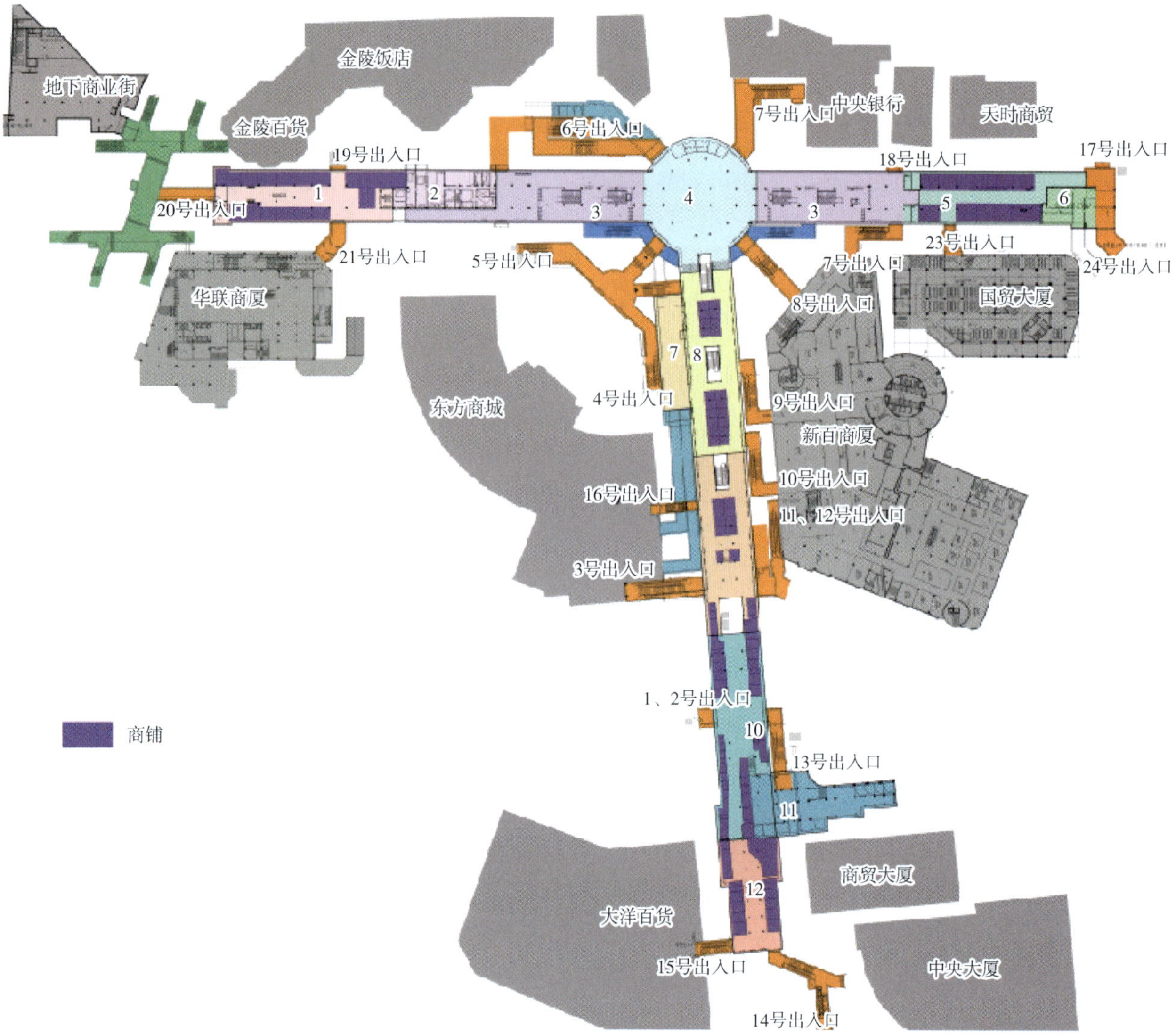

图 1　新街口站平面图及周边概况

(2)春江新城站上盖物业开发实例

南京地铁宁和城际春江新城站地块原为南京市铁心桥街道社区服务中心用地,地铁线路横穿该地块,将地块一分为二,并在地块西南侧设立春江新城站。若该地块上盖物业不与地铁站点一体化同步开发,则该地块后期伴随地铁线路建成后的轨交保护条例退让要求,将很难得到有效开发,失去经济价值,造成土地资源的浪费。

为充分发挥土地价值,集约利用土地资源,南京地铁与地方区政府就该地块进行合作开发,将原地铁线路区间施工工法由盾构法改为明挖施工法,实现上盖物业开发与地铁车站同步规划、设计、建设,建筑结构与地铁结构紧密连接,地下站点建设时预留上部荷载、柱网、接口,地铁代建与地块地下室结合部分。实现土地资源利用最大化,如图 2 所示。

春江新城站上盖开发,集住宅、商办为一体(图 3),地块内合理有效分配各个功能,地下空间与地铁春江新城站连通,地铁出入口位于用地内部,远离城市干道,因此在道路路口设置一个地铁长通道出入口,并结合上盖建筑设置下沉广场,使得地块内部交通高效连接,同时建筑功能更合理化。

(3)王武庄车辆基地一体化开发研究

轨道交通车辆基地一般地处洼地、板地(车辆基地带荷载的结构顶板,可视作上盖部分的地坪)。地面车辆基地对城市空间产生割裂,周边交通、景观产生凌乱感。图 4 为南京地铁 10 号线王武庄车辆段的设置,阻隔了用地北侧塔山与南侧上坊片区的功能和景观衔接。车辆段周边为大量的研发办公、商办混合、住宅、商贸市场等产业用地，区域城市建设系统零散，缺乏整体性，并且车辆基地周边城市现状路网系统欠完善。因此南京地铁通过王武庄地下车辆段一体化上盖开发，统筹区域规划、道路系统、配套建设、城市景观等，承接了麒麟片区城市副中心的门户亮点，提升区域品质及土地效益。

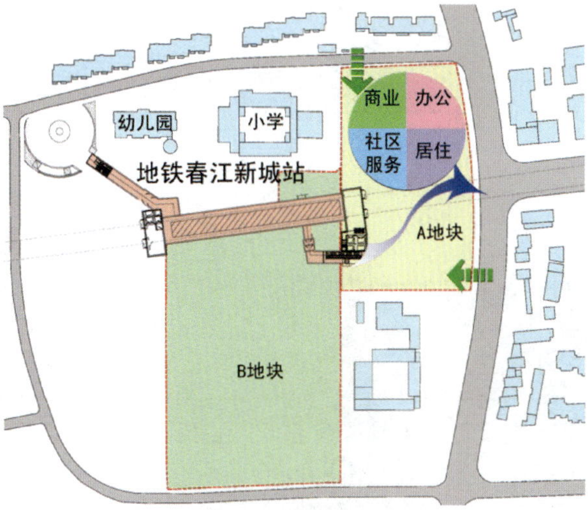

图 2　春江新城站总平面图

图 3　春江新城站效果图

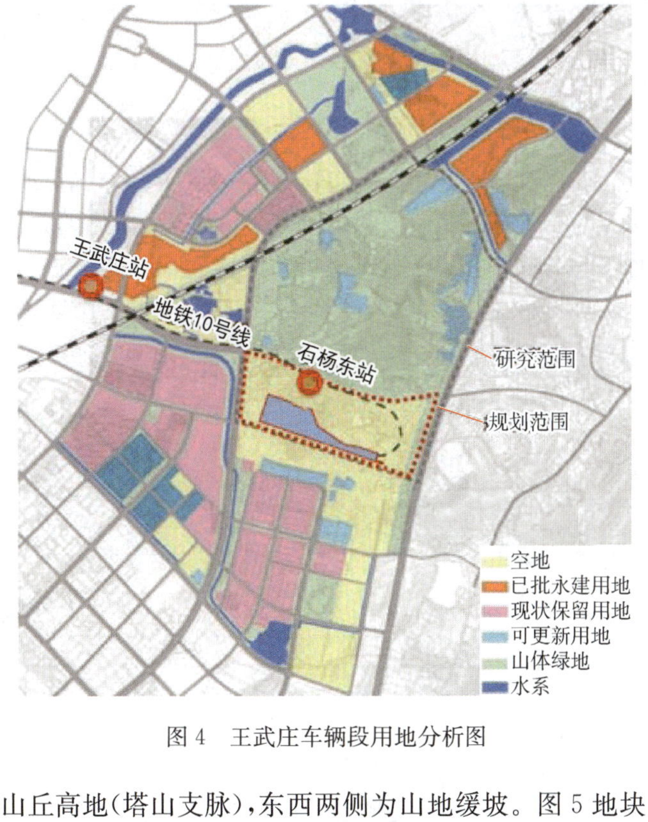

图 4　王武庄车辆段用地分析图

基地用地范围中部为山丘高地(塔山支脉)，东西两侧为山地缓坡。图 5 地块内最大高程为 70.2 m，东部最小高程为 22.3 m，西部最小高程为 12.5 m。为满足车辆段工艺要求，车辆段区域削山平整，场地控制标高 21 m，多余土方量用于回填地块东北部内洼地带。因此控地北部地块控制标高 36.5 m，防止开发基地内涝。设计从用地、交通、功能、景观一体化角度出发，将地块内塔山公园支脉纳入车辆基地研究范围一体化考虑，适当保留地块中部山丘，形成基地内部山体公园，利用景观空间形象自身特点，使城市景观通廊整体性增强。基地西北部区以场地优化为主，采用局部削山，形成台地式空间，利用台地地形打造特色居住与商办片区，营造特色台地型空间。

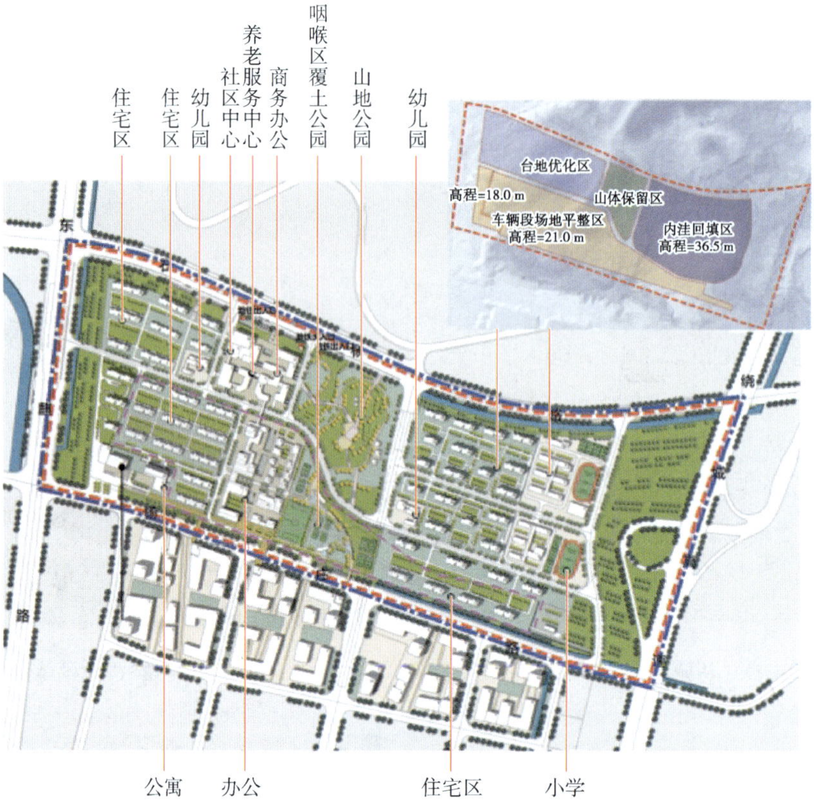

图 5　王武庄车辆段一体化开发总平面图

由于车辆段上盖一体化开发会引起人流量持续增长，因此在王武庄车辆段增设了地铁站点，与车辆基地同步建设(图 6)。用地竖向标高分析道路交通出入口组织，为周边城市道路系统的完善起到关键性作用。高程 9 m 为地下车辆段大库、维修中心、设置结构转换层，9～15 m 部分单独进行地块划分和规划指标控制，15 m 以上适宜进行住宅、商办用地等结构承载力小、功能空间布局简单的用地功能开发。

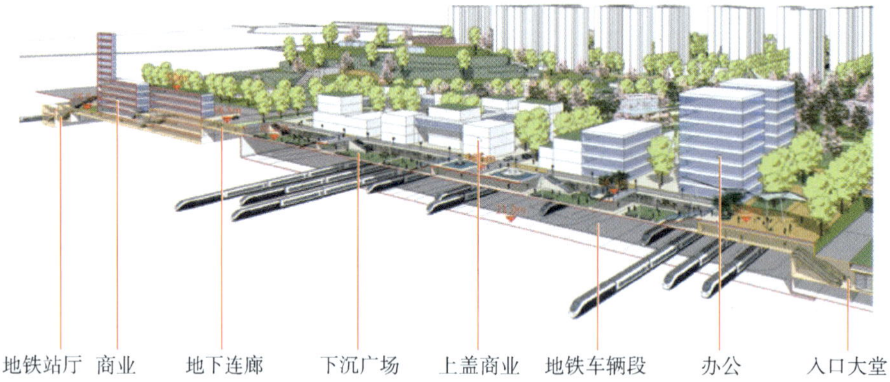

图 6　王武庄车辆段一体化开发分层图

车辆段净用地范围 54.50 ha，总建筑面积 77.2 ha。其中盖上开发净用地面积 12.38 ha，上盖开发建筑面积约 23.11 ha。建筑高度控制在 24～60 m，建筑密度 25%～50%范围内。土地使用权采用车辆段所属规划单元图则分层编制方式，结合步行、自行车停车、公交、P＋R 立体交通短驳，可与周边区域形成良好衔接，减少外部道路直接进入地块，为地铁上盖建设创造良好条件(图 7)。车辆段咽喉区等上盖技术难度较高的地块设计为景观环境空间，降低开发结构风险。景观与塔山衔接生态廊道，将绿色环保的设计理念与基地内部丰富的生态水系、绿化相结合。

图 7　王武庄车辆段一体化开发

2.4　南京轨道交通上盖开发实施建议

目前南京市轨道交通上盖一体化开发存在消防规范及规划管理条例中未涵盖的内容，包含车辆段盖上建筑与盖下车辆段排烟口间距、防火分区划分、环形消防车道上方是否设置盖板、人员疏散距离、建筑防火间距、消防设施、通风及排烟形式等。王武庄车辆段设计消防专题参考了上海市消防局《上海市轨道交通车辆基地上盖综合开发建筑消防设计暂行规定》。用地规划建议车辆段与上盖物业分属划拨、出让两个土地管理体系，存在规划管控技术上的难点。目前通过地面层控制规划及上盖层控制规划，两个不同标高层面用地分层规划，解决相关编制、实施、管理问题。建议由国家发展改革委牵头住建部等部门，就轨道交通一般站点及车辆基地综合开发利用提出相应建设导则，以更好地规范、指导轨道交通一般站点及车辆基地的综合开发利用。

3　结　　语

结合城市快速发展模式对地铁站点地区开发的制约、城市轨道交通快速建设与当前一体化开发滞后的矛盾，通过南京地铁车站、车辆基地上盖一体化开发实例，探讨了轨道交通一体化开发设计与实施模式中的关键性问题。未来城市轨道交通发展对城市格局将产生重大影响，轨道交通网络化发展影响城市空间重构。本文对当前南京轨道交通一体化开发模式进行探讨，学习国内已建成地铁综合枢纽模式，对南京轨道交通空间资源进行优化配置与合理组合。今后轨道交通建筑综合体的城市意义将成为城市规划者所要面对的核心问题。

南京地铁商业物业规划设计浅析

张　晋

（南京地铁资源开发有限责任公司，南京　210008）

摘　要：本文从南京地铁商业物业经营的现状出发，对南京地铁商业物业经营存在的问题进行了系统分析，从而提出地铁商业物业规划设计必要性和紧迫性。地铁商业物业规划设计的要点包括：空间布局分析、内外部人行流线、各业态的经营条件要求等。通过对上述规划设计要点的分析，系统地提出南京地铁商业物业规划设计原则、商业规划设计出发点和最终目标，旨在实现地铁商业物业的价值。

关键词：地铁；地铁商业；规划设计

1　地铁商业物业规划设计的意义

地铁建设如今已成了城市经济发展的助推剂，地铁将各种经济元素汇聚起来形成合力，为城市提供便捷交通、创造财富、聚集能量的同时，也创造出以地铁车站为核心，汇集商业、居住、交通、教育、医疗等各项配套的地铁生活圈，对城市经济的发展作用巨大。地铁商业作为便民服务设施，只有与地铁交通功能实现无缝衔接，才能达到社会效益、经济效益最大化。因此，对地铁商业物业进行前期规划设计有着重要的意义。

1.1　商业规划设计对物业后期的招商经营意义重大

规划设计是否合理是地铁商业经营能否成功的关键，国内地铁商业在经过几年的持续发展，不仅带来巨大的收益，也让地铁公司承担了巨大的风险，如消防安全。目前地铁商业招商难、空置率高、租金下跌成为国内地铁商业发展的瓶颈。反思国内地铁商业近几年的发展，项目策划定位、规划设计、物业条件预留等前期问题，导致后期的招商经营过程中产生了无法弥补的损失。因此，项目定位、规划、设计、布局、物业条件预留等任何一个环节都直接关系到地铁商业项目的成败与回报，关系到投资风险的控制，可谓“一步错、满盘皆输”。

1.2　优化商业空间人行动线，将地铁人流转化为能够产出价值的“客流”意义重大

地铁将人流引入地铁车站内，地铁商业空间为其提供舒适的购物环境，使得地铁商业物业开发蓬勃发展，从而又促进地铁客流，形成良性循环，“蝴蝶效应”在地铁及其周边的商业空间中已得到了体现。但在规划设计阶段，地铁设计以满足车站运营为首要，对地铁商业位置的布置、客流的导向考虑较少，甚至将部分地铁商业设置于人流死角，导致招商困难、商铺空置率高，不仅造成资源浪费，而且影响地铁资源的经营形象。因此，规划建设期间对人行动线的优化意义重大。

2　南京地铁商业物业规划设计存在的问题

南京地铁现已开通运营 10 条线路 174 个车站，现有商业物业约 27 万 m^2，物业类型主要有站厅零星商铺、地下商业街、出入口小型组合物业、大型上盖物业等。

从已开业经营的地铁商铺的经营经验来看，南京地铁商业物业规划设计上存在以下问题：由于前期规划设计不足，导致部分商业区缺少出入口、位置偏僻、人流不能达到；此外，物业还存在无通风、供电、消防等基础设备系统，达不到消防验收及工程验收条件等，造成无法进行商业招商经营。本文以南京地铁已有的地铁物业为例，探讨南京地铁商业物业在前期规划设计存在的问题。

2.1 物业条件预留不足,招商困难

物业条件预留不足是南京地铁商业经营面临的难点之一。由于建设期物业条件预留不到位,难以满足经营需要,后期的物业条件改造不仅耗时,还造成资源浪费。

2.2 缺乏出入口、位置偏僻、无法通过消防验收

目前,南京地铁大量闲置商业资源缺乏出入口、商铺位置较偏,导致无法导入客流至商业区。

以南京地铁1号线南延线河定桥站地下商业街为例(图1),河定桥地下商场共2 187 m²,通道长176 m,规划三个出入口与地面连通,地面为待开发的地块。从区位来看,商场位置处于客流死角,位置较偏僻,且通道狭长,无法将客流引入商场内,商业价值不高。同时由于该商场商业疏散出口和车站疏散通道共用,至今都无法通过消防验收。

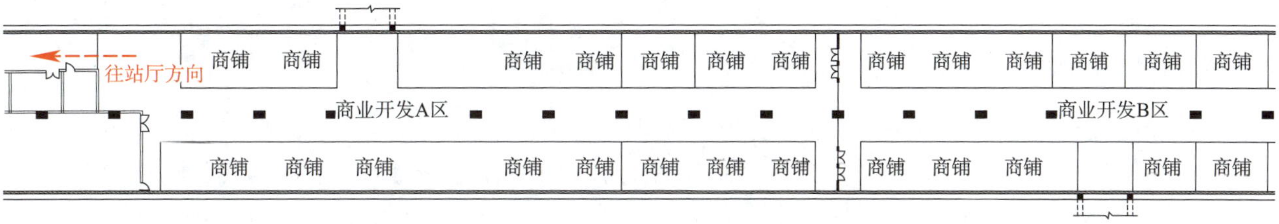

图1 南京地铁1号线河定桥站地下商业街平面图

2.3 过于重外观形象设计,建筑实用性较差

部分上盖物业过于注重外观形象设计,简单地用建筑设计代替商业设计,对物业设备的配套、空间结构、交通组织等没有进行专业论证,只是按照轨道交通的功能进行简单布局,未体现商业经营的细节和人文关怀,建筑的实用性较差,后期改造成本较大。

以油坊桥站上盖物业A2楼为例(图2),在人行动线设计上,地铁客流未能有效导入商业区,而是直接将客流导出地铁车站;同时将面积约90 m²的消防控制室设置于一楼门面,导致建筑的实用性较差。

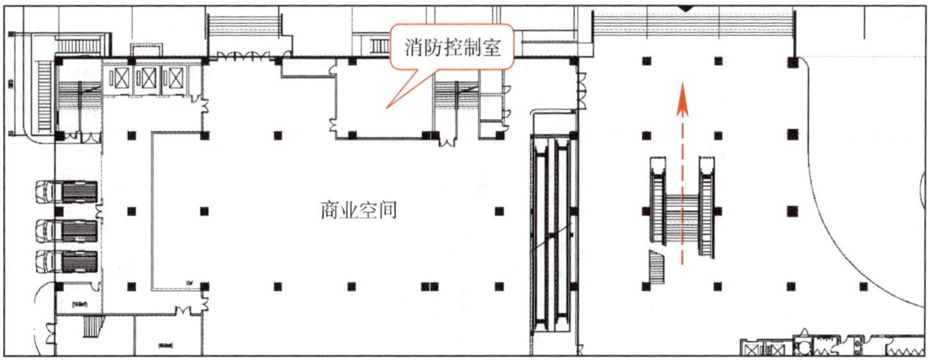

图2 油防桥站上盖物业A2楼

3 地铁商业物业设计总体原则

3.1 地铁商业规划设计原则

地铁商业规划设计的原则是最大限度地吸引、招徕顾客驻足停留。因此,在实现交通优先的前提下,地铁商业规划设计应重点突出地铁商业空间与轨道交通空间的差异。地铁商业规划应重点体现空间布局的灵活性、独特的消费感受及地铁文化内涵。因此地铁商业规划设计应重点考虑以下几点:

(1)客户构成

客户群的定位是决定商业的规模、形态和风格的重要设计依据。因此,地铁物业设计首先应分析物业的消费客户群,商业购物型站点(如新街口站),为中低端客户服务的地铁商业,应侧重一站式消费体验,商业设计规划应利于人流的集散;商务居住型站点(如奥体东站),为高端客户服务的商业街,人流较少,商业规划设计简洁、空间灵活、尺度亲和;交通枢纽型站点(南京南站、南京火车站),为出行客户服务的商业街,空间更加丰富,景观、广场等元素应用较多。

(2)商业业态

商业业态的构成、比例分布是商业街设计的核心,处理好商业餐饮、娱乐等业态的档次和相互关系决定地铁商业的发展趋势。商业业态决定物业的整体规划,如建筑风格、商业建筑要求、人流动线、物业条件预留要求等,因此商业规划设计应从后期经营、招商的角度出发,研究不同商业经营模式对前期商业建筑设计、配套设施的要求。以期在项目初始的策划阶段能够对建筑设计和布局规划提出建设性的意见,减少后期的改动与损失。

3.2 流线设计原则

一般而言,商业购物中心内外部动线设计有六项基本原则:主动线与出入口和消费通道连接顺畅;主动线与各个功能区连接顺畅;主动线与各个主力店连接顺畅;动线脉络清晰、尺度宜人;动线的畅通无阻;动线能迂回,避免出现尽端乃至死角。具体到地铁物业,主要有:

(1)外部流线

联系外部的地铁出入口:地铁商业的主入口或主入口广场应设置人流众多或利于人流引入的区域,联系外部的出入口应有特色鲜明的标识或广场空间。

人行动线:外部客流或地铁客流到达地铁商业中心前,应充分结合商业特征,采取迂回式或环形人流动线,尽量避免人流在地铁站厅内绕行才能到达商业中心或直接将客流导出地铁车站。若无法避免,应设置鲜明的标识将客流导入地铁商业中心。

(2)货车动线

地铁物业规划设计往往忽略货车动线,导致在后期经营过程中商家卸货困难。货车进出的路线应尽量简短,卸货区域设置不影响商业区经营,并控制卸货时间错峰和地铁客流的错峰。

(3)内部动线

内部动线是商业中心自身功能相互联系的纽带,是最能体现商业设计特色和创造经济效益的设计部分。

平面动线设计:应根据商业街的人流规模,平面动线的空间应设计宽敞舒适,人行室内通道控制在4~8 m之间,整体通道空间要舒缓略有变化,切莫成一直线而使动线变化冗长而乏味。沿动线布置的商铺招牌和橱窗向主道或中通展开,充分展示商铺的细节,形成视觉中心,实现可视性、可达性、位置感。

垂直人流动线:垂直动线主要使用的是扶梯和电梯运输人流。扶梯使用频率高,通常建设在主入口附近或中庭处,可以使顾客跨越楼层的同时,感受四周的商业氛围。电梯则用于把顾客用最快的速度送往目的楼层,其位置适合处于动线的边缘,不影响商铺面的区域,观光电梯则适合用于入口、中庭等主要位置,垂直运输人流。

3.3 物业配备要求

物业配备要求应考虑商业业态的总体平衡,不同的业态对物业配备需求不同。

(1)餐饮业态对物业配置要求见表1。

表1　餐饮业态对物业配置要求

项　目	物业配置要求			
	大型中式餐饮	中西快餐	特色餐饮	休闲餐饮
面积需求	1 000~3 000 m^2	150~400 m^2	200~500 m^2	200~500 m^2
经营楼层选择	3~4层	1~2层	3~4层	3~4层

续上表

项目	物业配置要求			
	大型中式餐饮	中西快餐	特色餐饮	休闲餐饮
楼层净高	小于 4.5 m	小于 4 m	小于 4 m	小于 4 m
楼板荷载	400～600 kg/m^2，厨房局部 800 kg/m^2	400～600 kg/m^2	400～600 kg/m^2	400～600 kg/m^2
供水	250 t/d	250 t/d	250 t/d	250 t/d
电	不小于 520 W/m^2	配备 250 kW	配备 250 kW	配备 250 kW
煤气	34 m^3/h	34 m^3/h	34 m^3/h	34 m^3/h
隔油池	15 m^3/L	15 m^3/L	无特殊要求	无特殊要求
排污	设置排污、排油井、隔油池及排烟系统	设置排污、排油井、隔油池及排烟系统	设置排污、排油井、隔油池及排烟系统	设置排污、排油井、隔油池及排烟系统
停车位数量	50～200 个	无特殊要求	无特殊要求	20 个
物业交付装修标准	简单装修/毛坯	简单装修/毛坯	简单装修/毛坯	简单装修/毛坯

(2)零售业态物业配置要求见表 2。

表 2　零售业态物业配置要求

项目	物业配置要求			
	百货	家居	运动用品	一般零售店
面积需求	8 000～20 000 m^2(门前广场至少 1 000 m^2，中庭面积至少 500 m^2)	不小于 2 000 m^2	800～3 500 m^2	不等
单层面积	4 000 m^2 以上	无特殊要求	无特殊要求	无特殊要求
柱距	不少于 8.4 m	不少于 8.4 m	不少于 8.4 m	无特殊要求
楼层净高	小于 3.6 m	小于 3.6 m	不小于 3 m	无特殊要求
楼板荷载	500 kg/m^2	600 kg/m^2，部分 1 000 kg/m^2	500 kg/m^2	无特殊要求
电	发电机容量 2 400～3 200 kVA	100～150 W/m^2	100～150 W/m^2	无特殊要求
电梯	自动扶梯双向每层 4 部以上，有两部观光电梯为佳	有足够的垂直动线载运客流，必须有自动坡道梯连接租赁楼层及停车场，独立的货梯	无特殊要求	无特殊要求
卸货区	2～3 辆小卡车载重量及回车空间	独立的卸货进货空间，卸货车位 3 个，规格 3 m×7 m	无特殊要求	无特殊要求
停车位数量	100 个/万 m^2	100 个/万 m^2	无特殊要求	无特殊要求
其他	供水、供气、通信设施、空调到位	供水、供气、通信设施、空调到位	无特殊要求	无特殊要求

(3)娱乐业态物业配置要求见表 3。

表 3　娱乐业态物业配置要求

项目	物业配置要求			
	影院	儿童游乐	电玩	运动健身
面积需求	4 000 m^2	500～1 500 m^2	1 000～3 000 m^2	1 000～3 000 m^2
柱距	不少于 8.4 m	不少于 8.4 m	不少于 5 m	不少于 5 m
楼层净高	小于 9 m	小于 9 m	不小于 3.2 m	不小于 3 m
楼板荷载	500 kg/m^2	无特殊要求	无特殊要求	500 kg/m^2
电	电容量≥250 kW	无特殊要求	电容量≥250 kW	无特殊要求
供水	无特殊要求	无特殊要求	200 t/d	200 t/d
停车位数量	停车位与商场面积比不少于(1～1.5)个/100 m^2	无特殊要求	20～100 个	无特殊要求

城市综合交通换乘枢纽一体化设计分析研究

董晓春
（南京地铁建设有限责任公司，南京　210017）

摘　要：城市综合交通换乘枢纽一体化设计，已逐渐形成多种城市功能交混的枢纽站，其中以地铁换乘站作为枢纽中的主导元素、换乘人流为契机，然后通过综合开发的手段，引发一系列城市开发，是探讨城市枢纽综合开发的重要前提与背景。城市TOD理论的运用，对城市综合交通枢纽的建设进行控制、激发和引导后续开发，实现城市功能集聚，包括建筑功能要素的空间整合和引发城市立体化开发等一系列经济和社会反应。扩大城市空间容量、优化城市空间结构，推动城市经济发展，将是以轨道交通为主导的综合枢纽一体化开发的长期目标。本文结合实例对城市综合换乘枢纽的特性进行研究，分析枢纽各组成部分的换乘关系、交通组织、内外空间的构建，枢纽与配套办公、商业开发的建筑设计模式以及发展趋势。

关键词：综合换乘枢纽；交通组织；城市综合体

自城市形成以来，人们对城市空间的研究就一直没有停止过，中国有世界上最古老的城市，但对城市空间结构的综合研究，却起源于西方国家。在工业革命以前，城市只注重空间形态的表述以及理想化的静态结构过程，传统的建筑功能单一，以一种自我封闭的状态存在于城市空间中。社会的变迁、城市空间功能的变化，城市的交通矛盾日益严重，大力推动了关于城市交通和建筑的一体化设计观，因此城市交通与建筑开始共存于城市空间并相互影响，合理的城市空间一体化设计会使相互比邻且不同功能建筑产生比自身更大的功能效应。交通枢纽在城市交通网络中运转不畅会造成城市交通网络的无序、拥堵，因此集约化利用便成为重要课题。近年来，在轨道交通建设的前提下，地铁站交通枢纽与建筑综合体一体化设计成为主导。本文针对地铁站综合交通枢纽一体化开发模式、意义、发展趋势等进行研究及探索。

1　研究的目的与意义

目前我国正处在城市化高速发展的重要时期，城市交通枢纽的一体化设计具有与时俱进的意义，它是实现城市、经济、环境共同协调发展的重要举措，城市中的交通体系像血管一样连接着其他各项城市功能，城市化的推进带来的土地资源日益紧张和交通方式的多样化形成了它们之间难以调和的矛盾，传统交通枢纽简单的平面叠加方法无法行之有效地解决土地稀缺和复杂功能之间的矛盾，乘客出行的方便与否也与各种交通方式间的衔接程度息息相关，一体化设计在降低旅客的出行成本的同时最大限度地提高了旅客的换乘效率。城市综合交通枢纽通常位于城市的重要中心区域并具有自身鲜明的建筑形象，往往使其成为所在区域的窗口，带动所在区域的交通换乘高效运转、商业办公等开发，并具有节约城市用地、带动经济等多项优势。

建筑、交通空间突破自身功能限定的束缚，向着相互交织、渗透的特征发展，空间的界限不再因功能的分区而被限定，不同功能区域之间合理衔接、彼此交融，达到聚集效应，开放、灵动的建筑空间同时也向着城市空间延伸，建筑、交通空间组合形态与以往相比有了本质的变化，作为网络节点和城市门户屹立于城市的重要地段，成为城市崭新的窗口。

2　研究的概念及内容

城市综合交通换乘枢纽一体化开发是指以地铁、国铁大量人流为核心与其他交通枢纽与城市建筑体结合，将多种建筑功能与交通枢纽相结合，充分利用地铁站聚集的大量人流，交通可达性和地下空间容量，以及创造的公共活动空间与区位经济优势，来推动新城开发与旧城更新，实现城市的可持续发展。在综合交通换乘枢纽中，多种交通方式通过横向或纵向连接的方式满足使用者出行、工作、购物、娱乐、休憩等社会功能。城市综合交通枢纽有着广大的辐射范围，是多种交通方式进行转换的关键环节，集多种功能于一身大型综合性建筑设施。大量的客流会使城市综合交通枢纽周边蕴藏巨大的商机，设计以用地开发、交通流线的组织、建筑空间布局、外部形态为主要研究对象，实现交通与建筑服务功能的整体交互化，具有城市功能交混、地上地下空间一体化开发的集聚效应和地下步行系统的扩散效应。

城市综合交通换乘枢纽集中组织多种交通方式，一般有铁路、轨道交通、城市公交、长途车、出租车、私家车以及非机动车，甚至水运等；建筑功能可多样化。城市综合交通枢纽的选址、项目定位、客流预测、土地开发、换乘空间布局、建筑空间形态等整个过程的各个方面须深入研究，其前期规划选址、功能定位由城市规划政府部门经过较长时间的调查研究确定，选址直接关系到各种交通方式衔接的紧密程度。在对城市交通枢纽进行总体规划后，城市规划部门会对单个轨道交通换乘枢纽进行定位及客流预测分析，在规划定位中综合考虑各种交通方式在该区域的现状及远期规划来确定枢纽所要解决的问题，提出枢纽规模、功能定位、用地大小等规划设计条件。规划条件的确定是枢纽建筑设计的基石及前提条件。建筑场地设计以“无缝对接”的设计实现高效换乘，同时建筑综合体多种功能的组合比例及形态，与地块周边城市规划、已建成建筑功能也息息相关。

3 地铁站综合交通枢纽开发的模式

早期的城市交通枢纽站站前空间通常被枢纽周边的建筑群体包围，这种半封闭半开放的状态使该空间成为城市空间的终点，是一个让人们不愿停留的喧嚣之地。一体化设计对规划、空间作整体性的思考，并用开放和立体的设计手法使枢纽的交通、建筑空间积极地与整个城市空间交融。调配的意义是使系统内的各个元素有机地组成为一个全新的整体，整体内的元素互相协调、互相渗透，从而使整体内的元素充分发挥其自身的优势并相互取长补短、相互促进。城市综合交通枢纽的一体化设计使整体发挥最大的功效，形成“1+1>2”的作用。

3.1 选　址

选址直接关系到周围辐射客流换乘以及枢纽和所在地块能否成为城市的门户。选址是根据城市的远期总体规划，从城市经济发展、人口增长、轨道线网的规划、市政道路规划、重点区域发展定位等方面综合考虑，一般选址在已规划开发区域中心，将来能够有效疏解该区域的交通压力，并带动区域的经济发展。因此，选址与城市及整个区域的规划布局战略应相符。

3.2 用地开发

设计通常在枢纽地块的水平方向至少规划两种以上的用地类型，以满足换乘旅客在枢纽地块的多种服务需求，而在垂直方向应将多种功能统一组织，以达到不同功能主体间的相互协调与补充。这种用地的开发模式将多种功能横向、纵向衔接与整合，在提升区域活力的同时也可以使城市用地具有较大的投资潜力，使得简单意义上的用地开发成为城市空间的重要交汇、换乘点及土地升值点。通过立体化布置，在合理组织交通换乘流线的同时充分利用地上、地面、地下空间，实现上下功能衔接的同时也避免了进出站客流的相互干扰和重叠。

3.3 功能和空间组织

人们行为方式的不同，建筑空间形态也呈现出不同特征，现代建筑逐渐呈现出自身独特的发展趋势：群体化和尺度巨型化。一体化模式通过通道换乘，结构上采用大跨度、大空间的形式，同时汇集了购物、餐饮、娱乐、办公、住宿等多种服务功能，自由分布、垂直复合布局，综合交通枢纽内部多种交通方式设置于地块平面合理位置与竖向层数，减少各种交通方式之间的换乘时间，合理分流到达与出发人群。有效地组织换乘流线是建筑师要解决的核心问题，同时交通枢纽是不能作为一个孤立的建筑来看待，它对周边区域产生很大影响，必然建立大范围的人行与车行系统，人行系统可设置天桥或地下通道与周边地块、公共建筑直接连接，车行系统在一定区域设置地下车行通道或高架道路系统，并与周边商业办公建筑的地下停车库或地上多层车库连接，将交通网络立体编织，充分利用地下及高架空间，舒缓地面交通压力，使枢纽车辆快速高效疏散到城市其他区域。地面层可设有机动车道、停车位及公交首末站等，三层以上形成商业空间。这种布局方式因各股流线不在同一标高，形成人车分流与人人分流，满足了“无缝对接”。

建筑综合体在交通枢纽的基础上展开更为深入的建筑功能设计，它将进一步实现枢纽与城市建筑功能的关系，地铁出入口纳入商业建筑后，群体的多样化使得业态、流线丰富化，设计将商业、服务餐饮、娱乐等功能布置于裙楼；办公、酒店式公寓设置在塔楼部分，通过地上二层将地铁人群与商业人群连接，在购物便利的同时增添了空间的多样性，室内连廊连接商业分区，使动静区、中庭、景点和配套功能协调分布，办公区域出入口与商业及地铁分区设置，形成相对独立的空间。

3.4　仙林东站上盖一体化开发

南京地铁仙林东站是一个城市现代城市新型综合交通枢纽一体化设计的范例：该枢纽周边区域出行、消费人群范围广，缺乏大型综合商业，同时也是产业核心区以及与外省市交界地带。该枢纽为实现各种功能要求，采用了一体化设计，如图 1 所示。

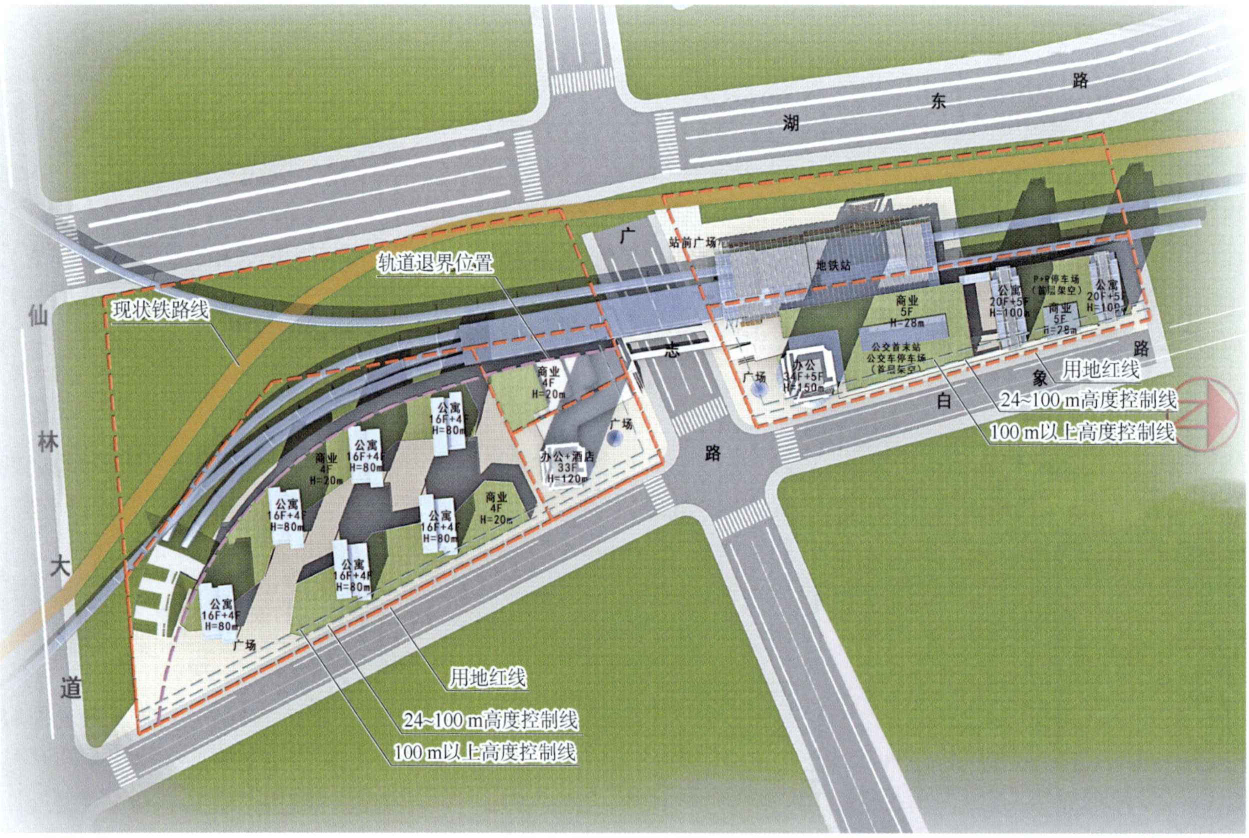

图 1　仙林东站一体化开发总平面图

仙林东站上盖一体化开发综合枢纽建筑首层架空，设置公交首末站、公交停车场、非机动车停车场以及商场、公寓入口和消防车道，其中公交首末站需建设回车道、上下车区、候车廊、调度场站管理用房等设施，与城市道路同标高有利于公交车辆顺畅的进出站；设计在地铁优先的原则下，各种交通方式相对独立，方便管理。充分考虑了人行与车行的分行要求，避免交叉混行，排除隐患，提高效率。

二层为平台层：通过大面积的平台将地铁、通往公交车站的扶梯、商业地块全部无缝连接，建立全面的换乘步行系统，地铁站至公交首末站换乘步行距离 50～100 m，既不会使人感觉疲劳，又能有效地增加乘客容纳空间，避免短时间内大人流量的聚集。

三层在地铁一侧站台设有闸机检票，方便地铁与商业人流衔接。枢纽设计将换乘距离控制在 250 m 的范围内，地铁沿线 1 000 m 范围内或 5～10 min 可到达商业。仙林东站一体化开发分层图如图 2 所示。

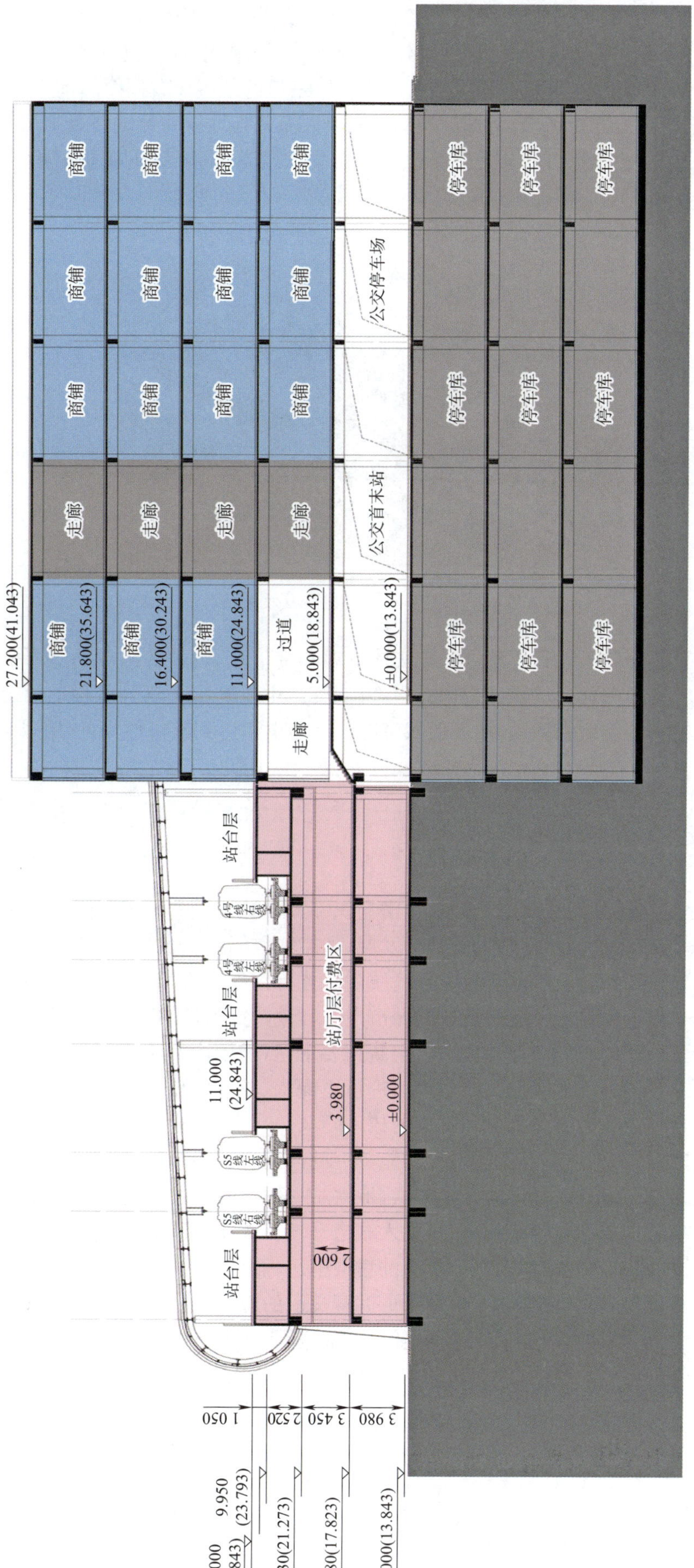

图2 仙林东站一体化开发分层图(单位:mm)

建筑外围设计三个广场节点，成为人流的聚集点，地块西侧为一栋超高层 A 级写字楼，东侧为 80 m 高公寓楼，通过连廊与平台将 5 层裙房与商业衔接，并设计裙楼屋面绿化，提供良好的第五立面。远期会有大量人流到达本地块的交通枢纽内，未来在地铁站西侧紧邻出站口的位置设置两个站前广场，结合横跨道路的过街天桥，与二层枢纽平台无缝衔接，公交站自身承载大换人流并与地铁 4 号线终点站仙林东站换乘。从城市天际线景观的角度出发，使建筑与仙林大道保持平行关系，创造了仙林大道周边协调、整齐的城市景观节点(图 3)。

图 3　仙林东站一体化开发效果图

综合交通枢纽的资源分为不动和可动这两类实体资源和由信息、管理等组成的隐形资源。其中不动资源包括自然资源和人工资源(公路、广场、建筑物等)，可动资源主要是指车辆等可移动的交通工具。资源调配对这两类资源进行统一的组织和调动，从而使城市综合交通枢纽达到整体性优化，用以满足枢纽的各项使用功能。

4　城市地铁站综合交通枢纽发展趋势

建筑特征具有社会属性，建筑在时空坐标中纵横交织。人类社会随着分工的进一步细化以及发展始终保持螺旋上升的动态，建筑理所当然追随人类社会发展，功能和空间组织也是动态的。我国从 20 世纪 80 年代开始针对大城市的交通拥挤、土地资源稀缺、环境质量恶化等问题展开城市空间再开发，其最终目的都是为了缓解由于城市人口增长和经济发展所造成的城市空间容量严重不足的问题。城市化的推进和交通网络的发展为城市综合交通枢纽的规划与设计提出了全新的要求，目前国内对于枢纽本身交通空间资源的优化配置与合理组合需要结合国内已建成地铁综合枢纽进行更深入、成熟的研究，枢纽内部的立体换乘、建筑综合体的城市意义等都成为设计者所要面对和解决的核心问题。

我国已建地铁站存在着公共空间开发量小、功能单一的问题，仅仅容纳了交通运输与换乘活动，只有少量车站实现了交通活动与商业活动并重的开发方式，地铁站立体化的交通模式未来是城市空间开发的先导，建筑空间也正在努力突破自身的封闭状态，积极融入城市环境。未来很多属于城市的职能将被开放的建筑系统所接纳，不仅大量的建筑空间被作为城市交通的集散枢纽，而且原先大量属于城市的公共空间，如街道、广场、公共绿地等，也将延伸到建筑空间中，带来了更大意义上的城市功能交混。因此，未来将从单一的交通功能逐步转向多功能并重开发的模式，形成地面空间、上部空间、地下空间协调发展的城市空间结构，促进城市的三维式拓展和资源的集约化利用。

南京市轨道交通与地面交通一体化衔接分析研究

孟丹青[1]　甘　骞[2]

(1. 南京地铁建设有限责任公司,南京　210017;

2. 南京地铁集团有限公司,南京　210008)

摘　要:近年来南京轨道交通网络迅速发展,按照南京市公交都市的创建要求,南京市逐步完善轨道交通与地面交通一体化设施规划与建设工作,打造高效、安全、舒适的一体化无缝换乘体系,使轨道交通与地面交通协调发展。文章阐述了一体化的工作目标、现状存在的问题,研究适合南京市发展的关键技术,包括站点分类、规模测算、设施布局等,并对未来一体化工作进行了展望。

关键词:轨道交通与地面交通一体化;站点分类;规模测算;设施布局

1　南京轨道交通与地面交通一体化换乘设施建设工作背景及目标

2012年11月,交通运输部正式批准南京等15个城市为全国首批"公交都市"建设示范工程创建城市,着力构建"轨道交通为骨架、地面公交为网络、出租车为补充、慢行交通为延伸"的一体化公交都市体系。其中,建设轨道与公交一体化衔接设施是发展公交都市的工作重点之一,并已列入逐年的南京公交都市创建实施计划中,要求结合南京轨道建设计划,按照"统一规划、同步设计、分工建设、同步运营"的要求形成系统化的工作模式,充分整合轨道站点周边现状及规划的可利用的用地资源,建设一体化换乘设施,构建高效、安全、舒适的一体化无缝换乘体系。不仅为居民提供优质的无缝换乘服务,更能引导城市土地利用合理开发与布局,高度整合城市轨道交通系统与地面交通系统协调发展。

2　现状问题分析

一体化换乘设施主要包括公交场站、P+R停车场、非机动车停车场、公交站台、出租车临时停靠点五项内容,目前国内各大城市轨道站点周边一体化设施建设正在逐步完善,对现状存在的几个问题提出以下分析和建议:

(1)非机动车停车(包括共享单车)需求增长快,规模预估不足,停放不规范。站点出入口附近非机动车无序停放,造成交通拥堵,影响出入口疏散和城市景观。因此,在规划源头就需控制主城内非机动车停放设施,引导市民使用公交或步行方式换乘,城市外围区域用地条件充足,可适当放大非机动车设施比例,满足非机动车增长的需求。

(2)P+R停车场、公交场站用地取得难、方案审批程序时间长,因大多结合上盖开发一起建设,完成时间相对滞后。建议提前预留大型场站用地,在总体规划、控制性详细规划阶段将公交场站、P+R停车场用地提前纳入,建立一体化特定项目审批流程,简化后期立项、方案审批等流程手续。

(3)各车站周边用地权属不同,公交场站、P+R停车场等征地费用及建设资金缺口大,各实施主体未有专项建设资金,难以与地铁工程同步建设。建议法律上明确责任主体和建立公交一体化建设专项资金或资金补贴政策,鼓励公交一体化换乘设施高效建成。

(4)换乘设施近、远期建设未能有效衔接。部分站点周边属待开发地块,远景才能完全实现周边土地利用规划,如近期就按远期方案实施可能出现部分站点设施闲置的问题。建议分别拟定近远期实施方案,做好近远期资源衔接。

3　南京公交一体化工作关键技术研究

至 2017 年底，南京地铁 1 号线、2 号线、3 号线、4 号线、10 号线、宁高城际一期、宁天城际、宁和城际、宁高城际二期已建成通车，站点周边轨道交通与地面交通一体化规划、设计、建设、管理工作逐步完善和系统化，主要分为以下几个阶段。

3.1　规划阶段

站点分类：

方法一：根据南京市政府出台《南京市轨道交通站点换乘及服务设施配套规划标准》中的站点所处区位和建设开发程度，将各站点分为市级综合客运枢纽、公共中心型、交通枢纽型和一般型换乘枢纽（表 1），并明确不同类型站点各类设施的配置需求，分为必须设置、尽可能设置、可设置和不单独设置四种（表 2）。

表 1　轨道交通站点按周边地区开发功能分类

站点分类	分类说明
市级综合客运枢纽	城市对外交通的主要客运站场，如机场、火车站、长途汽车站等，与轨道交通共同形成城市大型综合交通换乘枢纽
公共中心型换乘枢纽	包括市级、地区级公共中心，大型公建设施较多，人流、客流密集，可辐射整个市区甚至更外围城镇
交通换乘型换乘枢纽	通常位于轨道交通线路的转角处或终端站，主城区边缘或外围地区 2 条及以上轨道相交处，服务于周边较大范围，为片区换乘型车站
一般型换乘枢纽	中间一般车站

表 2　站点换乘设施配置准则

<table>
<tr><th colspan="3">车站类型</th><th>市级综合客运枢纽</th><th>公共中心型换乘枢纽</th><th>交通换乘型换乘枢纽</th><th>一般型换乘枢纽</th></tr>
<tr><td rowspan="7">换乘设施类型</td><td colspan="2">步行接驳设施</td><td rowspan="7">由综合交通枢纽设计统一考虑</td><td>★</td><td>★</td><td>★</td></tr>
<tr><td rowspan="2">上下车站台</td><td>公交车</td><td>★</td><td>★</td><td>★</td></tr>
<tr><td>临停接送</td><td>☆</td><td>★</td><td>☆</td></tr>
<tr><td rowspan="4">停车场</td><td>公交车</td><td>☆</td><td>★</td><td>☆</td></tr>
<tr><td>非机动车</td><td>★</td><td>★</td><td>★</td></tr>
<tr><td>临时接送</td><td>☆</td><td>☆</td><td>☆</td></tr>
<tr><td>小汽车</td><td>×（一类区）
—（二类区）</td><td>☆（一类区）
★（二类区）</td><td>—（一类区）
☆（二类区）</td></tr>
</table>

注：★表示必须设置，☆表示尽可能设置，—表示可设置，×表示不单独设置。

方法二：根据周边土地开发状况，分为以下三类。

（1）周边为未开发用地。一般位于远郊地区，地铁未建，周边地块属于荒地，但已有上位控制性详细规划。可将地铁站点一体化设施纳入轨道交通设施用地规划，或者结合周边地块开发一体化建设。此类用地一般需布设 P+R 停车场截流主城交通，鼓励非机动车换乘轨道交通，需提供充足的非机动车停车场地。

（2）已开发但尚未开发成熟用地，或后期仍存在改造可能。一般对比现状和规划的用地变化情况，提出近远期规划方案和实施建议，把控近远期设施的规模及与用地规划的协调、统一。比如非机动车停车场近期布设在现状与规划道路红线之间，远期再结合规划道路红线进行改造。

（3）已开发且已开发成熟用地，无改造可能。一般位于城中地区，其特点为周边用地较为局促，一般不布设 P+R 停车场。鼓励采用公交方式换乘地铁，对自行车停车场规模适当缩减。

轨道站点一般可根据方法一确定站点类型及对应设施配置，如线路有部分新增站点，或标准中未明确站点类型，则可根据上位规划及参考方法二，确定站点类型和设施配置需求。

3.2 设施规模测算

(1)根据工可阶段开展轨道客流预测研究数据,测算一体化设施需求规模。并根据分向客流数据指导各方向的设施布局。

(2)保证多规合一,一体化换乘设施规划与城市总规、控制性详细规划、外部条件规划、土地利用规划、城市设计、轨道交通线网规划、轨道交通线路用地控制规划等规划协调、统一。

(3)根据站点类型及区域交通出行需求及特点,确定各种交通方式划分比例,根据现状线路中同类别站点的一体化设施的现状需求及各方式比例划分,校核模型,预测同类别站点的设施规模。

3.3 设施选址及布局

根据分向客流数据及各类别站点设施配置原则,进行各类设施的布局。

(1)公交场站,一般在控详编制阶段落实用地需求,根据规模测算、相关部门意见适当增减规模。要求与地铁出入口距离不超过 100 m,可利用高架桥下空间布置。

(2)P+R 停车场:一般根据控详及上位规划落实用地,可根据一体化测算规模适当增减规模、调整位置,一般距离地铁出入口不超过 200 m。尽量设置在城市外围区域,截流进入主城的私人交通,P+R 可服务于外围新城,服务半径 5 km,位于轨道交通首末站、综合交通枢纽;或者服务城市外围大型居住片区,位于区域换乘枢纽站,服务半径 3～5 km。

尽可能节约土地利用,与周边地块复合性开发。有条件尽量与地铁车站站厅连接,否则应保证停车场出入口与步行道相连接。可利用高架桥下空间布置。

(3)公交站台:一般布设在交叉口出口道,不建议放在交叉口进口道,会影响右转车道车辆通行,且不利于左转公交线路变道。与轨道平行道路上公交站台宜距离轨道交通车站出入口 100 m 内,垂直布设道路上公交站台宜距离车站出入口 200 m 内。

(4)出租车临时停靠点,一般布设在公交站台上游。道路条件许可下建立港湾式,一般与轨道交通车站出入口不超过 100 m。

(5)非机动车停车场:一般布设在轨道交通车站出入口 50～100 m 处,靠近车站结合周边绿地、广场等布置专用场地,可结合高架桥下空间或者周边建筑布置。在用地条件受限时可考虑地面立体化布置或利用人行道布设。

设施布局需注意设施与用地的融合及集约化利用,需综合考虑用地的现状与规划情况,外部条件的输入、地铁车站出入口布设。并充分考虑建设时序,制定近远期实施方案。

3.4 交通组织

公交场站:进出口位置应与次干道、支路相接,考虑公交车辆进出方便,尽量不设在道路窄、交通拥堵路段。出口和入口应分开设置,右进右出车道,场内人车分流,与城市道路、轨道交通和对外交通拥有便捷的交通组织。

P+R 停车场:小于 50 辆车可设置 1 个出入口,大于 50 辆车停放设置 2 个出入口。出入口尽量设置在次干道或者支路上,出入口距离交叉口停车线至少 80 m,符合良好的视距要求,机动车与自行车交通流线应不相交,与城市道路顺向衔接。地下停车场可考虑直接接入站厅,减少地面交通交织。

公交站台:利用道路中绿带设置或较宽的人行道设置,有条件设置港湾式,布置在距离轨道交通车站较近的地方,与轨道交通客流出站同方向设置,市民出站后直接步行至公交站台等候乘车,设置与城市道路无障碍衔接,尽量减少步行交通与其他交通方式的交织。

出租车临时停靠位:应结合人行系统设置,方便轨道交通出站乘客乘坐出租车,并减少对站点周边的交通干扰。

非机动车停车场:站点周边就近布置非机动车停车场,合理进行停车场设计,利用划线、树池或者有色铺装地面,引导市民有序停放,保证站点出入口交通有效疏散,如图 1 所示。

图 1　10 号线江心洲站非机动车停车场

各类设施均应考虑布设在站内、站外适当的位置，设置明确、醒目的导向标识，采用智能化信息系统，有序引导轨道交通乘客获取明确信息，高效换乘其他设施。

3.5　实施阶段

市政府批复规划方案后，由市交通局牵头组织任务分工、制定建设计划及建设时序，报市政府通过审议。各家实施主体明确任务分工，安排建设任务，组织专业单位开展施工图设计和实施工作。交通局对设施建设工作进行督促和指导，并给予支持和协调。

3.6　验收阶段

地铁线路开通时，由南京市交通局牵头组织各家实施主体，共同验收建设成果，提出整改要求，进一步完善，精益求精。

4　实例介绍——以 3 号线林场站为例

3 号线林场站为 3 号线起点站，也是 3 号线唯一一座高架站，车站呈东西向布置，设置两个出入口。此站类型为交通换乘型交通枢纽，预计近期该站客流集散以公交换乘为主，其次为步行、非机动车、小汽车、出租车等。远期随着地块开发逐渐成熟及轨道线网延伸建设，该站客流以步行为主，公交比例将有所下降。通过预测，该站一体化设施需求：建设公交场站 3 000 m^2，P＋R 停车场 9 000 m^2，非机动车停车场 900 m^2，公交站台 2 处，出租车临时停车场 10 个车位。根据市政府下发建设计划，该站部分一体化设施由地铁公司建设，目前所有设施已建成并与地铁 3 号线工程开通同步投放使用。

(1)公交场站 3 000 m^2。位于地铁 3 号线林场站车站东侧，按规划利用高架桥下空间布置，是 3 号线沿线第一个启用的公交首末站，如图 2 所示。场内 16 个泊位，沿浦泗路开设两个出入口，公交场站内设公交车停车区、车辆清洗区、公交上客区及公交站房一处。建成后移交给场站公司引入公交线路。

(2)林场 P＋R 停车场位于车站西侧，如图 3 所示，按规划利用高架桥下建设，根据实际用地情况已建成 5 000 m^2、107 个泊位数。停车场设置两个出入口均沿浦泗路开设，宽度约 7.5 m。停车场内道路采用沥青路面结构，停车位采用植草砖路面结构。

图 2　3 号线林场站公交场站

图 3　3 号线林场站 P+R 停车场

(3)非机动车停车场。在车站东、西、南侧根据实际用地情况，均布置一定规模的非机动车停车场，通过树池、围栏等措施分隔停车区域，有序引导停车。

5 结　　语

综上所述，随着南京轨道交通网络快速发展和逐渐庞大，站点周边与地面交通一体化设施建设日益重要，将对轨道交通客流吸引产生重要作用。应协同考虑各项上位规划，包括城市总规、控详规划、土地利用规划、城市设计、轨道交通外部条件规划、公交场站以及专项规划与一体化规划之间的一致性，根据轨道交通客流预测，考虑站点周边现状及规划的用地条件，预测一体化换乘设施规模并进行合理布局。做到各项规划信息同步、协调统一。对于新建线路，及早在控地阶段开展一体化规划编制，提前预留公交场站及 P+R 停车场用地，将非机动车停车场用地纳入轨道交通用地范围内，按照分工及建设计划，依据相关设计规范要求开展精细化施工图设计，定位准确，研究交通流线组织，考虑人性化需求，建立未来轨道交通站点周边绿色的、有活力的、有序的、无障碍的一体化换乘体系。

现有铁路参与城市轨道交通的可行性分析

耿天霜

（南京地铁建设有限责任公司，南京　210017）

摘　要：就我国城市化进程加快，城市交通压力不断增加的现状，对既有铁路参与城市轨道交通的必要性和可行性进行了分析。在技术可行性方面，对既有铁路和城市轨道交通具有相同点和技术装备上的差异进行了论述；在经济可行性方面，分析了土地功能转置和建设成本的节省。指出既有铁路参与城市交通服务非常必要，从技术、经济上也是可行的。

关键词：现有铁路；城市轨道交通；可行性

近年来，随着国民经济的持续快速发展，我国许多大城市的交通压力不断增大，城市交通面临困境。建立轨道交通系统，形成空间立体型、多模式的现代化交通网络，成为现代城市交通发展的趋势。但由于轨道交通系统建设的高昂费用使很多城市"望线兴叹"。既有铁路参与城市交通服务是非常必要的，从技术和经济上也是可行，符合铁路中长期发展规划中"为快速扩充运输能力满足国民经济和社会发展需要"的目标，而且对解决日益严重的城市交通问题，促进城市化的发展，以及为既有铁路创造多种运营模式，提供新的利润增长点等都具有积极的意义，符合建设节约型社会的要求。但面对城市轨道交通高密度、时效性等特征要求，铁路企业在设备能力和运输组织方面是否能适应城市交通的需求，还必须根据各城市的具体情况和铁路企业的能力进行研究，以确定既有铁路参与城市轨道交通的实施方案。为此，利用既有铁路线路参与和发展城市轨道交通的必要性与可行性成为当前研究的一个热点问题。

1　既有铁路参与城市轨道交通的必要性

1.1　城市交通需要铁路参与

随着我国城市化进程的加快，城市规模越来越大。与此同时，全国各大城市产业结构的调整和区域功能的重新规划，以及城市空间布局的优化、社会生活郊区化趋势的加强，使城镇居民出行数量剧增，城市交通问题日益严重。市郊铁路具有运量大、能耗小、污染低、方便、舒适、快捷等特点，开行市郊铁路能较好地解决城市郊区客流的出行问题，缓解道路运输压力，同时也可以增加城市轨道交通网络的通达性。另外，由于城市轨道交通投资大、建设周期长，各城市都迫切希望既有城市铁路服务于城市轨道交通，这样既节约投资，盘活国有资产，又可以节约城市土地资源。因此，从构建和谐发展的角度考虑，应结合铁路网和城市发展总体规划，将既有市郊铁路纳入城市轨道交通系统。利用既有铁路设施，结合地铁、轻轨的建设，优化运输组织，开行小编组、高密度、快速客运列车，充分发挥市郊铁路的优势，达到投资省、见效快，解决城市交通拥堵的目的，获得良好的社会效益。

1.2　参与城市交通是铁路自身发展的需要

面对城市化带来的巨大短途客运市场，铁路客运企业经营者必须革新观念，利用既有铁路设施的富余能力，甚至建设新的城市铁路运输线路，创造和寻找新的经济增长点。铁路企业利用既有设施参与城市交通具有以下意义：

（1）可盘活铁路闲置资产，提高资源利用水平，改善铁路运输企业的经营状况。

（2）铁路参与城市交通运输是保持铁路企业在城市建设和发展中的地位的重要手段。

(3)有利于增加铁路企业的效益,形成铁路运输的区位优势。

(4)提高铁路客运在短途市场上的竞争能力,对铁路企业的发展至关重要。

1.3 既有铁路具备参与城市交通服务的优越条件

城市轨道交通一般由地铁、轻轨、市郊铁路等几种交通运输方式组成,其技术经济特点见表1。由于造价原因,地铁一般适宜城市内部,使用距离最远延至市区边缘;轻轨的运量则较小,两者的使用局限性都较大。而市郊铁路除了造价相对低廉,利于环境保护和可持续发展之外,还具有发车间隔时间短、列车运行频次高、列车编组灵活等优点,可以同时满足长距离、大运量通勤和通学的运输需要。另外,大量的专家、技术人员通过长期的实践,在铁路设计、建设和运营管理等方面积累了丰富的经验,这也为铁路参与城市轨道交通提供了有力的指导。因此,既有铁路在自身特点、规划设计和运营管理等方面都具备参与城市轨道交通服务的优越条件。

表1 轨道交通方式的技术经济特点

交通方式	市郊铁路	地　铁	轻　轨
单向运量(万人次/h)	4～8	4～6	1～3
速度(km/h)	100～160	34～45	20～30
投资费(亿元/km)	0.8～1.2	4～8	1～3
一般高峰间隔(min)	3	2～5	4
能耗[kJ/(人·km)]	326.6	322.4	—

2 既有铁路参与城市轨道交通的可行性

2.1 技术可行性

我国在拥有百万人口以上的大城市几乎都有庞大的铁路设备与众多的铁路线路。全国大型铁路枢纽几乎覆盖了除拉萨以外的各大城市,并且大部分将规划改造为环形枢纽。这些都为既有铁路参与城市轨道交通,开行市郊或城市旅客列车提供了物质基础,既有铁路参与城市轨道交通在技术上也是可行的。

2.1.1 技术系统的相同点

既有铁路和城市轨道交通在技术系统上具有许多相同点。

(1)相同的轮轨系统(重庆采用单轨轨道交通除外)为实现直接过轨提供了方便条件,从而最终实现城市内外轨道交通一体化。

(2)共有的线路形态,有利于两者采用混合布局,节省城市交通用地。

(3)车站的联合布置构成城市的重要交通枢纽,为城市副中心的形成提供交通便利。

(4)车辆系统和运输组织方式的类同,可将铁路先进技术和运营组织经验移植到城市轨道交通系统中。

2.1.2 技术装备上的差异

既有铁路与城市轨道交通在技术装备上确实存在一定的差异,但这并不是既有铁路设施难以得到利用的技术关键。只要在运用的过程中,考虑城市公共交通的实际需求,通过一定的技术改造就可以实现兼容和共赢。技术改造的要点主要包括以下4个方面:

(1)通信与信号。既有铁路参与城市轨道交通,其通信与信号系统必须进行改造,以提高通过能力,保证行车安全。设置独立的通信网络、电视监视系统和广播系统,逐渐将调度集中系统(CTC)完善为列车自动监控系统(ATS),并规划远期增设ATO系统。

(2)车站。为适应城市轨道交通车站客流集散的特点,铁路车站的功能设计应当符合公交列车轻便快捷的特点,应以方便乘客上下车、进出站畅通、便捷为原则,并据此进行设备改造。

(3)线路。铁路线路能够满足城市轨道交通对线形的要求，路基方面也不需要进行改造。

(4)车辆。在既有铁路参与城市轨道交通初期，可利用既有铁路机车车辆运送旅客，以后逐步过渡到使用动车组。

2.2　经济可行性

利用既有闲置的铁路资源，开办城市轨道客运业务，是一种投资少、见效快的有利措施，在经济上具有可行性。

(1)在土地功能转置和建设成本上可得到较大的节省，减少重复建设的浪费。

(2)城市铁路的造价相对较低廉，可以缓解城市轨道交通建设资金的不足。根据国外城市建设的经验，拥有 1 000 万以上人口的特大城市，解决交通问题的根本出路是发展公共交通，尤其是轨道交通。但是，目前我国许多城市还不具备承担巨额建设费用的经济条件。如果利用既有铁路稍加改造，便可在投资较少的情况下，开通市区公共轨道交通系统。这在目前的国情下，是解决城市交通拥挤问题的一条经济可行的途径。

3　结　　论

总而言之，利用既有铁路发展城市轨道交通在技术上是可行的，在经济上收效也很大，但利用既有铁路发展城市快速轨道交通需要进行技术改造，包括线路改造、车站改造、通信信号改造、列车车辆改造等几个方面，虽然改造难度大，技术难点多，但总的来说具备可行性，而且对设备的运用较为充分。总之，只要能够转变观念和体制，就可以充分利用既有铁路发展城市轨道交通。

南京地铁测量技术研究与实施

陶建岳

（南京地铁建设有限责任公司，南京　210017）

摘　要：本文基于在建和运营线路的测量成果，重点介绍了地面首级控制网设计、优化与实施，南京地铁坐标框架的调整和建立，3号线过江段控制测量等内容，通过优化控制网网形设计、转化换乘站新旧坐标系统等方法，解决了长线路和大长区间测量精度控制以及坐标系统变化带来的系统误差控制的难题，确保了地铁线路的顺利贯通和新老线路的顺利衔接，对以后地铁工程建设的控制测量工作具有现实的指导意义。

关键词：控制测量；系统转换；跨河水准；网形优化

1　前　言

测量工作贯穿于整个轨道交通规划、建设和运营的全过程。测量工作在建设期的质量控制主要目标：隧道横向贯通中误差不超过±50 mm，高程贯通中误差不超过±25 mm；土建结构不侵入建筑限界；设备、管线等不侵入设备限界；工程竣工实体满足相关验收规范和设计文件的要求等。本文重点介绍地面首级控制网设计、优化与实施，南京地铁坐标框架的调整和建立，3号线过江段控制测量。

2　地面首级控制网设计、优化与实施

2.1　1号线南北线平面控制网

由GPS网和精密导线网组成。

2.2　其他各线平面控制网优化

（1）取消精密导线网（突破了《城市轨道交通工程测量规范》（GB 50308—2008）要求）；各条路线GPS点统计见表1。

表1　各条路线GPS点统计

序　号	地铁路线名称	GPS点数量(点)	精密导线(点)	备　注
1	地铁1号线	72	56	
2	地铁2号线	49	未布	
3	地铁10号线、3号线	94	未布	
4	地铁机场线	48	未布	
5	地铁宁天城际线	50	未布	
6	地铁4号线	56	未布	
7	地铁宁和线一期	26	未布	
8	地铁宁溧线	55	未布	
9	地铁宁高线二期	51	未布	
10	地铁5号线			正在布设
合　计		501	56	

(2)强化 GPS 网和高程控制网的设计和选点：

1)保证每个车站有一个 GPS 点，且尽可能保证近井导线总长不超过 350 m。

2)相邻车站 GPS 点互相通视，如不能通视，则转点不超过 2 个，以减少定向误差。

3)竖井和过渡段设 GPS 点，以便于控制网加密和联系测量。

4)高架区间每公里布设 1 对互相通视的 GPS 点，且与前后 1 对 GPS 点中 1 个点互相通视，以便于控制网加密；对不稳定区域(地面点)布设 3 个互相通视的 GPS 点。

5)对换乘站：本线点兼顾后续线路，并在后续线路布网时进行联测。

6)GPS 点距离车站、竖井的施工区域 50～100 m，且埋设强制观测墩。

7)保证每个车站有水准点 2 个，且距离施工区域 50～100 m。

8)强化控制点稳定性检验(平面控制点检查边角关系、水准点形成附合水准路线)。

9)强化控制网的复测和优化控制网复测。

10)尽可能增加多余观测和增强网形强度，以提高控制点精度等。

2.3　贯通误差统计

1 号线工程最大横向贯通误差 17 mm；2 号线工程最大横向贯通误差为 34 mm，贯通精度均达到优良。

10 号线一期工程最大横向贯通误差为 46.6 mm，最小横向贯通误差为 0.5 mm；最大高程贯通误差为 11.6 mm，最小高程贯通误差为 0.2 mm ，贯通精度均达到优良。

3 号线工程最大横向贯通误差为 40.6 mm，最小横向贯通误差为 0.2 mm；最大高程贯通误差为 12.3 mm，最小高程贯通误差为 0 。尤其是柳州东路站—上元门站区间，区间长度 3.353 km，是 3 号线最长的穿越长江双线区间隧道；其横向贯通误差为 12.5 mm，纵向贯通误差为 15.0 mm，高程贯通误差为 8.7 mm。3 号线地下暗挖区间隧道贯通精度均达到优良。

工程进一步验证了经过控制网优化后贯通精度高。

3　南京地铁坐标框架的调整和建立

目前，南京市基础控制网有 1954 年北京坐标系、1980 西安坐标系、92 南京地方坐标系(三角网，以下简称“老 92”)、2000 国家大地坐标系(CGCS2000)和与老 92、2000 国家大地坐标系(CGCS2000)相匹配(建立转换关系)的新 92 南京地方坐标系(GPS 网，以下简称“新 92”)成果。其中，2000 国家大地坐标系(CGCS2000)是我国新一代的地心三维坐标系，国家测绘局明确要求该坐标系统自 2008 年 7 月 1 日正式启用，各地方的坐标系应与 CGCS2000 建立严密转换关系，过渡期为八年。

南京地铁 1、2、3、10 号线首级平面控制网(先期)是在老 92 上建立和发展的，但随着地铁建设规模的不断扩大与延伸，特别是向城市外围发展(大胜关段及以南、江宁南、六合、溧水、高淳等)，如继续沿用老 92 布设南京市外围的地铁首级 GPS 控制网，其点位精度很难达到 12 mm 的要求。因此，南京市测绘院于 2010 年 12 月编制了南京市基础框架下轨道交通坐标系统优化方案，其目的是建立适合于南京轨道交通发展的坐标系统(新 92)，并与城市基础坐标系[2000 国家大地坐标系(CGCS2000)]相匹配，但问题是：

(1)南京市已建立并采用新 92，如地铁不采用新 92，则坐标系统的不同将对地铁的规划、建设产生影响。

(2)南京地铁 1、2、3、10 号线首级控制网采用的是老 92，新老 92 坐标系统的微小差异性是否会对预留节点及以后延伸造成影响，且何时调整较为合适。

为此，对已建立的首级控制网及换乘节点等进行了坐标值比对，南京新 92 坐标与老 92 坐标下坐标差值比较见表 2～表 4。

表 2　地铁 1、2 号线成果比较(部分点)

点　名	基于老 92 坐标系成果 A		基于新 92 坐标系成果 B		$A-B$	
	X(m)	Y(m)	X(m)	Y(m)	ΔX(m)	ΔY(m)
九华山	5.418	5.873	5.394	5.856	0.024	0.017

续上表

点　　名	基于老 92 坐标系成果 A		基于新 92 坐标系成果 B		$A-B$	
	X(m)	Y(m)	X(m)	Y(m)	ΔX(m)	ΔY(m)
金陵饭店	2.575	1.047	2.555	1.028	0.020	0.019
DTⅡ消防指挥大楼	8.386	3.974	8.369	3.953	0.017	0.021
中山门	4.469	4.184	4.468	4.174	0.001	0.010
中华门	9.139	8.478	9.141	8.473	−0.002	0.005
河海大学	4.129	5.694	4.126	5.697	0.003	−0.003
玄武饭店	5.716	5.739	5.713	5.736	0.003	0.003
DTⅡ金陵中学南	7.847	1.555	7.859	1.545	−0.012	0.010
DTⅡ南理工 2 号门	9.987	7.235	9.988	7.233	−0.001	0.002
DTⅡ钟灵街	0.950	7.609	0.950	7.609	0.000	0.000

表 3　地铁 3 号线、10 号线成果比较(部分点)

点　　名	基于老 92 坐标系成果 A		基于新 92 坐标系成果 B		$A-B$	
	X(m)	Y(m)	X(m)	Y(m)	ΔX(m)	ΔY(m)
浦口区	3.750	6.126	3.802	6.050	−0.052	0.076
DTⅢ秣周东路	5.705	8.988	5.633	8.961	0.072	0.027
DTⅢ同仁医院	7.281	2.910	7.220	2.886	0.061	0.024
DTⅣ沿山大道	8.751	2.585	8.796	2.556	−0.045	0.029
DTⅢ百家湖西花园	6.998	1.238	6.951	1.214	0.047	0.024
DTⅣ珍珠广场	0.625	4.315	0.665	4.287	−0.040	0.028
DTⅢ成贤学院	3.661	1.863	3.706	1.846	−0.045	−0.017
DTⅢ向阳渔港	5.791	9.731	5.836	9.716	−0.045	−0.015
DTⅨ隧道江北 1	9.517	3.126	9.540	3.093	−0.023	0.033
DTⅢ天润城 1	7.214	7.820	7.249	7.807	−0.035	−0.013
DT 小行邮电学院	3.890	8.833	3.871	8.810	0.019	0.022
DT 安德门 2	3.428	1.089	3.408	1.071	0.020	0.018
DTⅨ奥体中心站	1.022	3.995	1.015	3.980	0.007	0.015
DT 金陵饭店	2.551	1.036	2.545	1.023	0.006	0.013
DTⅢ南林大厦	0.985	0.056	0.981	0.048	0.004	0.008

表 4　已建成的换乘站控制点偏差统计

点　　名	换乘站,线路名/站名	新老 92 坐标差值		
		ΔX(m)	ΔY(m)	ΔS(m)
小行邮电学校	(8-1)小行站	0.031	0.014	0.034
经济早报	(5-1)三山街站	0.027	0.019	0.033
DTⅡ汪家村南	(8-2)汪家村站	0.021	0.021	0.030
DTⅡ汪家村中		0.022	0.020	0.030
DTⅡ汪家村北		0.020	0.021	0.029
DTⅡ油坊桥绕城公路	(7-2)雨润大街站	0.021	0.020	0.029
DTⅡ雨润公司		0.019	0.021	0.028
中华门	(8-1)中华门站	0.024	0.012	0.026
苏武车辆城	(13-1)珠江路站	0.021	0.013	0.025
鼓楼宾馆	(4-1)鼓楼站	0.019	0.012	0.022

续上表

点　名	换乘站,线路名/站名	新老 92 坐标差值		
		ΔX(m)	ΔY(m)	ΔS(m)
DTⅡ城东医院	(17-2)马群站	0.019	0.007	0.020
DTⅡ省中医院	(5-2)上海路站	0.011	0.017	0.020
DTⅡ金陵大厦	(7-2)莫愁湖站	0.011	0.016	0.019
玫瑰园招待所	(3-1)南京站	0.012	0.014	0.018
DTⅡ中国银行	(3-2)大行宫站	0.012	0.014	0.018
DTⅡ锦绣金陵	(13-2)明故宫站	0.015	0.013	0.020
DTⅡ医药仓库	(12-6-1)南京南站站	0.033	0.001	0.033
DTⅡ上岛咖啡馆	(17-1)胜太路站	0.037	0.001	0.037
DTⅡ秦淮河大桥	(5-1)竹山路站	0.040	−0.001	0.040

结论:基于南京市中心城区新老 92 坐标值的差异性较小,故除 1、2、3、10 号线外,建立南京轨道交通新 92 坐标系统。

4　3 号线过江段控制测量

南京地铁 3 号线柳州东路站—上元门站区间线路全长 3 353.945 m,共计 1 677 环。为保证隧道顺利贯通,主要采取的技术措施如下:

(1)强化首级 GPS 平面控制网,增加 GPS 点数。

首级 GPS 平面控制网共 8 个,且 GPS 点前后相互通视,以减少定向误差;采用强制观测墩,以减少对中误差。

(2)将近井点埋设为强制观测标志,并位于车站主体结构上,以保障点位的稳定性。

(3)对平面近井点的测量由常用的导线测量方法改为卫星定位法,并纳入 GPS 首级控制网进行统一平差计算,以提高点位的精度(提高 1 级,即作为首级网点)和保证长江两岸测量成果的一致性。

(4)联系测量方法采用双联系三角形法和两井定向法,即在联系三角形的基础上精度提高$\sqrt{2}$倍,以保证坐标传递的准确性和可比性,如图 1 所示。

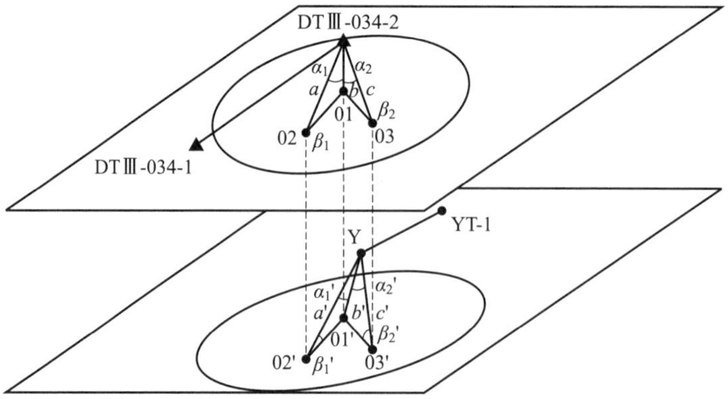

图 1　双联系三角形定向测量示意图

注:DTⅢ-034-2、DTⅢ-034-1 为地面平面近井点;01、02、03 是通过竖井框架悬挂并吊有重锤的高强度钢丝(ϕ0.3 mm);Y、YT-1 为待求地下起始定向控制点。

两井定向(图 2):由于两根投点吊垂线的距离大,减小了投点误差引起的方向误差,有利于提高地下控制网起算方向的精度。

(5)增加联系测量次数,以保证方位角和坐标传递的准确性(达 9 次,规范规定 3 次)。

(6)采用双导线(网),保证和提高地下控制网的精度(图 3)。

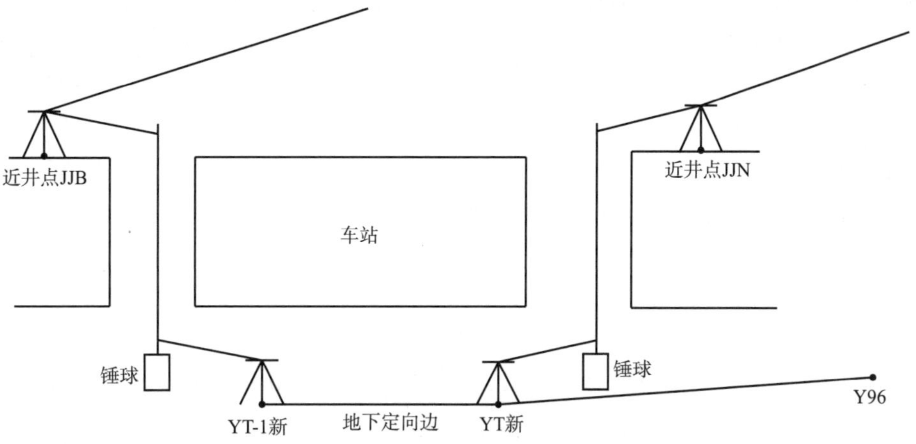

图 2　两井定向示意图

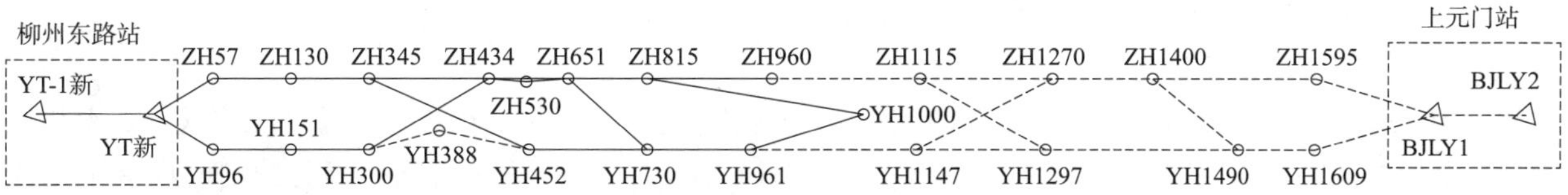

图 3　地下控制导线示意图

(7)加测陀螺方位角,以保证方位角的准确性和指导贯通(500 环、1 000 环处各 1 次,5″级高精度自动跟踪陀螺经纬仪 Y/JTG-1A)。

(8)采用二等跨江三角高程测量,以保证和检校长江两岸高程的一致性。

长江南、北岸共埋设跨江水准点 6 个,分别为 A、B、C、D、IIkj 金陵船厂(NAS)和 IIkj 滨江大道(BAS),跨河网型为大地四边形,作业采用双测回的观测方法,使用 1 台徕卡 TM30 和 1 台徕卡 TCA2003 同时进行观测,如图 4 所示。

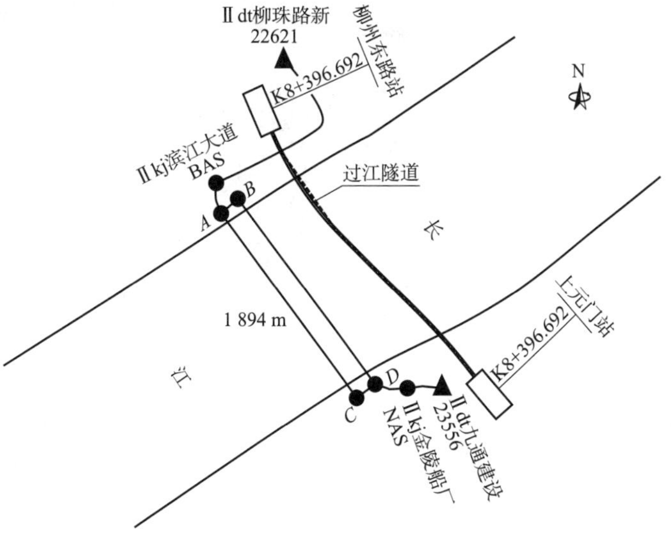

图 4　跨江水准点位分布图

注:图中▲为二等水准点,●为跨江水准点。

(9)优化地下控制导线网设计与实施,确保轨道铺设、设备安装、成型隧道结构施工和盾构掘进同时展开。

2013 年 7 月 3 日,在 1 078 环处,盾构机停机。此时,已完成始发井和接收井洞门钢环安装检测,始发定向测量,5 次联系测量及地下控制测量,2 次陀螺定向测量(500 环、1 000 环处各 1 次)等测量工作。

根据盾构机维修计划和工筹，2014 年 3 月 1 日盾构机再次始发，同时开展轨道铺设、设备安装和中隔墙施工等。此时：①要分析现地下导线网的精度，并对 1 000 环内控制网成果进行固定，以指导成型隧道的竣工测量、开展调线调坡设计、轨道基标测量和结构施工等；②要分析盾构掘进后控制网的布设和贯通精度。

为此，我们开展了以下工作：

(1)制定方案，研究预留条件。

(2)利用当下条件，尽快开展第六次联系测量、地下控制测量和 1～1 020 环隧道管片姿态检测(每 5 环，环向每 50 cm 测一点)。

(3)开展第七次联系测量及地下控制测量以对既有固定控制网(1 000 环内控制网)进行控制测量检核等工作。

(4)对既有导线网成果进行精度分析，研究盾构掘进段的导线网布设方法和预估贯通误差等。经精度估算，贯通误差为：$\pm 37.2\times\sqrt{2}=\pm 52.6$ mm，满足规范要求。

(5)根据误差分析(横向贯通误差主要由角度误差引起)，进一步增加测角的测回数，即将 5 个测回增加至 6 个测回。

(6)安排监测中心，对固定点 YH452、YH730、YH961、ZH651、ZH815、ZH960 等进行稳定性监测，监测数据表明，固定点稳定可靠。

(7)开展第八、九次联系测量及地下控制测量，对固定点 YH452、YH730、YH961、ZH651、ZH815、ZH960 进行检核。测量中心于 2014 年 5 月 21 日及 2014 年 6 月 15 日两次对既有固定控制网进行了检核，经检核，点位稳定可靠。

(8)预留中隔墙，继续实施双导线网，指导盾构掘进，如图 5 所示。

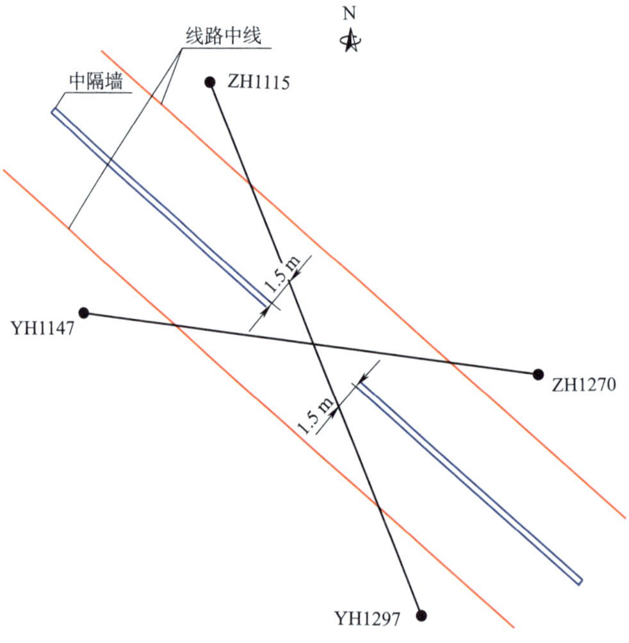

图 5　交叉导线边 ZH1115—YH1297、YH1147—ZH1270 视线范围内中隔墙保留示意图

5 结　　论

通过以上措施，2014 年 7 月 18 日，盾构区间顺利贯通。经贯通测量，实测得：横向贯通误差 12.5 mm；纵向贯通误差 15.0 mm；方位贯通误差 7.0″；高程贯通误差 8.7 mm。误差优于预测值。

南京地铁宁高二期跨石臼湖特大桥测控技术

陶建岳　郭沈凡　段举举　张　猛

（南京地铁建设有限责任公司，南京　210017）

摘　要：宁高轨道交通二期工程线路全长 52.42 km，其中跨石臼湖段长 12.7 km，为国内首次在超过 10 km 以上的开阔水域施工的城市轨道交通线路，线路形式为高架线，并与南京至高淳新通道工程共建。由于跨石臼湖段长度达到 12.7 km，不同于常规地下与地面的地铁施工测量，有控制点布设要求高、加密控制网无法一次性布设、施工放样精度影响因数多、沉降监测实施难度大等工作难点。本工程在施工测量和沉降监测工作的实施当中，针对上述工作难点，优化了测控技术方案，采取了非常规测控手段，保障了工程项目的顺利实施，确保了工程施工测量质量满足设计及规范要求。

关键词：控制网；施工测量；沉降观测

1　工程概况

南京至高淳城际轨道交通禄口新城南站至高淳段工程（以下简称"宁高二期"）是南京市轨道交通一次性建设最长的线路，线路全长 52.42 km，其中高架线 44.19 km，地下线 3.61 km，地面线 4.62 km。其中跨石臼湖段长 12.7 km，均为高架线，是国内首次在超过 10 km 以上的开阔水域施工的城市轨道交通线路，且与南京至高淳新通道工程捆绑共建。在轨道交通桥梁两侧为公路桥梁，横断面总宽度为 42.8 m。

跨石臼湖段土建施工分为两标段，分别由中交第二航务工程局有限公司（北段）和中交第二公路工程局有限公司（南段）承建，施工组织顺序为由南、北两岸分别向湖区中间施工，施工过程中先在线路右侧搭设钢栈桥，作为施工便道，并随工程进度推进，钢栈桥向湖中延伸架设。

2　跨湖段测量、监测工作难点

针对宁高二期工程跨石臼湖特大桥工程特点及现场条件，开展跨湖段工程测量，监测工作难点如下：

2.1　跨湖段控制点布设要求高

由于跨湖段长达 12.7 km，无法采用陆地上的常规布设方法布设测量控制点，测区为大面积水域，卫星定位控制网多路径效应影响严重，水面上受大气折光影响显著，施工通道狭窄，因此对如何在湖区布设控制点并且保证控制点的精度满足后续工程施工需要提出了更高的要求。

2.2　加密控制网无法一次性布设

受到工程进展制约，跨湖段加密控制点需根据工程进度不断由南、北两岸向中间延伸，并且不能一步布设到位，因此需要分批建立加密控制网，且在整个施工过程中加密控制网网型在不断变化，测量及控制网复测周期需要根据工程进度及时调整。

2.3　加密控制网现场测量作业条件复杂

由于在石臼湖上作业，在 GPS 测量过程中如何减小大面积水域的多路径效应、在导线测量中选择合适的作业时间减小水面大气折光影响、在水准测量过程中协调水准作业和现场施工交叉作业避免施工振动对水准测量的影响等各种要求，对加密控制网现场测量作业提出了很高的要求，需要前期做好各项准备工作，调配技术骨干和高新设备，在满足测量工作各项要求的前提下，减小对施工开展的影响。

2.4　施工放样测量精度影响因素多

在日常施工放样过程中，尤其是在桥梁下部结构施工阶段，临时转点只能选择在钢栈桥上，而钢栈桥受周围施工扰动影响较大，点位不稳定，且水面温度变化对大气折光影响大，如何保证施工放样精度，是一项挑战。

2.5　沉降监测实施难度大

对逐渐推进建设的高架桥实施沉降观测，其监测网布设和测量方法须进行方案设计。因湖水面变化大和轨道交通桥梁与公路桥梁间距小、通视条件差等原因，沉降监测点的布设需要专项设计。受桥梁振动影响，必须选取合适的作业时间。

3　宁高二期首级控制网测量

在宁高二期工程开工前，南京市测绘勘察研究院有限公司制定了宁高二期首级控制网方案，并经过了专家评审，按时对卫星定位平面控制网及高程控制网进行了测量和复测。

3.1　首级卫星定位平面控制网

根据南京市控制网点及宁高二期工程的实际情况，全线卫星定位控制网共有卫星定位控制点 71 点。针对石臼湖段，在北、南岸分别布设 4 个控制点（DTNH-033、DTNH-035 和 DTNH-031、DTNH-032），作为石臼湖段加密卫星定位控制网的起算点，且构成大地四边形，以增强网型强度。另外，在北、南岸岸边再分别布设 6 个控制点（DTS1-038、DTS1-037、DTS1-036 和 DTNH-051、DTNH-049、DTNH-044），作为衔接检查点，且纳入到全线首级卫星定位控制网中，以保障进度一致，如图 1 所示。

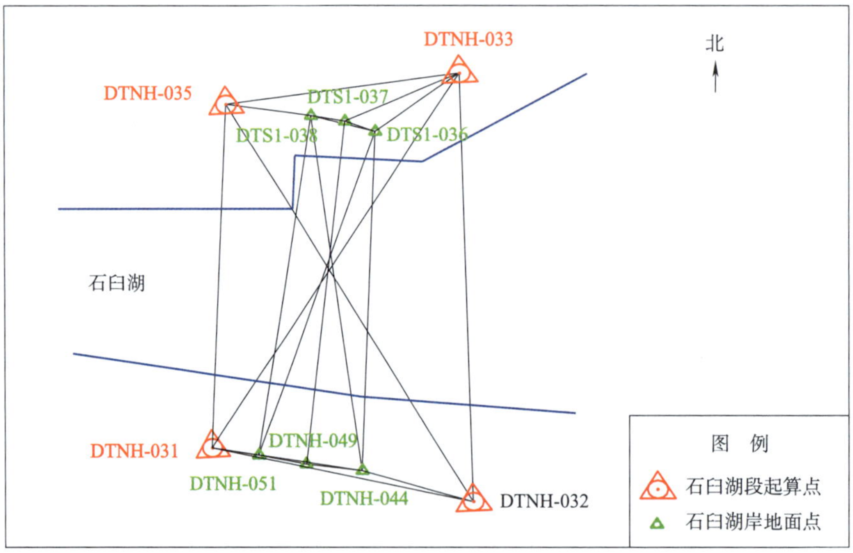

图 1　石臼湖段两岸首级卫星定位控制网

3.2　高程控制网

宁高二期全线高程控制网是一个二等水准网节点网，线路总长 226.9 km。水准网中共有水准点位 103 个，其中：石臼湖段，在北、南岸分别埋设 2 个深桩基岩点[Ⅱ dt 石臼湖北基（25746）和Ⅱ dt 石臼湖南基（26747）]，并作为跨石臼湖段高程加密控制网起算点；在北岸岸边再分别埋设 6 个水准点（DTS1-038、DTS1-037、DTS1-036 和 DTNH-051、DTNH-049、DTNH-044），作为衔接检查点，且纳入到全线首级高程控制网中，以保障进度一致，如图 2 所示。

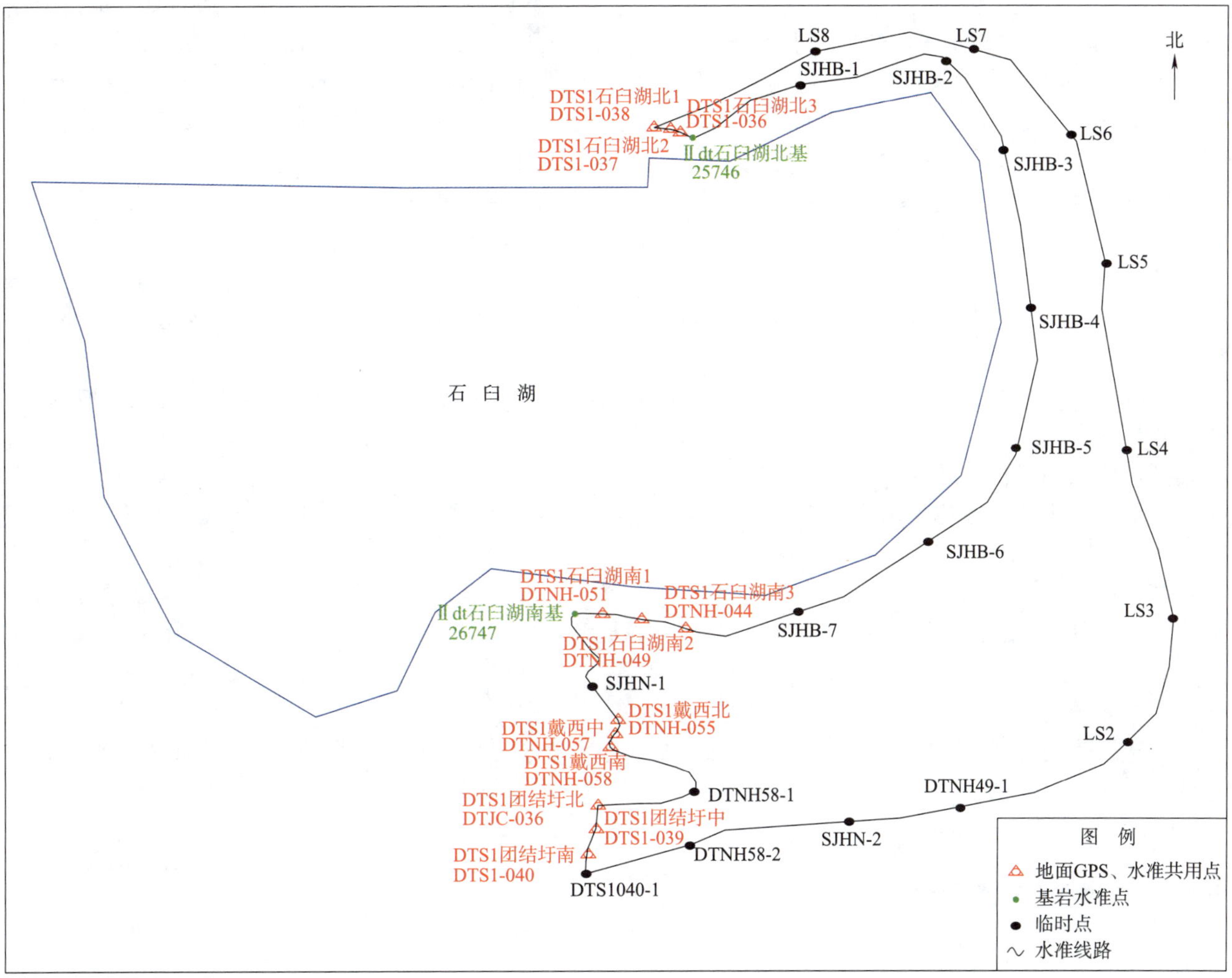

图 2 石臼湖段两岸首级高程控制网

4 石臼湖段加密控制网设计与实施

在跨石臼湖特大桥施工过程中，由于首级控制点都在陆地上，跨湖段开展施工需要在首级控制网基础上布设加密控制点，以满足日常施工放样的需要，但是如何在长达 12.7 km 的湖面上布设加密控制网，且其精度须满足后续施工要求，需要对加密控制网进行网型设计。

4.1 跨湖段平面控制网方案设计与实施

4.1.1 精密导线网的可行性分析

在未贯通前，南北两岸分别布设精密导线对向延伸，在湖中间形成贯通面。经过边长优化，以及测角中误差 m_β 提升至 1.5″的前提下，横向贯通中误差为 $\sqrt{2}m_u=\pm136$ mm，仍然远远超过规范允许的横向贯通中误差±50 mm 的要求，可见布设精密导线网作为施工控制网在跨石臼湖段是行不通的。

4.1.2 卫星定位加密控制网的可行性分析

由于跨石臼湖段测量控制点不能一步布设到位，需依托南北两岸向中间延伸的钢栈桥，逐步增设测量平台，加密控制网，既要保证控制点精度满足规范要求，又能提供工程建设施工放样需要。

加密平面控制网分两级布设，先控制后分批加密。

第一级：利用石臼湖两岸布设的 4 个卫星定位控制点（北岸 DTNH-033、DTNH-035，南岸 DTNH-031、

DTNH-032)，构成大地四边形，大地四边形南北长约 13 km，东西宽约 3 km，将湖区需加密的测量平台控制点全部围合，同步观测并纳入全线整网平差。

第二级：利用首级卫星定位控制网的 4 个卫星定位控制点作为起算点，按轨道交通卫星定位控制网测量技术要求，按每 500 m 的点间距分批布设湖区加密控制点，共布设 25 个，并利用南北两岸全线卫星定位控制点 2 个(DTS1-038、DTNH-049)作为检查点，以确保衔接关系正确。

(1)控制点间距设计。通过估算，并从经济性和日常控制点使用便利性出发，取 500 m 控制点间距既能够满足卫星定位控制网技术指标，又能够满足施工放样精度要求。

(2)两级布网(湖中)的优点：

1)所有基线长度小于 15 km 的短基线，测站间气象条件较为接近，利用基线两端同步观测求差减弱大气折射影响，无需利用气象资料进行对流层延迟模型改正。

2)所有基线长度小于 15 km 的短基线，静态观测随时间变化的电离层效应、多路径效应将大大减弱，同时在较长观测时间里所观测卫星的几何分布的较大变动改善了参数的确定精度，就能以较高精度求定整周模糊度，改善了短基线的相对定位精度。

本项目使用仪器标称精度为±5 mm+1 ppm，卫星定位控制网平均边长为 7.5 km，中央子午线 118°50′，不考虑起算点误差的情况下，加密网的最弱待定点点位中误差为±4.7 mm。

结论：首级网实测最弱起算点(DTNH-035)点位中误差为±7.8 mm，根据误差传播定律，得到加密网最弱待定点点位中误差为±9.1 mm(限差±12 mm)，满足设计及规范要求，二级布网的方法可行。

4.1.3　卫星定位加密控制网的实施

石臼湖跨湖段卫星定位加密控制网测量采用静态观测方法，进行同步观测，并根据交通线路和观测时间等调整投入接收机台数，保证每个测段的同步观测仪器≥4 台。观测中同步有效卫星数≥4，卫星高度角≥15°，PDOP<6，数据采样间隔 10 s，观测时间延长至 180 min。

4.2　加密高程控制网设计及实施

4.2.1　加密高程控制网布设的可行性分析

(1)方案设计：第一阶段，在钢栈桥未贯通前，自南北两岸各自起算点向湖区布设，形成闭合水准线路，并联测检查点以判断起算点的稳定性，采用二等水准测量方法。第二阶段，在钢栈桥贯通后，自南、北两岸起算点(Ⅱdt 石臼湖北基、Ⅱdt 石臼湖南基)，构成一条附合水准线路，采用二等水准测量方法。

(2)精度估算：加密高程控制网在湖区中间贯通面附近的高程贯通误差±13.0 mm(限差±25 mm)，满足规范规定的±25 mm 要求，加密高程控制网采用水准测量的方法可用于本项目实施。

4.2.2　加密高程控制网测量、复测及稳定性情况

加密高程控制网在整个施工过程中进行了 4 次延伸测量及复测，各期均联测两岸首级高程控制点 DTS1-037、DTS1-038、DTNH-049、DTNH-050 以进行检核，前 2 次延伸测量及对前次的复测(贯通前)根据现场点位进行测量，后 2 次(贯通后)对整网 25 点水准点测量及前三次复测。各期测量指标均满足规范要求，高程成果较差为−4.9～+1.7 mm，加密高程控制网可靠性较好。

5　施工放样检测

对跨石臼湖段两家施工单位的施工放样检测情况进行统计，各项放样检测指标均满足规范要求。在两标段合龙后，按南北各自控制点对梁面中线、标高进行了检测，检测结果为横向较差 9 mm，高程较差 2.8 mm，误差均满足规范贯通要求，衔接处线形平顺。

6　跨石臼湖特大桥贯通测量

在跨石臼湖特大桥顺利实现贯通后，测量中心及时开展了贯通测量工作，从贯通误差来看，平面及高程

贯通误差均满足规范要求，具体情况如下：

6.1 平面贯通误差

利用卫星定位加密控制网最后一次复测成果测量贯通面平面贯通误差，测得横向贯通误差－7 mm(限差±50 mm)，纵向贯通误差－7 mm(限差±50 mm，500/10 000＝0.05 m)，满足设计及规范要求。

6.2 高程贯通误差

利用加密高程控制网最后一次复测成果测量贯通面高程贯通误差，测得高程贯通误差 1.3 mm(限差±25 mm)，满足设计及规范要求。

7 施工监测(铺轨前)

7.1 监测内容

根据本工程的特点及现场环境，本工程监测范围内监测项目为墩柱沉降。

7.2 监测点布设

每个桥墩上布设一个墩柱沉降测量标志，共计 412 个墩柱沉降监测点(Q103～Q514)。桥墩小棱镜安装示意如图 3 所示。

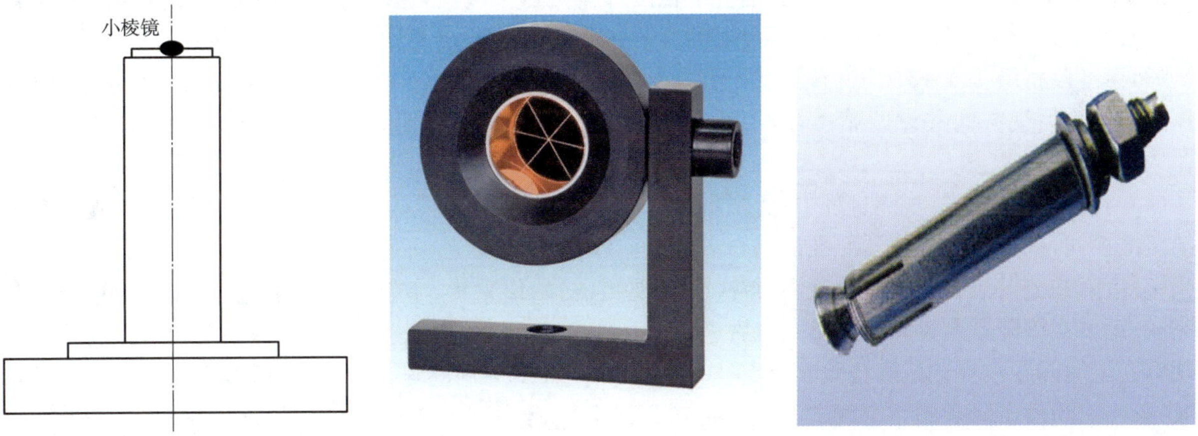

图 3 桥墩小棱镜安装示意图

7.3 监测方法

墩柱沉降监测采用水准测量与三角高程测量相结合的方法进行，即工作基点采用水准测量的方法，监测点采用三角高程测量方法。

7.4 监测周期与频率

监测频率见表 1。

表 1 监测频率

监测项目	监测频率
墩柱沉降	桥墩施工完成，埋设观测点并进行初值测量； 架梁前后(荷载变化)各一次； 桥梁主体工程完工后，1 次/月

7.5 监测数据统计与分析

观测时间从 2014 年 10 月开始，至 2016 年 5 月，共完成 12 期监测报告，沉降变形最大点号为 Q184，其变化量为－7.13 mm；变形最小点号为 Q344，其变化量为－0.28 mm，达到稳定状控制标准。

8 轨后沉降监测

8.1 沉降监测点布设与测量

8.1.1 沉降监测点布设

(1)轨后沉降监测点按照每个墩柱进行布设，布设范围为 104～523 号桥墩，共 420 个监测点。

(2)监测方法选取为光电测距三角高程测量方法，轨后沉降监测点沿用原布设的工后沉降监测点，以保证监测成果的连续性。

8.1.2 沉降观测

(1)按照光电测距三角高程测量方法进行观测，按 4 测回进行观测，光电测距三角高程测量技术要求满足《城市轨道交通工程测量规范》GB 50308 技术要求。

(2)每次观测时，在工作基点上架设三角对中杆和圆棱镜，并将高度固定，同时将全站仪架设在固定位置的公路桥桥面上，后视工作基点圆棱镜，前视墩柱沉降监测点小棱镜，通过角度和距离观测计算出工作基点棱镜中心和墩柱沉降监测点小棱镜中心之间的高差。

(3)标准段桥墩 104～318 号(含)、321 号(含)～523 号(桥墩间距 30 m)单个设站观测 4 个桥墩，以单个工作基点作为后视方向共设两站；大跨段桥墩 319～320 号(桥墩间距 130 m)以单个工作基点为后视设 1 站。

(4)为提高观测精度，观测过程中，后视点目标高为固定值，前视点为小棱镜，仪器自由设站，观测时采用自动照准模式，同时可消除仪器照准误差。

(5)沉降观测共进行 4 次整体观测，首次沉降观测(初始值采集)于轨道铺设前进行，于 2016 年 6 月 28 日完成；第 2 次沉降观测于轨道铺设完成后进行，于 2016 年 10 月 22 日完成，第 3 次轨后沉降观测根据第 2 次观测完成时间距离空载试运行验收节点(2017 年 12 月)1/2 时间间隔合理安排进行，于 2017 年 4 月 30 日完成；第 4 次轨后沉降观测于空载试运行验收前 1 个月内完成，则于 2017 年 11 月 20 日完成。

(6)外业观测完成后，以第 4 次观测为例，三角高程实际高差中误差 $m_{h_{AB}}$ 为－0.61 mm，满足轨道一等水准测量精度要求，取 3 倍中误差为观测高差误差 $M_{h_{AB}}$＝－1.83 mm。

8.2 轨前与轨后监测成果的连续性比较

轨后沉降监测初始值于 2016 年 6 月 28 日采集完成后，将初始值与原工后沉降最后一期监测成果(2016 年 5 月 13 日)进行比较，以保证数据的准确性及连续性。

经比较，498 号桥墩监测点 MGQ498 点位较差最大，为－8.2 mm，其中轨后沉降监测与工后沉降监测采用的起算点 DTNH-049 起算成果较差为－5.3 mm，经计算，观测 MGQ498 点位所使用的工作基点 JD51 按照不同起算成果计算时，工作基点 JD51 高程较差为－4.9 mm，若不考虑起算点带来的系统误差，则该点轨后与工后实际点位较差为－3.3 mm。另外，由于轨后沉降监测与工后沉降监测所采用的基准网网型、工作基点、观测仪器、监测人员等不同，则－3.3 mm 的点位较差属于合理范围。

8.3 监测成果统计及分析

自 2016 年 6 月 28 日开始，至 2017 年 11 月 20 日，经过 4 次轨后沉降监测，综合沉降观测数据分析，累计最大沉降量位于 MGQ487，变化量－10.9 mm，累计沉降变化速率－0.021 4 mm/d，满足 0.01～0.04 mm/d 的稳定要求。

9 结　　语

宁高二期跨石臼湖特大桥是国内首次在超过 10 km 以上的开阔水域施工的城市轨道交通线路。在项目开展过程中,为了满足施工需要,通过理论分析,确定了跨石臼湖段加密控制网专项方案。在加密控制网实施过程中,严格按照规范要求开展各项测量工作,通过利用精密星历、延长观测时间的方法有效地减小了广大水域对卫星定位测量的影响;在高程控制测量过程中,利用夜间协调施工暂停,消除了在钢栈桥上水准测量容易受到钢栈桥温度变形及施工振动的影响;在导线测量及日常放样过程中,按照不同工序的精度要求,合理地选择作业时间,记录温度气压进行改正,最大程度减弱了水面大气折光影响。通过精心的组织和规范的作业,确保了工程项目的顺利开展,在后续施工中取得了良好的使用效果,指导施工顺利实现了跨石臼湖特大桥的顺利贯通,为后续类似条件的工程项目提供了有益的参考。成果获得了南京市优秀工程测量二等奖。

针对宁高二期跨石臼湖段大桥的特殊监测环境,沉降监测采用轨道一等水准测量加光电测距三角高程测量组合的方法,经过方案设计、论证、实施,能够真实有效地反映跨石臼湖大桥的变形情况,特别是论证了三角高程法在地铁跨湖段高架桥沉降监测中的精度及应用,对于其他类似工程具有一定的借鉴作用。

南京地铁勘察及管理工作实践经验总结与探讨

王　宁

（南京地铁建设有限责任公司，南京　210017）

摘　要：岩土工程勘察是整个地铁建设过程中最重要的环节，勘察质量的好坏直接影响到地铁工程造价、建设工期以及施工安全。地铁建设均以勘察成果为导向，涉及岩土、结构、市政等多个方向，专业性极强。本文将从地铁建设方的视角出发，从勘察工作本身到勘察工作管理，提出一系列经验性结论及管理办法，确保地铁勘察工作的高效性和勘察成果的准确性。

关键词：地铁；勘察手段；监督机制

0　前　言

城市轨道交通与地面道路交通方式相比，完成相同运量，前者占用土地面积仅为后者的1/8～1/3，并具有节能、低污染的特点，其发展有利于减少汽车等其他高污染交通工具的使用，有利于环境保护。然而城市轨道交通项目投资巨大，每公里造价达3亿～4亿元人民币。巨额的前期投入往往给当地政府带来过大的财政负担。

地质勘察工作有其特殊性，作为工程设计及施工的最重要基础输入资料，越完整，越准确，越能够控制工程造价，降低工程风险，保证工期、质量。往往勘察工作多投入，换来的工程造价会降低数百上千倍。反之，如果勘察工作投入少，后果可能极其严重。本文将就如何通过提高勘察成果质量来降低建设造价，保证施工安全做出几点反思和建议。

1　勘察单位的选择及工作要求

1.1　勘察单位的选择

目前，同南京地铁合作的勘察单位多达几十家，勘察单位的水平参差不齐，所有参建勘察单位主要分为以下几种类型：第一种是长期参与轨道交通建设或重大市政项目建设的单位，此类单位自身管理体制到位，参建人员多有多年地铁勘察或大型市政项目勘察经验，报告编制质量高，能按时、按质完成勘察任务；第二种是具有勘察设计总承包资质的大型设计院，此类单位虽技术力量雄厚，但由于考虑勘察工作须跟地方上多有协调，实验室异地建设及后期配合人员成本问题，最终多将勘察任务进行分包，这就造成勘察成果质量的不确定性；第三种是初次参与地铁项目或技术力量一般的传统单位，此类单位因现场投入技术力量薄弱，管理较为松懈，只能完成地层较为简单工点的勘察任务，同时，由于单位人员杂乱，现场编录及机长均非勘察单位员工，时有发生编录造假、封堵探槽偷工减料，影响极为恶劣。

因此，在勘察单位的选择上应尽量考虑本地具有多年地铁勘察经验的单位，这一点数年来基本上已为大多数地铁建设城市所共同认可。本地单位承担勘察任务从社会资源保障、技术资料储备、现场施工经验等均有不可比拟的优势。

1.2　勘察单位工作要求

地铁勘察不同于高铁、铁路勘察，勘察现场多为主城区，勘察工作涉及现场钻探、道路恢复、场地协调、环境保护等多个方面，因此，地铁勘察对于勘察单位有着极为严格的要求。

首先，勘察单位需配备雄厚的技术力量，技术人员全天候指导现场勘察，包括原位测试、岩土层描述及取样、提高中风化破碎岩层取芯率等方面的技术指导；其次，勘察单位需具备与工点所在区域城管局、环保局、交警大队的良好合作基础及较强的协调能力，这和勘察单位的技术力量同等重要，毕竟勘探孔孔位大多位于市政道路、市政场地甚至军事基地中；最后，勘察单位需保证较高的管理能力及组织保障能力，能够24小时全天候应对现场突发状况和突发风险，保证安全文明施工。

2 多样化勘察手段的运用

2.1 物探手段的运用

从以往的地铁勘察工作来看，除了一些常规的现场试验，勘察工作主要依靠钻探和静探。然而，面对复杂的地质条件、勘察工作条件以及连续不断的工程事故和工后沉降，常规勘察手段明显已经不敷使用，进行专项辅助勘察手段迫在眉睫。

地球物理勘探（简称物探）就是其中一种比较常用的辅助勘察手段，物探手段主要包括地质雷达、高密度电法、跨孔CT等方法。南京地铁在建设过程中已广泛应用物探手段，同时结合现场钻探，查明岩溶等不良地质发育程度及分布特征。然而，仅靠物探手段很难准确反映岩溶的发育程度和空洞的位置，现场必须通过2种以上的物探手段进行对比分析，同时与钻探成果相互验证，作为钻探成果的内插和外推。通过对钻探和物探成果的认真比对和分析，才能较为准确、详细地查明不良地质的分布情况，为后期地铁工程建设奠定良好基础。

2.2 抽水试验的运用

在岩土工程的勘察、设计、施工过程中，地下水的影响始终是一个极为重要的问题，而抽水试验是求含水层的水文地质参数较有效的方法。根据近几年来的工作经验，现场渗透系数是室内渗透系数的5～10倍，当采用室内渗透系数作为设计依据时，必然给工程建设埋下安全隐患。因此，为获取渗透系数、地下水稳定水位、降水影响半径、地下水流速和流向等水文地质参数，现场抽水试验就显得非常必要。

事实证明，通过基坑实际涌水量反算的结果也与抽水试验结果更为接近，进一步说明在现场条件允许情况下，采用现场水文地质试验获取的水文参数更加真实。此外，通过现场抽水试验可以确定施工降水的影响半径，预测施工阶段降水对周边环境的影响范围，提前制定预防措施，这些都是室内试验所无法可比。因此，今后的工程建设中在条件允许时应尽量采用现场抽水试验确定水文地质参数，在现场条件无法满足试验要求时，也可以通过工程类比经验结合已有试验资料和实际地质条件来提供更为合理的水文地质参数，供设计使用。

3 勘察咨询、监督机制的配备

南京地铁自3号线以来，逐步引进地铁勘察咨询监理环节，截止目前来看，勘察咨询监理工作的顺利开展对整个地铁建设产生了不可或缺的作用，具体表现在以下三个方面：外业监理、内业咨询、勘察与设计的联通。

外业监理主要为现场钻探过程中各重要环节的旁站监督，根据不同的施工工法、地层条件以及不良地质，有着不同的监理重点。例如对岩溶发育区、溶洞及其充填物应在现场核对岩芯，重要勘探点的钻探、取样过程应全程旁站监理；对盾构穿越区尤其是土岩交界或岩性变化处核对是否加密取样；对软土及液化土层核对取样是否按规范要求选用薄壁取土器和取砂器；对现场原位测试进行有效监督，如核对标贯试验是否存在数据造假等；对现场的样品是否按规范要求进行封蜡、保存并及时送样等。

内业咨询主要包括对各家勘察单位的勘察纲要及勘察成果报告组织专家评审、各类勘察技术联系单的回复、勘察工作量的核定等，在勘察工作的各个阶段对能起到对勘察单位的指引作用，有效督促勘察单位在保质保量完成现场勘察任务的同时能够提交出高质量的勘察成果，从而为后期地铁建设提供重要的基础性资料。

勘察工作与设计工作之间是联系相当紧密的，勘察能够指导设计，同时设计也能指导勘察。从以往来看，勘察与设计之间屡见脱节现象。例如勘察工作受环境制约后期提供补勘资料时设计已出施工图，造成勘察资料的浪费；又如勘察单位与设计单位就设计方案的调整掌握的信息不对称，导致设计院方案调整尤其是出入口调整后疏忽忘记通知勘察单位调整勘察方案，造成勘察资料的空缺。避免此类事件的方法就是增加勘察与设计的联通环节，即将勘察资料及设计资料向一处汇总，由勘察咨询单位牵头，增强勘察与设计的联通，将勘察资料及时提交设计、指导设计的同时也主动与设计沟通方案的变化，同时提高勘察与设计的工作效率。

因此，勘察咨询、监督机制应贯穿地铁建设始终，既能切实提高勘察成果质量，亦能使勘察与设计进行无缝对接，使地铁设计更具针对性，从而保证地铁建设工作顺利推进。

4　结　　语

地下轨道交通工程是国家重点工程，地铁勘察也是一项大型的、系统的岩土工程勘察工作，尤其对于南京这种地质条件异常复杂的区域，地铁勘察工作更是充满了挑战性。

在如何提高地铁勘察质量的问题上将是一个做不完的课题。勘察工作的载体是勘察单位，勘察单位是根，因此挑选好的勘察单位是提高勘察质量的第一步也是关键性的一步；传统单一的勘察手段已经无法适应高难度、高要求的地铁勘察工作，运用多样化的辅助勘察手段是准确揭示复杂地层、有效指导地铁设计的关键；勘察咨询、监督机制的引入无疑是提高勘察质量的催化剂，其对于提高勘察外业的规范性、勘察与设计交流的顺畅性、整个地铁建设的高效性上起到了重要的作用。

浅谈城市轨道交通勘察岩体完整性评价

王　宁　杨　洋

（南京地铁建设有限责任公司，南京　210017）

摘　要：本文主要介绍岩体完整性评价的思路和方法，以理论加案例的方式阐述岩体完整性评价对于城市轨道交通工程的意义，提出勘察阶段应重点关注的问题和建议，为城市轨道交通勘察岩体完整性评价提供科学依据。

关键词：城市轨道交通；勘察；岩体完整性评价

1　前　　言

岩体完整性能够综合反映岩体结构，是岩体受构造运动影响和表层改造后的完整程度，取决于地质界面发育程度、岩石块体尺寸以及块体间结合状况等要素。岩体完整性评价在城市轨道交通中意义重大，对于城市轨道交通工程勘察、设计及施工具有重大的影响。

在车站和高架段，影响支护桩及桩基进入中风化岩层的深度；在地下盾构区间，影响轨道结构底板埋深、刀盘的选择、掘进的路线和端头加固的方式，是隧道围岩分级的影响因素之一。

在明挖法施工中，影响基坑围护结构的选型、稳定性，地下水控制，施工工艺及工程造价；在盖挖法施工中影响围护结构选型，中间柱的承载力及入岩深度，工程造价；在矿山法施工中影响围岩稳定性判别、开挖方式、支护形式、加固方式等。

2　岩体完整性评价方法

岩体完整性评价宜采取定性与定量相结合的方法，其中定性评价可根据地质界面发育程度、结合程度、主要地质界面类型以及相应结构类型划分为完整、较完整、较破碎、破碎、极破碎五个类别（表1）。

表1　岩体完整程度定性评价

完整程度	地质界面发育程度		地质界面结合程度	主要地质界面类别	相应结构类型
	组数	平均间距			
完整	1～2	＞1.0	较好	节理、裂隙	整体状
较完整	1～2	＞1.0	差	节理、裂隙、层面	块状或厚层状
	2～3	0.4～1.0	一般		块状
较破碎	2～3	0.4～1.0	差	节理、劈理、层面、小断层	裂隙块状或中厚层状
	≥3	0.2～0.4	好		镶嵌破裂状
			一般		薄层状
破碎	≥3	0.2～0.4	差	各类	裂隙块状
		≤0.2	一般		碎裂状
极破碎	杂乱		很差		散体状

注：平均间距指主要地质界面间距的平均值，以m为单位。

岩体完整性的定量评价方法主要有K_v法、J_v法和RBI法。

K_v法是利用声波探测技术，记录发射与接收两点之间岩体断面上的声波波速，测得岩体压缩波速度（v_{pm}）

和岩石压缩波速度(v_{pr})后，利用v_{pm}和v_{pr}之比的平方求得K_v，K_v与岩体完整程度的对应关系详见表 2。

表 2　K_v与岩体完整程度对应关系

完整程度	完整岩体	较完整岩体	较破碎岩体	破碎岩体	极破碎岩体
K_v	>0.75	0.55～0.75	0.35～0.55	0.15～0.35	<0.15

J_v法的实质是按照式(1)计算岩体体积节理数，即

$$J_v = X_1 + X_2 + X_3 + X_1 + \cdots + X_n + X_k \tag{1}$$

式中　X_n——每米测线上第 n 组节理条数；

X_k——1 m^3岩体非成组节理条数；

J_v——与岩体完整程度及K_v的相应关系，详见表 3。

表 3　J_v与岩体完整程度及K_v对应关系

完整程度	J_v	K_v
完整性岩体Ⅰ	<3	>0.75
较完整岩体Ⅱ	3～10	0.55～0.75
较破碎岩体Ⅲ	10～20	0.35～0.55
破碎性岩体Ⅳ	20～35	0.15～0.35

钻探 RBI 法是基于传统 RQD 法而产生的新方法，将岩芯按实际采取长度 3～10 cm、10～30 cm、30～50 cm、50～100 cm 和大于 100 cm 的岩芯采取率作为权值(岩芯采取率 C_{qk}，k=3、10、30、50、100)，与各自对应系数乘积的累加值，用公式表示为

$$RBI = 3 \times C_{q3} + 10 \times C_{q10} + 30 \times C_{q30} + 50 \times C_{q50} + 100 \times C_{q100}$$

据此可根据 RBI 值进行岩体完整程度的评判，详见表 4。

表 4　RBI 与岩体完整程度对应关系

完整程度	极完整岩体	完整岩体	较完整岩体	较破碎岩体	破碎岩体	极破碎岩体
RBI 值	50～100	30～50	10～30	3～10	1～3	<1

与传统 RQD 比较，当 RQD 指数较高时，RBI 具有能更好岩体发育完整程度的优越性，同时，RBI 能反映岩芯采取率的高低。

3　岩体完整性评价的意义及实例分析

3.1　岩体完整性评价影响围护结构选型

岩体完整性评价在城市轨道交通中意义重大，在地铁建设中，时常遇到基底岩层埋深较浅、上软下硬且基岩非常完整的情况，此时在保证基坑安全设计等级的前提下，对基坑围护结构的设计与施工的经济性、合理性提出了更高要求。

例如南京地铁 4 号线花园路站基坑支护中就应用了吊脚桩综合支护体系，在保证施工安全可靠的前提下，降低了施工难度并降低了工程造价。

花园路站车站形式为地下三层(局部四层)岛式，车站外包总长 148 m，标准段总宽 21.4 m，底板埋深 24.3～32.4 m，采用明挖法施工。勘察成果揭示车站地质情况复杂，底部为中风化闪长岩，质地坚硬，饱和单轴抗压强度平均值在 70 MPa 以上，局部达到 130 MPa 以上，RQD 值 60%～80%。为满足施工成桩工效需要，同时节省造价，节约工期，部分主体围护形式由整体采用排桩加内支撑结构变更为基坑上部土层采用排桩+内支撑，下部基岩采用岩石锚杆的组合支护方式。

在采用该种支护方案时，下部基岩完整性评价将直接影响支护体系的安全可靠性。

首先，根据波速测试及岩石超声波试验成果，测得岩体压缩波速度(v_{pm})和岩石压缩波速度(v_{pr})，利用

K_v法对岩体完整性进行评价，结果见表 5。

表 5　K_v法评价岩体完整性

深度(m)	岩体压缩波速度 v_{pm}(m/s)	岩石压缩波速度 v_{pr}(m/s)	K_v	岩体完整程度
18～20	3 225	4 520	0.51	较破碎
22～24	3 400	4 610	0.544	较完整
28～30	3 620	4 697	0.594	较完整

其次，采用钻探 RBI 法，深度选取 18～37 m，钻探岩芯照片如图 1 所示，岩体完整性评价结果详见表 6。

图 1　岩芯照片

表 6　钻探 RBI 法评价岩体完整性

岩芯长度(cm)	岩芯采取率 C_{qk}	k	RBI 值
3～10	6.3%	3	0.19
10～30	46.8%	10	4.68
30～50	33.6%	30	10.08
50～100	8.0%	50	4.00
>100	0	100	0

得出该孔 18～37 m 范围内岩体的 RBI 值为 18.95，判定为较完整岩体。

综上评估，花园路站下部基岩强度高，岩体完整性好，车站主体围护结构采用吊脚桩方案依据充分，安全可靠。典型支护结构剖面如图 2 所示。

花园路站吊脚桩实践的成功说明了该工法在该类型地层中的适用性好，安全可靠并能节省造价、节约工期。

3.2　岩体完整性评价决定盾构刀盘配刀

盾构刀具是盾构机切削岩土的唯一工具，合理的刀盘配刀是保证盾构工程施工可行性的前提。岩体完整性是影响盾构刀盘配刀的主要因素，结合工程实际并总结国内外研究发现：

对于极破碎岩体，其结构主要为散体状结构，地质界面的结合很差，切刀的切削能力完全能够应对该种地层。如若在破碎地层中存在结合面较好的岩体，切刀切削能力不足的问题就会突显，须配置有搅动切削能力的齿刀先行切削，以此为切刀创造较好的切削条件。

对于较破碎岩体，齿刀切削的破碎效果将会降低，刀具磨损速度急剧增加，须采用具有多重破岩机理的滚压型刀具来滚压破碎，对于该类地层配用双刃滚刀即可满足需求。

但对于完整程度较高的岩体，受限于双刃滚刀较小的正压力，难以满足该类地层的切削，此时须考虑配

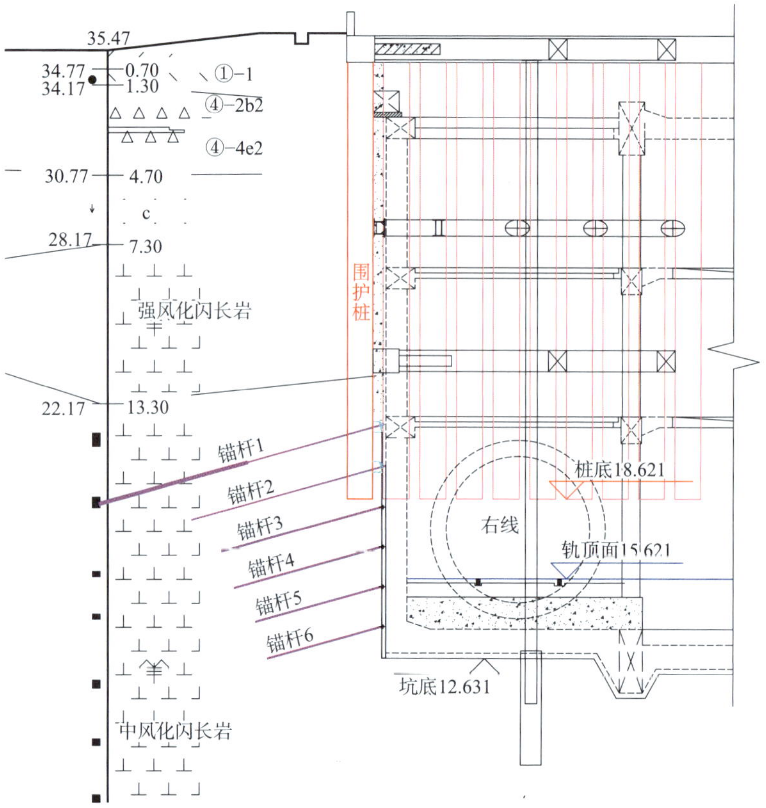

图 2　典型支护结构剖面

用具有较大承载能力的单刃滚刀甚至是重型滚刀。对于 RBI＝50～100 或 RQD＞90％的岩层，就目前的技术水平来说，还不宜采用盾构机来掘进。

据此建立盾构刀具与岩体完整程度的模糊对应关系，如图 3 所示。

RQD（%）　0　10　20　30　40　50　60　70　80　90　100

<table>
<tr><td>岩石质量判别</td><td>极差的</td><td colspan="3">差的</td><td colspan="3">较差的</td><td colspan="2">较好的</td><td>好的</td></tr>
<tr><td>切刀</td><td>++</td><td>+</td><td colspan="8">–</td></tr>
<tr><td>齿刀+切刀</td><td>–</td><td>+</td><td>++</td><td>+</td><td colspan="6">–</td></tr>
<tr><td>双刃滚刀</td><td colspan="3">–</td><td>+</td><td>++</td><td>+</td><td colspan="4">–</td></tr>
<tr><td>单刃滚刀</td><td colspan="5">–</td><td>+</td><td colspan="2">++</td><td>+</td><td>–</td></tr>
</table>

注：++适用；+较适用；–不适用

图 3　刀具与岩体完整程度的模糊对应关系

3.3　岩体完整性评价关乎隧道施工安全

隧道围岩分级是隧道结构设计的基础，关系到工程的安全性和经济合理性。围岩分级偏低将会使得工程投资额增大，围岩分级偏高可能引起隧道产生病害甚至事故。有关洞室围岩分级方面的研究发展迅速，围岩分级方法众多，《地铁设计规范》将岩体完整程度作为基本控制因素之一，可想岩体完整程度评价对于城市轨道交通中意义重大。

以某市轨道交通山体隧道为例，根据勘察成果，对沿线隧道围岩进行分级判定和稳定性分析，提供针对性的工程措施建议，为隧道设计、施工提供科学依据。该隧道全长约 1.5 km，起止里程 K28＋670～K30＋170，隧道横穿山脊，沿线地势起伏较大，线路纵向地形地势呈现中间高、两边低的特点，横向则是北高南低。山体植被茂盛，第四系覆盖层主要为含碎石黏性土，厚度在 1.8～5.0 m 范围，进出洞口处厚度较大，局部可达 20.0 m。下伏全～微风化基岩，岩性判定为凝灰岩，柱状节理发育，强风化层厚 3.0 m 左右，局部地段有辉绿岩侵入。

按照规范围岩划分原则并结合岩体完整性评价方法，隧道围岩分级成果详见表7。

表7 隧道围岩分级

岩石类别	岩石坚硬程度	弹性波速(km/s)	完整性指数	RQD	围岩分级
中风化凝灰岩	极硬岩	3.1	0.42	35%～80%	Ⅲ
微风化凝灰岩	极硬岩	4.1	0.72	60%～95%	Ⅱ
中风化辉绿岩	极硬岩	2.6	0.39	30%～80%	Ⅲ

此时需要结合勘探成果，因Ⅱ级围岩段局部岩体较破碎，且节理裂隙较发育，故围岩级别修正为Ⅲ级。另断层破碎带位置，岩体破碎，围岩级别降为Ⅳ级。Ⅲ级围岩段节理裂隙发育，断层破碎带对其影响较大，围岩级别修正为Ⅳ级。进出洞口段风化严重且受到断层破碎带影响严重，岩体较破碎，围岩级别调整为Ⅴ级。隧道围岩分级以及经分析提出的工程措施建议详见表8。

表8 围岩基本分级及工程建议措施

里程范围	围岩级别	围岩自稳性及开挖后稳定状态	针对性工程措施
K28+670～K28+750	Ⅴ	洞口明挖段，上部覆盖土层边坡稳定性较差，开挖易失稳，下部岩体边坡稳定较好，但存在局部掉块可能。围岩自稳性较差，处理不当会导致隧道塌方，隧道侧壁小坍塌频率较高；结构浅埋时易发生地表塌陷	重点进行洞口排水设计以及浅埋段设计
K28+750～K29+050	Ⅳ	围岩自稳性差，变形破坏发生的可能性较大，隧道拱部未设置支护措施时易发生较大坍塌，隧道侧壁可能出现失稳。预估地下水多呈滴水状态	做好超前支护设计，及时衬砌
K29+050～K29+485	Ⅲ	围岩自稳性较好，隧道拱部未设置支护措施时易发生小坍塌，隧道侧壁稳定性较好，凿岩爆破振动过大易致使坍塌	岩面及时喷混凝土，做好初期支护
K29+485～K29+890	Ⅳ	围岩自稳性差，变形破坏发生的可能性较大，隧道拱部未设置支护措施时易发生较大坍塌，隧道侧壁可能出现失稳。预估地下水多呈滴水状态	做好超前支护设计，及时衬砌
K29+890～K29+925	Ⅲ	围岩自稳性较好，隧道拱部未设置支护措施时易发生小坍塌，隧道侧壁稳定性较好，凿岩爆破振动过大易致使坍塌	岩面及时喷混凝土，做好初期支护
K29+925～K30+040	Ⅳ	围岩自稳性差，变形破坏发生的可能性较大，隧道拱部未设置支护措施时易发生较大坍塌，隧道侧壁可能出现失稳。预估地下水多呈滴水状态	做好超前支护设计，及时衬砌
K30+040～K30+170	Ⅴ	洞口明挖段，上部覆盖土层边坡稳定性较差，开挖易失稳，下部岩体边坡稳定较好，但存在局部掉块可能。围岩自稳性较差，处理不当会引起较大坍塌，隧道侧壁小坍塌频率较高；结构浅埋时易发生地表塌陷	重点进行洞口排水设计以及浅埋段设计

隧道围岩分级前应先行分析隧道拱部围岩的自稳性，影响分析的因素包括岩性、岩层厚度、地下水状态以及岩体的完整性。

4 结论及建议

本文结合南京地铁4号线花园路站深基坑及某市轨道交通山体隧道设计施工实践，对岩体完整性评价方法进行论述。在城市轨道交通工程中，岩体完整性评价直接影响车站深基坑围护结构选型、盾构刀盘选择、山体隧道围岩支护形式和加固方式等，对于指导城市轨道交通工程设计施工的意义重大。

根据本文对岩体完整性评价方法的分析，结合岩体完整性评价在城市轨道交通工程中的应用特点，提出以下建议：

(1)实际勘探时重点关注岩芯采取率、RQD指标、地质界面的结合及发育程度、结构类型、风化程度、坚硬程度、破碎程度、均匀性等。

(2)资料整理阶段重点关注岩土层特征描述、物理力学指标、围岩类别划分、岩土施工等级评判以及岩体完整性评价依据分析。

(3)加强原位测试工作，如重点关注波速试验孔的数量及布置、测试深度、地层的代表性等。

1.4 筹融资与财务对策

地铁竣工财务决算中的难点及对策研究

贾 苗

（南京地铁建设有限责任公司，南京 210017）

摘 要：随着国家对轨道交通的审批及政策给予的大力鼓励，越来越多的城市加入到地铁建设过程中，但地铁具备造价高、施工期长、设备系统繁杂等特点，使得地铁项目财务决算工作不同于其他建设项目。本文在介绍地铁竣工财务决算及编制流程的基础上，着重分析了地铁工程项目财务决算中存在的难点，并针对性地提出了相关建议和对策，以期对地铁竣工财务决算提供一定的指导。

关键词：地铁；竣工阶段；财务决算；难点；对策分析

0 引 言

地铁是大城市公共客运交通的骨干，是大众化、大运量、独立专用轨道的城市客运系统。与其他公交方式相比，轨道交通具有速度快、运量大、准时、安全、节省能源、服务水平高等明显的优点，但同时具有建设费用昂贵、对土地利用性质及城市结构布局影响较大等特点。地铁工程竣工财务决算，是以实物量和货币为计量单位，综合反映地铁工程竣工验收项目的建设成果和财务状况的总结性报告。地铁工程竣工财务决算是竣工决算的核心组成部分，正确和及时编制地铁工程竣工财务决算，是地铁工程建设管理工作的最后环节。抓好这个环节，对于全面反映地铁建设工程的财务状况、考核建设成本、分析投资效果、积累技术资料、改进地铁建设工程财务管理工作具有十分重要的意义。

1 地铁竣工财务决算概述

1.1 竣工财务决算的概念

竣工财务决算是以实物和货币指标为计量单位，综合反映竣工项目从筹建开始到项目竣工交付使用为止的全部建设成本、投资效果和财务情况的总结性文件。是企业正确核定新增资产价值，反映建设成果和财务状况的总结性文件，是项目建设完成的重要一项指标性工作。

1.2 竣工财务决算的意义

竣工财务决算是全面、综合地反映地铁工程完成项目建设成果和财务状况的总结性文件。决算资料中除了货币指标外，还利用实物数量、建设工期、技术经济指标来反映地铁项目建设的过程和结果，反映了建设过程中资金使用情况及财务情况。

竣工财务决算全面考核了项目工程概算执行情况，是分析投资效果的依据。竣工财务决算不仅反映竣工项目的立项依据、建设规模、建设工期、建设成本、主要消耗材料等指标，还对项目实际完成情况与概算指标进行分析。通过分析总结经验教训，促进建设单位改进施工工艺，提高项目管理水平，降低建设成本，同时对日后进一步提高概算编制的科学性也提供了参考信息。

竣工财务决算是办理交付使用资产手续的依据，是建设期向经营期转移建成资产的重要资料，也是生产经营单位正确核定新增资产数量及价值基础。因此，真实、完整、准确的财务决算资料是今后企业新增交付使用资产管理的重要保证，也是企业的未来收益和财务信息真实性的重要保证。

2　地铁竣工财务决算编制流程

地铁竣工财务决算的编制工作大体可分为四个阶段，如图 1 所示。一是准备阶段，主要是制定财务决算编制工作方案，协同各部门做好分工，具体是工程管理部门在施工、设计、监理和内审等单位的配合下完成单项合同的竣工结算和各单体项目的初步验收；建设方、施工方、设备供应商、监理单位等会同资产接收部门完成现场实物资产清点，并办理签收手续；财务部门负责收集项目立项及建设过程的批文、会议纪要等文件资料，并根据合同竣工结算金额完成项目账面投资数的闭合，组织相关部门做好预计费用及未完工程投资额的统计；完成债权债务的清理，组织完成库存材料的盘点及处理。二是编制阶段，具体是确定决算编制基准日，根据基建财务管理办法的要求完成相关报表的编制。此外，由于地铁项目建设周期长、系统复杂、合同量大，为更全面反映项目建设过程中资金使用情况，除基建财务管理办法中规定的相关报表外，还需编制年度投资完成表、科目明细表（细化到合同）、资本金到位情况表，贷款余额表、设备采购明细表，往来明细表，如存在甲供材料的，还需就三大主材编制材差决算表等附表。三是调整阶段，本阶段是财务决算数据调整及财务决算报告编制阶段，具体是根据政府部门对地铁项目最终审计结果，调整财务决算报表及资产价值，形成最终与政府审定额一致的财务决算资料。同时，根据审定金额结合项目竣工初步验收报告、项目历年的建设报告、审计报告完成财务决算报告的编写。四是报审阶段，即完成地铁竣工财务决算报审阶段，本阶段是将调整后的财务决算报告，报经同级财政部门审批，对项目中产权不属于本公司的资产，报请作为转出投资处理，并取得财政批复。

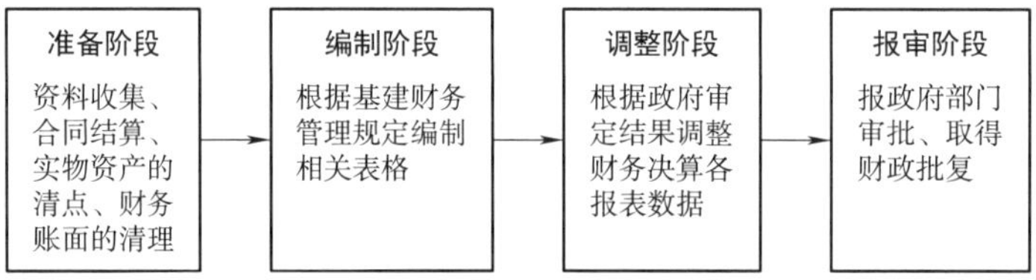

图 1　地铁竣工财务决算编制流程图

3　地铁竣工财务决算中的难点及对策分析

地铁项目建设具有投资额巨大、建设工期长、施工类型及工艺复杂，设备系统繁多等特点，为保证建设的有序进行，地铁项目建设管理更加精细化，从规划、立项、现场管理、投资控制到安全管理等均由不同部门负责。因此，地铁竣工财务决算编制工作也存在信息量大、涉及部门及环节多等诸多困难，针对决算中存在的不同难点采取不同的对策方法变得尤为重要。具体有以下几个方面：

3.1　决算工作组织及资料收集难度大

竣工财务决算作为项目建设的总结性文件，从基本数据的收集、财务报表的准备、成本费用的归集、交付和使用资产价值的确定、技术和经济分析，到形成一个完整的最终报告，涉及建设单位众多，从内部的分管部门到外部的设计、施工、监理等单位均需要参与进去。因此，如何组织好各方参与、协调配合共同完成竣工财务决算工作难度十分大。由于地铁整体项目建设工期长，单项工程竣工结算周期长等因素，到编制竣工财务决算时，涉及项目各环节的经办人往往已变动或调离原岗位，导致资料无法收集齐全。

具体建议：将竣工财务决算编制工作贯穿于建设过程中，财务部门作为牵头部门，应针对竣工财务决算工作的特点，将项目建设过程中所收集的竣工财务资料各节点结合起来，尤其是立足于单项工程竣工结算、单项工程验收、项目竣工验收等各工程节点组织相关部门配合提供资料，并结合各单体项目内部竣工结算、工程预验收、竣工验收管理制度，将竣工财务决算所需资料及所需填写表格作为一项必要的工作环节进行分解纳入到项目结算、验收工作中，如概算执行情况表及资产分类表的填写，可在各项目结算过程中作为结算资料的必要表格提供，由施工单位根据合同清单、竣工图等工程资料填写，设计、监理单位负责复核其真实性和准确性。移交资产清点工作可结合单项工程预验收来做，施工单位、监理单位、建设单位和接收单位在做好单项工程验收的同时，对照竣工图对合同清单数量进行核对，核对无误后各方在清点表上签字，这样既可保证单项工程结算、验收相关的竣工财务资料收集齐全，又不需要等到后期再组织各单位、各部门进行清点、填写，避免了由于人员变动，资料收集不齐的局面。

3.2 交付使用资产明细表编制难度大

(1)从合同清单到资产清单的转化工作难度大

资产清单的编制是将合同清单整合成最小资产单元的过程，如何确定最小资产单元，将使交付资产表既符合资产管理部门管理的要求又满足资产维护维修部门日常维护的需求，这对资产清单的编制提出了很高的要求，由于该项工作专业性强，因此无论是财务部门或者是外聘中介机构人员一般都无法胜任。

具体建议：首先由公司层面确定好资产分类编码及目录，具体由资产使用单位及部门专业人员按合同进行资产分类，这样既保证了资产分类的准确性，同时具体使用部门可根据日常管理需要确定最小资产单元，资产管理部门可根据管理需求确定资产的具体属于哪一层级。整合分类后的资产清单价作为资产的基础表，可作为其他待摊费用分摊的基础，以确定最终资产价值。

(2)土地资产数量及价值信息确定困难

建设过程中通过划拨占用的土地，在交付使用资产时，作为无形资产移交，为便于企业日后对土地资产有效利用和管理，需要对建设过程中形成的土地的数量、面积及价值信息进行统计。但在建设过程中由于征地拆迁工作由地铁沿线各区承担，对土地资产价值的认识性不足，很难收集相关信息，确定其价值。

具体建议：收集建设用地规划许可证、图纸、面积等信息，梳理出临时用地、永久用地、代征用地等各地块的位置、面积等信息。结合征地拆迁审计，对审计单位提出需求，要求在审计工作中尽量按地块明确拆迁成本，对于无法明确的费用，按面积进行分摊。其中临时及代征用地费用作为待分摊费用需分到各站点、沿线建筑物构筑物价值中，永久用地拆迁成本作为资产基础价，待分摊完相关费用后形成最终资产价值。

(3)建设过程中形成的乙供设备的管理难度大

由于乙供设备往往包含在土建、安装、装修等合同中，且一般以价格包干的形式出现，因其隐蔽性和清单的不确定性，未能纳入日常物资资产采购管理系统中，这就容易成为交付使用资产明细编制过程中的“漏网之鱼”，形成账外资产，影响了交付资产价值的准确性和完整性。

具体建议：将乙供设备纳入到日常甲供设备采购管理系统中，将录入时间节点安排在单项验收工作过程中，根据经接收部门清点并签字确认后的实际采购的设备清单录入到设备采购系统中。

3.3 待摊费用分摊较为复杂

地铁项目建设过程中，许多费用支出不直接形成资产，但构成地铁资产的造价。一是合同内需要分摊的费用，建安工程类合同中的措施项目费(临时设施、施工围挡、大型机械设备进退场及安拆费等)，设备采购合同中的服务费、设计联络费、安装费等；二是虽不直接构成资产价值，但属于建设项目所必须发生的费用，如工程前期费用(三通一平、管线迁移)和待摊投资类费用。

具体建议：通过对需分摊的费用进行梳理，分层次进行分摊，第一层级是合同内分摊，即合同清单中不能直接构成资产的费用，如土建合同中的项目措施费、设备采购合同中的服务费用，先就合同清单形成的资产基础价值表中进行一次分摊；第二层级是能够直接区分受益资产对象类合同的分摊，该类合同或费用的发生能够明确到是为哪一类资产构成服务的，如部分施工前期合同、设备安装合同、监理合同、招投标合同、单项设计合同等，按照受益资产基础价值表进行分摊；第三层级是综合分摊，即无法明确区分受益资产的，为整个项目服务的费用，作为最后分摊项目按资产基础价值表进行科学分摊。

需要注意的是，运输设备(工程用车、运输车等)、流动资产(家具、备品备件、工器具、铺底流动资金)、递延资产(新线职工培训费用)及办公用设备(计算机、打印机等)在实务操作中一般不承担分摊费用。

综上所述,地铁项目竣工财务决算的编制工作是一项系统工程,它贯穿于整个地铁建设过程,需要在建设项目开始就注意收集整理相关信息,完成相关后续工作。在信息化时代的今天,项目建设过程中有招投标系统、设备采购系统、办公信息化系统、财务管理系统等独立的信息系统,如何将系统进行整合,利用其基础数据为竣工财务决算编制所用,实现财务决算编制工作的信息化,将大大提高地铁竣工财务决算的准确性和效率,以彻底解决财务决算编制过程中遇到的难点,这也是我们今后尚需努力的方向。

地铁工程竣工财务决算的研究

吉冬云
（南京地铁建设有限责任公司，南京　210017）

摘　要：随着工作和生活节奏的加快，地铁已经成为人们出行的重要选择。当前地铁的建设也在全国大规模展开，为了综合反映新建地铁从筹建到竣工的整个建设过程、财务状况、最终建设成果，准确核定新增地铁资产的价值，根据国家相关规定，建设单位应及时、准确地编制地铁竣工财务决算。因此，地铁竣工财务决算应作为地铁公司研究的一个重要课题。

关键词：地铁；工程竣工；财务决算

地铁作为城市发展的重要交通工具，以其便捷、快速、舒适的特性吸引了众多的城市上班一族，而在地铁快速发展的同时，地铁工程竣工的财务决算，成为了地铁公司的工作重点之一。在地铁工程验收过程中，财务决算是反映工程项目建设成果的总结性文件，所以做好地铁工程竣工财务决算对地铁公司至关重要。

1　竣工后的资产划分

地铁工程作为一个投资规模大、质量要求高以及技术复杂的工程项目，也是交通设施的基础项目之一，受到人们的广泛关注。在建设过程中，产生的许许多多耗费都统称为基本建设支出，做好这些支出的核算是做好地铁竣工财务决算的基础，可以使地铁工程竣工后的财务决算工作更加方便。

地铁工程的建设主要分为土建施工工程、附属装饰装修工程、车站场段机电设备安装调试以及总体验收试运营四个阶段。基本建设支出包括设备投资、建筑安装投资、待摊投资、其他投资、待核销基建支出和转出投资，建筑安装工程投资、设备投资、待摊投资、其他投资构成交付使用资产的实际成本。建筑安装工程和设备的投资构成交付使用资产价值；待摊投资需要分摊计入交付使用的房屋、建筑物、构筑物和需要安装的设备等固定资产价值；其他投资单独形成交付使用资产价值。作为经营性基本建设项目，地铁工程一般不涉及待核销基建支出。

2　竣工财务决算流程

2.1　相关资料的收集和整理

材料的收集工作不是一个部门就能够完成的，它需要各部门在管理中相互协调、相互沟通、相互配合，通过合作，建立一条有效的信息沟通渠道和信息管理流程，并将收集到的相关资料进行分类汇总，也可以整理成册，方便财务决算时查阅。

财务核算只为财务决算提供相关的货币型数据，而其他的指标和说明必须依赖财务核算外的其他资料，对这些资料的收集和整理，从立项开始到竣工验收都不能中断。竣工财务决算主要依据的资料包括经批准的可行性研究报告、初步设计、概算及调整文件，招投标文件，工程、供货、拆迁、设计、监理、咨询等各类合同，工程结算文件等有关资料以及国家相关的法律、法规及制度等。财务核算核工程价款结算的方面，因为这些过程中不可避免要多方面的资料，这也对各部门的合作提出了要求。

2.2　财务工程决算的准备工作

根据资料的收集和整理，通过一定的归纳汇总方式，对初步设计、合同、预算结算报告等资料进行整合，在仅剩部分尾工的前提下，定好竣工验收时点，计算好相应的成本，进行账目的处理、核对等工作，理清各项财务信息，为后续的基本建设项目竣工财务决算打好基础。

2.3 工程成本费用归集

计算好基本建设中成本费用的支出，交付使用资产的实际成本的构成：建筑安装工程的投资、设备投资，待摊投资和其他投资，通过对工程中不同类型的成本费用进行归集，从而求得各个对象的成本总额，为进一步进行工程竣工财务决算提供依据。正确的成本归集是保证财务决算质量的关键，在进行成本归集时一定要注意划分好相应的成本类别，除此之外，还要按照一定的程序进行，防止出现费用漏记或者重复记录的现象。

2.4 待摊费用的分摊

由于工程建设的交付方式不一样，产生了两种常用的分摊方法。如果建设工程分次交付使用，且每次交付使用资产与应分摊的待摊费用发生额并没有比例关系，可以采用按概算比例分摊的方法。若是建设工程采用一次性交付使用，或者分次交付使用，但每次的成本和实际发生的待摊投资之间均衡时，这时就必须采用实际数比例分摊的方法。

2.5 竣工财务决算

这个程序包括两个方面，分别是财务决算报表和财务决算说明书。财务决算报表包含了基本建设项目概算表、竣工决算表、交付使用资产总表和交付使用资产明细表等。这些都属于财务决算报表的内容，项目的概况、账务的处理、基建结余资金等都是财务决算说明书的内容。

3 地铁工程竣工决算应该注意的问题

3.1 工程结算先行

在地铁工程竣工财务决算中，工程结算必须走在财务决算前面。地铁工程是一个十分庞杂的工程，建设过程中会出现许多我们难以预料的因素，为了不影响决算的工作进度，要先着手结算工作，在结算的基础上，财务决算才能稳步跟进。最后关头的结算工作与平时的计量工作密不可分，所以在平时的计量时就应该做好相应工作。

3.2 重视合同的管理

很多施工方不重视施工合同的管理，地铁工程项目进行时，一味赶超进度，对相关的款项资金是否到账并不关心，这就很容易造成施工过程中后续款项无法跟上的问题。作为工程决算的重要组成部分，在签订合同后要及时建立合同台账，依照工程款项的支付情况，登记合同执行台账。并且做到定期与各相关部门、对方单位核对支付情况。为后续工程的施工留下资金保障，同时保证了合同款的安全性，也可以确保工程尾款的及时确定。

3.3 注意财务基础工作的全面、完整和准确

地铁竣工财务决算是一个庞杂的过程，在这个过程中的每一个小失误就会造成财务方面的大纰漏，财务工作必须认真负责，弄清每一笔资金的来源、去向，严格按照规定管理好各项资金。建立专门的财务管理系统，通过计算机信息技术存储能力和运算能力，实现对相关的信息的有效管理，设置不同的账户和单独的款项，有效控制资金风险，保证建设资金健康、合理的利用。

4 结 束 语

地铁作为大都市的重要交通工具，是很多人出行的首要选择。越来越多的城市开始修建地铁，为了准确的核定地铁资产的价值，综合反映建设成果，必须认真做好地铁竣工财务决算。在整个建设过程中，各部门应积极沟通，互相合作，在决算前提前做好基础资料的收集工作，利用先进的计算机财务管理信息系统，科学合理设地置会计科目，认真管理好相关财务工作，保证地铁竣工财务决算以及交付使用资产价值归集准确、高效、完整，促进地铁交通的发展。

全面营改增政策对轨道交通业的影响及对策

曹　永

（南京地铁建设有限责任公司，南京　210017）

摘　要：在介绍营改增历史发展背景及意义基础上，详细分析了全面营改增对企业不同发展阶段、不同项目建设管理模式、地铁工程造价及固定资产的三个方面的影响，并重点研究了建筑施工合同的税务测算以及目前施工合同中存在的涉税风险及应对策略。全面营改增政策允许将新增不动产所含的增值税进行抵扣，对于轨道交通企业而言，在建设项目招投标、合同签订环节均需要提前做好纳税筹划和风险防范，预先设置数据指标，测试不同方式下的最终税负，及时调整招投标及合同要求，以适应营改增的变化，寻求最佳项目施工方案，保证增值税进项税合法有效地进行抵扣。

关键词：轨道交通企业；营改增；施工合同；应对策略

1　营改增背景及意义

2012 年初，上海率先开展营业税改征增值税（以下简称“营改增”）部分试点，试点行业包括交通运输业和部分现代服务业；随后陆续扩大试点范围，逐步增加试点城市和行业。2016 年 3 月，财政部、国家税务总局下发文件规定，自 2016 年 5 月 1 日起，建筑房地产、金融保险、生活服务业也纳入营改增试点范围，营改增在全行业、全国范围推展开来，图 1 列示了营改增改革时间点。原征收营业税的劳务和销售不动产、转让无形资产全部改征增值税，中国从此告别征收营业税的历史，全面进入了营改增时代。

营改增是国务院在打造中国经济升级版的关键时刻，从深化改革的总体部署出发做出的一项重要结构性减税措施，旨在打通增值税抵扣链条、消除重复征税、降低经营成本和企业税负。

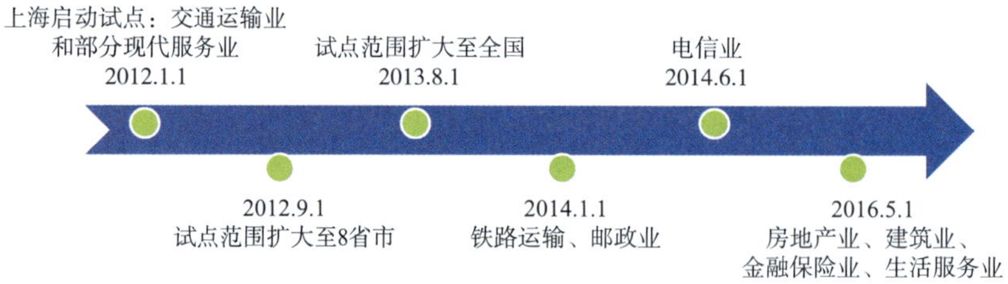

图 1　营改增试点时间

2018 年 4 月，财政部、国家税务总局发布《关于调整增值税税率的通知》，自 2018 年 5 月 1 日起，纳税人发生增值税应税销售行为或者进口货物，原适用 17％和 11％税率的，税率分别调整为 16％、10％。这是自 1994 年全面推行增值税以来，对税率进行的一次重大调整。

轨道交通业具有建设期长、投资额巨大、运量大等特点，自 2012 年营改增试点开展以来，效果显著，行业税负有效降低。当前，随着国家对基础设施投资进一步加强，全国轨道交通业正处于大规模建设时期，2016 年 5 月全面营改增将不动产纳入抵扣范围，这对于正处于建设期的轨道交通行业而言，新增不动产将带来巨大的进项税抵扣额，将大大减轻轨道交通行业的税收负担。因此，全面实施营改增后可以有效降低轨道交通行业税负，同时，营改增后对于轨道交通行业的会计核算、税务管理、合同签订及执行等方面均发生了较大变化，也提出了更高的要求。

2 全面营改增政策对轨道交通业的影响

2.1 企业不同发展阶段对企业税负的影响分析

2012年轨道交通业纳入营改增试点后，增值税的计税方法有一般计税方法和简易计税方法，如果采用一般计税方法，税率由原来3%的营业税提高到10%的增值税，2015年全面实施营改增后，建筑业、房地产业、金融业均纳入营改增范围，地铁基建项目形成的在建工程中所产生的进项税均可以抵扣增值税销项税，其进项税额可以分两年从销项税额中抵扣。

轨道交通企业的经营业务主要是地铁运营服务，广告、租赁等服务，而可用于抵扣的主要项目包括建设阶段的建筑服务及勘察设计监理等服务、大型设备购置、运营阶段的电力成本、零配件、修理修配、日常管理等。对于建设与运营并行的轨道交通企业而言，采用一般计税方法，地铁建设产生巨大的进项税可以用以抵扣增值税，行业结构性减税效果非常显著。

2018年，南京地铁十条通车线路运营年收入预计近18亿元，据初步测算，如果地铁线路持续投资建设，“十三五”期间投资线路建设产生的进项税可抵扣地铁33年的运营收入不缴纳增值税。因此，目前全国城市地铁均处于大规模建设期，采用一般计税方式也是目前大多数轨道交通企业的选择。

对于建设期项目结束，线路全部进入运营阶段后，可用于抵扣的项目有运营阶段发生的成本，如电力费、车辆维修费、设备设施修理费、安检费用、重置更新和车辆增购等费用，投资成本中占较大比重的人工费、折旧费均不可抵扣，此时采用简易计税方法还是一般计税方法要结合预期的票务收入情况统筹分析后再确定。

2.2 不同项目建设管理模式下对企业税负的影响分析

地铁作为大型公共基础设施项目，随着轨道交通行业投资主体的多元化，融资模式逐步由单一的政府主导型向PPP、BT、代建等多样化融资模式发展，比如南京地铁1号线南延线采用PPP(即公共部门与私人企业合作制)、机场线采用BT(即建设-转让)项目融资模式，项目建成后由南京地铁回购股权。

PPP包含的阶段有设立项目公司、项目建设、项目运营以及项目的移交等(图2)，PPP项目环节众多，涉税环节尤其复杂。在营改增背景下，涉税风险变得不好控制，需要事先做好税收筹划工作。如在成立项目公司阶段，筹办期间费用中的进项税可以抵扣，项目建设阶段项目公司在漫长的建设期内均不会有运营收入，也不会产生相应的增值税销项税额，其前期支付的进项税额税率高低将直接影响实际税负和资金时间成本。

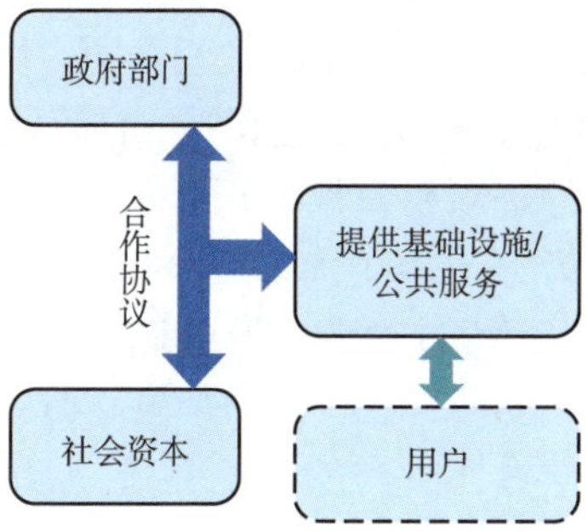

图2 PPP模式基本关系

对于实行代建的轨道交通建设项目，即通过招标等方式，选择专业化的项目管理单位负责建设实施，严格控制项目投资、质量和工期，竣工验收后移交给使用单位，如果中标的代建单位属于政府部门或非企业法人，不属于增值税一般纳税人，营改增后代建单位建设工程中取得进项税则不可以抵扣，会造成进项税的流失与浪费，无形中增加了轨道交通建设工程投资额，最终税负将会转嫁给轨道交通企业。

2.3 对轨道交通工程造价、固定资产价值的影响分析

在营业税制下，营业税作为价内税，其税额包含在地铁工程造价成本内，直接构成了项目交付使用资产价值。根据住建部新出台的文件(建办标〔2016〕4号)规定，工程造价可按以下公式计算：

$$工程造价=税前工程造价\times(1+11\%)^{①}$$

营改增后，建设中形成的可抵扣进项税税额构成了工程总造价，增值税为价外税，项目建成后，转为交付使用资产时进项税则不直接构成固定资产价值，根据国家新出台的财政令81号，项目竣工结余的建设资金

① 根据财税〔2018〕33号，税率由11%降为10%。

不包括工程抵扣的增值税进项税额资金，工程建设的进项税实质上作为现金流用来抵扣轨道交通企业销项税，从而改变了原有的项目交付资产结构，最终会降低项目竣工决算后交付使用资产的价值，同时运营期折旧等成本费用也随之降低，间接增加企业利润。

3 轨道交通建筑工程合同的涉税分析及策略

3.1 建筑工程新、老项目的涉税分析

轨道交通建设项目具有投资额巨大、建设工期长等特点，从项目的前期拆迁、工程开工到项目的竣工一般需要4～5年时间。

全面营改增前，很多轨道交通企业地铁建设项目早于营改增之前开工，根据财税〔2016〕36号文，建筑工程老项目是指建筑工程施工许可证或者建筑工程承包的合同上注明开工日期在2016年4月30日前的建筑工程，对于建筑工程老项目提供建筑服务，可以选择适用简易计税方法计税(税率为3%)。因此，营改增后，对于建筑工程老项目，施工单位一般会采用税率为3%的简易计税方法，轨道交通企业可取得3%的进项税抵扣，相对于建筑工程新项目采用税率为10%的一般计税方法，施工单位纳税方式的有选择性也会导致轨道交通企业取得进项税额的减少。

3.2 建筑工程合同签订的涉税分析

对于尚未开展招投标的建设新项目而言，施工单位提供的建筑劳务有施工总承包(包工包料)、甲供材、清包工等方式，营改增后，根据财税〔2016〕36号文，一般纳税人以清包工方式、甲供工程提供建筑劳务，可以选择适用简易计税方法计税(税率为3%)。建设项目采用不同的建筑施工方式将会带来不同的涉税事项，轨道交通企业需要预先设置数据指标，测试不同方式下的最终税负，及时调整招投标要求，以适应营改增的变化，寻求最佳项目施工方案。假设建筑施工方与材料供应商均为一般纳税人，表1分别列示了不同建筑劳务方式下的计税方式和税率，下面进行测算轨道交通企业签订合同前采用哪种建筑工程服务方式可取得更多的进项税。

如果签订甲供工程合同，材料由业主方进行采购，施工单位无法取得材料发票而不能抵扣增值税进项税(16%)，一般会选择3%简易计税方法；如果签订包工包料施工合同，材料由施工单位进行采购，可以取得材料的进项税发票用于抵扣，施工企业会选择10%一般计税方法。假设施工合同中材料费为A，工程合同总价为B：①甲供工程合同下，轨道交通企业可取得的进项税$=A/(1+3\%)\times16\%+(B-A)/(1+3\%)\times3\%$；②包工包料工程合同下，轨道交通企业可取得的进项税$=B/(1+10\%)\times10\%$，取公式两者相等，即$A/(1+3\%)\times16\%+(B-A)/(1+3\%)\times3\%=B/(1+10\%)\times10\%$，计算得出材料费占工程合同总价的比例平衡点，即$A/B=48.95\%$。由此可得出以下结论：当材料费占工程合同总价比例>48.95%以上时，采用甲供工程合同，轨道交通企业能够取得更多的进项税；当材料费占建筑工程总价比例<48.95%以上时，采用包工包料工程合同，轨道交通企业能够取得更多的进项税。

表1 建筑服务的计税方式和增值税税率

项　　目	计税方式	进项税税率
建筑施工总承包合同	一般	10%
建筑材料采购	一般	16%
清包工方式①的建筑服务	一般	10%
	简易	3%
甲供工程②的建筑服务	一般	10%
	简易	3%

注：①清包工方式：施工方不采购建筑工程所需的材料或只采购辅助材料，并收取人工费、管理费或者其他费用的建筑服务。

②甲供工程：全部或部分设备、材料、动力由工程发包方自行采购的建筑工程。

3.3 工程合同中存在的涉税风险及应对策略

3.3.1 建筑施工合同中“三流不一致”风险应对策略

实行营改增后，轨道交通企业取得施工单位开具的增值税发票需要进行抵扣，增值税发票的管理更加规范、严格。由于增值税关系到税收的抵扣，如发票使用不当将会造成企业的税收风险，在工程实际操作中，轨道交通企业经常会出现合同签订主体、发票收取方、支付款项方“三流不一致”的情况(图 3)。

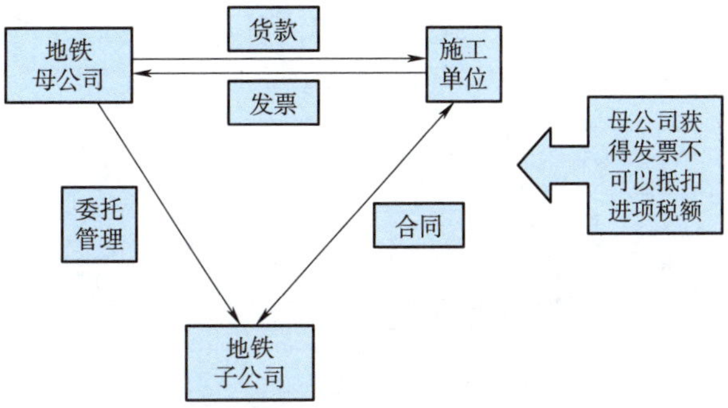

图 3　施工合同中存在的“三流不一致”问题

根据国税发〔1995〕192 号规定，纳税人购进货物或应税劳务的“货物流、资金流、发票流”必须要与合同一致，才可以在可控范围内进行抵扣。如图 3 所示，地铁母公司授权委托其子公司实施建设管理，而建筑施工合同是地铁子公司与施工方签订，工程款项支付和发票收取方均为地铁母公司，如果地铁建设项目的进项税统一由母公司进行抵扣，按照增值税要求，母公司由于与施工单位之间没有合同关系，获得的增值税进项税发票是不允许抵扣的。

为了避免“三流不一致”导致的不能抵扣进项税的情况，可以通过签订母公司、子公司、施工单位三方委托付款协议解决，该三方协议的法律实质是“母公司支付工程款项的凭据”，或者母公司、子公司与施工单位签订三方合同，明确三方的责任义务，约定工程款支付方和发票收取方均为母公司，从而母公司获得合法进项税抵扣条件。

在实务中，建筑工程由于其特殊性，建筑行业受资质影响，资质共享现象普遍存在。在承接工程过程中，处于发包方对于资质等的要求以及内部管理等原因，如果是自身施工的，建筑企业在承接业务后，大多采取在施工地设立项目公司(分公司、项目部)的形式负责从事工程施工。另外，大型建筑(集团)企业也有在承接业务后再将工程交予子公司施工的方式。收取工程款的方式也不尽相同。在营改增后，由于增值税更加严谨，会出现合同签订、发票开具、工程款收取等因素的不统一，导致一些大型建筑集团母、子公司以总分包模式重复纳税的情况，针对此种问题，国家税务总局于 2017 年 5 月下发 11 号公告，从政策层面解决了集团公司内签订建筑施工合同与从事施工活动的并非同一增值税纳税主体，而出现业务流、资金流、发票流“三流不一致”的情况。公告明确了建筑施工企业内部资质共享，采用“总分包”模式的，建筑企业可以内部授权或者三方协议等方式，分包方可以与发包方直接结算款项并开具增值税专用发票，发包方可以抵扣进项税(图 4)。

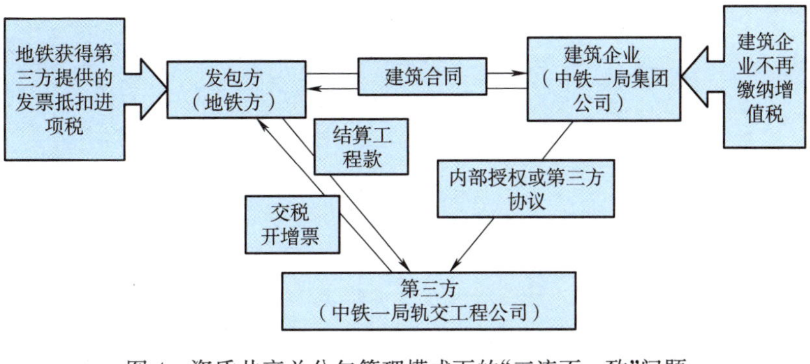

图 4　资质共享总分包管理模式下的“三流不一致”问题

3.3.2　材料采购合同中"二票制"风险应对策略

轨道交通企业采购用于地铁施工的材料在实际执行中也会遇到运费发票开具方与款项收取方不一致的情况。

如图 5 所示，材料合同是地铁公司与材料供应商签订，合同中并未约定运费发票由运输公司提供，地铁公司收到材料费发票开具方为材料供应商(合同主体)，收到的运费发票却是运输公司提供的，这就属于发票主体与合同主体不一致的"二票制"。材料供应商存在逃避税款行为，材料供应商提供的材料费 16%发票中应包含材料费和运费，运费少缴纳 6%(16%－10%)的增值税，由于地铁公司与运输公司之间没有合同关系，收到的运输公司开具的运费增值税专用发票不能用以抵扣。

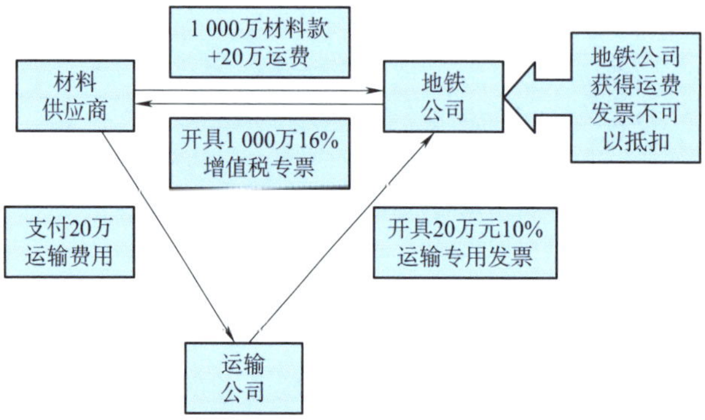

图 5　材料合同中存在的"二票制"问题

为保证取得运费发票抵扣符合增值税管理条例，可通过签订三方协议解决，约定运费由材料供应商代为收取，运输单位提供运费发票。

4　结　　论

本文基于地铁财务实际工作经验，以全面营改增政策为导向，通过理论与实际研究相结合，得出以下结论：

(1)轨道交通企业作为业主方，全面营改增后，应明确区分建筑工程新老项目的划分，建筑施工企业计税方式的可选择性直接影响业主方可进项税抵扣额的多少。

(2)建筑施工合同中，材料费占工程合同总价比例＞48.95%以上时，采用甲供工程合同，轨道交通企业能够取得更多的进项税；当材料费占建筑工程总价比例＜48.95%以上时，采用包工包料工程合同，轨道交通企业能够取得更多的进项税。

(3)针对建筑施工合同中"三流不一致"风险，可通过签订三方协议或者内部授权等方式解决进项税抵扣风险；材料采购合同中"二票制"风险也可通过签订三方协议解决。

浅析营改增对我国轨道交通业税负的影响

胡　晶

（南京地铁建设有限责任公司，南京　210017）

摘　要：轨道交通业是国民经济的一项重要基础产业，长期以来，轨道交通业一直属于营业税的征税范围。由于轨道交通业的发展与其他行业有着很强的联动性，对其他行业的经济有着很大的影响，在具体的实施中暴露出了很多的问题。一方面，作为服务业的轨道交通业实行营业税破坏了商品和服务流通过程中的增值税抵扣链条，也使其与商品流通和增值税应税服务业间的分工协作受到一定阻碍；另一方面，对交通运输业自身而言，存在重复征税，税负不合理。

在此背景下，本文深入研究"营改增"对轨道交通业税负的影响，总结相关经验，提出针对性建议，为增值税全面扩围改革提供参考。

关键词：轨道交通业；营改增；税负

1　增值税改革背景

2011年，国务院、财政部、国家税务总局联合下发了关于营业税改为增值税的试点方案：方案规定自2012年1月1日开始，以上海市为首个试点城市，对交通运输业和部分现代服务业展开营业税改增值税纳税试点。2013年8月1日，全国交通运输业和现代服务业实行"营改增"，至2016年5月1日，在全国范围内全面推开营业税改征增值税的试点，当时仍在缴纳营业税的金融业、房地产业、建筑业、生活服务业的所有营业税纳税人，全部纳入"营改增"试点范围，以后全部的营业税纳税人均改交增值税，至此，增值税已经全面取代营业税，也标志着营业税全面退出历史舞台。

2　轨道交通业特点分析

与生产有形产品的工业、农业等不同，轨道交通业并不生产有形产品，它不能改变其对应劳务对象的任何属性，改变的只是劳务对象的空间位置。轨道交通业的劳务对象是乘客，对于乘客而言，乘坐轨道交通的过程即是消费过程，乘客通过改变空间位置实现消费。

轨道交通业并不能在运输的过程中生产出有形产品，因此轨道交通业的成本构成和其他行业有明显差异。在轨道交通业中的固定资产成本所占比重相对于其他行业而言格外巨大，资本的有机构成比一般行业要高得多，重点表现在轨道交通线路的修建和大型机器设备的购置上。

一部分的轨道交通运输过程是在室外完成的，因此相对于其他行业而言，对自然条件的依赖性比较大，同样，在自然条件恶劣时，风险也比较大。轨道交通的运输设施在合适的自然条件下可以更好地发挥作用。反之，在自然条件较差的状态下可能造成设备的故障进而影响其运营能力。

3　"营改增"对轨道交通企业的影响

3.1　"营改增"后相关会计处理的变化

3.1.1　采购时进项税可以抵扣

一般纳税人在购买货物、装配维修、无形资产、不动产及进行服务时，需按照相应金额进行登记，其中"在途物资"或"原材料""库存商品""生产成本""无形资产""固定资产""管理费用"等项目用于记录制造原料花费或者资产数额，“应交税费——应交增值税(进项税额)”项目用于记录本月已核实的增值税数额，应交税费中的待认证进项税额项目用于记录本月未核实的增值税数额，“应付账款”“应付票据”“银行存款”等项目用于记录应当或实际缴纳的数额。在进行货物退款时，根据增值税票据是否验证，做相反的会计记录，方法也不相同，前者需依据税务部门专用红字增值税票据进行记录，后者直接将票据返还即可进行登记。

3.1.2　采购时进项税额不可以抵扣

一般纳税人在购买货物、装配维修、无形资产、不动产及进行服务时，涉及简单计税方法税务内容、免交增值税内容、社会利益及个人花费等，根据当今的增值税制度，销项税额中的进项税额是不能被扣除的，在开取相关票据时，“应交税费——待验证进项税额”用于借记制造原料花费或者资产数额，“银行存款”“应付账款”等在税务部门允许的情况下，贷记制造原料花费或者资产数额，贷记“应交税费——应交增值税(进项税额转出)”。

3.1.3　购进不动产或不动产在建工程按规定进项税额分年抵扣的账务处理

2016 年 5 月 1 日以后，纳税人获得的不动产建设项目以及固有资产核实的不动产，均需在销项税额中扣除进项税额，开始扣除时间是从开始获取时分 2 年进行扣除，“固定资产”“在建工程”用于借记取得时花费，“应交税费——应交增值税(进项税额)”用于借记增值税中当时可扣除的部分，“应交税费——待抵扣进项税额”用于记录增值税中以后扣除的部分，“应付账款”“应付票据”“银行存款”用于该交或已交数额的贷记。进项税中还没有扣除的金额，在今后开始扣除时，“应交税费——应交增值税(进项税额)”用于借记允许扣除的数额，“应交税费——待抵扣进项税额”用于此项贷记。

3.1.4　发生业务的账务处理

公司在进货、装配维修、无形财产、不动产及进行服务时，以该得或已得数额为准，“应付账款”“应付票据”“银行存款”等用于借记，“主营业务收入”“其他业务收入”用于贷记获取的数额，现今实行的增值税体制涉及的销项税额或采用简易计税方法计算的应纳增值税额贷记需填“应交税费——应交增值税(销项税额)”或“应交税费——简易计税”，“应交税费——应交增值税”适用于小范围的交税人。如果存在退货的情况，会计记录时以合规的红字增值税票据进行相反记录。

3.1.5　企业发生相关成本费用允许扣减销售额的账务处理

依据现在实行的增值税相关制度，公司该交或已交的制造原料花费应用“主营业务成本”“存货”“工程施工”进行借记，用“应付账款”“应付票据”“银行存款”进行贷记。在增值税收据合理且交税行为确实发生的情况下，以规定的扣除税务数额为基础，“应交税费——应交增值税(销项税额抵减)”或“应交税费——简易计税”项目(小规模纳税人应借记“应交税费——应交增值税”项目)用于借记，“主营业务成本”“存货”“工程施工”用于贷记。

3.1.6　月末转出多交增值税和未交增值税的账务处理

一般公司会将本月该缴没缴或者额外缴纳的增值税记录在“应交增值税”，在本月结束时，应该将其转成“未交增值税”。“应交税费——应交增值税(转出未交增值税)”用于借记本月该缴没缴的增值税，“应交税费——未交增值税”用于此项贷记；“应交税费——未交增值税”用于借记额外缴纳的增值税，贷记记录在“应交税费——应交增值税(转出多交增值税)”。

3.2　对轨道交通企业的税负影响

(1)对于营业税改增值税之前的一般纳税人而言，假设营业收入为 100 万元，因为营业税改增值税之前企业所缴纳的是营业税，那么相应计算为：

应交营业税＝100 万元×营业税税率 3%＝3 万元；

营业税金及附加＝3 万元×(城建税 7%＋教育费附加 3%＋地方教育附加 2%)＝0.36 万元；

税费合计 3+0.36=3.36 万元。

而营业税改增值税之后，应该缴纳增值税，相应计算为：

应交增值税=100÷(1+10%)×10%−B(可抵扣进项税额)=(9.09−B)万元；

税金及附加=(9.09−B)×(城建税 7%+教育费附加 3%+地方教育附加 2%)

=1.09−0.12B 万元；

税费合计 9.09−B+1.09−0.12B=10.18−1.12B 万元。

从上可知，当 10.18−1.12B<3.36，即可抵扣进项税额 B>6.09 时，"营改增"后一般纳税人税负减轻；当可抵扣进项税额 B<6.09 时，一般纳税人税负加重。

(2)对于小规模纳税人而言，假设营业收入为 100 万元，"营改增"之前企业缴纳营业税，其计算如下：

应纳税额合计=100×营业税 3%+100×营业税 3%×(城建税 7%+教育费附加 3%+地方教育附加 2%)=3+0.36=3.36 万元。

"营改增"后缴纳增值税，其计算如下：

应纳税额合计=100÷(1+3%)×增值税征收率 3%+100÷(1+3%)×增值税征收率 3%×(城建税 7%+教育费附加 3%+地方教育附加 2%)=3.26 万元。

通过上面计算，可以发现对于小规模纳税人来说，由于增值税计税基础为不含税价，营业税改增值税之后对于轨道交通业小规模纳税人的税负有所下降。

3.3 "营改增"对企业财务方面的影响

轨道交通业过去接收营业税发票，发票的真伪难辨，受基层企业人员素质、政策规定以及轨道交通业偶然性(可能会在运输过程中发生的各种状况)等因素的制约，在发票管理上依然存在漏洞，"营改增"之后迫使企业出台了相关强制性政策加强对发票的收集与管理，使得发票得到了最大限度的收集，相关抵扣链条更加完整。

综上所述，轨道交通企业"营改增"施行后，增值税会计制度对比于改革前营业税会计核算制度而言，各环节的核算方式都更加繁琐，核算量也有较大提升。由于营业税的会计核算操作简单，没有进项抵扣的问题，而增值税制度则要求严谨的核算体系来处理增值税账务流程、税款的申报缴纳及认证抵扣等程序。企业若没执行严格的增值税抵扣制度而导致出现无法抵扣的情形，会增加企业运行成本，因此，企业必须对企业员工进行财税知识培训，制定完善的会计核算制度，加强对可抵扣进项项目及成本的核实，了解可抵扣项目取得专用发票的确定性，同时及时向税务机关认证专用发票并进行抵扣，充分抵扣进项税额，避免取得无法抵扣的凭证。增值税制度相较于营业税制度而言，复杂的会计核算方式要求企业会计人员具有更高的素质。交通运输企业要牢牢把握政策变化，要求企业财务人员及时进行财税知识的更新，并对增值税的会计处理了若指掌，如增值税视同销售行为和进项转出处理等的核算方法；还要加强增值税的申报抵扣程序、防伪税控比对及会计核算办法的培训，规范财务会计管理，通过财务人员培训和会计制度制定来应对会计核算制度的转型。

此外，加强企业内部的发票管理，在选择合作的纳税人时，尽量选用能够开具增值税专用发票的纳税人。将企业的税收费用作为运营重点，对于新政策的不懂之处，应当及时向相关税务部门咨询，以企业实际情况出发，选用口碑较好的税务代理机构开展税收计划工作。

地铁公司财务融资风险的规避概谈

周　峰

（南京地铁建设有限责任公司，南京　210017）

摘　要：企业财务融资风险是企业在融资过程中可能产生的风险，控制并降低财务融资风险对企业有着非常重大的意义。地铁项目的融资需求量大，财务融资风险更应受到关注。结合地铁项目的特点和公司发展情况，采取一系列有效手段降低财务融资风险，有利于公司健康稳定发展。

关键词：财务融资风险；融资决策；风险规避

1　财务融资风险介绍

财务融资风险是指企业在融资过程中可能产生的风险。现金流断裂是常见的一种融资风险，会给企业带来极其不利的影响。因此，保持资金流入、流出的匹配，也就是维持稳定、合理的现金流是控制财务融资风险的关键。

2　企业财务融资存在风险的原因

2.1　企业资产流动性差

资金的稳定能够帮助企业维持正常的经营运作，能够为企业的平稳发展提供有力的支持和保障。资产的流动能力和变现能力决定了企业的购买能力，与企业的成长息息相关，如果企业的资产流动性过差，就容易发生运营风险，在遇到经济、市场行情变化的时候，企业很可能会因为没有足够的资金支持而破产倒闭。

2.2　不合理的融资决策

企业融资决策的内容一般包括几个方面，即融资方式决策、融资规模决策和融资结构决策等。企业在运营管理中具体选择哪种融资方式、采取哪种措施都需要企业管理者依据企业的自身情况、经济、市场情况而定。当融资决策失误、不合理时，会增加融资风险。

2.3　融资工作没有前瞻性，对宏观经济形势预判失误、与公司发展战略、所属阶段不匹配

融资工作必须有前瞻性，一方面要求对宏观经济形势进行深入研究，并作出合理预判，另一方面也必须与公司的发展战略、所属阶段相适应，这样才能有效地控制融资风险。

3　常见的融资方式及其特点

融资的方式有很多种，不同的方式虽然有其自身的优势，但同时又在应对市场风险上体现出不同的缺点。企业需要根据自身发展的真实情况选择最为适宜的融资方式，才能保证企业资金的安全性。企业管理者要善于预测和发现市场风险，在事前做好应对和防护工作，才能更好地避免威胁出现。管理者要对各种融资方式的优缺点有清楚的了解和掌握，才能在市场运营中最准确、最快速的找到融资方式解决企业发展难题。具体的融资方式主要包括以下几种：

(1)股权融资:通过转让部分股权,或通过增资形式吸引投资者投入资金的融资方式。主要包括公开发行和非公开发行两种渠道。特点是没有期限的约束,也无需支付固定的融资成本,同时容易造成企业控制权力分散;披露成本和信息沟通成本较大。

(2)债权融资:通过负债的方式筹集资金。其形式多种多样,包括向金融机构借款、融资租赁、公开市场融资等。其特点是有固定的融资期限,需要按约定定期支付融资费用。

(3)留存收益:企业盈利并留存在企业内部的资金。其特点是不会发生融资费用,但是资金的数额有限。

(4)政府投入:政府出于特定用途给予的资金。特点是用途和金额一般由政府制定,用于特定的用途。

4 企业财务融资风险规避的措施

4.1 构建风险控制框架

企业构建科学合理的财务融资风险控制框架,要涵盖内部财务管理环境、目标设定、控制活动、风险评估、信息沟通等多个方面。其中对财务管理环境的监控是整个框架的基础,需要企业管理者深挖企业核心价值观念、人文管理等多方面内容,同时针对管理策略和人员配置进行优化评估,这样才能及时发现财务融资的风险,并采取相应的措施进行规避。

4.2 确定企业融资结构和负债结构

企业需要根据自身实际情况对长期负债与短期负债进行合理的配置,将投资目标的风险降到最低,管理者要将负债规模控制在合理的范围之内,才能保证资金的流动性和可偿性。企业要依据现金流的情况做出及时的调整,要将融资弹性进行严格的监督。

4.3 选择适宜的融资方式

选择合理的融资方式和融资结构是保证企业能够规避风险的基础,企业在选择融资方式的时候应当注意资金结构和负债结构,要对资金的期限、来源有严格的规划和控制,要考虑不同融资方式的风险,选择最适宜的融资渠道才能保证企业正常平稳的发展。不同的融资方式会给企业带来不同的效益,管理者一定要在资金回报率、资金流转次数和信用风险等方面进行多方面的考虑,选择最适宜的融资方式。

5 地铁公司降低财务融资风险的措施

地铁工程项目的特点包括建设周期长、资产规模大、负债规模大、运营长期亏损等,地铁公司融资工作也必须与地铁工程项目的特点相适应。总体而言,地铁公司的融资特点包括融资需求量大、融资需求长期存在。在“十二五”期间,我们经历过一轮资金紧张的局面,2011～2013年期间,在国家宏观调控的大背景下,企业融资难度、成本明显增加。而当时南京地铁正处于建设高峰期,建设规模与体量均处于历史高位。在公司领导的正确带领下,尝试了多种方法,有惊无险地渡过了难关。“十二五”期间摸索出一条较为适应当时南京地铁发展的筹融资模式:以间接融资为主、直接融资为辅;以长期融资为主、中短期融资为辅;建设资金主要依靠长期的银团贷款解决,还本付息及经营周转资金主要依靠流贷、票据、债券、租赁等多重方式落实工程。

结合地铁工程项目的特点和过去工作经验,我们对降低地铁公司财务融资风险的途径进行了总结,主要体现在两个方面:一是积极争取政府支持,深入挖掘资源开发业务,优化运营管理水平,建立长期有效的还本付息机制;二是紧跟国家财金政策风向,探索适合当前发展阶段的融资策略和融资方法。

“十二五”已经过去,展望未来,降低地铁公司财务融资风险的具体手段可以归纳为以下几点:

(1)落实建设资本金及时、足额到位。

(2)落实运营亏损补贴、安检补贴等资金及时、足额到位。

(3)加大资源开发力度和成效,形成稳定的资金净流入。

(4)优化运营管理,控制亏损规模。

(5)进一步加大公开市场债务融资的规模。

(6)继续探索股权融资的模式与渠道。

(7)适当调整债务结构,尽量平均还本付息的压力。

(8)及时了解宏观经济形势,积极探索新的筹融资模式。

第 2 部分　土 建 篇

2.1 综　　述

南京地质种类繁多，岗地、阶地和漫滩地貌交错分布，软硬不均且地下水丰富，素有“地质博物馆”之称。随着轨道交通线网的不断加密，换乘车站和相交区间施工难度日益加大，加之主城区道路狭窄，管线密集，历史保护建筑和市政设施众多，土建施工可谓在刀尖上行走。南京地铁在总结既有线土建施工经验教训的基础上，采取了一批新工艺新方法，建立了一套土建工程施工风险管控制度，提出了一系列行之有效的管理办法，确保工程安全质量的同时，创造出了南京特色和亮点。

在土建篇里，收录了地下工程技术与施工实践、高架工程技术与施工实践、施工环境保护技术实践、新技术应用与实践等四方面的文章，既有对本轮建设期间各条线路主要建设风险及控制措施进行的系统研究和总结，也有针对复杂地质条件下、特殊施工环境下一些具体、典型问题的思考和探索，凝聚了南京地铁工程建设者近十年来的经验与智慧。

一、地下工程技术与施工实践

近十年来，南京地铁同步修建了 3 号线、10 号线两条单洞双线、外径 11.2 m 大断面过江隧道，针对长江特殊砂卵石、石英砂地层和国内最宽江面穿越的难点，攻克了超长距离 60 m 高水压掘进、江底刀具更换与改进、泥浆回打、地表沉降控制、复杂地层穿越、隧道通风、人员疏散等一系列技术难关，这也是中国城市轨道交通工程建设史上的里程碑。上述过江隧道施工关键技术和经验总结在文章《南京地铁过江隧道总体设计与施工》与《南京地铁 10 号线越江隧道盾构穿越卵砾石地层施工关键技术》中进行了详细阐述，可为国内类似过江、河隧道工程施工提供借鉴和参考。

此外在近期线路施工中，建设者们还解决了 48 m 超深基坑开挖，23.28 m 超大断面矿山法隧道施工、岩溶地层矿山法隧道泉眼突水治理、大跨断面盖挖下穿市政隧道、900 m 长距离 2.9 m 小间距盾构隧道掘进、100 MPa 以上硬岩区段盾构空推、复合地层盾构掘进等施工难题，上述工程难点和处置措施可从《南京地铁 4 号线暗挖隧道大断面施工经验总结》《南京地铁机场线工程复合地层盾构隧道施工关键技术》《桦墅站—仙林湖站区间岩溶区矿山法隧道施工泉眼处理效果分析》《盖挖法穿越绕城公路玉兰路隧道施工技术》《长距离小间距盾构隧道施工技术研究》《盾构空推过矿山法隧道施工技术总结》《南京地铁 4 号线鸡一九区间盾构到达施工总结》等文章中找到答案，对后续类似项目有着重要的参考价值。

二、高架工程技术与施工实践

十二五期间修建的市域线大部分采用了高架线，如机场线、宁高线、宁天线、宁和线等，在降低工程造价的同时，其轻盈的造型成为城市一道靓丽的风景线。其中宁和线上跨长江三桥南接线转体桥是南京市首座采用转体法施工的桥梁，填补了南京市桥梁施工领域内的一项空白，也为今后市政工程中上跨交通干道桥梁施工积累了丰富的经验。由于大胜关长江大桥是具有双线高速铁路、双线Ⅰ级干线客货共线铁路和双线宁和城际轨道交通，其规模及设计难度均无先例可循，为确保桥梁结构和地铁运营安全，参建各方进行了大跨度铁路钢桁拱桥抗风性能研究，为今后类似桥梁设计和施工提供了宝贵的研究数据和经验。《宁和线跨南京三桥南接线转体桥技术浅析》借助宁和城际线江南段跨长江三桥南接线转体桥施工案列，对施工过程中球铰制安、转体、精度控制等关键环节进行了剖析。

此外南京地铁拥有自主知识产权的预制 U 型梁在机场线和宁高线再次大量采用，工程技术人员对 U 型梁施工技术、高架车站墩柱防撞、高架车站整体模型受力、明桥面轨道结构等进行了专题研究。《后张法预制 U 型梁施工技术探讨》详细介绍了 U 型梁预制施工工艺及控制措施，并针对 U 型梁的图集化设计、专业化施工、规模化生产、耐久性研究几个方面提出了改进建议。

三、施工环境保护技术实践

土建施工除了规避自身风险外，环境风险更要全面识别和妥善处理，根据“规划统领、建设同步、避免反复”的原则，地铁 3 号线分别与纬一路快速化隧道、南京南站南北广场地下空间、玉兰路隧道、宁芜铁路主城段外线工程以及 1 号线北延与红山快速化隧道工程实现了一体化设计、结构共板、同步施工。虽然在同期施工期间的施工组织、接口协调以及工程总体风险管控难度增大，但最大程度减小了对周边环境及道路交通的影响，实现了对道路空间资源的集约利用。

对绿化和文物的保护也是工程施工必须考虑的重要因素，如在 3 号线施工中首次引入绿评程序，通过优化站位和施工工法，尽量降低梧桐树的移植数量，留住了南京人的美好记忆。在文物保护方面，建设者们更是精心谋划，统筹考虑、多措施防护。4 号线鼓楼站为减少施工对鼓楼国家级文物的影响，首先通过钢板锚索对鼓楼文物加固，同时控制暗挖爆破施工并采用多种暗挖工法将鼓楼结构变形控制在合理范围。本章收录文章侧重于土建施工对周边建构筑物的保护，包括邻近老旧房屋、桥梁桩基的深基坑施工，下穿民房、桥梁和铁路等设施的区间隧道施工，如《深埋盾构隧道在岩层中穿越桥梁时隔离桩适用性研究》《宁和城际矿山法隧道下穿国铁隧道影响分析》《宁和城际轨道交通一期大胜关桥段涉铁工程建设安全管理总结》等文章，在结合现场施工实践的基础上，结合理论分析，全面论述了各类工法对邻近市政桥梁、铁路和文物的各种保护技术和施工安全管理经验，既有总结，也有反思。

四、新技术应用与实践

十二五期间，不仅一系列成熟工法和技术在地下车站、区间隧道和高架桥梁等各领域推广运用，还不断涌现出一批新技术新方法，在工程风险控制和降低施工影响方面发挥了重要作用。如 3 号线上元门站施工采用新型注浆材料 GT-1 代替水玻璃，创新应用模袋法注浆工艺，解决了破碎岩层动水条件下基岩裂隙水封堵治理的重大难题。4 号线在环境敏感区段，委托两家微振研究专业机构采用微振研究技术进行专项评估，为地铁选线调线提供依据。此外在 3 号线、4 号线施工中还采用了高速铁路高精度 CPⅢ 测量网铺轨技术，确保了轨道线路的平顺和精度。其他新技术还有平坡车站排水、机场线 GPST 地面出入式盾构法隧道新技术、BIM 技术应用、改进型钢套筒接收系统、软土地层暗挖截桩、新型隔振器浮置板等等。上述内容可参见《新型速凝材料注浆加固富水破碎带机制分析》《平坡地铁车站的排水技术方案研究》《南京地铁机场线工程技术成果介绍》《BIM 技术在南京地铁宁溧线工程施工中的应用》《盾构到达钢套筒辅助接收系统的改进设计及施工方法》《软流塑地质矿山法截除盾前桩基施工技术》等文章。

展望未来，随着南京轨道交通新一轮建设任务的开展，建设者将在软土富水地层深基坑开挖和临近既有线施工等领域面临更严峻的挑战，南京地铁将会通过不懈的技术创新和实践，探索出新的土建工法和工程案例，继续引领国内地铁施工技术。

2.2　地下工程技术与施工实践

南京地铁过江隧道总体设计与施工

佘才高

（南京地铁集团有限公司，南京　210008）

摘　要：以南京地铁3号、10号线过长江隧道为背景，针对其距离长、风险高、施工难度大等特点，在国内地铁行业首次提出采用单洞双线大直径盾构隧道的断面形式。分别从设计与施工难点及采取的措施出发，通过工程类比、仿真计算、现场试验等研究手段，确立了11.2 m外径的单管双线三层内部结构的地铁过江大直径盾构隧道横断面，解决了地铁大直径盾构隧道衬砌环分块形式，提出了利用隧道顶部富余空间的纵向通风模式。实践证明，在直径为10～12 m的大直径盾构隧道中常压换刀是可行的、安全的。研究成果可为城市大断面越江地铁盾构隧道工程提供借鉴。

关键词：南京地铁；过江隧道；大直径盾构隧道；盾构换刀

0　引　　言

自20世纪60年代以来，为满足城市交通迅猛发展的需要，我国建设了多条越江隧道。由于盾构法隧道具有目标工期及工程造价可控性好、风险相对较小、施工期间不影响江河通航及不易受河床变迁影响等优点而在国内外越江（河）工程中被广为采用。

国内已建成的上海延安东路隧道、翔殷路越江隧道、大连路隧道、打浦路隧道及南京纬七路长江隧道等工程均为盾构法隧道工程。目前国内越江隧道大多采用大直径盾构隧道过江形式，断面一般在10～15 m范围，且此类隧道工程多，施工技术成熟。但是，这些越江隧道多数为公路隧道，目前，单洞双线的大直径过江盾构隧道在地铁领域还未出现，而两者在限界、行车、防灾、排水、运营等方面均存在较大差异，大量专业问题需要重新进行研究。

本文以南京地铁3号、10号线越江隧道（图1）为背景，针对其距离长、风险高、设计及施工难度大的特点，在国内地铁行业首次提出了采用单洞双线三层大直径盾构隧道的断面形式；针对高水压特点，研究得出采用双道防水密封垫设计形式；提出采用纵向通风方式且以道床疏散为主、疏散平台为辅的疏散方式。

图1　隧道平面示意图

1 工程概况

南京地铁 3 号线采用 A 型车，其过江通道起于江北浦珠路与柳州路路口布置的浦珠路站，沿京沪高铁预留上元门通道走设，下穿威尼斯水城、引水河泵站、长江后到达江南燕江路与中山北路路口布置的滨江路站，通道全长 3 321.6 m，穿越地层（图 2）主要为粉细砂、淤泥质粉质黏土、含砾中粗砂地层；穿越江段江面宽约 2 km，百年一遇洪水位 10.53 m（吴淞高程，下同），三百年一遇最大冲刷线最深点高程－34.43 m、深泓摆幅 100 m。

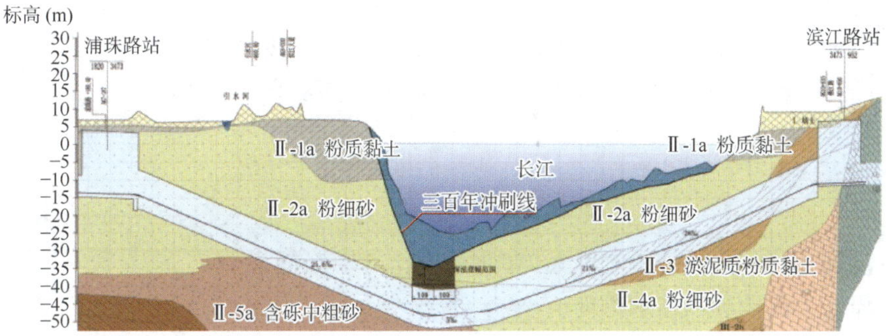

图 2 南京地铁 3 号线地质纵断面图

南京地铁 10 号线采用 B 型车，其过江通道起于江心洲岛内纬七路过江隧道以西布置的江心洲站，下穿长江、江北水厂后到达江北纬七路过江隧道以西、纬七路收费站以南布置的滨江大道站，通道全长 3 583 m，隧道区间穿越地层（图 3）以粉细砂、中粗砂、卵砾石及粉质黏土地层为主，穿越江面宽约 2.1 km，百年一遇洪水位 10.68 m，三百年一遇最大冲刷线最深点高程－32.40 m、深泓摆幅 100 m。

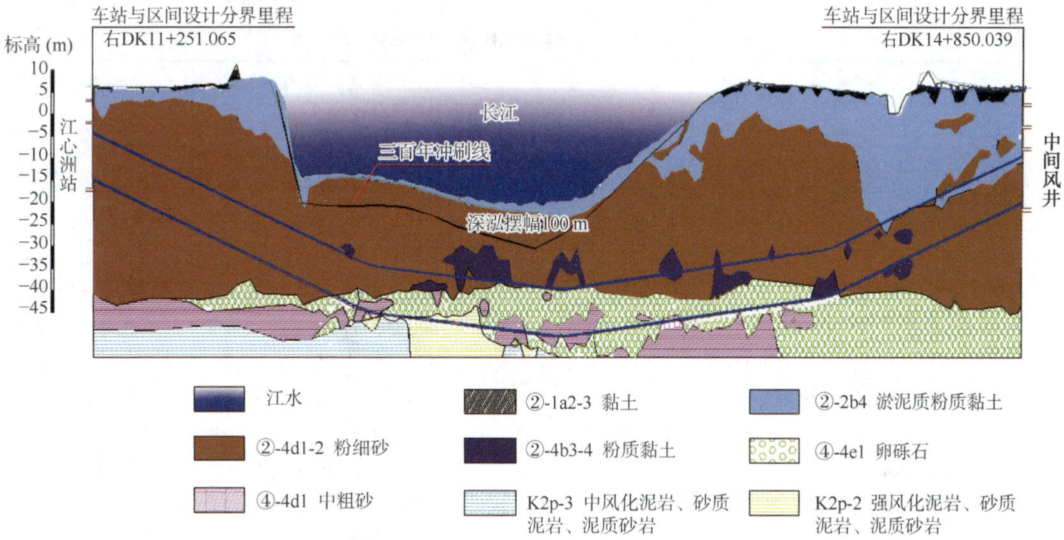

图 3 南京地铁 10 号线地质纵断面图

2 工程特征

工程主要的特征及技术难点如下：

（1）盾构区间线路长且地质条件极其复杂。隧道区间线路长 3.3～3.6 km，主要穿越的地层为粉细砂、中粗砂、卵砾石及粉质黏土地层。粉细砂层透水性强，易发生涌水、涌砂现象，且盾构在该层掘进时易发生沉陷；全断面穿越中粗砂、卵砾石层长度较长，其所含砾石强度较高，对刀具磨损严重，地层自稳能力低、透水性好，易发生开挖面不稳、突泥涌水事故。

(2)沿线水头压力高、覆土变化大。越江段长江多年平均水位 5 m 左右(吴淞高程),隧道顶板最高水压力为 0.6 MPa,盾构及成型隧道承受极高的水头。隧道覆土变化大,最大及最小埋深分别为 41 m 和 12 m,其中江中段覆土最浅处约 1D,施工风险大。

(3)江底隧道线路近穿深槽段。隧道区间的深水漕在勘察期间水深达 27～30 m,三百年冲刷线深泓摆幅范围约 100 m,且深槽区段盾构隧道全断面穿越②-4d1-2 粉细砂层,该土层为中密～密实,颗粒级配不良,矿物成分以石英、长石为主,含云母碎片,偶含石英质砾石,局部夹粉质黏土薄层,渗透系数较高。

(4)近穿建(构)筑物多。线路周边环境较复杂,盾构区段穿越建(构)筑物有浦口区自来水厂建筑物及管线、长江大堤等。浦口区自来水厂给浦口区人民提供日常生活用水,对浦口区人民正常生活有着重要作用;而长江大堤作为江防大堤,对保护浦口和江心洲两地人民生命财产安全有着不可估量的作用。盾构区间线路在建筑物下穿行的区段施工风险大,对施工引起的变形控制要求高。

3 隧道横断面设计

由于盾构法隧道造价高、工程技术难度大,有效地优化其横断面设置,在满足设计功能的前提下减小横断面,可以有效地降低工程投资和技术难度。

通过工程类比,综合考虑盾构管片设计各类因素(表 1),最终确定采用单洞双线盾构方案。隧道建筑限界内径为 9 800 mm,根据建筑限界、施工误差、测量误差及不均匀沉降等因素,确定双线盾构隧道的内径为 10 200 mm,管片厚度采用 500 mm,管片外径为 11 200 mm(图 4)。

根据功能需要,大盾构断面布置将隧道分为 3 个部分。上部为纵向排烟道,中间部分为上下行地铁车行道,下部为集水泵房。上部风道的面积和尺寸主要决定于排烟能力要求;轨道结构下部空间因结构分成 3 部分,中间部分主要考虑作为排水沟槽和江中泵房,保证必要的检修空间,风道板及泵房采用预制件进行施工,确保施工工期。

在中隔墙两侧设置纵向疏散平台,直线段宽度 700 mm,曲线段宽度 600 mm,供隧道维修和防灾疏散使用。

表 1 长距离过江地铁盾构隧道方案比较表

项　目	“小洞”方案	“中洞”方案	“大洞”方案	双圆盾构方案
隧道内径	ϕ5.5 m	ϕ8.0 m	ϕ10.2 m	2ϕ5.5 m
管片厚度	0.35 m	0.4 m	0.5 m	0.35 m
国内盾构现状	国内类似直径盾构机较多	国内无该直径盾构	国内无该直径或者类似直径盾构机	仅上海一台
中风井设置情况	需要在江中设置一座	不需设置	不需设置	需要在江中设置一座
联络通道设置情况	需要在江底设置 3 座、江南、北各设置 1 座	利用隧道空间纵向独立设置疏散通道	利用隧道内隔墙设置疏散门洞,间距 100～200 m	利用隧道内隔墙设置疏散门洞,间距 100～200 m
泵房设置情况	江底隧道最低点结合联络通道冻结加固设置	利用内部空间在隧道最低点回填设置	利用内部空间在隧道最低点回填设置	降低隧道最低点独立冻结加固设置
防灾救援	利用横通道互为疏散、救援,两线间疏散距离长、安全性差	利用独立疏散通道逃生,安全性高	利用隔墙防火门互为疏散、救援,两条线间疏散距离短、安全性高	利用隔墙防火门互为疏散、救援,两条线间疏散距离短、安全性高
对两端车站影响	两端车站采用岛式站台,盾构在车站端头始发、到达	两端车站采用岛式站台,车站站台宽度 13.5 m,车站规模较大;盾构在车站端头始发、到达,车站站台层层高需要加大	车站采用侧式站台或在端头设置明挖喇叭口隧道,车站功能不如岛式站台车站;盾构井设于车站端头,对车站结构布置影响大	车站采用侧式站台或在端头设置明挖喇叭口隧道,车站功能不如岛式站台车站
运营条件	断面小、隧道埋置浅,运营条件相对较好	断面大、隧道埋置深,运营条件相对较差	断面大、隧道埋置较浅、纵坡大,运营条件相对较差	断面小、隧道埋置浅,运营条件相对较好
施工风险性	正洞施工风险小,但江中风井、横通道施工风险较大	正洞施工风险稍大,但避免了反复穿越长江和中风井、横通道施工风险	正洞施工风险稍大,但避免了反复穿越长江和中风井、横通道施工风险	中风井和横通道施工风险高
环境影响	中风井屹立在江中,对景观影响较大	盾构在河床下掘进,对长江景观和航道无影响	盾构在河床下掘进,对长江景观和航道无影响	中风井屹立在江中,对景观影响大

续上表

项　目	"小洞"方案	"中洞"方案	"大洞"方案	双圆盾构方案
工程造价	综合约 13 万元/双线延米	约 18 万元/延米	约 15.5 万元/延米	综合约 9.5 万元/延米
施工工艺	国内类似工程多，施工技术成熟，但在如此大水深、软土环境下施工沉井工程无类似经验	国内无类似工程经验，技术不成熟	国内下穿江河大直径盾构实例多，施工技术成熟	仅上海一地工程实例，无穿越江河施工经验；且在如此大水深、软土环境下施工中风井工程经验少

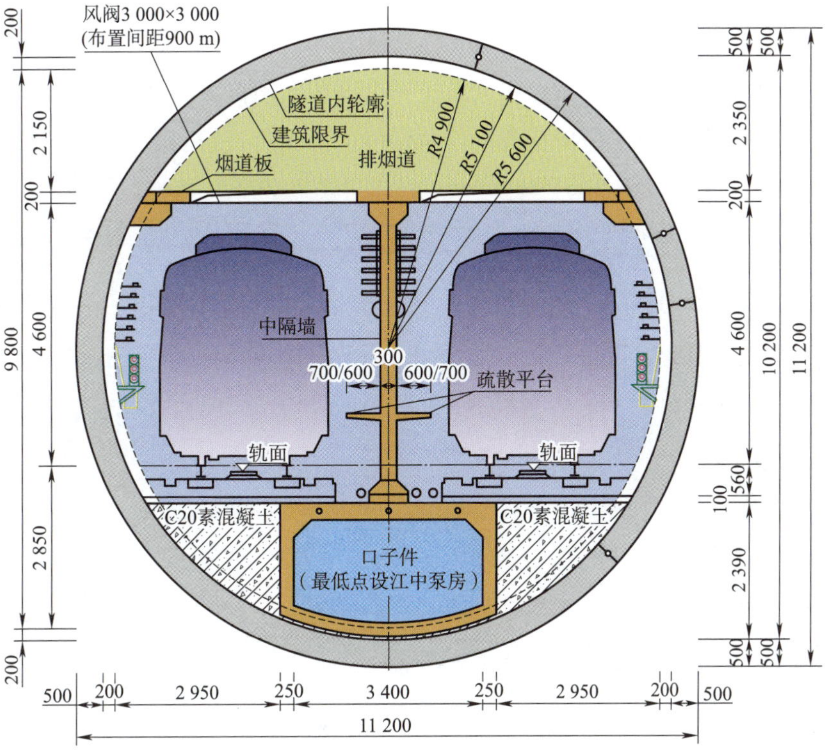

图 4　单洞双线大盾构隧道建筑限界图(单位:mm)

4　隧道纵断面设计

4.1　纵断面设计原则

水下隧道纵断面主要从以下几点进行控制：

(1)隧道纵断面纵坡兼顾两端接线车站埋深和功能需要，接线车站布置位置服从规划和功能需要，工程经济、风险可控。

(2)隧道纵断面纵坡需满足行车需要，一般条件下最小纵坡 2‰、最大纵坡 30‰。

(3)隧道纵坡最低点的设置位置和数量应服从排水功能要求。

(4)施工期间隧道的最小覆土不宜小于 1D，以满足盾构施工安全。

(5)水下隧道正常运营期间，隧道的最小覆土在三百年一遇冲刷深度及深泓摆幅条件下满足最小抗浮覆土需求。

4.2　隧道纵断面设计

过江隧道运营期间抗浮安全系数 1.1，考虑三百年一遇河床最低冲刷线和 200 m 深泓摆幅影响，运营阶段最小覆土计算如下：

$$最小覆土厚度=\frac{(1.1\times 隧道浮力-隧道管片自重)}{上覆土容重}=4.23\ \text{m}$$

南京地铁 3 号线过江隧道纵断面采用“V”字坡，受三百年一遇冲刷线深泓位于北岸影响，隧道最低点靠江北布置，隧道最大纵坡 29‰、最小纵坡 8‰，施工期间隧道最小覆土 10.4 m、位于江北漫滩地区；正常运营期间三百年一遇冲刷线及 100 m 摆幅基础上最小覆土 5.1 m。

南京地铁 10 号线过江隧道纵断面同样采用“V”字坡，隧道最大纵坡 28‰、最小纵坡 9‰，施工期间隧道最小覆土 9.4 m、位于江南漫滩地区；正常运营期间三百年一遇冲刷线及 100 m 摆幅基础上最小覆土 5.4 m。

5　衬砌结构与防水设计

盾构隧道是由衬砌与接头共同构成的复杂结构体。不同的结构形式，不同的拼装方式，都将导致结构横向和纵向力学性能的显著差异。由于盾构隧道所处的环境含水丰富，故结构的防水问题是事关工程成败的重点和难点。

5.1　衬砌环结构设计

衬砌环采用双面楔形形式，同时考虑管片拼装时旋转产生的水平楔形量损失和国内管模的通用性，确定管片楔形量为 55 mm，单边楔形角 5′45.5″。本次设计采用环宽 2 m、5＋2＋1 分块模式（图 5），全环由大封顶块 F、2 块邻接块 L 和 5 块标准块共 8 块管片构成。

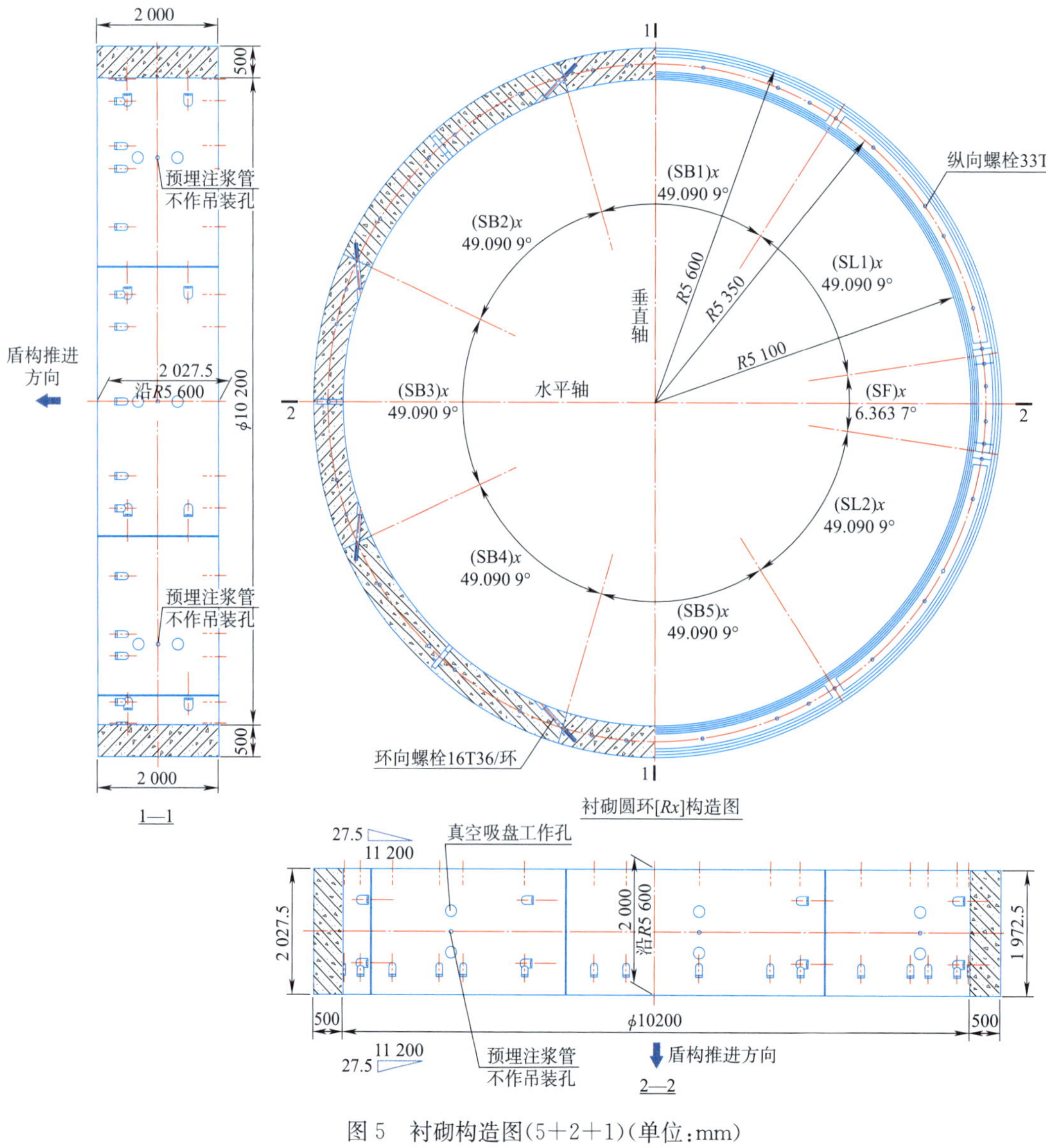

图 5　衬砌构造图(5＋2＋1)(单位:mm)

接缝上设置2道弹性密封垫，内侧预留嵌缝槽。为防止管片外侧损坏，在接缝外侧设置丁晴软木橡胶垫片。在管片接缝上设置凹凸榫槽。接缝连接采用斜直螺栓连接。在最不利工况条件下，考虑接缝弹性密封垫预加紧固力的作用，块与块之间每块设置4颗M45环向螺栓（布置于2个手孔内，每个手孔内各2颗），螺栓机械等级8.8级。环与环之间每环均匀布置36颗M40纵向螺栓，螺栓机械等级8.8级。

5.2 防水设计

从结构、接头、接缝设计、环境保护、施工监测等方面综合考虑，减少、控制结构的沉降及不均匀沉降，防止结构开裂及渗漏。以混凝土结构自防水为根本，以衬砌接头防水为重点，多道防线，综合治理的防水设计，能保证正常运营阶段结构无渗漏、接头不渗漏，并能适应干缩应力、温度应力、地震力、水土荷载、地基荷载作用所引起的变形。

（1）衬砌外注浆防水。同步注浆采用水泥砂浆，在管片拼装完成后进行；二次注浆主要采用水泥浆，但在隧道开挖对地表建筑物或管线影响较大地段，为即时回填空隙，减小地面沉降，可选择速凝型的双液浆（水泥—水玻璃浆液）。为避免浆材硬化收缩，从防水角度考虑，所有的注浆材料皆宜掺加一定量的微膨胀剂。

（2）衬砌混凝土结构自防水及耐久性设计。管片混凝土采强度等级C60，抗渗等级P12，限制裂缝开展宽度≤0.2 mm。

（3）管片接缝防水。管片接缝防水采用双道三元乙丙橡胶弹性密封垫（图6）。

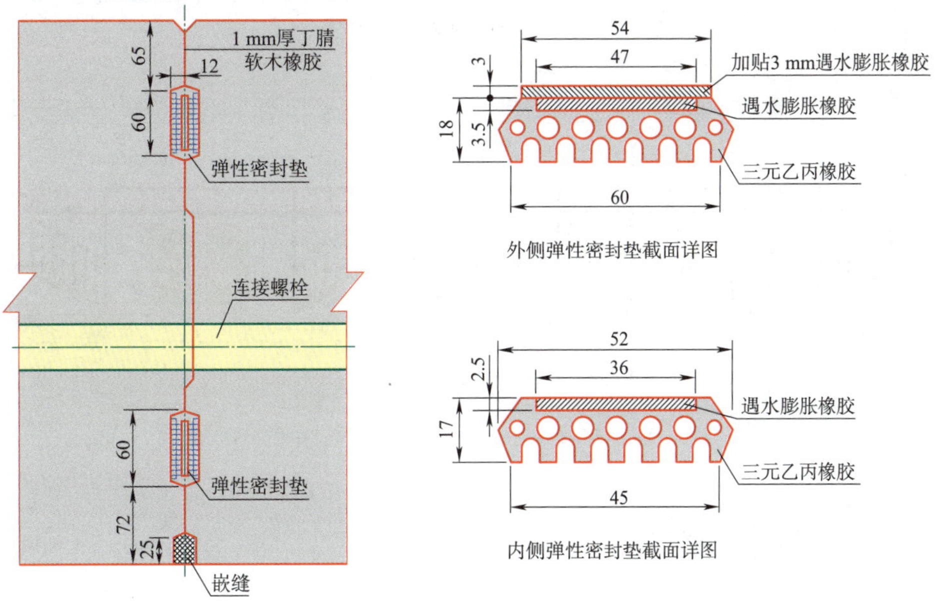

图6 管片接缝防水构造图（单位：mm）

（4）嵌缝防水

嵌缝防水是构成接缝防水的第2道防线。在密封垫寿命期满之后，虽然无法更新密封垫，但作为内道防水线的嵌缝材料是容易剔除并重新嵌填。

①嵌缝范围：洞门段30 m、防洪堤处等变形量大的衬砌环段进行整环嵌填，其余区段则在拱顶110°范围内嵌填。

②嵌缝材料：嵌缝槽密封材料内部嵌填可采用聚合物水泥（如氯丁胶乳水泥砂浆），材料与混凝土结合面用界面处理剂进行处理。

6 隧道通风防灾及疏散系统设计

地铁长隧道由于具有狭长的几何尺寸和发车密度高、客流大等运营特点，当灾害来临时，易发生燃烧迅速、烟气弥漫快、疏散空间狭窄、人员疏散慢等不利情况。由于列车运行和设备运转等都会散发大量的热量，若不及时排除，隧道内部的环境会使得设备无法正常运转。

隧道采用纵向通风系统，隧道顶部设断面积约为 14 m^2 的土建排烟风道以连通 2 车站，排烟风道对应上、下行正线设置 3 组，共 6 个事故风阀，将本区间分为 4 段，可以通过事故风阀的启闭，对事故区段进行排烟运行。滨江大道站以及江心洲站站端各设 1 台 90 m^3/s 的区间事故专用风机。火灾时根据着火点的位置，启动离着火点较近车站的区间事故专用风机，利用轨顶的事故风阀对着火点进行排烟运行，同时，另一侧车站的车站风机以及区间事故专用风机对事故区间进行送风运行，保证区间中形成 2 m/s 以上的疏散气流，为乘客疏散创造有利条件。

隧道采用设置侧向疏散平台和左右线间设置联络通道的消防疏散方式。隧道内疏散平台每隔 200 m 设置步梯。列车发生事故无法行驶时，端头车厢内的乘客通过端头门下至道床步行至车站或通过防灾疏散门进入相邻隧道等待接驳车辆救援，中部车厢内的乘客从车厢下至疏散平台，沿疏散平台步行离开车体至步梯处，再下至更为安全的道床进行疏散。

区间疏散通道设计如图 7 所示。

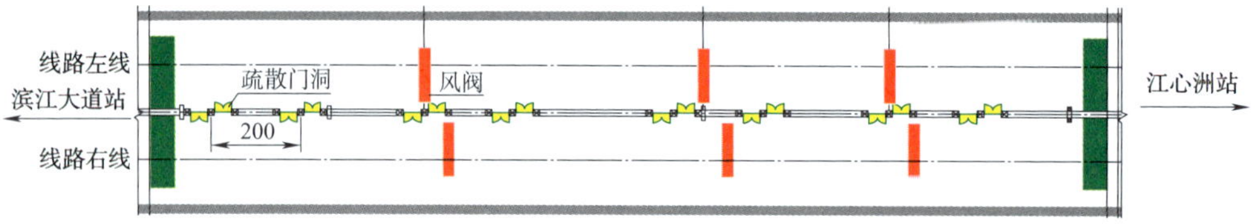

(a) 平面图

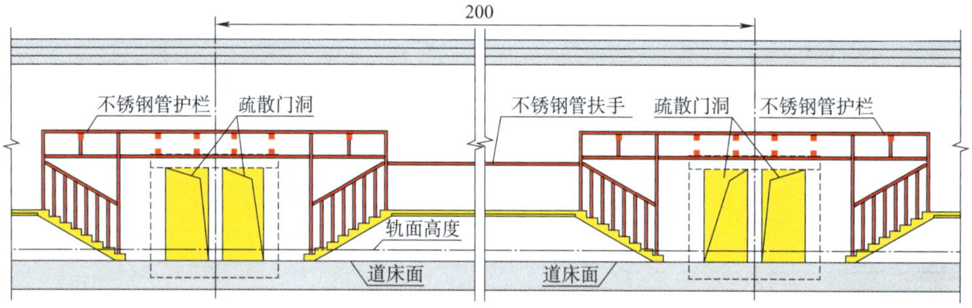

(b) 立面图

图 7　区间疏散通道平面及立面示意图(单位：m)

7　隧道排水及消防系统设计

利用隧道下部空间作为排水沟槽，在最底部时两端填充形成集水池，向就近车站抽排。在两端车站内设一座消防泵房，每座消防泵房引入 1 根 DN150 进水管，环网接通，形成安全可靠的供水系统。由每座消防泵房接出的 1 根 DN150 出水管分别在隧道内全线贯通，以形成安全可靠的消火栓总管环网。隧道内每隔 50 m 设置 1 只单头单阀消火栓，隧道共设消火栓 180 只。在消火栓总管上每隔 5 组消火栓设 1 只疏散闸阀，并在总管最高点设放气阀，最低点设放水阀。每座消火栓泵房的供水范围为隧道的一半长度，水压按最不利点消火栓充实水柱不小于 10 m，用水量为 10 L/s 计。每座消防泵房内设消火栓泵机组 1 套，包括 2 台泵，互为备用。

每座车站的地面附近设 1 套水泵接合器，与消防泵房内的消火栓泵出水管接通，并在距水泵接合器 15～40 m 范围内配置室外消火栓。在过江区间隧道最低点设区间废水泵房，废水池内的废水经水泵提升后排到滨江大道站附近的雨水管网。

8　施工关键技术措施

城市轨道交通地下工程因其所处的城市周边环境比较特殊，工程实施过程中存在一定程度的风险，而此类风险工程可分为环境风险工程和自身风险工程。为做到有效规避或控制工程建设风险，减少各类风险事故的发生，降低因风险事故造成的损失，进而达到工程建设安全、质量、进度、效益和环境保护等各项目标，在总体设计阶段应针对风险工程采取施工技术措施进行控制。

8.1 沿线建(构)筑物保护措施

(1)管片环之间增设剪力销提高隧道纵向连接刚度。

(2)盾构掘进过程中加强盾构参数控制、减小了盾构掘进对地层的扰动、有效降低了掘进期间的地层变形和建筑物沉降。

(3)下穿段标准块和邻接块每块管片的注浆孔由 1 个增加至 3 个；利用加密后的注浆孔通过洞内重复注浆加固补偿了地层损失，避免了工后沉降。

(4)在施工期间采用高质量的泥水输送到切口，使其能很好地支护正面土体。泥水密度控制在 1.2 g/cm^3 左右，黏度控制在 22 Pa·s 以上。

(5)同步注浆采用注浆量与注浆压力双重控制，浆液采用早强型可硬性浆液，由此弥补开挖造成的地层损失和控制地表穿建(构)筑物变形。

(6)严格控制盾构姿态，经实测数据证明控制姿态偏差在 40 mm 以下有利于保证穿越期建(构)筑物安全。应避免在结构下方有较长时间停机。

(7)为确保建筑物安全，建筑物角点处布置沉降测点，施工过程中根据监测结果及时优化调整各类施工参数。盾构隧道已经施工完成，盾构施工引起长江北侧建筑物及大堤的竖向变形主要经历先隆起后沉降的过程，穿越结束后 10 d 左右沉降稳定，建筑物与大堤最大沉降量为 9 mm 和 10 mm(图 8)，最大倾斜率为 0.043 5% 和 0.09%，实测与理论计算较接近，见表 2，均在允许范围以内，总体而言穿越施工对建(构)筑物影响较小。

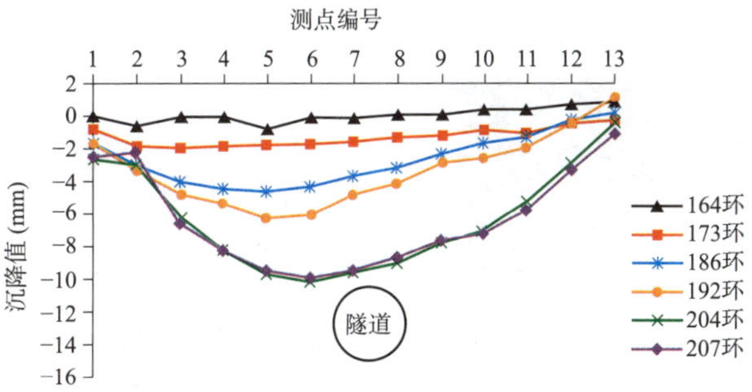

图 8 大堤堤顶沉降随盾构掘进环数的变化(DB1～DB13)

表 2 实测值与计算值对比

项 目	计算值		实测值	
	坡顶	坡脚	坡顶	坡脚
最大沉降量(mm)	9.04	6.96	9.91	7.72
最大倾斜率(%)	0.02	0.02	0.09	0.05

8.2 盾构换刀技术措施

盾构在粉细砂中长距离掘进，尤其需要穿越 1 760 m 范围的卵砾石地层，所穿越的各种地层长度百分率如图 9 所示。该地层具有地层胶结性差、结构松散、单个块石强度高、内摩擦角大的特点，盾构在该地层中掘进时刀具会在短时间内发生较大的磨损，且卵石圆砾地层基本位于江底位置，刀具的检查、更换风险高，且耗时长、费用高。

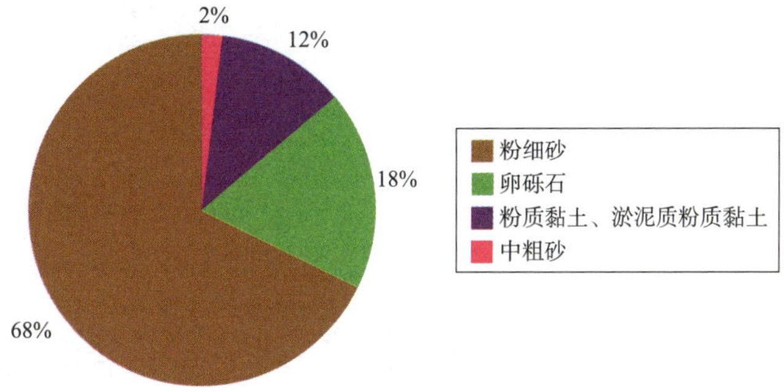

图 9 穿越范围各地层分布百分比

采用高压水下常压进舱换刀方案，盾构在制造时，对刀具轨迹较长、可能磨损较厉害的刀具设置伸缩臂，增大刀盘后部空间，便于刀具回缩。盾构掘进过程中盾构掘进参数发生了明显变化、判断刀具磨损较厉害需要换刀时，可更换刀具回缩、封闭刀盘，人员进入人舱对回缩的刀具进行维修、更换。

配置各类刀具共 210 把，其中可更换先行刀 30 把，固定先行刀 38 把，可更换刮刀 42 把，固定刮刀 88 把，边缘刮刀 10 把，超挖刀 2 把。既能解决刀具磨损后更换的问题，同时避免带压换刀带来的一系列问题。在刀具检查更换过程中一般仅对常压可更换的刀具进行检查更换。常压换刀刀具具体分布情况如图 10 所示（盾构内方向视图）。掘进过程中换刀情况见表 3。

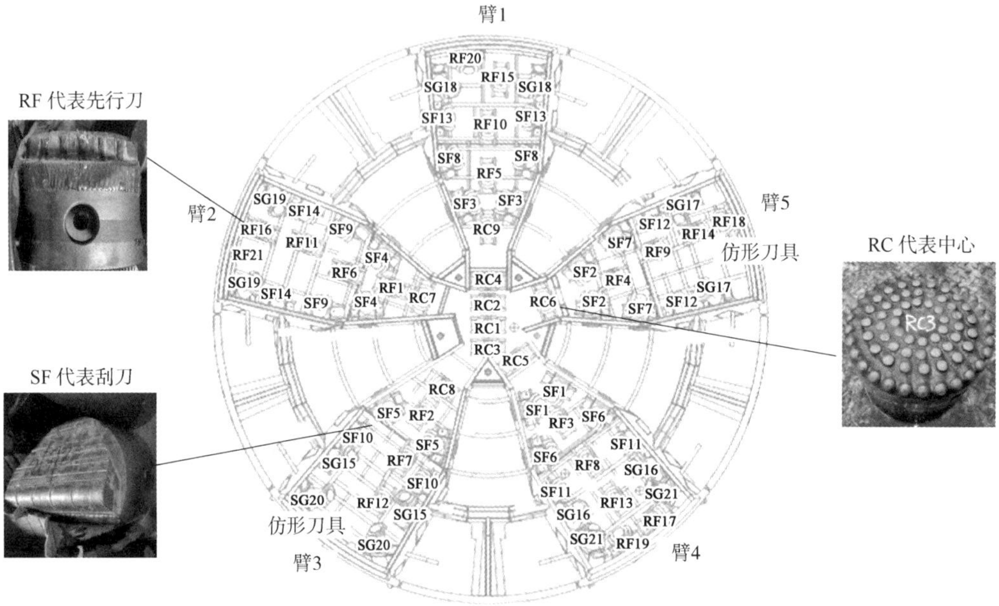

图 10　常压换刀刀具分布图

表 3　掘进过程换刀统计表

换刀编号	单次掘进里程范围	对应环号(环)	掘进距离(m)
第 1 次	DK14+850～DK13+968	441	882
第 2 次	DK13+968～DK13+780	94	188
第 3 次	DK13+780～DK13+604	88	176
第 4 次	DK13+604～DK13+334	135	270
第 5 次	DK13+334～DK13+050	142	284
第 6 次	DK13+050～DK12+762	144	288
第 7 次	DK13+762～DK12+660	51	102
第 8 次	DK12+660～DK12+446	107	214

为了减少换刀次数，需对刀盘进行耐磨性设计，刀盘的面板需焊接格栅状的特殊耐磨材料，充分保证刀盘在掘进时的耐磨性能；在切刀和刮刀上安装了最新的检测装置，能够及时掌握刀具的磨损情况，保证刀具的正常工作。

南京地铁 10 号线越江隧道掘进过程中共进行了 8 次换刀，目前已经顺利施工结束，验证了工程采用常压进舱换刀方案的正确性。

9　结论与建议

(1)南京地铁 3 号、10 号线过江虽大采用单洞双线大直径盾构方案，在满足基本运营及防灾功能前提下，能最大限度降低工程风险，减少投资，提高地铁隧道空间利用率。

(2)盾构管片采用通用衬砌环,管片拼装方式为错缝拼装,分块方式为 5+2+1,共 8 块,管片厚度为 500 mm,管片接缝采用双道弹性密封垫防水。

(3)区间隧道采用纵向通风系统,区间中部设事故风阀,事故状态下的疏散方式采用侧门疏散与端门疏散相结合的疏散方式。

(4)利用区间隧道最低点的口字件作为废水泵房,一次提升至车站后排出室外,有效地利用了隧道空间、减小了附属工程的设置,对工程造价和工程风险控制效果明显。

(5)通过 2 条过江隧道的工程实践,所推荐的下穿建(构)筑物保护措施和换刀技术措施成功运用,有效控制了环境风险和自身风险,同时 10~12 m 直径复合地层盾构刀盘配置提出了新的思路和实践。

南京地铁10号线越江隧道盾构穿越卵砾石地层施工关键技术

陈志宁

（南京地铁建设有限责任公司，南京　210017）

摘　要：南京地铁10号线TA03标工程起于长江北岸的中间风井，终于江心洲站，全长3 600 m，江面宽度2 300 m，最大埋深位于长江江面以下58 m，最大水土压力0.65 MPa，穿越卵砾石层长度达1 760 m。隧道长度长、断面大、土层透水性强、水压高、施工难度大、风险大。本工程施工中先后顺利攻克了盾构始发、穿越浦口水厂、掘进1.8 km的卵砾石与泥岩等不良地质、下穿江南民房群等9项难题，实现了同类地质条件下盾构隧道施工的世界纪录，取得了显著的经济、社会和环境效益，具有重要的推广利用价值。

关键词：高水压；高磨耗；大直径；盾构

0　引　　言

20世纪60年代，英国、日本、德国先后研究开发了泥水加压式盾构，用泥浆压力代替气压，用管道输送代替轨道出土，加快了掘进速度，改善了劳动条件和施工环境，并能较好地稳定开挖面和防止地表沉降，成为一种划时代的盾构新技术。由于泥水的润滑作用，刀盘的扭矩明显比土压平衡盾构小，使其特别适合大直径盾构。

盾构在富水砂卵石地层掘进时，刀具磨耗是困扰掘进的一大难题。在江底段工程施工过程中一旦刀具损坏，主机刀具无法进行工作时就必须换刀，这种情况下极易出现渗水现象，换刀是极其危险的，如何快速安全地进行刀具更换成为盾构能否顺利掘进的关键。

1　工程概况

南京地铁10号线是南京市地铁建设中穿越长江的重要轨道交通线路之一，它不仅对南京市实现跨江发展战略、带动江北地区发展具有积极意义，而且是南京市跨江轨道交通建设第一次尝试，将对后续轨道交通工程建设及其可持续发展产生极大和深远的影响。其中，TA03标过江盾构隧道工程是一项风险大、影响大、技术含量高，具有重大意义的工程，TA03标工程起于长江北岸的中间风井，终于江心洲站，如图1所示。主要穿越粉质黏土、淤泥质粉质黏土、粉细砂、中粗砂、砾砂、卵砾石层等，是国内首座采用单洞双线方案越江的城市地铁盾构隧道，全长3 600 m，江面宽度2 300 m，最大埋深位于长江江面以下58 m，最大水土压力0.65 MPa，穿越卵砾石层长度达1 760 m。隧道先后下穿江心洲1、2层农舍、民居，长江及江南江北大堤、临江鱼楼、浦口区制水厂沉淀池，工程沿线建筑物众多，工程环境复杂。

2　工程难点

2.1　穿越砾石层距离长

本工程盾构隧道3 600 m，其中高磨耗卵砾石层长达1 760 m，全断面卵砾石层820 m，中风化泥岩层300 m，刀盘刀具磨损速度极快，换刀频繁且风险巨大，如图2所示。

2.2　地层透水性强，水压高

隧道穿越地层以中粗砂、卵石圆砾及砾砂地层为主，均为透水性强的地层。江中段最大深达58 m，水土压力高达0.65 MPa，是世界上承受水土压最高的盾构隧道之一。

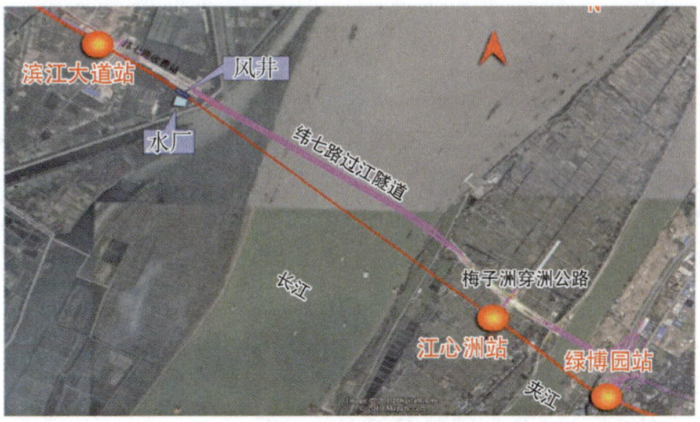

图 1　TA03 标过江盾构隧道工程平面图

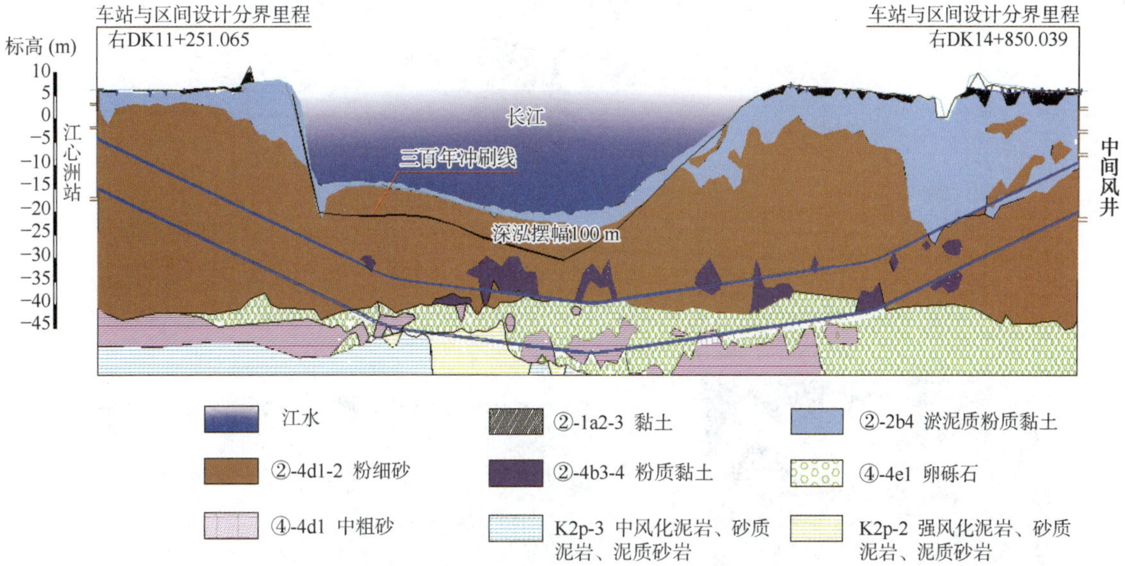

图 2　TA03 标过江盾构隧道工程地质纵断面图

2.3　施工风险大

工程沿线建筑物众多，工程环境复杂。盾构自中间风井出发，向东南方依次穿越浦口制水厂、临江鱼楼、北岸长江江防大堤、长江左汊航道、南岸长江江防大堤、江心洲民房建筑群及石砌排洪沟到达江心洲站。盾构下穿时将不可避免地对建筑物产生影响，稍有不慎将影响建筑物的正常使用，严重时甚至引发灾难性的事故。再者，隧道穿越约 250 m 长浅覆土冲槽段，局部覆土厚度仅为 10.4 m，百年一遇冲刷线埋深仅 6.5 m，土层为透水性细砂层，易产生冒顶、塌方，盾构掘进安全风险大，如图 3 所示。

2.4　隧道断面大

南京地铁 10 号线过江隧道为国内首座单洞双线大直径地铁越江盾构隧道。盾构机直径 11.64 m，是城市地铁盾构施工领域的最大盾构之一。巨大的断面造成掌子面难以稳定、盾构掘进姿态、地层沉降控制难度大幅增大。尤其始发接收阶段，一旦在洞门处形成涌水涌砂，后果不堪设想。

3　关键技术创新

3.1　适用于卵砾石地层的多层次常压可更换刀具配置技术

1. 刀盘刀具配置技术

创新性地研发了多层次可常压更换刀具的布置形式。在直径 10 m 级盾构机上首次应用了常压换刀的设计，图 4 为盾构刀盘面板图，图 5 为刀盘保护效果。

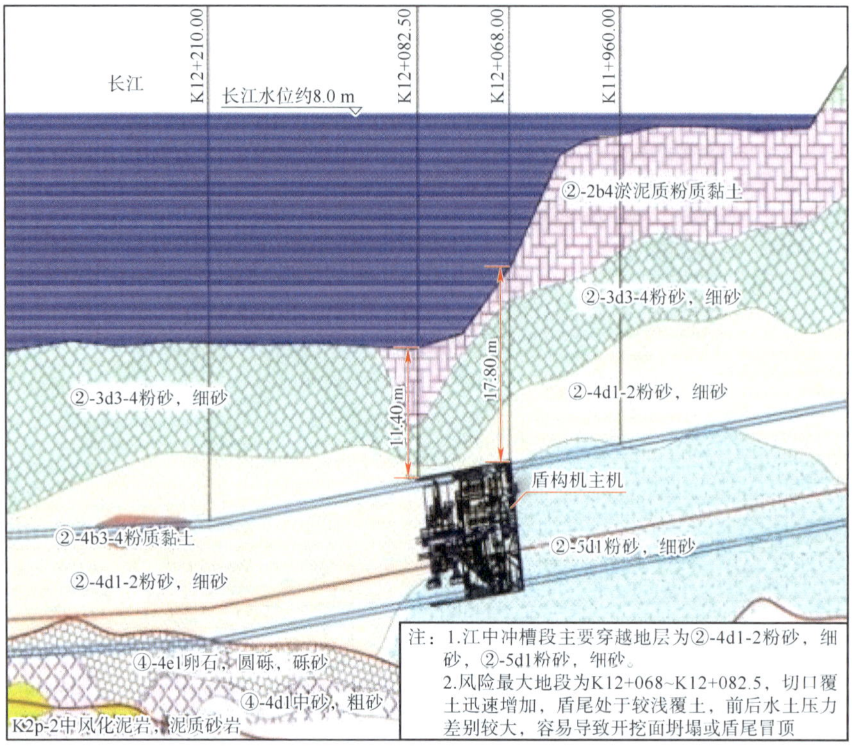

图 3　江中冲槽段地质纵剖图

图 4　盾构刀盘面板图

图 5　刀盘保护效果(完好)

2. 刀具的磨耗机理与磨耗预测技术

建立了卵砾石地层刀具磨耗模型，探明了不同施工参数下的刀具磨耗规律，如图 6、图 7 所示。根据预测模型，准确预判换刀时机，及时有效地实施换刀。

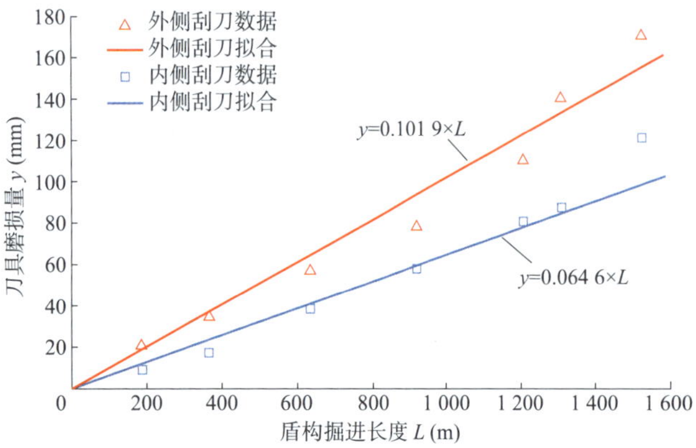

图 6　刀具磨耗预测模型

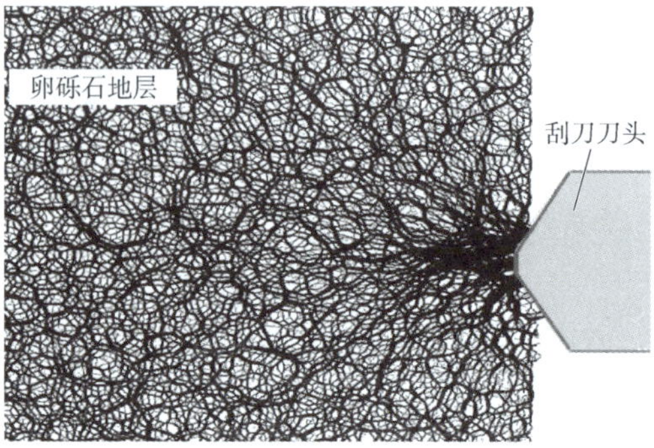

图 7　刮刀掘削模拟

3. 刀具适应性设计技术

提出了卵砾石地层刀具优化方案(图 8),使优化设计后的刀具换刀距离由 54 m 提高到 300 m,比原进口刀具使用距离提高了 6 倍,解决了卵砾石地层盾构掘进困难、刀具极易磨损的难题,创造了同类地质条件下盾构隧道施工的世界纪录。

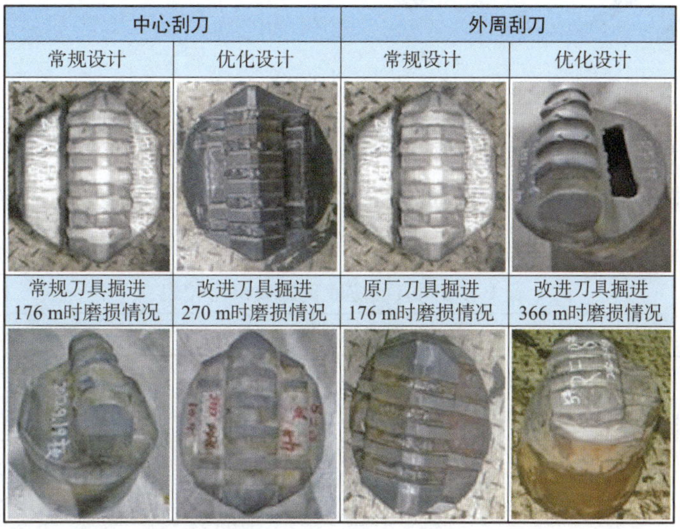

图 8　刀具优化设计对比

3.2　小空间常压换刀装置和技术

1. 刀盘结构优化空腔设计技术

优化了刀盘结构空腔设计,在有限空间内完成常压换刀装置的布设(图 9)。本工程突破了传统对称式刀盘设计,首次采用了 5 个主臂样式的刀盘面板,在保证刀具数量和开口率的前提下,每个主臂的宽度得以最大化,使得 5 个刀盘主臂空腔内可以安装多达 72 套常压换刀装置,并可以容纳 2 名工作人员同时工作(图 10)。

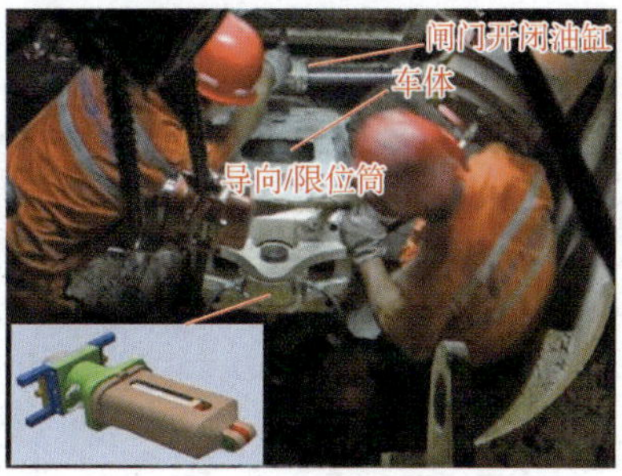

图 9　小空间换刀

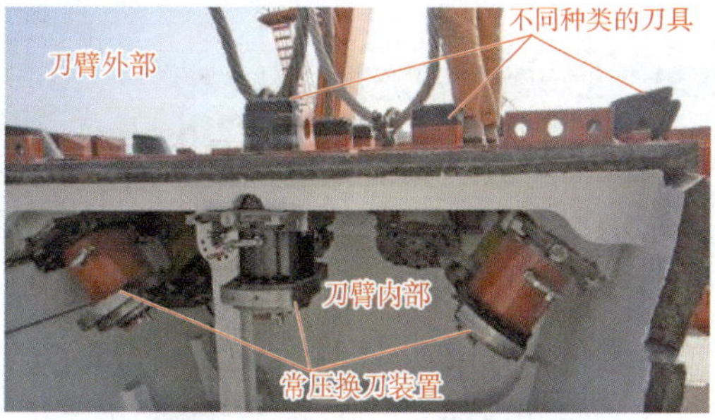

图 10　刀盘主臂空腔及可常压更换道具安装方式

2. 适用于小空间操作的常压换刀工具

研发了在有限刀盘空间内进行常压换刀的“套筒+多级油缸”的常压换刀装置(图 11,图 12),避免了刀具在高水压下意外脱出的可能性,确保了常压换刀的安全。

图 11　小空间常压换刀套筒

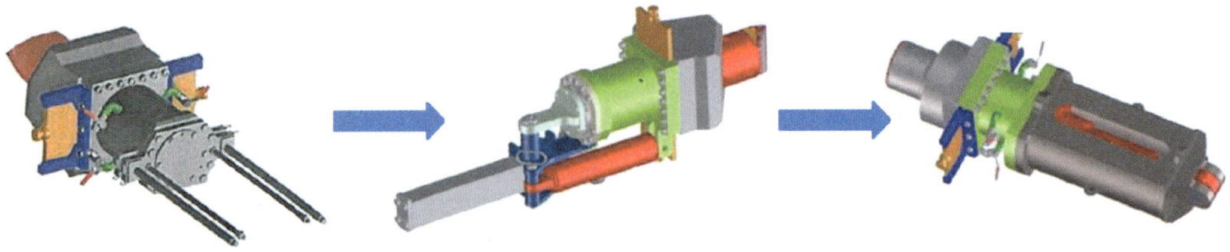

图 12　换刀工具改进与优化

3. 小空间常压换刀技术

研发了 1∶1 的常压换刀作业训练舱，保障了换刀作业的安全高效。本工程共计实施常压换刀 12 次，相比常规高压换刀方案节约工期 8 个月，节约费用 8 400 万元，具体见表 1。

表 1　相同直径隧道实施效果比较表

工程对比	南京地铁十号线越江隧道	南京地铁三号线越江隧道
刀具配置	多层次常压可更换刀具	固定式刀具
换刀技术	小空间常压换刀	高压换刀
单次换刀时间	7～10 天	20～30 天
直接换刀成本	20 万元/次	300 万元/次
掘进平均速度	300 m/月	160 m/月

3.3　高水压、强透水、全断面卵砾石条件下大直径泥水盾构安全快速施工关键技术

1. 全断面卵砾石地层大直径泥水盾构掌子面泥膜技术

首次采用 ϕ300 泥水平衡模型盾构机(图 13)，揭示了泥水平衡式盾构掘削面泥膜的动态形成与变化过程(图 14)，明确了不同施工状态下卵砾石地层的泥膜渗透范围、渗透程度，并针对本工程卵砾地层泥浆难以成膜的情况提出了泥浆配比参数与控制措施，保障了全断面卵砾石地层的施工安全。

图 13　ϕ300 泥水平衡盾构模拟掘进模拟试验

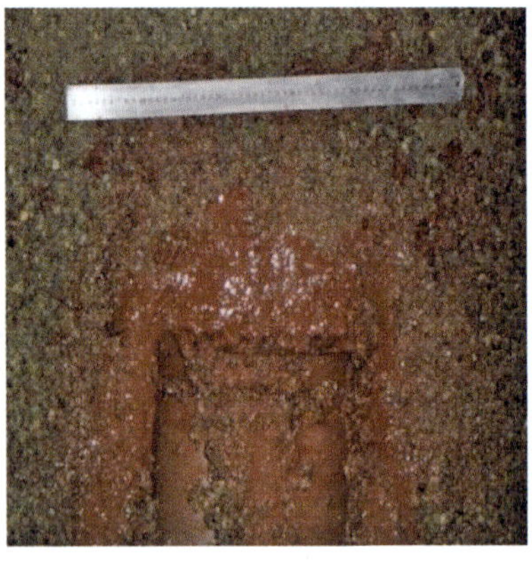

图 14　试验获得泥膜形成与渗透状态

采用离散元方法首次对泥膜“生成—破坏—再生成”的全过程进行动态模拟，探明了卵砾石地层中选定刀盘配置方案在不同施工状态下的土体流动规律，提出了相应的施工控制参数，确保了卵砾石地层中掘削面施工的稳定性。

2. 高水压砂性土层大埋深盾构进出洞段地层加固技术

创新性提出了三轴深层搅拌桩配合垂直冻结等组合加固体系，并采用热力耦合分析、进出洞实测等手段进行了理论与实践验证，成功解决了高水压砂性土层条件下进出洞段的地层加固技术难题，确保了大直径盾构进出洞的安全性(图 15～图 17)。

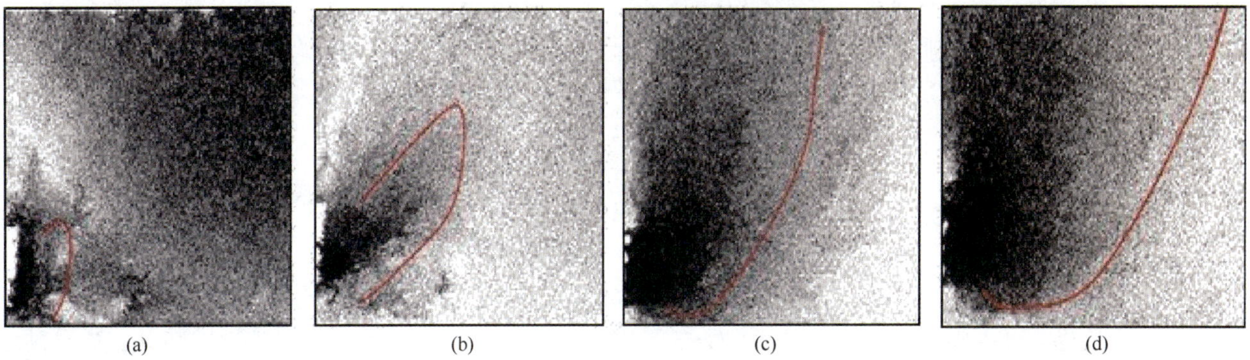

图 15　卵砾石地层条件下选定刀盘配置方案掘削面土体的细观流动规律

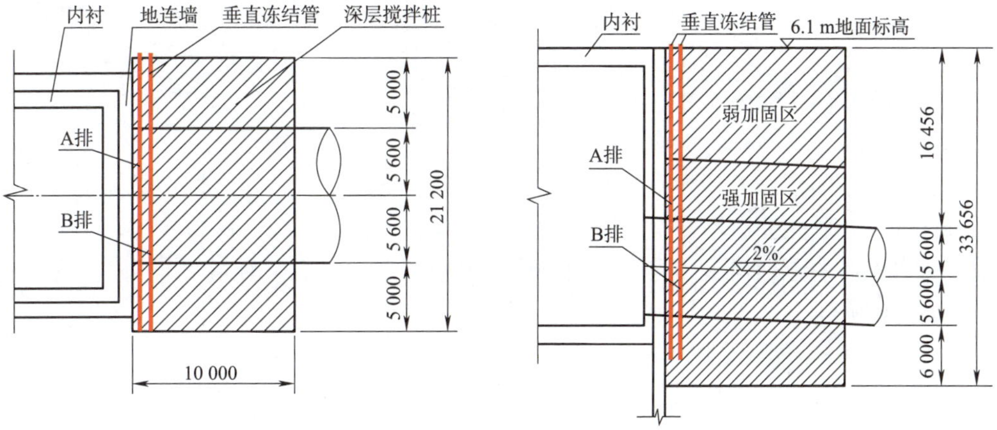

图 16　三轴深层搅拌桩配合垂直冻结组合加固体系(单位:mm)

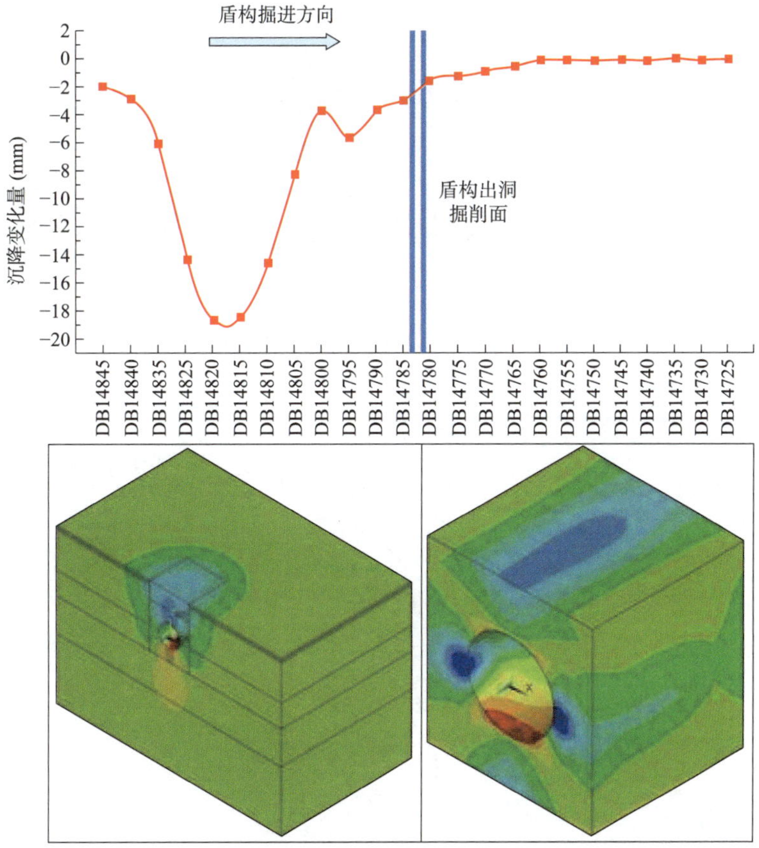

图 17　进出洞加固分析与监测

3. 单洞双线盾构隧道洞内快速运输管理技术

运用系统学理论和模糊数学方法针对单洞双线大直径泥水盾构隧道洞内运输系统中“人—机—环境”诸因素进行影响评价，形成了单洞双线盾构隧道洞内快速运输管理技术。保障了隧道安全快速施工，创造了大直径泥水盾构日掘进 38 m，月掘进 636 m 的最高纪录。

4 项目成果

本工程自 2010 年 12 月 18 日开工，2014 年 3 月 10 日完工，历时 39 个多月。地铁过江隧道工程自 2012 年 4 月 21 日始发，2013 年 5 月 10 日贯通，历时 13 个月完成区间过江隧道施工。工程实施过程中坚持“科技引领、技术创新”，经过三年科研攻关，取得了多项创新成果：

(1)在高水压、大直径泥水盾构高磨耗地层条件下，首次采用离散元模拟与现场耐磨实验等相结合的手段对刀盘刀具的磨耗机理进行了系统研究，创新了刀盘刀具的配置技术，减少了在卵砾石等高磨耗地层刀盘刀具的磨耗。

(2)基于大直径泥水盾构卵砾石地层刀具切削机理及磨耗规律的研究，建立了适宜于卵砾石地层的刀具磨耗预测方法，准确地判定了刀具的更换时机。

(3)创新研发了小空间常压刀具更换技术，为高水压、高磨耗地层的长距离掘进提供了可靠的技术保障。

(4)采用离散元法和盾构动态掘进模型试验，对泥膜的生成—破坏—再生成的全过程进行了研究，首次探明了卵砾石、圆砾及砂型地层，高水压、大直径条件下泥膜的动态形成特性，提出了相应的掘进控制措施，实现了安全快速穿越施工。

(5)经多方案比选研究，创新采用了三轴深层搅拌桩配合垂直冻结等组合加固体系，成功解决了高水压砂性土层条件下大埋深进出洞段的地层加固技术问题。

南京地铁3号、10号线建设基本情况和关键技术问题

金　明

（南京地铁建设有限责任公司，南京　210017）

摘　要：南京地铁3号线浦滨区间下穿长江、10号线江滨区间下穿长江是两条线中最为重要的工程节点，风险最大；区间采用铰接型泥水平衡大盾构机，通过加强同步注浆及二次注浆、穿越的长江大堤进行先期加固、采用具有常压换刀功能的盾构机、冻结法施工等一系列措施，有效控制了盾构区间下穿长江大堤、长江水体、下穿房屋、盾构进出洞等安全风险。另外，解决了1号、10号线两条独立运营线路工程拆解、长距离硬岩掘进、矿山法隧道下穿1号线矿山法区间隧道、矿山法岩溶处理等技术难题。一系列关键节点工程的技术创新应用为地铁建设施工以及安全运营提供了保障，对类似建设工程具有重要的借鉴、推广意义。

关键词：越江隧道；工程拆解；硬岩掘进；近距下穿既有线；岩溶处理

1　工程概况

1.1　3号线工程概况

南京地铁3号线起自京沪普铁林场站附近，沿线经过江北浦口区，江南下关区、玄武区、白下区、秦淮区、雨花区和江宁区等重要片区，终点位于江宁区的秣周路站。线路自北向南依次贯穿市“一城三区”重点规划发展地区。北段服务跨江客流，南段为沟通南站、东山新市区与主城间的客流走廊。

本工程线路全长约44.88 km，其中高架线约2.1 km，地面线0.39 m，地下线约42.39 km。线路主要沿泰花路、规划中心路、浦珠路、中央北路、红山路、龙蟠路、太平北路、太平南路、平江府路、江宁路、晨光路、卡子门大街、利源路、清水亭路、双龙大道敷设，沿线穿越长江、玄武湖、白鹭洲公园、农花河、九龙湖等五处大面积水域。

全线共设29座车站（图1），除林场站为高架站外，其余28座车站全部为地下站，最大站间距为3 536 m，最小站间距为854 m，平均站间距为1 574 m。本工程共有以下7种车站形式：地下两层岛式车站、地下三层岛式车站、地下两层侧式车站、地下三层侧式车站、双岛四线平行换乘车站、一岛一侧三线式车站和地面厅高架岛式车站。车站除南京站采用盖挖逆作法外，其他均采用明挖法或局部盖挖顺作法施工；区间隧道的施工方法以盾构法施工为主，在部分区段采用了矿山法和明挖法。林场高架车站采用“桥、建合一”结构形式。工程防水拟采用混凝土结构自防水为主、并设置附加防水层的综合性防水方案。

在线路南端设秣周车辆段一座，含综合维修中心、材料总库，在线路北端设林场停车场1座。新建南京南站控制中心，位于南京南站北广场规划预留地块内。该控制中心在线网规划中为3、5、6、12、17号线共用控制中心。

轨道钢轨正线及辅助线采用60 kg/m，车场线采用50 kg/m。扣件：弹性分开式扣件，正线及辅助线均采用长枕预埋式整体道床。道岔：正线及辅助线采用9号道岔，车场线采用7号道岔。

车辆选用A型车，采用变频变压，直流接触网供电，初、近、远期按4动2拖6辆车编组，列车长度为140 m。初、近、远配属车分别为46列、60列和76列。

初步设计概算总投资297.62亿元，技术经济指标6.63亿元/正线公里。

3号线于2010年12月1日全线正式开工建设，其中浦—滨区间过江大盾构（由浦珠路站开始）、南京站两个点于2010年10月1日先期开工，计划于2014年6月建成通车试运营，总工期为43个月。各阶段里程碑时间为：2013年6月30日“洞通”，2013年10月31日“轨通”，2013年12月31日“电通”，2014年6月底开通试运营。

1.2　10号线工程概况

10号线一期工程位于城市主城南部，由新建安德门站—小行站、奥体中心站—城西路站段和既有一号

线小行站—奥体中心段组成，为一条东西方向城区干线，贯穿城市主城南部，覆盖城市东西主轴客流走廊，联系珠江镇、江心洲、河西地区，引导促进河西地区和浦口区的发展，实现城市交通与区域交通的一体化(图 2)。

图 1　3 号线工程走向示意图

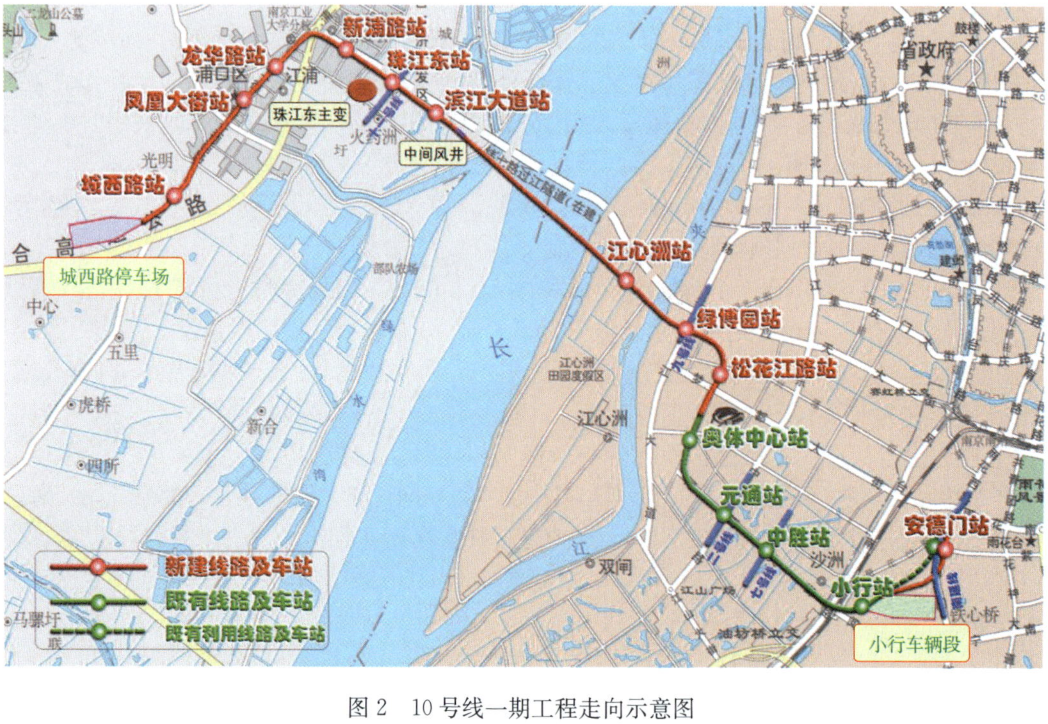

图 2　10 号线一期工程走向示意图

南京地铁 10 号线一期工程线路全长 21.6 km，其中安德门站—小行站(不含)为新建线路，长约 1.5 km；小行站—奥体中心站为既有一号线线路，长约 5.7 km；奥体中心站(不含)—城西路站为新建线路，长约 14.4 km。

线路起自安德门站，与 1 号线换乘，站北端预留延伸条件，出站后线路沿安德门大街向南前行，下穿 1 号线南延线后继续向西敷设，在 DK2＋005 处与既有 1 号线接轨。既有 1 号线接轨处—安德门段废弃，既有 1 号线接轨处—奥体中心段与原西延过江线贯通运行，此段既有线分别设小行站、中胜站、元通站、奥体中心站。

10 号线一期工程共设站 14 座(其中新建车站 10 座，既有车站 4 座)，新建一座城西路停车场：厂/架修、定/临修送 1 号线小行车辆基地。新建一座珠江东主变电站。控制中心利用既有的珠江路控制中心进行改造。

10 号线新建 10 座车站，其中明挖法结合局部盖挖施工的有 6 座，其余 4 座车站和过江大盾构中间风井采用明挖法施工；安德门站围护结构采用旋挖钻孔灌注桩，其余 9 座车站和过江大盾构中间风井维护结构采用地下连续墙。

10 号线新建隧道从东向西分安德门站—小行站段、奥体中心站—绿博园站段、绿博园站—滨江大道站越江段、滨江大道站—新浦路站、新浦路站—城西路站五大段共计 10 个正线区间，分属剥蚀残丘、长江河漫滩、长江河床及两岸河漫滩、长江河漫滩、丘岗 5 个地貌单元。主要穿越了风化泥质粉砂岩、粉土、粉质黏土、淤泥质粉质黏土、粉砂、卵砾石等，工程地质及水文地质条件较为复杂。

安小区间隧道采用矿山法施工，奥体中心站—松花江路站区间、过江大盾构中间风井及出入段采用明挖法施工，其余的均采用盾构施工。

车辆选型为 A 型 6 辆编组，行车组织初期 12 对，近期 14 对，远期 24 对。

初步设计概算总投资 110.61 亿元，技术经济指标为 5.12 亿元/正线公里。

南京地铁 10 号线建设工期为 2010 年 10 月～2014 年 6 月，建设总工期约为 45 个月，各阶段里程碑时间为：2013 年 6 月 30 日洞通，2013 年 10 月 31 日轨通，2013 年 12 月 31 日电通，2014 年 6 月 30 日试运营。

2　总结经验教训，加强设计方案论证，提高风险防范措施

2.1　施工方法比选论证

(1)车站施工方法优先选择明挖法，若条件不具备应按以下优先级进行方案比选：盖挖顺作、盖挖逆作、暗挖法。

(2)位于阶地、岗地的出入口、风道，当管线迁改量大或交通疏解存在较大困难时，应深入研究暗挖法方案的可行性。

(3)当区间为单线断面，穿越地层为漫滩与岗地前缘交接部位、岗坳相间且冲沟发育时优先选择盾构法。

2.2　围护结构选型

(1)围护结构选型必须综合工程水文地质、施工方法、施工场地、环境保护要求、基坑深度和规模、施工机具工效和可靠度、工程投资等因素进行比选后确定。

(2)考虑 1 号线元通站咬合桩充盈系数较大，2 号线集庆门咬合桩出现较多开叉、冷缝，位于长江漫滩地貌单元、分布深厚软土和粉砂地层的车站，不推荐采用咬合桩。

(3)地下连续墙需提高地墙接缝止水质量。建议地墙厚度二层车站 800、三层车站 1 000；地墙接缝采取不回收 H 型钢接头。

(4)岗地、阶地场地不受限时，可采用自然放坡或土钉支护。孝陵卫采用土钉支护、南京南站放坡开挖均成功。

(5)施工场地较小，或基坑深度超过 13 m、开挖土层主要为淤泥质软土地层、施工工期较短时，不建议采用 SMW 工法。

(6)桩孔深度大于 20 m,或岩层初露浅、且坚硬时,不建议采用人工挖孔桩。

2.3　围护桩墙嵌入深度

(1)基坑内承压水泄压对周边环境影响较大,或承压水补给能力强、通过泄压控制基底突涌风险较大时,在施工质量有保证的前提下宜加长围护桩截断承压含水层;当截断承压含水层投资过高、质量无法保证时,宜增加坑底地基加固。

(2)根据工程类比和南京地铁已建工程经验,饱和含水软弱地层的支护结构入土深度约为基坑开挖深度的 0.7～0.9 倍,但当基坑底为碎石土及砂土、基坑内排水且作用有渗透水压力时,具有侧向截水功能的排桩、地下连续墙嵌固深度应满足《南京地区建筑地基基础设计规范》(DG J32/J12—2005)第 10.4.2.4 条抗渗透稳定要求。

(3)围护结构插入深度不小于:强风化层 3.5 m,中风化层 2.5 m,土层按现行《建筑基坑支护技术规程》(JGJ 120)0.2H 进行控制。

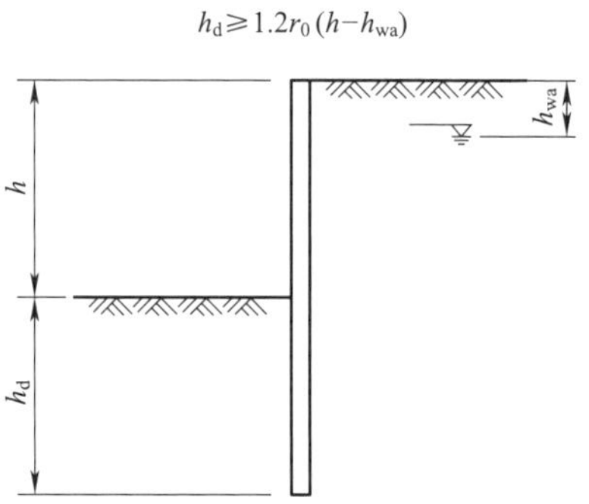

图 3　渗透稳定计算简图

2.4　基坑内支撑加强措施

为提高基坑稳定和环境保护的可靠性,一般明挖车站第一道支撑采用钢筋混凝土支撑,或钢筋混凝土和钢支撑复合方案。

2.5　基坑底加固及液化处理

(1)基底加固应结合基坑稳定、环境保护、不均匀沉降或工后沉降控制、液化处理等因素综合确定,优先采用抽条加固,不宜采用点状加固。

(2)粉砂层不宜选用静压注浆或劈裂注浆,三层车站基坑宜选用旋喷桩,二层车站基坑宜选用搅拌桩。

(3)当车站主体底板处于轻微液化层时,不做专门的地基抗液化处理;处于中等液化层,根据《建筑抗震设计规范》(GB 50011—2001)第 4.3.6 条"乙类抗震设防建筑,中等液化时应全部消除液化沉陷,或部分消除沉陷且对基础和上部结构处理"的规定,建议基底进行全部消除液化处理。

3　关键技术问题

3.1　过江大盾构工程风险及控制

3.1.1　3 号线浦珠路站—滨江路站区间工程方案

本区间线路全长 3 354 m,采用单洞双线圆形断面形式,隧道内径 ϕ10200,盾构法施工,盾构机选用铰接型泥水平衡盾构机。

线路在江北出浦珠北路与柳州东路交叉口布置的浦珠路站南端头后,以一条 805.2 m 曲线半径拐入威尼斯水城,侧穿 A3 号楼、下穿 A5 号、A6 号、C5 号、C8 号,过引水河后设置一条 2 000 m 半径曲线下穿引水河泵站(与长桩基础净距 3.16 m)、5.84 m 净距侧穿明发滨江新城 C46 号后,直线下穿长江防洪堤、长江后进入中央北路到达中央北路与燕江路交叉口的滨江路站北端头(图 4)。

线路纵断面(图 5)的布置主要受两端接线车站埋深、长江考虑上游建坝三百年一遇最大冲刷深泓及其 200 m 摆幅、盾构安全施工最小覆土要求及工程地质水文地质条件等因素影响。线路出浦珠路站后向江南采用 29.745 m 长平坡和 1 360 m 长 29‰下坡至江底深槽,为保证滨江路站车站埋深,到达江底深槽后以 500 m 长 10‰、1 430 m 长 23.6‰、34.2 m 长平坡至滨江路站。纵断面于两端车站端竖曲线半径 3 000 m,其余竖曲线半径 5 000 m。

根据限界要求,考虑线路曲线条件下,建筑限界 ϕ9800 mm,预留 200 mm 施工测量误差及结构变形富余量后,确定大直径盾构隧道内径 ϕ10200。管片厚度 500 mm、管片外径 ϕ11200、环宽 2 000 mm。管片分块为 7+1 分块形式。

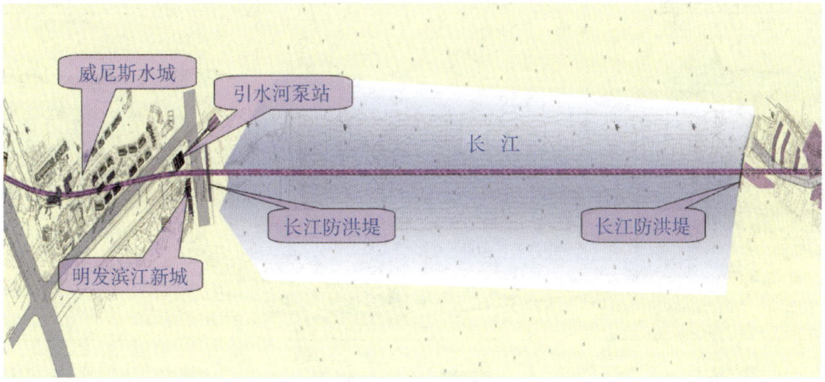

图 4　地铁 3 号线过江隧道平面布置图

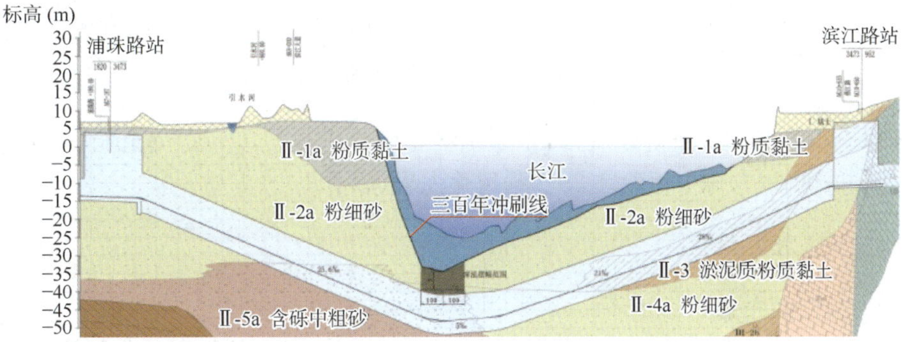

图 5　地铁 3 号线过江隧道纵断面布置图

3.1.2　10 号线江心洲—滨江大道站区间工程方案

本工程下穿长江，水文地质条件复杂，过大江区间隧道长度达 4.25 km，且受河床冲刷深槽影响，区间线路出现长大纵坡。10 号线平面过江段平面如图 6 所示。

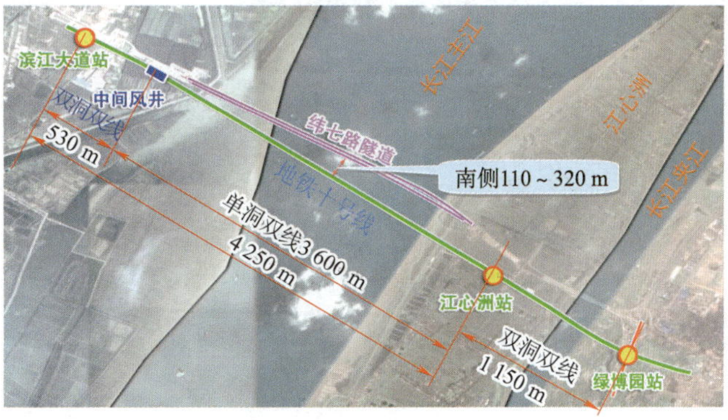

图 6　南京地铁 10 号线过江段平面示意图

线路平面从江心洲站出发，依次下穿江心洲民房、江心洲堤防、长江、城南河、江北大堤、浦口区水厂后向西到达江北的中间风井。

线路纵断面（图 7）的布置主要受两端接线车站埋深、长江考虑上游建坝三百年一遇最大冲刷深泓及其 200 m 摆幅、施工期盾构安全施工、隧道运营期最小覆土要求及工程地质水文地质条件等因素影响。线路出江心洲站后采用 1 130 m 长 28‰、740 m 长 7.5‰下坡至江底深槽后以 1 030 m 长 8.9‰、950 m 长 28‰、480 m 长 6.9‰接入滨江大道站。纵断面于两端车站端竖曲线半径 3 000 m，其余竖曲线半径 5 000 m。

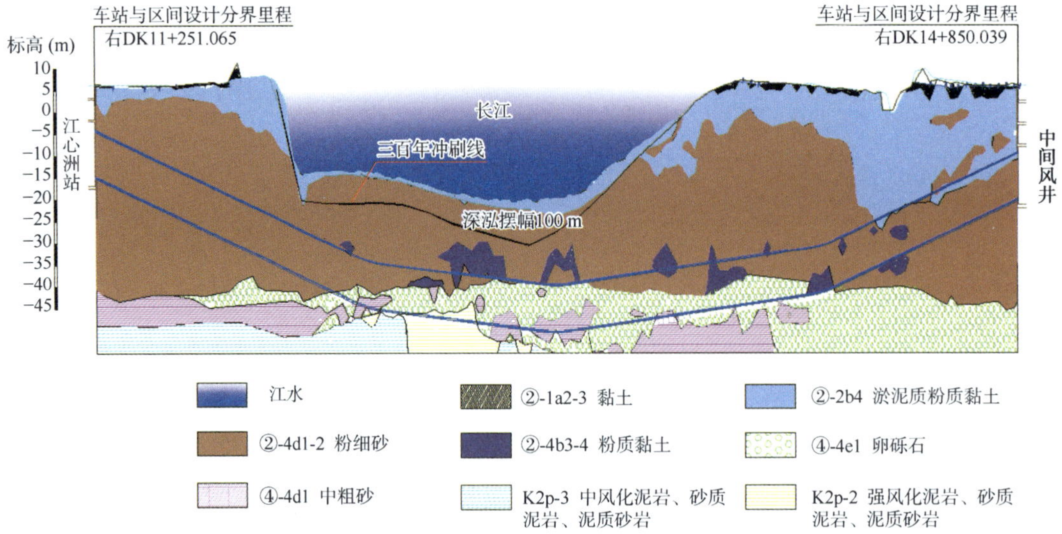

图 7　地铁 10 号线过江隧道纵断面布置图

隧道主要穿越土层有②-3d3-4 粉砂细砂，②-2b4 淤泥质粉质黏土，②-4d1-2 粉砂细砂，②-5d1 粉砂、细砂，④-4e1 卵石、圆砾、砾砂、含砾中粗砂，K2p-2 强风化泥岩、砂质泥岩、泥质砂岩。

3.1.3　主要工程风险及控制措施

(1)大盾构隧道横断面布置

大盾构单洞双线方案，系在单个盾构孔内并列设置上下行线。其总体构思是将隧道根据功能需要由车道板、烟道板分为上、中、下三层：上层为通风排烟道；中层为轨行区，主要用于列车行车，设置中隔墙将左右线分开，中隔墙两侧各设置疏散平台和消防专用隔断门利用左右线进行平面疏散救援；下层为服务层，可设置泵房和强、弱电等管路(图 8)。

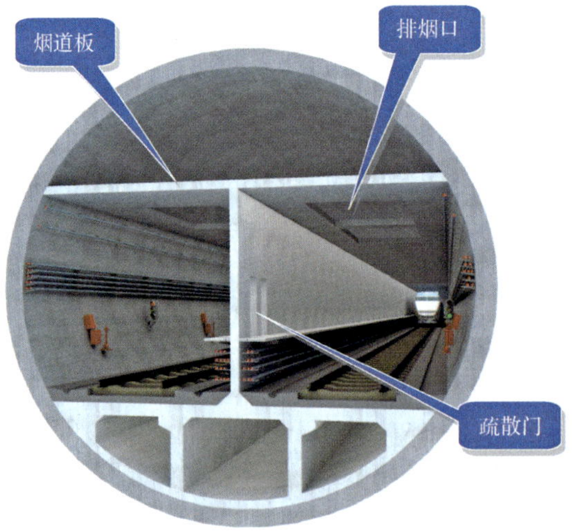

图 8　大盾构隧道横断面布置效果图

根据以上条件，确定单洞双线大盾构方案的建筑限界为内径 9.8 m 的圆，综合考虑施工误差、测量误差、不均匀沉降等因素确定单洞双线盾构隧道的内径为 10.2 m。管片采用环宽 2.0 m 错缝拼装的单层衬砌环，内径 ϕ10.2 m，外径 ϕ11.2 m，结构厚度 500 mm。衬砌环由 1 块小封顶、2 块邻接块及 5 块标准块构成。环、纵向均采用斜螺栓、预埋塑料螺母，通用衬砌环形式(图 9)。

衬砌接缝防水由两道三元乙丙弹性橡胶密封垫组成。

(2)盾构穿越长江发生劈裂冒顶、掌子面失稳坍塌、盾尾涌水涌砂风险控制

盾构穿越长江江面宽约 2 km，穿越地层主要为细砂、中砂、淤泥质粉质黏土、含砾中粗砂地层。区间隧

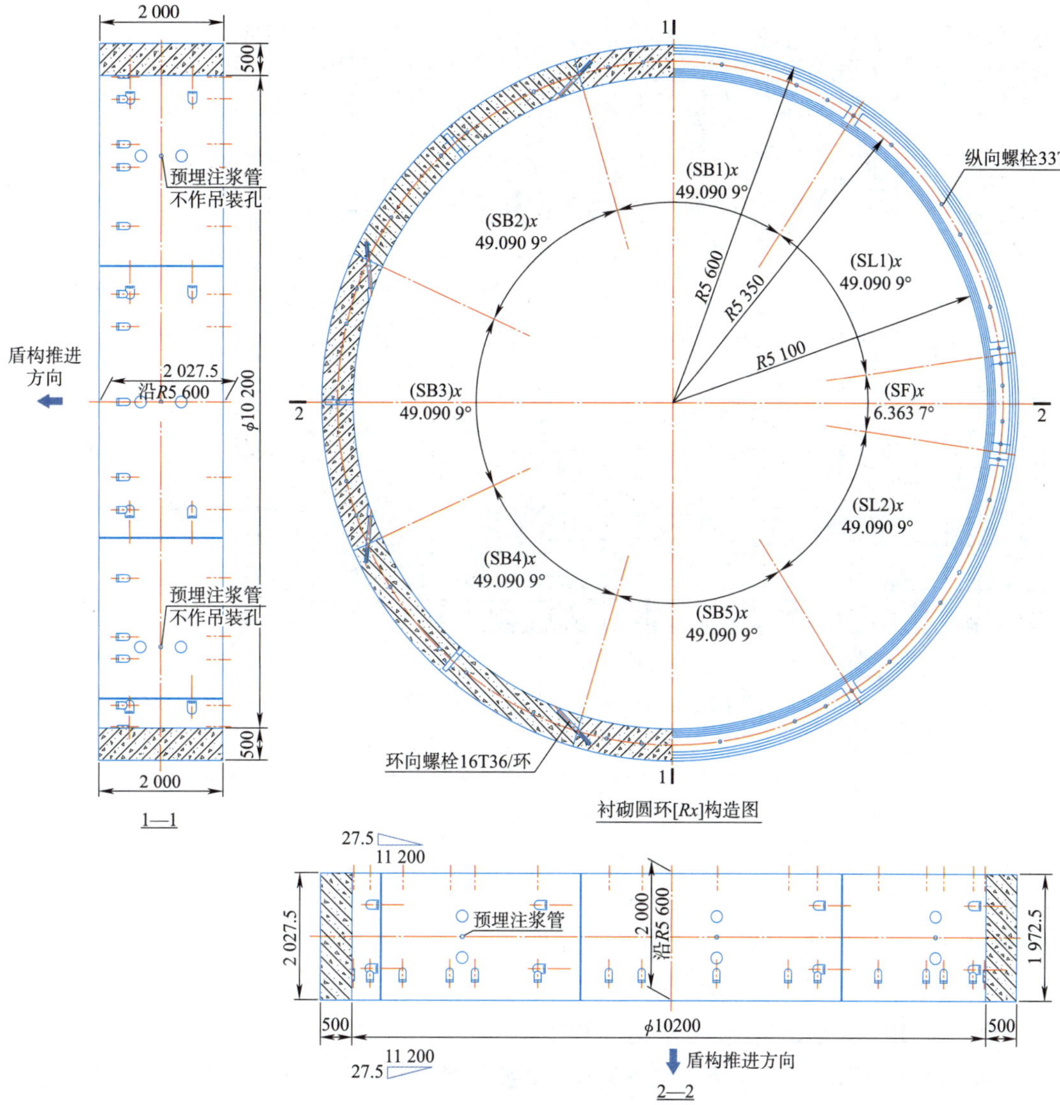

图 9　衬砌环构造图(单位:mm)

道最小覆土 9.44 m(位于南岸漫滩内)、最大覆土 25 m(位于北岸漫滩内)、最大水压 57 m。

针对江底劈裂冒顶、开挖面坍塌、隧道上浮、盾尾密封失效、吸口封堵等施工风险,提出盾构掘进参数和防范措施。

(3)盾构穿越长江大堤引起大堤沉降、开裂,造成管涌、渗漏风险控制

工程附近堤防北岸长江大堤,堤坡角约 45°,临水一侧浆砌块石护坡,大堤顶面宽 8~10 m,大堤顶面标高约 11.70 m(吴淞),堤顶挡水墙高出大堤 1.0 m。南岸长江大堤坡角约 30°~40°,浆砌块石护坡,大堤顶面宽 6~8 m,大堤顶面标高约 11.80 m(吴淞),堤顶挡水墙高出大堤约 0.8 m。

工程实施过程中,盾构将分别从北岸长江大堤、南岸长江大堤下穿越,会因地层移动而导致长江大堤结构产生不同程度的沉降变形。

当盾构的地层损失率为 5‰时,计算得到的大堤顶面的最大沉降为 16.2 mm,如图 10 所示。

从计算的结果可以看出,在将盾构施工时的地层损失率控制在 5‰以内,长江大堤的沉降小于 2 cm,能够满足大堤保护的标准要求。但是,考虑到长江大堤的重要性,盾构穿越长江大堤时还应采取如下措施:

①严格保持开挖面的泥水平衡压力,减小压力的波动范围,减少对土体的扰动。不得超挖或欠挖,防止过大的纠偏。

②加强盾尾多点、均匀及时的同步压浆。由于本盾构直径大,借鉴上海长江隧道盾构施工的经验,建议采用单液同步注浆(浆液比重大、流动性好),及时充填盾尾间隙,控制地面后期沉降。

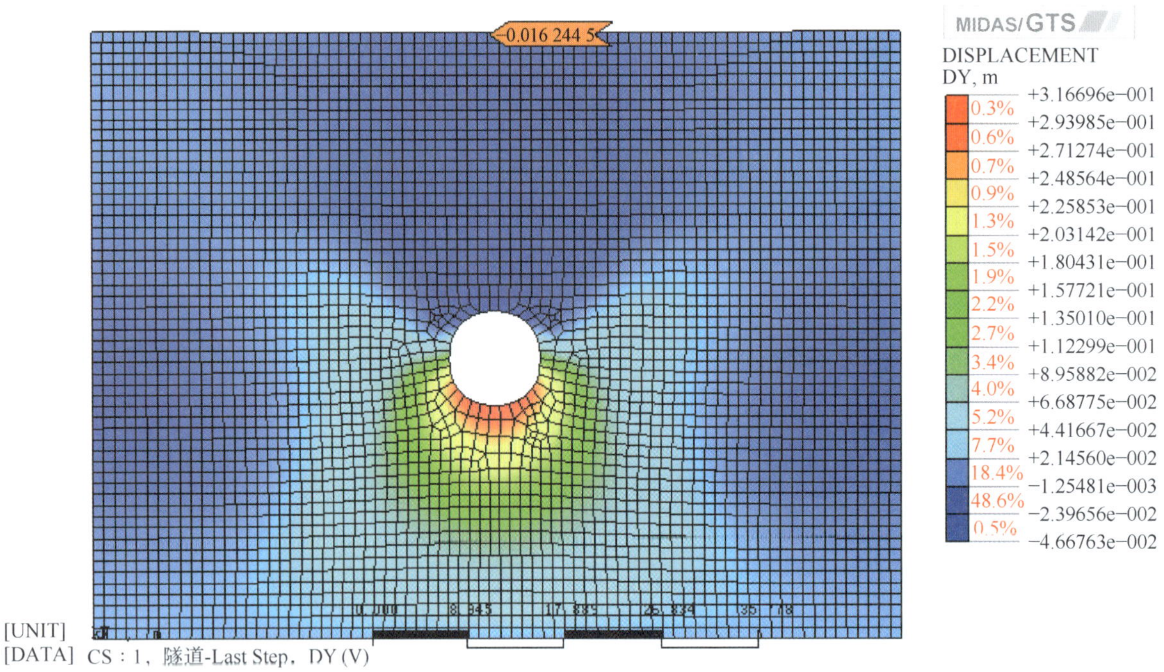

图 10　计算竖向位移等值线图(单位：m)

③对盾构穿越处的长江大堤土层进行先期加固，改良长江大堤下土层，提高其堤基强度和抗渗性，以达到预先控制和稳固大堤，减少盾构穿越对大堤的影响，从而确保长江大堤的安全。

④加强施工监测，及时反馈长江大堤的变形、沉降等信息，以便采取二次注浆、长江大堤底部注浆等技术措施。

⑤地面沉降监测的报警值取 10 mm，沉降变化率的报警值取 2 mm/d。到达报警值时，应立即通知相关单位，以便采取相应的、合适的技术措施予以控制。监测频率建议为 2 次/d。

⑥施工单位在穿越长江大堤施工前，应做好风险分析及应急预案，并报相关主管部门批准后执行。

(4)盾构下穿房屋、水厂引起沉降开裂风险控制

区间隧道在部分地段下穿了较多房屋、浦口制水厂等重要建(构)筑物，大部分房屋基础均为浅基础，部分房屋建筑年代久远，为保证安全，在施工之前需要进行房屋安全评估，对建筑物安全等级进行分类。

在盾构施工穿越时，应加强掘进参数的调整和盾构姿态的控制，及时实施同步注浆和二次补充注浆，进行信息化施工和管理。盾构掘进时，需注意采取以下主要措施：

①提高掘进控制水平，及时调整盾构掘进参数，保证开挖面土体稳定。

②提高盾尾的密封性能。通过采取多道盾尾刷防止泥土从盾尾进入隧道；向盾尾注入油脂，加强盾尾的防水性能。

③掘进时采取同步注浆和二次补充注浆，充填环内空隙，使管片衬砌尽早支撑地层，控制地表沉陷。

④必须做好施工监测，根据监测结果及时调整施工参数。

⑤盾构掘进之前，对被穿越房屋基础进行必要的加固等处理措施。

(5)高水压换刀风险控制

结合本工程地质及水文地质情况，借鉴南京纬七路隧道及武汉长江隧道施工经验：

3 号线浦珠路站—滨江路站区间：拟在加强刀具、刀盘特殊配置的基础上采用一次江中换刀方案，具体措施如下：

①合理选定换刀位置：盾构掘进含砾中粗砂地层约 300 m 位置，地面为江北大堤内侧高漫滩，距大堤距离约 200 m，距江边约 100 m。通过地面采用三重管高压旋喷桩对盾构区间所穿地层进行加固后，进行减压条件下对刀盘检查、刀具更换及盾构机维护，此时该里程处水压约为 0.45 MPa。

②刀具、刀盘的特殊设计：为了减少 3 号线过江段区间换刀次数。借鉴武汉长江隧道经验，对刀盘进行

耐磨性设计，刀盘的面板需焊接格栅状的特殊耐磨材料，充分保证刀盘在掘进时的耐磨性能；在切刀和刮刀上安装了最新的检测装置，能够及时掌握刀具的磨损情况，保证刀具的正常工作。

10 号线江心洲—滨江大道站区间：为降低江底换刀的风险，在加强刀具、刀盘特殊配置的基础上，本区间所采购的盾构机具有常压换刀功能。

常压换刀作为盾构施工中一种新型的换刀工艺，其主要特点如下：

①安全性高，工作人员无需进入刀盘前开挖面，而是进入刀盘主臂内进行刀具更换，刀盘主臂作为刚性支撑体隔绝了外部水土，整个换刀工作处在常压下，相比带压进仓、对开挖面前方土体进行加固后常压进仓作业条件要好。

②效率高，在刀盘主臂内进行常压刀具更换，平均 2 h 就可更换一把刀，一般一次停机换刀只需要 2～3 d 时间，这与带压进仓作业每次进仓只能工作 1.5 h，出仓减压需要 3～4 h，每次刀具更换约需要 12～15 d 具有显著优势，更比进行前方土体加固、施作竖井后检查更换刀具等措施效率要高。

③经济效益高，常压换刀无需带压换刀所需要的高浓泥浆置换，节省了大批的泥浆费用，换刀人员为盾构机维保人员，不需要额外增加人工费用。不需要从外部对土体进行加固或施工检修竖井，节省了高额的土体加固及竖井施工费用。

④环境影响小，常压换刀施工不占用地表，不对地面交通及周围环境造成影响。

(6)盾构进出洞风险控制

盾构工程的出洞始发与进洞到达施工，在盾构隧道施工中处于非常重要的位置，也是容易发生事故的施工环节，盾构进出洞处理不当容易发生事故。因此结合本工程端头井周边及地层情况(图 11)，为降低盾构始发、到达施工风险，对进、出洞提出如下技术措施：

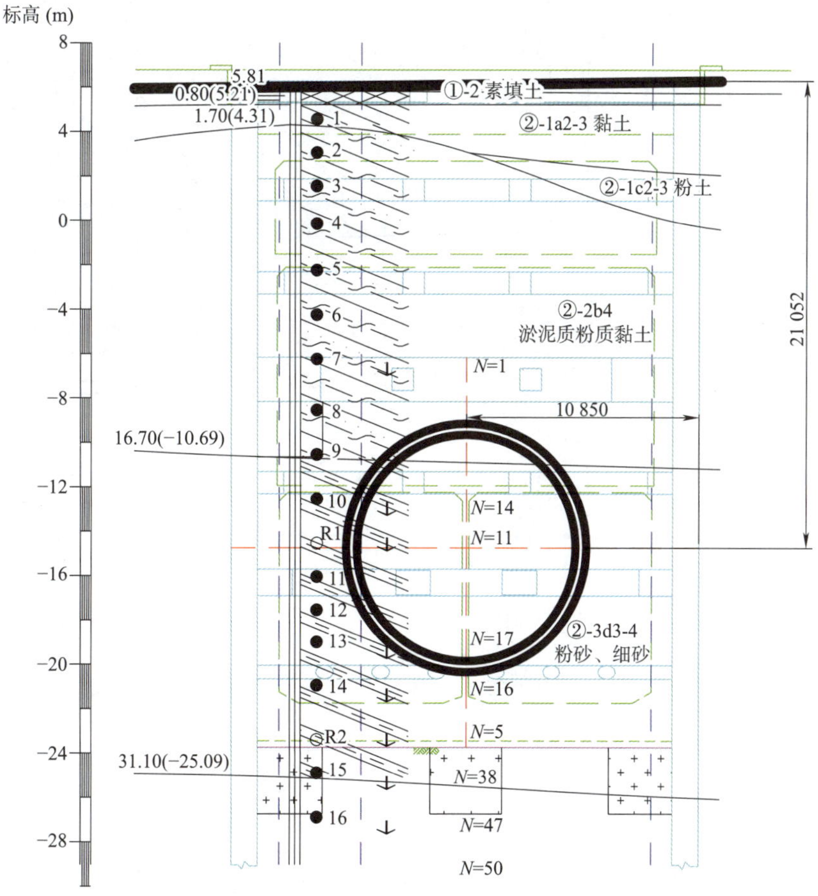

图 11　盾构始发井地层分布图(单位:mm)

①在盾构进、出洞位置采用搅拌桩结合旋喷桩加固的基础上，端头井处加设 2 排垂直冻结管进行冻结加

固(图 12～图 14),以确保洞门凿除的安全。

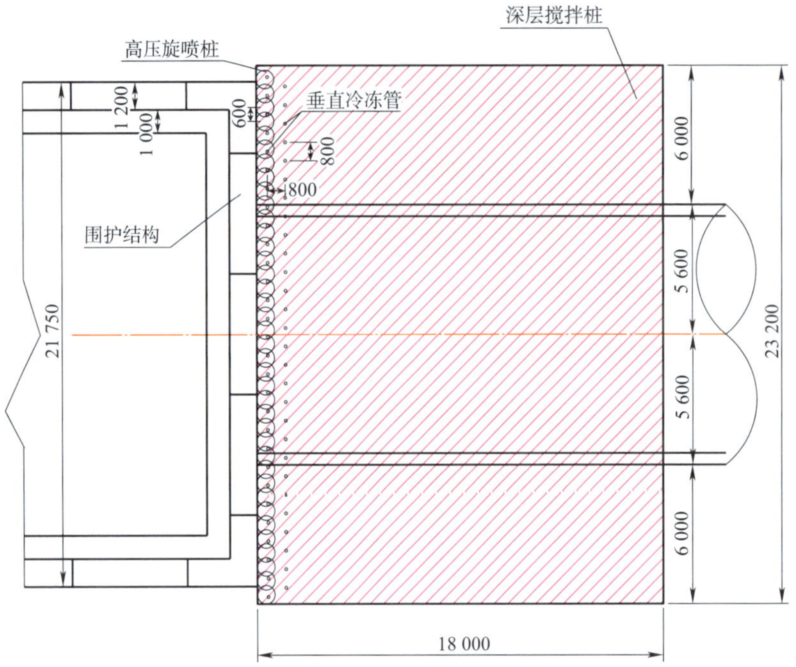

图 12　端头加固区域平面图(单位:mm)

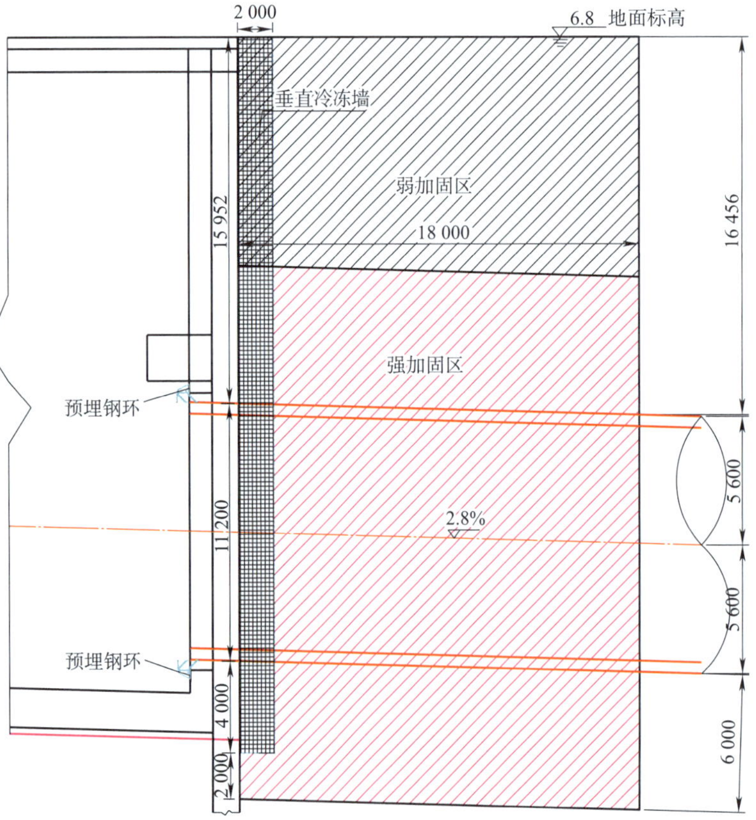

图 13　端头加固区域横断面图

②盾构到达采用水中进洞方案(图 15),降低盾构到达的风险及其次生灾害。

图 14　洞门垂直冻结加固

图 15　水中进洞(到达)

3.2　10 号线拆解工程技术方案研究

当前地铁 1 号线为 Y 字形运营，根据最新线网规划，将小行站—奥体中心站分叉段从运营的 1 号线中拆解出来，形成 1 号、10 号线两条独立运营线路。

拆解方案研究本着尽量利用既有车站、隧道的原则从出岔研究、既有线改造研究、曲线连接研究三个方面来进行了重点研究(图 16、图 17)。

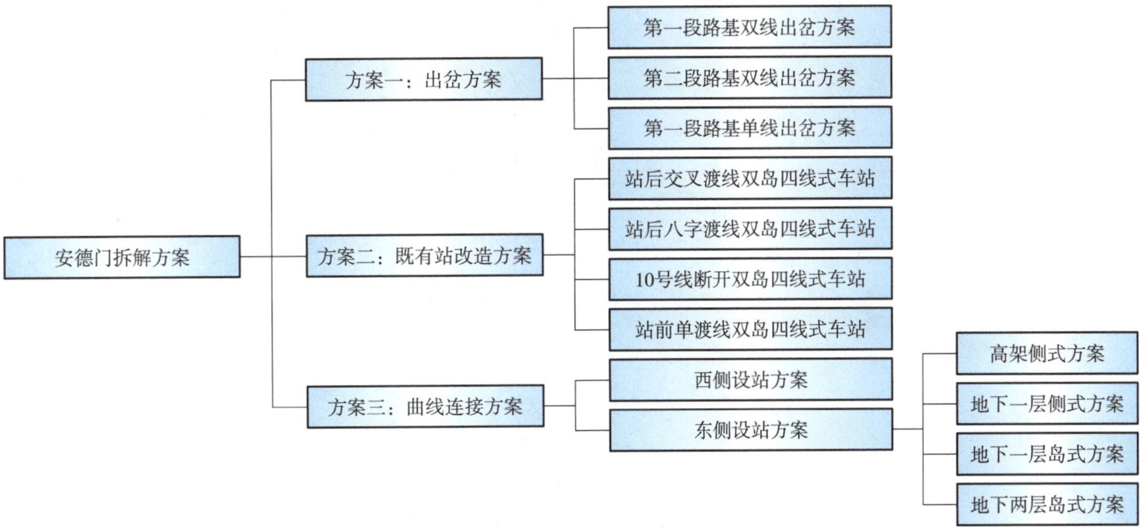

图 16　拆解方案技术研究

图 17　安德门—小行站线路路基段现状图

经分析，方案一出岔方案中：方案一在安德门无法设站，高架跨过既有 1 号线后在雨花南路设站，站间距为 3.1 km，对城市景观影响较大；方案二影响既有隧道 165 m，需中断运营 11 月；方案三影响既有隧道 60 m，同时安德门站站前设单渡线，折返能力仅 18 对/h，不满足运营要求。因此出岔方案不做重点研究。

方案二既有站改站方案中：各个方案对既有车站、隧道、区间均影响太多，不做重点研究。

方案三曲线连接方案：西侧设站方案不具备预留远期延伸条件，不予推荐；东侧设站中的地下两层站方案预留条件较好，换乘方便，予以推荐。

推荐的拆解方案线路(图 18)从第二段路基接出后向东敷设，线间距由 3.8 m 拉大到 15 m 后双线下穿 1 号线南延线，后拐上安德门大街于安德门站东侧约 25 m 处设地下两层站。车站南端设交叉渡线，北端预留向红花机场方向延伸的条件。新建路基 302 m、814 m 隧道和安德门站。

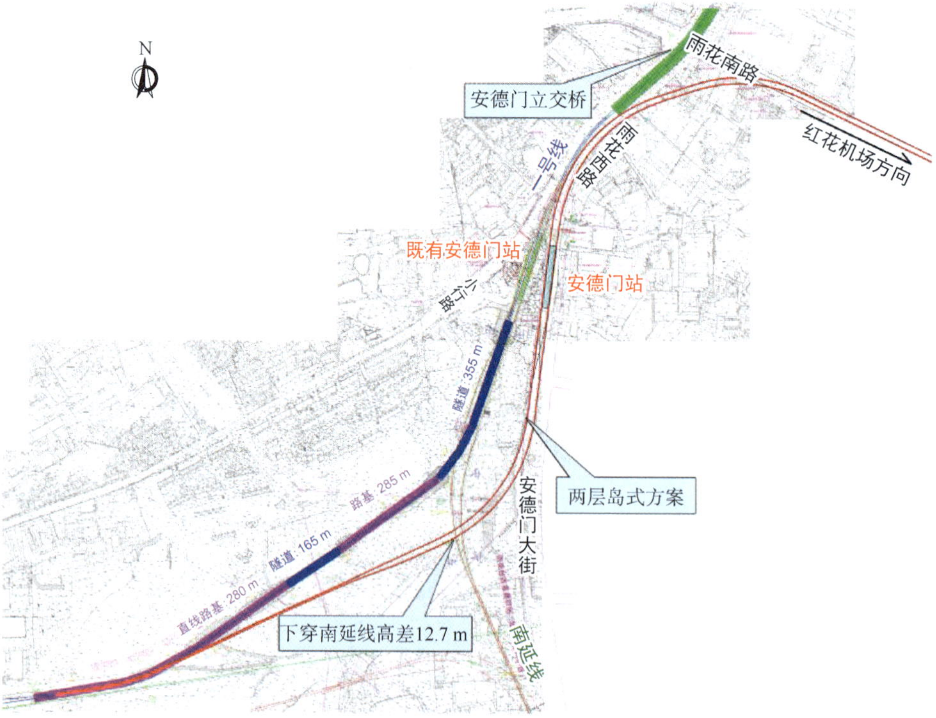

图 18　推荐的拆解方案

为尽量减少废弃工程，以及实现 1 号线小行车辆段的三角线功能，在新建线路与原 1 号线第二段路基之间设置 1 条联络线，1 号线从安德门站到小行站的车辆可由单渡线和联络线过渡到 10 号线，然后由小行站经小行车辆段至 1 号线宁丹路站，实现调头功能(图 19)。

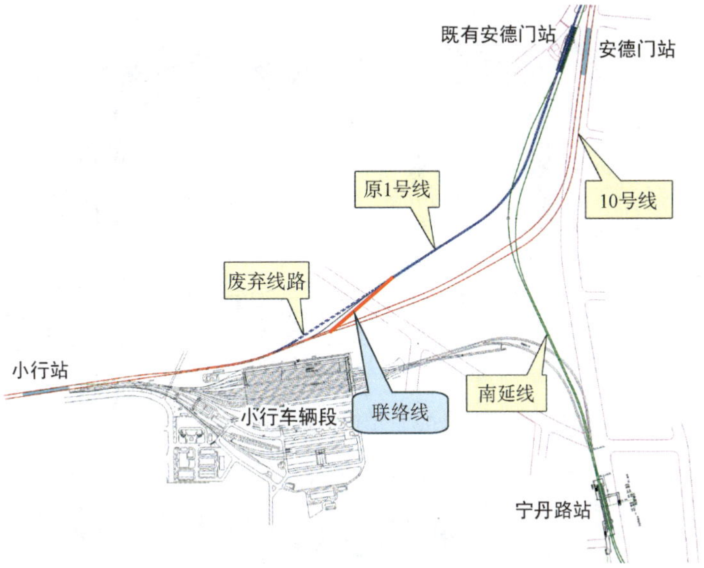

图 19　拆解工程联络线图

3.3　滨江路站—五塘村站矿山法区间岩溶处理

3.3.1　工程概况

滨江路站—五塘村站区间线路沿中央北路向东南方向前行，在中央北路—幕府东路交叉口处到达五塘村站。滨江路站为地下三层二跨侧式站，在滨江路站站后设置折返线，五塘村站为地下三层三跨岛式车站。本区间全长约 734.036 m，采用矿山法施工，含单洞双线隧道、双联拱隧道、单洞单线隧道（表 1）。区间隧道沿线主要分布灰岩、粉质黏土、混合土粉土、砂层，灰岩中有岩溶发育。

隧道结构形式如图 20～图 22 所示。

表 1　区间总体布置一览表

结构形式	长度(m)	隧道尺寸(宽×高)(m)	开挖工法	备　注
单洞双线隧道	143.124	10.68×7.468～11.561×8.172	双侧壁导坑法	
双联拱隧道	39.928	11.561×5.4～12.959×5.4	中导洞＋台阶法	
单洞单线隧道	552.78	5.38×5.4	台阶法	

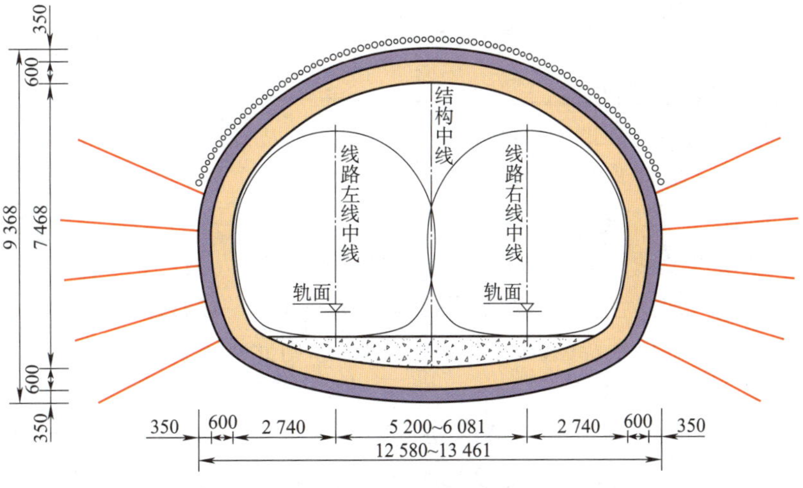

图 20　单洞双线隧道结构横断面图（单位：mm）

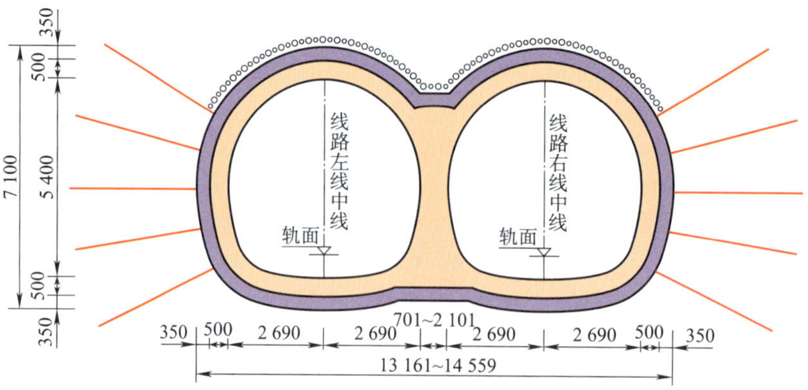

图 21　双联拱隧道结构横断面图(单位:mm)

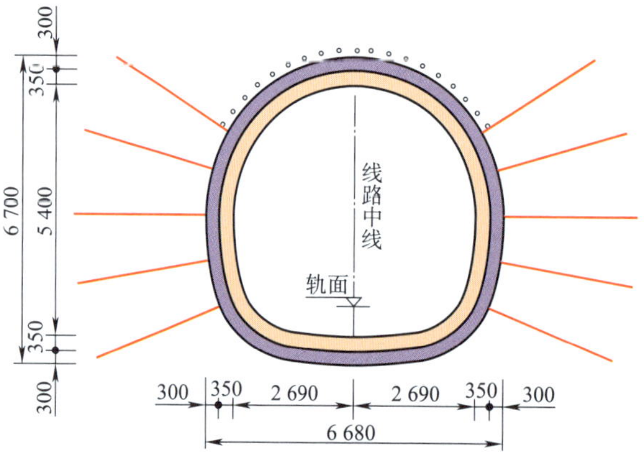

图 22　单洞单线隧道结构横断面图(单位:mm)

3.3.2　工程风险分析

由于土洞埋藏较浅,在地下水动力不断变化的条件下,自下而上发展快。土洞在地铁隧道建设过程中或建成后运营中会产生塌陷,进而影响隧道结构安全和运营,并造成地面沉陷和过大沉降影响地面交通安全和地下管线安全。

对于部分发育于隧道拱顶的岩溶或隧道上方且距隧道较近的岩溶,隧道施工会破坏围岩的完整性,影响岩溶和填充物的稳定性,造成坍方,从而影响隧道施工安全。

3.3.3　风险防范措施

1. 采取多种手段探查岩溶发育情况

初勘和详勘在隧道两侧 3～5 m 范围内各布置一排钻孔,长江漫滩区钻孔间距 15～20 m 左右,岗地区钻孔间距约 30 m。同时联合南京大学采用高密度电法、地质雷达、CT 等物探手段进行探测,目前已提供高密度电法和地质雷达成果,CT 解译还在完善中。

溶洞在隧道的顶板、底部及两侧均有分布,总体上右线隧道多于左线隧道,左线隧道岩溶洞体小于右线隧道。另外,线路北段较南段岩溶发育。这主要是受滨江路—五塘广场正断层的影响,岩体破碎,利于岩溶发育。从地形地貌上看,线路北段地势低洼,是地下水汇集区,由此排入长江,所以地下水较为丰富,也利于岩溶发育。

总体上看发育较大的溶洞一般都具有充填物,发育较小的(10～30 cm)一般多无充填物,呈空洞,施工过程中多具体掉钻、漏浆现象。溶洞充填物一般以黏性土和风化岩碎屑构成,在 K12+360 以北路段主要由软塑、硬塑状黏土、风化岩碎屑构成,K12+360 以南路段多为硬塑黏土充填。溶洞充填的黏性土一般呈高含水率、高液限特点,具有红黏土特性。

溶洞水力连通性试验表明岩体连通性较差。分析原因:(1)岩体自身裂隙连通性差;(2)溶洞中被黏土充填导致透水性差;(3)下水位较稳定,相邻钻孔水位差小,导致地下水流通不畅;(4)洗孔不干净,导致钻孔周围岩石孔隙和裂隙被黏土充填导致地下水不易渗流。但如果考虑地下洞室开挖引起地下水位下降造成大的水力坡降,或由于岩体变形导致裂隙率增大,则连通性差的岩体也可能变成连续、畅通的渗流介质。

2. 超前岩溶处理措施

(1)处理目的

①确保隧道施工期间安全。

②防止地面塌陷和过大沉降。

③防止地下水流失过多,地层损失过大造成地面沉降过大,影响周边重要建(构)筑物安全。

④满足隧道永久结构的承载力、变形、防水要求。

⑤预防岩溶的进一步发展,减小后期运营影响。

(2)处理范围

①隧道轮廓线外5 m,隧道拱顶以上溶洞和土洞。

②利用岩溶处理孔进行岩面注浆和4-4e1混合土层注浆加固处理。

(3)处理方案

①地面处理

对隧道拱部及隧道上方的岩溶采用地面钻孔填充,填充处理前先进行溶洞平面范围的试探测:以揭示到岩溶的钻孔为基准点,间隔2~3 m向四周扩散,施作注浆钻孔,以基本找到洞体边界为止;应先探测溶洞,后探测土洞。

岩溶平面范围试探钻孔和注浆钻孔深度应进入穿透岩腔,进入完整岩体不小于1 m,钻孔孔底不高于隧道拱顶以下2 m。

②洞内处理

隧道开挖内的岩溶一般情况下可以直接挖除,若溶洞规模大($h>3$ m),且填充物为软土、粉质黏土混风化岩碎屑且地下水丰富影响开挖面稳定时进行洞内超前处理。

隧道侧墙外和隧道底2 m范围的溶洞,在隧道施工过程中及时进行填充处理。

隧道开挖一定长度后,在不影响隧道正常施工组织的情况下及时采用物探手段检查隧道外侧5 m范围内岩溶情况,对之前未发现和未达到处理要求的溶洞在隧道内进行填充处理。

③地面处理与洞内处理相结合,互为补充

地面处理范围内的岩溶,受地面条件影响不能达到处理效果时,应采用洞内超前注浆等措施进行补充处理。

洞内处理范围内的岩溶,受施工工艺、操作空间和施工组织等因素影响洞内处理确实难以达到要求,可进行地面处理。

C1范围内的溶洞和土洞应在隧道开挖前进行处理,检测达到处理要求后方可开挖。尽量采取地面处理;若地面无条件处理时可以在洞内超前注浆处理,但必须确保处理效果。

C2范围内的溶洞,应做好洞内超前地质预报、探明溶洞内填充物和地下水情况;一般情况下可在开挖时直接挖除,不做特殊处理。若溶洞填充物为淤泥质粉质、砂、砂性土,且水量较大影响施工和周边建构筑安全,应提前进行处理并经检测达到要求后方可开挖;优先考虑洞内超前注浆处理;若处理难度大、效果不理想,必要的时候可以进行地面处理。

C3范围内的溶洞,采取洞内超前注浆处理;若溶洞填充物较好、地下水出露较小,在不影响工程安全的前提下可在隧道开挖时及时注浆填充处理;若洞内处理难度大、效果不理想,必要的时候可以进行地面处理。

隧道开挖一定长度后,在不影响隧道正常施工组织的情况下及时对C4范围的岩溶进行处理;并采用物探手段检查影响区范围内岩溶情况,对之前未发现和未达到处理要求的溶洞进行处理。

3. 洞内超前地质预报

(1)超前地质钻孔

超前地质钻孔是利用钻机通过取芯或不取芯的钻孔方法了解掌子面前方的宏观地质情况。钻孔深度以

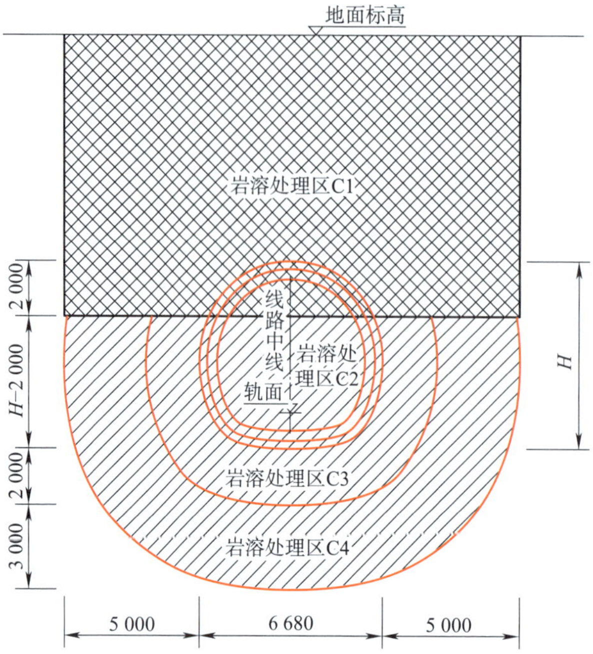

图 23　岩溶处理范围布置图(单位:mm)

30 m 为主,搭接长度不小于 5 m,且应钻穿岩腔至完整基岩不少于 5 m,钻探长度可以根据现场情况做适当调整。地质钻孔对施工影响较大,应采用快速地质钻机。

(2)超长炮孔

在岩溶高度发育、围岩破碎、地下水发育地段,因超前地质钻探数量较少,无法规避工作面内或工作面上部以及两侧潜伏性岩溶对施工的危害,采用超长炮孔作为超前钻探的重要补充。

实际操作过程中根据地面钻孔和洞内超前钻孔揭示的地质情况,结合爆破需要进行超长炮孔布置。超前炮孔建议深度为 4～5 m,较爆破孔深 2～4 m。

(3)地质素描

地质素描必须是在洞身开挖期间边开挖边进行,主要描述内容有:

断层破碎带:断层破碎带的产状与洞轴线的关系,洞身穿过断层破碎带和拱顶及边墙的稳定状况,破碎带的坍顶高度及坍落发展情况,断层破碎带及其软弱结构面的产状、组合关系;邻近掌子面的破碎带延伸情况。

节理裂隙:对拱顶及边墙稳定不利的节理裂隙产状、填充物质、延伸及节理起伏情况,节理裂隙的张开程度及其发展变化情况,各组节理裂隙组合及围岩松动状况。

水文地质:围岩透水性;地下水出溢点的位置、构造、岩体破碎状况,地下水出漏形式(潮湿、渗水、滴水、脉状涌水、大量涌水)、流量,流量变化与降水及地下水的关系;水质、水温、水压及地下水活动对围岩的影响。

岩溶洞穴的形态和连通情况及对围岩稳定和渗漏的影响,岩溶地下水的活动情况,岩溶堆积物的性质及其稳定状况。

3.4　多处盾构下穿房屋的保护问题

3.4.1　和燕路站—南京站区间连续下穿低矮房屋

1. 工程概况

和燕路站—南京站区间设计起点站为汽轮一村的和燕路站,沿线穿越小市街大量住宅、南十里长沟,最终到达南京站。

工程地质及水文地质:拟建区间属岗地—岗间坳沟地貌,地形起伏较大,地形较高处土质较好,低洼处常发育坳沟,分布较厚软土,有少量地下水。地面高程一般＋12～＋20 m。

岩土层工程地质评价：拟建区间地处岗地及岗地—岗间坳沟地貌，上部土层主要为 Q_4 冲积的砂性土和黏性土，西侧厚度一般为 30～40 m，东侧厚度一般为 5～15 m，深部为燕山期闪长岩。

和—南区间隧道：左线长 1 004.010 m，右线长 1040.925 m，由和燕路出发后以 15‰和 2‰下坡至南京站，隧道埋深 11.66～19.23 m，在南十里长沟处隧道埋深约 6.5 m。隧道穿越地层主要为可塑粉质黏土、软塑～流塑粉质黏土，部分穿越强风化闪长岩，局部分布有中风化角砾状灰岩，灰岩有岩溶发育。

盾构隧道连续下穿建筑物：线路出和燕路站后至十里长沟段以 R350 小半径曲线下穿小市街低矮房屋，隧道埋深 11～12 m，隧道主要穿越③-1b1-2 可塑～硬塑粉质黏土、③-2b2 可塑粉质黏土、②-1b2-3 可塑～软塑粉质黏土。

区间隧道连续下穿小市街 1～3 层低矮房屋面积达 9 178 m²，该类房屋建设年代久远，现状极为破旧(图 24、图 25)。

图 24　小市街低矮房屋照片

图 25　小市街低矮房屋照片

在十里长沟附近线路进入规划铁北路，沿铁北路直行，继续下穿 1 层低矮破旧房屋，并在 K15＋500 附近左线区间隧道下穿小市街 260 号混 5 住宅楼(图 26)，该段隧道主要位于②-3b3-4 软塑～流塑粉质黏土。小市街 260 号混 5 住宅楼建于 1989 年，采用天然基础，基础埋深 2 m，基础底距隧道顶约 10 m，房屋现状一般。

2. 主要工程风险及应对措施

主要工程风险：盾构掘进中出现房屋沉降开裂，引发居民干扰施工。

应对措施：针对上述风险，在“初步设计风险工程与围护选型专项设计专家咨询”中给出了如下意见：

干休所—南京站区间盾构下穿混 6 住宅，该住宅建于 1989 年，条形基础，基础埋深 2 m。本工程隧道埋深 8.2 m，隧道位于可塑～软塑粉质黏土和可塑～软塑粉土，盾构通过前预加固措施可不考虑，根据以往工程经验，通过盾构控制掘进、加强同步注浆和二次注浆可控制房屋沉降在 10 mm 左右。

由于盾构区间隧道连续下穿低矮建筑物群，难以在地面采取主动加固措施。为减小房屋沉降，将盾构掘进引起地面沉降变形控制标准提高至＋0.5～－1.5 cm，重点以盾构掘进控制为下穿建筑物主要保护措施，通过盾构机选型和配置、重视同步注浆量及二次注浆、加强监测以及跟踪注浆等措施进行防护(图 27)。

3.4.2　常府街—夫子庙区间下穿刘公巷成片建筑物

1. 工程概况

隧道在夫子庙站前下穿刘公巷多栋 2～7 层混合建筑，隧道顶埋深 16 m 左右。区间场地地貌单元属秦淮河古河道区，隧道主要穿越土层为③-3b1-2 可塑～硬塑粉质黏土、③-4b2-3 可塑～软塑粉质黏土，隧道上覆土层主要为③-3b1-2 可塑～硬塑粉质黏土、②-1c3 稍密粉土、②-3d3 稍密(局部松散)粉砂、②-3b4＋d3 粉质黏土与粉砂互层，地表①-1 杂填土厚度约 4 m。

图 26　小市街 260 号住宅(混 5)照片

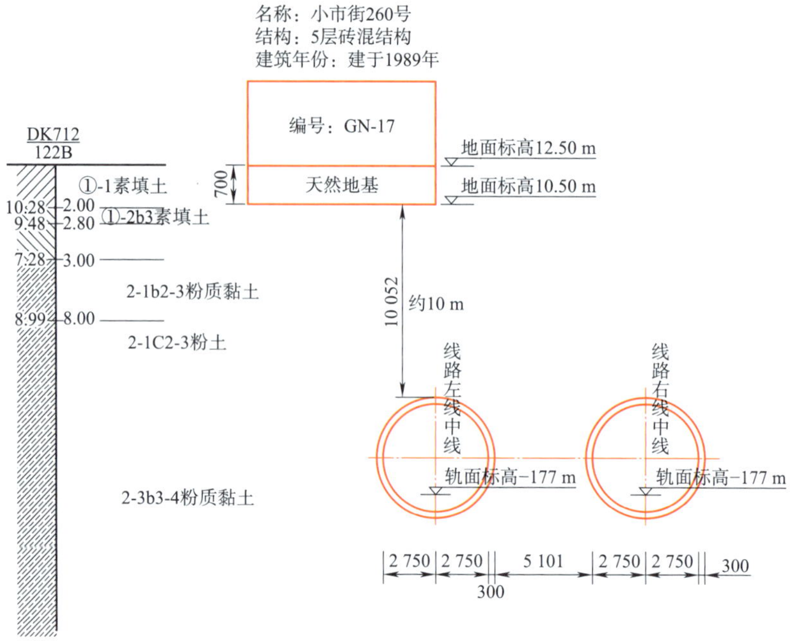

图 27　小市街 260 号住宅(混 5)与隧道关系图(单位：mm)

建筑多为 1960 年和 1980 年建造，多为埋深 1.5～2 m 的天然地基，局部后期采用锚杆静压桩加固处理。区间从太平南路向夫子庙站拐弯处下穿建筑概况详见表 2。

表 2　常府街站—夫子庙站区间下穿建筑概况汇总表

建筑物名称及数量	层数及结构形式	建成年代	房屋用途
南京食品工业有限公司(8 栋)	混 2～混 3，天然地基	1960 年	住宅
南京食品工业有限公司(8 栋)	混 2～混 6，筏板基础，其中一栋为锚杆静压桩基础静压桩桩长 14 m，在隧道上方约 1 m 左右	1960 年	住宅
刘公巷社区(4 栋)	混 2～混 3，均为浅基础	1980 年	住宅
刘公巷社区(4 栋)	混 5～混 6，均为浅基础。根据居民来信反映，刘公巷小区房屋基础建在秦淮河漫滩区上，地质性质差，居民楼采用桩梁加预制楼板方式结构，其中 7 号楼 1990 年前后在原来 5 层的基础上加盖一层变为 6 层，现在有的居民家中地面、墙面和屋顶楼板都有裂纹，已近房屋设计使用年限	1980 年	住宅

夫子庙站北端为盾构始发，刘公巷建筑多处于始发 100 m 试验段范围内。平面如图 28 所示。

2. 主要工程风险及应对措施

原设计该片建筑在施工前进行拆迁，但是由于区政府不同意，因此目前按照不拆迁施工。由于隧道在建筑正下方，数量较多，无法采取主动防护措施，因此只能通过洞内同步注浆和二次注浆来控制建筑物沉降，同时穿越建筑物时提高了变形控制标准，沉降控制标准暂定为－15～＋5 mm。

目前已有下穿建筑内居民写信到市长信箱，质疑施工过程中建筑的安全。市民在工程方面主要担心两个问题，一是盾构施工过程中被穿越的居民楼存在坍塌的危险，存在很大的安全隐患，居住将提心吊胆；二是地铁的运营产生的振动和噪声将长期影响居民生活和周边环境。根据地铁 2 号线和南延线建设经验，地铁开工时下穿建筑内的居民可能会阻挠现场施工或者上访。

3.5　新庄站—市政府站区间盾构机长距离硬岩掘进工程

3.5.1　隧道平纵断面设计

本区间设计起点站为新庄站，沿线侧穿新庄立交桥，下穿龙蟠路地下过街通道，斜穿龙蟠路，下穿情侣园公园后进入玄武湖，湖中下穿九华山公路隧道，纵断面从九华山隧道抗拔桩下方穿越，越过玄武湖后，从台

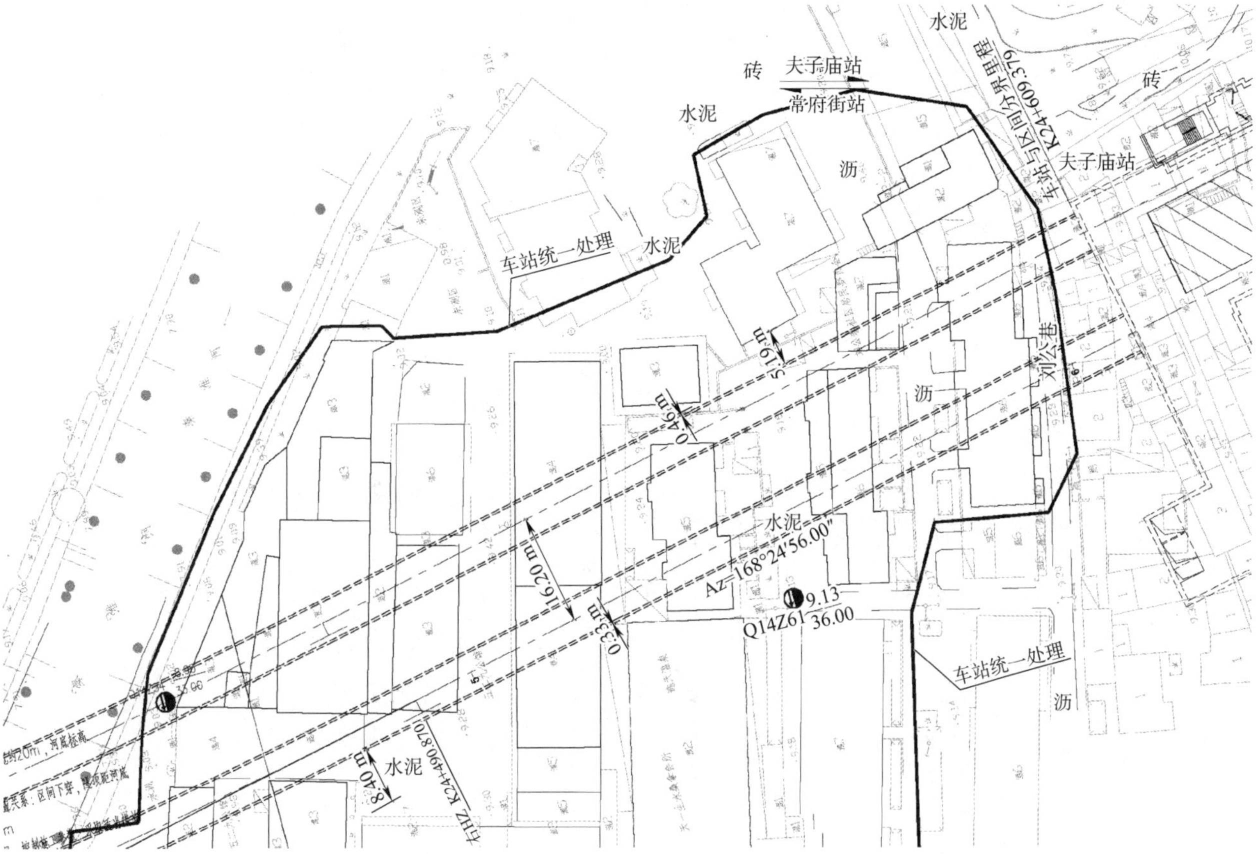

图 28　常府街站—夫子庙站区间下穿建筑平面示意图

城—太平门段下穿明城墙后继续下穿市政府建筑群，最后到达市政府站。

线路从新庄站出发后沿龙蟠路布置，侧穿新庄立交桥、下穿龙蟠路地下过街通道；然后，在盛世华庭前以 R350 半径转入情侣园公园，下穿情侣园公园后进入玄武湖，并下穿九华山隧道玄武湖段及其抗拔桩；越过玄武湖后，以 R450 曲线下穿明城墙台城—太平门段，沿内秦淮河前行，沿线下穿市政府建筑群，最后到达市政府站。线路包含 R800、R350、R450、R800 四段曲线，线间距 11.99～15.82 m。

线路纵坡设计为“V”形坡，出新庄站后以 26.915‰下坡至中间风井兼联络通道兼排水泵站，然后以 3‰上坡下穿九华山隧道玄武湖段及其抗拔桩，之后以 27‰、5.8‰上坡至市政府站，竖曲线半径 R3000、R5000。区间覆土厚度为 9.36～34 m。

九华山隧道宽约 31 m，底部设置 ϕ600 抗拔桩，横向设置 4 根、排距 4 m，隧道顶距桩底净距约 1 m。九华山隧道东侧围护桩为 ϕ1200 钻孔灌注桩，桩底标高约－11.0 m。

3.5.2　工程地质及水文地质

本区间属阶地—秦淮河漫滩、古河道地貌。新庄站—龙蟠路 K18＋550 段秦淮河漫滩相，K18＋450—情侣园 K19＋100 段为阶地地貌；情侣园 K19＋100—市政府段为秦淮河古河道及漫滩相。浅部发育软土、砂土和一般黏性土。深部分布有燕山期闪长岩、二叠系黄马青组变质角岩化泥岩；玄武湖西南侧局部分布侏罗系象山组石英砂岩，穿插分布有燕山期闪长岩。

岩土层工程地质评价：拟建区间地地阶地—处秦淮河古河道及漫滩，土层主要为 Q_4 冲积的砂性土和黏性土，厚度一般为 20～30 m，深部分布有燕山期闪长岩、二叠系黄马青组变质角岩化泥岩；玄武湖西南侧局部分布侏罗系象山组石英砂岩，穿插分布有燕山期闪长岩。

闪长岩及变质角岩在岩体侵入过程中局部受挤压而致岩心裂隙发育破碎，该段岩体强度很高，一般以较硬岩为主，由于局部节理裂隙发育岩裂面错动而导致部分岩块的试验强度偏小。部分区段基岩饱和单轴抗压强度超过 100 MPa，且受侵入岩作用岩体间互挤压破碎，裂隙发育。

地表水主要为玄武湖水和珍珠河河水。玄武湖北侧连通金川河，南侧连通珍珠河(内秦淮河)，并与周围排洪沟联系较广泛的地表水系。经多次改造，目前玄武湖周围有多个人工闸，水位多人工控制，常年水位较稳定。勘察期间，玄武湖水面高程一般在 10 m，湖底高程一般为 8.33～9.0 m，水深一般为 1.3～1.7 m；珍珠河河水面高程一般在 8 m，河底高程一般为 6.0～6.5 m，水深一般为 1.2～1.5 m。地表水与地下潜水有较强的水力联系。

3.5.3　隧道穿越地质情况统计

本区间为典型的复合地层，盾构穿越地层详见表 3、表 4。

表 3　左线隧道穿越地层统计

里　程　段	穿越地层	长度(m)
新庄站～250	2-4b4 流塑状粉质黏土	250
250～350	3 2b2 可塑粉质	100
350～570	隧道穿越 σ-3 中风化闪长岩、σ-2-1 强风化闪长岩、3-2b2 粉质黏土复合地层	220
570～830	隧道全断面穿越 σ-3 中风化闪长岩、部分位于 T2h-2J 强风化角岩化泥岩	260
830～925	隧道穿越 3-4c3 粉土，隧道底板附近穿越 σ-3 中风化闪长岩、T2h-3J 中风化角岩化泥岩	95
925～1 280	隧道全断面穿越 T2h-3J 中风化角岩化泥岩和 σ-3 中风化闪长岩，其中 σ-3 中风化闪长岩长度约 180 m	355
1 280～1 500	隧道穿越 σ-3 中风化闪长岩、T2h-3J 中风化角岩化泥岩、3-4e1 混合土、3-2b2 可塑粉质黏土	220
1 500～2 677	隧道主要穿越粉土和砂层，部分位于 3-1b1-2 可塑～硬塑粉质黏土和 3-2b2 可塑粉质黏土	1 177

其中全断面岩层约 615 m，半土半岩 535 m，全断面土层 1 527 m。

表 4　右线隧道穿越地层统计

里　程　段	穿越地层	长度(m)
新庄站～265	2-4b4 流塑状粉质黏土	250
265～485	3-2b2 可塑粉质、σ-2-1 强风化闪长岩、σ-2-2 强风化闪长岩	220
485～605	隧道穿越 σ-3 中风化闪长岩、σ-2-1 强风化闪长岩复合地层	120
605～820	隧道全断面穿越 σ-3 中风化闪长岩、部分位于 T2h-2J 强风化角岩化泥岩	215
820～940	隧道穿越 3-4c3 粉土，隧道底板附近穿越 σ-3 中风化闪长岩、T2h-3J 中风化角岩化泥岩	120
940～1 220	隧道全断面穿越 T2h-3J 中风化角岩化泥岩、部分位于 T2h-2J 强风化角岩化泥岩，局部分布有 σ-3 中风化闪长岩	280
1 220～1 400	隧道穿越 σ-3 中风化闪长岩、T2h-3J 中风化角岩化泥岩、3-4e1 混合土、3-2b2 可塑粉质黏土，其中 σ-3 中风化闪长岩约 125 m	180
1 400～2 677	隧道主要穿越粉土和砂层，部分位于 3-4e1 混合土、3-1b1-2 可塑～硬塑粉质黏土和 3-2b2 可塑粉质黏土	1 277

其中全断面岩层约 495 m，半土半岩 420 m，全断面土层 1 747 m。

中风化闪长岩饱和单轴抗压强度标准值 45.79 MPa，但闪长岩强度差异性很大，部分饱和单轴抗压强度超过 60 MPa，局部达到 103 MPa。

中风化角岩化泥岩饱和单轴抗压强度标准值 31.40 MPa，局部饱和单轴抗压强度超过 60 MPa，最高达到 85 MPa。

3.5.4　主要工程风险及应对措施

1. 工程风险分析

本区间为典型的复合地层，且长距离开挖全上软硬不均，长距离穿越硬岩段，盾构施工过程中存在如下难点和工程风险：

长距离硬岩掘进，刀具磨损严重，需要多次换刀，特别是在湖底段无法采取地面辅助措施，换刀存在安全风险。长距离掘进硬岩，工期风险高。

2. 拟采取的工程措施：

拟采用海瑞克复合式盾构机，根据本区间的地质特点在盾构机的设计和制造方面加以重视和研究，以提高盾构机对本区间复合地层的适应性。进行合理的刀具配置，应充分研究刀具的均衡性、原理各种刀具的破岩机理，除考虑各种刀具的轨迹覆盖整个刀盘面外，刀具的组合形式、刀具的高度及高度差等性能或指标也很重要。刀具配备型式必须统筹兼顾全断面软弱地层、全断面硬岩层、同断面局部软弱、局部硬岩层，还要考虑随着不同开挖面性状，灵活地变化刀具组合，有利于防止泥饼的形成和破除。同时，进行相同位置不同刀具的互换性研究，以便掘进过程中便捷地拆装更换刀具。

为了提高推进速度，减小刀具的磨损或破坏，施工中强化对工作面地质条件的研究和预测，根据不同的地层，及时更换与地层相适应的刀具。

盾构施工过程中必须进行渣土改良，向土仓和开挖面注入添加剂(如泡沫等)，以降低刀盘、螺旋输送机的扭矩，降低盾构机的负荷，降低刀具的磨损。

根据刀盘磨损情况，结合条件，选择主动换刀位置，原则上由全断面硬岩段进入复合地层前应进行刀具检查和换刀，换刀位置应尽量避开混合土和粉土层。

配置人仓及加压环境下作业设备，可以作为加压环境下作业保护屏障的人仓。通过软硬不均或球形风化孤石、开挖面常压下不能自立的地段，通过人仓加压环境的建立可成为排除掘进障碍、更换刀具降低安全风险等作业的不可缺少的条件。

盾构区间工程筹划时需充分考虑复合地层中施工难度，在工期安排时留有一定余地，本区间采用 2 台海瑞克盾构机掘进。

3.6 白鹭洲站基坑工程近距离房屋保护问题

3.6.1 工程概况

1. 工程环境及车站总图布置

白鹭洲站位于长乐路与江宁路路口以北，沿江宁路走向；车站主体位于江宁路上。车站为 10.5 m 岛式无柱车站，地下两层，车站长度为 279 m，标准段宽度为 19.6 m。

江宁路规划宽 24 m，现宽 20 m；长乐路规划宽 40 m，现宽 30 m。长乐路为双向 4 车道，江宁路为单向两车道。周边建筑物较为密集，对车站有影响的建筑物主要有：马道街以南，江宁路以西的两栋混 8 的建筑物；马道街对面，江宁路以东两栋混 7 的建筑物；秦淮区市政工程建设有限公司移动混 6 的建筑物等。

车站周边的主要管线有三条：(1)跨长乐路与江宁路路口有一条直径为 1 500 mm 的重力污水管，埋深约 2.3 m，沿长乐路东西向敷设，其在长乐路与江宁路处有一个污水管井，污水管井的埋深为 4.5 m；(2)沿江宁路敷设有一条直径为 1 200 mm 的混凝土雨水管，埋深约 2.4 m；(3)110 kV 高压电缆由马道街向东跨过江宁路沿江宁路向南。

2. 工程地质环境

地层从上到下依次为：

②-1c3 粉土：黄灰色，稍密，很湿，光泽反应弱，摇震反应迅速，韧性、干强度低。厚度 1.4～8.1 m。

②-3b4＋d3 粉质黏土粉砂互层：灰色，粉质黏土为流塑、粉砂呈稍密状态，饱和，水平层理发育，砂与土互层状。光泽反应弱，摇震反应迅速，韧性、干强度低。厚度 1.5～26.6 m。

②-3d3 粉砂：灰色，稍密，饱和，局部松散状，含云母碎片，夹薄层流塑状粉质黏土和稍密粉土。厚度 1.6～13.5 m。

③-1b1-2 粉质黏土：褐黄色，可塑～硬塑，含铁锰氧化物，切面有光泽，干强度、韧性中等。厚度 2.7～7.1 m。

③-2b2 粉质黏土：褐黄色，可塑局部软塑，切面稍有光泽，干强度、韧性中等。厚度 8.4～13 m。

③-4a3-4 黏土：灰色，软塑～流塑，局部为淤泥质黏土，切面稍有光泽，干强度中等，韧性较高。厚度 1.1～10.7 m。

③-4b2-3 粉质黏土：黄灰，灰色，混有团块状粉细砂，局部为粉细砂混粉质黏土，切面稍有光泽，干强度、韧性中等～低。厚度 1.5～20.1 m。

K1g-2 强风化泥质粉砂岩：褐红色强风化，局部为细砂岩、含砾砂岩，风化强烈，岩石结构大部分破坏，岩芯易捏碎，碎后呈砂土状，遇水易软化。厚度 0.3～7.4 m。

K1g-3 中风化泥质粉砂岩：横红色中风化，局部为细砂岩、含砾砂岩，泥质胶结。有少量裂隙发育，多呈闭合状，泥质充填。岩体较完整，主要为极软岩为主，局部为软岩，岩体基本质量等级为Ⅴ类，遇水易软化。未钻穿。

3. 周边需保护建筑物梳理

白鹭洲站基坑周边需保护建筑物汇总详见表 5，位置示意如图 29 所示。

表 5　白鹭洲站基坑周边建筑物汇总表

序　号	建筑物名称	建筑物概况	距离基坑围护墙净距(m)	保护措施
1	建筑物 1(混凝土 8)	桩基，沉管灌注桩，桩长 20 m，1995 年建	2.745	采用刚度较大的地下连续墙方案，第一道支撑采用混凝土支撑，提高基坑整体性。同时加强信息化施工，对基坑及建筑物做好监测工作，预埋注浆管，必要时注浆，控制楼房差异沉降
2	建筑物 2(混凝土 8)	桩基，沉管灌注桩，桩长 20 m，1995 年建	2.862	同上
3	建筑物 3(混凝土 6)	桩基，沉管灌注桩，桩长 20 m，1995 年建	2.453	同上
4	建筑物 4(混 7)	不详	4.083	同上
5	建筑物 5(混 3)	不详	4.101	同上
6	建筑物 6(混 7)	不详	4.075	同上
7	建筑物 7(混 2)	不详	2.276	同上
8	建筑物 8(混 3)	不详	4.496	同上
9	建筑物 9(混凝土 7)	不详	3.310	同上
10	建筑物 10(混 6)	不详	2.236	同上
11	建筑物 11(混凝土 7)	不详	9.830	同上
12	建筑物 12(混凝土 6)	不详	10.834	同上

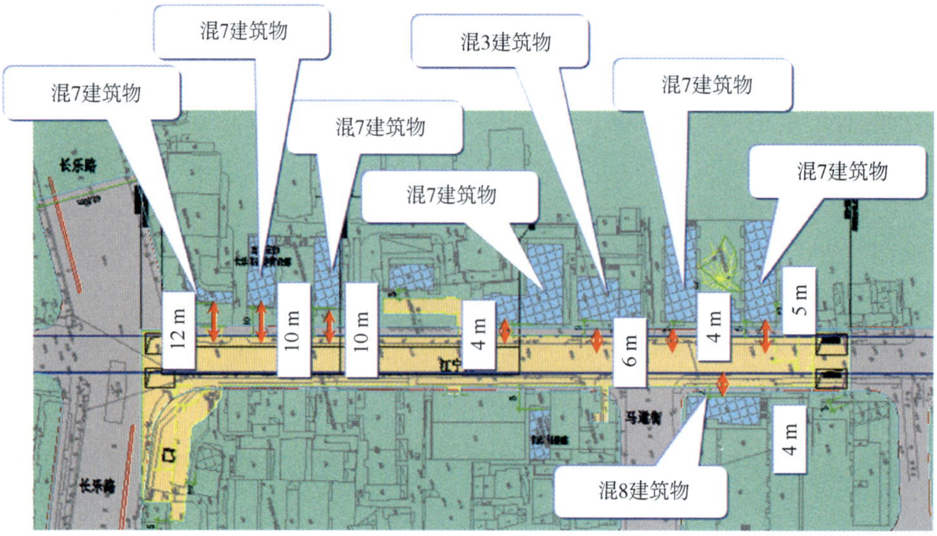

图 29　白鹭洲站基坑周边建筑物示意图

3.6.2 主要工程风险及应对措施

1. 主要工程风险

车站为地下两层车站，采用明挖顺作法施工，基坑深约16.5 m。处于秦淮河古河道地质单元，车站范围内存在较厚的粉质黏土层、粉砂、粉土等地层，含水层主要为粉砂层。基坑周边近距离分布大量房屋，基坑施工容易产生周边房屋沉降开裂，引发居民阻挠施工。

2. 风险处置措施

(1)采用刚度较大、止水效果好的地下连续墙方案，地墙接缝采用工字钢等措施，防止地墙接缝处渗漏水。

(2)连续墙嵌固深度约14.6 m，隔断承压水。

(3)第一道支撑采用混凝土支撑，加强支撑刚度，提高基坑整体性。

(4)按照时空效应理论指导基坑施工，遵循“开槽支撑、先撑后挖、分层分段开挖、分段施作结构、严禁超挖、限时作业”的原则。

(5)同时加强信息化施工，对基坑加强监测。

3.7 安小区间矿山法隧道下穿既有1号线及杂填土出洞洞门技术方案

3.7.1 安小区间隧道下穿既有1号线技术方案

区间隧道左线自左DK1+272.537～DK1+297.416段下穿地铁1号线南延线安德门站—宁丹路站区间隧道，新建隧道左线与既有隧道左线两者结构之间的垂直净距为4.97 m，与既有隧道右线两者结构之间的垂直净距为3.99 m，下穿段既有隧道采用暗挖法施工，断面形式为马蹄形，支护参数为Ⅱ类围岩加强衬砌，全断面布设长为3 m ϕ25的注浆锚杆。

区间隧道右线自右DK1+251.335～DK1+278.505段下穿地铁1号线南延线安德门站—宁丹路站区间隧道，新建隧道右线与既有隧道左线两者结构之间的垂直净距为4.97 m，与既有隧道右线两者结构之间的垂直净距为3.99 m，下穿段既有隧道采用暗挖法施工，断面型式为马蹄形，支护参数为Ⅱ类围岩加强衬砌，全断面布设长为3 m ϕ25的注浆锚杆。

下穿既有1号线区间隧道前，在左DK1+315.8～DK1+321.8和右DK1+284.607～DK1+1+290.607段布设管棚工作室，并在隧道拱顶150°范围采用40 m超前长管棚通过既有隧道，初期支护采用I22a型钢钢架与300 mm厚的C25网喷混凝土，二次衬砌为350 mm厚的C35防水模筑钢筋混凝土，采用台阶预留核心土法开挖(图30)。隧道在下穿段应坚持短进尺、强支护、二衬紧跟原则，同时需加强洞内与既有隧道的沉降监测，根据监测数据及时调整支护参数，必要时在洞内设置竖向支撑。

3.7.2 安小区间位于杂填土的出洞洞门处理措施

据区间隧道详勘资料显示，隧道出口存在较大的松散堆积体，堆积体中夹有直径0.5～2 m左右的孤石与混凝土块。其中左线隧道拱顶沿隧道纵向处于堆积体中约80 m，右线隧道拱顶沿隧道纵向处于堆积体内约15 m。新建矿山法区间隧道与既有1号线隧道关系如图31所示。

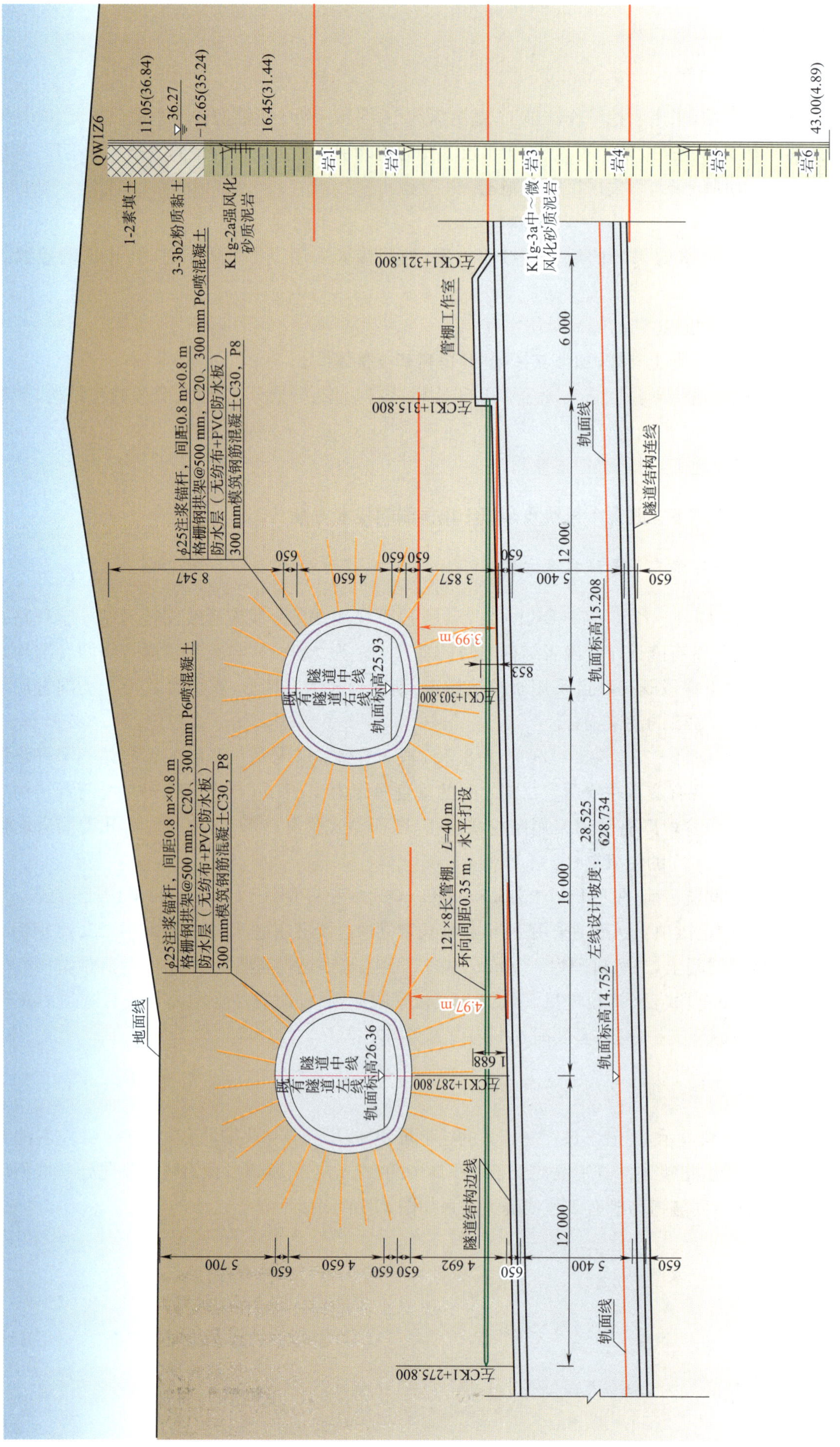

图30 新建矿山法区间隧道与既有1号线隧道关系图(单位：mm)

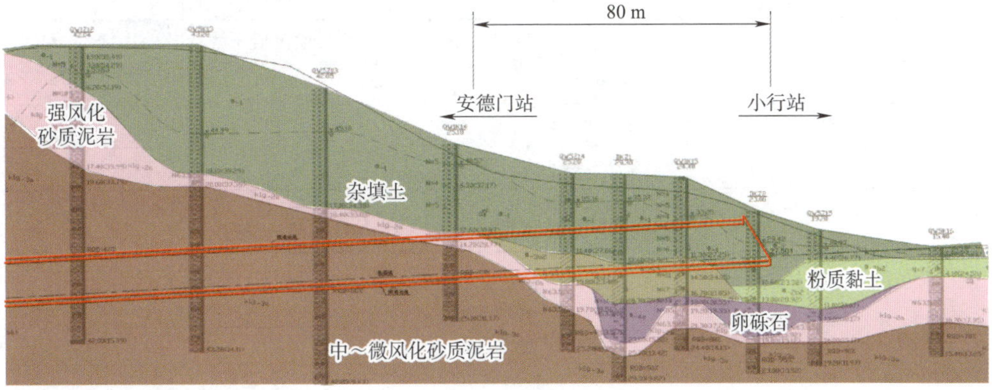

(a) 左线地质纵断面

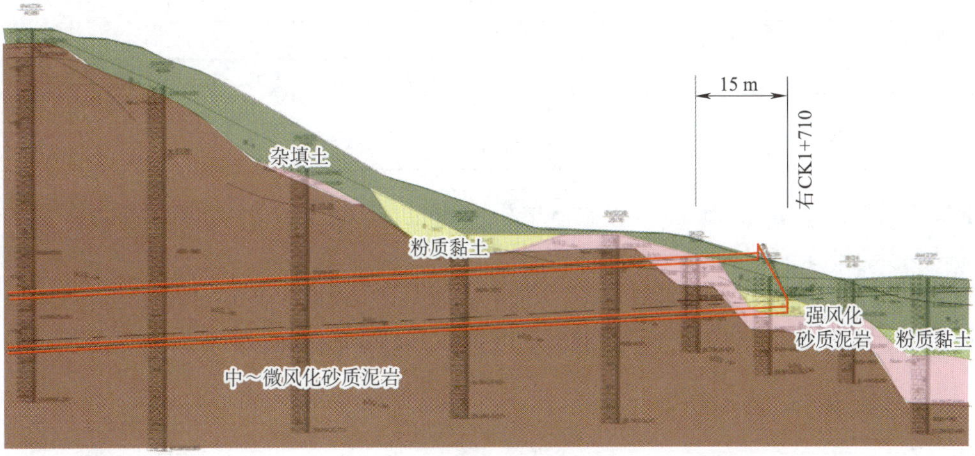

(b) 右线地质纵断面

图 31 安德门站—小行站区间隧道出洞洞门处地质纵断面图

隧道洞口处各岩土层的特性见表 6、表 7。

表 6 区间隧道岩、土体标贯试验指标(平均值、标准值)**表**

层 号	名 称	指标类别	实测值	杆长修正值
			N(击)	N'(击)
①-1	杂填土	平均值	6.8	6.3
		标准值	5.7	5.3
①-2	素填土	平均值	8.2	7.5
		标准值	7.5	6.9
③-2b2	粉质黏土	平均值	9.0	7.9
		标准值	9.0	7.9
③-3b2	粉质黏土	平均值	9.4	8.0
		标准值	8.4	6.8
④-1b1	粉质黏土	平均值	11.8	11.0
		标准值	10.9	10.2
④-4e1	卵砾石			
K1g-1a	全风化砂质泥岩	平均值	35.5	32.2
		标准值	31.3	28.0

续上表

层　号	名　称	指标类别	实测值	杆长修正值
			N(击)	N′(击)
K1g-2a	强风化砂质泥岩	平均值	61.1	47.6
		标准值	50.1	37.9

表 7　区间隧道各工程地质层地基承载力特征值一览表

层　　号	名　　称	地基承载力特征值推荐值(kPa)
①-1	杂填土	70
①-2	素填土	50
③-2b2	粉质黏土	160
③-3b2	粉质黏土	200
④-1b1	粉质黏土	240
④-4e1	卵砾石	400
K1g-1a	全风化砂质泥岩	260
K1g-2a	强风化砂质泥岩	600
K1g-3a	中～微风化砂质泥岩	2 000

结合路基反坡排水的要求，隧道左、右线洞口里程定为左 DK1＋709.19 和右 DK1＋710。本区间隧道线路中线与等高线基本正交，洞门型式采用斜切式洞门。

为有效降低杂填土中暗挖进洞和运营期洞门杂填土体滑坡风险，对洞口 35 m 浅覆土段杂填土段采用明挖放坡，再暗挖进洞。位于隧道底部的杂填土采取旋喷桩进行加固处理，以满足运营承载力和变形要求(图 32、图 33)。

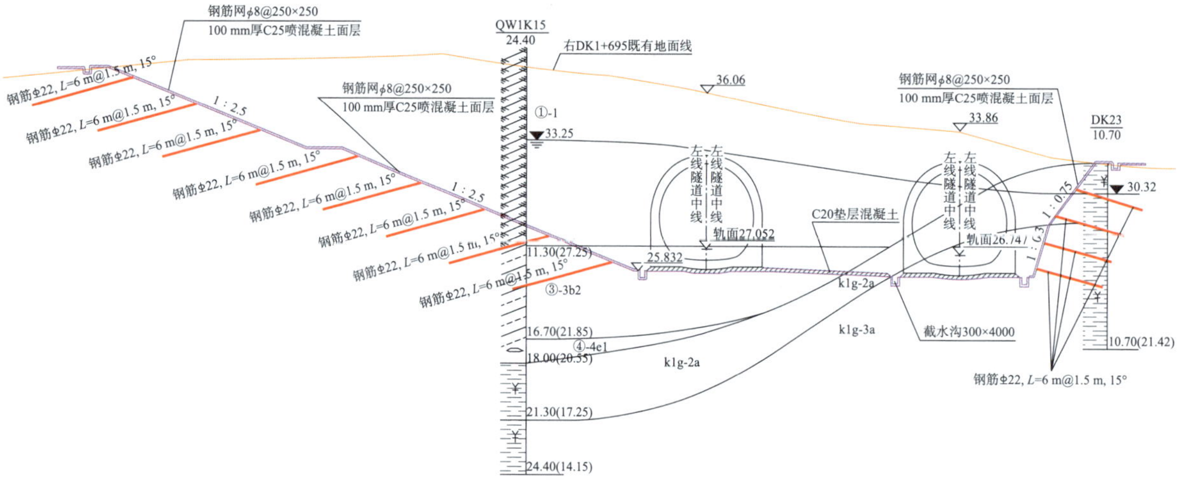

图 32　放坡开挖段横断面图

图 33　洞口开挖现场照片

南京地铁 4 号线青龙车辆基地出入线方案研究

黎　庆

（南京地铁建设有限责任公司，南京　210017）

摘　要：南京地铁 4 号线青龙车辆基地出入线，原设计接轨于桦墅站，车站规模大，对周边河流、铁路均有较大影响，衍生工程较多，工程投资高，实施难度较大。本文通过将出入线接轨站调整至仙林东站后，在不影响行车功能要求的前提下，实现了节省工程投资 2.48 亿的同时，在线路条件、运营条件、协调工作、车站建筑面积、周边环境适应性等方面均得到不同程度的优化与提升，取得了较好的效果。

关键词：地铁线路；车辆基地；出入线；设计深化

1　工程概况

1.1　南京地铁 4 号线及青龙车辆段

南京轨道交通 4 号线（图 1）起自珍珠泉站，经浦口中心、省委、鼓楼、市政府、紫金山站以及仙林地区，止于仙林东站，线路全长 44.5 km，设车站 23 座，车辆段、停车场各一处；其中 4 号线一期工程范围为中保站—仙林东站，线路长 33.8 km，高架和地面部分 1.5 km，地下线 32.3 km，设车站 19 座（含高架站 1 座，为仙林东站），设车辆段一处，为青龙车辆段。

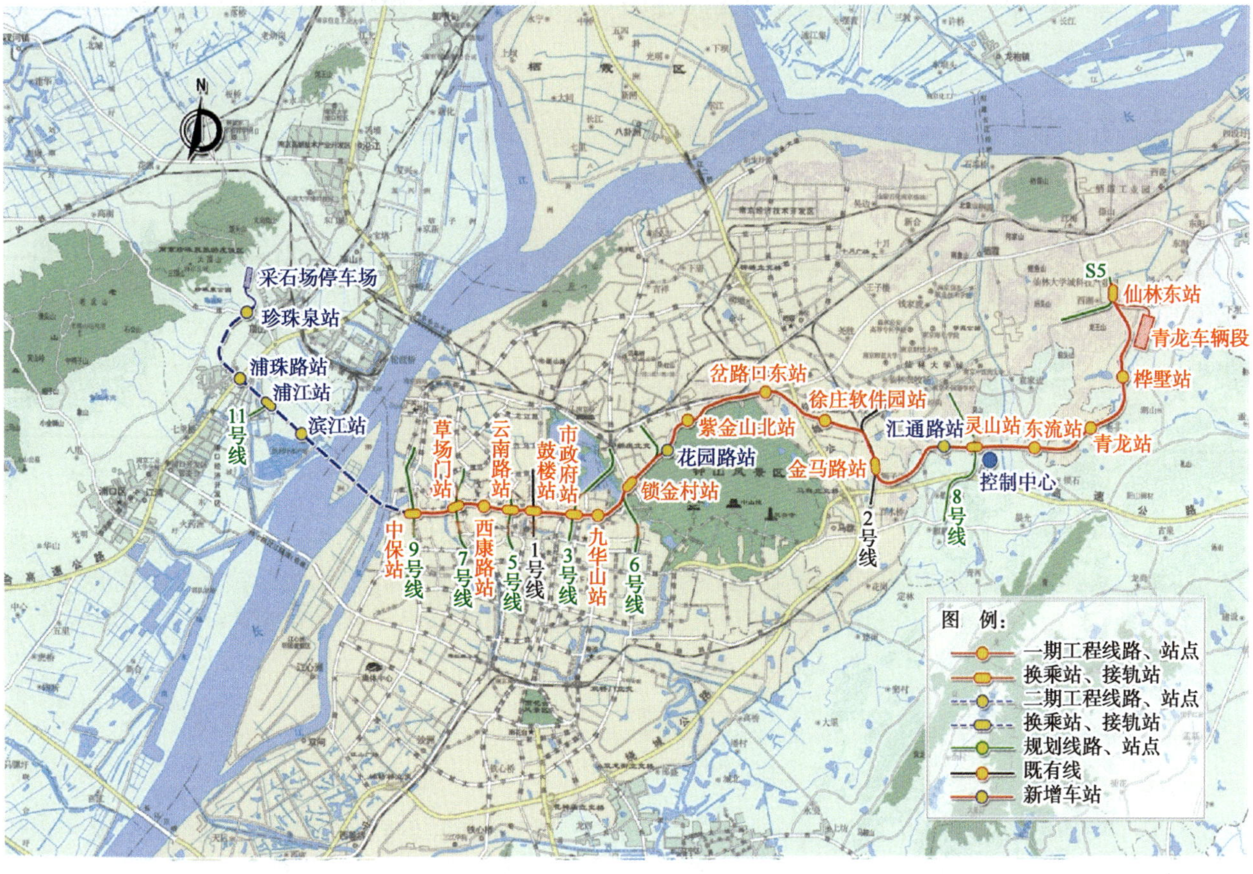

图 1　南京地铁 4 号线线路平面示意图

青龙车辆段与综合基地(以下简称青龙车辆基地)占地约 37.8 ha,位于南京市江宁区汤山街道桦墅村境内,4 号线正线东侧,桦墅站与仙林东站之间,段址距桦墅站约 1.2 km,距仙林东站约 2.0 km。青龙车辆基地主要承担 4 号线部分车辆的停车列检、月检等运用任务,4 号线全部车辆的定/临修任务;作为路网性的车辆大架修基地负责 4、7、S5 号线车辆的大架修任务;以及 4 号线各系统的维修维护等任务。

1.2　青龙车辆基地出入线功能

青龙车辆基地属于辅助线,连接地铁 4 号线正线与车辆段。是运营期间地铁 4 号线车辆从正线进出车辆段的运行线路,也是停运检修期间地铁 4 号线沿线设备维修作业以及各种检修车辆和机具、材料进出现场以及事故时救援列车的运行路径,还是地铁 7 号线、S5 号线车辆大架修时进、出青龙车辆基地的通路。

1.3　段址周边环境

青龙车辆基地段址(图 2)位于南京市江宁区汤山街道桦墅村,段址内地势较平坦,用地大部分为水田、菜地及林地,地面标高 11.2～12.8 m。

图 2　青龙车辆基地段址平面示意图

七乡河从段址东侧通过,其支流密布于段址周围。

江南水泥厂铁路从段址西南侧通过,该铁路为江南水泥厂自建,用于石灰石矿运输的专用线,自建成后一直正常运营。

南京 500 kV 龙王山变电站位于段址西北侧,是南京现仅有的 3 座 500 kV 变电站之一,由该变站引出的高压、超高压电力架空线路密布于段址周围。

2　青龙车辆基地出入线原设计存在问题

2.1　原设计概述

出入线从桦墅站站后接出,出桦墅站后线路以 $R=200$ m 东转沿规划路北侧前行,下穿架空高压线及河道后以 $R=200$ m 北转,在 AK0+650 处出地,沿河道继续向北前行,下穿江南水泥厂铁路专用线后进入青龙车辆基地,出入线全长 1 050 m,其中明挖段长 600 m,地面段 450 m,最大纵坡为 28‰(图 3);本方案需对江南水泥厂铁路专用线部分地段进行改线,改线段长 1 500 m。

2.2　原设计存在问题

1. 车辆收发车走行距离长

青龙车辆基地出入线接轨于桦墅站,桦墅站为 4 号线一期工程终点倒数第二站,距 4 号线终点站——仙林东站约为 3 km,车辆基地收发车走行距离长,运营费用较高(图 4)。

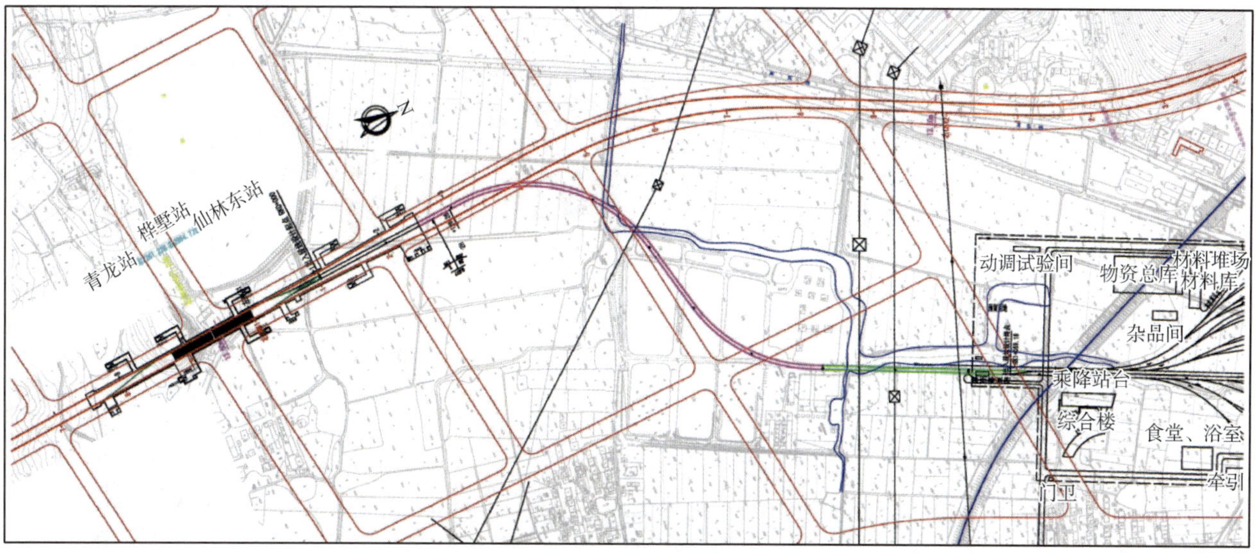

图 3　出入线原设计平面示意图

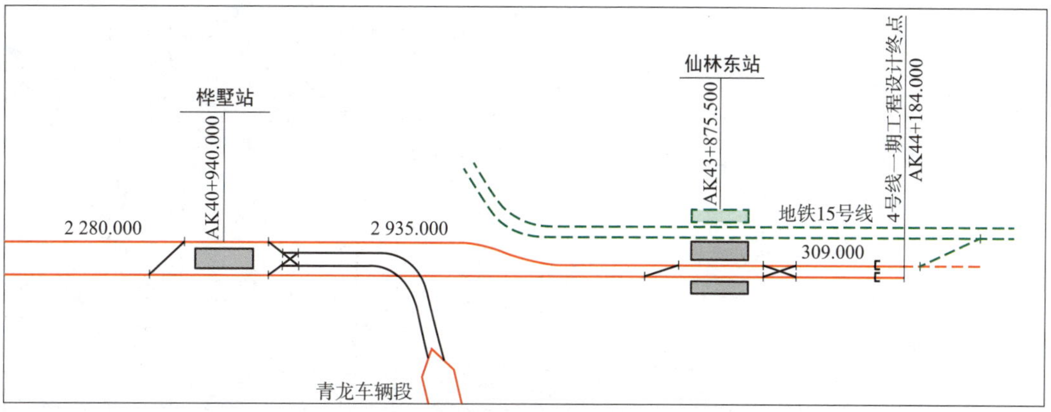

图 4　出入线原设计接轨配线图

2. 外线大架修车辆进出与 4 号线日常维修存在干扰

青龙车辆基地为地铁 4、7、S5 号线共享大架修资源的车辆段。非运营时间，地铁 7、S5 号线车辆需通过 4 号线正线进入青龙车辆基地进行大架修，与 4 号线的日常维护与检测存在相互干扰。

3. 桦墅站车站规模大

青龙车辆基地出入线的接轨站为桦墅站，其为地下两层 10.5 m 宽站台岛式站，根据行车配线要求，桦树站设站前单渡线、站后交叉渡线接出入场线，车站建筑面积 29 180 m^2(图 5)。

4. 出入线工程造价高、受制因素多

出入线采用明挖法施工，因出入线下穿河道及高压线线路，不仅工程造价高(单位造价 14 万元/双线延米)而且施工时需对下穿河道进行截流或改道的施工方案，需向河道管理部门及规划部门报批，经河道管理部门及规划部门审批通过后方可实施；对在电力高压架空线路下施工，需做专项安全评估并经电力管理部门及电力高压架空线权属单位审批通过才能进行工程施工，流程多，延续时间长，不确定因素多，不利于工期控制。

5. 局部改移江南水泥厂铁路专用线费用高、难度大

江南水泥厂铁路专用线，为江南水泥厂所有，连接江南水泥厂与茨山矿，为茨山矿供应石灰石矿至江南水泥厂的专用线。改移该铁路专用线不仅涉及铁路基建、沿线征地拆迁费用，还涉及因铁路专用线改造期间江南水泥厂原材料供应不足而引起的该厂停/减产损失的补偿费用。

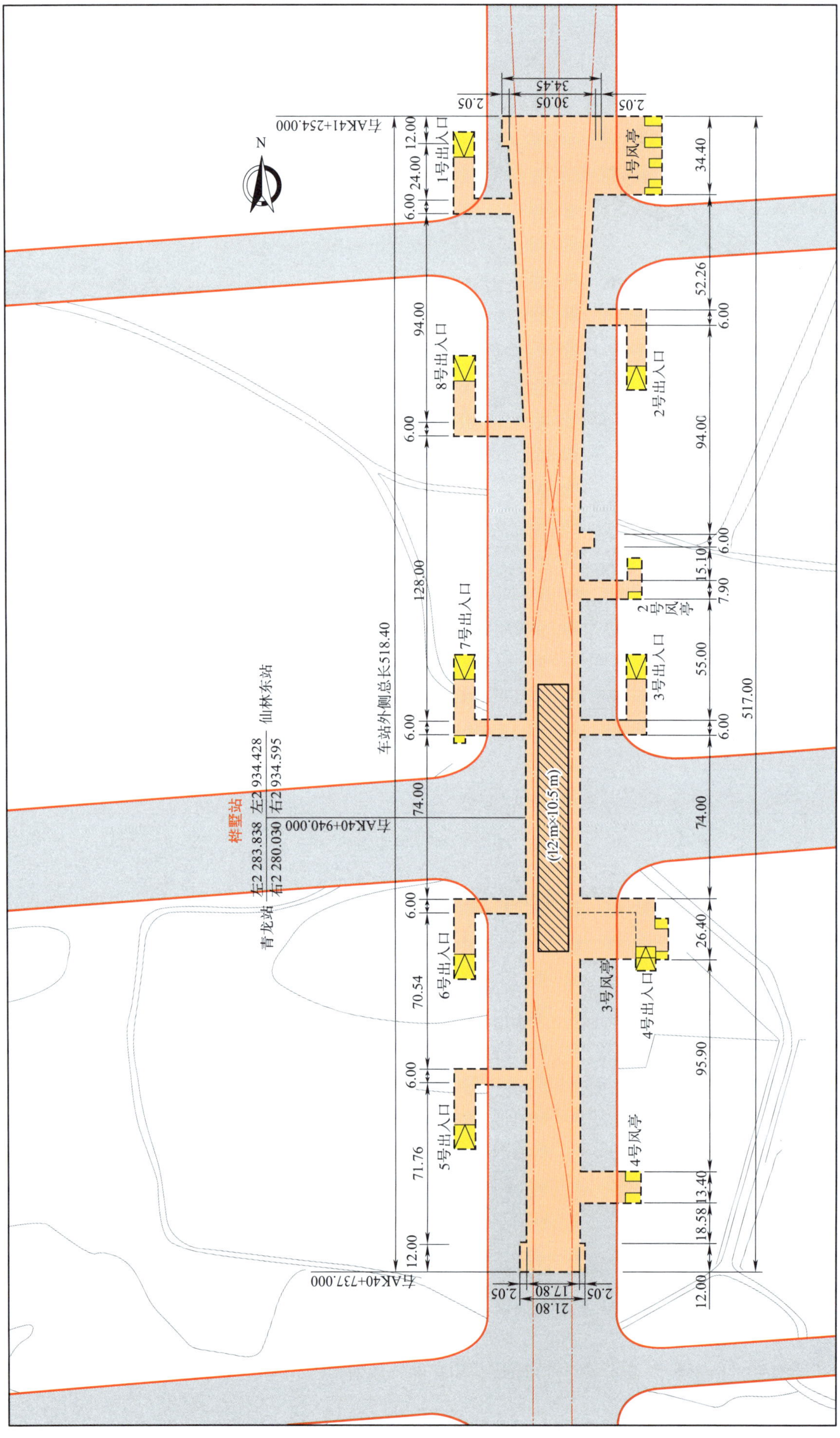

图5　梓墅站建筑总平面示意图(单位:m)

3 深化设计主要解决问题

通过对青龙车辆基地功能定位和出入线功能的深入分析、段址周边环境的全面解读和调研以及青龙车辆基地原设计中存在问题的梳理，青龙车辆基地出入线深化设计需解决的主要问题有以下五点。

(1)出入线配线方案如何在满足功能前提下控制接轨站规模

根据地铁 4 号线行车配线方案及青龙车辆基地所处位置，青龙车辆基地出入线接轨站定为桦墅站或仙林东站均可，其中桦墅站为地下二层岛式站，仙林东站为高架二层侧式站。深化设计重点考虑因出入线接轨站不同而引起的两站总建筑规模的差异。

(2)出入线方案如何减少引起对原有边界条件的影响及调整

青龙车辆基地段址周围主要的既有控制影响因素主要有：七乡河及其支流、江南水泥厂铁路专用线、南京 500 kV 龙王山变电站引出的多路电力高压架空线路、规划道路。深化设计重点考虑如何减少对上述几处边界条件的影响。

(3)出入线方案如何减少与政府部门、企业或个人的协调量，避免出现不可控因素，使工程整体工期可控

一个工程的协调量与工期成反比，工程的协调量越少，工期越可控；工程的协调量越多，不可预见因素越多，工程整体工期控制难度越大。深化设计重点解决如何减少协调量，以利于工期控制。

(4)出入线方案如何控制投资，使工程整体投资较省，避免引起衍生工程

出入线方案的工程投资控制，不是只考虑自身的投资控制，而是要考虑因出入线方案的不同，整个与之相关的各工程的总体投资。深化设计重点研究不同出入线方案的总体投资，以利于工程的投资控制。

(5)出入线方案如何减少工程建成运营后各工序间的相互干扰

因青龙车辆基地不只负责地铁 4 号线车辆的大架修，还负责地铁 7、S5 号线车辆的大架修任务。本次深化设计将尽量减少非运营时间，地铁 7、S5 号线车辆通过 4 号线正线进入青龙车辆基地进行大架修，与 4 号线的日常维护与检测存在相互干扰的问题。

4 深化设计主要内容及成果

4.1 深化设计概述

青龙车辆基地出入线接轨点由地下二层的桦墅站站后调整至高架二层的仙林东站站前，桦墅站由带配线地下二层岛式站调整为地下二层标准站。出入线出仙林东站后，以 $R=250$ m 转向东下穿 4 号线正线后入地，敷设于仙林大道北侧绿化带，后以 $R=300$ m 转向南下穿仙林大道后出地，以地面线形式下穿 5 路电力高压架空线路后进入青龙车辆基地，出入线全长 1 880 m，其中高架段长 480 m，地下段长 1 000 m，地面段长 400 m，线路最大纵坡为 33.2‰(图 6)。

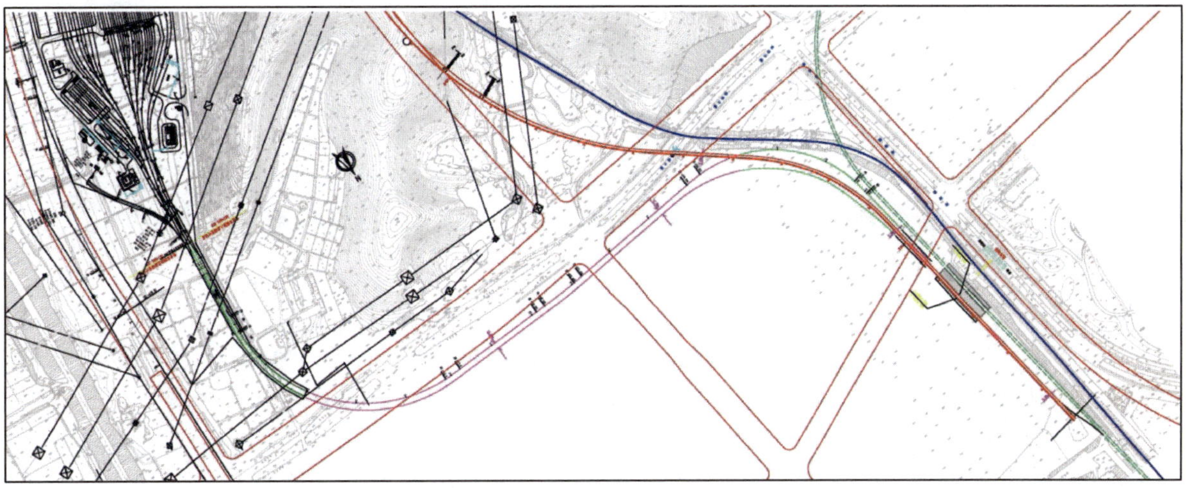

图 6 深化设计出入线平面示意图

4.2　深化设计主要内容

1. 出入线接轨站调整至仙林东站

将出入线接轨站由桦墅站调整至仙林东站后，桦墅站为地下二层 10.5 m 宽站台岛式标准站，车站建筑面积为 10 780 m^2；仙林东站为高架二层带配线侧式站，设站前单渡线、出入线，站后交叉渡线、停车折返线、联络线，车站建筑面积变化几乎可忽略(图 7)。

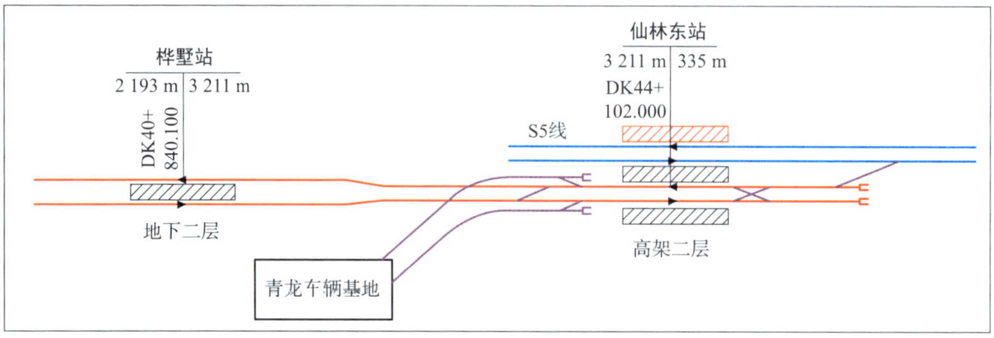

图 7　出入线深化设计接轨配线图

2. 出入线避免下穿七乡流支流及江南水泥厂铁路专用线

出入线不再下穿七乡河支流，避免了施工时对河流截断或改道工程同时，也减少了向河道管理部门及规划部门报批的流程及协调工作量。

出入线不再下穿江南水泥厂铁路专用线，从而不再需要对江南水泥厂铁路专用线进行局部长 1 500 m 线路的改移，在减少了与企业协调工作量的同时，也避免了衍生工程。

3. 出入线区间采用盾构法施工

出入线地下段区间采用盾构法施工。区间隧道采用盾构法施工技术成熟，在全国各地及南京均广泛采用，工程造价低(单位造价 8 万元/双线延米)。

4.3　深化设计成果

通过对青龙车辆基地出入线的深化设计，虽然出入线长度由原设计的 1 050 m 增加 830 m 从而达到 1 880 m，但工程投资(含出入线、桦墅站、仙林东站)较原设计大规模减少约 2.48 亿元，并在以下 4 个方面得到不同程度的优化与提升，取得了较好的效果：

1. 出入线线路条件

线路最小曲线半径 R=250 m，且只有一处，较原设计最小曲线半径 R=200 m(2 处)线形条件较好，利于轨道在运营过程中的维修与养护。

2. 运营条件

运营组织方面，深化设计与原设计均能适应行车组织要求；但收发车走行距离 2.1 km，较原设计的收发车走行距离 4 km 有大幅的缩短，利于节约运营成本。

青龙车辆基地为地铁 4、7、S5 号线共享大架修资源的车辆段。非运营时间，只有地铁 7 号线车辆需通过 4 号线正线进入青龙车辆基地进行大架修，而 S5 号线直接从出入线进行青龙车辆基地进行大架修。外线与 4 号线的日常维护与检测的相互干扰较原设计低。

3. 协调工作

线路不下穿河道与江南水泥厂铁路专用线，无衍生工程，且与相关部门及企业的协调工作量较原设计少，仍需与规划及电力部门进行协调。

4. 车站建筑面积

桦墅站建筑面积为 10 780 m^2，较原设计的 29 180 m^2 大幅减少了 18 400 m^2。

上述各项详见表 1。

表1　青龙车辆基地出入线深化设计成果表

序　号	内　容			原 设 计	深化设计
1	出入线线路条件	线路长度(m)		1 050	1 880
		最小曲线半径(m)		200(2处)	250(1处)
		最大坡度(‰)		28	33.2
2	运营条件	车辆收发车走行长度(km)		4	2.1
		外线车进出段		7/S5号线均需通过4号线正线	只有7号线需通过4号线正线
		与全线行车配线适应性		适应	适应
3	协调工作	与规划部门		有	有
		与电力主管部门及企业		有	有
		与河道主管部门		有	无
		与江南水泥厂		有	无
4	车站建筑面积(m^2)	桦墅站		29 180	10 780
		仙林东站		8 130	8 130
5	周边环境适应性	沿线河流		对一条支流进行截流改道	无调整
		铁路专用线		改线1 500 m	无调整
		电力架空高压线路		下方通过	下方通过
6	工程投资(万元)	合　计		56 270	31 520
		车　站	桦墅站	35 016	12 936
			仙林东站	6 504	6 504
		出入线	—	9 750	12 080
		衍生工程	铁路专用线改线	4 500	—
			河道截流/改道	500	—

5　结　　语

地铁车辆段出入线设计是一项非常复杂的工程，牵涉众多方面，受运营模式线路走向、敷设方式、站点设置、车辆段布置等系统内部因素的限制，也受城市规划、地形地貌、管线、重要设施等外部因素的制约，其设计的合理与否将直接影响到车站规模、衍生工程控制、周边环境适应性、工程造价等方面。因此在做出入线设计时应内外兼顾、统筹考虑、不断优化，力争做到因地制宜。

隧道纵向变形引起的管片接缝变形研究

金华[1]　胡志飞[2]　李雪[2]
(1. 南京地铁建设有限责任公司,南京　210017;
2. 同济大学道路与交通工程教育部重点实验室,上海　200092)

摘　要: 盾构隧道埋深、周围地层地质情况沿纵向变化,因此盾构隧道在纵线方向将承受着不均匀荷载作用,这对隧道结构受力与变形承受能力提出新的要求,设计过程中必须注重隧道的纵向结构刚度。本文以南京某越江盾构隧道为计算背景,利用等效轴向刚度理论以及梁-弹簧模型,分别对隧道纵向变形引起的管片环缝及纵缝张开量进行分析与计算,以得到管片纵向不同变形曲率情况下管片接缝的变形情况。研究结果表明当隧道纵向曲率半径接近 3 500 m 时,环缝张开量将达到防水设计标准 6 mm,而小于 5 000 m 的曲率半径将对隧道纵缝张开产生影响。

关键词: 盾构隧道;等效轴向刚度理论;梁—弹簧模型;纵缝;环缝

由于隧道埋深、周围地层荷载沿纵向在变化,盾构隧道的纵向结构形态、内力分布和变形特性非常复杂。目前国内对隧道纵向变形的研究多侧重于隧道变形后对周围环境产生的影响,而对隧道结构本身的建模研究较少。而在国外,日本已经在这一方面形成了比较系统的研究,所取得的成果也逐渐应用于实际工程。

根据隧道接缝和螺栓的简化方法不同,盾构隧道纵向结构理论模型主要可分为两种:一种以村上智博以及小泉淳为代表的以轴向、剪切、弯曲弹簧模拟接缝螺栓,以梁单元模拟衬砌环的梁—弹簧模型;另一种模型是以志波由纪夫及川岛一彦为代表的等效轴向刚度模型。这两种理论方法都是比较典型的基于弹塑性力学体系的计算方法,根据大量的工程实践,其应用性已得到业内广泛认可。本文将采用这两种方法,针对大直径越江盾构隧道在产生纵向变形时的接缝变形情况进行计算,以确定类似工程的防水安全程度,为其他工程提供参照。

1　隧道纵向变形引起环缝张开计算

1.1　等效轴向刚度理论

志波由纪夫及川岛一彦提出的等效轴向刚度模型由于从分析衬砌环向接缝和螺栓的受力变形出发,因此可直接计算得到管片和螺栓的应力,并求出管片环缝的张开量(图 1)。虽然等效轴向刚度模型不能体现拼装方式的差异,但是对于了解隧道防水受隧道纵向变形的影响却有非常重要的意义。隧道环缝处的张开量也正是工程技术人员最关注的。

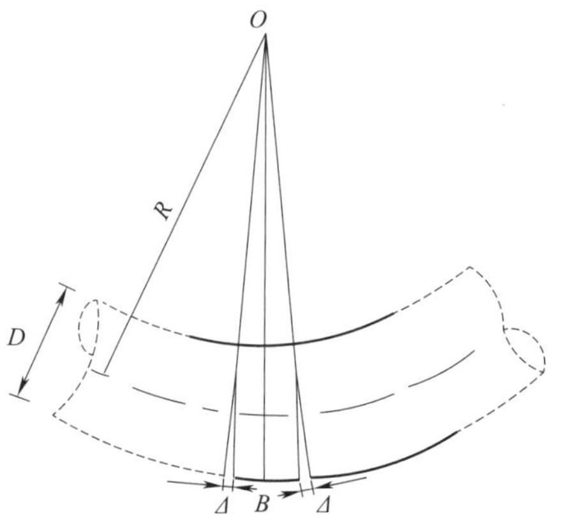

图 1　环缝张开示意图

等效轴向刚度理论有以下三点假定:

假定 1:盾构隧道发生纵向变形时,管片在纵向及衬砌纵缝上的剪应力及其变形可忽略不计,且不考虑管片在圆周方向的不均匀性,并认为隧道管片横断面是连续均质体。

假定 2:管片环间的连接螺栓采用弹簧来模拟,并将其理想化为力学性能为受拉时双线性,受压时完全刚性的材料。

假定3：隧道管片在受拉区，由管片混凝土和连接螺栓共同承担拉应力，在受压区，由管片混凝土单独承担压应力，管片混凝土应力始终处于弹性状态；截面变形符合平截面假定和小变形假定。

根据接头处螺栓的弹塑性受力特征，并将纵向接头的刚度看成是各个连接螺栓刚度的总和，则可将纵向螺栓模拟成如图2所示受拉受压性能不同的非线性弹簧。其中，$K_{j1}=nk_{s1}$，$K_{j2}=nk_{s2}$分别表示纵向接头螺栓总的弹性和塑性刚度（k_{s1}、k_{s2}分别表示单个螺栓的弹性和塑性刚度，n表示纵向螺栓的个数），$k_{s1}=\alpha k_{s2}$，α为螺栓的弹性和塑性刚度比。N_y、δ_y分别为螺栓处于弹性极限时的拉力及拉伸量。

（1）螺栓处于弹性阶段计算（图3，图4）

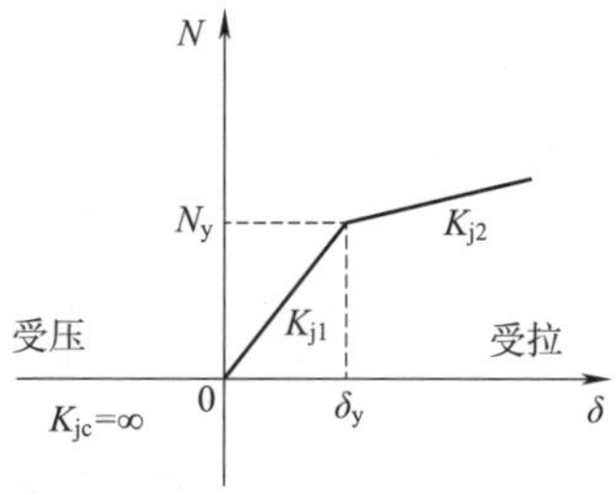

图2 接头N-δ图

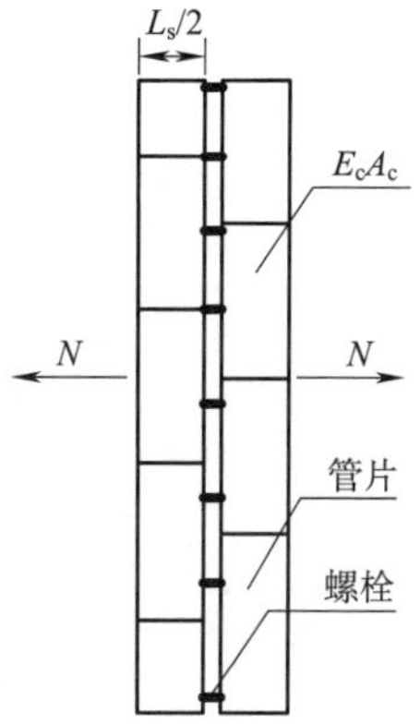

图3 管片受拉变形

根据等效轴向刚度模型的基本假定，管片单元在受拉时，由连接螺栓和管片共同承受拉伸变形；当单元受压时只有管片受压而连接螺栓处于不受力状态。由此我们取L_s段为一个计算单元，根据变形协调条件和受力平衡条件可得

$$EA_{eq}=\frac{E_cA_c}{1+E_cA_c/L_sK_{j1}}\quad(0<N<N_y) \tag{1}$$

$$F_0=\frac{T}{Kd_1} \tag{2}$$

$$N_y=n\pi\frac{d_1^2}{4}(E_1-F_0) \tag{3}$$

式中 E_c——等效轴向拉伸弹性刚度（kPa）；

EA_{eq}——混凝土弹性模量（MPa）；

A_c——管片横截面积（m^2）；

L_s——每环隧道管片纵向宽度；

N_y——盾构隧道管片环间弹性极限拉应力（kN）；

d_1——螺栓直径（m）；

E_1——螺栓屈服应力（kPa）；

F_0——螺栓预应力（kPa）；

K——换算摩擦系数；

T——纵向螺栓的预应力拧紧力矩（kN·m）。

根据环缝位置的纵向变形协调条件得

$$\frac{r+x}{D/2+x}\cdot\frac{L_s}{2}\varepsilon_t+\frac{\delta_j}{2}=(r+x)\cdot\frac{\alpha}{2} \tag{4}$$

$$\frac{L_s}{2}\varepsilon_c=\left(\frac{D}{2}-x\right)\cdot\frac{\alpha}{2} \tag{5}$$

根据环缝位置纵向受力平衡条件可得

$$2\frac{E_c\varepsilon_c}{D/2-x}\int_0^{\pi/2-\beta}(r\cos\gamma-x)\cdot r\cdot t\cdot d\gamma$$

$$= 2\frac{E_c\varepsilon_t}{D/2+x}\int_0^{\pi/2+\beta}(r\cos\omega+x)\cdot r\cdot t\cdot d\omega \tag{6}$$

$$2\frac{E_c\varepsilon_c}{D/2-x}\int_0^{\pi/2-\beta}(r\cos\gamma-x)\cdot r\cdot t\cdot d\gamma$$

$$= 2\frac{K_r\delta_j}{r+x}\int_0^{\pi/2+\beta}(r\cos\omega+x)\cdot r\cdot t\cdot d\omega \tag{7}$$

对上述等式求解可得

$$\beta+\cot\beta=\pi\left(\frac{1}{2}+\frac{K_{j1}L_s}{E_cA_c}\right) \tag{8}$$

$$EI_{eq}=\frac{\cos^3\beta}{\cos\beta+\left(\frac{\pi}{2}+\beta\right)\sin\beta}E_cI_c \tag{9}$$

$$M=\frac{N\cdot EI_{eq}}{r\cdot(1+\sin\beta)\cdot EA_{eq}} \tag{10}$$

$$\rho=\frac{L_s}{\alpha}=\frac{EI_{eq}}{M} \tag{11}$$

$$\delta_j=\frac{ML_s}{E_cI_c}\frac{\pi\sin\beta}{\cos^3\beta}(r+x) \tag{12}$$

式中　δ_j——环缝张开量(m)；

M——盾构隧道等效弹性弯矩(kN·m)；

I_c——盾构隧道横断面惯性矩(m^4)；

β——中性轴位置处相对转角(°)；

EI_{eq}——等效抗弯刚度；

P——盾构隧道因纵向变形引起的曲率半径(m)。

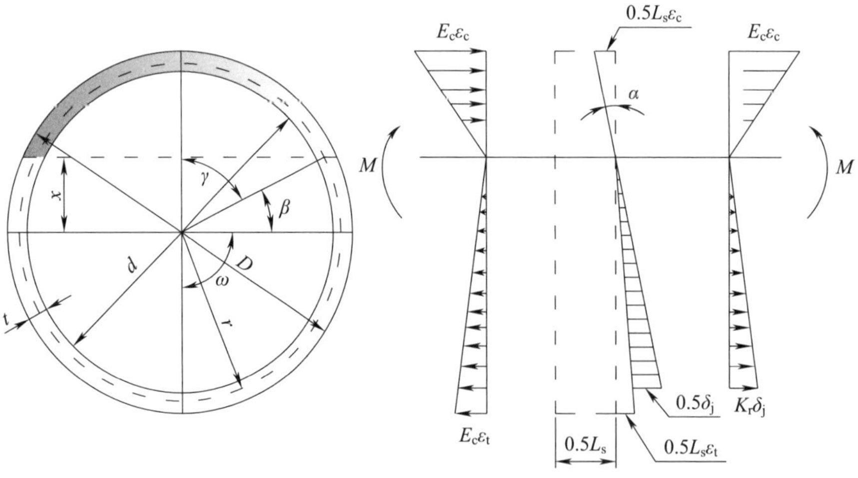

图 4　螺栓处于弹性阶段的应力应变图

(2)部分螺栓处于塑性阶段计算(图 5)

根据纵向变形协调条件和纵向受力平衡条件可得

$$(1-R_1)(\cos\beta+\beta\sin\beta)-\frac{\pi}{2}(1+R_1)\sin\beta+(R_1-R_2)\left[\cos\varphi+\left(\frac{\pi}{2}+\varphi\right)\sin\varphi\right]=0 \tag{13}$$

$$\delta_y'=\left(1+\frac{1-R_2}{1-R_1}\frac{1+\sin\varphi}{\sin\beta-\sin\varphi}\right)\delta_y \tag{14}$$

δ_y' 和 δ_y 分别表示环缝的张开量和螺栓达到弹性极限时的环缝张开量，其关系式可分别表示为

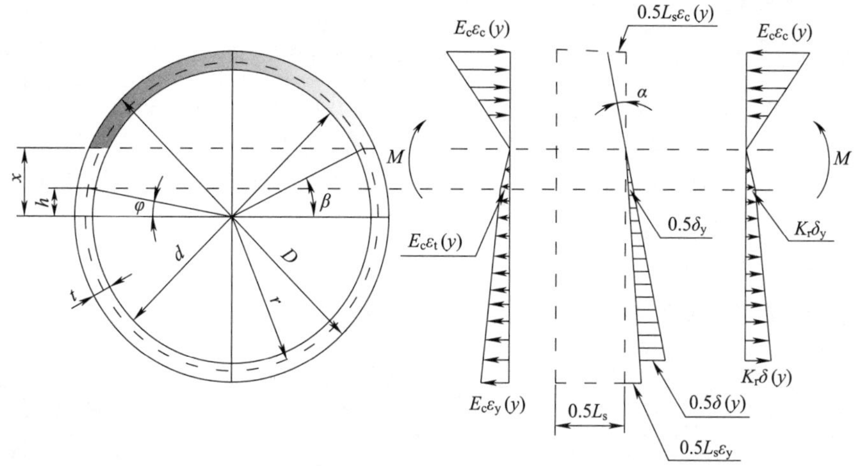

图 5　部分螺栓处于塑性状态下的应力应变图

$$\delta_y=(E_1-N)A_j/k_{s1} \tag{15}$$

$$\delta_y'=(E_1-N)A_j/k_{s1}+(E'-E_1)A_j/k_{s2} \tag{16}$$

E'表示最外侧受拉螺栓的应力值，且有关系 $E_1<E'<E_2$，E_2表示螺栓极限应力。

R_1、R_2均为系数，其表达式可表示为

$$R_1=\frac{1}{1+E_cA_c/L_sK_{j1}} \tag{17}$$

$$R_2=\frac{1}{1+E_cA_c/L_sK_{j2}} \tag{18}$$

$$\rho=\frac{(1-R_1)r(\sin\beta-\sin\varphi)L_s}{\delta_y} \tag{19}$$

1.2　算例分析

南京某大直径越江盾构隧道由于穿越地层地质较为复杂，土层承载力参差不齐，故隧道易产生纵向变形，本文以此为工程背景，作为计算算例进行分析讨论。

1. 斜螺栓等效抗拉刚度

斜螺栓由于用钢少，手孔小，对截面削弱较小受力合理，只要对螺栓的一头进行防水和防腐蚀处理，由此加快了施工进度并且降低了造价，在大直径盾构隧道中运用较多。在我国，如上海上中路隧道、沪崇苏隧道等越江隧道都采用了斜螺栓，南京地铁 10 号线越江隧道也采用了斜螺栓接头设计。但是盾构管片拼装过程中，当环与环之间采用斜螺栓连接时，其抗拉刚度与直螺栓有一定的差别，在实际计算中我们应该对其抗拉刚度进行等效处理。

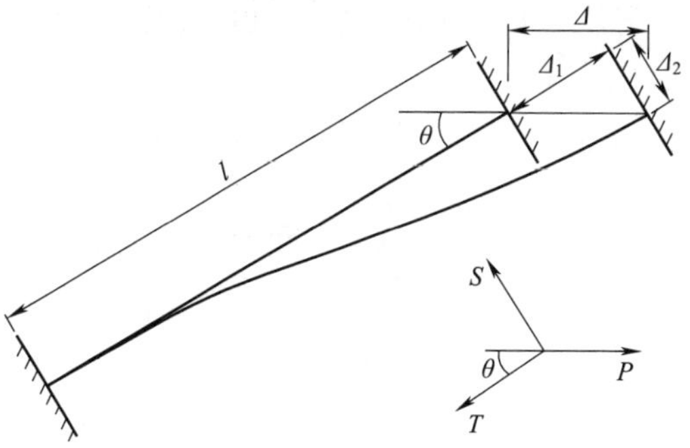

图 6　斜螺栓变形示意图

设螺栓长 l 与隧道轴向夹角 θ 在隧道轴向拉力 P 作用下螺栓将会沿水平方向移动 Δ，同时引起螺栓长度方向产生变形 Δ_1，在垂直于螺栓长度方向产生变形 Δ_2，如图 6 所示。Δ_1 和 Δ_2 引起的轴力 T 和剪力 S 可采取下式计算：

$$T=\frac{\Delta_1}{l}EA,S=\frac{12i}{l^2}\Delta_2 \tag{20}$$

其中 $i=EI/l$，E 为螺栓弹模，I 为螺栓截面惯性矩，A 为螺栓横截面面积。由力的平衡可得

$$P=T\cdot\cos\theta+S\cdot\sin\theta=\frac{EA}{l}\Delta\cos^2\theta+\frac{12i}{l^2}\Delta\sin^2\theta \tag{21}$$

进而计算出单颗斜螺栓在沿隧道轴向上的抗拉刚度 k：

$$k=\frac{p}{\Delta}=\frac{EA}{l}\cos^2\theta+\frac{12i}{l^2}\sin^2\theta \tag{22}$$

若环缝上的纵向螺栓共有 n 颗且隧道半径为 r（r 为管片内径与外径之和的一半），那么这些螺栓沿环向的平均抗拉刚度为

$$k_r=\frac{nk}{2\pi r} \tag{23}$$

2. 计算结果分析

根据南京某越江隧的管片设计参数，列出计算参数见表 1。

表 1　计算参数

外径(m)	内径(m)	环宽(m)	混凝土弹性模量(kPa)	螺栓预应(kPa)	螺栓直径(mm)
11.2	10.2	2	3.65e7	21.2e4	30
螺栓个数	螺栓弹性模量(kPa)	螺栓屈服应力(kPa)	螺栓极限应力(kPa)	弹塑性刚度比	斜螺栓水平向夹角(°)
33	2.06e8	6.40e5	8.0e5	0.01	33

应用 MATLAB 分别对螺栓处于弹性、塑性阶段的环缝张开量进行求解计算，计算结果如图 7 所示。由图 7 可以看出，隧道的纵向沉降曲率半径对环缝的张开量有显著的影响。

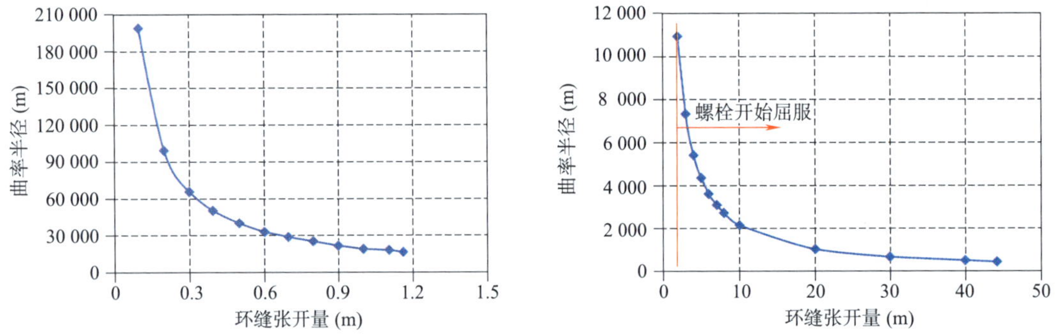

(a) 螺栓处于弹性阶段　　(b) 螺栓处于塑性阶段

图 7　隧道纵向曲率半径与环缝张开量关系

为便于实际应用，表 2 列出了研究背景下隧道环缝张开量的几个界限值（下文说明时对表中曲率半径进行取整处理）。当曲率半径达到规范规定的曲率半径限值 17 200 m 时，环缝张开量为 1.16 mm，螺栓达到弹性极限；当曲率半径达到规范规定的曲率半径限值 15 000 m 时，环缝张开量为 1.46 mm，进入 10 000 m 后螺栓开始屈服；当曲率半径达到 5 500 m 时，环缝张开量为 4 mm，如果考虑到施工过程中环缝产生的初始张开，那么这时从防水角度上讲是非常不利的，需对管片结构安全状态进行分析，并采取相应措施防止进一步恶化；当曲率半径接近 3 500 m 时，环缝张开量达到 6 mm，达到防水设计指标，此时隧道将处于危险状态。实际工程中盾构隧道在贯通后或是在运营之后，应对隧道纵向变形进行定期监测，监视隧道因长期沉降引起的纵向变形量，以便采取诸如注浆抬升等措施保证隧道安全。

表 2　环缝张开量界限值

曲率半径(m)	张开量(mm)	临界状态
17 166	1.16	螺栓达到弹性极限应力
15 000	1.46	地铁保护标准
5 474	4	环缝张开 4 mm
3 650	6	环缝张开 6 mm(防水设计指标)

2 隧道纵向变形引起纵缝张开计算

2.1 梁—弹簧模型

梁—弹簧法把管片环主断面用梁单元模拟，管片接头模型用旋转弹簧与剪切弹簧连接，环间弹簧用剪切弹簧连接（图 8）。这种计算方法可以考虑接头弯曲刚度降低和管片错缝拼装的影响。接头的轴向、剪切和转动效应分别用弹簧的轴向刚度（k_n）、剪切刚度（k_τ）和转动刚度（k_θ）来描述。

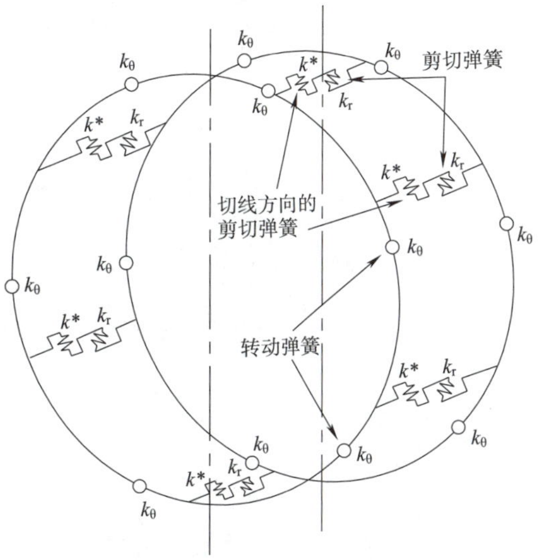

图 8 梁—弹簧模型示意图

2.2 算例分析

根据梁—弹簧模型原理，在本文计算算例背景下，运用有限元软件 GTS 迈达斯建立隧道纵向 11 环计算模型（图 9）。由于背景工程采用错缝的点位拼装方式，而错缝拼装的管片在受力及变形上均与通缝拼装时不同，同时考虑模型的简化，故建模过程中环与环之间按同一错缝拼装点位进行处理。为使隧道沿纵向轴线产生不同的曲率，本模型中使用强制位移，并以约束隧道端侧两环盾构管片的轴向位移及竖向位移作为边界条件。隧道周围施加仅能承受压力的土弹簧以模拟盾构隧道与水土之间的作用抗力。在模型计算参数方面，轴向、剪切弹簧刚度选取 1.5×10^5 kN · m/rad，转动弹簧刚度取 3×10^5 kN · m/rad。土弹簧抗力系数取 1e4（无量纲）。

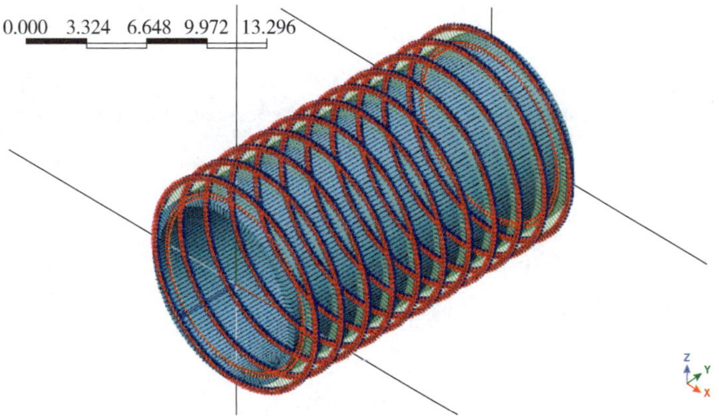

图 9 盾构隧道管片纵向模型

根据地铁保护标准，地铁线路纵曲线曲率半径不得小于 15 000 m，但实际工程中由于施工及周围环境等因素的影响曲率半径往往小于该值。为体现工程在最不利情况下可能产生的曲率，本研究中选取曲率半径分别为 3 500 m、5 000 m、10 000 m、15 000 m 的情况进行分析计算。

通过有限元分析计算，得到如图 10 盾构管片纵向变形云图。经后处理并计算后得到的不同曲率半径下各环管片纵缝的张开量。由于其对称性以及考虑边界效应的影响，仅提取第 3、4、5、6 环计算结果进行分析，如图 11 所示（以隧道纵向曲率半径为 5 000 m 时为例）。

由图 11 可知，此四环管片的纵缝张开规律基本一致（个别接缝出现内、外张角的不同），并且从数值上看，第 6 环的纵缝张开量值比其他环大，因此为从最不利角度观察同一环管片的接缝张开量与曲率半径之间的关系，仅取第六环的计算数据进行分析，其在不同隧道纵向曲率半径时的内外张角的变化规律如图 12 所示。

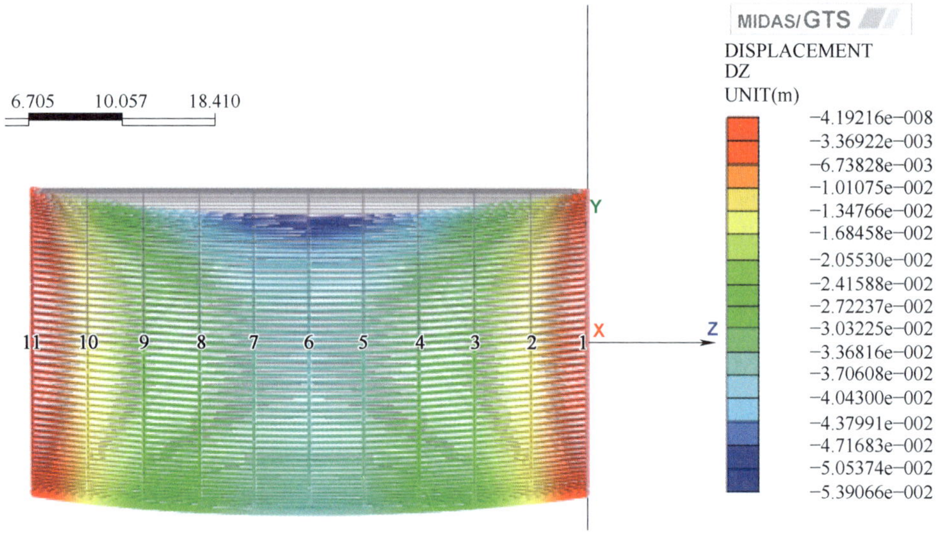

图 10　盾构管片纵向变形侧视图(数字表示环号)

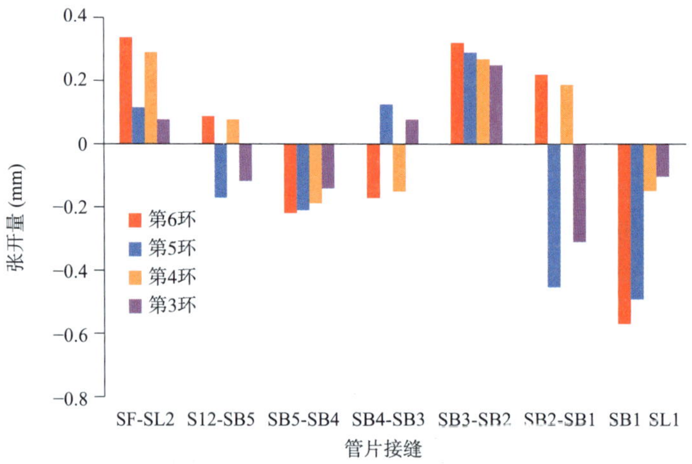

图 11　环内各接缝张开量(外张开为正值,内张开为负值)

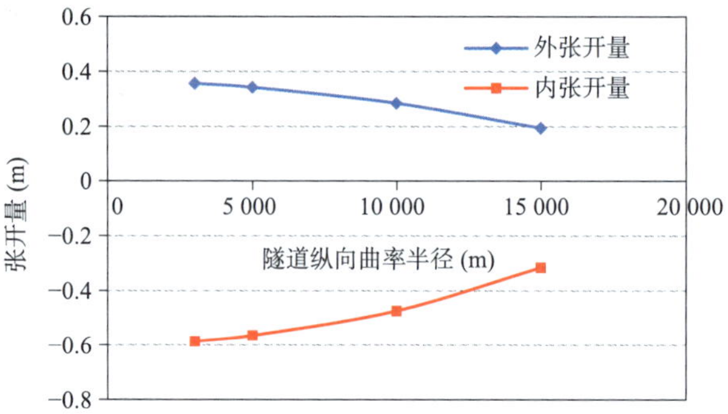

图 12　第 6 环内接缝最大张开量与曲率半径关系

从图 12 可看出,第 6 环管片内无论是最大内张开量,还是最大外张开量,其值(绝对值)均随隧道纵向曲率半径的增大而减小,最大张开量都不足 1 mm。由此可见,隧道纵向曲率对管片纵缝张开量影响有限,但当曲率半径小于 5 000 m 时,张开量值将接近 1 mm。然而这仅是理论计算的结果,实际隧道在承受上部水土荷载作用时以及拼装过程中都会产生一定的张开量,因此,当曲率半径小于 5 000 m 时张开量必然会进一步增大,甚至接近防水设计标准,从而危及隧道安全(尤其对于处于含水量大、渗透性强的砂砾层中的盾构隧道而言)。

3　结　　论

本文应用等效刚度理论与梁—弹簧模型分别对不同纵向曲率半径下,盾构隧道管片的环缝以及纵缝的张开量进行了分析计算,并得到了以下几点结论:

(1)由等效刚度理论计算结果,曲率半径大小将影响螺栓的受力情况。随着隧道纵向曲率半径的增加,螺栓将由弹性状态进入塑性状态,张开量亦逐渐增大。

(2)曲率半径会影响隧道环缝的防水性能。等效刚度理论计算结果表明当曲率半径达到 10 000 m 时,即螺栓进入塑性阶段时,环缝张开量将迅速增大;而当曲率半径接近 3 500 m 时,环缝张开量将达到接缝防水设计指标 6 mm。

(3)隧道纵向曲率半径大小会对管片纵缝张开量产生影响。有限元计算结果表明当隧道纵向曲率半径大于 5 000 m 时,对纵缝张开量影响较小;而当曲率半径小于 5 000 m 时,考虑其他作用因素后,纵缝张开量将接近防水设计指标而危及隧道安全。

南京地铁4号线一期工程施工安全风险管控技术

蒋敏卫

（南京地铁建设有限责任公司，南京 210017）

摘 要：本报告结合4号线一期工程风险管控的实际情况，介绍了风险管理相关制度、风险管控流程、各责任单位相关职责和形成的一套风险管理体系。施工前期准备阶段，系统梳理施工阶段存在的风险因素，并进行风险分析、评估与分级，提出相应控制应对措施，形成风险评估报告，作为现场风险管控的依据。施工阶段，强化风险动态管理和各方信息联动，定期开展信息化监测与巡查，召开风险管控例会，通过建立远程监控平台，加强对风险监控信息的汇总、统计、比对和分析，判断各类风险控制状况，及时发布风险告知和预警信息，督促现场及时启动应急响应，并采取风险应对措施，避免安全事故的发生。本文通过具体案例分析，剖析风险管控技术的有效性和存在的问题，进一步证明了实施风险管控技术的必要性，为后继地铁工程风险管控工作的开展提供了有益借鉴和指导。

关键词：风险管控；自动化监测；风险评估；雷达探测；监控系统

1 背景、目的和意义

1.1 国内地铁施工安全及风险管理背景

随着社会城市化水平越来越高，城市交通需求不断增长，地铁作为联通城市的清洁、快速化的交通方式，为人们的生活带来了极大的方面。至今，城市的地铁建设里程已经成了衡量一个城市经济发展速度的标志。由于地铁施工具有隐蔽性、复杂性和不确定性等诸多突出的特点，同时又面临复杂的地质和外部情况，因此，给安全生产带来了一定的困难和压力，目前国内地铁建设主要存在以下一些共性风险问题：

(1)施工工法复杂，工程本身风险大。

(2)工程建设在城市中心，环境风险大。

(3)安全风险管理体系尚不成熟，目前，国内对安全风险管理的重视源于事故的深刻教训，但很多工程企业对安全的管理仍然是面对“预防事故”，头痛医头，脚痛医脚，缺乏全面科学的风险管理体系。

因此，做好地铁施工安全和风险管理，是确保施工进度与质量、减少施工现场安全隐患的重要举措。

我国风险管理的系统研究起步较晚，1987年《风险分析与决策》一书的出版，标志着我国风险研究的开始，同时风险管理技术也被应用到国内各个城市的轨道交通建设项目中。

在风险管理应用方面，北京、上海、南京等城市的地铁工程建设中，较早地引入了风险管理的理念和模式，并取得了良好的效果，建立了各自的风险管理体系，并引进了较为先进的风险监控系统，实现信息化管理。

随着风险管理经验日趋丰富，政府职能部门也开展了相关政策、办法和规范的研究与制定，以引导和规范地方城市轨道交通工程建设风险管理，自2007年后，陆续颁布了《地铁及地下工程建设风险管理指南》(2007)、《城市轨道交通工程安全质量管理暂行办法》(建质〔2010〕5号)、《城市轨道交通地下工程建设风险管理规范》(GB 50652—2011)，要求分阶段实施风险管理，明确了各阶段风险管理要求及风险各参建单位的职责，统一了风险等级划分的原则，并强调风险动态管理的重要性。

1.2 风险管理的目的和意义

“十二五”期间，全国掀起了一股地铁建设高潮，南京作为重要门户城市，以2014年青奥会为契机，共开工建设8条线路，里程数达282 km，截至“十二五”末，已开通运营里程数达227 km，位居全国第四。南京地铁 4 号线一期工程是“十二五”期间的重要线路之一，其主要特点为：

(1)周边环境复杂。沿草场门大街、北京西路、北京东路、玄武大道等城市重要交通道路敷设，地下管线密集，车流量大，沿线涉及多处文物保护区，包括清凉山—鼓楼历史城区、紫金山—玄武湖环境风貌保护区、颐和路民国公馆区、天目路民国公馆区、中央大学历史建筑群等 16 处文物保护单位。

(2)地质条件复杂。线路经过地区主要由长江冲积平原区、侵蚀堆积岗地区、秦淮河冲积平原区、构造剥蚀低山丘陵区和冲积谷地区 5 种地貌单元组成。

(3)工程规模大。4 号线一期工程全长约 33.754 km，设站 18 座，线路长，工点多，管理协调难度大。

(4)施工工艺复杂。根据结构形式和地质条件的不同，车站施工分为明挖顺法、暗挖法、高架，区间施工分为矿山法、盾构法，另外涉及爆破法施工。

因此，对于本项目而言，建设施工难度十分大，特别是主城区，一旦出现安全事故，将造成巨大的经济损失和严重的社会影响。

鉴于南京地铁 4 号线一期工程的复杂性，施工阶段开展相应的风险管理工作十分必要。风险管理的目的在于通过有效识别地铁建设的勘察、设计、施工和管理全过程中的各个环节所存在的风险因素，提出针对性控制应对措施，规避与控制施工风险，确保工程项目的投资、进度、质量和安全管控目标的实现；通过施工风险的识别、梳理，提升政府、建设、勘察、设计、施工及监理等各参建单位对地铁工程建设的安全认识，提高地铁建设风险管理意识与风险管控、预控的能力。对地铁建设安全、减少地铁建设过程中事故的发生有重大的意义。

2 南京地铁建设风险管理制度与体系

2.1 南京地铁建设风险管理制度

南京作为国内较早地开展地铁风险管理的城市之一，基于对以往工程管理的经验总结，响应国家相关法律法规、标准、政策性文件的要求，也开展了一系列风险管理方面的研究，并将研究成果应用于工程实际，形成了相应的风险管理制度。响应相关法律法规、规范的要求，2013 年度，结合南京地铁特点，陆续颁布了《南京轨道交通工程建设安全风险监控管理办法》《南京地铁工程周边环境调查工作管理办法》等配套管理办法，对于风险管理内容、各参建单位职责提出了明确的管理要求，作为现场风险管理的重要依据。

2.2 南京地铁建设风险管理体系

根据南京地铁建设单位组织架构和参建单位组成特点，南京地铁施工安全风险监控实行三层管理(图 1)，即由领导层、管理层和现场管控层组成。领导层由公司总经理、各线路分管副总经理和主管安全工作的副总经理组成；管理层由各土建项目部、质安处及风险评估单位、监控中心、第三方监测单位组成；现场管控层主要由施工单位、施工监测单位和监理单位组成。

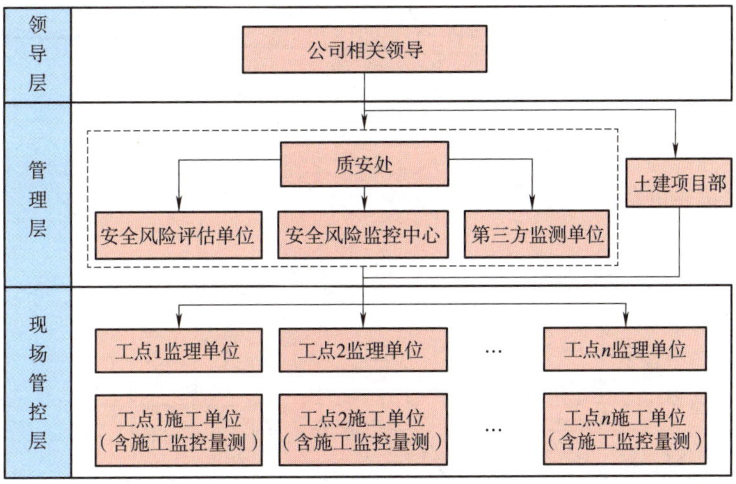

图 1　施工安全风险监控组织管理框图

3　风险评估技术

为提高风险评估的技术水平，有效开展风险管控工作，4 号线一期工程除了在设计阶段由设计单位进行风险评估外，还在土建施工阶段委托专业的风险评估咨询单位对全线各工点作了进一步的风险评估，并实施全过程风险巡查。

3.1　风险评估方法与流程

1. 风险评估基本概念

风险：不利事件或事故发生的概率（频率）及其损失的组合。

风险因素：导致风险发生的各种主客观的有害因素、危险事件或人员错误行为的统称。

风险辨识：调查识别工程建设中潜在的风险类型、发生地点、事件及原因，并进行筛选、分类。风险辨识是风险评估的第一步，是风险评估的前提和基础。

风险估计：对辨识的工程建设风险发生的可能性及其损失进行估算。风险估计的两部分内容包括了风险发生的综合效果，既考虑可能性，又考虑经济性，是衡量风险水平的可靠的、实用的性能指标。

风险评价：对工程建设风险进行等级评定、风险排序与风险决策。

风险分析：对风险进行界定、辨识和估计，采用定性或定量方法分析风险。

风险评估：对风险进行分析和评价，对风险危害性及其处置措施进行决策。

2. 风险分级标准

在风险识别、风险估计的基础上，根据工程风险等级标准进行风险等级划分。本文风险等级标准参照《城市轨道交通地下工程建设风险管理规范》(GB 50652—2011)进行。

地铁工程风险等级由大到小分为特别重大（Ⅰ级）、重大（Ⅱ级）、较大（Ⅲ级）、一般（Ⅳ级）四级，Ⅰ级为最高等级。工程风险分级可根据风险事件发生可能性和风险损失建立风险分级矩阵表，见表 1。

表 1　工程风险分级矩阵表

可能性等级 \ 损失等级		A	B	C	D	E
		灾难性的	非常严重的	严重的	需考虑的	可忽略的
1	频繁的	Ⅰ	Ⅰ	Ⅰ	Ⅱ	Ⅲ
2	可能的	Ⅰ	Ⅰ	Ⅱ	Ⅲ	Ⅲ
3	偶尔的	Ⅰ	Ⅱ	Ⅲ	Ⅲ	Ⅳ
4	罕见的	Ⅱ	Ⅲ	Ⅲ	Ⅳ	Ⅳ
5	不可能的	Ⅲ	Ⅲ	Ⅳ	Ⅳ	Ⅳ

风险等级标准应结合工程风险特点、建设规模、建设管理能力和经验、技术经济和社会发展水平等因素综合确定。

3. 工程风险处置原则

地铁工程应针对不同等级的工程风险，根据风险接受准则，采取不同的风险控制对策。各等级风险的接受准则及风险处置措施见表 2。

表 2　风险处置原则

等　级	接受准则	处置对策	控制方案
Ⅰ	不可接受	必须采取风险控制措施降低风险，至少应将风险降低至可接受或不愿接受的水平	应编制风险预警与应急处置方案，或进行方案修正或调整等
Ⅱ	不愿接受	应实施风险管理降低风险，且风险降低的所需成本不应高于风险发生的损失	应实施风险防范与监测，制定风险处置措施

续上表

等　级	接受准则	处置对策	控制方案
Ⅲ	可接受	宜实施风险管理，可采取风险处理措施	宜加强日常管理与监测
Ⅳ	可忽略	可实施风险管理	可开展日常审视检查

4. 风险分析方法

风险分析方法根据工程特点、评估要求和工程建设风险类型，一般包括定性分析方法、定量分析方法以及综合分析方法三种。鉴于对南京地区以往工程建设经验及地铁4号线一期工程的了解，地铁4号线一期工程土建施工安全风险评估采用的分析方法为综合分析方法，具体为风险评价矩阵法、工程类比法、事故树法相结合。

5. 风险评估程序及流程

风险评估包括风险界定、风险辨识、风险分析、风险评价四个步骤(图2)。

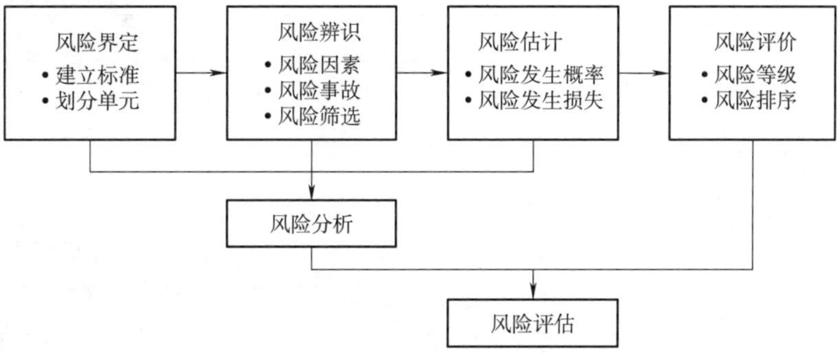

图2　地铁工程风险评估流程图

3.2　风险识别、评估与应对

1. 风险分类和责任主体

4号线一期地铁工程土建施工安全风险可分解为勘察风险、设计风险、施工风险、环境保护风险及管理风险等五类。

(1)勘察风险

勘察成果文件是土建工程设计计算的关键依据。勘察工作的失误，势必造成土建工程实施的安全事故隐患。勘察风险按工序/部位可分解三大类：现场勘察风险、室内试验风险、勘察报告编制与分析评价风险。

(2)设计风险

设计风险主要分为四大类：设计技术标准风险、设计技术风险、设计理论风险、施工图设计图纸风险。

(3)施工风险

地铁土建施工中施工风险根据不同的施工工艺可分为明挖法、盾构法隧道、矿山法隧道以及高架施工。每种施工工艺按各工序又可分解为多个风险因素。比如，明挖法施工风险按施工工序可分解为施工勘察风险、基坑工程施工风险及主体结构施工风险。

(4)环境保护风险

环境保护风险主要分为两大类：施工风险及环境自身保护风险。

(5)管理风险

管理风险主要分为业主监管行为风险、监理监管行为风险、施工管理行为风险及第三方监测行为风险。

(6)风险责任主体

针对梳理的风险因素，相应的责任主体可以分为六大类，具体见表3。

表3　风险责任主体划分一览表

风险类别	勘察风险	设计风险	施工风险/环境保护风险/施工管理行为风险	业主监管行为风险	监理监管行为风险	第三方监测行为风险
责任主体	勘察单位	设计单位	施工单位	业主单位	监理单位	第三方监测单位

2. 4 号线一期风险源梳理及分析

基于 4 号线一期工程的工程背景和工程特点，风险评估单位系统地分析了南京地 4 号线一期工程工程施工风险因素，并提出了针对性的风险应对和控制措施，整理编制《南京地 4 号线一期工程土建工程施工安全风险评估与风险控制应对手册》共 39 册。

经系统的风险梳理，地铁 4 号线一期工程土建施工风险共 791 个(表 4)，其中，Ⅱ级 349 个，Ⅲ级 439 个，Ⅳ级 3 个。

表 4 地铁 4 号线一期工程风险统计表

工点		全部风险			
		Ⅰ级	Ⅱ级	Ⅲ级	Ⅳ级
D4-TA01	龙江站	0	6	19	0
	草场门站	0	9	11	0
D4-TA02	龙—草区间	0	23	29	0
	草—云区间	0	23	27	2
D4-TA03	云南路站	0	10	31	0
	云—鼓区间	0	12	18	0
	鼓楼站	0	16	13	0
	鼓—鸡区间	0	11	18	0
D4-TA04	鸡鸣寺站	0	9	6	0
	鸡—九区间	0	16	13	0
	九华山站	0	13	13	0
	九—岗区间	0	20	14	0
	岗子村站	0	16	9	1
D4-TA05	岗—蒋区间	0	30	21	0
	蒋王庙街站	0	1	6	0
D4-TA06	蒋—王区间	0	4	11	0
	王家湾站	0	3	13	0
D4-TA07	王—聚区间	0	11	18	0
	聚宝山站	0	8	13	0
D4-TA08	聚—徐区间	0	12	18	0
	徐庄站	0	5	10	0
D4-TA09	徐—金区间	0	15	13	0
	金马路站	0	4	7	0
	金—中区间	0	8	14	0
D4-TA10	中—汇区间	0	8	6	0
	汇通路站	0	0	3	0
D4-TA11	汇—灵区间	0	3	6	0
	灵山站	0	4	2	0
D4-TA12	灵—东区间	0	8	5	0
	东流站	0	2	6	0
D4-TA13	东—青区间	0	7	6	0
	孟北站	0	0	4	0
D4-TA14	孟—桦区间	0	7	4	0
	桦墅站	0	0	3	0
	桦—中区间	0	6	6	0

续上表

工　点		全部风险			
		Ⅰ级	Ⅱ级	Ⅲ级	Ⅳ级
D4-TA15	中—仙区间	0	8	8	0
	仙林东站	0	1	2	0
	出入段线	—	8	12	—
D4-TA18	灵山控制中心	0	2	1	0
合　计		0	349	439	3

3.3　风险评估项目风险管理流程

南京地铁4号线一期工程风险管理工作流程如图3所示。

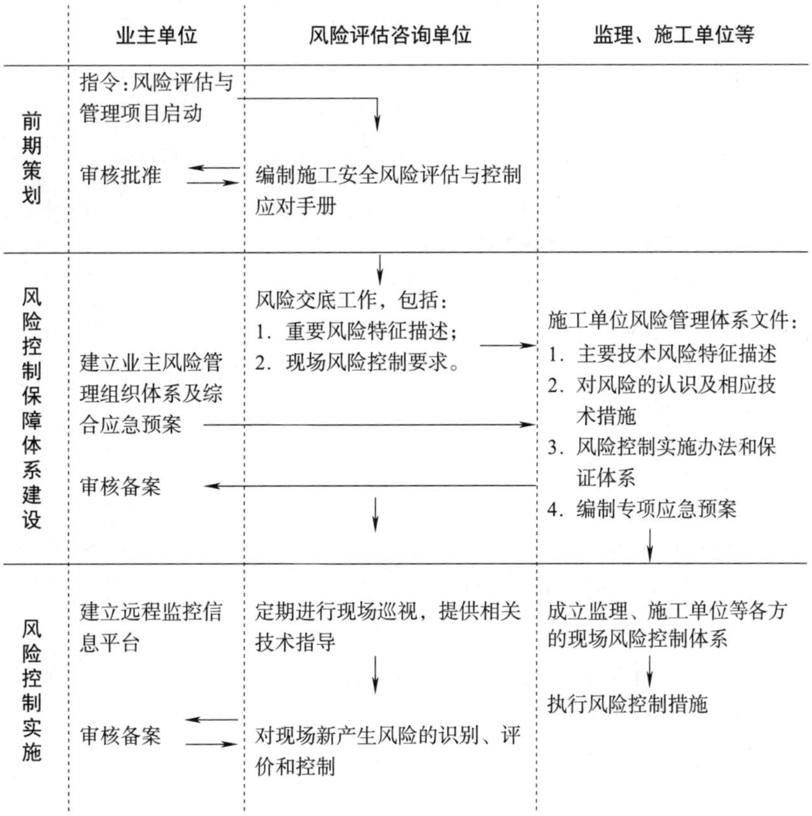

图3　4号线一期工程风险评估项目风险管理工作流程

3.4　风险巡查

2013年3月4日～2017年1月8日,风险评估单位依据风评手册梳理的风险因素对现场进行巡视,针对现场发现的问题,及时提醒、督促现场各方,要求及时整改。风险评估小组成员针对现场出现的问题进行汇总,提出整改及指导意见,形成巡视报告,防止风险事故发生。具体巡视成果见表5。

表5　南京地铁4号线一期现场巡视成果统计

项　目	累计数量	项　目	累计数量
巡视次数	323	发现风险隐患	168
巡视工点(个·次)	658	提出整改及指导意见	536
提交巡视报告	300		

3.5 风险评估项目经验总结

1. 确保基础资料收集的完整性和准确性

开展风险评估工作的首要任务是收集现场基础资料，且需经过筛选、汇总，作为风险评估的重要依据，通常基础资料包括：

(1)勘察资料：勘察报告、专项报告等。

(2)周边环境资料：建筑物调查报告、周边管线资料(含管线改移资料)。

(3)设计资料：主体结构施工图(含围护设计)、设计变更等。

(4)施工资料：施工组织设计方案、安全文明施工方案、专项施工技术方案、降水方案、变更方案等。

(5)第三方监测方案。

(6)现场踏勘情况，对工点周边环境进行逐一核查，记录建(构)筑物目前使用状态，如建筑使用年代、有无裂缝、地下室有无渗水等。

因南京地铁 4 号线一期工程工点和涉及单位较多，基础资料收集的工作量非常大，有效的沟通和系统的筛选是确保基础资料准确性的重要措施，也是整个评估环节的关键。施工前期，为确保风险评估工作能在第一时间开展，风险评估咨询单位安排专人进行资料收集与整理工作，并进行实地踏勘，与现场参建单位保持良好的沟通，动态掌握基础资料的完整情况，保证了基础资料的准确性和可靠性。

2. 提高评估人员对于风险管理的认识水平

在完整和准确的基础资料基础上，如何提供风险评估成果的全面性、准确性十分关键，其主要取决于项目组成员对于工程风险的认识水平和成果质量的保证措施。

首先，地铁工程涉及地质、结构、环境等多专业，对于评估人员的综合素质要求比较高，项目一开始，风险评估咨询单位组建了相应的评估小组，由经验较为丰富的工程师组成，根据专业的不同，又细分为相应的专业小组，并聘请行业专家作为技术支持。

其次，基于对 4 号线一期工程的认识，根据地质、环境、工法等特点，定期组织交流总结会议，对常见问题、事故原因进行了系统的总结。

再者，制定严格的文件质量管理流程，对成果文件的合理性进行评价、审核、审定，对成果文件的质量严格把关，并提出指导性意见。项目负责人定期到现场巡检，若遇到与现场不符或遗漏等问题时，将对设计成果及时补充、调整，有效保证文件的完整性和及时性。

最后，成果完成后，与长期从事轨道交通建设的技术人员沟通，对评估成果进行再次确认。

3. 提升现场参建单位的风险管理意识

通过对南京地铁以往线路参建单位的接触，现场参建单位对风险管理的概念和意识较为薄弱，主要表现为：

(1)将风险管理等同于一般的日常安全生产管理混淆，忽视重大风险源的识别，特别是环境风险源。

(2)未充分理解和掌握国家现行风险管理相关标准、政策性文件的要求，风险等级划分原则多样化，以 LEC 法(危险源辨识方法)居多，且同一项目会出现多种风险划分方法。

(3)从事风险管理人员投入、配置不合理，风险辨识与管理基本交由质安部负责，技术力量不足，特别是针对重大风险管控能力不足。

上述问题直接影响到风险管理的执行是否到位。因此，为提高现场风险管理意识，有必要做相应的风险培训与技术交底工作。风险评估成果发放至现场后，在建设单位的组织下，开展了风评技术交底工作，现场业主、勘察、施工、监理、监测等单位主要负责人参加了会议。技术交底主要以报告形式进行开展，会议开始，介绍了风险评估的基本概念及原则，从勘察、设计、施工、环境保护、管理等五方面开展风险梳理、介绍，并结合车站或区间的一些共性风险进行重点讲解，过程中结合一些常见事故案例及巡视发现的问题进行说明。最后结合所交底工点的重难点，对该工点进行风险源进行技术交底。汇报完成后，由参会各方就风险技术交底的内容展开交流，提出相关建议。通过现场的技术交底与培训，使得风险管理人员对于风险管理有了全新的认识，一定程度上提高了人员的风险意识。

3.6 风险事件的分析与教训

4号线一期现场施工过程中，发生的风险事件主要为基坑渗漏、涌水以及盾构掘进参数控制不当引起的地面沉陷。下表中列举了部分典型的地铁施工过程中的风险事件和前期风险梳理情况(表6)。

表6 南京地铁4号线一期部分典型事故风险统计分析

序号	事故名称	事故情况	事故原因分析	前期风险因素梳理情况
1	九华山站基坑涌水(2014.5)	基坑内发生涌水涌砂、坑外地面塌陷	①地下连续墙成槽时，槽段接头处刷壁不到位，夹泥； ②接缝处补强措施不到位，槽壁加固桩可能存在质量缺陷； ③坑内降水效果不佳，降水井出水带砂、未完全启用等	FX06/地下连续墙渗水的风险：地下连续墙成槽质量缺陷；后行槽段浇筑前刷壁次数不足；地下连续墙接缝缺陷处补强不到位
2	草—云区间坍塌事故(2015.6)	北京西路69号附近，非机动车道及机非隔离带发生路面发生2次塌陷	①长时间暴雨； ②雨、污水管线渗漏； ③隧道盾构掘进参数控制不当	FX05/盾构掘进参数控制不当的风险：盾构机掘进参数控制不当可能造成地面塌陷
3	岗—蒋区间地下空洞(2016.1)	隧道上方板仓街燃气管窨井盖冒浆，下部出现约3 m×4 m×7 m(深度)的空洞	①雨、污水管自身施工质量缺陷； ②场地地质异常； ③盾构掘进施工控制不当	FX01/超前地质预报不准确的风险； FX05/盾构掘进参数控制不当的风险
4	九—岗区间坍塌事故(2015.11)	九华饭店前发生第一次塌陷，塌陷范围3～4 m^2，深度较浅，第二次塌陷距第一次约8 m，塌陷面积约8 m^2，深度约2 m	①场地地质条件复杂； ②针对复杂地层的应对措施不到位； ③盾构设备性能降低； ④事故发生后应急处置措施不当	FX05/盾构掘进参数控制不当的风险； FX12/九华饭店保护的风险
5	花—紫区间掌子面塌方(2013.7)	上导洞掌子面发现出水、掉土，发生坍塌事故	①地质突变； ②地质超前探查工作不到位	FX1/超前地质预报不准确的风险； FX2/超前支护不当的风险
6	鸡—九区间洞门渗漏、地面坍塌(2015.11)	第一次左线盾构北侧地表出现塌陷； 第二次原南侧路牙塌陷部位再次发生塌陷，塌陷约10 m^2	①端头位置地质条件复杂； ②盾构进出洞端头加固质量有缺陷； ③盾构停机时间过长	FX01/端头加固质量缺陷的风险； FX03/盾构掘进参数控制不当的风险； FX06/盾构设备故障的风险； FX09/北京东路保护的风险

通过4号线一期现场施工过程中出现的事故统计，事故发生的风险在手册中均有梳理，风险因素以及风险损失也在事故中得到印证，并且，参建各方根据前期风险梳理的应对措施以及应急预案及时对现场的问题进行处理，使现场风险得到有效控制。

当然，施工过程中虽出现了一些渗漏、地面沉降、坍塌等问题，且个别问题造成了一定的社会影响，这些问题反映了风险评估中存在的一些问题，具体如下：

1. 风险识别与评估工作不到位

(1)引发风险事故的风险因素众多，参与风险评估人员往往是在总结以往工程事故教训基础上开展风险识别与评估，往往关注大概率事件，忽略小概率事件。

(2)从事风险管理的人员投入、配置不合理。而现阶段投入的技术人员总体经验不足，配置不合理，参建各方风险管理人员经验不足，对于风险的认识受制于个人的工作经验。如：现场项目部技术人员(如总工、工程部技术人员)总体偏年轻，从业时间短，工程的风险意识薄弱。

(3)信息不对称

工程建设风险管理需要收集、库存大量的各类相关数据作为分析、评判的技术依据。基础资料的缺失、偏差均会影响风险因素识别与预控的全面性或准确性。如周边建(构)筑物或管线基础信息(基础、材质、使用年代等)不明,监控指标难以确定,施工单位出现异常信息(如盾构机出土量过大、喷涌等)时,偶有故意瞒报或谎报现象,导致风险判断偏差,未能及时控制险情。

2. 风险动态管理不到位

施工前期,虽制定了风险管理制度,编制风险管理方案,但施工阶段风险预控措施仍有执行不到位现象,动态风险管理相关记录不全。遇到地质、环境方面的变化时,未能及时调整相应的预控措施,直接导致事故的发生。

3. 各方联动不足

针对现场存在的问题,往往难以形成有效的合力,共同处置各类风险,特别是施工方,因担心追责或造成企业负面影响,往往隐瞒实情,使得风险管控处于被动应对状态,导致联动不足,错过隐患处置的最佳时机。

4　信息化监测技术

4.1　南京地铁第三方监测模式

“十二五”期间,南京地铁所有在建线路均实施了第三方监测,其中“十二五”初期的 3 号线、10 号线、4 号线的第三方监测覆盖了规范要求的所有的必测项目和对象,监测频率与施工监测相同,为 1 次/天,后期的宁溧线第三方监测则只对重要的测项和对象进行监测,监测频率根据工程进度动态调整,实现了由单一监测模式到“管理+监测”模式的转变,与全国大多数城市一样,由全面检测施工单位数据变为抽检,更侧重于管理,避免了人力物力的浪费,体现该专业技术密集型的特点,符合行业发展的潮流。

4.2　第三方监测重要性

第三方监测是在工程施工期间对结构工程及施工沿线周围重要的地下、地面建(构)筑物、重要管线、地面道路的变形实施监测,为业主提供及时、可靠的信息用以评定结构工程在施工期间的安全性及施工对周边环境的影响,并对可能发生的危及环境安全的隐患或事故提供及时、准确的预报,为及时采取有效措施起到了关键作用,避免了恶性事故的发生。

第三方监测制度加强了工程安全管理,是防止重大事故发生的有力措施。其重要性体现在以下几方面:

(1)第三方监测的数据和资料将使业主能完全客观地了解工程安全状态和质量程度,掌握工程各主体部分的关键性安全指标,确保了本工程按照预定的要求顺利完成。

(2)第三方监测数据和资料是处理工程合同纠纷的重要依据,防止承包商提供虚假的资料和数据隐瞒工程安全和质量真相。

(3)第三方监测数据和资料按照预警值发出报警信息,对安全事故做到防患于未然,又对各种潜在的安全做到心中有数。

(4)第三方监测数据和资料可以丰富设计人员和专家对类似工程的经验,以利专家解决工程中所遇到的工程难题。

4.3　第三方监测成果统计

第三方监测为南京地铁安全信息化施工提供了较大助力,土建施工期间,出具巡视 19 000 余次,日报 18 850 期,周报 492 期,月报 113 期,共发出监测技术工作联系单 163 份,监测报警通知单 106 份,监督检查 411 次,测点验收单 449 份。

据统计,4 号线共发生与监测相关事件 17 起(包括路面开裂、塌陷、突涌、掌子面塌方、地下空洞等),参加工程抢险 11 起,根据监测数据及巡视信息成功预报 13 起(如岗蒋区间空洞、试车线明挖段围护结构开裂)。根据监测数据指导施工单位排除潜在隐患 58 处,为 4 号线一期工程的顺利施工做出了重要贡献。

4.4 地质雷达探测在风险控制中的显著效果

在草—云、鼓—市、鼓—鸡、九—岗区间施工中，部分地表沉降变化较大甚至出现报警，个别区段地表出现塌陷事故，第三方监测单位使用地质雷达探测技术对区间地表进行全面的立体扫描，扫描成果显示部分区段地表下方已形成空洞，施工方及时对道路进行局部封锁，采取注浆填充措施，避免了事故发生。以下主要介绍使用地质雷达技术对北京东路、北京西路区域进行的探测工作和取得的效果。

1. 地质雷达探测实施

2015 年 10 月至 11 月期间，因北京东路、北京西路区域地表沉降波动大，频发报警情况，且已有路面坍陷事件发生，第三方监测单位采用意大利 IDS 公司生产的 DETECTORDUO 数字化地质雷达对鼓楼区北京东路、北京西路区域进行了现场探测，检测该区域内地下地质情况，为指导安全施工提供关键信息。

该项雷达探测共布设测线 12 条，测线累积长度为 1 105 m，探测面积 653 m^2，根据测得的剖面，经过数据处理及分析，共发现 8 条异常测线(图 4)。

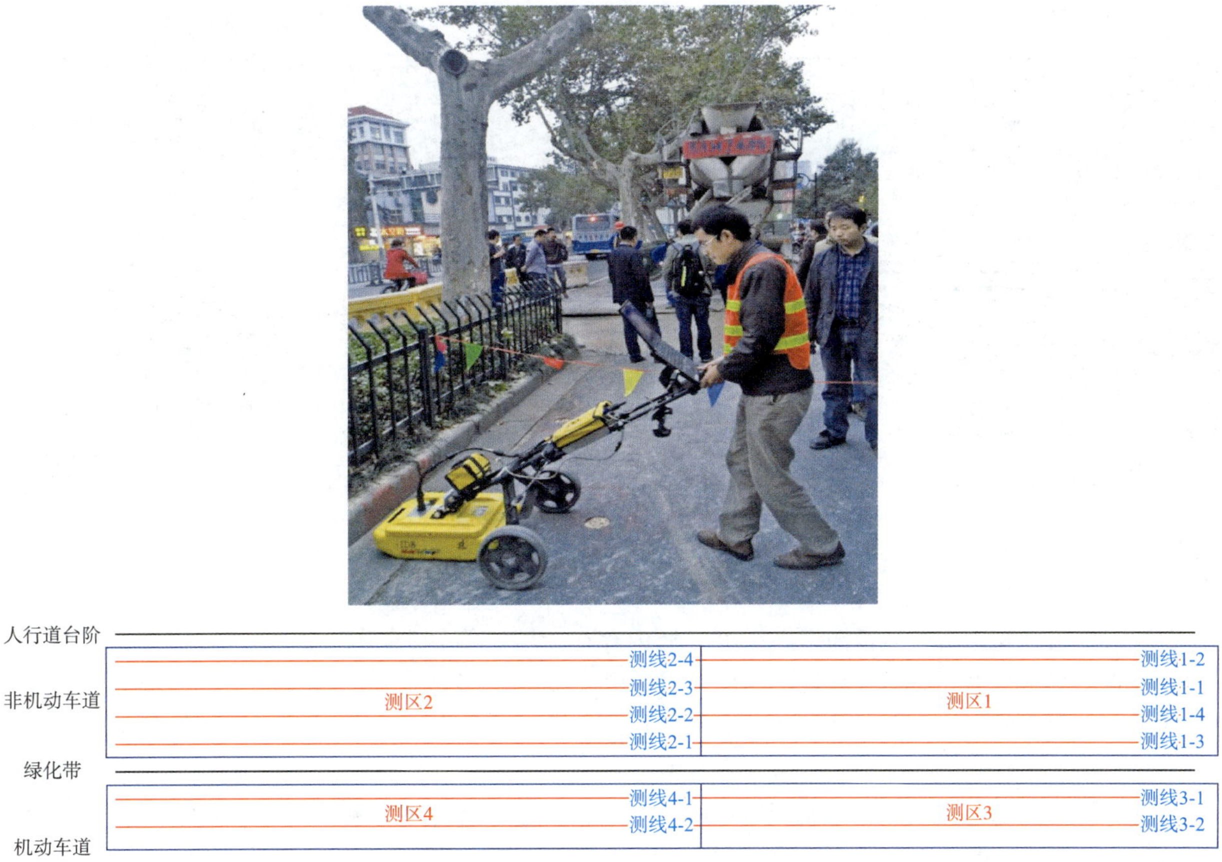

图 4 现场探测照片及探测线路设置

雷达探测数据的解释包括数据处理和图像解释两部分内容。由于地下介质相当于一个复杂的滤波器，介质对电磁波的不同程度吸收及介质的不均匀性，使得脉冲电磁波到达接收天线时，波振幅减小，波形产生较大的变化。另外不同程度的各种随机噪声干扰也歪曲了实测数据。因此，必须对接收信号进行适当地处理，以改善数据资料，为资料的解释提供更清晰的图像。

数据处理主要是对记录波形做处理，例如采用多次测量的平均来压制随机干扰；采用道平均和道间平均以压制目的体的杂乱回波，改善背景；做合适的时变增益或控制增益来补偿因介质吸收造成的能量衰减和抑制杂波；做滤波处理以除去高频杂波或突出目的体。通过探测剖面可以识别出异常反射，然后再对其进行地质解释。

部分异常测线雷达分析图像如图 5 所示。

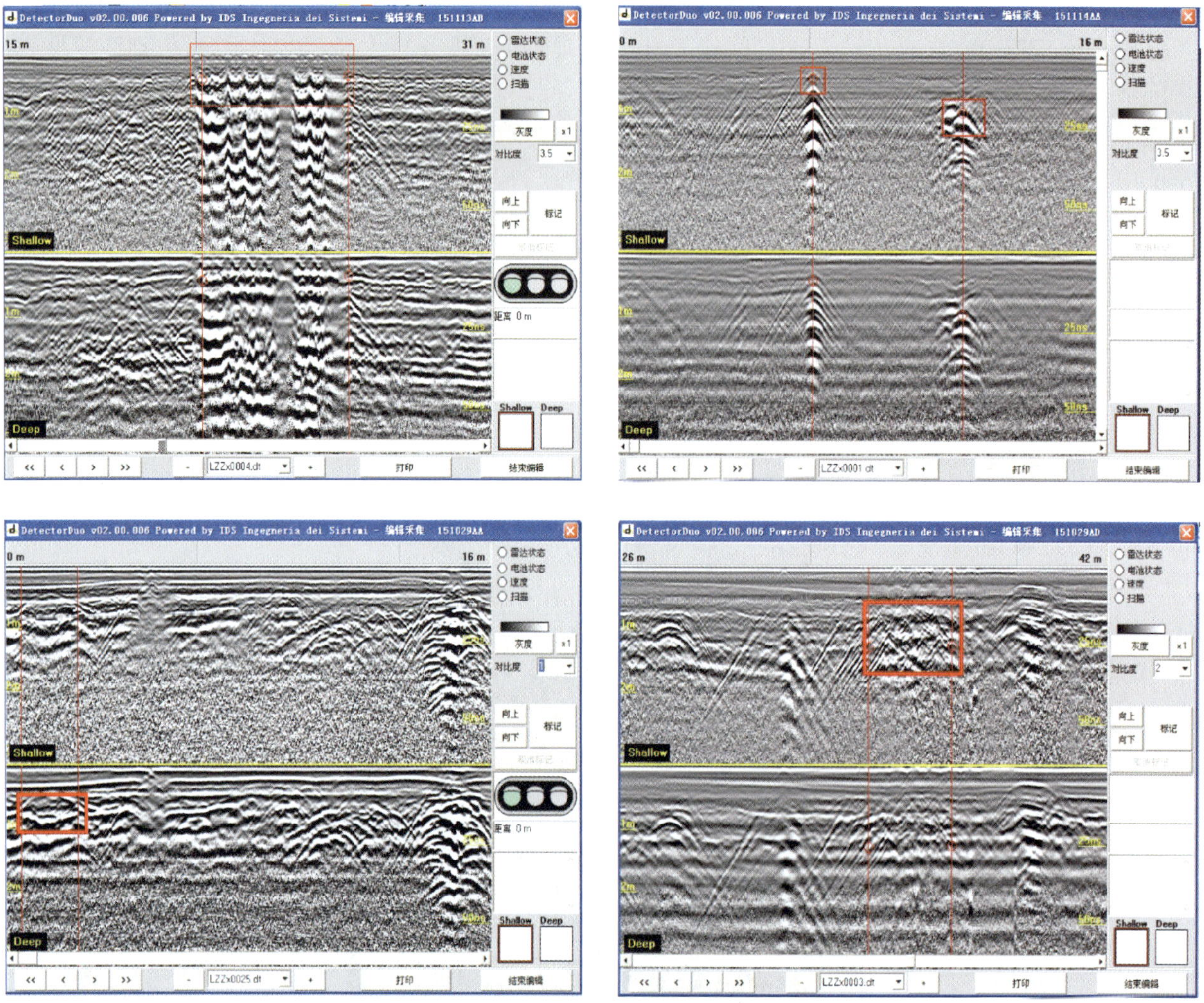

图 5　部分异常测线雷达分析图像

2. 雷达探测成效

通过该项雷达探测结果分析知道在探测区域内存在土壤结构异常，并有疑似空洞信号出现，对雷达图像上出现的异常区域在实地均以红色油漆标识。由于探测时间紧急，测区内地下管线复杂，且位于交通主干道，交通压力大，增加了探测难度，在当时立即建议施工单位结合钻探核实异常信号是否为空洞信号。

通过实际钻探，验证了 8 处异常测线中，有 5 处存在土质严重疏松或空洞情况，施工单位及时对其进行灌填混凝土、注浆，消除了风险(图 6)。该项地质雷达探测，对该区域存在的重大风险源的控制起到了关键作用，避免了道路路面塌陷引起的交通堵塞、人员伤亡等事故发生。

4.5　监测工作经验与建议

4 号线一期工程第三方监测采用了各种不同的作业手段，投入了高端精密设备，运用包括自动化、地质雷达探测、通信等高新技术，保证了监测数据准确可靠，及时地反馈监测信息和可靠的预报信息，信息化科学合理的指导施工。第三方监测为本工程顺利进行起到了重要作用，监测过程中有效地控制住了绝大部分风险点。总结地铁工程监测工作，得到如下几点的经验和建议。

1. 周边环境影像调查的必要性

在日常监测过程中发现，在施工开始前对周边环境(主要是周边建筑物、构筑物和地表)进行原状影像调查，并在施工期定期巡视和对比，能最直观的及时了解施工对周边环境带来的影响程度，有助于及时发现安

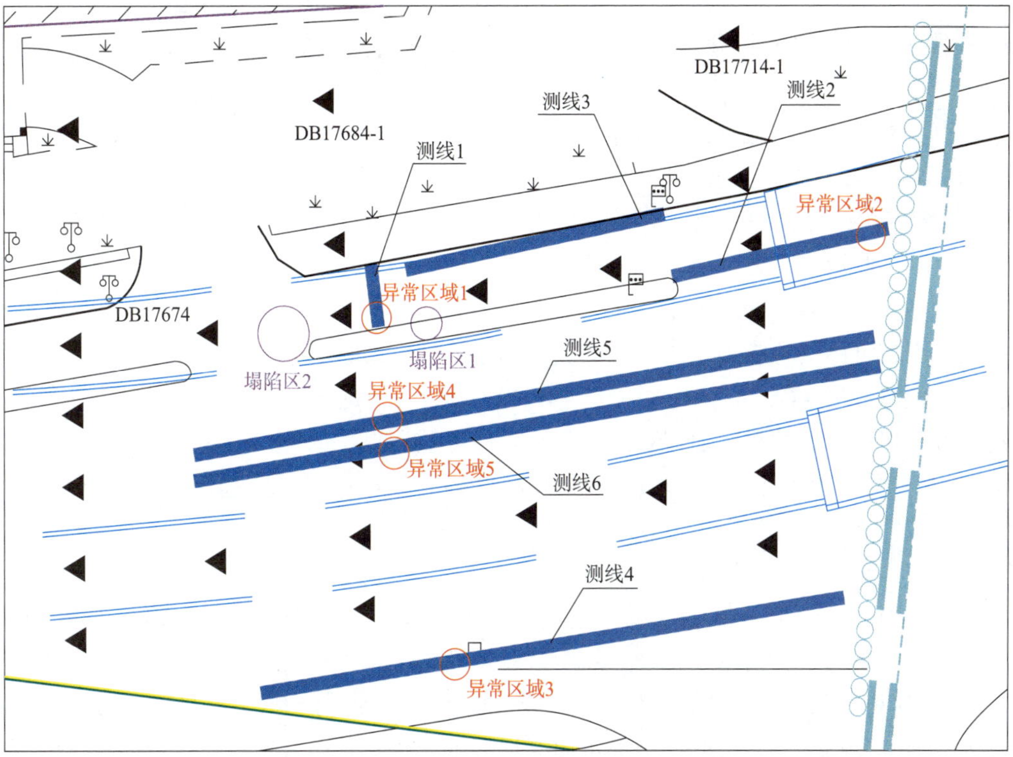

图 6　雷达探测异常区域示意图

全隐患，有助于在可能发生的纠纷处理中提供有力证据。如一标龙江站宁工新寓二期住宅楼，原状调查发现房屋主体已有较大沉降和差异沉降，且表观既有裂缝较多，按照房屋安全鉴定标准已较接近危房。在施工期间，第三方监测单位对宁工新寓二期住宅楼进行重点监控，目前，该对象房脚与地面处、墙体均有新增裂缝，差异沉降尚稳定，状态为安全可控。

经验建议：周边环境影像调查得越具体、越详细越好，对监测主体的状态有全面细致的了解，有利于在后续的现场监测与巡视工作中把握主次，抓住重点，采用合理的监测手段，为施工提供准确信息和预判，以便及时采取应对措施，避免事故发生。

2. 基准点复测的必要性

在日常监测过程中，第三方监测单位发现所使用的个别沉降基准点（南京 4 号线一期工程高程控制点）有沉降现象。据统计，一标段龙江站附近的高程基准点在监测期最大沉降达 2 mm/月，第三方监测单位及时将高程基准引测至较远稳定的高层建筑物基础上，并加强了复测频率，保证了监测起算成果的质量。

经验建议：对于基准点，一是要选择合理，基准点应设置在稳定、易于联测的位置（如无基岩点，优先选择高层建筑基础）；二是要通过加强复测，对其稳定性进行分析，并及时更新、合理使用，以保证监测数据的准确性。

3. 保证测点埋设质量和成活率的相关经验

监测点埋设的成活率，也是监测工作中需要重视的，成活率低（特别是结构内力、土压、渗压、测斜、水位监测点），后期的补救和替代措施较难实施，会导致监测密度不够、监测数据不连续，会严重影响监测质量，以致达不到监测效果，监测点埋设的成活率同样关系着监测工作的成败。对于测斜管、水位管及支撑轴力计的埋设，经验建议有：

（1）坑外水位管、土体测斜管的埋设时必须注意几个埋设要点：①为了防止破坏地下不明管线、钻孔施工前应人工探孔后再施工；②为了减少测管安装时的过大浮力（包括桩体测斜管），应在下放测管时将管内灌满清水；③由于测管安装完毕后底部会有沉积的泥沙，为了保证测孔深度，应用清水重新清孔；

④上述工作完成后将管口用管盖封住，不让异物进入，保证测管正常运行；⑤将管顶地面以上部分设置保护井进行保护；⑥为防止测斜管堵塞，可在测斜管安装前灌注工业盐，待测斜管安装完后，再用水把工业盐化开。

(2)支撑轴力监测项目混凝土支撑钢筋计在焊接过程中要用水毛巾冷却，焊接前后都要测量钢筋计的频率有无变化，如有异常应及时更换钢筋计。

4. 监测点保护的相关经验

由于地铁工程工期较长，土方开挖及机械行走不当等很容易破坏已设置的基准点及监测点。因此，为了确保监测工作的顺利进行，测点的保护工作尤为重要。经验建议：

(1)将监测点点位设施的检查工作纳入日常的现场巡视，如发现测量与测试标志及保护设置被破坏，以便及时恢复，保证监测数据连续。

(2)参建各方应保持巡视信息互通，各方相互配合，做好监测点位的保护工作。

(3)测斜孔、水位孔使用砌井等方式加以保护，支撑轴力导线使用保护盒进行保护，可有效避免人员、机械碰撞破坏。

5. 合理调整参建各方的现场巡查

一般地铁工程线路长，施工环境复杂，对于现场巡查工作，各参建方难免会存在巡视不够全面、信息不及时等问题，通过合理调整第三方监测单位、监控中心、监理及施工单位例行巡视时间和巡视范围，再通过信息互通机制可以保证巡查信息的全面和及时性。4号线一期每周监控例会上，会安排第三方监测单位、风险评估单位和监控中心编制风险巡视计划表，确保每周巡视范围能够覆盖所有工点，且近期风险较大的工点能实现每周多次巡视甚至每天巡视。这种做法值得长期采用和推广。

6. 积极应用新技术新方法

第三方监测单位在4号线一期工程中运用了自动化监测和地质雷达探测技术。在鼓市区间，对地铁1号线鼓楼站、鼓楼隧道、九华山隧道进行了自动化监测，通过不间断的监测，实时掌握变形发展，为区间施工及时提供了实时监测数据；在草—云、鼓—市、鼓—鸡、九—岗区间施工中，部分地表沉降变化较大甚至出现报警，个别区段地表出现塌陷事故，使用地质雷达探测技术对区间地表进行全面的立体扫描，扫描成果显示部分区段地表下方已形成空洞，施工方及时对道路进行局部封锁，采取注浆填充措施，避免了事故发生。经验建议：

(1)对周边重要的既有轨道交通结构、市政桥梁和隧道，宜采取自动化监测的方式来进行不间断的监测，实时掌握变形发展，保证重要建(构)筑物安全。

(2)对重要交通道路周边地表、下方管线出现监测报警或紧急情况，宜采取地质雷达探测技术对其地表下方进行全面扫描，确定地表下方是否有空洞等情况，以便及时采取应对措施，缓解变形发展，确保工程安全。

5　安全风险远程监控技术

为了提升安全风险管控的信息化水平和工作效率，实时、有效、全方位的反应现场的施工进度及安全状态，南京地铁公司委托专业风控咨询单位开发了安全风险远程监控系统(以下简称“监控系统”)，并在建设公司办公楼内设立了监控中心，实施全过程风险巡视和专业咨询。

5.1　系统建立的背景

“十二五”期间是国家推进城市轨道交通工程建设安全风险技术管理工作的系统化、规范化和信息化的重要时期，南京地铁是全国最早开展这项管理工作的城市之一。

南京地铁建设早期(2010年开始)引入国际先进风险管控理念，开展风险监控的理论方法手段的研究工作，进行体系研究和信息化软件平台的开发，提出引入第三方风险监管队伍。

从1号线建设后期和2号线开展安全风险控制的课题研究，到3、10号线全面应用工程安全风险远程监控系统，再到宁天线、4号线一期再次应用并完善发展。在这个过程中逐步形成了有南京特色的风险管控理念，建立了体系、开发了系统，积聚了经验。

5.2 系统功能

南京地铁安全信息远程监控系统是安全风险管理监控单位依据地铁施工安全风险技术管理体系而研制的专业信息化管理平台，是结合南京地铁建设安全风险及管理特点、集多种监控方式（人工监测、实时监测、现场巡视、视频监控）和不同施工工法（明挖、矿山、盾构），并涵盖施工安全风险监控、工程事务处理、预警与处置响应的信息管理平台，是为工程参建各方齐抓共管、各负其责和信息共享、快速反应的风险管控工具与平台。

系统包含了基础数据管理、监测数据管理、现场巡视管理、工程资料管理、地理地质信息系统、风险排查、风险评估、专家建议、视频监控、盾构监控、安全报警、工况管理、考勤管理、短信提醒以及系统管理等多个功能模块。

5.3 系统使用情况

为使参建各方学会使用，专门编制了系统使用教材下发给使用单位，并进行了统一培训。系统通过长期使用不断完善，使用的人越来越多，系统功能更接近实际工程需要，使用更加便捷。

南京地铁4号线建设期间，系统中共有15个施工标段，共注册280个账号，其中第三方账号30个，监理51个，施工135个。系统用户包括：建设单位的安全管理人员，施工单位项目经理、总工和安全总监，监理单位总监、总监代表、安全监理工程师，第三方监测、风险评估和监控中心相关人员。

监控中心对全线巡查共计310次，710工点·次，提交月报33份、周报164期、巡视报告271份，编写会议纪要150份，发布红色预警1次、橙色综合预警2次、黄色综合预警6次，共发送风险提醒短信400余次。

5.4 系统发挥的作用

1. 加强了对施工信息资料的管理

监控中心每天登录4号线监控系统平台，检查各工点的资料上传情况，包括施工日志、监理日志、施工监测日志、第三方监测日志、监测数据等，对上传不及时的单位，通过短信方式通知相关工点的负责人。对于多次不上传，多次不改正的单位，项目部上报业主处理。

南京地铁4号线一期系统应用共43个区间，录入风险工程35个，其中一级风险工程17个，二级风险工程18个，录入施工日志14 061条，监理日志16 172条，第三方日志20 873条，录入工程文档共190个。共录入监测点37 316个，共上传监测数据342万多次，上传监测文件43 251个，施工文件20 281个，第三方文件22 970个，施工累计监测187万多次，第三方累计监测154万多次。

2. 加强了对监测数据的分析对比和管理

监控中心针对第三方监测单位、监理单位、施工单位的监测数据和巡视上传内容进行信息综合、筛查、比对与评估，编制监控中心一周监控数据预警统计表，发送建设单位质安处。具体内容包括：

(1)近期重点关注工点列表，各工点当前施工期内的主要风险。

(2)当前存在综合预警情况的工点。

(3)当前各工点监测数据预警情况，包括监测点类型、预警等级和数量。

3. 结合风险巡查，强化了施工动态管控

对于日常施工中的关键施工点进行巡查，时刻把控现场实际施工状况，动态掌握风险发展情况。在对地铁4号线一期安全风险因素、安全风险事件辨识的基础上，针对不同工法施工工点，采取相适应的巡查方法，对整条线路共计巡查659次。对巡查过程中发现的问题，及时告知施工、监理有关人员，上传巡查报告，并报告质安处。在后续的查过程中，巡查之前发现问题的解决情况，并将巡查结果向质安处汇报。

系统共发布巡视报告 22 954 个，其中施工巡视 6 956 个，监理巡视 11 450 个，第三方巡视 4 241 个，监控中心巡视 284 个，其他 23 个。在 4 号线建设过程监控中心对全线巡查共计 310 次，710 工点・次。

4. 发挥了视频监控的实时监查作用

在基坑开挖面和区间掌子面安装摄像头，现场实时视频在监控中心和网络平台上实时展现，对于车站日常作业风险的实时掌握，盾构区间隧道内的工程异常等状况，均能更加及时的获得第一手信息，对工程的安全风险把控可进一步增强。

5. 加强了考勤管理

通过人员考勤管理，将项目施工、监理和第三方风险管控单位主要管理人员纳入到考勤当中，将指纹识别和实拍照片相结合，技术上避免了考勤作弊。监控中心每月对考勤数据进行统计和排名，并形成通报，对监督现场主要负责人到岗情况发挥了良好作用。

6. 提升了风险预警能力

风险预警管理系统主要是对预警信息的管理，对监测数据的自动分析和预警功能。4 号线一期建设期间，系统平台共发布监测数据预警共计 2 219 次，其中黄色预警 1 322 次，橙色预警 339 次，红色预警 558 次。向各施工、监理、项目工程师和建设公司领导共发送风险提醒短信 400 余次。

各单位共发布巡视预警 481 次，其中黄色巡视预警 47 次，橙色巡视预警 12 次，红色巡视预警 422 次。

综合预警是根据现场参建各方的监测、巡视信息，并通过核查、综合分析等方法综合判定出风险工程不安全状态而发布的预警。综合预警由风控单位提出建议并经质安处审批同意后，及时在系统平台上发布了综合预警，同时，下发技术联系单给相关施工、监理单位，并在现场和项目部显要位置张贴综合预警警示单。

4 号线建设期间，监控中心共发出综合预警 9 次(其中红色 1 次，橙色 2 次，黄色 6 次)。综合预警及巡视预警频率最高为龙江站，龙江站于 2014 年 5 月 2 日，基坑开挖至最后两层土方时，基坑周边环境变形急剧加大，龙江大厦车库出入口前的裂缝持续发展，并有新裂缝产生，同时基坑附近管线变形速率持续报警，尤其是横穿基坑的燃气管和污水管沉降监测数据最大值达到 −151.2 mm，且无明显收敛趋势，对应位置地表也有裂缝产生。监控中心及时对现场进行了巡查，并且结合监测数据发展趋势分析及现场情况跟踪，给出橙色综合预警建议，经质安处审批同意后发布。

5.5　安全风险监控综合预警案例及分析

4 号线一期工程，先后发布 9 次综合预警，系统记录了各预警风险事件的形成、发展、预警、处置的全过程，留下了宝贵的资料，主要风险事件详情见表 7。

表 7　南京地铁 4 号线工程安全风险监控系统发布重要预警简表

序　号	工　点	所属标段	安全风险事件简述(时间、经过、影响、预警、应急处置、原因等)
1	龙江站	TA01 标段	(1)事件名称及发生时间 龙江站基坑周边大范围建(构)筑物及地表沉降、开裂风险事件。2014 年 2 月 26 日开始，持续发生。事件过程简述： 2014 年 1 月基坑开挖施工。基坑开挖分三段，东段先行施工。自 2 月中下旬开始，随着基坑开挖深度的逐步增加，对应开挖范围大部分监测点沉降变形总量及变形速率猛增，并且无明显收敛趋势。监控中心于 2 月 26 日对龙江站发布黄色综合预警。中段开挖时，对周边非桩基基础建筑物的沉降变形产生了极大的影响。基坑中部周边非桩基基础建筑墙体开裂，裂缝的宽度与数量持续发展。西段地连墙施工时，已经对两侧道路及邻近部分建筑物附属结构(裙房)产生影响，部分建筑物的附属结构与主体结构相连部位因差异沉降产生开裂、沉降缝错位脱开情况，已经给周边居民带来了较大的担忧。 (2)事件影响 邻近基坑的宁工新寓部分业主与车站施工单位多次协调未果后采取集体维权措施，于居民楼外悬挂大量横幅，为避免群体性事件和社会影响进一步扩大，最终地铁公司采取果断措施，调整建设方案，取消 133 m 停车折返线明挖段施工。 (3)预警情况(级别及时间段) 黄色综合预警，2014 年 2 月 26 日首次发布。

续上表

序　号	工　点	所属标段	安全风险事件简述(时间、经过、影响、预警、应急处置、原因等)
1	龙江站	TA01 标段	(4)处置过程及效果 第三方监测单位处置情况:及时跟踪监测,并及时向信息平台上传反馈监测数据,提交监测数据统计分析表。 监控中心处置情况:监控中心对重大环境风险源的变形及建构筑物的裂缝变化持续追踪与反馈,将现场风险源状态及时反馈业主、施工单位与监理单位;一直强化对车站基坑周边环境进行现场巡视,并及时向质安处及地铁公司其他部门提交现场巡视报告;对车站基坑周边建筑物裂缝发展过程进行影像资料采集工作;根据现场状况及时发布风险预警信息。 施工单位处置情况:预警后,对控制变形的应对措施的效果不明显。对地连墙成槽槽壁变形及地表开裂应对措施明显不足,未认真总结试成槽经验来控制成槽阶段对环境变形的影响,在基坑开挖阶段,仅对变化极大的地面裂缝(如龙江大厦院内道路开裂)的问题进行了表面灌缝处理,其他措施也没有明显控制沉降变形的效果,在对苏食酒业办公楼处置时施工单位曾有计划对楼体附近土体进行深层加固,但最终方案未实施。 (5)原因(类别) 主要由地连墙施工阶段槽壁变形及基坑土方开挖阶段围护结构变形造成土层扰动、坑外土体固结沉降变形等因素引起,导致周边环境风险源变形。 属于及时预警,但处置效果不理想的。风险源识别不充分。 (6)信息平台发挥的作用 整个风险管控过程中,风险监控信息平台为风险管控提供了及时有效的信息化手段,为监测数据及影像采集资料、风险管控过程控制资料提供了永久保全平台,也为以后河西地区类似地铁工程及时提供了宝贵资料
2	灵山站	TA11	(1)事件名称及发生时间 灵山站基坑 3～5 轴北侧边坡滑坡风险事件,2014 年 4 月 12 日。 (2)事件过程简述 2014 年 2 月基坑西南侧边坡第一、二级坡坡顶出现多条裂缝,雨雪冰冻天气导致边坡部分排水管口被冰冻,边坡土体内的水无法及时排出,雨水渗入边坡中强风化泥质岩层中,使坡体岩土层软化,抗剪强度指标降低,边坡位移加剧,边坡裂缝发展较快,裂缝两侧出现台阶高差;第二级边坡坡面多处出现裂缝,局部坡面喷射混凝土面层被撕拉破坏。2014 年 4 月 12 日,灵山站北侧 3～5 轴 14.8～28.8 m 标高之间边坡出现局部塌方,塌方量约为 300 m^3。 (3)事件影响 边坡产生裂缝的对应部位的主体结构正在施工过程中,对已经形成的主体结构安全及基坑下正在施工的工人人身安全存在较大的安全隐患。 (4)预警情况(级别及时间段) 灵山站 2014 年 2 月发现车站西南侧边坡第一、二级坡坡顶出现多条裂缝后随即对该工点发布黄色综合预警,以提醒施工单位及时快速的采取坡顶卸荷、削坡及坡脚回填等有效措施,控制滑坡风险发展,并做好相关的应急除险工作。 (5)处置过程及效果 灵山站基坑边坡塌方风险事件发生后,施工单位当即便拉警示带封锁了所有经过该区域的路段,并设置了警示牌,安排专人在边坡上下监督旁站,警告并禁止行人经过。项目领导立即报告监理单位和城东项目部,并邀请了专家、设计单位、勘察单位到现场,针对滑坡召开现场会,根据近期的监测数据,对该处塌方险情进行了分析,认为滑坡情况可控,并制定出下一步的处理措施: ①在+28.8 m 平台坡顶挖一个台阶卸土,坡顶下降 3 m(+25.8 m),平台宽度 3 m,修坡率 1∶1。 ②从+25.8 m 平台起,顺滑动面从上而下修坡,每次修坡高度 2.5 m,坡率 1∶0.7,挂网喷锚完成后,再进行下一段坡面施工,每一段 2.5 m,直到+14.8 m 平台。 ③该处地质土层变化较大,除灰岩、中、微风化闪长岩部位采用 C22 钢筋钉,L=800 mm,水平间距、竖向间距 1 500 mm,钢筋钉与开挖面夹角为 90°。其余部位须采用 C22 土钉,L=12 m,水平间距 1 500 mm,竖向间距 2 000 mm,土钉与水平面夹角为 12°。放坡面预埋泄水管,采用 A100@1 500×1 500 梅花形布置。放坡面喷射 C25 早强混凝土硬化,厚度 100 mm,平台地面采用 C25 早强混凝土,厚度 200 mm。 会后,施工单位根据设计单位下发的设计联系单,严格按照方案要求分步骤对滑坡区域进行处理,有效消除安全隐患,确保基坑安全。 (6)原因(类别) ①施工单位对基坑高边坡存在的地质风险认识不足,基坑开挖后,未做地质核查工作,对开挖地层与地质勘察报告不完全相符情况及时反馈给设计勘察单位,勘察设计单位也未做地质验槽核对工作。 ②在出现安全风险事件前兆时未能及时采取有效措施。滑坡前边坡已有开裂现象,施工单位及监理单位未分析裂缝产生原因并及时反馈给设计单位,裂缝处置也只停留在表面灌缝处理,未对滑坡体进行加固处理,雨天未及时加以覆盖,对边坡安全存在侥幸心理,未及时采取有效措施是造成此次事件管理上的主要原因。

续上表

序　号	工　点	所属标段	安全风险事件简述(时间、经过、影响、预警、应急处置、原因等)
2	灵山站	TA11	(7)监控中心信息平台发挥的作用 监控中心自2月18日巡视发现灵山站基坑南侧边坡出现多处裂缝，且已形成滑坡面，即将该工点列为黄色综合预警。并一直跟踪巡视，及时向质安处提交了巡视报告，针对边坡坡顶裂缝发展均出现在雨水天气，多次建议施工单位加强对隐患部位进行巡视，验算边坡稳定性，确保雨季施工安全。并建议施工单位及时采取有效措施，控制滑坡风险发展，做好相关应急除险工作
3	九华山站	TA06	(1)事件名称及发生时间 九华山站地连墙接缝涌水涌砂造成基坑临边路面坍塌事故。2014年5月。 (2)事件过程简述 九华山站基坑土方开挖施工，5月4日巡视时基坑中部正在绑扎第四道混凝土支撑钢筋；基坑西端头坑底存在积水，现场施工人员正对地连墙施工质量较差处进行处理，巡视周边道路及建筑物，无明显异常情况；5月4日21:00左右，基坑西端北侧端头井与标准段交接部位土方开挖后，地连墙接缝处出现涌水涌砂，导致地表塌陷。 (3)事件影响 九华山站基坑已经发生了较严重围护结构涌水涌砂导致坑外土体塌陷、周边环境变形及交通短暂中断事件，并产生了一定不良社会影响。 (4)预警情况(级别及时间段) 按照《南京轨道交通工程建设安全风险监控管理办法》(2013版)，监控中心建议立即启动联动机制，对该工点发布橙色综合预警建议，以提醒施工单位采取有效措施，在开挖第四道混凝土支撑以下土方时，制定专项土方开挖与防渗堵漏方案，对第四道混凝土支撑以下地连墙围护结构采取防渗堵漏预加固等措施，确保以后开挖动土时不会再次出现地连墙及接缝渗漏水及涌水涌砂事件。 (5)处置过程及效果 抢险过程：监控中心于5月5日7:30左右在广播电台上得知事故消息，8:00左右接到第三方监测的电话通知，约9:00到达事故现场。此时，坑内地连墙涌水涌砂处已用土及水泥袋封堵回填，现场险情基本得到控制。围挡外侧变形地面已铺沥青，且进行了交通隔离，留一股车道通车；施工单位正对围挡内塌陷处灌填混凝土、注浆，对地连墙接缝处注聚氨酯。经现场了解，地铁实业公司施工抢险队伍在5月5日凌晨4:00接到施工现场抢险电话，这时距发现涌水涌砂有7 h。经过现场处理，基坑涌水涌砂处已采取坑内堆土、码水泥包及喷射混凝土封堵，坑外注浆加固等一系列措施，基坑土方也暂停开挖，基坑围护结构渗漏及周边环境变形等暂时得到控制。 (6)预防处置措施 ①施工单位应对地连墙施工实体质量状况进行全面摸排核查，在开挖第四道混凝土支撑以下土方时，重新制定专项土方开挖与防渗堵漏方案，对地连墙接缝夹泥夹砂部位提前在地面采取预注浆加固等措施，并通过在接头处采取土方贴墙试开挖、在坑内对地连墙渗漏部位进行注浆加固等除险措施来预防基坑在开挖过程中出现地连墙墙体及接缝涌水涌砂等安全风险事件再次发生。 ②施工单位及第三方监测单位加强基坑围护结构、周边地表及建(构)筑物进行跟踪监测及巡视检查工作，如有异常情况应在第一时间通知相关单位。 ③施工单位在再次动土前做好充足的防渗堵漏应急抢险物资储备工作，以备一旦出现险情时在第一时间将风险消除。 (7)原因(类别) 连续墙接头夹泥夹砂情况较严重，导致地面塌陷；现场堵漏抢险不及时上报情况，没有及时通知第三方监测单位及风险监控中心等相关单位及部门。未及时发布预警(应在5月4日9:00)。未抓住有利时间及时到位抢险。 监控中心从3月21日基坑开挖至第一道支撑位置起，已经多次在巡视报告中提醒施工单位，地连墙接缝夹泥夹砂部位有渗漏管涌风险，土方开挖时应进行贴墙试挖，发现问题时及时采取回填等措施，预防基坑在开挖过程中出现接缝涌水涌砂等安全风险事件发生，但都未引起施工单位足够的重视。 (8)监控中心信息平台发挥的作用 监控中心多次在巡视报告中提醒施工单位，但都未引起施工单位足够的重视
4	鼓鸡区间	TA03	(1)事件名称及发生时间 鼓鸡区间650环附近地面绿化带塌陷事故。2014年6月。 (2)事件过程简述 南京地铁4号线鼓鸡区间自开工以来共发生大小安全风险事件4起，2014年6月13日18:00左右，鼓鸡区间发生自开工以来第4次塌陷事故。右线651环前方地表绿化带附近发生坍塌，坍塌范围接近10 m^2，施工单位处置及时，提前封闭半幅道路，未对路面交通造成较大影响。 (3)事件影响 本次事件已是该工点发生的第4次塌陷事件，也是塌陷影响范围最大的一次。虽然施工单位处理及时，未造成人员伤亡和较大社会影响风险事件发生，但对该工点工程进度产生了极大的影响，造成了一定的经济损失。原定于2014年8月前贯通的隧道延后至了2015年1月才最终完成，工期延误5个月时间。 (4)预警情况(级别及时间段)

续上表

序　号	工　点	所属标段	安全风险事件简述(时间、经过、影响、预警、应急处置、原因等)
4	鼓鸡区间	TA03	黄色综合预警,2014 年 6 月 11 日发布。 处置过程及效果: 险情发生后,施工单位组织人员对险情现场进行围挡封闭,并向塌陷处回灌混凝土,当晚塌陷区域处理完毕,未造成不良影响,次日恢复路面交通。随后施工单位组织专家组讨论险情具体处置措施,确定采取地面袖阀管注浆加固措施,固结刀盘上方扰动土体,同时对②-3b4 淤泥质粉质黏土进行加固改良,地面加固后,仍需带压进仓检查及换刀。6 月下旬多次尝试开仓换刀失败,决定从刀盘前方塌陷部位进行地表注浆加固后再进行开仓换刀,最终未成功。7 月中下旬变更施工方案,在刀盘前方塌陷部位新增竖井,采用注浆加固后人工开挖竖井结构形式开挖至刀盘位置进行常压换刀。最终于10 月中上旬完成竖井施工,开始进行盾构刀盘更换,开挖及换刀过程总体较顺利。11 月 9 日逐步恢复施工,并于 2015 年 1 月 16 日顺利到达鸡鸣寺站接收端。 此次风险事件发生前后,第三方监测单位始终能及时上传监测数据,同时应现场业主代表要求对回填后地表区域加密监测。监控中心于事发后 1 h 内赶到现场,并及时向质安处通报了现场的相关情况,在 6 月 20 监测点 JM3 沉降速率达－31.6 mm,监控中心现场巡视,未发明显异常情况。随后对竖井开挖现场及换刀情况保持持续关注。 (5)原因(类别) 未积极总结类似多起事件的经验教训,缺乏对复合地层地质风险的认识,没有做好地质及环境风险源核查工作;在事情发生前盾构推进过程中已出现诸多异常现象,但均未得到施工及监理单位的重视,抱有侥幸心态;施工及监理单位应该着实提高盾构掘进安全风险管理(监理)水平。 属于及时预警但处理不及时的情况,风险源识别不充分,重视不足。 (6)信息平台发挥的作用 整个风险管控过程中,风险监控信息平台为风险管控提供了及时有效的信息化手段,为监测数据及影像采集资料、风险管控过程控制资料提供了永久保全平台,也为以后河西地区类似地铁工程及时提供了宝贵资料
5	草云区间	TA02	(1)事件名称及发生时间 草云区间右线隧道 232～237 环、243～253 环上方连续发生路面塌陷事件。发生时间:2015 年 6 月 27 日。 (2)事件过程简述 第一次塌陷:6 月 27 日 13:40 左右,区间右线隧道 232～237 环上部非机动车道及机非隔离带发生路面塌陷,塌陷位置位于北京西路 69 号附近,且南侧比邻华荟商务大厦停车场出入口。塌陷面积约 25 m^2,深度约 2.2 m。最早由华东饭店停车场的门卫报警。第二次塌陷:6 月 27 日 15:00 左右,距离第一次塌陷区 15 m 处 243～253 环正上方,也在非机动车道和机非隔离带发生塌陷,塌陷面积约 22 m^2,深度 3 m,坠入塌陷区有行道树一株,胸径约 40 cm。事发时,盾构已推进至 356 环,距事发区段 138 m。 (3)事件影响 发生塌陷时,雨势较大,无人员及车辆经过该区域,事故未造成人员伤害。事件对道路交通畅通造成影响,产生了一定不良社会影响。 (4)预警情况(级别及时间段) 单项预警:监测点预警数量较多,占总数约 57%,超过了一半。第三方监测单位分别于 5 月 8 日和 6 月 12 日向施工单位发了两次书面监测预警,但都在下穿塌陷区域。 综合预警:因该区段仅有个别监测点出现了较大沉降,周边环境和隧道内巡视情况都正常,并且施工和监理单位没能在监控平台上及时、正确上传超挖等异常情况,故该工点没有发布黄色综合预警。 (5)处置过程及效果 市政府副秘书长组织园林、城管、交管、管线产权等单位指挥抢险。 公司董事长、常务副总经理、副总经理组织建设公司相关职能部门、参建单位指挥抢险。 项目经理部在积极抢险及园林等单位处置完毕后,于 18:20～04:20 组织人员先浇筑约 90 m^3 C30 混凝土,后浇筑约 154 m^3 C40 混凝土,总计浇筑约 244 m^3混凝土填充塌陷区域,并预留注浆管,后期进行地面注浆填充;于 6 月 29 日 6:00,恢复原机动车道和提供约 3 m 的非机动车道通行能力,对机非分隔带和部分人行道继续围挡并进行下步修复工作和进一步消险处置。 (6)原因(类别) ①盾构掘进控制不当。盾构掘进存在渣土改良不到位、盾构机超挖、盾构机停机、注浆措施不到位等问题,均有可能造成上部土体扰动,引起管线渗漏、地面坍塌。 ②安全风险意识不足。当出现累计沉降量达 9.2 cm 时,虽然认识到了风险的存在,也加强了巡视和监测,但没有采取进一步的措施。 (7)信息平台发挥的作用 监控中心于 5 月 11 日、5 月 18 日、5 月 28 日、6 月 15 日、6 月 23 日,对草云区间共进行了 5 次日常巡视。在巡视过程中未发现附近地表存在明显异常情况。同时监控中心已于早先时候对区间沉降变形过大情况以工程事务形式发送至施工、监理相关负责人,并在多次巡视报告如 6 月 15 日、6 月 23 日报告中

续上表

序　号	工　点	所属标段	安全风险事件简述(时间、经过、影响、预警、应急处置、原因等)
5	草云区间	TA02	提醒施工单位注意控制土压及单环出土量,严防地层损失带来的路面沉陷。在未能了解到盾构推进困难、开仓清理刀盘等信息的前提下,近期施工单位除存在空仓推进、地表沉降监测累计数据大外并无其他明显异常情况。 事件的发生也反映出信息平台引入盾构施工实时监控技术的重要性,从而能有效规范盾构隧道施工质量控制及安全行为控制,预防过大沉降变形及塌陷风险的发生
6	鸡九区间	TA04	(1)事件名称及发生时间 2015 年 11 月鸡九区间发生了 3 次路面塌陷事件。 (2)事件过程简述 2015 年 11 月鸡九区间由于接收水箱漏水,砂土颗粒随着地下水流入九华山站内,导致九华山站附近路面下部土体被掏空,进而引发了 3 次路面塌陷。塌陷前鸡九区间盾构机由于施工控制不当被冻住。第一次塌陷发生于 11 月 9 日下午,塌陷区位于九华山站东侧隧道,塌陷面积较小;第二次塌陷发生于 11 月 10 日上午,塌陷区位于九华山站南侧,塌面积约 5 m^2,塌陷造成附近一污水管涵破坏;第三次塌陷发生于 11 月 12 日上午,塌陷面积约 2 m^2,塌陷区位于九华山站北侧出入口施工场地。 (3)事件影响 鸡九区间上部为北京东路,车流量大,管线密集,同时隧道两边存在大量建筑,大部分建筑的基础形式为浅基础,对土体变形非常敏感。路面塌陷造成一污水管涵破坏,影响了交通,造成一定社会影响。 (4)预警情况(级别及时间段) 对该工点发布了红色综合预警。 (5)处置过程及效果 第一次塌陷:塌陷面积较小,紧急采用混凝土回填的方式进行处置。 第二次塌陷:塌陷造成附近一污水管涵破坏,抢修单位使用 3 根水管临时引排污水,同时施工单位使用混凝土对塌陷区域进行回填。 第三次塌陷:施工单位采用混凝土回填的方式进行了处置。 (6)原因(类别) ①鸡九区间接收段地层为松散—稍密的粉土和粉砂层,地下水丰富(此处为古河道),近期鸡九区间接收段洞门处严重涌水、涌沙(漏水处尚未堵住),容易导致水土流失在土体中形成空洞,引起地面塌陷。 ②安全风险意识不足。前期九华山站主体结构施工时,发生过管涌事故,管涌可能导致地下连续墙外部形成空洞。近期在九华山站附近连续发生 6 次地面塌陷事故,其中 3 次发生在鸡九区间接收段附近。塌陷与近期左线接收段大量漏水有关,其中第 6 次塌陷处可见明显流水,说明存在连续地下松动区,且由于漏水处没有有效封堵,路面再次发生塌陷的可能性非常大。施工单位安全风险意识不足,未能做好避免路面再次发生塌陷的预防工作。 (7)信息平台发挥的作用 监控中心根据鸡九区间工程地质条件、九华山站发生的地面塌陷事故及现场巡视,对该工点发布了红色综合预警
7	岗蒋区间	TA05	(1)事件名称及发生时间 岗子村站—蒋王庙站区间采用地质雷达扫描的方法对现场进行扫描发现右线 DK20+105 处存在空洞。事件发生时间:2016 年 1 月 20 日。 (2)事件过程简述 2016 年 1 月 20 日凌晨,施工人员巡查发现岗蒋区间右线 DK20+100 处污水井及天然气井口有泡沫溢出,9:00 第三方监测人员监测时发现现场异常后,及时与施工单位进行了沟通,施工单位随即联系南京市测绘勘察研究院采用地质雷达扫描的方法对现场进行扫描,20 日中午在扫描过程中发现 DK20+100 处存在土壤结构异常,建议进行钻孔探查,经探查证实该处地面下存在截面 3 m×4 m×7 m 的空洞,空洞位于右线隧道(盾构位置)正上方,对应里程为右 DK20+99～DK20+103(约 821～823 环)。 (3)事件影响 空洞从发现至填充完毕,未对周边环境造成影响。 (4)预警情况(级别及时间段) 监控中心在 2015 年 11 月份综合盾构施工地质条件、监测预警、巡视结果发布了黄色预警,以提醒施工单位提高风险管理意识和风险管理水平,严格控制施工质量,采取有效措施消除潜在风险,确保后续施工过程周边环境安全稳定。 (5)处置过程及效果 第三方监测单位立即将现场情况向建设单位、监理单位汇报,同时施工单位联系邀请交管部门、相关管线产权单位进行现场踏勘核实,现场研究决定采用 C20 细石混凝土对现场空洞进行回填,回填施工从当日 18:30 开始直至次日 7:00,共计使用混凝土 240 m^3。空洞发现后,施工人员在 810～815 环管片位置进行二次注浆施工。

续上表

序　号	工　点	所属标段	安全风险事件简述(时间、经过、影响、预警、应急处置、原因等)
7	岗蒋区间	TA05	(6)原因(类别) ①对地质条件的复杂性认识不足。未能对前方可能发生的地质风险进行提前预判,并予以重视。例如,在岗蒋区间右线盾构在掘进过程中,过分依赖地勘报告,误认为全断面岩层推进风险较小,没有安排专人重点巡查,导致现场出现险情。 ②盾构掘进前后,右线 DK20+100 位置南京市测绘院先后进行过 2 次雷达扫描,第 1 次未检测出空洞,对比 2 次的探测成果可以判断,空洞的形成应与盾构施工有一定关系。 ③由于目前隧道处于全断面岩层,盾构掘进困难,1 月 20 日前一周都在处于空压或欠压推进状态,不利于维护掌子面的稳定,超挖现象较严重。 ④雨、污水管自身施工质量缺陷。一般施工顺序为:明挖—施作垫层—铺设管道—管道周边回填砂—回填土方及道路路面恢复,因道路通车要求,管道施工工期短,管道施工质量不易控制,一旦遇动水,管道周边回填砂易随水流流失,引起地层损失。 (7)存在问题 本次塌陷事件发生后次日,监控中心才从南京市测绘勘察研究院得知现场情况。期间包括施工单位、监理单位、第三方监测单位均未向监控中心通报,导致监控中心、风评中心等均未能在第一时间了解到现场情况。应进一步加强联动机制。除了发挥监控例会的作用外,各监控单位在平时应做到信息互通;发生突发事件时,应互相告知,及时赶赴现场,掌握第一手资料

5.6 关于风险监控系统的思考与建议

1. 持续改进安全风险管控体系(深层次理解政策层面的新要求)

在总结“十二五”期间安全风险管控相关经验,对存在问题进行剖析的基础上,结合住建部《2016—2020年建筑业信息化发展纲要》等“十三五”规划纲要求,《实施遏制重特大事故工作指南构建双重预防机制的意见》《关于加强城市轨道交通工程关键节点风险管控的通知》等国家层面的规章制度以及地铁公司发展规划,理解吸收,从制度建设、信息化新技术的应用(如数据云、BIM 技术、人工智能、自动化监测设备、即时监测)等进行需求分析和技术应用,持续改进安全风险管控体系。

2. 加强第三方监管咨询队伍建设

第三方咨询队伍的技术力量对地铁安全风险管控的效果有着重要影响。建设单位在招标过程中应当加大对第三方监管咨询队伍人员资质的要求,提高选拔标准。作为第三方咨询队伍,需不断强化技术力量,提高整体素质。

在安全风险监控实施过程中充分发挥第三方监管咨询队伍在关键节点等条件验收等时的作用。

3. 提高信息系统的使用率,加强系统使用的考核管理

当前信息系统重开发、轻使用。4 号线一期除监控中心现场管理人员在日常工作中较多使用信息平台,各参建单位及业主部门仅在完成必要工作时使用信息平台部分功能,较少使用信息平台其他功能。对于信息系统的使用缺乏有效的考核机制,应建立一套完备的系统使用考核机制,一方面可以加快监控系统这一工具的普及,切实地提高参建单位在安全风险控制方面的效率,全面提升信息化水平,充分发挥信息系统的优势;另一方面也可以通过这一平台加强对各层单位部门的统一集中管理。

4. 提高信息化平台的数据真实性,强化监控中心的职责

地铁工程建设中的风险事件,较多为突发事件,在事发前并无明显风险预兆,各监测数据未出现明显异常,但在施工过程中均存在一定程度的施工参数异常或违规操作的情况,而这些异常情况往往只有施工单位一线人员自己清楚。而监控中心缺乏管辖权,无法从源头处解决数据真实性的问题,需要强化监控中心的职责。

5. 完善盾构施工数据的实时监控技术

盾构实时监控系统未能接入南京 4 号线一期安全风险远程监控平台。盾构施工作为地铁建设中最为关键的部分,也是风险高发的建设项目。盾构施工较车站基坑施工更为复杂与繁琐,盾构穿越不同地层风险发生等级有差异,地表状况不一样也影响着风险的发生,盾构穿越建筑物重要性的差异也决定着风险事件的发生概率,因此,盾构施工的实时监控显得尤为重要。而 4 号线盾构监控通过现场监控室管理,现场下隧道巡查的方式既耗费人力物力,又未能提高工作效率。

桦墅站—仙林湖站区间岩溶区矿山法隧道施工泉眼处理效果分析

杨庆刚

（南京地铁建设有限责任公司，南京　210017）

摘　要：桦墅站—仙林湖站区间矿山法隧道局部有溶洞、破碎带，岩石层理较发育。隧道开挖后揭露出的9处泉眼每小时合计出水量250～300 m^3，岩溶通道或裂隙中的填充物对注浆施工质量影响较大。因此，对岩溶及裂隙较大部位进行单双液浆交替施工法进行封闭加固处理。

基于"判定围岩""分区定位""动态注浆"的注浆思路，动态优化注浆设计方案，围截顶水注浆施工。处理后，泉眼已完全封闭，泉眼空洞及周围地质裂隙充分填充，2016年上半年顺利通过验收，2017年1月通车运营前的几次隧道巡查，无湿渍和漏点，堵漏效果良好。

关键词：岩溶；注浆；隧道

0　引　　言

随着城市轨道建设的快速发展，在岩溶地区修建隧道也越来越普遍。岩溶是隧道施工中经常遇到的一种地质现象，它容易导致开挖面涌水、突泥，围岩及支护结构变形、开裂、坍塌，影响施工进度，危及施工安全，破坏周围环境。富水岩溶地区围岩遇水风化软化严重，稳定性较差，节理裂隙发育，易发生塑性变形和流变，严重影响隧道正常施工和安全。

近年来，随着可持续发展观念和人们对环境保护意识的加强，对隧道治水观念也由"以排为主，排堵结合"逐渐转化到"以堵为主，防堵结合"上来，隧道注浆技术得以快速推广和应用。

注浆加固技术无疑是解决岩溶隧道突水灾害最为有效的技术方法之一，注浆加固技术通过浆液材料的封堵和加固作用实现堵水加固的效果并达到隧道围岩条件的改善，得到了很广泛的应用。注浆技术是涉及到多种学科的综合性技术，其中注浆材料在注浆加固技术中起着关键的作用，水泥基—玻璃纤维浆液材料作为水泥基复合材料的一种，由于其所具有的鲜明的材料特性而受到关注。

1　工程概况

桦墅站—仙林湖站区间矿山法隧道起自龙王山南麓，自盾构工作井向北进入龙王山山体。由于隧道下穿江南水泥厂铁路专用线，因此，施工过程中对于沉降控制要求较高。桦墅站—龙王山矿山段右线DK42＋066～DK42＋202、右DK42＋610～DK42＋721主要在①-1、②-2b3-4、③层土及岩层中穿越，为半土半岩隧道；右线DK42＋202～DK42＋610、右DK42＋721～DK42＋997段主要在岩层中穿越，局部有溶洞、破碎带和裂隙发育段有较多裂隙水。南京市水利局给地铁公司行文指出，南京市龙王山区域为南京市战略水源储备区。据《南京东郊供水水文地质普查报告》中2孔抽水试验资料，含水层为裂隙（岩溶）发育的灰岩，两次降水测得渗透系数为1.62×10^{-3}～1.75×10^{-3} cm/s。这种破碎的岩溶不良地质条件及丰富的地下水为渗漏点的形成提供了天然的便利条件，对上方铁路专用线安全运行带来较大风险。

受地形环境等施工条件限制，地质勘察期间钻孔间距相对较大，无法全部查清钻孔之间中基岩的裂隙分布和发育情况。渗水里程处，基岩原生及次生闭合裂隙发育，在正常的施工作业（如爆破、机械振动）影响下，造成原有闭合裂隙张开，形成过水通道，造成实际工况中局部渗水较大，带来较大的安全隐患。

根据统计显示，本工程矿山法开挖洞段主要地下水集中在DK42＋110～DK42＋480共计370 m洞段。图1给出了隧道开挖过程揭露的9处渗水点位置示意图，图2为隧道施工过程中揭露的渗水点示意图。

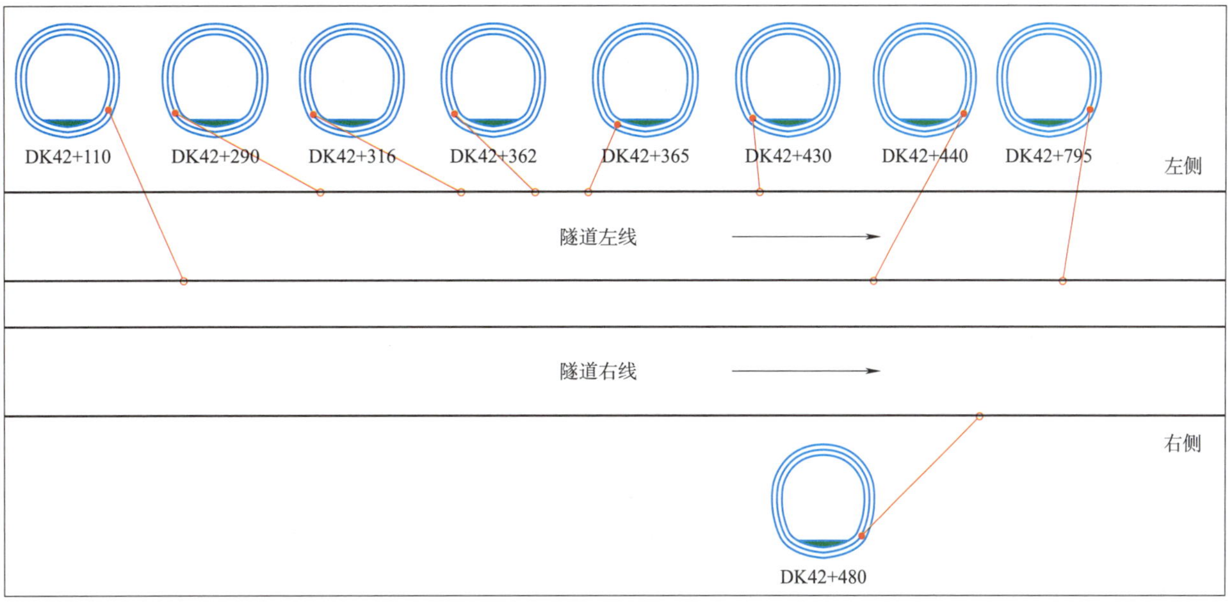

图 1　渗水点分布示意图

图 2　区间渗水点示意图

根据现场观察发现各喷涌点喷涌量较大，结合施工现场涌水抽排记录可知，隧道内 9 处渗水点每小时合计出水量约 250～300 m^3，24 h 渗水总量约 7 000 m^3，远大于正常施工的排水量。根据本区间水文地质情况特点，上述喷涌点对地铁隧道施工存在安全隐患，需结合本区间的水文地质条件及实际情况，有针对性采取防治措施，消除隐患，保证隧道施工质量。

2　处置方案及难点

2.1　注浆处理施工步骤与方法

经过研究分析，并结合项目建设参与各方意见，确定了“以堵为主”的施工思路，通过引进“围”“截”“顶”的注浆理念，实施“约束”“收敛”“强化”的注浆模式，利用“判定围岩”“分区定位”“动态注浆”的注浆思路，动态优化注浆设计方案，围截顶水注浆施工。具体施工步骤如下：

初支钻孔—安装加固注浆管—配制注浆液—注浆—封管处理。

(1)钻孔布置根据本洞段渗水、涌水出露位置以及裂隙发育情况，在渗水、涌水出露部位向上下游各 4 m 区域内设规则堵水孔，即在主出水孔 3 m 半径范围内钻孔采用 2.0 m×2.0 m 间距布孔；在主出水孔 2 m 半径范围内钻孔采用 1.0 m×1.0 m 间距布孔；在主出水孔或水流主通道附近加强布孔，即在主出水孔 1 m 半径范围内钻孔采用 0.5 m×0.5 m 间距布孔，如图 3 所示。通过对大面积渗水、局部股状水处理后仍出现渗水的部位进行加密或加深钻孔作进一步处理，直至将渗水封堵为止。

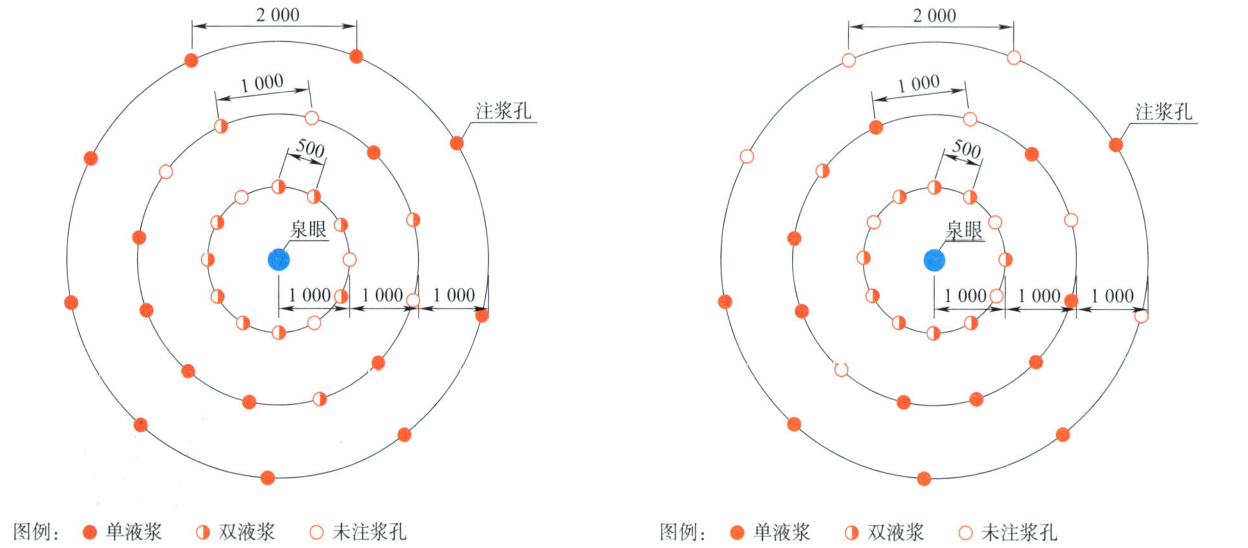

(a) 左线DK42+110　　(b) 右线DK42+480

注：隧道左线DK42+110（右）段，注浆管单根长度4 m，共27根。
双液浆：1.8+1.75+0.9+0.8+0.7+0.8+1.77+1.68+0.7+1.85+1.85+1.7=16.3 m^3
普通水泥浆：90+94+90+94+88+88+83+96.3+95+85+84+96+90+89.7+87.85=1 350.85 m^3

注：隧道右线DK42+480（右）段，注浆管单根长度4 m，共23根。
双液浆：1.55+1.53+1.5+1.57+1.45+1.43+1.4+1.52+1.48+1.32=14.76 m^3
普通水泥浆：40+38+45+42+38+36+38+40+40+35+37+45+38.2=513.2 m^3

图 3　出水点注浆分布图

(2)钻孔孔向一般垂直于洞壁，当遇岩体结构面时，使钻孔尽可能与岩体结构面相交。堵水注浆钻孔孔深一般为 4 m；当施工中局部遇集中涌(渗)水段时可根据堵水注浆效果适当加深孔深。钻孔开孔孔径为 ϕ60～ϕ75 mm，终孔孔径不小于 ϕ38 mm。

(3)注浆孔采用 ϕ60～ϕ75 金刚石取芯钻头开孔，镶铸 ϕ50～ϕ73、L＝2 m 的耐压无缝质地钢管，孔口管外露 10 cm，局部 20 cm(不适宜安装注浆管基础面层)，孔口管安装采用速凝水泥稳定，管口周围采用内膨胀基座连接钢筋与管壁焊接，确保注浆时稳定性。

(4)针对左 DK42＋316 位置和左 DK42＋290 位置处仰拱和矮边墙均浇筑完毕现状，为避免破坏既有二衬防水体系，对此两处位置泉眼钻孔均取上半断面初支表面进行处理，且纵向施工缝处注浆管倾斜向下方打设。

(5)按照水泥浆与水玻璃 3∶1 方式自下游往上游灌注双液浆，在前一个注浆口出浆时换下一个注浆管继续注浆。当注双液浆也无法堵住较大出水时，采用先注油溶性聚氨酯堵漏剂形成一道止水帷幕，初步止水后，再进行单双浆液注浆加固。

(6)泉眼部位采用灌注单液浆和双液浆方法施工，施工结束灌浆稳定处理注浆管，管口部位进行环氧树脂加固。

(7)在一个注浆区段结束后，在最后一个注浆管灌注单液浆进行加固。

2.2　施工期面临困难

本工程地下水处理的施工重难点主要体现在以下几个方面：

(1)由于该出水洞段岩溶发育，岩溶通道或裂隙中的填充物对注浆施工质量影响较大。施工过程中也对物探中发现的溶洞进行了处理，但仍可能存在部分未探测到的溶洞及大部分裂隙并未处理。同时开挖到上述出水地段时通过掌子面可以看到，相应地段岩石层理较发育。因此，在地下水处理过程中，首先对岩溶及裂隙较大部位进行单双液浆交替施工法进行封闭加固处理。

(2)堵水注浆重在注浆顺序的把握，现场施工时，根据钻孔出水情况综合进行处理。主要的处理原则如下。

①先注无水孔，再注有水孔；有水孔的注浆顺序为从小水到集中水。注无水孔的主要原因在于能够使得出水洞段潜藏的出水通道得到很好的填充，避免在对集中水处理时形成新的出水通道。先注小水再注集中水的原因是避免地下水分散。

②针对集中水处理时，先进行引排孔施工，且引排孔尽量选择在岩层较好的部位开孔。同时引排孔可根据出水情况施工较大口径，如 ϕ91 mm 或更大。引排孔施工的另外一个目的在于从出水点深层通道引出地下水，让原始出水点无地下水或地下水压力降低，以便在浅层逐步对原始出水点进行封堵及加固。

③最后进行引排孔施工时，由于引排孔选择了岩层较好部位开孔，且其他薄弱部位已经采用水泥浆进行了加固。因此，引排孔地下水处理时能够采用相对较高灌浆压力强制将地下水推至我们希望到达的岩层厚度之外。

④在地下水封堵施工过程中，强调逐步加固的原则。即在采用特殊浆材进行堵水注浆后，采用纯水泥浆液对该部位进行注浆加固。不仅考虑了纯水泥浆液的耐久性较好，还考虑了纯水泥浆液的扩散半径较大。

3 处置结果

自 2015 年 5 月 16 日至 2015 年 6 月 5 日集中人力物力对矿山法隧道内初支、二衬等典型泉眼进行注浆堵漏施工，从目前情况看原有泉眼已完全封闭，泉眼空洞及周围地质裂隙充分填充，下游出水量大幅减小，达到了预期效果，为后续二衬施工提供了可靠保障。

4 结　　论

(1)监测数据显示：混凝土结构的强度、稳定性和结构尺寸满足设计要求，结构变形处于稳定状态。

(2)根据渗漏部位和渗漏大小，采用注浆堵漏和封缝封面防水相结合、排堵相结、防堵为主的方案针对本工程具有适用性，后期巡查隧道无明显湿渍和漏点，堵漏效果良好。

(3)隧道地质水处理后，地下水向隧道地质未注浆加固区域转移，隧道局部地质得到加强同时，由于泉眼注浆压力使水流扩散，扩大了隧道后期堵漏范围，项目成本有一定增加。

南京地铁 4 号线暗挖隧道大断面施工经验总结

张俊杰

（南京地铁建设有限责任公司，南京　210017）

摘　要：南京地铁 4 号线 TA06 标蒋王庙站—王家湾站区间隧道，施工断面最大跨度达 23.28 m，开挖断面面积达 290 m^2，总长度达 161.917 m。本文介绍了超大断面双侧壁导坑法施工工艺，同时对如何确保安全质量的前提下，由小断面进入大断面施工工法进行了阐述，对以后地铁隧道超大断面的施工具有借鉴意义。

关键词：大断面；侧壁导坑法；浅埋暗挖；断面转换；监控量测

1　工程概况

1.1　超大断面简介

蒋王庙站—王家湾站区间（现为花园路站—紫金山北站区间，如图 1 所示）位于紫金山风景区内，避绕南京博爱老年公寓楼之后，向北敷设，最终到达王家湾站。蒋王庙站—王家湾站区间共设 A（A0～A6）、B1、B2、C、D（D1～D2）、E1、E2、F1、F2、G、H1、H2 等 19 种隧道断面形式，其中 F1、F2、G 断面为单洞大跨断面，采用双侧壁导坑法分台阶施工。F1、F2 断面高度 14.449 m，跨度 22.78 m；G 断面高度 15.002 m，跨度 23.28 m，均属于超大型隧道断面。超大断面施工范围地质主要为 δ-2 强风化岩、δ-3 中风化岩地层，其中 F2 断面上台阶约有 35 m 的 δ-0 残积土，大断面埋深约 18～25 m，属于浅埋隧道。

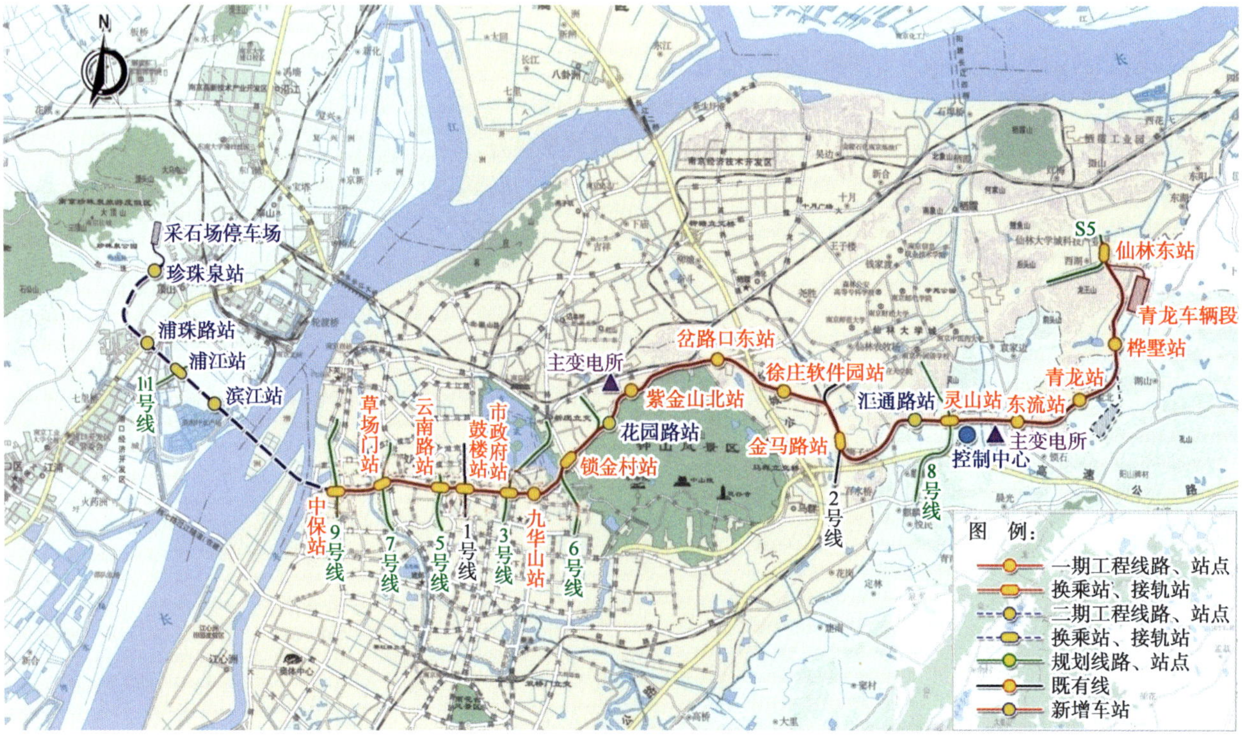

图 1　南京地铁 4 号线线路平面示意图

1.2 设计参数

蒋王庙站—王家湾站区间右 DK21＋027.241～右 DK21＋105.200 为 G 型隧道断面，长 77.959 m(G 型大断面独立存在)；右 DK21＋401.404～右 DK21＋438.372 为 F2 型隧道断面，长 36.968 m；右 DK21＋438.372～右 DK21＋485.362 为 F1 型隧道断面，长 46.99 m(F1、F2 断面里程连续)；大断面总长 161.917 m。具体支护设计参数如图 2～图 4 所示。

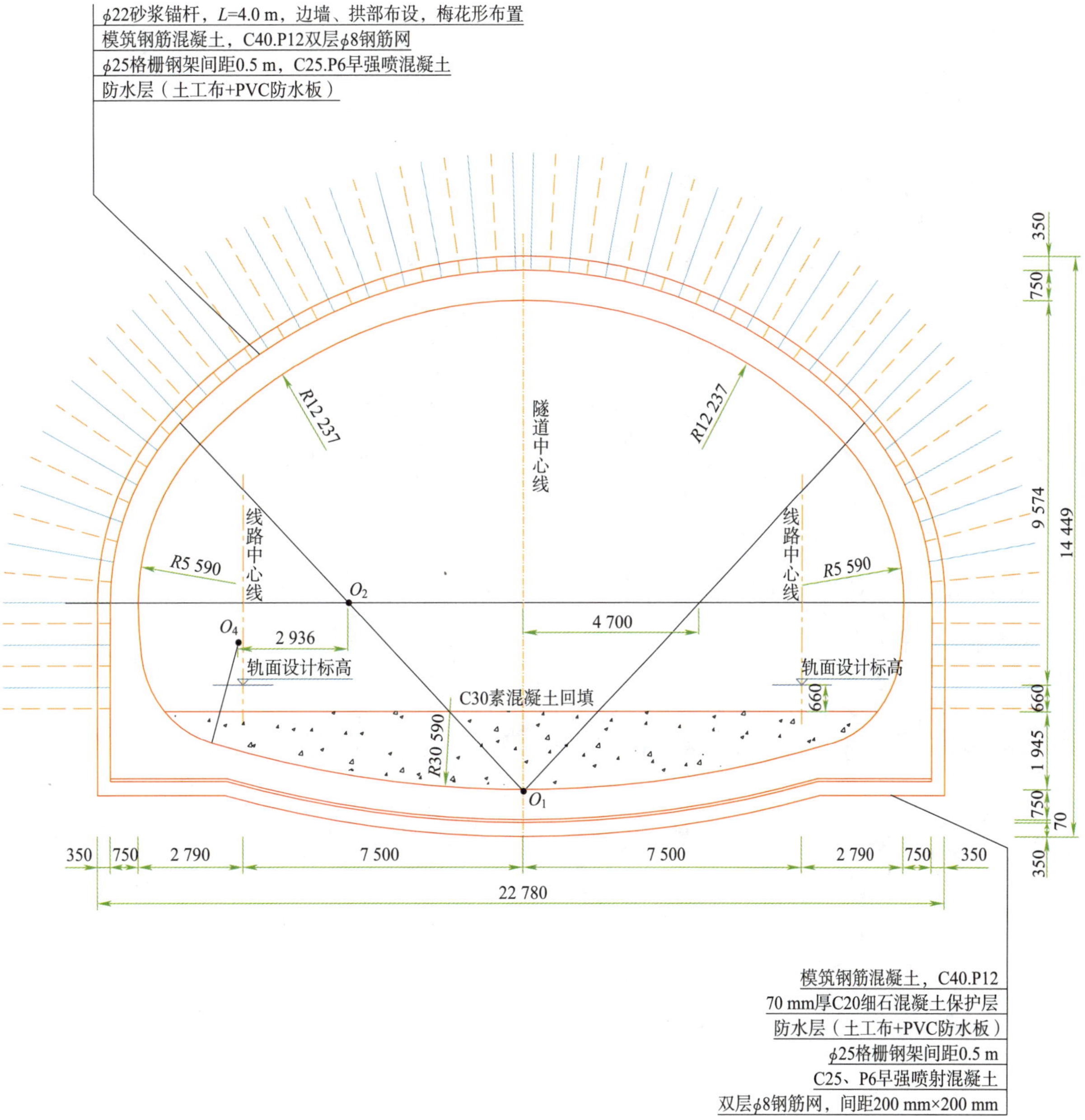

图 2 F1 型隧道断面图及支护参数(单位:mm)

2 蒋—王区间大断面施工

蒋—王区间 1 号竖井两侧分别为 G 断面(77.959 m)、F 断面(83.958 m)超大断面，专项施工方案经过多次专家研究讨确定了可实施性方案。施工总体部署如下：施工 1 号竖井两侧小断面→由左、右线小断面渐变进入超大断面左、右线导洞→施工超大断面左右线导洞初期支护→开挖超大断面中间导洞顶部(⑦部)及二次衬砌交替施工→开挖中间导洞⑧、⑨部，施作初期支护→施工剩余仰拱二次衬砌。

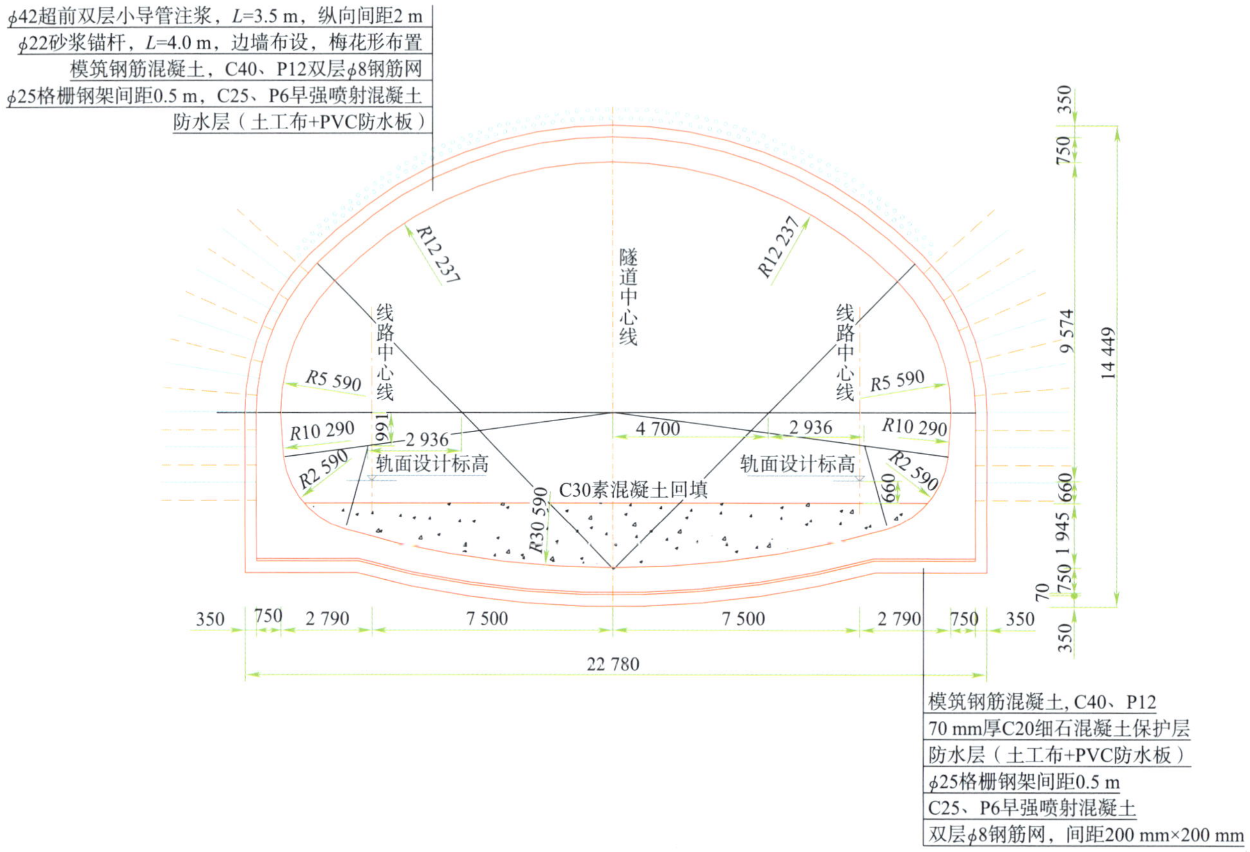

图 3　F2 型隧道断面图及支护参数(单位:mm)

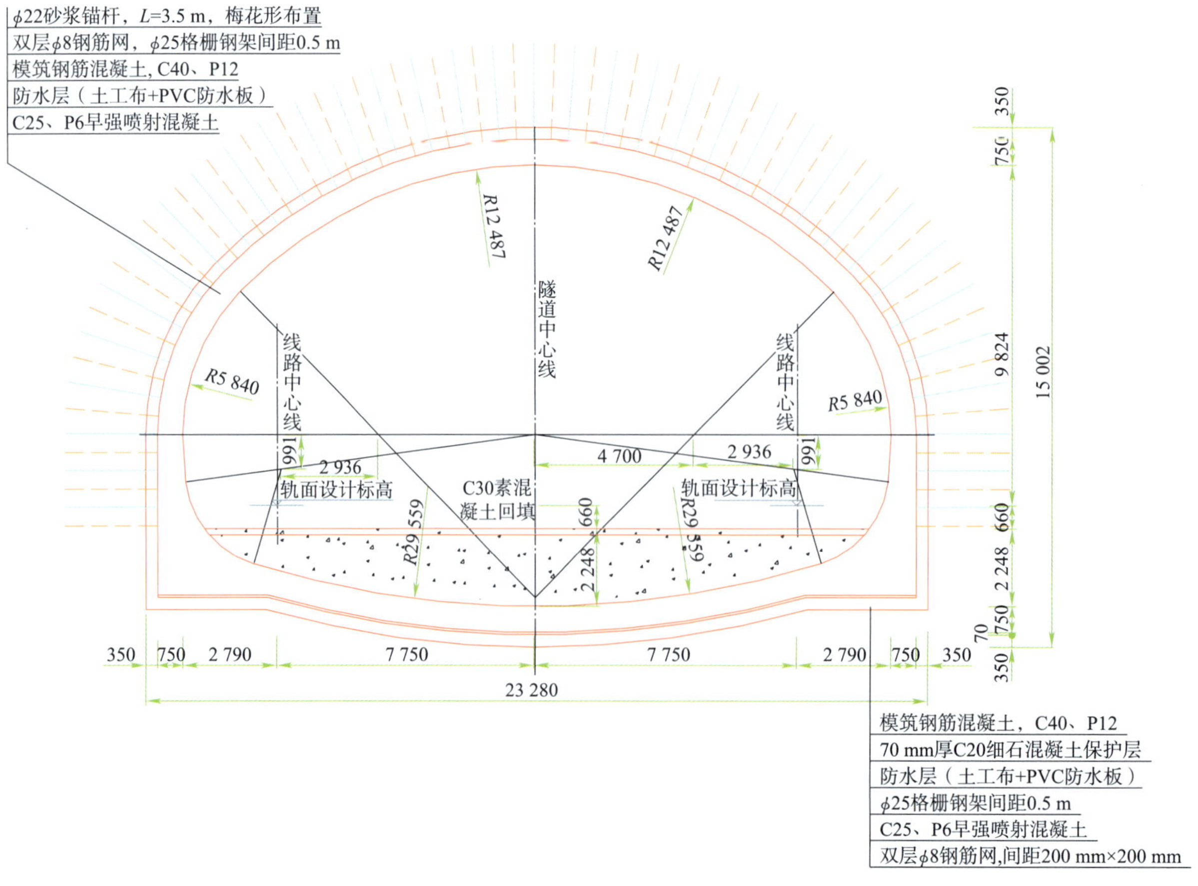

图 4　G 型隧道断面图及支护参数(单位:mm)

2.1 施工重难点

1. 小断面进入大断面施工

如图5所示,G、F超大断面分别位于本区间1号竖井两侧,G、F超大断面施工任务由1号竖井承担。根据本区间施工方向及双侧壁导坑法初期支护施工工艺,F、G超大断面左线导洞均由A型标准隧道断面进入大断面,右线导洞均由E型隧道断面进入。

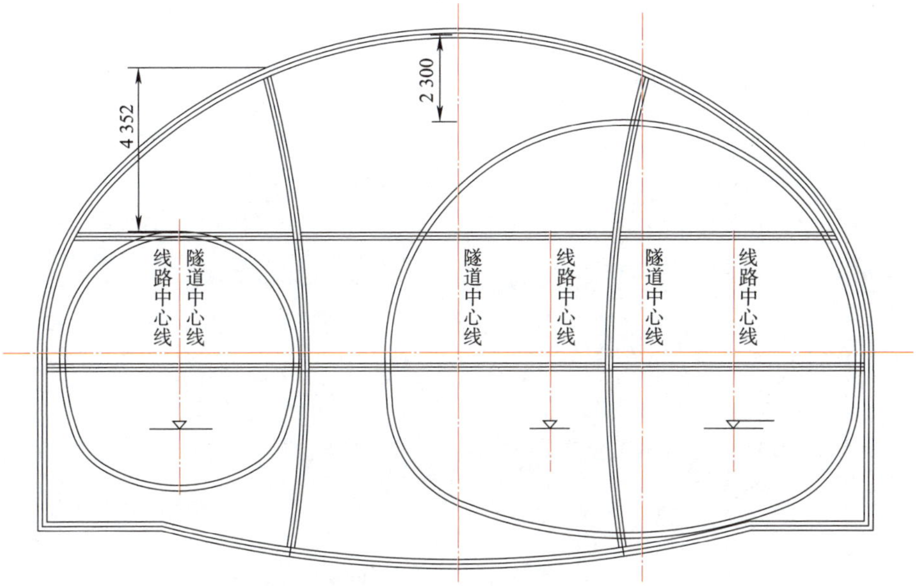

图5 小断面进入大断面高度差距横断面图(单位:mm)

重难点:

由小断面进入大断面时,小断面与大断面断面尺寸相差较大,而且地质情况较差,安全风险性非常大,施工难以控制。

2. 超大断面初期支护、防水、二次衬砌施工

蒋王庙站—王家湾站区间隧道设计超大断面最大开挖跨度23.280 m,最大开挖高度15.002 m。拱顶部位地质围岩等级为Ⅲ、Ⅳ级,断面下部围岩等级为Ⅲ级,地质情况复杂,大断面隧道总长161.917 m,二衬混凝土强度等级为C40,抗渗等级为P12,二衬厚度为750 mm。

重难点:

(1)由于断面尺寸大,地质情况多变,初期支护施工安全风险较高。

(2)二次衬砌施工过程中使用满堂红脚手架和台车,由于断面高度高,防水材料铺设难度大,施工安全风险高。

(3)由于浇筑混凝土体积大,需要确保模板牢固可靠,浇筑、拆模、养护困难,施工进度缓慢。

3. 超大断面临时支撑拆除

超大断面采用双侧壁导坑法进行初期支护施工,双侧壁导坑法各部中间位置各有横、竖向临时支撑。在施工初期支护时,临时支撑和断面支护已连接喷射混凝土形成了一个稳定的闭合结构。

重难点:

超大断面中的横、竖向临时支撑因断面跨度大、高度高,拆除时容易造成已完成初期支护失稳。

2.2 施工组织断面优化

1. 小断面进入F超大断面施工

(1)A型标准断面进入左线导洞工序

1号竖井大里程方向(至王家湾站方向)左右线分别由A5和E2断面进入F2断面时,在A5断面里程段

内，提前 17 m 进行渐变。前 10 m 由 A5 断面渐变抬高，拱顶和仰拱半径不变，加高部分在两侧边墙用直的格栅钢架连接。后 7 m 采用缩小版的 F2 断面逐步抬高，每 1 m 进尺抬高 0.2 m。在到达 F2 断面内时，格栅钢架下导进行一次性突变为 F2 左侧小断面格栅钢架下导。

(2)E 型断面进入右线导洞工序

在 E2 断面里程段内，提前 7 m 进行渐变，每进尺 1 m 平均调高 0.2 m。在此渐变段 7 m 采用 F2 断面右侧缩小格栅钢架进行渐变，格栅钢架下导进行一次性突变为 F2 右侧导洞格栅钢架下导。渐变段格栅钢架间距均为 1 m。施工右侧时格栅里程严格按照左线对应里程施工，确保单洞大断面贯通后横向格栅顺接。

小断面进入大断面渐变示意图如图 6～图 9 所示。

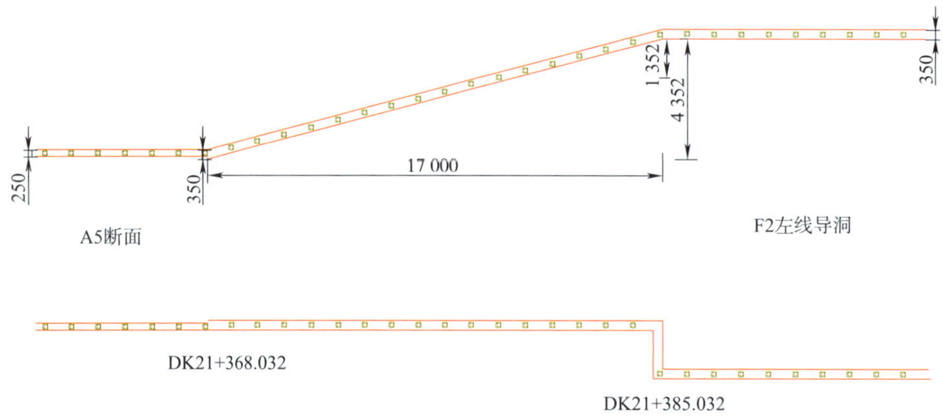

图 6　A5 断面渐变 F2 左侧断面纵剖面图(单位:mm)

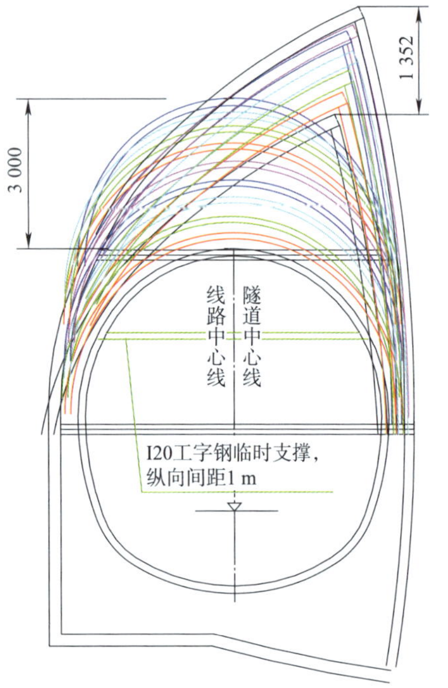

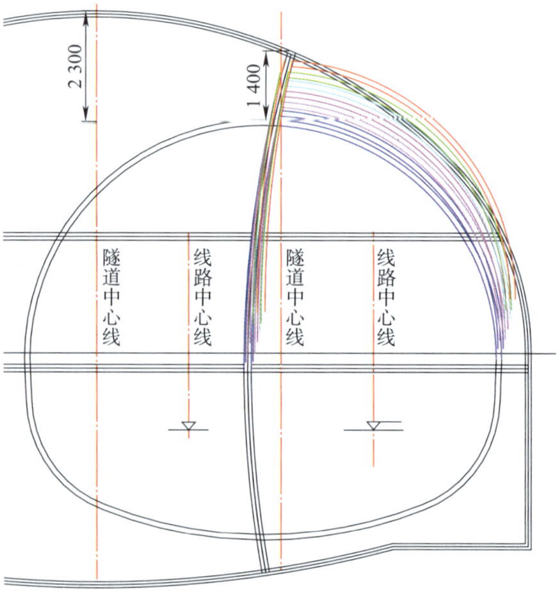

图 7　左线导洞渐变横断面示意图(单位:mm)　　图 8　右线导洞渐变横断面示意图(单位:mm)

为确保施工安全，在渐变段范围内，加强支护参数，施工工艺如下：

①在断面拱部 120°范围内打设 A42 超前小导管，$L=4.0$ m，环向间距 30 cm，纵向间距 2.5 m，注浆采用 1∶1 水泥浆。

②格栅钢架直边墙部位，在距拱墙交界处 50 cm 位置架设一排临时支撑，临时支撑采用 I20 工字钢，纵向间距 1 m。每个格栅钢架拱脚处开挖过程中临时支撑角点个设置两根 C22 锁脚锚杆，$L=4$ m。

③在渐变段里程内，打设超前小导管、断面开挖、钢筋网铺设、锚杆、格栅钢架加工安装、锁脚锚杆以及喷

图 9　小断面渐变进入超大断面照片

射混凝土的施工工艺及流程，均以设计图纸、隧道开挖支护专项方案和相关规范要求为准。

④注意事项

a. 做好地质雷达超前地质预报，如发现围岩突变，及时上报，做好相应的应急措施。

b. 由于在渐变段范围内，初支结构受力在每一循环进尺都在变化，因此，必须做好洞内外施工监测工作，增大监测频率。

2. 超大断面初期支护、防水、二次衬砌施工

第一步：施作左右侧导坑，超前小导管注浆预加固，开挖上台阶①、②部土体，施作初期支护（图 10、图 11）。

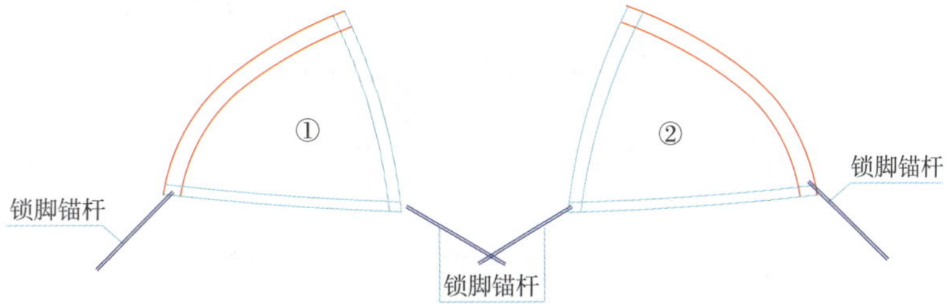

图 10　第一步工序示意图

注：在施工①、②部架立格栅钢架时，需要精确测量并计算出①、②部格栅钢架架立里程，并认真记录在案，以备后续中间岩柱开挖架立格栅钢架与两侧导洞格栅钢架顺利准确衔接

图 11　第一步工序现场照片

第二步：开挖中台阶③、④部土体，施作初期支护（图 12、图 13）。

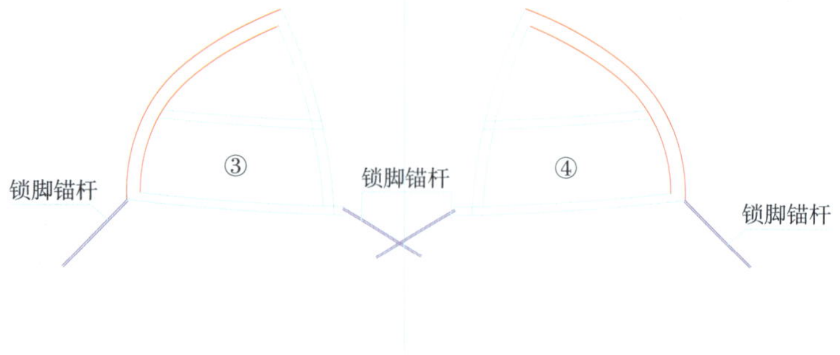

图 12　第二步开挖工序示意图

图 13　第二步工序现场照片

第三步:开挖下台阶⑤、⑥部土体,施作初期支护(图 14、图 15)。

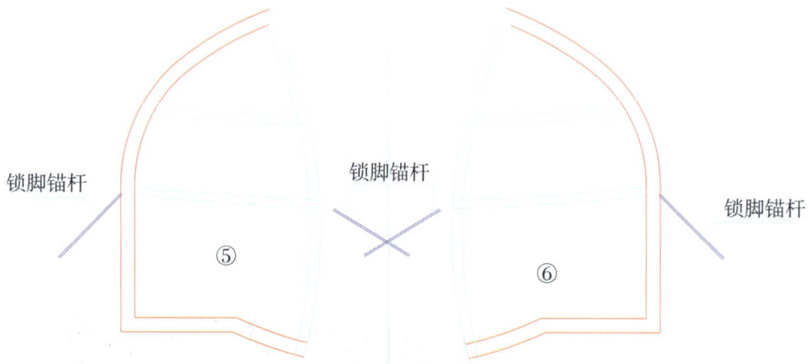

图 14　第三步工序示意图

图 15　第三步工序现场照片

第四步：开挖大断面中间岩柱⑦部土体，并施作初期支护，需采用从右线隧道（E断面与F断面中间对应部分）正向进入扩掏至设计位置，根据情况采用运土堆马道或打设架子破除中间部分上步洞门，在施工中间部分时先施工⑦部顶部2～3 m，架设初支格栅后再继续开挖。在施工中间部分时按设计要求施工相应横向临时仰拱（双侧连接筋C22@1 m，梅花形布设，挂网喷浆至250 mm）；并且按要求在竖向型钢支撑内侧设连接筋C22@1 m，挂网喷浆（图16、图17）。

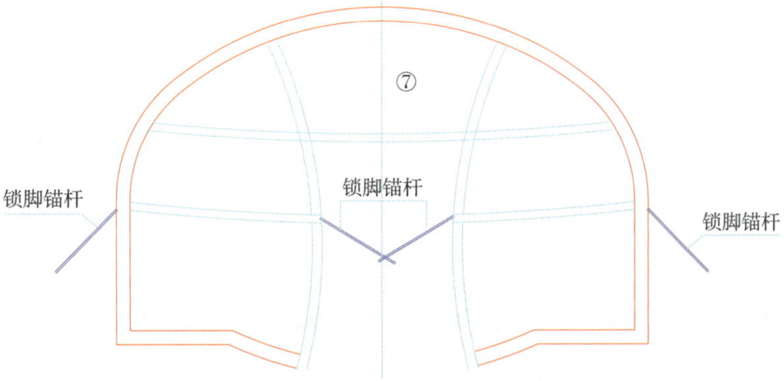

图16　第四步工序示意图

图17　第四步工序现场照片

注：⑦部开挖时由于支撑体系转换受力情况复杂，开挖时必须短进尺弱爆破，减小对周边围岩的扰动，并加强监测。

第五步：待大断面中间岩柱⑦部初期支护每施工40 m，采用台车施作二次衬砌。

在开挖⑦部的同时，可以先施工两侧导洞仰拱部位防水、二次衬砌。左右两侧铺设防水板时，保证防水板焊接接头与衬砌施工缝错开1～2 m。左右两侧仰拱钢筋绑扎时，钢筋截断、搭接应满足相应的锚固长度。主筋搭接采用焊接，焊接长度单面焊不小于10d，双面焊不小于5d，同一连接区的钢筋接头面积应小于50%。仰拱预留的拱墙衬砌钢筋应交错布置，不应全部预留在同一高度上（图18）。

待⑦部开挖、初期支护向前施工40 m完成后，采用超大断面专用台车开始施工两侧导洞剩余部分和⑦部拱顶二次衬砌。

施工缝处理：

环、纵向施工缝：钢边橡胶止水带＋水泥基渗透结晶型防水涂料。

水平施工缝浇筑混凝土前，应将其表面凿毛并清理干净，先涂刷1.5 kg/m水泥基渗透结晶型防水涂料，浇筑前铺设30～50 mm厚的1∶1水泥浆（防止接缝处浇筑不密实），并及时浇筑混凝土。

垂直施工缝浇筑混凝土前，应将其表面凿毛并清理干净，涂料混凝土界面处理剂或1.5 kg/m水泥基渗透结晶型防水涂料，并及时浇筑混凝土。

注浆管环、纵间距4～5 m布置，二次衬砌完成后，进行注浆，保证二次衬砌背后密实。

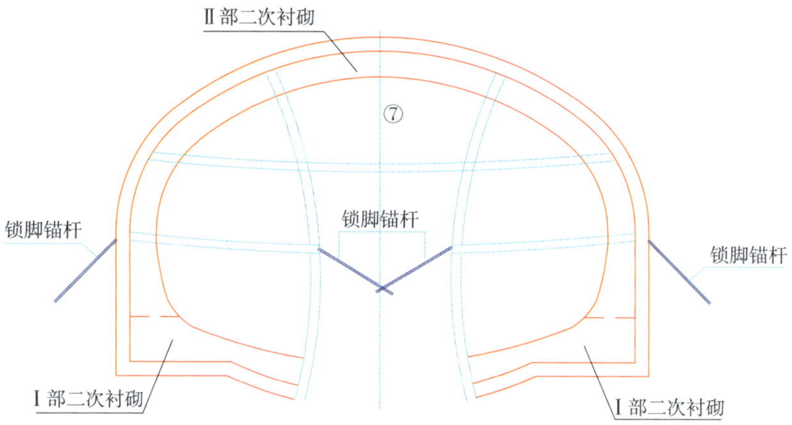

图 18　第五步工序示意图

初期支护和二次衬砌交叉施工，可以保证已完成隧道结构稳定和减少围岩扰动，且由于 F、G 超大断面位于 1 号竖井两侧，F 断面⑦部开挖支护 40 m 后开始施工二次衬砌的同时，G 断面可以开始施工⑦部初期支护，这样既保证了超大断面施工安全，又能提高施工进度(图 19)。

图 19　F 断面左导洞仰拱施工

第六步：在超大断面拱顶、边墙初期支护和二次衬砌的双层保护下，开挖⑧、⑨部土体并施作初期支护。

待⑦部开挖支护全部施工完毕后，两侧导洞及⑦部拱顶二次衬砌向前施工，⑧、⑨部初期支护具有施工条件时，采用台阶法开挖⑧、⑨部岩体并施作初期支护(图 20)。

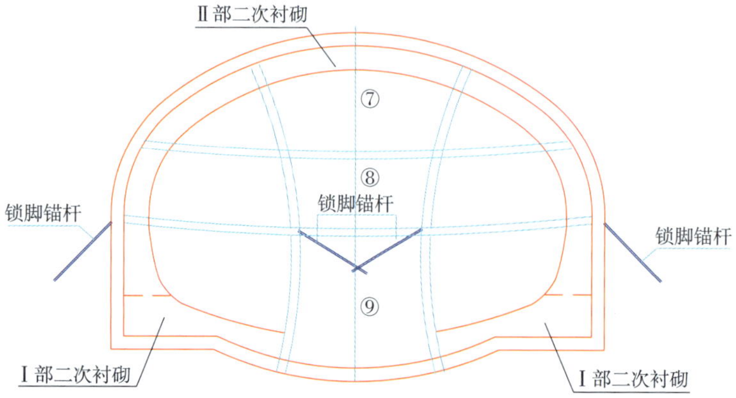

图 20　第六步工序示意图

第七步：待⑧、⑨部初期支护全部施工完毕，大断面已施工初期支护和二次衬砌达到设计强度后，拆除大断面横、竖向临时支撑。在拆除临时支撑时,要求加强监控量测,防止已施工结构失稳。

第八步:待临时支撑拆除 10 m 以上后,依次施作大断面剩余部分仰拱二次衬砌(图 21)。

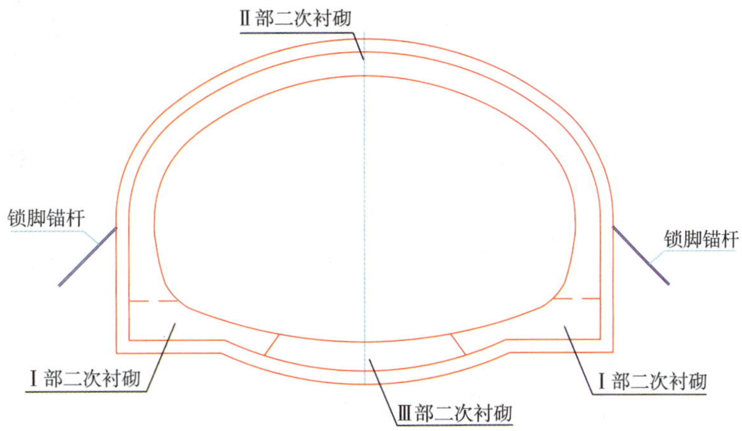

图 21 第八步工序示意图

双侧壁导坑法施工超大断面隧道优缺点分析详见表 1。

表 1 双侧壁导坑法施工超大断面隧道优缺点分析

优点	缺点
(1)双侧壁导坑法把超大断面分割为 9 个小型断面,开挖之后立即支护,不会大面积爆破开挖扰动围岩。 (2)初期支护和二次衬砌交叉进行,避免一次性开挖扰动围岩、已完成隧道结构达到失稳临界点,造成安全事故。 (3)中间部分岩柱开挖、支护是在初期支护和二次衬砌双层保护下进行,有效提高了中间岩柱开挖支护安全	初期支护和二次衬砌交替进行,为了保证施工进度,F、G 超大断面也交替进行,这样会增加台车拆卸、安装、隧道内搬运及其他材料搬运,增加工程预算和施工工期
结论:在保证安全的情况下优化施工工艺、工序,进而缩短施工工期和减少施工预算。且本工程 F、G 超大断面不连续,可以交替施工,进度可以保证。所以本方案适合本工程 F、G 超大断面初期支护、防水、二次衬砌施工	

3. 超大断面临时支撑拆除

(1)双侧壁导坑临时支撑拆除的施工条件

双侧壁导坑法各部开挖支护完毕后,初期支护封闭成环,初期支护体系可以承受围岩的全部压力,收敛变形稳定、监测数据稳定时方可拆除临时仰拱、临时支撑钢架进行二衬施工。

为确保安全,变断面处中隔壁、临时仰拱、临时支撑钢架的拆除安排在隧道仰拱填充施工完毕后进行,二衬混凝土施工时竖向支撑浇筑在混凝土内。

仰拱填充完成后,进行拱顶下沉量测,观测封闭成环后隧道初期支护体系的变形情况,确认变形情况在正常范围内时,方可进行临时钢架的拆除。

(2)侧壁支撑拆除的施工步骤

初期支护临时支撑根据施工进度和隧道稳定情况进行拆除,第一次拆除 30 m,剩余每次拆除 20 m,跳榀进行拆除,并且第一环仰拱填充施工完毕后 48 h,即可安排拆除侧壁支撑、临时仰拱、临时支撑钢架。

衬砌结束后,顺序拆除下一环衬砌段侧壁支撑、临时仰拱。具体步骤如下:

①布置变形观测点,确保安全。

首次拆除临时钢架前,进行监控量测,取得拆除前的初始数据。在整个拆除过程,对隧道拱顶下沉采取不间断观测,以保证隧道的安全。

②超大断面同一断面内逐环拆除侧壁、临时仰拱支撑。

如图 22 所示,拆除临时支撑时,采用逐环拆除的方法。每环支撑拆除顺序为:拆除①部竖向支撑—监测拱顶变形情况—确认变形稳定后拆除②部竖向支撑—拆除①、②部临时仰拱—拆除③、④部竖向支撑—拆除③、④部临时仰拱—拆除⑤、⑥部竖向支撑。

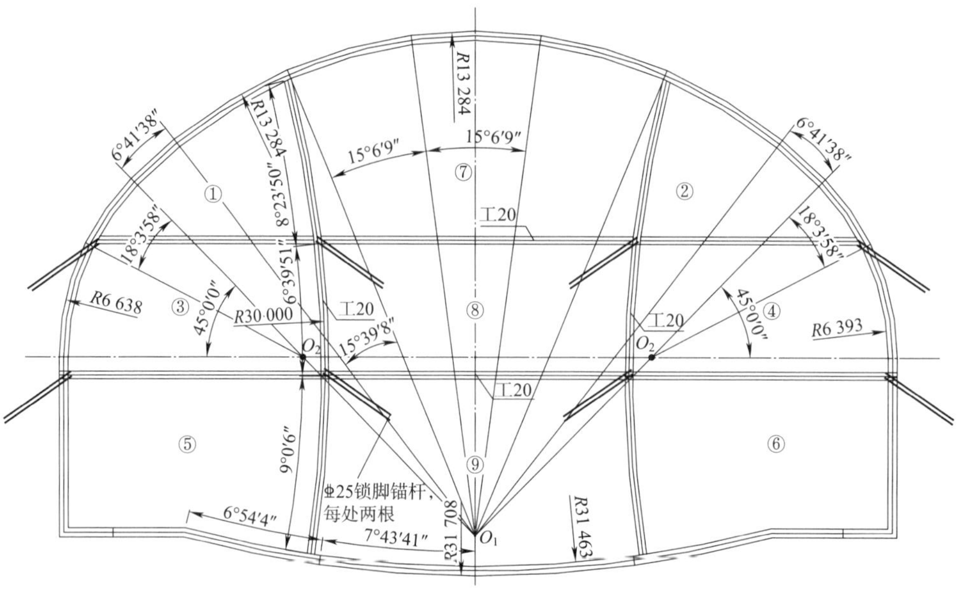

图 22　双侧壁导坑法施工步序及支撑示意图

③拆除临时仰拱支撑

利用下一环临时仰拱钢架采用绳索固定临时仰拱钢架两端，然后切断与该钢架相连的所有连接筋，切开焊接处后，放松两端绳索，去掉与初期支护、中隔墙钢架的连接螺栓，把临时仰拱钢架慢慢放到地面。也可以采用装载机配合，切开连接钢筋后，装载机料斗抬起端住临时仰拱钢架，去掉与初期支护、中隔墙钢架的连接螺栓，切开焊接处后，装载机把临时仰拱钢架抬走。

④拆除竖向型钢支撑

利用下一榀侧壁钢架采用绳索、滑轮固定竖向型钢上部和底部(临时仰拱连接处)，然后去掉与初期支护的连接螺栓，切断与该钢架相连的所有连接筋，先放松上部绳索，放倒型钢支撑后，同时放松上部、底部绳索，把钢架放到地面。

(3)拆除钢架注意事项

①做好拆除过程中监控量测工作，随时监测初期支护的稳定性。

②严格按照上述拆除步骤进行，切不可数榀钢架同时拆除，防止隧道因体系转换应力过大，造成初期支护失稳。

③拆除时，严禁采用挖掘机、装载机机械直接破坏方式拆除钢架，以防止应机械碰撞造成隧道初期支护体系变形失稳。

④拆除作业时，严禁施工人员、机具设备通过，防止坠物伤人。

⑤型钢拆除，尽量利用绳索等安全设施，严禁型钢以自由落体形式直接落到地面。以免型钢弹起伤人。

⑥型钢拆除过程中，量测人员发现拱顶下沉异常时，暂停型钢支撑拆除，并适当采取加固措施。特别异常时，立即发出警报，通知洞内人员立即撤离。

⑦拆除型钢时，及时清除残留在初期支护上的短钢筋头、型钢头，为后续铺设防水板施工创造条件；同时对型钢上残留的钢筋进行清除，以防止在拆除的型钢在运输或再利用过程中，短钢筋碰伤、划伤施工人员。

⑧拆除临时支撑时需注意判定侧壁拆除时间和侧壁拆除后的安全性；要根据规范或有关规定，以侧壁拆除前的拱顶下沉量、净空收敛值等来定，并以侧壁拆除中、侧壁拆除后的拱顶下沉增量(不大于 6 mm)作为管理基准。

4. 大断面二衬施工

蒋—王区间隧道大断面二衬钢筋自重较大，在绑扎二衬钢筋过程中需要加固处理，确保钢筋骨架的稳定性；二衬混凝土浇筑过程中容易出现胀模、漏浆、冷缝等情况，均需重点关注。

F 大断面采用整体模板台车进行二次衬砌施工，纵向首段 6 m(其余段 5.9 m)。在整个施工过程中，加强台车安全检查。两侧边墙对称均匀浇筑混凝土，混凝土面相对高差不得大于 0.5 m，每次浇筑高度不得大于 1 m(图 23)。

图 23　F 断面混凝土浇筑

大断面施工操作平台采用 H20 和 H25 型钢加工制作，平台采用大断面台车轨道进行移动，轨道宽度为 13.5 m，施工作业平台净高度为 6.6 m，长度为 6.2 m，平台上设 7.1 m×6.2 m 简易操作平台，立柱及横梁(除最大跨度横梁)均采用 H20 型钢，最大跨度横梁采用 H25 型钢，作业平台两侧各设置 2 个操作平台(距台车竖向支撑分别为 2 000 mm/2 300 mm)。施工作业平台立柱及横梁净间距为 0.8 m，施工作业平台上部横梁与立柱间采用 H20 型钢焊接。顶部采用型钢焊接并铺设 4 m 长 10 cm×10 cm 方木，净间距 0.4 m，并与平台型钢固定，方木上满铺 15 mm 厚胶合板。顶部平台周边设 1.2 m 高防护栏，防止坠落(图 24、图 25)。

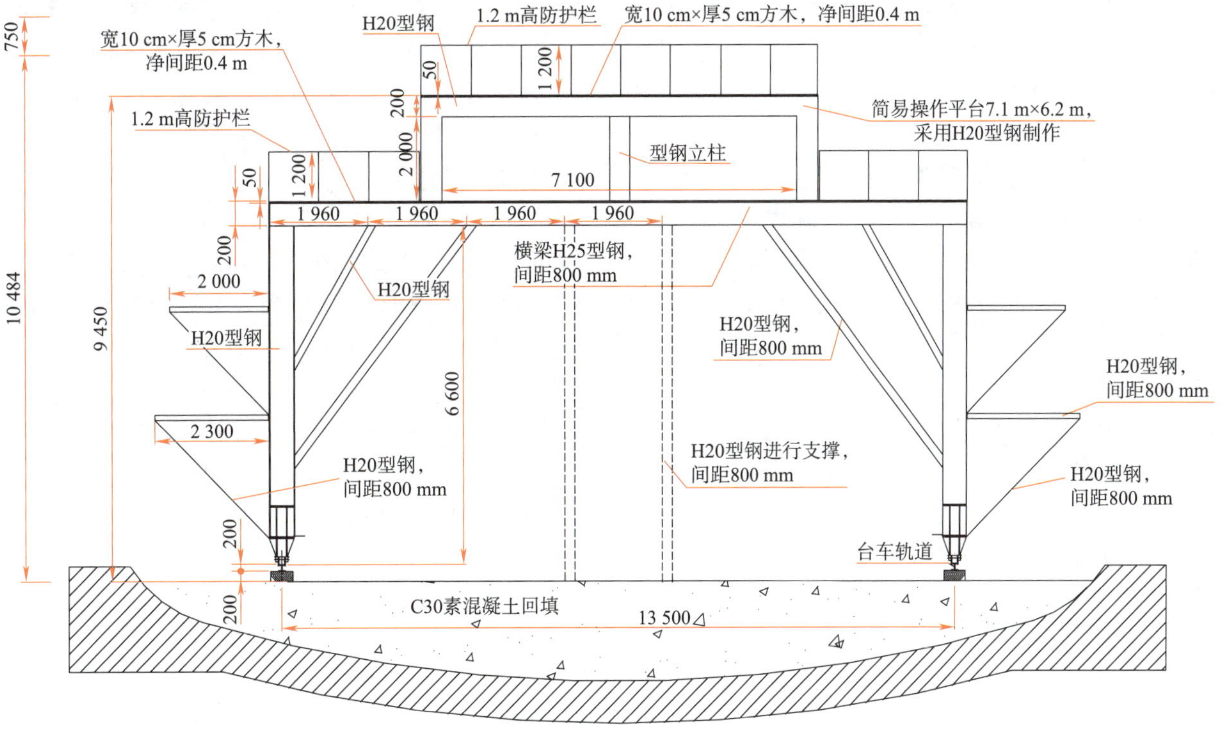

图 24　F 断面施工作业台车示意图(单位:mm)

(1)二衬钢筋安装

大断面拱墙一次浇筑钢筋安装过程中，由于二衬钢筋跨度大，高度高，且钢筋质量大，容易在安装过程中失稳，钢筋安装稳定性难以控制。

应对措施：

①在第一模增加钢筋骨架的构造筋，沿纵向每隔 1.5 m 设置一道环形梁，梁主筋仍用原主筋，梁加强箍筋间距 A12@150。

②在第一模二衬施工防水板之外两端拱墙初支表面各打设 7 根 C22 定位锚杆固定钢筋，后续模段二衬

图 25　F 断面施工作业台车现场照片

防水板之外前端拱墙初支表面打设 7 根 C22 定位锚杆固定钢筋，锚固长度 1.5 m，固定钢筋分别于内外层主筋进行焊接。定位锚杆在此模段的台车就位后割除。

③每模钢筋安装时分布筋有选择的与已浇筑完成的拱墙二衬预留分布筋进行焊接，环向间距为 1 m，焊接接头采用 10d 单面焊。

在定位筋上按环向设计主筋间距采用石笔标识每根主筋位置。按标定好的环向主筋位置安放主筋，所有主筋与仰拱预留环向主筋接头单面焊接，焊接长度不小于 10d(28 cm)，焊缝饱满达到规范要求。且所有主筋与定位筋交叉点点焊固定。主筋随安装随放置混凝土垫块，垫块间距 0.5 m×0.5 m，保证主筋保护层厚度。由于大断面钢筋属于柔性，项目施工单端面顶部钢筋时预留了 3 cm 的钢筋保护层的预留沉降量。

(2)G 大断面高支模施工

G 断面采用满堂脚手架＋小钢模施工二次衬砌，脚手架及模板施工是 G 断面二次衬砌的重难点。

施工前编制 G 断面高支模专项施工方案，并进行专家论证，严格按照经完善报批的高支模专项方案进行施工，施工前根据论证完善的施工方案制定作业指导书，对所有管理人员及作业人员进行交底，使每个管理人员和作业人员了解施工方案，熟悉施工工艺和施工参数。施工过程中，要求质检人员对脚手架及模板施工质量进行监督指导，不合格产品严禁使用。模板安装完后，组织相关部门验收合格后，方可进行下道工序施工。

大断面满堂红脚手架采用边墙及拱顶钢模板内楞为工 14 型钢预制模块，环向布置(模块间采用 M14 螺栓连接)，纵向间距 600 mm；外楞纵向布置 100 mm×100 mm 方木，间距为 600 mm；碗扣式脚手架横距、纵距均按 600 mm 布置，水平杆步距为 1 200 mm；两侧边墙支顶处采用 4.5 m 长钢管(在 1 200 mm 步距间)加密水平杆，加密后步距为 600 mm。初支仰拱表面采用 C30 混凝土进行整平，基础坚实，保证脚手架基础的稳定性(图 26)。

(3)施工情况

根据 G 断面设计尺寸在地面加工高支模使用的外楞钢模架，每一榀都在地面上试拼装，确保混凝土浇筑的结构尺寸及脚手架的安全，钢模架需采用钢管将所有的钢模架连接为整体(图 27)，加强高支模系统的稳定性。根据 G 断面施工情况，混凝土浇筑过程中是拱墙交接处为浇筑变化量最大点，该部位为墙体和拱顶混凝土压力转变处，对该部位拱架进行单独加固及处理。

G 断面采用高支模施工(图 28)，施工作业环境差，混凝土浇筑十分困难。由于支撑受力情况要保证拱墙两边混凝土浇筑高差不得高于 50 cm，每边浇筑须对称进行。浇筑混凝土最大难点是混凝土泵送管的倒换，倒换下来的导管需及时将导管内混凝土倒出防止堵塞泵送管，在施工中提前完成每一个进料口的导管安装。根据经验，可将每一个进料口的进料导管安装成为向下的斜管，在倒换泵管时混凝土可以从泵管中自然流出，节省了人工拆卸时间。施工斜向下的泵送管需提前在脚手架支撑体系中预留好泵送通道。

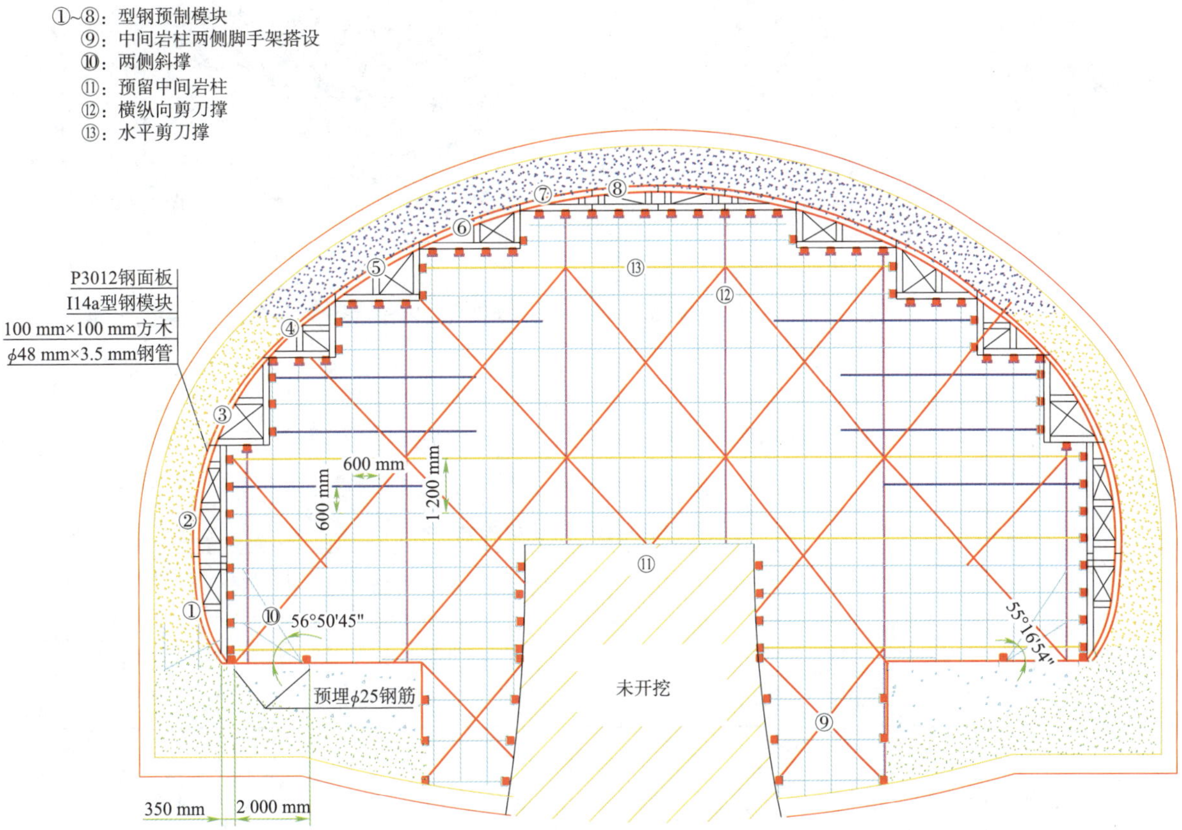

图 26　G 断面高支模施工断面图

图 27　G 断面模架纵向连接为整体

图 28　G 断面脚手架搭设图

由于隧道为一个拱形结构，模板安装后无法采用插入式振动器，根据隧道施工情况，可将混凝土增加为自密实性混凝土，提高混凝土的自身性能。施工中采用振捣器紧贴钢模板，通过钢模板进行混凝土的振捣，保证混凝土的性能。

5. 大断面二衬浇筑完效果

浇筑完效果如图 29、图 30 所示。

2.3　大断面监测情况

1. 隧道监测项目

(1)洞内、外观察。

(2)隧道拱顶沉降。

(3)隧道水平收敛。

(4)仰拱衬砌部分沉降与位移收敛。

图 29　F 断面小里程端

图 30　竣工验收后的大断面

各监测项目及测点主要按设计的监测技术要求，并结合监测原则而布置，具体实施时可根据现场情况进行适当调整(表 2)。

表 2　施工监测工作量统计

序　号	监测项目	监测仪器	测点间距	监测频率(次/d)	监测数量	变化速率(mm/d)	警戒值
1	拱顶沉降	TCA1201+	5 m	1～2	96	3	60 mm
2	净空收敛	SGS-1 收敛计	5 m	1～2	90	2	0.005*B*
3	二衬仰供竖向位移	天宝 DINI03	10 m	1～2	33	2	10 mm

注：*B* 为坑道跨度。

2. 施工监测频率控制标准

(1)F、G 大跨断面中间岩柱开挖阶段，监测频率为 1～2 次/d；F、G 大跨断面拆除临时支撑前后，监测频率为 2 次/d，直至二衬施工完成。

(2)监测变形值无异常变化参照表 2 进行常规监测。

(3)累计值达到报警值的 50%或日变化速率达到警戒值时，加大监测频率为 2 次/d，视稳定情况调整监测频率，若持续增大继续加大监测频率。

(4)当变形超过报警值 70%时，加大监测频率，暂停施工并采取相应施工控制措施，待监测数据稳定后，方可继续施工。

(5)出现突发事件时，增大监测频率，根据施工现场需要监测频率调整为每天多次测量，直至实时跟踪监测。

3. 区间隧道内部监测点位布设示意图

区间隧道内部监测点位布设具体如图 31、图 32 所示。

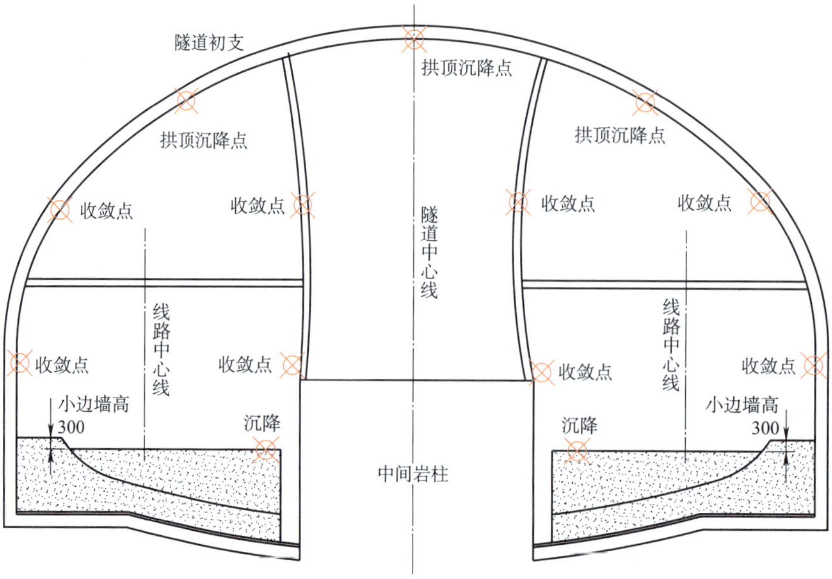

图 31　大跨断面区段隧道中间岩柱开挖过程中监测点位布设示意图(单位：mm)

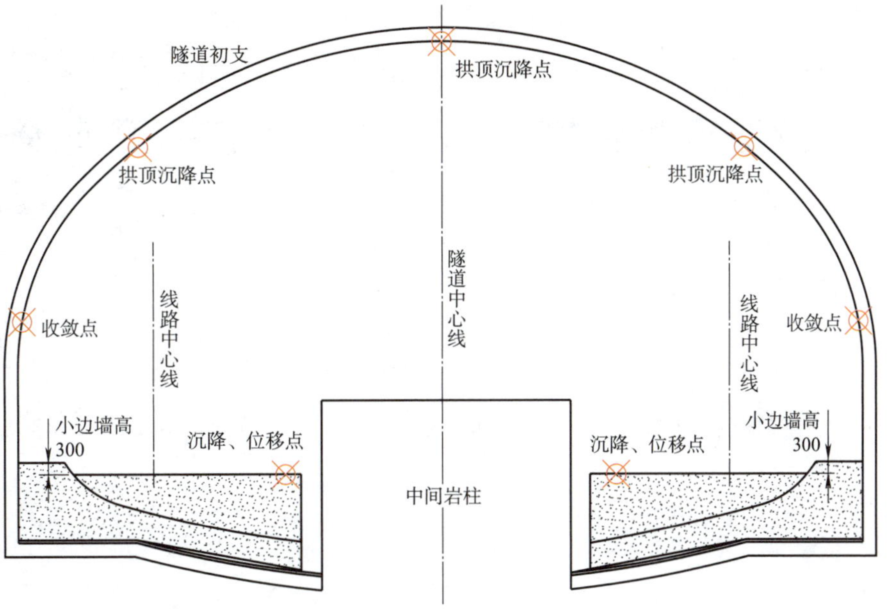

图 32　大跨断面区段隧道拆撑后监测点位布设示意图(单位:mm)

3 结　论

结合蒋—王区间隧道工程实际情况,通过已有工程资料的积累和分析,采用现场监控量测和数值模拟等手段,对超大断面隧道穿越浅埋层的施工技术进行了综合研究。

(1)对蒋—王区间超大断面里程段进行监控量测设计,及时反馈监测获得的施工信息,为隧道安全施工提供理论依据和技术措施,主要对超大断面里程段施工过程中的地表沉降、初期支护边墙、拱部及临时支撑的受力状况进行量测与分析,确保了超大断面再开挖、支护、衬砌、临时支撑拆除等施工过程中的安全。

(2)对比数值模拟分析与监控量测成果,对隧道在施工过程中的围岩稳定性及支护系统安全性进行综合评价,为隧道设计参数的优化及设计变更提供了可靠的技术依据,并可为以后类似的隧道工程施工提供参考和借鉴。

(3)大断面二衬钢筋自重较大,在施工过程中需保证二衬钢筋的固定,防止钢筋变形影响结构保护层。

(4)大断面拱墙混凝土浇筑对浇筑台车或模板进行拱顶和收敛的监测,做到数据指导施工,确保施工安全。

(5)蒋王区间大断面采用两种二衬施工方式进行施工,根据经济效益及施工质量、安全风险比较,建议大断面二衬施工采用模板台车的方案。

盖挖法穿越绕城公路玉兰路隧道施工技术

陈　成

（南京地铁建设有限责任公司，南京　210017）

摘　要：随着城市地下空间的开发，地铁隧道和市政道路常常存在相互交汇的情况。本文详细介绍了在市政隧道已建成通车的情况下，采取盖挖法进行地铁隧道施工的方案和重难点控制措施，为市政和地铁交汇施工提供了一定的参考。

关键词：明挖法；盖挖法；结构施工；监测分析

1　工程概况

南京地铁 3 号线从下方穿过绕城公路的玉兰路隧道，绕城公路地道敞开段深度为 8～10 m，原施工方案为明挖法施工，即在绕城基坑中再施作地铁基坑进行结构施工。因绕城公路玉兰路隧道的工期限制，明挖方案无法实现，经研究改为盖挖法施工，即要先完成绕城公路和地铁 3 号线的全部桩基，再进行绕城公路的大基坑开挖及主体结构施工，并做好与地铁主体的相关连接结构，然后进行地铁北基坑的开挖、主体结构施工，再进入合建段地铁盖挖基坑进行开挖，最后进行地铁主体施工（图 1）。

盖挖法地铁基坑中线长度约为 100 m，宽度为 23.8 m，底板底标高－7.453～－5.267 m，沿线路走向，即由北向南逐渐抬高，深度为绕城地道底板下 11.036～7.458 m。

盖挖法地铁基坑主体结构形式为矩形箱体。根据与绕城公路底板的交汇形式，将结构分为非共板段与共板段两部分（图 2）。

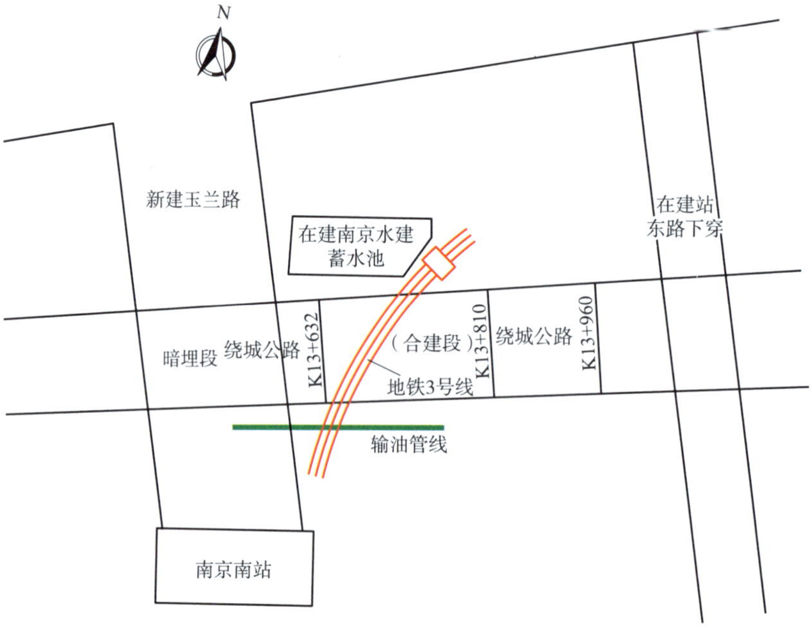

图 1　平面位置图

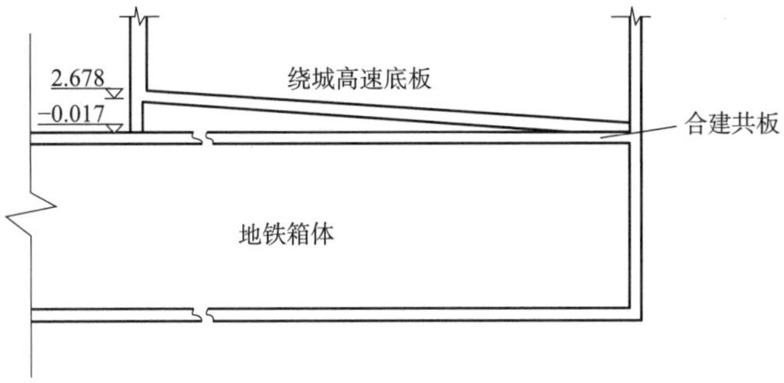

图 2　盖挖基坑纵断面图

2　盖挖法施工方案

2.1　与绕城公路底板非共板段

因地铁隧道与绕城公路玉兰路隧道均具有一定坡度，地铁箱体结构与绕城隧道底板连接采用侧墙形式，形成整体，侧墙高度由 3.986 m 到共板。地铁尺寸为：单线结构宽度 6.85 m，高 6.85 m，底板厚 90 cm，顶板、腹板厚 80 cm，箱内尺寸宽 5.25 m，高 5.15 m，倒角 30 cm×90 cm，箱体纵坡为 0.71%～1.2%，底板下设 20 cm 厚 C20 混凝土垫层。隧道左右线箱体间设置格栅梁，隧道与围护结构间填充 C20 素混凝土。非共板段剖面如图 3 所示。

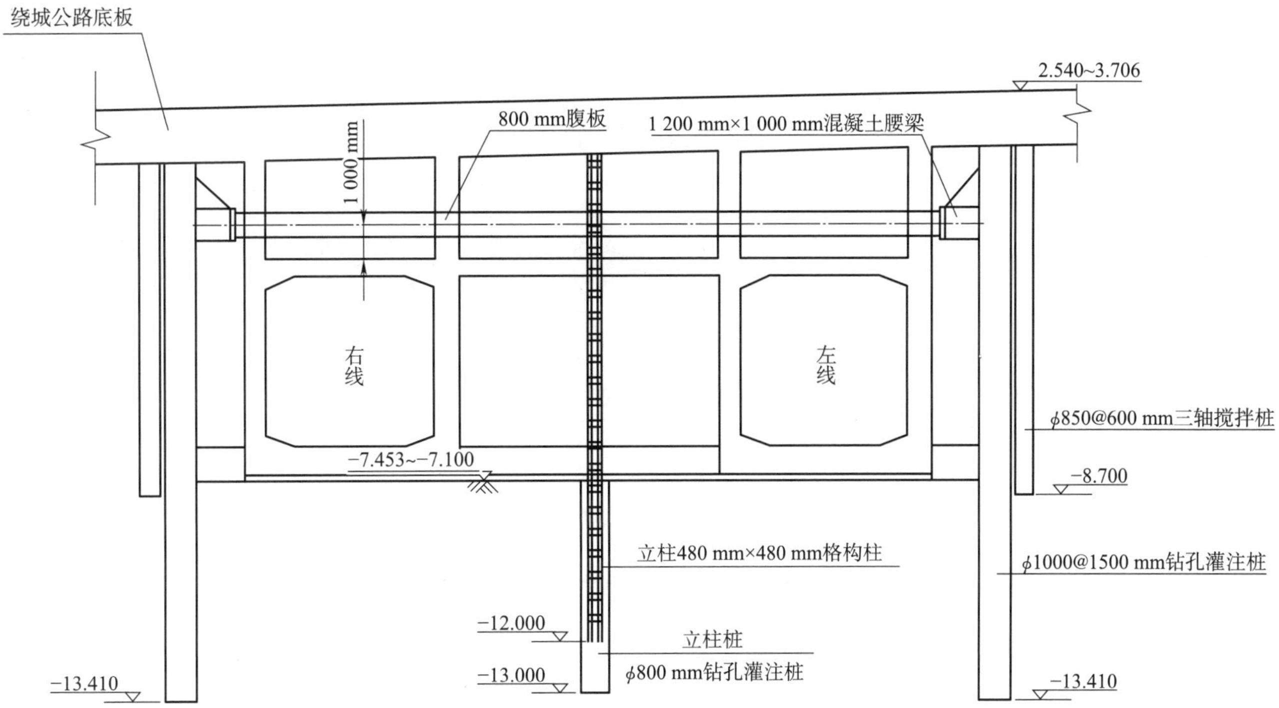

图 3　非共板段剖面图

2.2　与绕城公路底板共板段

合建段内，地铁 3 号线隧道箱体由北向南逐渐抬高，绕城隧道底板由西向东逐渐抬高，造成在西南角处，两个结构物主体相交，形成了共板，共板长度为 30.359 m。共板段剖面如图 4 所示。

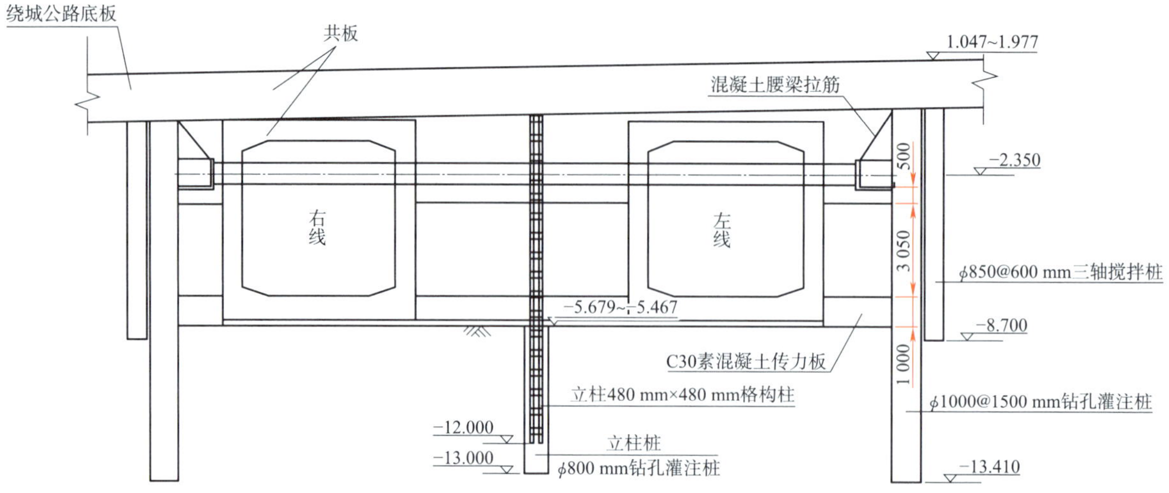

图 4　共板段剖面图(单位:mm)

3　盖挖法施工重难点控制

3.1　土方开挖工序

由于合建段盖挖基坑北侧开挖深度达 11 m,土体在北基坑围护桩后,若一次性破除围护桩,土体必然塌落,存在危险,所以需考虑提前进入,挖除部分土体,然后自上向下开挖。

为实现由上至下的土方开挖工序,施工完成北基坑主体结构后,进行左右线主体间 C20 素混凝土回填,然后破除东西向的北基坑主体结构顶板至绕城地道底板 A 类围护桩,并采用双拼工字钢进行洞门加固,盖挖基坑采用 1∶3 放坡开挖,由 2 台 PC60 小挖掘机从左线进入合建段基坑沿路线方向开挖第一层土(图 5),第一层土采用缓坡开挖至南端,然后施作垫层和底板,侧墙和顶板由南向北进行流水作业施工。

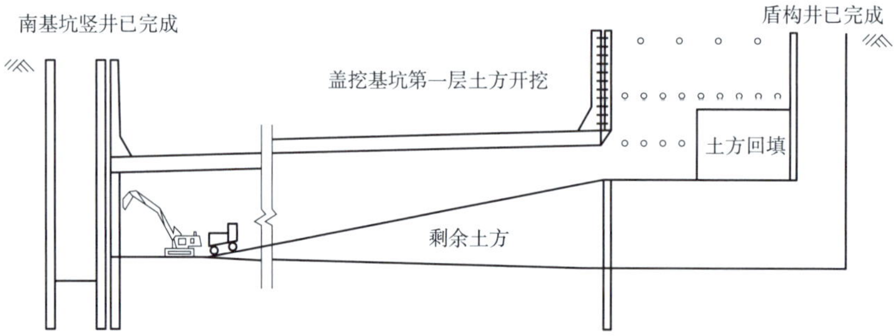

图 5　由北向南第一层土开挖

土方开挖到最南端后实行由南向北退挖第二层土方,同时施工已经开挖到位的主体结构(图 6),并在开挖至洞口 30 m 范围内开始架设钢支撑。

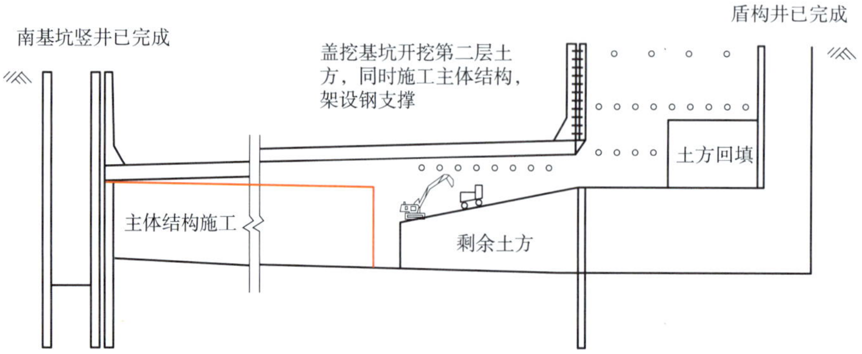

图 6　由南向北进行第二层土方开挖

盖挖基坑开挖剩余土方，从盾构井垂直运土，开挖洞门处剩余土方，破除北侧剩余洞门围护桩（图 7），施工剩余主体结构并与北基坑主体结构进行连接。北基坑拆除支撑，土方回填至原地面，破除盖挖基坑南侧洞门，与南端矿山法结构进行连接，回填南基坑。

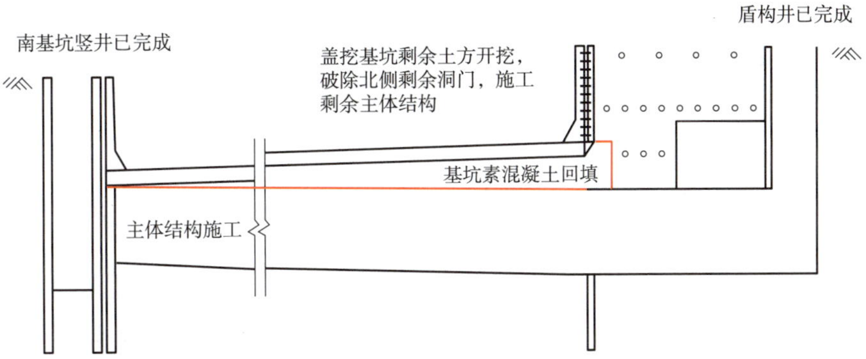

图 7　洞门处土方开挖

3.2　主体结构施工

主体结构采用矩形箱体结构断面，顶板、侧墙厚 800 mm，底板厚 900 mm，净高为 5.15 m。北基坑为两个独立箱体，盖挖基坑左右线整体一块底板，右线局部顶板与绕城公路底板共板，其余段落顶板在绕城公路底板下，侧墙均伸入绕城公路底板内，形成一个整体。

由于原设计明挖工艺改为盖挖，主体施工由原来的明挖顺作改为盖挖半逆作工艺，增大了施工难度，具体表现为：

（1）材料出入。所有的钢筋、模板等材料均要由盾构井调入，水平运至安装位置。

（2）节点连接。共板部分主体施工由施工底板、侧墙顶板的顺作变为先施工盖板（绕城底板），后施工底板侧墙的半逆作，增大了侧墙与绕城底板节点连接难度。非共板部分由施工底板、侧墙顶板的顺作变为先施工绕城底板（相当于盖板），后施工底板侧墙，再施工地铁顶板的半逆作，增大了侧墙与绕城底板、侧墙与顶板两处节点连接难度。

（3）作业空间小。非共板段顶板与绕城底板的最小距离仅有 40 cm，顶板钢筋、模板、混凝土等工序施工作业空间不够。

（4）施工顺序限定。主体施工不能像明挖作业时多点进行，只能由南向北逆作法施工。

3.3　墙板结合施工缝处理措施

采用“假牛腿法”的施工工艺。

在支立侧墙模板时，为防止混凝土无法填满墙板缝隙，将侧墙顶部由密贴式调整为敞开式，在大块模板顶设 30 cm 高斜模，模板顶高于施工缝 10 cm，既方便混凝土入模，又能充分填充混凝土振捣过程中塌落而产生的墙顶缝隙，保证施工缝充填密实，因支设斜模造成多浇筑的楔形混凝土，即假牛腿，在初凝后立即凿除并修整表面，为确保逆作结构缝密实，在浇筑至墙顶 50 cm 时改用混凝土等级为 C35，P8 微膨胀混凝土进行封填（图 8）。

施工缝处是防水处理的薄弱环节，采用预埋注浆管及使用防水材料进行处理（图 9）。

3.4　监测分析

盖挖地铁基坑道路沉降点共布设 46 个，分散在绕城道路两侧和中央分隔带位置。

拱顶沉降点布设 29 个，布置在地铁隧道左右线中心轴线位置。

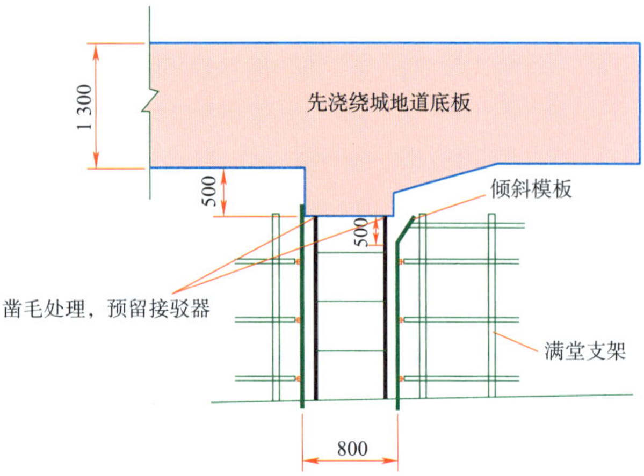

图 8　施工缝处理(单位:mm)

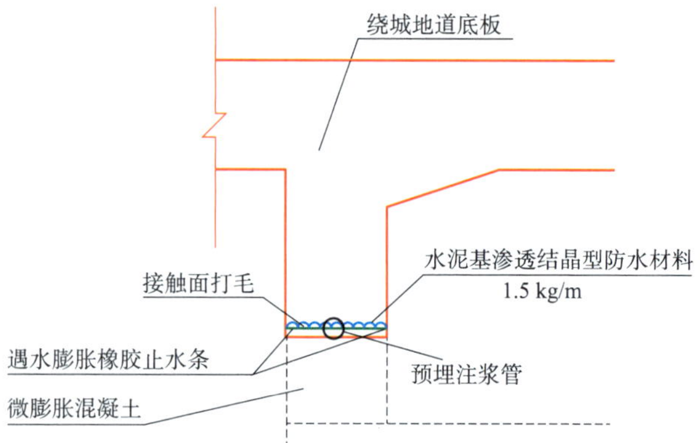

图 9　施工缝防水大样图

选取盖挖基坑开挖至南端结构施工前的监测数据，道路沉降最大值－13.5 mm，拱顶沉降最大值－12.6 mm，均满足设计和规范允许变形范围，说明盖挖半逆法进行地铁箱体隧道施工总体是安全可控的。

4　结　　论

(1)在市政隧道通车运行后进行盖挖法施工，既不影响交通，也确保了地铁隧道的顺利贯通。

(2)通过优化土方开挖方案，在短时间内施工地铁箱体结构，确保了绕城公路隧道结构安全。

(3)详细分析了结构施工难点，施工过程中针对性做好质量安全控制。

(4)加强道路沉降和拱顶沉降监测，确保施工过程中既有道路行车安全。

长距离小间距盾构隧道施工技术研究

张　丰

（南京地铁建设有限责任公司，南京　210017）

摘　要：南京地铁4号线岗—蒋盾构区间，受老旧城区建筑、军事管理区、道路、地下管线及6号线线路等限制条件制约，采用长距离、小间距的线路设计方案；此类盾构隧道间的相互作用复杂，影响因素包含隧道间距、埋深、地层特性及掘进参数、注浆效果等。本文结合隧道特点及施工过程，从工程前期、施工控制、注浆、监测等方面分析总结，以作为以后类似工程的施工经验参考。

关键词：小间距；盾构施工；钢结构加固；二次注浆

0　引　　言

地铁作为缓解城市公共交通压力的主要途径，在城市基础建设中所占有比重逐步提升；采用小间距隧道可以有效解决在老旧城区中拆迁、用地、道路路幅、管线等限制条件的影响。施工过程中选择科学合理的施工组织模式，严格控制盾构掘进参数，结合监测数据及时调整二次注浆，后行隧道施工时对先行隧道一定范围内进行加固，能够在保证工程效率的前提下，同时控制盾构掘进的安全与质量。

1　盾构小间距隧道综述

《地铁设计规范》(GB 50157—2013)第11.1.12条规定：盾构法施工的并行隧道间的净距，不宜小于盾构隧道外轮廓直径。当无法满足时，应结合隧道所处的工程地质、水文地质和环境条件进行分析，必要时应采取相应的措施。

《盾构法隧道施工及验收规范》(GB 50446—2017)第8.1.1条规定：特殊地段包括隧道净间距小于0.7倍盾构直径的地段，应采取施工安全措施。

小间距盾构隧道间的相互作用十分复杂，影响因素包括隧道间距、埋深、地层特性、掘进参数、注浆效果等，小间距隧道本身施工风险较大，复杂的周边环境进一步加剧了施工难度。对于施工效率、隧道安全及环境保护，需要从设计、施工组织方面提前进行考虑，充分调查周边建筑物、管线、道路及设施环境，研究合理的施工组织，严格控制盾构掘进参数，加强地表监测、及时进行二次注浆等，在满足施工效率同时保证工程质量与安全。

2　岗—蒋盾构区间工况介绍

2.1　区间概况

该区间右线起止里程为DK19＋110.2～DK20＋123.498，全长1 013.298 m；左线起止里程为DK19＋110.201～DK20＋125.963，全长1 015.762 m；左、右线隧道全长2 029.06 m，合计1 691环。区间出锁金村站后沿板仓街下并行，隧道覆土深度9～15 m，间距2.9～9.3 m，隧道净距最小处仅2.9 m，区间净距小于一倍洞径段长938.298 m，占区间总长度的92.6%，属于典型的长距离、小间距盾构隧道。

2.2　地质情况

区间隧道穿越了②-2b4淤泥质粉质黏土、②-3b3粉质黏土、③-4e2混合土、δ-2强风化闪长岩、δ-3中风化闪长岩地层。既有软土（其中③-4e2混合土状态不均匀，富水性不均；δ-0残积土为砂土状，含风化碎屑），又有硬岩(δ-3 中风化闪长岩地层最大天然抗压强度达到 169.38 MPa)，是典型的复合地层(盾构穿越上软下硬段地层右线 270 m，左线 220 m)。地层物理性价指标见表 1。

复合地层盾构施工中，易造成盾构机刀具偏磨和损坏，产生地面塌陷等突发情况，对盾构机选型、刀盘配置、施工过程控制提出了更高要求。

表 1　地层物理性质指标

层　号	天然重度 (kN/m³)	直剪快剪		压缩系数	压缩模量	基床系数		静止侧压力系数 K_0	渗透系数		载力特征值 f_{ak} (kPa)
		黏聚力 c_q(kPa)	内摩擦角 φ_q(°)	α_{1-2} (MPa^{-1})	E_{s1-2} (MPa)	垂直 K_v (MPa/m)	水平 K_h (MPa/m)		垂直 K_v (cm/s)	水平 K_h (cm/s)	
①-1	19.3								5.0E-04	5.0E-04	
①-2	19.4	25.7	15.4	0.37	5.06	8	10	0.5	2.81E-06	1.75E-06	153
②-1b2	19.4	30.2	12.9	0.30	5.84	13	15	0.48	1.94E-06	3.16E-06	120
②-3b3	19.2	15.5	14.1	0.39	4.72	9	11	0.55	3.16E-06	2.78E-06	90
③-4e2	19.6					50	55		3.0E-04	3.0E-04	300
δ-2	22	58.4	15.3	0.24		100	120		5.0E-04	5.0E-04	600
δ-3	29					450	500				1 000

2.3　周边环境

区间两侧多为老旧城区及军事管理区，沿街以 1～7 层建筑居多，且建筑年代较早，对沉降极为敏感。其中紧邻区间左线一侧多为地上 2～3 层砖混凝土结构房屋，一层为商铺；住宅楼多为砖混结构，基础形式为条形或筏板，建筑年代在 2000 年左右；60 年代单层砖木结构商铺 1 座，由于年代久远，几经翻修，墙体有破损，距隧道中心仅 2.7 m。区间右线建筑物相距隧道中心约 7～30 m 不等，主要为住宅楼、商铺及军队房产(图 1)。

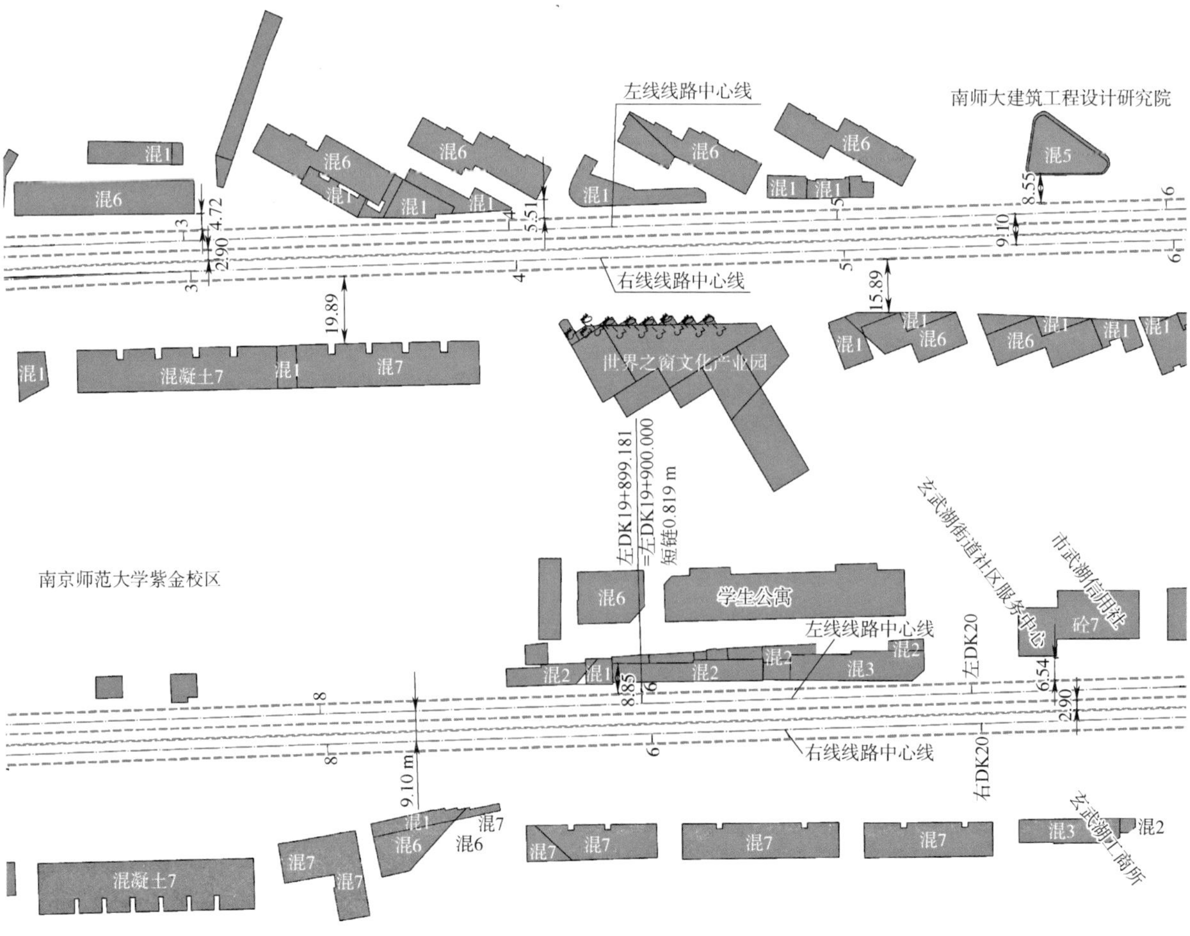

图 1　盾构区间周边环境示意图

2.4　地下管线

板仓街地下管线(图 2)沿道路方向铺设,与盾构隧道平行,局部位于隧道上方。主要有 ϕ1000 的污水管,埋深约 3.8 m;ϕ500 的 PVC 雨水管,埋深约 3.1 m;380 V 铜质电缆线路,埋深约 1.1 m;带压管线有 ϕ800 的铸铁给水管,埋深 0.6 m;ϕ300 的 PE 燃气管,埋深 0.8 m。

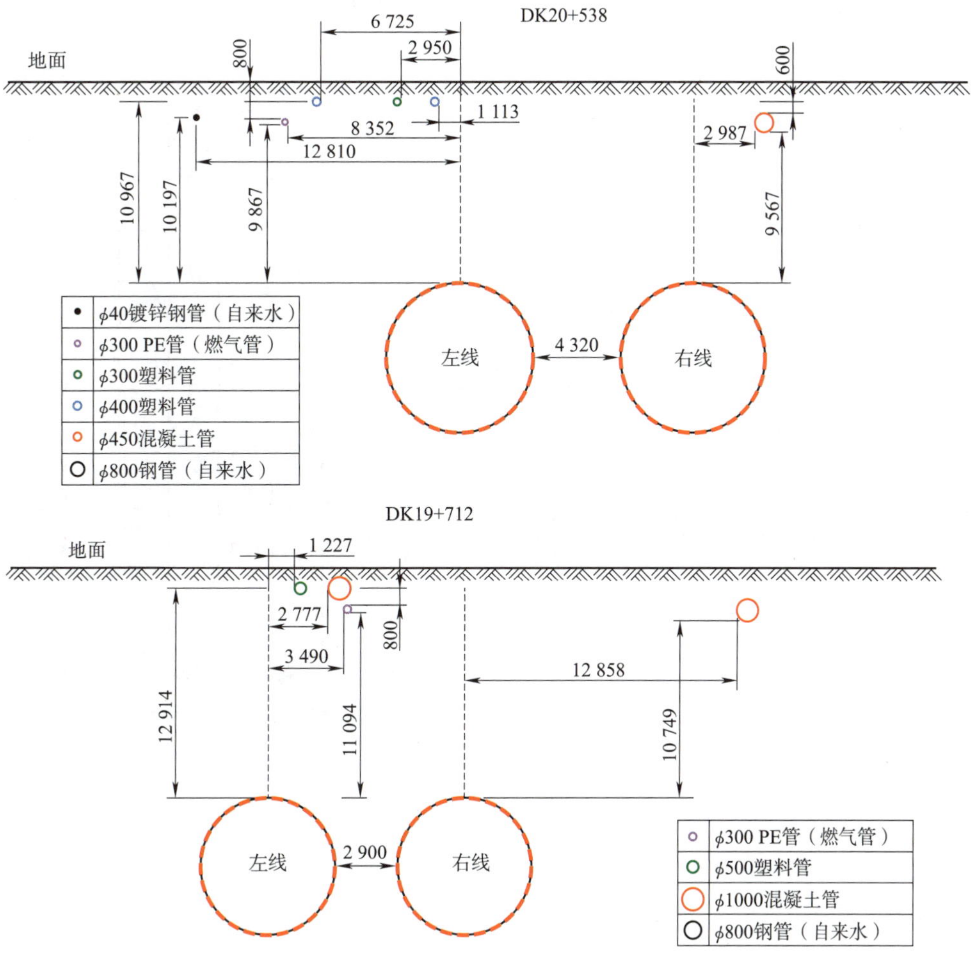

图 2　地下管线分布图(单位:mm)

道路北侧有混凝土泄洪涵沟分布,宽约 5～6 m,高度约 3 m,埋深在 1.5 m 左右。地下管线对施工期间的盾构姿态调整,地表变形控制提出较高的要求。

综上所述,地铁 4 号线岗—蒋盾构区间是典型的长距离小间距隧道,连续穿越复合地层、长距离硬岩,周边建筑物、道路、管线情况复杂,施工中极易造成房屋开裂、地表塌陷、管线断裂等严重后果,引发恶劣社会影响。对前期的设计、施工准备及施工过程中的实施组织、参数调整、监测控制提出了极高的要求。

该区间自右线 2014 年 12 月 23 日始发至 2016 年 3 月 20 日左线贯通,在参建各方的全力配合与严格的管控措施下,区间施工历经数次换刀和 2 次地表回填,未发生塌陷事故;在确保工程质量与效率的前提下,有效控制了对周边建筑物及地下管线的影响,最大程度减小了社会矛盾,顺利通过质量验收,为地铁 4 号线通车提供了有效保障。

3　前期控制措施

3.1　设计措施

为了增强先行隧道的稳定性与刚度,减少后行隧道对先行隧道的影响,设计单位在设计过程中主要采用了荷载—结构法检算盾构管片内力，包括主动地层压力和被动地层抗力，衬砌在荷载的作用下产生内力和变形，选取隧道受力最不利处进行检算；考虑外部环境、小净距等特殊条件，在盾构区间始发、到达、联络通道、4 号线与 6 号线交叉地段以及先始发隧道等应力集中作用区域内采用 B 型加强型管片。

同时，为确保先行隧道变形、沉降有效控制，增加隧道结构适应土体变形能力，在洞门第一环与第二环间、洞门地基加固体后第一环前各设一道变形缝。在小间距地段对后续盾构掌子面前 20 m 后 10 m 的相邻隧道加强监测，考虑在先行隧道接收段采用钢支撑加固，沿盾构管片内切布置(图 3)。

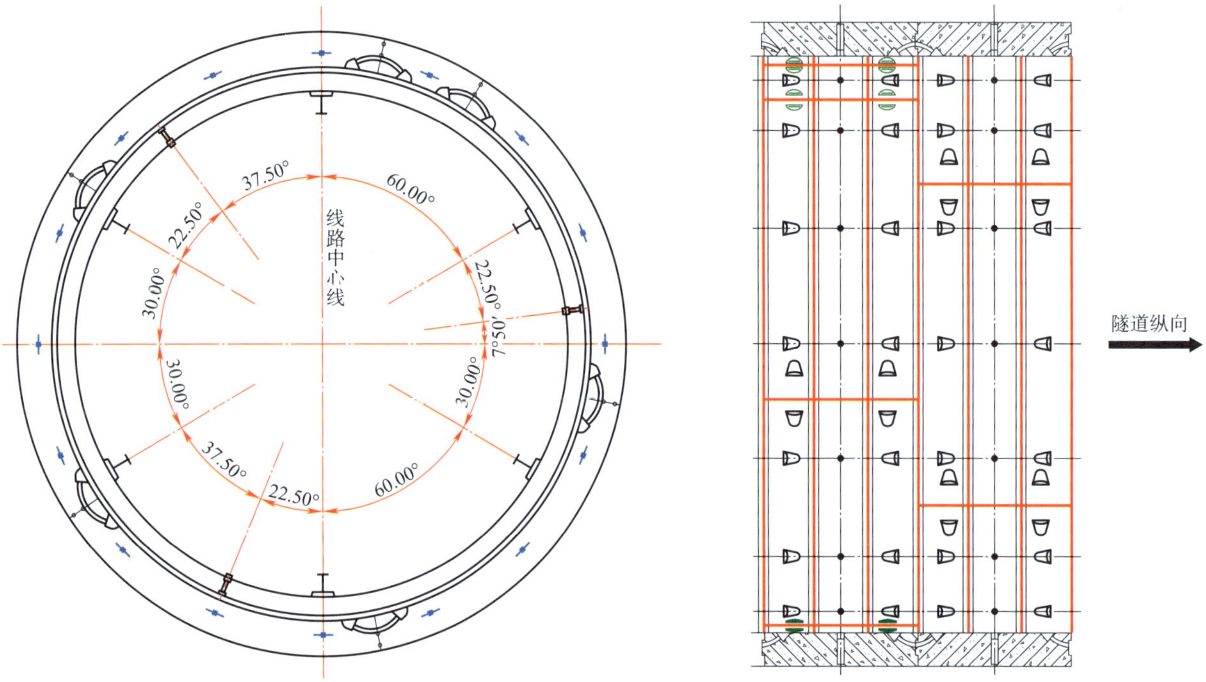

图 3　盾构管片钢支撑加固图

3.2　施工组织

针对该区间小间距、复合地层、老旧城区、管线密集等特征，各单位在施工组织方案的基础上提出了施工过程中的重点管理内容：

(1)建立明确的盾构机掘进管理方案，严格把控盾构机掘进的各项参数，强化对出土量、注浆量的管理，减少后行隧道对先行隧道结构的变形产生的不利影响。

(2)严格实施先行隧道内的同步、二次注浆措施。先行盾构在掘进时主要进行同步注浆，在盾尾后 5～8 环处从隧道上部注浆孔进行双液注浆，盾尾后 10 环以后从隧道注浆孔采用可硬性浆液进行二次注浆补强。

(3)针对隧道间距小，距离房屋近，地层扰动大等问题，加强地表、隧道内及建筑物监测、地面巡查，同时辅助以地质雷达扫描、钻探等补充手段。

(4)根据专家意见，针对本区间复杂多变的地层特性，增强盾构机对地层的适应性，减少小间距隧道间反复施工对地层扰动的影响，在以下方面对设备做了改进：

①刀盘配备超挖撕裂刀及刀盘磨损检测装置，刀盘表面焊接防磨保护层，具有在刀盘后部拆装刀具的功能。

②增加刀盘中间开口率以防止刀盘结泥饼。

③在刀盘上配备独立的渣土改良系统用于对刀盘中心及各个容易结泥饼部位的冲洗和清理。防止渣土在刀盘中心区域堆积，有效保护刀具，同时保证渣土从被刀盘切削下来直到排出均得到有效改良，降低和防止螺旋输送机卡死情况的发生。

(5)确定先右后左并且间隔 1.5 个月施工的总体施工方案，为先行隧道的掘进参数调整、注浆效果检查等提供时间并使加固措施能够起到应有作用。

4 施工过程控制

在设计方案、设备选型、施工总体方案确定的情况下，更进一步注重对施工过程的控制。参建单位根据制定的管理方案、施工方案严格实施，对于施工过程中盾构机的各项参数指标做到实时监控及时反馈，对于监测数据能够有足够敏感性与警惕性。

4.1 管理措施

1. 设计与勘查

施工前期，勘察单位与设计单位及时对施工单位进行了详细的技术交底，明确提出了施工期间可能存在的风险及应对措施，为施工单位的风险预案提供重要依据。在施工过程中定期安排人员查验地质情况和设计情况，提出建议和应对措施(表 2)。

表 2 区间隧道主要风险源和应对措施

<table>
<tr><th>区 间</th><th>施工方法</th><th colspan="2">风险工程分类</th><th>风险基本状况描述</th><th>风险等级</th><th>应 对 措 施</th></tr>
<tr><td rowspan="5">锁一花
区间</td><td rowspan="5">盾构法</td><td rowspan="4">自身风险</td><td>始发、到达</td><td>区间始发范围地质含粉质黏土、混合土
区间到达范围地质含残积土</td><td>Ⅱ级</td><td rowspan="2">(1)严格控制主要掘进参数，减少压力波动，采用低速均匀推进，避免对土体大的扰动，加强泥浆管理和出土量监控，防止超挖和欠挖。
(2)加强泥浆质量、盾构姿态、同步壁后注浆及监控量测等管理。
(3)开洞门之前应对加固体进行质量检查，如不满足始发要求，应进行二次加固</td></tr>
<tr><td>掘进</td><td>区间掘进范围内存在软硬不均地层</td><td>Ⅲ级</td></tr>
<tr><td>联络通道施工</td><td>盾构区间设置一处联络通道，一处位于混合土层中，开挖风险较大</td><td>Ⅱ级</td><td>(1)联络通道开挖前首先进行地层加固。
(2)隧道采取短进尺、及时支护、勤量测的施工方法。
(3)做到信息化施工，发现问题及时处理</td></tr>
<tr><td>小净距</td><td>盾构区间单洞双线隧道净距 2.9～9.1 m</td><td>Ⅱ级</td><td rowspan="2">(1)采用土压平衡盾构，优选最佳施工参数，保证开挖面稳定，加强同步压浆并采取必要的补压浆措施来控制沉降。
(2)随时调整盾构施工参数，减少盾构的超挖和欠挖。
(3)采用同步注浆，减少盾尾通过后隧道外周围形成的空隙。
(4)加强监测，采取相应措施，包括对建(构)筑物的变形、沉降的监测，如发生较大变形，应及时反馈设计、施工单位以调整施工参数或采取必要的地面加固措施。
(5)小间距隧道施工两台盾构机始发时间不少于 1.5 个月</td></tr>
<tr><td>环境风险</td><td>临近既有建筑物</td><td>区间临近多栋建筑物，近距离穿越多栋建筑物，这些建筑物多以 1～7 层砖混结构为主，对沉降敏感</td><td>Ⅱ级</td></tr>
</table>

2. 监理

监理单位需要加强班组作业人员的质量意识与安全意识管控，规范质检程序，明确施工过程中的控制要点和难点，监督落实设计意图与施工组织方案。监理值班人员全程跟进盾构机操作手掘进，实时记录每一环的推进速度、顶进推力、刀盘扭矩、刀盘转速等一系列掘进参数，严控每一环的出土量和注浆量，对于异常情况，及时督促班组进行分析，找出原因并制定应对措施。

3. 施工

项目部在盾构选型过程中邀请专家与生产厂商根据地层条件和区间状况，提出对该地层条件下盾构机的生产与改造意见。项目部成立了以项目经理为组长，项目书记、盾构经理直接分管左、右线施工，采用质量与安全双重奖惩措施对分管线路进行考核，同时要求分管干部吃住在盾构一线，严格考核在施工一线及隧道内的有效工作时间，确保发现问题及时处理。掘进前 100 m 作试验段，摸索总结出针对该地层的掘进、注浆等一系列掘进参数(表 3)，用于指导后期施工。

表 3　右线盾构掘进参数

序号	地层变化点里程	建筑物编号	起止里程	距开挖面距离(m)	建筑物描述	埋深(m)	上层土厚度(m)	土层锚述	下层土厚度(m)	土层描述	推进速度(mm/min)	顶进推力(t)	刀盘扭矩(MN·m)	刀盘转速(r/min)	注浆量(m³)	注浆压力(MPa)
		1	K19+116.7～K19+168.95	11.69～5.23	混一	10.272	5.506	粉质黏土软塑	2.046	混合土	30～40	1 500～1 800	1.5～1.8	1.4～1.5	6	≤3
		2	K19+248.48～K19+303.17	6.04～4.93	混六	10.469	1.510	淤泥质粉质黏土	4.69	混合土	30～40	1 500～1 800	1.5～1.8	1.4～1.5	7	≤3
		3	K19+311.04～K19+313.99	3.44～3.03	混一	10.523	3.1	混合土	3.1	混合土	10～20	500～1 800	1.5～1.8	1.4～1.5	6	≤3
		4	K19+335.92～K19+353.61	12.5～2.05	混一	1O.634	3.1	混合土	3.1	混合土	10～20	500～1 800	1.5～1.8	1.4～1.5	6	≤3
		5	K19+361.34～K19+377.19	1.68～2.16	混一	10.931	3.1	混合土	3.1	混合土	10～20	500～1 800	1.5～1.8	1.4～1.5	7	≤3
		6	K19+377.19～K19+400.92	2.16～3.68	混一	11.006	1.65	粉质黏土夹砾石	4.55	混合土	10～20	1 500～1 800	1.5～1.8	1.4～1.5	7	≤3
		7	K19+400.56～K19+407.83	3.68m−3	混一	10.956	3.1	混合土	3.1	混合土	10～20	500～1 800	1.5～1.8	1.4～1.5	6	≤3
		8	K19+421.73～K19+460.11	2.9～3.11	混一	11.190	3.1	混合土	3.1	混合土	10～20	500～1 800	1.5～1.8	1.4～1.5	6	≤3
		9	K10+478.55～K19+510.61	4.19～2.84	混一	12.213	3.1	混合土	3.1	混合土	10～20	500～1 800	1.5～1.8	1.4～1.5	6	≤3
		10	K19+557.73～K19+581.58	9.97～9.64	混五	11.363	3.1	混合土	3.1	混合土	30～40	500～1 800	1.5～1.8	1.4～1.5	6	≤3
1	K19+626.583					11.664	5.336	混合土	0.864	中风化闪长岩	10～20	1 000～1 300	1.5～1.8	1.4～1.5	6	≤3
2	K19+655.173					11.193	5.506	混合土	0.694	中风化闪长岩	10～20	1 000～1 300	1.5～1.8	1.4～1.5	6	≤3
3	K199+683.333					12	3.1	粉质黏土夹砾石	3.1	粉质黏土央砾石	10～20	1 000～1 300	1.5～1.8	1.4～1.5	6	≤3
4	K19+711.513					12.195	3.1	混合土	3.1	混合土	30～40	1 500～1 800	1.5～1.8	1.4～1.5	6	≤3
		11	K19+731.16～K19+739.24	3.62～3.58	混一	12.245	3.1	混合土	3.1	混合土	30～40	1 500～1 800	1.5～1.8	1.4～1.5	6	≤3

续上表

序号	地层变化点里程	建筑物编号	起止里程	距开挖面距离(m)	建筑物描述	埋深(m)	上层土厚度(m)	土层锚述	下层土厚度(m)	土层描述	推进速度(mm/min)	顶进推力(t)	刀盘扭矩(MN·m)	刀盘转速(r/min)	注浆量(m^3)	注浆压力(MPa)
		12	K19+754.10～K19+762.13	1.57～3.05	混一	11.774	3.1	混合土	3.1	混合土	10～20	1 500～1 800	1.5～1.8	1.4～1.5	7	≤3
5	K19+771.513					11.775	2.125	粉质黏土夹砾石	4.75.0	混合土	10～20	1 500～1 800	1.5～1.8	1.4～1.5	6	≤3
		13	K19+857.47～K19+881.84	3.23～3.03	混二	12.8	3.1	混合土	3.1	混合土	10～20	500～1 800	1.5～1.8	1.4～1.5	6	≤3
		14	K19+881.84～K19+890.19	3.03～3.37	混一	12.48	3.1	混合土	3.1	混合土	10～20	500～1 800	1.5～1.8	1.4～1.5	6	≤3
		15	K19+890.19～K19+935.84	3.37～2.77	混二	9.799	3.1	混合土	3.1	混合土	10～20	500～1 800	1.5～1.8	1.4～1.5	6	≤3
10	K19+941.72					12.35	2.45	混合土	3.75	残积土	30～40	1 500～1 800	1.5～1.8	1.4～1.5	6	≤3
		16	K19+943.92～K19+984.55	2.4～4.42	混三	13.519	1.254	混合土	4.946	强风化闪长岩	10～20	1 000～1 300	1.3～1.5	1.4～1.5	7	≤3
11	K19+962.02					14.275	0.525	混合土	5.675	中风化闪长岩	10	1 000～1 300	1.3～1.5	1.4～1.5	6	≤3
12	K19+993.25					13.271	3.229	残积土	2.971	中风化闪长岩	10	1 000～1 300	1.3～1.5	1.4～1.5	6	≤3
		17	K20+013.29～K20+025.41	7.28～6.47	混七	14.934	2.566	残积土	3.634	中风化闪长岩	10	1 000～1 300	1.3～1.5	1.4～1.5	6	≤3
	K20+019.343					14.88	2.566	残积土	3.634	中风化闪长岩	10	1 000～1 300	1.3～1.5	1.4～1.5	6	≤3
		18	K20+025.41～K20+050.7	6.47～6.02	混一	14.880	0.853	残积土	5.347	中风化闪长岩	10	1 000～1 300	1.3～1.5	1.4～1.5	6	≤3
		19	K20+059.99～K20+078.58	5.88～5.54	混二	14.779	3.1	中风化闪长岩	3.1	中风化闪长岩	10	1 000～1 300	1.3～1.5	1.4～1.5	6	≤3
		20	K20+111.35～K20+178.87	8.74～10.33	混一	14.03	3.1	中风化闪长岩	3.1	中风化闪长岩	10	1 000～1 300	1.3～1.5	1.4～1.5	6	≤3

4.2 先行隧道的加固措施

为控制隧道变形，加强接收段隧道整体刚度，提升稳定性，考虑在后行隧道到达前对先行施工的右线已建成隧道接收段的管片进行加固保护。

加固钢环采用I20a，沿着盾构管片内切方向布置，每环管片设置2道钢环，每道环缝设置1道钢环。先行安装下部分钢环，再行起吊安装上部分钢环，钢支架与管片间设置缓冲材料，固定于钢支架上，采用丁腈软木橡胶；每环型钢需要在腰部节点部位设置千斤顶并采用限位措施，再通过千斤顶施加轴力，使得型钢、缓冲材料与管片紧密接触，钢支架安装过程中避让注浆孔洞(图4)。

图4　钢支撑安装过程

4.3 同步注浆与二次注浆

同步注浆量按理论管片壁后空隙填充量根据施工实际情况加大，同时需要注意避免注浆压力过大造成盾尾密封处漏浆。

在盾尾后5～8环处从隧道上部注浆孔进行双液注浆，盾尾后10环以后从隧道注浆孔采用可硬性浆液进行二次注浆补强。注浆施工环数、每个注浆环施工孔数、每孔注浆量、注浆次数根据监测数据(图5、图6)及实际需求确定。注浆施工控制原则为少量多次，每次注浆后以达到稳定测点并略有回升。先行隧道中对后行盾构机掌子面前20 m后10 m和同步注浆效果不佳而出现管片漏水或地基沉降等现象时进行再次注浆。

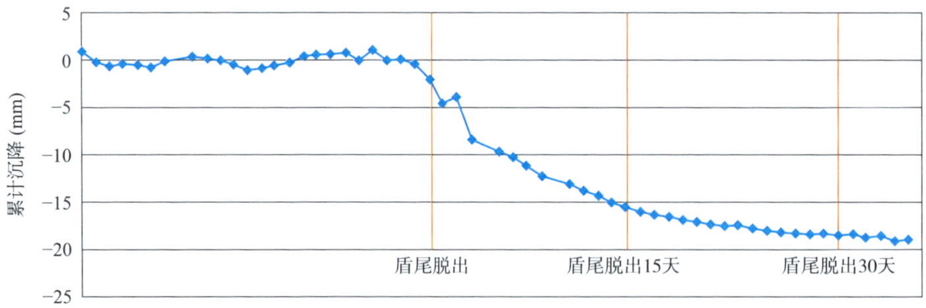

图5　未进行加强注浆情况下的沉降曲线

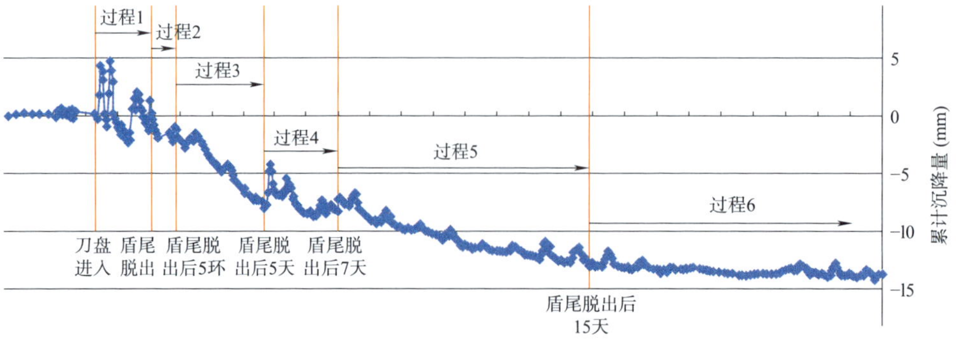

图6　加密监测与加强补充注浆后的沉降曲线

4.4 监　　测

该段区间的主要监测对象及监测项目：

(1)盾构区间监测项目：主要针对盾构区间的地表沉降、周边收敛、拱顶沉降采取监测措施。

(2)周边建筑物、构筑物及周围地下管线的监测：主要针对地面建构筑物沉降、倾斜、开裂；地下管线沉降、偏移等采取监测控制措施。

(3)采用地质雷达扫面、地表钻孔等手段对出土量异常或监测数据异常的区域进行补充调查。

(4)监测点：为及早摸清沉降规律、优化正面土压力设置、确定注浆量及注浆压力，在盾构旁穿沿街建筑前后 30 m 范围内对沉降监测点进行适当加密，以便及时了解土层损失情况。同时，在盾构旁穿沿街商铺期间对各点进行不间断观测，以便及时掌握沿街建筑变形情况，准确进行信息反馈。根据地质情况调整监测断面，DK19＋970～DK20＋130 段位于风化和中风化岩，地质情况较好，根据观测情况适当调整点位；DK19＋396～DK19＋970 段位于复合地层，根据实际情况增加观测断面。

岗子村站—蒋王庙站盾构区间共布设 58 个工后沉降监测点，监测日期从 2015 年 9 月 7 日至 2016 年 4 月 25 日。工后沉降最终累计变形值范围在 0.0～－2.7 mm 内，最后 100 d 变形速率最大为 0.01 mm/d，监测数据变化较小，结构处于稳定状态。

4.5 巡　　查

日常巡查主要包含几个方面：

(1)对参建单位履职情况的日常检查与随机抽查。主要针对监理及施工单位管理岗位人员的在职时间检查，尤其是在盾构机停机换刀、地表注浆、监测异常情况下的管理人员履职检查，确保在关键时间、关键岗位有关键人员。

(2)对盾构机掘进参数的巡查，主要包括刀盘压力、出土体积与出土质量、同步注浆量与二次注浆量的实施记录检查。

(3)对区间地表及周边建筑物的日常巡查，尤其检查道路开裂、路牙石错台、房屋开裂、散水开裂及下沉、雨污水的流通情况及地表冒浆情况等。

5 总　　结

长距离小间距隧道施工中，重点在于后行隧道对先行隧道的挤压，短时间内对地层反复扰动，对盾构姿态控制、地表沉降控制，需要解决在满足工程效率与质量的同时，又能够确保工程安全。

复合地层中的小间距盾构隧道施工，是从设计到施工的全方位管理的体现，在设计阶段进行详细的力学分析，特殊部位选择合理的管片类型，采用特殊的加固措施可以有效地在施工前做好理论保障。盾构机设备选型，对刀盘配置、刀具选择，注浆系统调整的有效控制，可以最大程度地增加设备对地层的适应性。同时，施工过程中的管控措施也是施工效率与安全必不可少的关键环节，各级参建单位的有效配合与通力合作，对各级人员的履职情况、安全意识，工作责任的管理，对各项管理措施的落实情况的监督，是确保工程安全完工的本质。

设计方案是工程安全的基本条件，设备选型与施工组织是工程效率的前提保障，有效的、严格的工程管理是落实它们的最终载体。

4 号线岗—蒋盾构区间能够安全顺利完工，从业主、设计、监理、施工到地勘、监测等各家单位，都努力争取完成了各自环节的工作任务，虽然没有足够的力量与时间来针对该课题进行充分的力学考证与理论研究，但是在各方的共同努力下，进行了有效的施工管理和对突发情况的正确处置，在工程风险与难度极大的情况下，确保了工程安全，顺利完成了工程任务，对施工经验的总结期望可以作为以后施工的参考。

盾构空推过矿山法隧道施工技术总结

刘伯岩

（南京地铁建设有限责任公司，南京　210017）

摘　要：本文针对南京地铁 4 号线 TA04 标盾构空过矿山法隧道施工过程进行探讨，总结了主要施工工艺及质量控制要点，为今后类似施工提供借鉴经验。

关键词：矿山法；盾构法；空推；施工总结

1　工程概况及施工总体思路

1.1　工程概况及思路

南京地铁 4 号线 TA04 标九华山站—岗子村站盾构区间土建工程，如图 1 所示，起点位于九华山站东端，区间隧道沿北京东路下穿九华山公路隧道后，穿过九华山和玄武湖，到达岗子村站。采用两台海瑞克盾构机从岗子村站始发，区间隧道全长 1 244 m，其中矿山法隧道约 200 m。

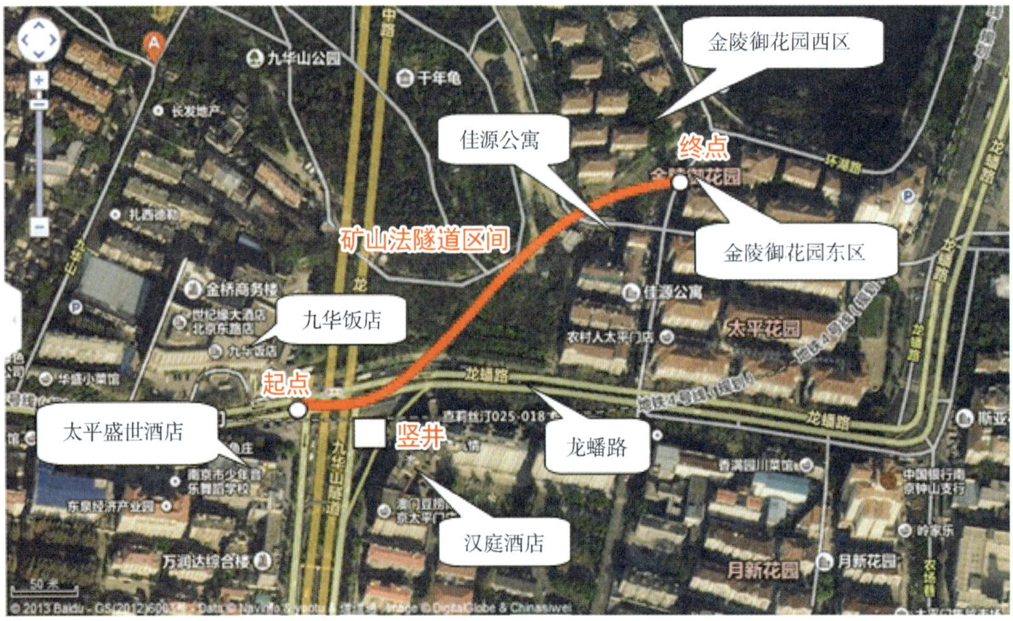

图 1　矿山法区间线路平面图

本区间盾构始发场地设置在岗子村站，根据地质资料及补充钻探资料显示，矿山法隧道岩层分别为中风化石英砂岩层及中风化闪长玢岩层，岩质坚硬（图 2），岩体完整，其天然抗压强度平均值 f_c＝158 MPa，最高达 174 MPa，采用盾构掘进，刀具磨损严重，掘进速度慢，且需频繁更换刀具，安全风险大，并对工程整体进度产生影响。为此，在上述硬岩地段采用传统的矿山法隧道施工，形成初衬圆形隧道，然后盾构机空推＋管片拼装通过，空推的同时由盾构拼装管片形成矿山法隧道的二衬，二衬和初支之间采用注浆填充。

图 2　硬岩段开仓岩石照片

1.2　矿山法段长度确定

矿山法段位于施工竖井至九华山下，长度约 200 m(图 3)，其长度根据盾构施工进度进行调整；计划在盾构机到达矿山法段前 45 d 完成矿山法段爆破施工，封闭掌子面和施工空推导台及回填作业。矿山法段曲线半径为 $R=400$ m。

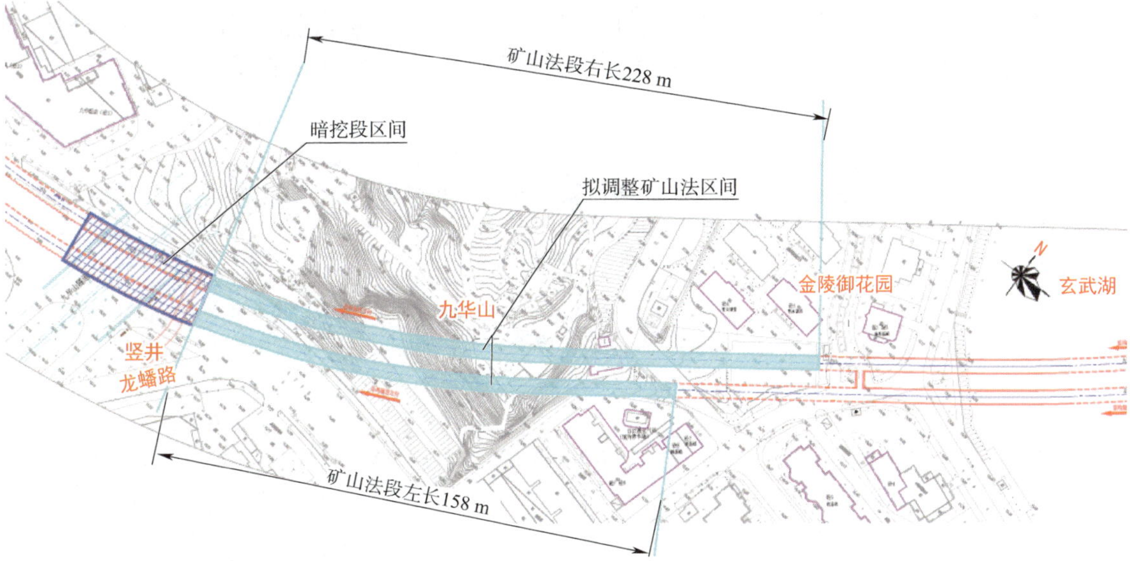

图 3　矿山法段平面分布图

1.3　矿山法段隧道开挖直径确定

考虑施工误差、隧道收敛、盾构刀盘直径($D=6\ 480$ mm)、曲线要素($R=400$ m)等因素，设定开挖半径为 7.4 m，初支厚度为 30 cm，净空尺寸为 6 800 mm。

2　主要施工工艺

2.1　矿山法初支隧道施工

本标段矿山法隧道开挖断面设计为圆形，初支后直径为 6 800 mm。由于地处硬岩段，设计采用上下台阶法开挖。因隧道处于北京东路下方，隧道顶部岩层厚度较小，初期支护采用砂浆锚杆(拱部 120°)＋格栅钢架＋单层钢筋网＋喷射混凝土。因矿山法隧道段地处岩石中风化带，岩层整体性好、强度高，施工时采用爆破法开挖，隧道开挖断面的尺寸和形状均难于控制，在隧道拱部容易出现欠挖，而腰部以下容易出现超挖。因此，在矿山法施工阶段，除了要把爆破及初支施工列为安全控制的重点之外，在质量控制上，则重点要保证隧道初支后开挖断面的净空尺寸。在初支施作前，断面测量必须及时跟进；初支施作后，应及时进行断面复测，对超欠挖部位要及时处理，以免给后续盾构空推带来阻碍。

2.2　盾构隧道与暗挖段隧道接口施工

矿山法隧道开挖完成后，采用玻璃纤维筋格栅＋喷射混凝土封闭隧道端头。玻璃纤维筋格栅与隧道端头最后两榀密排格栅钢架同步架设，且玻璃纤维筋格栅与钢筋格栅搭接部分至少采用 12 号铅丝绑扎牢固，并采取适当辅助连接措施，确保玻璃纤维筋格栅伸入钢筋格栅长度不小于 300 mm，绑扎牢固的同时喷混凝土密实。掌子面开挖后立即初喷 40 mm 厚 C20 混凝土，防止局部坍塌；喷射混凝土与隧道最后三榀密排格栅的喷射混凝土同步施工，水平格栅及纤维筋网绑扎好后及时喷射混凝土。

2.3　盾构导台施工

盾构到达空推段后，盾体进洞推上导台。此后，盾体的重量完全落在导台面上，且沿着导台面向前空推滑行并拼装管片。导台对盾构机起到支撑和导向的双重作用。该导台位于矿山法初支隧道的底部，呈圆弧形，在矿山法隧道完成后施作。根据设计，导台采用现浇 C30 钢筋混凝土，厚度 150 mm，导台断面弧长与隧道中心夹角为 60°，以保证盾体与导台有足够的接触面。导台弧面施工必须满足设计要求，使盾体与导台保持均匀接触。导台施工前，隧道底部残渣必须清除干净，积水务必排干；导台中线和高程放样必须符合设计要求；导台混凝土浇筑质量必须严格控制，防止盾构机步入导台后，盾构机自重对导台形成破坏开裂，导致盾构低头、下沉，进而影响盾构姿态及管片拼装质量。导台标高按低于设计 4 cm 控制。

2.4　空推段土方回填

由于矿山法施工完成后，盾构通过采用空推进行管片拼装，盾构正面无土压力作用，易造成管片环缝间隙较大，粘贴在管片上的三元乙丙橡胶止水条达不到一定的压缩量，影响隧道防水效果。为确保盾构管片防水质量，拟在矿山法隧道施工完成后在隧道内堆放土体，以提供盾构推进时的反力。

在实际施工中，增大反推力富于量，保证反推力满足管片拼装要求，采取全断面 20 m，半断面 20 m，其后断面为 1/3 断面回填土(图 4)。

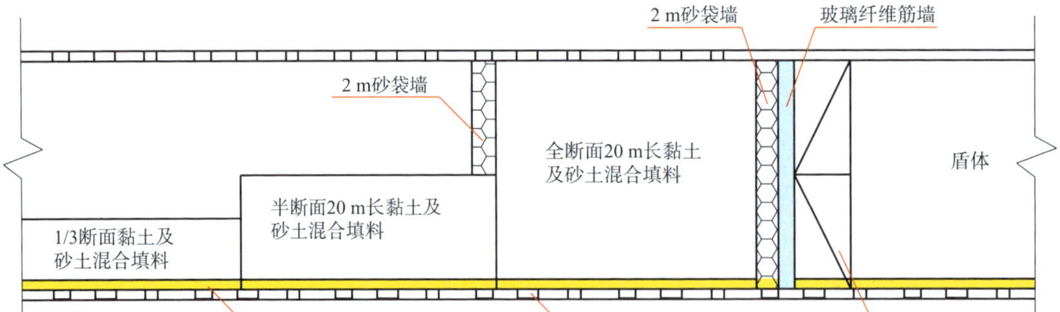

图 4　空推断土方回填示意图

1. 回填方法

待导台混凝土强度达到设计强度的 90%后，方可在隧道内进行渣土回填施工，所需渣土从区间施工竖井吊下后，通过汽车运输到预定施工地段，采用 ZLC40 装渣机进行堆填(人工辅助)，从盾构与暗挖分界点开始往竖井方向回填。在端头墙靠暗挖段一侧堆砌一道砂袋墙，砂袋尽可能采用容积较大的袋子，增加砂袋墙的稳定性。

2. 回填土方类型选择

回填的渣土松散、自稳能力差，渣土能否充满整个隧道面将直接影响盾构空推过暗挖段的施工进度和隧道成形质量。回填的渣土类型选择合适，可以减少盾构机出土量。减少出土量有两方面好处：一方面，在盾构机刀盘前方需要回填的渣土将减少；另一方面，可以减少盾构推进出土工序，将节约大量时间。渣土的干湿、粒径、孔隙率、黏聚力和颗粒成分等，将影响土的堆积效应。选择回填的渣土，一方面要能在刀盘前密封；另一方面要减少渣土对刀盘的黏结，防止在土仓中结泥饼、卡刀盘、土仓压力过高、增加出土量等。另外盾构前方土体达到一定厚度，防止同步浆液前串，为此填料采用黏土与砂性土混合，掺入一定量的盾构渣土。

2.5 盾构空推施工过程

当导台混凝土强度达到设计强度，暗挖段渣土回填到位后，方可进行盾构推进施工。盾构到达端头墙，停止推进，在盾尾后3环压入水泥水玻璃双液浆，形成环箍，防止后方水体进入刀盘。在推至端头墙玻璃纤维筋时，严密观测盾构推力的变化，到达回填土体后，立即降低盾构推力和掘进速度，停止出土，逐步建立土仓压力，土压和推力提升至要求值后，开启螺旋输送机出土，恢复正常掘进。

2.6 管片背衬回填

管片背后回填主要由同步注浆来完成。通过同步注浆浆液在管片脱离盾尾时对管片进行支撑，以防管片下沉而产生错台。利用盾构机自身的同步注浆系统压注水泥砂浆，使管片与初支及地层间紧密接触，以提高支护效果。根据同步注浆后的检查结果，从管片注浆孔进行二次注浆固结管片。同步注浆时，要严格控制注浆压力，既保证达到对环形空隙的有效填充，又确保管片结构不因注浆产生位移、变形和损坏，同时又要防止砂浆前窜至盾构刀盘前方。当刀盘前方堆土不能密封刀盘面时，采取注纯水泥浆来完成管片背后回填。

3 施工关键部位质量控制措施

3.1 钢筋混凝土导台施工质量

采用矿山法开挖＋锚喷初支＋管片衬砌的复合施工方法通过硬岩段，必须在盾构机到达前，完成矿山法隧道开挖并做好空推段导台、端头墙等准备工作。导台的高程、弧度、中心线等是盾构能否安全推进的关键因素。导台施工质量不好，盾构机的姿态难以控制，盾尾间隙变化大，将直接影响管片的拼装，盾尾间隙过小，管片和盾尾刷会拉坏。导台的质量不高，还可能导致卡刀盘。在盾构空推前，应重点检查导台的高程、弧度、中心线等，如果不符合设计要求，要立即进行处理，否则会影响盾构机的推进施工。

3.2 矿山法断面尺寸控制

隧道的开挖断面要满足盾构机安全平稳通过。考虑围岩的类型和施工误差，并设置盾构机导台。在施工暗挖段，除了注意施工安全外，还要特别控制好隧道的中心线，隧道的超挖、欠挖。在矿山法施工段，每次爆破清渣完成，钢筋格栅架立前，进行断面检查，对超挖和欠挖（尤其是欠挖）进行处理，应保证初期支护后的隧道净空。初期支护施工必须要达到预期目的，由于初支后暂不进行二次衬砌施工，所以要加强监控量测，及时采取措施防止隧道变形，保证盾构通过限界。

3.3 同步注浆

利用盾构机同步注浆孔向管片背后注入水泥浆，注浆压力控制在0.2～0.3 MPa，每次同步浆液量为6～8 m^3（理论值为6 m^3）。在同步注浆进行的同时，加强管片姿态监测，如发现管片有上浮或下沉趋势，及时调整注浆压力、注浆量及注浆孔位。

3.4 二次注浆

二次注双液浆共分三次进行，第一次在管片拖出盾尾后，通过底部吊装孔注水泥水玻璃双液浆，以防管片下沉产生错台；第二次随着盾构机向前步进，在盾尾第4～5环管片上3点和9点位置通过管片吊装孔注入双液浆防止管片侧移；第三次每隔10环进行一次环向封堵，通过管片1点11点吊装孔注入双液浆进行拱顶回填。二次注浆压力控制在 0.4 MPa 以内,注浆量和注浆压力则根据管片姿态的监测结果进行适当调整。

3.5　防止管片上浮及侧移措施

(1)盾构机空推通过矿山法隧道期间,必须每天跟踪测量管片姿态,及时反馈监测数据,分析管片姿态的变化趋势,确认管片是否存在上浮、下沉或侧移,以便及时采取相应措施加以控制。一旦出现管片上浮或侧移,则在该处通过吊装孔打入注浆管进行二次补充注浆,迅速填充管片背后或上部间隙,以阻止管片上浮和侧移。

(2)当上浮或侧移无法通过注浆控制时,在管片脱出盾尾后,打穿吊装孔在环向 A1 块、A3 块及 K 块分别安装一根Ⅳ级 ϕ32 精轧螺纹钢,紧顶在矿山法隧道初支上,长度可根据矿山法隧道断面开挖情况控制在 0.8～1.5 m,令其螺母焊接固定在管片吊装孔钢螺栓上,通过此措施来限制管片上浮及侧移。

3.6　防止管片错台措施

(1)盾构步进时严格控制背衬同步注浆(注浆量及注浆压力),同时通过试验调整配合比,确保初凝时间在 8 h 以内,及时提供管片下部的抗力。

(2)加强对盾构姿态的控制,纠偏不能过急,以每环不超过 6 mm 的纠偏量为宜。同时做好管片选型来确保盾尾间隙,以防止盾壳作用力于管片造成错台。

(3)在盾构机过空推段往往由于反力不够容易造成管片螺栓不能完全复紧,在拼完每环管片后应及时对后面 3 环管片螺栓进行复紧,在每次交班前对所有已拼装管片复紧,空推结束后对所有管片螺栓复紧。

4　施工经验总结及建议

4.1　现场施工实践及监测情况总结

1. 空推段盾构姿态控制

(1)竖向姿态控制

进空推段为 710 环,标高按设计标高控制,结果管片均上浮 5 cm 上下;后进行调整,盾构推进轴线按低于设计标高 4 cm 控制,为注浆上浮和后期上浮预留余量,同步浆液及二次浆液均采用水泥砂浆,通过调整施工参数后,基本满足设计要求。右线盾构空推段成型隧道监测数据见表 1。

表 1　九一岗区间 715～825 环管片监测数据

里　　程	设计 H(底)(m)	实测 H(m)	高差(m)	偏移(m)	环　　号
DK17969.2942	−19.414	−19.361	0.053	−0.058	715
DK17963.2919	−19.386	−19.323	0.063	−0.038	720
DK17957.2550	−19.357	−19.298	0.058	−0.050	725
DK17951.2688	−19.326	−19.284	0.042	−0.032	730
DK17945.2587	−19.289	−19.260	0.029	−0.037	735
DK17939.2318	−19.244	−19.233	0.011	−0.069	740
DK17933.2215	−19.192	−19.197	−0.005	−0.071	745
DK17927.1868	−19.132	−19.147	−0.015	−0.096	750
DK17921.1983	−19.066	−19.091	−0.025	−0.109	755
DK17915.1702	−18.992	−19.037	−0.045	−0.098	760
DK17909.1456	−18.911	−18.943	−0.032	−0.094	765
DK17903.1198	−18.823	−18.840	−0.017	−0.058	770

续上表

里　　程	设计 H(底)(m)	实测 H(m)	高差(m)	偏移(m)	环　　号
DK17897.1204	−18.727	−18.765	−0.038	−0.076	775
DK17891.0944	−18.624	−18.675	−0.051	−0.097	780
DK17885.0468	−18.514	−18.548	−0.035	−0.079	785
DK17879.0412	−18.397	−18.439	−0.042	−0.069	790
DK17873.0315	−18.272	−18.323	−0.051	−0.068	795
DK17867.0140	−18.141	−18.186	−0.045	−0.062	800
DK17860.9762	−18.002	−18.041	−0.039	−0.038	805
DK17854.9472	−17.864	−17.907	−0.043	−0.047	810
DK17848.9556	−17.726	−17.771	−0.045	−0.084	815
DK17842.9455	−17.588	−17.635	−0.047	−0.054	820
DK17836.9311	−17.449	−17.504	−0.055	−0.025	825

注:“偏移”一列,一为左偏。

(2)水平姿态控制

根据监测数据及成型后隧道外观质量检查,一是平面曲线控制不易,偏差最大达到了 10 cm;二是隧道部分管片之间还存在少量错台现象。根据数据初步分析影响因素主要有以下方面:

①根据掘进参数显示盾构机掘进推力在前 15 环推力较小,推力约 300~450 t,推力较小,对管片的反作用力较小,影响了管片螺栓的扭紧力,故理论计算填土量偏小,应适当加大填土量。

②注浆压力以及注浆量的不均衡导致管片在注浆过程中发生位移,注浆时因注浆孔位及压力不对称,导致管片错台(图 5)。

③因盾构处于空推段,盾构推进速度较快,同步注浆速度跟不上掘进速度,人为造成注浆压力过大,以便跟进掘进速度,导致了后部管片产生位移。

④平面偏位较大,分析原因:可能因导台偏小,不足以约束管片及盾构机;另一个原因则是曲线施工,调整盾构姿态时,影响管片。

⑤螺栓复紧不及时。

隧道成型照片如图 6 所示。

图 5　管片错台 0.8 cm

图 6　隧道成型照片

2. 矿山法隧道净空控制

矿山法初支圆形隧道施工时必须加强对开挖断面的控制,不能有欠挖;对于少量难以避免的欠挖,在盾构到达前一定要提前处理到位。

4.2 建　　议

(1)回填土方应适当加大,全断面回填长度应加长至 30 m,全断面回填料应分层夯实;或采用可硬性浆液对矿山法隧道进行回填，确保填充完成后在隧道内转化为可塑性土体，与隧道形成整体，为盾构推进提供足够的反力。

(2)导台设置由底部60°范围调整为底部120°范围，以控制盾构机“蛇”行摆动，确保管片控制在导台范围内，减小位移，控制错台。

(3)同步浆液采用可硬性浆液，适量加入早强剂，同时加大水泥比例，提高浆液早期强度，适当降低注浆压力，压力控制在0.1～0.2 MPa，以减小管片的上浮或水平位移。在做好后面管片“环箍”后，做好多次、多孔位二次注浆的准备。

(4)加强管理，控制盾构推进速度，建议推进速度为8～10环/d，以确保同步注浆质量，减小由此导致的管片位移及错台。

南京地铁4号线鸡—九区间盾构到达施工总结

刘伯岩

（南京地铁建设有限责任公司，南京　210017）

摘　要：本文针对南京地铁4号线TA04标鸡—九区间盾构到达施工过程进行探讨，总结了水中进洞施工工艺、渗漏险情处理过程以及水中进洞质量控制要点，为今后类似盾构到达施工提供借鉴经验。

关键词：盾构施工；水中进洞；渗漏处理；施工总结

1　工程概况

1.1　区间概况

鸡鸣寺站—九华山站区间隧道沿北京东路（城市主干路）敷设（图1），区间右线DK16＋794.056～DK17＋436.600，长642.544 m；左线DK16＋794.056～DK436.600，长链1.317 m，长度643.861 m。该区间采用一台小松盾构完成掘进工作，盾构机在九华山站西端头井右线下井后始发，沿北京东路推进至鸡鸣寺站东端头井内采用钢套筒接收，完成区间右线掘进；在鸡鸣寺站内将车架与盾体分离后调头（钢套筒揭开后端盖板与盾体一起调头）再次始发，掘进区间左线，回推至九华山站西端头井后平移至右线井口吊出。线路纵坡设计为单面下坡，左右线坡度分别为8.577‰、8.597‰。区间平面曲线设置为S型，转弯半径为450 m。区间最大埋深16 m，最小埋深11 m。左右线接收端处于直线段，接收设计均采用水泥加固＋水平冷冻＋水中进洞。

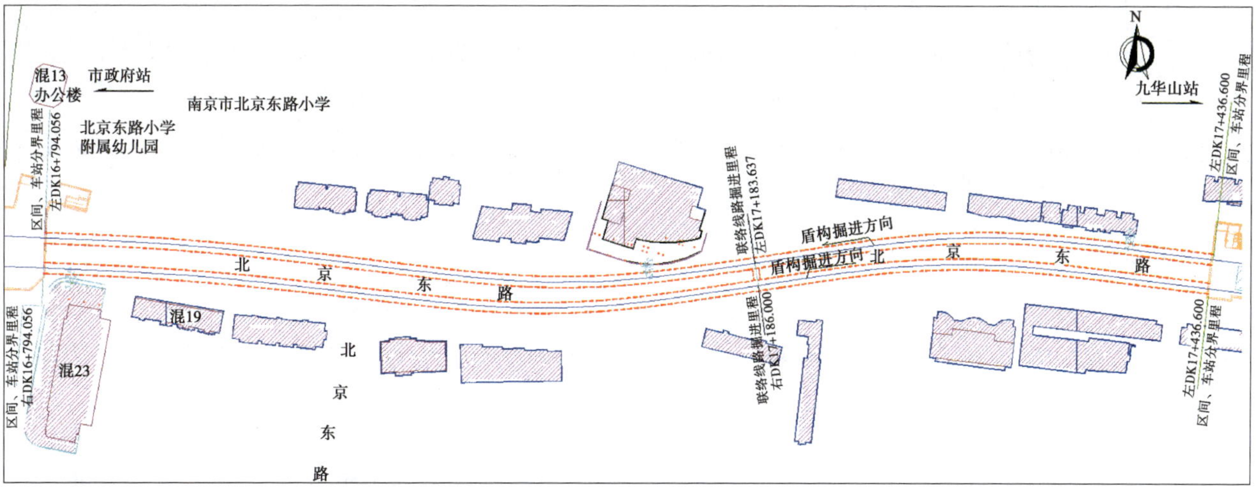

图1　鸡—九区间线路平面图

1.2　盾构机在鸡鸣寺站接收及左线二次始发简介

盾构机首次从九华山站西端右线向鸡鸣寺站始发，九华山站右线始发端头采用的加固方式为三轴搅拌＋高压旋喷＋垂直冰冻。鸡鸣寺站为3号线与4号线换乘站，4号线鸡鸣寺站东端头结构为原3号线预留，未设置盾构吊装井口，盾构接收始发均在结构内进行。盾构完成右线掘进后到达鸡鸣寺站东端，接收端头加固方式采用三轴搅拌＋高压旋喷＋水平冰冻，同时采用了钢套筒接收，钢套筒及其后靠支撑的零部件由鸡鸣寺站西端盾构吊装孔吊装下井，后经水平运输至东端头接收井进行安装。盾构机在安全接收后，拆除钢套筒后端盖，清理刀盘后，盾构机随钢套筒一起调头后平移至左线始发井，然后将车架牵引至 9～12 轴之间预留的车架调头位置调头后逐一连接(图 2)。

图 2　鸡—九区间进出洞垂直水平冷冻及钢套筒随盾构调头示意图

1.3　九华山站盾构施工场地情况

鸡—九区间左线盾构接收时，九华山站主体结构上方已完成土方回填及管线回迁，附属正在进行围护结构施工。结构南侧场地作为盾构施工场地，北侧作为市政交通道路。

左线盾构在盖板下端头井内接收后平移至南侧井口吊出。雨污水箱涵位于南侧机动车道下方，因受场地及交通疏解影响无法进行改移。

1.4　水文地质

盾构区间接收端地质(图 3)自上而下土层依次为①-1 杂填土、②-1c2 粉土夹粉砂、②-2d3 粉砂(稍密)、②-2c3 粉土、②-3d2 粉砂(中密)、③-3b4 淤泥质粉质黏土、③-2b2 粉质黏土、③-4e2 混合土、J1-2xn-3 中风化石英砂岩。其中盾构接收主要位于②-3d2 粉砂(中密)中。

该区域地下水类型主要为潜水、承压水及基岩裂隙水。潜水主要分布于浅部填土层及②层粉土、粉砂中。潜水和下部承压水有一定的连通性。微承压水赋存于③-4e2 层混合土中，该层局部与上部潜水有连通。区间隧道洞身顶部及上半部洞身为②-3d2 粉砂(中密)，下半部洞身及底部为②-3b4 淤泥质粉质黏土，处于潜水层。

1.5　九华山站端头结构设计

九华山站为地下三层结构，西端头接收层为负三层。端头结构情况：顶板厚 0.8 m，负一层、负二层中板厚 0.4 m，底板厚 1.1 m；负一层净高 4.85 m，负二层净高 6.15 m，负三层净高 7.34 m；底纵梁 0.9 m×2.3 m，负一层及负二层中纵梁 0.9 m×1 m，顶纵梁 0.9 m×1.8 m；侧墙厚度均为 0.8 m。端头结构断面如图 4 所示。

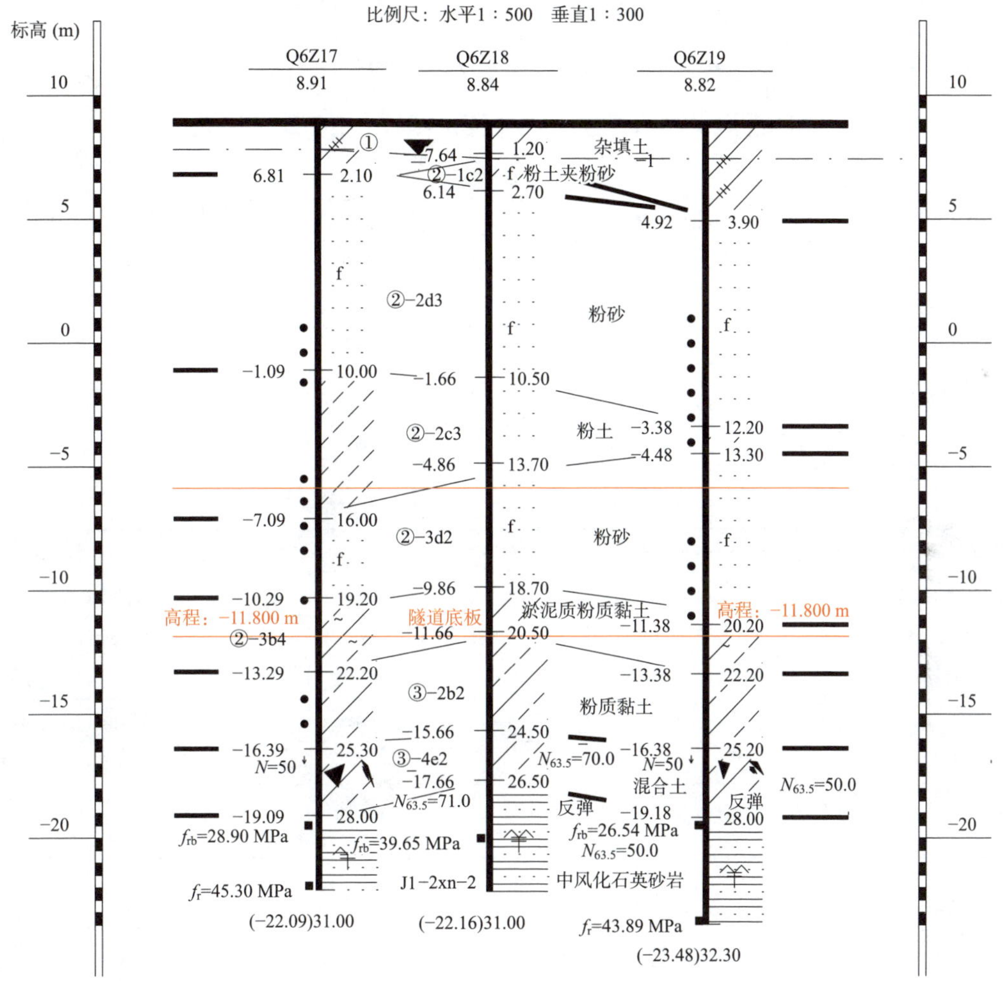

图 3　九华山站端头地质剖面图

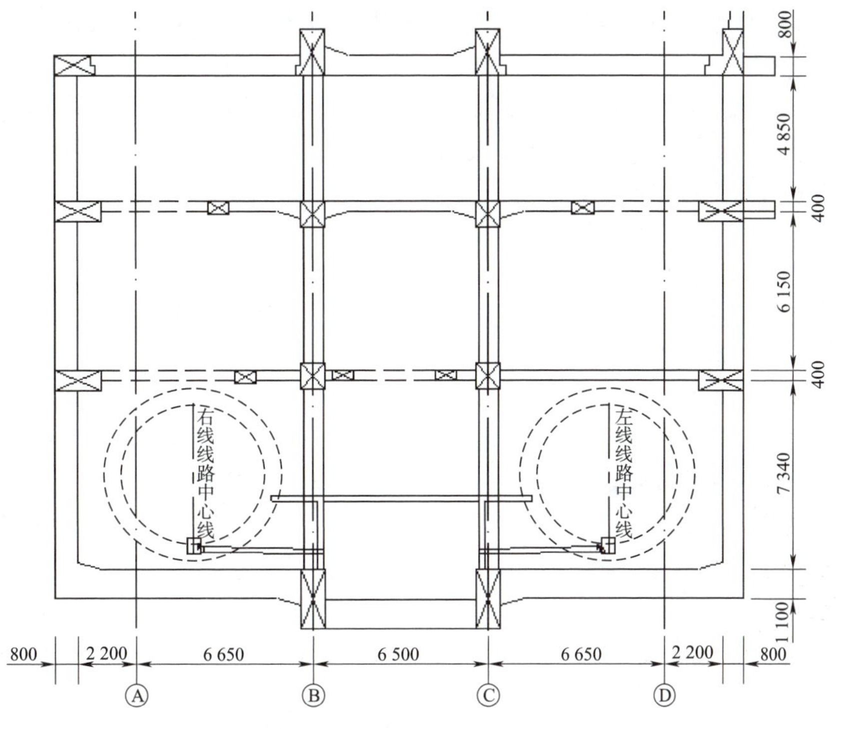

图 4　九华山站端头结构断面图(单位：mm)

受中纵梁及部分联系梁下翻影响，净空高度为 6.94 m，不满足钢套筒平移需求。

1.6　周边建筑物概况

九华山站接收端位于北京东路，交通流量较大，建筑物较密集，主要建筑物详见表 1。

表 1　建筑物调查表

建筑物名称	结构形式	基础形式	与端头加固区距离
南侧沿街商铺	2～3 层砖混结构	条形基础	距离西端头加固区 13.5 m
中科院住宿楼	混凝土 6 框架结构	筏板基础	距离西端头加固区 26 m

1.7　周边管线概况

左线到达范围内主要管线分布情况见表 2。

表 2　左线到达范围内主要管线分布情况

管线类型	规　格	材　质	与隧道关系
自来水管	ϕ700	钢管	隧道上方，沿隧道敷设
自来水管	ϕ200	钢管	距隧道 8 m，沿隧道敷设
雨污管	ϕ400	混凝土	垂直穿越
电力线	10 kV	铜	隧道上方，沿隧道敷设
燃气管	ϕ500	钢	左线隧道南侧 18 m
污水箱涵	2 000×1 500	底板素混凝土 侧墙为浆砌块石	左线隧道南侧 20 m

2　盾构接收措施

2.1　端头水泥系加固

九华山站西端头右线水泥系加固采用三轴搅拌桩（ϕ850@600）＋三重管高压旋喷桩（ϕ600@400，加固体和连续墙接缝以及包角处）进行加固（图 5），加固宽度为左右线外侧各 3 m，加固深度为隧道外边线上下各 3 m，加固区长度 6 m；在包角处设置四根高压旋喷桩，达到包角止水的目的。

水泥系加固采用 42.5 级硅酸盐水泥，三轴搅拌桩水泥浆水灰比控制在 0.5～0.6，加固区水泥掺量控制在 25%，弱加固区水泥掺量控制在 10%；高压旋喷桩水泥浆水灰比控制在 1.0，加固区水泥掺量控制在 350 kg/m，弱加固区水泥掺量控制在 120 kg/m。

水泥系加固区加固后的无侧限强度达到 0.8 MPa，抗渗系数小于 10^{-8} cm/s。

2.2　端头冷冻加固

为进一步提高洞门地层稳定性和封水性，确保盾构安全始发和接收，九华山站西端左线接收采用水平冷冻加固，加固长度为“杯底”厚度均取 3.5 m，“杯壁”长度取 10 m，“杯壁”厚度取 1.2 m。

水平冻结孔按近水平角度布置，共设置冻结孔 53 个，测温孔 6 个。

圆柱体冻结孔沿开洞口 ϕ7.5 m 圆形布置，开孔间距为 0.76 m（弧长），冻结孔数 31 个，冻结孔长度为 12.2 m。冻结管规格选用 ϕ89×8 mm。

板块冻结孔沿开洞口 ϕ5.1 m、ϕ2.7 m 圆形布置。其中中圈孔开孔间距为 1.135 m，冻结孔数为 14 个，冻结孔长度为 3.5 m；内圈孔开孔间距为 1.172 m，冻结孔数为 7 个，冻结孔长度为 3.5 m；开洞口中心布设 1 个冻结孔，冻结孔长度为 3.5 m。测温孔 2 个，深度与冻结管一致。水平冻结加固示意图如图 6 所示。

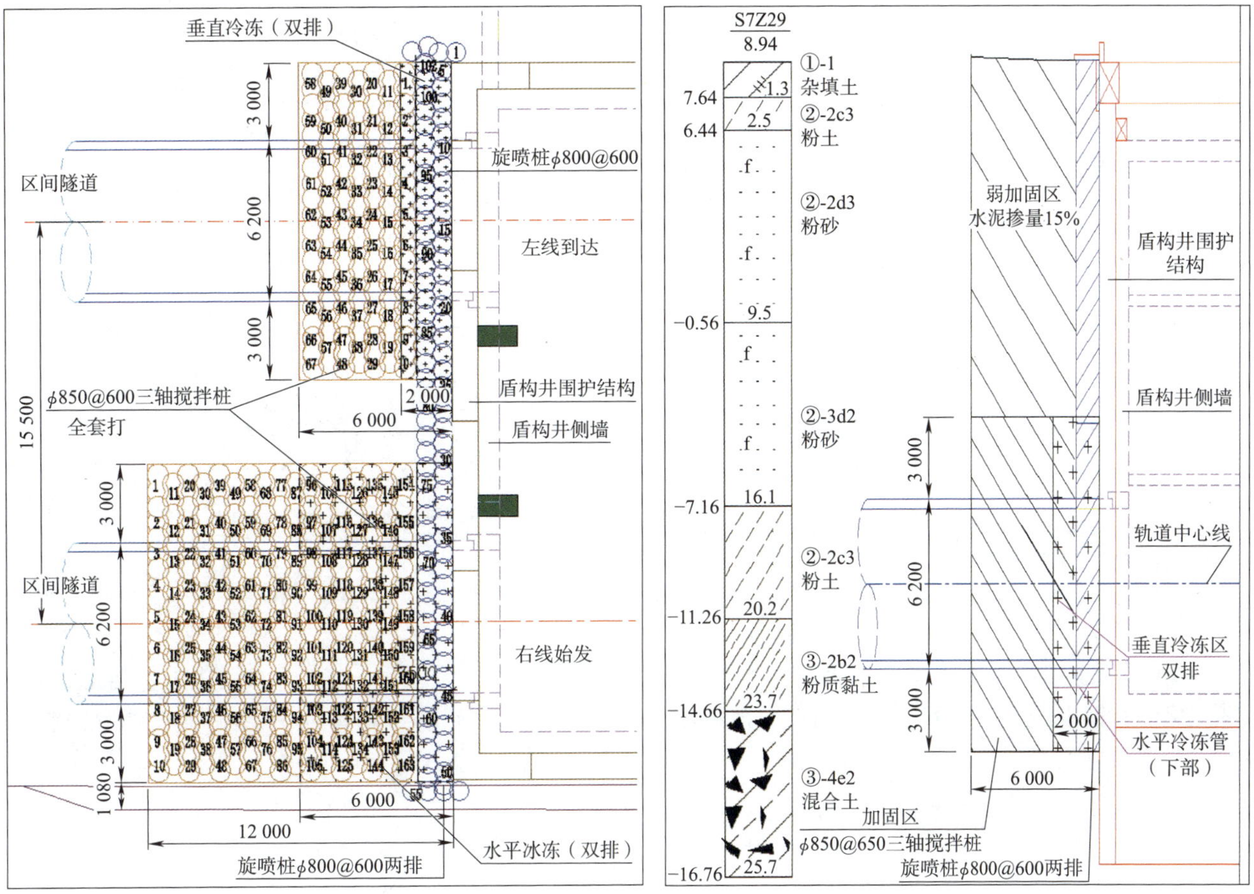

图 5　端头加固示意图(平面图、剖面图)(单位:mm)

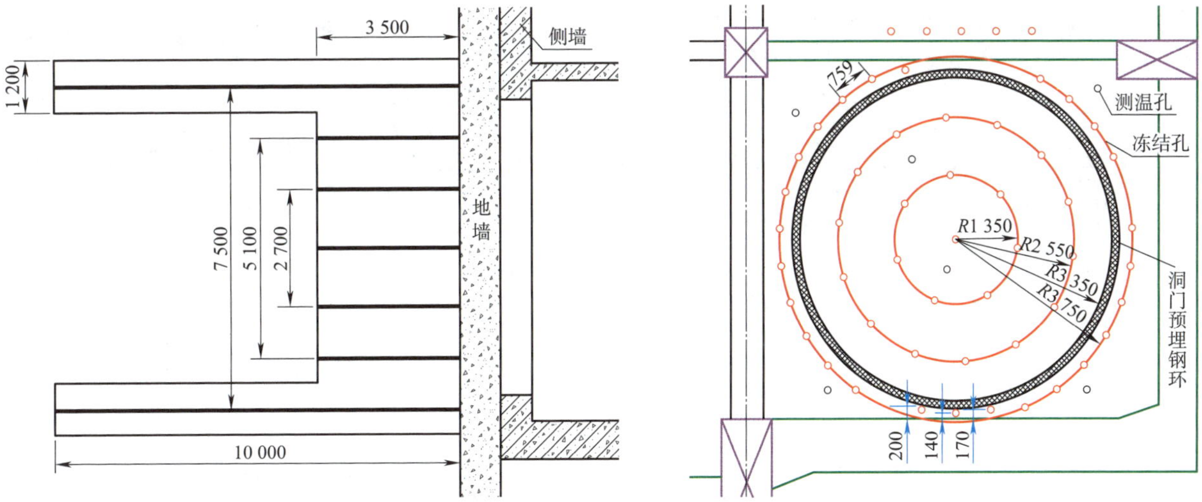

图 6　水平冷冻加固示意图(单位:mm)

2.3　混凝土套箱水中进洞

鸡—九区间左线水中进洞先期计划采用钢套筒,但由于左线车站结构空间预留不够(左线为盖挖结构,底板与中板纵梁净空 6 840 mm,钢套筒及其底座高 7 040 mm),因此采用混凝土套箱水中进洞,套箱主要构筑物包括:预制钢环、钢筋混凝土墙体(套箱)、砂浆接收基座,平面布置如图 7 所示。

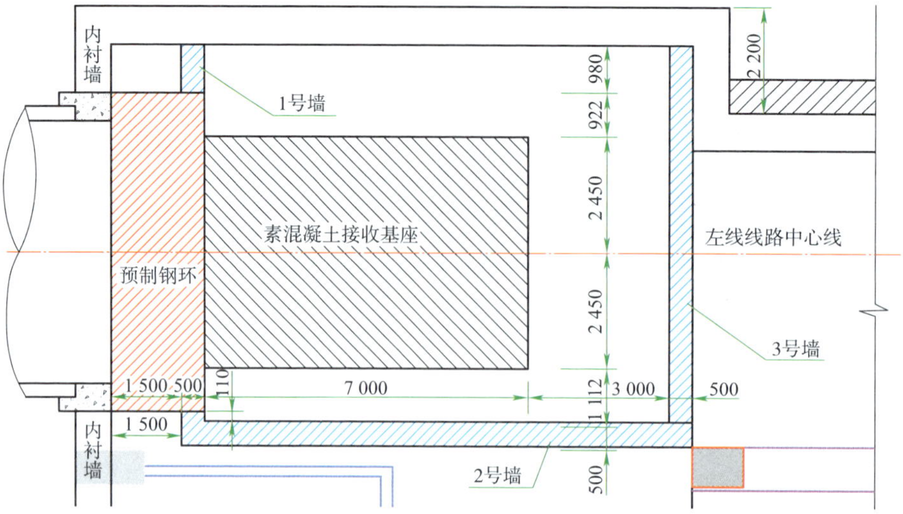

图 7　水中进洞端头井布置图(单位:mm)

预制钢环由 20 mm 厚的 Q235 钢板卷制,钢环长 2 000 mm,内径 6 720 mm。预制钢环一端与侧墙洞门钢环焊接,一端设置锚筋与钢筋混凝土墙体连接。

钢筋混凝土墙体 1 号、2 号、3 号厚 50 cm,与车站地板、侧墙、中板相交处均对车站结构进行凿毛、植筋处理,保证新旧混凝土接触面的密封止水性,墙体浇筑完成后形成一个密封箱体,在箱体后部设置有钢制安全门、箱体顶部设置有泄压阀管及压力表。

2.4　盾构接收工艺流程

盾构接收工艺流程具体如图 8 所示。

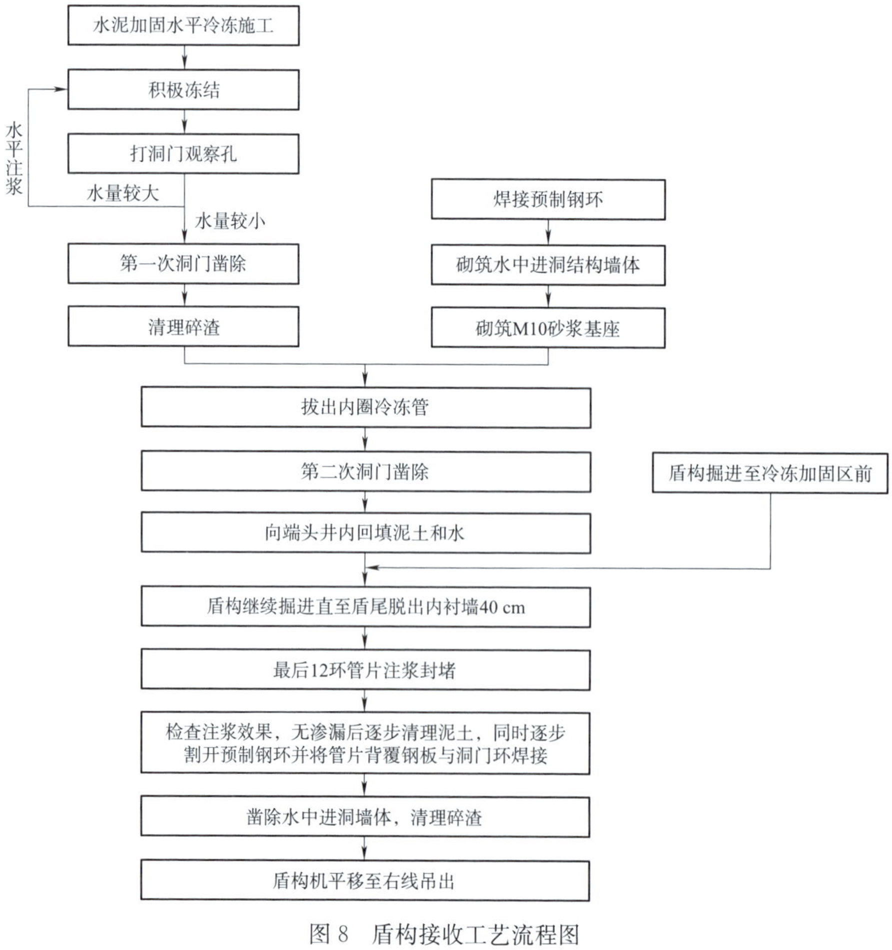

图 8　盾构接收工艺流程图

3 渗漏事件应急处置情况

(1)2015 年 11 月 9 日 13:00 左右，盾构机刀盘先行刀距冰冻体“杯底”1 m 时，现场值班人员发现混凝土套箱顶部压力表读数陡然上升，同时套箱侧面与钢环连接处开始漏水，启动了应急预案，14:00 箱体与钢环连接的顶部及侧面出现裂纹，裂缝处出现涌水涌砂，套箱顶部压力表读数显示 0.27 MPa，开启上部卸压孔，有大量泥砂涌出；17:00 施工围挡内北侧(距离区间隧道外边线 5 m)出现塌陷(图 9)。

18:00 针对初次塌陷进行混凝土回填，同时在北侧道路上加盖 3 cm 厚钢板，保证非货运型车辆通行，组织抢险钻机到场，进行双液浆封堵(图 10)。

图 9　地面塌陷现场

图 10　塌陷区混凝土回填

在进行双液注浆时，11 月 9 日 19:00，注浆机钻孔将由北侧变压器引入南侧的低压电主线及盾构用高压线损坏，造成盾构井、隧道内、盾构机全部停电，立即组织人员进行抢修，低压电缆于当日 20:00 修复送电，高压电缆于当日 24:00 抢修完毕恢复供电，但因盾构机停机时间过长，土仓内的渣土再次冻结，刀盘被冻土卡死，盾构停止运转。

(2)双液浆注入并无封堵效果，顶部泄压孔持续涌水涌砂；11 月 10 日凌晨，采用聚氨酯封堵，但因透水面过大，收效甚微，项目人员持续巡查周边环境，重点检查左线上方 D700、D200 自来水管，右线南侧雨污水箱涵(位于非机动车道下方)；11 月 10 日 6:00 左右，巡查人员发现南侧行道树倾斜，随后园林单位对倾斜的大树进行砍伐；11 月 10 日 10:00 左右，南侧污水箱涵地面突然塌陷(箱涵结构呈现：箱涵底板为素混凝土，两侧为浆砌片石挡墙，顶部为钢筋混凝土盖板，断面为 2.0 m×1.5 m)，箱涵内污水全数涌入地下，接收套箱涌水量加大，地面配合交警立即对南侧交通进行了封闭，并切断雨水箱涵上游 50 m 来水，启用强排措施，同时对该塌陷范围采用细石混凝土填充(至当日 17:00 左右完成回填,共回填约 728 m^3),并组织人员持续于南侧塌陷处与区间隧道间注浆和注聚氨酯,阻隔汇水通道(图 11~图 13)。

2015 年 11 月 10 日晚上,工程处组织施工、监理、设计、专家对现场进行了踏勘,并对混凝土套箱当前工况进行分析,确定了套箱加固、左右线成型隧道以及地面加固止水方案。套箱加固方案为临时支撑加混凝土外包加厚墙面,在套箱的 2 号、3 号墙面外侧架设临时钢支撑,防止墙面坍塌,同时在墙面外侧增加 50 cm 钢筋混凝土墙面,并完全封闭现有混凝土套箱及预制钢环;左右线成型隧道 50 m 范围内采用支架及型钢连接加固,并进行壁后双液注浆加固;地面加固采取砂石回填、注浆加固。

11 月 11 日项目部根据既定抢险方案组织应急抢险,现场进行相应方案实施。13:00 左右,混凝土套箱开裂加剧(从 3 mm 扩展至 7~9 mm),污水管涵采取强排后,卸压孔水压明显降低,水量有所降低。

图 11　南侧道路第一次塌陷

图 12　污水箱涵塌陷

图 13　污水箱涵强排

11 月 12 日 13:00,完成混凝土套箱临时之后支撑的架设,完成左线隧道内支撑,20:00 完成右线内支撑搭设。

抢险过程中,组织施工监测与第三方监测对周边道路、管线、建(构)筑物进行加密监测,监测频率为每 2 h 一次,并采用地质雷达对路面进行探测,用以探测地下空洞,指导路面填充注浆。

(3)2015 年 11 月 13 日 4:00 左右,值班人员巡查过程中发现左线加固体北侧车站附属结构围挡内地面塌陷,项目部立即采用约 50 m^3 粗砂填充,但砂子瞬间沉入,发现塌陷空洞较大(图 14),后改用混凝土填筑,在填筑的过程中,混凝土套箱涌水突然加大,混凝土套箱裂缝加剧,项目部立即停止填筑混凝土,经现场会议决定改用碎石回填塌陷区(图 15)。

在抢险过程中,塌陷区所填筑碎石持续下沉,并持续补填,直至 11 月 18 日稳定,累计回填粗砂约 50 m^3,混凝土约 420 m^3,碎石约 1 200 m^3。

考虑北侧建筑物的安全,项目部组织人员持续对北侧塌陷处与北侧建筑物间空隙区域、北侧塌陷区与隧道间空隙区域进行袖阀管双液浆注入。

图 14 北侧塌陷区空洞

图 15 塌陷区采用碎石回填

(4)2015 年 11 月 15 日晚南京下大雨，16 日 4:00 左右，发现混凝土套箱涌水加大。6:00 左右，南侧原塌陷位置再次发生塌陷。项目部组织采用混凝土进行回填。

同时对破损污水箱涵进行的管道接驳施工完成，在破损的箱涵内敷设了 2 根 D600、1 根 D500 水管进行接驳。项目部后继在地面后铺设钢板，恢复了北京东路南侧非大型车辆的交通。

(5)2015 年 11 月 18 日，混凝土套箱外包加厚加固以及换撑完成(图 16)。项目部采取了减小套箱顶部泄压阀门溢流量措施，同时外围回填、注浆加注也见成效，泄压阀出现清水(图 17)。

图 16 钢支撑加固

图 17 泄压阀流清水

(6)2015 年 11 月 18 日完成加固作业后，盾构机土仓内渣土尚未完全消融，刀盘旋转受阻，采用了两台高温蒸汽发生器对土仓隔板加热，加速土仓内渣土消融。19 日恢复掘进。

4 抢险及后续施工措施

4.1 现场值班及巡视制度

在原施工值班制度的基础上，建立了抢险期间现场值班巡视制度，由项目经理主持执行，针对洞内、井下、地面相关位置进行值班巡视，并做好巡视记录，发现情况立即汇报，并组织好现场封闭、疏散工作。

4.2 积极配合组织地面交通疏解

北京东路为南京市城市主干路，交通繁忙，车辆密集，为确保道路通行，项目部组织人员配合交警进行交通疏导，封闭南侧塌陷区道路，将交通疏导至北侧道路(车站盖板)，将北侧单向双行车道改为双向单行车道。

4.3 积极配合污水强排及管道接驳

在南侧路面出现塌陷致使污水箱涵损坏后，项目部组织人员积极配合市政等单位进行污水的强排，安排人员协助新污水管道的敷设接驳，完成后尽快恢复了南侧路面通行，减少北侧交通压力。

4.4　塌陷空洞区处置

针对塌陷空洞区域采取了混凝土及碎石料的回填。

混凝土回填:采用泵车远距离泵送回填,确保踏空区域顶部不再出现大面积塌方。累计混凝土用量约420 m^3。

碎石料回填:选用粗砂回填时发现空洞较大,粗砂回填可能导致二次流失,因此果断采用了碎石回填,回填方量达到了 1 200 m^3,碎石回填在能达到填充支撑目的的同时,还能起到一定的滤砂效果,减少地层中砂土流失。

4.5　地面加固及周边建(构)筑物保护

在接收端头 100 m 范围内进行雷达空洞探测,加强范围内地面及周边建(构)筑物的监测,在建筑物与车站结构之间、坍塌区域、隧道上方进行注浆加固。

在距离房屋 12 m 位置的加固区域内采用两排间距 50 cm×50 cm 的袖阀管加固,形成隔离。

在加固区的其他区域采用多排间距 100 cm×100 cm 的袖阀管加固,用以填充地下土体的空隙,确保周边安全。具体工艺如下:

打孔—下套壳料—下袖阀管—注浆—多次注浆。

注浆材料:P·O42.5 普通硅酸盐水泥和波美度为 40°Bé 的水玻璃。

注浆配比:双液浆,水泥浆水灰比 1.0,水玻璃与水 1∶3 稀释,水泥浆与水玻璃混合液 2∶1 注入;单液浆,水泥浆水灰比 0.8～1.0。

前期采用双液浆注入,加速土体固结。后期采用单液浆注入,填充土体空隙。

注浆压力:控制在 0.4～0.6 MPa。

注浆深度:隧道上方注浆深度为 14 m,其余区域注浆深度为 21 m。

4.6　地下结构加固

1. 隧道内加固

隧道内加固采用支撑及型钢连接加固、洞内注浆加固。

(1)槽钢连接

为防止隧道因下部塌空、沉降,而造成隧道纵向变形,在左、右线隧道 3 点、9 点和 12 点位,采用 16 号槽钢对塌陷区附近 30 环进行纵向拉结。槽钢与管片螺栓连接,加强管片的整体受力。

(2)洞内注浆加固

为进一步加固管片后方土体,对左右线隧道端头 50 m 范围内的管片进行二次注浆。

注浆材料与配比:参见 4.5 节浆液配比一致。

注浆压力:注浆压力控制在 0.3～0.5 MPa,不得超过 0.5 MPa。

注浆点位:左线注浆管片距离盾尾 5 环以上,右线再次在始发区域进行注浆,注浆点位位于腰部以上。

注浆方式:注入方式正常范围内采用打孔套丝上注浆头直接注浆;特殊地段采用 TSS 管注浆工法,将注浆管插入壁厚土层 1～1.2 m,注浆管采用尖头花管,后退式注浆。注浆采用隔环注双液浆,双液浆注入 12 h 后,在中间环注入单液浆,以便更好地填充。

隧道内管片注浆加固开孔前,先安装注浆球阀。

2. 车站中板加固

车站内在负二层采用满堂脚手架对中板进行加固,以避免盾构进入箱体后推力过大产生“冒顶”对中板造成破坏(图 18,图 19)。

4.7　洞门封堵

1. 注浆封堵

为控制左线盾构到达施工风险,保证壁后二次注浆的填充率,达到区域采用 12 环特殊管片,每环特殊管片均设置 15 个注浆孔位(除 K 块外,A1、A2、A3、B1、B2 均设置 3 个注浆孔)。

图 18　中板加固

图 19　管片槽钢拉结

当 537 环管片拼装完成，盾构前推进，露出第一道盾尾刷时停止掘进，此时盾尾剩余 65 cm。

注浆压力与注浆量：接收洞门封堵注浆采用注浆压力与注浆量双控原则。单孔压注量 0.3 m^3，底部注浆压力不超过 0.4 MPa，上部注浆压力不超过 0.35 MPa。实行压力与量双控，即压注量达到 0.3 m^3 时，若压力未超过要求，则单孔注浆结束；若注浆量未达到 0.35 m^3，但注浆压力已达到要求，则单孔注浆结束。

注浆方式：接收环全周注浆。利用接收管片注浆孔（每环 15 个孔位）隔环压注双液浆，形成环箍。每道环箍注浆采用隔孔循环压注。即 15 个孔先压注 1、3、5、7、9、11、13、15 号孔位，再压注 2、4、6、8、10、12、14 号孔位。每两道环箍压注完成后在两道环箍之间压注单液浆填充，单孔注浆量 0.2 m^3，同样实行压力与量双控。

压注时严密监测隧道变形。

盾构隧道注浆封堵完成后，通过管片注浆孔及土仓内的渗水情况检测注浆效果，若存在渗漏，则继续注浆直至无渗漏后，并通过盾尾处开孔检查无异常后，开始实施洞门圆弧板焊接封闭施工。

2. 盾尾割除与弧形板焊接封堵

考虑到接收风险较高，项目部决定采取盾尾内割留置的封堵方式，先在盾尾洞圈处焊接 ϕ100 mm 的球阀，采用直割枪开观察孔，环向均匀开孔 4 个，无渗漏水后开始盾尾割除封堵作业。盾尾割除封堵作业时由下往上进行，盾尾钢板割开一段，封堵一段，直至封堵完成。洞门封堵施工步骤如图 20 所示，盾尾切割封堵如图 21 所示。

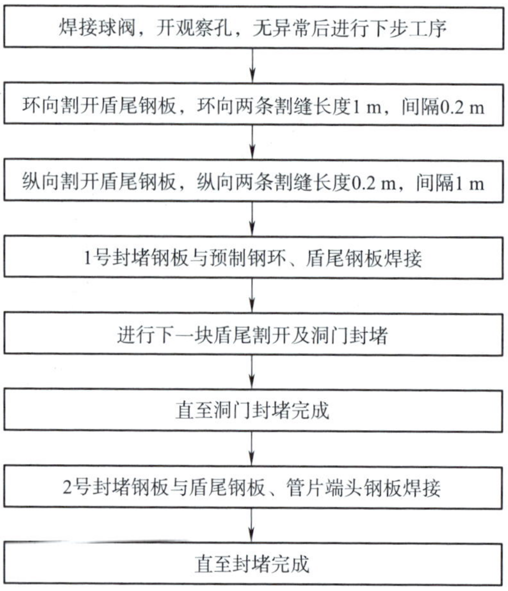

图 20　洞门封堵流程图

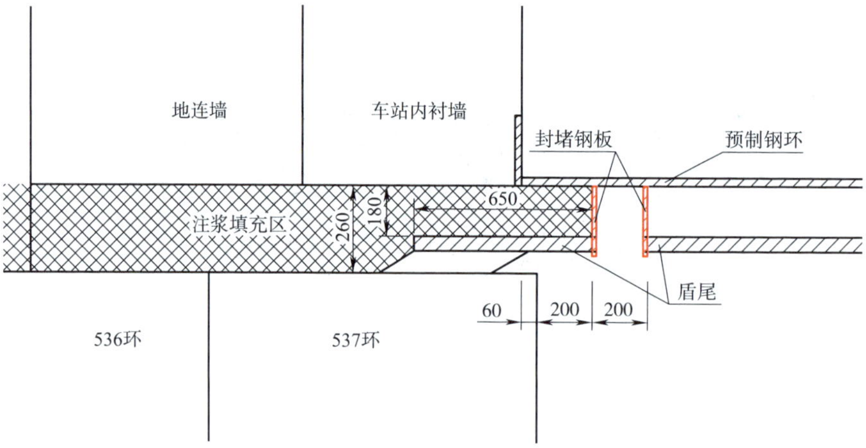

图 21　盾尾切割封堵示意图(单位:mm)

5　涌水事件原因分析

5.1　污水箱涵的影响

施工前调查雨污合流箱涵,盖板为钢筋混凝土结构,侧墙为浆砌片石结构,但因箱涵水量较大及底部有部分淤泥无法确定底部结构形式,在塌陷时发现底部为素混凝土结构形式,底部比较薄弱。前期车站地连墙施工对车站周边土体有很大的振动,主要为地下连续墙入岩深度达到 3～7 m,岩石最高强度达到 170 MPa,采用了冲击钻破岩的方式成槽,施工过程中对雨污合流箱涵底部影响较大。

排水箱涵因受施工场地限制,无法进行改移,且年久失修,加之交通疏解后,将机动车道设置在箱涵顶部,在重车的动载作用下,加速了箱涵的破坏。箱涵内的雨污水和地下水完全联系,导致洞门的涌水补给量增大。特别在洞门涌水发生时,将基坑内积水大量抽排至雨水箱涵,然后箱涵内的大量泥水再快速从洞门涌出,形成循环,加速了洞门涌水涌砂的规模,并引起渗漏路径地面的塌陷。

5.2　冰冻加固体遭到破坏

接收端头采用的是水平冰冻加固方式,盾构接收时拔除“杯底”冷冻管,外环“杯身”冷冻管继续工作。

“杯底”冷冻管在洞门破除完成后拔出到套箱内回填约2 d时间，且回填时加入水，同时盾构到达洞门需2 d，加速了冷冻体解冻，因此，盾构通过时所产生的挤压使得冻土“杯身”破裂。

5.3 混凝土套箱薄弱环节分析

洞门和混凝土套箱之间采用钢环连接。原因主要有：一是为保留外环冷冻管在盾构接收期间继续冷冻，二是方便洞门封堵(分段焊接洞门钢环和管片外壁)。

钢筋混凝土套箱和中板的接缝部位以及套箱和洞门钢环接缝处为施工薄弱环节。初期渗漏发生时，大量泥水从接缝部位涌出，水流加速了冰冻体的破坏，导致渗漏越来越大。基坑外水土压力直接传导于套箱体，导致套箱墙体很快因受力过大而开裂。

套箱内回填材料受场地条件限制，采用流动性较大的回填料(砂、粉煤灰、水)进行填充。盾构接收涌水时，导致回填料和基坑外流砂一样，从套箱缝隙一起涌出。

5.4 现场管理不够细致

在险情初发时，现场管理不够细致，因现场抢险人员对管线线路情况不够熟悉，加之现场部分围挡已被拆除，管线标志损毁，致使抢险注浆机下钻时将高压线路损坏，造成盾构机断电及主板烧坏，造成盾构停机时间长达12 h，导致刀盘被冻住。

5.5 掘进参数控制困难

较高的掘进土压力和推力易破坏冻结加固土体，加固体中推进是按照施工前制定的作业指导书要求，盾构机推力在1 000 t，掘进速度在10 mm/min以下，贯入度在6 mm以下，但因加固体中掘进困难，盾构机掘进参数难以控制，推力最大达到1 350 t。

6 盾构接收措施总结

本次盾构接收大部分位于富水全砂层范围内，接收风险很大。在方案设计阶段采用水泥加固＋水平冷冻＋水中接收，仍然出现洞门渗漏事故，主要总结如下：

(1)隧道顶部地层主要为②-2d3粉砂层(稍密)，洞身上半部分为②-3d2粉砂层(中密)、下部1～2 m为③-3b4淤泥质粉质黏土层。

施工应严格控制端头水泥系及冰冻加固质量，确保端头土体加固质量达到设计的强度及抗渗要求。在此次事件中，因搅拌加固施工质量较好，具有较大的支撑力和承载力，在洞门发生渗漏时，盾构并未发生下沉，避免了险情的进一步恶化。

(2)合理选择水中进洞措施，优先选用钢套筒接收，工程筹划时考虑好钢套筒结构尺寸，优化结构净空，确保钢套筒能够安装。

混凝土套箱进洞有着很大的净空优势，套箱与过度钢环及其他连接面的混凝土浇筑为混凝土套箱的薄弱环节，建议筹划阶段设计时考虑混凝土套箱随车站结构一起施作，确保接缝处质量。

两种水中进洞的方式各有优缺点，但均须控制其质量，确保接收安全。

(3)严格控制接收掘进参数。土压力及推力应根据端头地层及加固质量进行设定，有利于加固体的保护和防止刀盘冻结的可能。另蒸汽解冻等应急设备一定要到位，最好放置于盾构机内，便于及时解冻，节约时间。

(4)盾构接收外围环境调查与协调。盾构机接收前期应及时向当地供水供电部门了解有无停水、停电计划，尽可能将其停水停电计划协调至接收完成后实施，同时做好周边故障停水停电的应急措施，降低在冰冻条件下接收停机致使刀盘冻住的可能。

对周边管线情况还应进行深入调查，例如本次盾构接收范围雨水箱涵仅有钢筋混凝土盖板，底部仅仅为素混凝土封底，加之年久失修，箱涵底部破损严重，雨污水早已和地下水相连；在第一次洞门出现局部渗漏后，基坑内污水抽排至箱涵，然后全部再漏下去，导致洞门冰冻体急速破坏，加剧了洞门渗漏规模。

(5)盾构接收作业指导书及应急手册。盾构到达前施工单位制定详细的作业指导书和应急手册,并详细交底到作业层,避免盾构作业人员盲目施工或随意操作,且在特殊情况下及时采取正确的处理措施。

(6)施工单位组织专家对盾构接收及应急预案进行专项评审后,项目管理人员及现场生产人员应熟悉掌握应急处理流程及相关程序。

本次险情发生后,施工单位按照应急处理流程及时上报上级相关单位,并在短时间内调集大量抢险物资及人员到现场,确保现场抢险工作快速有效推进,险情发生后短期内得以控制。

(7)建议盾构到达时采用"水泥加固+玻璃纤维筋连续墙+水中接收"的措施,降低开洞门及冰冻体破坏等风险,但在工程筹划时应考虑好盾构机选型。

(8)水中接收填充料应进行配比验证,确保填充完成后在箱体内转化为可塑性土体,与洞门形成整体,确保接收安全。

南京地铁机场线工程复合地层盾构隧道施工关键技术

英　旭

（上海隧道工程有限公司，上海　200082）

摘　要：结合南京地铁机场线复合地层盾构隧道施工，提出了盾构适应性选型、改制的基本原则和方法，介绍了刀具磨损与更换、土体改良、注浆工艺、施工参数优化设置等方面的研究成果与实践经验。同时，总结了穿越几种典型地层包括禄口国际机场滑行道、停机坪的施工技术措施。

关键词：地铁；隧道工程；盾构；复合地层；施工技术

0　引　　言

近年来，随着我国各大、中城市地铁的大量兴建，使得盾构隧道施工遇到的地层越来越复杂，并越来越多地面临需在复合地层施工的挑战。如我国北京、广州、深圳、成都、南京、武汉等诸多城市均存在采用复合盾构进行地铁隧道施工的情况。

与单一地层相比，复合地层盾构施工存在以下特点：①经常根据地层情况变换盾构施工模式；②盾构机的配置需要做出适当的调整；③采用的施工工艺和施工参数也要根据地层的变化而变化；④某些复合地层，可能需要采用一些辅助工法。

同时，复合地层中采用盾构掘进时，经常会出现刀盘结泥饼、刀盘及刀具磨损（损坏）、螺旋输送机喷涌及施工导致地表过大变形、建（构）筑物损毁等，并加大施工的难度及加剧施工风险。

应对目前复合盾构隧道建设量日益增长的趋势，开展基于地层和环境接口相适应的盾构掘进配套综合技术研究显得尤为迫切和必要。

本文结合南京地铁机场线工程大规模、长距离复杂复合地层盾构隧道施工，提出了盾构适应性选型、改制的基本原则和方法，研发了盾构掘进综合配套技术。同时，总结了在几种典型地层施工时及穿越禄口国际机场滑行道的技术措施。

1　工程概况

南京地铁机场线工程为南京至高淳城际轨道一期工程，线路南起禄口机场，北至南京南站，全长约35.8 km。

其中盾构区间双线总掘进长度约28 km，共包含9个区间，区间长度1 079～1 999 m，施工地层大多为复合地层。其中穿越土层主要为粉质黏土层；穿越岩层包括强—微风化安山岩及中—微风化粉细砂岩。其中安山岩岩石强度、风化破碎及富水程度呈现较大的变异性，粉细砂岩总体完整性好，但其对刀盘、刀具的磨损性较大。

同时，盾构区间隧道线路主要沿车流量较大的将军大道主干道敷设，且多处穿越多幢老民房、市政管线等建（构）筑物，并下穿禄口机场滑行道，因此盾构施工环境保护要求高、难度大。

此外，根据工程总体筹划，为确保“洞通”节点按时实现，需一次性投入18台复合盾构进行施工，且每个盾构区间隧道施工时间均需控制在12个月以内。考虑施工过程中，可能需频繁进行设备检修、换刀处理，以及由于地质不确定性带来的各种施工风险，更是凸显了工期的紧张。

2　施工关键技术研究

2.1　盾构适应性选型与改制

针对复合盾构施工，开展基于地层适应性和环境接口适应性的盾构设备选型显得尤为重要，也是决定工程成败的关键。

由于本次需一次性投入18台复合盾构进行施工，考虑国内闲置复合盾构较少，完全适用机场线地质条件更少，而重新定制盾构难以满足工期要求，为合理利用存量资产、节省成本，针对3台土压平衡盾构进行了适应性改制。

1. 盾构选型和改制的原则

对盾构机各大系统的要求如下：

盾壳和铰接系统：为避免盾构卡死、小半径转弯及纠偏方便选用锥形盾体及V型中折铰接。

主驱动与推进系统的选择：使用长寿命轴承，一般要求驱动功率≥1 100 kW；为便于纠偏，尽量应用长行程油缸。

排土和出渣系统：螺旋输送机扭矩须满足要求，其叶片应考虑耐磨设计；采用小角度皮带，带速≥2.5 m/s，负载轻，运输量大，利于渣土含水量大时快速掘进。

刀盘系统：刀盘面板具有足够的强度和刚度，并应采用有限元进行结构分析(图1)，刀盘具有合适的开口率(38%左右)，刀盘具有良好的耐磨性能并尽可能配置耐磨监测系统。

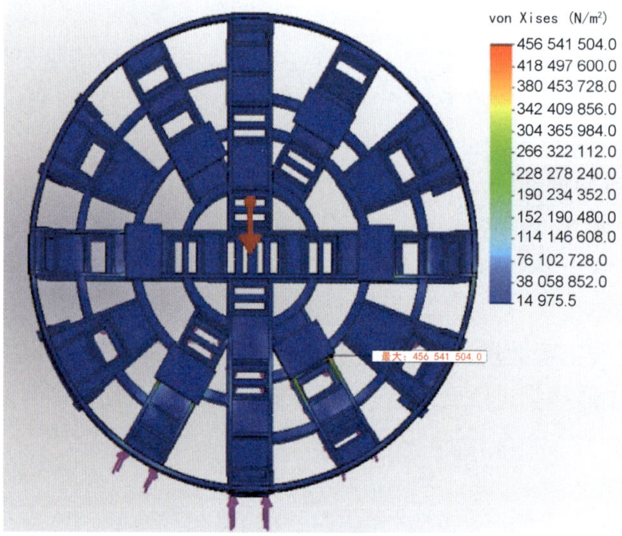

图1　刀盘应力及位移云图

2. 盾构适应性改制

初步选定对3台土压平衡盾构，在对其进行适应性评估的基础上，制定了改制方案，主要考虑了刀盘和盾体尺寸、刀盘驱动、推进系统、螺旋输送机等项目(表1、表2)。

表1　海瑞克S-393盾构改制方案

项　目	原有参数	评估结果	改制方案
刀盘/盾体	开挖直径 ϕ6280	不符合	改成 ϕ6450
刀盘驱动	额定扭矩：470 kN·m； 最大扭矩：530 kN·m； 转速：0～6 r/min	符合	
推进系统	最大推力：3 400 kN； 额定推力：2 700 kN； 推进速度：0～80 mm/min； 行程：2 200 mm	不符合	为满足出渣及同步注浆要求，推进速度改成0～60 mm/min

续上表

项　　目	原有参数	评估结果	改制方案
螺旋输送机	最大转速:22 r/min; 额定扭矩:19 kN·m; 出土量:285 m^3/h	符合	

表 2　深圳号、珠海号三菱盾构改制方案

项　　目	原有参数	评估结果	改制方案
刀盘/盾体	开挖直径 ϕ6280	不符合	改成 ϕ6450
刀盘驱动	额定扭矩:500 kN·m; 最大扭矩:620 kN·m; 最大转速:6 r/min	符合	
推进系统	最大推力:3 900 kN; 额定推力:3 000 kN; 推进速度:0～60 mm/min; 行程:1 700 mm	不符合	根据管片分块需改制为长、短行程油缸
螺旋输送机	最大转速:15.8 r/min; 额定扭矩:6.5 kN·m; 出土量:285 m^3/h	不符合	更换驱动系统

具体改制方案为:

刀盘:对三台盾构刀盘重新进行制作,并对刀盘局部采用加斜撑板的方法进行加强(图 2)。

前壳体:为减少工期和成本,对三台改制盾构采用在前壳体外部进行包壳处理以满足开挖隧道直径要求,对壳体采用 24 根厚度为 40 mm 纵向筋板和 6 根 50 mm 的环向筋板组成网状支撑结构(图 3)。

图 2　重新制作刀盘

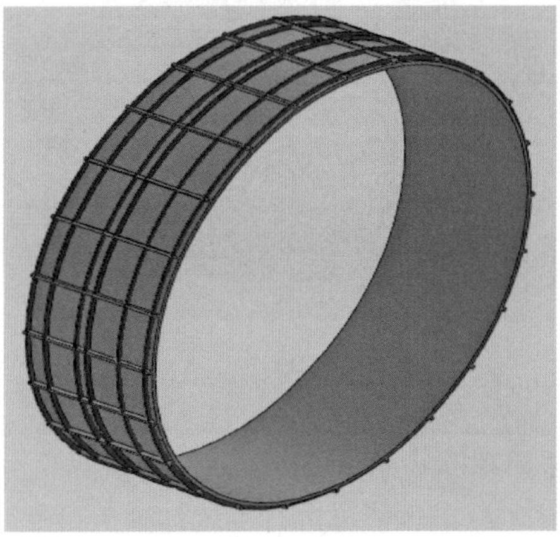

图 3　前壳体网状支撑结构

后壳体、盾尾:对三台盾构后壳体重新制作,内部布置环形筋板用于推进油缸托架安装和固定。盾尾重新制作,铰接油缸也重新布置,并设计制造 4 条内置式同步注浆、盾尾油脂一体式管道(图 4)。原有的球形铰接改为平面铰接。

螺旋输送机:对两台三菱盾构螺旋输送机更换驱动系统,确保额定扭矩满足需求。

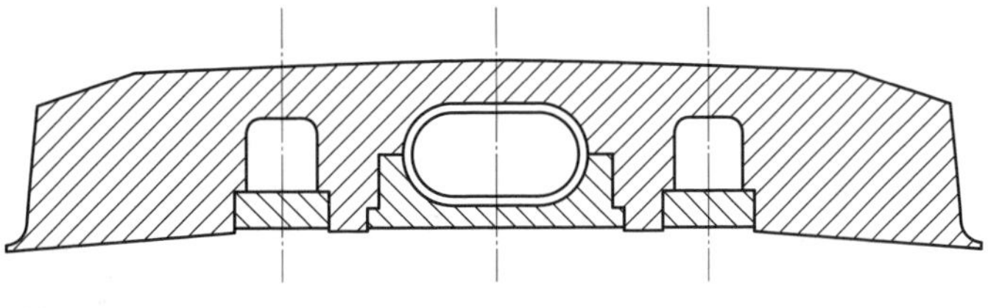

图 4　内置式同步注浆、盾尾油脂一体式管道

2.2　刀具管理

1. 刀具配置原则

针对不同的盾构掘进地层，针对性地采用不同的刀具配置方式：针对以软土为主，同时岩石风化破碎严重、强度低的情况，主要配置贝壳刀和刮刀；对以岩层为主地层，刀具配置以滚刀为主；对上软下硬地层，则需同时配置滚刀和刮刀。刀具配置方面，需考虑刀具的互换性，以确保施工的机动性。

为保护齿刀，要求滚刀与齿刀高差不小于 45 mm。滚刀的刀间距随岩石强度的增加而减少，最小至 11 cm。

2. 滚刀选用

滚刀的选用需要综合考虑刀具破岩效率和耐磨性能。

对安山岩，主要考虑刀具的破岩效率，特别对于中风化及微风化安山岩，由于岩石强度大、呈脆性，采用了刀圈材质硬度较大的滚刀。

对粉细砂岩，虽然强度不高，但由于富含石英砂，对普通滚刀的磨损较为严重，一般掘进 40～50 环即需要换刀。嗣后，试验了两种合金刀圈，一种为镶嵌合金齿刀圈、一种为镶嵌整圈合金刀圈，如图 5、图 6 所示。与普通刀圈相比，两种刀圈耐磨性均有较大提升，换刀距离可延长至 120 ～ 150 环。同时，镶嵌合金齿刀圈在合金齿之间盘体磨损后，成锯齿状，有利于滚刀转动，提高掘进效率；而镶整圈合金刀由于缺少挤压应力释放空间，部分滚刀易发生合金块剥落现象，影响滚刀使用寿命。因此，后续工程中主要使用镶嵌合金齿形式滚刀。

图 5　镶嵌整圈合金刀圈

图 6　镶嵌合金齿刀圈

3. 刀具磨损规模研究

针对刀具磨损、破坏情况进行了统计分析（图 7），研究结果表明：周边滚刀磨损较快，需加大检测频率，及时更换，同时需保证刀盘中心土体改良效果（如加密泡沫注入口设置、提高注入量），避免结泥饼导致滚刀偏磨。

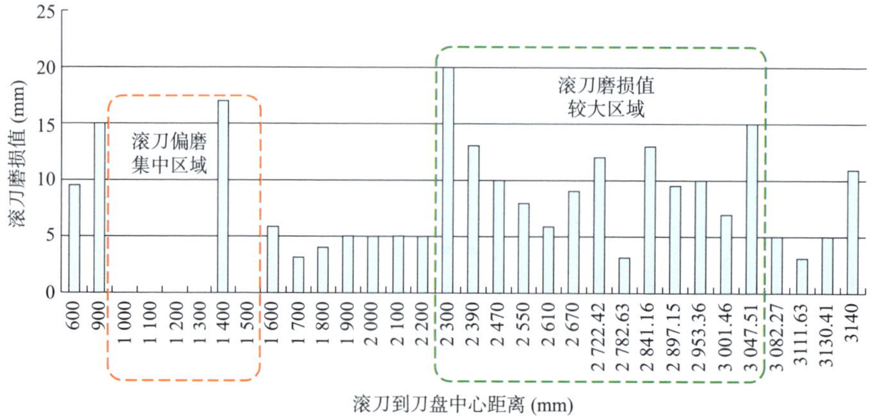

图 7　滚刀磨损规律统计分析

4. 刀具磨损判断及刀具更换

根据刀盘扭矩、推进速度、岩渣温度等判断刀具磨损情况判断刀具磨损的情况，条件具备时开仓检查。

仓内出现异味时，可能是刀具严重磨损的表现，主要是由于滚刀轴承密封失效，润滑油在持续高温环境下产生 CO 气体。

结合对沿线地质情况的分析及刀具磨损情况的预测，尽量避免在不良地层条件下被动换刀。

磨损量超过 10 mm 和边缘滚刀及磨损量超过 5 mm 的刀具应进行更换。

2.3 土体改良技术

1. 泡沫参数设定

为合理制定土体改良施工参数，进行了泡沫试验，研究了不同浓度、不同发泡率、不同注入率对渣土改良效果的影响。主要考虑了不同注入参数对渣土经时坍落度的影响，研究表明：土体经时坍落度损失随泡沫浓度、发泡率及注入率的提高而减小，即泡沫浓度越高、发泡率越高、注入率越高，泡沫的稳定性也越好，对土体的改良效果也越好。

根据试验结果选用的参数：泡沫浓度取 3%～5%，泡沫发泡率取 15～20，泡沫注入率取 100%～200%。

2. 改良方式

在某些地段，尝试对泡沫系统的管路进行改进，将部分管路由压注泡沫改为注水，利于渣土的冷却和流动性改善，减少了结泥饼现象。同时，减少了泡沫注入量及节省土体改良成本。

考虑刀盘中心易发生结泥饼现象，为确保中心部位改良效果，适当增加了中心区域泡沫注入孔数量。

3. 改良效果分析

现结合粉细砂岩地层试验段推进，对土体改良的效果进行分析。

通过对试验段与优化段的对比分析表明：通过采取合理、有效的土体改良措施，渣土流塑性明显改善，利于螺旋机的正常排土，盾构的推进速度可提高至 20 mm/min 左右(图 8)，刀盘扭矩控制在 2 500 kN·m 左右(图 9)，土仓压力控制在 0.03～0.06 MPa 范围内(图 10)。

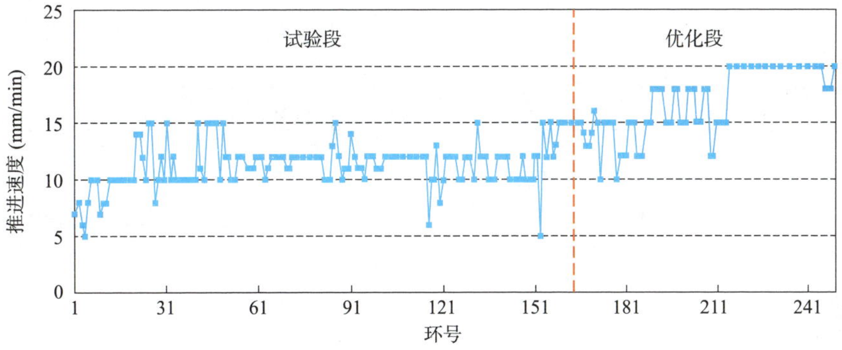

图 8 推进速度变化曲线

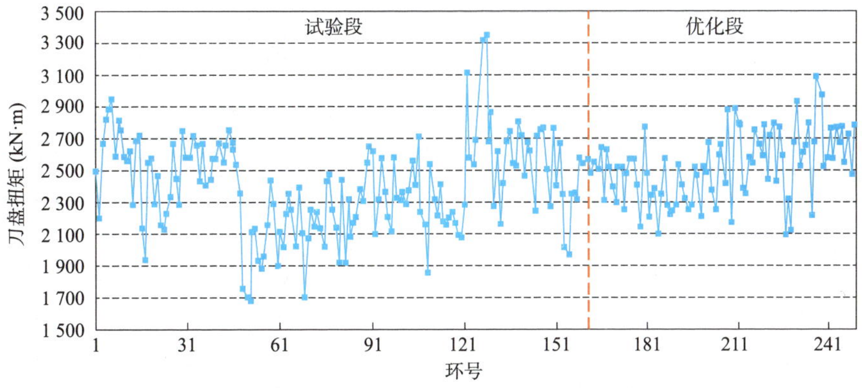

图 9 推进扭矩变化曲线

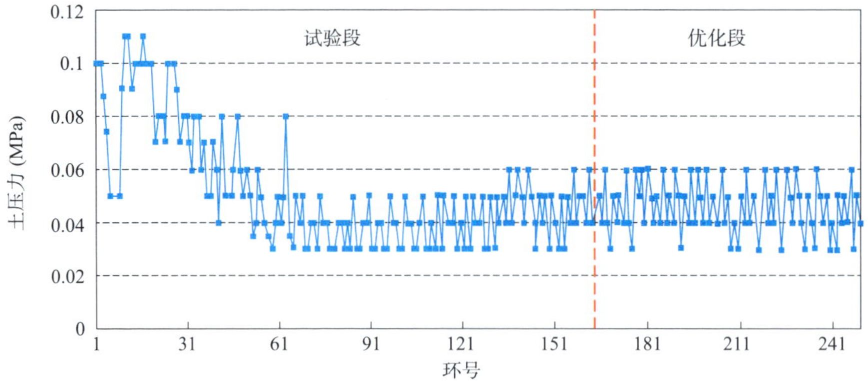

图 10　推力变化曲线

可见，优化段（150～250 环）比试验段（0～150 环）的推进速度明显提高，刀盘扭矩及土压力波动减小。经改良后盾构土仓内泥饼现象减少，对刀盘及刀具的保护作用也较为明显。

2.4　注浆管理

在复合地层中采用盾构法进行隧道施工时，由于开挖地层具有一定的自稳能力，开挖断面往往不能及时收敛，如不能及时、充分填充盾尾空隙，管片在浆液、地下水浮力或者管片自重作用下，产生纵向隆起或沉降位移，甚至会导致管片衬砌结构损坏。此外，当地下水较发育时，由于浆液受地下水的冲刷等影响而发生流失、稀释和离析等现象，注浆效果难以保证。

为此，因地制宜采用当地材料，开展了配比试验研究，研发了“大比重、高抗剪、低稠度”可结硬型厚浆材料，此浆液能在压注初期就具备较高的屈服值，并且水稳性好。

浆液密度＞2.1 g/cm^3，坍落度 10～14 cm，10 h 屈服强度＞800 kPa，28 d 抗压强度＞1.0 MPa。浆液配比见表 3。

表 3　浆液配比

水(kg)	粗砂(kg)	粉煤灰(kg)	石灰(kg)	外掺剂(kg)	膨润土(kg)
300	1 180	300	55	3	50

对裂隙水发育地段，采用双液浆进行二次注浆，每隔 3～5 环在隧道周围形成一道“环箍”，使隧道纵向形成间断的止水隔离带。再在各“环箍”分割所形成的每一段进行补注浆，之后结合监测沉降情况，每隔 5～7 环再适当进行补注浆。

双液浆配比为水∶水泥∶水玻璃＝0.5∶1.0∶0.3。

2.5　施工参数优化设置

施工参数的设置需综合考虑施工安全、施工效率及能耗等因素，还应考虑对刀具、刀盘的保护。盲目追求推进速度，而忽视对刀盘、刀具的保护显然是不合理的。因为刀具更换不仅影响工期和施工成本，而且在不良地质条件及地表环境敏感条件下是极其危险的。

推力是关键施工参数之一，推力应能同时满足下部岩石的破岩需求及上部土层稳定性需求。同时，推力不宜过大，导致刀盘、刀具过快磨损以及能耗的浪费。合理的推力，应能获得合理的切削比能及最优的掘进效率。

同时，贯入度也是一个重要参数。贯入度过小，滚刀无法自转，导致偏磨；贯入度过大，导致滚刀过载，使得刀圈或者轴承损坏。

本工程中，通过计算分析及结合试验段研究，对主要掘进参数进行优化匹配，并结合监测数据及地层情况进行动态调整。对硬岩地层采用低贯入度、高转速掘进；对软岩地层采用高贯入度、低转速掘进；在上软下硬地层掘进中，应适当提高推力和扭矩，并严控出土量，避免超挖。相关施工参数设置参见表 4。

表 4 掘进施工参数

土　层	项　目	参　数
岩层为主地层	贯入度	5～12 mm/min
	刀盘扭矩	<3 000 kN·m
	总推力	<10 000 kN
	推进速度	2～3 cm/min
上软下硬地层	贯入度	8～15 mm/min
	刀盘扭矩	<4 000 kN·m
	总推力	<16 000 kN
	推进速度	1～2 cm/min

2.6 几种典型地层的施工技术措施

1. 以粉质黏性土为主地层

代表区间为 2 号盾构井—佛城西路站区间，全长 1 088 m，掘进地层主要为粉质黏土地层，如图 11 所示。由于穿越地层黏粒含量高，施工过程中刀盘易发生结泥饼现象，也使得泥饼防治成为本区间施工的关键因素。

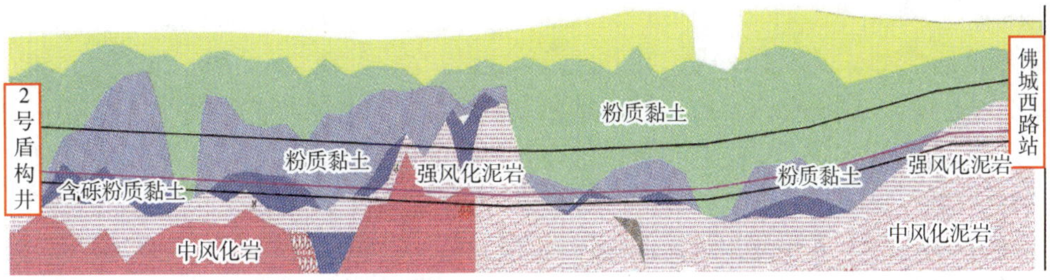

图 11 2 号盾构井—佛城西路站区间地层分布图

一般来说，渣土持续升温、出土不畅，以及推进参数恶化是结泥饼的主要表象。

本区段施工采取的主要措施为：保证连续施工，尽量减少停滞时间；加强渣土改良措施，增加泡沫注入量，保证每环泡沫的注入量(不少于 35 L)；监控渣土温度，渣土温度超过 60 ℃上及时注水降温。

虽然采取了以上措施，但结泥饼现象仍难以避免。产生结泥饼现象后，采取以下措施：具备开仓条件时，开仓直接对泥饼进行清除；不具备直接开仓条件时，采用分散剂浸泡处理或进行地表加固后开仓清除。

2. 全断面微风化地层

代表区间为 1 号盾构井—佛城西路站区间，如图 12 所示。其中，较长距离的区段穿越强度高(>80 MPa)、完整性好的全断面微风化地层。

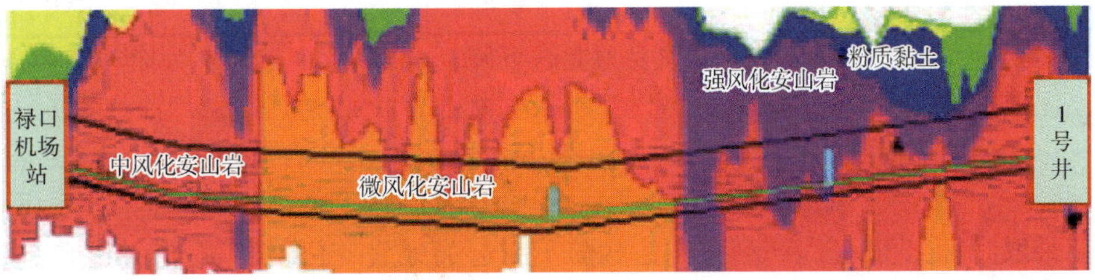

图 12 1 号盾构井—禄口机场站区间地层分布图

由于岩石强度高、完整性好，导致掘进效率低。据此采用的主要措施为：①线路优化，适当上台隧道轴线，减少高强度微风化地层掘进距离；②选用刚度和强度大的重型刀盘(质量约为 80 t)；③全盘应用破岩能力更强的硬质单刃滚刀；④适当提高刀盘转速，刀盘转速一般控制在 2.5 r/min 以上。

此外，对推进所用的奥村盾构机，特别设计了 TBM-EPB 掘进模式转换功能，其在软土、上软下硬等一般的复合地层可采用土压平衡模式(EPB)掘进,在盾构进入全断面微风化安山岩后,将掘进模式由土压平衡模式转换敞开模式(TBM)掘进,两种模式的特征对比如图 13 所示。

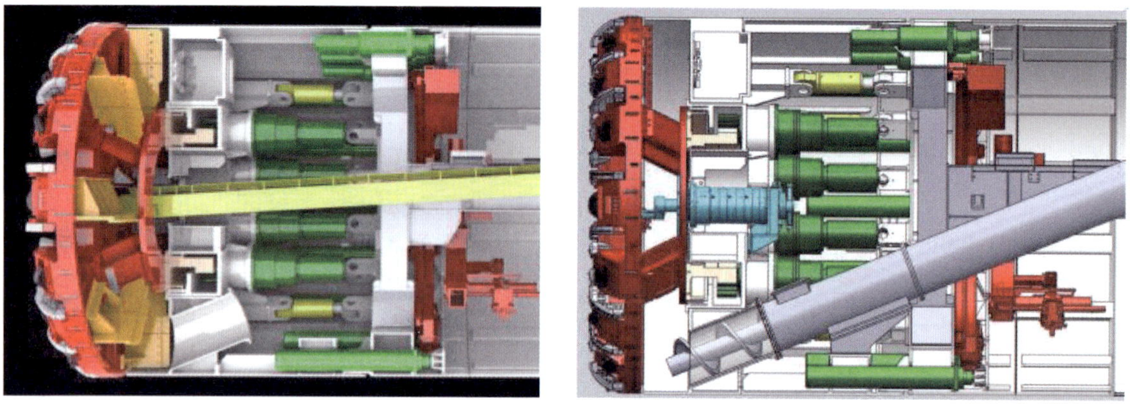

图 13　TBM 模式与土压平衡模式对比

采用 TBM 掘进模式后,排土方式由采用螺旋输送机出土变为采用皮带输送机出土,且提前对刀具进行了适应性更换。与 EPB 模式相比,采用 TBM 模式后,推力显著下降(由 6 000～12 000 kN 降低至 3 000～6 000 kN),推进速度加快(由 1.5～3.5 cm/min 提高至 3.5～5.0 cm/min);同时,刀盘扭矩也显著降低,且不需进行渣土改良。

3. 上软下硬地层

上软下硬地层是最常见的情况,且施工控制难度也最高。除了易发生刀盘结泥饼现象外,由于地层不均匀性使得土压力波动、盾构姿态难于控制及超挖等将导致过大地面沉降甚至地表塌陷、建(构)筑物损坏。

针对上软下硬地层,除了加强土体改良、注浆管理等常规措施外,尚应采取以下技术措施:

(1)加强地质补勘工作。采用便携式地质勘探机进行补勘,并重点对软硬交界面及存在"漏斗"的地段适当增加钻孔密度,尽可能详尽、准确地掌握地层信息情况。

(2)严控超挖量。严格采用以出土量为主控对象,对于曲线段施工或需进行纠偏处理时,需加强盾构姿态控制,尽量避免"蛇行"现象。

(3)强化开仓预案措施。当需要换刀或清理泥饼时,需进行地面注浆加固后开仓,刀盘开口处采用钢板封闭。

(4)加强信息化施工管理。为准确、直观地获得地层沉降信息,地表沉降监测采用地表桩(桩底需穿越混凝土路面并进入土层),并增加深层沉降点测点敷设数量。同时,及时采集、分析监测数并对施工进行及时反馈指导。

2.7　穿越禄口机场滑行道和停机坪的施工技术措施

在 1 号盾构井—禄口机场站区间,两台盾构先后下穿禄口机场滑行道和停机坪,机场滑行道穿越地层主要为全断面中风化安山岩;停机坪穿越地层主要为上软下硬复合地层,穿越岩层为全～微风化安山岩,土层为粉质黏土、淤泥质粉质黏土、粉土等(部分区段穿越回填抛石层)。穿越段隧道埋深约为 7 m。禄口机场停机坪、滑行道采用相同的道面结构,上部为 40 cm 钢筋混凝土＋2 cm 厚石屑粉找平层＋18 cm 厚二灰碎石,下部为抛石回填。

因此,需要采取"微扰动施工",严格控制盾构施工引起的地表变位,避免对滑行道和停机坪造成不良影响。

针对穿越段施工,除采取土体改良及加强注浆管理等措施外,针对穿越禄口机场滑行道、停机坪采取的其他措施包括:

(1)穿越机场段采用 EPB 掘进模式,且在进入机场前,对盾构主要设备了检修,并全盘更换新刀。

(2)采用盾构机自身具备的超前钻进行地质勘探和注浆加固;采用走行式地质雷达对穿越地层及注浆密实情况进行了探测(图 14)。

(3)由于道面上不能作监测标志，故采用全站仪三维红外扫描技术对道面全天候沉降进行自动监测。本次采用 Sokkia 全站仪具有马达驱动、自动照准测量、无合作目标红外测距等功能，通过编程驱动仪器进行预定位置、按定制的测量方法实施自动测量。控制指令、测量成果等数据可借助移动通信(GPRS)技术实时与仪器交互传递；系统工作原理和流程如图 15 所示。

通过采取以上措施，两台盾构先后顺利穿越了机场跑道及停机坪，且最大地表沉降值控制在 10 mm 以下。

图 14 采用 GPR 进行地质超前预报

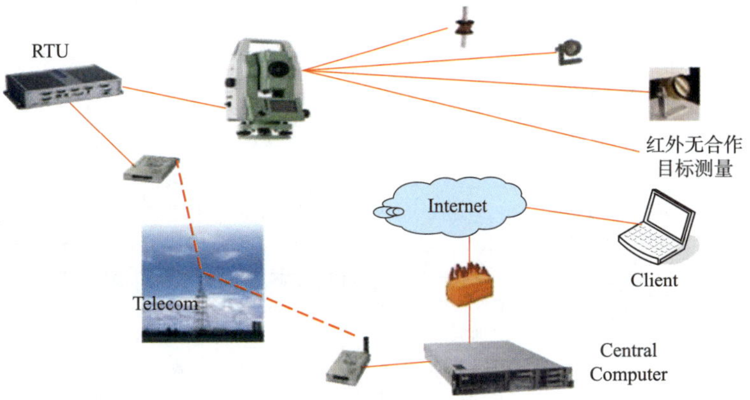

图 15 自动监测系统工作流程图

3 结 语

通过对南京地铁机场线工程施工开展技术攻关及施工过程控制，较好地解决了安山岩、粉细砂岩等复杂复合地层条件下盾构长距离、快速掘进施工的各项技术难题，并获得以下经验和体会：

(1)地质研究是基础，盾构选择是关键，施工管理是保障。须寻求与地层条件、环境接口相适应的施工方法，“对症下药，因地制宜”，同时须加强施工过程的管控，方可确保工程安全、顺利。

(2)鉴于目前国内既有复合盾构较少，且复合地层针对盾构适应性选型要求较高，在对既有盾构开展评估的基础上合理进行适应性改制，可合理利用存量资产，减少盾构定制生产时间，节省工期和成本，从而达到事半功倍的效果。

(3)复合盾构施工需要加强施工管理，特别是需要加强对刀具管理、注浆管理及信息化施工管理。

(4)EPB-TBM 掘进模式转换技术可实现施工效率与环境保护兼顾，但是需明确两种模式的适用条件，综合地层条件和周围环境条件进行模式转换。

(5)采用地质雷达进行超前地质预报和浆液检测是一种可行的方法，但需要加强解析准确度和精度方面的研究，以确保准确、客观地了解穿越地层信息及注浆密实性情况。

2.3 高架工程技术与施工实践

城市轨道交通高架车站结构防撞设计探讨

张　静[1]　刘文捷[2]
（1. 南京地铁建设有限责任公司，南京　210017；
2. 中铁第四勘察设计院集团有限责任公司，武汉　430063）

摘　要：据相关研究显示，国内现行规范所规定的汽车撞击力往往小于实测值，为保证轨道交通车站的结构安全，探索易于实际工程采用的等效汽车撞击力计算方法是十分必要的。本文在参考相关文献的基础上，借鉴《铁路桥涵基本设计规范》（TB 10002.1—2005）中的船只撞击理论模型，根据能量守恒定律，得出相对保守的等效车辆撞击荷载计算方法。经与其他文献记载的实测资料对比，该计算方法所得出的计算结果与工程实测值比较吻合，具备一定的工程价值。在轨道交通车站防撞计算中，可以按此公式进行结构安全校核。

关键词：高架车站；汽车撞击荷载；防撞设计

1　工程简介

某城际轨道交通工程，在省级公路路中 6 m 宽绿化带内设置高架车站（图 1）。由于车站框架柱距离绿化带边缘仅 0.25 m，因此车站可能遭受来自于公路车辆的撞击。

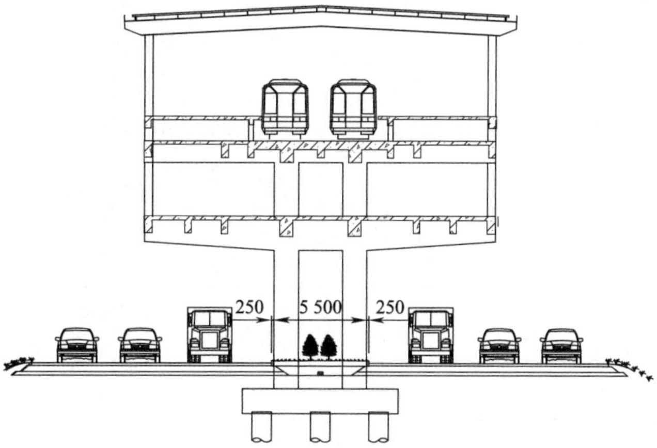

图 1　路中高架车站示意图（单位：mm）

目前国内对于汽车撞击荷载的取值有明确规定。《地铁设计规范》（GB 50157—2013）第 10.3.14 条、《铁路桥涵基本设计规范》（TB 10002.1—2005）第 4.4.7 条和《高速铁路设计规范》（TB 10621—2009）第 7.2.16 条均规定：当无法设置坚固的防护工程时，必须考虑车辆撞击力，撞击力顺行车方向应采用 1 000 kN，横行车方向应采用 500 kN，两个等效力不同时考虑，作用于路面以上 1.2 m 处。上述规定中，对于汽车撞击力的取值，是参考德国《铁路桥梁及其他工程结构物规范》（DS804）的有关内容拟定的。

考虑本工程所在省级公路重型汽车密集，且由于多方面原因，汽车超速、超载情况较为普遍，并根据相关文献显示，规范中所规定的汽车撞击力有可能远远小于汽车实际撞击力。对于城际轨道交通这种百年工程，其安全性能关乎人民群众的生命财产安全。对其进行更加深入的防撞设计是极为必要的。

2　车辆撞击分析

2.1　撞击计算原理

目前国内规范尚无汽车撞击荷载的详细计算方法，参考《铁路桥涵基本设计规范》（TB 10002.1—2005）

第 4.4.6 条规定的船只撞击荷载计算方法进行相对保守地计算，计算方法如下所述：

根据能量守恒定律，可以假定汽车在碰撞中全部动能转化为静力功计算。

$$E=\frac{1}{2}m_1v^2=\frac{1}{2}m_1(v\sin\alpha)^2+\frac{1}{2}m_1(v\cos\alpha)^2 \tag{1}$$

假定车辆可沿柱墩平面自由滑动，则车辆给予柱墩的动能仅留有上式第一项，即

$$E_1=\frac{1}{2}m_1(v\sin\alpha)^2 \tag{2}$$

动能 E_1 主要转化为以下几部分：

(1)车辆碰撞后前进、回弹和转动能；

(2)柱墩的变形能；

(3)车辆碰撞后变形的能量损失。

规范中第一种能量采用动能折减系数体现，根据碰撞角度不同可以取为 0.2 或 0.3；第二种、第三种能量采用车辆弹性变形系数和墩台变形系数体现。

假定车辆与墩台身的"荷重—变形"均为一次线性关系，得出撞击力计算公式为

$$F=\gamma v\sin\alpha\sqrt{\frac{W}{c_1+c_2}} \tag{3}$$

式中　γ——动能折减系数，考虑船只回转半径较大，转动能消耗较车辆大，因此偏于保守地取该系数为船只正向撞击时的 0.3；

c_1+c_2——按《铁路桥涵设计基本规范》(TB 10002.1—2005)条文说明第 4.4.6 条，柱墩及船只变形能损失系数在无实验数据的情况下，可定为 $c_1+c_2=0.000\ 5$ m/kN；

α——车辆撞击角度；

W——车辆重力(kN)。

2.2　撞击车辆选择

考虑小型车辆超速运行撞击作用和超载重型车辆撞击作用，小型车辆选取质量较大的越野车和渣土车，车辆指标见表 1。

表 1　撞击车辆指标表

序号	车　型	整备重力(kN)	载重(人/kN)	最高车速(km/h)	超载幅度(%)	超速幅度(%)	撞击车速(km/h)
1	保时捷卡宴	22.4	5 人	242	—	50	150
2	重汽 HOWO6×6	98	150 kN	76	100	—	70

2.3　车辆撞击角度

根据《公路护栏安全性能评价标准》(JTG BO5-01—2013)第 2.0.22 条术语解释，对于护栏标准段、护栏过渡段、中央分隔带开口护栏和防撞垫，碰撞角度是指车辆碰撞初始瞬间，车辆纵向中心线与护栏轴线间的夹角。《公路交通安全设施设计细则》(JTG D81—2006)条文说明 3.0.1 条中记录：编写组自 2000 年 4 月至 2001 年 4 月，组织人员到 16 个省市 33 条高速公路进行调研，获取了近千个碰撞事故资料，经过统计分析，平均碰撞角度为 15.3°，85%概率碰撞角度计算值为 21.8°，因此规范中规定的碰撞角度取为 20°。

2.4　结构计算结果

按相关研究成果，等效静力汽车撞击荷载可以满足工程需要，故按前述计算公式及车辆选型，并根据文献进行比较校核，按撞击角度 20°，并偏于保守地另选取 30°和 45°分别计算出横桥向撞击力，将其加载于车站中柱及边柱地面以上 1.2 m 处。最终，施加于计算模型的汽车撞击力，尤其是重车撞击力远大于国内规范的相关规定。计算结果汇总见表 2，计算内力如图 2～图 7 所示。

表 2　车站撞击计算结果汇总表

车　　型	重力（kN）	碰撞车速（km/h）	碰撞角度（°）	碰撞荷载（kN）	结构弯矩（kN·m）	结构剪力（kN）	抗弯验算	纵向钢筋	箍筋配筋	抗剪验算
保时捷卡宴	29	150	20	1 052.6	2 816.5	1 405.8	OK	42　32	最小配箍率	OK
保时捷卡宴	29	150	30	1 579	3 965.7	2 032.5	OK	48　32	最小配箍率	OK
保时捷卡宴	29	150	45	2 368.4	5 688.4	2 972	OK	58　32	最小配箍率	OK
中国重汽 HOWO6×6	400	70	20	1 816.7	4 485	2 316	OK	52　32	最小配箍率	OK
中国重汽 HOWO6×6	400	70	30	2 725	6 515	3 397	OK	62　32	最小配箍率	OK
中国重汽 HOWO6×6	400	70	45	4 087.6	9 784	5 030	OK	82　32	最小配箍率	OK

图 2　保时捷卡宴 20°撞击工况柱墩弯矩图

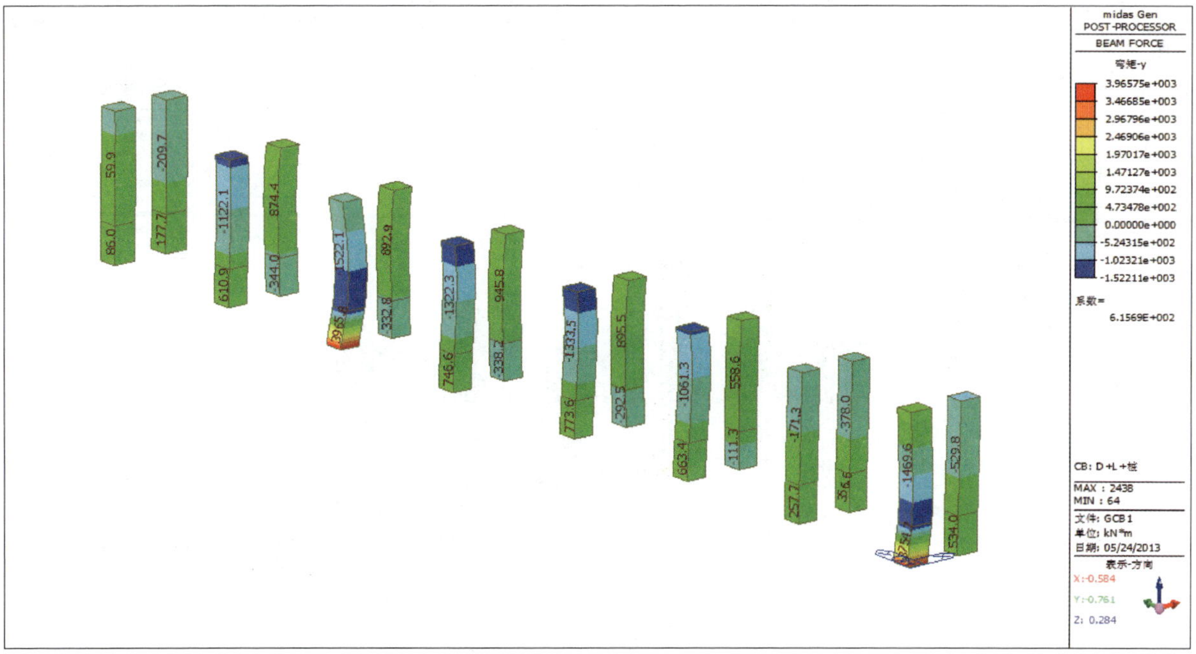

图 3　保时捷卡宴 30°撞击工况柱墩弯矩图

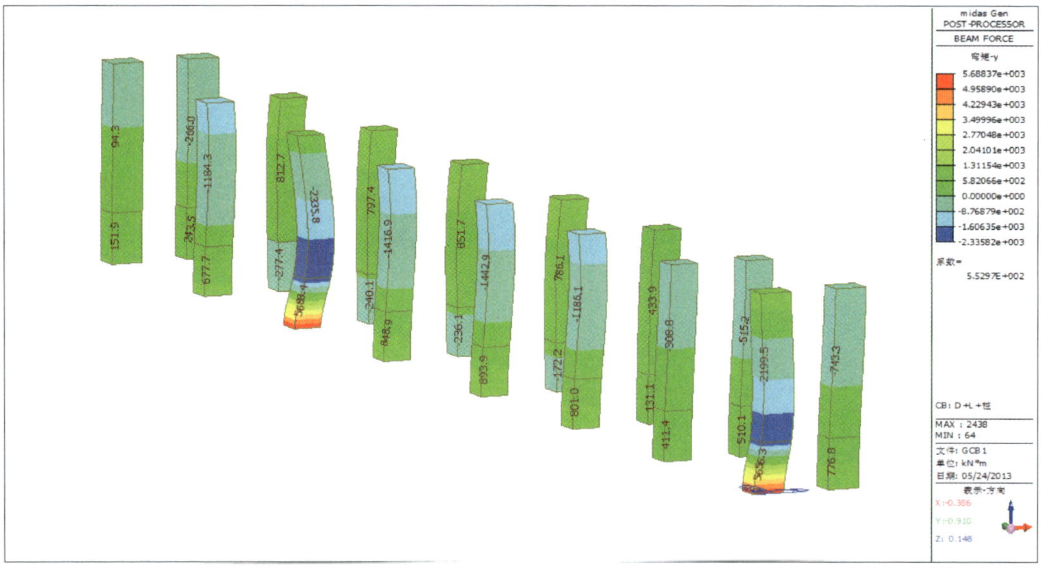

图 4　保时捷卡宴 45°撞击工况柱墩弯矩图

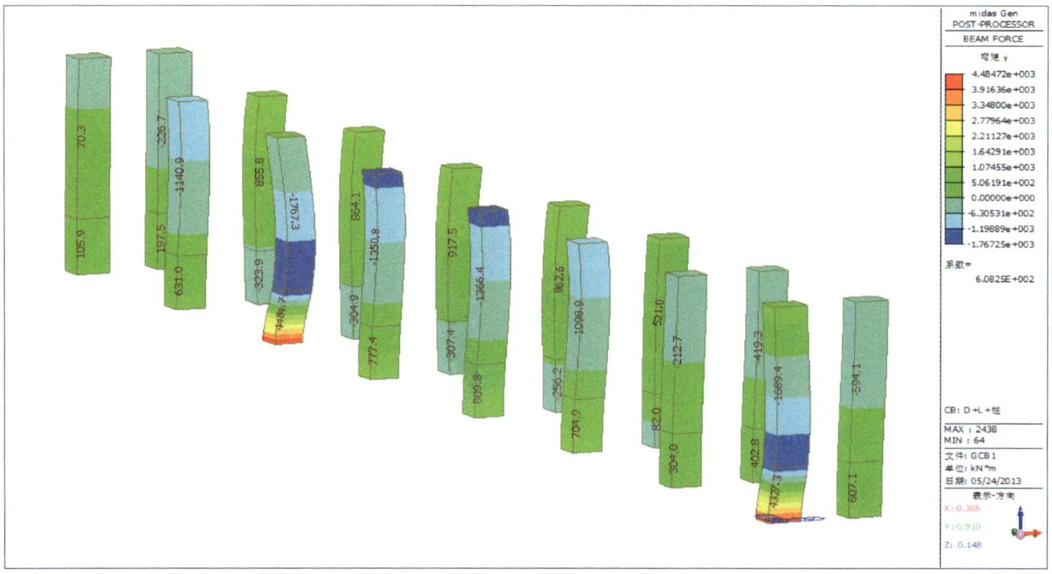

图 5　HOWO6×6 20°撞击工况柱墩弯矩图

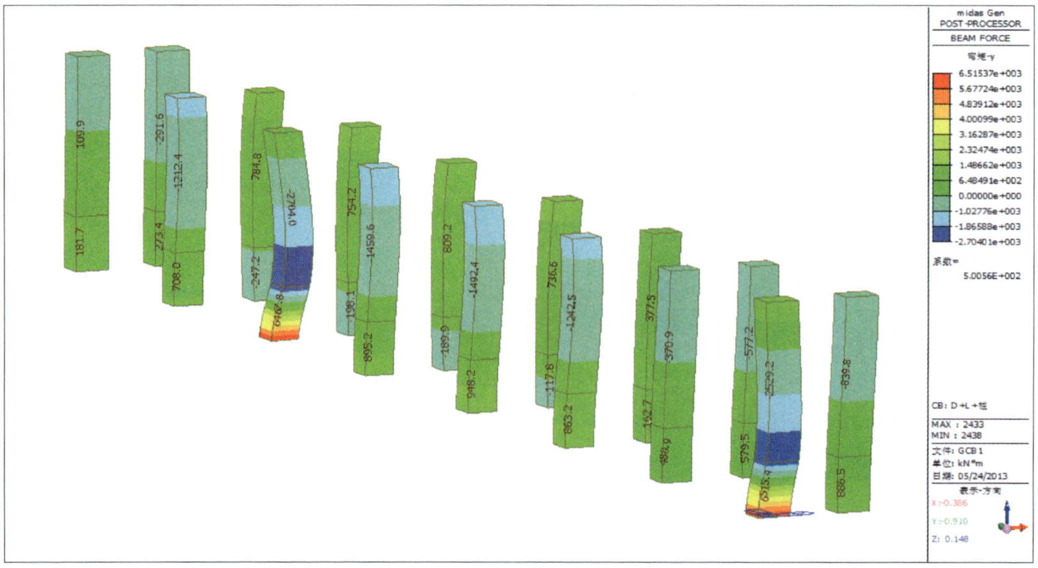

图 6　HOWO6×6 30°撞击工况柱墩弯矩图

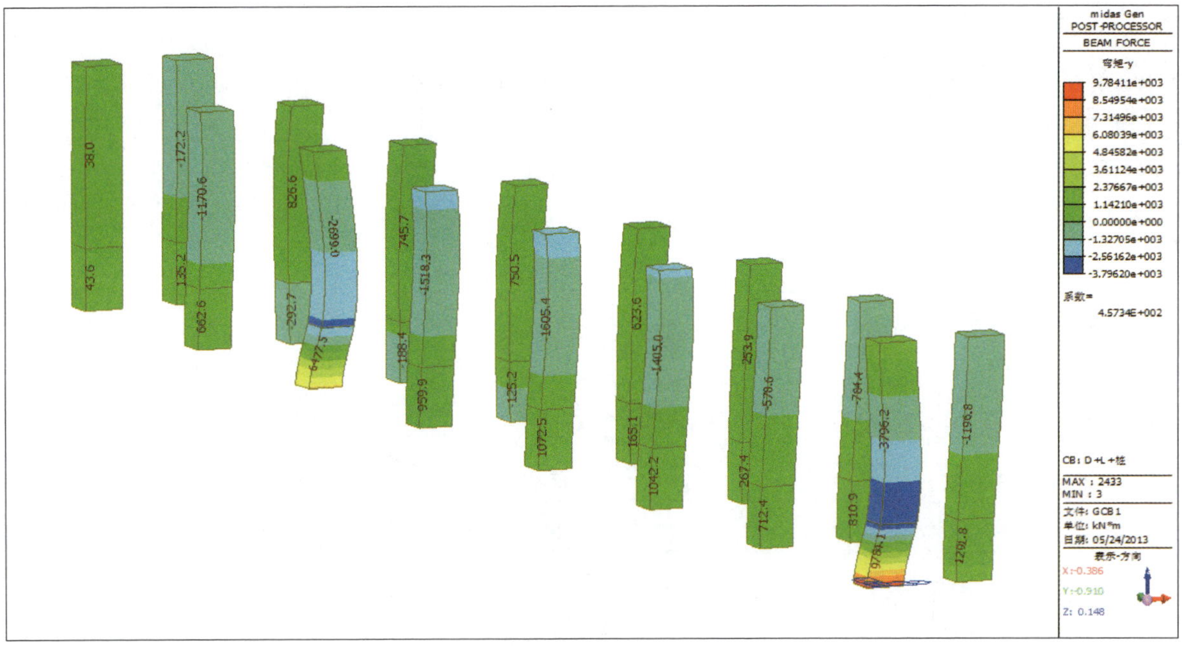

图 7　HOWO6×6 45°撞击工况柱墩弯矩图

由以上计算结果可知：车站柱墩在汽车撞击各工况下，结构均满足设计要求。且发现车站横向连系梁的存在对改善单柱受力性能效果显著，这与文献的研究成果一致。

3　防撞护栏设置方案

第 2 节所述的计算结果表明，车站结构在车辆撞击荷载作用下是安全可靠的。以此为基础，在条件允许的情况下还应设置防撞护栏，以降低车站框架柱结构构造受损的几率。

3.1　设置钢板围护

采用 12 mm 厚钢板包裹柱墩自地面至地面以上 2 m 范围内柱墩，如图 8 所示。

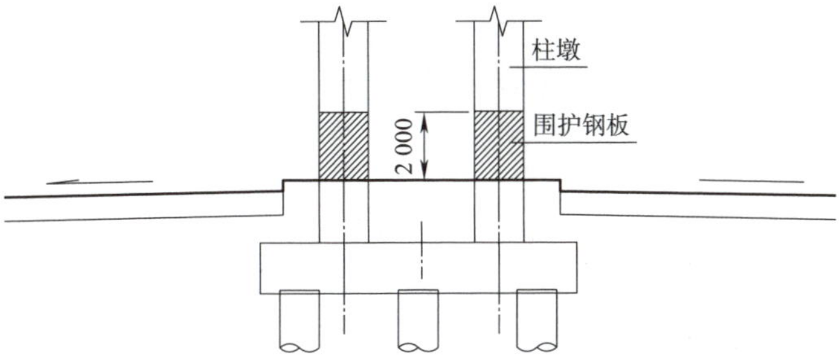

图 8　钢板围护示意图(单位：mm)

1. 方案优点

(1)无需更改路中绿化带宽度。

(2)一般不会因车辆撞击导致柱混凝土保护层损伤。

2. 方案缺点

(1)钢板围护用钢量较大。

(2)由于临近地面，围护钢板易受雨雪等因素侵蚀，钢结构防腐涂装寿命降低，需经常维护。

3.2　设置防撞护栏

若路中绿化带具备拓宽条件，则可设置柔性、半刚性及刚性防撞护栏。考虑半刚性护栏易于安装维护，且消能效果良好。与刚性护栏相比，其可更好地保护车辆及车内乘员的安全。因此，建议设置 SAm 级半刚性护栏（图 9），但考虑护栏变形间距需要，路中绿化带需至少拓宽至 7.9 m 宽，如图 10 所示。

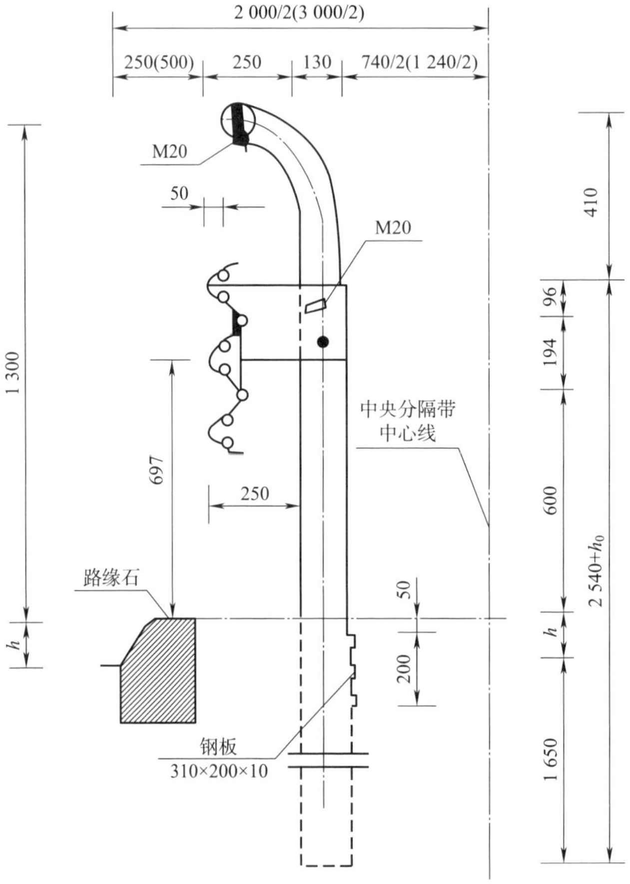

图 9　路中 SAm 级波型梁钢护栏构造图（单位：mm）

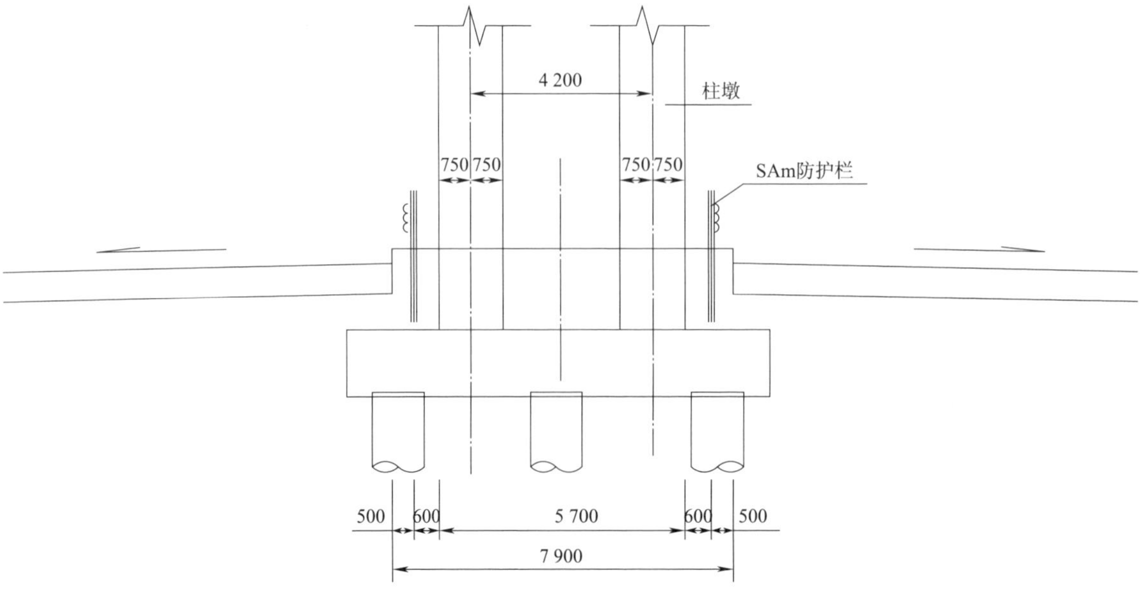

图 10　SAm 级波型梁钢护栏示意图（单位：mm）

方案优点：在撞击作用下，减小柱墩表面损伤的概率，对公路车辆及车内乘员有一定的保护作用。

方案缺点：需大幅度拓宽绿化带，增加投资。

4 结论

(1)考虑到本工程所在省级公路重型汽车密集，汽车超速、超载情况较为普遍，并根据相关文献显示，规范中所规定的汽车撞击力有可能远远小于汽车实际撞击力。对于城际轨道交通这种百年工程，其安全性能关乎人民群众的生命财产安全。对其进行更加深入的防撞设计是极为必要的。

(2)目前国内规范尚无汽车撞击荷载的详细计算方法，但可参考《铁路桥涵基本设计规范》(TB 10002.1—2005)第 4.4.6 条规定的船只撞击荷载计算方法，偏于保守地计算车辆撞击荷载。

(3)由于半刚性护栏，无法保证结构免于汽车撞击，因此车站结构在车辆撞击荷载作用下安全可靠的前提下，当条件允许时，设置防撞护栏，以降低车站框架柱混凝土保护层受损的几率。

后张法预制U型梁施工技术探讨

孙大方

（南京地铁小镇开发建设集团有限公司，南京　210012）

摘　要：南京地铁2号线东延线、机场线和宁高二期工程高架段上部结构采用后张法预应力薄壁U型梁结构，该梁整体性好、外形美观、结构经济与沿线环境和谐。但是生产精度控制标准高、预制难度较大。本文通过对南京地铁后张法预应力U型梁的施工技术进行探讨，详细介绍了U型梁预制施工工艺及控制措施，并提出了进一步的改进建议。

关键词：U型梁；施工工艺；探讨与建议

1　南京地铁U型梁应用简介

南京地铁2号线东延线是南京地铁集团有限公司与北京城建设计研究院有限公司合作、国内首次采用自主知识产权批量预制生产U梁的工程项目，采用开口薄壁U型梁作为高架区间的上部结构总里程约4.8 km，合计382片梁。通过该项目对U梁施工关键技术的研究，较好地解决了U梁施工的技术难题，总结了一套完整的U梁施工工艺和验收标准，取得了良好的社会效益和经济效益，为U梁在城市轨道交通领域的推广应用奠定了基础。截至2015年，南京轨道交通机场线和宁高城际二期工程高架段上部结构设计采用U梁结构，累计里程约37 km，为全国城市轨道交通工程建设中采用U型梁最多的城市。

U梁基本外形尺寸为：梁高1.8 m，梁下口宽度4.005 m，上口宽度5.25 m，底板厚度0.26～0.28 m，部分梁体加宽15 cm，两腹板采用一侧为圆弧、一侧为直线折斜腹式，图1为U型梁构造图。

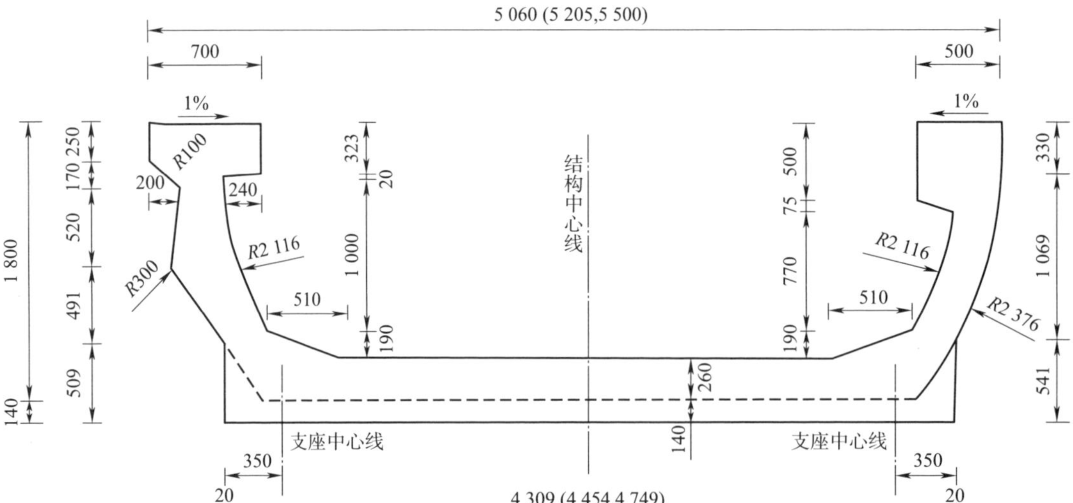

图1　U型梁构造图(单位：mm)

2　后张法预应力U型梁施工技术难点

2.1　主要施工步骤

底模测量、调整、清理→安装靠模→绑扎钢筋笼→拆除靠模、安装外模→安装预应力波纹管、安装预埋件→

端头钢筋绑扎→安装端模→安装内模→模板固定、测量、调整→浇筑混凝土→养护→拆模→预应力钢绞线穿束、初张拉→养护→预应力终张拉→移梁至存梁台座→封锚→锚端防水处理。

2.2 技术难点

1. 施工精度控制难点：由于 U 型梁结构新颖，施工工艺复杂，为开口薄壁结构，尤其在两侧薄壁腹板内有两条空间预应力管道，底板最薄处为 26 cm，因此，在进行模板、钢筋及预应力施工时，施工精度的要求非常严格，现场施工的精度控制较为困难。

2. 施工工序控制难点：根据设计图纸的梁体外形、配筋、预埋件及预应力束的布置，梁体内的施工作业面非常狭小，各分项安装施工的先后顺序及位置要求严格，如顺序颠倒或错误，将无法保证各个工序按照设计及规范要求进行。

3. 施工工艺控制难点：U 型梁的外形结构特殊，一侧腹板存在反角，对混凝土浇筑时的分层控制及混凝土密实度都存在不利因素，对混凝土的流动性及工作性能要求较高，如混凝土工作性能不佳，将导致浇筑完成后的麻面、分层甚至空洞现象发生。

4. 施工管理控制难点：U 型梁工程时间紧，任务重，场内存梁压力大，现场制梁形成良性流水化施工就显得尤为重要，如何合理地组织好各个工序之间的衔接及不同工种的施工界面接口，也是 U 型梁施工时所必须考虑的重点之一。

3 后张法预应力 U 型梁施工工艺探讨

3.1 模板工程：主要采用组合钢模板进行 U 型梁的预制生产

1. 内外模分离式组合钢模板施工工艺流程

模板预拼装→定位放线→安装固定外侧模板→内模就位→安装固定内侧模板→安装定位模板→调整模板，人工紧固对拉螺栓→浇筑完成、达到拆模要求后进行拆模→对模板整修清理→养护。

采用内外模分离式组合钢模板(图 2)：多次拆装易导致模板变形，工人劳动强度较大，施工效率较低。

图 2 内外模分离式组合钢模板

2. 内外模整体自行移动式组合钢模板施工工艺流程

内外模板预拼装→整体式模板自行就位→安装固定外侧模板→液压助力安装内侧模板→安装定位模板→调整模板，紧固对拉螺栓→浇筑完成、达到拆模要求后进行拆模→对模板清理→养护。

采用内外模整体自行移动式组合钢模板(图 3)施工：模板整体刚度好、使用周期较长，自动化程度较高，拼装、拆模方便，工人劳动强度低，施工效率较高。

3. 模板安装允许偏差

模板安装允许偏差详见表 1。

图 3　内外模整体自行移动式组合钢模板

表 1　模板安装允许偏差

<table>
<tr><th>序　号</th><th colspan="2">项　　目</th><th>允许偏差(mm)</th><th>检验方法</th></tr>
<tr><td>1</td><td colspan="2">侧、底模板全长</td><td>±10</td><td>尺量检查各不少于 3 处</td></tr>
<tr><td>2</td><td colspan="2">底模宽度</td><td>+5,0</td><td>尺量检查不少于 5 处</td></tr>
<tr><td>3</td><td colspan="2">底模板中心线与设计位置偏差</td><td>2</td><td>拉线测量</td></tr>
<tr><td>4</td><td colspan="2">腹板中心线与设计位置偏差</td><td>10</td><td>尺量检查</td></tr>
<tr><td>5</td><td colspan="2">模板垂直度</td><td>每米高度 3</td><td>吊线尺量检查不少于 5 处</td></tr>
<tr><td rowspan="3">6</td><td rowspan="3">底模水平面高度差</td><td>端截面任意两点高差</td><td>1</td><td rowspan="2">测量检查</td></tr>
<tr><td>跨中、1/4 跨横截面内任意两点高差</td><td>2</td></tr>
<tr><td>沿梁长任意两点高差</td><td>4</td><td>测量检查不少于 5 处</td></tr>
<tr><td>7</td><td colspan="2">侧模平整度</td><td>2</td><td>1 m 靠尺和塞尺检查</td></tr>
<tr><td>8</td><td colspan="2">相邻两板处任意两点高差</td><td>1</td><td>1 m 靠尺和塞尺检查</td></tr>
<tr><td>9</td><td colspan="2">顶、底板厚度</td><td>±3</td><td rowspan="2">尺量检查不少于 5 处</td></tr>
<tr><td>10</td><td colspan="2">腹板厚度</td><td>±3</td></tr>
</table>

3.2　钢筋工程

1. 常见问题

U 型梁的钢筋较为复杂，容易出现锚端钢筋绑扎不符合要求，成型钢筋笼保护层厚度不符合要求等问题。

2. 控制措施

(1)钢筋加工：通过制作标准件，控制钢筋加工精度。

(2)钢筋绑扎：预制梁体的钢筋进行整体绑扎，先进行底板及腹板钢筋的绑扎，然后进行顶板钢筋的绑扎，最后进行端部钢筋的绑扎；严格控制锚端钢筋绑扎顺序，保证钢筋数量、间距及成形钢筋笼的尺寸符合要求。

(3)控制钢筋笼绑扎、运输、吊装过程中的变形。

钢筋安装所允许的偏差见表 2，钢筋间距控制、保护层厚度控制如图 4 所示。

表 2　钢筋安装允许偏差

序　号	项　　目	要　　求
1	两侧腹板钢筋位置及间距的偏差	≤10 mm
2	底板钢筋间距及位置偏差	≤8 mm
3	箍筋间距及位置偏差	≤15 mm
4	腹板箍筋的不垂直度(偏离垂线位置)	≤15 mm

续上表

序　号	项　　目	要　　求
5	混凝土保护层厚度与设计值偏差	+5 mm、0
6	其他钢筋偏移量	≤20 mm

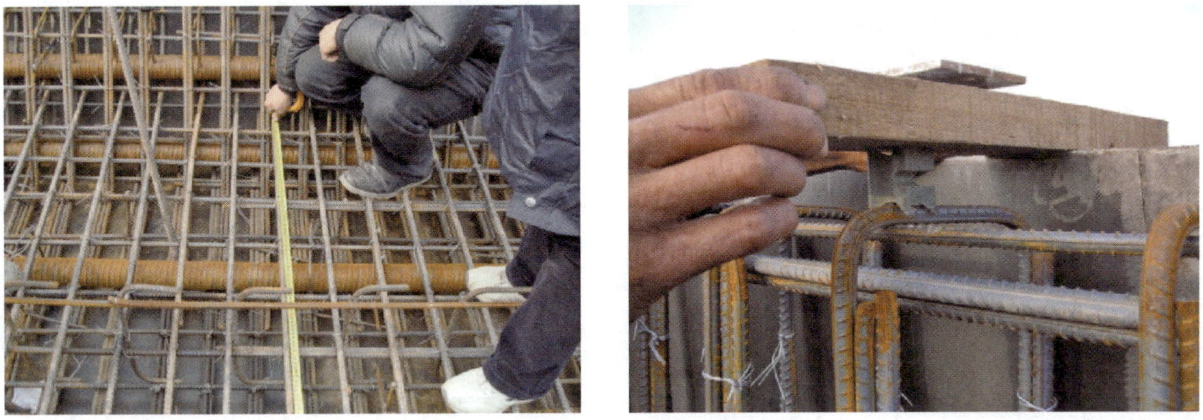

图 4　钢筋间距控制、保护层厚度控制

3.3　预埋件的安装

U 型梁的梁体预埋件较多，主要分为：伸缩缝预埋件、吊装孔预埋件、道床插筋、电缆支架预埋件、声屏障预埋件、接触网立柱预埋件等，数量繁多，种类复杂，精度要求较高，因此在绑扎钢筋时注意保障预埋件的完整及安装工艺，注意安装及定位方式准确安装。并要注意结合钢筋绑扎的先后顺序进行安放。支座预埋钢板、吊装孔预埋件如图 5 所示，声屏障预埋件安装及定位如图 6 所示。

图 5　支座预埋钢板、吊装孔预埋件

图 6　声屏障预埋件安装及定位

3.4　混凝土工程

1. U梁梁体为开口薄壁结构、含筋量高，需分层连续浇筑混凝土。采用的混凝土属于高强、高性能混凝土，同时需满足泵送、早强、耐久性等指标，特别对混凝土和易性要求较高，需根据不同季节对混凝土的凝结时间做到及时精细调控。易出现蜂窝麻面、裂纹、色差、冷缝等问题。

2. 控制措施：优化混凝土配合比；严格控制原材料质量；就近建搅拌站，控制混凝土运输及入模时间；精细化控制不同部位混凝土坍落度；严格控制到场混凝土质量。

3. 混凝土的浇捣：先浇筑U型梁的底板至密实，根据天气因素约1.5～2 h后，底板混凝土接近初凝但尚未初凝时再进行腹板浇筑(图7)。必须严格控制腹板与底板交接处(夹腋处)的混凝土质量，如果振捣不到位，将极可能出现蜂窝麻面的不良质量情况。在实际腹板混凝土浇筑时，安排专人对该处的混凝土质量进行严格的控制。通过模板上的观察孔以及用榔头敲打模板来判断混凝土是否浇捣密实。两侧腹板采用附着式振动机与插入式振动机同步振捣。锚后钢筋密集间距狭小，为保证此处混凝土密实尤其应加强梁端锚垫板位置的混凝土振捣，此处混凝土浇筑前对拌和物中大于25 mm的粗骨料进行人工剔除，用30型插入式振动棒小心振捣。振捣过程中应避免翘振模板、钢筋、预应力管道和预埋铁件。混凝土从一侧梁端向另一侧梁端依次进行，先底板、后腹板，水平分层对称浇筑，浇筑顺序为①→②→③→④→⑤，如图8所示。

图7　底板混凝土浇筑 、腹板混凝土浇筑

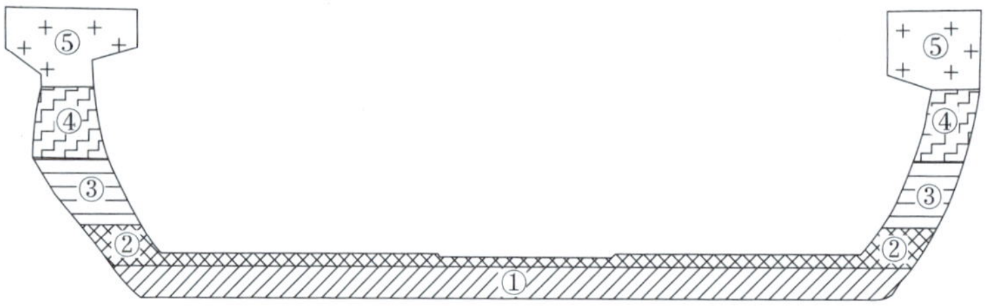

图8　混凝土分层浇筑示意图

3.5　预应力工程

1. 施工难点：腹板预应力孔道定位困难，混凝土浇筑过程预应力孔道易移位，保护措施不当，易造成穿孔漏浆。

2. 控制措施：严格按施工图所示坐标根据底模中轴线定位并计算相对坐标位置进行复核，采用定位筋将管道与钢筋骨架固定，浇筑前在波纹管内穿塑料胶管，防止浇筑过程中振动棒对波纹管的破坏，浇筑后适时抽拔塑料胶管。图9浇筑前穿波纹管。

3. 波纹管敷设：预应力钢筋预留孔道采用金属波纹管成型，定位采用定位筋将管道与钢筋骨架固定在钢筋绑扎的同时，波纹管也随即放入，其布设严格按施工图所示坐标进行，通过验证相对于底模、侧模及相邻波纹管的距离进行控制，保证位置准确，固定牢靠。浇筑前在波纹管内穿塑料胶管，防止浇筑过程中振动棒对波纹管的破坏。

4. 施加预应力：采用预应力后张法施工，包括二次张拉，初张拉在梁体混凝土强度达到设计值的 60%后进行，先张拉 N1 和 N1′、N3 和 N3′束至 700 MPa(锚下控制应力)；终张拉应在梁体混凝土强度达到 100%及弹性模量达到 90%后，并且混凝土龄期不少于 7～8 d 时进行，所有预应力束都张拉到 1 300 MPa。预应力张拉施工如图 10 所示。

图 9　穿塑料保护管

图 10　预应力张拉

5. 压浆与封锚：终张拉后移动 U 梁至存梁台座进行压浆，压浆水泥浆强度等级为 M40，压浆工序完成后，需凿出梁端部钢筋，绑扎锚槽内钢筋网，封模浇筑混凝土。封锚混凝土采用 C55 补偿收缩混凝土(图 11、图 12)。

图 11　压浆施工

图 12　封锚

3.6　冬季蒸汽养护措施

为保证冬季低温环境下的施工进度，针对 U 型梁的结构特点，设计了专门的蒸养方案。

养护棚结构分为侧墙和顶盖两部分，侧墙利用内模自行走小龙门为骨架、外侧覆盖夹棉帐篷布实现保温及防水的功能；顶盖采用型钢焊接骨架，覆盖保温材料，在混凝土浇筑完成后用吊机盖于侧墙上方拼装形成养护棚。混凝土浇筑完成后，及时吊装顶盖形成养护棚，利用快速接头在养护棚内铺设多个蒸汽出口，指定专人负责现场测温工作，根据规范要求调整供气量控制升温速率，升温速度不超过 10 ℃/h；恒温不超过 45 ℃，混凝土芯部温度不宜超过 60 ℃，个别最大不得超过 65 ℃。并做好测温记录同养试块抗压强度达到设计要求后进行拆模施工，停止供气后逐步打开养护棚，控制降温速率符合规范要求，降温时降温速度不超过 10 ℃/h；当降温至梁体温度与环境温度之差不超过 15 ℃时，撤除养护罩。罩内各部位的温度保持一致，温差不大于 10 ℃在内外温度基本一致后吊走养护棚顶盖，拆除模板。

4　探讨与建议

通过在南京轨道交通工程中的应用证明:后张法预应力 U 型梁设计及施工制作工艺比较先进和新颖,综合性能相对普通箱梁具有明显优势:其外形美观简洁、线形流畅;声学屏蔽效果明显;总结出的一整套后张法预应力 U 型梁施工技术,可以满足 U 型梁的批量施工。但是,如果对以下几方面有所改进,可使 U 型梁在今后的城市轨道交通乃至其他城市道路的高架段桥梁施工中得到更广泛的推广应用。

1. 图集化设计:目前,U 型梁预制按照梁宽、梁长组合出不同梁型,即使同一类型的 U 型梁,因预埋件位置不同也不能通用;为保证架设计划,存在多种梁型同时生产的情况,势必造成建设较多的制梁台、大量的存梁台,增加模板改造的次数。

建议:U 型梁上部接触网立柱、声屏障预埋件模数化设计;结合线路优化,尽量减少梁型特别是梁宽的种类。

2. 专业化施工:U 型梁生产工序要求精度高,结合其他城市的施工情况,需要具备一定专业技能和 U 型梁施工经验的专业施工单位进行施工,可以使施工质量得到保障。

3. 规模化生产:因 U 型梁施工需要具备足够的施工场地、机械设备投入和专业化施工队伍,只有规模化的生产,才能更好地控制施工质量,提高工作效率。

4. 结合工程实际,进一步开展 U 型梁耐久性研究:目前,U 型梁的施工工艺已经成熟,通过加强对原材料、混凝土配合比的质量控制和施工过程施工精度的控制,可以有效地保证 U 型梁的施工质量。但是,在 U 型梁投入使用后的一定时间的状况调研及耐久性的相关科研工作,需进一步开展起来,为以后的设计优化提供可靠的技术参数。

城市轨道交通高架车站结构模型对比分析

吴　刚[1]　赵　进[2]

(1. 南京地铁建设有限责任公司,南京　210017;2. 中设设计集团股份有限公司,南京　210014)

摘　要:以南京宁天城际轨道交通一期工程S8线路中高架侧式车站为背景,采用MIDAS GEN软件建立下部混凝土模型、上部钢结构模型、下部混凝土+上部钢结构整体模型等3种模型,对3种模型下高架车站钢结构雨棚与下部混凝土结构协同受力进行对比分析,以期对高架车站上部钢结构雨棚和下部混凝土结构的建模和设计提供参考。

关键词:城市轨道交通;高架车站;结构模型;对比分析

0　引　　言

城市轨道交通高架线路以其造价低、建设周期短的优势,占据了城市轨道交通相当一部分比重。高架车站根据行车轨道和站台之间的关系,分为岛式车站和侧式车站,一般由下部混凝土结构和上部钢结构雨棚组成(图1)。这种混合结构由2种截然不同的材料组成,质量和刚度沿竖向产生突变,下重上轻,下刚上柔。在以往的高架车站设计中,设计人员为了简化设计,一般都将下部混凝土结构和上部钢结构雨棚分开建模计算,不考虑它们的共同作用。本文以南京宁天城际轨道交通一期工程S8线路中侧式车站卸甲甸站(原大厂西站)为例,采用MIDAS GEN软件,对下部混凝土模型、上部钢结构模型、下部混凝土+上部钢结构混合模型(以下称整体模型)等3种模型下的结构受力进行对比分析。

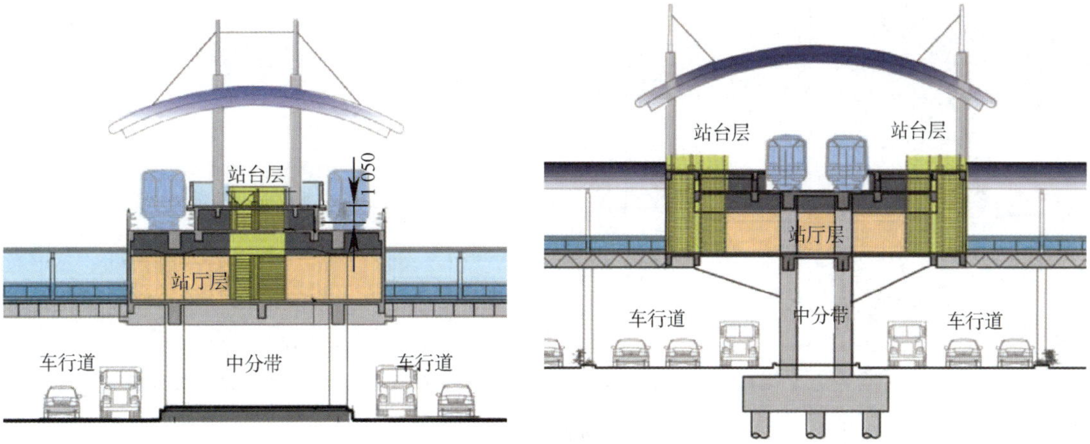

图1　一般高架车站型式(单位:mm)

1　高架车站结构及模型建立

南京宁天城际轨道交通一期工程S8线南起泰山新村站,经过桥北地区、浦口沿江、大厂、六合,北至金牛湖站,途经南京浦口区和六合区,是南京都市圈轨道交通中的一条重要线路。线路全长45.2 km,其中地下线12.2 km,高架线33 km。全线共设17座车站,其中地下站6座,高架站11座。列车采用4B编组,最高速度为120 km/h。卸甲甸站为路中高架侧式车站,位于江北大道路中6 m宽绿化带内。本工程地震基本烈度为7度,设计基本加速度为0.1g,设计地震分组第一组,建筑场地类别为Ⅱ类,结构概况如下:

(1)下部混凝土部分。框架结构,墩柱横向柱距3.9 m,纵向柱距12 m共7跨,1、7、8轴墩柱截面尺寸为

1.4 m×1.4 m，2～6 轴墩柱截面尺寸为 1.1 m×1.1 m。横向预应力盖梁全长外包尺寸 17.6 m，盖梁净悬挑长度 6.3 m。站厅层 6～8 轴镂空，站台层设 1 道变形缝，设计使用年限 100 年，抗震等级为二级，混凝土强度等级 C40。

(2)上部钢结构雨棚部分。钢框架结构，结构整体长 95.4 m，宽约 22.4 m。沿纵向有 8 榀弧形主桁架，7 榀次桁架，主次桁架间距约为 6 m，两端均有 1 榀弧形封边桁架，纵向布置有 4 榀通长纵向桁架起联系和支托作用。钢柱横向柱距为 17.1 m，纵向柱距为 12 m，与站台混凝土结构采用铰接连接。结构设计使用年限 50 年，受力构件采用 Q345B 钢。

根据车站整体结构横剖面图(图 2)，采用 MIDAS GEN 软件建立的 3 种模型(下部混凝土模型、上部钢结构模型、整体模型)如图 3～图 5 所示。

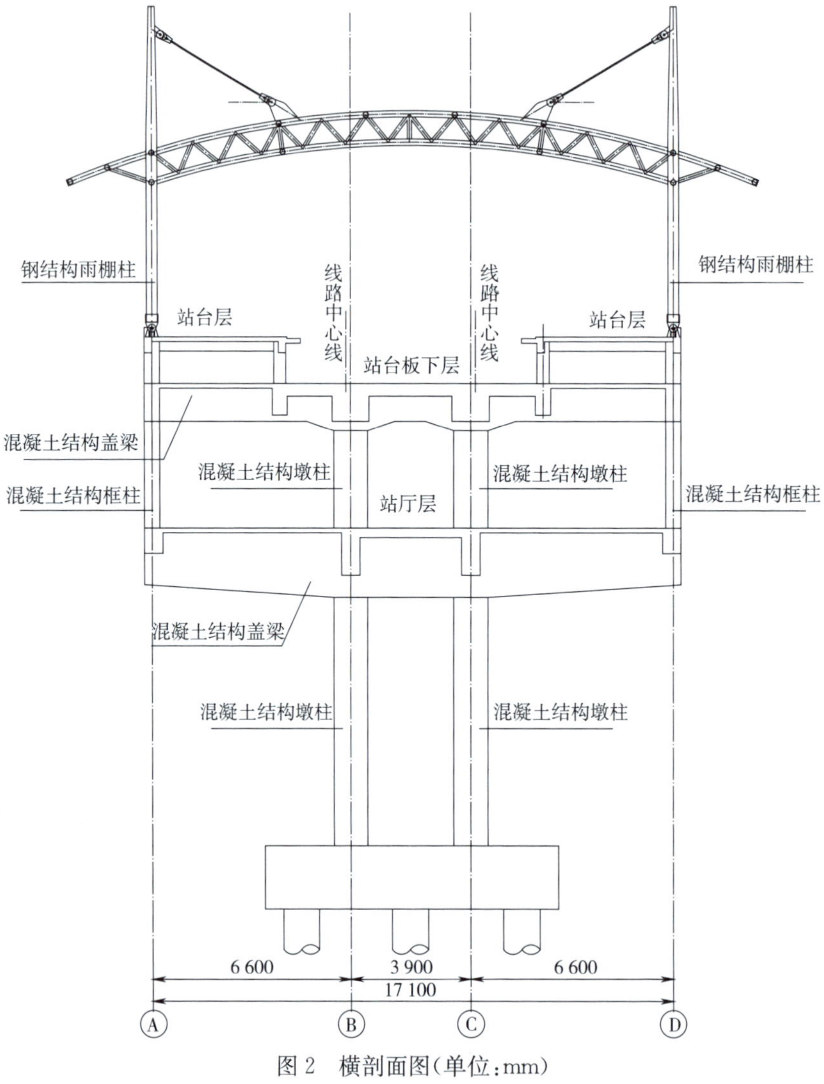

图 2　横剖面图(单位：mm)

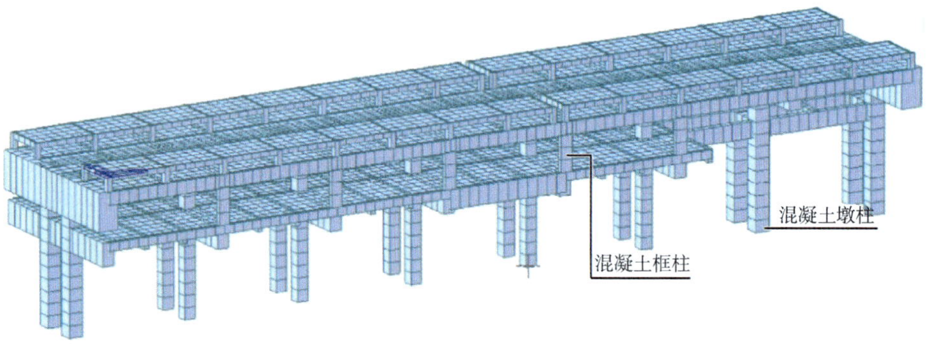

图 3　下部混凝土模型

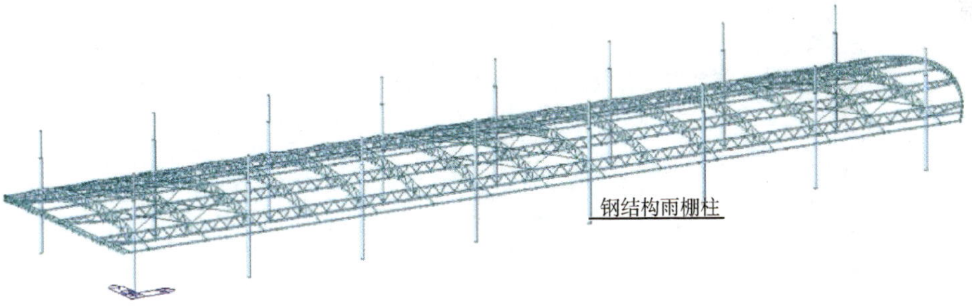

图 4　上部钢结构模型

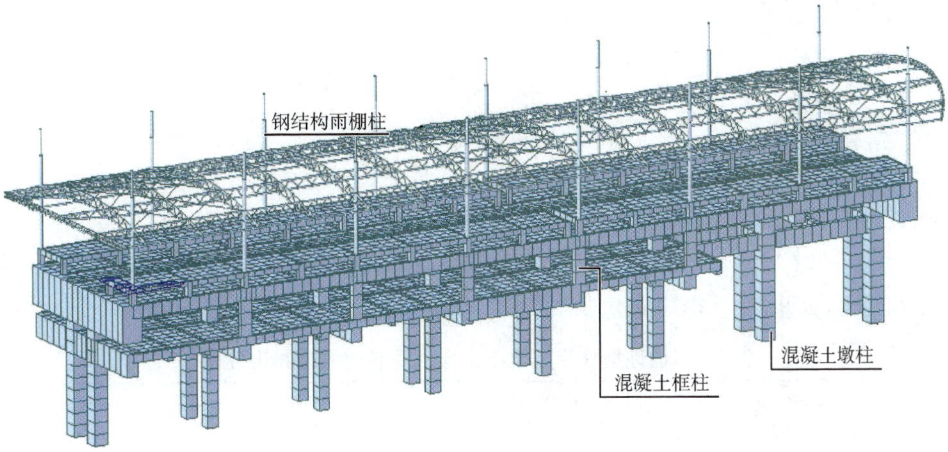

图 5　整体模型

2　结构模态分析

表 1 给出了 3 种模型前 3 阶振型。由表 1 结果可知,由于考虑了混凝土结构和钢结构的相互影响,整体模型与下部混凝土模型和上部钢结构模型相比周期长、刚度小、结构柔化。

图 6 给出了整体模型前 3 阶振型。由图 6 可以看出,该高架车站站由于质量和刚度沿竖向产生突变,下重上轻,下刚上柔,钢结构部分存在变形突变,可能会成为薄弱层,需对钢结构柱做加强处理。

表 1　结构前 3 阶振型

振型	下部混凝土模型		上部钢结构模型		整体模型	
	周期/s	振型描述	周期/s	振型描述	周期/s	振型描述
1	0.785 641	主体横向振动	0.879 273	主体横向振动	0.931 930	主体横向振动
2	0.773 079	主体纵向振动	0.848 242	扭转	0.882 921	主体纵向振动
3	0.693 053	扭转	0.836 444	主体纵向振动	0.874 585	扭转

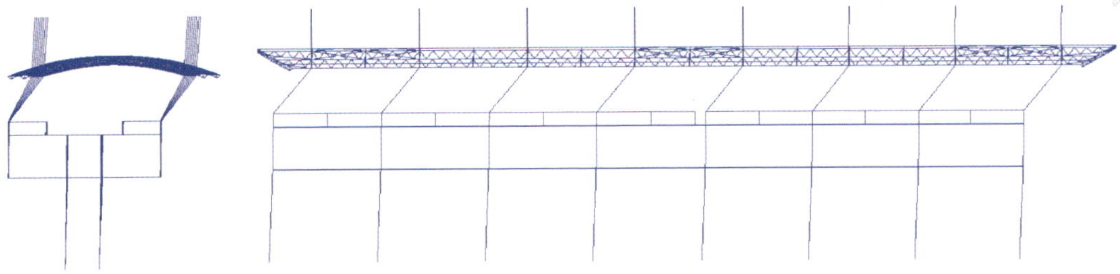

(a) 第一阶振型　(b) 第二阶振型

图　6

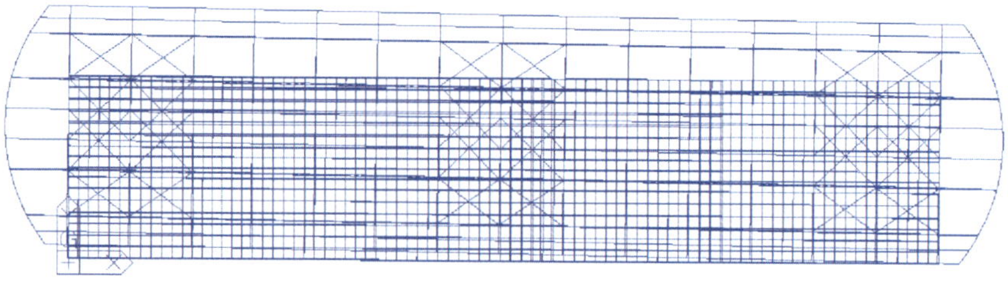

(c)第三阶振型

图 6 整体模型前 3 阶振型图

3 多遇地震反应谱分析

3.1 内　　力

1. 混凝土墩柱柱底内力

多遇地震下,下部混凝土模型和整体模型混凝土墩柱柱底内力计算结果见表 2。对比 2 个模型的计算结果,由于整体模型计入钢结构雨棚的刚度影响,相比下部混凝土模型,周期长,整体刚度小,混凝土墩柱柱底内力也较小。由此可见,不考虑上部钢结构雨棚的影响,仅以下部混凝土模型计算结果进行混凝土结构的设计,设计结果偏于保守,偏于安全。

表 2　多遇地震作用下混凝土墩柱柱底内力最大设计值

	顺桥向弯矩(kN·m)			横桥向弯矩(kN·m)			顺桥向剪力(kN)			横桥向剪力(kN)		
柱号	1 轴	2～6 轴	7、8 轴	1 轴	2～6 轴	7、8 轴	1 轴	2～6 轴	7、8 轴	1 轴	2～6 轴	7、8 轴
下部混凝土模型	3 529	1 409	3 529	4 595	1 672	2 566	580	272	580	789	335	423
整体模型	2 639	1 053	2 639	3 402	1 243	2 042	433	203	433	587	250	339

2. 钢结构柱内力

表 3 给出了多遇地震作用下,上部钢结构模型和整体模型钢结构柱内力,由表 3 可知:

(1)整体模型相较于上部钢结构模型钢结构柱内力更大,这是由于高架车站的质量和刚度沿竖向产生突变,钢结构雨棚质量轻、刚度小,在地震作用下发生了鞭梢效应。

(2)1 轴柱内力大,8 轴柱内力小,这是因为作为钢结构基础的下部混凝土部分在站厅层 6～8 轴部分镂空,1 轴质量大,地震效应大,导致钢结构 1 轴柱的内力大。由此可见,整体模型可以真实地反映出作为基础的下部混凝土部分的规则性给钢结构部分带来的影响,这是上部钢结构模型所无法反映的。

以上分析表明,不考虑下部混凝土部分的影响,仅以上部钢结构模型计算结果进行钢结构部分的设计,设计结果偏于不安全。

表 3　多遇地震作用下钢结构柱顺、横桥向弯矩最大设计值(kN·m)

柱号	1 轴		2 轴		3 轴		4 轴		5 轴		6 轴		7 轴		8 轴	
	顺	横	顺	横	顺	横	顺	横	顺	横	顺	横	顺	横	顺	横
上部钢结构模型	79	63	79	62	79	61	79	60	79	59	79	59	79	58	79	57
整体模型	199	209	199	194	199	181	199	169	200	158	200	148	200	139	200	133

3.2 变　　形

图 7～图 12 给出了多遇地震作用下 3 个模型的位移云图,其结果汇总见表 4。

(1)由图 7、图 8 可知,多遇地震下,混凝土模型最大位移发生在站台层,顺桥向地震时的顺桥向最大位移 6.827 mm,横桥向地震时的横桥向最大位移 8.856 mm(发生在 1 轴处)。

(2)由图 9、图 10 可知,多遇地震下,钢结构顺桥向地震时的顺桥向最大位移 10.443 mm(发生在弧形主桁架顶部),横桥向地震时的横桥向最大位移 8.774 mm(发生在 1 轴钢柱顶部)。

(3)由图 11、图 12 可知,多遇地震下,整体模型中,混凝土最大位移发生在站台层,顺桥向地震时的顺桥向最大位移 4.983 mm,横桥向地震时的横桥向最大位移 6.352 mm(发生在 1 轴处);钢结构顺桥向地震时的顺桥向最大位移 23.076 mm(发生在弧形主桁架顶部),横桥向地震时的横桥向最大位移 30.058 mm(发生在 1 轴钢柱顶部)。

上述分析表明,混凝土部分,整体模型位移较混凝土模型小;钢结构部分,整体模型位移较钢结构模型大,且差值较大,整体模型中钢结构鞭梢效应明显。

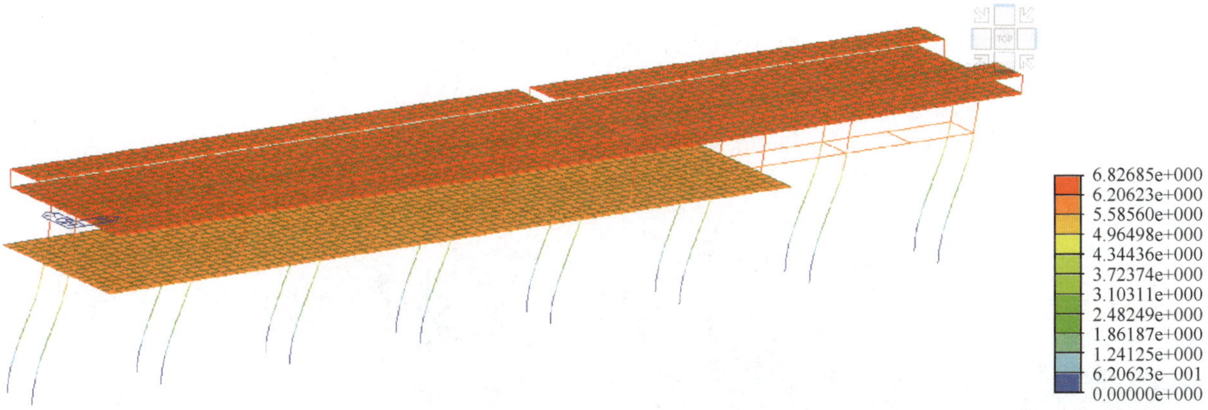

图 7　下部混凝土模型顺桥向地震顺桥向最大位移(单位:mm)

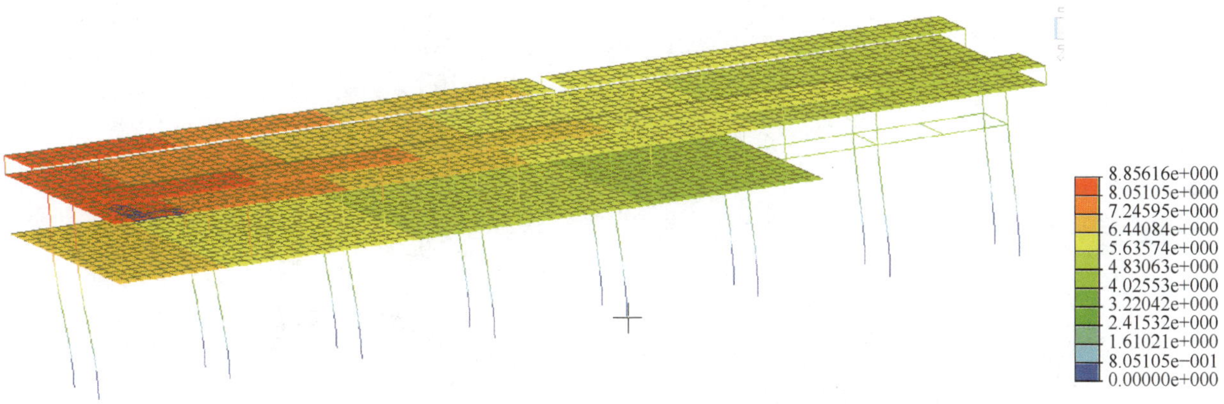

图 8　下部混凝土模型横桥向地震横桥向最大位移(单位:mm)

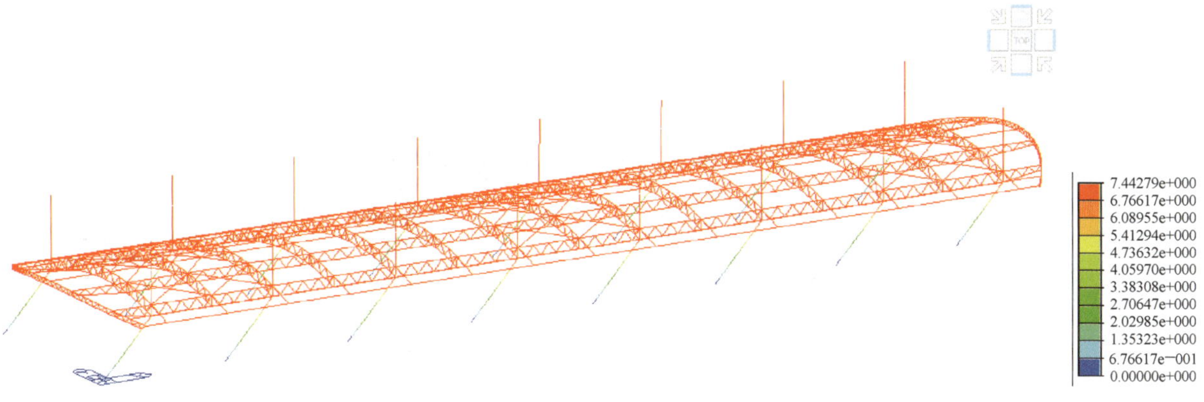

图 9　上部钢结构模型顺桥向地震顺桥向最大位移(单位:mm)

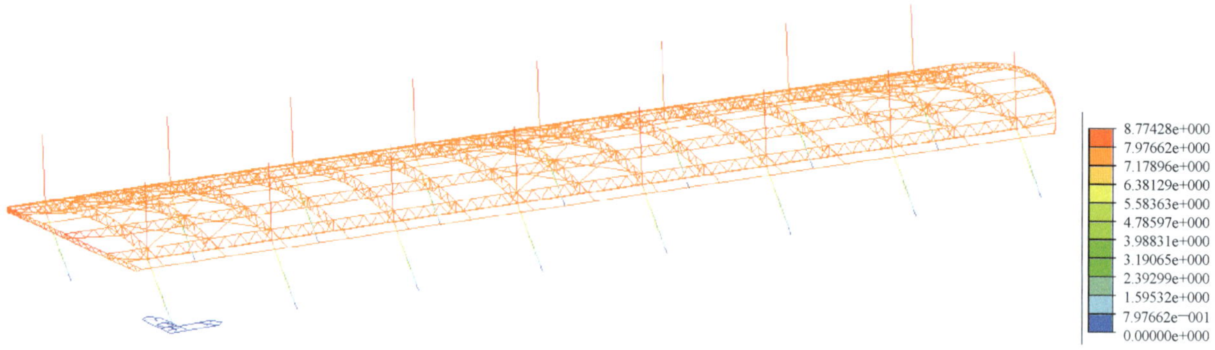

图 10　上部钢结构模型横桥向地震横桥向最大位移(单位:mm)

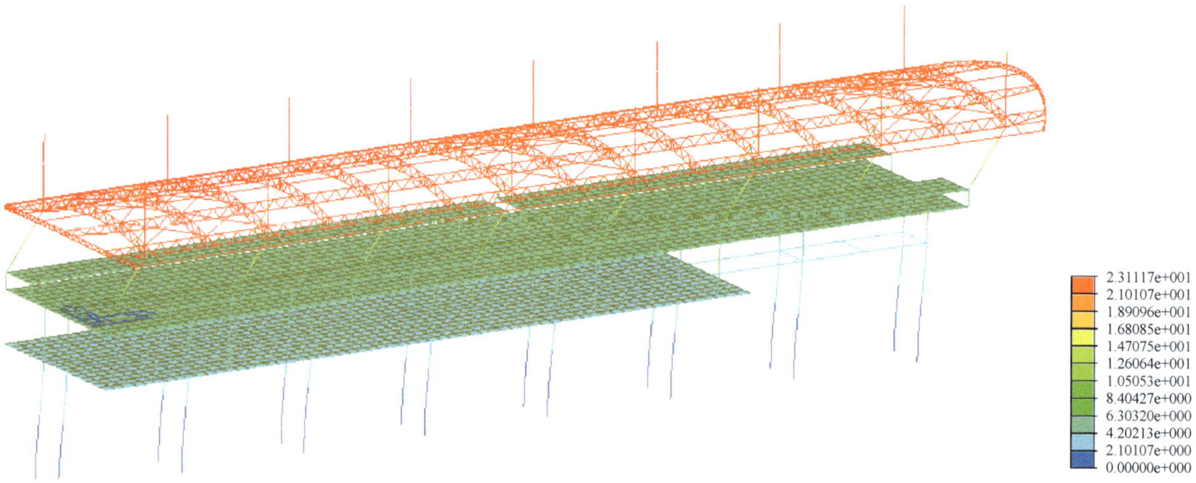

图 11　整体模型顺桥向地震顺桥向最大位移(单位:mm)

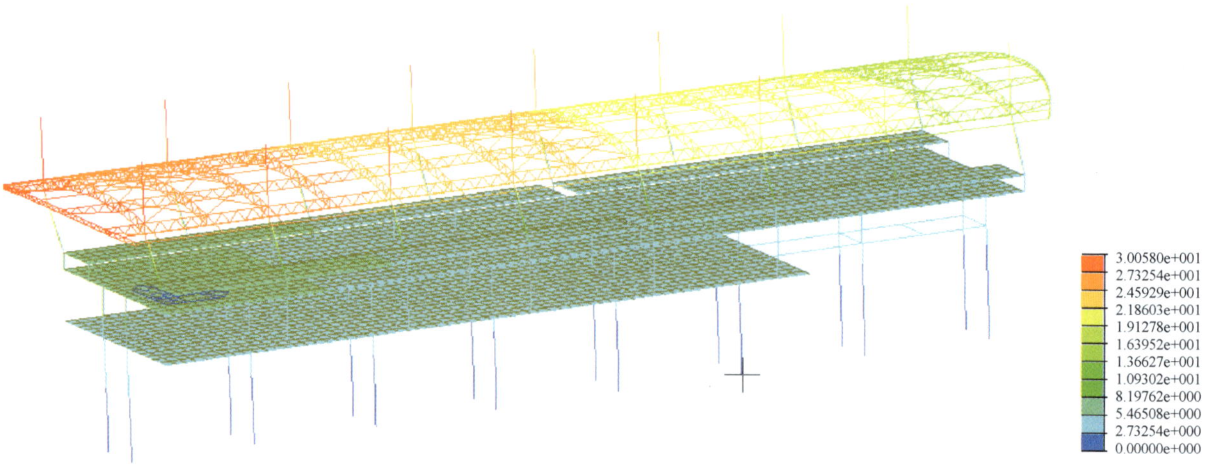

图 12　整体模型横桥向地震顺桥向最大位移(单位:mm)

表 4　多遇地震作用下 3 种模型最大位移(mm)

模型类别		顺桥向地震顺桥向	横桥向地震横桥向
混凝土模型		6.827	8.856
钢结构模型		10.443	8.774
整体模型	混凝土	4.983	6.352
	钢结构	23.076	30.058

4 结论与建议

(1)整体模型由于考虑了钢结构的影响,相比于下部混凝土模型,周期长,结构柔。下部混凝土结构的设计中,为了减少工作量,不考虑钢结构的刚度影响,单独建立混凝土模型进行计算设计,其结果是偏于安全的。

(2)对于城市轨道交通高架车站,存在竖向刚度和质量突变,钢结构部分在地震作用下将发生鞭梢效应,应引起足够的重视。此外,下部混凝土部分若存在平面不规则,会对上部钢结构带来重大影响。因此,钢结构雨棚设计时,应考虑下部混凝土结构的影响。

宁和线跨南京三桥南接线转体桥技术浅析

杨永生

（南京地铁建设有限责任公司，南京　210017）

摘　要：随着我国城市交通发展，在已建成的道路、铁路上方进行立体化桥梁建设的情况已越来越多的出现。为尽可能减少新建桥梁对既有道路、铁路运输的影响，转体桥施工应用越来越普遍。宁和城际线江南段跨长江三桥南接线为减少对地面交通影响，也采取了转体桥施工技术。本文通过对施工过程中球铰制安、转体、精度控制等关键环节进行浅析，为类似情况下转体桥梁施工方法的选择提供了一定参考。

关键词：地铁；转体；精度控制

1　工程概况

宁和城际一期跨三桥南接线转体桥处于天保站至刘村站区间，如图1中红色区域。因受制于桥下车流量较大的长江三桥过江主通道现状，普通支架法、悬浇法桥梁施工工艺无法真正满足路政单位提出的减少交通影响、降低安全风险等具体要求。综合考虑后，本次桥梁施工采取水平转角83°、转体重量4 500 t的水平转体法施工，转体桥结构形式为(50＋80＋50)m连续箱梁，全长180 m。转体到位后，2 m长中间合龙段位于南接线道路中间隔离带上方，采用吊架进行合龙施工，进一步降低对地面交通的干扰。

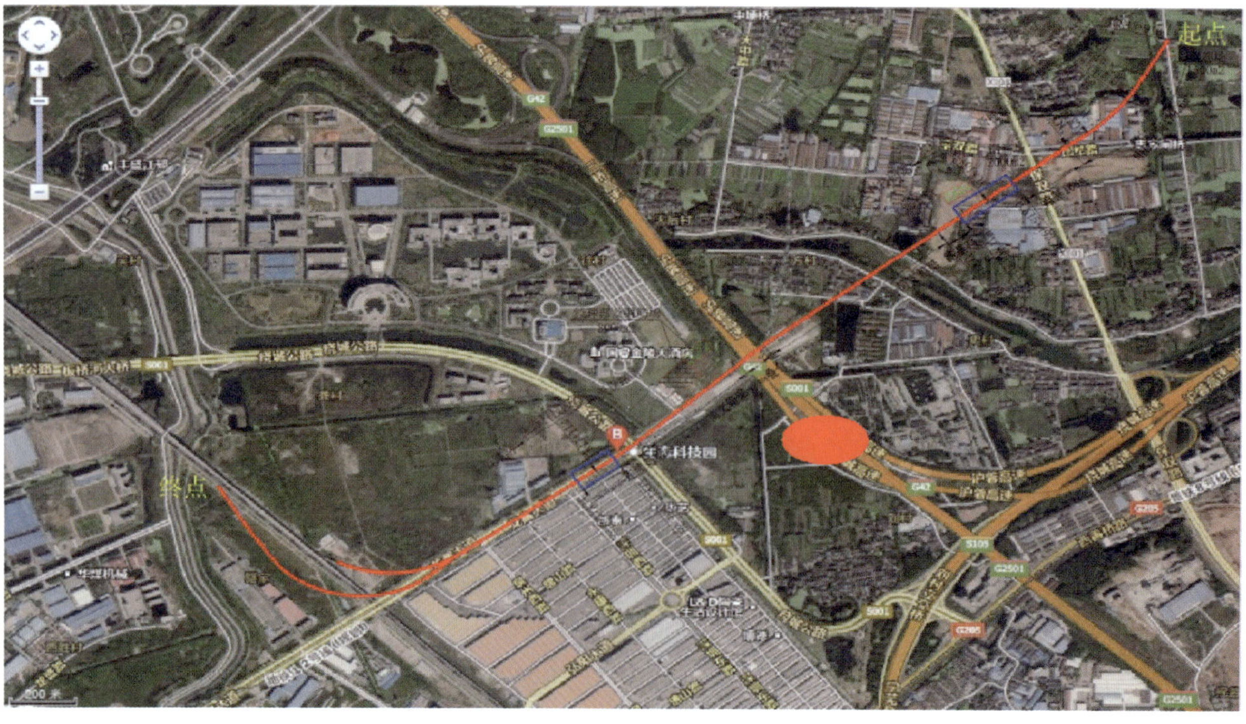

图1　线路走向卫星概图

桥梁基础采用钻孔桩＋承台基础，主墩(25号和26号墩)采用6根直径1.5 m桩基，边墩(24号和27号)采用4根直径1.5 m桩基。承台采用低桩承台，主墩下承台尺寸为8.0 m×10.3 m×2.5 m，上承台尺寸

为 ϕ7.6×1.5 m,上下承台间距 0.8 m;边墩承台尺寸为 6.4 m×6.7 m×2.5 m。墩柱采用直倒角柱状墩,高度 8～13 m。上部结构采用单箱单室连续梁形式,箱梁梁高及底板厚度均按圆曲线变化,跨中梁高 2.4 m,底板厚 0.3 m;根部截面梁高 4.8 m,底板厚 1.1 m;梁顶宽 9.1 m,梁底宽 5 m;墩顶处梁内设置中隔墙。

2 转动体系

2.1 转体结构概况

转体结构由下转盘、球铰、上转盘、转体牵引系统组成。下转盘设置于下承台上;下承台顶面设置环形滑道、助推反力支座、牵引反力支座等设施。

2.2 球 铰

球铰竖向承载力 4 500 t,平面直径 270 cm,由上下球铰、球铰间聚四氟乙烯滑片、固定上下球铰的 ϕ27 cm 钢销、下球铰钢骨架组成,是整个转体核心和整个平衡转体的支撑中心(图 2、图 3)。

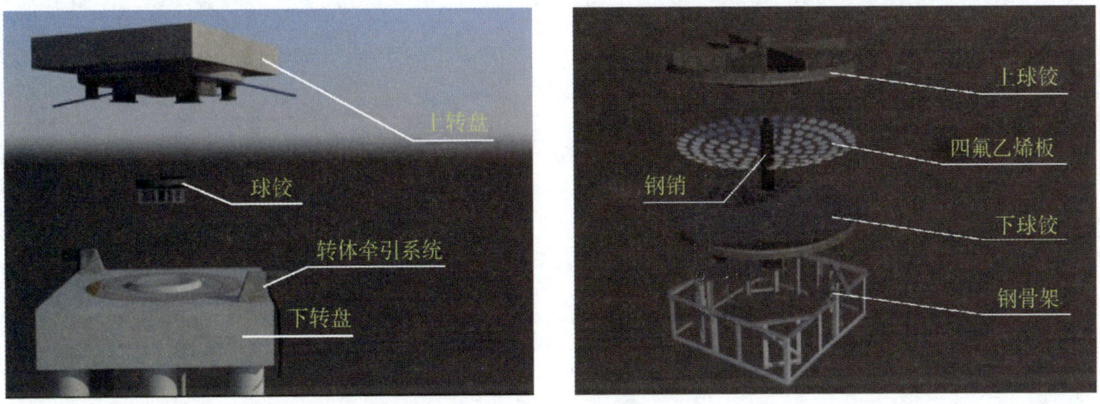

图 2 转体球铰平立面图

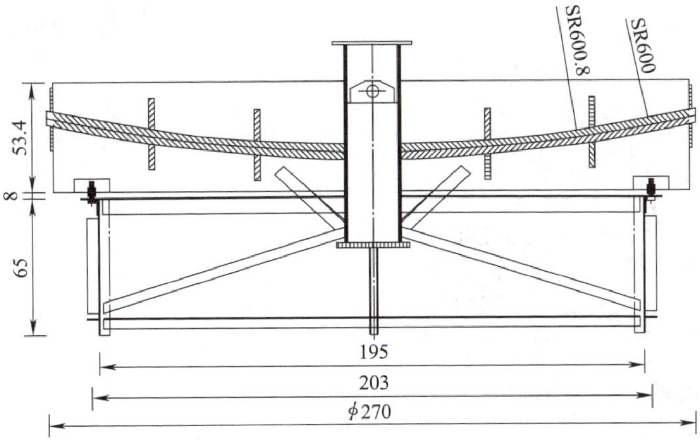

图 3 转体球铰结构总图(单位:cm)

1. 上、下球铰

上、下球铰结构如图 4 所示。

下承台第一次浇筑混凝土后,将下球铰骨架就位并经粗调后,将下球铰调入定位骨架上就位,之后安装滑道,最后安装上球铰等上转盘体系。

2. 滑道

在下转盘顶面设置外径 3.4 m、宽 0.9 m 的环形滑道,滑道采用厚 20 mm、宽 900 mm 钢板,按 8 等分加

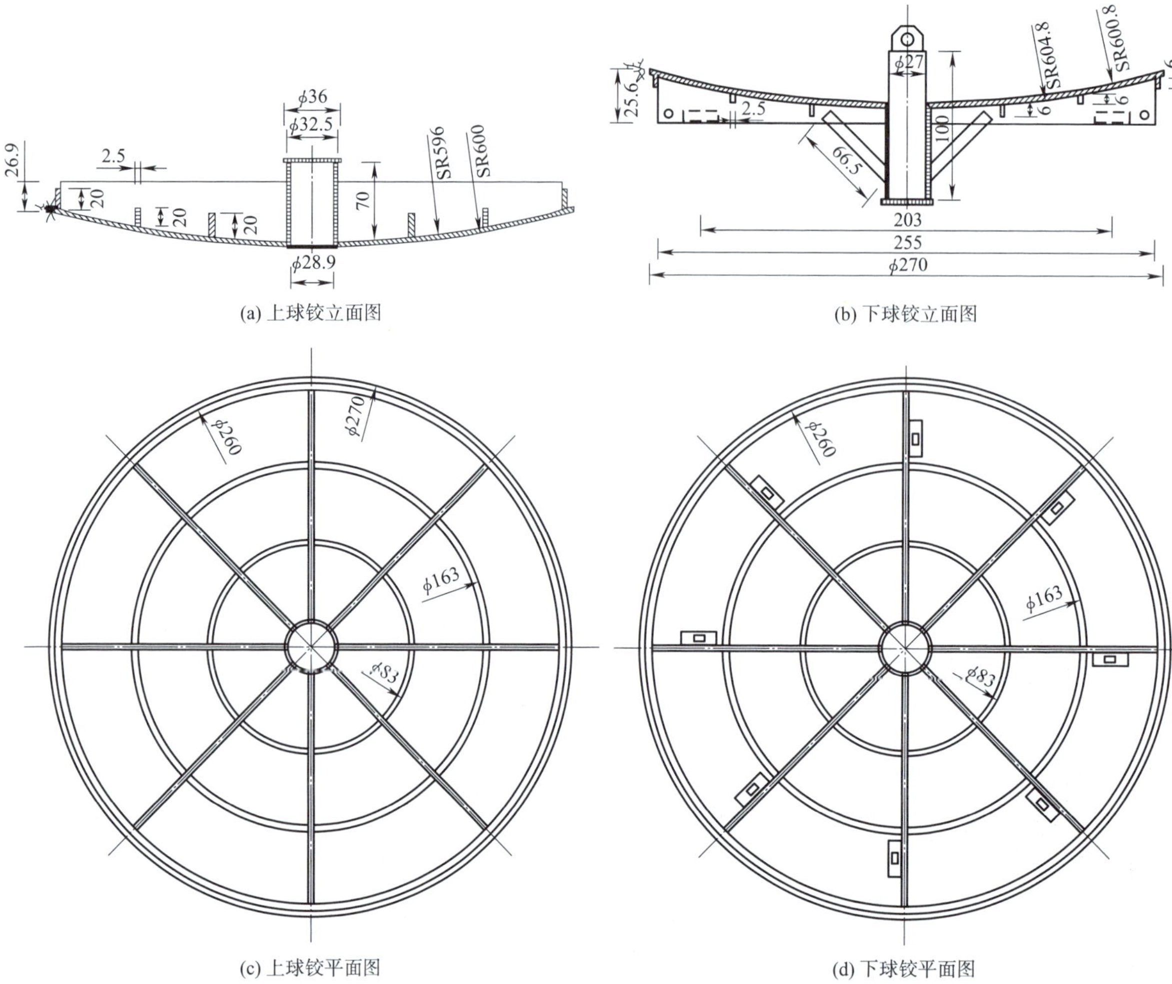

(a) 上球铰立面图　(b) 下球铰立面图

(c) 上球铰平面图　(d) 下球铰平面图

图 4　上、下球铰结构图(单位:cm)

工并在现场拼装。表层由 5 mm 四氟滑板及下层 3 mm 不锈钢板组成。滑道预留 ϕ10 cm 钢管捣固浇筑孔，滑道钢板焊接在滑道型钢骨架上(施工完下承台第二次混凝土后再进行焊接不锈钢板)(图 5)。安装完下球铰及滑道后进行下承台的第二次混凝土施工。

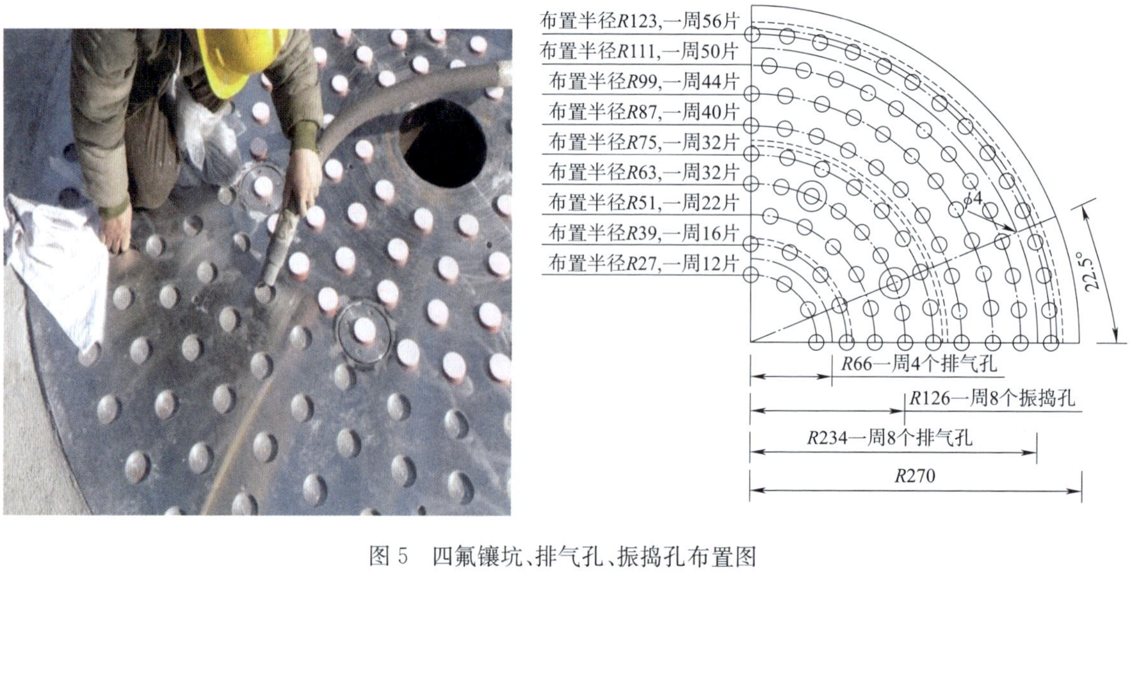

图 5　四氟镶坑、排气孔、振捣孔布置图

2.3 上转盘支撑系统

1. 撑脚

上转盘共设直径 1 400 mm 的 6 组撑脚，高为 1 584 mm 的钢筒，壁厚 10 mm，撑脚内灌注 C35 混凝土，对称分布于纵轴线的两侧。在撑脚的下方(即下盘顶面)设有 0.9 m 宽的滑道，滑道面放置 5 mm 厚聚四氟乙烯板。安装撑脚时撑脚与下滑道的间隙为 20 mm，撑脚内灌 C35 混凝土，为减少撑脚与环形滑道摩擦，撑脚底焊接 24 mm 厚不锈钢板，不锈钢板磨光度不小于 Ra63。为确保上部结构施工时转盘、球铰结构不发生移动，用钢楔将钢混凝土撑脚与环道间塞死(图 6)。

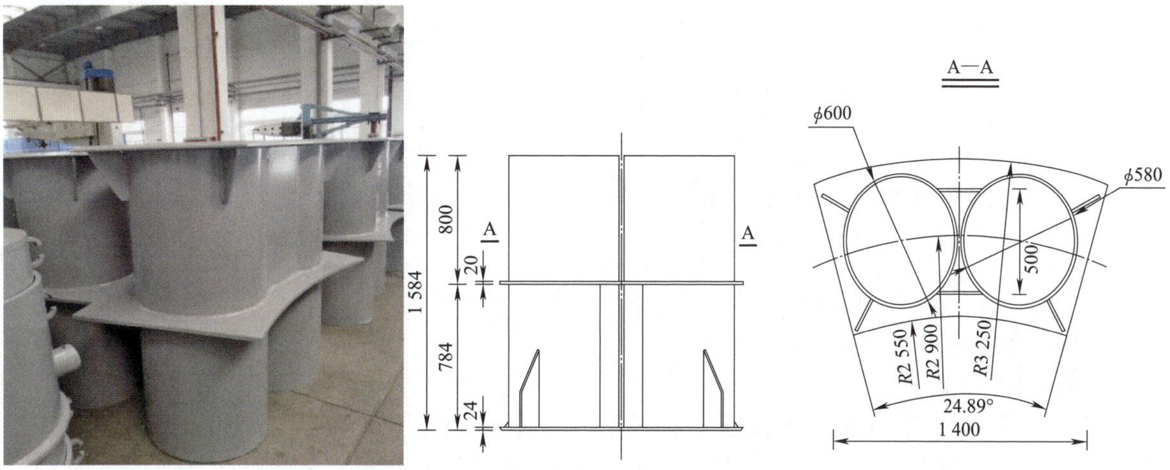

图 6　撑脚大样图(单位：mm)

2. 砂箱施工

为保证上部梁体的稳定，在上、下承台之间设置 6 组砂箱(砂箱选用 ϕ550 mm、δ15 mm 与 ϕ508 mm、δ15 mm 钢管组合而成)承受上部荷载，砂箱内用干燥细砂填充。砂箱在转体前拆除，使上部荷载集中于球铰之上，形成转动体系(图 7)。

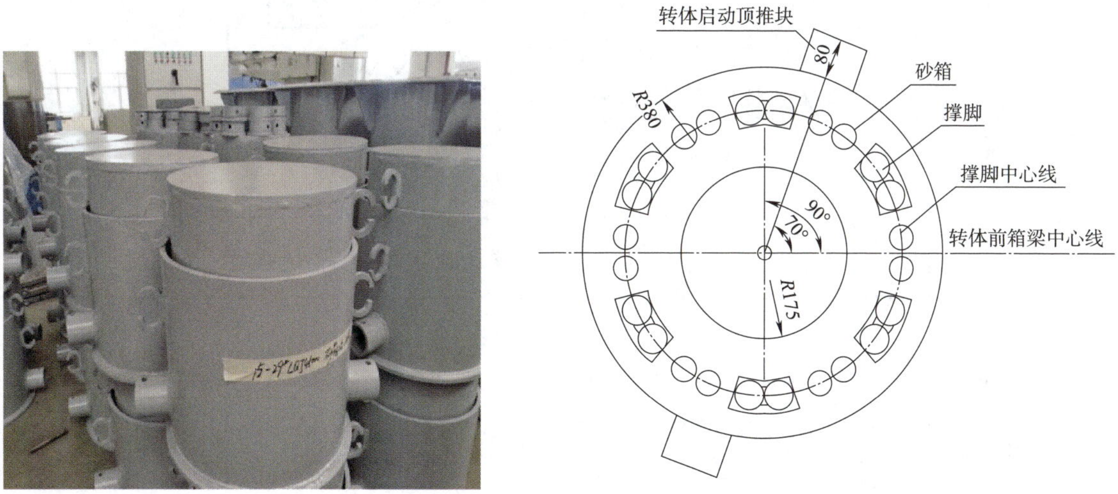

图 7　砂箱及布置示意图

3. 上下转盘临时固结

撑脚正确安装后，用 10 mm 厚钢板置于撑脚下，待撑脚定位于上转盘并上转盘混凝土浇筑完成后，取出 10 mm 厚的钢垫板，采用钢楔将撑脚与滑道之间楔紧，防止实施转体前梁发生变位。同时，在上下转盘中间对称设置 4 个临时固结型钢，型钢上下部分别埋入上下转盘并与预埋钢板连接。

4. 牵引反力支座及助推反力支座(图 8)

在下承台顶部设两个牵引反应力支座，高 180 cm，宽 120 cm，长 150 cm。千斤顶操作平台采用 ϕ48 mm 钢管支架。

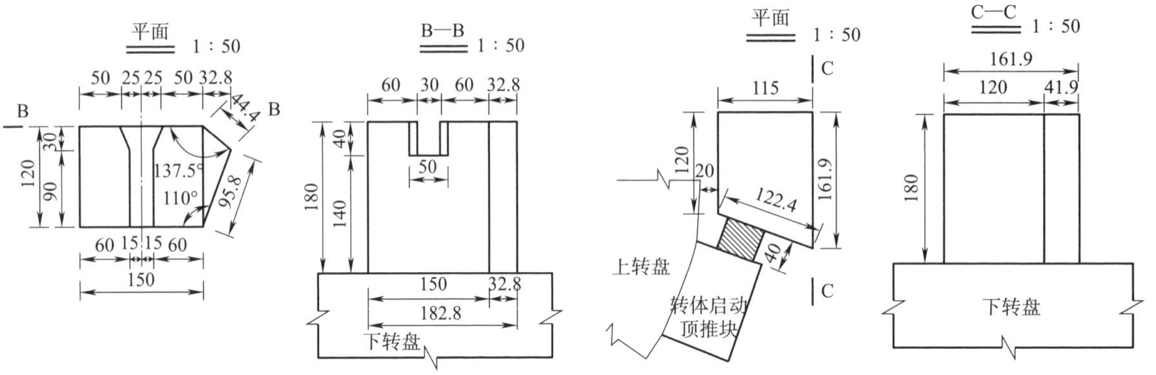

(a) 牵引反力座大样　　(b) 转体止动挡块大样

图 8　反力支座及止动挡块图(单位：cm)

助推反力支座：在滑道两侧设 6 对助推反力支座，高 30 cm，厚度 40 cm，主要是球铰失灵时用千斤顶强制转体或刚启动牵引较困难时借助辅助千斤顶。

5. 上转盘混凝土施工

上转盘内镶上球铰、撑脚、牵引索锚具，外面缠绕牵引索钢绞线。上转盘(上承台)分两次浇筑施工。第一次在上球铰安装和钢撑脚完成后浇筑混凝土；第二次在转体完成后浇筑剩余混凝土进行封铰(图 9)。

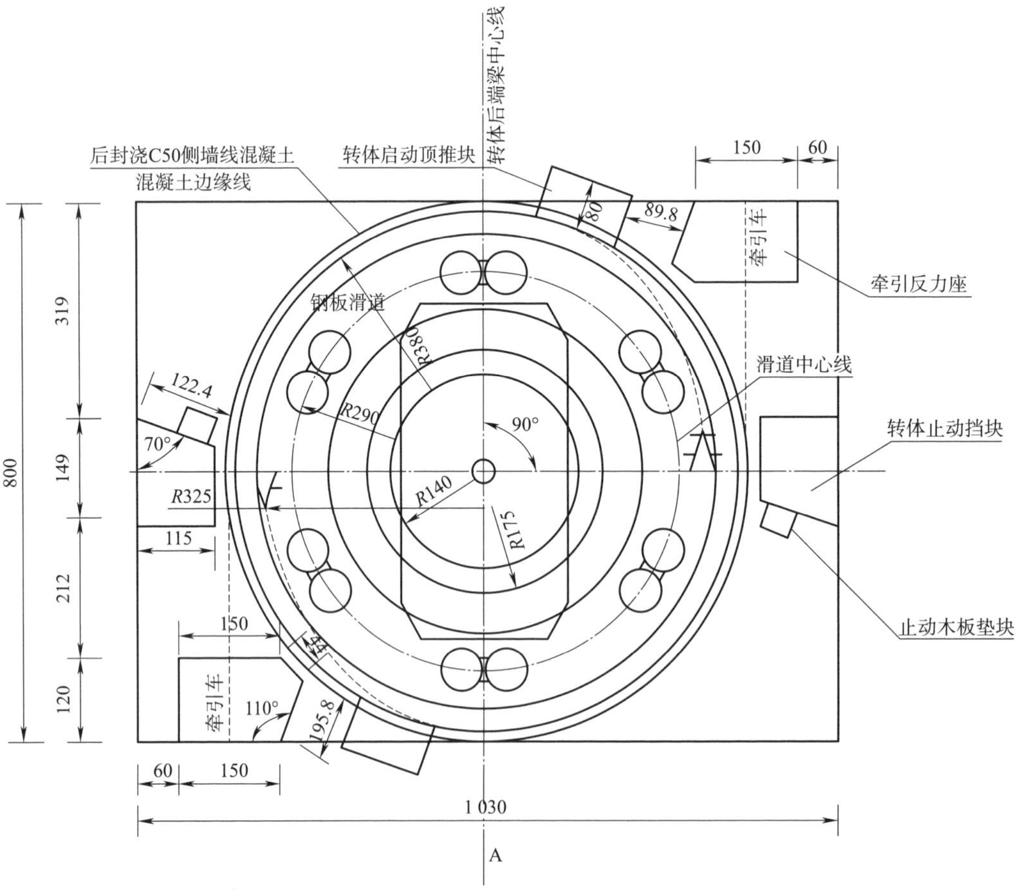

图 9　上承台布置图(单位：cm)

上转盘埋设有两束索引索，每束 8 根，由强度等级 1 860 MPa 的 ϕ15.2 mm 钢绞线组成，锚具采用 H 型锚具 OVM15-9H 两套(图 10)。

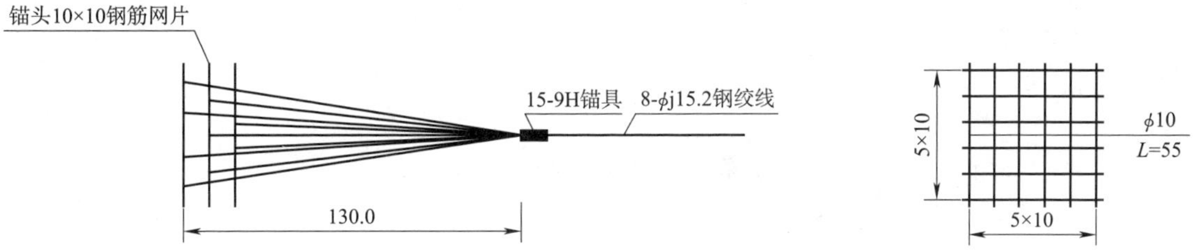

(a) 牵引索锚固端固结示意图　　(b) 锚头端钢筋网片大样图

图 10　牵引索固定端示意图(单位:cm)

2.4　转体系统安装精度控制

球铰安装精度:球铰及其骨架采用吊车吊装就位,人工调平对中安装。

1. 下球铰骨架

采用提高安装球铰定位骨架的精度的方法减少下球铰安装时的调整工作量,施工中将设计要求的相对高差≤5 mm,提高至≤2 mm,中心偏差≤1 mm。

2. 下球铰

球铰安装的关键是下球铰安装精度控制。在下球铰安放在骨架上后,人工对中和调平,顺桥向±1 mm,横桥向±1.5 mm,下球铰正面相对高差≤1 mm。具体安装过程中尽可能提高安装精度,为后续施工提供便利。

3. 上球铰

浇筑完成牵引反力座混凝土后,把下球铰表面和安装孔内清理干净,按厂内安装调试编好号码依次安装四氟乙烯片,安装后顶面在同一球面上误差不大于 0.5 mm,精确定位上球铰,使其上下球铰中心重合。

3　转体施工

3.1　转体控制数据

1. 转体索引力

牵引力按照能够克服动摩擦力计算,选择牵引千斤顶时按照 2 倍系数考虑。

$$M_1=\frac{2f_1GR_1}{3}=\frac{2\times0.05\times45\ 000\times1.3}{3}=1\ 950\ (\text{kN}\cdot\text{m})\tag{1}$$

$$T_1=\frac{M_1}{D_1}=\frac{1\ 950}{3.8}=513.2\ (\text{kN})\tag{2}$$

式中　M_1——动摩擦力矩;

T_1——转体牵引力;

f_1——动摩擦系数;

G——转体总重力;

R_1——球铰水平投影半径;

D_1——转盘直径。

2. 助推力

$$M_2=\frac{2f_2GR_2}{3}=\frac{2\times0.1\times45\ 000\times1.45}{3}=4\ 350\ (\text{kN}\cdot\text{m})\tag{3}$$

$$T_2=\frac{M_2-M_1}{D_2}=\frac{4\ 350-1\ 950}{8}=300\ (\text{kN})\tag{4}$$

式中　M_2——静摩擦力矩;

f_2——静摩擦系数;

G——转体总重力；

R_2——撑脚中心至铰中心距离；

T_2——助推力；

D_2——助推千斤顶距离。

3. 牵引千斤顶选择

牵引索选用 8－ϕ15.2 钢绞线，则单组牵引索牵引力，满足要求。

安全系数$K_1=\frac{1\,562.4}{513.2}=3.0>2$，满足要求。

牵引千斤顶采用 2 台 1 000 kN 连续千斤顶分别对称布置，则

动力系数$\eta_1=\frac{513.2}{1\,000}=0.51<0.85$，满足要求。

助推千斤顶采用 2 台 1 000 kN 螺旋千斤顶，则

动力系数$\eta_2=\frac{300}{1\,000}=0.3<0.85$，满足要求。

4. 转体时间(表 1)

千斤顶的牵引理论速度(mm/min)＝泵头流量(L/min)/(2×伸缸面积)

根据转体角度 83°及上转盘半径 3.8 m，计算出钢绞线牵引长度 $L=5.505$ m。39 m 转体梁端转过弧线长度为 56.496 m。现将 ZTB 15/2 泵站流量调整为 4 L/min，分别计算出千斤顶动作速度 $v=(4\div0.062\,832)\times60/1\,000=3.82$ m/h，转体所用时间 $t=L/v=86.469$ min，牵引钢绞线速度 0.064 m/min，转体角速度 0.96°/min，即 0.001 7 rad/min，转体悬臂端线速度 0.653 m/min。转体角速度不大于 0.02 rad/min，桥体悬臂端线速度不大于 1.5 m/min。上述数据均满足要求。

表 1　转体时间表

序号	工程名称	计算过程	用时(min)	备　注
1	转体启动		1	
2	匀速转动	81°÷0.96°＝84	84	点操作 2°
3	点操作 2°		4	
4	锁定、加固结构		3	
合　计			92	

5. 惯性制动距离

为保证转动单元安全，连续千斤顶以 0.064 m/min 的速度牵引钢绞线，带动转盘转动，梁端以 0.653 m/min 速度转动，其动能 $W_1=M(V_2)^2/2=45\,000\times(0.653/60)^2/2=2.665$。

在摩擦力矩作用下，设止动所要的转角为 α，提供的摩擦力矩为 $W_1=\alpha M_1$；

则 $\alpha=W_1/M_1=2.665/1\,950=0.001\,37$ rad，此时梁端中心线与梁体就位中线的差距为

$$L=\alpha r_2=39\times0.001\,37=0.053\text{ m}$$

式中　W_1——梁体的转动动能；

M——转动体的质量；

α——止动角度。

在止动阶段，当梁顶端部的结构横断面中心线与设计桥位纵断面轴线相差 0.053 m 时停止牵引，利用惯性就位。然后在控制测量指挥下，利用千斤顶逐步将转动单元顶推到设计线位置。

6. 不平衡称重(具体计算简略)

沿梁轴线的竖平面内，由于球铰体系的制作安装误差和梁体质量分布差异以及预应力张拉的程度差异，导致两侧梁段刚度不同，质量分布不同，从而产生不平衡力矩。为保证转体过程中，体系平稳转动，要求预先调整体系的质量分布，使其质量处于平衡状态。

在距转体中心线约 2.9 m 处设置四台 1 000 kN 千斤顶(图 11)，通过千斤顶逐级加力，分别对转体梁进行顶放，用以测试反力值，同时通过在上转盘底四周布置的 4 个位移传感器(图 12)，测试球铰微小转动。进而绘制出 P-Δ 曲线，确定配重重量、位置及新偏心距，形成供审批用转体梁称重试验报告。

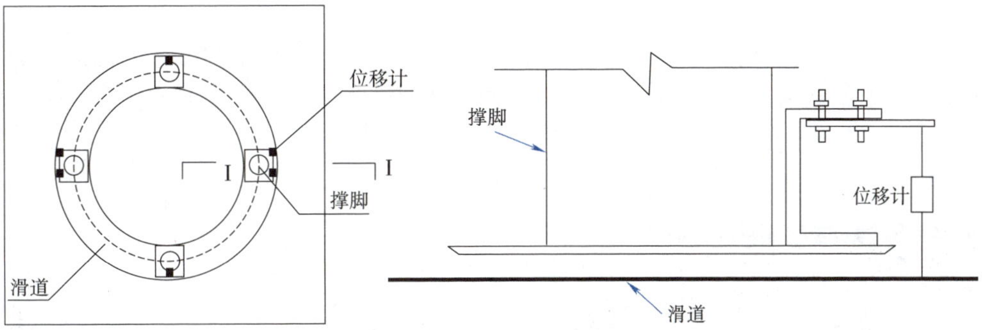

图 11　位移计放置位置

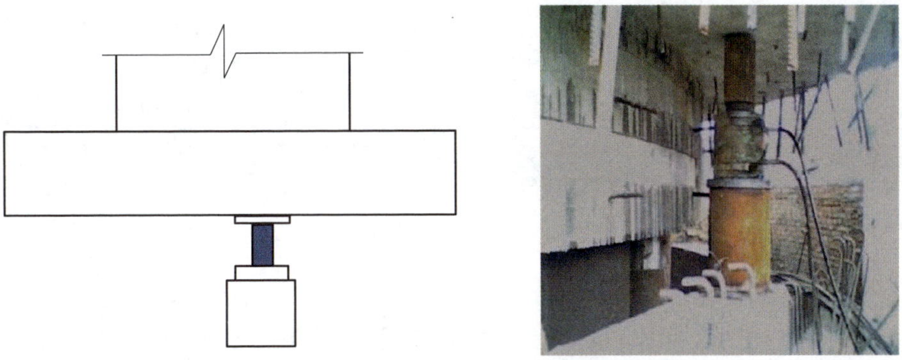

图 12　千斤顶布置立面图

3.2 转　体

转体施工工艺如图 13 所示。

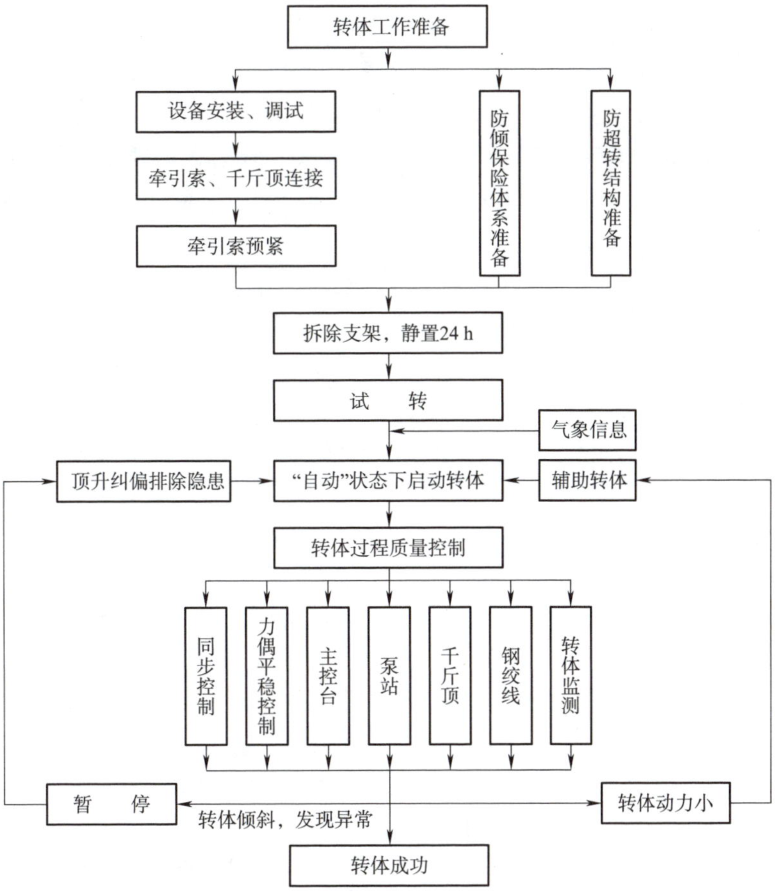

图 13　转体施工工艺流程图

1. 牵引系统

牵引动力系统由 2 台 100 t 连续型牵引千斤顶、两台液压泵站及一台主控台通过高压油管和电缆连接组成,两台连续千斤顶分别水平、平行、对称地布置于转盘两侧,千斤顶的中心线与上转盘外圆相切,中心线高度与上转盘预埋钢绞线的中心线水平。千斤顶放置于配套的反力座上。每套连续顶推千斤顶公称牵引力(前后顶)1 000 kN,由前后两台千斤顶串联组成(图 14)。

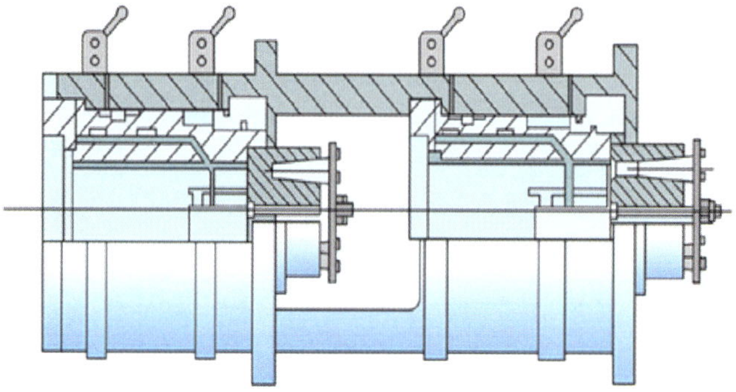

图 14　连续千斤顶构造图

2. 脱架形成转动体系

当上部构造混凝土浇筑完毕,强度和龄期满足要求,且纵向预应力已经张拉完成,至此即具备了转动体系脱架条件。通过清除上下承台间杂物→拆除撑脚下钢楔块→拧开砂箱卸砂孔螺栓→使砂箱内砂自然流出或用高压水枪冲击→移走砂箱→拆除临时固结工字钢→转动体系形成。为了判断转动体系脱架前后实际的重心偏离情况,在浇筑上承台时在其四周设置永久观测标志,并在施工全过程观测记录(精度 0.5 mm)它们的变化。如果脱架后,上盘四周标高是均匀下沉,则初步判断重心状态与设计要求基本吻合。

3. 转体施工

(1)试转

用 YDC240Q 千斤顶将钢绞线以 1～5 kN 的力预紧,预紧应采取对称进行的方式,并应重复数次,以保证各根钢绞线受力均匀。预紧过程中应注意保证 8 根钢绞线平行缠于上转盘上。用主控台控制两台千斤顶同时施力试转,试转时,应做好每分钟转速、点动操作时悬臂端所转动水平弧线距离数据、转动角度等重要数据的测试工作。同时,试转过程中,应检查转体结构是否平衡稳定、关键受力部位是否出现裂纹等异常情况。试转完成后应根据监控数据进行配重调整。

(2)正式转体

准备工作就绪,气象条件符合要求(风速不大于 10 m/s,风级不大于 5 级),启动动力系统设备,通过分级加载的方法实现梁体转动。转体过程中,重点检查转体结构是否平稳、设备有无故障、关键受力部位是否发生变形开裂等异常情况。如有异常情况发生,则立即停止转体,查明原因并采取措施后再行转体。在转体即将就位前需分级报告转体参数,如在桥面中心轴线合龙前 1.5 m 内监测点每 10 cm 向控制台报告监测数据;在 20 cm 内,每 1 cm 报一次;在 5 cm 内每 1 mm 报告一次;平转接近设计位置 1.36 m 时(即 2°)时降低平转速度,采用点牵引法就位,使转体达到理想的设计要求(图 15)。

(3)牵引辅助、限位及过转处置措施

理论上四氟板与不锈钢板之间的摩擦系数很小(≤0.1 一般在 0.06～0.08),但由于施工现场环境的差异的各种因素的存在,转体初期的摩擦系数还是较大的,正常牵引难以启动,必须借助 2 台 100 t 组成力偶助推,促使转动起步。在转体即将到位时(距离到设计位置 50 cm)在撑脚与助推反应力支座之间横向放入 I40 工字钢。牵引转动时,以工字钢阻挡撑脚继续前行。当由于转动惯性或测量误差,在复测发现已经过转时,可用 2 台 100 t 千斤顶组成的力偶助推系统(该系统与助推系统方向相反),反向顶撑脚,将转动体回转。

(4)转动单元精调及锁定、封胶

为了保证转体后桥体符合设计要求,在下承台顶面与纵横桥向较低位置分别安放 2 台 1 000 kN 千斤顶,对桥体的纵横向高程、轴线进行精调。精调结束后,立即在钢撑脚与内外助推反力支座之间安放型钢反

图 15　转体施工现场照片

力架，对转动单元进行锁定。然后清洗滑道上的润滑剂、底盘上表面脏物，焊接上下承台间预埋钢筋、钢件、绑扎钢筋，浇筑 C50 微膨胀混凝土封绞。

（5）转体过程监控（简述）

监测监控通过结构计算与测试分析，对施工过程中结构的稳定、线型和应力状态的控制提供依据，对施工过程结构状态的变化进行预测并提出有效的控制措施，为施工各阶段的指挥决策提供必要的数据，以保证施工阶段的结构安全，优化施工工序，提高施工质量，并为转体桥梁的设计和施工积累经验；此外，监测监控过程中产生的大量技术数据还将作为桥梁技术档案资料的一部分，为桥梁运营期间的技术管理和技术评估提供重要依据。

监控系统主要由结构计算与量测系统、误差分析系统和实时跟踪分析系统 3 部分组成。过程中，通过对预应力钢绞线张拉应力和变形监测、支架预压监测、称重和配重计算模拟、桥梁转体过程监测等方面数据收集，利用大型通用有限元分析 ANSYS 和 MADIS 软件进行转体施工过程数值模拟分析。主要对预应力张拉、支架预压、卸载、脱架、转动过程、转体单元精调等不同施工阶段，对球铰、支架、梁体、转体悬臂端等不同部位进行全过程监控。

南京地铁 S3 线搭载大胜关大桥过江段轨道结构设计

郑　强

（中铁上海设计院集团有限公司，上海　200070）

摘　要：以南京地铁 S3 线大胜关大桥过江段为例，针对无缝线路明桥面的特点，从扣件、轨枕、道床、无缝线路钢轨伸缩调节器设计和桥梁伸缩缝处理等方面，全面阐述了桥上无缝线路轨道结构的设计过程，提出了适用于轨道交通明桥面的新型小阻力扣件和合成轨枕。本文的设计思路可为轨道交通明桥面轨道结构设计提供参考。

关键词：轨道结构设计；桥上无缝线路；小阻力扣件；合成轨枕

1　概　　述

南京大胜关大桥穿越长江，主桥为 6 线钢结构桥梁，京沪高速铁路、沪蓉客运专线以及南京地铁 S3 线均在主桥上通过，轨道交通与京沪高铁、沪蓉客运专线共桥面运行。轨道交通穿越长江地段分别位于京沪高铁和沪蓉客运的外侧，桥梁结构由横梁和两根纵梁联结组成明桥面结构。大桥位于直线地段，桥长约 1.6 km。12 号线采用 B 型车辆，设计轴重 140 kN，采用接触网供电，设计速度目标值为 100 km/h。

主桥明桥面轨道结构主要技术标准：

(1)钢轨：设计采用 60 kg/m、U75V、25 m 标准短轨。

(2)轨距：1 435 mm。

(3)扣件：弹性分开式扣件。

(4)轨道结构高度：430 mm。

(5)轨枕铺设数量：1 760 根/km。

2　轨道结构设计

2.1　扣件设计及选型

大胜关大桥为轨道交通预留的桥梁结构为明桥面结构，列车通过时将会产生较大的形变，对钢轨的爬行将会产生较大的影响，在扣件选择方面需要有一定的扣压力和轨距及水平调整能力，同时无缝线路为减小梁轨作用力需采用小阻力扣件。

目前国铁明桥面通常采用 K 型分开式扣件。该扣件为我国早期钢桥明桥采用的主要扣件类型，因其为弹性分开式扣件，较当时的木枕扣件有着较小的扣压力，和少量的轨距调整能力，故在 80 年代中期成为主要的明桥面木枕扣件类型。

在大中跨钢桥上铺设无缝线路时，为了阻止钢轨爬行和减小断缝值，K 型扣件一般采用“松紧”搭配。因为扣件阻力越大，钢轨受的纵向力就越大。纵向力过大，就会给轨道的稳定性带来不利影响，同时还需要对钢梁和墩台采取相应的加固措施。为满足轨道的强度条件、稳定条件、减少梁轨间的相互作用力，就必须放松部分 K 型扣件。这样就使钢桥上轨道的养护维修比较困难，一旦没有注意到松紧方式，就会引起线路爬行等有害现象。

同时，K 型分开式扣件也存在弹性差，轨距、水平基本无法调整量等缺点，无法适用于轨道交通线路。为此，本工程专门研发 SD-4 型扣件(图 1)，该扣件为弹性分开式小阻力扣件。

(1)扣件采用 4 根螺纹道钉与轨枕联结。

(2)扣件调高量 35 mm,钢轨调高通过在轨下、铁垫板下垫入调高垫板实现,轨下调整量 5 mm,铁垫板下 30 mm。

(3)扣件轨距调整量+8 mm/每轨、−6 mm/每轨,通过轨距块来实现。

(4)扣件设计最大承受横向力为 35 kN(疲劳荷载)。

(5)铁垫板上设置 1∶40 轨底坡。

(6)轨下胶垫静刚度:(50±5)kN/mm。

(7)扣压件采用 w 型弹条,弹程为 11.5 mm,扣压力为 4 kN。

(8)扣件绝缘电阻大于 10^8 Ω。

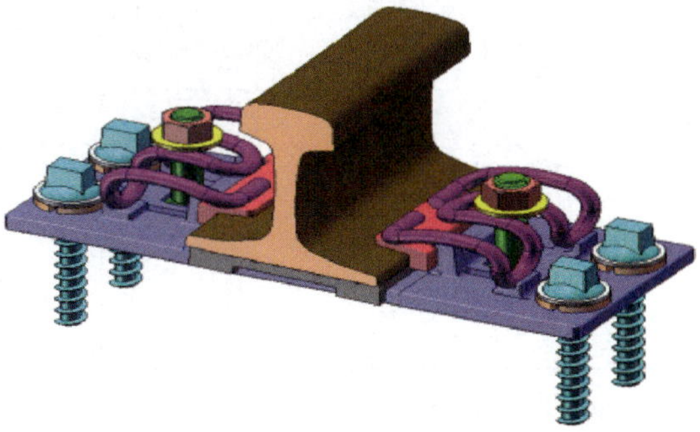

图 1 SD-4 型分开式扣件

SD-4 型扣件具备较好的轨距及水平调整能力,通过轨下胶垫的选择(常阻力或小阻力),既可满足无缝线路设计要求,又能提供较好的弹性,适用于城市轨道交通钢桥明桥面。

2.2 轨枕设计及选型

本工程主梁为悬臂形式,列车通过时可能产生较大的振动和挠度。因此主桥钢梁范围内轨道设计采用明桥面轻型长轨枕,既减轻二期恒载又有效地改善了列车引起的振动影响。

1. 明桥面对轨枕的要求

明桥面设计中,轨枕直接置于钢梁上,其上设置钢轨承受列车竖向荷载,因此露天的环境对轨枕的耐久性、耐腐蚀、绝缘性都是一种严峻的考验。

本工程中,由于地铁线位与高速铁路并行于同一桥面,因此也给平时的运营维护带来一定的困难,轨枕的选型应尽可能考虑使用寿命长、可维护性好的材料。另一方面钢桥明桥面全长达 1.6 km,为避免杂散电流对钢梁的腐蚀影响,轨枕应在潮湿的环境下也具备良好的绝缘性能。

2. 明桥面木枕使用缺点

通过对我国现行铁路钢桥明桥面木枕的调查,发现其长期运营后存在一些缺点:

(1)木材用量大,不利于环保

由于木材的抗剪强度远低于钢筋混凝土材料,因此轨枕铺设密度大,每延米桥面约需木材 0.4～0.5 m^3。

(2)木材使用寿命很短,更换频繁

由于长期在露天环境下运营,且江面湿气较大,木材的湿胀频繁,造成轨枕腐朽加剧,更换频繁,大部分木枕在 7～8 年左右全部更换。

(3)需要联结的部位繁多

联结的方式和作业项目比较繁琐,维修周期短,不便实现,工务养护工作量较大。

3. 明桥面轨枕选型

近年来随着新材料新技术的不断涌现,一种人工合成轨枕也应运而生,该类轨枕为聚胺树脂材料,内植玻璃纤维,有着很好的耐久性和高强度,其容重与木材相当。与传统木桥枕比较,合成轨枕具备耐水性好、绝缘性较高、便于施工、使用寿命长、可减少养护维修频度等特点,已得到国内外许多工程的认可。以下表 1、表 2 为各轨枕主要物理性能指标比较。

表 1 合成轨枕与木枕主要技术性能比较

项 目	单 位	木 枕	合成轨枕		
			新品	10 年后	15 年后
比 重	kN/m^3	7.5	7.4	7.4	7.4
弯曲强度	MPa	7 100	8 100	8 000	8 160
纵向压缩强度	MPa	40	58	66	63
剪断强度	MPa	12	10	9.5	9.6

续上表

项目		单位	木枕	合成轨枕		
				新品	10年后	15年后
硬度		MPa	17	28	25	17
吸水量		mg/cm^2	137.0	3.3		
绝缘电阻	干燥	Ω	6.6×10^{7}	1.6×10^{13}	2.1×10^{12}	3.6×10^{12}
	潮湿	Ω	5.9×10^{4}	1.4×10^{8}	5.9×10^{10}	1.9×10^{9}
螺栓拔出强度		kN	43	65		

表 2　各种轨枕综合性能比较

项目	合成轨枕	木枕
强度	强度中等、柔韧性好	强度低，随着时间降低
耐久性	防腐性及耐水性强，50 年	防腐性差，干燥易产生裂缝，寿命 10～15 年
修补翻新	修补容易，灵活应对变更	一般只能一次性使用
环境保护	修补翻新后可再利用，也可废料回收再利用	不利于环保，不利于可持续发展
经济性	寿命长并易于施工等，周期总成本低	产品寿命短，更换频繁，维护管理费用高

合成轨枕在国外工程中主要用于钢架桥梁段及道岔段铺设，近年来我国城市轨道交通也开始应用，如上海、广州、南京、深圳等轨道交通工程已陆续采用。因此本工程明桥面地段轨道设计采用合成轨枕。

4. 轨枕与钢梁的连接

采用钩头螺栓实现明桥面轨枕与钢梁的连接。

2.3　道床设计

主桥范围内明桥面轨道一般由钢轨、桥枕、钩螺栓、连接钢板、防爬角钢及螺栓、防脱护轨及人行道板等组成。轨道结构高度为：钢轨 176 mm ＋ 扣件 33 mm ＋ 轨枕 221 mm ＝430 mm。合成轨枕直接置于钢梁上方，与钢梁采用钩螺栓连接，其上直接铺设钢轨，如图 2 所示。

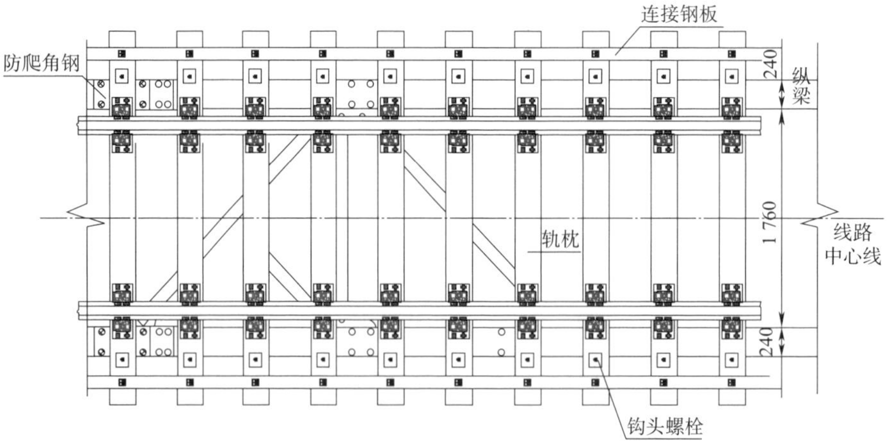

图 2　明桥面轨道铺设平面图(单位：mm)

2.4　无缝线路设计

南京大胜关主桥为连续钢桁梁结构(图 3)，主桥孔跨布置为：(84＋84)m＋(84＋84)m＋(108＋192＋336＋336＋192＋108)m。

南京地区轨温：最高轨温 63 ℃，最低轨温－14 ℃，中间轨温 24.5 ℃，设计锁定轨温 24 ℃±4 ℃。

1. 钢轨伸缩调节器布置

主桥温度跨度较大，在第一联(84＋84) m 及第二联(84＋84)m 连续钢桁梁活动支座处及(102＋198＋

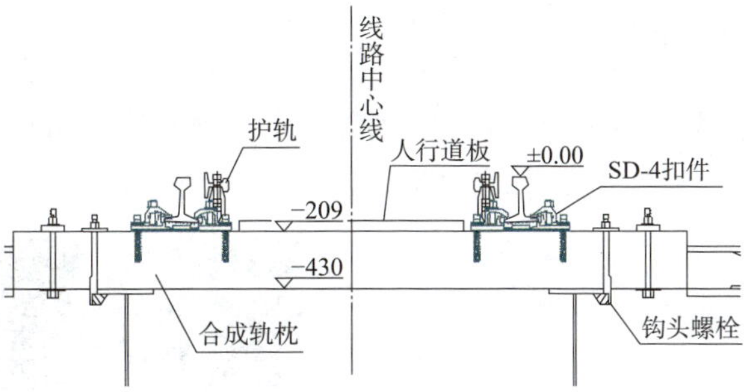

图 3　明桥面轨道铺设断面图

336＋336＋198＋102）m 连续钢桁梁最后一个活动墩处分别设置一组单向钢轨伸缩调节器，具体布置如图 4 所示。

钢轨伸缩调节器尖轨尖端顺列车前进方向，基本轨跨越梁缝。结合本工程特点，桥梁伸缩缝最大梁缝的量程为±400 mm，京沪高铁及沪蓉客专均采用±600 mm 量程的钢轨伸缩调节器。为满足±600 mm 伸缩量程，本工程明桥面地段设置的钢轨伸缩调节器采用特殊设计。

在主桥 0 号墩靠近引桥方向设置 6.8 kN/(m · 轨)小阻力扣件，靠近钢桁梁端设置 24 m 长 2 kN/(m · 轨)超小阻力值扣件，主桥其余地段采用 10.5 kN/(m · 轨)超大阻力值扣件，以避免梁轨相对纵向位移过大。

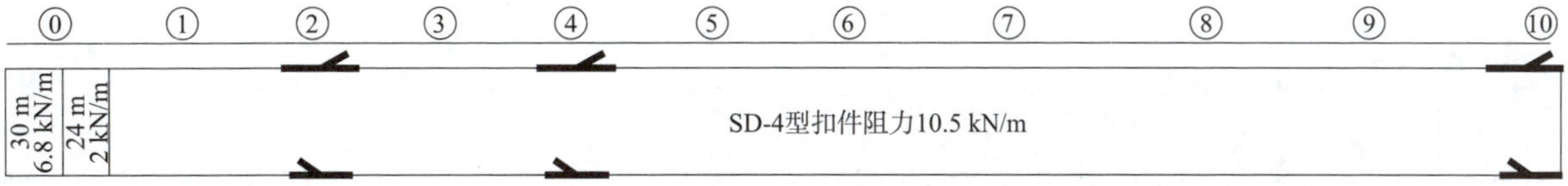

图 4　伸缩调节器方案示意图

2. 无缝线路纵向力

(1)伸缩力

计算结果如图 5 所示。

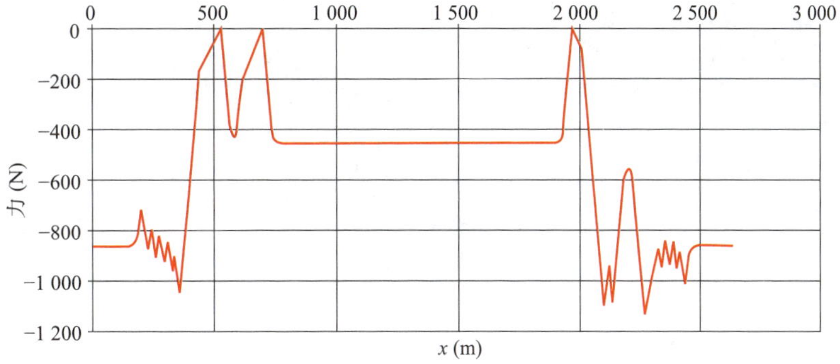

图 5　钢轨伸缩力图

(2)制动力

在附加伸缩力最大位置，钢轨最大制动附加力按 10 MPa 计。

(3)断轨力

(102＋198＋336＋336＋198＋102)m 连续钢桁梁上的断轨力取计算值 4 324.8 kN 与钢轨温度力 P_t＝806.06 kN 的较小值，断轨力为 806.06 kN。

经检算，全桥主桥铺设大阻力扣件、设置伸缩调节器时，钢轨应力、断缝均满足桥上铺设无缝线路规范要求。

2.5　桥梁伸缩缝大量程伸缩调节装置

大胜关大桥钢梁主桥与引桥间设置大伸缩缝，宽度约为 700～1 500 mm。而轨枕纵向铺设间隔仅为

600 mm，无法跨越伸缩缝，因此轨道结构须进行特殊设计(图 6、图 7)。

由于轨道交通线路主桥设计时预留的轨道结构高度仅为 430 mm，设计采用上承式伸缩缝调节装置。

鉴于大胜关大桥已经建成，轨道结构设计不仅应保证钢轨的强度和无缝线路的稳定，同时应减小梁轨相互作用力对桥梁墩台的影响。轨道伸缩调节器需结合梁缝伸缩调节器设置。

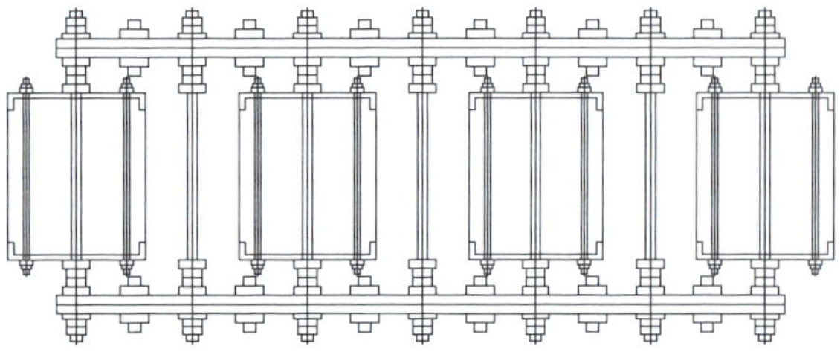

图 6　控枕器设计图

图 7　控枕器铺设图

3 结　　语

南京地铁 S3 线搭载大胜关大桥过江段轨道结构设计在总结国铁明桥面轨道设计经验的基础上，研发了适用于轨道交通明桥面的新型小阻力扣件，既满足无缝线路铺设要求，又具备相当的轨距及水平调整量；采用合成轨枕，增加了耐久性、绝缘性并更加环保；无缝线路设计中综合考虑了大跨度连续钢桁梁无缝线路设计要求、桥梁大伸缩缝处理等特殊情况，通过设计检算，可满足铺设无缝线路规范要求。本文通过对本工程的设计情况的简要叙述，抛砖引玉，共同探讨轨道交通明桥面轨道结构设计方案。

2.4 施工环境保护技术实践

深埋盾构隧道在岩层中穿越桥梁时隔离桩适用性研究

王长宁[1]　韩高孝[2]　周顺华[2]
（1. 南京地铁建设有限责任公司，南京　210017；
2. 同济大学，上海　200092）

摘　要：隔离桩由于能够隔断隧道施工引起的地层变形而减小隧道施工对桥梁的影响，所以在工程实践中得到了广泛应用，但是对于这种措施的适用性却鲜有研究。本文以南京地铁6号线下穿高铁桥梁为背景，研究深埋盾构隧道全断面穿越岩层时隔离桩的隔离效果和适用性。通过数值计算和实测数据的分析表明：在上述条件下隔离桩的隔离效果并不明显，而且隔离桩的应用反而对桥梁结构造成不利影响。

关键词：盾构隧道；穿越；桥梁；隔离桩

0　引　　言

当隧道穿越既有建（构）筑物时，隧道开挖不可避免地会引起周围地层产生一定的位移，这些位移又进一步作用在邻近的桩基础上，引起建（构）筑物桩基的各种反应并最终引起建（构）筑物的变形和受力的改变。为了建（构）筑物的安全和减小其变形，目前主要采取主动和被动两方面的措施。主动措施就是优化施工参数；被动措施就是进行地基加固（包括注浆加固、旋喷桩加固）或设置隔离桩，前者主要通过改善周围土体的力学性质来减小隧道施工对建（构）筑物的影响，后者通过隔断由于隧道施工引起的地层变形来减小隧道施工对建（构）筑物的影响。本文分析了隔离桩的工作机理并提出了一种计算隔离结构及周围地层变形的算法。本文通过数值模拟和对现场实测数据的分析研究了隔离桩的隔离效果。以上研究都针对浅埋隧道和隧道在一般土层中穿越的情况开展研究，但是对于深埋隧道在岩层中穿越时隔离桩的效果和适用性却鲜有研究。本文以南京地铁6号线下穿高铁桥梁为背景，研究深埋盾构隧道全断面穿越岩层时隔离桩的隔离效果和适用性。

1　工程背景

盾构隧道直径6.2 m，左右线隧道隧顶埋深均为28 m左右。盾构穿越京沪高速铁路高架桥，穿越段桥梁上部结构为四跨（20 m＋34 m＋34 m＋20 m）预应力钢筋混凝土连续箱梁，桥上设正线2条和1条走行线，盾构隧道从中间两跨穿越。连续梁桥两端桥墩下设14根直径1 m的钻孔灌注桩，中间三个桥墩下设14根直径1.25 m的钻孔灌注桩，桩长自左向右方向分别为24 m、25.5 m、29 m、29.5 m和25.5 m。左线隧道与桩基水平最小净距6.40 m，隧道底部高于桩端2.29 m；右线隧道与桩基水平最小净距8.58 m，隧道底部高于桩端7.24 m，如图1所示。

该范围内自上而下土层分别为人工填土、粉质黏土、强风化泥质粉砂岩和中风化泥质粉砂岩，桩端位于中风化泥质粉砂岩中，盾构隧道也主要穿越该层，各土层参数见表1。

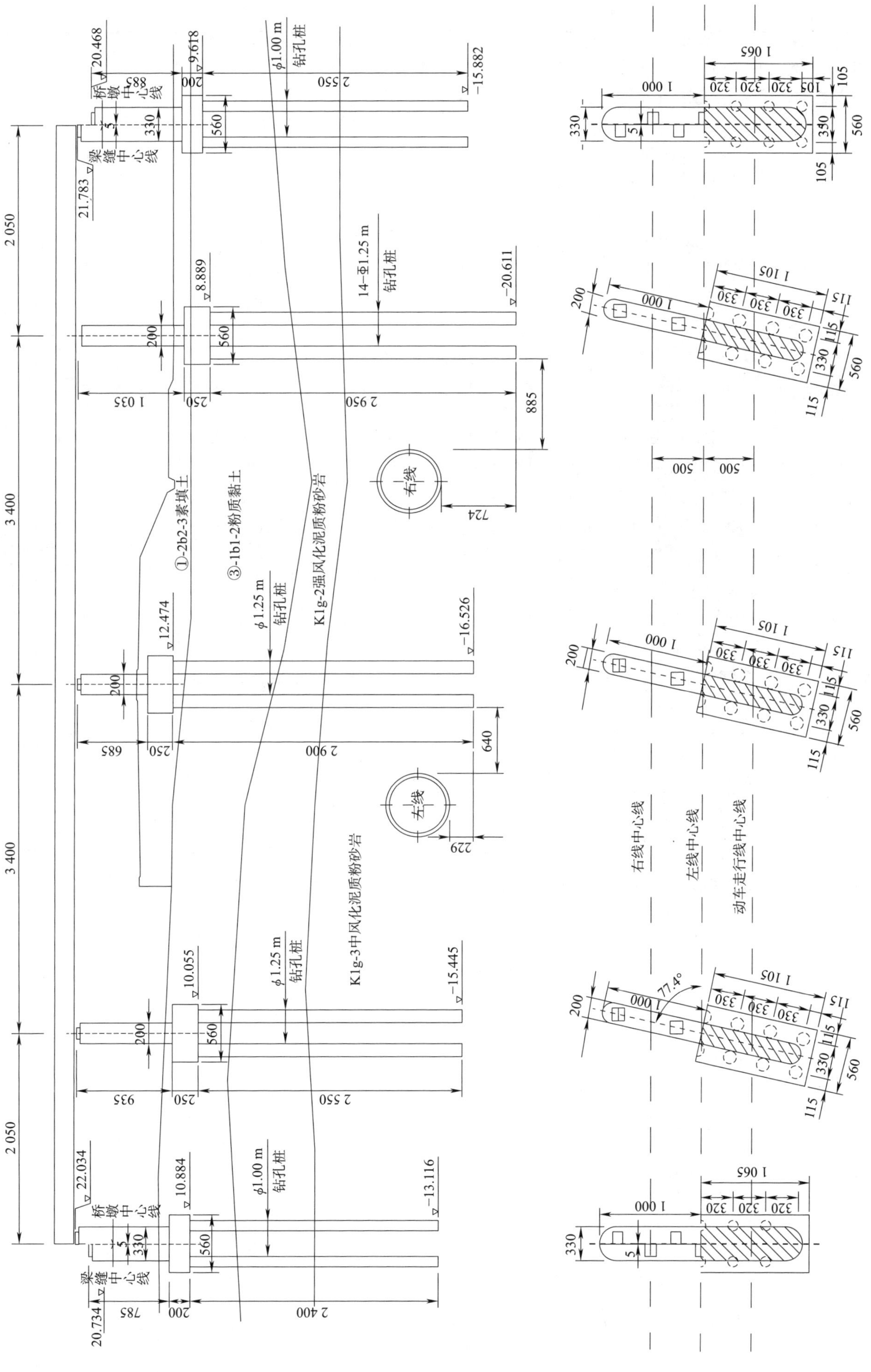

图1 盾构穿越桥梁示意图(单位:cm)

表 1　土层参数

	土体容重 γ(kN/m³)	泊松比 μ	弹性模量 E(MPa)	黏聚力 c(kPa)	内摩擦角 φ/(°)
人工填土	18.0	0.30	20.7	10.0	10.0
粉质黏土	20.1	0.28	24.8	56.8	16.1
粉质黏土	19.8	0.32	18.6	31.8	13.8
强风化泥质粉砂岩	21.5	0.25	40.5	40.0	18.0
中风化泥质粉砂岩	23.7	0.13	1 416	—	—

为了保证桥梁安全并减小桥梁的变形，在隧道两侧设置钻孔桩作为隔离桩，隔离桩桩端深入隧道底以下1 m。隔离桩直径采用1.0 m，间距采用1.5 m，桩顶设置1.1 m×0.8 m冠梁。

2　数值分析

2.1　计算方法

为了分析隔离桩的效果，利用ANSYS分别进行了两个模型的计算。第一个模型计算无隔离桩时盾构隧道下穿施工引起承台的变形，第二个模型计算先施工隔离桩后施工盾构隧道时引起的桥台变形。为了计算方便，模型中只包括桥梁承台、盾构隧道、桩基和周围土体，桥梁上部结构以及列车运营的影响换算为荷载施加在承台上。在考虑列车运营的影响时，按照支反力影响线进行Z-K活载的最不利布载，计算出在桥梁恒载和列车荷载作用下每一墩顶的最不利支座反力，然后计算桥墩的自重，最后将两者相加并除以承台面积便可计算出作用在承台顶面的荷载，荷载计算结果见表2。第一个模型计算时先在承台顶面施加荷载，然后通过杀死隧道范围内土体单元，激活管片单元，并进行应力释放来模拟盾构隧道的掘进过程。第二个模型计算时同样先在承台顶面施加荷载，然后通过杀死隔离桩范围内土体单元，并进行应力释放来模拟钻孔桩施工，最后杀死隧道范围内土体单元，激活管片单元，并进行应力释放来模拟盾构隧道的掘进过程。

表 2　承台表面荷载

承台号	一期恒载(kN)	二期恒载(kN)	桥墩自重(kN)	列车活载(kN)	总重(kN)	承台表面荷载(kPa)
1	8 483.1	4 768.8	5 595.3	4 993.7	23 840.9	244.3
2	10 208.3	5 738.5	4 356.4	5 594.4	25 897.6	249.3
3	8 483.1	4 768.8	5 595.3	4 993.7	23 840.9	244.3

隧道开挖周边的应力释放系数可按下式计算：

$$\beta=1-\frac{2\sqrt{2}\sin\varphi}{3(1+\sin\varphi)}\frac{\sigma_\theta}{\sigma_r^0} \tag{1}$$

上述各式中，σ_r^0 为开挖前的径向应力，σ_θ为开挖周边环向应力，当 $r=a,\theta=0$ 时，孔周边 x 轴方向(图2)上的切向力为

$$\sigma_\theta=\frac{-3+4\mu}{1-\mu}p \tag{2}$$

当 $r=a,\theta=\pi/2$ 时，孔周边 z 轴方向(图3)上的切向力为

$$\sigma_\theta=\frac{1-4\mu}{1-\mu}p \tag{3}$$

本隧道中心平均埋深27 m，计算得 $\beta=0.2$。为提高安全性，在后续的变形计算中应力释放系数统一采用 $\beta=0.3$。

钻孔桩施工周边的应力释放系数可按式(4)计算：

$$\beta=1-\frac{4\sqrt{2}\sin\varphi}{3(1+\sin\varphi)} \tag{4}$$

计算所得从上往下每层土的应力释放系数分别为：0.72、0.59、0.26、0.19。

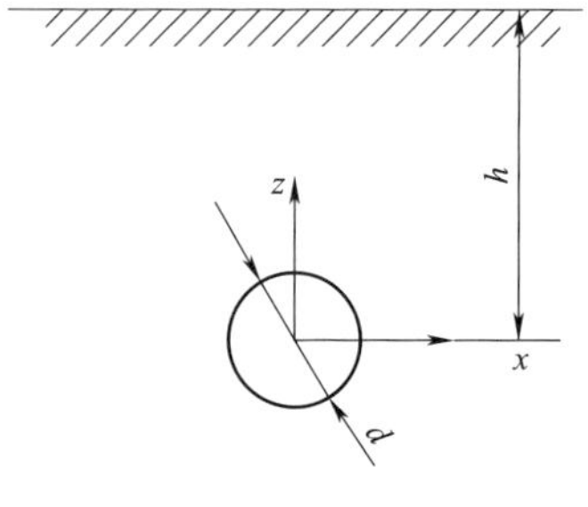

图2　隧道应力释放计算示意图

2.2 计算模型

模型的计算土层区域取横向 150 m，纵向 50 m，深度方向 70 m。隧道尺寸、桩基尺寸、隧道埋深以及隧道与桩基的位置关系如前所述。桥梁桩基、承台、隧道衬砌和中风化泥质粉砂岩为线弹性材料，其余土体采用 Mohr-Coulomb 弹塑性屈服准则，土层计算参数见表 1。模型底部施加完全固定约束，两侧施加竖直滑动约束，模型表面为自由边界，桩顶和承台刚接。桥梁桩基、承台和隧道管片的弹性模量和泊松比均取 30 GPa 和 0.2，计算模型网格如图 3 所示。模拟开挖时先进行左线隧道开挖，然后再进行右线隧道开挖。

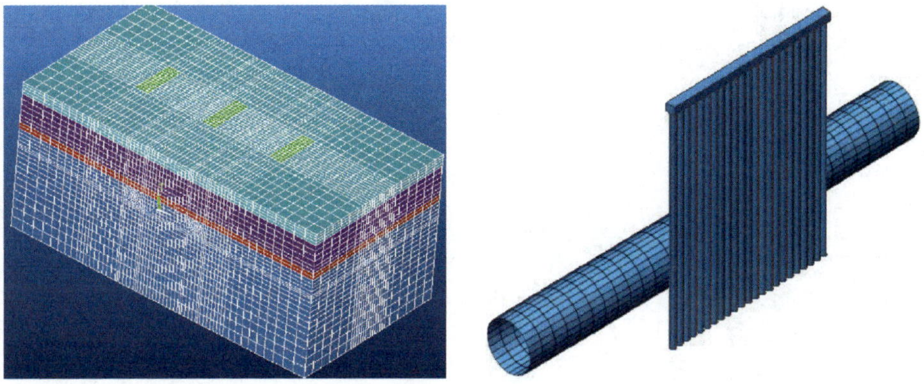

图 3　计算模型

2.3 计算结果

由于 38 号桥墩受施工影响最大，故提取 38 号桥墩承台变形分析隔离桩对桥梁的影响及隔离效果。由表 3 可见，采用隔离桩方案时，隔离桩施工和盾构隧道开挖完成后，桥台顺桥向水平位移为−0.35 mm，向着隧道方向，桩顶沉降为 0.94 mm；而未设隔离桩盾构隧道开挖完成后，桥台顺桥向水平位移为 0.24 mm，背向隧道方向，竖向沉降仅 0.54 mm。由此可知钻孔灌注桩施工对桥梁的影响大于盾构隧道开挖的影响，且不设隔离桩时盾构隧道施工完成后桥梁的变形要小于设隔离桩时桥梁的变形，这说明隔离桩不仅没有起到减小桥梁变形的作用反而加大了桥梁的变形。

表 3　桥台变形

	顺桥向水平位移(mm)	沉降(mm)
钻孔桩施工	−0.54	0.51
盾构隧道施工完成	−0.35	0.94
未设隔离桩盾构隧道施工完成	0.24	0.54

注：水平位移“＋”值为背向隧道方向。

3　实测数据分析

在隔离桩和盾构隧道施工过程中对桥墩的变形做了观测，图 4～图 11 为观测结果。由图 4 可以看出，桥墩沉降整体呈现逐渐增大的趋势并最终趋于稳定，最大下沉为 0.7 mm。由图 5 可知，由于在 38 号桥墩两侧都要进行隔离桩施工，桥墩顺桥向水平位移呈现出来回波动的特点，桥墩位移先向西发展达到最大值 0.3 mm 后，然后又向东发展达到最大值 0.5 mm，接下来位移又向西发展达到最大值 0.5 mm，最后位移又向东发展并最终稳定在 0.1 mm。由图 6 可知，桥墩横桥向水平位移也呈现出波动的特点，位移先向南发展达到最大值 0.3 mm 后又向北发展并最终稳定在 0.2 mm 附近。由图 7 可知，桥墩先产生向东的倾角，但变化较小，最大倾角为 5″，之后倾角逐渐向西发展并达到最大值为 14.9″，接下来倾角又逐渐向东发展并趋于稳定，向东最大倾角为 16.2″。总的来说，隔离桩施工对于桥梁的影响较小。

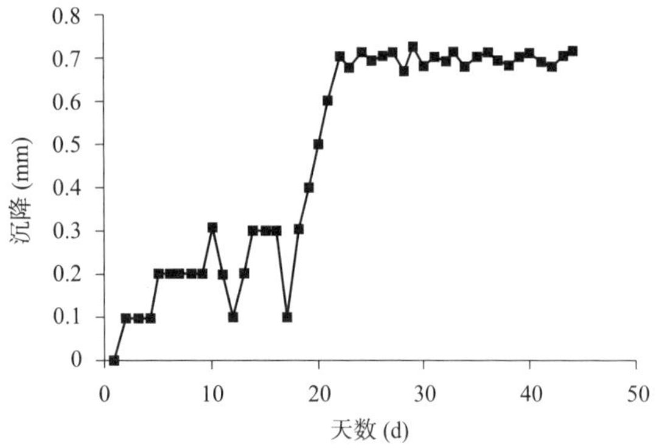

图 4 隔离桩施工引起的桥墩沉降

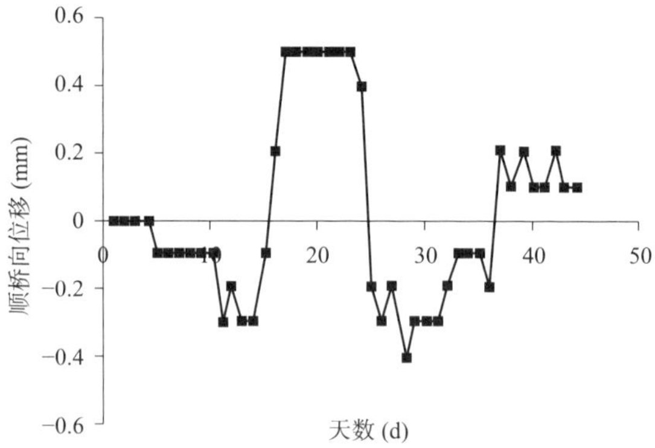

图 5 隔离桩施工引起的桥墩顺桥向位移

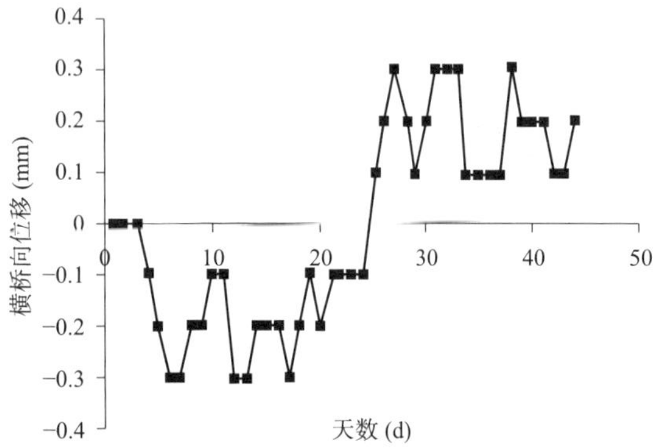

图 6 隔离桩施工引起的桥墩横桥向位移

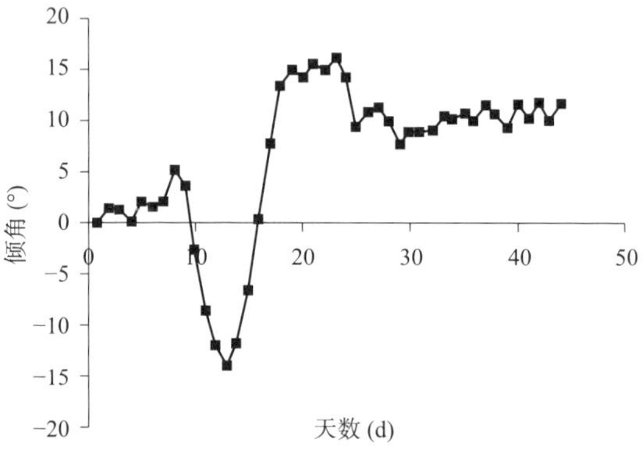

图 7 隔离桩施工引起的桥墩倾角

由图 8 可知，盾构隧道下穿施工过程中桥墩沉降也呈现逐渐增大的趋势并最终趋于稳定，最大下沉为 0.5 mm。由图 9 可知，盾构下穿施工过程中桥墩顺桥向水平位移先向西发展达到 0.2 mm 后向东发展并达到最大值 0.5 mm。由图 10 可知，盾构隧道下穿施工过程中桥墩横桥向水平位移一直向南发展并稳定正在 0.4 mm 附近。由图 11 可知，桥墩倾角一直向东发展，先达到最大值 8″后逐渐减小，最终稳定 2″附近。

比较隔离桩施工和盾构隧道施工引起的桥梁变形，同样也有隔离桩施工对桥梁的影响大于盾构隧道施工对桥梁的影响。

为了验证隔离桩的隔离效果，分别在隔离桩桩顶以及隔离桩两侧布设了沉降观测点。图 12 为盾构隧道下穿施工过程中的观测值。由图 12 可知，沉降呈现出由隧道上方向桥墩递减的趋势，但是各测点间的沉降值差别不明显，这说明隔离桩效果不明显。所以当盾构隧道埋深较深且在岩层中下穿桥梁结构时，只需要做好施工参数的控制而不必另外采用被动保护措施。

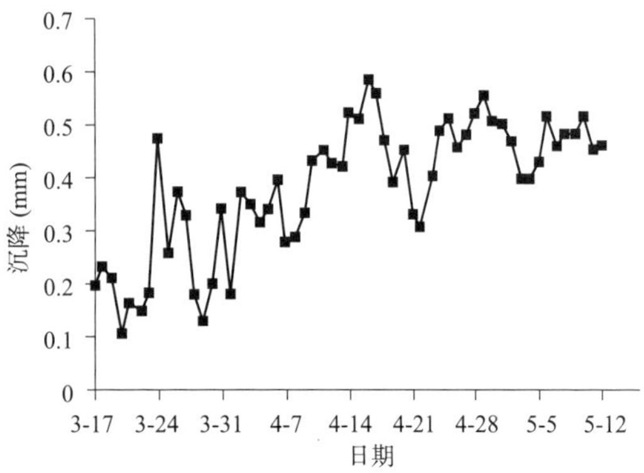

图 8 盾构隧道施工引起的桥墩沉降

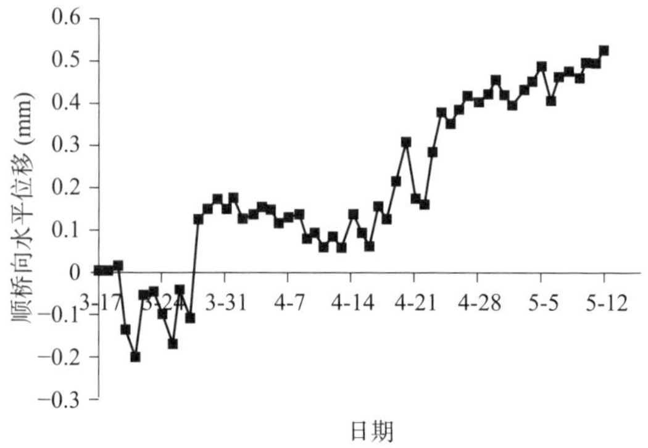

图 9 盾构隧道施工引起的桥墩顺桥向位移

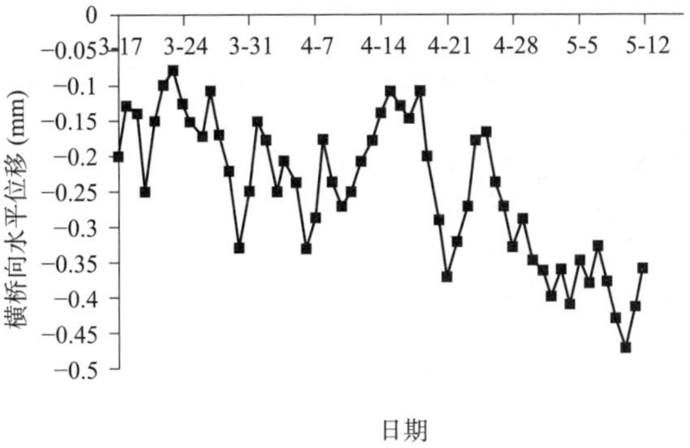

图 10　盾构隧道施工引起的桥墩横桥向位移

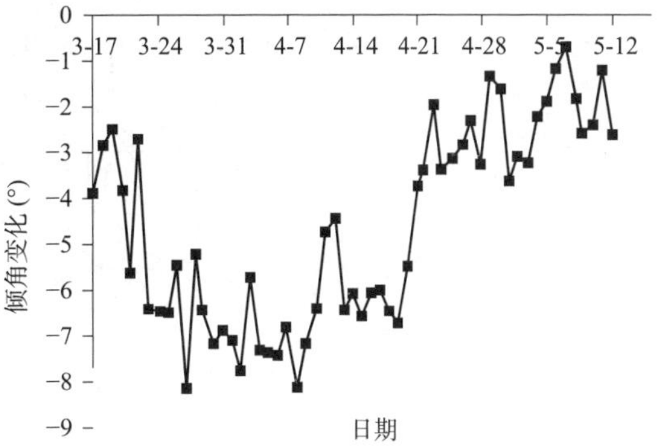

图 11　盾构隧道施工引起的桥墩倾角

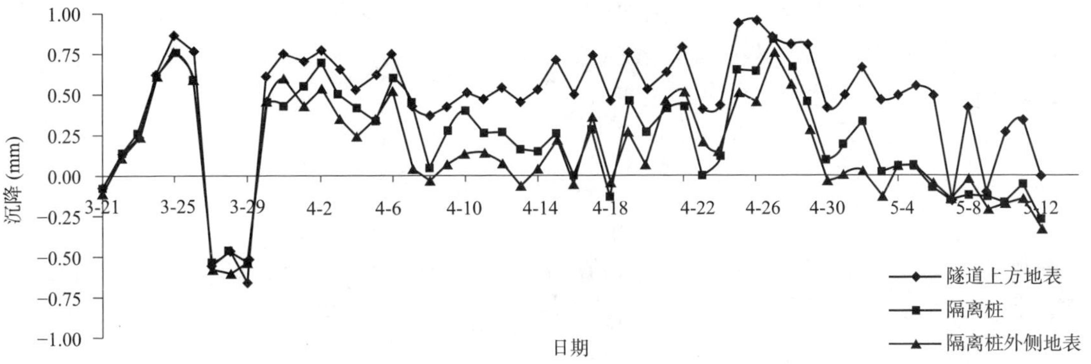

图 12　盾构隧道施工引起的地面沉降

4 结　　论

数值计算和实测数据的分析均表明，深埋盾构隧道在岩层中下穿桥梁结构时，只需做好施工参数的控制便可以保证桥梁安全并将桥梁的变形控制在允许范围内。而采用钻孔桩作为隔离桩时，隔离桩的施工对桥梁的影响要大于盾构隧道的影响且其效果也不明显。

浅谈地铁车站修建对临近桥梁桩基的影响

王长宁
(南京地铁建设有限责任公司,南京 210017)

摘 要:为了能够减小地铁车站基坑开挖对桥梁桩基的影响并便于进行车站基坑影响管线的改移某地铁车站采用了逆作板+盖板的方式进行基坑开挖及车站施作,采用了数值计算的方法进行逆作板+盖板的方法进行基坑开挖对桥梁桩基的影响,结果表明逆作板+盖板的方法对既有桥梁桩基影响小,并有利于地面交通疏解及管线改移,可作为类似工程的参考。

关键词:地铁车站;桥梁桩基;基坑;逆作板+盖板

0 引 言

近年来随着我国经济迅猛发展,地表空间利用紧张及地面交通拥堵等问题越来越明显,为了解决交通拥堵问题国内各大城市开展地铁修建,地铁在城区穿越,将会对周边环境产生影响。目前,有大量学者对地铁修建对周边环境产生的影响进行了研究,其研究成果主要集中于地铁区间下穿建筑物时对地表建筑物及对环境的影响。杨广武等以北京地铁 7 号线双线隧道近距离穿越双井桥工程为例,采用 $FLAC^{3D}$三维数值模拟软件分析了地铁双线隧道在开挖和支护过程中,邻近桩基内力与变形的变化规律,郑熹光等采用数值方法研究了城市盾构隧道施工对邻近桥梁单桩、两桩、四桩基础的应力与位移的影响规律,吴贤国等分析了地铁施工邻近桥梁安全风险管理流程,构建地铁施工邻近桥梁安全风险管理体系。

在某城市的地铁修建中遇到了地铁车站靠近桥梁桩基的情况,笔者采用数值计算的方法研究了逆作板+盖板施工方法进行基坑开挖对桥梁桩基的影响。

1 工程概况

某地铁车站修建过程中靠近周边高架桥桥梁桩基,同时由于需要满足地下管线占用地下空间的需要,在设计中采用了逆作板结合盖板的方式进行施作,将地下管线调向逆作板区域上方通过。逆作板、盖板区域及桥梁桩基与地铁车站的关系如图 1、图 2 所示。

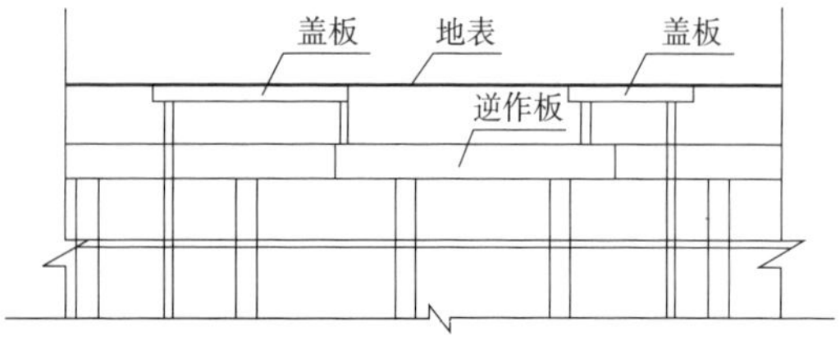

图 1 逆作板及盖板区域纵剖面

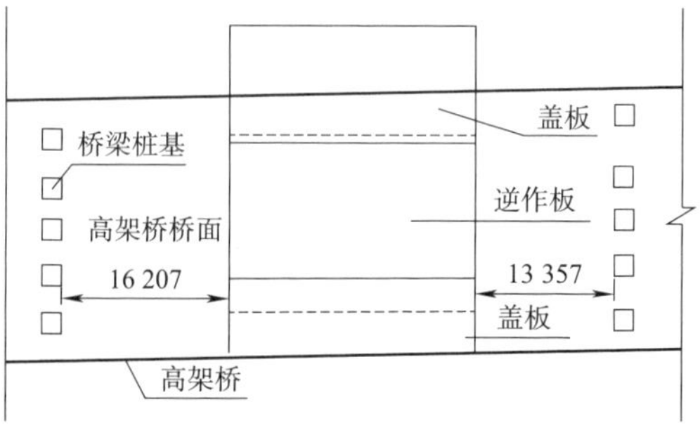

图 2 逆作板、盖板区域及桥梁桩基平面图
(单位:mm)

2 数值计算

2.1 模型建立

利用 $FLAC^{3D}$建立了地铁车站逆作板区域的二维模型。模型中桩基数量取横断面内的桩基数 3，桩基长度为 50 m，桩基利用 $FLAC^{3D}$中的桩单元模拟，车站左侧桩基距车站 14 m，右侧桩基距车站 17 m。根据《铁路桥涵混凝土和预应力混凝土结构设计规范》确定桥墩所受外力。计算模型尺寸为：225 m×1 m×76 m，共建立了 11 916 个网格单元。

2.2 计算参数

数值模拟中，桥梁部分只建立了桥梁的墩台，桥梁提供的外力通过计算之后施加在桥梁墩台上。

桥墩所受外力计算如下：高架桥跨 31 m，桥面宽度取 20 m，双向 4 车道，荷载折减系数为 0.67，桥梁跨高取为 1.5 m。根据《铁路桥涵混凝土和预应力混凝土结构设计规范》(TB 10092—2017)可知：

桥梁所受均布荷载为 31×10.5×5×0.67＝1 090.425(kN)。

桥梁所受集中荷载值为(180＋4×26)×0.67＝190.28(kN)。

桥梁自重为 20×31×1.5×25＝23 250(kN)。

实际工程中总共存在桩基 15 根，每根桩基受力为(23 250＋1 090.425＋190.28)/15＝1 635.38(kN)，计算断面中共有桩基 3 根。

桥梁桩基直径 1.2 m。因此，外部施加应力为(1 635.38×3)/4.52＝1.1(MPa)。

计算中采用的土层参数根据当地地勘报告确定，具体参数见表 1。

表 1 计算参数表

土 层	压缩模量(MPa)	泊 松 比	摩擦角(°)	黏聚力(kPa)	密度(g/cm^3)
①$_2$素填土	2.39	0.3	12.4	15	1.75
③$_1$黏土	7.5	0.33	16.9	57.9	2.00
③$_2$粉质黏土	11.29	0.34	17.2	26.1	1.93
④$_1$粉土	18.13	0.31	30.6	9.2	1.92
④$_2$粉砂	20.27	0.31	32.4	6.0	1.93
⑤$_1$粉质黏土	39.48	0.35	14.7	20.5	1.92
⑥$_1$黏土	43.94	0.31	17.5	61.4	2.03
⑥$_2$粉质黏土	42.29	0.32	17.1	46.6	1.98

2.3 计算步骤

数值计算过程中首先进行自重计算，模拟原始地层固结沉降。固结完成后进行地下连续墙及格构柱施作，而后进行车站结构施作。主要步骤为第一步：开挖上覆土，逆作板施作→第二步：上覆土回填→第三步：开挖第一道横撑以上部分土，施作第一道横撑→第四步：开挖第二道横撑以上部分土，施作第二道横撑→第五步：开挖至基坑底部→第六步：施作底板→第七步：拆除第二道横撑→第八步：施作中板→第九步：拆除上横撑。盖板区域计算过程与上述步骤类似。

3 计算结果

3.1 逆作板区域计算结果

计算过程中对桥梁承台沉降量、桥梁桩基沉降量及桩基的侧向位移进行了监测，如图 3～图 5 所示。

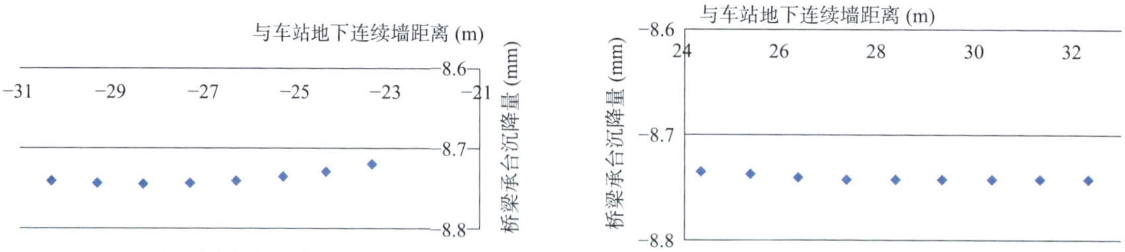

(a) 车站左侧桥梁承台沉降　　(b) 车站右侧桥梁承台

图 3　逆作板区域桥梁承台沉降

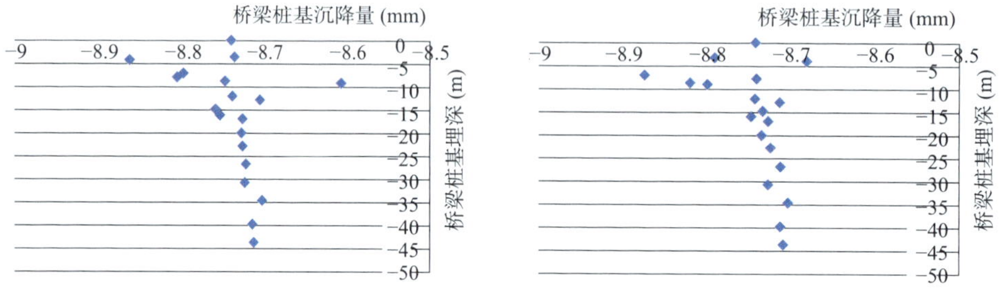

(a) 车站左侧桥梁桩基沉降　　(b) 车站右侧桥梁桩基沉降

图 4　逆作板区域桥梁桩基沉降

图 3 表明了车站左右两侧桥梁承台沉降约为 8.71 mm，且桥墩沉降较为均匀桥墩左右沉降差很小，不会出现桥梁倾覆。

图 4 表明桥梁桩基在埋深小于 15 m 部分沉降存在一定的离散性（沉降最小值 8.63 mm，沉降最大值 8.88 mm），埋深大于 15 m 部分沉降基本稳定于 8.71 mm，这是由于数值模拟中车站主体结构埋深约为 15.83 m，在车站主体结构影响下，桥梁桩基产生不均匀沉降。

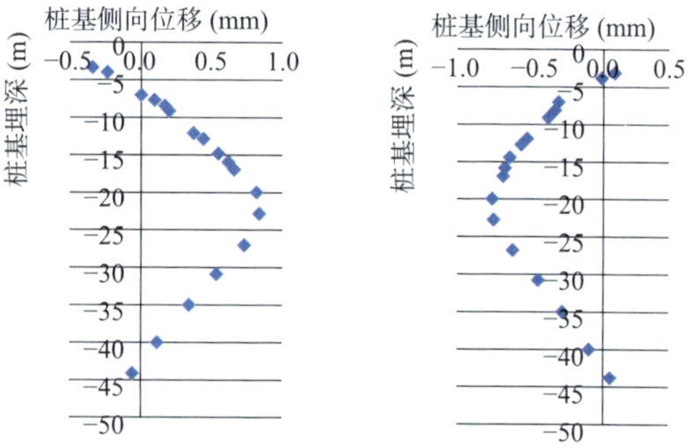

(a) 左侧桥梁桩基侧移　　(b) 右侧桥梁桩基侧移

图 5　逆作板区域桩基侧向移动

图 5 表明，桥梁桩基侧移较小，最大值仅为 0.84 mm，且车站两侧桥梁桩基侧移均趋向于车站呈现两头小中间大的趋势，最大侧移出现在车站主体下方 5 m（桩基埋深 20 m）的位置。这是由于施作逆作板并将上方土体回填后将对埋深较浅处桩基位移空间产生一定的约束效果。

3.2　盖板区域计算结果

计算过程中对桥梁承台沉降量、桥梁桩基沉降量及桩基的侧向位移进行了监测，如图 6～图 8 所示。

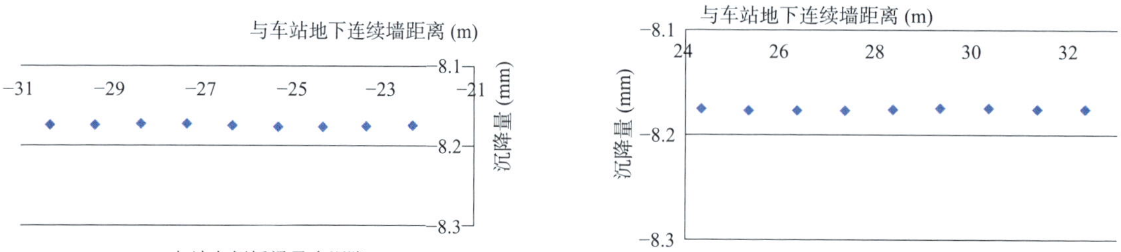

(a) 车站左侧桥梁承台沉降　　(b) 车站右侧桥梁承台

图 6　盖板区域桥梁承台沉降

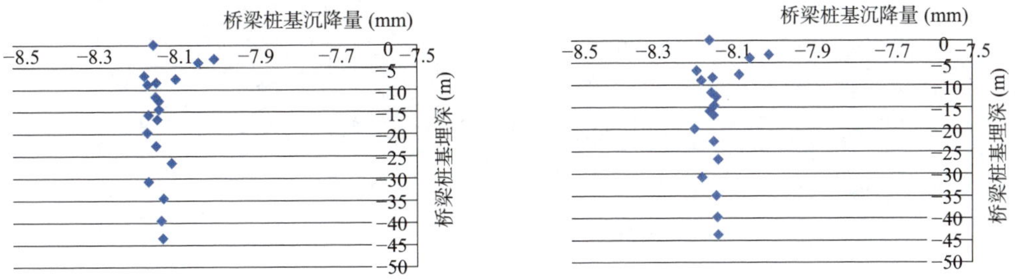

(a) 车站左侧桥梁桩基沉降　　(b) 车站右侧桥梁桩基沉降

图 7　盖板区域桥梁桩基沉降

图 6 表明了车站左右两侧桥梁墩台沉降约为 8.17 mm，且桥墩沉降较为均匀桥墩左右沉降差很小，不会出现桥梁倾覆。

图 7 表明桥梁桩基在埋深小于 15 m 部分沉降存在一定的离散性(沉降最小值 8 mm，沉降最大值 8.26 mm)，埋深大于 15 m 部分沉降基本稳定于 8.17 mm，这是由于数值模拟中车站主体结构埋深约为 15.83 m，在车站主体结构影响下，桥梁桩基产生少量不均匀沉降。

图 8 表明，桥梁桩基侧移较小，最大值仅为 0.66 mm，且车站两侧桥梁桩基侧移均趋向于车站呈现两头小中间大的趋势，最大侧移出现在车站主体下方 5 m(桩基埋深 20 m)的位置。这是由于施作盖板将对埋深较浅处桩基位移空间产生一定的约束效果，从而使得桩基侧移出现两头小中间大的结果。

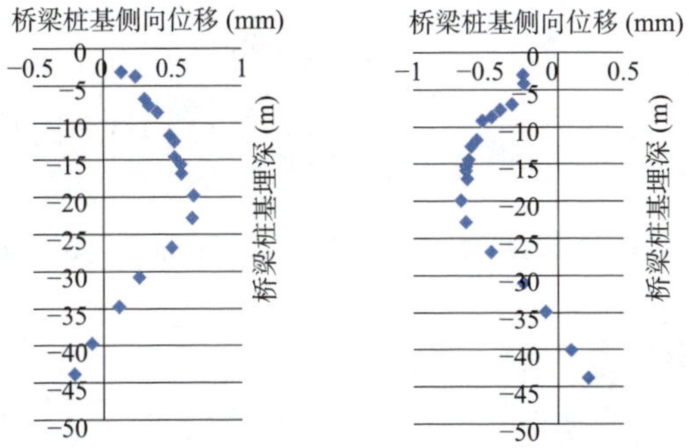

(a) 左侧桥梁桩基侧移　　(b) 右侧桥梁桩基侧移

图 8　盖板区域桩基侧向移动

4　小　　结

(1)盖板及逆作板的施作可以有效控制桥墩、桥梁承台、桥梁桩基的沉降。

(2)地铁车站开挖过程中进行逆作板及盖板施作对桥梁承台及桩基侧向位移较小，同时盖板及逆作板的施作对桥梁承台、桩基的侧向位移均较小。

宁和城际矿山法隧道下穿国铁隧道影响分析

彭红霞[1]　程云妍[2]　王怀东[2]

（1. 南京地铁建设有限责任公司，南京　210017；2. 中铁隧道勘测设计院有限公司，天津　300133）

摘　要：为验证矿山法隧道设计合理性和下穿货运铁路隧道的安全性，本文采用数值模拟方法，对宁和城际矿山法区间下穿宁芜货运铁路隧道的影响进行研究分析。结果表明，区间隧道施工完成后，宁芜货运铁路隧道的最大沉降为6.7 mm，最大水平位移为1.2 mm，引起的最大附加弯矩为32 kN·m，变形值满足货运铁路的运营要求，内力值也在结构的设计范围内。说明定向管棚＋超前小导管的地层加固措施是可行的，矿山法隧道下穿铁路设计是合理的，可为类似工程提供参考。

关键词：地铁区间；矿山法隧道；铁路；数值分析

0　引　　言

随着经济的发展，城市地下空间开发日渐成为城市建设的热点。城市地铁线路经常与其他地下建构筑物和铁路产生冲突，这不仅给地铁建设带来困难，同时也对既有结构和铁路运营安全带来了风险。工程学术界对盾构地铁隧道施工引起的地表沉降规律进行了大量研究，霍军帅对软土地区盾构隧道下穿高速铁路的加固方案进行研究，得出建设高铁时采用桩＋板组合加固，预留地铁穿越通道，控制盾构施工参数，可以保证盾构下穿高铁的安全和后期运营要求；佘才高对南京地铁2号线下穿芜湖铁路施工方案进行研究，通过对下穿铁路段土体进行旋喷加固，轨道进行便梁防护，加强监测等手段保证了盾构下穿铁路的安全；方晓慧等人研究了盾构不同顶推力对周边建筑物变形和内力的影响；徐干成对盾构隧道下穿京津城际铁路的影响进行了分析，得出盾构隧道下穿高铁的变形规律。综上，通过地层主动加固、优化盾构施工参数和加强监测可以保证盾构下穿铁路的安全。

但地铁矿山法隧道下穿铁路的工程实例相对较少。于军对北京地铁浅埋暗挖隧道零距离下穿既有地铁车站施工方案进行研究，提出在隧道开挖轮廓线两侧2 m内进行全断面注浆能够显著提高穿越段强度，采用千斤顶对既有车站结构底板进行顶撑，两种施工措施可有效降低既有车站的沉降和内力，确保既有车站结构最大沉降在3 mm以内；李新乐等人提出双层大管棚和CRD工法相结合的施工技术方案可以满足浅埋暗挖穿越既有铁路的运营安全和沉降要求，对本文矿山法隧道下穿既有铁路有一定参考价值。

本文以宁和城际下穿既有宁芜货运铁路隧道实际工程为例，采用短台阶暗挖施工，格栅钢架＋双层钢架网片＋C25喷射混凝土初期支护，未对铁路土体进行主动加固，也未对铁路轨道进行便梁防护，而是采用定向管棚＋超前小导管注浆的施工辅助措施，加之及时监控量测和数值模拟矿山法隧道施工对宁芜货运铁路隧道的影响，分析施工过程中既有隧道的内力和位移，以满足暗挖隧道施工过程中既有货运铁路的安全和沉降要求，验证矿山法隧道设计的可行性和施工措施的合理性。

1　工程概况

宁和城际南京南站～景明佳园站区间为单洞单线矿山法区间，隧道中心线间距13 m，两条隧道斜向下穿既有宁芜货线铁路，下穿段全长157.87 m，左线斜向交角13.3°，右线交角为12.75°。区间隧道拱顶埋深为18.5～19.5 m，宁芜货运铁路隧道拱顶埋深为4.985 m，地铁区间隧道与宁芜隧道净距为3.235～4.215 m。区间隧道与宁芜货运平面位置关系如图1所示，剖面相互位置如图2所示。

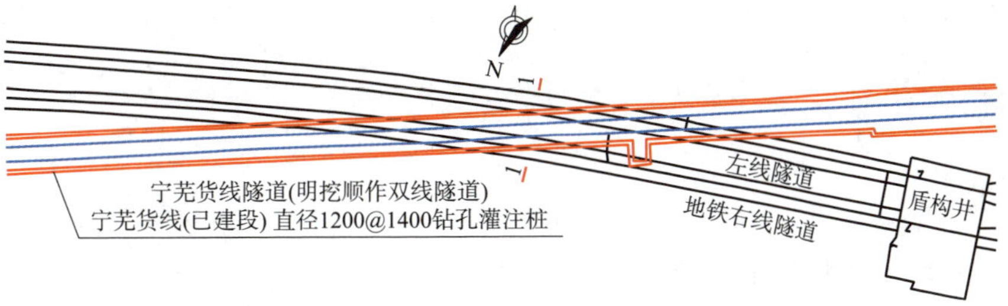

图 1　地铁隧道下穿平面图

根据地质资料，下穿段地层主要为①-2 素填土、③-2b3 软塑状粉质黏土、④-4e1＋2 可塑～硬塑粉质黏土夹卵、砾石、K1g-2 强风化钙、泥质砂岩、K1g-3 中风化钙、泥质砂岩。地铁矿山法隧道穿越地层主要为 K1g-3 中风化钙、泥质砂岩，地质条件较好；场地地下水主要为基岩裂隙水，富水性差，透水性差。宁芜货运铁路和地铁矿山法隧道所处地层为粉质黏土、强～中风化粉质砂岩，如图 2 所示。

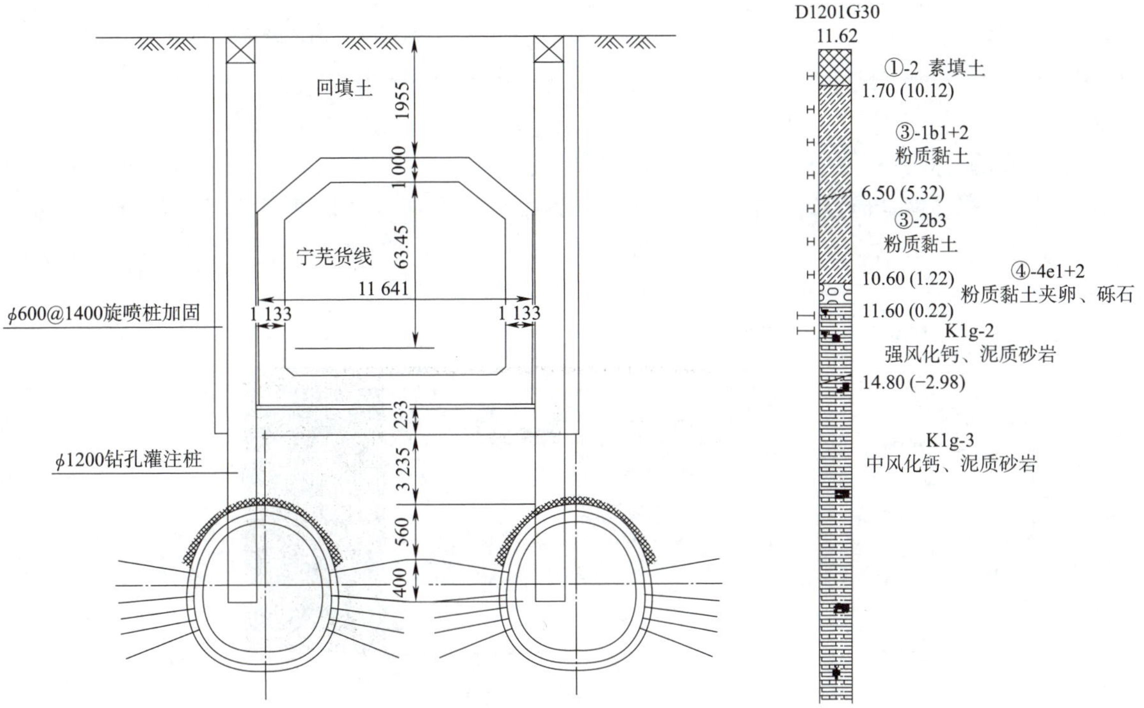

图 2　地铁隧道与宁芜货运铁路 1-1 剖面图(单位：mm)

2　隧道设计

2.1　货运铁路设计

既有宁芜货运铁路隧道为现浇混凝土箱形结构，侧墙厚 1 m，底板厚 1.2 m。净宽 9.1 m，净高 8.05 m。采用明挖顺作法施工，围护桩采用直径 1.2 m 的钻孔灌注桩，桩间采用 ϕ800 旋喷桩止水，如图 2 所示。

2.2　地铁隧道设计

下穿段区间隧道采用矿山法施工，左右线均为单洞单线隧道，采用定向管棚＋超前小导管结合的方式对周边地层进行加固。隧道初支采用 0.5 m 间距 ϕ22 格栅钢架＋C25 喷射混凝土，二衬采用 C35、P10 现浇抗渗混凝土，暗挖隧道断面设计施工参数如图 3 所示。

地铁隧道采用短台阶法施工，左右线掌子面距离为 30 m。地铁隧道与货运铁路隧道围护结构冲突的位置，采用人工凿除的方法将围护桩破除。

3 数值计算及分析

3.1 计算模型及参数

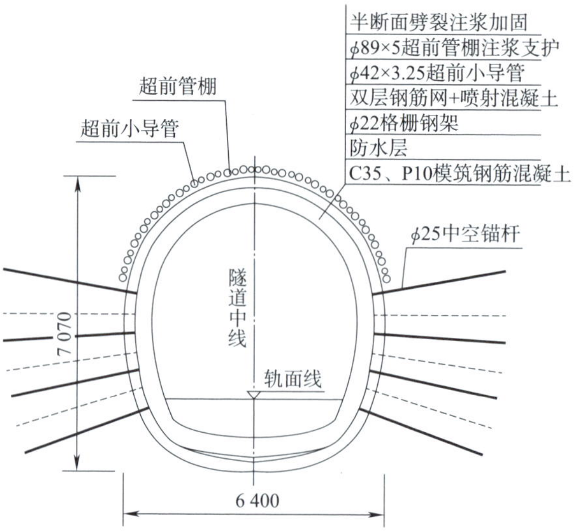

图 3 矿山法隧道断面图(单位：mm)

利用 Midas-GTS 岩土有限元软件建立三维实体模型，考虑模型的简化和下穿最不利情况，模型中不考虑宁芜货运铁路隧道的围护结构和隧道的锚杆作用，单独建立加固层来模拟暗挖隧道的管棚＋超前小导管注浆。以初始自重应力场为基准，模拟矿山法隧道开挖如下：(1)加固地层，并生成自重应力；(2)激活加固层，杀死隧道内土体单元，激活初期支护单元，进行应力释放，释放系数为 18%；(3)激活二衬单元，并进行剩余应力释放，释放系数为 82%。

为消除边界效应，模型尺寸为 130 m×230 m×70 m，如图 4 所示，区间隧道和宁芜货线隧道结构如图 5 所示。模型中土体视为理想 M-C 弹塑性模型，土体和加固层采用空间四节点实体单元，区间和宁芜货线隧道结构采用板单元模拟，分别赋予对应的材料和几何参数，土体参数根据《宁和城际轨道交通一期工程 D12-XK01 标南京南站—景明佳园站区间岩土工程详细勘察报告》，并结合文献进行适当修正，具体参数见表 1 和表 2。

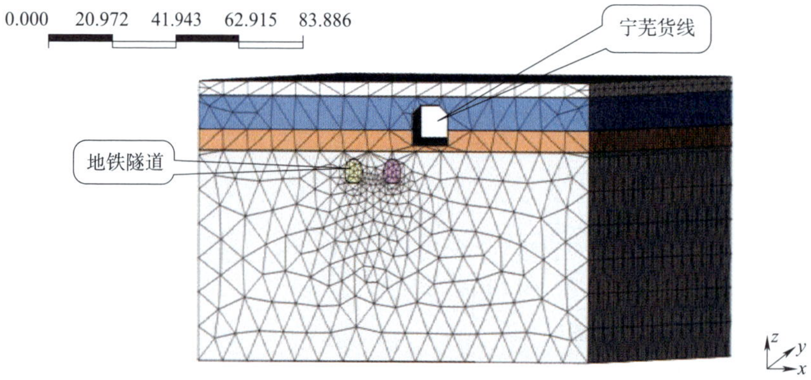

图 4 三维计算模型(单位：m)

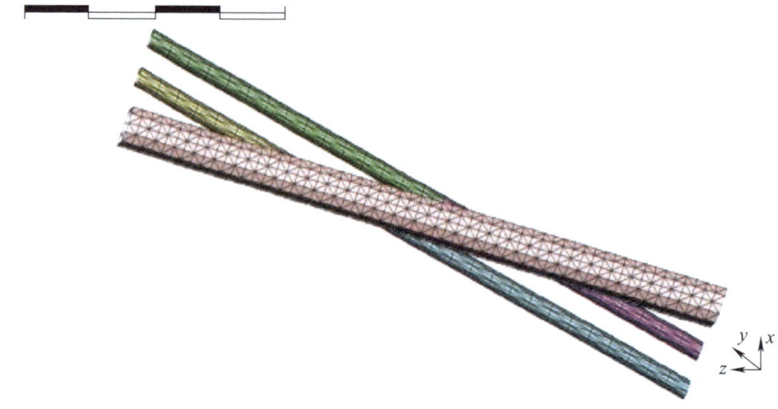

图 5 隧道结构模型图(单位：m)

表 1 围岩参数表

地层	重度(kN/m³)	弹性模量(MPa)	泊松比	内摩擦角(°)	黏聚力(kPa)
①-2	17.8	13.68	0.37	10.5	50
③-1b1+2	19.6	30.48	0.31	16.4	59
③-2b3	19.5	21.12	0.36	15.1	27
K_1g-1	21	80	0.25	47.5	100
K_1g-2	22	160	0.18	47.36	3 400
K_1g-3	23.7	260	0.17	47.91	2 800
加固层	23	300	0.2	49.2	2 956

表 2 结构单元物理力学参数

名称	弹性模量(MPa)	泊松比	重度(kN/m³)
初支	28 000	0.2	25
二衬	31 500	0.2	25
宁芜隧道结构	34 500	0.2	25

模型的侧面和底面施加位移边界条件，侧面限制水平移动，底部限制垂直移动，上边界为自由地面。宁和城际隧道施工采用短台阶法施工，但在三维数值模拟过程中，考虑模型的收敛和计算机的计算能力，模拟隧洞开挖采用全断面开挖，开挖步长为 7.5 m，左、右线隧道掌子面距离为 30 m。

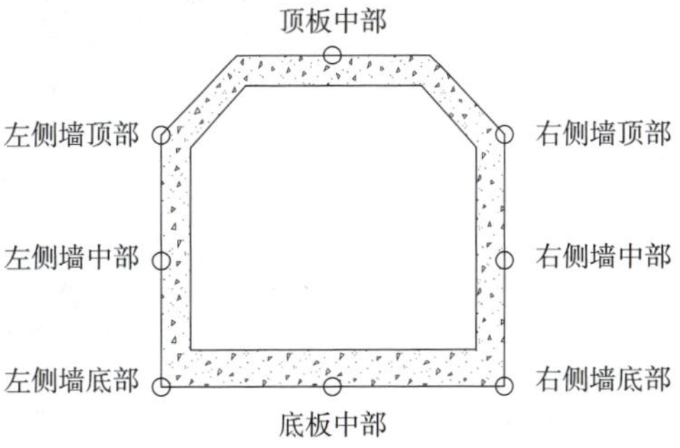

图 6 货线隧道特征点分布图

3.2 计算结果分析

为了更好地观察货运铁路隧道结构的内力和位移，对宁芜铁路隧道结构断面选取 8 个特征点，提取沿隧道方向各点的内力和变形值，各点布置如图 6 所示。

1. 对宁芜货线隧道结构内力的影响

提取宁芜隧道横断面上 8 个点的横向弯矩值(M_x)、纵向弯矩值(M_y)沿隧道，如图 7～图 10 所示。

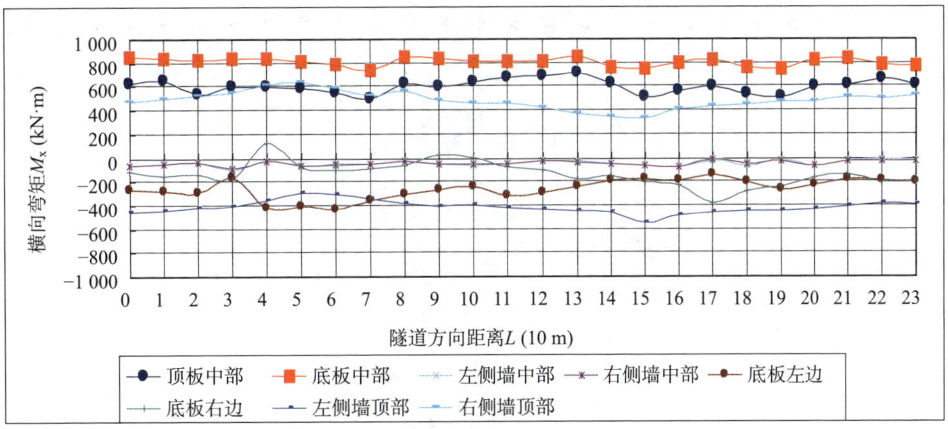

图 7 开挖前各点横向弯矩值(M_x)

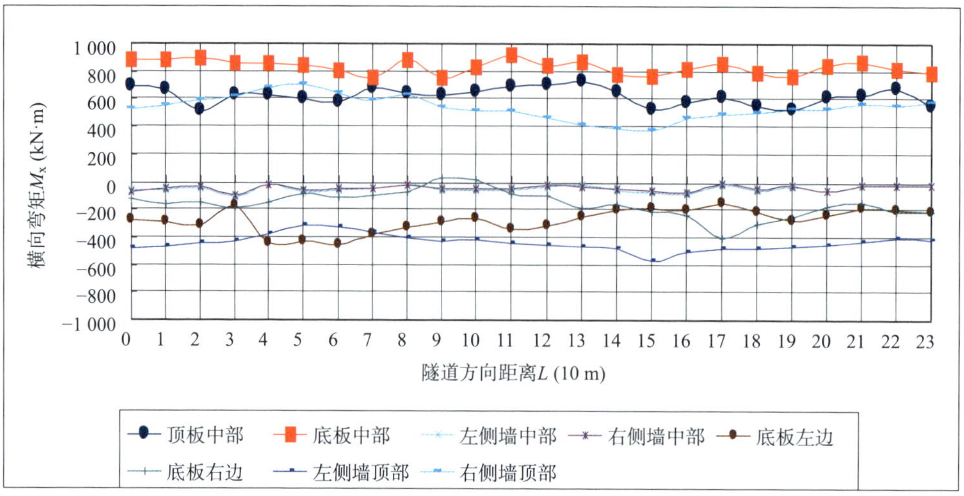

图 8　开挖后宁芜货线隧道各点横向弯矩值(M_x)

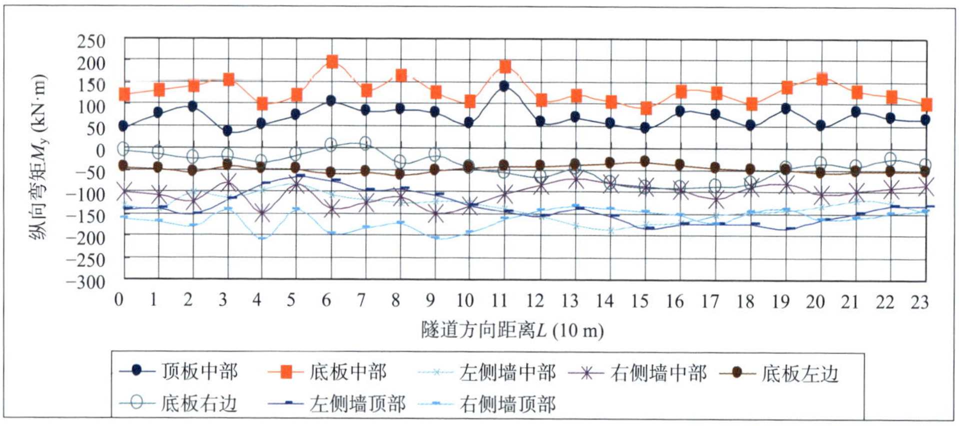

图 9　开挖前各点纵向弯矩值(M_y)

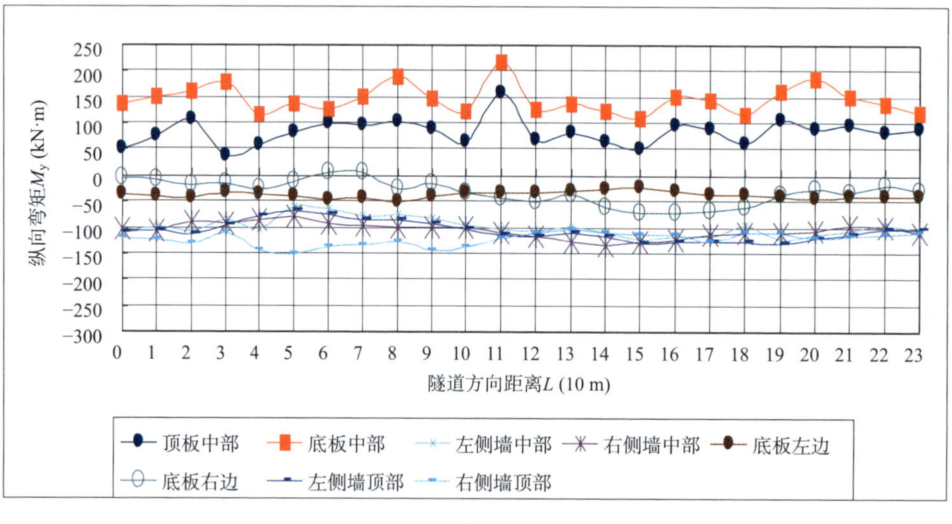

图 10　开挖后各点部位纵向弯矩值(M_y)

从图 7～图 10 可知，弯矩较大值主要位于底板中部、顶板中部；从图 7、图 8 可知，矿山法区间隧道施工完成后，宁芜货线铁路隧道横向(M_x)弯矩最大值由 850 kN · m 增加至 882 kN · m，最大弯矩值发生在底板，这主要是由于两暗挖隧道开挖，左下、右下开挖卸载造成的。从图 9、图 10 可知，铁路隧道底板纵向弯矩(M_y)最大值由 274 kN · m 增大为 281 kN · m，纵向弯矩增加较小，这是因为隧道结构为长条形结构，矿山法区间隧道开挖对纵向的弯矩影响较小。而且发现横向弯矩大于纵向弯矩，越靠近两隧道的交叉位置，横向、纵向弯矩增量越大。

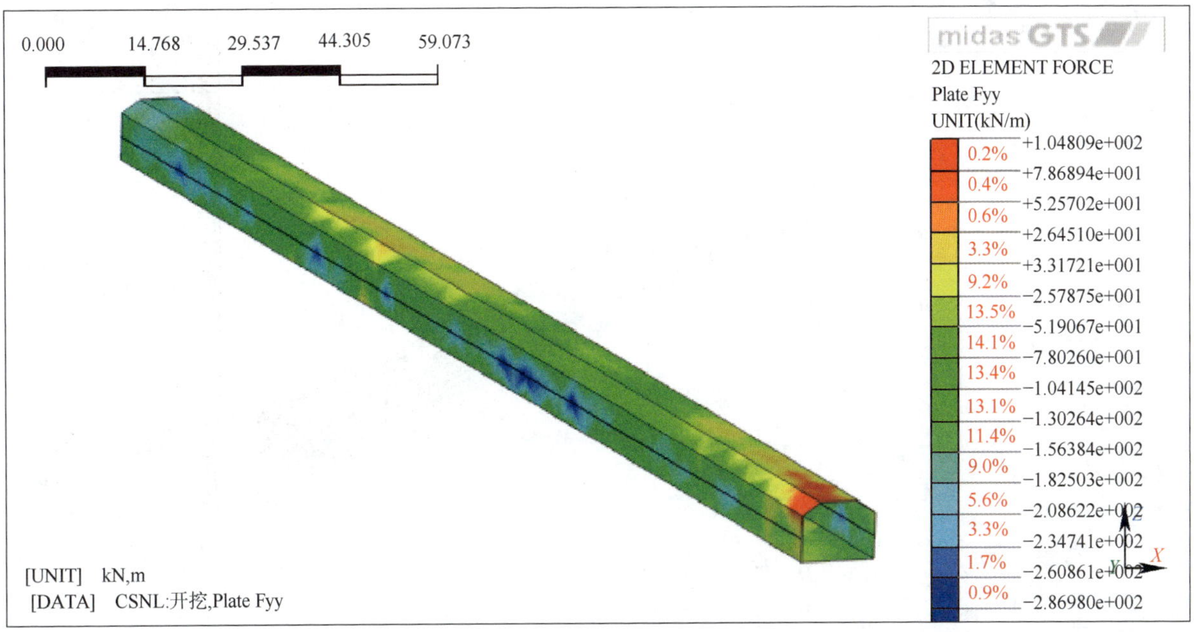

图 11　开挖前隧道结构轴力图

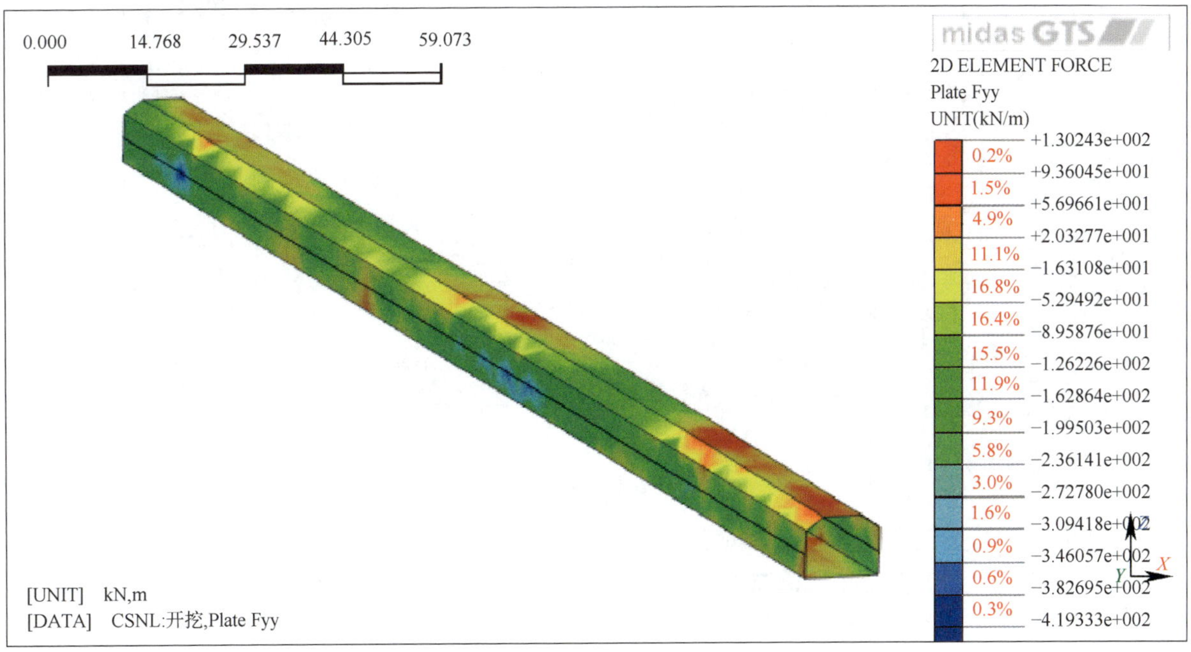

图 12　开挖后隧道结构轴力图

从图 11、图 12 可知，轴向压力最大值为 286.9 kN，位于下穿交点的侧墙处；下穿宁芜货线隧道段考虑列车荷载后最大轴向压力为 419.3 kN，轴力值增大 46%，轴力远小于设计值。

综上，宁芜货线隧道内力变化很小，未超出既有隧道结构的承载范围。

2. 对宁芜货线结构变形的影响

由图 13、图 14 可知，暗挖隧道距离铁路隧道越近，卸载量越大，引起的水平位移也越大。如图 13 中，在东侧段，两暗挖段区间隧道均位于宁芜货线隧道的南侧，左墙水平位移指向南侧，为−1.2 mm；在西侧段，两暗挖区间隧道均位于宁芜货线隧道的北侧，右墙中心的水平位移指向南侧，最大水平位移为 1.0 mm。在暗挖隧道与宁芜货线隧道交叉位置处，两墙的水平位移最小为 0.5 mm。是底部左下和右下同时进行卸载，造

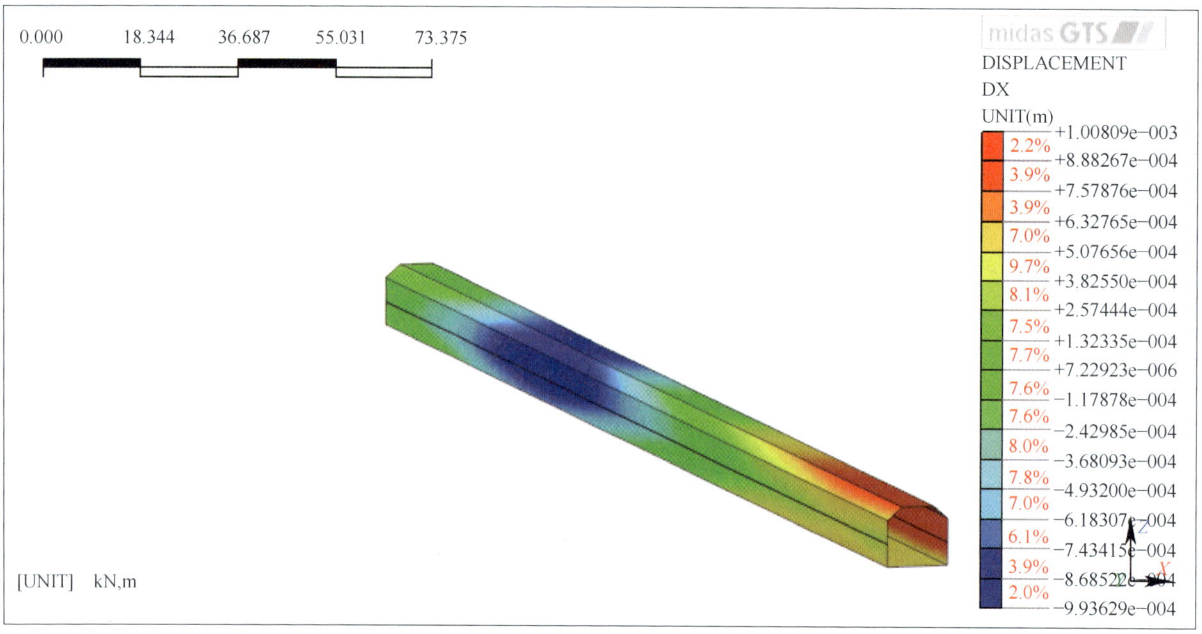

图 13　货线铁路隧道 x 方向位移云图(单位：m)

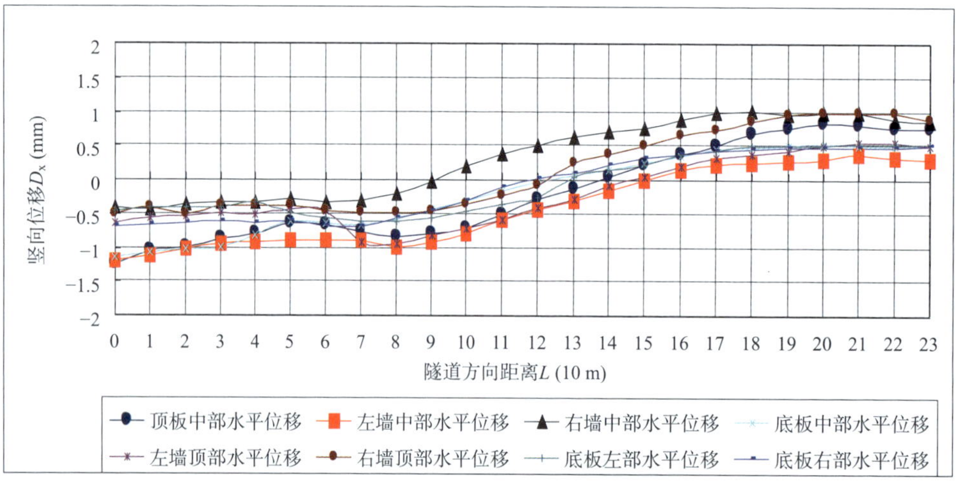

图 14　货线隧道各点 x 向位移曲线图

成侧墙左右侧卸载量等同，交叉点处水平位移较小。

同时发现既有隧道水平方向位移远远小于竖向位移。铁路最大水平偏差为 0.2 mm，位移满足 $v_{max}\leqslant$ 120 km/h 货运铁路经常保养的静态水平偏差管理值(6 mm)。满足货运铁路的正常运营要求。

由图 15 和图 16 可知，两暗挖隧道施工完成后，230 m 范围内宁芜货运隧道结构的最大沉降为 6.7 mm，位于顶板中部；最小沉降为 3.3 mm，位于底板中部。线路最大静态高低偏差为 0.5 mm(10 m 弦)，远小于货运线 $v_{max}\leqslant$120 km/h 经常保养的静态高低偏差值(10 m 弦长沉降 6 mm)6 mm 的要求。

最大沉降位于区间隧道与宁芜铁路隧道相交地点。这是因为宁芜货运隧道左下、右下两区间隧道的开挖，导致周边土体的松动，引起宁芜货线隧道顶部左右侧松动区的联通。加之，结构顶板上部为素填土回填，底板位于风化岩层中，下部隧道开挖引起周围岩层的变形也必定是上部沉降较大，下部较小。

3. 实测数据分析

铁路货运隧道底板每隔 10 m 埋设一测点，主要监测竖向沉降，在左、右侧墙中心位置每隔 10 m 埋设测点，主要监测隧道结构的水平位移。货运隧道底板中心沉降曲线如图 17 所示。

图 17 可知，宁和城际左线隧道掌子面施工位于交叉节点处，节点的最大沉降为－2.4 mm；待左、右线隧道全部穿越货运隧道后，沉降稳定后，货运隧道底板的最大沉降为－4.3 mm，位于宁和城际和货运隧道交叉点，原因同前，实测值略小于计算值，满足货运铁路经常保养的静态高低偏差值。

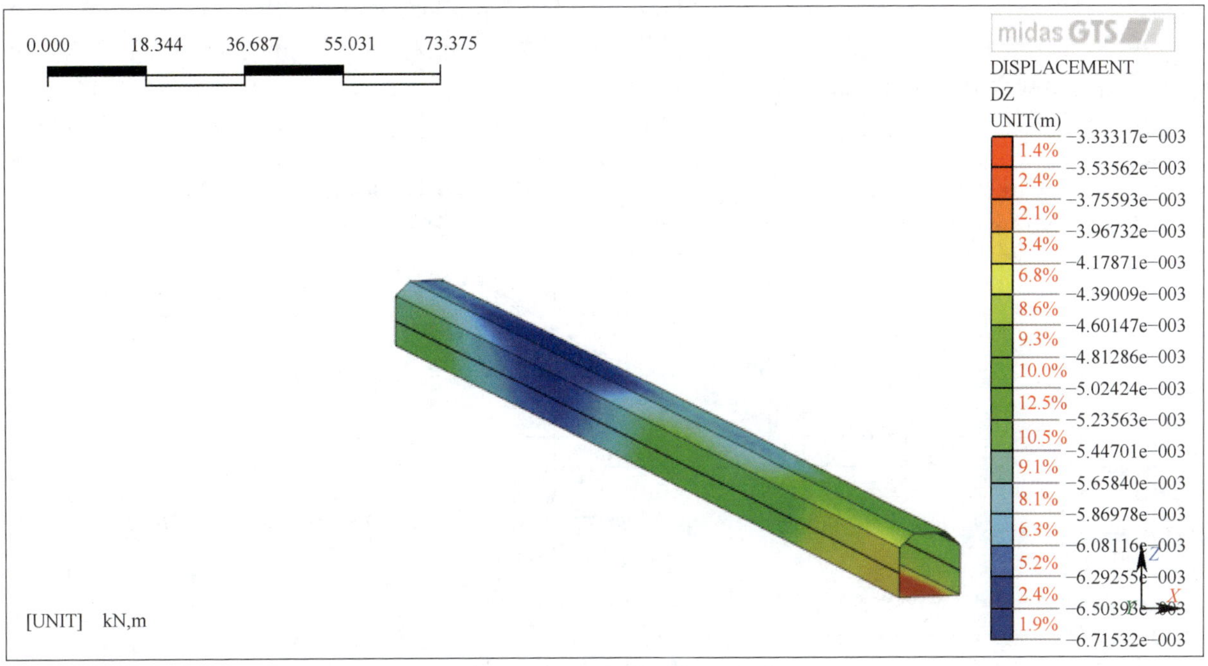

图 15　货线铁路隧道 Z 方向位移云图

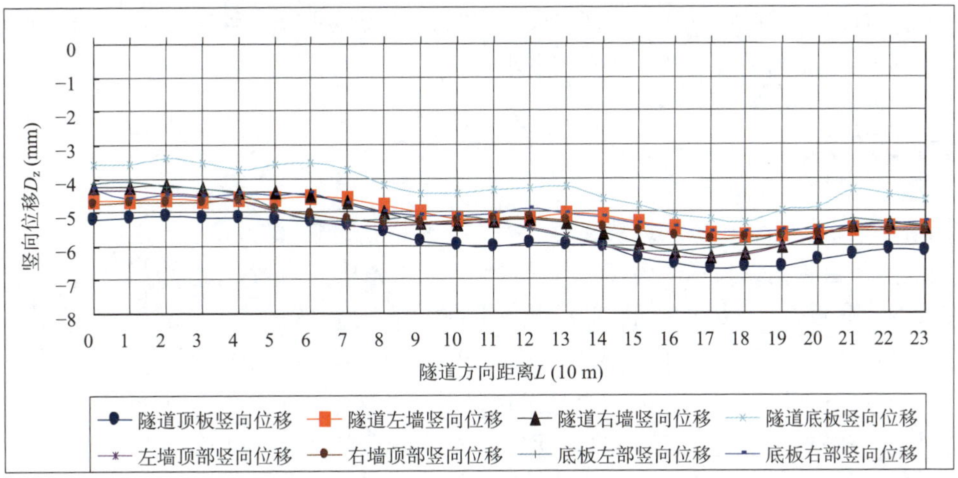

图 16　货运隧道断面监测点 Z 向位移曲线图

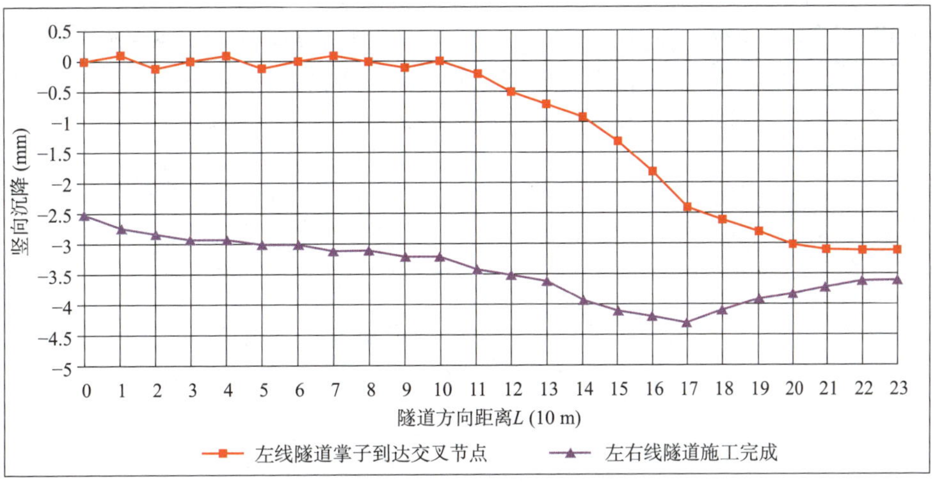

图 17　货运隧道底板中心实测沉降值

该段城际隧道施工完后，底板、左、右侧墙中心水平位移实测值如图18所示，规律与数值模拟一致，隧道施工完成后，左侧墙最大水平位移为−1 mm，右侧墙中心最大水平位移为0.8 mm，底板中心最大水平位移为−0.9 mm，均满足货运铁路经常保养的静态水平偏差值。

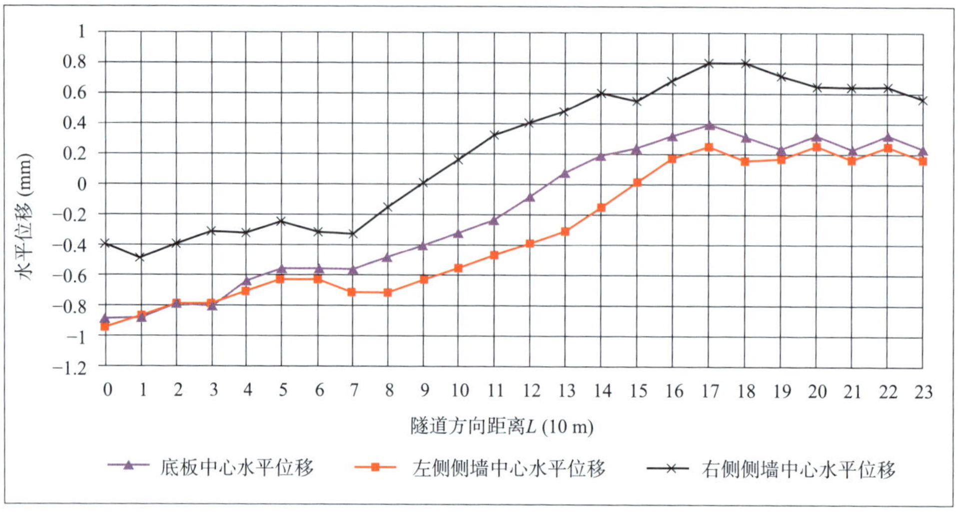

图18　货运隧道水平位移曲线值

综上，隧道内力未超出结构设计最大内力值，能确保既有隧道的安全，铁路变形均满足货运铁路经常保养的静态管理值。说明地铁隧道采用的短台阶施工方法，以及管棚＋小导管注浆支护措施能很好地控制结构的内力和变形，同时也能满足货运铁路运营的要求。

4　结论与讨论

通过三维模拟分析，研究了矿山法地铁隧道下穿货运铁路的影响，得出以下结论：

(1)两区间隧道下穿货运铁路隧道后，横向弯矩(M_x)最大值由850 kN·m增加至882 kN·m，最大弯矩值发生在交叉点的底板处，内力均在结构的承载范围内。

(2)施工完成后，货运铁路隧道横向最大水平位移为1.2 mm，位于西侧，交叉点处水平位移因左右线区间卸载基本一致，侧墙水平位移为0.5 mm，水平位移变化满足货运铁路静态管理限值的要求。

(3)施工完成后，最大竖向仅6.7 mm，位于顶板中部；底板最小竖向位移仅3.3 mm，位于底板中部，均位于下穿交叉点处。最大高低偏差0.5 mm，满足货运铁路 $v_{max}\leqslant 120$ km/h经常保养的静态高低偏差值(10 m弦长沉降6 mm)的要求。

该工程研究成果结果可供类似下穿工程的设计和施工单位参考。说明短台阶施工方法，管棚＋超前小导管注浆加固方式，和格栅钢架＋双层钢架网片＋C25喷射混凝土的支护方法，有效地控制了铁路隧道的内力和变形。但如何考虑地层、注浆、隧道结构、围护桩、轨道结构等多种因素，并提出一套更为完整的应对下穿货运线的设计、施工、监测、管理方法和控制措施，还有待进一步深入研究。

宁和城际轨道交通一期大胜关桥段涉铁工程建设安全管理总结

殷德春　徐　源

(南京地铁建设有限责任公司,南京　210017)

摘　要: 随着我国经济快速发展,轨道交通、高铁建设不断加快,轨道交通与高铁相互穿越、邻近情况日渐增多,但轨道交通与高铁6线共桥跨越长江在全国尚属首次,由于高铁速度快、安全标准高特有属性,给轨道交通邻近高铁施工带来极高施工难度。本文依托南京地铁宁和城际大胜关桥段邻近高铁施工工程,针对地铁邻近高铁施工特点,提出一套完整施工安全管理模式,以期解决工程中安全管理难题,为后续在类似条件下施工的工程提供一些参考。

关键词: 涉铁手续办理;安全管理小组;安全管理措施

1　工程概况

1.1　工程简介

宁和城际大胜关涉铁段里程为 ZK19+180～ZK23+308.686,长约 4.1 km,左右线合计 8.2 km,地铁与国铁线间距在 8～30 m 之间,属于邻近高铁($v \geqslant 250$ km/h)营业线施工范畴。涉铁段地铁工程分两期,一期工程与国铁合建,左右线路总长 7.3 km,二期工程与国铁并行引桥土建工程,左右线路总长 2.4 km,两期工程左右线路总长 9.7 km,分别位于京沪高铁、沪蓉铁路外侧。

1.2　施工背景

为减少建设对高铁干扰,降低建设风险,宁和城际大胜关桥段土建、轨道、接触网工程提前开工,工程主体与京沪高铁于 2011 年 6 月同期完成。其中土建工程(共墩)由京沪公司代建,土建附属、轨道、接触网等工程地铁自建。2011 年 6 月京沪高铁开通运营,宁和城际未正式开工,后续设备安装等工程暂缓建设,代建工程完工后,双方未办理移交手续。京沪高铁、沪蓉铁路日常养护由上海铁路局负责,地铁后续建设事宜未同上海铁路局明确。自建工程各单位项目部解散、主要管理人员撤离南京。2014 年底,公司启动大胜关桥涉铁段剩余工程建设,要求 2017 年 9 月具备试运行条件。

1.3　主要工程量及参建单位

主要有 3 方面工作(表 1):(1)与高铁同期完成工程整修保养、验收;(2)系统设备专业安装、调试、验收;(3)线路联调联试。

表 1　主要工作量表

序号	工作项目		单位	数量	建设方	实施单位	备　注
1	前期遗留工程	国/地铁物理隔离、上桁架、下墩台检修通道、下锚端子改造等	km	1.6	地铁公司	南京桥工段 苏州维管段	东华公司代建
2		NALC 板加固	km	5.6		中铁三局/大桥局	
3		钢轨、扣件、伸缩器除锈养护安全网按、拆等	km	9.9		中铁上海局	
4		疏散平台整修、接触网维护	km	3.2		武汉电气化局	
5		声屏障工程	m	710	公建中心	中铁四局	

续上表

序号	工作项目		单位	数量	建设方	实施单位	备　注
6	系统工程	强、弱电、监控等系统专业安装工程	km	9.9	PPP公司	中铁一局/中铁二局	
7	联调联试		km	9.9	地铁公司	中铁一局/中铁二局	

1.4　工程重难点

(1)管理模式突破常规,具有挑战性。以往国铁一个地点只有一家施工主体施工,此次在大胜关有六家施工主体同时施工,京沪高铁是中国高铁名片,采用何种安全管理模式,确保高铁营运安全,对国铁、地铁都是一个巨大挑战。

(2)邻近高铁营业线施工手续办理难。手续办理包括京沪公司、上海铁路局两家,涉及15个管理部门,地铁施工主体六家,每家需独立办理。程序复杂、部门多、手续难办。

(3)施工作业环境复杂,安全控制难。作业项目在桥面,属江面、高空、临边、夜间施工,在线性狭长地带多专业、交叉施工,情况复杂,安全隐患多。

(4)施工工效低。主要工作量在夜间天窗点内完成,天窗点有效工作时长2 h;作业方式限定为人工作业;施工计划经常受到保密任务、法定小长假、极端天气等因素干扰而取消。

(5)保护高铁设施、营运安全压力大。国饫与地铁在钢桥面最近线间距8.3 m,中间仅一道2 m高铁丝网相隔。高峰期每晚上桥十多家单位、400多人,没有邻近高铁施工经验,保护高铁意识弱。压力来自于人为故意破坏、轻质漂浮物控制疏漏两方面。

2　主动出击,加强协调,形成群策群力良好局面

代建处是大胜关涉铁段工程建设牵头部门,指定专人负责涉铁段建设,对内、对外牵头组织协调。对外联系协调京沪公司、上海铁路局各部门,对内协调公司相关部门及参建单位工程组织。对外协调主动出击,为施工创造条件,对内牵头组建安全管理小组,制定管理制度,统筹参建单位,团结协作,形成群策群力、同频共振良好局面。

2.1　加强与国铁部门协调

国铁协调分京沪公司、上海铁路局两部分,京沪公司是京沪高铁产权管理部门,上海铁路局受京沪公司委托负责对京沪高铁日常维护。

京沪公司协调。2011年6月京沪高铁开通,京沪公司代建工程(7.3 km土建工程)未办理交接手续。2014年底与京沪公司进行了联系,经过多次开会、沟通、协调,至2015年6月解决代建工程资料移交、资产移交、剩余资金拨付、土地占用、国铁改造、运营养护、地铁后继建设七大问题,双方达成:"大桥局部改造完成后,地铁上桥施工"的共识。

上海铁路局协调。上铁运发〔586〕号文《上海铁路局营业线施工安全管理实施细则》规定:所有涉铁工程先由建设单位向上海铁路局发函申请建设许可,经上海铁路局总师室审核批准后,扎口至东华公司组织实施。建设手续包含:建设许可申请、设计施工方案评审、施工计划批复。

办理手续部门:建设手续办理分路局处室、基层站段两个层面,路局层面负责设计方案审查涉及办公室、总师室、安监室、行车调度所、工务处、电务处、公安处、东华公司8个处室,基层站段负责施工方案审查及现场监护落实,涉及东华公司南京公司、南京安监大队、南京站、南京桥工段、南京站派出所、南京供电段、南京电务段、苏州维管段8家设备产权管理单位。

需要办理手续单位:建设单位南京地铁、南京公建中心、宁和城际轨道发展有限公司,施工主体单位:中铁一局、二局、三局、四局、上海局、大桥局,每家施工主体单位分别按流程办理手续(图1)。

面对安全等级高、协调单位多、程序复杂、施工单位多、工期紧局面,从如下几方面开展工作:

(1)公司领导主动出击高位协调。公司领导多次带队去路局总师室、东华公司与铁路领导进行真诚沟

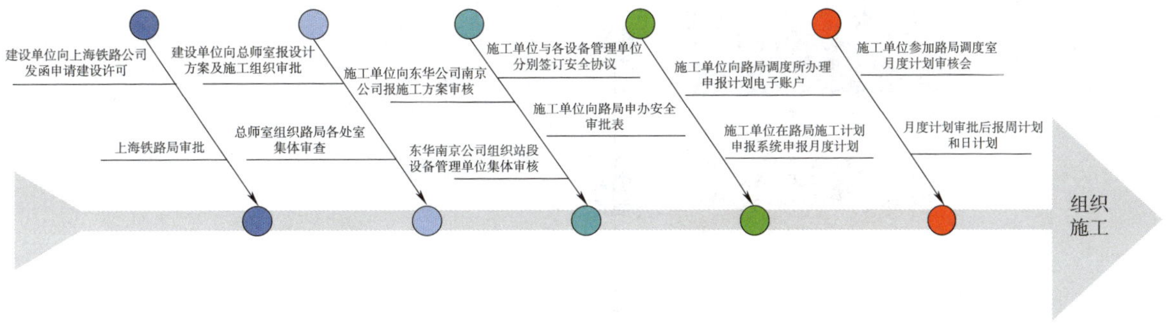

图 1　办理手续流程

通、协调，取得路局领导理解与支持，为后面工作打下基础。

(2)指定专人负责，成立手续办理小组，统一行动，提高办事效率。以代建处牵头，各参建单位指定由项目总工任手续办理专职人员组成手续办理小组，以小组为单位，统一行动，群策群力。

(3)认真学习铁路相关文件，掌握程序，摸清要求，提前准备。组织小组成员认真学习铁路上铁运发〔2012〕586 号文《上海铁路局营业线施工安全管理实施细则》等文件，通过对文件讨论学习，弄清办理手续流程，需要提供材料，编写资料格式及要求。

(4)重要资料提前编写，邀请铁路专业人员技术指导。施工方案是重要资料，在各单位编制评审基础上，聘请国铁工务、东华公司经验丰富技术人员做技术咨询，提前修改，评审前基本达到国铁要求。六份施工方案评审均一次通过，为后续手续办理腾出空间。

(5)与铁路局相关部门建立联系，紧密跟踪我方文件在路局内部流转进程。遇到问题及时释疑，不厌其烦。遇到难题及时汇报上级领导，主动出击，层层推进。

经过以上工作开展，手续办理工作一步一步剥茧抽丝、由外到里、层层推进，过程中精心组织、积极主动与上海铁路局及其下辖设备管理部门就相关问题进行多次开会、沟通、协调，历时两年至 2016 年底完成前期准备工作。具体时间节点如下：

这期间，往上海铁路局发函 3 份、向东华南京分公司发函 3 份，与东华南京分公司签订委托代建协议 2 份，组织各施工单位与铁路设备管理单位签订安全协议 23 份，联系总师室组织设计方案审查 7 份，联系东华南京公司组织审查施工方案 7 份，组织施工单位办理施工计划申请电子账户 6 个。

2.2　加强各建设单位及公司相关部门协调

大胜关涉铁段施工内容涉及南京地铁、公建中心、PPP 公司三家建设单位，各自下辖 1～3 家施工单位，公司内部涉及 12 号线大胜关管理小组、总工办、质安处、合约处等处室。针对参建单位多、部门多情况制定了领导挂帅、代建处牵头、专人负责、不定期开协调会工作制度。每周代建处牵头组织各参建单位开大胜关专题会，落实公司领导开会精神，传达铁路局要求，梳理汇总需领导协调问题，及时上报提请公司领导开会解决，期间公司领导组织召开协调会 10 多次。有了领导重视、代建处牵头、现场专人落实，较多遗留、疑难问题得到快速有效落实，为工作开展创造条件。

2.3　加强大胜关安全管理小组及各个施工单位协调

大胜关安全管理小组是代表地铁公司对参建单位安全管理的一个临时机构，负责施工期间保障高铁安全管理工作，是一个重要抓手。做好小组内部分工及对参建单位管理是一项重要工作，期间开展了如下工作，主要事件纪实如图 2 所示。

(1)制定《宁和城际轨道交通一期工程邻近高铁营业线施工管理办法》、签订《邻近高铁施工安全协议》明确安全小组各位成员职责、明确各参建单位职责，明确安全小组与各参建单位管理关系。

(2)每月上旬、每周三计划会协调各家计划申报。

(3)每天施工总结会，协调施工组织。

(4)通过防护员体系，协调现场施工突发情况。

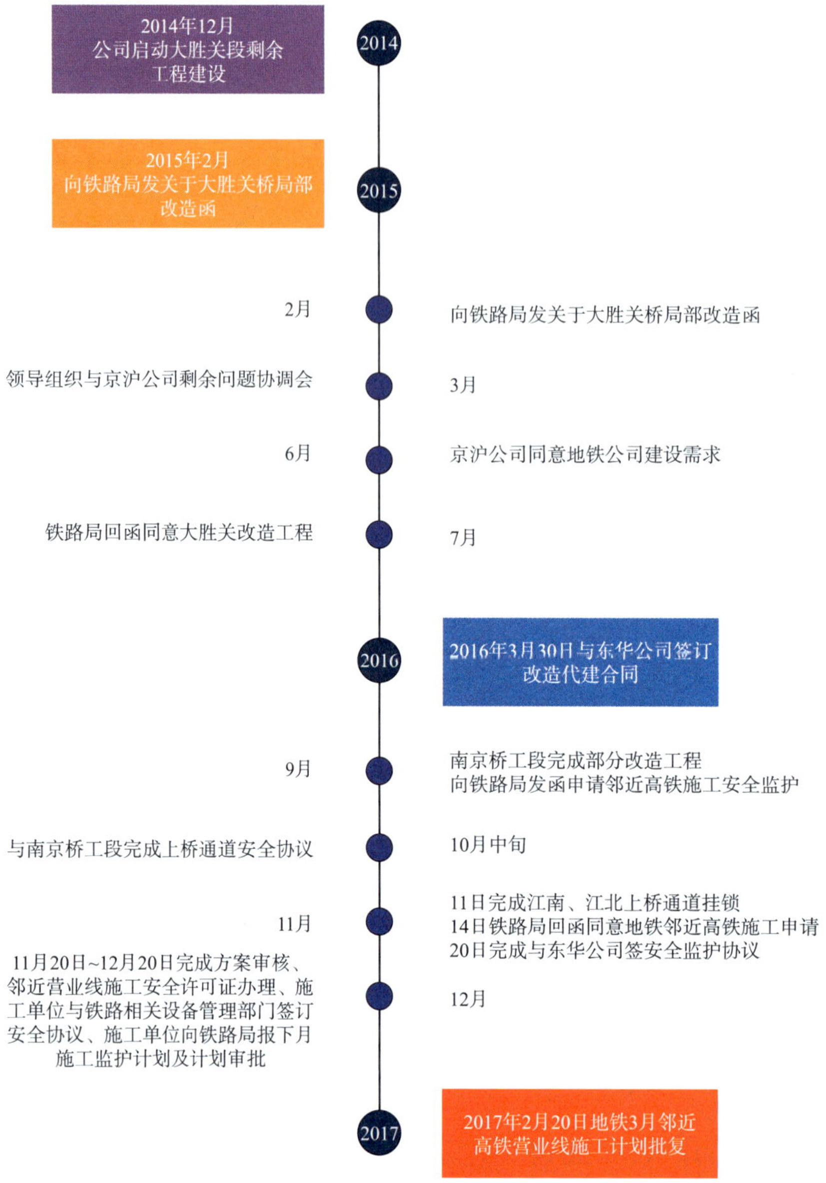

图2　主要事件纪实

3　组建机构,完善制度,建立安全防范保障体系

3.1　领导决策

大胜关涉铁段如期建成是宁和城际通车关键,公司领导自始至终高度重视和关心。针对在大胜关桥段同一地点有多家单位同时施工情况,安全管理模式,铁路局也首次碰到。经过多方调查结合宁和城际建设紧迫性,地铁提出:成立安全管理小组统筹管理6家施工主体单位,各主体单位用同一区段内各相近里程分别报施工计划,由铁路局审批,安全小组负责施工计划落实,保障高铁设备及营运安全。此方案与铁路局多次沟通、完善,于2017年1月同意。公司领导随即确定成立大胜关涉铁段安全管理小组并立项,使涉铁施工安全有了组织、资金、制度方面可靠保证。大胜关涉铁段安全管理小组于2017年2月开始运转。

3.2　安全管理小组组建

依据《宁和城际轨道交通一期工程邻近高铁营业线施工管理办法》规定,大胜关涉铁段安全管理小组代建处牵头,各参建单位参加,由中铁上海工程局抽调人员组成。设组长、副组长、调度、技术、安全、防护等职能岗位，办公地点设在项目部。施工单位指定懂业务懂管理人员负责涉铁施工管理，指定办公地点，配备办公设备，接受安全小组对口管理(图 3)。

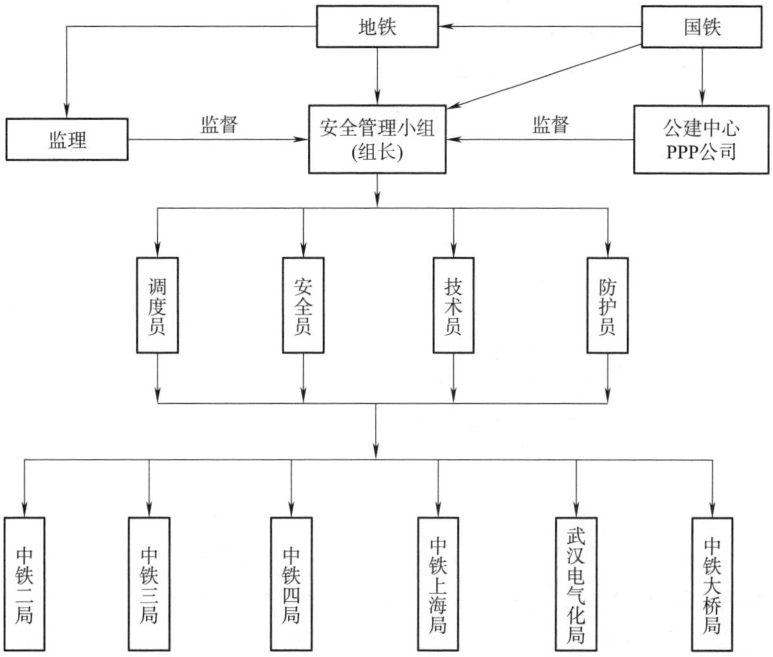

图 3　安全管理小组组成图

3.3　完善制度

为适应高铁高标准管理要求，在制定《宁和城际轨道交通一期工程邻近高铁营业线施工管理办法》的基础上，代建处组织监理、安全小组，邀请铁路安全专家，针对性编制了以下十项规章制度：

《施工计划申报与请销点流程》《人员、工机具、物料核查制度》《班前安全教育制度》《防护员工作细则》《通道门钥匙管理制度》《日点评会制度》《日简报、周报制度》《干部包保制度》《轻型车辆及小车使用安全管理办法》《轨道车运输管理办法》。

3.4　安全管理责任分解落实

明确建设任务、机构组建后，制定目标，分解落实责任，开展以下工作：

(1)公司通过业主指令将组建大胜关涉铁段安全管理小组任务下达给中铁上海工程局，及时立项。

(2)代建处牵头编制《宁和城际轨道交通一期大胜关涉铁段施工保护高铁营运安全管理办法》于 2017 年 2 月以建设公司名义下发至各参建单位。

(3)公司领导组织各参建单位负责人召开大胜关涉铁段施工动员大会，认清形势，明确目标，下达任务。

(4)代建处组织各参建单位负责人及项目主要管理人员召开管理办法交底会，明确各参建单位管理责任，各施工单位是安全责任主体，安全管理小组负责高铁营运安全管理，以及施工计划管理，并对所有施工单位施工安全进行检查监督。

(5)安全管理小组分别与 6 家施工单位签订安全协议书，要求各施工单位实行领导干部安全包保制度，自上而下层层签订责任书，做到横向到边，纵向到底。

通过学习、动员、责任分解会议，各参建单位领导及项目管理人员认清了形势，对涉铁施工安全重要性提高了认识，明了各自安全管理职责，为涉铁施工安全开展创造良好开端。形成以安全管理小组监督指导负总责，生产单位具体负责，现场管理人员在各自施工范围相应负责的安全体系。

4　注重素质，强化培训，提升员工安全施工水平

“人的不安定行为”是三大不安定因素之一，也是最重要因素，解决了人的问题，就解决了安全主要问题。建设过程中，安全管理小组始终坚持“培训、管理”并重原则，坚持教育先行、强化培训原则，把安全培训工作当成建立安全生产重要措施来抓，全员、全方位地开展好安全培训工作。

管理人员实行“安全专项准入”制度。联系铁路局教育培训部门，对各单位管理及关键岗位人员进行营业线施工安全专项培训，培训 3 天，人员 110 人，考试合格 108 人，挂证上岗。

作业人员实行先培训考试合格，后上岗制度。安全小组组织，邀请铁路安全专家，分期、分批对 423 名作业人员进行安全培训，考试合格后上岗。共计组织培训 9 次，考试 12 次，合格率 98%。

5　常抓不懈，夯实安全管理基础，增强安全防范意识

5.1　班前教育

自 2017 年 3 月 1 日起，到 9 月 22 日最后一片安全网拆除，每日组织班前教育，上桥前先由各家单位针对各自施工特点对施工人员进行安全教育，然后由安全管理小组安全员对全体施工人员进行再教育，让施工人员能深入、广泛重视高铁安全，让安全常驻心中，切实溶于日常施工中。

5.2　日常安全管理

安全小组通过每日点评会、周例会、安全 APP 管理手段，对违章违纪、安全隐患单位一经发现直接通报、严格处罚直至停工整顿，对参建单位和施工人员形成安全高压态势。

5.3　应急预案模拟演练

上桥施工前，组织参建队伍进行 2 次上桥流程模拟演练，熟悉上桥流程及注意事项，做到正式施工时心中有数，忙中不乱；针对南方多雨特点，组织突发情况撤退应急演练，熟悉掌握几百人短时间内同一通道从 40 m 高桥面安全有序撤离技能等。整个施工期间先后组织应急预案演练达 7 次。

5.4　领导、干部包保

为强化各施工单位安全主体责任意识，开工前地铁公司向各项目部上级领导机构发函，要求安排领导对大胜关涉铁项目部进行包保，派驻安全干部至项目部进行蹲点包保。安全管理小组负责 6 家施工单位共计 6 名包保领导和 6 名包保干部考勤记录，每周统计公布，进行考核，由此，各项目部管理力量及资源调配能力得到大大加强，安全意识得到重视，过程安全得到有效控制。

5.5　安全活动开展

3 月份上桥施工来，随着工程推进为防止安全意识衰减，未雨绸缪，代建处牵头安全管理小组落实“一月一安全活动”开展，以活动开展强化安全意识。

3 月，安全专家讲安全活动；4 月，安全内业检查评比活动；5 月，典型违章案例分析活动；6 月，施工场地环境整治活动；7 月，再学规章保竣工活动。

6　严格流程，环环相扣，闭环管理创造安全环境

6.1　施工人员管理

身份核查，安全管理小组加强对上桥施工人员身份登记备案，将 523 名备案人员信息上报铁路派出所进行排查，杜绝有犯罪记录人员参与涉铁施工；身体素质检查，各参建单位对施工人员安排体检，严禁有高血

压、恐高症、夜盲症等不适合夜间高空作业人员上桥。经体检不合格人员共计 13 人,安排其他岗位,把不利因素消灭在萌芽状态;劳保用品高配置,施工人员穿戴印有单位名称标识的安全帽、反光背心、防滑鞋,临边作业配安全带及其他劳保用品,坚持以人为本,确保施工人员人身安全。

6.2 物料及设备管理

制定机具管理办法,严格落实,重点盯防。材料、工机具设备进、出轨行区要办理登、消记手续,严禁轻质漂浮物带上桥,上桥机具、设备,必须粘贴带有单位名称反光标识。长度超过 2 m 工具或物料必须备案登记,专人管理,发电设备燃料必须是柴油,专人管理。控制施工区段铁路保护区范围轻质物品。

6.3 施工过程管理

施工过程中,首先明确安全管理责任,责任划分明确,重点环节突出。按照"谁安排谁负责""谁主管谁负责""谁签字谁负责"原则,各单位对施工任务安全保障工作须一抓到底,落实好主管领导直线责任,对重点工序、高危环节实施"一对一"盯防。其次是落实属地监管责任,是谁的施工管理范围,谁必须对责任范围内安全生产负责,安排专人对施工进行全程跟踪和监督。安全管理小组坚持"全覆盖、零容忍、严执法、重实效"安全监督,执行好各项管理制度及管理办法,加强全员、全过程、全方位安全管理与监督。

7 科技引领,用信息化助推安全管理

进一步深化管理,引进科技管理手段,便捷安全管理,提升工人自觉性,安全管理效果明显。

7.1 引用"平安工程"管理软件

引进"平安工程"管理软件,将危险源输入模块,合理应用人力、物力,围绕高空作业、狭窄区域、照明不足复杂环境,标出高空作业禁区,吊篮外沿边线,提出设置围栏、挂牌示警位置;利用巡查功能及时对安全违章行为进行取证,上传平台,及时知晓整改。围绕施工计划对每道工序、每项作业均衡组织,使人、机具和各种关系最佳分配,确保每次施工计划高效使用。

7.2 二维码人员信息管理

使用二维码管理功能,快速批量导入上桥施工人员姓名、职位、手机、安全教育情况、在本工程奖罚清单等信息,一键批量生成员工二维码,将二维码粘贴到对应员工安全帽上,对准通道入口二维码识别软件,扫码识别人员信息,就可以进出通道。方便安全人员现场巡查时,查验人员身份及记录违章等行为。

7.3 终端定位

施工管理人员安全帽上安装定位终端,在安全管理小组电脑、带班作业领导手机,出现定位终端移动轨迹,查看在岗管理人员工作状态。终端可以向平台上传、保存定位数据,方便追溯。

7.4 全方位网络摄像监控

施工现场安装 6 套固定及 4 套移动式监视器,与监控主机进行网络连接,通过数据包进行全部监视器信息收集、反馈、记录、保存,可以多画面、同时监控各个点、位的施工情况,在移动端可以收到现场视频数据,随时查看现场施工状况,满足了铁路、地铁相关部门巡视需求。

8 建设成果

(1)探索出邻近高铁多单位、同断面施工安全管理新模式,受到国铁认可。

(2)安全事故率为零,确保高铁营运安全。

(3)按期攻克大胜关涉铁段施工节点,确保2017年12月6日宁和线开通运营。

9 思考及建议

(1)针对铁路部门特殊性,涉铁工作需要提前谋划,与铁路局建设部门建立工作沟通渠道,领导挂帅,专人负责。

(2)涉铁段工程招标文件中对投标人上海铁路局范围内地铁涉铁工程业绩、涉铁施工能力、项目经理涉铁施工业绩要明确要求。

(3)涉铁工程参建人员需要有较强专业素养,高度的责任感,牢固的安全意识。

(4)工程建设过程中,涉铁人员安全意识教育要常抓不懈,对系统设备人员重点教育,因为设备专业有线性流动特性,涉铁安全意识相对淡薄。

地铁盾构穿越沪宁城际铁路及复合地层的施工技术

徐　健

（南京地铁建设有限责任公司，南京　210017）

摘　要：本文结合南京地铁3号线D3-TA06标南京站站—新庄站区间穿越沪宁城际铁路施工全过程，为避免对沪宁城际铁路的安全运行造成影响，施工过程提前设置试验段，根据试验段掘进情况合理设置穿越沪宁城际铁路的掘进参数，最终以极小的变形顺利穿越沪宁城际铁路。南京站站—新庄站区间掘进过程中采用常压和带压进仓两种换刀工艺，针对螺旋机喷涌做了详细的处理方案，使盾构顺利穿越复合地层。

关键词：复合地层；试验段；常压换刀；带压换刀；全站仪自动化监测

0　引　　言

近年来，我国轨道交通和铁路建设发展迅速，地铁区间穿越铁路轨道的案例越来越多，国内已积累较多的盾构穿越铁路的工程案例及研究成果，由于高速铁路的特殊性，无法借鉴其他盾构穿越普通铁路的研究成果，因此对盾构穿越高速铁路方面展开的研究，具有重要的意义。针对复合地层中长距离的盾构推进，需要及时检查、更换刀具，提高掘进效率，而进舱换刀作业是盾构施工的最大风险之一，如何采取相应措施达到安全进舱，是目前盾构施工急待解决的一个难题。本文以南京地铁3号线D3-TA06标南京站站—新庄站区间为例，阐述了盾构穿越沪宁铁路及复合地层中盾构施工工艺，为类似工程提供借鉴。

1　工程概况

南京地铁3号线D3-TA06标南京站站—新庄站区间左线1 511环，右线1 510环，最小平面曲线半径为505 m。区间纵坡为“V”字形，最大坡度为29‰，隧道顶部埋深为8.77～24.4 m。该区间设中间风井，盾构从中间风井始发，分别向新庄站和南京站站推进。过程中隧道盾构穿越沪宁城际铁路，该铁路线呈东西走向，盾构隧道将从沪宁城际铁路下方的搅拌桩加固区中穿过（图1），区间隧道结构顶距保护板板底10.47 m（图2）。

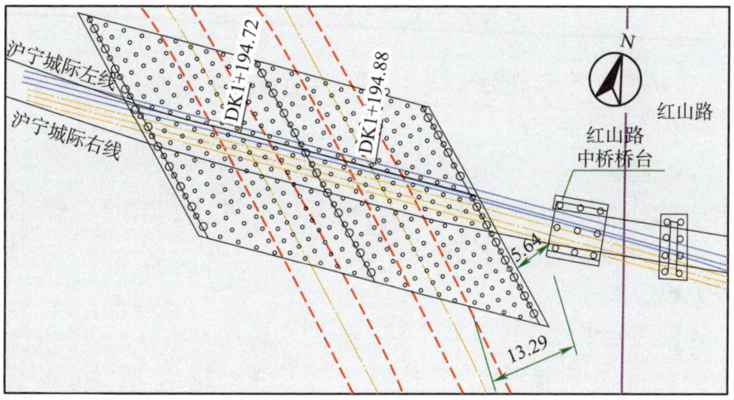

图1　盾构隧道与沪宁城际铁路位置平面关系图（单位：m）

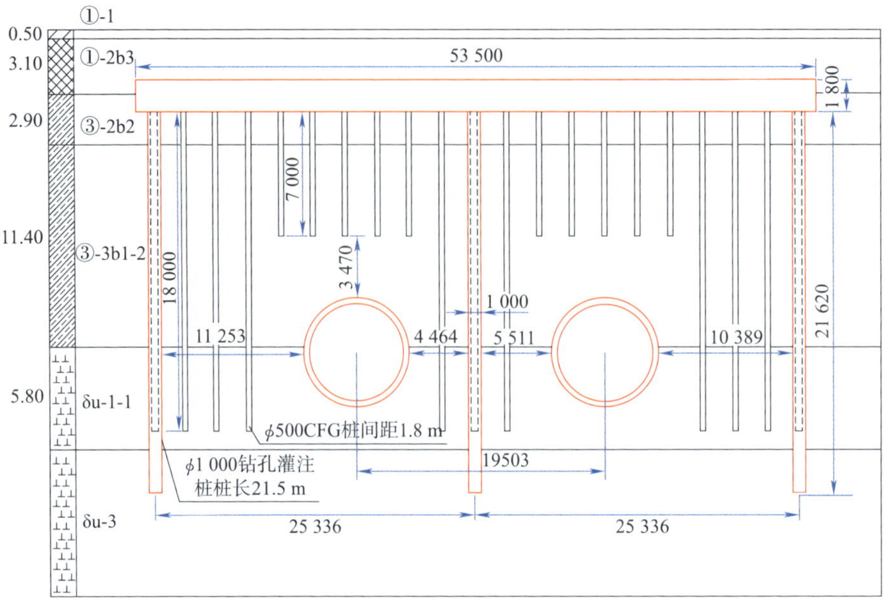

图 2　盾构隧道与沪宁城际铁路位置横剖关系图(单位:mm)

2　工程地质及水文地质情况

南京站站—新庄站盾构区间沿线地形地貌复杂多变,为坳沟与岗地相间地段,总体上覆第四系主要以填土、黏性土、粉土、混合土组成,厚薄不均,下伏基岩,起伏较大,多破碎,裂隙发育,风化不均,软硬不一。隧道穿越地层为第四系土层、岩浆岩(闪长玢岩～闪长岩)及 T2z 角砾岩～角砾状灰岩(图 3)。

地表水位受降水和周边补排给影响有变化,水深约 2～9.5 m,与地下水有一定水力联系。依据地下水的埋藏条件和赋存条件,可分为松散岩类孔隙潜水、松散岩类孔隙微承压水、基岩地下水。孔隙潜水主要分布于岗间坳沟地段,含水层主要为粉土和填土,水量一般较小。微承压水主要分布于岗间坳沟地段和接近新庄站为河漫滩地段,含水层主要为 3 层、4 层的混合土。在河漫滩地段③-2c2 粉土层弱透水,厚度较厚,与下部基岩裂隙水相接,水量较丰富。其他地段水量一般较小。基岩地下水:该区间基岩岩性受构造控制,由角砾状灰岩、闪长岩组成,岩体总体较破碎,裂隙发育,灰岩有溶蚀迹象,局部见溶孔。

3　盾构穿越沪宁城际铁路

3.1　工程施工难点分析

1. 沉降控制要求

沪宁城际铁路运行高速动车组列车,轨面平顺性、电化柱沉降控制要求较高;沪宁城际正线采用 CRTS-I型板式无砟轨道,轨道板基础沉降控制要求高。

2. 穿越密集桩基

沪宁城际铁路预留了地铁隧道盾构穿越通道,但通道位置有限,线路设计位置处隧道结构与上部及两侧桩基净距最小处仅 4.4 m,对盾构推进轴线控制要求高。

3. 盾构隧道曲线段大坡度推进

本穿越段线路存在 15‰的大纵坡及转弯半径 505 m 的右转弯平面区间,左、右线盾构在该段施工时均为上坡及右转弯。盾构施工过程中应特别注意盾构姿态、千斤顶油压、土压力等施工参数的控制,并根据地面监测情况进行动态调整,避免对地层扰动过大,引起地面沉降。

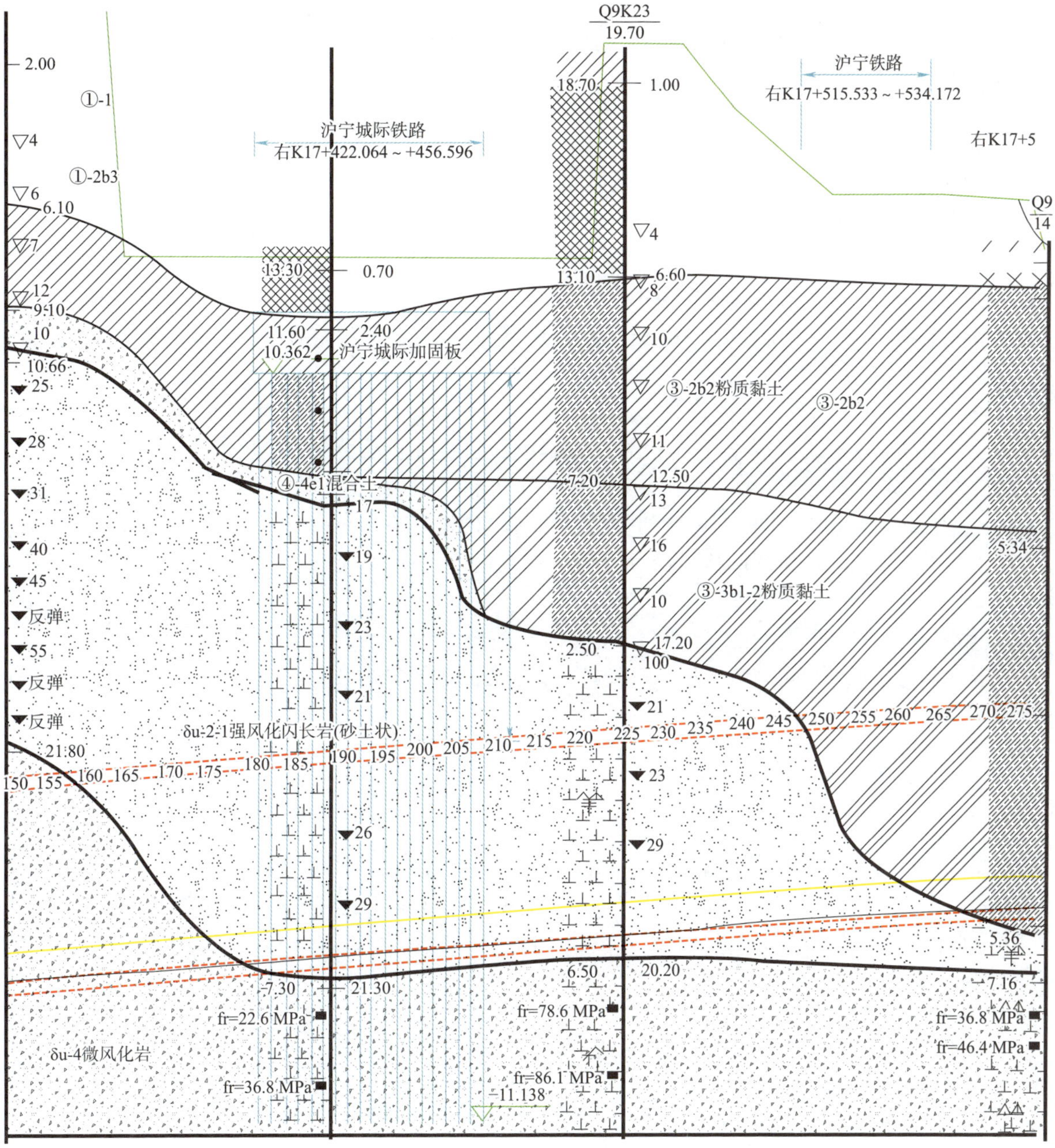

图 3　地质纵断面图

3.2　主要施工技术及控制要点

1. 设置试验段

设置 100 m 试验段(前 80 m 为试验段,后 20 m 为验证段)。试验段地层主要为微风化闪长岩、中风化闪长岩,验证段地层主要为中风化闪长岩、强风化闪长岩,埋深约为 13 m。

设置试验段目的:

(1)研究本段粉质黏土地层和全风化岩层盾构正常掘进引起的地面隆起和沉降变形特征。

(2)研究掘进参数与地表隆起和沉降变形的关系。

(3)研究盾构机在粉质黏土层和全风化岩层推进时姿态控制规律。

(4)研究适合于粉质黏土地层和全风化岩层下盾构同步注浆(准厚浆)配合比。

(5)研究同步浆液的注入参数对隆起和沉降的影响。

(6)研究二次注浆对地表隆起和沉降变形的影响。

2. 掘进参数设置

根据试验段推进情况对穿越铁路时的各项参数合理设置：

(1)黏土层土仓压力

计算的理论土压力为 0.188 MPa，根据地面监测情况，对土压力做实时调整。具体情况以试验段总结得出的数据为准。

(2)掘进速度

按照以往的施工经验，掘进速度控制在 1～2 cm/min。在穿越段施工时，应匀速推进，避免停工。

(3)推力

穿越铁路段主要穿越土层为强风化闪长岩(砂砾状)，岩层强度很小，根据补勘报告所得地质情况来看，该层基本呈砂土状，局部夹硬质岩块，非均质，遇水易软化。岩体基本质量等级为Ⅴ级，按照类似的施工经验，推力控制在 11 760 kN 左右。

(4)盾构姿态控制

穿越段平面线路为右转曲线，转弯半径为 505 m，纵断面线路上坡度为 15‰。盾构在穿越沪宁城际铁路前必须将盾构调整至最佳姿态，水平姿态及垂直姿态与设计轴线偏差保证在 1 cm 之内，保证地层损失率不大于 5‰。盾构姿态调整遵循“小纠偏、勤纠偏、提前纠偏”的原则进行控制，保持盾构姿态沿曲线内弧面行走。管片姿态平面上通过转弯环调整，纵断面上通过贴片的方式调整，确保盾尾间隙均匀，贴片最大纠偏量 4 mm。

(5)盾尾油脂注入

地质报告显示，闪长岩裂隙水，水量一般较弱。根据类似地层的施工经验，每环注入 30 kg 左右，平均每桶掘进 6～7 环。

(6)出渣量控制

出渣量控制在 39～40 m^3/环，严禁超挖。

3. 同步注浆

同步注浆设备为德国施维英注浆泵，同步注浆自动计量系统传感器的计量依据是柱塞的活动次数，根据现场实践，每环注入量设置在 4～5 m^3，同步注入压力为 1.0 MPa。具体同步注浆量控制以实际拌浆量为主，操作界面显示量为辅的控制方案。

4. 二次注浆

(1)二次注浆浆液配合比

水∶水玻璃＝3∶1(重量比)。

水泥浆水灰比＝1∶1(重量比)。

水泥浆∶水玻璃浆液＝1∶1(体积比)。

(2)注浆量及注浆压力

注浆位置为盾尾后第 4 环，注浆量为 1.2 m^3/环。具体注入量根据沉降情况进行适当调整。

5. 盾构穿越期间慢行及施工要求

铁路相关设备管理单位主要有南京桥工段、南京供电(维管)段、南京站、南京东站、上海客专基地。施工前编制施工组织设计，经设备管理单位评审、建设管理部门审核通过，报路局主管部门审批；与铁路有关设备管理单位和产权单位签订《施工安全协议》并召开施工协调会，明确各自的安全责任和配合项目。

根据同济大学南京地铁 3 号线下穿沪宁城际铁路技术方案研究，建议慢行速度为 80 km/h，慢行时间为全天慢行，慢行计划提前一个月上报，以铁路局最终批复为准。

6. 盾构穿越期间监测

由于全线处于全封闭运营状态，监测人员只能在“天窗期”进入相关区域内工作，并且每日监测频次高，人工常规监测无法完成此项工作任务，所以必须在现场设置自动化监测系统对观测目标的水平、垂直位移进行监测。根据设计要求，结合施工环境和地质情况，本工程的监测方式采用全站仪自动化监测。其目的是把周围环境，特别是沪宁城际铁路在施工期间的变形情况，及时地反馈给管理和施工方，使之能够迅速调整、优化施工方法，以确保本工程和铁路行车安全。穿越期间由同济大学进行全程监测，共布置 20 个监测点。

沪宁城际铁路正线为GRTSⅠ型无砟轨道，拟在轨道中间布设一排监测断面，布设3个测点，分别位于左/右隧道轴线、两隧道中心线位置，沉降监测点与水平位移监测点同点。考虑现场通视条件以及实现难易程度，将棱镜与固定厚度钢板焊接，用强力胶水将钢板与混凝土轨枕面黏结牢固。

4 盾构穿越复合地层

4.1 工程施工难点分析

1. 岩石中推进参数控制要求高

该区间盾构穿越地层为全断面强、中风化岩石，局部有微风化岩石段，在上软下硬地层中推进，参数控制难度较大。

2. 双线净距小

穿越段净距仅2.98 m，左右线推进相互影响较大。应加强参数控制，减小推进影响。

4.2 主要施工技术及控制要点

1. 常压换刀

换刀前20环对盾构各部位进行详细的检修，在到达检查更换点前15环复核一次盾构机的掘进姿态和方向，通过15环把盾构的姿态和掘进方向调整到正常范围，确保盾构顺利到达检查换刀点，在到达检查更换点前10环加大同步注浆量，并跟紧进行二次注浆。

盾构机到达检查换刀点前，做好开仓准备工作，盾构机司机通过螺旋输送机将土仓内的渣土输出，等土仓内渣土降至人仓门底部以下之后，停止出渣，在出渣的过程中在螺旋出土口进行气体检测，并做好相关记录；开仓前，进行压风排气工作，保证土仓气体排出洞外；开仓前检查各项指标是否异常。进仓后对刀具进行检查，确定更换方案，换刀作业结束后，待人员与机械撤出土舱。启动刀盘与千斤顶恢复盾构掘进，开始不出渣土，待土仓内满仓程度达到90%以上后方能正常掘进。

2. 带压进仓

南新区间盾构在穿越铁路完成后，不久即进入上部软土下部岩石的地层，在中间风井至新庄站410环位置左右线盾构推进缓慢，由于刚刚穿越铁路，盾构上方位于红山路上方，交通量很大，盾构机处于强风化岩地段地，地层自稳能力差，必须由盾构机来提供使地层稳定的支撑压力(EPB)，这种情况下便需采用带压进仓模式来进行刀仓内的各项工作。

带压换刀作业前，必须对所有参与人员进行系统培训，做好保压系统调试，确定进仓作业的工作气压，检查盾构机带压前停机状态，安装内燃空压机(11 m^3/min)，并连接好相关的管路、线路。调试内燃空压机，确保设备机况良好。人仓管理员慢慢打开门阀，严格按照规定的流量增加主仓室的压力直到达到操作压力值。作业人员也可以根据自己身体的实际状况在人仓内操作门阀来增加主仓室压力，但流量不得超过规定值，为作业人员安全考虑，每人每天带压工作不宜超过8 h，但可根据工作量的大小按照带压工作减压表适当调整工作时间，当检查完刀盘、刀具后，从中心刀开始依次往外圈更换刀具；把1.5 t手动倒链悬挂在土舱顶部的吊耳上，吊起拆掉的坏刀采用依次更换吊点办法把坏刀运送出仓；在拆坏刀的同时，舱外的人员把所更换的新刀绑安装机头上旋转到正上方，再把1.5 t手动倒链悬挂在顶部推进缸上，吊起新刀采用依次更换吊点把新刀运进土舱内；再采用拆旧刀的反顺序依次安装新刀，按刀具螺栓的紧固扭矩紧固螺栓。其他检查到坏刀按此顺序依次更换刀具。换刀结束后工作人员在空气仓内缓慢降压后离开主仓直接进入单独的减压仓。人仓管理员根据工作人员的工作时间和工作压力选择减压方案。压力保持期内这一程序必须重复进行直到周围的压力变为正常。在降压过程中工作人员可打开加热系统。推荐的温度范围在15 ℃～28 ℃之间。

第一停留期结束后，人仓管理员通过门阀开始逐渐降低减压仓中的压力至第二停留期压力，操作方法以第一停留期减压方法相同。以此类推直至减压结束。此时，可打开减压仓通往外仓的仓门，工作人员离开减压仓。

3. 硬岩掘进

(1)针对上软下硬段掘进的控制方法

①根据南京复合地层推进的相关经验,此上软下硬地层拟采用气压法掘进,利用泡沫系统高膨胀倍率和土仓自动保压系统配合使用,使土仓内达到半仓气半仓土的状态,利用气压顶住水头压力,保证地下水不进入土仓。

②气压法推进时,土仓内仅半仓实土,可减小刀盘扭矩,控制渣土温度,保护刀具、防止刀盘结泥饼。根据南京气压法推进的成功经验,在上软下硬底层中,推进速度较快,可达到 20～40 mm/min。

③进入上软下硬底层前,停机开仓检查刀具,保证在进入前刀具完好,后进行注浆,二次注浆在后方及时补充,保证后方来水完全封堵。确保上软下硬段一次通过,避免漏水或开仓导致的掌子面塌方。

(2)针对螺旋机喷涌的处理措施

①土仓内加膨润土,改良土质。效果不理想,主要原因为膨润土质量较差,且未经过充分发酵。

②土仓内加入高分子聚合物,改良土质,效果不理想,主要原因为渣土中小颗粒太少,高分子改良效果差。

③盾构后方采用刚脱出盾尾管片注入聚氨酯+二次注双液浆环箍的模式(268 环之前效果较明显,最近掘进的 5 环,效果不太理想,主要原因为二次注浆未及时跟上)。

④控制掘进参数,包括土压力、掘进速度,推力、刀盘扭矩、刀盘转速、螺旋机闸门开口度等技术参数。多统计、常总结,找到最佳的参数配置,最终达到平衡,保证连续推进。

5 结　　语

(1)根据试验段推进情况,经过分析演算,对穿越沪宁城际铁路的盾构区域掘进参数设置如下:①黏土层土仓压力为 0.188 MPa;②掘进速度为 1～2 cm/min;③推力控制在 11 760 kN 左右;④转弯半径为 505 m,纵断面线路上坡度为 15‰。

(2)在盾构穿越沪宁城际铁路施工过程中,实行施工单位、监理值班制度,对掘进过程中的参数进行跟踪检查,并结合监测数据进行动态调整。

(3)在盾构穿越复合地层施工过程中采用常压换刀和带压进仓两种换刀形式,保证顺利换刀,同时对上软下硬段掘进做出了一定要求,提供了螺旋机喷涌的解决方法。

(4)整个盾构施工所处地层非常复杂,各项推进参数极难控制,并且穿越铁路过程中沉降要求非常高,所以在穿越过程中采用全站仪自动化监测,及时准确地将穿越过程中的监测数据反馈给管理和施工方,使之能够迅速调整、优化施工方法,以确保本工程和铁路行车安全。

(5)在合理有效的穿越控制下,盾构左、右线以极小的沉降量顺利穿越复合地层及沪宁城际铁路,为今后类似盾构推进提供了宝贵的经验。

南京地铁3号线盾构下穿龙蟠路高架桥桩基托换

顾浩磊

（南京地铁建设有限责任公司，南京 210017）

摘　要：城市中桥梁基础结构的桩基常常影响到地铁线路，采用托换施工可有效对既有结构进行改造，保障地铁施工和桥梁安全。针对南京地铁3号线下穿龙蟠路高架桥的工程实例，提出了被动托换施工、暗挖法隧道内截除桩基的方案，从桩基托换体系的设计、施工步骤和监测以及施工注意事项等方面进行阐述，为相关施工提供一定参考。

关键词：桩基托换；体系转换；暗挖隧道；盾构推进；现场监测；变形控制

1　概　　况

南京地铁3号线雨花门—卡子门区间隧道，沿晨光路布置，从卡子门广场到宁芜铁路，下穿龙蟠南路立交桥。卡子门站北端头距离障碍桥桩处约70 m。

隧道穿越的龙蟠南路高架桥主线桥（简支先张法预应力板梁结构）桥头及其高填路基段为1992年龙蟠南路改造时施工的老桥，现接入龙蟠南路高架体系作为机场连接线使用（图1，图2）。该高架桥桥台桩基侵入左线隧道内5根 $\phi1000$ 钻孔灌注桩，$L=18.5$ m，桩基主筋为20根 $\phi20$ 钢筋，其路基段挡土墙墙下设200 mm×200 mm@800预制方桩，桩长8.5 m。钻孔桩、预制桩与隧道剖面关系如图3所示。

所以盾构下穿施工必须先对桥台桩基进行托换处理，左线需截断桥台5根桩基及10根挡墙预制方桩，右线需截断32根挡墙预制方桩。既要确保桥梁安全，也要确保盾构施工顺利通过。

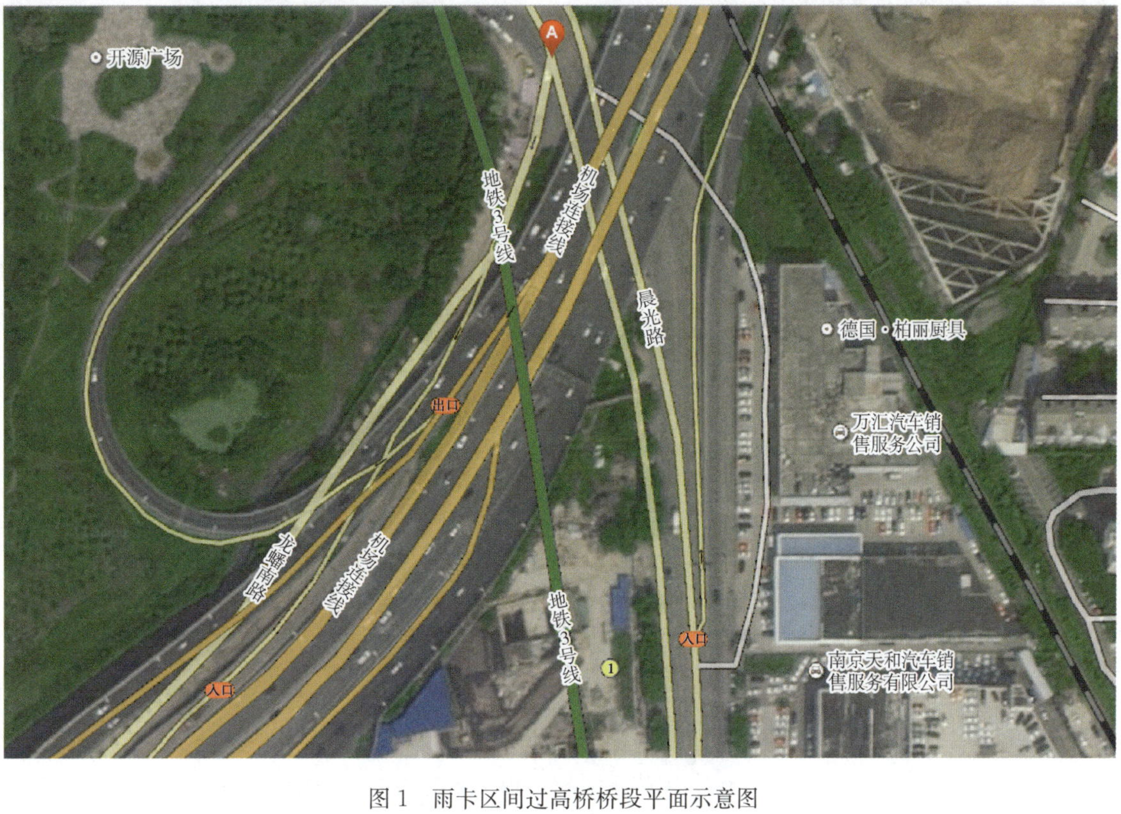

图1　雨卡区间过高桥桥段平面示意图

图 2　下穿段高架桥现场图

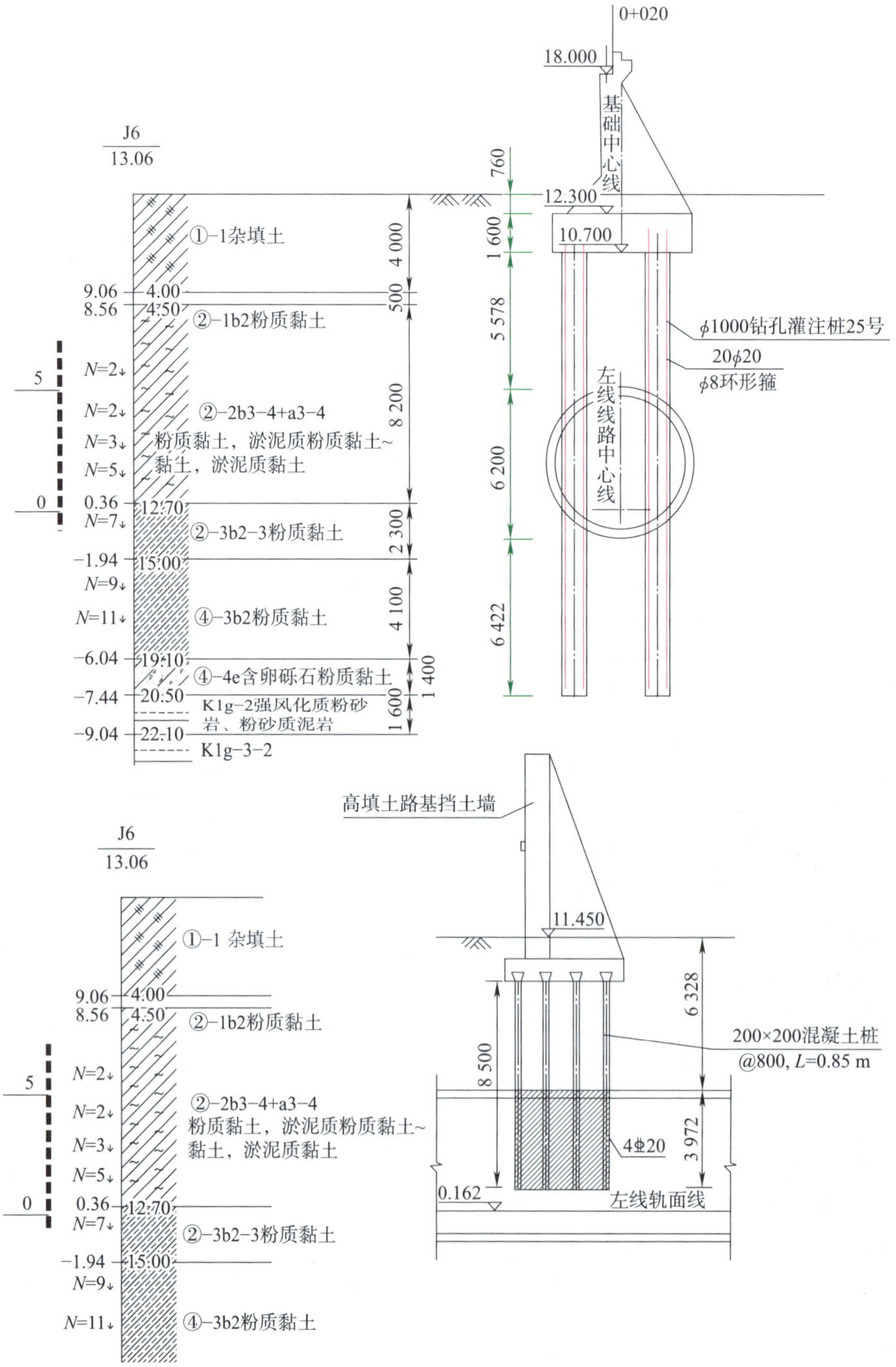

图 3　钻孔桩、预制桩与隧道剖面关系图(单位:mm)

2　工程水文地质

该段桥台路面与北侧道路及土城头路高差较大，地面高程约 11.5～18.5 m。场地地貌单元属阶地，发育有坳沟。隧道埋深浅，覆土约 7～8 m。

隧道由南往北穿处于 2.54%的下坡，位于半径 1 200 m 的缓和曲线上。场地范围内地层自上至下分布见表 1。

表 1　工程地质层分布与特征描述一览表

地层代号	地层名称	层厚(m)	特征描述
①-1	杂填土	0.3～7.1	松散～稍密
②-1b2	粉质黏土	0.2～3.6	可塑，局部软塑
②-2b3-4＋a3-4	粉质黏土、淤泥质粉质黏土	0.9～9.2	软～流塑
②-3b2-3	粉质黏土	0.8～6.6	软～可塑
④-2b1-2	粉质黏土	0.8～10.4	可～硬塑
④-3b2-1	粉质黏土	1.0～12.0	可～硬塑
④-4e	含卵砾石粉质黏土	0.8～9.2	硬～可塑(部分软塑)
Klg-2	泥岩、泥质粉砂岩	0.4～7.1	强风化

托换范围主要穿越范围地层为：粉质黏土、淤泥质粉质黏土，该层其强度低，具高压缩性，属灵敏土，围岩极易坍塌变形、易涌土，地质剖面图如图 4 所示。

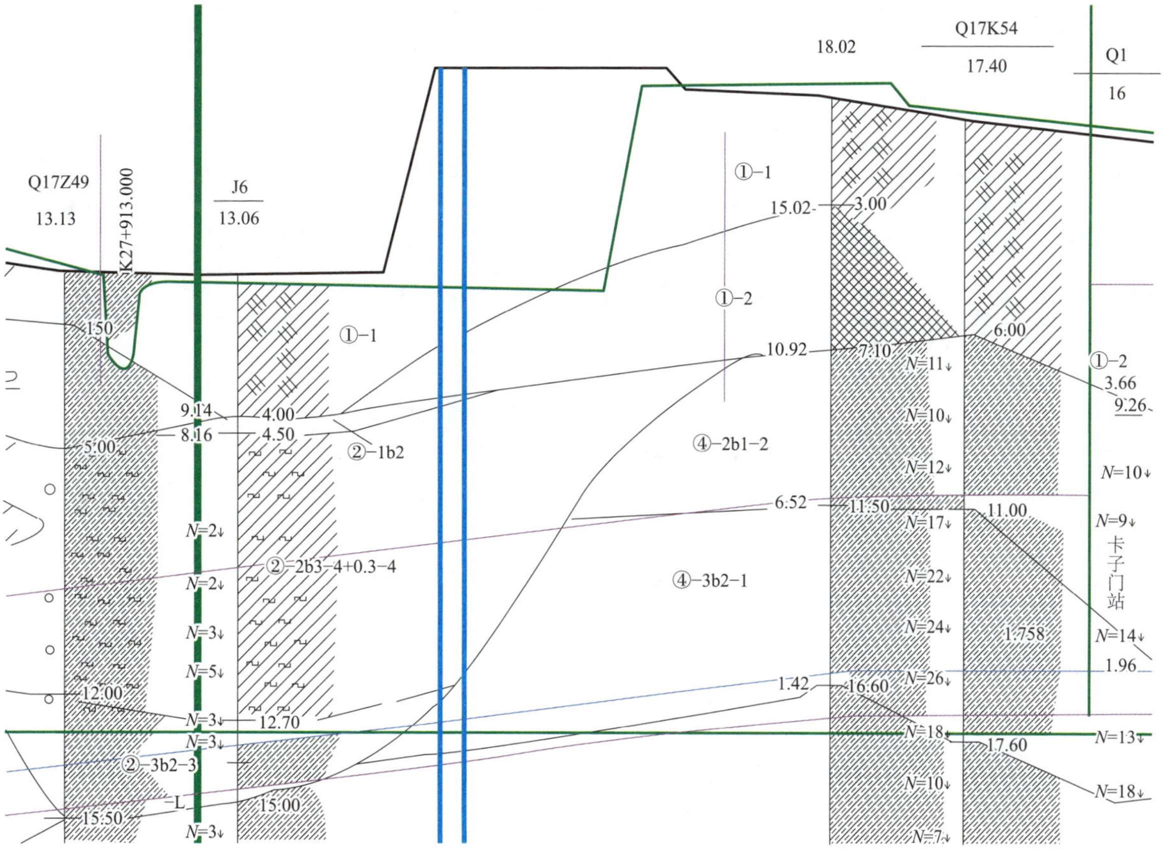

图 4　雨卡区间左线过桥段地质剖面图

3　施工总体方案

主线桥桥面为双向六车道，车流量大，交通繁忙，交通不能中断，匝道桥为单向两车道。此处位于晨光路转盘处向机场高速和雨花西路、雨花南路的匝道口，车流量不大，周边有多个路口可以上机场高速，所以为了最大程度地简化施工，加快进度，尽可能地为地面托换创造条件，部门协调城管和交管部门对该处进行车辆禁止通行、只允许行人通行的交通导改。根据现场情况不具备主动托换施工条件，选用了地面被动托换施工技术，因为桥梁基础本身较深，进入了强、中风化持力岩层，所以，沉降只要在可接受范围，就不需要采用千斤顶对托换桩与原桩体系之间施加顶力，来预先消除托换桩变形对托换体系的不利影响，检验托换体系的承载能力。并且地面施工有进度快、材料运输方便、托换桩梁混凝土浇筑质量有保证等好处。

但如果穿越城市房屋建筑，对沉降控制标准更高，那么尽可能采取主动托换技术。例如“地下暗挖隧洞主动托换”需施工竖井作通道进入桩基位置处进行地下暗挖隧洞主动托换，人工挖孔桩、托换梁、预顶承台、安装千斤顶、托换桩与托换梁间施加顶力、接桩、浇筑桩芯混凝土、拆除千斤顶等施工都要在暗挖主通道或支通道内完成，空间狭小、运输困难。

本工程主线桥上部结构为 20 m 跨先张法简支空心板梁桥，桥面宽 26 m。桥台为扶壁式桥台(高度 6.7 m)，采用 18 根钻孔灌注桩基础，桩径 1 m，承台的尺寸为 27 m×6 m×1.6 m(横桥向×顺桥向×高)，承台底埋深 0.75 m。对于隧道范围内的桥桩处理采用了由设置于盾构隧道外侧的 5 根钻孔灌注桩组成托换大梁，再与原桥台承台组成的钢筋混凝土梁式转换层的托换结构体(加宽了底部筏板基础面积)，待托换结构混凝土达到设计强度后，进行洞内截除隧道范围内 5 根 ϕ1000 钻孔灌注桩，使上部桥梁荷载转移到新的永久性的托换结构上。

对于左右隧道中间的一北侧匝道桥墩(现浇箱梁结构)，由于 3 根 ϕ1800 桥桩(桩长 35 m)距离左右隧道边线 3 200 mm，紧贴即将施工的竖井，虽不需要截桩处理，但考虑竖井施工时对桥桩周边土体的挤压削弱影响，采用 2 根 ϕ1200 钻孔灌注桩(桩长 35 m)组成新承台，再与原桥台承台组成的扩大结构体进行补强。

设计单位在施工前，对施工过程进行了一定程度的有限元软件模拟计算：

模拟步骤：

(1)采用 FLAC^{3D}有限元差分软件进行地层结构模型模拟(图 5)。

(2)开挖过程模拟：

工况一：架设托换承台及托换桩基(编号 19～22)。

工况二：开挖托换承台前竖井，并建立竖井围护结构(钻孔桩等效刚度为地连墙)。

工况三：开挖矿山法隧道，喷射混凝土，架设管片，并截断桥台桩基。

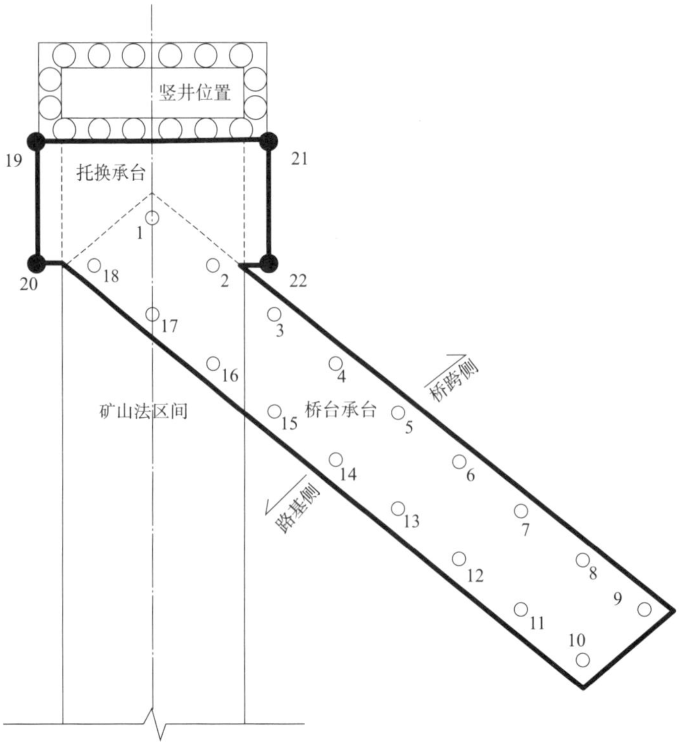

图 5　有限元模拟示意图

计算结论：

①桥台承台基础在托换桩基过程中累计沉降最大值 4.1 mm，差异沉降最大值 2.9 mm。

②托换前后原桥桩轴力变化不超过 20%，托换后原桥桩最大轴力 1 644 kN<1 800 kN(表 2)。

表 2 托换前后桥台及托换桩基最大轴力对比

工况	编号 1	编号 2	编号 3	编号 4	编号 5	编号 6	编号 7	编号 8	编号 9	编号 10	编号 11
托换前轴力(kN)	1 426	1 426	1 426	1 426	1 426	1 426	1 426	1 426	1 426	1 213	1 213
托换后轴力(kN)	—	—	1 644	1 393	1 514	1 483	1 479	1 444	1 430	1 321	1 375
工况	编号 12	编号 13	编号 14	编号 15	编号 16	编号 17	编号 18	编号 19	编号 20	编号 21	编号 22
托换前轴力(kN)	1 213	1 213	1 213	1 213	1 213	1 213	1 213	—	—	—	—
托换后轴力(kN)	1 386	1 424	1 324	1 543	—	—	—	1 090	1 244	1 173	1 366

以下主要介绍需截桩处理的托换体系施工。

施工步骤：施工前桥梁初始状态安全评估→施工托换桩→在原承台侧面上进行界面处理、植筋→绑扎托换梁钢筋→浇筑托换梁(微膨胀混凝土)→竖井围护结构施工→竖井开挖→矿山法通道开挖与初支施工→洞内截桩→通道和竖井回填→左右线盾构机穿越→桥梁最终状态安全可靠性评估。

3.1 托换桩施工

托换桩 5 根，桩径 1 500 mm，桩长 30 m，托换梁高 2 300 mm；匝道补强梁高 3 500 mm，补强桩 2 根，桩径 1 200 mm，桩长 35 m。因为设计将工程桩进入持力层，将极大地减小盾构穿越时桩本身的沉降，这样周围土层及隧道的沉降均会随之减小。

因受桥下净空(4 m 左右)的影响，一般钻孔桩机械无法进入桥下作业，在施工机具选择上，自主改装了冲孔桩机，架高约 4.5 m，通过地表削土 1 m 后再进行桩基施工，采用冲击钻机反循环成桩作业，泥浆置换成孔。另外由于提升高度的限制，钢筋笼分至 5～6 节吊装连接，钢筋笼分成 2～2.5 m 一节制作，为加快施工速度，防止成好的孔塌孔，各节钢筋笼连接没有采用帮条焊，主筋连接方式为直螺纹套筒机械连接。现场操作将一个钢筋笼的钢筋套丝加工长，采用正反丝，先全部拧下去，再在钢筋笼对位时，拧上去连接。现场施工情况如图 6 所示。

图 6 现场施工情况

该工序施工时,钢筋下料长度必须考虑后序工序施工,根据设计要求,桩钢筋需伸入托换梁内 41d(至少 1.4 m)。

因托换桩桩底需入中风化泥质粉砂岩(K1g-3-1 或 K1g-3-2)来承载受力,所以对终孔质量要严加控制,除满足桩底标高达到设计标高外,托换桩入中风化岩层长度不少于 5 m。成孔后,抽干孔底积水,清除护壁污泥、孔底的残渣、浮土、杂物。施工、监理、设计院会同进行终孔验收,对入岩深度、孔底土质、岩性、尺寸等检验合格后,方可封底。

桩身混凝土采用 C30 商品混凝土,采用导管灌注水下混凝土。

3.2 托换梁施工

1. 桩头凿毛、原承台侧面凿毛处理

托换梁与原承台接口面为桩基托换工程中的关键部位,处理不好易造成桩梁滑移。根据设计图纸,在原承台和托换梁结合的混凝土界面采用凿毛和植筋处理。

开挖原有承台侧面土体(原承台高度为 1.6 m),施工托换梁梁底垫层,桩顶需伸入梁内 5 cm。凿除桩顶浮浆及浮渣。

按设计要求,将原承台侧面的混凝土表面凿成凹凸不平状,凹深为 10~20 mm。凿毛后用水清洗干净,在新加结构混凝土浇筑前 4 h 内刷界面处理剂。若凿毛时发现裂缝等异常情况则立即采取临时安全加固措施,并反馈信息给设计单位。

2. 原承台侧面植筋

首先选用有植筋资质的专业队伍施作,按设计要求,植筋采用 ϕ28 钢筋,植筋长为 1 400 mm,植入承台内 700 mm。在原承台上进行放样,划出植筋孔位置,采用电钻钻孔,孔径为 ϕ32,孔深 750 mm。钻孔时若碰到钢筋则立即停止钻进,移动孔位后再钻。钻孔完毕后,锚筋前必须将孔内灰尘用高压风吹干净,然后用环氧水清洗孔壁。结构胶黏结剂必须严格按配比在锚筋前试配,合格后方可配制使用,其抗压强度应不低于 30 MPa,黏结剪切强度不低于 3.5 MPa。孔清洗干净后,利用专业注射枪注入“喜利得”双组分结构胶,后将 ϕ28 钢筋螺旋形插入钻孔内。在植筋胶凝固之前不得扰动植筋,施工后检查每孔植筋是否有松动情况,若有则补做。所有植筋完成后要进行抗拉、抗剪及抗老化试验,试验合格后方可进行下道工序施工,否则重新施作。

植入长度为 700 mm,沿承台高和水平方向每隔 300 mm 植入钢筋一根,平均分布,并与水平向 ϕ25@300 钢筋及竖向 ϕ28@150 钢筋绑扎形成整体(图 7、图 8)。

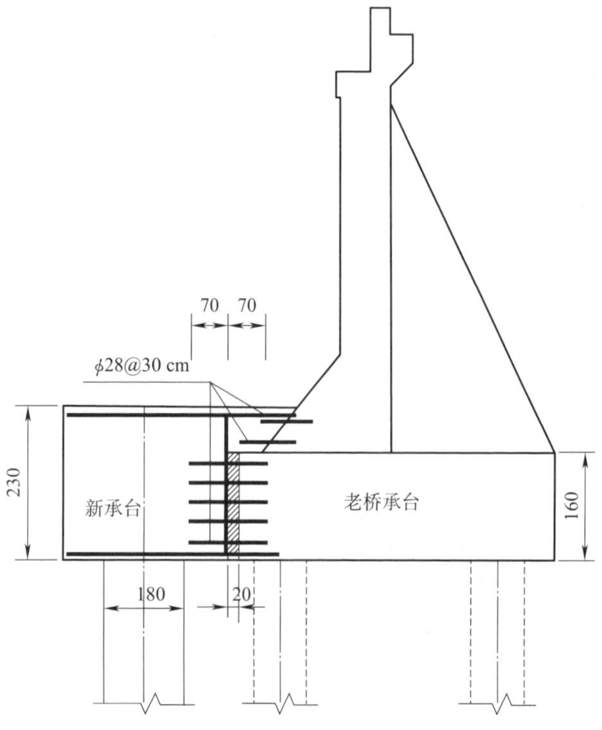

图 7 承台侧面植筋示意图(单位:cm)

图 8 承台侧面植筋现场施工图

3. 梁体施工

结合部凿毛植筋完成后即可进行托换梁施工，绑扎钢筋，支立模板，施工时对梁端部位严格控制加强钢筋网的位置，且梁底纵向受拉钢筋较多，主筋钢筋保护层厚度和钢筋绑扎质量要严格把关，浇筑 C35 混凝土。托换梁混凝土浇筑前涂刷界面处理剂，混凝土浇筑采用 C30 微膨胀混凝土分层浇筑，每层高度不宜超过 50 cm，确保混凝土振捣质量。由于托换梁体积大，水化热大，正处在夏季施工季节，因此浇筑后要加强混凝土蓄水养护。

3.3 托换体系监测

为了确保上部结构的正常安全使用，监控网络必须根据每个施工步骤可能对结构造成的影响进行布置。采用信息化施工技术，以信息指导施工，托换过程中对每个环节的监测数据进行采集、分析，发现问题及时提出。

在托换过程中对被托换的建筑物的位移、沉降特别是托换梁上部原桩的位移、沉降和托换新桩的沉降情况、托换梁的变形进行严密监测。

3.4 竖井施工

在托换梁施工完 7 d 后开始施工竖井，因竖井位于高架桥下方，净高度只有 4 m 左右，钻机无法操作，竖井支护采用 ϕ1200@1500 冲孔桩，单桩长 20 m，隧道穿越的洞门范围钢筋笼采用玻璃纤维筋，以便后期复合盾构直接切割穿越，现场施工条件如图 9 所示。

图 9 施工现场条件图

竖井围护结构采用冲击钻成孔，跳桩开孔，因桥下空间较低，将冲击钻孔设备进行改造降低后使用，降低了施工效率。

为控制减小周边地层的变形，竖井基坑开挖与支撑必须确保：

(1)钢支撑安装与土方开挖做到紧密配合,遵循“先撑后挖”的原则。

(2)挖土遵循“分层、分布、对撑、均衡、限时”的原则,控制好每小段的挖土长度和深度,严禁超挖。竖井内净空仅 4.4 m×8.6 m,竖井土方开挖及运输均有一定困难,主要通过采用小挖掘机配合人工开挖,卷扬机小斗出土的方案解决。

(3)基坑底标高以上 30 cm 必须采用人工挖土,防止超挖。

(4)钢管支撑接头采用法兰与高强螺栓连接,高强螺栓必须拧紧,并进行复拧,钢管下半边的螺栓不得遗漏。

(5)支撑全部完成后,根据监测数据确定需要补加预应力的情况下,对支撑复加预应力,直至达到设计要求。

3.5　矿山法横通道施工

考虑到盾构施工需要,以及沉降变形、施工误差等因素,盾体与初支最少要考虑 15 cm 以上间隙,所以矿山法隧道初支断面综合考虑设置为 ϕ6800。该段矿山法主要是位于重要的城市快速化干道龙蟠南路高架桥,车流量大,沉降控制严格,而隧道拱顶断桩仍会传递部分荷载压在隧道衬砌上,矿山法隧道施工风险较大,为确保隧道施工期间安全,结合便于施工的原则,主要采用厚 300 mm 喷射混凝土、格栅钢架、超前支护、径向注浆加固、边墙锚杆、掌子面临时封闭,设置临时仰拱的具体措施,支护参数选择如图 10 所示。

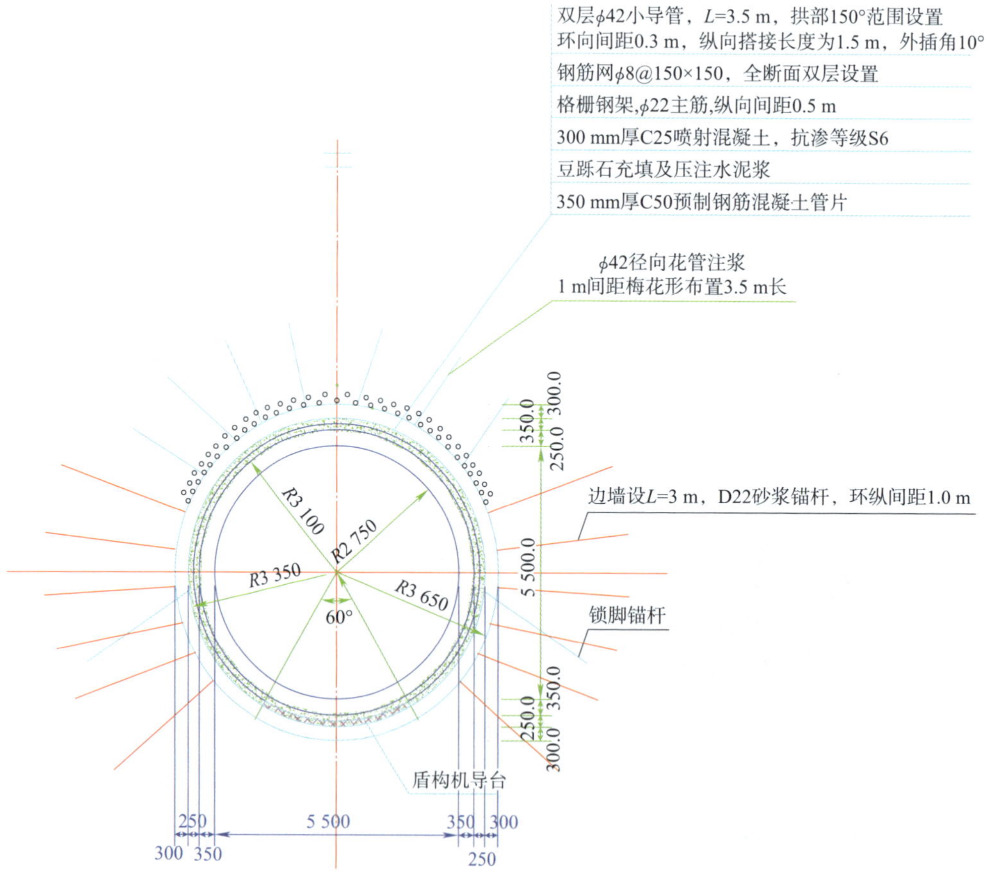

图 10　矿山法图形衬砌断面结构设计图(单位:mm)

整个暗挖隧道施工遵循浅埋暗挖法“管超前,严注浆,短开挖,强支护,早封闭,勤量测”的施工原则,结合实际制订出施工方案,确保安全生产。具体措施如下:

(1)施工前应对设计提供的地质资料进行详细的了解、分析并进行必要的现场调查核实。

(2)超前预注浆,根据工作面地质情况,拟定注浆的方案,精心布管,严格注浆工作,控制好注浆压力,密切关注注浆量，确保达到理想的加固效果。

(3)严格控制开挖循环进尺，对不良地质地段，应适当缩短开挖进尺，环形开挖留核心土，必要时喷混凝土封闭开挖工作面，并选用具有足够刚度和早强的支护设计，如适当加厚喷层，早强喷射混凝土，及早完成锚喷网联合支护。必要时采用双层钢筋网或增设临时钢支撑措施，以控制围岩变形。

(4)及时施作仰拱形成封闭结构，在不良地质段，仰拱距开挖工作面的距离不大于 2 m，为保证仰拱及早受力，仰拱设计可选用早强混凝土。

(5)初期支护封闭后及时进行背后回填注浆。

(6)加强施工现场监控量测，做好洞内围岩及支护状态的观察描述、隧道拱顶下沉及隧道收敛观测，及时反馈信息，以掌握施工中围岩和支护的力学动态及稳定程度，以确定施工工序，保证施工安全。

3.6 障碍桩的拆除

切桩前需对原桩沉降及新旧混凝土界面滑移做好观察，在切桩过程中实行不间断观测，做到信息化施工。

在矿山法隧道掌子面开挖到 5 根桥桩和侵入隧道内的路基段挡土墙下预制方桩时，采用洞内人工用风镐凿除配合切割机械施工，由外及内层层剥离的施工方法，情况如图 11 所示。

图 11 现场施工情况图

3.7 通道及竖井回填

竖井及通道作为桩基托换的辅助工程，只是按临时结构进行设计施工的，截桩施工完成后应进行回填。

因为盾构空推不好推，盾构要靠管片提供反力向前，管片继续装，来代替二衬，但盾构机掘进时，前方如果没有力，后面顶在管片上，还是会反力不够，压不紧管片，今后会漏水，所以现场为加快施工进度，采取用低标号 C10 素混凝土全部回填，包括把竖井范围隧道断面也回填了(隧道断面以上回填土方)。本工程罗宾斯盾构机的刀盘配置为复合刀盘，配置了 33 把滚刀(25 把单刃滚刀+8 把双刃中心滚刀共 41 个线轨迹)，所以能轻松应对 C10 混凝土的掘进，盾构机刀盘配置如图 12 所示。

图 12 盾构机刀盘配置图

3.8 盾构机穿越桥梁段施工

1. 施工前断面测量

盾构机通过暗挖段要求初支净空圆顺，满足施工要求 6 800 mm(盾构开挖直径 6 490 mm)，不得有欠挖。暗挖段初支施工完毕，对其进行断面测量，每隔 2 m 测量一个断面，每个断面均布测量 12 个测点，发现欠挖及时处理。

2. 掘进控制

(1)通过前的准备工作

在盾构机在卡子门站北端头始发前，全面检修盾构机，对盾构机存在的一些问题彻底解决，为盾构机过桥桩做好准备。在盾构机通过前，做好监测点布置，并取得原始数据。

(2)掘进参数控制

盾构通过桩基时，严格控制掘进参数以及管片拼装、注浆质量，保证盾构平稳、顺利通过，并将地表及桥桩沉降控制在允许值之内。

在盾构机距离桩 15 m 时降低推进速度，将掘进速度控制在 20 ～40 mm/min，以便保证出土量、正面土压力及注浆均匀、及时。严格控制正面土压力、注浆量和注浆压力。

密切注意开挖面的地质情况和刀盘的工作扭矩，要增加刀盘前部中心部位泡沫注入量和选择比较大的泡沫加入比例，确保刀盘能顺利切削 C10 混凝土向前掘进。在矿山法通道内的掘进要严格确保盾构机的掘进姿态，防止刮到矿山法竖井的钢筋拱架。

(3)加强施工监测

盾构下穿该桥时必须加强对地面监测。在盾构推进轴线上每 3 m 布置一个地面沉降观测点，盾构掘进时在立交桥的桥墩设沉降观测点。对桥墩前后 15 m 的地面观测点和桥墩、盖梁的沉降点要加大观测频率，要求每天观测 3 次，直至地面、桥墩、盖梁沉降稳定为止。

在托换、矿山法隧道开挖及后续盾构掘进通过后的监测值的主要最终监测结果为：右线上方主线桥挡土墙位移沉降量 5.6 mm，竖井边补偿北匝道桥承台竖向位移 6.8 mm，主线桥桥台基础竖向位移沉降量 7.8 mm。

3.9 桥梁最终状态安全评估

盾构穿越后，江苏交科院按城管局审批的方案对桥梁进行静载试验，试验检测结果表明：桥梁的受力性能和正常使用状态承载能力满足设计荷载等级要求，说明整个托换过程达到了设计预期的目的，成功地实现了结构受力体系转换，地表沉降监测报告见表 3。

表 3 地表沉降监测报告

<table>
<tr><td colspan="16">南京地铁工程</td></tr>
<tr><td colspan="8">承包单位：中铁十三局(集团)有限公司</td><td colspan="8">工程名称：卡子门站～雨花门区间</td></tr>
<tr><td colspan="8">监理单位：上海三维工程建设咨询有限公司</td><td colspan="8">编 号：006</td></tr>
<tr><td colspan="16">地表沉降监测报告</td></tr>
<tr><td colspan="8">测试日期：2012.11.17</td><td colspan="8">仪器名称：DS05</td></tr>
<tr><td colspan="8">测试时间：07:00～09:30</td><td colspan="8">仪器编号：301995</td></tr>
<tr><td rowspan="2">测点编号</td><td colspan="2">沉降变化量(mm)</td><td rowspan="2">初始高程(m)</td><td rowspan="2">上次高程(m)</td><td rowspan="2">本次高程(m)</td><td rowspan="2">沉降速率(mm/d)</td><td rowspan="2">备注</td><td rowspan="2">测点编号</td><td colspan="2">沉降变化量(mm)</td><td rowspan="2">初始高程(m)</td><td rowspan="2">上次高程(m)</td><td rowspan="2">本次高程(m)</td><td rowspan="2">沉降速率(mm/d)</td><td rowspan="2">备注</td></tr>
<tr><td>本次变量</td><td>累计变量</td><td>本次变量</td><td>累计变量</td></tr>
<tr><td>DB16-01</td><td colspan="2">−11.5</td><td>17.717 7</td><td>17.706 2</td><td>17.706 2</td><td></td><td rowspan="2">62 环</td><td>DB21-03</td><td colspan="2">−3.0</td><td>18.340 2</td><td>18.337 2</td><td>18.337 2</td><td></td><td rowspan="5">83 环</td></tr>
<tr><td>DB16-02</td><td colspan="2">−2.0</td><td>17.680 3</td><td>17.678 3</td><td>17.678 3</td><td></td><td>DB21-04</td><td colspan="2">−7.8</td><td>18.174 1</td><td>18.166 3</td><td>18.166 3</td><td></td></tr>
<tr><td>DB17-01</td><td colspan="2">−6.4</td><td>17.582 1</td><td>17.575 7</td><td>17.575 7</td><td></td><td rowspan="3">67 环</td><td>DB21-05</td><td colspan="2">−2.7</td><td>17.975 2</td><td>17.972 4</td><td>17.972 4</td><td></td></tr>
<tr><td>DB17-02</td><td colspan="2">−4.9</td><td>17.860 3</td><td>17.855 4</td><td>17.855 4</td><td></td><td>DB21-06</td><td colspan="2">−2.8</td><td>18.054 8</td><td>18.051 9</td><td>18.051 9</td><td></td></tr>
<tr><td>DB17-03</td><td colspan="2">2.5</td><td>17.924 9</td><td>17.927 4</td><td>17.927 4</td><td></td><td>DB21-07</td><td colspan="2">−0.4</td><td>18.022 8</td><td>18.022 4</td><td>18.022 4</td><td></td></tr>
</table>

续上表

测点编号	沉降变化量(mm)		初始高程(m)	上次高程(m)	本次高程(m)	沉降速率(mm/d)	备注	测点编号	沉降变化量(mm)		初始高程(m)	上次高程(m)	本次高程(m)	沉降速率(mm/d)	备注
	本次变量	累计变量							本次变量	累计变量					
DB17-04	1.4		17.735 8	17.737 2	17.737 2		67 环	DB21-08	−0.5		17.900 1	17.899 6	17.899 6		83 环
DB17-05	−0.4		17.728 6	17.728 2	17.728 2			DB21-09	−1.0		18.209 7	18.208 7	18.208 7		
DB18-01	−5.2		18.112 7	18.107 5	18.107 5		71 环	DB22-01	−9.9		18.281 5	18.271 6	18.271 6		91 环
DB18-02	1.4		17.807 7	17.809 1	17.809 1			DB22-02	−1.9		18.151 8	18.149 9	18.149 9		
DB19-01	−6.5		18.228 7	18.222 2	18.222 2		75 环	DB23-01	−8.9		18.353 6	18.344 6	18.344 6		100 环
DB19-02	0.0		17.878 2	17.878 2	17.878 2			DB23-02	−1.3		18.292 2	18.290 9	18.290 9		
DB20-01	−9.3		18.094 1	18.084 8	18.084 8		79 环	DB24-01	−4.2		18.603 5	18.599 3	18.599 3		108 环
DB20-02	−2.3		17.938 6	17.936 3	17.936 3			DB24-02	1.3		18.412 9	18.414 1	18.414 1		
DB21-02	−1.8		18.116 1	18.114 3	18.114 3		83 环								

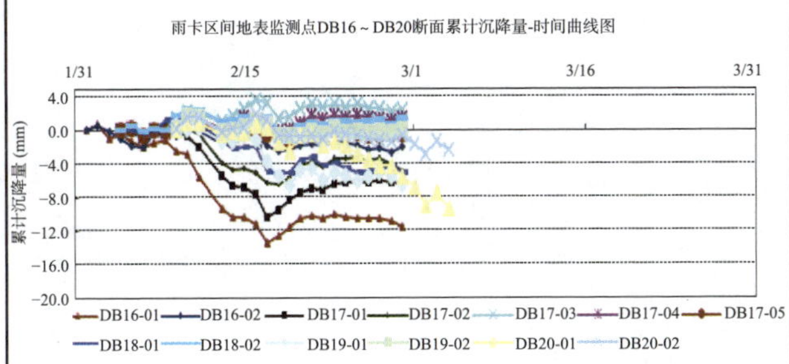

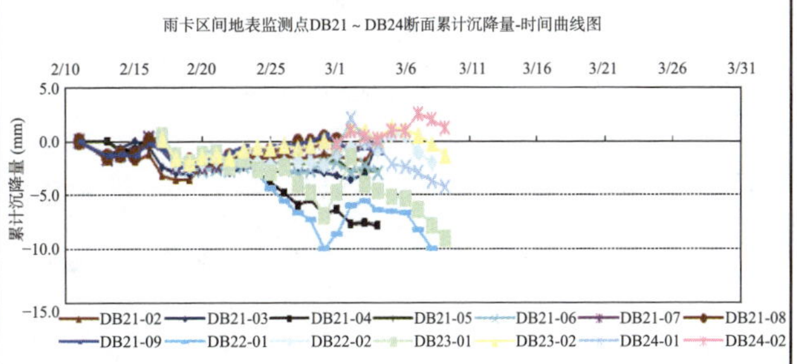

备注	−为下沉,+为上升

地表沉降在盾构施工过程中累计沉降最大位置是在 DB16 监测点,数据为 11.5 mm,小于报警值(30 mm),沉降速率小于 0.2 mm/d。

4　工程结论和几点体会

(1)前期对盾构线路上可能遇到障碍物的调查非常关键,一旦相关单位信息不对称或疏忽大意,当盾构机掘到障碍桩时再处理,必定严重影响工期,并且处理难度和风险更大。本工程在施工图上,只标注了后来的宁溧路高架匝道改造工程的高架桥桥桩,注明考虑线路穿越预留空间,但没提老的主线桥桥台和路基段是否影响问题。我们部门对老桥台下到底没有桩基深有疑虑,咨询前期 3 号线全线地质勘察及线路调查单位,他们表示未找到相关资料。那么我们去档案馆查找,输入"龙蟠南路改造档案",里面显示了该区域以前有"空军油库专用线"等几个名词,但没有相关设计信息等档案。后来,通过与南京市政设计院道桥所的熟人沟通,再经他们找以前的设计人员询问,经过查找确认,终于找到了该段"空军油库专用线"老桥的资料,1991 年设计,1993 年施工完成,桥台和挡墙下均有桩基础。所以,对线路经过可能遇到的障碍,一定要追查清楚,参建单位要相互提醒,不能放弃。

(2)在盾构下穿前与产权单位的沟通协调是盾构下穿的必要条件。为确保龙蟠南路高架桥结构安全和正常运行,方案实施前后,应与产权单位协调,委托第三方鉴定单位对被穿越的桥梁进行安全鉴定,摸清桥梁的工作现状、病害等,根据鉴定结果确定是否进行桥梁预加固和病害处理,同时根据鉴定结论制定桥梁变形的控制指标。必须参与产权单位组织的设计、施工专项方案评审,通过评审后方可组织实施。

(3)原桥桥台挡墙板(约 6 m 高)与基础筏板(约 1.6 m 厚)整体浇筑,整体刚度较大,托换结构采用 5 根托换桩及竖井围护结构与托换筏板形成的整体结构,刚度与原桥结构匹配;托换前后,原桥沉降变形约 8 mm,差异变形约 3 mm,可以满足结构受力及变形要求。

(4)对原有桩基补强后方可进行竖井等结构施工。

(5)为减少施工过程中桥梁振动对新浇筑混凝土结构的影响,施工期间应对地面交通进行限速限载。

(6)为严格控制新老桩基不均匀沉降,减少对既有结构的影响,需加强新旧混凝土结合面连接的构造措施。

(7)浅埋暗挖隧道的施工是施工风险控制的重点,因暗挖隧洞的上方为绿岛和马路,所以要尤其重点做好暗挖施工中地面及洞内沉降控制。

(8)托换体系施工作业空间狭小,托换桩的成桩施工、材料运输、土方开挖运输是难点。

(9)在盾构下穿的过程中,姿态控制、二次注浆、土压力的控制、实时监控起到了关键作用。桥墩发生沉降的最大值在穿越过程结束时、盾构脱出盾尾时,应注意加强此阶段的同步注浆和二次注浆。

(10)盾构开挖引起了桩周土体的复杂运动,尤其是群桩周围土体既是桩基受力后传载的承受者,同时也作为桩基的支撑介质,而且桩基本身也在承受桩顶荷载的作用,群桩在竖向荷载下本身也是一个复杂问题,由此可见,整个过程不仅受力体系复杂,施加的荷载也相互交叉作用,加上土体的非线性,桩土之间的接触,以及整个盾构的动态过程,这是很复杂性的。如果要更加接近地了解盾构穿越的影响,必须要采取三维建模,对土体采用非线性的三维实体单元,分析盾构开挖掘进对周围建筑物的影响的空间效应。

龙江站深基坑施工对邻近建筑物保护技术的综合分析

肖　梁

（南京地铁建设有限责任公司，南京　210017）

摘　要：随着近年来城市化进程的不断加快，轨道交通建设大力发展，难以避免对沿线邻近建筑物带来一定影响。南京河西地区软土层深厚，因其固有的高含水量、大孔隙比、高灵敏度、低强度、触变性、流变性等特性，地铁车站深基坑施工对周边环境变形控制的难度较大，特别是一些建设年代较早的民用住宅，多为浅基础砖混结构，自身抗变形能力差。因此，合理预测地铁车站深基坑施工对邻近建筑物变形的影响，预判是否需要对邻近建筑物采取针对性的保护措施，以及相应措施的效果如何，是当前工程界普遍关注的重要问题。

位于河西地区的南京地铁4号线龙江站深基坑施工邻近周边大量建构筑物，其中宁工新寓部分房屋距离最近，出现的问题较为突出和典型。本文即以龙江站邻近宁工新寓房屋的深基坑施工为案例进行综合分析，尝试为类似地质条件下邻近建筑物变形控制提供指导性的原则和积极的参考。

关键词：深基坑；邻近建筑物保护；隔离桩；地基加固；泥浆比重；支撑体系影响

1　案例概述

1.1　工程概况

南京地铁4号线龙江站为地下二层岛式车站，长520.6 m，标准段宽21.7 m，开挖深度19.7 m；顶板厚1 000 mm，中板厚400 mm，底板厚1 100 mm；内衬墙负一层厚600 mm，负二层厚700 mm。车站分3段施工，其中西段120 m长深基坑邻近宁工新寓一村部分房屋，最近距离12.5 m，相互关系如图1所示。

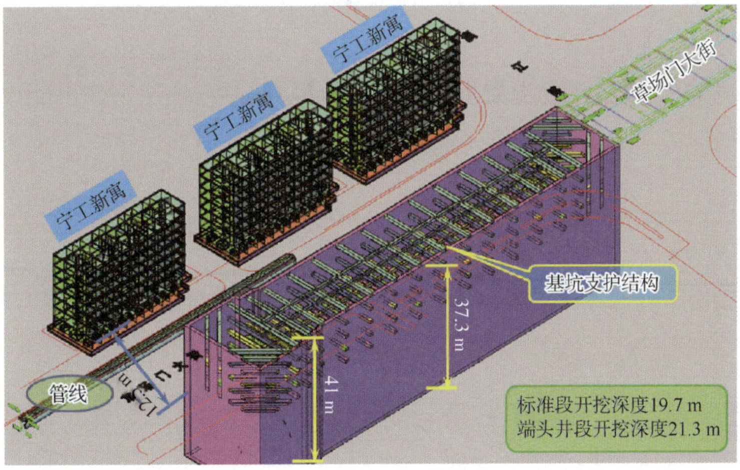

图1　龙江站宁工新寓段基坑支护三维立体图

龙江站场地地貌单元为长江漫滩相冲积平原，基坑采用地连墙加内支撑围护结构，标准段墙深37.0 m，厚1.0 m。原基坑支护设计采用6道支撑，其中第一、第四道采用900 mm×1 000 mm钢筋混凝土支撑，其余四道采用ϕ609×16钢管支撑，后调整为四道钢筋混凝土支撑+一道钢管支撑。坑底原设计采用抽条+裙边高压旋喷桩加固，后调整为高压旋喷桩满堂加固。调整后的标准段基坑支护结构剖面如图2所示。

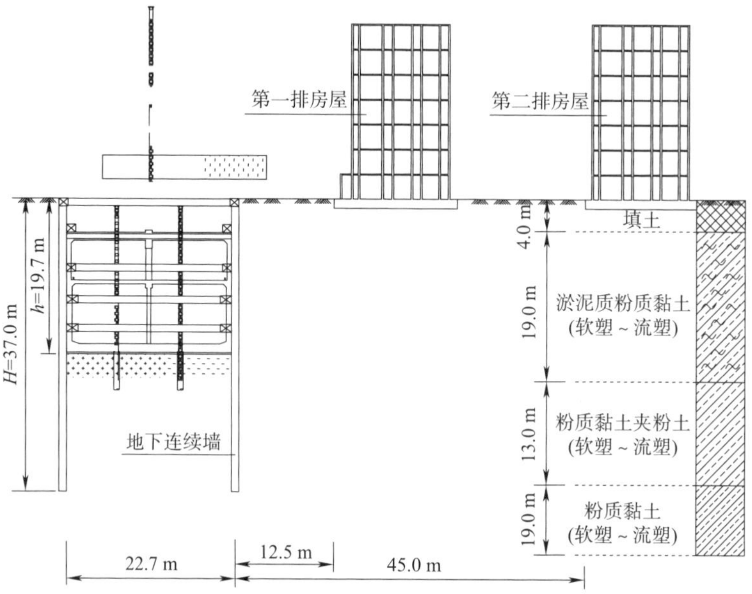

图 2　基坑标准段支护剖面图

1.2　相邻房屋概况

宁工新寓一村位于龙江站西段基坑北侧,20 世纪 90 年代建筑,7 层砖混结构,条形基础＋水泥搅拌桩复合地基,桩径 600 mm,设计桩长 12 m(受当时施工机械限制,实际桩长只有 6 m)。该小区共 20 幢房屋,其中邻街 3 幢(1～12 单元)距离基坑最近,为本文的主要分析对象。沿街底层住宅均已改造为商铺,承重结构拆改现象严重且普遍。

1.3　设计施工方案的针对性调整

龙江站西段基坑围护结构(地连墙)施工期间,宁工新寓邻近房屋发生了不同程度的沉降和倾斜,最大沉降量 73.61 mm,向基坑一侧最大倾斜率 2.93‰。针对该状况,经多次专家咨询会议分析沉降原因后,制定了 4＋2 的综合处理措施。

1. 支护体系及坑内采取措施

(1)支撑体系调整:调整为四道钢筋混凝土支撑＋一道钢管支撑,施工钢筋混凝土支撑时临时架设钢管支撑,如图 3 所示。

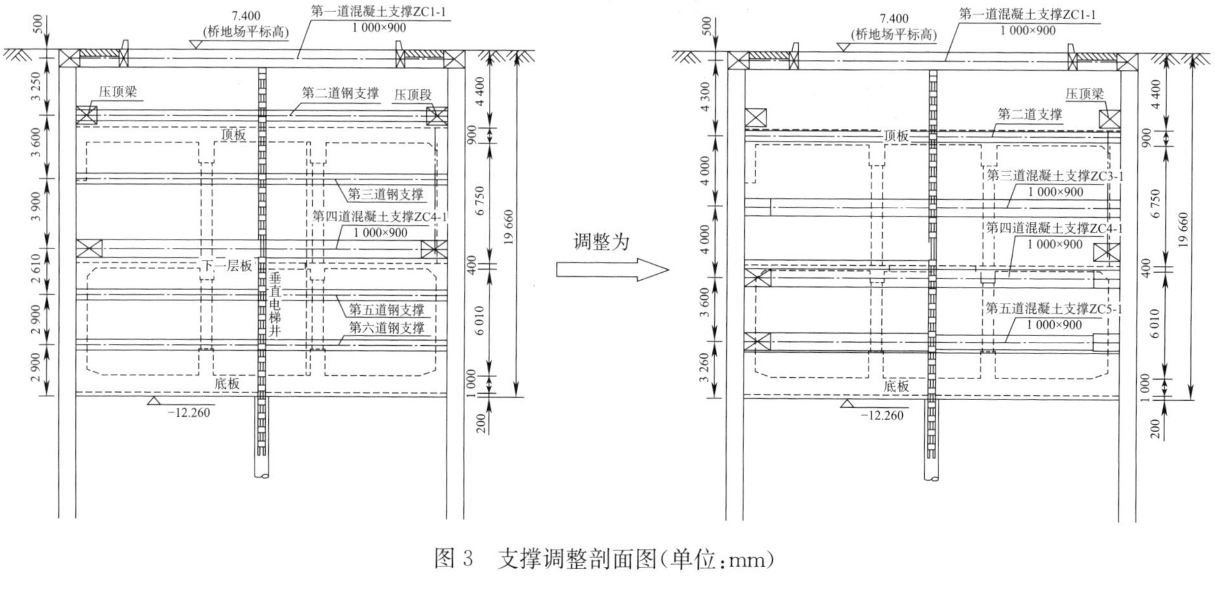

图 3　支撑调整剖面图(单位:mm)

(2)规避逆向拆撑:基坑开挖及支撑施工→底板/中板→第二道钢支撑拆除→顶板→拆除第一、三、四、五道混凝土支撑。第三、四、五道混凝土支撑腰梁与内衬墙结合,仅拆除支撑横梁。

(3)增加封堵墙;增加两道钻孔桩封堵墙,将 120 m 长基坑分为 3 个小基坑实施。钻孔桩桩径 1 350 mm,桩长 40 m,桩心距 1 550 mm,ϕ800 旋喷桩(桩长同钻孔桩)桩间止水帷幕。

(4)坑内土体加固:调整为高压旋喷桩满堂加固。

2. 坑外采取措施

(1)增加隔离桩:为降低基坑开挖对房屋产生的影响,在房屋与基坑之间设置直径 1 000 mm 的钻孔灌注桩作为隔离桩,每五根桩中一根入岩,如图 4 所示。

(2)袖阀管注浆加固地基及调节不均匀沉降:靠近房屋一侧增加 2 排袖阀管注浆,斜向注浆深度分别为 17.0 m、23 m,角度分别为 45°、75°,以提高地基土的强度,减小房屋沉降。

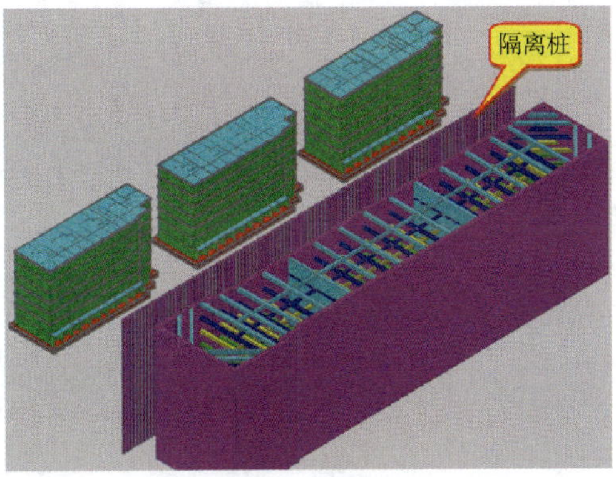

图 4　坑外增加一排隔离桩三维示意图

2　深厚软弱场地地连墙施工对房屋变形的影响分析

2.1　成槽施工对房屋沉降影响的机理及其影响因素

深厚软弱土中地连墙成槽作业一般是在泥浆护壁的条件下进行,地连墙成槽施工破坏了原有土体的应力平衡状态,当护壁泥浆不能平衡土体的静止土压力时,土体会有一定的应力释放,造成槽壁向着槽内变形,甚至出现少量坍塌,使槽壁后面的土体出现地层损失。为了弥补这一损失,房屋基础和地基会发生一定的变形协调,造成房屋不同程度的沉降,这是成槽作业引起房屋沉降的主要因素。泥浆护壁成槽引起周边土体层位的变化的影响因素可分为客观和主观两个方面,客观因素主要包括场地土层情况、地下水位以及场地环境条件等,主观因素主要包括泥浆护壁的性质、开挖槽段的形状尺寸、成槽开挖机械、开挖施工时间、槽段施工顺序以及场地施工荷载等。

泥浆的性质对抑制槽壁变形有很大作用,Filz 等(2004)将泥浆护壁成槽施工中维持槽壁稳定的有利因素归结为:(1)泥浆对槽壁的静水侧压力;(2)泥浆阻止槽壁土颗粒移动的涂抹作用;(3)槽壁膨润土滤饼产生的结构膜效应;(4)泥浆渗入到槽壁土颗粒间隙间产生的胶凝作用;(5)电渗力;(6)槽壁内泥浆的被动抗力;(7)三维作用效应。同时提出维护槽壁稳定的施工技术措施:尽可能使槽段内护壁泥浆液面保持较高的高度;适当增加泥浆的重度;降低槽段外地下水位;避免槽段外地面超载;成槽开挖前进行槽壁加固。

2.2　地连墙施工引起房屋沉降变形的特点

地连墙成槽施工引起的房屋沉降主要经历三个阶段。第一阶段为土体开挖应力释放,土体发生剪切变形,这个阶段为瞬时沉降,主要发生在成槽施工阶段,软土的变形则有一定的滞后性;第二阶段为孔压消散,有效应力增加,土体固结沉降阶段,这个阶段为主固结阶段,由于水平向渗透系数较大,这个变形阶段不会持续很长时间;第三阶段为次固结阶段,这一阶段虽然孔压消散结束,有效应力不再增加,但软土骨架蠕变会引起土体缓慢变形,这一阶段会持续很长时间。

2.3 地连墙施工引起的房屋响应数值分析

假设槽壁不透水无坍塌的理想状况，根据不同泥浆比重，通过有限元软件 Plaxis 和 Abaqus 采用模量软化法建立整个施工过程的数值模拟计算模型(图 5)，并与实测值对比分析，对应的地基土层物理力学参数见表 1。

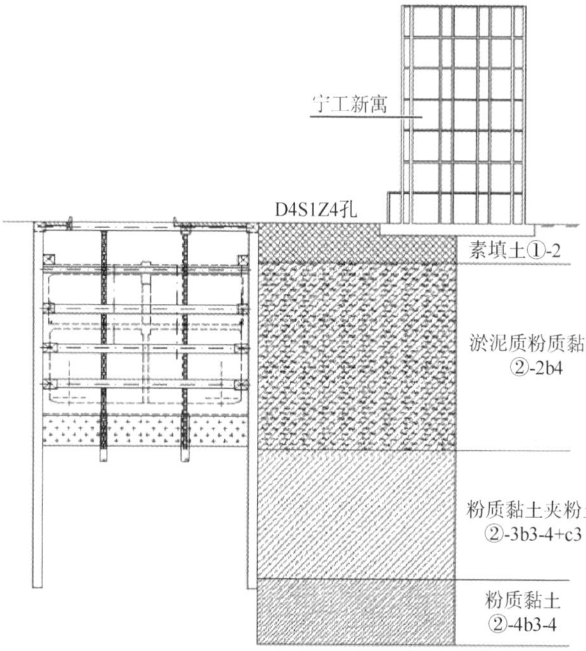

图 5　典型基坑计算剖面 1-1

表 1　1-1 剖面处地基土层物理力学参数

土层名称	层厚 h(m)	重度 γ (kN/m^3)	直剪固快		三轴				E_s(MPa)
			c_{cq}	w_{cq}	c_{cu}	w_{cu}	c'	φ'	
素填土①-2	4	19.6	12	10					5.6
淤泥质粉质黏土②-2b4	19	18.1	12	14	10.2	15.5	5.9	25.1	3.2
粉质黏土夹粉土②-3b3-4＋c3	13	18.4	10	17	11.4	18.0	6.7	26.2	4.6
粉质黏土②-4b3-4	19	18.4	14	15	11.3	16.1	6.6	25.4	4.0
粉细砂②-5d2	16	18.6	6	30					10.7

通过计算分析可以看出：

(1)泥浆比重大小对房屋沉降影响较大，随着泥浆比重的增大，房屋沉降有逐渐减小的趋势。当泥浆密度为 1.15 kg/cm^3 时，地连墙施工引起的房屋沉降与实测值较为吻合(表 2)。

表 2　不同泥浆比重下地连墙施工引起房屋沉降情况汇总

泥浆密度(kg/cm^3)	房屋近端沉降量(mm)	房屋远端沉降量(mm)
1.1	154.57	84.93
1.15	91.61	49.89
1.2	61.24	31.06
实测值	91.36	55.38

(2)泥浆密度为 1.15 kg/cm^3 时，由地连墙施工引起的房屋最大倾斜为 2.62‰，其中南侧地连墙施工引起的房屋沉降量占地连墙施工引起总沉降量的 31%，北侧地连墙占 69%。由此可见，虽然南侧地连墙离房屋较远(33.0 m)，但施工引起的房屋沉降不应忽略(图 6)。

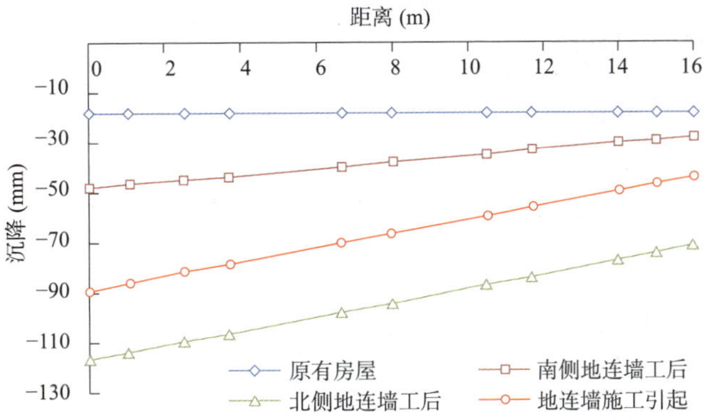

图 6　泥浆密度为 1.15 kg/cm³ 时各工况下房屋竖向位移曲线

3　隔离桩对房屋保护的作用分析

3.1　隔离桩对房屋保护作用机理

深基坑开挖卸载，坑内土体应力释放，支护桩在侧压力作用下发生变形，坑底土体卸荷回弹及隆起，整个土体的应力场和位移场发生变化，导致坑外土体向坑内滑移，从而引起基坑周边建筑物沉降。隔离桩通过隔离土体应力传递，减少土体移动引起的地层损失和土体扰动后的固结沉降，从而减小相邻建筑物的变形及建筑物与基坑之间相互作用的影响。

隔离桩的结构形式可以分为树根桩、灌注桩、地下连续墙、工法桩、搅拌桩等。一方面隔离桩的设置是为了有效保护周边环境，减少土体变形，因此隔离桩应具备一定的强度、刚度和长度，才能达到控制土体变形的效果；另一方面，隔离桩的刚度及长度达到一定的极限后，继续增加隔离桩的刚度和长度，其减少周边土体变形的效果不明显，因此应合理的界定隔离桩的刚度和长度，使其在保证被保护建筑安全性的基础上做到合理的经济性。由于搅拌桩的刚度和强度较低，而地连墙刚度太大，作为隔离体性价比不高，常规的隔离桩一般采用树根桩和灌注桩。

本工程的隔离桩作用机理如图 7 所示。根据基坑开挖卸载后坑外土体滑移的位移场特点，在基坑与保护建筑间设置隔离桩，桩体穿过土体滑动区嵌入下部土层。当土体产生滑移变形时，隔离桩通过提高滑移面的抗剪能力，桩身提供的侧摩阻力限制桩后土体的变形发展，并在一定程度上降低作用在围护结构上的侧向土压力，减小桩后保护建筑的沉降。

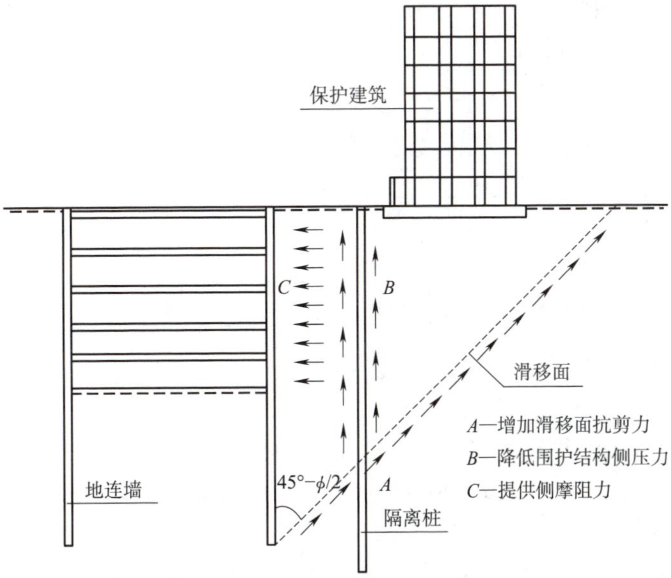

图 7　隔离桩作用机理

3.2　隔离桩对房屋安全保护作用计算分析

隔离桩与房屋、基坑之间的关系如图 8 所示。L 为隔离桩桩长，D 为隔离桩直径，x 为隔离桩位置，r 为基坑与房屋之间的距离，h 为基坑开挖深度。本文在一定的限制条件下，采用 Plaxis 有限元软件建模，通过不同的桩长 L、桩径 D 和桩位 x 变换的模拟计算，研究宁工新寓房屋沉降和倾斜变化规律，从而建议经济合理的隔离桩设计形式。

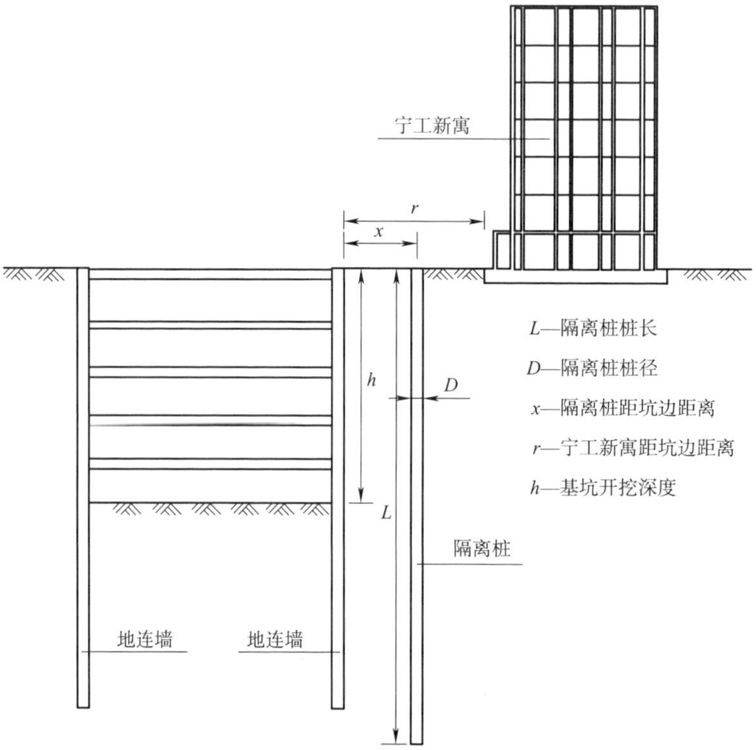

图 8　隔离桩与周边环境关系图

1. 不同桩长对房屋沉降的影响

为简化计算，忽略地连墙施工对房屋影响过程，只考虑基坑开挖施工时对房屋变形的影响。计算成果见表 3。

表 3　隔离桩不同桩长时基坑开挖引起房屋沉降汇总

施工工况	桩长(m)	房屋近侧沉降量(mm)	减小幅度(%)	房屋远侧沉降量(mm)	减小幅度(%)	房屋横向倾斜率(‰)
仅基坑开挖引起的房屋沉降	无隔离桩	−60.11		−48.25		0.74
	25	−59.43	1.13	−54.39	−12.73	0.32
	30	−53.26	11.40	−52.11	−8.00	0.07
	35	−45.69	23.99	−47.41	17.40	−0.11
	40	−36.25	39.69	−40.31	16.46	−0.25
	45	−35.64	40.71	−40.00	17.10	−0.27
	50	−35.57	40.83	−40.24	16.60	−0.29

从表 3 可以看出，当隔离桩桩径 $D=1.0$ m、桩位置 $x=6.5$ m 保持不变时，基坑开挖引起的房屋沉降随不同隔离桩桩长有如下规律：

(1)随着隔离桩桩长的增加，房屋沉降有明显减小的趋势。

(2)无隔离桩时，房屋向基坑一侧倾斜。随着桩长增加，房屋近端沉降减小的幅度大于远端，表现为倾斜逐渐反向发展，隔离桩有调节房屋基础不均匀沉降的作用。

(3)隔离桩桩长超过 40.0 m 后，桩长继续增加，房屋沉降量没有明显的减小。综合安全和经济角度考虑，本工程把桩长 $L=40.0$ m 作为临界点。

2. 不同桩位对房屋沉降的影响

从表 4 可以看出，当保持隔离桩桩长 $L=40.0$ m、桩径 $D=1.0$ m 不变，改变桩体位置时，基坑开挖引起的房屋沉降有如下规律：

(1)隔离桩距房屋越近，房屋沉降越小，隔离效果越明显。但同时隔离桩离房屋越近，其施工对房屋造成的扰动也越大，不同的施工工艺对房屋的扰动程度也不一样。因此在进行隔离桩施工时，当场地条件允许，隔离桩与被保护建筑距离设置应兼顾隔离桩施工工艺和隔离桩施工扰动影响之间的关系。

(2)当桩位从 $x=3.5$ m 增大至 $x=9.5$ m 时，房屋近端沉降量减小幅度大于房屋远端，隔离桩桩位变化对调节房屋基础不均匀沉降作用明显。本工程中，$x=3.5$ m 时，由于隔离桩在沉降槽中的阻断作用，房屋沉降基本为均匀沉降。

表 4　隔离桩不同位置时房屋沉降情况汇总

施工工况	桩位(m)	房屋近侧沉降量(mm)	沉降减幅(%)	房屋远侧沉降量(mm)	沉降减幅(%)	房屋横向倾斜率(‰)
仅基坑开挖引起的房屋沉降	无隔离桩	−60.11		−48.25		0.74
	3.5	−43.72	27.27	−43.26	10.34	0.03
	4.5	−41.22	31.43	−42.27	12.39	−0.07
	5.5	−38.55	35.87	−40.93	15.17	−0.15
	6.5	−36.25	39.70	−40.31	16.47	−0.25
	7.5	−33.31	44.58	−38.47	20.27	−0.32
	8.5	−30.45	49.34	−36.60	24.15	−0.38
	9.5	−27.73	53.87	−33.93	29.68	−0.39

3. 不同桩径对房屋沉降的影响

从表 5 可以看出，当保持隔离桩桩径 $L=40.0$ m、桩位 $x=6.5$ m 不变，改变桩体直径时，基坑开挖引起的房屋沉降有如下规律：

(1)随着隔离桩桩径增大，即隔离桩刚度增大时，房屋基础沉降有逐渐减小的趋势，增大隔离桩刚度可以减小房屋沉降，但不如桩长作用那么明显和敏感。

(2)当桩径大于 1.0 m 时，继续增大桩径虽然对抑制房屋沉降还有一定的作用，但综合经济因素，本案例中建议采用桩径 $D=1.0$ m、桩间距 1.2 m 的钻孔灌注桩作为隔离桩。

表 5　隔离桩桩径不同时房屋沉降情况汇总

施工工况	桩径(m)	房屋近侧沉降量(mm)	沉降减幅(%)	房屋远侧沉降量(mm)	沉降减幅(%)
仅基坑开挖引起的房屋沉降	无隔离桩	−60.11		−48.25	
	0.4	−41.79	30.48	−45.63	5.43
	0.6	−40.20	33.12	−44.59	7.59
	0.8	−38.28	36.32	−42.76	11.38
	1.0	−36.25	39.69	−40.31	16.46
	1.2	−34.98	41.81	−38.35	20.52

3.3　隔离桩施工工艺分析

隔离桩是一把双刃剑，在一定条件下，隔离桩对邻近建筑物具有保护作用，但与此同时，隔离桩成桩施工必然会对周边土体产生一定扰动，继而影响被保护建筑。隔离桩在深厚的软塑～流塑软土中成孔时，易对周边敏感环境造成不良影响，因此应采取严格的施工工艺及施工控制措施，减小施工过程对房屋的扰动影响。此外，在施工基坑围护结构时，宜最先施工隔离桩，尽早形成隔离帷幕，以有效地减小前期工程施工扰动造成的沉降。

在本工程中针对常用的泥浆护壁旋挖钻施工工艺对房屋造成的影响进行了分析。以隔离桩桩长 $L=$

40 m，桩径 $D=1.0$ m，隔离桩外边缘离房屋基础外边缘 5.5 m 为例，根据前期房屋沉降的实测数据采用模量软化法进行仿真模拟(图 9)。

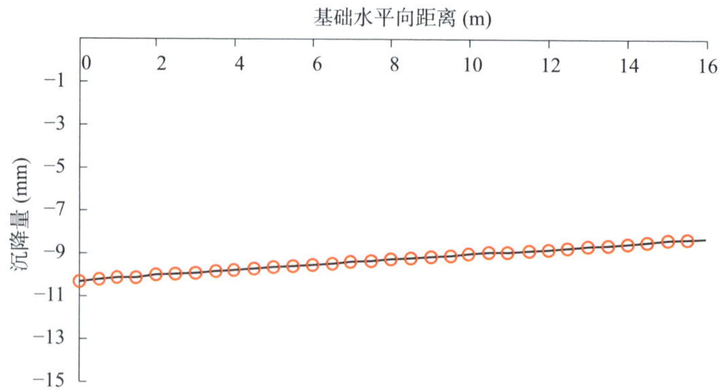

图 9　泥浆护壁隔离桩成孔引起的房屋沉降曲线

从图 9 可以看出，泥浆护壁钻孔灌注桩成孔会对邻近房屋造成一定沉降，在深厚软土层中也易发生缩径、塌孔等现象。因此，条件允许时宜尽量采用液压全套管机械施工，插入到一定深度的钢护筒也可作为摩擦桩来承受施工平台的荷载，将钻孔桩施工对房屋的影响降到最低程度。全套管隔离桩施工虽然对周边土体扰动较小，但仍不可避免存在一定影响，主要表现在以下几个方面：

(1)360°全回旋钻机自重较大，易引起浅层地基土附加沉降，应尽量使施工机械的重心远离被保护建筑。

(2)取土成孔时，孔底有一定的回弹和隆起，引起周边土体损失，可增加套管超前支护长度和考虑同时使用泥浆。

(3)拔管时的振动和套管超前支护部分拔出后留下的空隙，会对周边环境造成一定的影响，可考虑使用价格低廉的套管，尽量不要拔出。或施工前在原位试桩，实测影响程度，从而决定下一步工艺(是否拔除套管)。

为进一步减小隔离桩施工引起的房屋沉降，应采用跳跃施工顺序。通过对成孔塑性区影响半径的分析，孔底最大塑性区可达 5 倍桩径，建议间隔 4 根桩施工 1 根，即“跳四作一”，从而减小隔离桩成孔灌注对房屋影响的时间和空间效应。

4　坑内支撑体系优化对房屋变形的影响分析

作用在基坑围护结构上的水土压力可由内支撑有效地传递和平衡，构造简单，受力明确。现浇钢筋混凝土支撑刚度大，整体性好，布置方式灵活，不会因节点松动引起基坑位移，施工质量相对容易保证。但钢筋混凝土支撑需要较长的制作和养护时间，制作后不能立即发挥支撑作用。钢结构支撑自重轻、安装和拆除方便、施工速度快、安装后能立即发挥支撑作用，对减小由于时间效应而增加的基坑位移是十分有效的。

为了有效控制基坑开挖过程中地连墙的内敛变形，龙江站西段基坑将原设计的第三道、第五道钢支撑调整为钢筋混凝土支撑，在施工钢筋混凝土支撑时临时架设钢支撑。支撑体系调整后施工步序为：基坑开挖及支撑施工→底板/中板→第二道钢支撑拆除→顶板→拆除第一、三、四、五道混凝土支撑。第三、四、五道混凝土支撑腰梁与内衬墙结合，仅拆除支撑横梁。

利用 Plaxis 有限元软件建立支护体系及房屋的二维模型，变换支撑的材料、断面尺寸、道数、横向间距、竖向间距等因素分析支撑体系调整对抑制房屋变形的作用，并建议合理的支撑调整体系。

从计算分析结果(图 10、图 11)可以看出：

(1)支撑体系调整后减小了房屋沉降,但调整后房屋沉降总量与调整前基坑正向施工几乎相同,沉降量的减小主要由规避拟向拆撑产生。

(2)无隔离桩时,支撑体系调整后房屋近端沉降量减小 13.1%,房屋远端沉降量减小 10.1%;有隔离桩时,支撑体系调整后房屋近端沉降量减小 16.7%,房屋远端沉降量减小 4.2%。再次验证隔离桩具有调节房屋不均匀沉降的作用,主要来自于对靠近房屋部分的土体提供侧摩阻力和抑制上部土体水平位移。

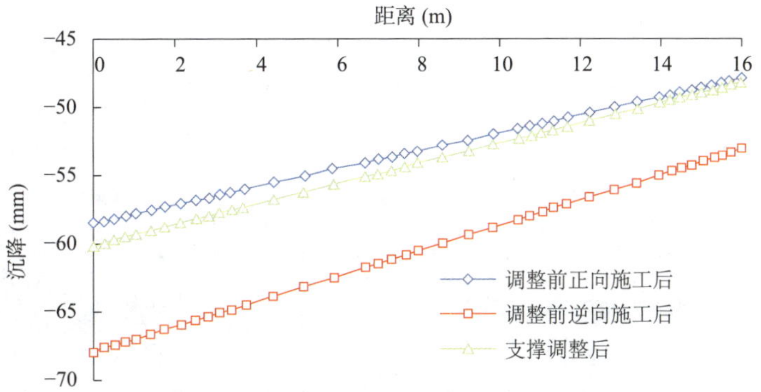

图 10 无隔离桩支撑调整前后各工况下房屋沉降曲线

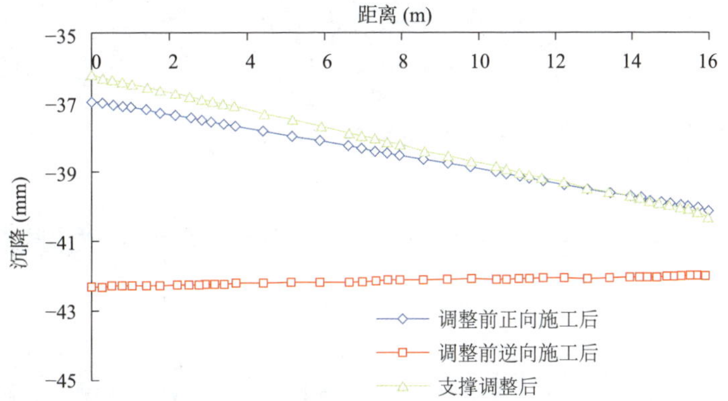

图 11 有隔离桩支撑调整前后各工况下房屋沉降曲线(隔离桩 $L=40$ m)

5 封堵墙及基坑开挖顺序对房屋影响的计算分析

龙江站西段基坑增加封堵墙,化分为三个小基坑以降低开挖过程的长边空间效应,减少周边环境变形。各基坑开挖的先后顺序也有可能对房屋的影响程度不一,需研究合理的施工顺序,将开挖对房屋的影响降低至最小程度。利用 Plaxis 有限元软件建立支护体系及房屋的三维模型,对有无封堵墙时邻近房屋变形及不同开挖顺序的影响进行对比计算(图 12)。

根据分析成果,封堵墙能减小一部分房屋沉降变形,但减小的幅度有限。另外,三个小基坑的开挖顺序对房屋沉降变形影响不大,可以根据现场实际情况合理安排。

6 坑内土体加固对变形控制的对比分析

土体加固是指通过对软弱土层中掺入一定量的固化剂使土体产生物理化学反应或排水使土体固结,以提高土体的力学性能。基坑内土体加固主要有以下几点作用：

(1)变形控制。增加被动土压力,减小支护结构本身及周边环境的变形。

(2)提高地基承载力,调节地基和车站主体结构变形,减小沉降。

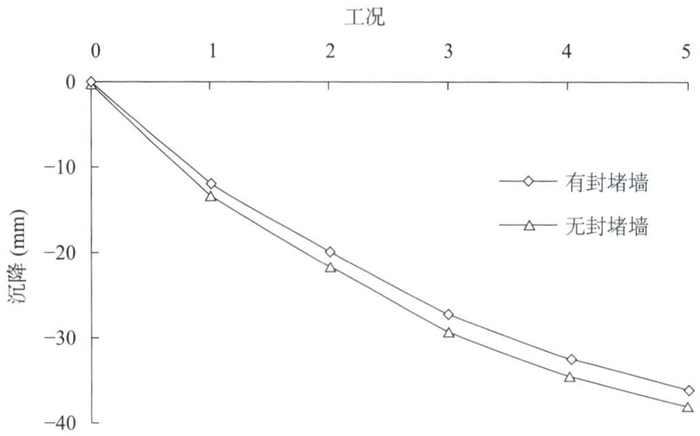

图 12　5～8 号房屋近端沉降曲线

(3)软土加固后,便于基础底板施工。

(4)坑底满堂加固时,可以减小地下水带来的不良影响。

为进一步控制基坑变形,减小对邻近房屋的影响,本工程坑内土体加固由原裙边加抽条的方式调整成高压旋喷桩满堂加固,基底以下 3 m 至基底以上 10 m 范围内实桩加固,其余空桩,水泥掺量为实桩 270 kg/m,空桩 80 kg/m。

6.1　水泥掺入比影响

(1)坑底水泥土加固对抑制房屋变形有很好的效果。当水泥掺入比为 10%时,坑底加固后房屋近端沉降量减小 28.9%,远端减小 34.5%。

(2)随着水泥掺入量的增加,房屋沉降进一步减小,但减小的幅度有限,应综合效果和经济性设置合理的掺入比,15%左右相对比较经济合理(图 13)。

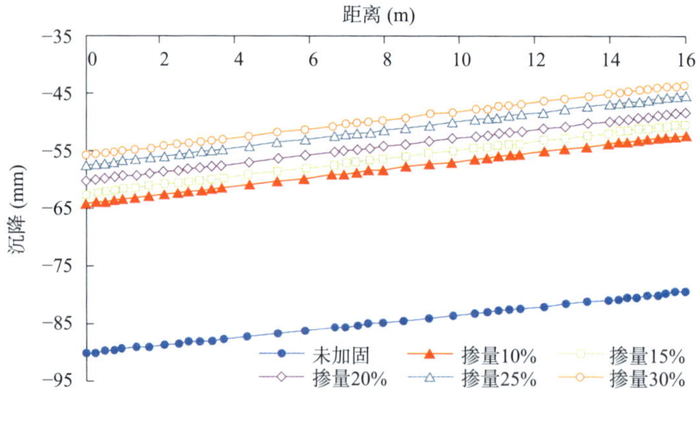

图 13　水泥掺入比如与房屋沉降关系曲线

6.2　加固深度影响

(1)坑内水泥土加固后,房屋沉降明显减小。当加固深度为 2.0 m 时,房屋近端沉降量比未加固时减小 22.6%,远端减小 27.5%。

(2)随着水泥土加固深度的增加,房屋沉降进一步减小,但减小的幅度明显衰减,应综合效果和经济性设置合理的加固深度(图 14)。本工程建议 3.0～4.0 m。

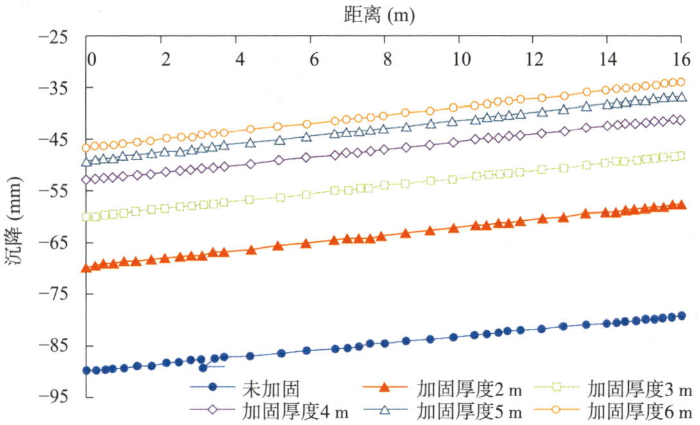

图 14　水泥土加固厚度与房屋沉降关系曲线

6.3　满堂加固与裙边抽条加固对比计算分析

加固率是指基坑加固面积与总面积之比，本工程原设计裙边抽条法的加固率约 0.5(图 15)。

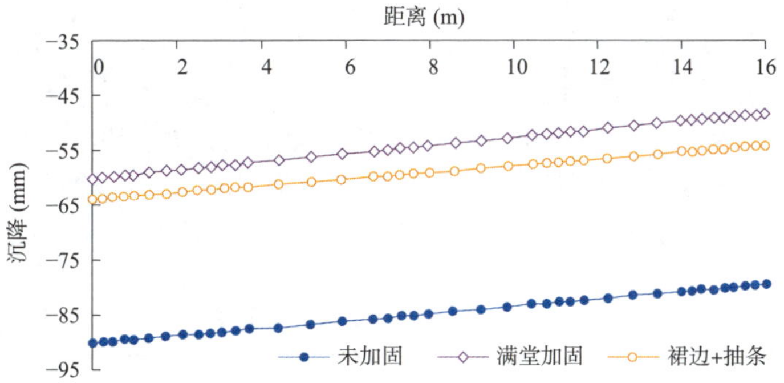

图 15　满堂加固与裙边抽条房屋沉降关系曲线

从图 15 可以看出，满堂加固对抑制房屋变形的效果要优于裙边加抽条模式。假设加固深度为 3.0 m，水泥掺入量为 20%，经计算满堂加固相比裙边加抽条房屋沉降量减小约 10%。在对房屋沉降限制要求较高的情况下，应优先考虑满堂加固方式。此外，满堂加固方式在淤泥质软土地层中还可以起到方便施工及减小坑底渗水等作用。

6.4　坑内带浆加固影响分析

根据规范，采用搅拌桩加固施工时，桩顶标高以上部分宜进行低掺量回掺。实际上采用高压旋喷桩进行坑内加固时，也会不同程度地对坑内土体造成扰动及强度上的破坏。因此，在环境对变形控制要求较高的情况下，桩顶以上也应进行低掺量的水泥带浆加固，不仅能改良被扰动的土体特性，同时对抑制周边环境变形也有积极作用(图 16)。

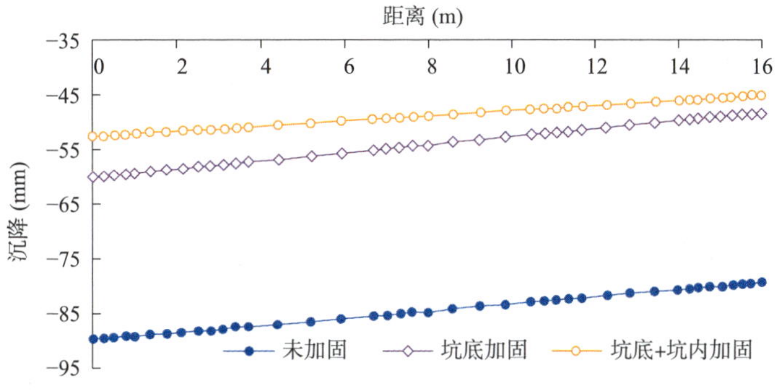

图 16　坑内带浆加固后房屋沉降关系曲线

假设其他条件不变，当空桩采用5%水泥掺量时，通过计算可以看出，房屋沉降量进一步减小约6.5%～12.4%。坑内带浆加固可以作为本工程变形控制措施的安全储备。

7 小结与展望

(1)当前设计市场任务相对饱满，而设计力量的发展往往跟不上形势的需要，在一些具体项目上优质设计力量不断被稀释，设计工作的针对性普遍有削弱的趋势。类似龙江站这样的特殊敏感项目，更加需要在风险识别的基础上明确重点，打磨方案，切实跳出批发设计的惯性做法。同时，应充分发挥设计代表在现场的积极作用，过程跟踪，及时调整，尽量避免问题暴露后再想办法的被动局面。

(2)明挖基坑的施工技术已相当成熟，龙江站在坑内采取的优化措施基本上是在原方案上基础上予以加强，经理论分析和实践对比，效果比较明显。但从以上分析可以看出，目前技术条件下定量的结论仍然难以准确给出，投入和效能的关系也难以测算。加上地下环境的不确定性、施工水平的差异性、施工过程易受外部干扰的不连贯性等因素，建议现阶段对特殊敏感项目的安全技术储备应通过历史案例的经验总结，在现行标准的基础上予以放大，技术能力不足的时候矫枉过正或许是必要的。积累足够样本后再争取得出更加合理的指导原则，或形成技术上的突破，这将是一项长期系统的工作。

(3)由于外部客观因素的限制，龙江站很遗憾地未能实施隔离桩措施，从理论分析和其他案例的使用情况来看，其效果比较明显，建议在条件许可的情况下优先考虑。若采用隔离桩，最优的方式是在围护结构施工前实施，从源头上发挥其抑制变形的功效。龙江站西段围护结构施工结束时即出现了邻近房屋最大沉降量73.61 mm的情况，也反映了优先实施隔离桩是一个值得尝试的方向。

(4)袖阀管注浆措施同样未能实施，因注浆管需进入房屋基础底部，与业主的协调难度太大。同时，目前袖阀管注浆的理论分析水平尚不足以完善地指导施工，更多依赖施工单位的经验，故本次未对其进行深入分析。

4号线鼓楼站主体暗挖段三连拱大跨施工及鼓楼文物保护工作综述

乐　晨
（南京地铁建设有限责任公司，南京　210017）

摘　要：本文以4号线鼓楼站主体暗挖段为实例，分析CRD工法与PBA工法在工期、周边环境控制等方面的优劣，重点介绍了PBA工法在暗挖车站施工的应用和重难点。针对车站周边的省级文物鼓楼，文章详细介绍了检测、监测和加固等一系列保护工作。本文可为后续类似条件工程的工法选择及文物等重要建（构）筑物保护提供一定经验和工作流程借鉴。

关键词：暗挖；PBA工法；文物保护

1　鼓楼站主体暗挖段三连拱大跨施工概述

1.1　工程概况

南京市地铁4号线鼓楼站位于北京东、西路交汇处，沿北京西路敷设。车站东侧为既有1号线鼓楼站，车站西侧为鼓楼公园，公园环岛中间的鼓楼为江苏省文物保护单位。

鼓楼站为与既有1号线的换乘站。本站为地下两层（局部一层）13.7 m岛式站台车站。车站外包总长256.045 m，标准段总宽49.40 m。车站轨面埋深约10.401～16.493 m，车站中心里程处覆土0.853 m。本站共设3个出入口（其中1个为与1号线鼓楼站共用出入口）、1个无障碍出入口、1个消防疏散口以及4组风亭。

车站主体采用明挖顺作法，局部盖挖逆作法、暗挖法施工。附属结构1号风亭采用暗挖法，其他出入口及风亭采用放坡明挖法（图1）。明挖及盖挖段选用五柱六跨的框架箱形结构形式，盾构井段采用两柱三跨的框架箱形结构形式，暗挖段大断面采用三联拱复合式衬砌结构，上跨鼓楼隧道段采用马蹄形复合式衬砌结构，1号风道采用双层拱形复合式衬砌结构。车站主基坑开挖深度约12.6～15.4 m，开挖宽度49.6 m。

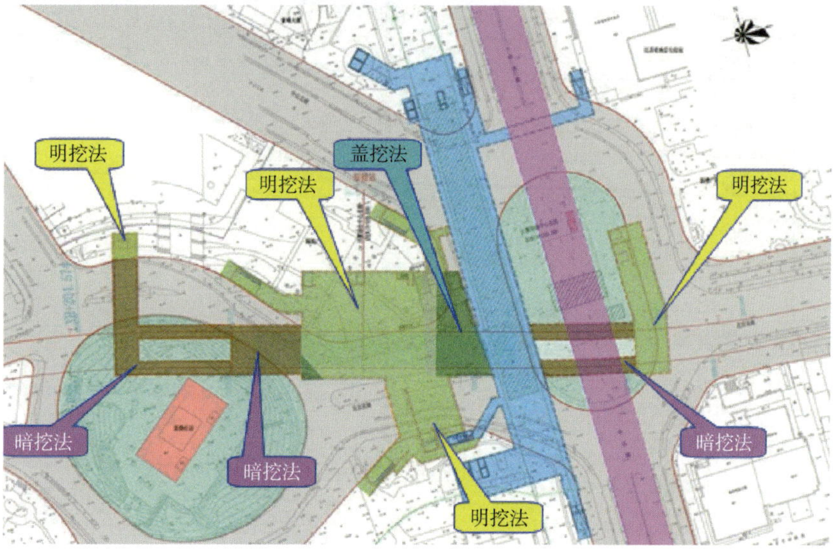

图1　鼓楼站工法平面图

其中，主体单层三联拱暗挖段西接小里程暗挖单洞，东接鼓楼站主体明挖段，西南部位于鼓楼环岛下方、东北部位于北京西路下方，覆土深度 4.18～11.48 m，采用三联拱复合式衬砌结构，内净宽 21.4 m，内净高 8.44 m，长度约为 31.05 m。

1.2　工程条件

1. 工程地质

拟建场地岩土层分布不均匀，因受人类活动影响，填土层厚度变化较大，为 0.3～12.5 m。

填土层之下为晚更新世晚期沉积的④-2b2 层、④-3b1-2 层粉质黏土以及④-4e 层含卵砾石粉质黏土，底部局部地段分布有残积土层。

场地下伏基岩为沉积岩，埋深变化较大，为 0.3～21.7 m。岩性包括泥岩、泥质粉砂岩、细砂岩和砂砾岩。受断层影响，岩体强度、完整性差异大，场地西半部砂砾岩中有岩溶发育。

暗挖车站结构所处地层为 K-3-1 中风化泥岩、K-3-2 和 K-3-3 中风化砂砾岩，底部有部分地层含有熔岩发育，施工风险较大。

2. 水文地质

根据勘察揭示的地层结构和地下水的赋存条件，本场地地下水分为孔隙潜水、孔隙承压水和基岩裂隙水。

潜水补给来源主要为大气降水及管道渗漏补给，以蒸发、侧向径流和逐渐下渗方式排泄。潜水稳定水位在地面以下 0.8～2.7 m，高程为 16.34～22.29 m(吴淞高程系)，年变化幅度　般在 1.0 m 左右。

承压水补给来源为地下径流及与其相通潜水的直接补给和上层孔隙潜水的越流补给，以地下径流为主要排泄方式。根据钻孔中量测结果，D4S5Z23 号钻孔④-4e 层承压水水头在地面以下 7.01 m，高程为 10.11 m(吴淞高程系)，含水层常年有水。基岩裂隙水补给来源为上覆松散地层中孔隙水的下渗和侧向径流，以逐渐下渗和侧向径流为主要排泄方式。

基岩裂隙水水位(水头)随季节不同有升降变化，年变幅为 0.5 m 左右。由于④-4e 层微承压含水层和下伏基岩相接，基岩裂隙水和上部微承压水水力联系较为密切。

3. 典型地质剖面

明暗挖结构结合处地质剖面如图 2 所示；暗挖车站与区间结合处地质剖面如图 3 所示。

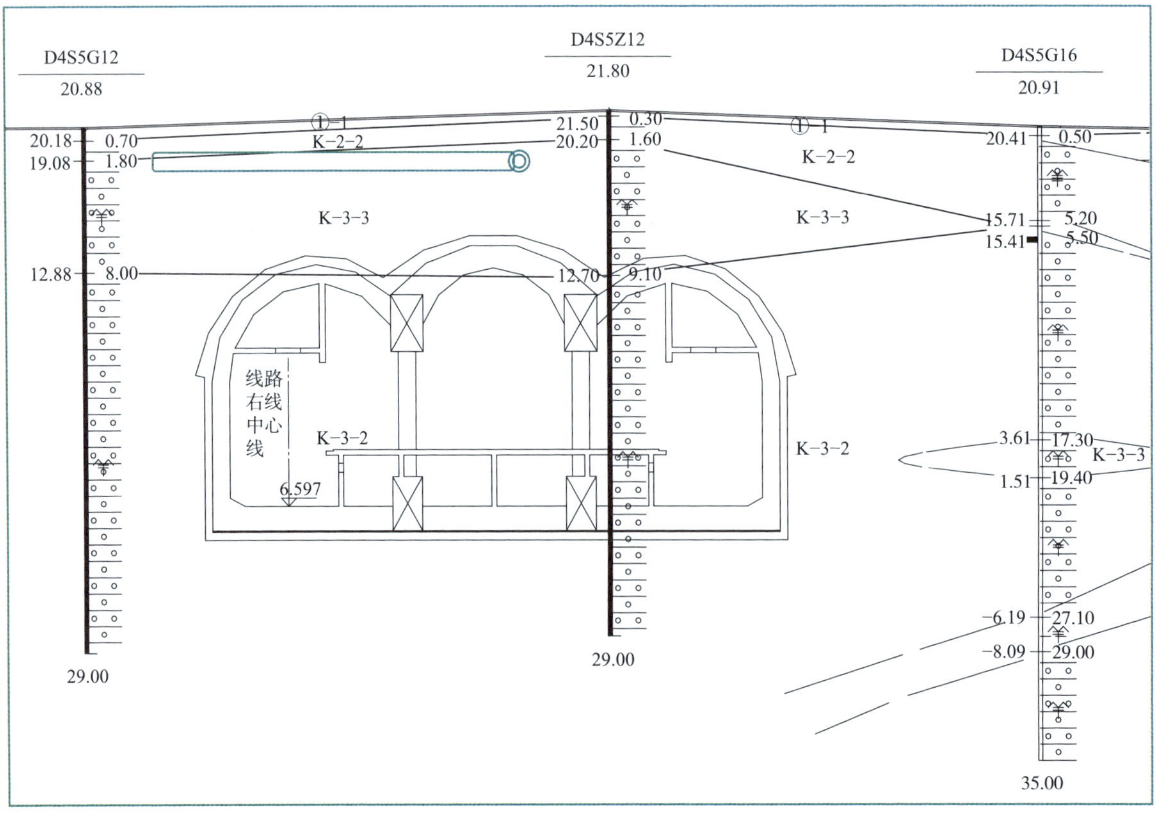

图 2　明暗挖结构结合处地质剖面图

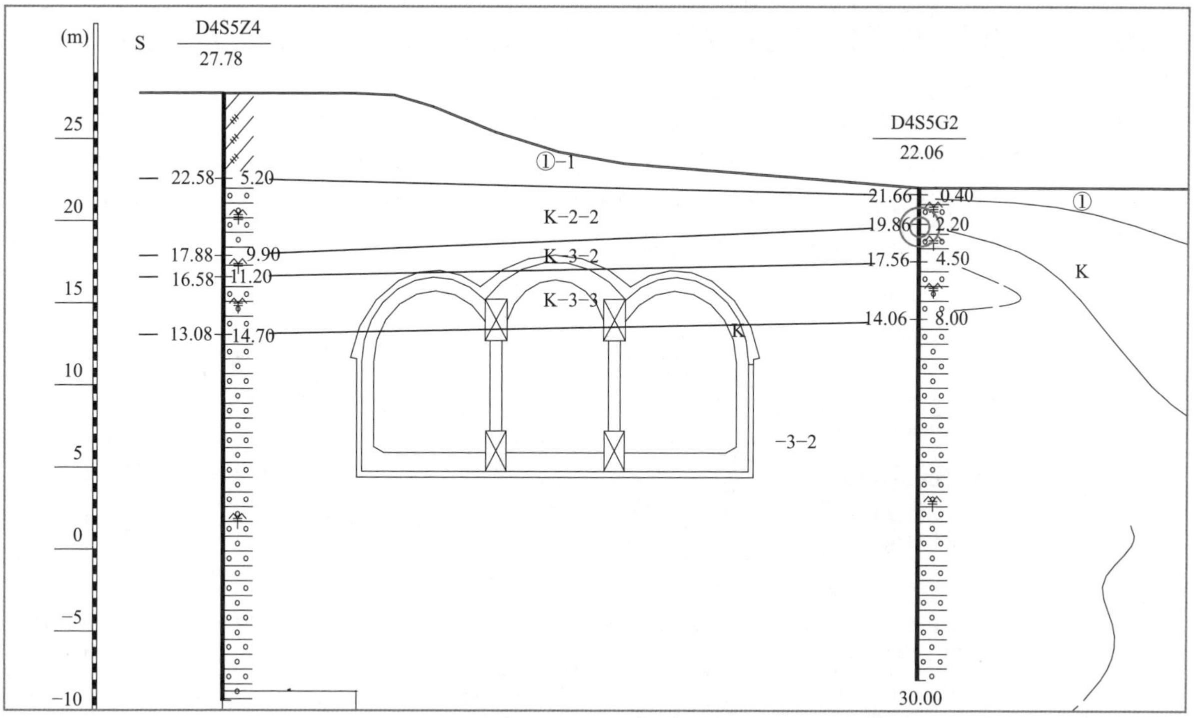

图 3　暗挖车站与区间结合处地质剖面图

1.3　大跨施工概述

1. 结构设计原方案

车站主体暗挖段车站结构三联拱隧道原设计采用中洞法施工，结构总宽 23.3 m，净高 10.4 m。初支结构中洞开挖宽度为 9.8 m，采用 CRD 法施工，边洞开挖宽度为 6.795 m，采用台阶法施工(图 4)。

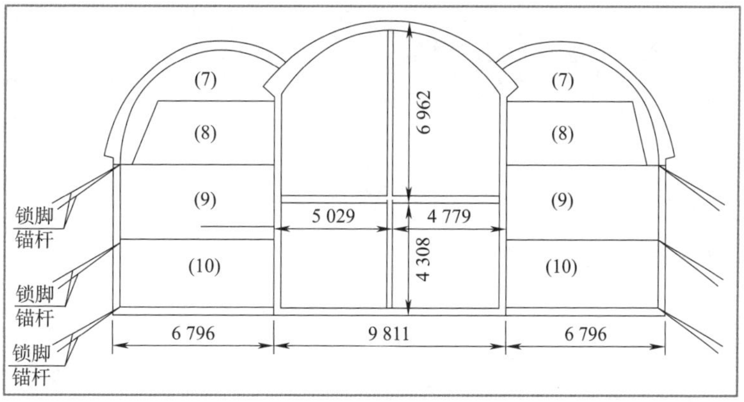

图 4　三连拱段原设计方案(单位：mm)

中洞因采用 CRD 工法施工，且断面小、岩层硬，无法采用机械破碎、人工开挖方法施工，故此需采用松动爆破法施工；边洞上台阶亦采用爆破法施工，下台阶空间允许条件下，采用大型机械破除施工。

2. 设计变化原因

经建设、设计、施工、监理等单位讨论，认为原定设计方案主要有如下几点不能满足工程建设要求：

(1)沉降控制与环境保护：分块开挖支护造成土体多次扰动，断面较大，开挖暴露时间长，不利于快速封闭成环和整体沉降控制。衬砌过程中需拆除临时支撑，导致发生二次沉降。此对周边管线、城市交通主干道和重要建构筑物都有较大不利影响。

(2)工期控制：临近古建筑鼓楼，不宜进行长周期大规模爆破作业，中洞法方案允许机械开挖的空间不足，土石方开挖这一环节工效较低，且各洞必须前后错开一定距离开挖，施工周期较长。影响整体工期(鼓楼站同时作为铺轨基地，暗挖段影响鼓楼站向小里程方向铺轨作业)。

综合考虑南京地铁4号线鼓楼站总体工期进度计划、周边环境控制要求、安全风险评估等因素，在参照第四次地铁专家委员会会议相关专家意见，将4号线鼓楼站暗挖段大跨度三联拱工法由中洞法变更为洞柱法(PBA工法)(表1)。

变更后暗挖段为采取PBA工法的单层三联拱结构，顶拱由钢格栅＋喷射混凝土的初期支护和模筑钢筋混凝土的二次衬砌构成；基坑采用人工挖孔灌注桩加钢支撑支护，此桩兼作承载力桩基，承受暗挖逆筑法顶拱脚竖向压力；导洞及主体顶拱初期支护采用大管棚及小导管注浆超前加固地层等施工辅助措施。PBA工法的关键是边桩、中柱、纵梁体系及扣拱的形成，后续工作全部在桩柱梁体系及扣拱形成的空间构架下进行，一定意义上类似于盖挖顺作法。

表1　方案比选表

序号	项目	方案一(中洞工法)	方案二("PBA"工法)
1	安全	单洞施工断面大，封闭成环慢	导洞断面小，成环较快
		边洞初支跨度及高度大，抗变形能力弱	二衬扣拱完成后，围护体系承担侧向压力，抗变形能力强
		分部分块开挖，基本分三层施工，土体多次扰动，不利于整体沉降控制	开挖只扰动一次土体，二衬扣拱完成后，沉降控制基本稳定
		衬砌过程中需拆除临时支撑，导致发生二次沉降	初支结构拆除在梁柱体系施工完成后进行，安全风险小
2	环境	地层经过多次扰动，沉降控制贯穿整个施工过程，累计沉降大，影响管线及文物建筑安全	洞桩法在沉降控制方面优势明显，在采取更强的措施后能够有效地控制沉降，确保文物及管线安全
3	进度	大体积石方采用爆破施工，效率低，进度慢	大体积石方可采用机械开挖，作业效率高，施工速度快
4	造价	边洞开挖尺寸较大，未设临时仰拱，为确保施工安全，采取加强措施后，造价将在原有基础上提高	初期支护工程量减少，围护体系及钢管柱工程量增加，总体造价略有增加

3. 现方案

针对中洞法以上问题，鼓楼车站暗挖段改采用PBA工法(洞桩法)施工，PBA工法为单层三跨三联拱结构。

PBA工法暗挖段为单层三跨的三联拱结构，采用逆作法施工，顶拱由钢格栅＋喷射混凝土的初期支护和模筑钢筋混凝土的二次衬砌构成，初支与二衬之间设柔性防水层；基坑采用人工挖孔灌注桩(ϕ1200@2700)加钢支撑支护，此桩兼作承载力桩基，承受暗挖逆筑法顶拱脚竖向压力；导洞及主体顶拱初期支护采用大管棚及小导管注浆超前加固地层等施工辅助措施。施工步序见表2。

表2　施工步序

序号	施工步骤与程序说明
1	 第一步：沿暗挖段初支外轮廓施工ϕ127 mm、t=8 mm、环向间距350 mm大管棚，大管棚内部同时注浆
2	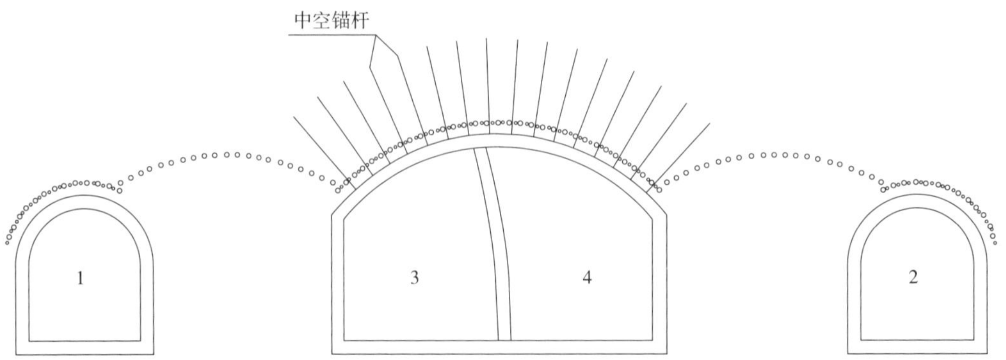 第二步：先开挖导洞1和导洞2，后开挖导洞3、4，各导洞掌子面纵向距离不少于4 m，打设超前小导管、施作拱顶锚杆并及时施作初期支护

续上表

序号	施工步骤与程序说明
3	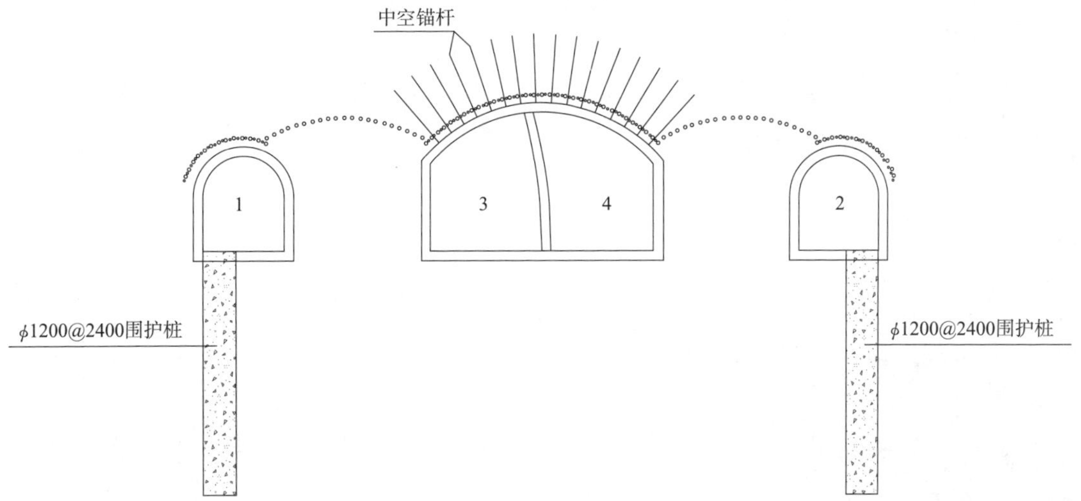 第三步：导洞1和2完成后进行人工挖孔和围护桩施工
4	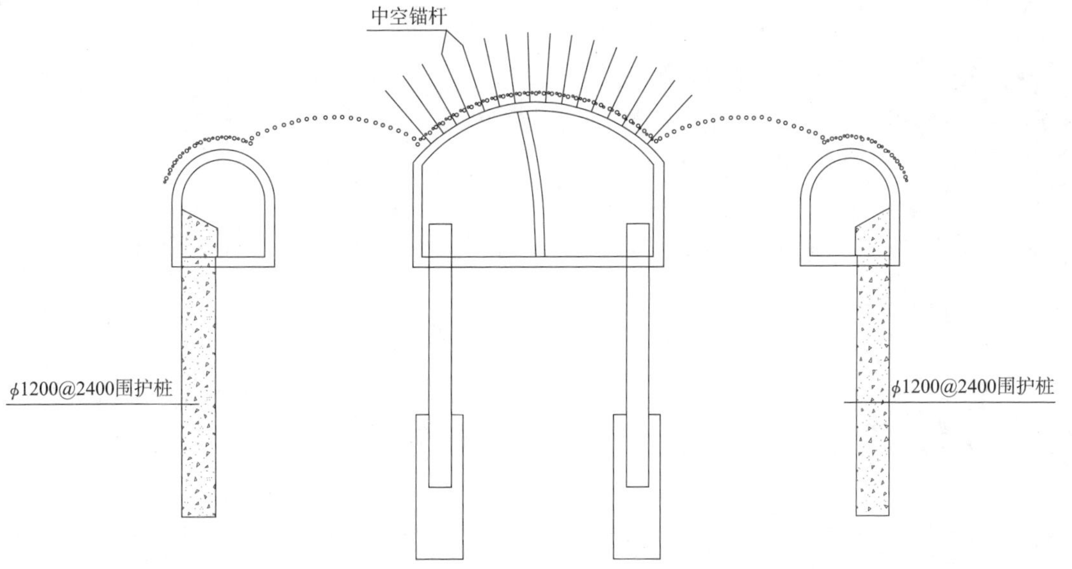 第四步：导洞3和4完成后进行人工挖孔和钢管柱施工。侧导洞安装桩顶冠梁钢筋和模板，浇筑冠梁；中导洞施作混凝土钢管柱
5	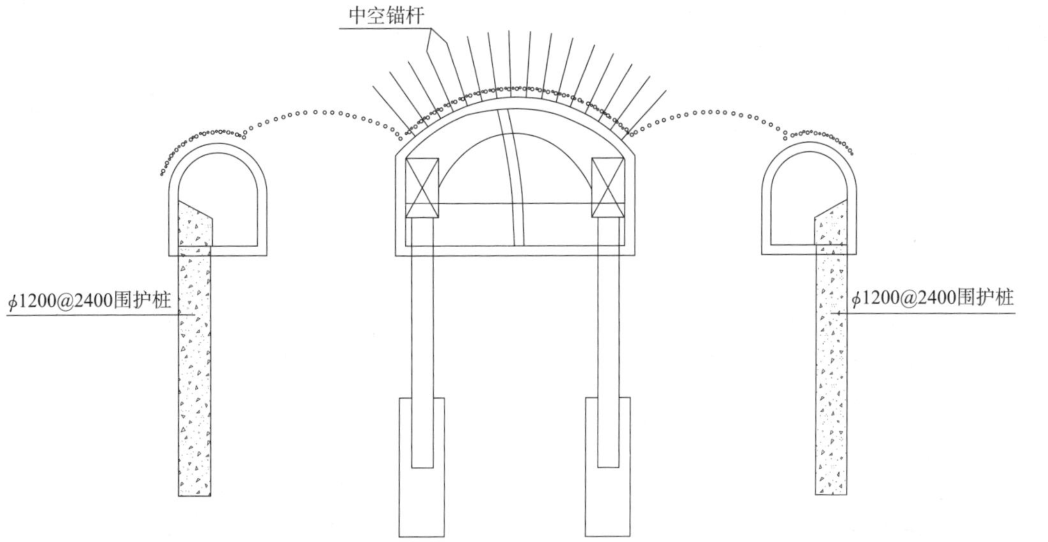 第五步：架设顶纵梁及拱顶支架及模板，浇筑顶纵梁和拱顶混凝土，中洞拱顶施作拉筋

续上表

<table>
<tr><th>序号</th><th>施工步骤与程序说明</th></tr>
<tr><td rowspan="2">6</td><td>
</td></tr>
<tr><td>第六步:开挖扣拱下土体,施作初期支护扣拱</td></tr>
<tr><td rowspan="2">7</td><td>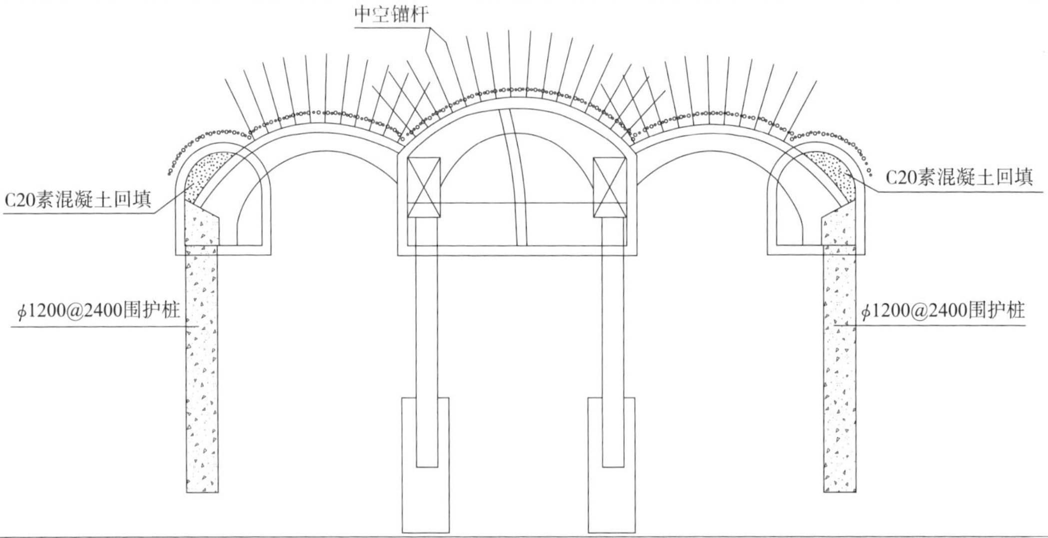
</td></tr>
<tr><td>第七步:施作主体结构拱部二衬</td></tr>
<tr><td rowspan="2">8</td><td>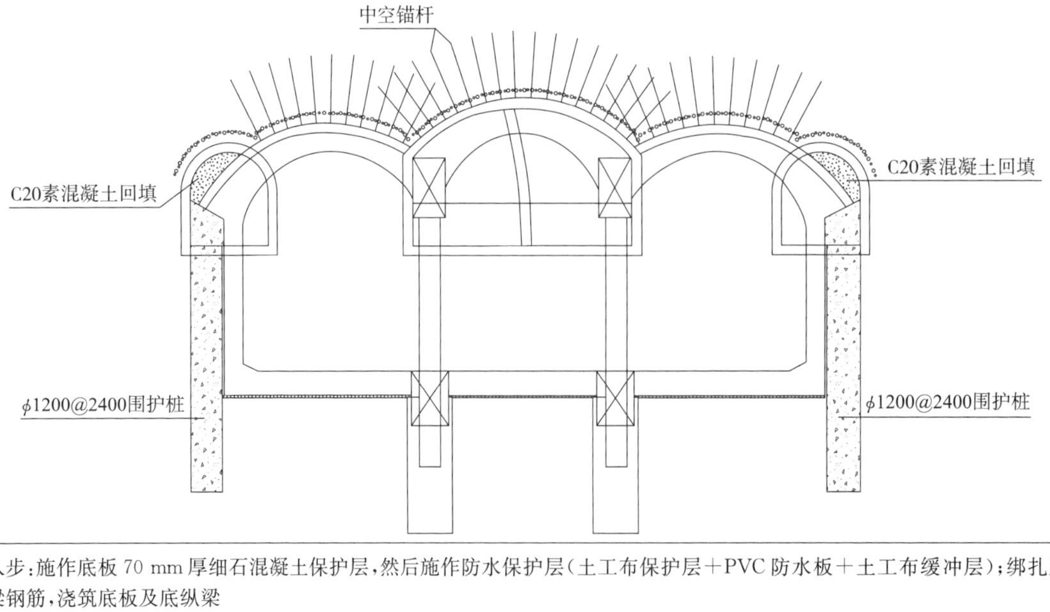
</td></tr>
<tr><td>第八步:施作底板 70 mm 厚细石混凝土保护层,然后施作防水保护层(土工布保护层+PVC 防水板+土工布缓冲层);绑扎底板及底纵梁钢筋,浇筑底板及底纵梁</td></tr>
</table>

续上表

序号	施工步骤与程序说明
9	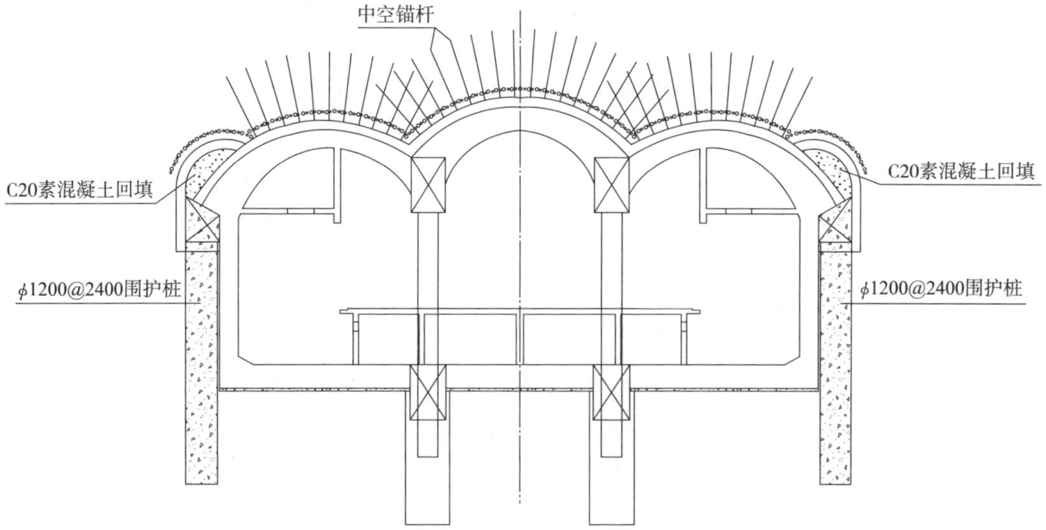 第九步：施作车站内部站台板支撑墙、站台板及轨顶风道，完成主体土建施工

4. 重难点控制

类比来说，PBA 工法类似于盖挖逆作法，重点在于施工过程中的梁柱体系建立和不同阶段的受力转换，其中比较重要的工序主要有初支扣拱和二衬扣拱。

(1)初支扣拱施工

待中洞二衬拱顶完成后，进行中扣拱和侧洞扣拱初支施工。

①侧导洞初支扣拱施工

侧洞初支扣拱的前提是冠梁施工完成。将加工好的扣拱钢格栅与侧洞拱部预留连接板用螺栓连接牢固，钢格栅另一端与冠梁上预留钢筋接头焊接。格栅钢拱架经检验合格后应及时喷射混凝土。采用潮喷技术，喷射混凝土采用 C30 喷射混凝土，喷射厚度为 350 mm。侧洞扣拱完成后，对侧洞初支扣拱背后回填 C20 混凝土。

②中洞初支扣拱施工

导洞施工严格遵循浅埋暗挖法“管超前，严注浆，短开挖，强支护，早封闭，勤量测”总的施工原则。开挖采用弱爆破＋机械破除短台阶开挖，扣拱支护采用格栅拱架＋连接筋、钢筋网片＋C30 喷射混凝土支护体系。

(2)二衬扣拱施工

二衬扣拱施工基本顺序如下：小导洞初支→铺设 PVC 防水板→绑扎钢筋→埋设二衬回填注浆管→架立模板→混凝土浇筑→下一循环。

①中扣拱施工：与顶纵梁一起施工。

②边扣拱施工：根据施工组织情况，10 m 一段跳仓截断边导洞及中导洞初期支护(破除过程中，根据监测情况及时调整截断长度)、浇筑边拱二衬(每组 7.5 m)。

(3)施工方法

①导洞破除施工

初支扣拱施工完成后，待结构变形稳定后，根据二衬施工分组情况及二衬扣拱施工顺序破除导洞侧壁。且破除过程中加强监测和信息反馈，及时对分段破除长度进行调整，确保结构稳定。

②防水施工

鼓楼站拱部防水采用 400 g/m^2 无纺布＋1.5 mm 厚 PVC 防水板组成，扣拱背后的 PVC 防水板卷材采用纵向铺设的方法，以减少 T 形接缝。

5. PBA 工法建议

结合鼓楼站工程实际及国内工程实例、科研成果，建议在如下方面对 PBA 工法进行深入研究并融入工程设计方案和过程管控：

(1)根据南京实际开展中导洞尺寸优化分析

PBA 工法首先要开挖导洞，为竖向支撑体系的施工提供施工作业面，其结构形式、尺寸与边桩、中柱施工密切相关。PBA 工法导洞形状一般为拱顶直墙形式。

如果导洞过小会造成施工不便，甚至难以施工，设计时除应充分考虑边桩、中柱的开挖、运输、吊装等施工方法及施工机械对导洞净空的要求外，同时还应考虑顶(底)纵梁的钢筋绑扎及混凝土浇筑；导洞过大，不仅会引起初支的变形过大，从而侵入二衬范围，造成二衬厚度减少，给二衬的永久受力构成安全隐患。

国内同行通过对北京地区 PBA 工法实例的数值模拟分析，发现若加大导洞尺寸，一是所引起的地面沉降和影响范围会随之扩大，二是导洞初支与拱部初支所承受的弯曲应力加大，引发施工安全隐患；三是建议北京地区最大导洞的跨度不宜超过 5 m，以 4 m 为最佳。

(2)根据南京实际开展中导洞尺寸优化分析

在洞桩法中，导洞开挖阶段是洞桩法施工地铁车站的重要阶段，通过以往有关学者对监测数据和理论的分析可知，一般情况下导洞开挖阶段引起的地表沉降值能占到施工完成时地表沉降值的较大部分，因此，为了减小由于导洞开挖阶段引起的群洞效应和地层沉降，确保周围建筑物、管线与道路的安全，在洞桩法施工中选择合理的导洞开挖顺序，减小地层变形显得尤为重要。

用 PBA 工法施工大跨度的地铁车站，常见设计方案为单柱双跨的结构形式和双柱三跨的结构形式。鼓楼站为双柱三跨车站，面临扣拱施工顺序的选择问题，特别是在扣拱施工尤其是二衬扣拱施工时，必须要处理好施工过程中的力学转换及平衡问题和防止桩柱梁的变形及失稳的问题；PBA 工法施工通常采用逆作法。二衬结构很大程度上会承受开挖释放的应力，所以对二衬进行应力分析也尤其重要。

国内科研针对中跨与边跨跨度比较、中跨与边跨扣拱先后顺序进行数值模拟分析，发现中跨跨度小于边跨跨度时，同时，“先中后边”产生的最大主拉应力值要大于“先边后中”的最大主拉应力值，中柱柱顶的位移最大值均发生在中跨二衬扣拱阶段，并且初支扣拱时对中柱柱顶的影响均较小；而“先中后边”中柱柱顶位移最大值与稳定阶段时的位移值均大于“先边后中”。这对于 PBA 工法施工来说更为关键，故“先边后中”对控制中柱的位移较为合理。鼓楼站暗挖三联拱设计为边跨跨度(6 600 mm)大于中跨跨度(5 800 mm)，扣拱顺序为先边后中。

2　鼓楼站施工期间文物保护工作概述

南京鼓楼位于南京市鼓楼区钟山余脉鼓楼岗上，为旧时南京城的报时中心，与南京钟楼相对，堪称是明代首都之象征。

4 号线云—鼓区间、鼓楼站暗挖段需侧穿鼓楼(碑楼)，该处现为省级文物保护单位，保护要求高。

2.1　环评报告对文物鼓楼保护的相关要求

《南京地铁 4 号线一期工程环境影响报告书》及《南京地铁 4 号线一期工程调整补充环境影响报告书》对鼓楼文物保护相关要求如下：

1. 评价标准

地铁运行对文物的振动影响执行古建筑砖砌体和石砌体结构的容许振动速度限值按照《古建筑防工业振动技术规范》(GB/T 50452—2008)相关方法确定，鼓楼作为省级文物保护单位，砖砌体水平方向振动速度限值为 0.27～0.36 mm/s(依据实测的弹性纵波传播速度最终确定)，石砌体水平方向振动速度限值为 0.36～0.45 mm/s。

2. 施工前监测结果

环评单位实测地铁建设前现状 0.11 mm/s，满足规范要求。

3. 振动环境影响预测

根据《古建筑防工业振动技术规范》(GB/T 50452—2008)，地铁振动对文物结构速度响应的确定及评估采用计算法(主要参数涉及地面振动速度(依据《地基动力特性测试规范》(GB/T 50269—2015)实测)、文物本身结构及几何特征、距振源距离(《古建筑防工业振动技术规范》(GB/T 50452—2008) 附录 B))，鼓楼最大水平速度响应为 2.01 mm/s，相对规范中要求的 0.27 mm/s，超标 1.74 mm/s。

注：其他类型建筑的振动影响按照现行《环境影响评价技术导则 城市轨道交通》(HJ 453)，采用模式计算方法，以列车振动源强（类比确定，固定值）、修正项（速度，轴重，轨道结构，轨道条件，隧道结构，距离修正，建筑物类型）计算最终振动(DB)。

4. 振动污染防治措施

环评报告明文建议对于超标的文物，采取特殊减振措施，即钢弹簧浮置板道床，针对鼓楼来说对应里程为 K15＋150～K15＋360，减振要求为“最大限度地降低地铁振动对文物的影响”。

2.2 工程措施及文物保护工作

1. 轨道专业落实情况

经核查，文物鼓楼附近的云南路站—鼓楼站区间及鼓楼站范围内的 DK14＋920～DK15＋392 区段设计及施工均为钢弹簧浮置板道床并通过验收，符合环评报告要求。

2. 文物保护工作

4 号线云—鼓区间、鼓楼站暗挖段需侧穿鼓楼（碑楼），该处现为省级文物保护单位，保护要求高。为在鼓楼站施工过程中做好鼓楼的保护工作，我方先后做了如下工作：

(1)委托第三方进行文物鼓楼的现状检测和评估工作。

(2)经向市政府上报以及与省、市文物局、市住建委等部门沟通，委托第三方进行针对性的鼓楼临时消险加固工程设计，组织完成临时消险加固工程。此过程中，报批省、市文物部门及市政府稳定了鼓楼站的站位及建设方案。

(3)加固完成后，委托第三方进行鼓楼站（主要为明挖基坑、暗挖大跨段、暗挖单线段及 1 号风道（暗挖法））施工期间的文物监测（沉降、振动）工作。

针对以上情况，建设公司委托多家第三方单位开展了鼓楼临时消险加固工程的设计、施工及地铁施工期间的鼓楼文物监测。

利用 ANSYS 有限元软件对南京鼓楼站单线隧道掏槽爆破开挖进行模拟。采用三维模型，厚重屋顶采用 Mass21 单元以集中质量的形式加载在柱顶，上部木结构主要考虑梁柱，采用 Beam188 单元，临时加固钢支撑采用 Beam188 单元，与城阙固接。城阙和土均采用 Solid45 单元来模拟，两者之间固定，鼓楼下部岩土层分布不均匀，主要为填土层、粉质黏土层、强风化砂砾岩，隧道地板距底部边界距离大于 45 m 时，可忽略底部边界反射波对地表振动的影响，下部土体模型取为 150 m×67 m×100 m，侧向边界和底部边界均为固定约束（图 5）。

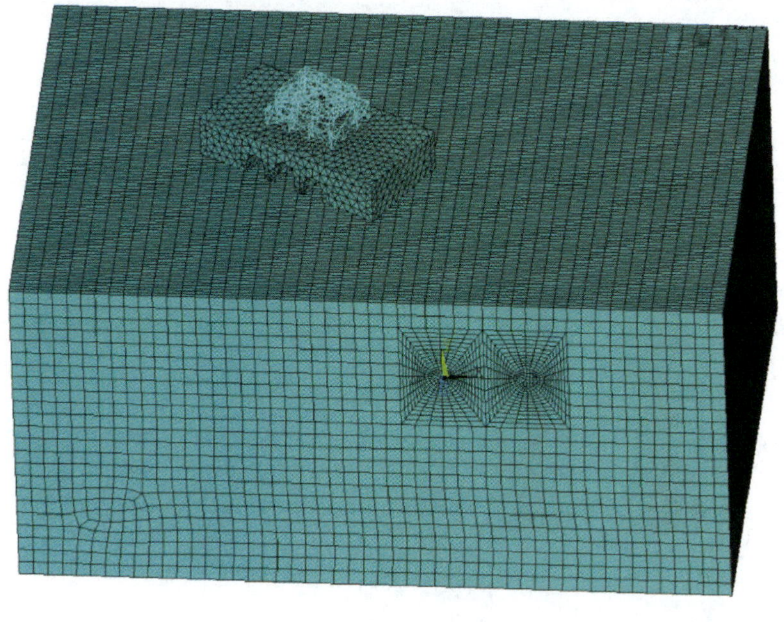

图 5 有限元计算模型

单线隧道爆破施工采用分台阶、短进尺、毫秒延期起爆的松动控制爆破方案，每炮循环进尺控制在0.5 m，采用毫秒延期起爆技术少装药弱爆破进行松动，而后用机械破碎，按照先掏槽、后掘进、再周边、最后底部炮眼的起爆顺序施工。目前计算多孔装药起爆产生的应力还没有准确的方法，根据爆破对岩体的破坏的不同，爆破范围分为近区、中区和远区。爆破远区的岩土只发生弹性振动，利用圣维南荷载等效原则，将作用在炮孔壁上的孔状荷载等效成面荷载垂直施加在隧道壁上，爆破振动效应模拟中多采用三角形脉冲波加载。

组织相关检测单位对完成临时消险加固后的文物鼓楼弹性纵波传播速度(此数值可反映古建筑的结构现)进行测定，监测单位按照此数据(城阙 3 611.3 m/s，碑楼 5 789.5 m/s)及《古建筑防工业振动技术规范》(GB/T 50452—2008)确定了监测限值，分别为城阙(砖结构)振动速度限值 0.36 mm/s，碑楼(木结构)振动速度限值 0.30 mm/s，石碑(石结构)振动速度限值 0.45 mm/s。

南京鼓楼主体分层，每层结构材料不同，测点分层布置(图 6)。现场振动监测主要测量振速，城阙上下角点共布置 8 个测点，碑楼上部角点布置 4 个测点。每个测点监测三个方向振动速度。爆破振动试验采用941B 传感器进行测定，传感器信号采用北京东方振动测试技术研究所生产的 INV3060A 信号采集分析仪进行数据采集，并用 DASP V10 工程版软件进行信号分析与处理(图 7)。

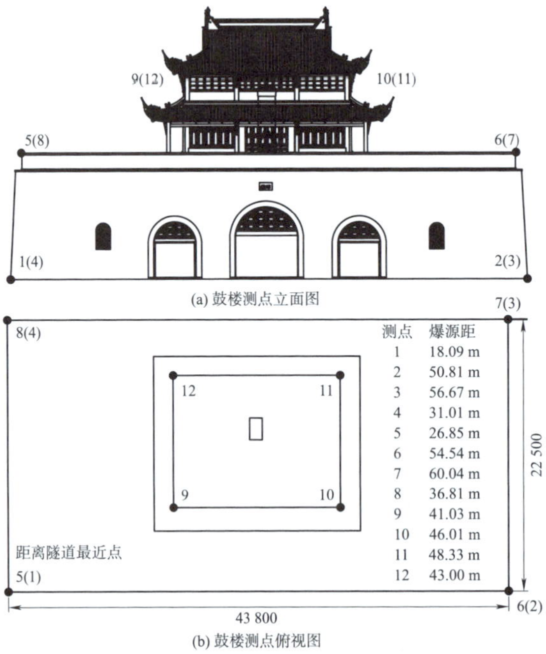

图 6　鼓楼监测点布置图

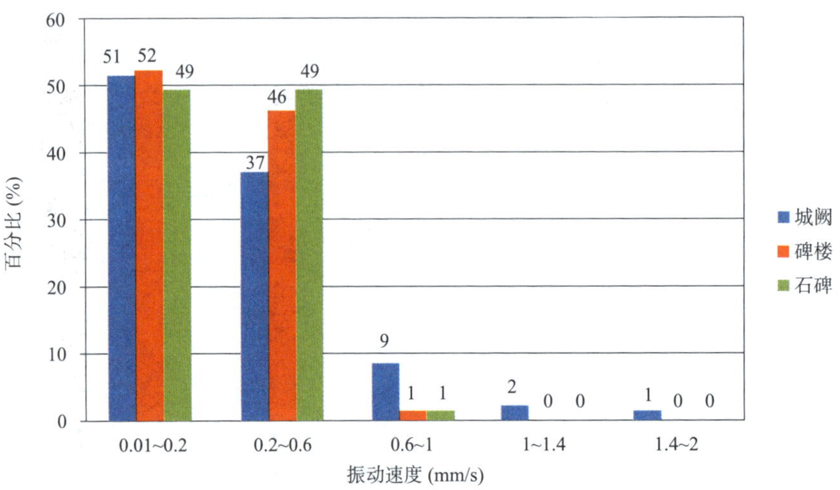

图 7　爆破振动速度区间分布柱状图

现场实测数据(2013年6月～2015年6月及2个月监测跟踪期,共26个月数据):城阙(砖结构)振动速度,88%的监测数据处于限值0.36 mm/s内,最大值达到1.93 mm/s(加固措施主要为外部钢绞线抱箍、内部劲性骨架满堂支撑);碑楼(木结构)振动速度,58%的监测数据处于限值0.30 mm/s内,最大值达到1.66 mm/s(加固措施主要为增设竖向桁架及水平桁架);石碑(石结构)振动速度,91%的监测数据处于限值0.45 mm/s内,最大值达到1.75 mm/s(加固措施为对石碑上部(自由端)进行钢架固定)。爆破振动数据总体在规范范围内,存在超出限值的情况,但结合现场巡视、专家踏勘和过程检测,但并没有对文物鼓楼主体结构造成损伤。

3. 施工结束

地铁施工结束并在监测数据趋稳、达到相关规范对应要求后,我方及时与省、市文保部门沟通,开展临时消险加固措施拆除工作,最终在2016年1月完成。根据文物部门意见,我方还委托第三方单位对文物鼓楼的工后情况进行检测,与施工前检测结果对比显示,地铁施工对鼓楼城阙影响较小,没有引起结构性损坏。

盾构下穿民房建筑群的影响分析

娄 寅

（南京地铁建设有限责任公司，南京 210017）

摘　要：研究目的：盾构隧道近距离下穿民房建筑群时，将引起地表和民房基础产生不均匀沉降，若沉降过大将引起民房的开裂和民房基础的破坏，威胁民生安全。本文以南京地铁10号线下穿民房建筑群为依托，采用数值分析方法对盾构下穿建筑物所引起的地表、民房基础的沉降及其控制技术进行了研究，以达到保护地面建筑物的目标，规避盾构施工引起地表建筑物沉降开裂等风险。

研究结果：在下穿段采用上半环管片壁后二次补强注浆的加固方式，可以有效地控制地表和基础的沉降。加固后，最大地表沉降为7.874 mm，远小于25 mm的报警值。沉降槽曲线符合Peck经验公式。地基的倾斜度很小，可以忽略。同时亦保证了地基的合理受力及盾构的顺利掘进。

关键词：盾构；近接施工；民房建筑群；沉降

0 引　　言

目前，在国内大城市修建地铁的工法中主要以盾构法为主。盾构法具有安全性高、施工速度快、防水性能好等诸多优势，成为了城市地铁修建的首选工法。然而，由于盾构机所穿越地层具有不可预见性和复杂多变等特点，施工中往往存在着许多不可预见的风险，可能会造成对建筑物的损坏和破坏，造成重大财产损失或人员伤亡事故。

由于城市是人口密集地区，民房建筑物众多，在采用盾构法修建地铁时，与重要建筑物近接施工的情况常常会出现，如本文中所探讨的盾构隧道近距离下穿民房建筑群就是很典型的案例。盾构机在掘进过程中对地层进行扰动，将不可避免地引起地表和民房基础产生不均匀沉降，若沉降过大将引起民房的开裂和民房基础的破坏，威胁民生安全。如何使盾构机在顺利的掘进同时保护地表建筑物不受到过大的影响和破坏，成为了地铁近接施工的首要问题。

本文以南京地铁10号线下穿民房建筑群为依托，采用数值分析方法对盾构下穿建筑物所引起的地表、民房基础的沉降及其控制技术进行了研究。

1 工程概况

南京地铁10号线TA03标段起点位于长江北岸的中间风井，终点江心洲站。工程沿线建筑物众多，工程环境复杂。江心洲民房建筑群位于隧道右CK11＋274～CK11＋618，盾构隧道长距离垂直下穿1～3层民房共计39处，房屋基础与隧道结构顶面最小竖向净距约14.1～27.0 m。房屋大多为1～3层砖混结构民房，浅基础，建成年代较近，房屋结构状态较好。

地铁施工中对既有建筑物产生一定的影响，施工期间需制定相应的沉降控制标准。由于建筑物结构形式千差万别，沉降标准也随之改变。结合大量实际工程资料和当地地质情况后，最终确定周围建筑物地表沉降限值为：最大沉降25 mm，最大隆起10 mm，当沉降速率≥2 mm/d时需进行报警，对地铁的掘进和周边的保护对象采取应急措施。

本区间沿线地表均为第四系地层覆盖，基岩未见出露。地表多为0～3 m厚的人工填土；其下为第四系全新统（Q_4）河流—河流—湖沼沉积相粉质黏土、淤泥质粉质黏土、粉细砂；再下为第四系上更新统（Q_3）河床相含砾粉细砂、中粗砂、砾砂及卵砾石为主。第四系地层成因、厚度变化较大，在北部的岗地与漫滩交接部位厚度较薄，一般小于 20 m，在南部的漫滩区则厚度较大，一般在 50～75 m 之间。下伏基岩为白垩系上统浦口组粉砂质泥岩、泥质粉砂岩等。

隧道掘进时，对地表不进行特殊加固，但在掘进后与管片与地层之间进行二次补强注浆进行加固。加固区域为管片上半圆环，加固厚度为 3 m。加固示意图如图 1 和图 2 所示。

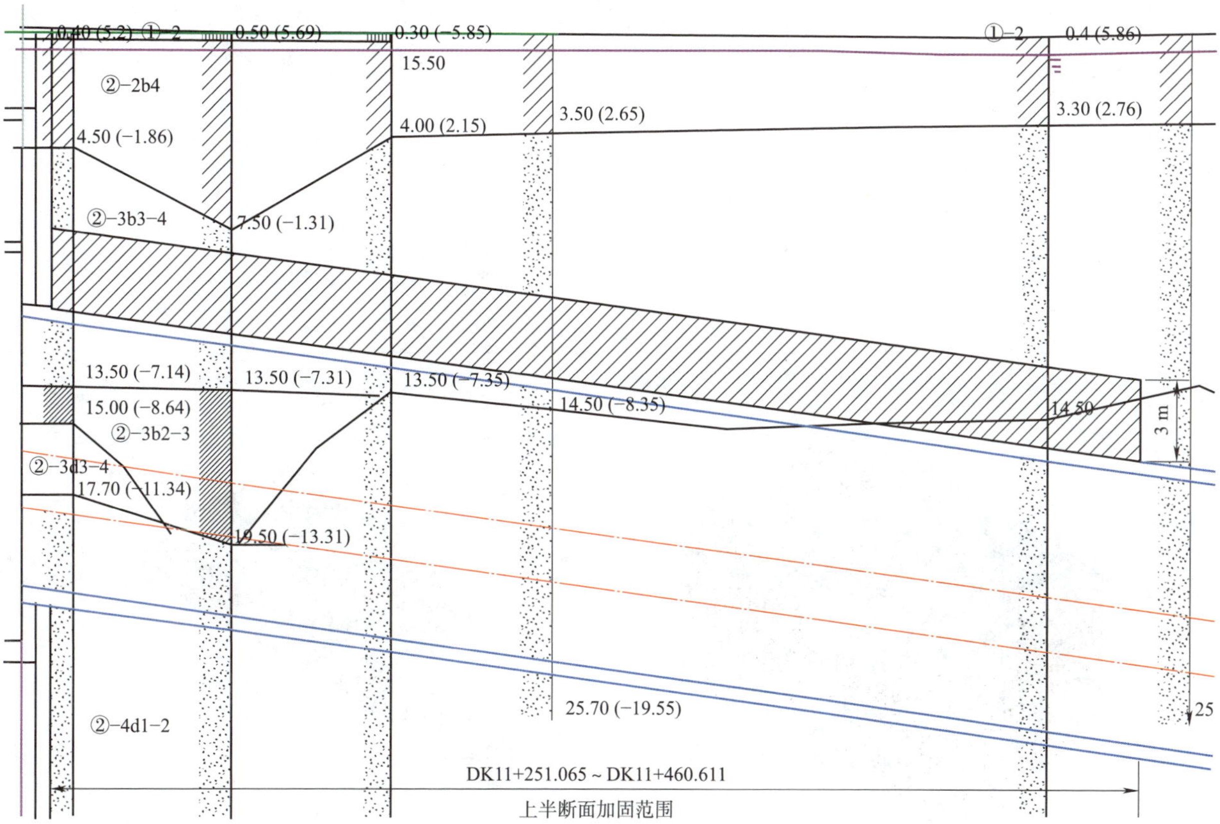

图 1　加固段的纵向剖面图

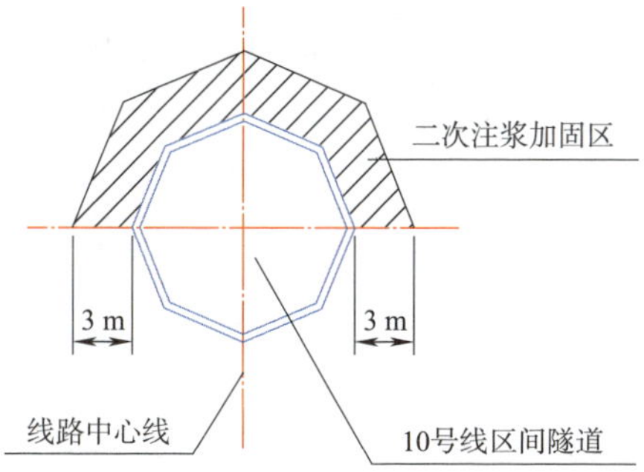

图 2　加固横截面示意图

2　数值模型与参数选取

本次数值计算采用有限元计算软件 ANSYS 进行分析。

地层和楼盘基础采用 8 节点 solid 实体单元模拟，盾构管片采用 shell 壳单元来模拟。盾构隧道下穿该区间时，平均埋深约为 17 m。盾构隧道管片内径 10.2 m，外径 D=11.2 m，厚度 0.5 m，管片幅宽 2 m，管片上半环二次注浆圈厚度为 3 m。模型采用 105 m×70 m×56 m，边界条件除上部为垂直荷载边界外，其余各侧面和地面为法向约束边界。其中土体的本构模型采用弹塑性 D-P 模型。

利用 ANSYS 的单元“生死”功能模拟开挖土体和施作衬砌，同时考虑施工中的应力释放。首先进行自重应力场的模拟，然后进行地层的开挖和管片的激活，最后模拟管片壁后的二次注浆。有限元模型采用的材料物理力学参数见表 1。有限元模型单元划分及基础与隧道关系如图 3 和图 4 所示。

表 1　各土层及材料主要物理力学参数

土层名称	厚度(m)	重度 γ(kN/m^3)	泊松比 μ	弹性模量 E(MPa)	黏聚力 c(kPa)	摩擦角 φ(°)
①-2 素填土	2	18.6	0.36	7.00	26.0	7.9
②-2b4 淤泥质粉质黏土	4	16.7	0.32	6.22	18.0	15.3
②-3d3-4 粉砂、细砂	8	19.5	0.26	19.97	8.0	31.5
②-4d1-2 粉砂、细砂	18	19.4	0.26	21.37	7.2	27.2
②-5d1 粉砂、细砂	14	19.4	0.26	24.17	6.0	27.3
④-4d1 中砂、粗砂	10	20.0	0.25	32.25	7.0	19.6
管片		25.0	0.2	35 000		
注浆层	3	16.7	0.32	1 000		
地基基础		25.0	0.2	24 000		

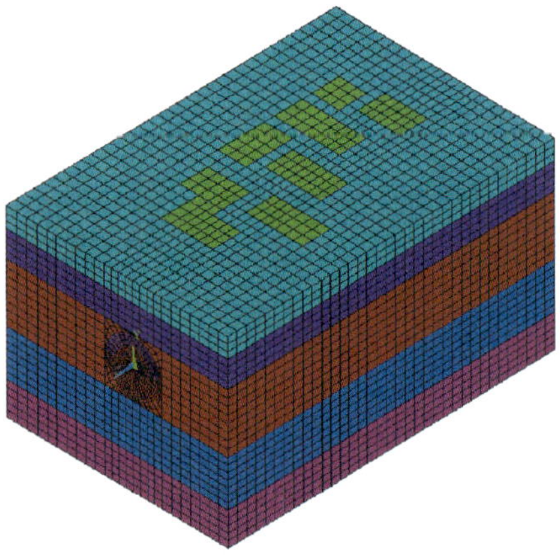

图 3　计算模型

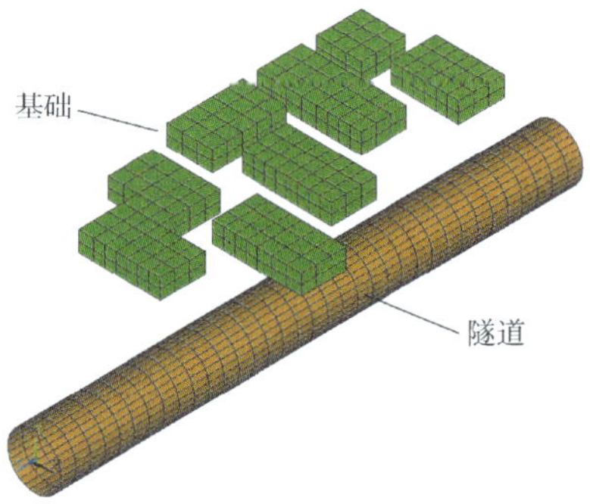

图 4　基础与隧道位置关系

3　计算结果分析

3.1　民房基础沉降分析

民房基础沉降是掘进过程中需重点考虑的控制因素。隧道分为 7 次掘进，掘进完毕后，基础的沉降云图如图 5 所示。

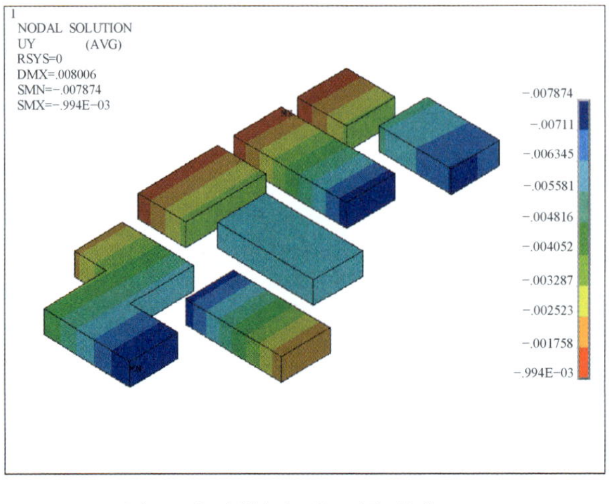

图 5　基础附加沉降云图(单位：m)

从云图中可以看到，随着隧道的掘进，基础附加不均匀沉降逐渐加大。靠近隧道中心线区域的沉降较大，远离隧道中心线区域沉降较小。最大沉降约为 7.874 mm，最小沉降为 0.9 mm。最大沉降远小于 25 mm 的报警限值。为计算倾斜度，取最大沉降差为 7.874－0.9＝6.974(mm)考虑，民房基础长度为 9 m，故倾斜率为：$\tan\theta = 6.974/9\ 000 = 0.7‰$，基础基本不会倾斜。

基础的地表沉降图如图 6 所示。

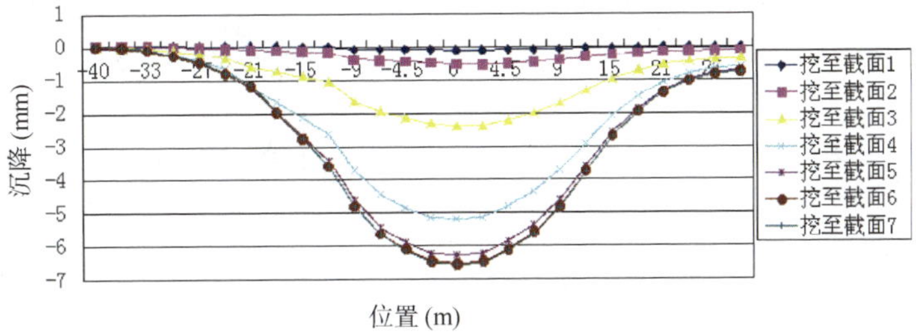

图 6　地表沉降槽曲线

该区段共分七次掘进完毕。当地铁贯通后，地表沉降呈“U”形曲线，最大沉降点位于隧道轴线位置，沉降值依次向两侧减小，符合实际工程中常用的 Peck 公式，地面沉降的横向分布类似正态分布曲线。

3.2　民房基础的应力分析

为保证基础在掘进过程中受力合理，基础结构不遭到破坏，需对基础的受力进行分析。隧道贯通后基础所受的应力云图如图 7 和图 8 所示。

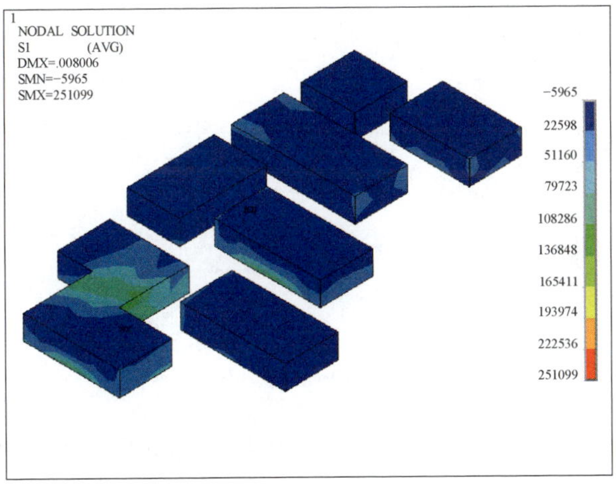

图 7　基础拉应力云图(单位：Pa)

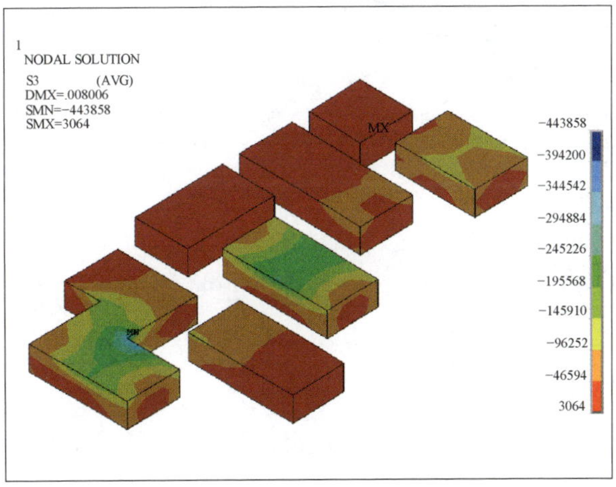

图 8　基础压应力云图(单位：Pa)

从云图中可以看到，最大基础拉应力为 0.25 MPa，最大基础压应力为 0.44 MPa，均很小，未达到基础破坏条件。

3.3　地铁衬砌结构的内力分析

掘进民房建筑群下方时管片轴力弯矩云图如图 9 所示，掘进完毕后管片轴力弯矩云图如图 10 所示。

从图 9 中可以看出，当掘进至民房建筑群下方时，最大轴力位于拱腰，为 1 170 kN，最小轴力位于拱顶和拱底，约为 237 kN。最大正弯矩位于拱顶和拱底，为 108.4 kN · m，最大负弯矩位于拱腰，为 108.8 kN · m，二者的绝对值相差不大。从图 10 中可以看到，隧道贯通后，轴力与弯矩的极值差别不大。最大轴力变为 1 180 kN，最大正弯矩为 108.9 kN · m，最大负弯矩变为 110.2 kN · m 取得极值处均为模型的中部，即下穿民房建筑群中心的区域。整个管片的受力处于弹性工作范围阶段，故隧道是安全的。

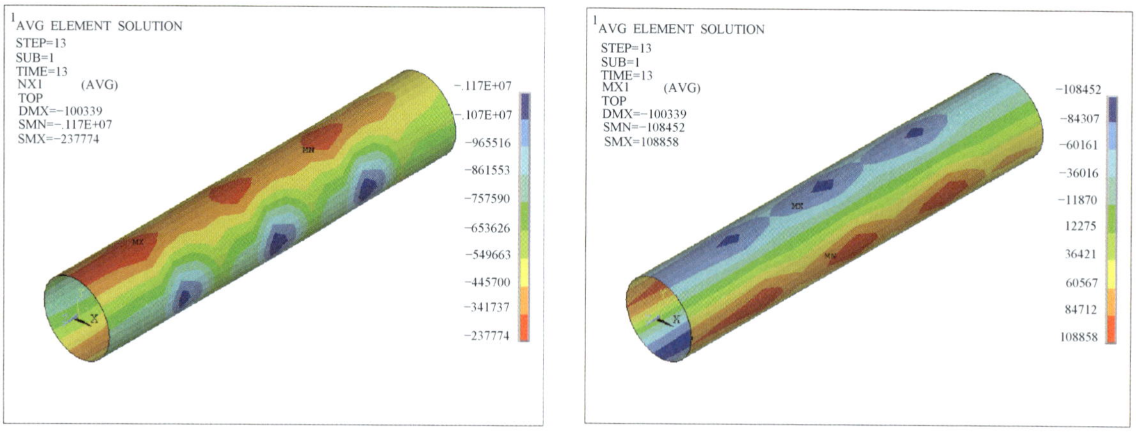

(a) 轴力图　　(b) 弯矩图

图 9　掘进至民房建筑群下方时管片内力云图

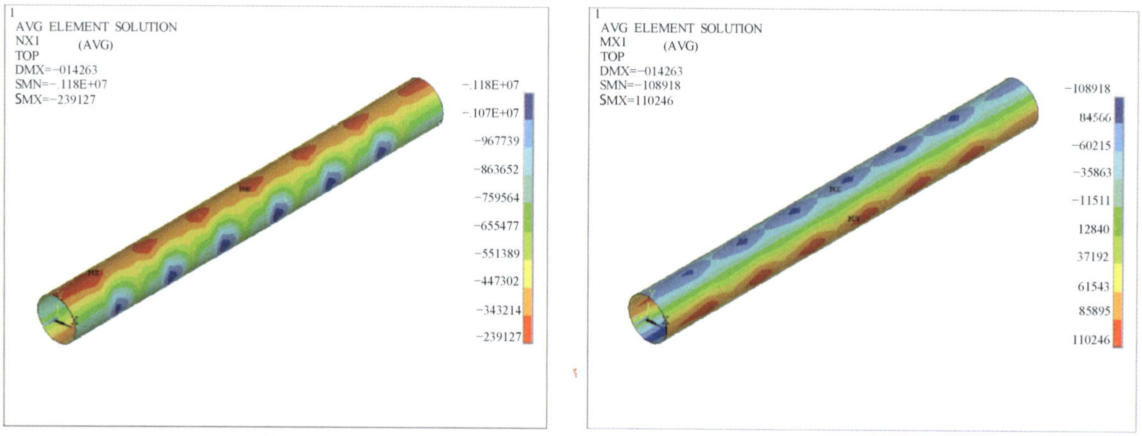

(a) 轴力图　　(b) 弯矩图

图 10　掘进完毕后管片内力云图

4 结　论

(1)盾构下穿民房建筑群所引起的最大沉降约为 7.874 mm,远小于 25 mm 的限值。地表沉降槽曲线符合实际工程中常用的 Peck 公式。

(2)由于应力释放,基础产生不均匀沉降,但其倾斜率很低,可以忽略不计。

(3)由于管片壁后的二次注浆使得地表沉降得到控制。基础的受力较为合理,同时管片的受力也处于弹性范围内,保证了地铁衬砌的安全。

地铁盾构区间下穿铁路货场方案研究

沈山杉

（南京地铁建设有限责任公司，南京　210017）

摘　要：本文以南京地铁7号线马家园车辆段出入段线盾构区间下穿南京东编组站铁路货场为工程实例，介绍了地铁线路方案比选和铁路保护措施，可为今后类似工程的设计和施工提供一定的借鉴和参考。

关键词：盾构区间；下穿铁路；线路比选；铁路保护

0　引　　言

随着我国基础建设的发展，尤其是地铁的大规模建设、一些盾构隧道不可避免的穿越一些既有多股道铁路，施工风险大，为保证既有铁路的正常运营，应对下穿线路方案进行比选并采用必要的加固措施。本文以南京地铁7号线马家园车辆段出入段线盾构区间下穿南京东编组站铁路货场为工程实例，介绍了地铁线路方案比选和铁路保护措施。

1　工程概况

1.1　区间结构概况

马家园车辆段出入段线区间设计起点站为仙新路站，出站后依次下穿仙新路、天加空调地块、侧穿开闭所、下穿京沪下行线、南京东编组站咽喉区铁路、京沪上行线，在王子楼村出地面后接马家园车辆段。

马家园车辆段出入段线区间长1 396.118 m。区间平曲线最小半径$R=200$ m，线路纵坡设计为“V”字坡，最大坡率为34.943‰。区间下穿铁路范围覆土厚度约为10～14 m。

1.2　工程地质条件

参考隧道下穿南京东编组站及京沪上行线处钻孔资料，下穿土层从上至下主要有杂填土、素填土、粉质黏土（可塑～软塑）、粉质黏土（软塑～流塑）、粉质黏土（硬塑～可塑）、粉质黏土（可塑）、粉质黏土（硬塑）、全风化细砂岩、粉砂质泥岩、强风化细砂岩、粉砂质泥岩和中风化细砂岩、粉砂质泥岩。

1.3　铁路概况

南京东站位于南京市栖霞区尧化门，原名尧化门站，始建于1908年，是国家15个铁路路网性编组站之一、国家铁路特等站，是华东地区最大的复线电气化铁路驼峰编组站、货运站、枢纽站，中国日办万辆以上的特大铁路编组站之一。南京东站整体站场长度达8 km以上，站线126股，线路总长120 km，道岔422组，整个编组作业实现了电气化、计算机自动化，双线双溜单向驼峰。

京沪普速铁路是一条从北京通往上海的铁路，由京山铁路北京至天津段、津浦铁路（天津—浦口）和沪宁铁路（下关—上海）组成，随着南京长江大桥在1968年建成而全线接通。目前京沪铁路实际里程为1 451.4 km（经天津西、济南、蚌埠），为全线双线电气化干线铁路，有砟轨道。京沪铁路是中国“八纵八横”铁路网的组成部分，设计速度160 km/h。

2 区间线路方案比选

本次下穿铁路线路方案选取 3 种方案进行比选，见表 1。

表 1 线路方案比选表

项　目	方 案 一	方 案 二	方 案 三
对地铁车站站位影响	仙新路站位靠近东侧 8 号线车站，与 8 号线换乘距离为 180 m	仙新路站位西移 80 m，与 8 号线换乘距离为 260 m	仙新路站位西移 80 m，与 8 号线换乘距离为 260 m
对铁路影响	下穿减速器整体混凝土道床、南京车辆段办公楼、新建食堂、厂房	侧穿驼峰线 405 号、407 号道岔，距离东侧 409 号、413 号道岔 13.4 m	下穿驼峰线 405 号、407 号道岔，距离东侧 409 号、413 号道岔 30.5 m，距离西侧 401 号、403 号道岔 30 m

出入段线下穿南京东编组站驼峰线多股道铁路，驼峰线道岔较多，道岔之间平均距离约 40 m，道岔岔尖沉允许沉降值为 1 mm，通过数值计算，区间隧道外边需要距离岔尖至少 30 m 水平距离才能满足岔尖沉降要求。且驼峰线下游存在 6 组减速器，减速器下方为混凝土整体道床，轻微不均匀沉降极可能导致道床开裂，不允许下穿。经过分析驼峰线铁路功能，发现驼峰线一侧各两组禁溜线，施工期间保证一侧各一根禁溜线正常工作即可。地铁隧道下穿 405 号、407 号禁溜线道岔，施工期间此处道岔采取临时钉闭措施。隧道距离两侧道岔岔尖均满足 30 m 的安全距离。

3 区间下穿铁路加固方案

3.1 铁路路基经验控制指标

通常情况下铁路路基沉降是导致上方线路不平顺的主要原因，根据以往地铁下穿有砟普铁的经验，沉降变化速率在线路慢行期间（盾构施工期间）控制在 4 mm/d 以内，道岔区的沉降量控制在 1 mm 以内，非道岔区的沉降量控制在 10 mm 内。钉闭道岔按照普通铁路考虑。

3.2 加固方案

区间下穿铁路，采用分块加固方案，加固区平面布置如图 1～图 4 所示。

（1）旋喷桩起加固、隔断起止浆控制变形的作用。距外侧铁路路基约 8 m 处向外布置旋喷桩，加固深度为主加固区往下 1 m。旋喷桩采用三管 ϕ800@600 mm，即咬合 200 mm，加固体无侧限抗压强度不小于 1.2 MPa。

（2）主加固区：在路基两侧旋喷桩之间的范围为主加固区，加固深度为地面下 5～17 m。该区域采用袖阀管注浆加固。袖阀管注浆的浆液为水泥浆，注浆压力控制在 0.3～0.5 MPa，水灰比为 1.5，加固体无侧限抗压强度不小于 1 MPa。

（3）次加固区：旋喷桩外侧 10 m 和隧道外侧 3 m 范围内为次加固区。该区域采用袖阀管注浆加固，袖阀管注浆的浆液为水泥浆，注浆压力控制在 0.3～0.5 MPa，水灰比为 1，加固体无侧限抗压强度不小于 0.8 MPa。深度同主加固区加固深度。

（4）袖阀管注浆浆液扩散半径 0.8 m，孔间距 1 m，选用 PRC 自行密闭式双向注浆芯管，并采用 42.5 级普通硅酸盐水泥。

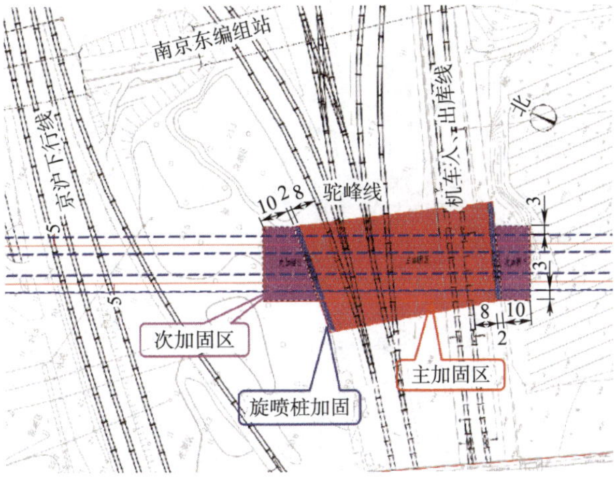

图 1　驼峰线注浆加固平面图(单位:m)

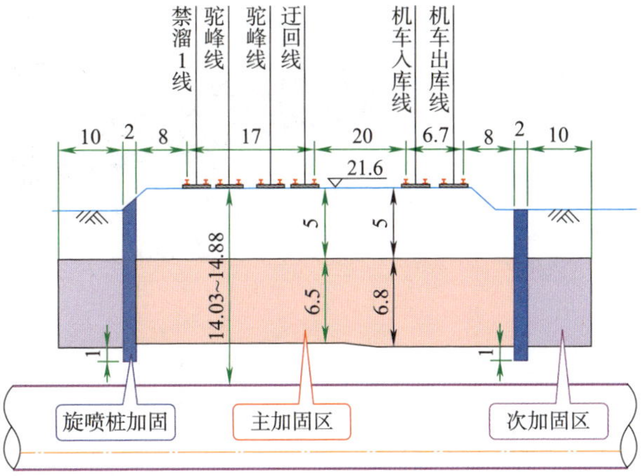

图 2　驼峰线注浆加固剖面图(单位:m)

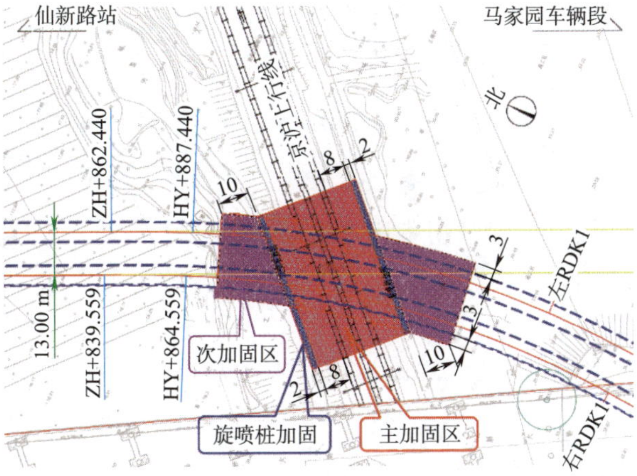

图 3　京沪铁路注浆加固平面图(单位:m)

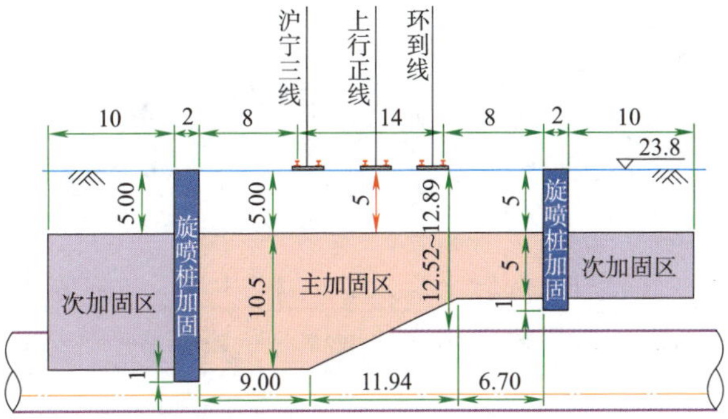

图 4　京沪铁路注浆加固剖面图(单位:m)

4　数值计算分析

4.1　计算模型

本次计算运用 GTS NX 进行三维影响分析,根据盾构隧道的实际工序来模拟隧道开挖,有限元模型如图 6 所示,模型长×宽×高=237.145 m×86 m×45 m。计算模型如图 5、图 6 所示。

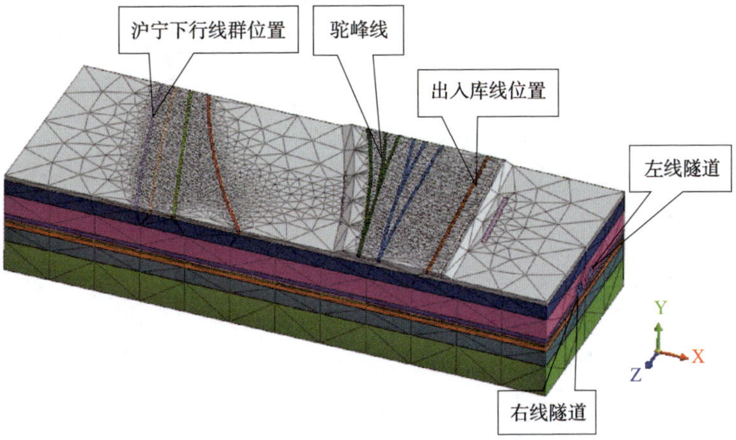

图 5　计算模型

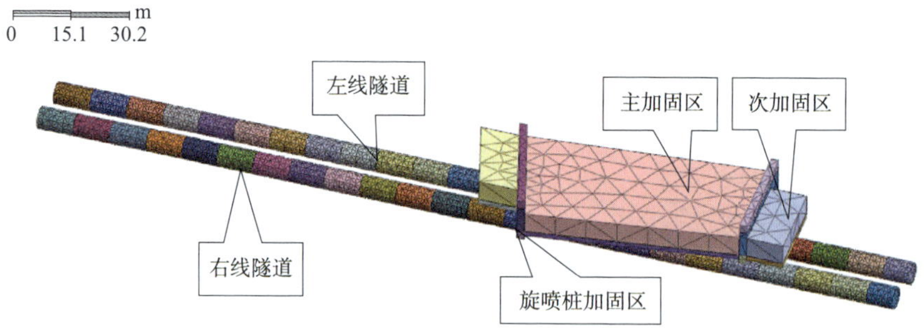

图 6　加固模型

4.2　计算结果

对区间穿越铁路采用有限元计算软件进行计算分析，地层损失率控制按 0.5%考虑，计算结果如下：

京沪下行线铁路：不采取加固措施的情况下轨道最大沉降值约为 7.06 mm。

驼峰线铁路：加固前轨道最大沉降值约为 15.87 mm，加固后轨道最大沉降值约为 7.18 mm。

京沪上行线铁路：加固前轨道最大沉降值约为 10.31 mm，加固后轨道最大沉降值约为 5.02 mm。

5　结　　论

(1)通过线路方案比选，选出最优线路，可以有效降低盾构下穿对铁路货场正常运营的影响。

(2)通过压低隧道纵断面以加大区间穿越铁路股道的埋深，可将施工普速铁路的影响控制在可接受的范围。

(3)对局部软土层采取预加固措施，加强施工控制，盾构区间穿越铁路段地层损失率需控制在 0.5%以内，以有效控制轨道交通施工对铁路的影响。

2.5 新技术应用与实践

平坡地铁车站的排水技术方案研究

黎　庆

（南京地铁建设有限责任公司，南京　210017）

摘　要：目前国内地铁地下车站通常都采用斜坡的设计，通过车站的结构找坡较好地解决了站台轨行区的排水，但也给设计、土建施工、设备系统采购、安装装修以及运营造成非常大的困难。通过对国内地铁车站建设和运营实际情况分析以及对车站排水的功能性研究，提出并制定平坡车站的排水技术解决方案。

关键词：地铁车站；平坡；排水；方案

1　问题的提出

国内地铁地下车站一般都设有2‰～3‰的坡度，能较好地解决排水问题，但是给土建和装修、设备系统采购和安装等设计和施工带来了诸多问题和不便。《地铁设计规范》(GB 50157—2003)第5.3.3条要求："地下车站站台计算长度线路坡度宜采用2‰，在困难条件下可设在不大于3‰的坡道上"，规范制定者主要是从地下隧道最小排水坡度要求和防止地铁车辆溜动上确定了此标准。我们了解了一些境外轨道交通关于地铁车站设坡情况，香港地铁车站一般按照平坡设计，在中德两国合作的《中国地铁与轻轨技术标准研究》成果中也提出"在车站、站线和调车线上不应设纵坡"。其实现行《地铁设计规范》对车站设坡总体要求是尽量平缓的思想，这从规范第5.3.4条对地面和高架站宜设在平坡道上和规范条文解释中对与地面建筑合建的地下车站可以按平坡设置可以体现出来。归根结底是担心平坡车站不能实现有效排水，从而影响运营环境、部分设备设施的正常使用以及结构构件的耐久性。

目前国内设计单位在对地铁地下车站设计中普遍都采用2‰～3‰的结构找坡设计做法，主要有以下两种方式：一是车站顶、中、底板结构均顺线路找坡；二是车站仅底板顺线路找坡，而顶板和中板采用平坡。上述两种做法均会对设计和施工造成较大影响，主要会出现的问题：(1)土建接口复杂。非平行换乘站不同线路间结构板因存在坡度变化而使得标高系统复杂，很容易造成标高不统一和对不上的问题。车站主体结构与出入口通道会存在接口高差，需要通过调整通道的垫层来消除，车站与周边建筑物的连接复杂。以南京地铁1号线新街口站为例(图1)，该有9号和10号口均与新百商场负一层连接，两个通道口部相距约30 m，因车站坡度形成了两个口部之间存在64 mm高差。(2)车站工程规模和投资加大。以南京地铁1号线为例，地下车站均设计在坡度为2‰～3‰、长度为250～510 m的坡道上，受车站最小控制埋深限制，车站底板埋深因此而增加0.5～1.0 m，经对地下两层车站测算，基坑深度每增减1 m，工程造价增减约270万元，约占车站总造价的2%。(3)部分车站设备系统制造、安装复杂。对于站台门系统，站台门安装质量的重要条件是"站台板平和站台板直"，站台门的有效站台都设置在直线上。由于站台斜坡存在致使站台门下每一点绝对标高均不相同，对6A编组、140 m长、斜坡为2‰的站台，站台左右两端绝对高差达280 mm，而站台门正常的工作要求需要不断地滑动，设计工作周期为2 min开闭一次、每天连续工作20 h、无障碍使用次数≥100万次，其安装精度要求非常高，允许土建施工误差为20 mm，站台门安装时只能采取两种方法处理，一是站台门做成矩形，站台门和站台板垂直，和铅垂线之间有夹角；二是把站台门做成平行四边形，来消除坡度引起的高差。这都为站台门系统的制造、安装带来非常大的难度，控制不好将直接影响该系统运营的可靠性。对于自动扶梯系统，由于自动扶梯为30°竖角，车站底板和中板为2‰的斜坡，使得相对布置的扶梯提升高度不一致，5 100 mm层高的站台层，自动扶梯提升高度相差约53 mm，造成扶梯安装孔洞尺寸不一样给设计、施工带来不便，影响了设备的标准化和采购。另外车站内的其他许多设备都需要安装基础水平设置，这给设备基础施工及后期地面装修都带来许多施工难度。(4)给车站装修安装工程带来困难。车站内标识标牌、消火栓箱、广告灯箱、防火门等由于使用要求均需横平竖直设置，墙面装饰系统解决车站斜坡与这些元素的收口难度很大，造成了前面装饰材料的非标准设计、加工和安装，加大了现场施工难度，影响了装修效果，也增加了投资。同时车站设坡还会引起的车站内标高系统的变化，还将对吊顶内外各设备系统、设施的标高确定造成直接影响，使设计、施工大大复杂化，增加了非常多的协调量，也给后期的运营维护管理带来麻烦。

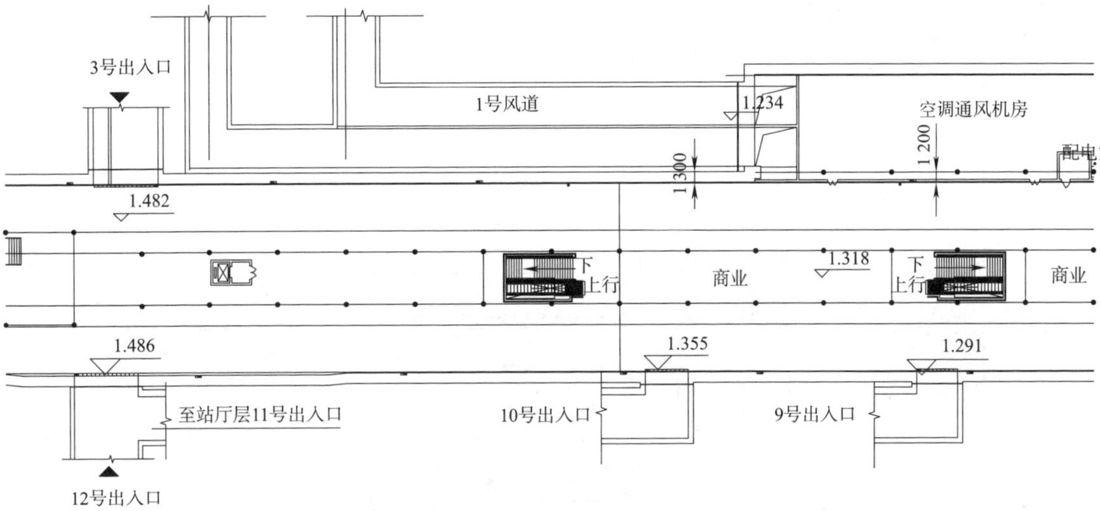

图 1　南京 1 号线新街口站与新百商场连接平面图(单位:mm)

通过上述分析，调整和改变当前地铁地下车站斜坡设计理念和做法，找到有效解决平坡车站的排水技术方案，车站建设过程中因设坡所带来的诸多问题也就能迎刃而解。

2　平坡车站的排水设计要点

地下车站设平坡后，如何有效地组织建筑排水、排水泵站、道床排水等综合排水方案，确保排水标准不低于设坡时的排水标准，是能否实施平坡的关键。那车站内的水的来源情况是怎样的呢？分析其形成主要有以下几方面：一是结构渗漏水，地铁规范的防水原则是“以防为主、刚柔结合、多道设防、因地制宜、综合治理”，地下车站的防水等级应为一级，不允许渗水和漏水，理论可以忽略不计，实际的结构渗漏水量也很小。二是日常生产、生活设备废水，主要有通风空调系统产生冷凝水、冲洗过滤器的废水以及少量的水处理器排污废水等，经计算约为 1 m^3/h；再就是冲洗废水，从目前车站内布置有站台门系统、自动售检票机、电扶梯等大量精密机械设备系统和精装修的车站环境情况来看，为保证设备设施安全，车站清洗已不允许采用“冲洗”作业，代之以“少水快干”的清洁方法，即使考虑冲洗车站公共区，按规范 2～4(L/m^2 · 次)测算，排水量约为 3.2 m^3。三是消防废水，火灾时的消防废水水量较大，可按一处火灾时的消火栓用水量排放考虑。消防用水几十年不遇，属小概率事件，即便是 2‰的坡度也无法做到迅速排水，通常靠水自身漫流加上人工排水和清扫。

通过上述对地下车站内水的来源分析，结合车站功能特点，地下站采用平坡后排水设计要考虑以下几个要点：(1)应避免或减少对既有主体结构的影响；(2)区间内水不得排入车站，需在站端进行有效截流；(3)重点解决轨行区道床排水沟设计和站台板下排水的组织；(4)注重车站排水的系统性及不同车站的差异性；(5)设计方案要方便实施、容易实现设计目标；(6)有利于后期的运营维护。

3　平坡车站排水技术方案分析

通常道床排水是通过轨道两侧水沟把水收集起来，利用车站 2‰坡度，把废水排入车站端部的废水池。采用平坡后，要保证排水效果，只能对道床水沟进行找坡，从车站道床标准断面图(图 2)可以知道，除去沟底结构保护层 100 mm 外，水沟深度最大为 200 mm，一般情况下排水沟深度不宜小于 100 mm，可利用的找坡高度只有 100 mm，要维持 2‰的坡度，只能满足 50 m 的长度。因此无法通过道床厚度满足水沟找坡要求，会造成排水不畅。

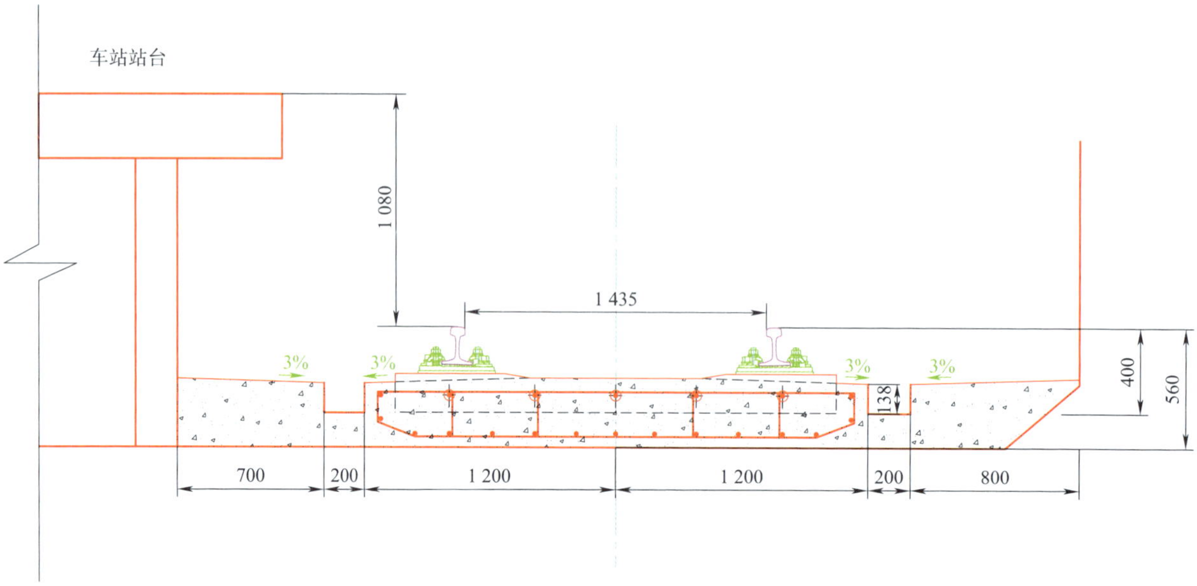

图 2　车站道床标准断面图(单位:mm)

解决平坡车站的排水主要是通过轨行区和站台板下排水的组织方案,现提出以下两个方案(以 200 m 长车站为例):

方案一:道床水沟“人字坡”方案

将车站结构底板较传统设坡车站结构底板的标高降低 120～150 mm,车站底、中、顶板按平坡设置,车站道床水沟从中央纵向采用人字坡,可以实现 2‰的排水坡度;站台板下建筑垫层纵向采用“M”形汇水线,车站两端设排水泵站,中间设局部集水坑。

站台板下的空间比较狭长复杂,通常两边是下排热风道,中间是电缆通道,中间电缆通道内设有电扶梯基坑,在实际运营过程中会有少量的废水和渗漏水。排热风道内的渗漏水间流通的热风会将部分渗漏水烘干带走。而电缆夹层渗漏水则是通过车站两端和中部(通常在车站中轴位置、无障碍电梯井附近)共 3 个集水坑,纵向排水距离平均为 40～50 m,可以解决其排水问题,如图 3、图 4 所示。

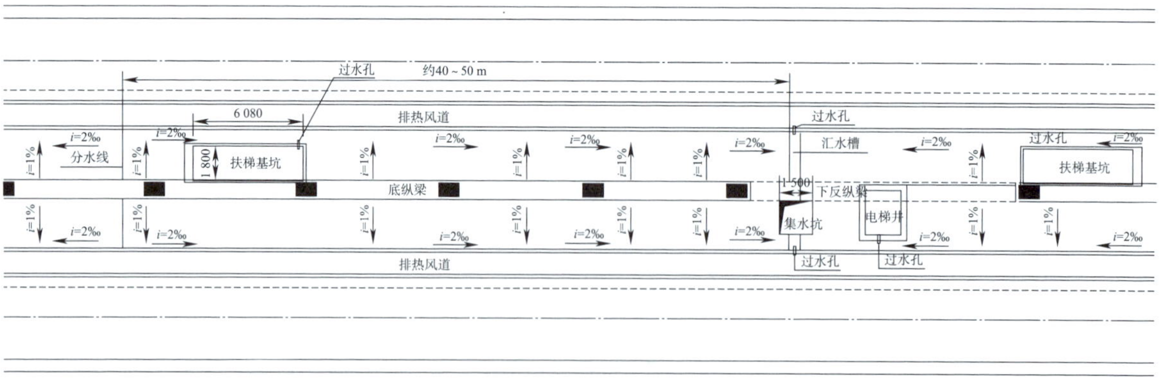

图 3　单柱站站台板下排水图平面(单位:mm)

方案二:道床水沟“地漏＋埋管”方案

道床采用“地漏＋埋管” 的排水方式,即在轨道两侧设置 DN100 的地漏,纵向设置 DN150 排水管,道床往地漏找坡,地漏间距 20 m 左右。道床上的水流入地漏,利用重力作用通过排水管汇入站端集水坑,最终进入废水池。方案示意图如图 5、图 6 所示。该方案道床表面比较干净,不影响主体结构,但是由于排水管是水平的,管道里面会有少量的积水,另外通风机房排水管、站厅的排水立管和道床排水系统无法直接衔接,废水会在道床上漫流,设计、施工接口比较复杂。

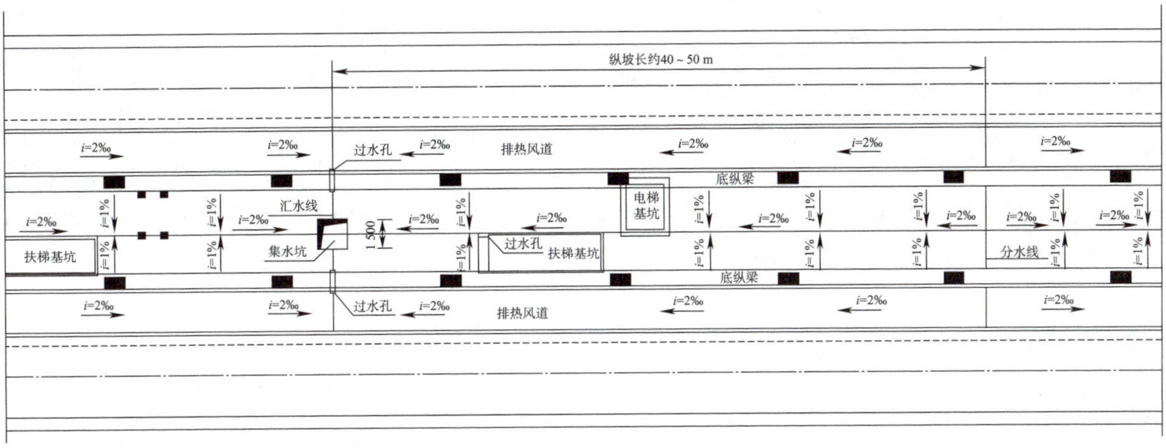

图 4　双柱站站台板下排水图平面(单位:mm)

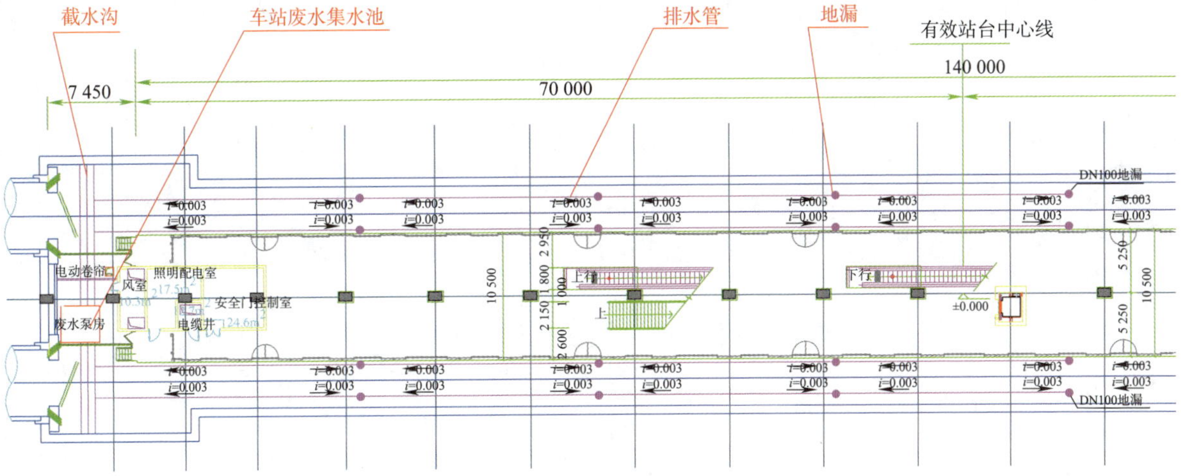

图 5　道床排水平面示意图(单位:mm)

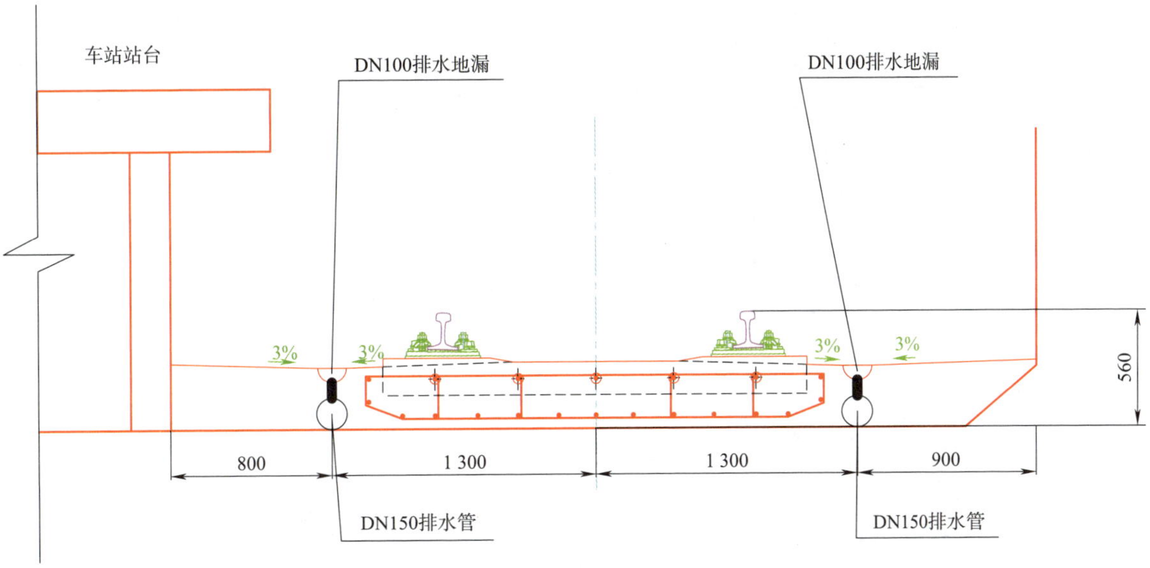

图 6　道床排水剖面示意图(单位:mm)

地下车站按平坡设计后,车站排水方案还有以下几个问题需要注意:一是离壁墙水沟排水方案,应考虑离壁墙水沟合适的排水坡度,一般离壁墙内水沟较窄,沟底平整度难以保证,容易形成积水,可以适当将排水坡度加大到 5‰～10‰，排水点间距 20～30 m，以保证排水效果。二是排水泵站设置问题，车站中部集水坑需设排水泵，接排水管排向两端的排水泵房，车站两端各设一座排水泵站，以避免区间水进入车站轨行区和防止信号系统轨旁电路、无线计轴、设备电缆盒等被水淹后性能会受影响或损坏。对于盾构通过站车站，其轨面距结构面的距离较大，比盾构不过站多出约 990 mm，道床水沟和站台板下排水都具有足够的尺寸来找坡，车站一端设置泵站即可。三是车站配线对设坡的影响，当车站设有存车线或折返线时，要考虑规范所要求的“具有夜间(无司机)停放车辆功能的配线应布置在面向车挡或区间的下坡道上，隧道内的坡度宜为 2‰”。四是对具有特别减震降噪要求的车站，需结合轨道专业要求研究平坡设计的实施条件。

4 小　结

地铁地下车站按平坡设计后将大大简化车站设计，有利于车站土建施工、设备制造和安装、装修及与周边建筑的连接，对运营管理基本不影响。车站采用平坡方案时，排水标准不能降低，特别是纵向排水坡度不应低于设坡时的 2‰坡度。站台板下设有分水线和汇水线，和设坡站的平面排水相比更有利于排水的组织。值得一提的是，设计上要结合考虑具体车站实际情况，组织好多专业配合，对实施性深入研究，充分考虑各工种的施工控制水平，确保实现设计目标。

饱和粉细砂层内盾构机主驱动密封缺陷修复地层加固综合技术应用研究

李长春

（南京地铁建设有限责任公司，南京　210017）

摘　要：文章以南京地铁3号线过江隧道工程为例，分析了长江漫滩饱和粉细砂地层中大直径泥水盾构掘进过程中主驱动密封检查、更换时作业风险，在比对常用加固技术措施和实际操作可行性基础上，探索实践了MJS加固技术与盾尾环箍注浆相结合为地铁工程主驱动密封缺陷检修提供安全作业条件的成功运用，可为以后类似工程施工提供一个成熟的借鉴案例。

关键词：饱和粉细砂地层；MJS加固技术；环箍注浆；盾构主驱动密封缺陷修复

0　引　　言

目前，国内盾构法施工在城市地铁、穿江越河隧道等工程建设中的应用已经非常普遍，并且大直径、长距离的盾构隧道在穿江穿河工程中亦明显增多。在长江漫滩饱和粉细砂地层掘进过程中，如遇盾构机主驱动密封油脂发生渗漏问题，须及时检修，以确保主机安全工作。而要进行主驱动密封检修，则必须在掌子面长期暴露的工况下进行，安全风险极大。选择合适的加固技术以建立安全的主驱动密封缺陷检修工作条件，显得尤为重要。

1　工程概况

1.1　工程简介

南京地铁3号线过江隧道工程起于江北柳州路站南端头，线路沿原京沪高铁上元门越江隧道预留廊道呈东南走向，下穿威尼斯水城密集别墅区、引水河、引水河泵站、长江防洪堤及长江后进入江南的中央北路，到达中央北路与燕江路交叉口的上元门站北端头。区间线路全长约3 354 m，江中长度1 800 m，隧道纵坡为“V”形坡，最大纵坡29‰，隧道顶部埋深在9.59～46 m之间，最小平面曲线半径805.2 m。区间隧道设计为单洞双线圆形断面形式，隧道内径10 200 mm。

盾构始发段自上而下地层主要为①-1杂填土、②-3c-3粉土、②-3b-4～3软塑～流塑状粉质黏土、②-3d-4～3粉砂、细砂、②-4d-3～2粉砂、细砂。隧道断面内所处地层为②-3d-4～3粉砂、细砂，②-4d-3～2粉砂、细砂，其含水量高、孔隙比大。

1.2　盾构机主驱动系统介绍

本隧道工程采用海瑞克ϕ11570的复合式泥水气压平衡盾构机进行施工。其中刀盘驱动系统主要部件包括：齿轮箱体、主驱动齿轮、密封支撑、刀盘法兰盘、密封压紧环等，主驱动密封位于刀盘中心部位（图1）。

主驱动密封采用唇形3＋1密封形式结构（图2），即三道向外、一道向内，每道密封设计可承受0.35 MPa压力。当泥水压力超过0.3 MPa时，需要在第二道和第三道密封之间的OA1-4腔内加相应的压力以平衡前两道密封所承受的压力，因此该盾构设计压力为0.6 MPa。

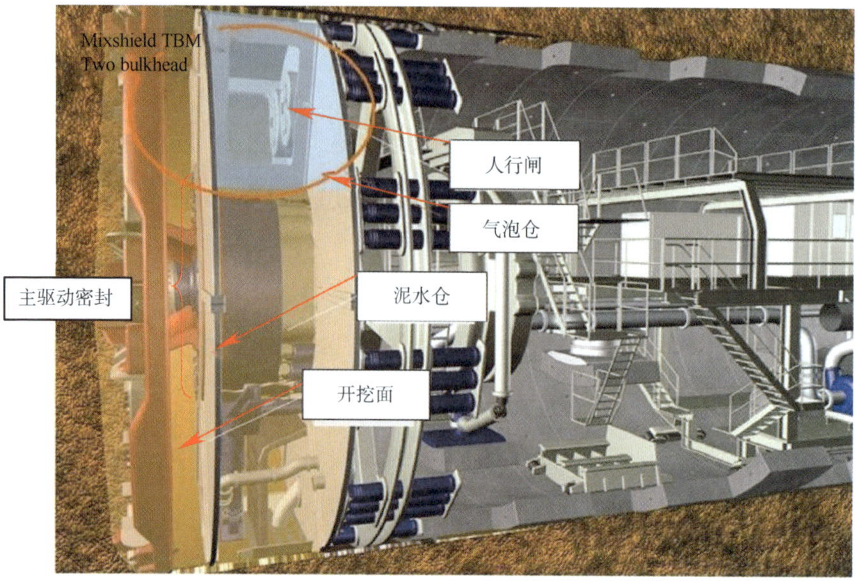

图 1　盾构机主驱动密封位置示意图

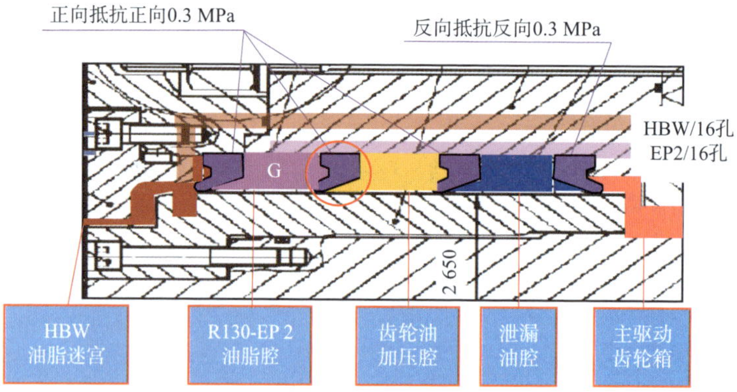

图 2　盾构机主驱动密封形式结构

2　主驱动密封故障发现及危害

2.1　主驱动密封故障发现

盾构掘进至+4 环，在进行盾构机驱动密封加压操作时发现异常情况：第二道密封与第三道密封之间的齿轮油加压仓 OA1-4 内有部分 EP2 密封油脂，且未操作加压情况下已经有微量压力。随后液压技术人员对此问题进行进一步检查：在不推进状态下齿轮油腔内泄漏量较小，但在推进状态下齿轮油腔泄漏量很大，齿轮油加压仓 OA1-4 内的 EP2 油脂量逐步增加。将泥水压力控制在小于 0. 3 MPa 状态下继续推进至 17 环，齿轮油加压仓 OA1-4 内已经充满 EP2 油脂。通过对 5～17 环的继续推进过程的检查分析，初步判定第二道唇形密封存在缺陷，导致第二道密封失效。

2.2　主驱动密封故障存在危害

1. 对盾构设备的影响

发现故障时，盾构埋深约 23 m，掌子面中心压力为 0. 15 MPa 左右。如果盾构继续向前推进，埋深逐步加大，当掌子面水土压力超过 0. 3 MPa 时，因每道密封只能承受 0. 3 MPa 压力，第二道密封首先失效，第一道密封随后也会被击穿，泥水会进入主驱动密封中，造成主驱动轴承损坏，最终导致盾构无法推进。

2. 故障排除对周边环境的影响

盾构推进到17环时，盾构正处项目部板房营区内，此处处理相对影响小；若继续推进，70～271环上部为威尼斯水城小区，在此停推进行故障排除，处理难度和风险均较大；如果再继续推进，进入江底技术处理难度极大，费用难以估计。

通过以上分析，应该立即停止推进，在项目部营区内完成主驱动密封修复工作。

3 密封检修工作风险分析

3.1 密封圈检修的工况条件

要进行密封圈的检修工作，开挖仓内液面需降至主驱动密封以下；因检修持续时间较长，在检修工作完成前，液面无法回升，就必须保持液面和掌子面的稳定。

3.2 密封修复的安全风险

1. 掌子面稳定的风险

开挖仓液面降至盾构底部附近，即可进入密封圈检查及拆装阶段，这一较长时间内要求液面保持在盾构底部附近。此工况下，掌子面长期暴露在干燥环境下，掌子面形成的泥膜很快会开裂而失效，掌子面会被仓内气压击穿，造成前方塌方而危及人身安全。掌子面能否长期保持稳定是最为重要且需要突破的一大难题，也是主驱动密封修复成败关键所在。

2. 仓内气压稳定性的风险

若盾尾后方不封闭，开挖仓内气体可能从盾尾流失进入土层中；一旦盾构机补气不及，将会造成开挖仓内液位上升，泥水进入主驱动密封中，危及主驱动设备安全。

为此，保证掌子面稳定和盾尾密封是主驱动密封能否检修成功的前提条件，即常称“保头护尾”工作。

4 加固方案的分析研究

4.1 土体改良剂喷涂加固掌子面

1. 基本原理

掌子面土体改良是去掉掌子面泥膜，将土体改良剂喷涂到正面土体上形成具有一定强度、密封性气密膜，在液面降低后，气密膜与仓内气压共同作用支护掌子面土体。为便于喷涂操作及防止刀盘转动时刀具对气密膜的破坏，需留出一定尺寸的空间，因此喷涂前需拆除部分刀具，换上伸出长度大于贝壳刀端部的钢板，再旋转刀盘通过换上的钢板将掌子面上的泥膜刮掉。

2. 技术可行性

首先，作业单位仅有在岩石基面上喷涂的案例，在软土地层中没有实践经验，效果无法预估；其次，初步分析，本盾构处于渗透系数大的砂层中，掌子面泥膜厚度为3～4 cm左右，泥膜失效快，并且实施过程中需要在仓内转动刀盘，容易造成盾构正面或侧面土体失稳，人员进仓施工存在较大安全隐患；第三，通过在＋21环、＋22环、＋28环停机进仓检查结果，判定：刀盘后方局部有空洞（说明土质较差、泥膜形成效果不好），且要在表面泥膜刮除后才能在基面上实施喷涂，在喷涂过程中掌子面随时有塌方的风险，故喷涂方案不具有可行性。

4.2 三轴深搅、高压旋喷等传统的加固方法

1. 工艺原理

三轴深搅由多轴装置和钻具组成，钻杆螺旋推进轴相间设置，两轴同向旋转喷浆，中轴逆向高压喷气，在反复进行的钻掘、搅拌过程中，将一定深度内的地基土和由钻头喷出的水泥浆、压缩空气进行就地强制充分

搅拌，形成水泥土加固体。

三重管高压旋喷是一种水、气喷射、浆液灌注搅拌混合喷射的方法。即用三层喷射管使高压水和空气同时横向喷射，并切割地基土体，借空气的上升力把被破碎的土由地表排除；与此同时，另一个喷嘴将水泥浆低压力喷射注入到被切割、搅拌的地基中，使水泥浆与土混合达到加固目的。

三轴深搅、高压旋喷等传统的施工法是由于气升效果，废泥由钻杆与原状土之间的间隙排出，但是，随着施工深度的增加，气升效果会越来越弱；另外，当间隙堵塞的时候，地基压力会增加，高压喷嘴的喷射效率会下降，会造成地面隆起等负作用。

2. 技术可行性

三轴深搅适用于杂填土、黏土、粉质黏土、淤泥质土、黄土等，超过 20 m 易发生开叉现象和成桩质量不好，最大加固深度不超过 30 m。三重管高压旋喷适用于处理淤泥、淤泥质土、流塑、软塑或可塑黏性土、粉土、砂土、黄土、素填土和碎石土等，最大加固深度不超过 42 m。而本工程为饱和粉细砂地层，三轴深搅和高压旋喷均易发生卡钻现象，处理时间较长，造成施工冷缝甚至断桩问题；地下水较为丰富，传统加固工艺成桩均匀性差，且强度增长慢。

4.3　MJS 加固方案

1. 工法原理

MJS 工法在传统高压喷射注浆工艺的基础上，它采用了多孔管钻进，多孔管中间有一个 6 cm 的泥浆抽取管，在倒吸水和倒吸空气适配器的作用下，能将地下的废浆强制抽出。钻头上装有地内压力感应器和排泥阀，并且能够自由控制排泥阀门大小，当地内压力显示不正常时，调整排泥阀门的大小可顺利的排出泥浆，使地内压力正常。MJS 工法配有后台管理装置，对于地内压力、空气压力及流量、水泥浆压力及流量、倒吸水压力及流量在管理装置面板上能够清楚的显示，便于施工管理和控制。

2. 技术可行性

首先 MJS 工法直接采用水泥浆液进行喷射，通过地内压力监测和强制排浆的手段，对地内压力进行调控，可以保证超深施工的效果；其次 MJS 工法施工时转速、提升、角度等施工参数均为提前设置，并实时记录施工数据，自动化程度高，成桩质量稳定；最后 MJS 工法占地面积小、对地层振动小、泥浆污染少。

通过以上加固工艺原理、技术可行性的分析，结合南京地区传统加固工艺在砂层中的成桩效果，并考虑场区施工占地面积和加固体强度增长期的需求，因此决定拆除盾构项目部部分板房作为修复地点，采用成桩效果好、对地层振动小、占地面积小、泥浆污染少的 MJS 工法桩进行加固，然后将盾构机刀盘推进至该加固区内，再进行密封更换的作业。

4.4　环箍注浆稳定仓内气压

1. 工艺原理

盾构修复采用气压法辅助工艺。考虑盾构机本体为锥形，为避免正面气压从后面逸失，需对后续管片进行环箍注浆，密封气压流失通道。考虑注浆对盾尾的损害，需与盾尾保持一定距离进行注浆。

2. 技术可行性

环箍注浆工艺较为成熟，在盾构进洞前，往往对盾构后方管片施作环箍注浆，以封闭盾构后管片外渗漏通道。

通过上述分析，MJS 加固及盾尾环箍综合运用，可实现盾构长时间停机期间掌子面稳定及开挖仓内气压稳定的工作要求，控制检修期间安全风险的发生。

5　盾构主驱密封圈检修综合加固技术实践

5.1　盾构主驱密封修复施工流程

前期准备工作→MJS 加固→盾构机推进加固区→盾尾环箍施工→保持正面土体稳定性→稳压进仓检查和维修→清理→检查检修情况→恢复推进。

通过 MJS 加固及盾尾环箍施工综合实现主驱动密封缺陷检修安全工作条件。

5.2 MJS 加固施工

1. 加固范围和工程量

加固深度为 26.2 m，其中盾构机上部 5 m、下部 3 m，沿盾构推进横向加固长度为 16.8 m(左右各 2.5 m)、推进方向纵向加固宽度为 4 m(图 3)，MJS 加固参数见表 1。

表 1 MJS 加固参数汇总表

项目	根数	半径(m)	桩长(m)	桩深(m)	单桩计算方量(m^3)
加固	21	1.1	19.6	26.2	74.5
合计	21		411.6		1 564

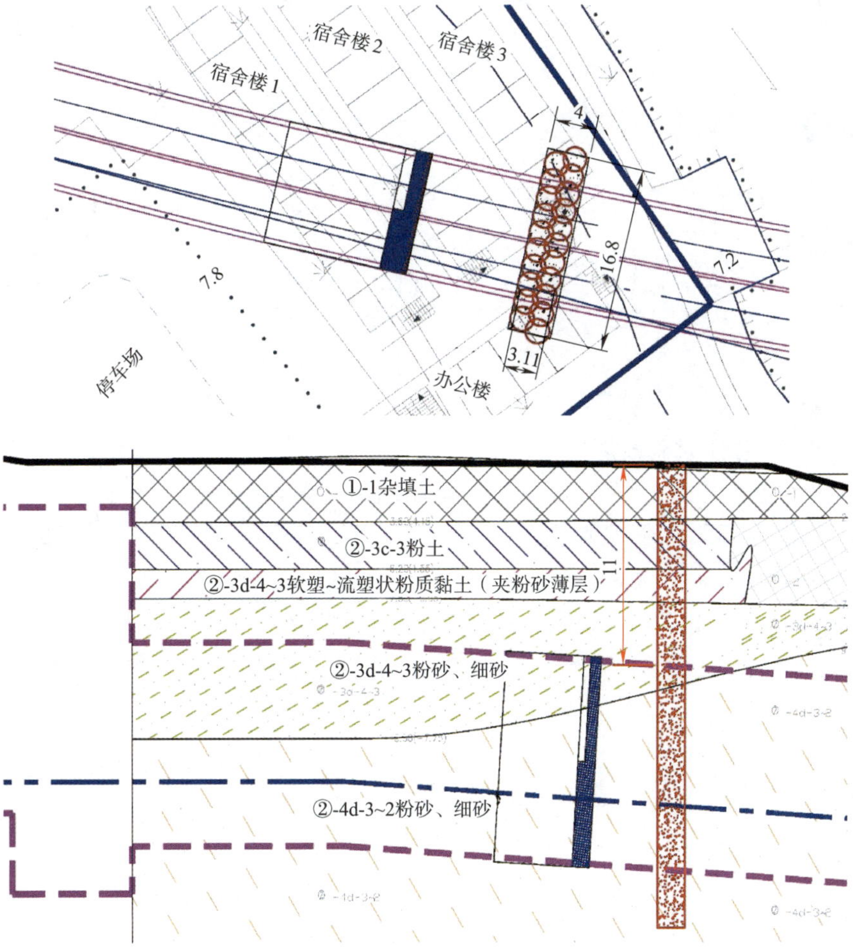

图 3 MJS 加固平面、剖面图(单位：m)

2. 主要技术参数

(1)水灰比 1∶1(重量比)，水泥用量约 3.3 t/m。

(2)桩径 2.2 m，桩间搭接 600 mm，成桩垂直度误差≤1/100。

(3)浆压力 40 MPa，空气压力 0.6～0.7 MPa，空气流量 1.0～2.0 N · m^3/min。

(4)地内压力：1.3～1.6 的系数(视监测情况适当进行调节和控制)。

(5)提升速度 40 min/m(全圆)，浆液流量 85～105 L/min。

3. MJS 工法施工工艺流程

工程地质钻机成孔→MJS 工法设备就位→MJS 工法成桩→喷射至设计标高→结束。

4. 成桩钻芯检测

为检查成桩质量，在 MJS 加固完成后，对现场 2 号桩进行钻芯取样，取芯长度为 25 m，芯样均匀密实

(图 4),7 d 无侧限抗压强度最小 5.19 MPa。

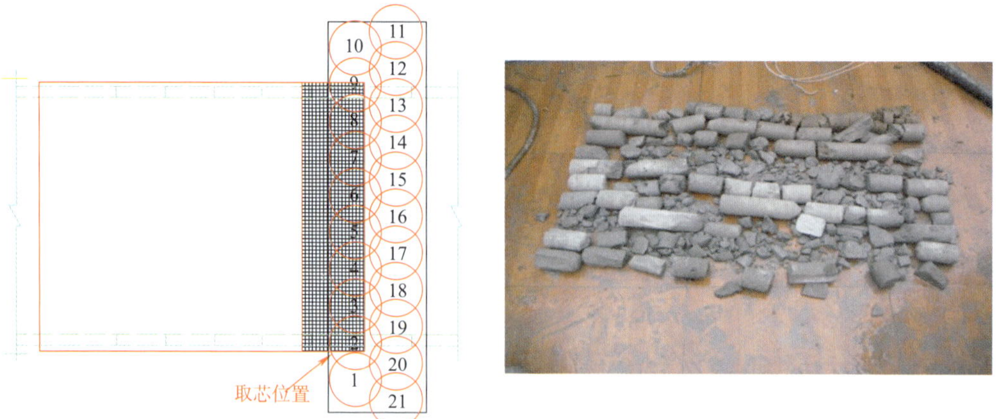

图 4　取芯位置与芯样图

5.3　盾尾环箍施工

本次环箍注浆位置为盾尾后 5 环至 10 环位置。采用双液浆压注,压注从底部往上逐孔压注。注浆出口压力原则上控制在:底部≤0.45 MPa;顶部≤0.3 MPa。压注过程中应关注正面泥水压力变化。若正面泥水压力变化大于 0.05 MPa 应停止注浆。双液浆浆液配比应在压注前做试验,其初凝时间控制 8 s 左右(配比 6∶1)。

5.4　修复情况

盾构主驱动密封修复施工过程及周期见表 2。

表 2　修复施工周期汇总表

项目内容	施工周期	用时	说　　明
前期方案研究、MJS 加固准备	9 月 6 日～10 月 21 日	45 d	方案论证比选阶段
MJS 加固	10 月 22 日～11 月 13 日	22 d	
盾构推进	11 月 16 日～11 月 18 日	3 d	盾构推进 7 环左右,进入加固区约 1.6 m
环箍注浆、仓内清理泥浆	11 月 19 日～11 月 24 日	6 d	仓内密封拆装准备工作
密封检查与更换	11 月 28 日～12 月 6 日	9 d	三道密封圈均进行了检查,第二道破损

6　结　　论

通过上述研究实践,总结如下:

(1)在盾构掘进过程中特别是始发阶段,对设备各部件的工作情况及时、规范地进行常态化检查,是发现设备问题、排除设备隐患、规避设备故障风险的必要保证。

(2)在饱和的粉砂地层中,当加固深度超过 20 m 时,MJS 工法成桩密实性、均匀性好,且成桩直径有保证、早期强度较高。

(3)更换盾构主驱动密封时,MJS 加固及盾尾环箍综合运用,可实现盾构长时间停机期间掌子面稳定及开挖仓内气压稳定的工作要求,控制检修期间安全风险的发生。

BIM技术在南京地铁宁溧线工程施工中的应用

陈　浩

（南京地铁建设有限责任公司，南京　210017）

摘　要：简述建筑信息模型(Building Information Model，BIM)技术的特点；将BIM技术应用于车辆段特别复杂的综合管网系统施工中；以金龙路站安装装修为例，将BIM技术与预制化场外加工相结合；总结BIM技术在预制化加工中的优点。

关键词：地铁施工；BIM技术；综合管网系统；构件预制化加工

0　引　　言

建筑信息模型(Building Information Model)技术，简称BIM技术，是一种应用于工程设计、建造管理的数据化工具。通过参数模型整合各种项目的相关信息，在项目设计及实施建造阶段，使工程技术人员对各种建筑信息做出正确的理解和高效的应对，能在项目实施阶段，提高生产效率、节约成本和缩短工期方面发挥重要作用。

BIM技术主要有五大特点，即可视化、协调性、模拟性、优化性、可出图性。BIM技术在宁溧线建设中的应用主要分为：(1)车辆段特别复杂的管网设计施工；(2)金龙路站安装管线利用BIM技术进行预制化场外加工的应用。

1　BIM技术在车辆段特别复杂的综合管网系统施工中的应用

地铁车辆段是集停车、列检、维修及人员办公等使用功能于一体的综合性工程，涉及土石方、房建、电务、机电设备安装、轨道五大专业。地铁车辆段因综合性强、专业繁多、施工场地狭窄、工序交叉复杂等特点，素有地铁"大脑"之称。对于车辆段土建施工来说，地下管网种类繁多，空间位置交叉错落，与房建、接触网、构筑物等专业施工干扰多，向来是各车辆段土建施工中的易错点，也是各施工单位施工组织中的重难点。南京地铁宁溧线溧水车辆段共有综合管网12类，包括给水、排水、消防、自喷淋、动力照明、供电、通信、信号、安防、火灾报警、环境监控、保护套管等。各类管线材质及工程数量见表1。

表1　各类管线材质及工程数量表

序号	名　　称	材　　质	单位	工程数量
1	动照/供电	高强PVC管	km	110
2	排水系统	HDPE管/钢筋混凝土管	m	8 925
3	给水/自喷淋系统	铸铁管/不锈钢管	m	4 535
4	消防系统	铸铁管	m	3 411
5	通信/信号	镀锌钢管	m	5 692
6	安防系统	镀锌钢管	m	11 673
7	FAS/BAS	镀锌钢管	m	43 465
8	保护套管	镀锌钢管/玻璃钢管	m	2 000

针对复杂的管网，为确保施工成型，避免返工，进一步提高生产效率，专门成立技术应对小组，制定专项的目标和方案，见表2。

表 2　各方案对策和目标

序号	方案	对　策	目　标
1	建模	建立 BIM 可视化模型	数据采集、分析、BIM 模型建立，利用 BIM 技术对综合管网系统施工进行全面模拟，对进度、质量、成本进行实时监控、指导，并提出预警及修正方案
2	分析	模型分析、碰撞检测、图形与动画输出	检测并消除全部碰撞点，输出图形、动画
3	交底	施工交底	保证现场技术人员、管理人员、一线施工人员得到直观、准确的施工交底
4	施工	现场施工	按照既定施工顺序、交底内容组织现场施工，确保完成设定的工期及质量目标
5	检查	检查反馈	对施工完毕的管线、井室及时进行标高、位置、是否渗漏、通畅情况等进行检查，并及时向相关人员反馈；做到不重不漏不返工

1.1　建立 BIM 可视化模型

根据施工图纸，建立完善的构件族库，项目中的每一个模型均携带相应的构件信息，先局部后整体，每个模型的构建均具有可追溯性，其自身携带的信息满足构筑整个模型的条件，再将这些模型整合起来形成整体模型。

各类族构件创建完成后，在 BIM 应用软件 Revit 中新建项目，并将族构件整合建立模型。

1.2　模型分析、碰撞检测、优化设计

实施效果：共检测到碰撞信息 82 处，消除碰撞 82 处，生成各类图形、动画。模型建立完成后，在 BIM 三维环境下，可以更便捷地发现管网系统中隐藏的问题，在施工前通过对模型的检查，提前解决问题。BIM 软件的剖切功能，可以直接从模型中提取剖面，且与模型联动，一处修改，处处更新。

BIM 模型中对需要研究的节段进行任意选取，如图 1 所示。

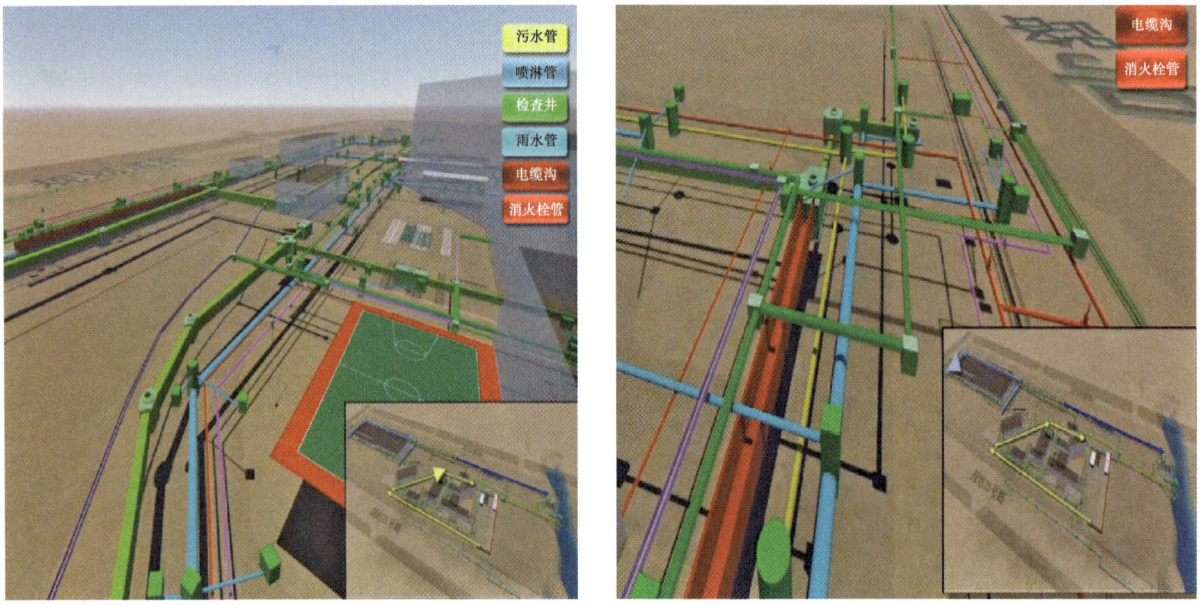

图 1　研究的节段选取图

裁模型生成三维剖切并添加注释信息，更简便地表示构件相对位置及信息，如图 2 所示。

利用 BIM 技术的碰撞检测功能，迅速查找碰撞点，并生成碰撞报告，反馈至设计及相关人员，及时对碰撞点进行调整、优化，如图 3 所示。

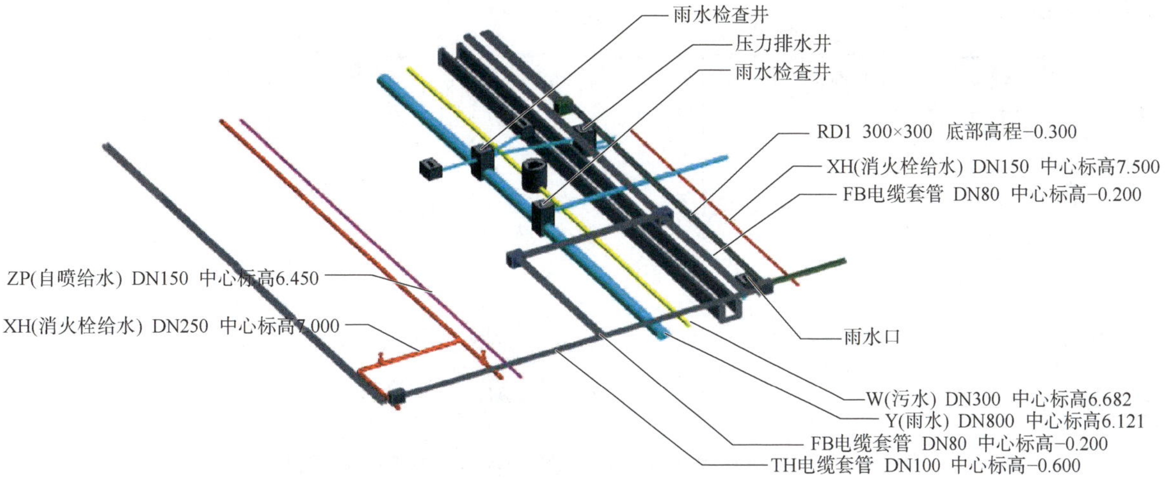

图 2　构件相对位置及信息图

碰撞检测后模型及时提供碰撞部位及报告，如图 4 所示。

更新参数、处理碰撞点，如图 5 所示。

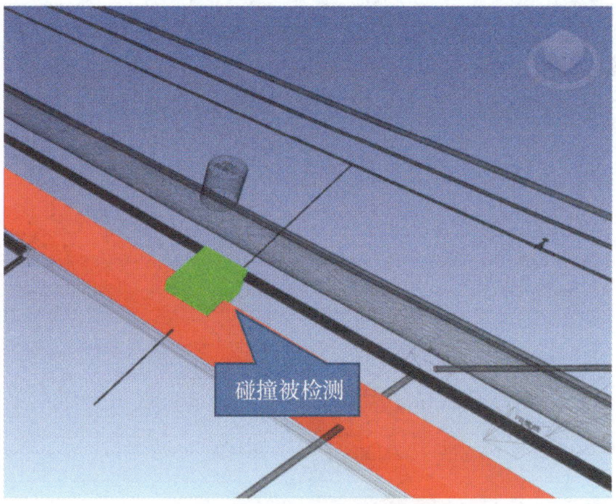

图 3　碰撞点调整、优化图

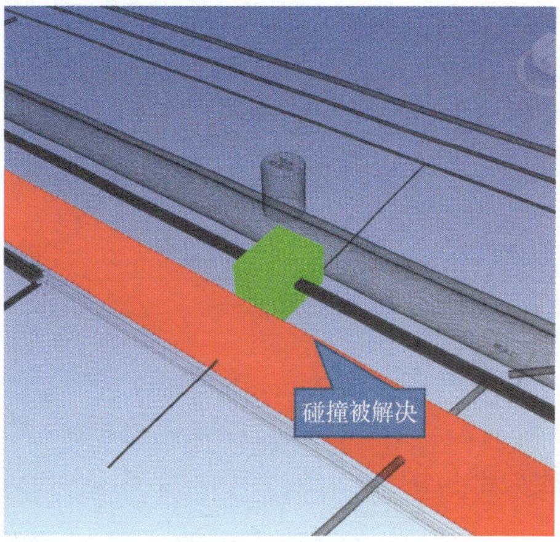

图 4　碰撞优化处理结果图

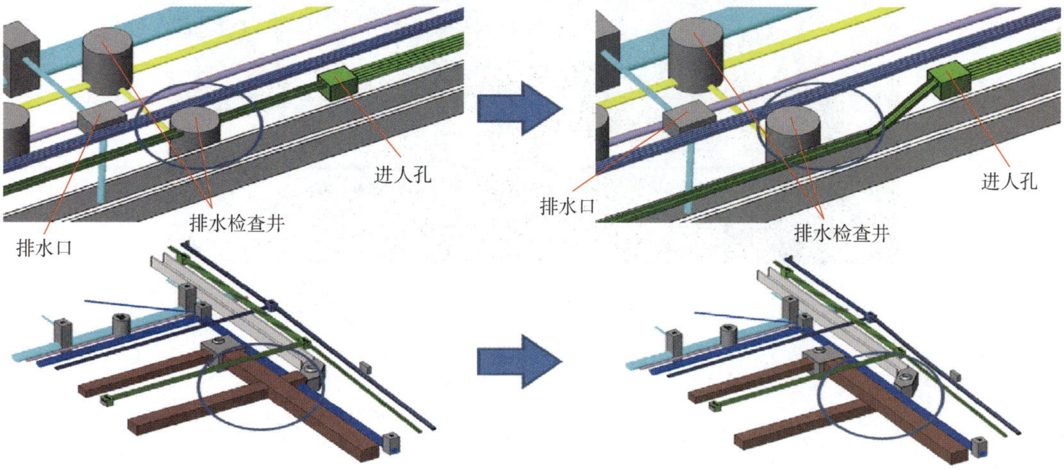

图 5　碰撞点更新图

基于碰撞报告进行管线位置及标高调整，管网分析、检测、优化完成后，根据施工需要，选择各节段、部位，导出平面、立面图纸，可与 CAD 等软件配合使用。研究节段剖切面导出 CAD 文件，如图 6 所示。

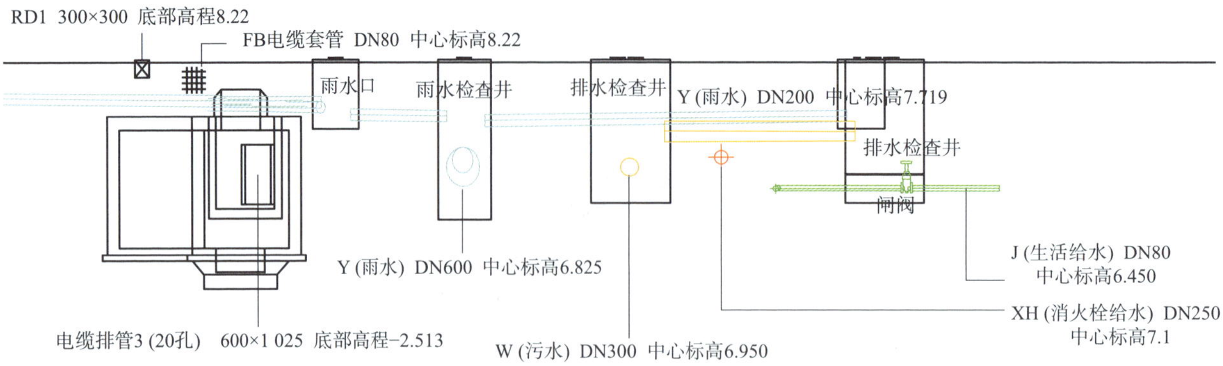

图 6 节段剖面的 CAD 图

利用 Navisworks、Lumion 及 After effect 等 BIM 应用软件制作漫游及动画。

利用视频制作及后期处理等软件制作视频，进行施工模拟，如图 7 所示。

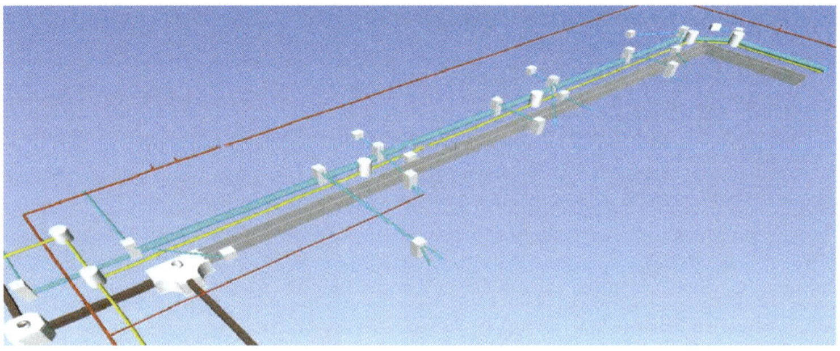

图 7 施工模拟截图

1.3 施工交底

组织相关人员至项目部会议室进行漫游、动画演示，模拟施工全过程，将各个部位施工顺序以书面形式下发，将相关部位的剖面图、动画等资料下发至管理人员及一线施工人员手中，如图 8 所示。

图 8 项目部 BIM 学习图

BIM 技术人员讲解 BIM 相关知识集中观看动画演示、施工过程模拟，如图 9 所示。

1.4 现场施工

效果检查：现场施工规范、有序，各项工作稳步推进。施工过程中，重要节点实行领导带班制度，技术人员跟班作业，及时解决现场存在问题，即发现问题及时纠偏确保工序组织及施工质量满足要求，如图 10 所示。

图 9　项目部 BIM 演示图

(a) 动照及供电排管施工

(b) 排水管道施工

(c) 井室施工

(d) 弱电管道施工

图 10　综合管网施工图

实施效果：已完工管网逐一检查，无重项、漏项，无返工。

2　金龙路站安装管线利用 BIM 技术进行预制化场外加工的应用

2.1　预制化加工的流程

(1)根据设计图纸进行模型的初步搭建(图 11)。

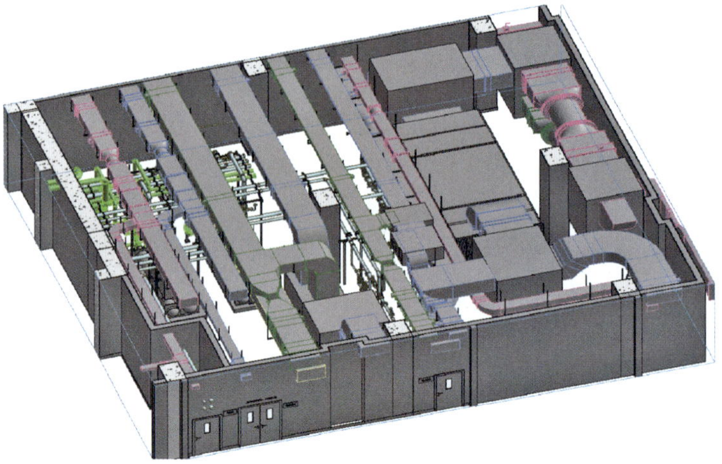

图 11　模型初步搭建图

(2)碰撞解决：

①根据设计图纸进行管线排布后发现的多处碰撞,并截取图片,如图 12 所示,告知专业工程师。

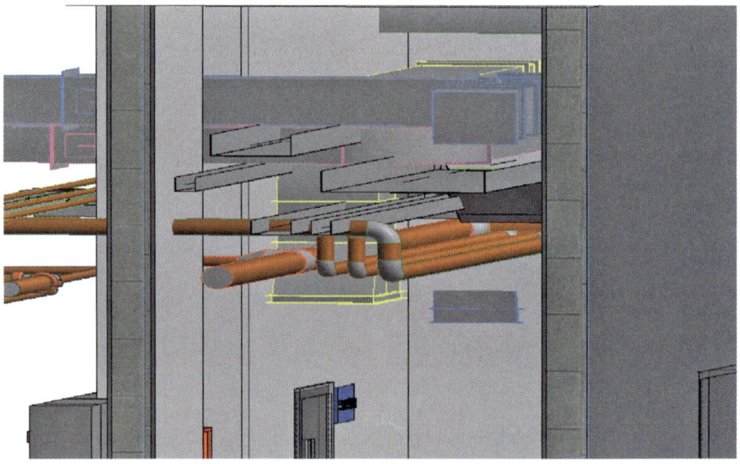

图 12　管线排布碰撞图

②由模型内的碰撞整理出碰撞报告,并与相关专业工程师讨论,得出相应解决方案,如图 13 所示。

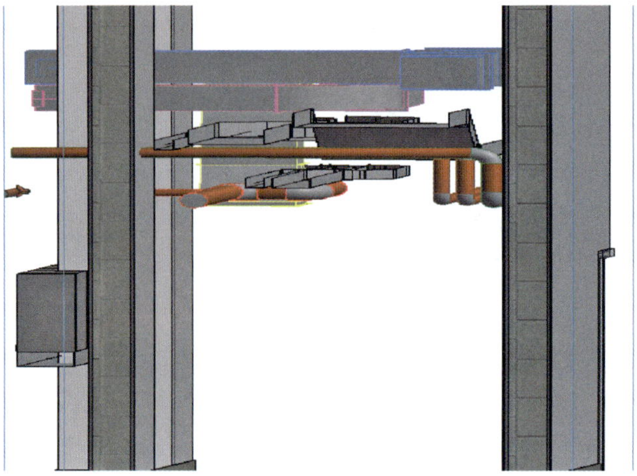

图 13　管线碰撞解决方案图

(3)得出初步优化后的机房模型。

(4)模型的细化拆分与编码。

①模型的细化。将已经建立的模型进行拆分细化，形成一个个单独的个体，然后将冷水机房的主要线路经行划分，如图 14 所示。

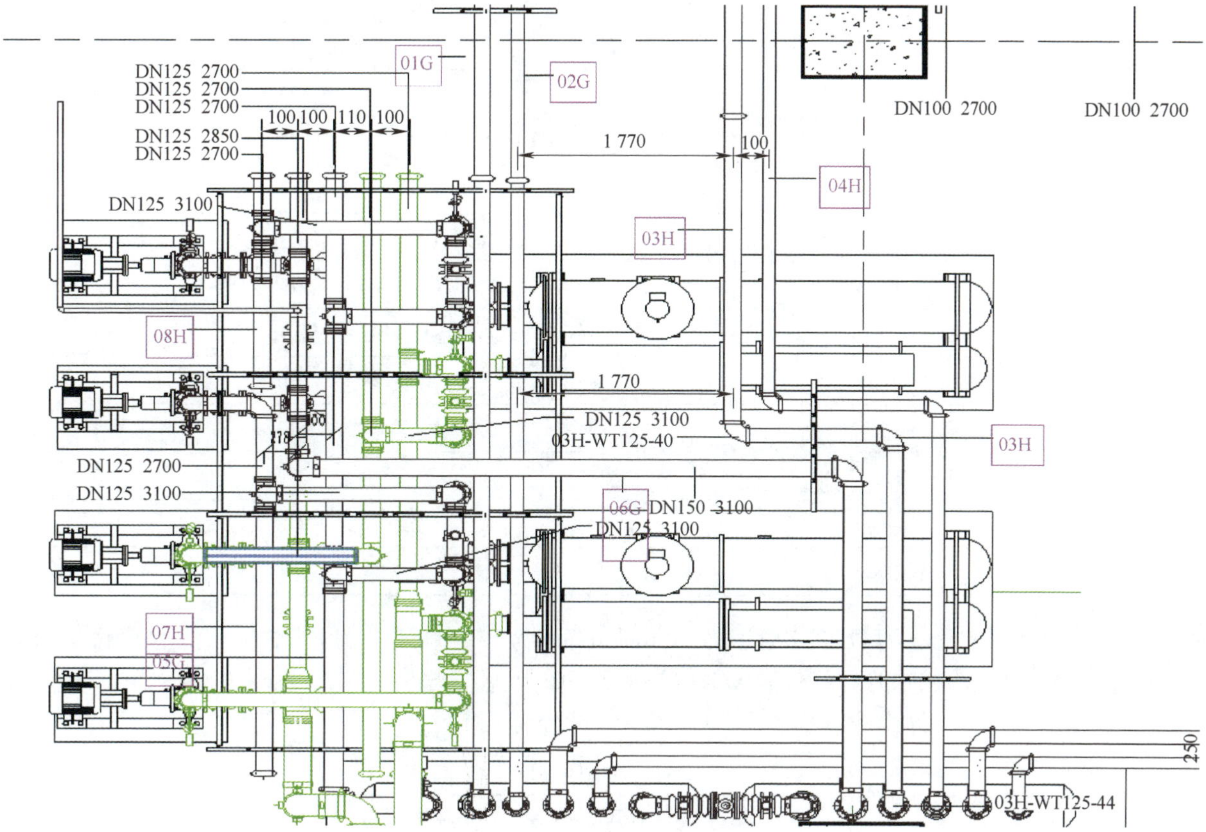

图 14 冷水机房线路图(单位:mm)

②设备及部件编码。将已经划分好的管线进行编号作为主干线，如图 15 所示。

将管线内的所有部件进行逐一取代号，见表 3。

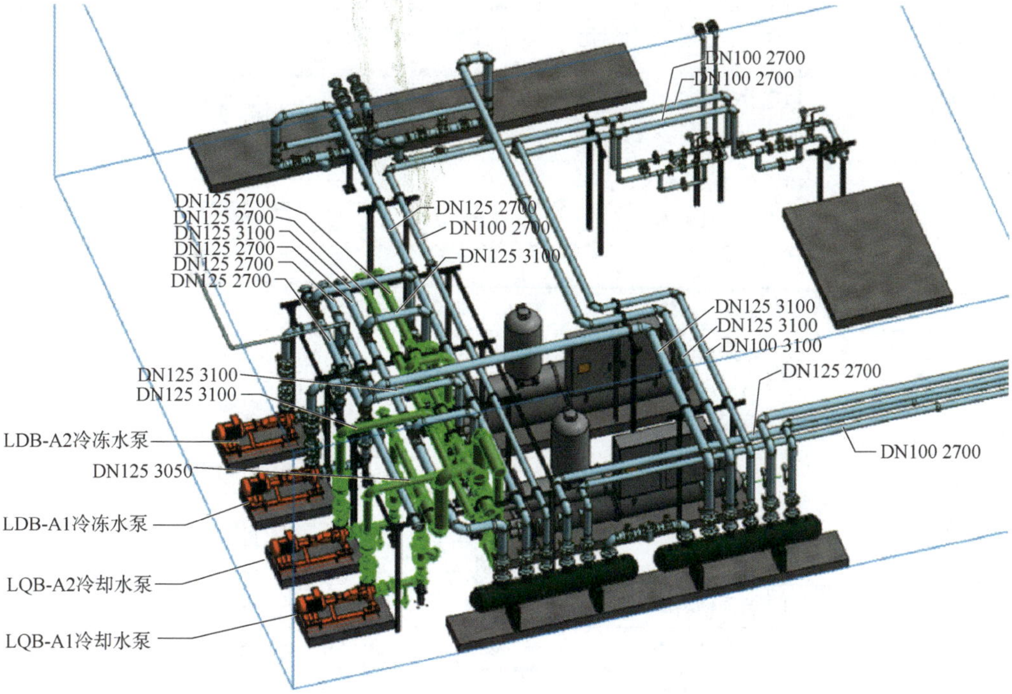

图 15 设备部件编码图

表 3　部件名称代号

部件名称	代　　号
蝶阀	DF
电动蝶阀	DDF
电动二通阀	DETF
闸阀	ZF
浮球阀	FQF
软接	RJ
正三通	ZST
异径三通	YST
弯头	WT
丝接法兰	SFL
转换法兰	ZFL
管道	GD
变径	BJ

根据管道性质供水管道为 G，回水管道为 H。例如编码为 01G-DF125-01，其中 01 代表主管道中的第一条管道，G 代表其性质为供水管，DF 代表该部件为蝶阀，125 代表其规格为 DN125，末尾 01 代表该阀件为该条主管道的第一个部件。导出冷冻水系统工程量清单，部分见表 4。

表 4　管道明细表

<01G 管道细表>				
A	B	C	D	E
管道编号	类型	尺寸(mm)	长度(mm)	合计(个)
01/01-GD125-18	LD2-冷冻回水管	100	1 354	1
01/01-GD125-22	LD2-冷冻回水管	100	1 778	1
01G-GD125-02	LD1-冷冻供水管	125	170	1
01G-GD125-06	LD1-冷冻供水管	125	138	1
01G-GD125-08	LD1-冷冻供水管	125	608	1
01G-GD125-10	LD1-冷冻供水管	125	5 922	1
01G-GD125-12	LD1-冷冻供水管	125	3 858	1
01G-GD125-14	LD1-冷冻供水管	125	776	1
01G-GD125-16	LD1-冷冻供水管	125	505	1
01G-GD125-18	LD1-冷冻供水管	125	205	1
01G-GD125-20	LD1-冷冻供水管	125	109	1
01G-GD125-24	LD1-冷冻供水管	125	103	1
01G-GD125-28	LD1-冷冻供水管	125	64	1
01G-GD125-30	LD1-冷冻供水管	125	70	1
01G-GD125-32	LD1-冷冻供水管	125	106	1
01G-GD125-34	LD1-冷冻供水管	125	23	1
01G-GD125-36B	LD1-冷冻供水管	125	740	1
01G-GD125-38A	LD1-冷冻供水管	125	98	1
01G-GD125-38B	LD1-冷冻供水管	125	109	1

(5)为每个部件制作二维码(图 16)。

图 16　部件二维码

(6)根据图纸进行现场实际施工拼装(图 17)。

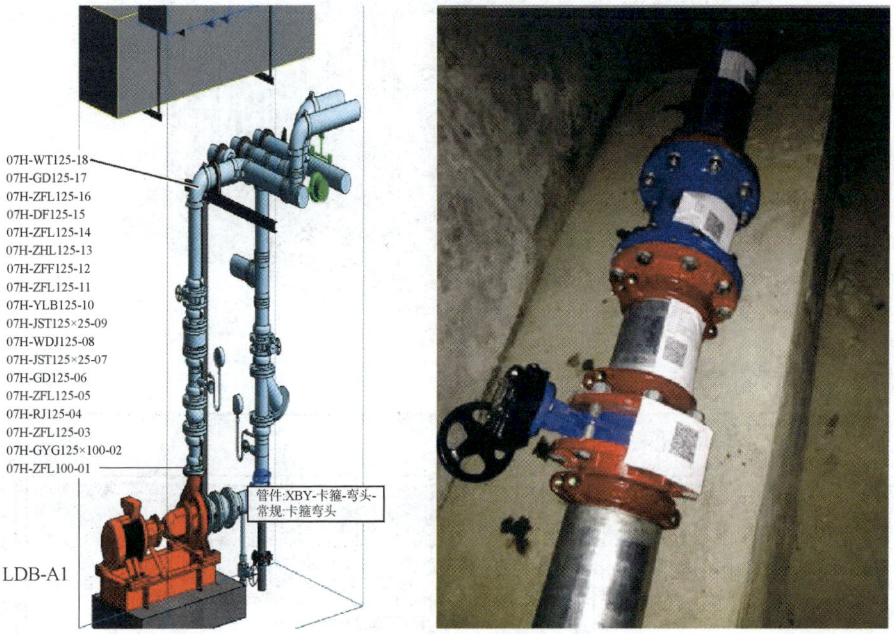

图 17　现场施工拼装图

2.2　金龙路站使用 BIM 技术进行构件预制化加工

1. 预案工作内容

(1)冷冻机房的工厂装配。

(2)涵盖专业包括:空调冷冻水管道、空调冷却水管道、阀门及配件、设备。

(3)收集工效、工序、逻辑关系等基础数据,编制机房定制及综合管线作业及检验工序工效的指导文件。

2. 精细化建模

(1)冷水机房精细化内容

①空调水系统管道精细建模,包括:空调冷冻水供回水管道、空调冷却水供水管道、各类阀门及部件。

②空调水系统设备精细建模,包括:空调机组、冷水机组、冷冻泵、冷却泵、分集水器、定压补水装置、旁流过滤器。

(2)资料要求

①专业施工图纸技术要求,工艺要求。

②冷水机房设备清单及安装要求清单,设备模型。

3. 装配工序

(1)安装顺序及质量控制点

①设备就位及固定。

②墙体预埋孔洞处理。

③管综支架安装。

④空调水管及阀门、软接、水系统连通。

⑤挂设备、阀门标识牌、设备使用说明。

⑥冷冻机房验收。

完成冷冻机房精确建模初稿,如图 18 所示。

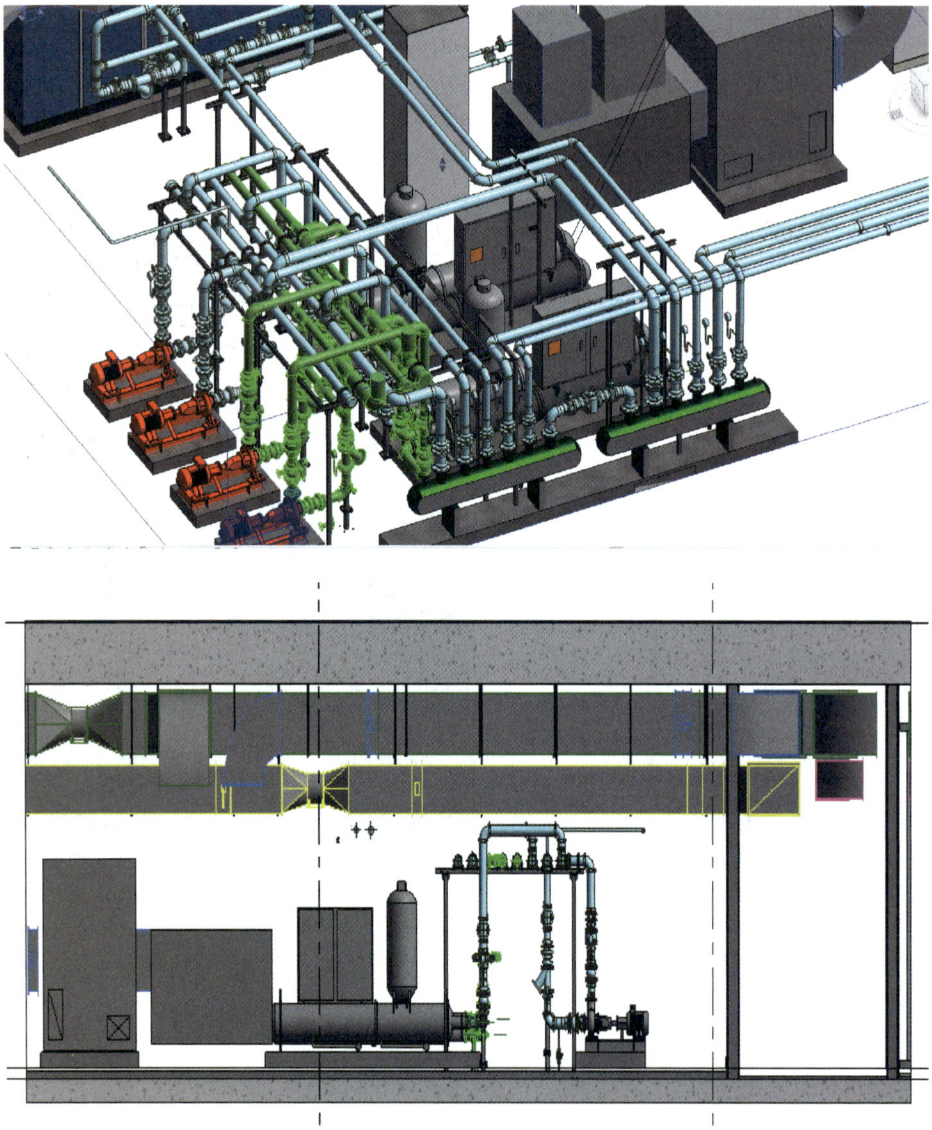

图 18　冷冻机房精确建模图

4. 空调专业定制材料清单(利用模型算量,精确至毫米)

材料清单见表 5、表 6。

表 5　冷水机房明细表

序号	名　　称	单位	数量
1	流量传感器:Z41T-10-200 mm	个	1
2	温度传感器:Z41T-10-200 mm	个	2
3	温度表:89 mm 茎干-20 mm	个	16

续上表

序号	名　称	单位	数量
4	电动二通阀:Z41T-10-50 mm	个	2
5	电动二通阀:Z41T-10-100 mm	个	1
6	电动二通阀:Z41T-10-125 mm	个	1
7	电动蝶阀:D941-6-150 mm	个	2
8	橡胶接头:150 mm	个	20
9	止回阀:150 mm	个	6
10	排气阀	个	19
11	自力式压差旁通阀	个	2
12	止回阀	个	5
13	T 形三通	个	24
14	Y 型过滤器:150 mm	个	6
15	信号蝶阀:125 mm	个	2
16	信号蝶阀:150 mm	个	16
17	压力传感器	个	2
18	压力表	个	28
19	压差旁通阀	个	1
20	异径三通	个	38
21	弯头	个	85
23	截止阀:25 mm	个	14
24	手动蝶阀:150 mm	个	2
25	电动调节阀	个	22
26	电子处理器:50 mm	个	1
27	矩形-Y 形三通-底对齐	个	1
28	弯头:0.7 W	个	1
29	弯头:1.0 W	个	30
30	接头	个	2
31	管帽	个	3
32	过渡件	个	43
33	闸阀:Z41T-10-25 mm	个	1
34	闸阀:Z41T-10-125 mm	个	3
35	分水器	台	1
36	集水器	台	1
37	冷冻水泵	台	2
38	冷却水泵	台	2
39	空调机	台	1
40	柜式空调器	台	3
41	水冷螺杆式冷水机组	台	2
42	空调集控柜	台	1
43	自动排气阀	个	16
44	闸阀:DN25	个	18
45	闸阀:DN32	个	6
46	定压补水装置	台	1

续上表

序号	名　　称	单位	数量
47	旁流水处理仪	台	1
48	加药装置	台	1
49	水流开关	个	6
50	波纹补偿器:DN100	个	2
51	波纹补偿器:DN125	个	2
52	消音止回阀:DN125	个	2
53	消音止回阀:DN150	个	2

表6　水管明细表

管道编号	管道性质	规　　格	长度(mm)
08H-GD125-02	冷冻水回水管	DN125	394
08H-GD125-06	冷冻水回水管	DN125	351
08H-GD125-07	冷冻水回水管	DN125	424
08H-GD125-09	冷冻水回水管	DN125	134
08H-GD125-13	冷冻水回水管	DN125	155
08H-GD125-17	冷冻水回水管	DN125	1 336
08H-GD125-19	冷冻水回水管	DN125	1 055
08H-GD125-21	冷冻水回水管	DN125	185
08H-GD125-23	冷冻水回水管	DN125	144
08H-GD125-25	冷冻水回水管	DN125	401
02G-GD100-08	冷冻水供水管	DN100	375
02G-GD100-11	冷冻水供水管	DN100	236
02G-GD100-14	冷冻水供水管	DN100	1 742
02G-GD100-15	冷冻水供水管	DN100	1 448
02G-GD100-20	冷冻水供水管	DN100	2 367
02G-GD100-23	冷冻水供水管	DN100	2 690
02G-GD100-25	冷冻水供水管	DN100	2 485
02G-GD100-34	冷冻水供水管	DN100	2 364
02G-GD100-36	冷冻水供水管	DN100	2 481
02G-GD100-42	冷冻水供水管	DN100	2 741
03H-GD100-43	冷冻水回水管	DN100	2 364
03H-GD125-09	冷冻水回水管	DN125	80
03H-GD125-11	冷冻水回水管	DN125	42
03H-GD125-13	冷冻水回水管	DN125	81
03H-GD125-15	冷冻水回水管	DN125	121
03H-GD125-17	冷冻水回水管	DN125	166
03H-GD125-21	冷冻水回水管	DN125	3 242
03H-GD125-25	冷冻水回水管	DN125	2 994
03H-GD125-29	冷冻水回水管	DN125	1 097
03H-GD125-31	冷冻水回水管	DN125	3 365
03H-GD125-33	冷冻水回水管	DN125	1 208

续上表

管道编号	管道性质	规　　格	长度(mm)
03H-GD125-43	冷冻水回水管	DN125	138
03H-GD125-45	冷冻水回水管	DN125	171
03H-GD125-51	冷冻水回水管	DN125	340

5. 出具装配图、工厂下单

(1)空调水系统管道、管件阀门清单。

(2)冷水机房设备具体定位图,水管走向图。

6. 工厂生产完成

(1)工厂加工材料技术标准,工效数据。水管制作工艺,除参考招标文件相关技术要求外,按相关机房制作工艺标准图纸制定针对性图册,作为装配交底,制作工效收集相关加工数据。

(2)工厂加工检验、测试标准。材料质量、管道连接焊缝、支架设置方式及承重、水压测试、阀门测试。

(3)二维码张贴。

7. 现场拼装完成

空调机房安装完成模型与现场进行对比,如图 19～图 22 所示。

图 19　冷水机组及分集水器 BIM 最终模型

图 20　现场实际拼装 A 端空调机房模型

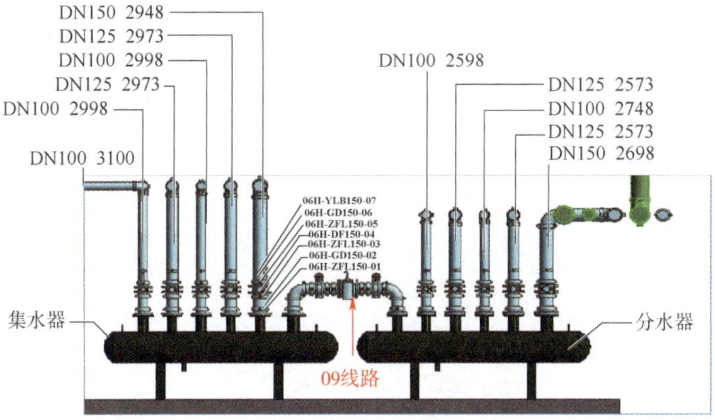

图 21　分集水 BIM 预制化器模型

图 22　现场分集水器模型拼装

3 结　论

BIM 技术对综合管网系统的设计优化、进度及质量控制、施工指导等方面起到了非常重要的作用，作为当前最热门的施工管理手段，BIM 技术未来势必成为主流，其应用的广泛性、高效性及指导意义在溧水车辆段中得到了很好的体现。

工厂化预制加工和现场安装，预制加工厂集中化进行文明施工与安全管理，发生安全事故的不定因素减少，现场施工垃圾减少 60%。现场安装降低了施工组织的复杂性，消除了漏电和火灾的危险隐患。安装工序更加程序化、标准化，更加简单、明了、便捷，可避免长时间高强度的高空作业，减少了生产安全事故概率。

BIM 技术能给使用者一种直观的信息体验，能减少管理者对信息的收集及梳理，给管理者创造一个更舒服的环境去研究方案、思考计划，把管理者的思维从繁重的信息收集、梳理、归纳中解放出来，用更多的时间去做施工的控制和管理工作。

盾构到达钢套筒辅助接收系统的改进设计及施工方法

王　健

（南京地铁建设有限责任公司，南京　210017）

摘　要：介绍了盾构到达接收辅助装置钢套筒的设计背景和结构组成，结合地形和施工要求提出了3项改进设计，将钢套筒的球形后端盖板改为平面形以减少制造难度和施工成本，在钢套筒上设置下料口以方便充填物的填注施工，采用加强型底座以实现盾构机的平移。采用改进后的钢套筒装置能够有效地避免盾构到达接收过程中漏水、涌砂等风险，确保出洞安全，并大大降低了制造难度和施工成本，提高了施工的便利。

关键词：盾构；钢套筒；辅助接收；改进设计

1　引　　言

盾构施工过程中，盾构机的始发与到达接收是施工风险比较大的环节，在当前各类盾构施工事故中，因为始发与到达接收而发生的事故占一半以上。盾构始发与到达接收过程中的风险控制课题一直是盾构施工技术人员研究的主要方向。经过多年的生产实践，在广州地铁的建设中，首次提出了盾构机辅助装置钢套筒的设计理念，为盾构机的到达接收提供了一种全新的工法，其具有较高的安全性和施工便利，可以在复杂地形的情况下大大节省时间。钢套筒的使用虽然有很多好处，但在实践中也存在制造复杂、工期长、费用高和保管麻烦等问题。本文结合南京地铁3号线市政府站首次采用钢套筒法盾构进洞并平移转场的工程要求，提出了针对钢套筒的三点改进设计，并对改进后的施工方法进行介绍，以减少钢套筒制造的复杂性、降低成本和提高施工效率，更好地促进该技术在更多工程条件下的应用。

2　工程概况

南京地铁3号线8标段包括2个区间，共设2个车站和1个盾构井，盾构施工共计4次始发、4次接收和3次转场，其中在市政府站要进行平移吊出是工程的一个重大难点。主要的施工难点包括：(1)该站的盾构所处地层为稍密粉砂和粉细砂层，渗透系数为10^{-3} cm/s，均属于透水地层，端头采用的三轴搅拌桩加固＋双重管旋喷桩处理施工冷缝＋冷冻法施工无法保证在进洞时漏水涌砂；(2)该工程曾考虑采用水中进洞的方法来解决漏水涌砂问题，但该处的施工不能影响地面交通，采用盖板下施工方式，因此水中进洞的方法难以展开，另外该处盾构进洞后要进行平移吊出转场，也大大增加了工程的难度；(3)该站左线接收端头的上面有污水管，侧面有煤气管和光缆线无法全部迁移，管线距离隧道洞身边界最近处只有1 m，端头加固不能全面覆盖。

综合考虑接收条件的风险，为增加盾构到达接收的安全性，降低施工风险，并方便平移转场，决定采用钢套筒辅助接收盾构机的施工方案。

3　传统钢套筒的结构组成

传统钢套筒由筒体和托架、后端盖、反力架、筒体与洞门的连接、进料口和注排浆管组成，如图1所示。

传统钢套筒的筒体通常分三段制造，每段又分为上、下两半圆，每段筒体的外周焊接纵、环向筋板形成网

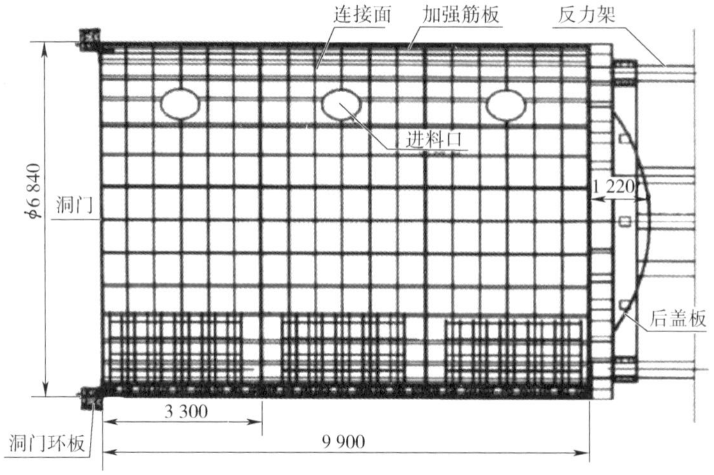

图 1　传统钢套筒的结构组成(单位:mm)

状以保证筒体刚度,每段筒体的端头和上、下两半圆接合面均焊接圆法兰,法兰用螺栓连接,中间加厚橡胶垫,以保证密封效果。

在筒体底部制作托架,托架与筒体一样,也分三段,之间采用螺栓连接。每段托架由承力板、底板和工字钢组成,三者焊接成为整体。焊接时托架板先与筒体焊接,再焊接横向筋板、焊接底板和工字钢。托架组装完后,工字钢底边与车站底板预埋件焊接,托架需用型钢与车站侧墙顶紧。这样的结构优点是具有较好的稳定性,但是在制作和安装上费工费料,并且很难满足盾构机整体的大距离水平移动要求。

传统的后端盖由冠球盖和平面环板组成,冠球盖由钢板整体冲压焊接成形,平面环板加焊环向均布排列的钢板筋板,后盖平面环板与冠球盖外缘内外焊接成整体。后盖边缘法兰与钢套筒端头法兰采用螺栓连接,制作完后要在球盖内侧加焊型钢或钢管井子架,防止变形。传统钢套筒的球形后端盖后靠加力方便,不但可以用作盾构机的进洞,还可以作为出洞时使用。但是该结构具有加工难度大、结构复杂、工序繁多、施工精度要求高、安拆装速度较慢的缺陷。如果仅作为出洞使用,可以采用简化的平面后端盖模式。

传统的反力架上下位由均匀分布的钢管组成,靠墙体的一侧由钢管与洞口墙体顶紧,另一侧由于没有墙体承力,用钢管斜支撑固定。反力架紧贴后盖平面板安装,冠球部分不与反力架接触。反力架定好位置后,先用千斤顶顶后盖板平面和反力架,消除洞门到后盖板的安装间隙,承力钢管两端用楔形块垫实并焊接。传统反力架在使用中,需要设置后端反力墙,将反力千斤顶水平作用在反力墙上,并可以根据盾构机出洞时的姿态调整千斤顶的压力,实现精确控制。但是这个过程施工控制精度要求较高,为了简化出洞工艺,可以不设置反力墙,而将反力系统斜撑在底板上,并设置临时脚手架保持反力系统的稳定。

传统钢套筒通常在每段筒体中部右上角设置进料口,需要将填料放到钢套筒顶部,然后人工向内填料,填料速度较慢,且无法满足复杂条件下盾构接收需求。

4　钢套筒的改进设计

针对南京地铁 3 号线市政府站渗透性地层易发生渗水涌砂、盾构出洞后要进行平移转场并且在盖板下施工的特点,在传统钢套筒的基础上在底座、后端盖、反力架和进料口方面做了一些改进,以简化施工过程,加快施工进度,提高施工的灵活性。

4.1　加强型底部托架

本工程中钢套筒筒体部分长 10 500 mm,直径(内径)6 700 mm,由 4 段组成,每段又分为上、下两块。与筒体对应，底座也设置为 4 块，托架与下部筒体焊接连成一体，焊接时托架板先与筒体焊接，再焊接横向筋板、焊接底板和工字钢(图 2)。托架组装完后，工字钢底边与车站底板预埋件焊接，托架需用型钢与车站侧墙顶紧，钢套筒上部采用槽钢与中板梁顶紧。底部框架承力板采用 20 mm 厚 Q235A 钢板，筋板采用 20 mm 厚 Q235A 钢板，底板采用 20 mm 厚 Q235A 钢板。

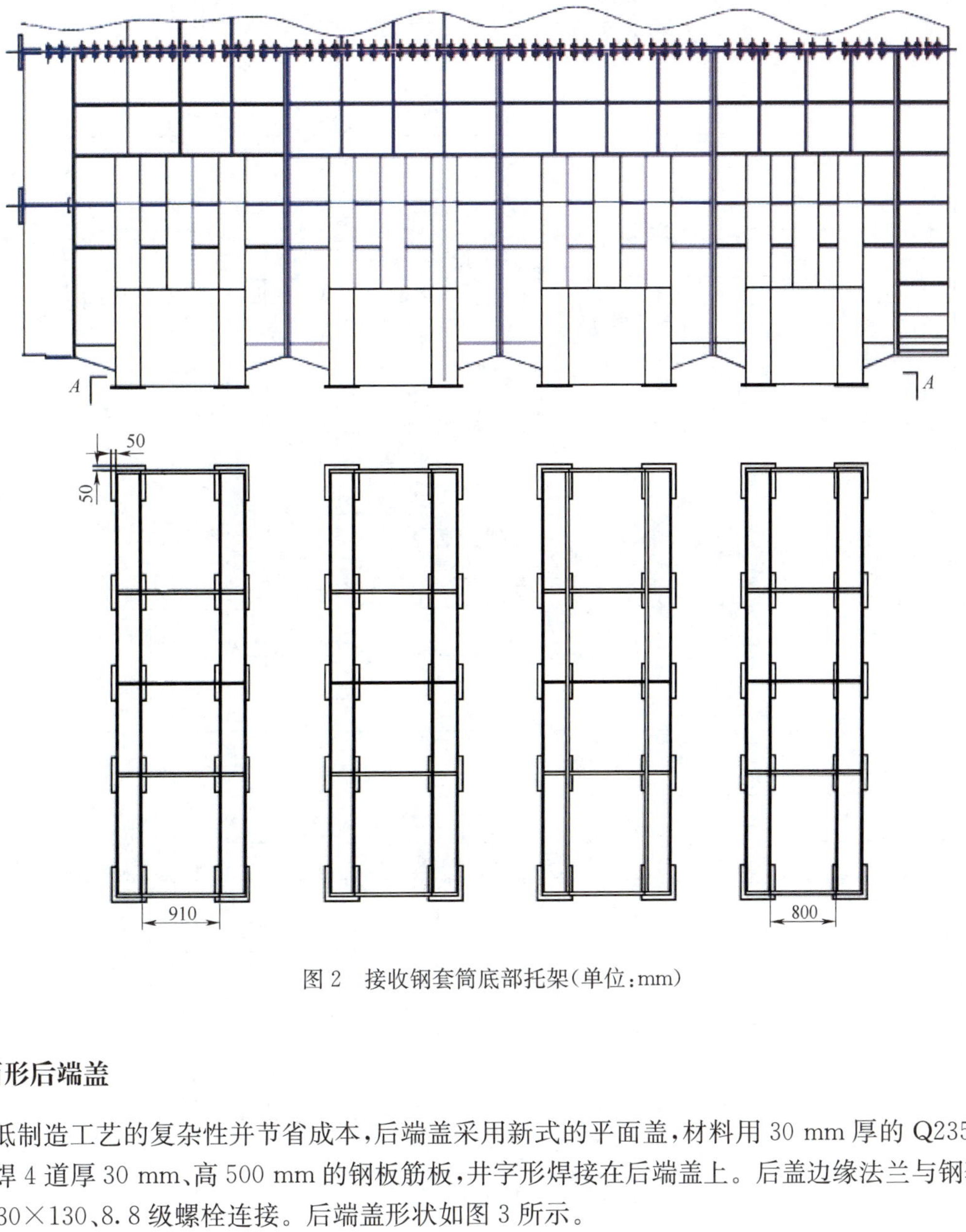

图 2　接收钢套筒底部托架(单位：mm)

4.2　平面形后端盖

为降低制造工艺的复杂性并节省成本，后端盖采用新式的平面盖，材料用 30 mm 厚的 Q235A 钢板，平面环板加焊 4 道厚 30 mm、高 500 mm 的钢板筋板，井字形焊接在后端盖上。后盖边缘法兰与钢套筒端头法兰采用 M30×130、8.8 级螺栓连接。后端盖形状如图 3 所示。

4.3　斜撑式反力架

钢套筒反力架紧靠在端头井负一层环框梁和底横梁上。反力架采用 I20 的工字钢作斜撑，与车站底板顶紧，反力架上部顶在中板上。反力架定好位置后，先用 400 t 千斤顶顶平面盖和反力架，消除洞门到后盖板的安装间隙后，反力架上下均布 4 道 I20 的工字钢与后端盖平面板顶紧，承力工字钢管两端用楔形块垫实并焊接。反力架如图 4 所示。

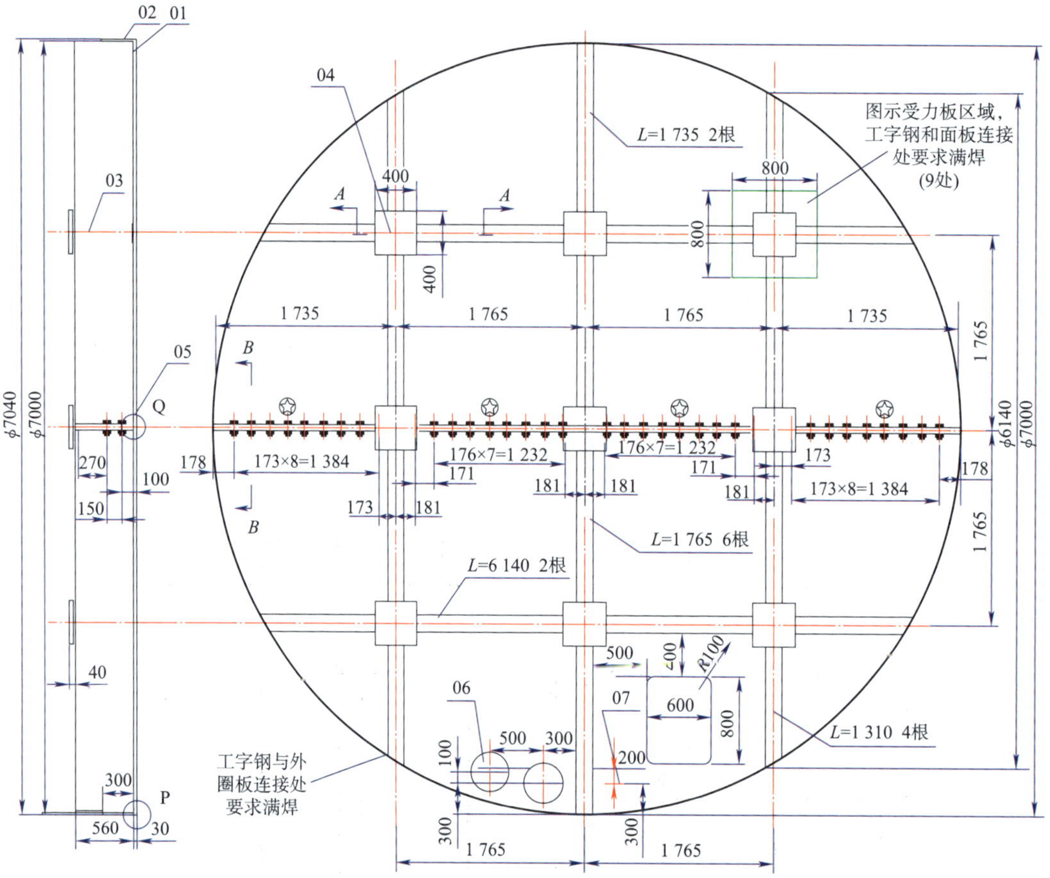

图 3　钢套筒后端盖(单位:mm)

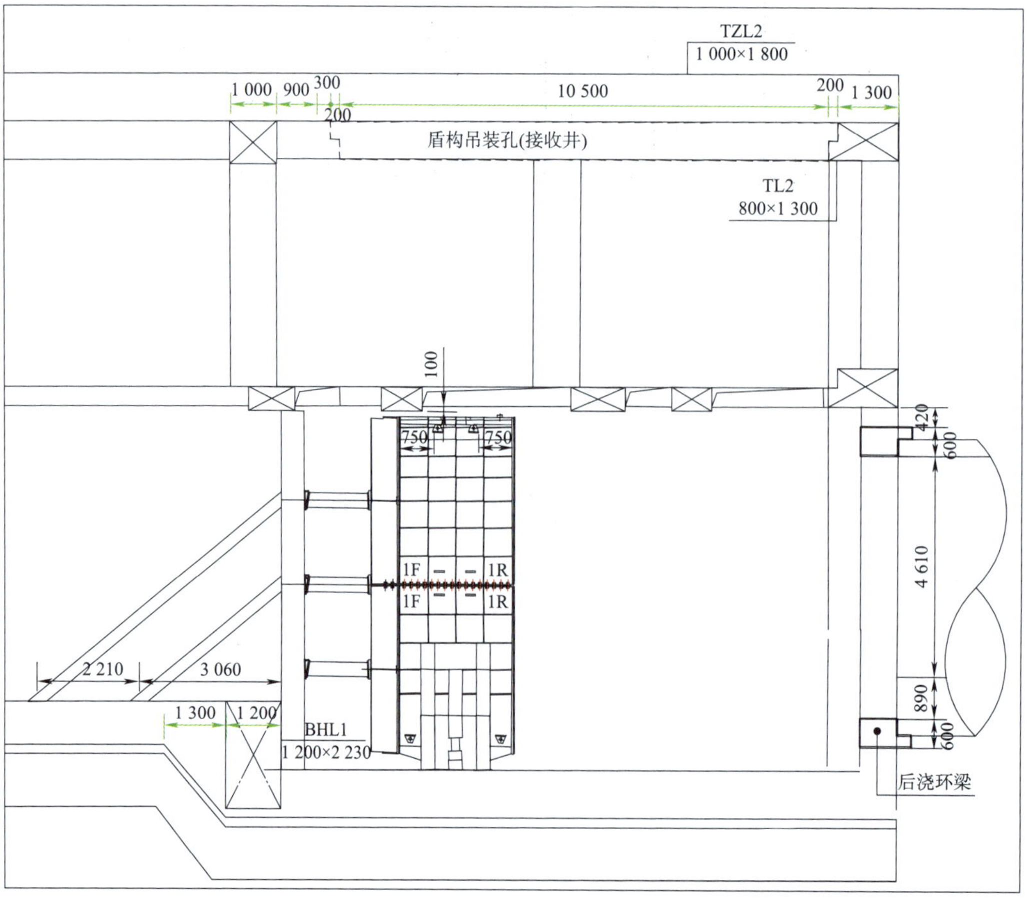

图 4　反力架与车站位置关系图(单位:mm)

4.4 进料口

为了满足市政府站的盾构接收需求，钢套筒上预留两个下料口(图 5)，两个下料口均位于第二块上，第一个下料口位于靠近第二块、第三块连接部位的正上方，第二个下料口在靠近留在第二块、第三块连接部位12 点(钟表点位)顺时针旋转 34°位置(面向洞门)。

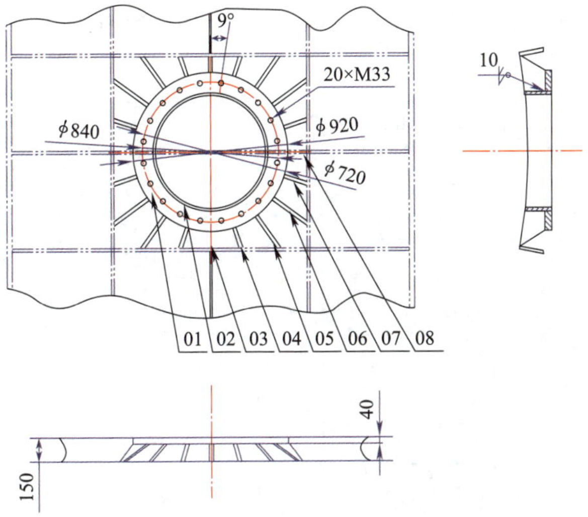

图 5 进料口平面图(单位:mm)

5 改进设计后的施工方法

(1)主体部分连接:在地面组装好钢套筒的传力架 1，并把过渡连板与传力架 1 连接好，整体下放到端头井内，使钢套筒中心线与事先确定好的线路中心线重合，向前移动过渡连板与传力架 1 并与洞门钢环焊接，依次将钢套筒的传力架下方连接。

(2)后端盖连接:后盖板与筒体之间加 8 mm 厚的橡胶板后，用 M30 螺栓(8.8 级)上紧在钢套筒后法兰上。

(3)钢套筒平移:市政府站左线接收时，在地面组装好钢套筒的下半部分，下放到市政府站右线的接收井内，然后向市政府站左线接收井方向平移，利用 2 个 60 t 液压千斤顶一边顶在基坑侧墙上，另一边顶在底部框架上，平移至市政府站左线接收井后再沿线路方向向洞门位置平移，利用 2 个 60 t 液压千斤顶一边顶在基坑底板横梁上，另一边顶在后端盖板的平面位置，将已经连接好的钢套筒沿隧道中心线向洞门方向平移，直至过渡连接板与洞门环板相接，并保持隧道中心线与钢套筒中心线不偏离。

(4)反力架安装:反力架采用 I20 的工字钢作斜撑，与车站底板顶紧。反力架定好位置后，先用 400 t 千斤顶顶平面盖和反力架，消除洞门到后盖板的安装间隙后，反力架上下均布 9 道 300 mm×300 mm 支撑柱与后端盖平面板顶紧，支撑柱与反力架之间用支撑楔块垫实并焊接。

(5)密封性检查:钢套筒组装完成后，在筒体内压气检查其密封性，气压为 0.3 MPa，若在 12 h 内压力保持在 0.28 MPa 以上，则可满足钢套筒接收要求，如果小于 0.28 MPa，找出漏气部分，检查并修复其密封质量，然后再次进行试压，直至满足试压要求。

(6)填料:钢套筒检查完毕后，向钢套筒内填料，主要是填盾构掘进出来的渣土，必要时对土体进行改良，增强土体的流动性。市政府站左线接收时，采用在靠近留在第二块、第三块连接部位 12 点(钟表点位)顺时针旋转 34°位置(面向洞门)的下料口填料。为了将填料输送至钢套筒，需要从地面引一条输送管道至钢套筒上，采用一条 609 mm 的管路连接，地面设置一个漏斗，将填料直接从漏斗输送至钢套筒内。填料过程中如果填料输送不够顺畅，可以采用冲水方式，将填料冲下去。

(7)盾构到达后平移:盾构机安全进入市政府站钢套筒后，拆除钢套筒的上半部分，通过地下二层中板预留的孔洞，吊至地下二层中板上，平移至右线井口，吊至地面。清理干净盾构机上半部分的回填料及浆液，用4个200 t的千斤顶顶推盾构机钢套筒下半部分向市政府站右线平移，千斤顶一端顶在钢套筒底部框架上，另一端顶在车站侧墙上，同时在接收井底板上满铺钢板，减少盾构机平移时的阻力，待盾构机及钢套筒平移到市政府站右线吊出井口解体吊出。钢套筒向洞门平移示意如图6所示。

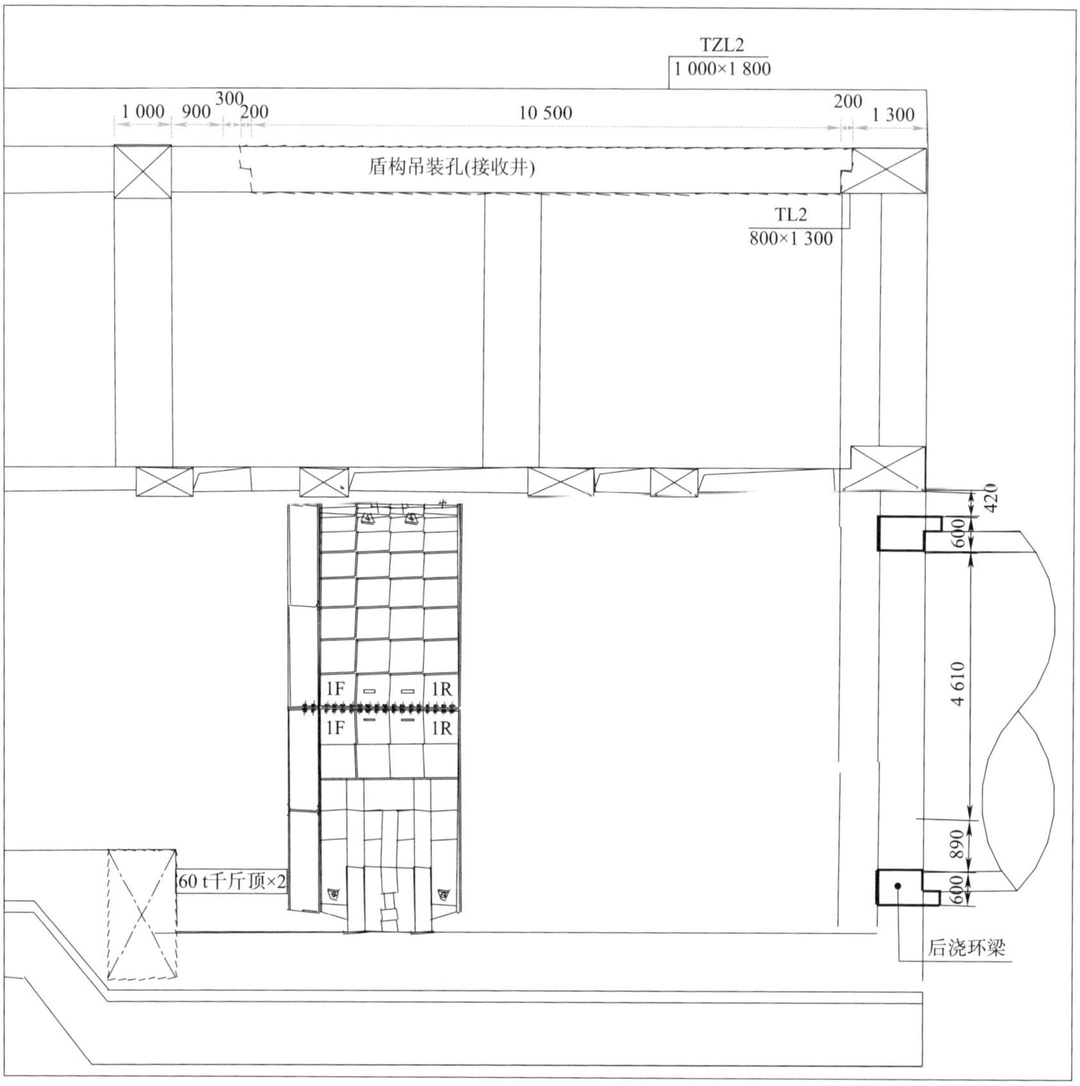

图6　钢套筒向洞门平移示意图(单位：mm)

6 结　　论

(1)通过对底部进行加强和可升降改造，实现了盾构机的水平移动，减少了传统钢套筒的拆解和组装施工，大大缩短了工期，减少了工程风险。

(2)采用平面形后端盖可以起到球形后端盖相同的效果，且比较容易加工、安装方便快捷、成本低，大大加快了盾构机的出洞速度。

(3)通过在传统钢套筒上改进进料口，可以方便地将填充料注入钢套筒内，大大提高了施工效率。因市政府站左线盾构进洞上方已开放交通，钢套筒无法直接下料，我们开始设计时，就根据图纸计算出下料管倾斜的角度，在钢套筒上预留不同的下料口，确保从右线顺利下料至左线钢套筒内。

软流塑地质矿山法截除盾前桩基施工技术

殷德春

（南京地铁建设有限责任公司，南京 210017）

摘　要：城市软流塑地层浅埋暗挖隧道施工在国内外均属少见，且综合地下桩基截除工艺更尚属首次，由于软流塑地层特有属性，其技术难点及施工难度极高。本文依托南京地铁3号线软流塑地层中盾构穿越夹岗过街涵群桩工程，针对软流塑地层以及夹岗过街涵群桩基础的特点，提出先进的研究方法及施工技术，以期解决工程中的各项施工难题，为后续在类似条件下施工的工程提供参考。

关键词：软土加固；微扰动；洞内竖井；开挖支护

1　引　　言

随着我国经济的快速发展，轨道交通建设不断加快，国内已有许多城市正在筹建地铁和轻轨等快速轨道交通项目，在这些项目的实施中，盾构法是主要施工方法。轨道交通线路绝大部分处于城市中心及其边缘处，因此难免会穿越道路或其他结构物，在施工过程中经常遇到在役或已经废弃的管线、基础桩、涵洞等障碍物，但由于城市地铁盾构隧道施工地质条件及周边环境复杂，盾构掘进掌子面前方障碍物处理风险较高，易造成掘进掌子面失稳，进一步引发周边环境破坏，从而导致工程事故。随着轨道交通的大规模发展，如何在施工中更好地处理地下障碍物并保证盾构的顺利掘进，已经成为地铁隧道施工中的一大难题。

2　工程概况

2.1　线路概况

宁溧路夹岗过街涵按桥梁结构设计，利用支护桩作为新建涵洞（桥梁）挡土结构，桥梁基础桩作为承力结构，在道路路幅范围内按四座桥梁实施。桥面为预制钢筋混凝土行车道板，道路路幅以外按整体现浇顶板设计。

穿越夹岗过街涵桩基础（左右线共6次），其中穿越 $L=17$ m 桩41根，$L=23.7$ m 桩14根，$L=30$ m 桩13根，共计68根。

与区间隧道平面冲突的桩基如图1所示。

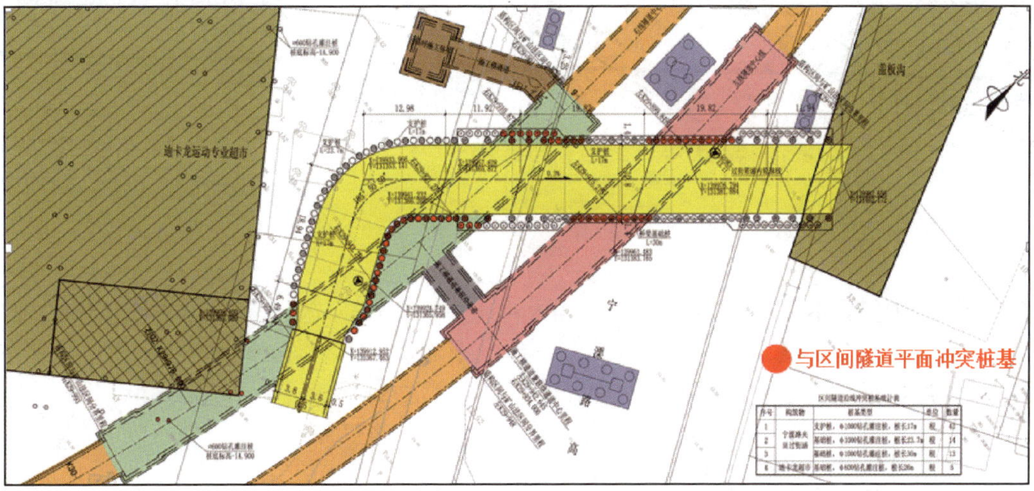

图1　与区间隧道平面冲突的桩基

2.2 区间工程地质概况

根据地勘报告，区间隧道穿越地层(图 2)主要为②-2b4 淤泥质粉质黏土、③-2b2 可塑状粉质黏土、③-4e 砂砾土，地层具有中高压缩性，工程地质性能较差。地下水以赋存于②-2b4 淤泥质粉质黏土、③-2b2 可塑状粉质黏土中的孔隙潜水和③-4e 中的弱承压水为主(弱承压水水位埋深约 3.00～4.00 m)。基岩为泥质粉砂岩，裂隙不甚发育，且呈紧密闭合状，裂隙连通性差，含水微弱。

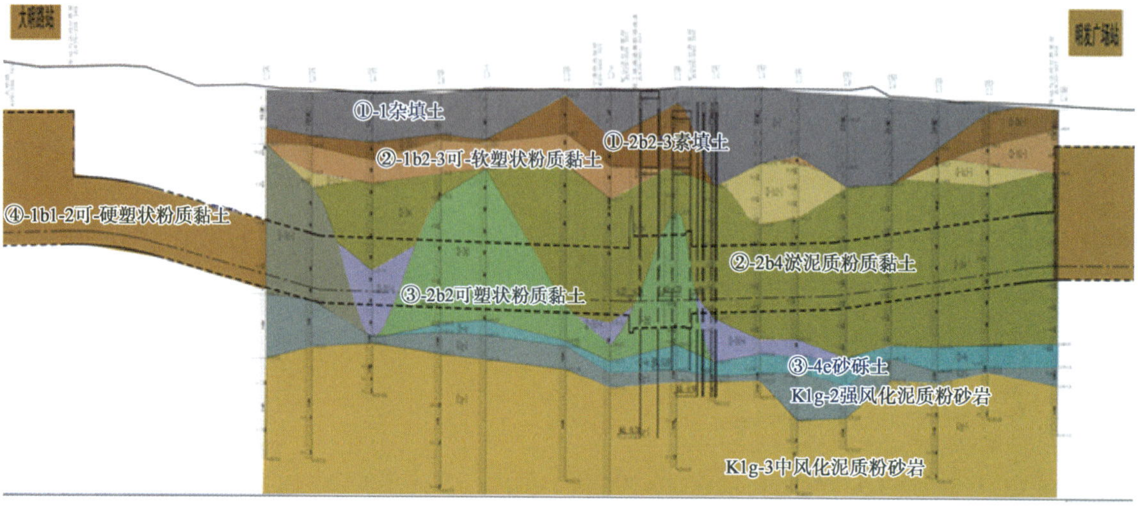

图 2　区间隧道右线地质纵断面图

2.3 桩基截除实施方案

通过临时施工竖井和施工横通道进行矿山法隧道施工，在矿山法隧道内进行桩基截除及托换处理。施工方案示意如图 3 所示。

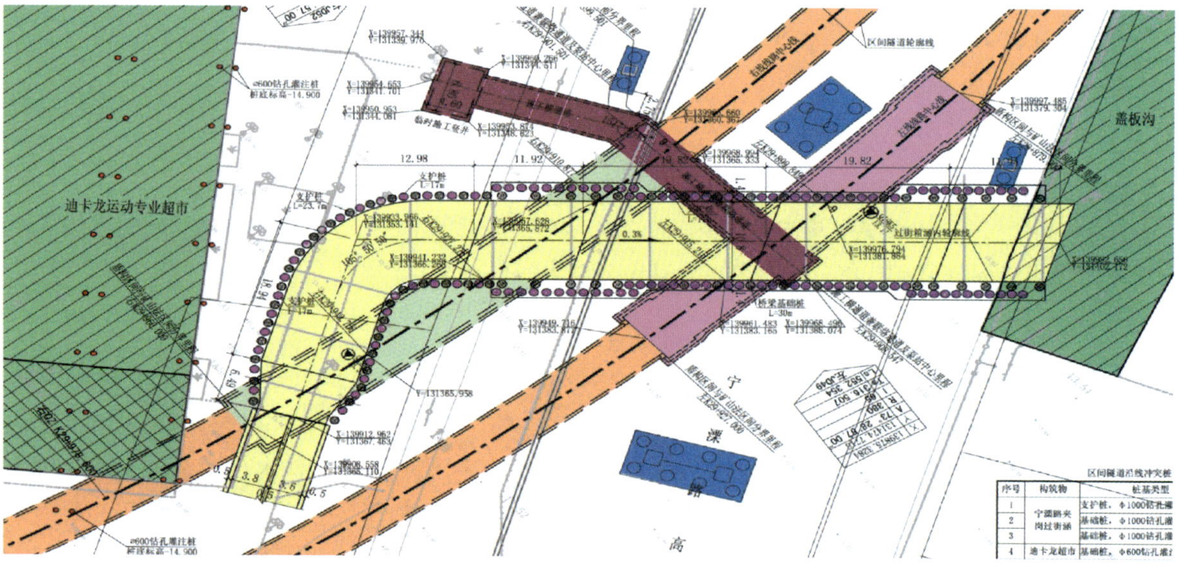

图 3　施工方案示意图

3　截除实施应用技术

3.1 软流塑淤泥质粉质黏土地质条件下超前加固地层技术

3.1.1　加固方案选择

软流塑淤泥质粉质黏土具有高压缩性、高灵敏度、低强度、易变形等特性，易产生蠕动。这些特性给隧道施工带来诸多困难。具体如下：

(1)开挖后自稳能力极差，易坍塌，严重时可能产生涌泥现象导致施工无法进行。

(2)施工过程中地面沉降难以控制，太大的沉降易引起路面开裂甚至塌陷而影响交通安全。

(3)太大的沉降易造成地下管线破裂及建筑物开裂。

本段淤泥质粉质黏土②-2b4 地层含水率大，孔隙比大，弱透水性，呈饱和状，强度很低，高压缩性，中灵敏度。

经过工期、造价、社会效益、施工可行性等方面的综合比较后，根据工程特点决定在软流塑地层段采用劈裂注浆法加固地层。

3.1.2 劈裂注浆参数设计

(1)注浆材料

隧道所通过的地层为淤泥质粉质黏土，含水率大，透水性差，在此土层中采用劈裂注浆法加固时，不但存在土体受压后的固结问题，还存在浆液本身的固结问题，浆液固结后如有多余的水分，它在黏土内无法排出，只能靠黏土中被劈开的裂隙排出，因此采用水泥浆液或水泥黏土浆液时会造成到处跑浆现象。

结合本工程实际，拟用水泥—水玻璃浆液和 TGRM 水泥基特种灌浆料代替水泥浆液。综合其优点以实施。

注浆性能试验结果见表 1。

表 1 注浆性能试验对比表

材料名称		普通水泥单液浆		普通水泥—水玻璃双液浆		TGRM 液浆
原材料名称		P·O42.5R 普硅水泥		P·O42.5R 普硅水泥、Be38 水玻璃		TGRM 材料
浆液配比	W∶C	0.6∶1	0.8∶1	0.8∶1	1∶1	1∶1
	C∶S			1∶1	1∶1	
凝胶时间	初凝	16 h	24 h	40 s	55 s	30 min
	终凝	21 h	48 h	42 s	55 s	30 min
抗压强度(MPa)	8 h			0.3	0.3	10.1
	1 d			0.3	0.3	12.3
	3 d	2.1	1.5	0.3	0.3	12.8
	7 d	11.0	3.9	0.1	0.1	16.8
	28 d	20.5	10.0	0	0	19.9
	90 d	23.0	17.8	0	0	20.7
抗折强度(MPa)	8h			0.1	0.1	1.8
	1 d			0.1	0.1	1.9
	3 d	2.3	0.8	0.1	0.1	2.3
	7 d	3.3	1.8			2.3
	28 d	5.0	3.0			3.1
	90 d	5.7	4.4			3.8
试件胀缩率(%)		−3.34	−6.3	−2.7	−2.9	1.6

试验结果分析如下：

采用劈裂注浆法加固软流塑淤泥质粉质黏土地层，要求浆液黏稠，能快速凝固，固结体早、后期强度高。TGRM 可调超细灌浆材料，解决了双液浆性能不耐久(仅 3～7 d)和浆块强度过低的缺点，其加固效果明显优于普通水泥—水玻璃双液浆，能快速凝固，固结体强度高，但其造价较高。因此，经综合比选后，最终采取掌子面外圈 TGRM 浆液加固、内圈水泥—水玻璃双液浆的加固方式。

(2)注浆参数汇总

最终采用的注浆参数见表 2。

表 2　劈裂注浆参数表

序　号	参数名称	参 数 值
1	注浆管长	15 m
2	每循环加固有效范围	长 10 m，开挖轮廓外宽 1 m
3	扩散半径	1 m
4	注浆压力	0.5～1.0 MPa
5	注浆管材料及管径	PVC，ϕ42 袖阀管
6	注浆方式	后退式
7	注浆材料	4 号、5 号圈 TGRM，1～3 号圈水泥—水玻璃双液浆
8	浆液配比	水泥浆：水玻璃＝1：1，水玻璃为 25 Be′，水灰比为 0.8 水泥浆水灰比为 1：1，水玻璃为 35 Be′

3.1.3　劈裂注浆施工流程

注浆流程如图 4 所示。

注浆孔采用全断面布置，注浆的先后顺序为：先四周后中间，中间布置一排水孔，以利于软土地层中的孔隙水在注浆过程中受到挤压时顺利排出，提高注浆加固的效果，同时根据注浆时的跑浆情况，必要时进行二次注浆。周边孔向外倾角为 30°～50°。

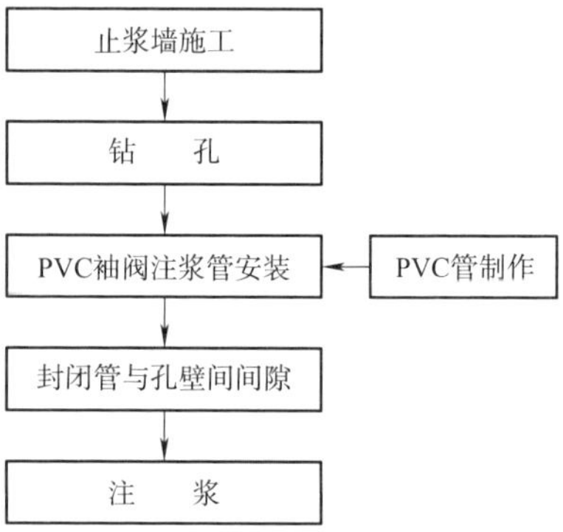

图 4　注浆流程图

3.2　软流塑淤泥质黏土层浅埋暗挖隧道开挖技术

3.2.1　隧道开挖流程

开挖流程：先做地面竖井，竖井开挖至横通道上半断面时，开始进洞；开挖横通道，横通道上半断面全部完成后，开挖正洞上半断面；待正洞上半断面全部开挖完毕后，在洞内做竖井开挖下半断面，直至完成整个隧道的开挖。施工工序如图 5 所示。

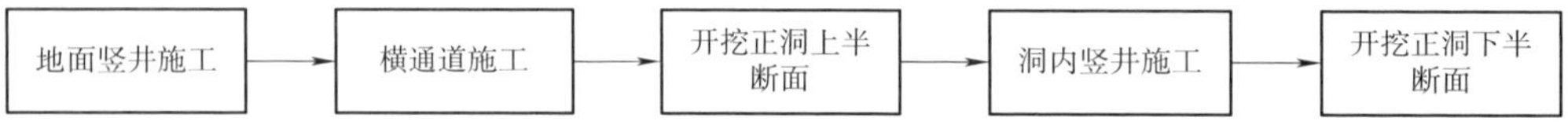

图 5　开挖施工工序图

3.2.2　双排小导管超前支护技术

由于本工程桩基在区间隧道分布不规则，管棚成孔穿越桩基时难度较大，且遇圆形桩基易偏位，因此本工程不适合采用超前管棚支护，采用双排小导管超前支护形式更具优势。

小导管长为 3.0 m，环距 0.30 m，拱顶布置，两榀钢架打设一次，搭接不少于 1.5 m。其施工工艺流程如图 6 所示。

3.2.3　短进尺开挖，加强支护处理

在软土隧道开挖中，首先必须根据开挖断面大小，合理选择、组合机械设备，尽量以机械开挖为主、人工开挖为辅，机械作业效率高，进度快。再是，以尽量缩短开挖面暴露时间为目的，及早完成隧道初期支护，如控制在 8 h 内完成开挖面封闭，包括挂钢筋网、架钢架、打锁脚锚杆、喷射混凝土。过程中，如因某些特殊状况中断开挖且中断时间较长，则需要用工字型钢和钢筋网将掌子面全部封闭以防止掌子面过大的变形。

软流塑土易变形的特性要求支护的强度必须加大，即格栅的连接必须到位，水平连接筋的焊接必须饱满，不虚焊。

同时,对于软流塑地层在开挖时一定要预留核心土以提供支撑反力,否则掌子面极易产生蠕变变形,影响工程安全性。核心土位置如图 7 所示。

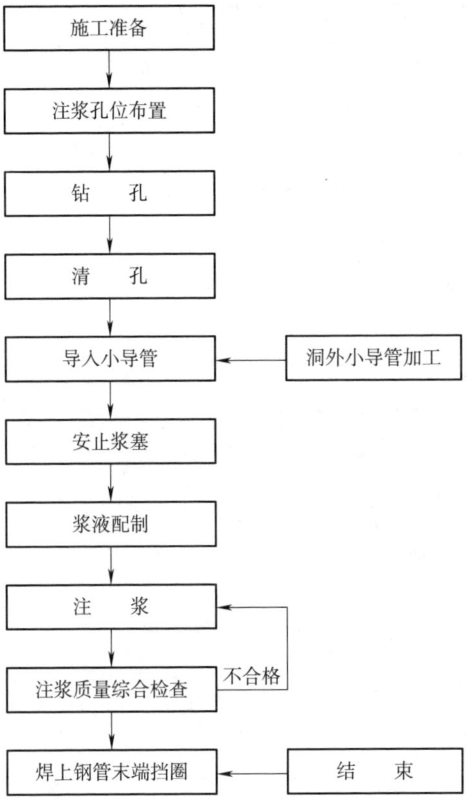

图 6 超前小导管注浆施工工艺流程

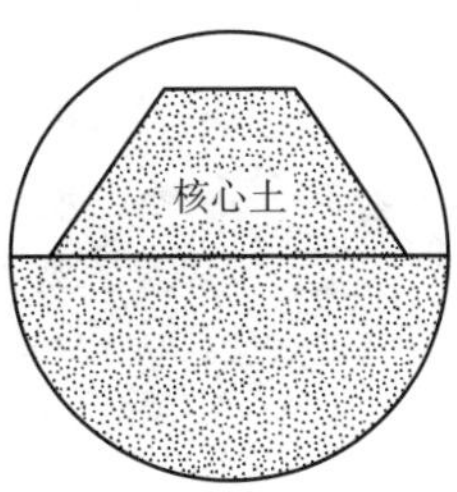

图 7 开挖预留核心土示意图

3.2.4 变大为小,及时封闭成环

由于软土地层自稳能力差、承载力低,初期支护需及早成环,以减少对地层的扰动。在本工程中,先贯通上半断面再贯通下半断面,设置临时仰拱,将封闭大环变为了封闭小环,起到了变大为小的效果。断面开挖由最初的分四部开挖的传统 CRD 工法优化为上下两部开挖的 CD 工法,断面相应缩小,成环时间缩短。

在进行上半断面开挖时,先预留纵深为 2.5~3 m 的核心土,竖向支撑与临时仰拱焊接于核心土底端点,以进尺 0.5 m 为一循环,竖向支撑与临时仰拱同步向前推进。由于竖向支撑与临时仰拱均为一次成型,没有拼接接头,故整体效果好,安装快速方便,能缩短成环时间,达到及时封闭成环的要求。上半断面开挖示意如图 8 所示。

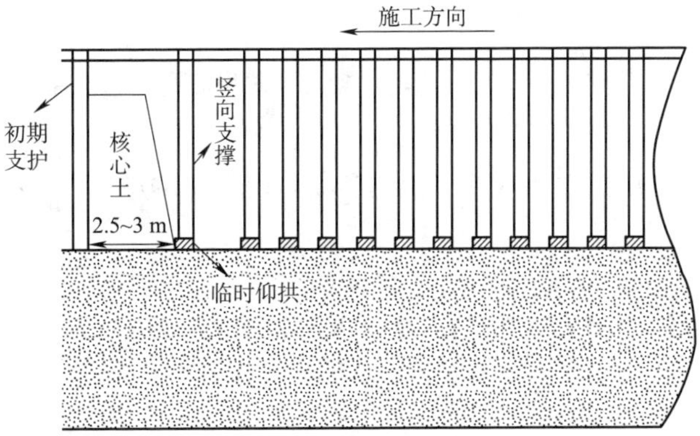

图 8 上半断面开挖示意图

3.2.5　隧道内开竖井施工技术

本工程总体施工方向为先由地面竖井进入横通道，横通道再正交右线正洞隧道，最后横通道到达左线，按盾构掘进顺序要求先完成左线隧道开挖，后完成右线隧道开挖。工程施工中多次使用在洞内做小竖井的方式是工程得以完成的关键，其施工步骤如下：

(1)上半断面开挖完毕后，在隧道内选择受力相对简单的断面进行竖井开挖(图 9)。开挖前先割除临时仰拱；再向下开挖，先井中再井周，后开挖拱脚位置。竖井开挖支护遵循"垂直分层，随开挖随支护，及时封闭成环"的原则。

(2)竖井底部处理。竖井开挖至隧道底、初支外设计底标高后，采用喷射混凝土＋封底钢架进行竖井封底。

(3)竖井内隧道初支钢架安装。由于竖井底部呈方框形状，钢架呈圆弧形状，需将竖井底部转角采用喷射混凝土喷出圆弧形后，再安装钢架。钢架安装后要与隧道上半断面格栅钢架焊接牢固，连接可靠，后再喷射混凝土，达到密实度要求。

(4)竖井内隧道下半断面初支与上半断面初支连接成环后，再由竖井向两侧开挖下半断面隧道。下半断面开挖示意如图 10 所示。

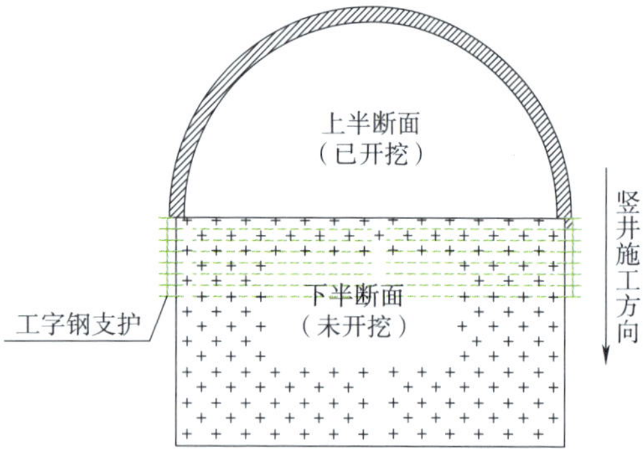

图 9　竖井施工剖面图

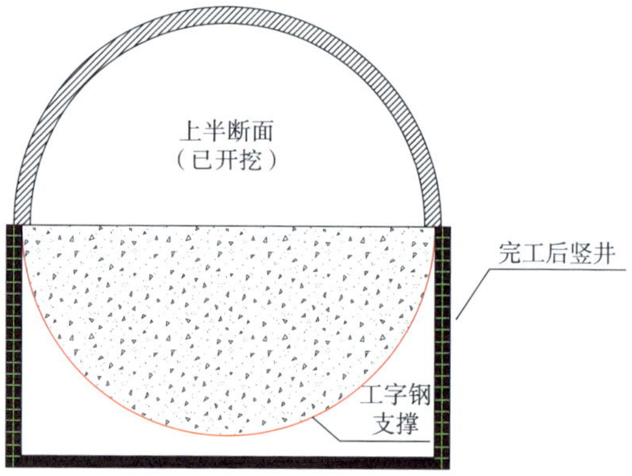

图 10　下半断面开挖示意图

3.2.6　开挖时的注意事项

(1)保持各分部开挖断面和各部的纵向间距，分部开挖要严格按预定尺寸放线，开挖遵循"宁欠勿超"的原则(局部欠挖采用风镐修正)，断面开挖力求圆顺，以减少应力集中现象。

(2)每块小断面开挖长度 3～5 m，及时设置临时仰拱封闭、步步成环，尽量缩短成环时间，必要时进行掌子面喷射混凝土临时支护。

(3)中隔壁设置为弧形临时支护，隧道左右开挖小断面底部临时仰拱保持在同一断面上，各节点的连接一定要对齐，螺栓连接牢固，并及时施作锁脚锚管。

(4)必须保证中隔壁和临时仰拱钢架的规格数量和喷射混凝土的厚度，钢架之间纵向连接钢筋及时施作并连接牢固。

3.3　桩基截除地层微扰动技术

3.3.1　扰动技术应用

盾构前端群桩处理工程，采用暗挖截桩尤其是截群桩在国内不多见。

由于软流塑淤泥质地层具有"三高一低"特性(高含水量、高压缩性、高灵敏度、强度低)以及容易产生蠕动等特性，解决破桩过程中对地层的扰动是本工程需解决的技术难点，否则可能会出现如下问题：地层造成较大扰动而发生失稳，或涵内地面水通过桩与土体间的振动贯通裂隙进入隧道内，发生涌水、涌泥险情。

根据本工程特点，综合室内试验和以往工程经验，决定截桩采用注浆加固土体＋人工风镐＋劈裂机＋工字型钢支撑措施来达到尽量少扰动周围土体的目的。

3.3.2 破桩施工流程

(1)探明桩体位置，在桩体与桩体的缝隙间加双排超前小导管，对土体进行注浆加固(图 11)。

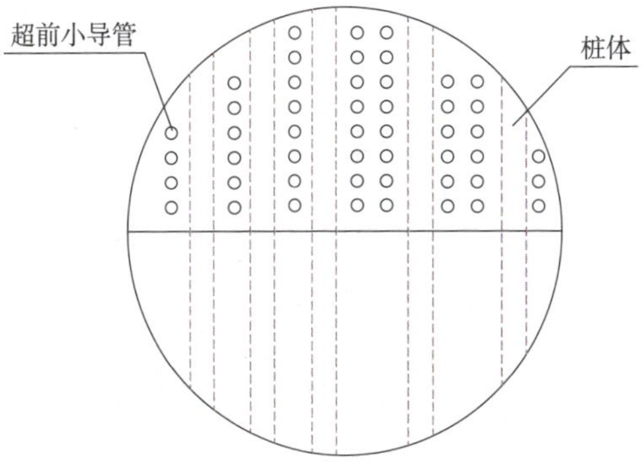

图 11 注浆加固示意图

(2)将土体开挖至截桩位置，看到桩体后，先沿着隧道上半圆截除 30 cm 的桩体，然后迅速用工字型钢并喷射混凝土作初期支护，整个过程强调一个“快”字，这样可最大程度避免对土层的扰动。相对于钢筋格栅，用密排工字钢作初期支护在于施工时间短，从而承力更加迅速。

截桩采用劈裂机＋人工风镐，桩身主体用劈裂机截断。初支完成后，在桩体上凿小孔，插入劈裂机前嘴，通过液压将桩身压裂。小孔为梅花形布置，劈裂机劈裂原理如图 12 所示。风镐主要用于修边，将劈裂机不能处理的部分桩体清除。截桩支护示意如图 13 所示，现场如图 14 所示。

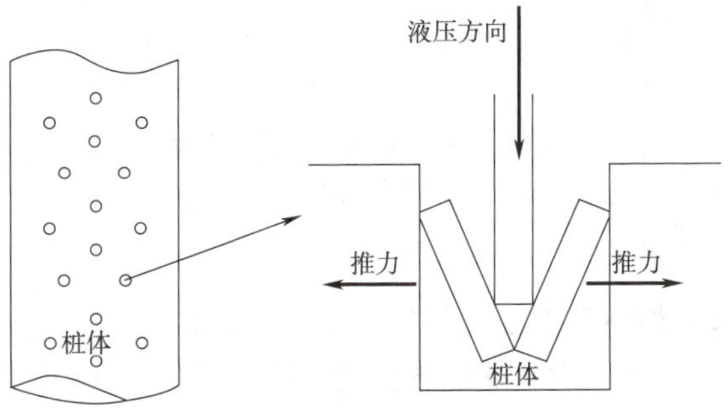

图 12 劈裂机劈裂原理示意图

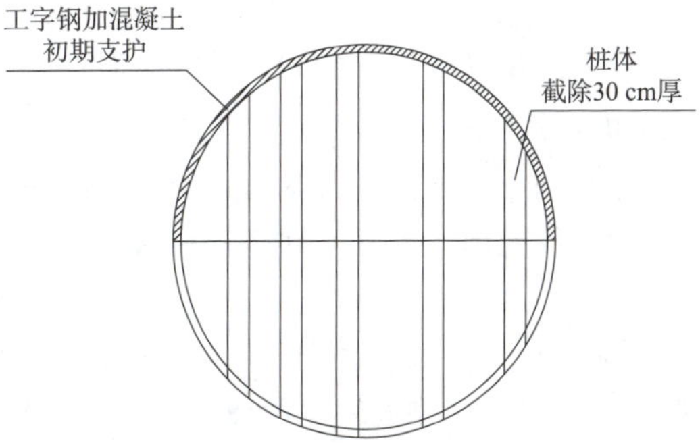

图 13 截桩支护示意图

图 14 截断障碍桩

(3)初期支护形成后，就处理上台面残留的障碍桩，除核心土外其余部分均以 30 cm 的深度向前掘进，形成一个循环。台阶截桩完成示意如图 15 所示。

矿山法施工时，如图 16 所示，在有障碍桩部分，以 30 cm 为一段逐渐向前掘进，初期支护方式采用工字型钢加喷射混凝土；通过障碍桩后在无障碍桩部分，以 50 cm 为一段逐渐向前掘进，初期支护方式采用钢筋格栅。

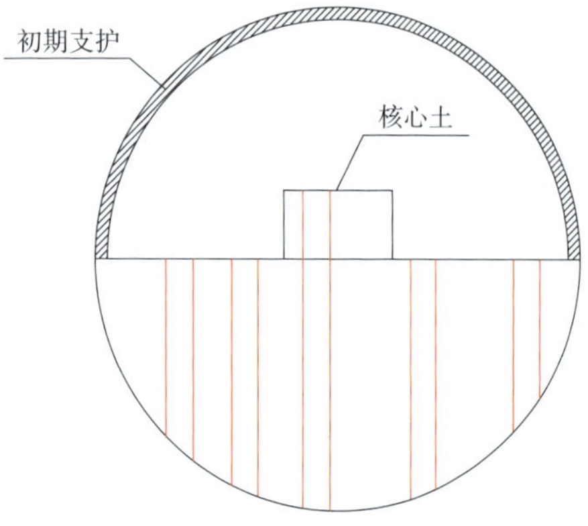

图 15　台阶截桩完成示意图

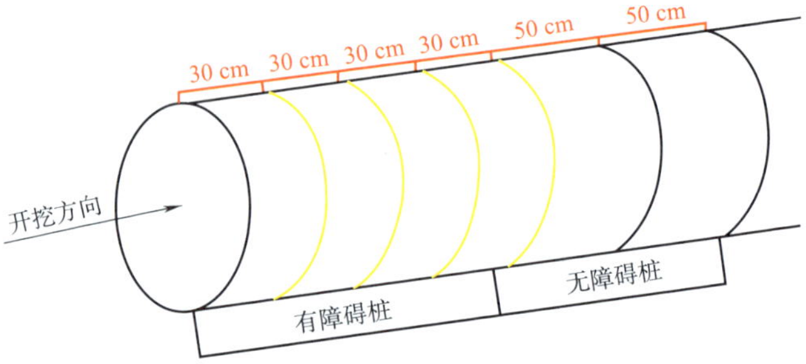

图 16　开挖纵向图

4　结　　论

(1)最初提出方案为矿山法截桩隧道只开挖隧道上半断面，在遇桩位置，对桩周边土体做些辅助的加固措施后，对桩采取人工往下破除至隧道底部，边破边做护壁，每完成一根后立即回填。后来几经论证，最后探讨得：在隧道内再做竖井向下开挖隧道下半断面，这个创新打破了常规的施工程序，这样创新之后，可以把工期要求紧的隧道先行完成，节约时间。

(2)充分利用了开挖完后隧道必须回填这一有利工况条件要求，开挖下半断面过程中，能做到边开挖边回填，使隧道开挖出的土方得到充分利用，减少了土方外运出去、全部挖通后再运进去这一程序，节省了大量成本，创造了可观的经济效益。

(3)截桩时，在遇桩位置先截取 30 cm 桩体，用工字型钢加喷射混凝土作初期支护，采用工字型钢而不是钢筋格栅是因为工字型钢施工简便，承力速度快，这样可以大大减少对地层的扰动，达到了浅埋暗挖法“速支护”的要求。

(4)暗挖隧道仅在开挖施作初支过程中截除障碍桩，无需施工二次衬砌，贯通后回填隧道，盾构正常拼装管片通过，避免到达及再次始发风险，简化了工艺流程，加快了施工进度，控制了投资规模。

(5)在复杂环境和软弱地质条件下，盾构隧道穿越地下障碍物应综合考虑周围环境、水文地质特征、施工条件及安全、经济等因素，选取安全、经济、可靠的综合处理方法。

(6)软土地层矿山法隧道施工中，掌子面稳定性控制、地层沉降控制是工程重点也是难点，采用劈裂注浆加固地层后开挖实施效果良好。

(7)在矿山法隧道中对桩基的处理应尽量使桩基和隧道工程相互独立，避免桩基直接作用于永久隧道工程。

新型速凝材料注浆加固富水破碎带机制分析

谢　波[1]　邵金鹏[2]　高　波[3]　唐　波[3]

（1. 南京市轨道交通建设工程质量安全监督站，南京　210015；
2. 南京地铁建设有限责任公司，南京　210017；　3. 中铁隧道集团有限公司，洛阳　471009）

摘　要：富水断层破碎带是治理难度较大的不良地质体，针对南京某地铁建设中基坑大面积涌水、支护结构沉降变形以及常规注浆材料防渗加固效果有限的问题，基于水文地质和高密度电法，分析了基坑涌水的渗流状态；通过室内试验测定了新型速凝浆液的初终凝时间、结石体强度及结石率，得出该材料具有较好的可注性和可行性；采用 COMSOL 数值软件联合仿真模拟了富水破碎带注浆加固过程，对比分析了注浆前后基坑渗流规律，并基于此开展了现场注浆试验；利用地质雷达和压水试验对注浆效果进行了验证，结果显示该新型速凝材料对富水破碎带加固效果良好，COMSOL 联合仿真对注浆设计有科学的指导性，对类似工程有一定的借鉴意义。

关键词：地铁基坑；涌水；富水破碎带；水泥基速凝材料；动水注浆；COMSOL 联合仿真

注浆法是将一定材料配制成浆液，利用压送设备将其灌入地层或缝隙内使其扩散、胶凝或固化，以达到加固地层或防渗堵漏的目的。经过两个多世纪的理论研究和工程实践，注浆法已广泛应用于各类不良地质灾害治理，解决了诸如地层沉陷、隧道突涌水及竖井围压加固等问题，并避免了疏排水引起的生态环境破坏。

针对富水破碎带注浆加固治理问题，国内外很多学者从破碎地层的工程性质、治理注浆工艺及流体力学特性方面展开了研究，同时对破碎岩体注浆加固机理进行了深入的理论分析并取得了重要成果。目前国内所做的研究中，杨树才等基于注浆材料加固强度、初凝时间及流动度研究了高水位软流塑淤泥质粉质黏土地层注浆改良问题；刘泉声等研究了断层破碎带深部区域地表预注浆加固问题，相关措施提高了岩体的自身承载能力及抗变形能力。综合分析前人的研究成果，基于水泥基速凝类注浆材料的富水破碎带注浆加固机理的研究较少，同时关于类似地层的注浆工程实践鲜见报道。

本文在系统分析工程水文地质的前提下，采用 COMSOL 联合仿真了基坑中的渗流状态，模拟了水泥基速凝浆液对富水破碎带的注浆加固，并基于此进行了注浆工程应用。

1　工程概况

1.1　工程背景

南京地铁 3 号线 TA05 标上元门车站距离长江约 400 m，区段土层结构复杂，含水砂层发育，江水与地下水水力联系密切，同时车站基坑处于穿经长江的 F_5 断裂分支影响范围内，地质勘探资料显示基坑底板标高处地层横向上有粉细砂、软塑～流塑状粉质黏土及破碎状中风化白云岩(图 1)。地基均匀性很差，工程岩体具有一定典型性及复杂性，属于临江富水破碎地层。

上元门车站断面形式为地下三层侧式，施工方式采用明挖顺作法，车站地铁基坑开挖尺寸为 163.5 m×24.4 m×24 m(长×宽×深)，底板埋深为 25.0 m，底板标高－12.0 m，支护类型采用地下连续墙与支护桩相结合的方式，设计深入中风化岩 2.5 m。

车站基坑开挖至埋深 18 m 处时，在 14 轴轴线里程、距西侧地连墙 4 m 位置出现一股泉眼状涌水，涌水量约为 720 m^3/d，水压约为 0.17 MPa。为控制施工风险，对涌水点采用堆载反压进行应急处理，并停止基坑开挖工作，但基坑内仍出现大面积涌水，涌水点超过 5 处，上元门站 100 m 范围内全段涌水量超过 3 000 m^3/d。

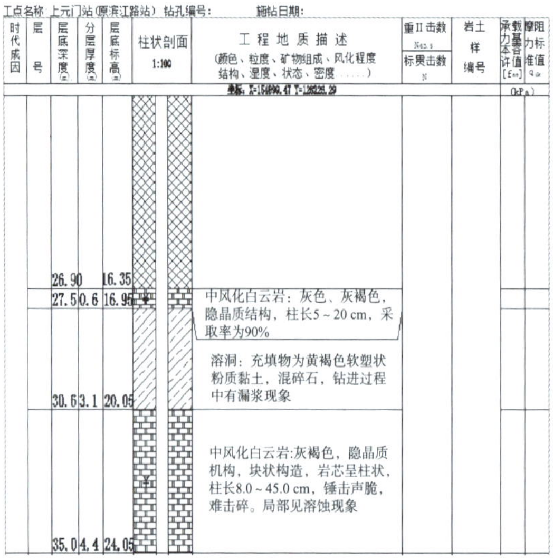

图 1　基坑地层柱状图(截图)

1.2　基坑涌水分析

综合区域地质条件、水文地质条件分析认为，南京地铁 3 号线工程上元门车站处于 F_5 断层分支影响范围内，断层破碎带富水，在基坑底部以下存在厚层含水层。此外，岩体基岩面起伏较大，岩溶裂隙发育，含导水构造较发育。

结合工程区域地质条件分析认为，基坑涌水来源主要包括两部分，即微承压裂隙水和周边水平补给，两者补给来源均包括大气降水，同时在基坑开挖形成区域降水漏斗过程中相互补给。

对基坑采用补充勘探和高密度电法探测(图 2)，探明横穿基坑破碎带范围，显示该区域溶洞裂隙十分发育，存在大量过水通道。基于 COMSOL 软件建立了基坑开挖渗流模型，得出：随着基坑开挖上覆地层应力逐渐减小，逐步破坏地下水渗流压力与地层应力的平衡状态，同时地下水的渗入弱化了砂土颗粒间的黏聚力及咬合力，形成透水通道引发基坑涌水。基于横穿基坑富水断裂破碎带及岩溶等不良地质影响，如不采取有效的加固治理措施，随着基坑的开挖势必会影响基坑稳定和周边环境安全。

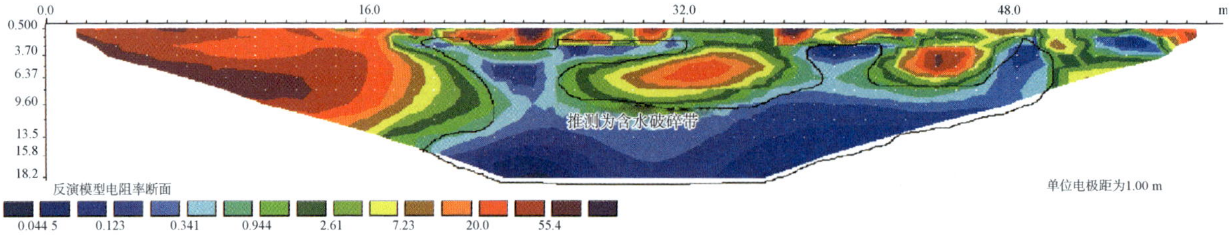

图 2　车站高密度测线图

2　加固治理及材料特性

2.1　加固治理分析

2.1.1　常规注浆材料治理过程及存在问题

在基本探明基坑范围破碎带、岩溶等不良地质分布的前提下，结合基坑内动水压力高、流速大，且富水破碎带范围内第四纪覆盖层厚度较薄的实际工况，初步采用水泥—水玻璃双液浆涌水进行注浆治理，但在动水作用下大量浆液被水冲散，坑内注浆固结地层的利用率较低。

鉴于基坑不回填(灌)、无可靠止浆措施的情况,很难实现注浆加固效果的均匀性。为提高动水状态下的注浆加固效果,亟需一种初凝时间短、动水抗分散性好、结石强度高以及结石率高的新型材料。

2.1.2 材料选型

注浆材料根据可行性、可注性、环保性、经济性及工艺实施难度综合考虑选择。目前,国内外常用的注浆材料可以分为水泥基浆液(普通水泥浆、超细水泥浆及特制硫铝酸盐水泥等)和非水泥基浆液(改性水玻璃、环氧树脂等)。

考虑复杂地质条件下富水破碎带,注浆材料应满足耐久性和动水耐冲刷的要求,采用山东大学岩土中心研发的新型水泥基注浆浆液进行了试验,对其凝胶时间、凝结时间、强度、配合比等物理力学特性进行试验。

2.2 新型速凝材料特性

2.2.1 初终凝时间

注浆材料的初、终凝时间决定了注浆材料的可操作性与可泵性。不同水灰比(W/C)下材料初、终凝时间随 $V_c:V_a$ 变化曲线如图 3 所示。

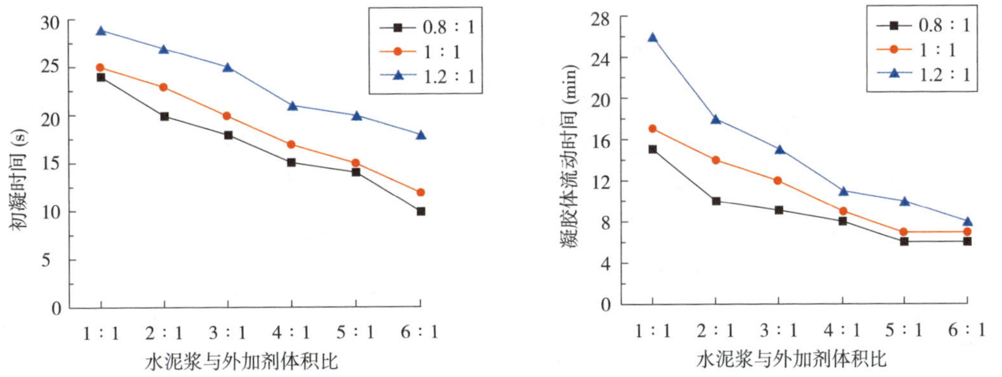

图 3 初、终凝时间随水灰比与体积配比变化曲线

分析图 3 可知,在特定水灰比的条件下,注浆材料的初、终凝时间随着水泥浆与外加剂体积比的增大而减小。在工程应用中应结合浆液的运输距离及设计注浆范围选择合适的注浆材料配比。

2.2.2 结石强度

结石强度指注浆材料在发生凝胶凝固反应后,形成的浆液结石体具有的抗压、抗剪、抗弯强度等力学参数。材料的结石强度决定了材料对高压涌水的封堵能力与浆液结石体的长期稳定性。为测试注浆材料的早期强度,对材料数小时至 28 d 内单轴抗压强度增长进行了测定。水泥基材料在不同水灰比、不同水泥浆与外加剂体积比($V_c:V_a$)、不同龄期下的强度—龄期曲线如图 4 所示。

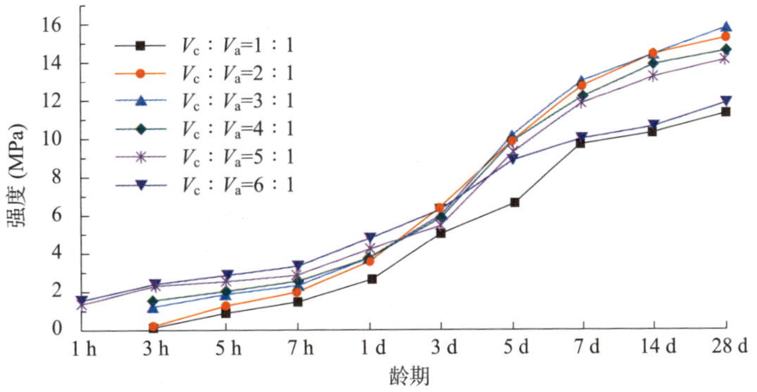

(a) 水灰比 0.8：1

图 4

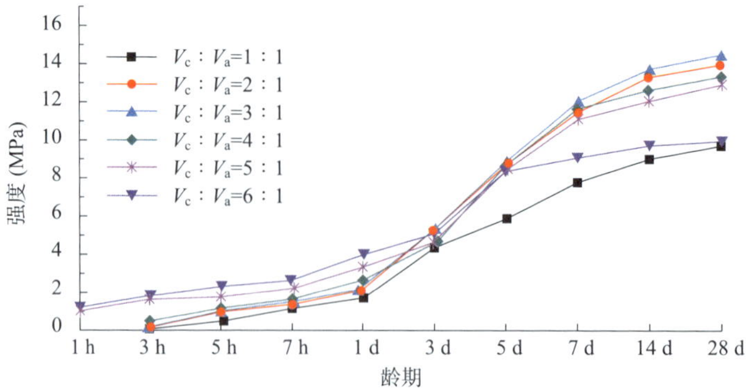

(b) 水灰比 1：1

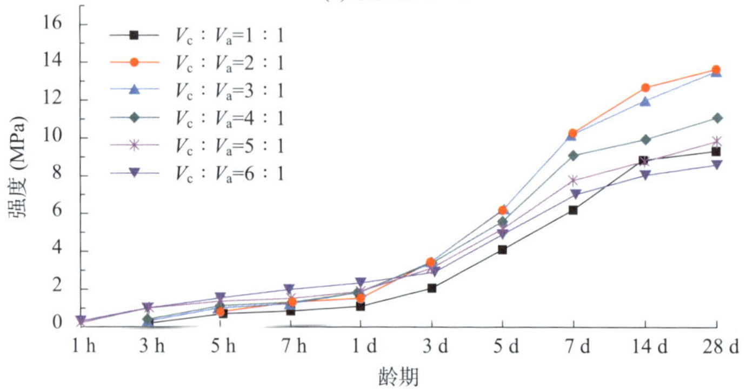

(c) 水灰比 1.2：1

图 4　GT-1 注浆材料不同水灰比下的强度—龄期曲线

依据图 4 可知：当水灰比为 0.8：1 和 1：1 时，$V_c:V_a$=3：1 的 28 d 龄期强度最大；当水灰比 1.2：1 时，$V_c:V_a$=2：1 和 $V_c:V_a$=3：1 的 28 d 龄期强度最大。

2.2.3　结 石 率

取试样浆液 200 mL 置于密闭容器中，3 h 后将存留的水分与未固化浆液移除，测定其结石率。不同水灰比、不同双组分比（$V_c:V_a$）结石率曲线如图 5 所示。

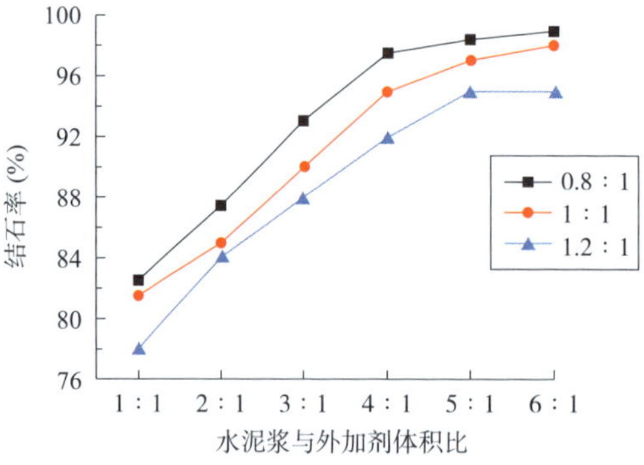

图 5　不同水灰比与不同体积配比的结石率曲线

分析图 5 可知：当固定水泥浆与外加剂体积比为 3：1 时，水灰比为 0.8：1 的结石率为 93%，水灰比为 1：1 的结石率为 90%，水灰比为 1.2：1 的结石率为 88%。

3　基坑数值模拟

3.1　模型建立

将地质模型进行简化，分为上部土层和下部岩层。录入勘查报告中的数据，几何建模中将溶洞简化为一系列大小不一的椭球。对勘查报告中溶洞分布和尺寸等信息进行统计，计算均值、方差等参数，按溶洞参数利用 MATLAB 中的随机函数建立溶洞的几何模型。上覆土层、下部岩层以及分界面组成的矩形区域，长

98 m,宽 28 m,高 45 m。溶洞由大小不一的椭球表示。地下连续墙的厚度为 1 m,深度为基岩层下 2 m,创建分条的矩形区域。

计算使用的主要控制方程为牛顿流体的稳态达西定律、布里克曼方程,以及达西定律与层流流动的联合方程。在渗流的数值计算中,潜水面以及渗出面的确定是关键因素。在本计算中,由于基坑开挖深度较深以及地下连续墙的存在,使得潜水面变化对开挖面以下流场分布影响较小,因此假定潜水面为一平面并忽略潜水面的动态变化。

渗流有限元计算分析的实质就是求解渗流场满足的偏微分方程式和边界条件式。COMSOL 预置的 Subsurface Flow Module 模块包含了渗流计算中常用基本微分方程和边界条件:

$$\frac{\partial}{\partial t}(\rho\varepsilon)+\nabla\cdot\rho\left[-\frac{k}{\mu}(\nabla p+\rho g\nabla D)\right]=Q_{\mathrm{m}} \tag{1}$$

式中 ρ——流体密度;

k——渗透率;

μ——流体黏度;

P——压力;

∇p——压力梯度;

D——位置水头;

Q_{m}——源汇项;

ε——孔隙率。

布里克曼方程:

$$0=\nabla\cdot\left[-\rho 2\mathrm{I}+\frac{\mu}{\varepsilon_{\mathrm{P}}}(\nabla u+(\nabla u)^{\mathrm{T}})-\frac{2\mu}{3\varepsilon_{\mathrm{P}}}(\nabla\cdot u)I\right]-\left(\mu k^{-1}+\beta_{\mathrm{F}}|u|+\frac{Q_{\mathrm{br}}}{\varepsilon_{\mathrm{p}}^{2}}\right)u+F \tag{2}$$

$$\rho\nabla u=Q_{\mathrm{br}} \tag{3}$$

式中 ρ——流体密度;

k——渗透率;

μ——流体黏度;

Q_{br}——源汇项;

ε_{p}——孔隙率;

∇u——流速梯度。

主要计算参数赋值及计算设置如下:采用的主要控制方程为达西定律。在其求解域内,水的密度为 1 000 kg/m^3,水的动力黏度为 1×10^{-3} Pa·s,上覆土层渗透率为 1×10^{-5} cm/s,孔隙率为 0.25,下部岩体渗透率为 1×10^{-6} cm/s,孔隙率为 0.15,水头高度为 40 m。在溶洞区域,采用布里克曼方程或层流控制方程,地连墙为相对隔水层。计算过程中取消了岩土层分界面,墙外设置为定水头边界,开挖面设置为压力为零。计算流场分布,并绘制三维效果图。

新型材料注浆前基坑地下水渗流示意如图 6 所示。

由数值模拟可知,由于破碎地层的存在,地下水渗流压力分布不均匀,尤其是破碎区域,渗压比周围明显增大,极易超过地层的封堵能力,造成突涌水灾害,必须进行相应的注浆加固治理,改变地层渗流分布,提高地层封堵能力。

3.2 注浆过程渗流场变化

将水泥基浆液在地层中扩散进行简化,不考虑浆液扩散瞬态变化对流场的影响,在同一水平面上,浆液按照各向同性扩散,扩散距离视为时间的函数,浆液界面相对于周围地层设为相对不透水边界。注浆孔分布按实际设计值进行设定。首先在开挖面内布置等间距的注浆孔,再沿 45°方向孔间中点处插入新孔。浆液界面初值设定为直径为 0.1 m 的圆。计算中将涌水点设置为半径较小的圆形区域。

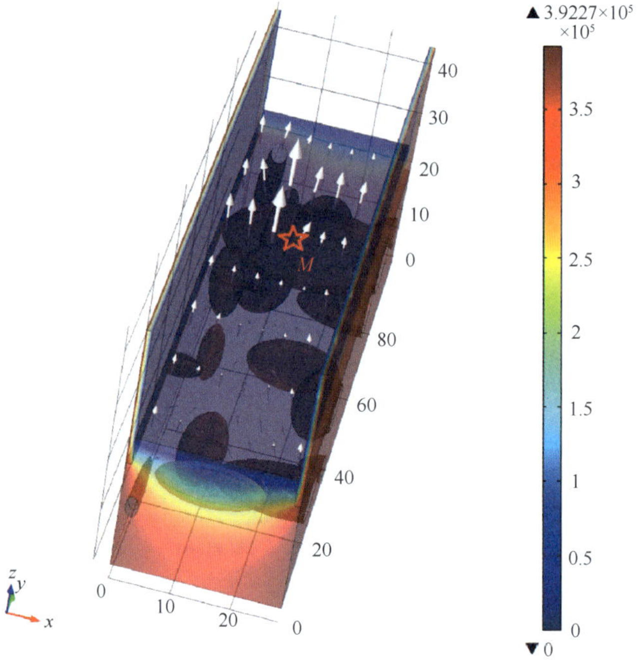

图 6　新型材料注浆前基坑地下水渗流示意图

图 7 展示了浆液界面由 0.1 m 扩散到 2 m 时的流场变化。其中颜色梯度表示压力变化，蓝色线条表示流线，白色线条表示等压线。可以明显看到注浆范围的扩大对流场的影响，在浆液扩散范围内基体的渗透率降低，改变了流线的方向使流线绕行，流线长度增加，流速降低。随着浆液扩散范围增大，在涌水点附近等压线向四周扩散，压力梯度降低，流速减小。靠近浆液范围的压力梯度较大，浆液扩散范围内的等压线密集，远离浆液扩散范围的等压线较为稀疏。

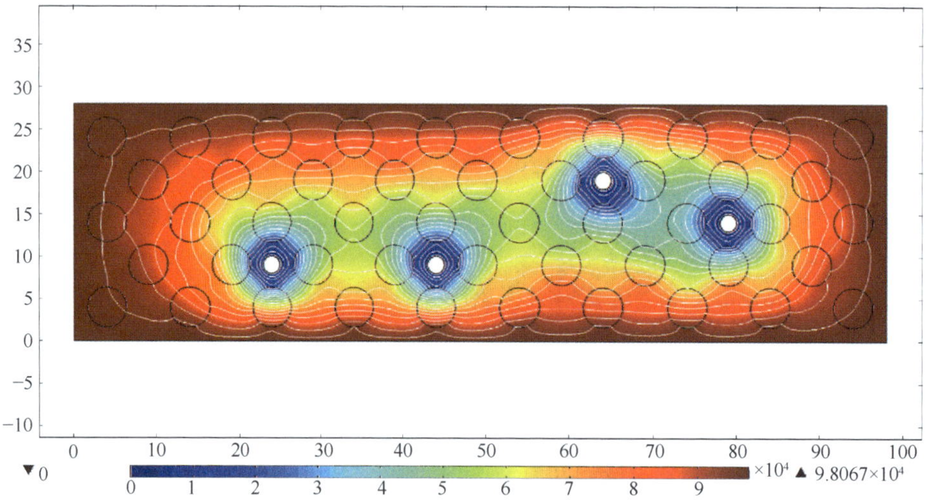

图 7　注浆过程渗流示意图

假定浆液按照柱形扩散，设置钻孔深度和扩散半径，在浆液扩散范围内，设定基体的渗透率为 1e-10，计算流场分布，并绘制三维效果图。通过对注浆前后基坑渗流进行数值模拟，对比分析可以看到，注浆后基坑的渗流明显降低，地下水渗流压力基本平均(图 8)，降低突涌水发生的可能性。

选取溶洞上方的 M 点为研究对象，得到了该点渗流压力随注浆时间的变化曲线，如图 9 所示。

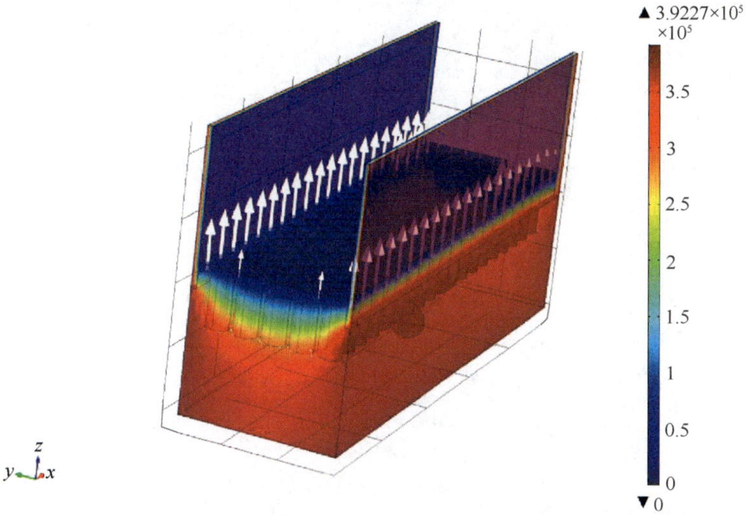

图 8　新型材料注浆后基坑地下水渗流示意图

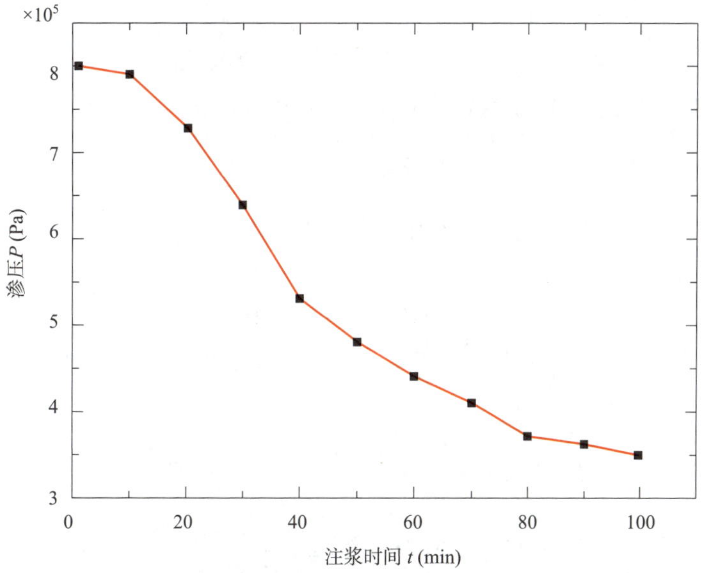

图 9　注浆过程 M 点渗压变化图

分析图 9 可知，渗压分为三个阶段：(1)开始注浆，浆液量进入溶洞较少，渗压变化缓慢；(2)随着浆液的大量进入，溶洞破碎带逐渐被充填，渗压迅速下降；(3)溶洞被充填，浆液进入速度减慢直至停止注浆，渗压变化缓慢，基本趋向稳定。

4　工程应用

4.1　注浆设计

基于上述 COMSOL 数值模拟及涌水加固分析，在富水破碎带区域采取小间距钻孔设计。钻孔分为四序次设计施工：第一序次钻孔用于验证水文地质分析和注浆；第二序次钻孔用于检查注浆效果和补充注浆；第三序次钻孔用于关键涌水点封堵注浆；第四序次钻孔为最终检验钻孔。其中一序布孔 106 个，二序布孔 56 个，三序布孔 58 个，检查钻孔 7 个。第一序次钻孔间距为 3 m，梅花形布置，由于施工场地的限制，钻孔间距可根据实际情况进行调整。根据一序钻孔的布置点位将二、三序钻孔内插布置，注浆孔的最终间距为1.5 m。钻孔开孔直径 108 mm，钻孔深度确定为底板下 7 m。

4.2　工艺参数及方案实施

4.2.1　注浆参数

(1)扩散半径类比选择

根据工程经验及工程类比,上断面周边注浆扩散半径为 2 m。

(2)注浆压力的确定

注浆压力是浆液在地层裂隙中扩散、充填、压实脱水的动能,是注浆设计和施工中的主要参数之一,对提高注浆质量和保证注浆效果起到较大的影响作用。以水压为依据的经验公式,主要目的在于堵水,适用于深埋地层,注浆时不受覆盖层厚度限制,不考虑地层隆起。考虑超前预注浆的目的主要是堵水和加固,同时防止浆液击穿覆盖层,因此以静力平衡和裂隙宽度作为压力初步确定选择的依据。根据静力平衡条件计算压力为 1.2 MPa,由裂隙宽度确定的注浆压力应在 1.4 MPa 以上。综合两种方法确定注浆压力为 1.5～2 MPa。

4.2.2　注浆工艺

注浆工艺主要有分段前进式注浆和全孔一次性注浆。

分段前进式注浆优点:工艺比较简单,适应性强,反复加固地层,易保证注浆效果。缺点:重复扫孔,施工效率较低,靠近掌子面方向重复注浆。

全孔一次性注浆具有工艺简单、效率高等优点,适合于孔深较小的孔内注浆。

南京上元门车站由于钻孔较浅,工期紧张,采用全孔一次性注浆技术。

4.2.3　注 浆 量

现场采用模袋注浆管封固工艺,注浆材料采用新型速凝注浆材料 GT-1,综合考虑初凝时间、结石强度以及结石率等因素,确定水泥浆液水灰比为 1∶1,水泥浆液与 GT-1 配比为 3∶1。一序孔施工结束后,根据涌水及检查孔情况施工二序孔以及三序孔。注浆孔压力达到 1 MPa、地层开始隆起或吸浆量小于 1 L/min 时为单孔注浆停止条件。最终,设置 7 个检验钻孔。新型速凝注浆材料消耗 478.48 m^3。

4.3　注浆效果检测

4.3.1　地质雷达探测

注浆结束,利用地质雷达对原富水区进行探测,探测结果如图 10 所示。依据图 10 可知,地质雷达探测图信号无突变,探测深度内信号较为均匀清晰,表明基坑下部过水通道基本被封堵,土层物理性状均一,可见注浆明显改善了基坑土层的物理力学性质。

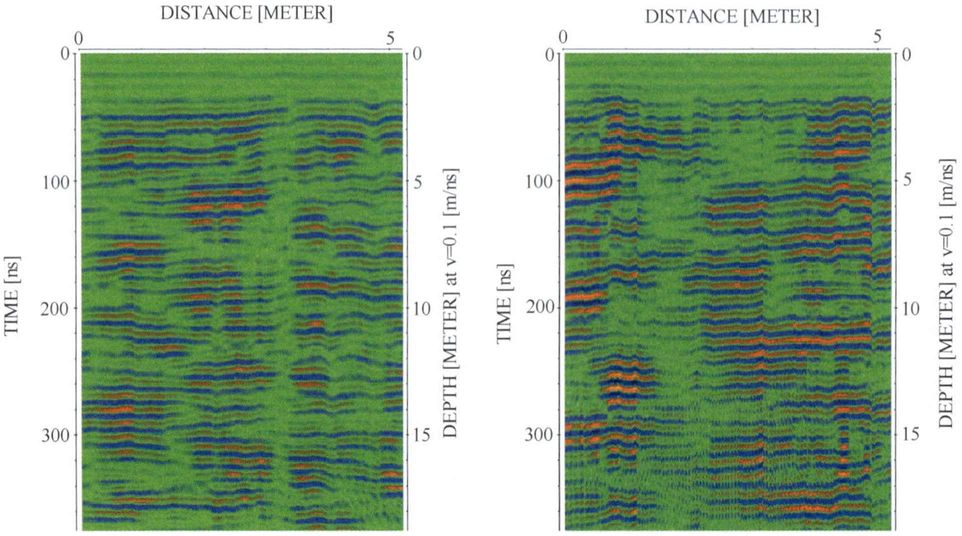

图 10　地质雷达探测图(截图)

4.3.2 压水试验

常规压水试验采用 0.3 MPa—0.6 MPa—1.0 MPa—0.6 MPa—0.3 MPa 5 个压力阶段进行，采用单栓塞止水，每 5 m 一个试验段进行常规压水。

注浆结束后进行压水试验。岩体透水率计算公式为

$$q=\frac{Q}{LP} \tag{4}$$

式中 q——透水率(Lu)；

Q——试验段压入流量(L/min)；

P——试验压力(MPa)；

L——试验长度(m)。

通过简易压水试验，对注浆前、后的数据进行对比，所得试验结果见表 1。

表 1 各孔压水试验结果

孔序号	孔深(m)	压水时间(min)	最大压力(MPa)	流量(L/min)	透水率(Lu)
1	12	20	1.92	75.37	1.18
2	13	20	1.89	79.23	1.25
3	14	20	2.16	64.15	1.15
4	13	20	2.08	68.34	1.49
平均值	13	20	2.01	71.77	1.27

4 个检查孔的透水率均小于 1.5 Lu，注浆后地层渗透系数在 1.65×10^{-7} m/s 左右，与注浆前相比，渗透率减小一个数量级，岩体透水性由中等透水下降为弱透水，注浆效果明显。

4.3.3 现场开挖

注浆治理结束后，基坑表面已无涌水，现场根据设计图施工补充钻孔补-1～补-6，其中补-5 钻孔取芯如图 11 所示。钻探取芯为已固结岩芯，各取芯资料显示注浆治理效果良好，后期已实现基坑开挖至基底。

图 11 补-5 钻孔取芯图

由工程应用可知，COMSOL 数值分析的计算成果较为合理，说明软件在工程计算中具有一定的应用价值，为后续注浆方案的设计提供了依据。同时，注浆对基坑溶洞的治理效果显著，在有效封堵溶洞的同时能显著提高地层的抗渗性，降低基坑突涌水的可能性。

5 结　　论

(1)GT-1 注浆材料具有可行性、可注性、环保性及经济性，该材料初终凝时间可调、单轴抗压强度和结石率较高。

(2)基于 COMSOL 对注浆前后基坑渗流进行数值模拟，对比分析得到，注浆后基坑的渗流明显降低，地下水渗流压力基本平均，降低了突涌水发生的可能性。

(3)对新型速凝材料注浆加固富水破碎带机制进行分析，基于物探、水文地质分析，根据新型注浆材料的优选，进行 COMSOL 数值模拟计算设计方案的设计思路，通过开挖验证了该思路的科学性、准确性。

(4)针对新型速凝材料注浆加固富水破碎带机制进行了宏观分析，揭示了其加固机理的宏观表现。对于相应的微观分析有待进一步研究，深入研究其加固机理。

南京地铁机场线工程技术成果介绍

王　斌
（南京地铁建设有限责任公司，南京　210017）

摘　要：相对于传统的盾构施工技术，GPST 盾构技术具有减少明挖施工场地、缩短工期、良好的经济效益等优点。本文以南京地铁机场线工程为实例讲述了 GPST 盾构技术的特点、技术创新，介绍了几种盾构模式以及盾构模式 EPB/TBM 的转换，最后对 GPST 盾构施工技术的发展做了展望。

关键词：GPST 盾构技术；技术创新；机场线；盾构模式

1　GPST 盾构技术

传统的盾构施工方法需要两个工作井作盾构始发井和接收井，盾构在工作井中始发和到达，工作井和隧道的暗埋段需要开挖。而地面出入式盾构法隧道新技术是盾构机从地表始发，在浅覆土条件下掘进，最后盾构机在目标地点从地表到达。该工法的特点是盾构直接从地面始发和到达。该技术称为“地面出入式盾构法隧道新技术”（Ground Penetrating Shield Technology，简称 GPST）。GPST 盾构新技术与传统盾构技术的区别如图 1 所示。

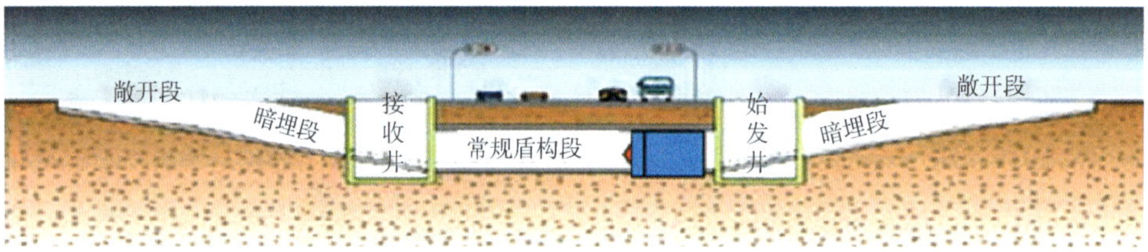

(a) 传统盾构技术

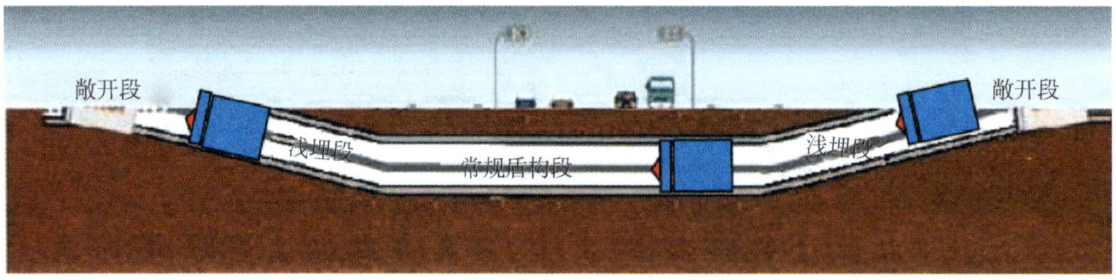

(b) GPST盾构技术

图 1　GPST 盾构新技术与传统盾构技术的区别

1.1　GPST 技术的特点与优势

（1）减少明挖施工场地

采用盾构直接掘进暗埋段替代常规的明挖施工，不需要占用地面施工场地，地面开挖区域减小约 50%～80%，从而可大量减少地面构筑物拆迁、管线搬迁以及地面交通翻交改道等问题。

（2）缩短工期

GPST 新工法不用施工深竖井，且减少了大开挖施工的引道长度，可直接提高施工速度，节省工期。同时，由于地面施工面积减小，动拆迁所需时间减少，可大大降低整个工程建设的时间。

（3）良好的社会经济效益

该新工法将隧道和暗埋段一起施工，不用施工竖井和大开挖施工暗埋段，减少了大型设备的施工，减少了土方量，对周围环境的不良影响降低，减少了 CO_2 排放，既节约了能源又减少了碳排放，符合国家节能减排的战略要求，具有节约与开发并举、提高能源使用效率的积极意义。

地面出入式盾构法隧道新技术能够大量减少地面施工占用面积，从而减少地面构筑物拆迁、地面交通翻交改道、河道临时封闭或改道、管线搬迁等问题。由于目前动拆迁工作涉及多方利益，关系到社会稳定、政府形象、经济发展和社会进步，使用该新工法能够有效减少动拆迁面积，从源头上减少矛盾纠纷的发生，带来良好的社会效益和经济效益。

地面出入式盾构法隧道新技术适用于轨道交通、城市道路、水利水电和市政管道的隧道施工，具有广阔的市场前景。

1.2　工法难点

GPST 在无覆土和超浅覆土下进行盾构隧道建设，面临结构变形、隧道上浮、接缝渗漏、轴线偏离等难题，如图 2 所示。

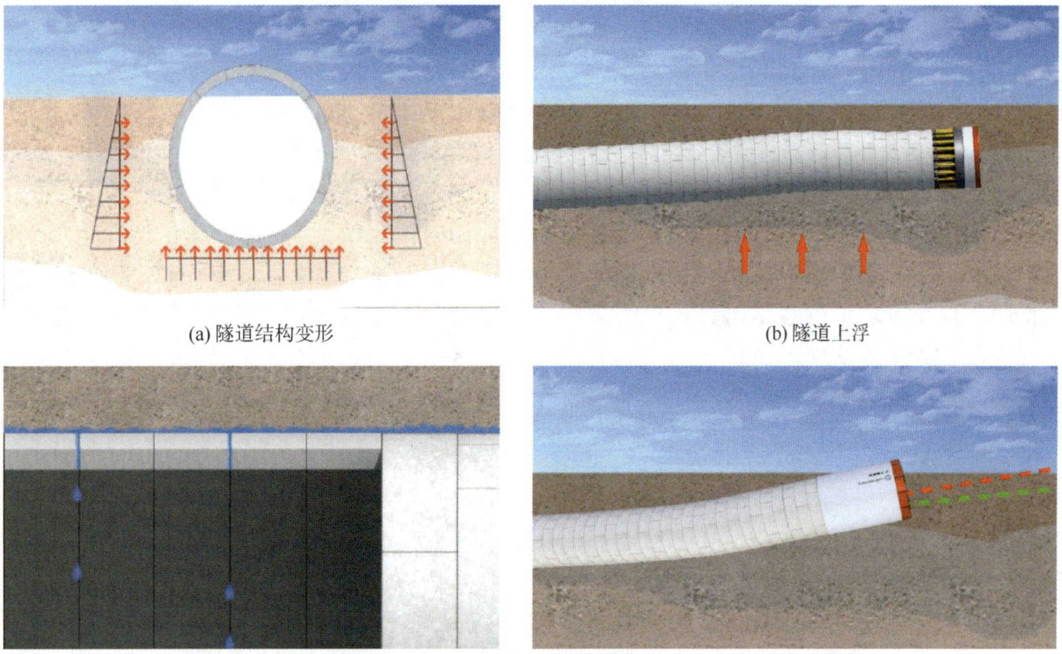

(a) 隧道结构变形　　(b) 隧道上浮

(c) 隧道渗水　　(d) 轴线偏离

图 2　GPST 盾构技术难点

1.3　关键技术创新

从隧道设计、盾构机装备、施工技术等方面进行深入研究并提出解决方案，形成了隧道变形控制、隧道抗浮、隧道防水和盾构姿态控制四大技术体系，见表 1。

表 1　四大技术体系

序　号	关键技术	工程原因	解决方案
技术一	隧道变形控制技术体系	负覆土和超浅覆土工况：管片有竖鸭蛋变形趋势	设计：(1)斜螺栓、剪力销等增加管片整环刚度；(2)长螺栓增加纵向刚度。 机械装备：管片稳定装置。 施工技术：脱出车架后管片内用简易支撑或管片预埋钢板连接
技术二	隧道抗浮技术体系	运营期—隧道永久性稳定 施工期—临时性稳定 超浅覆土工况同步注浆易使管片上浮	锚杆抗浮：高重度混凝土管片及断面填充、置换隧道上半部分覆土 隧道内压重和地表压重、施工降水 同步注浆孔位置优化、注浆材料优化

续上表

序　号	关键技术	工程原因	解决方案
技术三	隧道防水技术体系	管片外部环向和纵向压紧力小	斜螺栓、长螺栓拉紧，优化止水条的形式和材质
技术四	盾构姿态控制技术体系	刀盘进土和螺旋机出土不畅，引起盾构姿态失控	刀盘开口率增大、螺旋机外伸量增加、研制特殊改良剂

(1)隧道变形控制技术体系

通过理论分析、整环管片结构试验研究，形成了超浅埋盾构隧道设计方法，提出了斜螺栓、定位销等管片结构优化形式，严控结构变形。盾构装备上研发了管片稳定装置，严格控制管片变形。在负覆土段盾构施工中，采用管片预埋连接件，进一步控制管片变形，保证隧道施工期和运营期的结构安全。

(2)隧道抗浮技术体系

采用锚杆、压重、高重度管片等不同抗浮措施或组合，确保隧道百年运营安全。施工期采用降水、地面和隧道内压重等措施控制隧道上浮。同时为了防止地面冒浆，影响隧道周边浆液充填的有效性，利用目前国内最大的下沉式平台试验，创新研发了 GPST 专有 HE 同步浆液，具有良好的流动性及早期强度，有利于隧道稳定性控制。

(3)隧道防水技术体系

采用管片拉紧长螺栓，提供额外密封压紧力。同时通过仿真分析和防水试验，得到新型密封垫材料及结构形式，全面提高结构整体防水性能。针对新工法，创新研发后端止水的新工艺，保证满足地面出入段的隧道防水要求。

(4)盾构姿态控制技术体系

采用辐条式、大开口率的刀盘结构，结合螺旋机和搅拌棒的优化设计，设备上保证低压下盾构正面土体顺利进入土仓。研发了高黏度低比重触变型 GS 土体改良专用泥浆，经国家“863”试验平台的反复测试，解决了盾构正面超低压环境下的正常进排土。采用高精度监控系统，结合施工参数优化匹配，综合形成盾构姿态的高精度控制技术体系。

1.4　机场线工程 GPST 技术应用

1.4.1　工程概况

GPST 技术应用于机场线秣陵站～将军路站区间的出地面段，隧道位于将军大道下(图 3)，右线盾构段长约 123.659 m，左线盾构段长约 124.591 m，采用一台 ϕ6.38 m GPST 专用土压平衡盾构掘进施工。

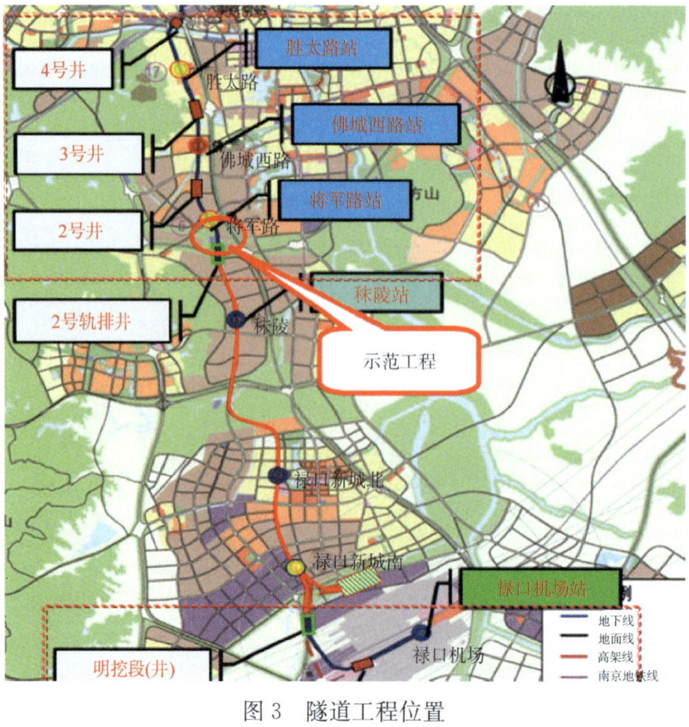

图 3　隧道工程位置

1.4.2　工程地质

隧道纵向线形为28‰的单坡。隧道断面主要处于①-2 素填土、②-3C2 粉土、②-1b2 粉质黏土、④-1b1 粉质黏土、J31-1 全风化安山岩、J31-2 强风化安山岩层中，如图 4 所示。

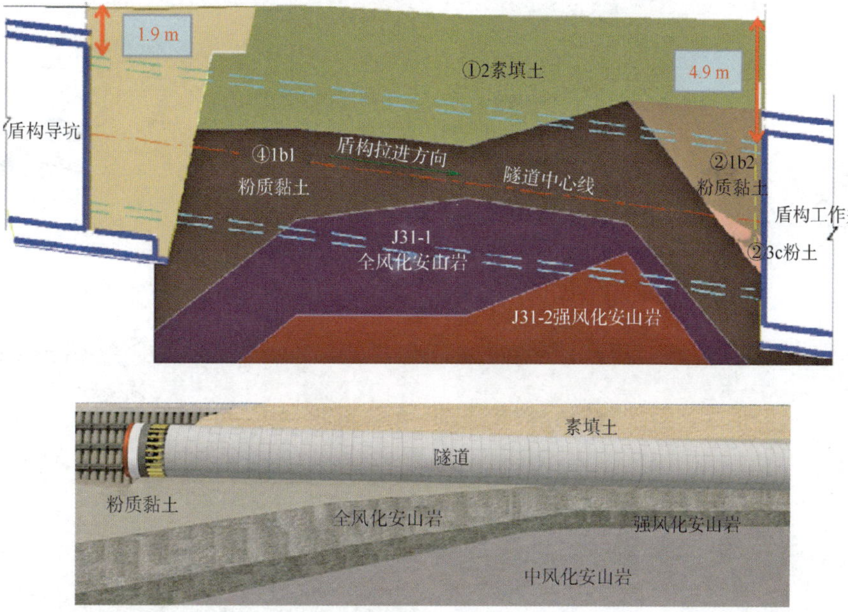

图 4　工程地质

1.4.3　工程推进

GPST 盾构于 2012 年 6 月 26 日正式掘进，如图 5 所示，先从秣将区间盾构工作井始发掘进、推进右线，10 月 10 日完成右线地面到达施工；之后，在导坑段内完成盾构接收与调头后，推进左线；11 月中旬完成左线的盾构地面始发；12 月底完成盾构掘进施工任务。部分施工照片如图 6 所示。隧道变形控制在 0.4%以内，隧道轴线控制在±50 mm，局部最大达−80 mm，隧道上浮控制在 25 mm 以内，隧道成环质量良好，满足地铁隧道验收标准。

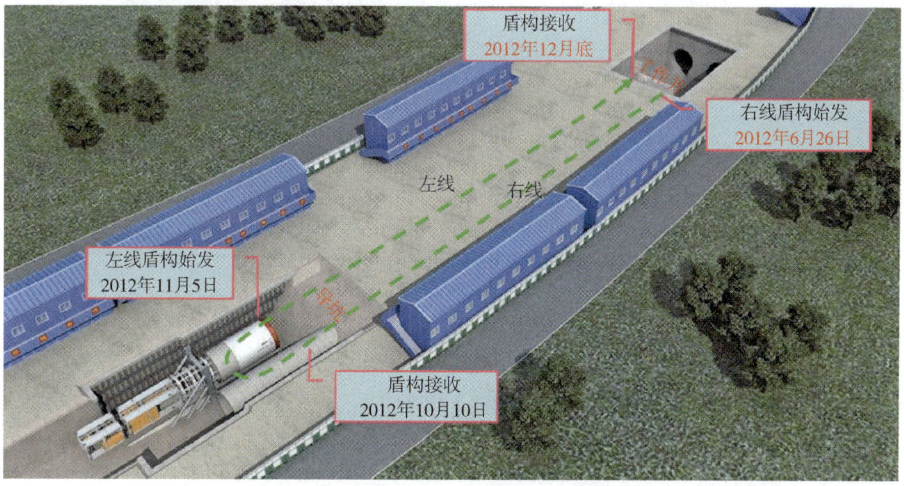

图 5　GPST 工程推进情况

1.5　技术展望

GPST 技术可以在城市地下立交、公路隧道、轨道交通的地面与地下连接段和城市地下隧道的匝道等工程上推广，如图 7 所示。

(a) GPST盾构机

(b) 盾构地面始发

(c) 盾构刀盘切入土体

(d) 盾构地面到达

图 6　GPST 盾构机掘进

(a) 公路隧道(适用于所有公路隧道和城市地下立交隧道)

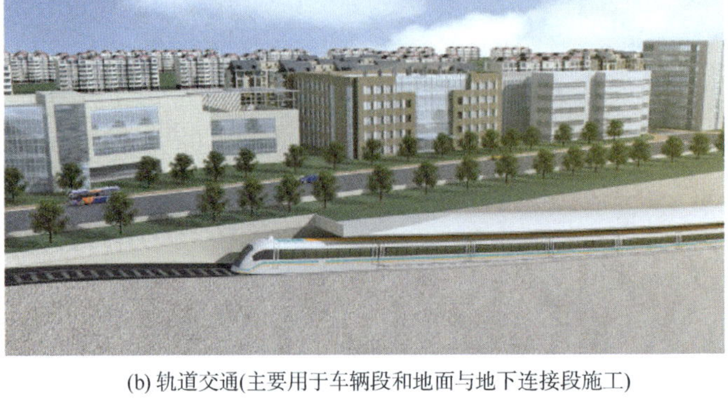

(b) 轨道交通(主要用于车辆段和地面与地下连接段施工)

图　7

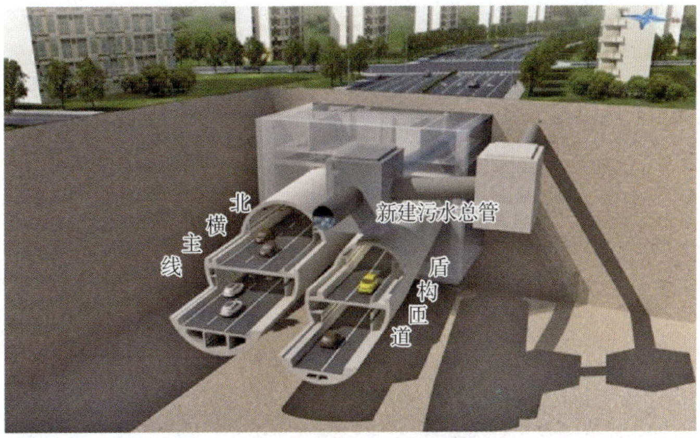

(c) 城市地下公路的匝道段

图 7　GPST 盾构技术应用展望

2　盾构模式 EPB/TBM 的转换

2.1　机场线盾构穿越禄口国际机场停机坪

机场线工程在盾构穿越禄口国际机场停机坪过程中采用了 EPB/TBM 双模式复合盾构施工工法，即在复合地层中施工时，通过简单的 EPB/TBM 模式双向转换，根据不同区段的地质特点，采用不同的针对性掘进模式，提高施工效率。特别是在具有长距离全断面硬岩复合地层中施工时，在缩短施工工期、节约刀具以及能源消耗方面效果显著，具有重大意义。

2.2　工程概况

2.2.1　线路走向

南京至高淳城际快速轨道南京南站至禄口机场站工程 TA01 标段(禄口机场站～1 号盾构工作井)区间总长 3 997.91 m，最大埋深 20 m，区间沿线地层较复杂，软硬不均，行进途中需穿越禄口机场停机坪，如图 8 所示。

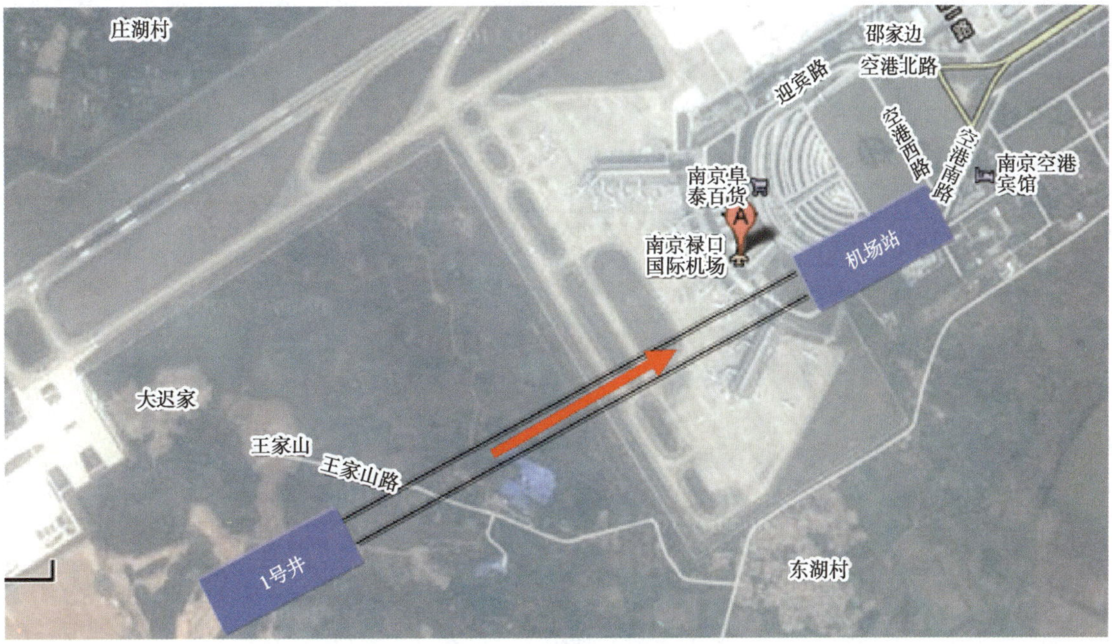

图 8　线路走向示意图

2.2.2　工程地质

盾构机穿越的地层主要有：中风化安山岩、强风化安山岩、破碎状中风化安山岩、微风化安山岩及粉质黏土等，如图 9 所示。

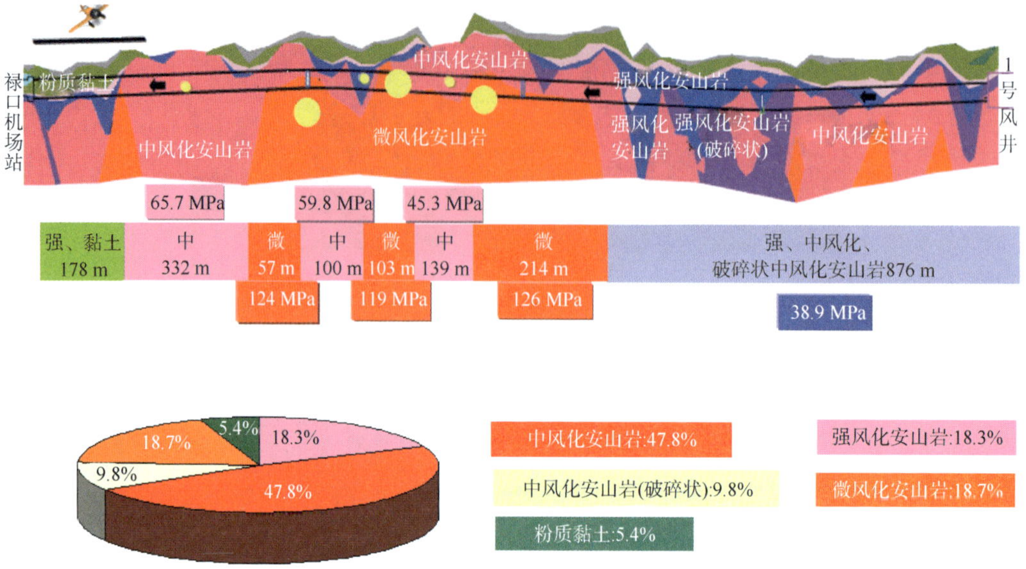

图 9　工程地质情况

2.3　盾构模式选型

2.3.1　土压平衡模式

当盾构机穿越地层为软土层时，采用 EPB 即土压平衡模式掘进。此时，开挖面的土体在切削刀具作用下从开挖面剥离并进入土仓。设置在刀盘背面和土仓面板上的搅拌棒搅动土体，防止形成影响正常掘进的泥饼，并在渣土改良设备的配合下对土仓内土体塑流性进行进一步的改良。改良后的土体从土仓底部的出土口由螺旋输送机送出。在这一过程中，土仓内的土体和开挖面的土体实现压力平衡。EPB 土压平衡模式还通过调节螺旋输送机转速，配合控制盾构机推进速度，精准控制土压，保证开挖面的稳定，控制地面沉降在安全范围内，确保地面建筑和机场等重要设施的安全。

2.3.2　敞开式掘进模式

在 TBM 掘进模式下，开挖面岩层在盘形滚刀的挤压和剪切作用下从岩层表面剥离，并通过刀盘面板上的开口进入土仓。刀盘背面安装的刮土板将进入土仓的岩石刮送至中心排土皮带输送机，再由皮带输送机将岩石排出。刮土板将土仓隔离成若干平均分布的小隔间，这样能保证土仓内的岩石连续、均匀地刮送至中心的皮带输送机，减少皮带输送机的不均匀荷载，提高工作寿命。中心集土槽起收集刮土板刮送的岩石的作用，能保证刮送的岩石准确地进入中心皮带输送机，同时也能保护中心皮带机机体伸入土仓的部分免受刮板上滑落的岩石的冲击。

2.4　双模式盾构构成

双模式盾构主要为具备土压平衡模式和 TBM 模式两种模式的盾构。在双模式盾构中，必备的装置主要包含：切削刀盘、刀盘驱动装置、铰接装置、推进装置、管片拼装机、盾尾密封系统，如图 10 所示。

2.4.1　土压平衡模式盾构特有的部件

土压平衡模式时，除了双模式盾构的必备装置外，还配备了土压平衡模式特有的装置，包括：螺旋输送机、中心回转接头、搅拌棒、软土地层刀具，如图 11 所示。

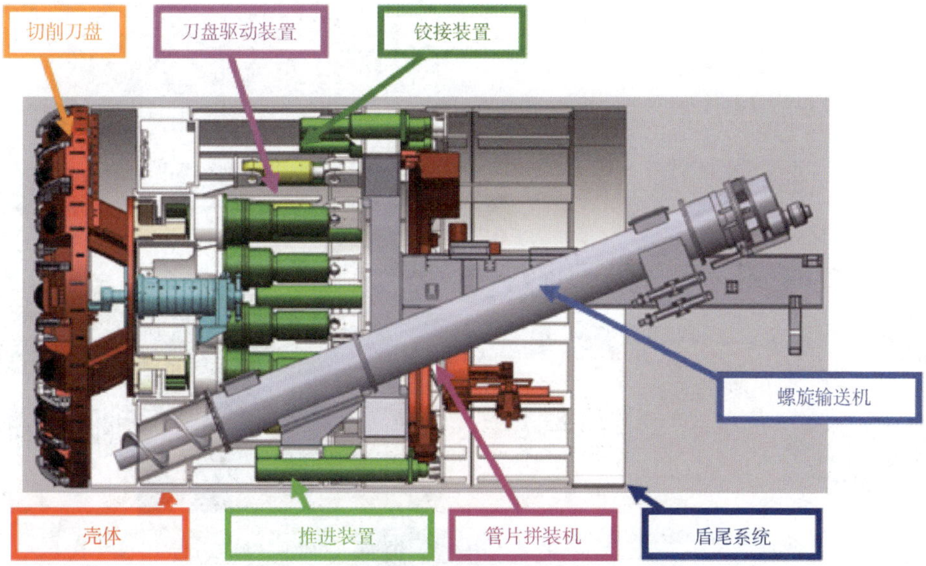

图 10　双模式盾构必备构成装置(截图)

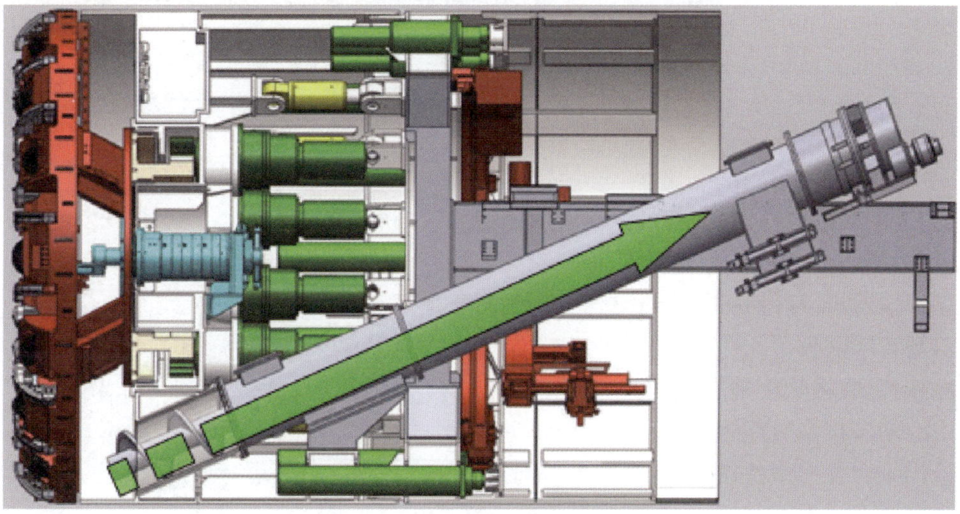

图 11　土压平衡模式盾构

2.4.2　TBM 模式盾构特有的部件

TBM 模式时,除了双模式盾构的必备装置外,还配备了 TBM 盾构特有的装置,包括:皮带输送机、中心集土槽、刮土板、硬岩刀具,如图 12 所示。

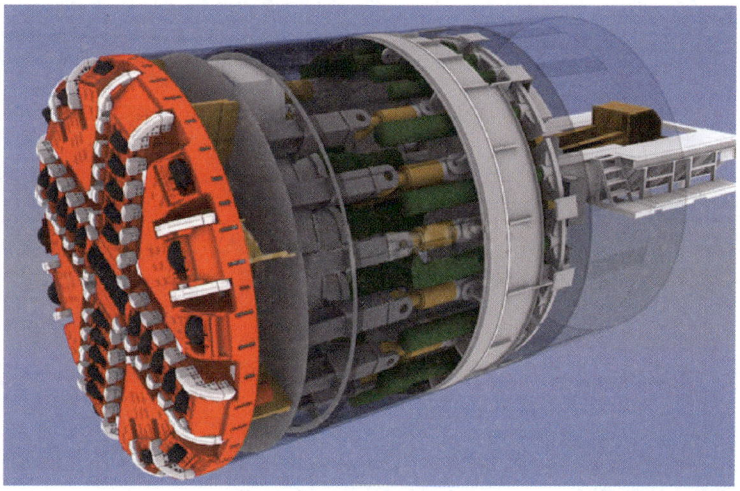

图 12　TBM 掘进模式盾构

2.5　盾构模式转换

盾构模式转换计划如图 13 所示。

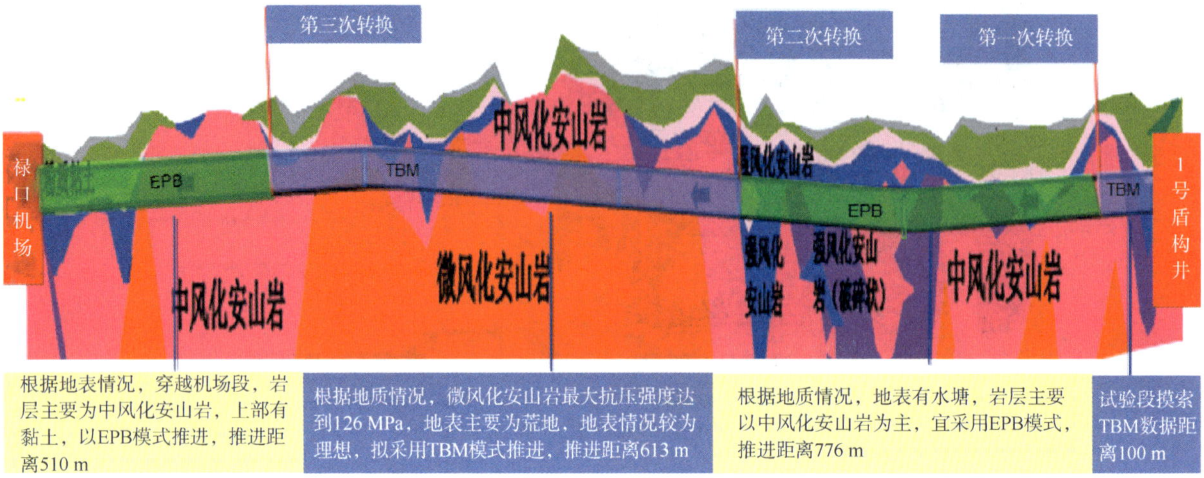

图 13　模式转换计划

2.5.1　TBM 转换到 EPB 模式

当盾构机推进到软土层时，按照如下流程完成掘进模式的转换：

(1)停止推进，排空土仓残余岩土。

(2)拆除皮带输送机、皮带输送机支撑法兰、中心集土槽。

(3)撤去刀盘背面刮板。

(4)安装搅拌棒，更换软土地层刀具。

(5)安装中心回转接头及配管。

(6)皮带机用平台及连接件撤去，电缆卷盘一同撤去。

(7)螺旋机安装及机内平台、后方工作平台安装。

(8)电缆卷盘移位、恢复掘进。

2.5.2　EPB 转换到 TBM 模式

当盾构机推进到全断面岩层时，按照如下流程完成掘进模式的转换：

(1)停止推进，排空土仓和螺旋输送机内的土。

(2)拆除螺旋输送机、中心回转接头、搅拌棒等 EPB 模式组件。

(3)更换适用于硬岩的地层刀具。

(4)安装刮土板、中心集土槽、皮带输送机等 TBM 模式组件。

2.6　机场线工程应用

机场线工程 1 号盾构井至禄口机场站区间，盾构需先后下穿禄口机场滑行道和停机坪，长距离掘进全断面极硬安山岩(长约 300 m)和长距离上软下硬地层(上部粉质黏土，下部安山岩，长约 160 m)。

因地层土质不均，对地表沉降控制要求严格，变形对施工参数的反应均较为敏感等，需要采取“微扰动施工”，避免对滑行道和停机坪造成不良影响。针对穿越段施工，除采取常规的土体改良及加强注浆管理等措施外，采取的其他措施有：

(1)穿越机场段采用 EPB 掘进模式，且在进入机场前对盾构主要设备进行了检修，并全盘更换新刀。

(2)对岩土交界面、淤泥质粉质黏土分布及抛填石侵入隧道范围等情况进行地质补勘，采用盾构机自身具备的超前地质勘探孔进行地质勘探和注浆加固，采用走行式地质雷达对穿越地层及注浆密实情况进行了探测。

(3)针对每环掘进施工，均根据地质条件及相邻前几环施工采集参数和地表沉降监测数据的联动分析，优化施工参数。

(4)由于道面上不能作监测标志，故采用全站仪三维红外扫描技术进行道面全天候沉降监测。

两台盾构先后顺利穿越了机场跑道及停机坪，整个穿越过程平稳有序。平均进度为每天掘进 7 环、8.4 m，实现一次穿越 460 m，避免了换刀作业对机场的扰动，降低了风险，机场地表最大沉降值为 13 mm，满足禄口机场方的要求。

新型隔振器浮置板环境振动影响研究

黄慧超　任树文

（中铁工程设计咨询集团有限公司，北京　100055）

摘　要：新型隔振器浮置板轨道具有良好的隔振效果，但目前隔振器浮置板设计缺乏针对我国地铁的应用研究，因此还需评价其使用后对周围环境的影响。本文运用 ABAQUS 有限元分析软件结合无限边界理论，评估地铁隧道地段考虑地基隔振器浮置板系统的隔振效果，计算结果表明：从频域角度分析，新型隔振器浮置板可达到很好的隔振效果；在德国高干扰不平顺条件下，系统的隔振幅度达到了 19.33 dB，在短波不平顺条件下，系统的隔振幅度达到了 20.05 dB。

关键词：隔振器浮置板；有限元分析；隔振效果；无限边界理论

浮置板结构于 20 世纪 70 年代在联邦德国被首次运用，其设计初衷即为减小地铁车辆运行时对周围环境的振动影响。新型隔振器浮置板轨道具有隔振效率高、顶升方便、便于检修等优点，并在国外铺设试验线取得了良好的隔振效果，但目前该型浮置板缺乏针对我国城市轨道交通应用的相关研究，因此还需评价其使用后对周围环境的影响。

隔振器结构自上而下分别为固定旋叶、锁紧螺栓、隔振弹簧阻尼材料以及底部固定装置，隔振器中部设置了为调节隔振器支承高度可拆卸式的液压千斤顶，上部 3 枚锁紧螺栓主要将隔振器与隔振器外套同连接，并为底部弹簧结构与上部旋叶之间提供不同高度的调节，最高可以调高 60 mm。

本文通过对比列车分别在隔振器浮置板地段和普通整体道床地段运行时地铁隧道周围土体的振动情况，研究隔振器浮置板系统对环境振动的影响，由列车荷载激励下地铁隧道周围土体的振动情况得到列车运行对周围环境振动的影响规律，并评价新型隔振器浮置板的隔振效果。

1　新型隔振器浮置板振动分析模型

在进行土体振动分析研究时，模型尺寸的大小对结果有比较大的影响。建立分析模型研究局部区域在外部激励下的力学特性时，需保证计算模型足够大，以避免激励产生的振动波作用在模型边界发生反射，使计算结果失真。同时，如果计算模型过大又会增加大量的无用计算，大幅增加计算时间，降低计算效率。为了解决这个矛盾，通常需要引入人工边界进行处理。目前，人工边界的处理方法通常包含投射边界、黏性边界、黏弹性人工边界以及无限元等研究方法。20 世纪 70 年代，Ungless 首先提出了无限元理论，之后不断有研究者针对无限元理论进行分析研究并将其用于解决工程实际问题。无限元理论作为有限元分析方法的一种辅助分析手段，拥有比黏弹性边界、投射边界更小的计算误差，使有限元分析方法可以更好地解决更多更复杂的工程实际问题。

评价城市轨道交通车辆运行对环境的振动影响，需建立车辆—隧道—土体耦合模型，将其作为一个整体分析，但由于车辆—隧道—土体耦合系统单元较多，模型过于复杂，不便于快速有效解决实际问题，因此本论文对模型进行了简化，将其转化为两个子模型，其中子模型 1 为车辆—轨道结构垂向动力耦合模型，以计算车辆、轨道结构的动力学性能，子模型 2 为隧道—土体耦合模型，通过施加轨道结构作用力再进行进一步分析计算。

1.1　车辆—轨道结构垂向动力耦合模型

1.1.1　车辆—浮置板垂向动力耦合模型

本文所研究新型隔振器浮置板结构单块浮置板长 24.97 m，浮置板主要参数见表 1，隔振器垂向刚度

12.5 kN/mm,隔振器间距 2.5 m。车辆—浮置板垂向耦合模型共建立 5 块浮置板,纵向长度为 125 m。

表 1 浮置板系统主要参数

部　　件	物理量	单　　位	参 数 值
钢轨	弹性模量	Pa	2.06×10^{11}
	密度	kg/m³	7 800
	泊松比		0.3
浮置板钢筋混凝土	弹性模量	Pa	3.65×10^{10}
	密度	kg/m³	2 616
	泊松比		0.167
扣件弹簧	垂向刚度	kN/mm	40
	横向刚度	kN/mm	80
	纵向刚度	kN/mm	10
	扣件间距	m	0.625
隔振器	垂向刚度	kN/mm	12.5

车辆—浮置板垂向动力耦合模型如图 1 所示。

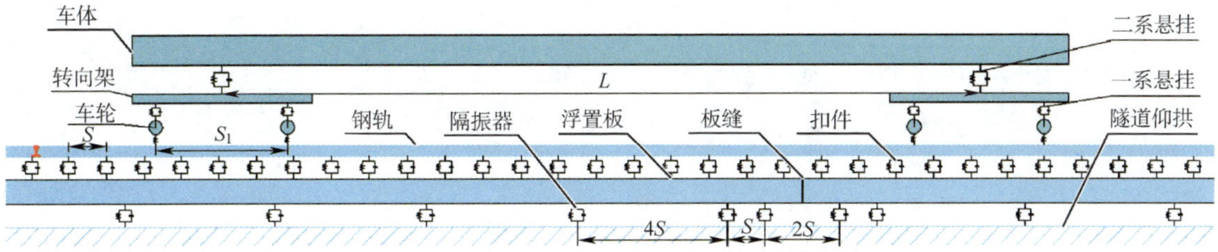

图 1 车辆—浮置板垂向动力耦合模型

1.1.2 车辆—普通道床垂向动力耦合模型

车辆—普通道床耦合模型作为对比模型,其基本参数尽量参照车辆—浮置板耦合模型设计。模型总长 125 m,单块普通道床长 25 m,宽 2.7 m,高 0.424 m。普通道床主要参数见表 2。

表 2 普通整体道床主要参数

部　　件	物理量	单　　位	参 数 值
普通道床钢筋混凝土	弹性模量	Pa	3.65×10^{10}
	密度	kg/m³	2 400
	泊松比		0.167
隧道地基	地基系数	MPa/m	1 200

车辆—普通整体道床垂向动力耦合模型如图 2 所示。

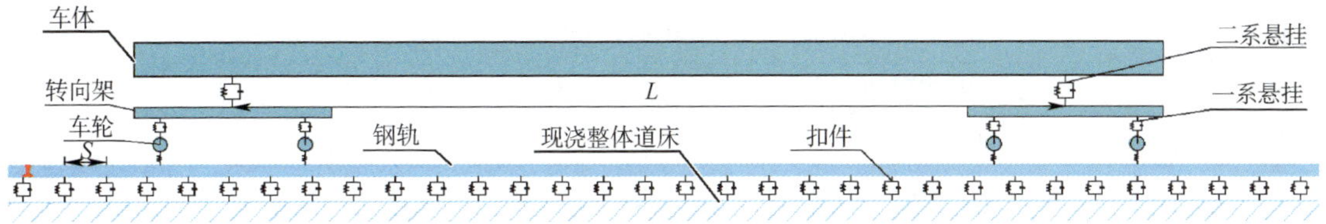

图 2 车辆—普通整体道床垂向动力耦合模型

由图 1 和图 2 可以看出:上述两种模型主要差异在于对道床结构的支承方式存在不同。在车辆—浮置板垂向动力耦合模型中,钢轨通过扣件连接浮置板,浮置板结构则通过隔振器弹簧连接在隧道内仰拱结构上；而在车辆—普通整体道床垂向动力耦合模型中，钢轨通过扣件连接在整体道床上，整体道床是直接浇筑固定在隧道底部，即扣件弹簧底部为固定约束。

1.1.3 轨道不平顺

根据相关文献，长波轨道不平顺会引起列车的低频晃动，而短波不平顺会引起车内的振动和噪声。我国目前还没有通用的关于城市轨道交通的不平顺功率谱密度函数，查阅相关文献后，本文将分别使用德国高干扰谱和王澜等提出的竖向短波不平顺谱进行计算。

图 3 为根据成都地铁车辆运行状况模拟生成的长波高低不平顺。图 4 为根据成都地铁车辆运行状况模拟生成的短波高低不平顺。

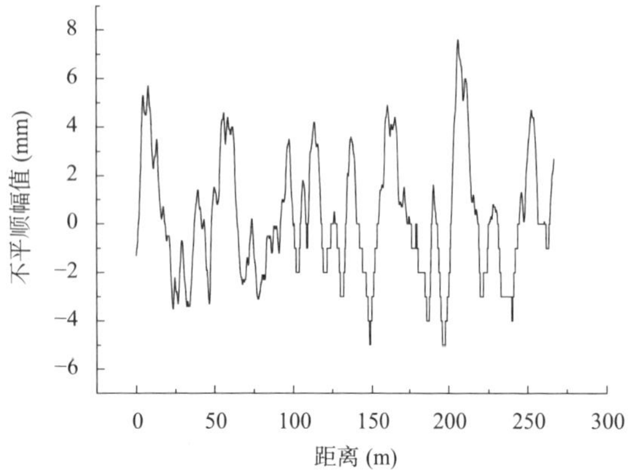

图 3 德国高干扰谱不平顺

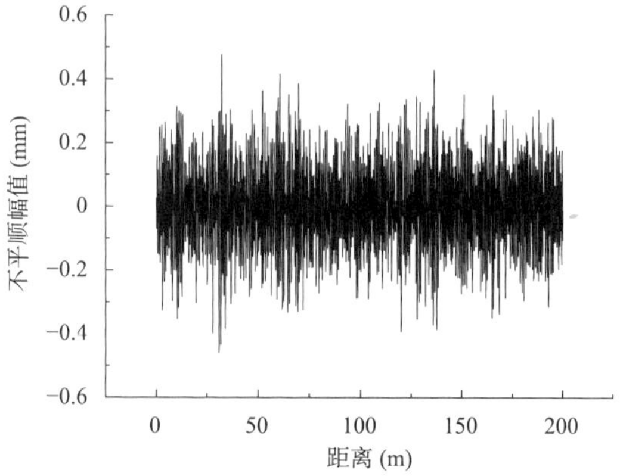

图 4 短波不平顺

1.2 隧道—土体耦合模型

为使模拟计算结果更加接近实际使用状况，在建立隧道—土体耦合模型时，隧道、道床仰拱采用实体单元。以两隧道中心线为对称界面取单个隧道结构，模型宽 120 m，深 48 m，沿隧道方向取两块浮置板长度，即 50 m。在隧道横向远端和沿土体纵向各设置 20 m 无限单元，沿无限远端不设置约束；土体上表面不设置约束；土体模型其余面均设置为对称约束。

1.2.1 土体模型

以成都地区为例，分析模型中简化采用成都地区 5 层不同材料属性的岩层结构。不同岩层材料属性见表 3。

表 3 成都地区岩层主要参数

土 层	弹性模量(MPa)	泊松比	密度(kg/m³)	厚度(m)	阻尼系数	
					α	β
耕土	5.5	0.35	1 850	4.5	0.045	0.018
砂黏土	8.4	0.35	1 830	5.5	0.045	0.018
夹卵石砾石层	4	0.3	1 850	18	0.045	0.018
砾石层	11	0.3	1 950	20	0.045	0.018
砾岩	14	0.3	1 920	—	0.045	0.018

1.2.2 隧道模型参数

计算分析时，为对比分析使用隔振器浮置板结构的实际减振性能，在模型中使用浮置板轨道和普通整体道床两种结构。为简化计算工况，普通整体道床结构取圆形隧道基本结构。隧道埋深 15 m，盾构壁取成都地区常见的盾构管片尺寸，厚度 0.3 m，内径 5.4 m，外径 6 m。

1.2.3 隧道—土体耦合模型

根据上文所确定的计算参数，基于无限元理论和弹性体假设，运用有限元分析软件建立隧道—土体耦合模型，如图 5、图 6 所示。

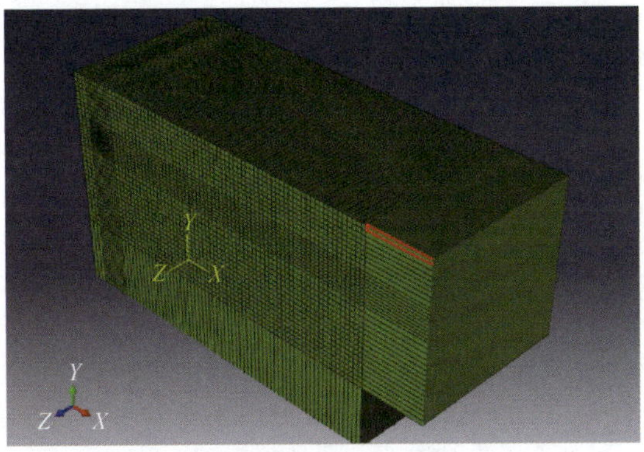

图 5 隧道—土体有限元分析模型

图 6 有限元模型隧道结构细部图

由图 5 可以看出，模型的右边和下部为 CIN3D8 无限单元，每个单元体只有 5 个面，缺失的一个面表示无限远端。在保证计算结果的精确性前提下，为尽量减小计算量、缩短计算时间，在仰拱、整体道床和隧道盾构壁等尺寸较小部分进行网格划分时，网格尺寸选择 0.3 m；对于尺寸结构较大的土体模型，在非无限单元区域网格尺寸选择为 2 m，在无限单元区域不考虑网格尺寸。

1.2.4 列车荷载

通过第 1.1 节中所建立的车辆—轨道结构垂向动力耦合模型，分别计算出地铁车辆运行时轨道结构的受力情况。在隧道—土体耦合模型中，提取浮置板地段隔振器弹簧在隧道仰拱结构上的动态荷载以及普通整体道床地段普通整体道床上作用的扣件弹簧力，将其施加在隧道结构上。在满载地铁列车荷载作用下，隧道 50 m 长范围内仰拱在列车经过的 4 s 时间内所受的隔振器垂向力如图 7 所示。

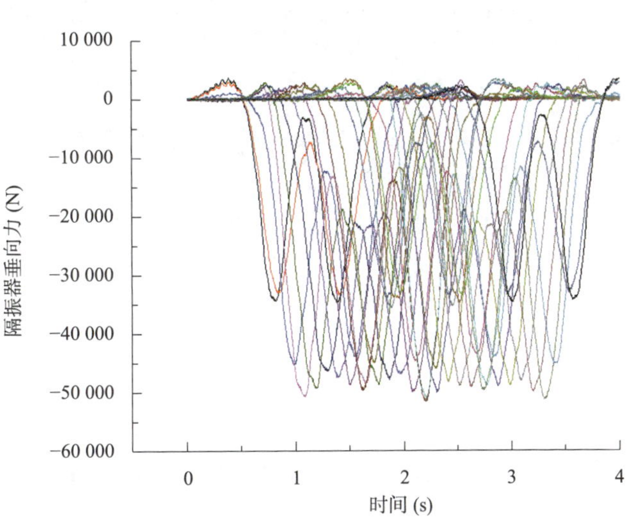

图 7 浮置板下某一隔振器垂向荷载

1.2.5 计算分析工况

为详细评价新型隔振器浮置板结构与普通整体道床结构的实际隔振效果差别，并考虑不同不平顺谱和车重等因素的影响，在本文计算中共设置了 6 种计算工况：

工况 1:德国高干扰不平顺谱条件下,运行在浮置板地段的空地铁车辆。

工况 2:德国高干扰不平顺谱条件下,运行在浮置板地段的满员地铁车辆(6 人/m^2)。

工况 3:德国高干扰不平顺谱条件下,运行在普通整体道床的空地铁车辆。

工况 4:短波轨面不平顺谱条件下,运行在浮置板地段的空地铁车辆。

工况 5:短波轨面不平顺谱条件下,运行在浮置板地段的满员地铁车辆(6 人/m^2)。

工况 6:短波轨面不平顺谱条件下,运行在普通整体道床的空地铁车辆。

2　隔振器浮置板地段引起环境振动加速度传播规律

在建立的车辆—轨道结构垂向动力耦合模型中,所计算出的隔振器、扣件反力仅为垂向动荷载,故在本文计算模型中施加在仰拱或整体道床上的荷载仅为垂向动荷载。基于以上原因,本文对周围环境振动加速度的分析仅考虑环境的竖向振动加速度,而不考虑纵横向振动加速度。

在本文的检算中考虑第 1.2.5 节工况 1、工况 2、工况 4、工况 5 四种工况,提取相应点的竖向加速度峰值,对环境振动加速度传播规律作出评价。

2.1　竖向振动加速度沿垂直隧道前进方向传播规律

以隧道正上方、模型纵向 25 m 处地面为中心,沿垂直隧道前进方向,取距该中心 0 m、10 m、20 m、30 m、40 m、50 m、60 m、70 m 和 80 m 的地面点提取竖向振动加速度最大值,得到的结果如图 8 所示。

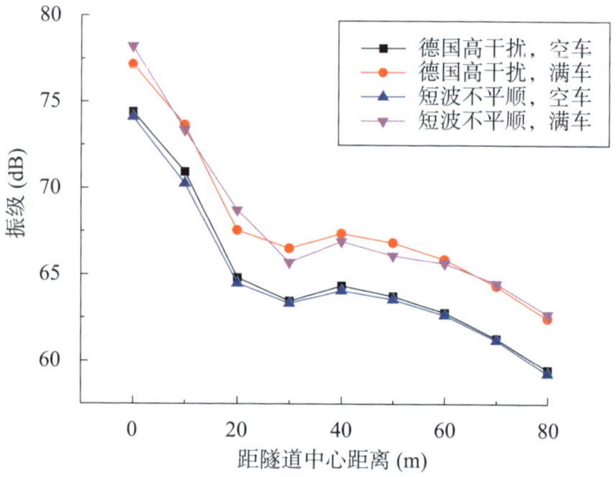

图 8　不同荷载条件下沿横向地面加速度振级

分析图 8 可以看出:沿垂直隧道前进方向,随着距隧道中心距离的增加,地面的振动幅度总体上逐渐减小;在距离隧道中心 30 m 以内,地面竖向振动加速度减小幅度非常明显,而在之后的距离中,竖向振动加速度减小幅度比较缓慢。在上述四种工况中,距隧道中心 30 m 处的隧道竖向振动加速度与隧道正上方的竖向加速度相比,均减小了 71%左右;而距隧道中心 80 m 处的隧道竖向振动加速度与距隧道中心 30 m 处的竖向加速度相比,均只减少了 36%左右。同时从图 8 中可以明显看出,在距隧道中心 40 m 处,地面的竖向振动加速度幅值反常的出现一个峰值,该峰值实际存在并主要由振动波在土体传播过程中不断反射和折射引起,并与当地实际岩层环境有直接关系。

同时,随着地铁车辆车重的增加,沿垂直隧道前进方向的地面竖向振动加速度没有明显的变化,但地铁车辆车重的变化会引起竖向振动加速度幅值明显增加。较重的地铁车辆可以产生更大的振动能量,引起加速度幅值的增大,但随着距轨道中心越来越远,能量逐渐耗散,地面竖向振动加速度幅值差距会明显减小。

当地铁车辆处于满载状态情况下,不同不平顺条件下隧道正上方地面加速度振级均超过 75 dB,振动影响比较大,超过了交通干线两侧的限值。随着距离隧道正上方横向距离的增加,地面振动的振级迅速减小,当距隧道中心距离达到 20 m 时,各荷载条件下地面振动的振级均低于 70 dB,基本可以满足城市中商业中心区、商住混合区、居民居住区和文教区对于振动的要求。因此,在使用新型隔振器浮置板地段,地面振动基本可以满足城市中大部分区域对振动限制的要求。虽然从距离隧道中心 40 m 之后,空车荷载作用下地面振级均小于 65 dB,但此时满载地铁车辆引起的振动均超过了 65 dB,即使是使用了隔振器浮置板的地铁线路也会对特殊住宅区造成影响。因此,在对振动有特殊要求的住宅区域 80 m 范围内不应修建地铁线路,并且在靠近这片区域的地段修建城市轨道交通车辆时,应当尽量选用减振、隔振结构的轨道结构形式。

2.2 竖向振动加速度沿竖直方向传播规律

随着城市人口的不断增加，城市内可用空间越来越紧张，对于地下空间的使用已是愈加常见，因此有必要研究地铁车辆引起周围环境土体沿竖直方向（Y方向）的竖向振动加速度变化规律。在本节的研究过程中，以模型纵向（Z方向）25 m处，垂直于隧道前进方向（X方向）据隧道中心20 m处土体为研究对象，取沿土体竖直方向各土层交界面以及隧道正侧方的点，即距离地面0 m、4.5 m、10 m、18 m、28 m和48 m的点，提取竖向加速度最大值，所得结果如图9所示。

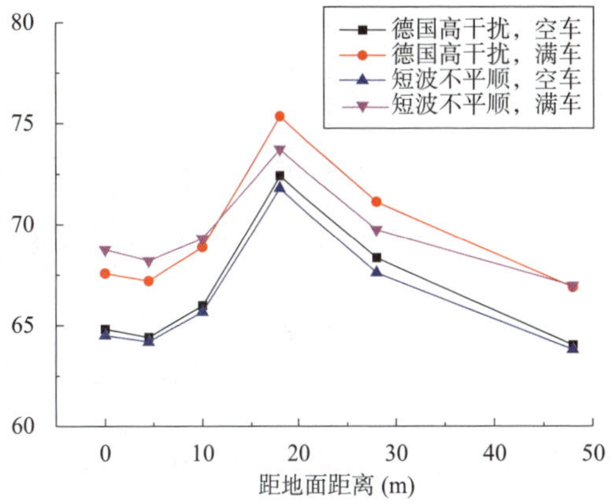

图9 不同荷载条件下沿竖向地面加速度振级

分析图9可以看出，在竖直方向的环境振动加速度最大值出现在隧道正侧方，随着距离隧道越来越远，土体的竖向振动加速度有着非常明显的衰减趋势。在隧道正侧方，土体的竖向振动加速度比与其竖直方向上距离10 m左右的点的振动加速度大了约40%～50%，之后振动加速度衰减速度明显放缓，振动能量在不同竖向岩层间传播时会迅速耗散，对远端的影响逐渐减小。同时从图9中可以看出，虽然土体的竖向振动加速度总体上是距离振源越远振动加速度越小，但以上各种工况条件下地面的振动加速度明显大于更靠近振源的地下4.8 m处的竖向振动加速度。这主要是由于地面属于自由面，土体上部不受任何约束，而土体中的点受到的约束多于地面点，这直接导致地面出现了一个振动加速度放大区域。

同时，随着地铁车辆车重的增加，沿土体竖向的环境振动加速度没有明显的变化，但地铁车辆车重的变化会引起竖向振动加速度幅值明显增加。在德国高干扰不平顺条件下，不同车重引起的加速度幅值在隧道正侧方差距比较大，远端则相对差别比较小；在短波不平顺条件下，不同车重引起的加速度幅值在隧道竖向远端，特别是地面点的差距比较大。

3 新型隔振器浮置板隔振效果评价

在减隔振设备的实际使用中，减隔振效率是对其最为重要和核心的评价，因此在分析新型隔振器浮置板各项参数时，还需检验其减隔振效果如何。本文将通过理论分析计算城市轨道交通车辆动力荷载激励在通过新型隔振器浮置板系统后对周围环境的振动影响，最终对新型结构的实际减隔振效果作出评价。

通过理论计算评价隔振效率，通常选取相同振幅、不同频率的简谐荷载施加在隔振结构上，分析结构对于不同频域振动的隔振效果。但城市轨道列车的振动荷载非常复杂，是不同振幅、不同频率叠加的复杂振动荷载，完全按照通常的计算方法不能有效地评价隔振器浮置板在实际使用中的隔振效果，因此在本节的分析计算中主要考虑上文所述的在车辆实际垂向荷载作用下的模型。选择隔振器浮置板结构在不同不平顺谱条件下周围环境的振动情况，同时与普通整体道床结构下结果作出对比，对隔振器浮置板隔振效果进行评价。选取第1.2.5节中所述的工况1、工况3、工况4、工况6四种工况进行计算分析。

由于地质岩层环境的复杂性，不同区域城市轨道交通车辆引起的周围环境土体的加速度情况都不相同。为了较为客观地评价新型隔振器浮置板的隔振效果，使其具有一定的通用性，在选取第1.2节中所建立模型计算分析后，提取上述四种工况下模型纵向25 m处隧道盾构壁正下方点的竖向加速度，对实际减隔振效果作出评价。

3.1 新型隔振器浮置板隔振效果频域分析

本小节将从频域角度对新型隔振器浮置板系统隔振效率进行进一步的分析，图10～图13给出了盾构壁下方点的竖向振动加速度的频域分析数据。

对比图10和图11中相同轨道结构、不同不平顺谱条件下隧道下方点的竖向振动加速度可以看出，短波不平顺引起的环境振动比德国高干扰不平顺引起的环境振动要剧烈很多。对比图10和图11还可以看出，短波不平顺引起隧道底部振动的峰值出现在35～40 Hz，而德国高干扰谱引起的高频部分加速度比较大，从

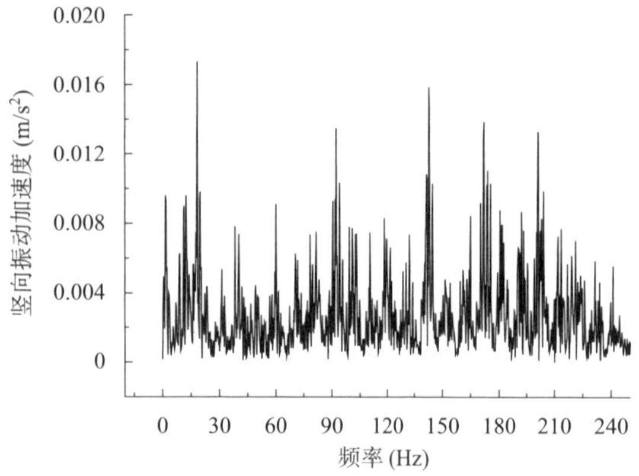

图 10　德国高干扰不平顺谱条件下浮置板下方隧道振动加速度

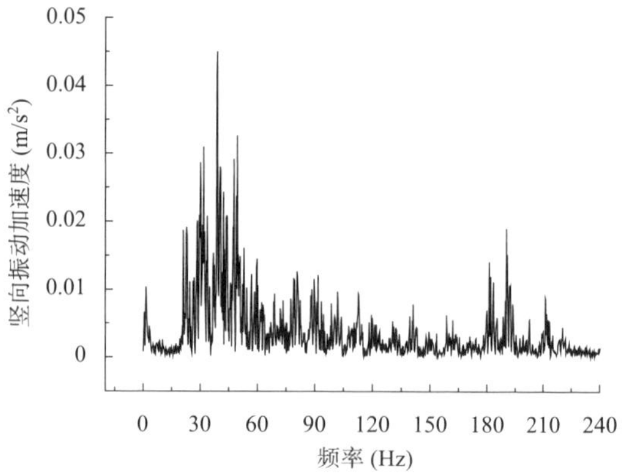

图 11　短波不平顺条件下浮置板下方隧道振动加速度

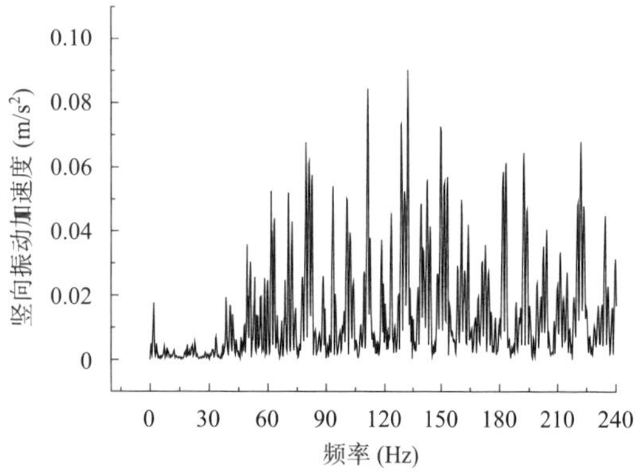

图 12　德国高干扰不平顺谱条件下整体道床下方隧道振动加速度

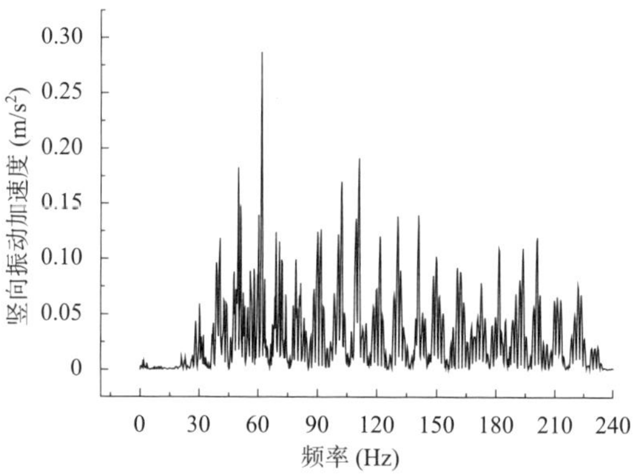

图 13　短波不平顺条件下整体道床下方隧道振动加速度

频域角度来说，浮置板地段短波不平顺条件下加速度峰值是德国高干扰不平顺引起振动加速度峰值的 3～4 倍。对比图 12 和图 13 可以看出，短波不平顺引起隧道底部振动的峰值出现在 60 Hz 左右，而德国高干扰谱引起振动的频域比较均匀。这主要是之前计算中施加短波不平顺频率在 20～60 Hz 左右，引起的主要振动频域便集中在这一范围内；而德国高干扰不平顺的频率是低于 7 Hz 的低频，不能有效反映在隧道底部振动加速度情况中，因此没有出现明显的峰值区域。从频域角度来说，浮置板地段短波不平顺条件下加速度峰值是德国高干扰不平顺引起振动加速度峰值的 2～3 倍。可见，轨道结构的短波不平顺更容易在地铁车辆通过时引起周围环境振动，对周围建筑或人造成影响。

分别对比图 10～图 13 可以明显看出，新型隔振器浮置板结构的隔振效率较为突出。使用浮置板地段的振动频域分布虽然和普通整体道床区域振动频域分布比较相似，但在德国高干扰不平顺条件下各个峰值频率下加速度幅值基本为后者的 1/10，在短波不平顺条件下各个频率加速度幅值基本为后者的 1/7～1/5。通过以上计算分析可以看出，在使用新型隔振器浮置板结构后从频域角度可以看出系统的隔振效果非常明显。

3.2　新型隔振器浮置板加速度振级分析

本节将引入地面的振级来评价城市轨道交通车辆运行产生的振动对环境的影响，Z 振级振动 L_a 是以 10^{-6} m/s² 为基准加速度，通过式(1)进行计算：

$$L_a = 20\log\frac{\bar{a}}{a_0} \tag{1}$$

式中　$\bar{a}$——加速度有效值；

a_0——基准加速度，10^{-6} m/s²。

为了更加直观地给出新型隔振器的隔振效果，计算得到的隧道底部振动加速度振级见表4。

表4 隧道底部竖向加速度振级

项目＼参数	整体道床结构下加速度振级(dB)	浮置板结构下加速度振级(dB)	隔振幅度(dB)
德国高干扰不平顺	112.65	93.32	19.33
短波不平顺	115.75	95.70	20.05

由于取值点就在隧道正下方，表4中加速度振级非常大。分析表中数据可以得知，新型隔振器浮置板系统隔振效果非常理想，在德国高干扰不平顺条件下系统的隔振幅度达到了19.33 dB；在短波不平顺条件下系统的隔振幅度也达到了20.05 dB。通过这项分析可以看出，新型隔振器浮置板系统拥有不逊于目前城市轨道交通中成熟使用的钢弹簧浮置板系统的隔振效果，可以在通过试验验证后引入中国城市轨道交通对减振有要求的地段建设使用。

4 主要结论

借助大型有限元分析软件和无限元理论，本文建立了隧道—土体耦合动力模型，分析了城市轨道交通车辆运行对环境的振动影响和规律，评价了新型隔振器浮置板系统的隔振效果，得到以下结论：

(1)城市轨道交通车辆运行时引起的周围环境竖向振动在沿垂直隧道前进方向，随着距隧道中心距离的增加，地面的振动幅度总体上逐渐减小。振动能量随着与隧道之间的距离的增加迅速耗散，对远端的振动影响非常小，但在距离隧道中心线大约40 m处会出现竖向振动加速度局部放大区。

(2)当地铁车辆处于满载状态情况下，不同不平顺条件下隧道正上方地面加速度振级均超过75 dB，振动影响比较大；当距隧道中心距离达到20 m时，各荷载条件下地面振动的振级均低于70 dB，基本可以满足城市中商业中心区、商住混合区、居民居住区和文教区对于振动的要求；在对振动有特殊要求的住宅区域80 m范围内不应修建地铁线路。

(3)地铁车辆运行时引起的周围环境竖向振动在竖直方向的振动加速度最大值出现在隧道的正侧方向，随着距离隧道越来越远，土体的竖向振动加速度有着非常明显的衰减趋势，但地面存在一个振动加速度放大区域。

(4)在利用地下空间时应当避免使用距离隧道正侧方的空间，利用不同岩层面对振动能量的耗散，使用不同埋深可以较为有效地避免地下空间的振动干扰。

(5)从频域角度分析可以得出，新型隔振器浮置板均能达到很好的隔振效果，但在相同轨道结构、不同不平顺谱条件下，短波不平顺比德国高干扰不平顺更容易在地铁车辆通过时引起周围环境振动，对周围建筑或人造成影响。

(6)从频域角度分析，在德国高干扰不平顺条件下，系统的隔振幅度达到了19.33 dB，在短波不平顺条件下，系统的隔振幅度达到了20.05 dB。

第 3 部分　设 备 篇

3.1 综　　述

现代城市轨道交通设备系统是整个轨道交通工程建设的重要组成部分，其组织管理与技术创新能力正在成为提升轨道交通建设和运营单位核心竞争力的关键要素。

设备系统技术门类繁多，可靠性和安全性要求高，数字化、网络化、智能化、自动化和集成化程度高，并且各系统之间接口呈现复杂的关联性和大数据融合性。现代城市轨道交通对设备系统的功能、性能、数据处理提出了更高的要求，设备系统高度定制化、协同化的管理方法也需要在时代变革中体现出创新和进步。为充分考虑广大乘客出行的安全性、便利性和舒适度，讲求安全可靠、功能强大、操作方便，对设备系统进行科学高效的管理，是确保城市轨道交通安全、高效运营的有力保障。

在设备篇中，收录了设备系统技术应用与实践、设备系统创新实践以及设备系统诊断与故障分析三个方面的文章。本篇所收录的文章凝聚了南京地铁在建设期间所付出的心血与宝贵经验。既有对传统设备系统的深入探究，也有对前沿技术的创新摸索。

一、设备系统技术应用与实践

"十二五"期间，南京地铁深入探究传统设备系统技术，通过应用实践解决多个工程难题。同时加大上层网络建设力度，提升网络化运营水平。

地铁 3 号线、10 号线通过消防性能化模拟手段，在跨江段结合单洞双线盾构断面构造，利用轨顶排烟风道实现小区段纵向排烟模式运行，避免设立中间事故风井对长江航运的影响。同时结合智能疏散指示系统、事故风机 SVG 软启动等一系列技术，确保防灾疏散安全。《长大地铁单洞双线盾构隧道的消防性能化研究与设计》一文以 3 号线越江段为例，描述了设计方案形成以及消防性能化研究的全过程，从盾构选型、防灾通风、疏散组织等方面进行论述，为国内今后类似工程提供理论参考。

经过二十年的发展，南京地铁进入网络化运营阶段，为解决线网内相关各线路独立运营所带来的运营管理复杂、维修调配不便、新老线路间接口不统一等一系列问题，南京地铁建立了首个自动售检票系统区域中心(Zone Line-Center，ZLC)。本篇中《城市轨道交通自动售检票系统区域中心总体设计》《南京地铁 AFC 区域线路中心的规划设计》《轨道交通自动售检票系统区域中心接口设计的探讨》等文章从顶层设计角度对南京 ZLC 的规划、架构、功能、接口以及关键节点等方面进行了详尽的介绍与分析。

《南京地铁一、十号线割接工程总结与思考》《宁溧线与机场线信号贯通运营割接工作的管理提升》对南京一、十号线割接以及宁溧线与机场线贯通割接工作从组织、步骤、流程以及管理多方面进行了详细介绍。尤其是南京一、十号线割接工程是南京地铁首次对运营线路进行拆解，南京地铁人精心组织，细心筹划，仅用 15 天圆满完成三个阶段、六个节点、涉及十个专业的割接任务。文章总结梳理了新旧线路割接与改造工作难点、关键要点以及工程实例，在系统集成与工程管理上闯出一条新思路。

另外，本章节中《基于工业以太网(CIP)的地铁列车控制网络架构研究》探索工业以太网技术应用于地铁列车控制网络，填补国内外技术空白；《减少地铁列车滑行的措施分析与研究》针对时速 120 km/h 的市域快线运行过程中出现的车辆滑行造成的轮对擦伤及列车冲标等安全问题，从多角度提出应对措施，确保运营安全；《城市轨道交通车辆与信号主要接口问题分析》梳理车辆与信号等复杂系统的接口问题与处理方案，为解决"顽疾"提供行业范例。

二、设备系统创新实践

创新是轨道交通发展的永恒主题，南京地铁在不断前行的过程中，一直致力于将创新融入轨道交通建设之中，通过创新实践寻求突破。

为解决传统车地无线通信传输在信号覆盖、切换以及安全等方面的弊端，南京地铁在宁高线（S1 线）二期尝试采用 LTE 技术实现车地无线综合承载业务。经过技术攻关，仅用 16 个月的时间，成功开通该系统。宁高线（S1 线）二期是国内首条在 120 km/h 高速条件下采用 LTE 技术综合承载车地无线全业务综合网络的线路。本章节所收录的《南京地铁宁高线 LTE 车地无线通信系统工程创新与思考》一文全面介绍了南京地铁实施 LTE 车地无线通信系统综合业务承载技术方案和实施过程，并验证了 LTE 综合业务承载在城市轨道交通领域应用方案的合理性、抗干扰能力、功能完备性、技术先进性及适应性，在节省频点资源和投资的同时保证列车行车安全。

2017 年，灵山控制中心项目建设了南京第一个全线网调度指挥中心（大数据处理中心）NCC，全面提高南京市轨道交通网络的综合协调能力，实现网络化运营管理，提升应急指挥能力，实现统一指挥、协调轨道交通网的运行。针对南京四个 OCC、一个 NCC 的规划格局，南京地铁提出建立综合通信网的构想。《南京地铁综合通信网建设过程中的创新思路与实践》一文全过程介绍了南京地铁综合通信网从筹划、方案、施工、总结与思考的具体情况，并着重介绍了南京地铁综合通信网在建设过程中的创新思路，以新颖的理念为行业探索前行提供启发。

另外，本章节中《宁溧线信号控制 4、6 辆编组列车混跑的技术创新》通过在宁溧线（S7 线）工程中对车载信号系统以及轨旁信号系统的创先尝试，提升列车安全运行控制水平；《杂散电流防护的应用与创新》通过科研创新采用智能型单向导通装置和排流收集分析系统，彻底解决了车辆段杂散电流泄露的问题。

三、设备系统诊断与故障分析

本章节主要收录了曾经在运营过程中困扰南京地铁的一些“疑难杂症”，例如列车长大下坡制动时制动电阻超温故障、弓网磨耗异常等。南京地铁人通过大量的数据收集，缜密的分析论证，最终解决了问题，确保运营的安全。希望这些解决问题的思路、翔实的数据、分析论证过程能够为地铁同业提供一定参考。

展望未来，南京地铁将更好地对接具备时代特色的互联网＋新技术，融入轨道交通设备系统高质量发展的新理念。在已经实现的二维码和 NFC 等移动支付应用基础上，将继续引入图像识别和生物识别技术，努力打造技术领先的多种 AFC 支付方式复合应用；结合智能化手段，开展自动扶梯和车辆轴承的故障预诊断等智能运维应用；通过信息化手段，支持线网级别电力协调运管；提升网络化思维，提前开展 110 kV 外电源引入线网的规划；通过线网大数据中心 NCC 加强多专业的融合发展，为运维管理提供更多状态评估、模式优化的决策建议；通过 7 号线无人驾驶线路的工程实践，深入研究无人驾驶系统架构、智慧开关站等一系列核心技术，提升线路运营经济性。结合宁句城际工程，开展压力波相关研究，为今后市域线工程积累宝贵经验。

设备篇收录的各种技术总结提炼凝聚了南京地铁设备工程师们多年工程管理与实践的心血，既有设备专业工程管理实践的思考，也有具体设备技术方案实现途径的阐述，更有对行业发展方向的真知灼见。希望通过对各设备专业新技术的介绍和应用管理实践的归纳总结，为城市轨道交通设备系统的发展贡献一份力量，谨以这些章节以飨读者。

3.2 设备系统技术应用与实践

基于工业以太网(CIP)的地铁列车控制网络架构研究

裴顺鑫

(南京地铁建设有限责任公司,南京 210017)

摘　要:随着通信和大数据技术的迅猛发展,地铁智能运维的理念对列车控制网络的带宽和数据量提出了越来越高的要求。工业以太网技术具备大带宽和高速数据吞吐等特点,通过 CIP 协议保证了数据传输的高实时性,通过双路对偶的环形拓扑结构提供了网络的高冗余性,将成为未来地铁列车控制网络的首选技术。

关键词:MVB;工业以太网;EtherNet/IP;CIP

1　地铁列车控制网络技术的应用与对比

轨道交通作为城市综合交通的重要组成部分,要承担起高效率的大客流运输,首要任务是保证安全畅通地运行。列车作为城市轨道交通系统中最重要和直接的承载设备,必须为出行乘客提供可靠安全的服务。这就对列车的中枢神经系统——列车控制网络提出了越来越高的要求。为了满足日益增长的可靠性、安全性以及可维护性的要求,地铁列车控制网络技术发展也经历了 WorldFIP、CAN、MVB 以及实时以太网等不同协议制式的衍进。下面将对目前常用的 MVB 技术和工业以太网技术进行简要介绍和对比。

1.1　MVB 总线技术在地铁列车控制网络中的应用

MVB(Multifunction Vehicle Bus)多功能车辆总线目前广泛应用于轨道交通车辆控制系统。由于地铁车辆长度的特殊性(超过 140 m),常用地铁列车控制网络 MVB 总线通常采用中距离传输的 EMD 技术。

EMD 通常采用总线式的网络拓扑结构和冗余的双通道连接方式,布线简单,传输距离可达 200 m 并最大可支持 32 台设备,并可提供高实时性的 16 ms 至 1 024 ms 的轮询周期,因此其可以满足列车对多设备和高可靠性的要求。

随着通信和大数据技术的迅猛发展,地铁智能运维的理念对列车运营中的实时状态车地数据传输提出了越来越高的要求,这就给列车控制网络数据传输的实时性和带宽带来了挑战。MVB 总线下 EMD 技术仅能提供 1.5 Mb/s 的传输速率,通常仅用于关键故障状态数据和控制数据的传输,对于维护信息等较大的数据,通常采用在列车上单独建立以太网维护网络进行管理。MVB 总线技术的传输速率和低带宽,限制了列车关键状态数据的收集和实时传输,同时独立的以太网维护网络与 MVB 控制网络之间的数据融合也成为限制智能运维发展的瓶颈。

1.2　工业以太网技术在地铁列车控制网络中的应用

工业以太网技术由于其高带宽、大数据量的特点,目前越来越广泛应用于轨道交通车辆控制系统网络的基础架构。由于 IEEE802.3 以太网中用于解决数据碰撞的机制带来了数据传输的延迟,为了保证数据传输的实时性能,应用于地铁列车的工业以太网通过在 TCP/IP 层之上增加用于实时数据交换和运行实时应用的特定协议去避免这种碰撞。目前,常见应用于列车控制网络的工业实时以太网技术多数基于 EtherNet/IP 的 CIP 应用技术来完成。

EtherNet/IP 是由国际开放式 DeviceNet 供货商协会组织 ODVA(Open DeviceNet Vendor Association)和国际工业以太网协会共同推出的工业实时以太网技术,应用层协议使用 CIP 通用工业协议。

EtherNet/IP 是一种适合于工业环境的高实时性应用网络。EtherNet/IP 协议栈基于标准的以太网物理层和数据链路层标准(IEEE802.3),网络层和传输层协议基于标准的 TCP/IP 技术,应用层使用 CIP 开放性协议,支持在同一链路上实现设备配置、实时控制和信息采集等全部网络功能。

目前 EtherNet/IP 工业以太网技术在全球不同地区的有轨电车、地铁、城际列车以及高铁项目的列车控制网络中均有成功的应用和运营,主要案例详见表 1。

表 1　EtherNet/IP 的应用案例

应用地区	应用车辆类型
西班牙 CIVIA	城际列车
法国国铁 Regiolis	城际列车
沙特利雅得地铁	地铁列车
法国里尔	地铁列车
法国尼斯	有轨电车
卡塔尔卢赛尔	有轨电车
南非 Prasa	高铁列车
法国	高铁列车

1.3　MVB 与工业以太网技术的对比

针对两种不同的应用于地铁列车控制网络的主流技术,通过不同的技术参数对其优势进行了对比,详见表 2。

表 2　MVB 与工业以太网的对比

对比参数	MVB/WTB	EtherNet/IP
仲裁机制	总线仲裁器	无仲裁器
传输延时	确定时间交互,无时基误差	不确定性,由更高的带宽和优先管理补偿
传输带宽	带宽:1.5 Mbits/s	带宽:10 Mbits/s,100 Mbits/s,1 000 Mbits/s
数据可用性	总线:数据对所有节点可用	数据对所有特定目标可用,使用多路传输使带宽使用减少
最大数据量	单周期信息(单数据包)的最大数据量:32 字节	单周期信息(单数据包)的最大数据量:1 400 字节
冗余机制	双通道冗余	通过环状结构实现冗余

从表 2 可以看出,EtherNet/IP 可以提供高达千兆的网络速率,并通过特定的网络拓扑结构实现线路及设备的热备冗余等。当然因以太网的固有特性,其无法像 MVB 一样提供精确的轮询进行数据交互,但工业以太网可以通过 CIP 技术实现软实时性能来提供高时效的数据交互,并通过高带宽来进行补偿。

EtherNet/IP 技术可以使用与普通以太网相同的底层交换和路由设备,可以轻松实现控制数据网络和设备维护网络的融合。同时 EtherNet/IP 是以以太网技术为基础的开放协议,众多的国际厂商为其提供技术和设备支持,将降低列车控制网络中各系统设备间的接口难度,也对降低设备和维护成本起到一定作用。

2　EtherNet/IP 工业以太网技术概述

EtherNet/IP 是在 CIP 协议的控制下实现非实时数据和实时数据的传输。CIP 是一个提供工业设备端到端的面向对象的协议,且独立于物理层及数据链路层,这使得不同供应商提供的设备能够很好地交互。

EtherNet/IP 的网络协议构架说明如图 1 所示。

基于 EtherNet/IP 协议采用 TCP/IP 协议发送“显性”报文:每个数据包中包含有具体应用数据,以及相关解释和如何处理的内容。同时,EtherNet/IP 还采用了标准的 UDP/IP 协议发送“隐性”报文,实现了高性能的用于报文广播的功能,满足了对数据实时性的要求。EtherNet/IP 协议充分利用了 TCP/IP 和 UDP/IP 协议的优点,将其融合在同一网络中,使得 EtherNet/IP 不仅能用于普通的信息处理,还能用于传输对时间

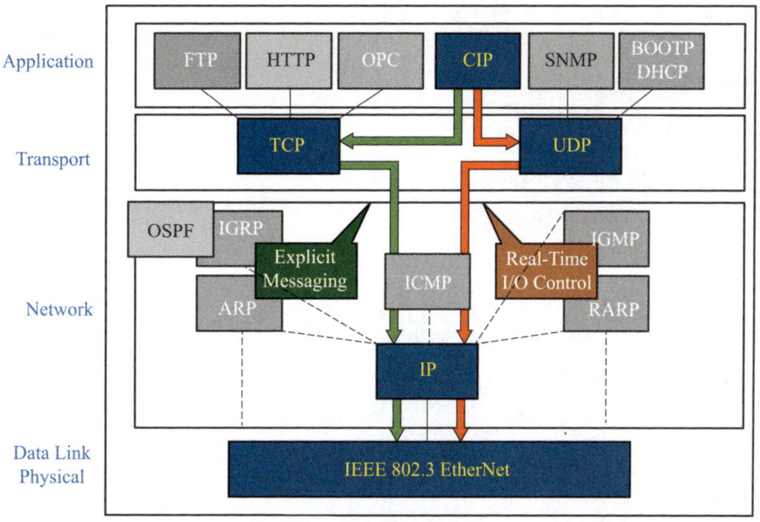

图 1　网络协议架构图

有苛刻要求的控制信息。

CIP 协议支持生产者/消费者模式:生产者向网络中发送有唯一标识信息的数据包;消费者根据需要通过标识信息来识别和接收需要的数据。这样数据源只需一次性地把数据传到网上,其他节点有选择地接收数据,提高了通信的效率。

网络中的任意一个节点如想获取数据,它仅需要请求一次即可在数据每次生成时及时获取。如果其他节点想使用该数据,知道标识信息号即可接收该数据。

如图 2 所示,蓝色的点对点生产者发出数据包后被蓝色的点对点消费者唯一接收。绿色的多播生产者发出的数据包被多个多播的消费者根据标识信息识别后接收。

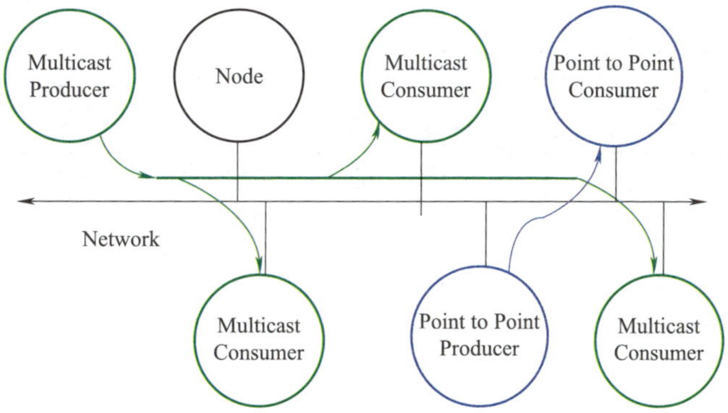

图 2　网络数据传输拓扑图

CIP 协议中通过不同模块进行相关功能的控制和管理,详见表 3。

表 3　CIP 模块功能

CIP 模块	功　　能
CIP Safety	CIP 安全模块用于提供安全的输入输出、安全联锁、安全逻辑控制等,可以提供高达 SIL3 的安全完整性级别
CIP Energy	CIP 能源管理模块用于优化能源的使用,允许设备内部分部件使用不同的能量使用策略,以实现高效的能源管理
CIP Sync	CIP 同步模块为应用程序提供更多的同步协调,为不同的设备之间进行绝对时间的同步,允许不同设备的同步精度小于 100 ns
CIP Motion	CIP 运动模块可以实现设备对确定性、实时性、闭环运动控制等的要求
CIP Security	CIP 网络安全模块用于提供网络安全相关的功能,通过采用防御性的安全体系结构来和多层安全系统应对外部攻击
CIP Spe Lib	CIP 技术规范库用于提供相关的详细的技术规范

通过上述 CIP 的功能模块，EtherNet/IP 可以保证良好的系统安全完整性、网络安全性以及时钟同步性。考虑部分设备的时钟同步精度要求很高，EtherNet/IP 引入了 IEEE 15888 标准增加了 CIP Sync 进行精确节点同步，可以达到极低的循环周期。

3　常用的地铁列车控制以太网拓扑结构

地铁列车的以太网控制网络的拓扑结构设计将综合考虑接入设备节点的数量、系统可靠性以及经济性等多种因素，目前常用的列车控制以太网拓扑结构有：直线型＋星型结构；环形＋星型结构；并行网络＋星型结构（双路对偶）；环形＋星型结构（双路对偶）。

下面将依据每种网络拓扑结构的优缺点进行分析。

3.1　直线型＋星型结构

网络拓扑结构如图 3 所示。

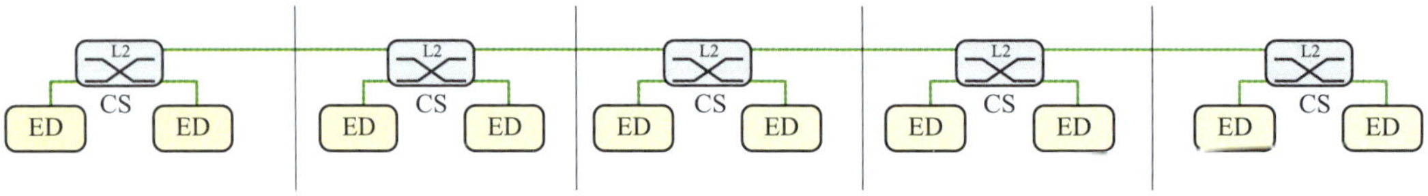

图 3　直线型＋星型结构

此种网络拓扑结构由车载交换机组成直线型网络，各设备以星型结构连接至网络交换机节点。该网络经济性较高，但由于冗余性较差导致可靠性较低，通常应用于非实时性非控制性的维护信息网络。

3.2　环形＋星型结构

网络拓扑结构如图 4 所示。

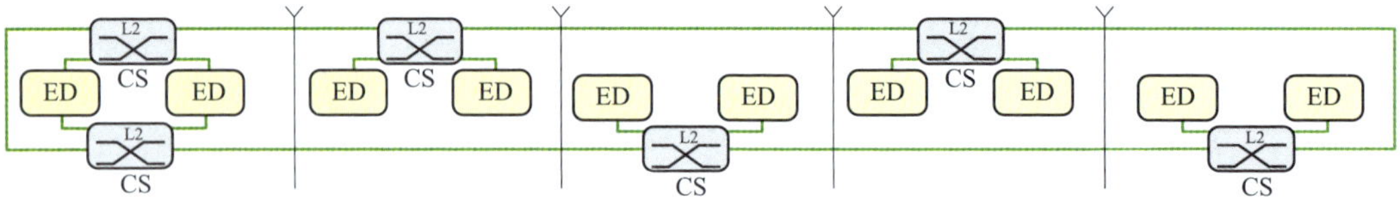

图 4　环形＋星型结构

此种网络拓扑结构由车载交换机组成环形网络，各设备以星型结构连接至网络交换机。该网络增加了接线的冗余性，当环路上接线出现单点故障时车载网络仍可正常工作，提高了网络的可靠性，也保证了一定的经济性。

3.3　并行网络＋星型结构(双路对偶)

网络拓扑结构如图 5 所示。

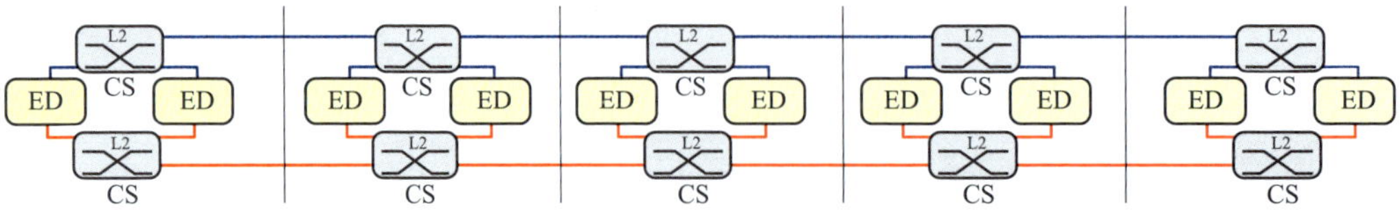

图 5　并行网络＋星型结构(双路对偶)

此种网络拓扑结构由车载交换机组成两个并行的直线型网络，各设备以星型结构同时双向连接至两个并行的网络交换机。当环路上接线出现单点故障和单个网络交换机故障时，车载网络仍可正常工作。由于设备和网络连接的互为备份冗余，本结构大大提高了网络的可靠性，但增加了设备成本。

3.4　环形＋星型结构(双路对偶)

网络拓扑结构如图 6 所示。

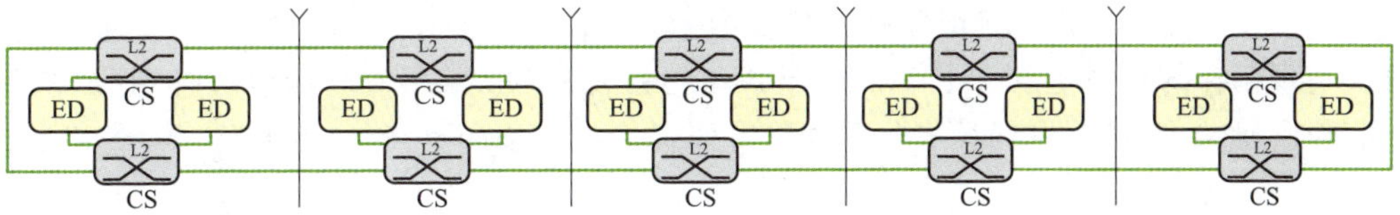

图 6　环形＋星型结构(双路对偶)

此种网络拓扑结构在上述并行网络＋星型结构的基础上将车载交换机两个并行的直线型网络打通，形成环形网络，各设备以星型结构同时双向连接至两个并行的网络交换机。当环路上接线出现多点故障甚至多个网络交换机故障时，车载网络仍可正常工作。本结构再度提高了网络的可靠性，但网络的复杂度大大提高，对于网络整体的路由和安全策略的要求很高，也对各接入设备和系统的接口软件提出了很高的要求。

4　环形网络拓扑结构的管理策略

在上文的各种网络拓扑结构中，双路对偶的环形＋星型拓扑网络由于高冗余性的设计，提高了网络的可靠性和健壮性，但由于以太网在出现物理成环时会引发广播风暴等应用问题，为了保证冗余，必须使用特定的管理策略。

管理策略的主要原则为：在环网中设置一台主交换机，主交换机连接入环网的两个物理端口之一被置为阻塞状态，阻止从此端口上的数据转发，仅允许转发冗余控制信令。其他交换机设置为从交换机接入环网的两个物理端口均转发数据。当出现通信链路断开等告警时，主交换机侦测到该告警信息，将打开阻塞端口，形成新的冗余通信链路。

下面以具体案例说明该原则。假定车载交换机中配置 MRM 交换机为主交换机，其他 MRC 交换机为从交换机。正常模式下，MRM 会在逻辑上阻断一个端口，整个环形网络从逻辑上形成直线型结构，数据由 ED1 发送 ED2 时将选择最短路由，如图 7 所示。

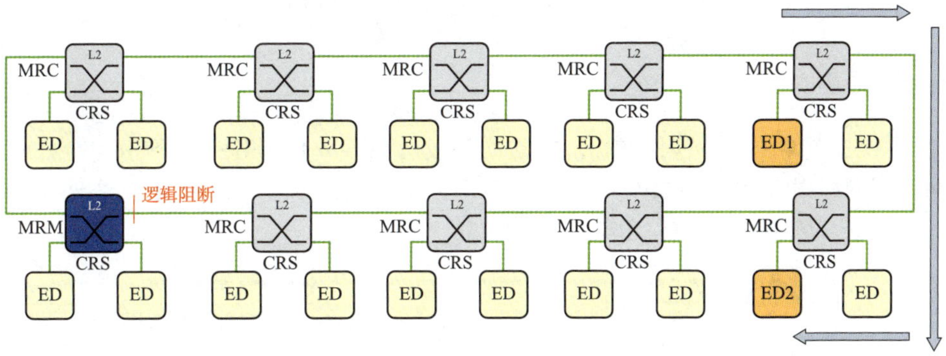

图 7　环形网络结构图(一)

当 ED1 和 ED2 连接的车载交换机之间的通信链路上出现故障时，MRM 将检测到故障告警，同时会将阻断的端口自动打开。数据由 ED1 发送 ED2 时路径将避开断开的通信链路，从冗余链路发送至目的地，如图 8 所示。

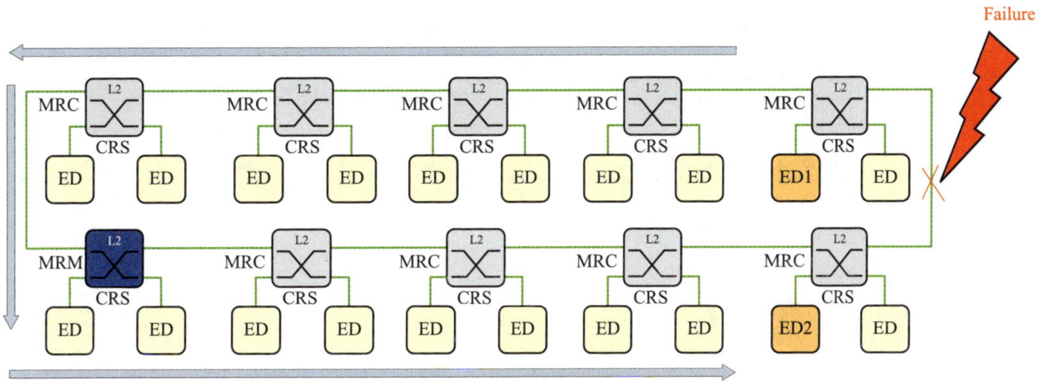

图 8　环形网络结构图(二)

当列车发生联挂、解挂时网络的拓扑将发生变化，CIP 协议中使用 TTDP（Train Topology Discovery Protocol）协议实现拓扑的自动更新。TTDP 由车载路由设备提供，当车辆联挂或解挂后，网络设备数量和结构将会发生变化，路由设备会将其系统分配的设备列表进行同步和更新，以确保所有设备均可正常工作。

5 以太网与其他网络接口设备的兼容方案

5.1 工业以太网中 MVB 接口设备的兼容方案

目前列车控制网络中 MVB 技术广泛应用，众多的列车子系统设备供应商均为车载设备开发了成熟的 MVB 接口方案。为了能够兼容已有的 MVB 接口的车载设备，在以太网结构的列车控制网络中，可以根据接入 MVB 接口设备的数量制定不同的兼容方案。

5.1.1 单设备兼容方案

工业以太网可以提供 CIP 与 MVB 互相转换的网关设备（GTW）。如图 9 所示，该设备可以将 MVB 设备连接至车载以太网交换机，承担起相应的应用协议转换功能。

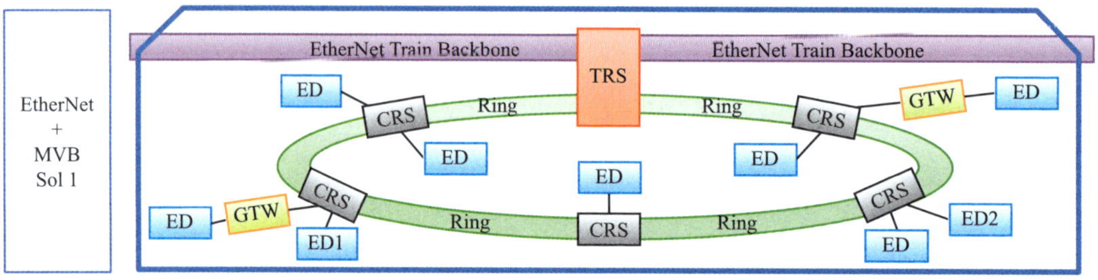

图 9　单设备兼容方案的列车控制网络图

5.1.2 多设备兼容方案

工业以太网可以提供 CIP 与 MVB 互相转换的网关设备（GTW）。如图 10 所示，两台网关设备互为冗余，接入以太网骨干网络中，该网关设备需为连接的 MVB 总线上的所有设备提供总线仲裁器功能，以及相应的应用协议转换功能，桥接 MVB 与 CIP 应用以太网。

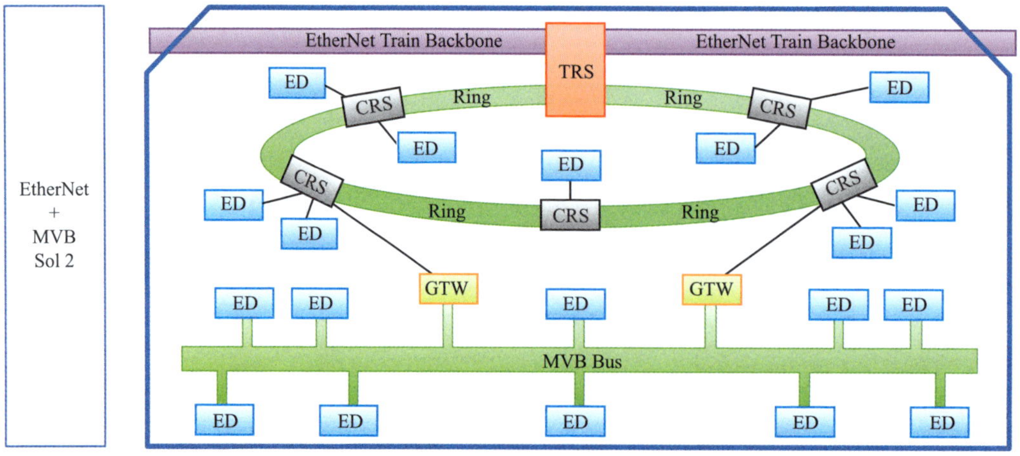

图 10　多设备兼容方案的列车控制网络图

5.2 与其他网络接口设备的兼容方案

工业以太网可以提供集成的多协议接口输入输出设备，例如 RS485 以及 CAN 网络等。输入输出设备可以和子系统的接口进行通信，承担起相应的应用协议转换功能。

6 工业以太网在地铁列车控制网络中的应用

目前国内各主机厂均根据新技术发展的趋势，展开了工业以太网架构的地铁列车控制网络的研发工作。以中车浦镇为例，采用环形＋星型双路对偶的以太网结构的新列车控制网络已应用于部分国内地铁项目。该系统平台的拓扑结构如图 11 所示。

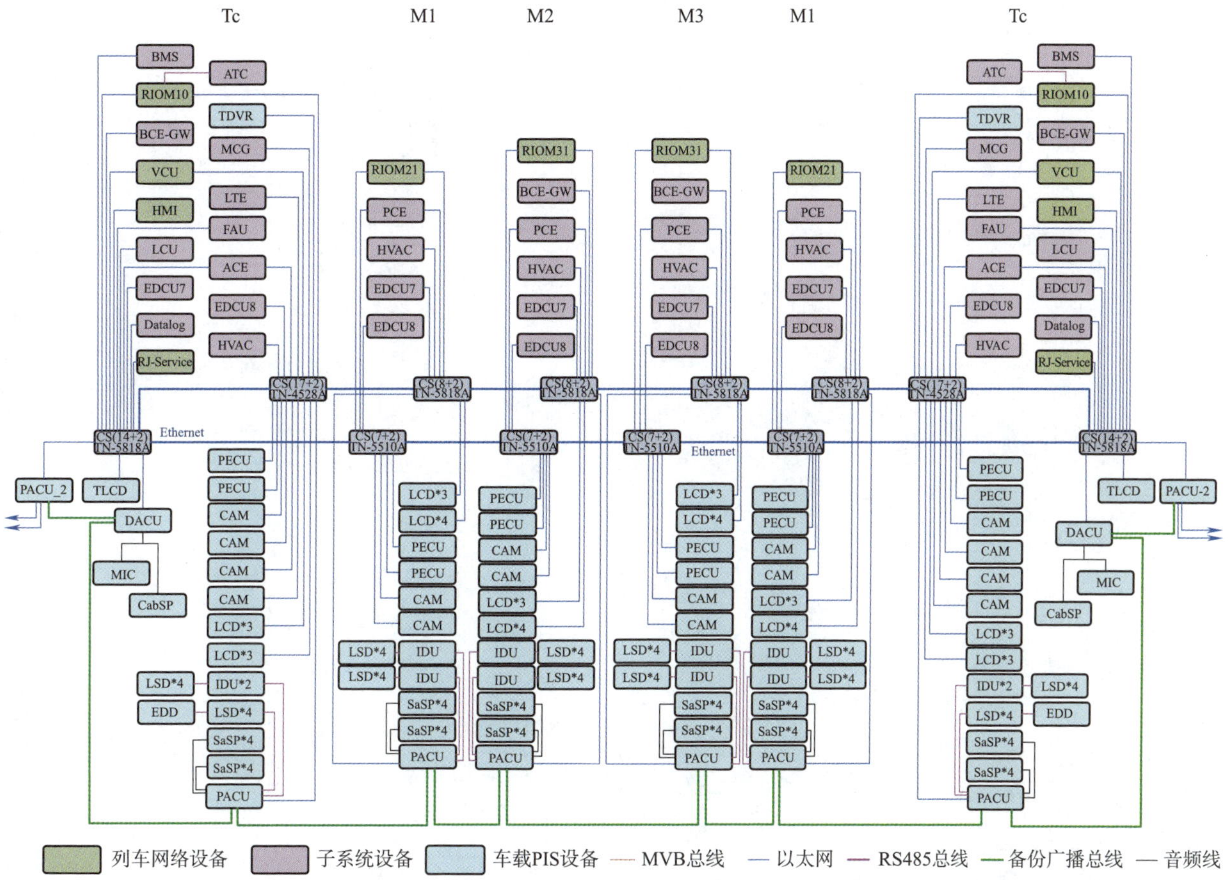

ACE：辅助变流器电子控制装置
FAU：火灾报警单元
Service：维护接口
DACU：广播控制盒
EDD：目的地显示屏
MCG：移动通信网关
PCE：牵引电子控制装置
LTE：车地无线通信设备
SaLSP：客室扬声器
TDVR：视频存储设备

ATC：列车自动控制系统
HVAC：空调控制单元
BMS：走行部监测系统
LSD：动态地图
CabLSP：司机室扬声器
HMI：司机室显示单元
RIOM：远程输入输出模块
PECU：乘客紧急对讲单元
CAM：摄像头
PACU：客室广播与视频控制单元

BCE-GW：制动电子控制装置网关
CS：车载以太网交换机
LCU：逻辑控制单元
LCD：多媒体显示屏
Mic：司机室麦克风
EDCU：电子门控单元
VCU：车辆控制单元
Datalog：制动系统数据记录仪
IDU：贯通道显示屏
TLCD：CCTV监控屏

图 11　以太网络拓扑结构图

该平台采用基于分组交换技术的编组以太网网络(ECN)。其中列车级网络采用的是环形结构，任一单点故障不影响整个网络的通信；本地车辆级网络采用的是星型结构，任一终端设备的故障不影响其他终端设备的通信。列车级以太网采用 1000BASE-T，车辆级以太网采用 100BASE-TX。

一列车设置两个列车控制单元 VCU，互为热备冗余。列车控制单元通过以太网络能够监视、控制整列车，同时将诊断的信息发送到司机显示单元 DDU 上，实现对列车状态以及重要设备的实时监视，对列车重大事件和故障信息的及时提示，同时司机可以通过 DDU 进行参数设置以及部分功能的控制。VCU 将实现故障记录仪(FDL)和事件记录仪(EVR)的功能。通过地面无线通信系统的 WLAN，VCU 将故障信息和列车重要状态信息实时传输给 OCC，并可在回库后将故障数据传输到地面服务器，用于维护分析等。

所有具备以太网接口的子系统设备通过编组交换机接入到 ECN，如 BCE、PCE、ACE、EDCU、RIOM 等。对于没有以太网接口的信号 ATC 系统，在 Tc 车的输入输出单元上预留 RS485 接口供 ATC 通信。

车载故障信息及事件通过设置在每个 Tc 车的移动通信网关（MCG）经由车地无线网络（WIFI/LTE）传输到地面服务器，可实现列车的远程诊断。

7 小　结

相较于 MVB 通信网络，工业以太网技术具有更大的带宽和数据吞吐量，通过 CIP 协议保证了数据传输的实时性。在列车控制网络中使用工业以太网技术有助于融合车辆各子系统中多种不同协议制式的网络以及列车维护网络，将整体降低列车设计和制造过程的难度。以太网架构的列车控制网络能充分满足列车对于实时数据传输、智能运维及大数据分析的需求，以无可比拟的优势成为轨道交通列车控制网络的主流技术。

城市轨道交通自动售检票系统区域中心总体设计

黎　庆[1]　张　宁[2]　徐钟全[3]　王　健[1]

(1. 南京地铁建设有限责任公司,南京　210017;　2. 东南大学智能运输系统研究中心,南京　210018;
3. 北京全路通信信号研究设计院有限公司,北京　100073)

摘　要:通过分析城市轨道交通网络化运营特点,对城市轨道交通自动售检票系统(AFC)提出新的运营需求,从提高运营效率、节约运营成本的角度分析了区域中心(ZLC)所需具备的功能。为满足区域化管理需求,对区域中心进行总体规划,并从核心业务后台、核心业务前台以及支持与分析系统三大模块探讨了区域中心的功能架构,详细分析了各模块及其子模块的构成与功能,从而为国内城市轨道交通 AFC 系统区域中心的规划与设计提供参考。

关键词:城市轨道交通;AFC 系统;区域中心;规划与设计

1　引　　言

近年来,我国城市轨道交通蓬勃发展,许多城市线网已初具规模,进入网络化运营阶段。2007 年建设部颁布的《城市轨道交通自动售检票系统技术条件》(GB/T 20907—2007)中提出了自动售检票(Automatic Fare Collection,AFC)系统采用标准五层构架体系。五层构架体系根据我国国情和城市发展现状,综合考虑了轨道交通建设和运营的特点(如票种设置丰富、线路多而复杂、与城市一卡通兼容等),具有一定的可伸缩性。同时,随着运营经验的丰富和相关技术的进步,运营商意识到 AFC 系统的架构体系需符合城市自身特点,在考虑未来线网规模、管理体制、系统升级改造、满足运营管理需求的基础上,对现有的五层架构体系进行一定程度的拓展,以提高运营效率,节约建设、运营成本,使系统更好地适应并满足线网网络化运营带来的种种需求,例如北京地铁提出的多线公用 AFC 系统线路中心、南京地铁提出的 AFC 系统区域中心等。本文对城市轨道交通 AFC 系统区域中心的总体规划及其功能设计进行探讨。

2　区域中心总体规划

城市轨道交通 AFC 系统区域中心是面向轨道交通线网的区域化管理而提出的,旨在解决一定规模的线网内相关各线路独立运营所带来的运营管理复杂、维修调配不便,线网建设发展带来的线路升级改造对运营产生的影响,以及新老线路间接口不统一带来的一系列问题。其业务需求如下:

(1)网络化运营下对区域范围内车站实现统一运营、统一票务、统一维修管理。

(2)统一线路内部技术标准、接口标准,满足新建或改造项目的接入(例如延伸线的接入)。

(3)减轻清分中心(AFC Clearing Center,ACC)日常运营压力,同时为 ACC 升级改造确定前提条件。

(4)为后续项目(如控制中心)的建设提供参考样本。

基于以上业务需求,区域中心(Zone Line-Center,ZLC)系统建成后应能作为 AFC 系统的核心部分,实现对 AFC 系统运营、票务、收益、维修等的集中管理功能。区域中心可收集、处理系统内各类数据,制定、维护系统各类参数,接收、下达系统各类指令,接受 ACC 系统的统一管理并提供高度的安全机制和严格的操作规程,同时通过 ACC 实现本区域与轨道交通网络其他区域以及城市公共交通一卡通之间的结算。在线网中设置区域中心的 AFC 系统架构如图 1 所示。

根据对区域中心业务需求的分析,区域中心层位于 ACC 层与 SC(Station Computer,车站中心)层之间,依据 AFC 系统建设实际情况,该层可独立设置区域中心或设置区域中心与 LC(Line Center,线路中心)共存

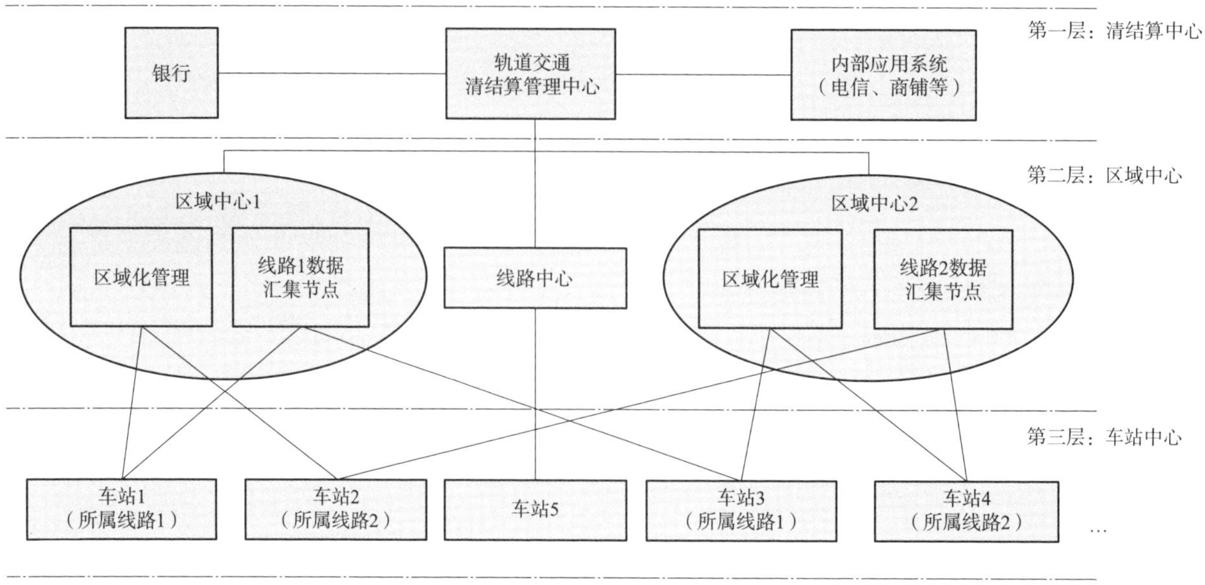

图 1　设置区域中心的 AFC 系统架构图

模式。区域中心通过统一交互接口实现不同车站或线路的接入，ACC 通过区域中心与 SC 及终端设备进行数据交换。区域中心系统的核心由实时数据库和关系数据库组成，其中实时数据库用于处理在线更新的快速变化的数据及具有时间限制的事务处理，如设备/客流实时监控等；而关系数据库建立在区域中心各类数据集合的基础上，通过不同软件模块实现如系统管理、网络管理、报表分析等分析和管理功能。以南京为例，区域中心总体规划及系统硬件部署分别如图 2、图 3 所示。

3　区域中心功能设计

根据区域中心的总体规划，区域中心系统可以划分为核心业务后台、核心业务前台和运营支持与分析三大功能模块。

3.1　核心业务后台

核心业务后台包含通信管理、数据管理以及时钟管理三个模块，是核心业务前台与支持分析系统的基础，保证系统内部所有数据的传输、解析、审核、核对、备份以及安全等。

(1)通信管理

区域中心系统将整个通信系统分为消息接入模块和消息处理模块。消息接入模块接收来自内部和外部系统的消息报文，然后转由消息处理模块处理。

消息接入模块主要提供通信服务，包括消息报文的接收和发送，分别由通信服务模块和通信客户模块来完成。通信服务模块接收外接系统的连接请求，建立通信连接，接收消息请求报文，发送给消息处理模块，然后从消息处理模块接收应答报文，发送到外接系统；通信客户模块向外接系统发送消息请求和接收外接系统的消息应答。

消息处理模块接收来自外部和内部接入模块的各种消息，进行业务处理后，形成应答报文发送给外部和内部系统。

(2)数据管理

区域中心系统的数据管理包括数据传输、数据解析、数据审核、数据核对、数据聚类、数据连续性检验以及数据安全。

区域中心系统的数据传输可分为实时通信传输与文件传输。通过实时通信传输，区域中心实现区域内车站中心(SC)、车站设备(Station Level Equipment，SLE)以及区域外部 ACC、线路中心(LC)之间的实时通信(比如设备事件、设备工作状态、客流信息、监控命令、车站模式状态、控制命令等)。实时报文采用 CRC32

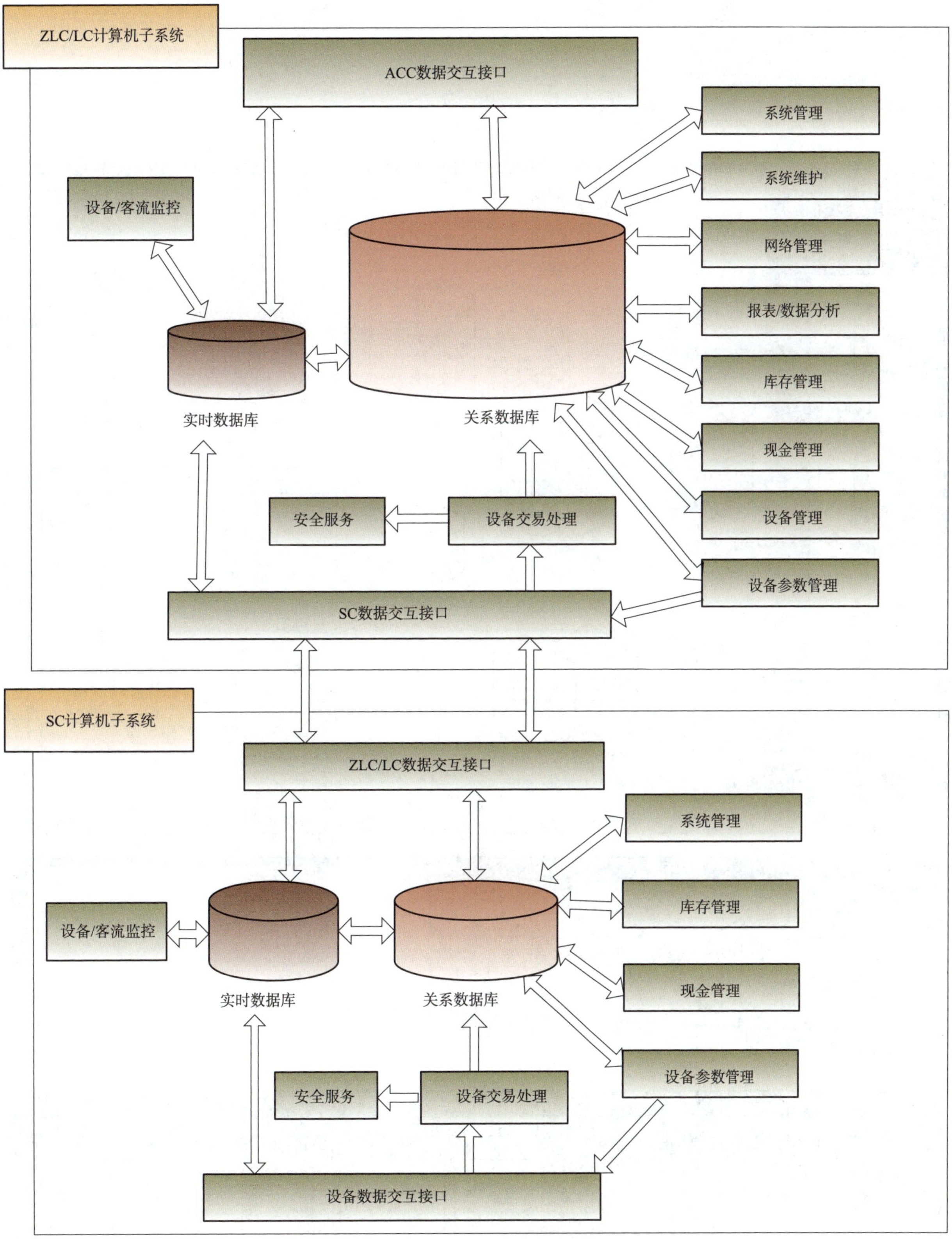
ZLC/LC计算机子系统
ACC数据交互接口
系统管理
系统维护
设备/客流监控
网络管理
报表/数据分析
库存管理
实时数据库
关系数据库
现金管理
安全服务
设备交易处理
设备管理
设备参数管理
SC数据交互接口
SC计算机子系统
ZLC/LC数据交互接口
系统管理
设备/客流监控
库存管理
现金管理
实时数据库
关系数据库
设备参数管理
安全服务
设备交易处理
设备数据交互接口

图 2　区域中心总体规划

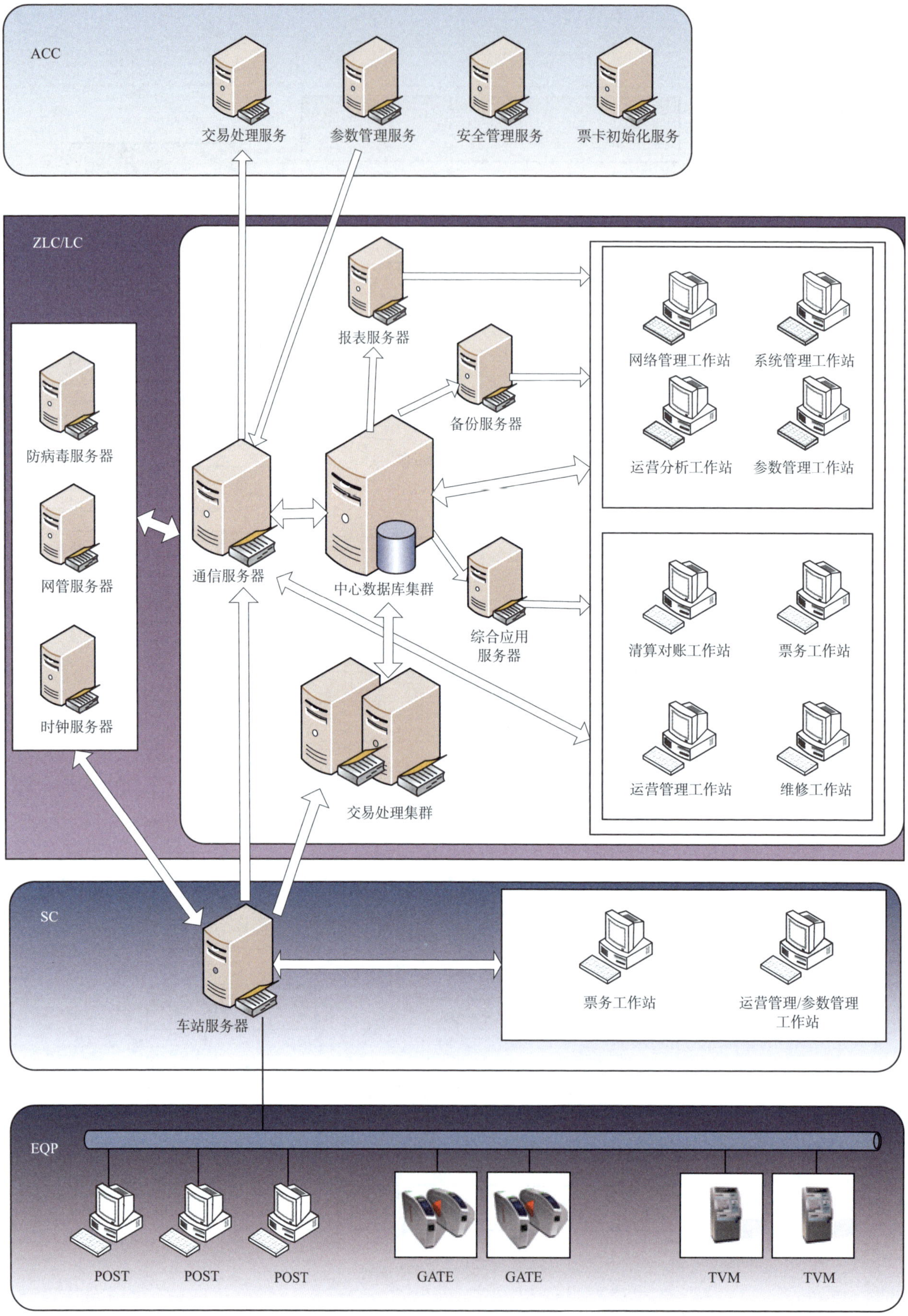

图 3　区域中心系统硬件部署

算法来验证报文中的数据有没有发生丢失或被篡改，确保数据传送过程中的数据安全及完整性。实时通信传输采用 CORBA 技术开发实现，部署在接入服务器上。区域中心系统的文件传输包括 FTP 的服务端程序和客户端程序两个部分。ZLC 系统向 SC 系统提供 FTP 服务，SC 系统通过实时通信传输平台向 ZLC 发送 FTP 登录申请报文，获取 FTP 服务的用户名和密码等信息后，登录 ZLC 的 FTP 服务器并主动向 ZLC 上传或下载文件。同样，ACC 系统向 ZLC 系统提供 FTP 服务，ZLC 系统通过实时通信传输平台向 ACC 发送 FTP 登录申请报文，获取 FTP 服务的用户名和密码等信息后，登录 ACC 的 FTP 服务器并主动向 ACC 传输或下载文件。

在数据传输完成后，ZLC 对所收集的数据进行处理，根据数据的类型及用途进行实时或批量的处理，以满足系统监视、运营管理及决策分析的需求。同时 ZLC 系统需对数据进行审计，以检查原始数据的真实性、完整性等，通常对于每种车票交易类型的数据一方面通过设备寄存器进行数据累计，另一方面以交易数据的形式存在，两种数据均上传到 ZLC。ZLC 对两种数据进行相互核对，检查系统中是否存在非法数据。通过对收集数据、审查数据的核对，检查收集数据、审查数据的一致性，检查系统是否存在数据的缺失。ZLC 对数据的核对分为三级，分别为 ZLC/ACC 核对、ZLC/SC 核对以及 SC/SLE 核对，保证交易文件处理结果的准确性。

(3)时钟管理

AFC 系统以 ACC 作为主时钟源，线路通信服务作为备时钟源。系统使用 SNTP 协议进行时钟同步。ZLC 从时钟源获得标准时钟后，把自己作为 SNTP 服务器，向本区域中心的管理终端和所辖线路及其下属 SC 提供标准时钟。

3.2 核心业务前台

核心业务前台由监控管理、参数管理、票务管理以及收益管理等功能模块组成，负责区域中心所辖车站的相关日常管理。

(1)监控管理

监控管理负责区域监控、车站监控、客流监控以及系统监视。ZLC 区域监控模块集中监视区域内各个车站的状态，车站的状态包括车站的运行状态和模式状态。车站的运行状态包括正常、报警、警告和离线状态。车站的模式状态包括紧急模式、正常模式和各降级模式。

ZLC 车站监控模块集中监视本区域内各个车站的设备，对设备的监控主要包括运行模式、设备状态、设备故障及报警等各类监控信息，同时 ZLC 系统可以集中控制整个系统的运行，可向某组设备、某类设备或某台设备下达控制指令。

ZLC 客流监控模块集中监视系统内线路和车站的客流情况，以提供制定运营计划的基础数据。所监视的客流包括所有设备处理的客流，同时 ZLC 系统生成客流统计报告，显示系统各类设备处理各类客流的情况，通常统计报告包括各类车票使用人数、自动售票机购票人数、半自动售票机处理各类车票人数、自动加值机使用人数、各类车票进站人数、各类车票出站人数、补票人数、无票通过人数等。

ZLC 系统监控模块负责对系统主机性能、后台线程、存储设备、数据库、UPS 以及网络进行监控。

(2)参数管理

ZLC 参数管理主要包括 EOD(Equipment Operating Data，设备运行参数)参数、黑灰名单和履历等。EOD 参数又分为 ACC 级参数和 ZLC 级参数。ACC 级别的参数在 ACC 生成，向全线网所有区域中心发布。ZLC 级别的参数，向本 ZLC 的下级 SC 发布，SC 转发给下级设备。黑灰名单在 ACC 生成，以文件的形式向全线网所有区域中心发布。履历在 ACC 生成，以文件的形式向全线网所有区域中心发布。

(3)票务管理

ZLC 票卡库存管理统一集中管理 ZLC 中心和各个车站的库存点的票卡库存信息。当区域所辖站点每天日终结算后，产生当日票卡结存信息并上传 ZLC 中心。当需要进行票卡调拨操作时，ZLC 根据库存情况向 ACC 提出票卡调拨申请，接受 ACC 调拨命令，根据线路实际情况，响应该命令，完成票卡的调拨。

(4)收益管理

ZLC 收益管理查看本区域内某个设备或多个设备的当前收益，或日终收益，通常包含 TVM(Ticket

Vending Machine，自动售票机）现金管理、POST 现金管理以及一卡通充值现金管理，同时系统负责为车站提供备用金增加、减少、领用、归还等管理功能。

3.3 运营支持与分析

区域中心运营支持与分析由维修管理、系统管理和运营分析等功能模块组成。

（1）维修管理

ZLC 维修管理对本区域线路 AFC 系统设备进行登记，形成设备台账。台账详细记录设备的设备号、设备名、设备属性、设备所处车站、服务运行状态、故障维修记录、主要部件更换记录、安全卡更换记录和设备搬迁记录等信息。数据库中记录了设备或部件的规格、数量、出入库和库存等信息，以便维修人员查询和统计备品备件在其入库、出库、报废等周期内的完整记录。根据设备维修历史和检修周期等，系统自动或手动生成维修计划，并对维修计划进行统一管理。

（2）系统管理

ZLC 系统管理主要对系统的操作权限、系统日志以及内务进行管理。操作员在对 ZLC 系统进行操作前，需要对操作员 ID、操作密码进行验证，通过验证后方可进行权限允许内的操作。同时系统软硬件运作过程中产生的各种事件，包括系统运行事件、应用软件运行事件、安全事件、异常事件等都由系统统一管理。在内务管理方面，系统对生成的文件及与各子系统相关联的文件进行有效管理，任何过期或无效的文件定期进行删除、清理、归档或备份处理。

（3）运营分析

ZLC 运营分析通过对各类运营原始数据的统计，进行收益分析、客流分析以及差异分析。收益分析包括 ZLC 对所辖线路、车站、设备进行收益统计分析，如各类车票的不同处理类型的统计分析、系统现金数据的核算及统计分析、各种优惠条件下的收益损失统计、对车站每日收益状况进行统计等。客流分析主要根据设备上传的实时客流状态来监视实时客流数据，通过建立合适的路网模型来计算各车站不同方向的断面客流，为制定票务政策、行车调度等提供参考。差异分析为常见的差异类别，提供便捷的查询、分析差异的工具，减少相应的数据分析人员对底层数据库表的直接访问，提高效率的同时增加数据安全性。

4 结　　语

随着城市轨道交通网络化运营的深入，许多城市在 AFC 系统标准的五层架构的基础上提出了相应的调整策略，如增设多线路中心、区域中心等。笔者在分析轨道交通线网网络化后带来新的运营需求的基础上，首先对区域中心的总体规划进行分析，然后从核心业务后台、核心业务前台以及支持与分析系统三个模块详细分析了区域中心的功能设计，可为国内城市轨道交通 AFC 系统区域中心的规划与设计提供参考。

长大地铁单洞双线盾构隧道的消防性能化研究与设计

黎　庆

（南京地铁建设有限责任公司，南京　210017）

摘　要：国内下穿大的江河越来越多采用大直径盾构隧道方式，施工技术日趋成熟。单纯地铁单洞双线的大直径过江盾构隧道尚不多见，围绕行车组织、防灾安全等方面的技术问题尚需要进行深入研究。本文通过对南京地铁3号线穿越长江的长大地铁盾构隧道消防性能化研究，为地铁防灾设计及运营安全管理提供技术支撑；其解决思路和方法可为其他类似工程提供参考。

关键词：地铁；长大盾构隧道；通风；消防性能化

1　引　　言

隧道防灾一直是隧道工程研究的热点，为广大工程技术人员和学者所关注和重视。付修华、杨其新、刘化冰（2004年）分析了隧道火灾特点和原因，结合秦岭山南山公路隧道火灾试验提出了隧道防火的基本原则；彭立敏、杨高尚、张进华（2007年）利用CFD软件PHOENICS3.5对雪峰山特长隧道进行火灾的数值模拟，研究了纵向通风风速的条件下，隧道内火灾的烟雾浓度场、温度场等纵向、横向分布规律和烟气的回流情况，提出了控制烟雾、满足火灾救援和人员疏散的有效措施；唐高胤、张礼敬、付道兴（2011年）运用火灾动力学模拟软件PYROSIM建立实体物理模型对南京纬七路长江公路隧道火灾过程中的纵向通风进行模拟计算，定量分析了不同通风速率条件下火灾及烟气蔓延的规律，并得到了隧道拱顶附近温度和烟气分布状况；赵林、程学武、张继清（2012年）从理论上分析了大直径单洞双线隧道断面大、长度长、距离两端车站较远等特点，结合隧道内火灾发生时烟、热危害严重，人员疏散困难、扑救困难等因素分析，提出了隧道安全疏散方案设计原则、模式等研究成果。

以上学者研究的对象主要为公路隧道消防设计，有相关试验参数为基础，结合理论计算或数值模拟校核设计参数的合理性，相关研究已经趋于成熟状态，且已经有了一系列规范化的设计方法和流程。但大直径、长距离地铁单洞双线越江盾构隧道在国内尚未出现，相对应的消防防灾与疏散研究仍处于相对空白阶段。因此，有必要结合建设工程使用功能和消防安全的要求，运用消防安全工程学，结合地铁设计有关专业的规范与标准，研究并提出安全、可靠的技术解决方案和保障措施。

2　工程概况

南京地铁3号线浦珠路站—滨江路站区间为下穿长江的过江区间隧道；区间起点为柳州路与浦珠路路口的浦珠路站，沿长江北岸原规划预留沪宁高铁通道向南行走，先下穿已建成威尼斯水城居民小区，再下穿江北大堤、长江、江南大堤，到达长江南岸中央北路与燕江路路口的滨江路站，区间线路全长3.354 km，越江段约2.0 km；区间隧道纵坡为“V”形坡，最大坡度29‰，隧道顶部埋深在9.59～46 m之间，隧道最小平面曲线半径805.2 m。施工时切口水压最高达到6.5 bar。线路示意图如图1所示。

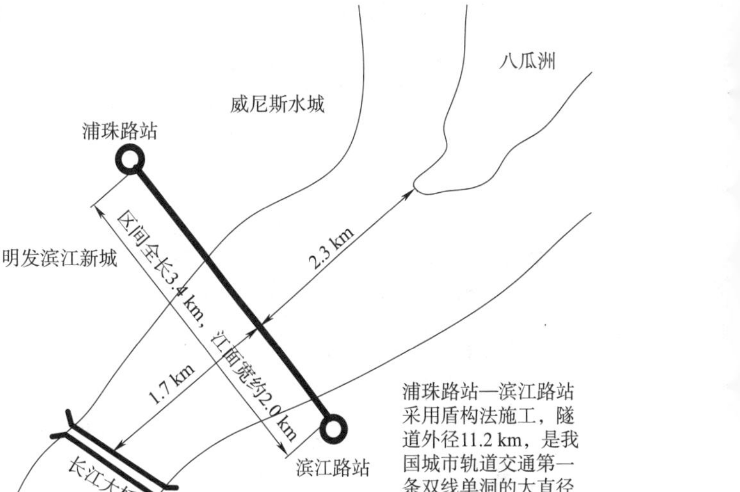

图1　南京地铁3号线越长江线路示意图

3 隧道的断面设计

大盾构隧道外径 11.20 m，内径 10.20 m。断面设计布置将隧道分为三部分：上部为纵向风道，约 15 m^2；中间部分为地铁行车区域，采用 300 mm 厚中隔墙分为上、下行两个行车道，两行车道间隔 100 m 设防火门连通；下部空间考虑结构又分成三格，中间格部分为排水沟槽和江中泵房，左右两格为预留空间，如图 2 所示。

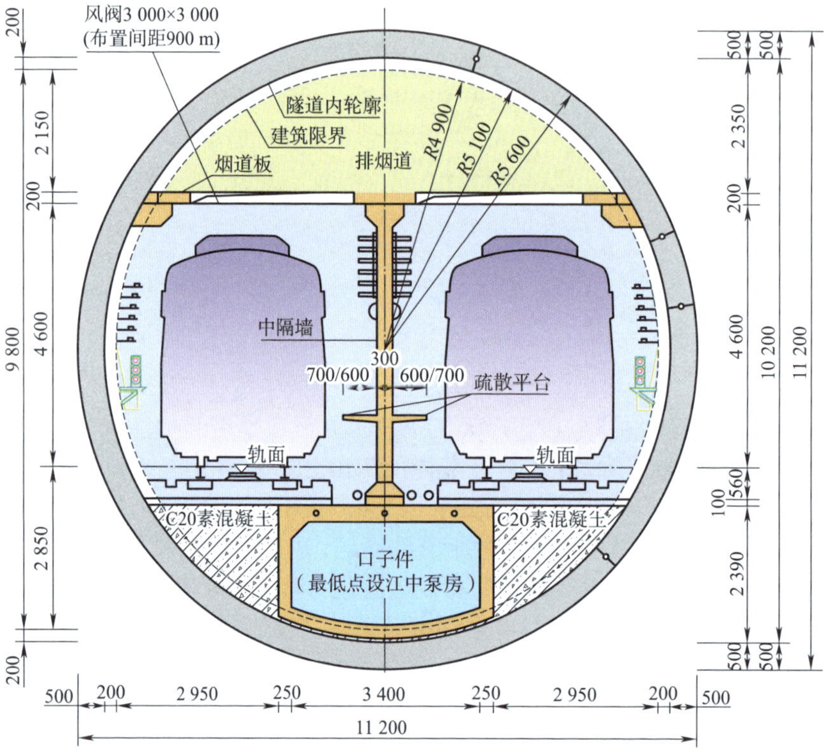

图 2 盾构隧道断面图(单位：mm)

4 隧道的通风设计

浦珠路—滨江路区间隧道采用内径 10.2 m 的圆形断面形式，在区间隧道顶部设置一处电动排烟或新风口，类似于在区间中部设置了一座中间风井，将长江隧道的通风分为两个区段。行车做到控制一个通风区段只有一列车运行。

火灾事故通风工况是：任一列车在隧道内任意位置发生火灾时，该事故列车将位于独立的通风区段，在隧道中由车站方向向事故列车送风，由专门设于隧道中段的排烟口排烟，烟气主要由两端车站隧道风井通过大洞纵向排烟道向两岸抽排。

根据隧道顶部事故风道上设置排烟口的两种不同方式，有两个区间隧道通风布置方案：

(1)纵向通风布置方案：如图 3 所示，在浦珠路—滨江路区间中部对应于上、下行线各设置一个 3 m×5 m 的事故风阀，将整个区间在长度方向划分为两段，每段区间内均只有一列车运行。当列车在区间发生火灾时，通过区间中部事故风阀与车站内事故风阀的组合，在事故区间组织纵向通风。

(2)横向通风布置方案：如图 4 所示，在浦珠路—滨江路区间隧道顶部，对应于上、下行线每隔 60 m 各设置一个 2 m×4 m 的电动排烟口。当列车在区间发生火灾时，着火列车附近的电动排烟口开启，对着火区段进行横向排烟。

纵向通风方案控制点较少，操作方便，漏风量较少，可靠性较高，全线均为纵向排烟，标准一致；而横向排烟，虽理论排烟效果好于纵向排烟，但排烟口数量多，漏风量大，控制点多，控制模式相对复杂。因此综合排

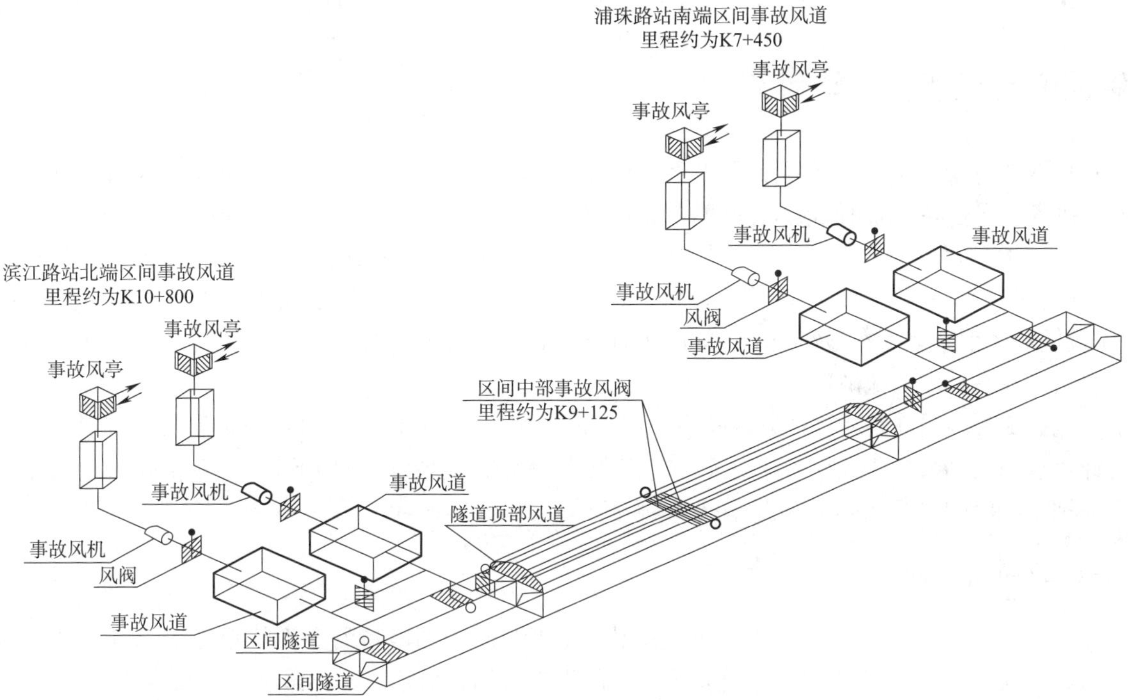

图 3　3 号线过江段区间纵向通风方案轴测示意图

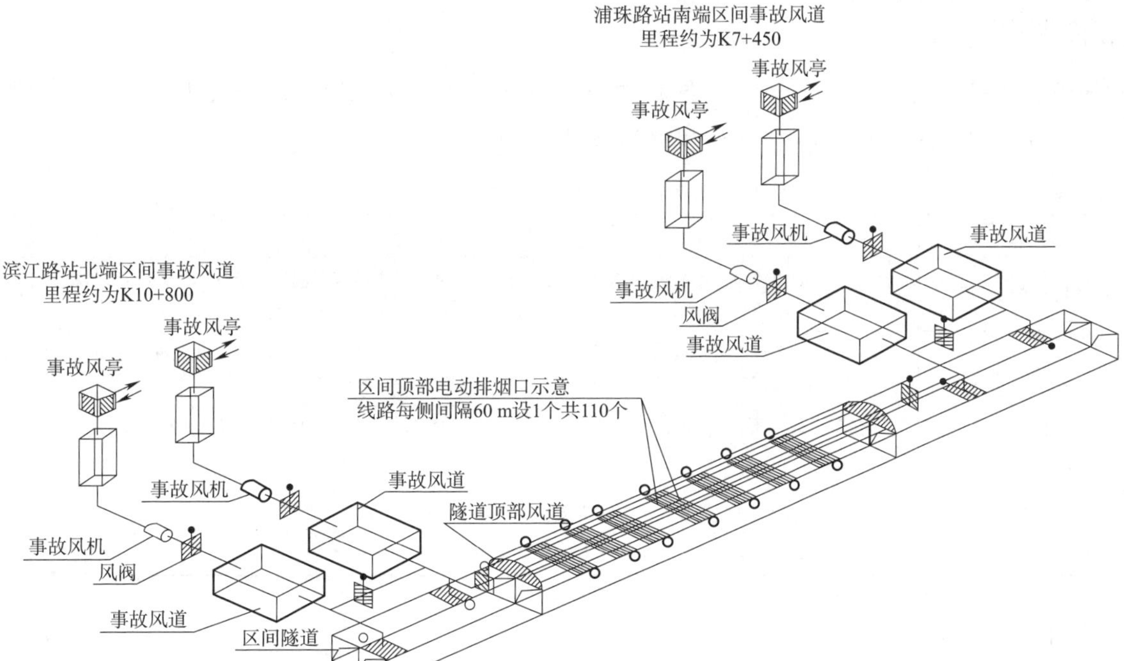

图 4　3 号线过江段区间横向通风方案轴测示意图

烟效果、便于控制、提高安全可靠度方面，最终选用了区间中部设事故风阀的纵向通风方案，具体方案如下：

区间采用纵向通风系统，隧道顶部设有断面积约为 15 m^2 的土建排烟风道，排烟风道上在 K9＋265.000、K10＋165.000 以及 K11＋065.000 附近分别对应上、下行正线设置 3 组，共 6 个事故风阀，将本区间分为 4 段，可以通过事故风阀的启闭对事故区段进行排烟运行。

轨顶的排烟风道分别通往区间两侧的浦珠路站以及滨江路站，在浦珠路站以及滨江路站站端分别设有一台 90 m^3/s 的区间事故专用风机。火灾时根据着火点的位置，启动离着火点较近车站的区间事故专用风机，利用轨顶的事故风阀对着火点进行排烟运行，同时另一侧车站的车站风机以及区间事故专用风机对事故区间进行送风运行，保证区间中形成 2 m/s 以上的疏散气流，为乘客疏散创造有利条件。

5　隧道区间性能化消防研究

按照我国现行《城市轨道交通工程项目建设标准》(建标 104—2008)的规定，在长大区间隧道内应充分研究最不利情况下的救援和疏散模式。在站间距 2 km 以上的区间隧道内，列车行车密度达到 30 对/h 及以上时，需要核算高峰小时时段内该长大区间内同时运行的列车数量；如果在同一方向上有 2 列或 3 列车同时运行，应充分研究当前一列车突然故障停运在区间的最不利情况下，如何保证在车辆阻塞条件下送进足够新风，如何救援和疏散乘客。在地铁长大区间隧道，因疏散到车站的时间过长，应在区间中部设置直通地面的专用疏散出口或其他安全疏散区。

南京地铁 3 号线浦珠路—滨江路区间主要部分位于长江下方，不具备在江中设置区间中间风井条件，因此需要针对这一具体情况研究专门的对策。在符合《地铁设计规范》的前提下，为进一步确保过江隧道的消防安全，需要开展地铁过江隧道消防设计专项评估。

5.1　需要解决的消防问题

在过江隧道的设计条件下，通过设定火灾荷载、纵向风速、排烟口间距等各类工况，比较不同排烟口间距对隧道内火灾烟气特性影响，验证过江隧道通风、排烟方案的合理性，并提出最适宜的排烟口和疏散门间距；通过对人员疏散的模拟和分析、消防设施的作用分析等，实现地铁防火安全目标，即保证乘客、运营人员和消防队员的安全及地铁其他安全相关目标。

5.2　评估准则

我国尚未制定相关的隧道安全评估准则，根据国外相关安全准则要求，如澳大利亚消防工程规范(2001)，考虑烟气温度，疏散时保证人员生命安全的评估准则见表 1。

表 1　人员生命安全评估准则

标　准	特性界定
热辐射(热烟层)	环境 2.0 m 以上，热烟层：对普通人员需小于 2.5 kW/m^2 或热烟层温度小于 180 ℃ 对消防员小于 10 kW/m^2 或热烟层温度小于 375 ℃
断面烟气流速	隧道的排烟系统应能够保证隧道断面风速和断面排烟速度不应小于 2 m/s，且能够控制烟气，防止烟气回流，保证人员迎着新风疏散，但风速不应超过 11 m/s
对流热	环境 2.0 m 以下，对普通人员温度不超过 60 ℃；环境 2.0 m 以下，对消防队员温度不超过 260 ℃
能见度	环境 2.0 m 以下，能见度不小于 5 m
CO 浓度	环境 2.0 m 以下，对普通人员 CO 浓度不超过 450 ppm
CO_2浓度	环境 2.0 m 以下，对普通人员 CO_2 体积浓度不超过 1%

5.3　火灾烟气流动模拟

通过对地铁内部潜在的火灾情况以及发生火灾时对火场环境所造成的影响进行研究，同时考虑火灾产生的位置、火场环境以及排烟效果等设定一系列火灾场景，见表 2。遵循设计火灾场景“可信最不利”原则，综合考虑隧道各区段的主要火灾隐患，主要涉及列车内电气火灾或行李火灾。隧道盾构中部及竖井附近的列车火灾应为整个隧道中最不利的火灾场景。比较其他火灾场景，列车火灾的强度最大，且火灾产生的烟气直接影响车厢内及隧道内人员的生命安全。

选用 FDS(Fire Dynamics Simulator)模拟软件，对火灾场景危险来临时间的分析结果见表 3，主要结论如下：(1)由于隧道阻塞比影响显著，采用半横向排烟模式无法满足烟气控制要求，采用纵向排烟模式可满足烟气控制要求；(2)当排烟道内排烟风速不小于 6 m/s 时可以有效排烟，防止烟气越过排烟口向下游蔓延；(3)纵向通风方式下，排烟口间距对危险来临时间影响小。

表 2　设计的火灾场景

场景编号	火灾位置	事故段纵向送风风速(m/s)	非事故段纵向送风风速(m/s)	排烟道内排烟风速(m/s)	火源与排烟口距离(m)	排烟口间距(m)	火灾规模(MW)	模拟时间(s)
A	列车前半部	自然通风	自然通风	—	—	—	7.5	1 500
B	列车前半部	自然通风	自然通风	6	60	120	7.5	1 500
C	列车前半部	2.0	自然通风	6	1 200	1 200	7.5	1 500
D	列车前半部	2.0	自然通风	6	900	900	7.5	1 500
E	列车前半部	2.0	自然通风	6	600	600	7.5	1 500
F	列车前半部	2.0	自然通风	6	300	300	7.5	1 500

表 3　火灾场景危险来临时间分析结果汇总表

火灾场景	火灾位置	排烟说明	设计火灾(MW)	危险来临时间(s)	
				下风侧	上风侧
A	列车前半部	风机失效	7.5	130	
B	列车前半部	半横向排烟,风机开启	7.5	130	
C	列车前半部	纵向排烟,风机开启	7.5	145	>1 500
D	列车前半部	纵向排烟,风机开启	7.5	145	>1 500
E	列车前半部	纵向排烟,风机开启	7.5	155	>1 500
F	列车前半部	纵向排烟,风机开启	7.5	155	>1 500

5.4　人员疏散模拟

可提供的人员安全疏散时间(ASET)应为在火灾环境尚未达到人员耐受极限前人员疏散到相对安全的区域(比如防烟楼梯、室外等)即人员所需疏散时间(RSET)的 1.2 倍,则能认为人员可以安全疏散,即 ASET>1.2RSET,该规则为澳大利亚 BCA 中的规则,为国际上通用并认可的人员安全疏散可接受的标准。火灾时人员安全疏散各时间分布图如图 5 所示。

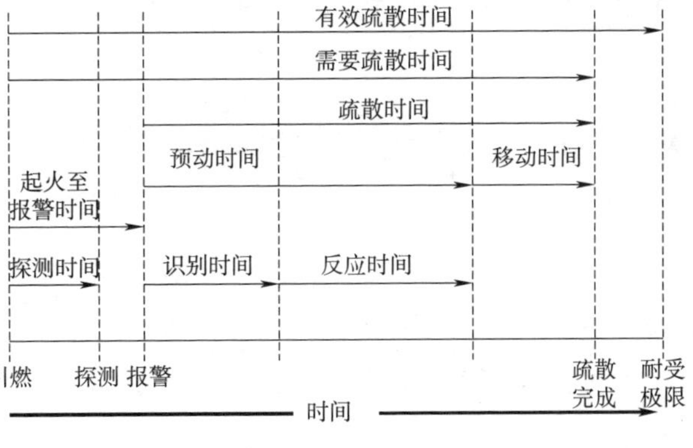

图 5　火灾时人员安全疏散各时间

过江隧道区间的疏散策略:当隧道内列车发生火灾时,列车还能继续运行的情况,应遵循“先将列车驶出过江隧道然后进行隧道外疏散”的基本原则;当列车不能驶出隧道时,必须采取以下措施:(1)禁止事故列车后方行驶的列车进入隧道;(2)事故列车前方行驶的列车以正常速度驶离隧道;(3)另一方向行驶的列车要尽快驶离隧道(根据当时行驶位置前进或后退);(4)消防抢险人员从另一方向线路或紧急疏散楼梯进入着火隧道进行救援及灭火。

人员的疏散主要有三种线路方案。线路 1:车厢→列车门口→疏散平台→防火门→疏散平台(车站);线路 2:车厢→列车端口→轨道→(车站);线路 3:车厢→列车门口→疏散平台(火源下游穿越防火门一股人流疏散、火源下游部分穿越防火门两股人流疏散)。

以地铁列车在隧道中火灾场景为依据，根据地铁的疏散策略设计出人员疏散场景，见表 4。

表 4　人员疏散场景

疏散场景	火灾场景	防火门间距(m)	疏散人数(人)	疏散路线
Ⅰ	列车前半部火灾(靠近端部)	100	1 860	线路 1
Ⅱ		150	1 860	线路 1
Ⅲ		200	1 860	线路 1
Ⅳ		—	1 860	线路 2
Ⅴ	列车前半部火灾(靠近中部)	100	1 860	线路 3
Ⅵ		150	1 860	线路 3
Ⅶ		200	1 860	线路 3

选用 Building EXODUS 软件对人员疏散运动进行模拟分析，火灾场景下人员疏散情况见表 5，火灾场景下 RSET 计算表见表 6。

表 5　火灾场景下人员疏散情况

疏散场景	人员数量(人)	撤离车厢时间(s)	穿越第一个防火门时间(s)	穿越第二个防火门时间(s)
Ⅰ	1 860	677	872	1 207
Ⅱ	1 860	1 295	1 348	1 506
Ⅲ	1 860	1 183	1 362	1 567
Ⅳ	1 860	503	—	—
Ⅴ	1 860	829	945	—
Ⅵ	1 860	683	1 003	—
Ⅶ	1 860	553	1 052	—

表 6　火灾场景下 RSET 计算表(单位：s)

设计场景	识别时间	反应时间	完全穿越防火门时间	RSET 需要疏散时间
Ⅰ	125	60	1 207	1 392
Ⅱ	125	60	1 506	1 691
Ⅲ	125	60	1 567	1 762
Ⅳ	125	60	—	—
Ⅴ	125	60	945	1 130
Ⅵ	125	60	1 003	1 188
Ⅶ	125	60	1 052	1 237
备注：识别时间取值 125 s，包括：报警时间 60 s，确认时间 15 s，制动时间 40 s，打开车厢时间 10 s；人员反应时间取值 60 s				

主要结论如下：(1)从疏散模拟结果看，防火门设置间距宜为 100 m；(2)运营部门应有效控制列车门的开启及关闭；宜对疏散平台及防火门适量加宽，紧急情况下可同时开启列车端门和侧门，加快疏散；(3)所有人员穿越防火门后及时关闭防火门，避免烟气进入相邻洞口；(4)人员疏散时配合好排烟设施的使用，将烟气控制在火源下游，允许上游人员不必全部穿越防火门，直接沿该管道疏散平台向最近的站台疏散；(5)加强疏散诱导系统设置。

6　隧道消防设计

区间隧道的消防设计措施主要包括设置隧道内消火栓系统及地面消防系统。在两端车站内设一座消防泵房，每座消防泵房引入一根 DN150 进水管，环网接通，形成安全可靠的供水系统。由每座消防泵房接出的一根 DN150 出水管分别在隧道内全线贯通，以形成安全可靠的消火栓总管环网，隧道内每隔 50 m 设置一只单头单阀消火栓,隧道共设消火栓 180 只。在消火栓总管上每隔 5 组消火栓设一只疏散闸阀,并在总管最高点设放气阀,最低点设放水阀。每座消火栓泵房的供水范围为隧道的一半长度,水压按最不利点消火栓充实水柱不小于 10 m,用水量按 10 L/s 计。每座消防泵房内设消火栓泵机组一套,包括两台泵,互为备用。每座车站的地面附近设一套水泵接合器,与消防泵房内的消火栓泵出水管接通,并在距水泵接合器 15～40 m 范围内配置室外消火栓。在过江区间隧道最低点设区间废水泵房,废水池内的废水经水泵提升后排到滨江大道站附近的雨水管网。

7 隧道疏散设计

南京地铁过江隧道采用轨道道床与侧向疏散平台相结合、左右线间设置防火门的消防疏散方式。隧道侧向疏散平台每隔一定距离设有与道床之间的步梯。当列车发生事故无法行驶时,可最大程度利用车厢门的宽度,使乘客尽快离开车厢,有利于提高乘客疏散过程的安全性和效率。图 6、图 7 为过江隧道疏散设计示意图。

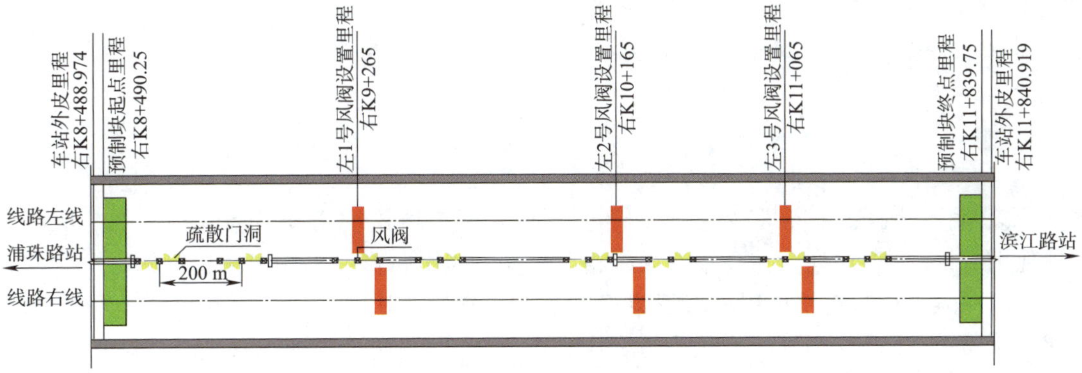

图 6　区间疏散设计平面图

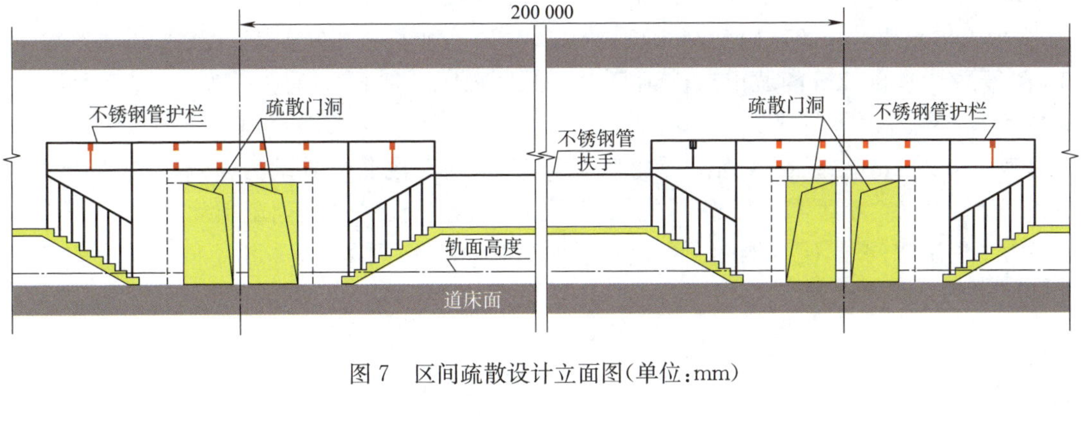

图 7　区间疏散设计立面图(单位:mm)

8 结　　论

本文分析了大直径、长距离越江地铁隧道的消防安全技术难点,通过引用消防性能化评估方法,运用消防安全工程学原理,采用先进实用的计算分析工具,结合南京地铁 3 号线浦珠路站—滨江路站区间长大单洞双线隧道工程,给出了消防性能化评估、隧道通风、消防、疏散等设计的实例,可供类似建设项目参考。

基于地铁车辆分段制动力控制方法的研究

韦苏来

(南京地铁建设有限责任公司,南京　210017)

摘　要:轮轨可用黏着随速度提高而降低,地铁恒制动力控制方法在市域快线或城际线路项目上会因高速段黏着的降低带来滑行的风险。南京宁高城际项目S9线采用3辆编组列车、120 km/h最高运营速度、全线高架且上跨13 km宽的石臼湖面,轮轨间实际可用黏着低,通过对黏着计算和电制动能力分析,提出分段制动力控制方法来降低对高速段的黏着需求,减少车辆高速段发生滑行带来的制动距离超标及轮对擦伤等安全风险,同时能够充分利用电制动减少列车闸片磨耗。

关键词:市域快线;城际线路;分段制动力控制;电制动;滑行;黏着

1　绪　　论

国内地铁车辆运营速度不断提高,上海、东莞、深圳等城市地铁均已开通运营时速120 km的城际线路,研究发现120 km/h地铁列车在高架露天线路上更易发生滑行和制动距离超标问题,主要原因是高架线路易受天气等环境影响,轮轨可用黏着不能满足制动需求造成滑行;在国内120 km/h地铁滑行试验时发现,在95 km/h到110 km/h速度区段内滑行次数占比较高,且高速段列车发生滑行对制动距离的延长影响明显,为了避免滑行及带来的制动距离超标,降低和调控车辆在高速段对黏着的需求就尤为重要和关键。

南京地铁宁高城际线S9列车采用3辆编组,盘型制动的B型车辆,线路全程高架且穿过13 km的石臼湖面,受恶劣天气影响时轮轨可用黏着降低。通过式(1)、式(2)计算发现,黏着系数随着列车速度的增加而降低,在最高时速80 km的城市地铁项目上,即使在表面潮湿的轨道条件下,按照国内地铁普遍采用的恒制动力控制方法进行最大常用制动(1.0 m/s²),黏着也能够满足列车制动需求。而宁高城际列车最高时速为120 km,如果在表面潮湿的轨道条件下,列车按照恒制动力控制方法进行最大常用制动(1.0 m/s²),在80 km/h到120 km/h的速度区段内,黏着将无法满足列车制动需求,列车在高速段将发生滑行。为了解决该问题,宁高城际项目提出了列车制动基于不同速度采用不同减速度的分段制动力控制方法。

干燥轨面

$$\mu_s = 0.062\,4 + \frac{45.60}{260+v} \tag{1}$$

潮湿轨面

$$\mu_s = 0.040\,5 + \frac{13.55}{120+v} \tag{2}$$

公式适用范围:$v \leqslant 120$ km/h。

2　分段制动力控制的方法

分段制动力控制原理是将制动过程制动力的施加按照速度区段进行分级控制,在高速段(120～95 km/h)按照变减速度进行制动,此区段内随着速度的降低,制动力(制动等效减速度)随着速度呈线性增加;在速度到达低速段(95～0 km/h)后,按照恒减速度进行制动到停车。分段制动力控制的制动曲线如图1中等效减速度所示。

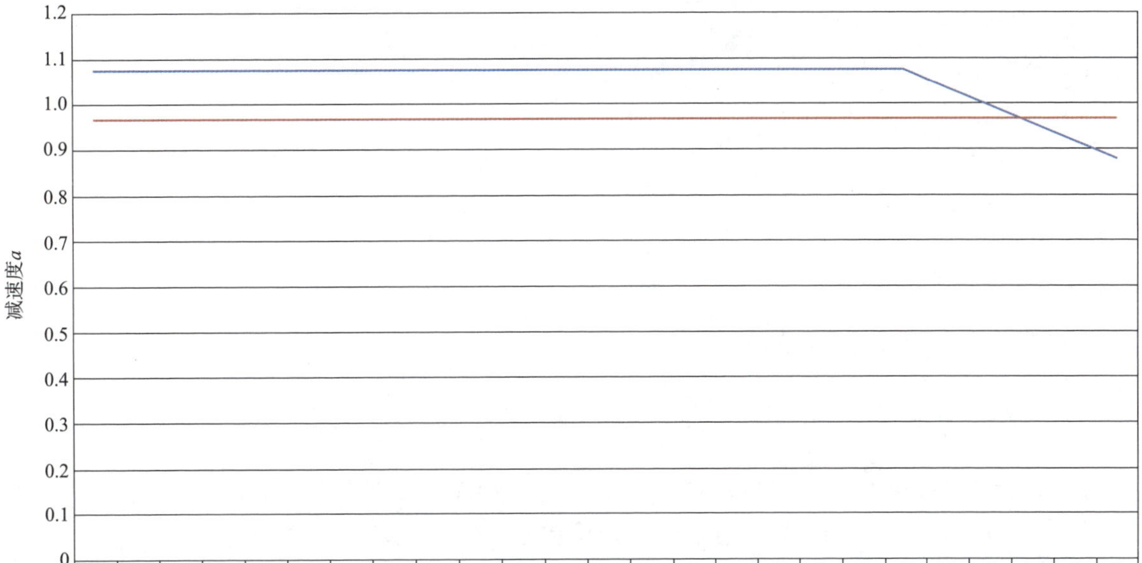

	0	5	10	15	20	25	30	35	40	45	50	55	60
等效减速度	1.074	1.074	1.074	1.074	1.074	1.074	1.074	1.074	1.074	1.074	1.074	1.074	1.074
平均减速度	0.967	0.967	0.967	0.967	0.967	0.967	0.967	0.967	0.967	0.967	0.967	0.967	0.967

	65	70	75	80	85	90	95	100	105	110	115	120
等效减速度	1.074	1.074	1.074	1.074	1.074	1.074	1.074	1.0352	0.9964	0.9576	0.9188	0.88
平均减速度	0.967	0.967	0.967	0.967	0.967	0.967	0.967	0.967	0.967	0.967	0.967	0.967

图 1　分段制动力曲线

采用分段制动力控制需在制动力计算公式中增加速度 v 的变量参数，施加制动力的大小跟速度有关，速度信号来源于制动系统内部。制动系统的制动力控制由接收制动指令与制动级位按式(3)、式(4)计算整车制动力：

$$F=K\times(m+m_{r})\times a_{e} \tag{3}$$

$$a_{e}=\begin{cases} a_{1}+\dfrac{120-v}{120-v_{t}}\times(a_{2}-a_{1}) & v_{t}<v\leqslant 120\ \text{km/h} \\ a_{2} & v\leqslant v_{t} \end{cases} \tag{4}$$

式中　F——制动力；

K——制动级位百分比；

m——列车质量；

m_{r}——列车转动质量；

a_{e}——等效减速度；

a_{1}——120 km/h 的初始等效减速度；

a_{2}——0 km/h～v_{t}的恒定等效减速度；

v_{t}——从变减速到恒减速的分级速度。

对于牵引和制动系统的制动力管理，将由空气制动系统负责整车的制动力计算管理，制动系统将根据式(3)、式(4)及当前载荷 m 计算整车制动力，并结合“电制动状态”计算每个可用动车转向架上分配的电制动力值即“电制动力请求”信号，牵引系统将根据收到的该信号发挥电制动能力值。

当空气制动系统接收到 TCMS 发送至空气制动系统有效的制动指令与制动级位后，由空气制动系统根据当前载荷情况计算整车需求的制动力和各动力转向架需分配的电制动力。

本着电制动优先使用的原则，在电制动力足以满足制动需求的情况下，为防止空气制动系统补充不必要的空气制动力，牵引系统向空气制动系统发送基于转向架的“电制动力能力值”以及“电制动状态”。空气制动系统将通过列车控制网络向牵引系统发送基于有效动力转向架的“电制动力请求”。牵引系统接收到此信号后，必须尽可能地施加空气制动系统所请求的电制动力，并且不得施加超过空气制动系统所请求的电制动力。同时牵引系统需向空气制动系统反馈“电制动力实际值”，如图 2 所示。

若牵引系统无法满足空气制动系统请求的电制动力，则空气制动系统将根据电制动力的实际发挥情况进行空气制动力的补充，以满足整车制动力的需求。

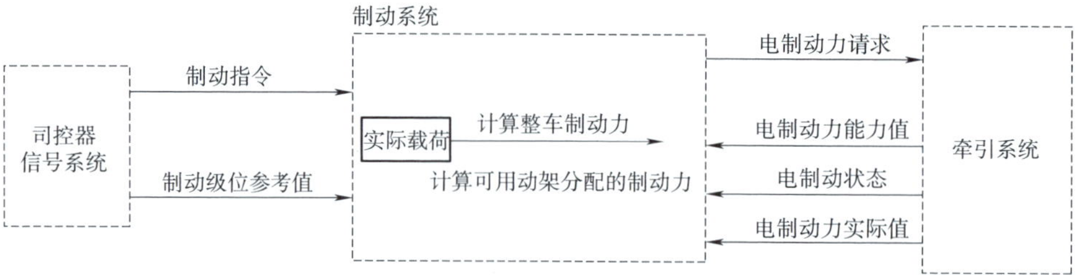

图 2　分段制动力控制流程

3　分段制动力控制参数选择

3.1　最优电制动能力选择

分段制动力控制选择在高速段降低制动能力，一方面因为在高速段轮轨间可用黏着降低，另一方面由于电机特性电制动能力在高速段衰减，即意味着施加恒定减速度时，高速段需要空气制动补充，随着速度的降低，空气制动再退出。设计分段制动力曲线遵循充分利用电制动能力，分段制动曲线在电制动能力曲线下方，如图 3 所示，能够减少高速段的滑行，同时减少能耗并减少闸片磨耗。

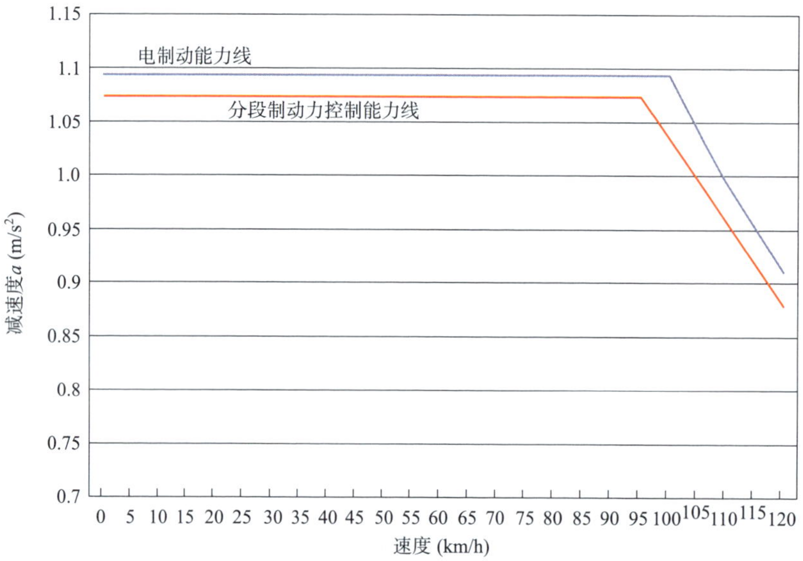

图 3　电制动能力曲线和分段制动力控制能力曲线包络图

3.2　分段制动力控制的关键参数

为了充分利用轮轨黏着制动力，需按速度的变化控制制动力的大小。高速动车组按列车速度分级来控制制动力，使之与黏着系数变化曲线接近，达到制动时不产生滑行而制动距离又最短的目的。在采用黏着制动情况下，以制动距离与制动初速度之间关系寻求分级最佳点，包含式(4)中的三个重要参数：a_1 为 120 km/h 的初始等效减速度，a_2 为 0 km/h～v_t 的恒定等效减速度，v_t 为从变减速到恒减速的分级速度。

120 km/h 的初始等效减速度 a_1 的选择对减少高速段滑行和闸片磨耗起到关键性作用，减少高速段滑行需充分利用轮轨间能够提供的黏着。a_1 按式(5)计算：

$$a_1=\frac{\mu_s \times mg}{m+m_r} \tag{5}$$

式中，μ_s 根据式(2)计算。当速度为 120 km/h 时湿轨的黏着系数为 0.097，得 $a_1=0.884\ 4\ m/s^2$。

减少闸片磨耗需充分利用电制动，在 AW2 载荷 120 km/h 速度下，以全部利用电制动为原则，计算 $a_1=$

0.938 m/s^2，根据图 3 分段制动力曲线包络在电制动能力曲线下方，分段制动力斜线段下切电制动恒功段曲线且留有一定余量，避免空气制动施加小制动频繁补充，综合计算和曲线关系，a_1取值 0.88 m/s^2。

0 km/h～v_t的恒定等效减速度 a_2直接决定了低速段发生滑行的可能，按照国内常规地铁项目平均减速度 a_s=1.0 m/s^2，按式(6)、式(7)计算 120 km/h 初速度的等效减速度 a_e=1.074 m/s^2，即 a_2=1.074 m/s^2。

$$a_s=\frac{v\times a_e}{v+2\times a_e\times t_e} \tag{6}$$

$$t_e=t_{10}+\frac{t_{90}-t_{10}}{2} \tag{7}$$

从变减速到恒减速的分级速度 v_t参数综合停车效率和高速阶段黏着利用情况，结合图 3 电制动能力曲线和分段制动力曲线包络关系，通过对分级速度的计算仿真，得出 v_t最佳取值为 95 km/h，最终分段制动力模型如式(8)所示，分段制动力控制曲线如图 1 所示。

$$a_e=\begin{cases}1.8112-0.00776v & 95\ \text{km/h}<v\leqslant 120\ \text{km/h}\\ 1.074 & v\leqslant 95\ \text{km/h}\end{cases} \tag{8}$$

4 分段制动力控制对制动性能的影响

对于常用制动恒定平均减速度 a_s=1.0 m/s^2，制动距离 $S=\frac{{v_0}^2}{2\times a_s}=555.6$ m，其中 a_s为平均减速度，已包括常用制动的响应时间。

对于分段制动力模型的变减速阶段(v_0-v_t)，等效减速度 a_e和速度 v 的关系方程如下：

$$a_e=kv+b(0,v_t),k=\frac{a_t-a_0}{v_t-v_0}$$

$$v=v_0+\int_0^t a\mathrm{d}t=v_0+\int_0^t(kv+b)\mathrm{d}t=v_0+(kv+b)t$$

得

$$v=\frac{v_0+b_t}{1-kt}(0,v_t)$$

变减速制动距离为

$$S_{120-95}=\int_0^t v\mathrm{d}t=\int_0^t\frac{v_0+bt}{1-kt}\mathrm{d}t=\int_0^t\left(-\frac{b}{k}+\frac{\frac{kv_0+b}{k^2}}{\frac{1}{k}-t}\right)\mathrm{d}t=-\frac{b}{k}t+\frac{kv_0+b}{k^2}\ln\left|\frac{1}{1-kt}\right|$$

其中，t 的计算是将 120～95 km/h 整个变减速区间按照 1 km/h 等分成 25 个区间[120,119,118,…,96,95]，每个区间按照恒减速的方法计算出 t=7.131 383 s，变减速制动距离 S_{120-95}=212.03 m，空走时间制动距离 $S_0=v_0\times t_e$=38.3 m，恒减速制动距离 $S_{95-0}=\frac{v_t^2}{2\times a_e}$=324.2 m，制动距离 $S=S_0+S_{120-95}+S_{95-0}$=574.531 m，$a_s=\frac{v_0^2}{2\times S}$=0.967 m/s^2。

分段制动力控制对车辆制动性能的评判主要包括制动距离、平均减速度，国内常规地铁恒制动力控制方法的常用制动平均减速度为 1.0 m/s^2，宁高城际线列车分段制动力控制方法的常用制动平均减速度为 0.967 m/s^2，列车从初速度 120 km/h 以最大常用制动进行制动的制动距离要长 19 m。信号系统也按分段制动力控制要求进行了控车策略和方法的统筹设计，在列车由信号系统控制的自动运行时，既可满足列车追踪运行的安全要求，又能按分段制动力控制实现高速段的变减速度和低速段恒减速度的需求，从而保证列车的行车安全，使行车效率和旅行速度满足项目预定设计要求。

5 结束语

在国内 120 km/h 的城市地铁项目上均要考虑滑行的问题，尤其是露天高架线路，但制动系统均采用恒制动力控制的制动力施加方法，在高速段未采取措施降低车辆对黏着的需求。根据各自项目特点，有些项目在恶劣天气启用信号系统湿轨模式降低减速度，有些项目在车辆安装撒砂装置提高黏着，但前者牺牲了旅行速度，延长了停车间隔，后者带来列车维护和轨旁清洁问题，同时增加了运营成本。南京地铁宁高城际项目采用分段制动力控制，可以使列车在高速段制动时降低对轮轨间的黏着，降低因速度提高带来的列车在高速段的滑行风险。同时由于电机特性，在高速段电制动能力降低，常规恒减速度在高速段需要补充一定的空气制动，分段制动力控制能够在高速段不补充空气制动也能够满足列车制动力的需求，从而充分利用电制动再生节能、降低闸片的磨耗，这点在宁高城际试验及运营过程中得到了验证，在极端天气情况下，在高速阶段未发现过滑行的发生，同时在 AW2 载荷下，高速阶段停车制动力均由电制动实现，空气制动只在低速电空混合阶段补充，减少了能耗，降低了闸片磨耗。

减少地铁列车滑行的措施分析与研究

韦苏来

（南京地铁建设有限责任公司，南京　210017）

摘　要：国内很多城市都开始了城际线路（市域快线）的建设，其具有编组短、速度高及线路条件复杂多变等特点，易发生由于车辆滑行造成的轮对擦伤及列车冲标等安全问题。本文从避免滑行、控制滑行及改善滑行等角度出发，探讨城际线路列车减少滑行的多种措施，并以南京地铁宁高城际项目 S9 线为例对措施的有效性和可实施性进行分析，研究减少滑行的可选择方案。

关键词：城际线路；市域快线；滑行；黏着；冲标

1　绪　　论

国内城际线路普遍采用 B 型车，轴重小于 A 型车，而随着轴重的增加，轮轨黏着系数呈现明显的增加趋势，即轴重越大，可利用的轮轨黏着系数越大，因此城际线路可用黏着较 A 型车的可用黏着小；通常中间车受轨面上的水和油等的污染较少，所以与头车相比其黏着系数值要大一些，而城际线路多采用短编组（一般为 3 编组或 4 编组），中间车相对较少，整列车可用黏着稍差；同时列车速度较高，一般为 100 km/h 以上，由于黏着系数随着速度的提高而下降，速度越高，可用黏着越低，且列车均采用盘型制动，其明显弱点是它将引起轮轨黏着下降，经验认为其黏着系数约下降 20%；列车运行线路以高架为主，容易受落叶、薄冰影响，对制动而言，在有冰的轨道上，轮轨黏着系数 μ 为 0.05；在轨道附近有大量落叶时，轮轨黏着系数 μ 为 0.02。德国联邦铁路 DB 在高速试验时发现，在有霜或有雾的潮湿条件下，出现低黏着使制动距离大约延长 10%。城际线路众多特点都反映出轮轨可用黏着系数降低，跟普通 80 km/h 隧道地铁相比更易发生滑行，笔者认为有必要采取一定的措施降低滑行的风险，本文将重点从三个方面探讨对应的措施：

- 基于黏着利用的避免滑行。
- 基于防滑响应和制动力分配的控制滑行。
- 基于提高黏着的改善滑行。

2　基于黏着利用的避免滑行措施

2.1　分段制动力控制

在国内 120 km/h 地铁滑行试验时发现，在 95 km/h 到 110 km/h 速度区段内滑行次数占比较高，且列车一旦在高速段发生滑行，对制动距离的延长明显高于低速段发生滑行。为了避免高速滑行及其带来的制动距离冲标等安全问题，最重要的是降低车辆在高速段对黏着的需求。以南京地铁宁高城际线 S9 项目为例，制动系统采用分段制动力控制，即将制动过程制动力的施加按照速度区段进行分级控制，在高速段（120～95 km/h）按照线性变减速度进行制动，此区段内随着速度的降低，制动力（制动等效减速度）随着速度呈线性增加；在速度到达低速段（95～0 km/h）后，按照恒减速度进行制动到停车。分段制动力控制的制动曲线如图 1 所示。

分段制动力控制可以在高速段降低对轮轨间的黏着，充分利用轮轨间的实际黏着且不超黏着，可以有效降低高速段发生滑行的概率。同时由于电机特性，在高速段电制动能力降低，常规恒减速度在高速段需要补充一定的空气制动，到低速段空气制动再退出，分段制动力控制能够在高速段不补充空气制动，降低闸片的

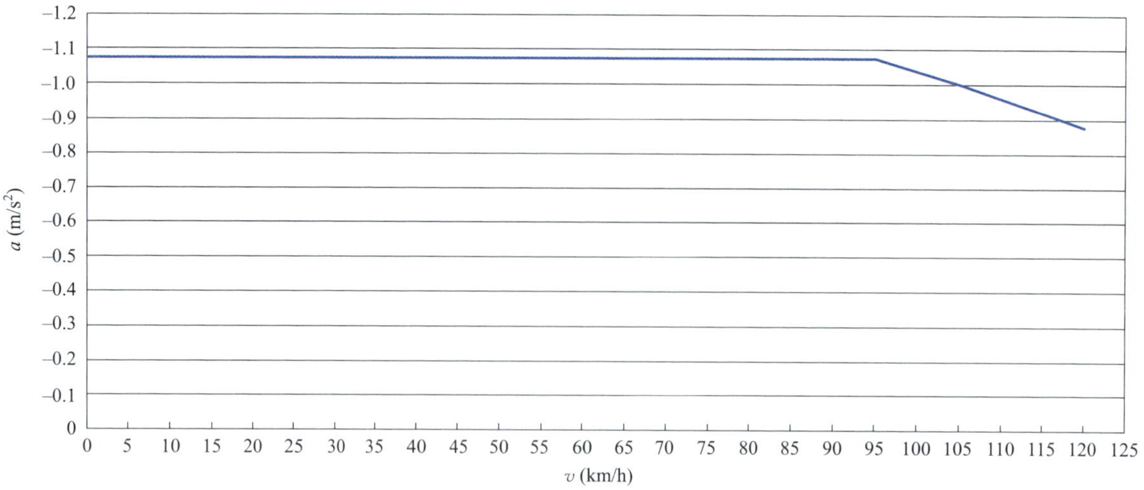

图 1　分段制动力曲线

磨耗。在宁高城际项目试验时发现，采用分段制动力控制方案能够在 AW2 载荷工况下，整个全速度范围(120～0 km/h)内列车制动都无需补充空气制动(除低速电空混合)，延长了闸片的寿命。

2.2　降低减速度

由于城际线路具有站间距长的特点，在充分考虑运营安全和行车效率的前提下，选择适合城际线路的制动减速度，尽可能地降低对轮轨间黏着需求，避免滑行的发生。以宁高城际紧急制动减速度为例，将紧急制动平均减速度 a 从 1.3 m/s^{2}降低到 1.2 m/s^2。从轮轨黏着、制动距离及热容量角度阐述降低减速度措施的影响和作用。

从黏着角度，紧急制动平均减速度 a=1.2 m/s^{2}时，所需轮轨黏着系数 μ=0.13，a=1.3 m/s^{2}时，所需轮轨黏着系数 μ=0.14，降低紧急制动减速度，可以降低紧急制动的滑行概率和滑行程度。从紧急制动距离角度(以初速度 120 km/h 为例)，a=1.3 m/s^{2}比 a=1.2 m/s^{2}的制动距离短 36 m，但列车行车安全距离是通过信号最小追踪间隔保障，即使 a=1.2 m/s^{2}的紧急制动距离 463 m，同样可以保证行车安全。从热容量角度，a=1.2 m/s^{2}时，3 次紧急制动温度 T=302 ℃；a=1.3 m/s^{2}时，3 次紧急制动温度 T=308 ℃，如图 2 和图 3 所示，因此降低制动减速度可以减少制动盘的磨耗和维护成本。

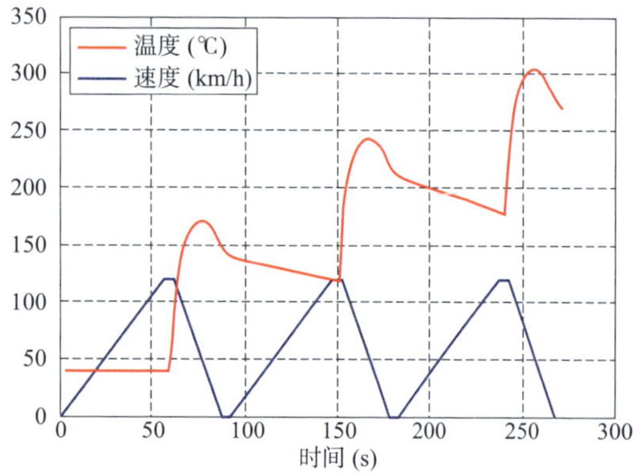

图 2　a=1.2 m/s^{2}时 3 次紧急制动温度曲线

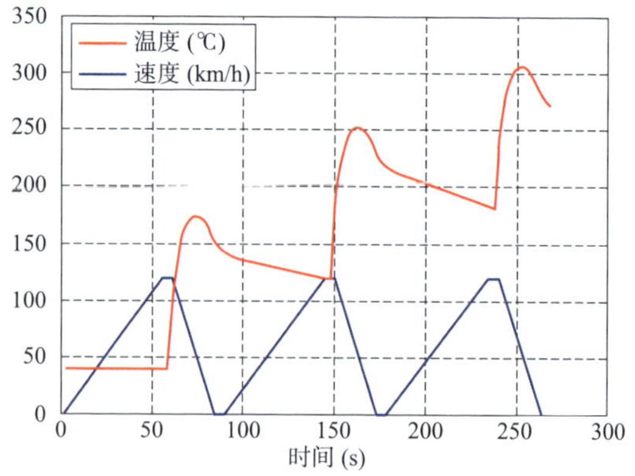

图 3　a=1.3 m/s^{2}时 3 次紧急制动温度曲线

降低紧急制动减速度至 1.2 m/s^{2}可减少紧急制动对黏着的需求，降低发生滑行的概率和程度，同时还可减少制动盘的磨耗，对于制动距离的延长，由于城际线路的特点及项目系统性设计同样可以保证列车的行车安全和效率。

2.3　优化 ATO 控车模式

由于城际线路特点(线路长，站间距大，发车间隔时间长)，可以优化 ATO 控车模式，适当降低旅行速度，采用提前减速进站，以较小的制动级位进行制动，如图 4 所示，尤其在雨天冰雪天气，甚至可以采用湿轨模式，将常用制动减速度降低至最大常用制动减速度的 50%～60%，降低对轮轨黏着的需求。

信号系统采用提前减速进站（图 4 中 B 点为列车进站点位置，降低列车进站点的速度），以较小的制动级位进行制动，降低制动时对轮轨黏着的需求，避免滑行的发生。

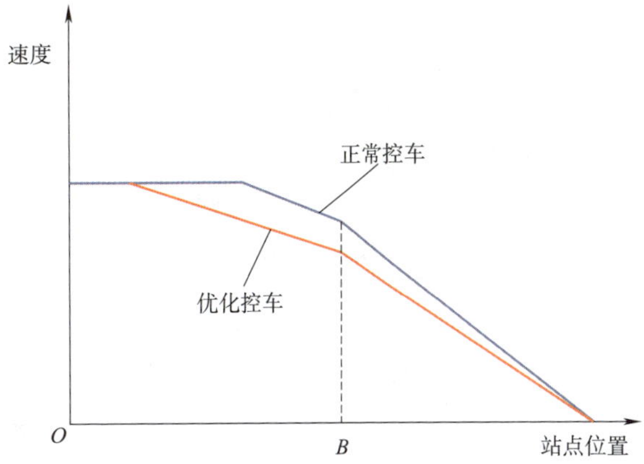

图 4　ATO 控车提前小级位进站减速示意图

2.4　采用自由轴

在低黏着情况下，此时速度差 Δv 较小或者说可能出现各轴轴速同步下降的情况，此时列车的基准速度已经失真，通过检测速度差 Δv 来判断列车滑行的准确性将大大降低，本文通过采取自由轴方案来分析能否提高列车基准速度的可用性来提高防滑的准确性。

自由轴方案是在每个 CAN 单元内选定某一根车轴的空气制动管路上设置一个常得电电磁阀（其控制与紧急制动回路联锁），在车辆正常运行时该轴均没有空气制动（该轴基础制动装置内的常用缸通过该电磁阀与大气相通），而一旦施加紧急制动，则该电磁阀失电，从而该轴也施加紧急制动。这根车轴的速度信号用于制动系统防滑用的列车参考速度，这样的参考速度将会更加真实地接近列车速度。

但目前制动控制单元通过速度差 Δv、减速度绝对值 a 等多种判据来判断车轮是否滑行。

- 当检测到速度差 $\Delta v>5\%$时，制动系统防滑功能将被激活，当 $\Delta v \geqslant 15\%$时，制动防滑功能将真正工作。
- 当轴减速度绝对值 $a>4.0\ \mathrm{m/s^2}$时，同样判断为该轴滑行。

制动控制单元当检测到滑行时，制动系统将激活 CAN 单元内预设的两根车轴之一为参考轴，通过对此参考轴排气，按照一定的间隔进行对地速度测试，实现更真实的列车速度。即使在低黏着情况下，此时速度差 Δv 较小或者说此时可能出现各轴轴速同步下降的情况，此时单轴减速度（大于 $4.0\ \mathrm{m/s^2}$）更容易使防滑系统激活。

同时自由轴方案还会造成制动力的部分丧失，目前空气制动系统的对地测速功能已能计算出一个与实际车速吻合度很高的参考速度，同时还有多种判据来判断车轮是否滑行，通过采取自由轴方案对避免滑行的作用就非常有限。

3　基于防滑响应和制动力分配的控制滑行措施

3.1　采用等黏着制动力分配

城际线路编组短的特点，前面车轮对后面车轮的黏着改善有限，易发生深度滑行或者多轴同时滑行，提出发生滑行后采用等黏着制动力重新分配方案，充分利用拖车上的黏着，降低动车上的黏着需求，避免在滑行控制时出现多轴连续发生滑行。

以宁高城际 3 辆编组列车的项目为例，假设列车施加 80%常用制动，在动车上施加电制动，动车所需的黏着为 0.13，如果电制动在一定时间内无法控制滑行，空气制动系统将要求整列车的制动需求在全列车按照等黏着的方案重新分配，将列车所需黏着降到 0.086，同时还设定滑行时最大可利用黏着 0.1，如图 5 所示。

若车辆发生滑行，制动系统将根据当前制动级位将制动力分配方案由“平均分配”切换至“等黏着分配”，以尽可能提高轮轨黏着的利用率，直到车辆停车或本次制动需求结束。

当空气制动系统检测到电制动打滑并延时 1.5 s，空气制动系统将根据当前制动级位将制动力分配方案由“平均分配”切换至“等黏着分配”。牵引系统需在“电制动力请求”值的范围内进行电制动防滑保护，同时

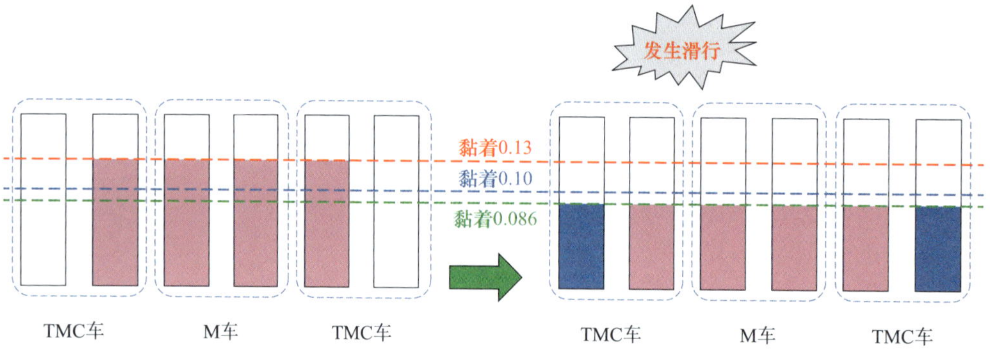

图 5　等黏着分配方案示意图

空气制动系统将在拖架上和切除了电制动的动力转向架上施加相等黏着的空气制动力。若电制动滑行仍在持续并累计达 3 s,则空气制动系统将发送相应转向架的电制动切除信号,并由空气制动接管该转向架,同样按照等黏着的方式施加相等黏着的空气制动力。

采用等黏着制动力分配方案,可以充分利用拖车上的黏着,同时降低动车上黏着需求,有利于滑行控制,降低暂未发生滑行的动车再发生滑行的概率。

3.2　提高防滑响应及数据传输周期

理论上,通过提高防滑的响应和缩短防滑时数据传输时间来提高滑行控制的效率,尽可能减少防滑过程中制动力的损失,本文依据现有的技术背景来分析对降低滑行概率和风险的作用。

通过研究,国内地铁项目防滑阀已采用高速通断电磁阀而不是专门防滑阀,通常防滑阀的响应时间为 500 ms,而高速通断电磁阀单轴防滑排气(从 100%制动缸压力至 37%制动缸压力)时间约为 270～400 ms,响应时间较专门防滑阀已有明显提升。

同时对牵引与制动单元之间信号传输及处理时间进行分析,其传输时间如下:

- TCMS 实时传输周期最小为 32 ms。
- 牵引/制动控制单元信号处理周期为 10 ms。
- 空气制动防滑的响应时间(从 100%排气到 37%)约为 270～400 ms。

数据传输及处理的时间相对空气制动系统防滑的响应时间占比很小,通过提高数据传输和处理时间对控制滑行并不明显,同时技术上也存在难度,因此提高防滑响应及数据传输的措施对减少地铁滑行作用有限。

3.3　优化电空防滑配合

国内常规地铁项目电空防滑配合方案:当电制动检测到滑行并开始防滑控制,空气制动将电制动力值锁定在防滑动作前的值,不进行干预,只有当动车转向架上的空气制动检测到轴速差大于 15%的时间大于 2 s,则发出切除该转向架电制动的请求,电制动切除。

本文通过分析优化电空防滑配合时间来提高防滑效率,即当动车转向架上的空气制动检测到轴速差大于 15%的时间大于 1 s 则发出切除该转向架电制动的请求,电制动切除,尽快地让空气制动系统参与防滑控制。但从国内某城际线路滑行试验中了解到,将空气制动检测到电制动滑行切除电制动时间由 2 s 缩短到 100 ms,在滑行试验时,发现对制动距离没有明显改善,防滑效率的提升不明显。

4　基于提高黏着的改善滑行措施

4.1　采用改善黏着装置

城际线路普遍采用轮盘制动,车轮受黏附污染,对轮轨间黏着产生不利影响,采用踏面清扫能够清洁车轮表面,同时采用增黏闸瓦(研磨子),如图 6 所示,当增黏闸瓦跟车轮踏面摩擦时会产生金属粒子,对轮轨间的黏着起到一定改善作用。

撒砂装置将砂粒喷在轨道上，砂粒刺破轨道上的水膜或油膜，改善轨面条件，同时砂粒可以增加轨道的粗糙度，提高轨道黏着系数，如图 7 所示。

4.2 采用干式轮缘润滑

国内普通地铁多采用传统的油脂润滑方式，将油膜喷在轮缘上，在露天高架环境下随着空气湿度的变化，油膜有扩大至钢轨上的趋势和风险，对轮轨间的黏着有一定的影响。以宁高城际项目为例，采用干式轮缘润滑装置可以降低油膜影响轮轨系数的风险，如图 8 所示。

图 6 踏面清扫示意图

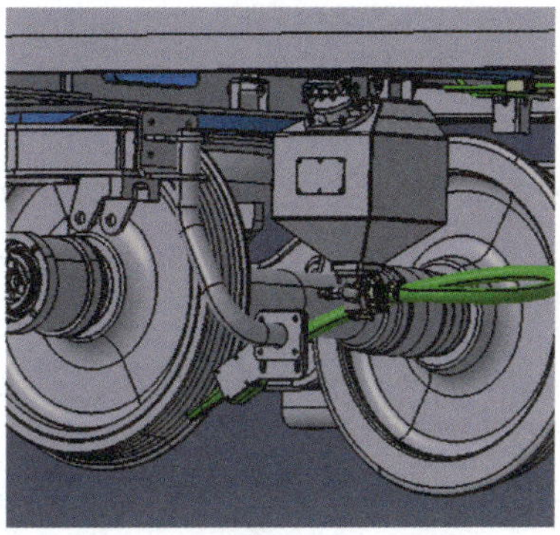

图 7 撒砂装置示意图

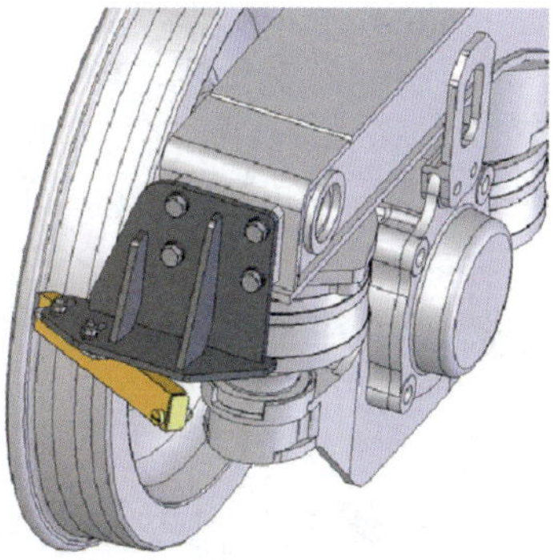

图 8 干式轮缘润滑示意图

5 结 束 语

本文综合分析了减少城际线路滑行的多种措施，并以南京地铁宁高城际项目为例，通过采取的分段制动力控制、降低减速度、等黏着分配、ATO 优化控车模式及改善黏着装置，结合后期车辆试验和两年多的运营经验，降低了车辆发生滑行的几率，有效降低了轮对擦伤及列车制动冲标的安全风险，文中提出的措施可根据不同的项目特点选择性地实施。

针对改善黏着的措施，国内外也有其他借鉴之处，这些措施更多的由地铁运营方或轨道建设方考虑，如新线开通前对轨面进行打磨，一方面可以清除轨道上的浮锈，同时可以改善轮轨间的接触面，利于新车轮对和轨道的磨合，降低新线开通后车辆发生滑行的风险。另外，开通运营后，在恶劣天气条件下，可以安排列车进行寻道，对轨面上的霜、雪等物质进行清洁，避免早晨车辆的滑行；或在特定易滑路段（如大坡道、湖面等），轨旁安装增黏剂喷涂装置，减少特定区段的滑行。

地铁车辆下坡制动黏着利用方案的测定与实践

韦苏来　王仁庆
（南京地铁建设有限责任公司，南京　210017）

摘　要：针对特殊长大下坡道线路条件，车辆采用小级位制动方案以充分利用轮轨间黏着力，测定小级位制动力的大小，提出车辆电制动故障时的应对措施，验证该方案的合理性和有效性。

关键词：长大坡道；黏着；下坡制动；防滑；电制动故障

1　线路和车辆情况

南京宁和城际线全长 36.2 km，其中地下线路 14.2 km，高架线路 21.4 km，地面线路 0.4 km，敞开段 0.2 km。此线路共设 19 座车站，其中地下站 10 座，高架站 8 座，地面站 1 座，平均站间距 2.0 km，线路最大站间距 9 947 m，最小站间距 946 m。

初期共配置 24 列铝合金全焊接 B 型车，4 动 2 拖 6 辆编组，编组型式为＝Tc＋Mp＋M×M＋Mp＋Tc＝，列车全长约 120 m，采用 DC 1 500 V 架空接触网受电，最高运行速度 100 km/h。

2　长大下坡道线路条件

在宁和城际大胜关桥区段有一段露天的下坡道，其长度为 508 m，坡度为 34.8‰，坡道末尾接正向 $R500$＋反向 $R500$ 小半径“S”形曲线。大坡道后接长 371 m、坡度 13.546‰的下坡道，其后接 $R350$ 小半径曲线上坡（坡度及曲线数据如表 1 和图 1 所示，假定长大下坡道起始点为 0 m）。

表 1　大胜关桥区段坡度和曲线数据

起始点(m)	结束点(m)	坡度(‰)	曲　线	区段长度(m)
0	508	−34.8		508
427	681		正向 $R500$	254
508	879	−13.546		371
743	991		反向 $R500$	248
879	1 346	+3.1		467
1 024	1 594		$R350$	570

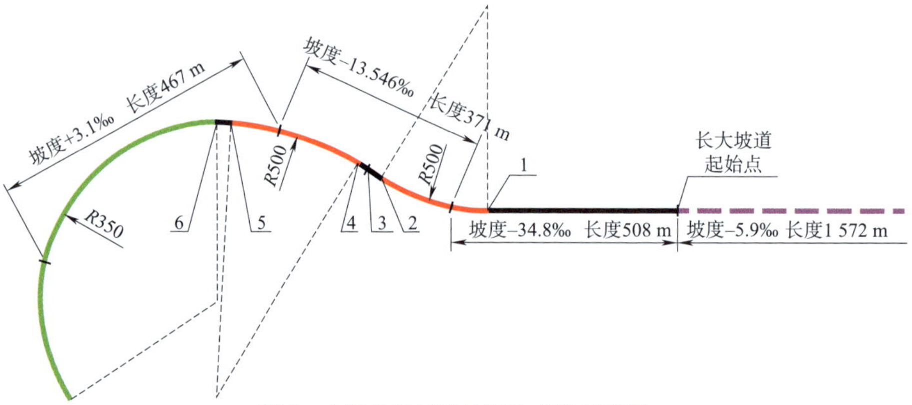

图 1　大胜关桥区段坡度和曲线示意图

1—第 1 个 $R500$ 曲线起点；2—第 1 个 $R500$ 曲线终点；3—复位“下大坡道按钮”点；
4—第 2 个 $R500$ 曲线起点；5—第 2 个 $R500$ 曲线终点；6—$R350$ 曲线起点

3 下坡小级位制动方案的实现及制动力大小的测定

3.1 下坡小级位制动方案

车辆进入 34.8‰长大下坡道前的运营限速为 88 km/h,为使车辆行驶到小半径曲线时不会超速(在 *R*500 曲线运行时速度不得超过 80 km/h,在 *R*350 曲线运行时速度不得超过 70 km/h),在进入 34.8‰下大坡道后车辆需施加制动。由于该区段是露天线路,在雨、雪等恶劣天气下车辆可能会出现滑行,且在下大坡道上受车辆自身重力影响会导致车辆加速下滑,超速风险较大。鉴于该项目不能采用撒砂方式来提高轨道黏着,宁和城际车辆采用下坡小级位制动方案,制动过程中维持较小的制动力不变,并通过增设“下大坡道按钮”来实现此特定功能。“下大坡道按钮”的控制电路如图 2 所示。

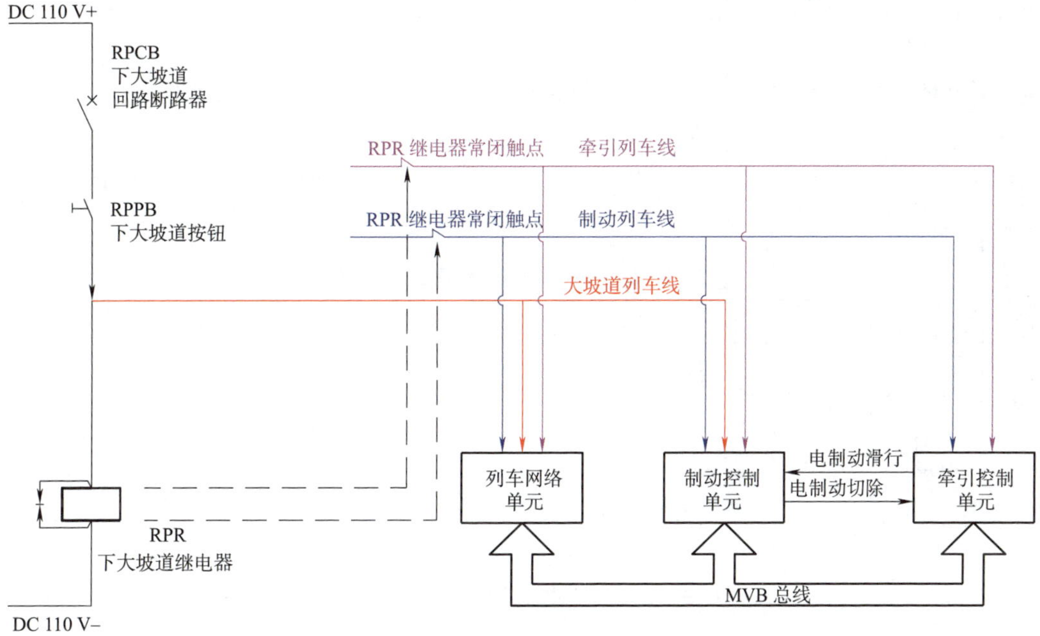

图 2 “下大坡道按钮”控制电路

在手动驾驶模式下,车辆进入 34.8‰下大坡道后,按下“下大坡道按钮 RPPB”(自锁式),车辆将触发小级位制动,使车辆基本匀速通过下大坡道。制动控制单元设有下大坡道列车线硬线接口,当网络系统故障时,车辆将启用紧急牵引驾驶模式,电制动将被禁止,小级位制动为制动系统施加纯空气制动。离开坡道后,复位“下大坡道按钮”,车辆恢复正常运行,按线路限速正常手动驾驶。

3.2 下坡制动力大小的测定

经理论计算,在 34.8‰下大坡道上车辆因自身重力导致的加速度约为 0.34 m/s²。若仅考虑车辆自重(不考虑空气阻力等)产生的下滑力,为使车辆保持匀速行驶,触发“下大坡道按钮”后车辆需施加大约 33%级位的制动力,就能抵消自身重力。

由于车辆的实际制动力不仅包含制动系统施加的制动力,还有列车运行基本阻力(如空气阻力、冲击振动阻力、轴承阻力、滚动阻力等),通过对列车运行基本阻力进行计算,得出施加约 27%～28%级位的制动力即可使车辆在下大坡道时匀速行驶。为了验证这一结论,分别在 AW0 及 AW3 工况下进行了现车试验。按照图 1 所示,在 AW0 及 AW3 工况下以 60 km/h 速度进入长大坡道起始点后,按下“下大坡道按钮”,车辆施加 25%级位制动力,在到达图 1 中点 3 位置时,复位“下大坡道按钮”,车辆处于惰行状态,实际测得的各点速度见表 2。由表 2 可见,车辆基本实现匀速运行,并满足各曲线线路限速要求。试验结果表明,无论在网络正常时还是紧急牵引模式下,施加 25%级位的制动力即可使车辆在下大坡道时匀速下坡。

表 2　各点实测速度

测点	速度(km/h)	
	AW0 工况	AW3 工况
V1	60.0	59.9
V2	56.0	56.1
V3	54.6	54.4
V4	54.9	54.5
V5	59.5	59.5
V6	59.3	59.4

4　下坡小级位制动防滑试验验证

为验证"下大坡道按钮"在恶劣天气条件下的性能与效果，分别在 AW0 和 AW3 工况下进行了下坡小级位制动防滑试验。试验时制动全程在轨面喷洒减摩液，减摩液采用配比 25 kg：200 L 的洗涤剂溶液。为确保试验安全，依次在平直道、坡度为 26‰的下坡道、坡度为 34.8‰的下坡道上先后针对 AW0、AW3 工况进行了防滑试验，具体试验结果见表 3。

表 3　下坡小级位制动防滑试验结果

试验地点	载重情况	运行模式	速度(km/h)	制动级位	是否滑行
平直道	AW0	正常模式	60	33%	是
			60	25%	否
		紧急牵引模式	60	25%	否
26‰下坡道	AW0	正常模式	60	39%	是
			60	25%	否
		紧急牵引模式	60	25%	否
	AW3	正常模式	60	33%	是
			60	25%	否
		紧急牵引模式	60	25%	否
34.8‰下坡道	AW0	正常模式	30	40%	是
			40	33%	是
			50	30%	否
			60	25%	否
		紧急牵引模式	60	25%	否
	AW3	正常模式	60	33%	是
			60	25%	是
		紧急牵引模式	60	25%	否

试验结果表明，在坡度为 34.8‰的长大坡道施加 25%级位制动时，AW0 工况下车辆没有发生滑行；AW3 工况下经过反复在轨面上喷洒减摩液甚至直接在轨面上涂抹洗涤剂后才出现滑行，此时车辆防滑系统迅速反应，车辆平均减速度基本与未滑行时保持一致。紧急牵引模式及纯空气制动时施加 25%级位制动，AW0 及 AW3 工况下车辆均没有发生滑行。

5　电制动故障时车辆制动力分配策略的优化

宁和城际车辆制动力分配方案为：电制动优先，电制动力不足时，由空气制动平均补充至全部 6 辆车上。

根据此制动力分配方案，一旦出现电制动故障，在下大坡道制动时，动车制动力增大，若此时轮轨黏着条件差就增加了发生滑行的风险。为规避此风险，进行了如下尝试：

为了尽量减少电制动故障时正常动车对轨道黏着的需求，降低滑行风险，修改了宁和城际车辆 TCMS 数据流：在 TCMS 和牵引的端口中增加新的级位信息，即在端口 0x020 中添加发给 4 个牵引单独的级位信号。牵引不再接收公共端口(0x001)中汇总的级位信号，而是每个牵引从端口 0x020 中接收发给自己的单独级位信号，以便根据电制动故障的情况进行级位动态分配。具体控制策略为：

(1)取消载重的动态分配(原方案采用的逻辑)，TCMS 给每个牵引发送的载重始终等于本动车动态载重＋1/2 拖车动态载重。

(2)对制动级位进行动态分配：给每个牵引发送的级位＝列车级位×4/可用电制动的数量。

(3)当 TCMS 检测到“下大坡道按钮”启用时，TCMS 软件取消制动级位的动态分配：不管有无电制动故障，只发送 25%制动级位给每个动车。制动力不足部分由空气制动平均补充至拖车和故障动车上。空气制动不对正常施加电制动的动车进行补充，不再提高动车上的黏着利用，在充分利用电制动的基础上尽量降低滑行风险。待车辆驶出大坡道，复位“下大坡道按钮”后，TCMS 软件重新根据电制动故障的情况对级位进行动态分配。

为验证此方案，分别在宁和车辆段试车线和 34.8‰下大坡道区段进行了试验，具体试验结果见表 4。

表 4　TCMS、牵引、制动软件更新后的制动试验结果

制动力 / 状态	A1	B1	C1	C2	B2	A2
无电制动故障，100%级位常用制动	—	64 kN	64 kN	64 kN	64 kN	—
无电制动故障，50%级位常用制动	—	32 kN	32 kN	32 kN	32 kN	—
1 个电制动故障(B2 车)，100%级位常用制动	21.6 kN	64 kN	64 kN	64 kN	21.6 kN	21.6 kN
1 个电制动故障(B2 车)，50%级位常用制动	—	42 kN	42 kN	42 kN	—	—
无电制动故障，“下大坡道按钮”启用	—	16 kN	16 kN	16 kN	16 kN	—
1 个电制动故障(B2 车)，“下大坡道按钮”启用	6 kN	16 kN	16 kN	16 kN	6 kN	6 kN

由表 4 可知：在“下大坡道按钮”启用后，如果车辆存在电制动故障，对正常动车 TCMS 不再进行制动级位的动态分配，故障动车的电制动力由空气制动平均补充在两个拖车及故障动车上；在“下大坡道按钮”未启用时，若车辆发生电制动故障，TCMS 进行级位动态分配，故障动车的电制动力由三个正常动车平均承担(在正常动车黏着未超限时)。

试验结果表明：优化策略使用后，可实现车辆在下大坡道时，即使车辆存在电制动故障，其他正常动车的电制动力值也不增加，对轨道的黏着需求也不增加，从而有效降低滑行风险，使车辆安全顺利地通过下大坡道。

6　结　　语

城市轨道交通线路复杂多变，车辆需采取相应应对策略来确保行车安全。本文通过现车试验验证了在特殊下大坡道线路条件下，车辆采用小级位制动方案是切实可行和可靠的。通过理论计算、制动和防滑试验，摸索出下坡小级位制动方案的实现途径和制动力的大小，并提出特殊线路条件下车辆发生电制动故障时的应对措施，这也成为类似线路条件车辆设计时的可借鉴案例。

城市轨道交通门系统阻力类亚健康诊断方法研究

韦苏来[1]　曹劲然[2]　许志兴[2]　史　翔[2]

（1. 南京地铁建设有限责任公司，南京　210017；2. 南京康尼机电股份有限公司，南京　210013）

摘　要：为了有效保障及维护轨道车辆门系统的稳定运营，通过分析门系统电机监测的亚健康数据实现早期故障预警。研究电机参数的统计分布规律，对于实时采集的电机运行数据进行时域特征提取以及正常运行包络特征提取，通过试验台架模拟的不同阻力大小的亚健康工况，对数据提取特征并总结规律，结合亚健康类型与特征值分布规律制定相应诊断规则。最后在 MATLAB 平台，采用现场实际门系统运行数据进行规则验证，结果表明阻力类亚健康规则的诊断准确率较高，运行速度较快，适合推广应用于实际城市轨道交通门系统的阻力类亚健康诊断当中。

关键词：城市轨道交通；车门系统；阻力；特征值；亚健康诊断

1　引　　言

随着城市轨道交通加速发展，其逐渐成为城市内人们出行的主要交通工具。轨道车辆车门系统是轨道车辆关键部件之一，是由门控器、机械传动机构、门扇机构等组成的一体化产品，但同时门系统由于其结构的复杂性和运行环境等问题，在轨道列车运行过程中会产生由乘客挤压、列车振动颠簸、电子元器件老化及机械零部件磨损退化等导致的开关门问题，故障率占整车 30％以上，对列车安全性构成严重威胁，亟待解决。因此为保障轨道交通系统的运营安全，提升运营维护水平，降低全生命周期运营成本，有必要采用智能故障诊断及预警技术，及早诊断和排查出门系统异常，确保轨道车辆运营的可靠、稳定和安全。

根据故障起因的不同可以将故障分为三类：恶性的参数变化、结构性变化（包括系统信息流的改变）及传感器执行器故障。目前大多数轨道车辆门系统诊断维护方法研究主要是基于恶性参数变化的诊断方法，当门系统发生故障时通过分析系统参数变化作出诊断，往往错过了设备的最佳维护时期，因此有必要研究故障产生早期的异常诊断方法。对于早期故障，门系统具有较为典型的亚健康状态，例如门系统传动机构磨损或下挡销干涉等故障的早期异常状态，表现的典型亚健康特征为全程阻力变化及局部阻力变化。因此本文将针对城市轨道交通车辆乘客室门系统中常见早期阻力变化状态，主要以全程阻力变化和局部阻力变化亚健康为诊断研究对象，利用门系统电机运行监测参数进行时域特征提取和建立阈值模型，并以正常试验数据为基础构造阻力类亚健康规则，最后通过现场真实数据进行规则验证，实现门系统的实时亚健康预警，提高门系统健康维护效率和可靠性。

2　特征值定义与提取

2.1　数据采集方式

在门系统电机内集成采集装置，在线采集电机转速、运行转角及输出电流。各个电机采集的数据通过下位机传输到上位机，并经过上位机集中处理。通常正常开关门时间在 3 s 左右，综合采样精度与传输速率设定采样数据为 10 ms/点。

2.2　总体特征值与分段定义

利用智能电机采集门系统正常开关门时的转角、转速和电流数据，如图 1～图 3 所示。

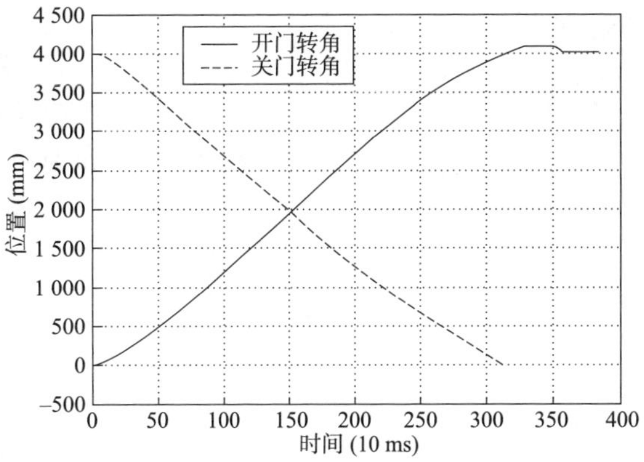

图 1 门系统开关门转角曲线

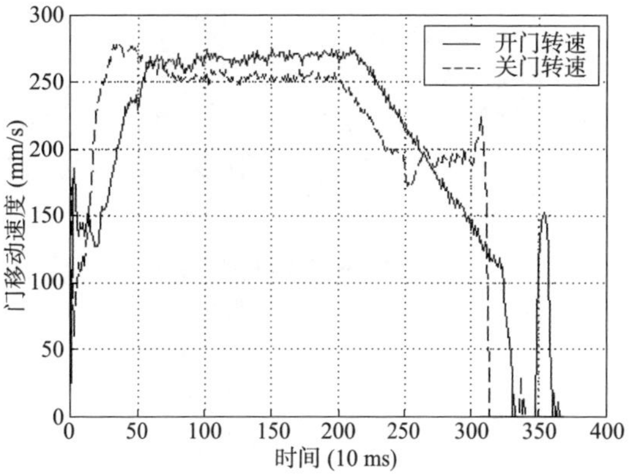

图 2 门系统开关门转速曲线

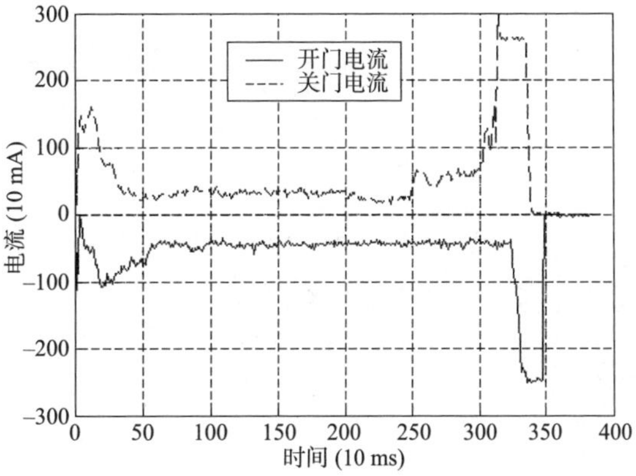

图 3 门系统开关门电流曲线

提取总体特征值作为初步特征分析依据。根据转速、转角、电流总体特性提取特征见表 1。

表 1 开/关门总体特征值

序 号	特 征 值	序 号	特 征 值
1	总时间	5	开门方向次数
2	总行程	6	关门方向次数
3	电流有效值	7	堵转次数
4	最大电流	8	停转次数

之后根据转速曲线特征对转角、转速和电流进行分段，开关门曲线分段定义如图 4、图 5 所示。

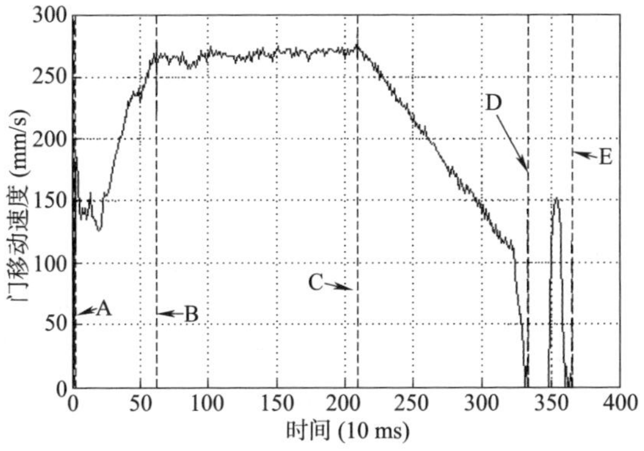

图 4 开门曲线分段

注：A-B 为关门升速段；B-C 为关门匀速段；

C-D 为关门减速缓行段；D-E 为关门到位后段

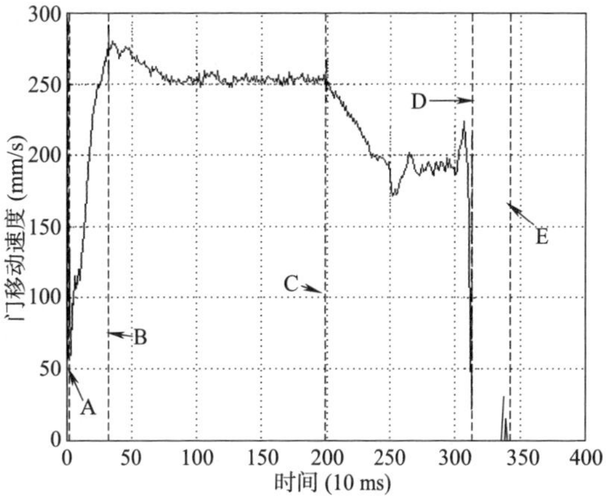

图 5 关门曲线分段

注：A-B 为关门升速段；B-C 为关门匀速段；

C-D 为关门减速缓行段；D-E 为关门到位后段

2.3　统计包络特征值提取

根据以往试验结果及门控器 PI 调节原理分析可知，门系统开关门过程中转角、速度不能直观反映出门系统阻力变化情况，而电流能够快速直观反映门系统阻力变化状态，因此以主要电流数据为研究对象分析其统计特性。

首先为了定量衡量电流数据分布离散规律，针对统计数据 $X=\{x_1, x_2, \cdots, x_n\}$，定义 3 类统计分布界限 Y_1, Y_2, Y_3：

$$\begin{cases} Y_1=\mu\pm\sigma \\ Y_2=\mu\pm3\sigma \\ Y_3=\mu\pm6\sigma \end{cases} \tag{1}$$

其中

$$\mu=\frac{\sum_{i=1}^{n}x_i}{n}$$

$$\sigma=\sqrt{\frac{1}{n}\sum_{i=1}^{n}(x_i-\mu)^2}$$

以现场门系统 5 个月内非高峰期正常数据为样本，对齐电流样本数据后，分别统计 500 ms、1 500 ms 和 3 000 ms 点数的概率密度分布情况，如图 6～图 8 所示。

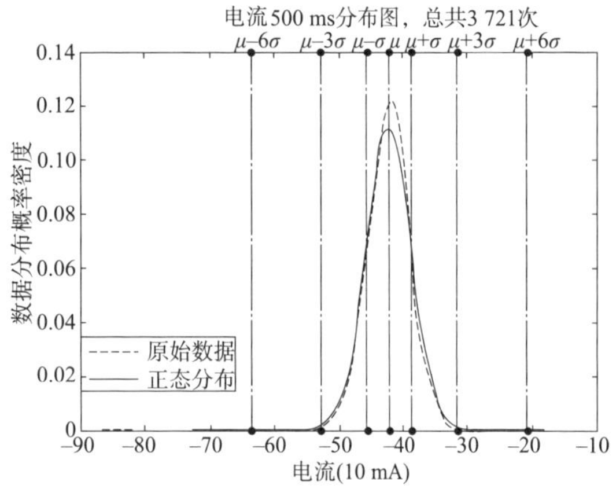

图 6　500 ms 点数概率密度分布

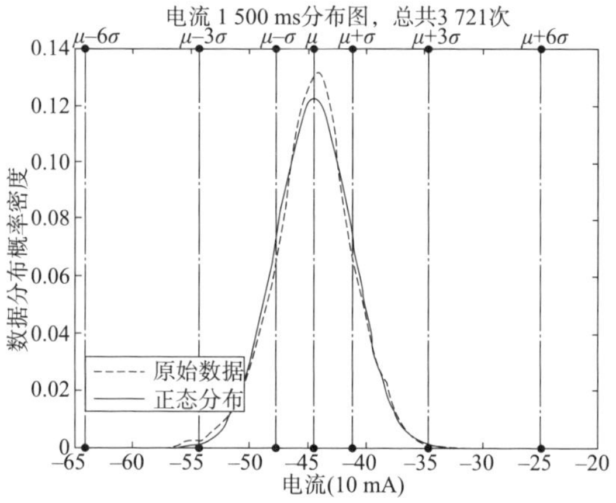

图 7　1 500 ms 点数概率密度分布

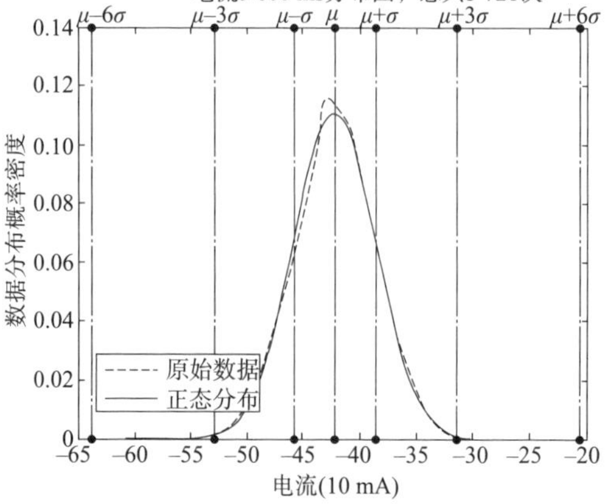

图 8　3 000 ms 点数概率密度分布

通过分布在 500 ms、1 500 ms 和 3 000 ms 抽样点数的概率密度与对应正态分布对比，尽管不服从正态分布，但其概率密度的对称性和峰度基本接近正态分布。同时，统计 3 类抽样数据点在界限 Y_1，Y_2，Y_3 分布内的统计概率见表 2。

表 2　界限 Y_1，Y_2，Y_3 分布内统计概率

	Y_1 概率	Y_2 概率	Y_3 概率
500 ms 点	73.87%	99.51%	99.94%
1 500 ms 点	72.65%	99.41%	99.99%
3 000 ms 点	69.71%	99.68%	99.99%

可以看出，Y_2、Y_3 包络下数据分布概率均在 99%以上，基本能够涵盖正常数据。进一步对正常数据样本全范围时间段内的数据统计，获取对应的整体包络界限 Y_1、Y_2、Y_3，将其与正常数据及典型亚健康数据进行对比，如图 9、图 10 所示。可以看出，Y_2、Y_3 包络下完全正常数据，并与全程阻力和局部阻力数据区分开。

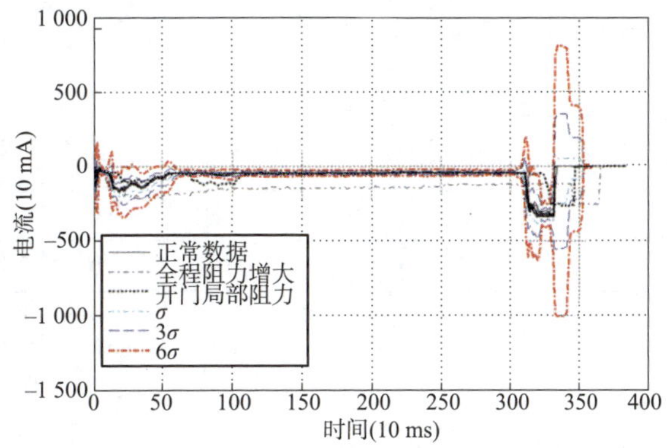

图 9　开门局部阻力与正常数据包络曲线对比

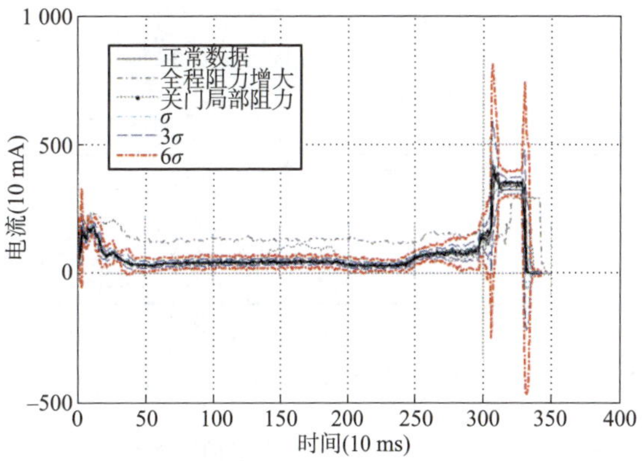

图 10　关门局部阻力与正常数据包络曲线对比

因此以 Y_2、Y_3 上下界限($\mu\pm3\sigma$，$\mu\pm6\sigma$)为计算超限特征值依据，结合 2.1 节的分段定义，对电流超限点数特征进行细化，见表 3。

表 3　电流超限点数特征

	升 速 段	匀 速 段	减速缓行段	总　计
$>\mu+3\sigma$ 点数	升速段 3σ 超上限点数	匀速段 3σ 超上限点数	减速缓行段 3σ 超上限点数	3σ 超上限总点数
$<\mu-3\sigma$ 点数	升速段 3σ 超下限点数	匀速段 3σ 超下限点数	减速缓行段 3σ 超下限点数	3σ 超下限总点数
$>\mu+6\sigma$ 点数	升速段 6σ 超上限点数	匀速段 6σ 超上限点数	减速缓行段 6σ 超上限点数	6σ 超上限总点数
$<\mu-6\sigma$ 点数	升速段 6σ 超下限点数	匀速段 6σ 超下限点数	减速缓行段 6σ 超下限点数	6σ 超下限总点数

3　单次阻力类亚健康规则制定

3.1　异常数据过滤

乘客室门系统的监测数据根据故障严重度大体可分为：故障数据、亚健康数据、正常数据。

根据已有门故障诊断说明书及专家经验总结，选取影响门系统功能的典型故障，通过台架试验模拟典型故障并采集相应数据，典型故障包括：开门障碍监测、关门障碍监测、关到位开关无法触发、关到位开关无法释放、门未经许可离开关锁到位位置、3 s 不解锁，并与典型亚健康的全程阻力和局部阻力模拟试验数据对比，其中电机转角数据对比如图 11 所示。

由图 11 可以看出，正常开关门数据及亚健康数据在时间跨度以及总行程位置有明显差异，据此结合总体特征值(表 4)制定正常/亚健康数据筛选规则。

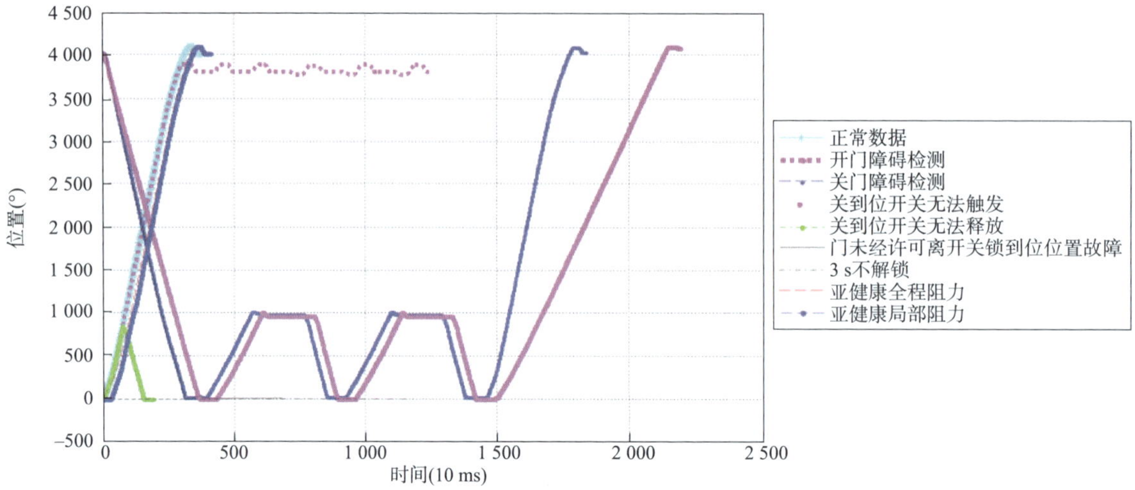

图 11　典型故障及亚健康数据对比

表 4　正常/亚健康数据总体特征值范围

	总 时 间	总 行 程	开门方向次数	关门方向次数	堵转次数	停转次数
开门	2~6 s	3 990°~4 050°	1	0	1	0
关门	2~4 s	3 990°~4 050°	0	1	1	0

3.2　典型亚健康现象判定规则

典型亚健康的主要门系统异常现象体现为全程阻力变化和局部阻力变化。

3.2.1　全程阻力规则制定

通过在试验台架安装磁粉制动器模拟不同程度的全程阻力，试验工装如图 12 所示。

由于电机驱动电流与转矩成正比，间接反映门系统阻力变化，因此提取不同阻力下开关门数据的电流总体超限点数特征值，并与该工况下手动开关门拉力进行对比，如图 13 所示。

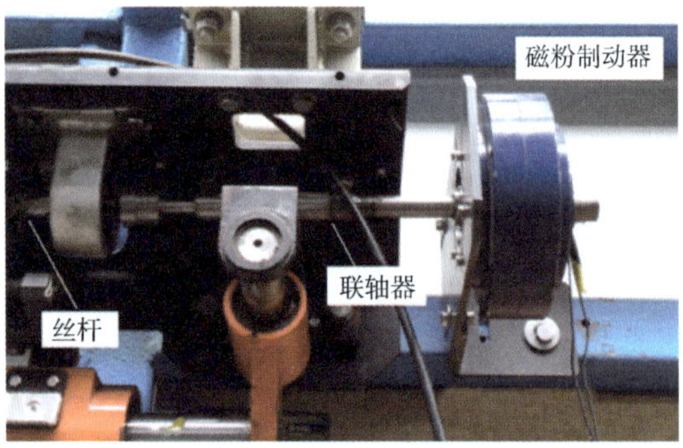

图 12　磁粉制动器工装

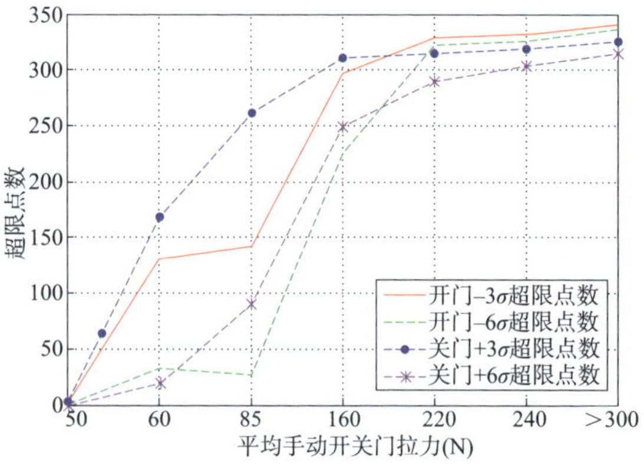

图 13　手动开关门拉力与超限点数关系曲线

轻微全程阻力范围的判定依据手动开关门拉力范围确定。可以看出，超 3σ 点数在 60 N 以后有明显上升趋势，均超过 100 点以上；超 6σ 点数在 160 N 后明显增大，基本超过 100 点以上。而正常手动开关门拉力在 45~50 N 左右，若手动开关门拉力在 60~160 N 则认为门系统轻微全程阻力增大；160~300 N 及以上认为门系统严重阻力增大。

基于上述分析推演，给出全程阻力变化的判定规则：

(1)开门轻微全程阻力规则

实测电流曲线 3σ 超下限总点数超过 100,而 6σ 超下限总点数小于 100,判定为轻微阻力增大;实测电流曲线 3σ 超上限总点数超过 100,而 6σ 超上限总点数小于 100,判定为轻微阻力减小。

(2)关门轻微全程阻力规则

实测电流曲线 3σ 超上限总点数超过 100,而 6σ 超上限总点数小于 100,判定为轻微阻力增大;实测电流曲线 3σ 超下限总点数超过 100,而 6σ 超下限总点数小于 100,判定为轻微阻力减小。

(3)开门严重全程阻力规则

实测电流曲线 6σ 超下限总点数超过 100,判定为严重阻力增大;实测电流曲线 6σ 超上限总点数超过 100,判定为严重阻力减小。

(4)关门严重全程阻力规则

实测电流曲线 6σ 超上限总点数超过 100,判定为严重阻力增大;实测电流曲线 6σ 超下限总点数超过 100,判定为严重阻力减小。

3.2.2 局部阻力规则制定

在试验台架上模拟局部阻力,通过固定气缸加载装置和横向随动加载装置模拟开门匀速段局部阻力、关门匀速段局部阻力和关门缓行段局部阻力工况。气缸加载台架如图 14 所示。

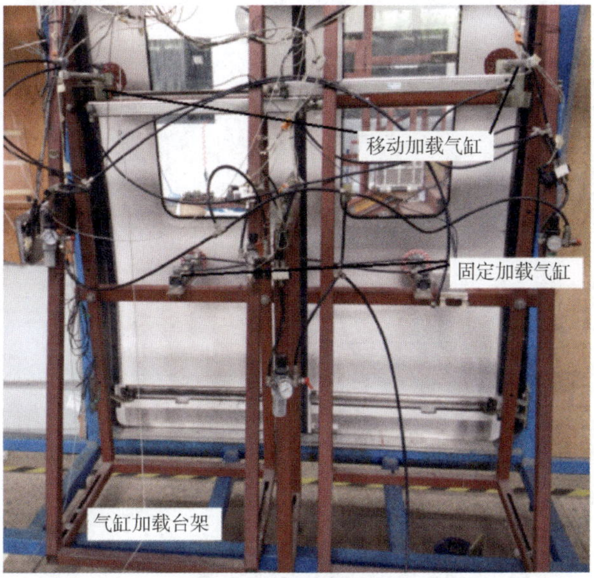

图 14　气缸加载台架

选取其中典型工况下的超限点数特征值,如表 5、表 6 所示。

表 5　开门局部阻力超限点数特征值

气缸加载工况	升速段 3σ 超下限点数	匀速段 3σ 超下限点数	减速缓行段 3σ 超下限点数	3σ 超下限总点数
匀速段 0.2 MPa	5	46	0	51

表 6　关门局部阻力超限点数特征值

气缸加载工况	升速段 3σ 超上限点数	匀速段 3σ 超上限点数	减速缓行段 3σ 超上限点数	3σ 超上限总点数
匀速段 0.2 MPa	1	62	36	99
缓行段 0.16 MPa	4	9	52	65

根据试验结果可以看出,开关门局部阻力的匀速段 3σ 超限点数至少超过 40,减速缓行段至少超过 40,初步推断升速段至少应超过 30。据此给出局部阻力变化的判定规则:

(1)开门局部阻力规则

①实测电流曲线 3σ 超下限总点数大于 50 并小于 100,则初步判定为开门局部阻力增大。

若升速段 3σ 超下限点数大于 30 且小于 60,则输出阻力增大位置为开门升速段。

若匀速段 3σ 超下限点数大于 40 且小于 100,则输出阻力增大位置为开门匀速段。

若减速缓行段 3σ 超下限点数大于 40 且小于 100,则输出阻力增大位置为开门减速缓行段。

②实测电流曲线 3σ 超上限总点数大于 50 并小于 100,则判定为开门局部阻力减小。

若升速段 3σ 超上限点数大于 30 并小于 60,则输出阻力减小位置为开门升速段。

若匀速段 3σ 超上限点数大于 40 并小于 100,则输出阻力减小位置为开门匀速段。

若减速缓行段 3σ 超上限点数大于 40 并小于 100,则输出阻力增大位置为开门减速缓行段。

(2)关门局部阻力规则

①实测电流曲线 3σ 超上限总点数大于 50 并小于 100,则判定为关门局部阻力增大。

若升速段 3σ 超上限点数大于 30 并小于 50,则输出阻力增大位置为关门升速段。

若匀速段 3σ 超上限点数大于 40 并小于 100,则输出阻力增大位置为关门匀速段。

若减速缓行段 3σ 超上限点数大于 40 并小于 100,则输出阻力增大位置为关门减速缓行段。

②实测电流曲线 3σ 超下限总点数大于 50 并小于 100,则判定为关门局部阻力减小。

若升速段 3σ 超下限点数大于 30 并小于 50,则输出阻力减小位置为关门升速段。

若匀速段 3σ 超下限点数大于 40 并小于 100,则输出阻力减小位置为关门匀速段。

若减速缓行段 3σ 超下限点数大于 40 并小于 100,则输出阻力减小位置为关门减速缓行段。

3.3 总体流程图

结合阻力类亚健康判定规则,制定针对实时数据的亚健康诊断处理流程,如图 15 所示。

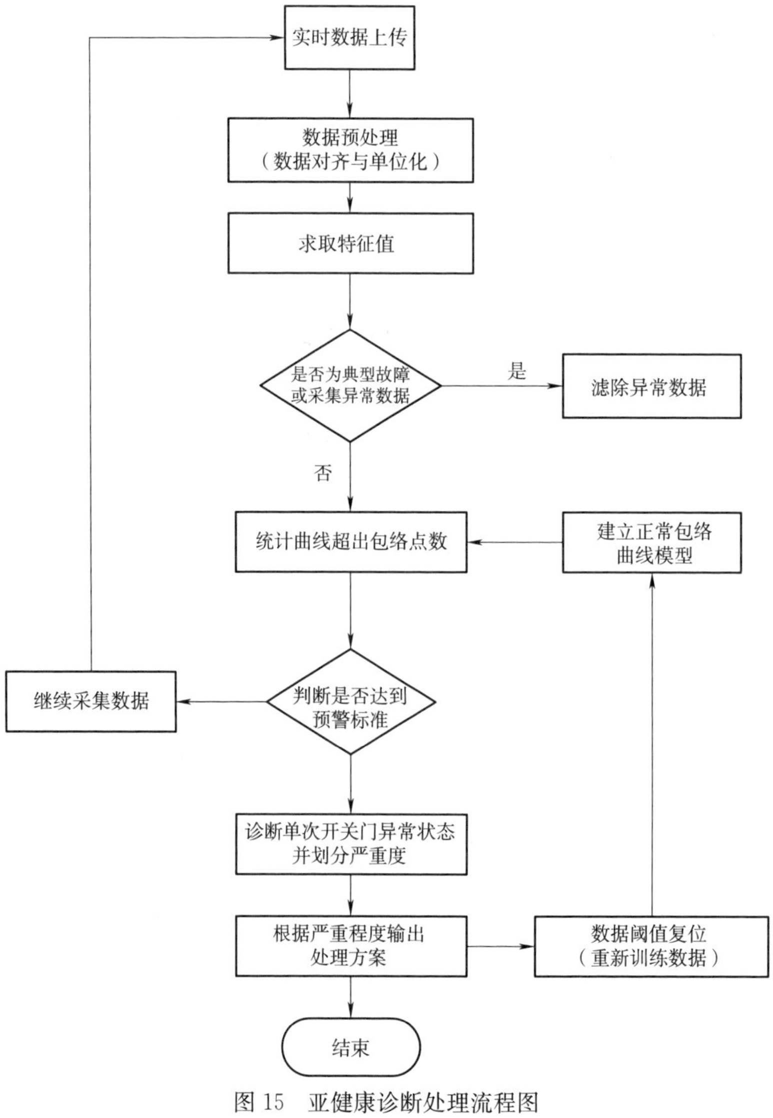

图 15　亚健康诊断处理流程图

4 应用验证

以南京某线路的一扇门系统监测数据为例，对本文提出的典型亚健康规则进行模拟实时验证。首先选取部分非高峰期正常数据训练后构造统计包络特征阈值，之后选取 3 000 组运行数据进行规则验证。在 MATLAB 环境下模拟开关门实时诊断结果，如图 16 所示。

图 16 MATLAB 实时诊断结果(截图)

其中包括典型亚健康中的开门局部阻力增大升速段、严重开门全程阻力增大、关门局部阻力增大减速缓行段、关门局部阻力增大匀速段。

通过查询该门系统检修历史记录可知，其中的局部阻力增大问题基本都发生在上下班高峰时期，通过调取监控可知当时为乘客挤压车门内侧导致，短期内不影响门系统功能。而严重开门全程阻力增大为长导柱润滑不良导致，库内检查重新润滑后恢复正常。

选取部分按照规则诊断出的典型亚健康数据与正常数据进行对比，如图 17、图 18 所示。

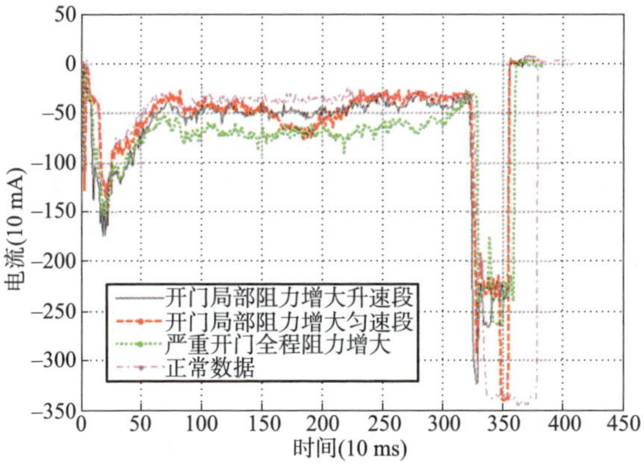

图 17 开门曲线诊断结果对比

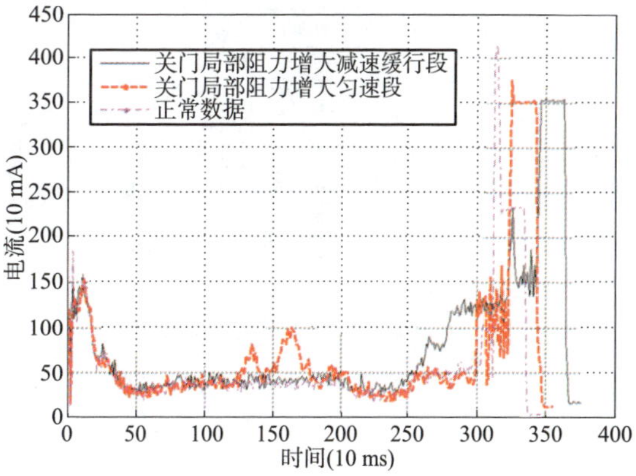

图 18 关门曲线诊断结果对比

典型亚健康规则的诊断误诊率统计见表 7。

表 7 典型亚健康规则误诊率统计

总开门数	总关门数	故障数据数	亚健康数	误诊数	误诊率	平均单条诊断时间
1 501	1 494	5	9	0	0%	0.194 5 s

从剩余判定为正常数据样本中随机抽取 200 组检验规则的漏诊率，见表 8。

表 8 随机样本典型亚健康规则误诊率统计

总开门数	总关门数	故障数据数	亚健康数	漏诊率
100	100	0	4	2%

总体来看,基于典型亚健康规则诊断下的正确率较高,结合较低的漏诊率可见,规则不仅能够滤除典型故障和异常数据,并且基本能够涵盖绝大多数的全程阻力和各类局部阻力亚健康,同时单条数据平均诊断时间仅需 0.194 5 s,完全可以满足服务器在线实时诊断的需求。漏诊数据主要为关门减速缓行段局部阻力增大类数据,由于关门缓行段包括堵转电流,其峰值分布不稳定,因此可能会造成小概率漏诊或误诊,后续将会考虑继续优化规则,减小漏诊率。此外对于实时已诊断的亚健康数据,可以根据亚健康严重度划分实时亚健康等级,便于后续开展门系统的整体亚健康诊断和预警处理。

5 结　论

本文以门系统电机实时采集数据为基础,提取转角、转速和电流的时域特征以及电流统计包络特征值,并根据正常历史统计数据构建健康度阈值及制定相应规则,通过试验数据和正常数据验证了阻力亚健康规则的准确性。通过规则验证结果可知,目前的典型亚健康规则已能够滤除故障和异常数据,准确识别全程阻力和局部阻力亚健康,并能够细化到阻力轻微或严重程度,以及局部阻力发生的大体位置。经过验证表明该规则完全适合应用于服务器的实时诊断过程当中,同时后续将不断完善规则,并扩充新的亚健康类型,提高亚健康规则的诊断效率和准确性,实现早期故障预警,有效提高城市轨道交通门系统的可靠性和安全性。

城市轨道交通综合通信网的业务接入

毛　建[1]　石琦玉[2]　张　宁[2]

（1. 南京地铁建设有限责任公司，南京　210017；　2. 东南大学智能运输系统研究中心，南京　210018）

摘　要：为实现城市轨道交通网络化运营能够具有较高的资源共享率以及较强的协调运营能力，首先对城市轨道交通控制中心各业务系统的通信需求进行分析，根据需求分析结果获取各业务系统传输信息业务的种类以及业务容量的大小；然后对综合通信网的组成与功能定位进行描述；最后，根据信息传输种类以及业务容量大小等因素确定综合通信网上层系统和控制中心业务系统等接入综合通信网的接口类型与相关通信协议。

关键词：城市轨道；通信；业务接入

城市轨道交通只有在形成线网的情况下才能发挥出其自身的高度集散能力，然而形成线网之后，各条线路之间的协调运营、信息资源共享以及互联互通需要统一综合考虑。因此，必须有一个专门的机构来实现各线之间的协调运营以及互联互通，能够承担这一职能任务的只有城市轨道交通的控制中心，它同时兼具应急指挥中心的能力。

城市轨道交通控制中心业务内容庞杂，承载的信息量极大，是各线信息资源共享以及互联互通的中枢，所以控制中心需要一个专门可靠的通信网来支撑其完成对各线路的协调指挥以及信息资源的共享等。城市轨道交通综合通信网就是连接控制中心和各条线路的纽带，辅助控制中心完成对各条线路的相关业务，它是控制中心的专用信息通道。控制中心的各类信息业务较多，几乎所有的信息业务都是通过综合通信网进行传输的，所以，控制中心的各类信息业务如何接入综合通信网显得极其关键。研究综合通信网的业务接入，首先应当明确综合通信网的业务需求和功能定位。

1　综合通信网的业务需求分析

城市轨道交通综合通信网是连接城市轨道交通控制中心和线网内各线路中心的信息纽带，承载着轨道交通的各项信息业务。各项业务系统通过接入综合通信网完成自身功能，而各项业务系统接入综合通信网的方式取决于各项业务系统通过综合通信网传输的信息类型、业务容量以及业务系统之间的互联互通需求。换言之，业务系统的接入方式取决于业务系统对综合通信网的具体需求。

1.1　控制中心的业务需求分析

控制中心的功能是协调轨道交通各线之间的运营关系，完成线网内信息资源共享，实现各线及各系统之间的互联互通，监控轨道交通内关键设备和重要进程的运行情况等，同时在灾害情况下具有承担应急指挥中心的能力。

具体来说，作为轨道交通各线路的运营协调中心，控制中心应当具备监督管理、运营管理、计划管理的功能，这些功能是由控制中心的线网运营信息化系统来实现的；作为轨道交通各线路互联互通的枢纽，控制中心应当具备信息数据采集、数据挖掘分析、数据分析结果应用等功能，控制中心的线网数据中心系统能够实现数据分析等相关功能；作为紧急情况下的应急指挥中心，控制中心应当具备日常应急准备以及应急管理功能等，针对应急管理等问题，控制中心设置专门的应急指挥中心业务系统来完成灾害情况下的协调应急指挥。同时，控制中心还应当具备票务结算的清分中心系统以及服务于乘客的信息编播中心系统。

线网运营信息化系统的业务内容主要包括监督管理、运营管理和计划管理等。所以，线网运营信息化系统的通信需求以数据信息业务类型为主，但是数据种类不一，要求系统在接入综合通信网时能够传输多种数据信息，同时要求综合通信网具备较高的通信质量，保证数据信息的准确性。

线网数据中心系统是控制中心收集、存储、分析和挖掘处理数据的业务功能系统，其主要通过数据收集、存储以及分析挖掘来实现轨道交通数据一体化整合、线网信息统计分析和信息发布等多项服务。因此，线网数据中心要求综合通信网能够传输较大业务容量的数据信息，同时满足与其他系统之间具有较强的互联互通性。

轨道交通应急指挥中心系统是指挥、协调全市轨道交通网的信息系统。应急指挥中心系统的主要功能是信息采集、轨道交通线网综合监视及运营调度、线网应急事件处理和线网信息共享及发布等。应急指挥中心的业务功能繁多，其通信需求涵盖了多种信息业务类型，系统业务需求与综合通信网之间的逻辑关系如图1所示。

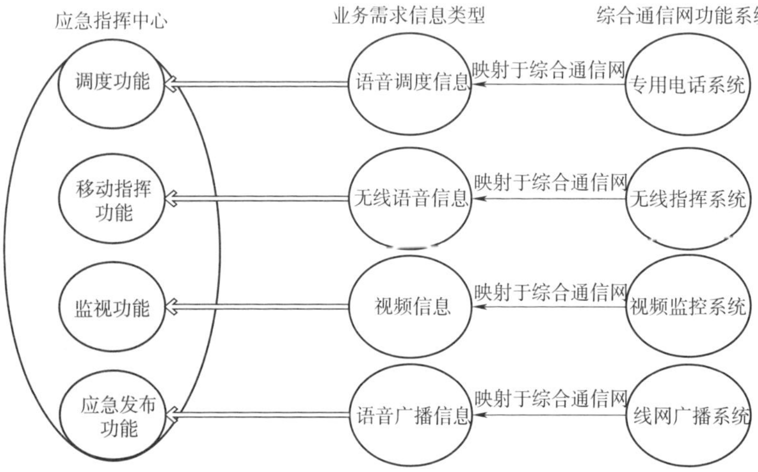

图1 应急指挥中心通信需求与综合通信网的逻辑关系示意图

由图1可知，应急指挥中心对综合通信网的需求涵盖了各种信息业务类型，这就要求应急指挥中心接入综合通信网时能够承载数据、语音和视频等各种通信信息业务类型。同时，需要保证综合通信网与应急指挥中心进行信息交换的过程中具有较高的实时性。

信息编播中心系统通过综合通信网的传输通道与轨道交通各线路的乘客信息服务系统连接，以此来完成信息编播中心向各线乘客信息服务系统下发各类服务信息。乘客信息服务系统的主要信息载体是多媒体业务，所以信息编播中心系统的通信需求主要是多媒体信息业务，同样对通信的实时性要求较高，并且信息编播中心要求综合通信网与各线之间具有较高的互联互通性。

清分中心是城市轨道交通线网内各条线路自动售检票系统各类数据汇总和处理的唯一中心，清分中心的主要数据是乘客票卡交易数据。清分中心除了通过综合通信网汇集线网内各线路自动售检票的交易数据信息外，还会通过综合通信网监控城市轨道交通线网内各条线路自动售检票系统各种设备的运行状态。因此，清分中心的主要通信需求为数据信息业务，各线自动售检票系统的票卡交易数据需要通过综合通信网上传至清分中心。

综合以上分析，控制中心的各个业务系统接入综合通信网的具体要求有所差异，影响接入的各项需求指标见表1。由表1可以看出，综合通信网需要能够承载数据、语音、视频以及多媒体等多种综合业务才能满足控制中心各业务系统的接入要求。控制中心是综合通信网的主要服务对象，符合控制中心各业务系统的通信需求是综合通信网业务接入的前提。

表1 控制中心业务系统对综合通信网各项指标的需求情况

业务系统 \ 指标	业务类型	实时性	可靠性	互联互通性	业务容量
线网运营信息化系统	数据业务为主	一般	较高	高	较高
线网数据中心系统	数据业务为主	较低	一般	高	高

续上表

指标 业务系统	业务类型	实时性	可靠性	互联互通性	业务容量
应急指挥中心系统	视频与语音业务为主	较高	极高	高	高
信息编播中心系统	多媒体业务为主	高	较高	高	一般
清分中心系统	数据业务为主	高	高	高	高

1.2 线路中心的业务需求分析

线路中心是轨道交通单条线路的运营指挥调度中心，也是对应线路的监控管理中心。线路中心对下负责转发控制中心下发的各类业务信息，对上汇聚底层设备现场的相关信息上传至控制中心。无论是向下转发业务信息，还是向上汇聚正线系统的相关信息，线路中心与控制中心之间的信息交换都是通过综合通信网来完成。线路中心主要包括自动售检票中央系统、调度指挥中心系统以及综合监控中央系统等，线路中心依靠以上系统完成对正线各系统的监管以及实现数据的汇集和上传。

自动售检票中央系统是城市轨道交通自动售检票系统的核心部分，可对本线路系统内部的所有设备进行监控，实现对系统运营、票务、财务的集中管理功能。自动售检票中央系统可采集、处理线路内各类数据，采集的数据包括系统内票务交易数据和自动售检票系统设备状态数据，票务交易数据通过综合通信网传入清分中心和线网数据中心，设备状态数据通过综合通信网传入线网运营信息化系统。

调度指挥中心主要包括行车调度、电力调度、环控调度和维修调度四种调度业务。调度业务必须通过工作人员的相互沟通才能实现各类资源的合理配置，所以调度业务首先需要语音通信的支持，其次，四类调度业务都是以相关设备的运行状态等数据信息作为调度依据。所以，调度指挥中心通过综合通信网向控制中心上传的是语音和设备状态等数据信息，控制中心根据上传的信息获取该线路调度工作的具体情况，从而可以进一步管理。

综合监控系统相当于城市轨道交通自动化系统的数据大管家，综合监控系统监测城市轨道交通自动化系统内部各种参数以及自动化系统设备的运行状态，同时将这些监控数据汇集之后通过综合通信网上传至控制中心各业务系统进行挖掘分析，为城市轨道交通整个线网运营计划奠定基础。

综合以上分析，线路中心是单条线路的具体指挥中心和数据汇集中枢，也是综合通信网的下游业务终端。所以，综合通信网的信息传输业务和线路中心的业务内容息息相关，根据表 2 可以看出，线路中心通过综合通信网传输的主要是数据业务。另外，综合通信网与正线通信系统之间存在语音、视频等信息业务的交换，所以综合通信网的上下游两端的主要信息业务组成包括数据业务、语音业务、视频业务和多媒体业务等。

表 2 线路中心业务系统对综合通信网各项指标的需求情况

指标 业务系统	业务类型	实时性	可靠性	互联互通性	业务容量
自动售检票中央系统	数据业务为主	高	高	较高	较高
调度指挥中心系统	语音与数据业务	较高	高	较高	较高
综合监控中央系统	数据业务为主	一般	一般	较高	高

2 综合通信网的功能定位

控制中心需要对城市内各条轨道交通线路进行及时、可靠的协调指挥，因此各条线路至控制中心的通信网络是实现其功能的关键因素。根据需求分析可知，综合通信网应当包括公务电话系统、专用电话系统、无线通信指挥系统、闭路电视监视系统、线网广播系统，为与轨道交通正线通信系统相区别，称这些系统为上层系统；作为通信网还应当包括传输系统、时钟系统、电源与接地系统以及集中告警系统等。综合通信网的各个业务子系统具有不同的功能，在实现控制中心与各线路中心信息交换过程中所表现出的作用也不尽相同。

2.1　综合通信网传输系统的功能定位

综合通信网的传输系统是为各个上层系统以及控制中心的业务系统之间的通信而构建的，传送的主要是高速率信息业务，这与轨道交通正线上的传输系统是有一定区别的。控制中心的内部子系统之间的业务都是通过与综合通信网的传输系统的接入来实现，综合通信网的传输系统与轨道交通正线传输系统的最大区别就是其数据传输量远大于正线传输系统的数据传输量。同时，综合通信网传输系统还是上层系统与轨道交通各线路中心之间的连接纽带，所以传输系统的业务接口非常丰富。除此之外，传输系统需要专门的网络管理系统来完成对传输设备的配置、监测、控制及故障管理等任务，以此来保证综合通信网的稳定可靠。总之，综合通信网的传输系统是控制中心业务系统、上层系统和线路中心接入综合通信网的重要渠道。

2.2　综合通信网上层系统的功能定位

公务电话系统、专用电话系统、无线通信指挥系统等上层系统是直接服务于控制中心的职能通信子系统，自身具备相应的数据业务能力。公务电话系统除了具备普通轨道交通正线公务电话系统的功能外，还需要具备各线路公务电话系统之间话务的转接以及网内与外网间部分话务的转接。专用电话系统实际上是正线专用电话的上级系统，其基本功能是为列车运营、电力供应、日常维护、防灾救护提供指挥平台，能够保证控制中心各专业调度员与各线调度员之间正常通话，灾害情况下这一点显得尤为重要。无线通信指挥系统通常应用在行车指挥当中，正常运营模式中控制中心对行车指挥只监不控，所以通常情况下无线指挥系统处于空闲状态，紧急情况下应能通过无线通信指挥系统实现移动指挥中心的功能。闭路电视监视系统需要能够及时获取线网内各线路任意车站和任意车辆内的实时视频图像信息，并且具有对图像采集设备的控制能力，同时可以回放存储的历史视频图像数据。

时钟系统和电源与接地系统作为辅助系统分别为综合通信网提供统一的时钟信号及连续可靠、无瞬变的电压，同时设置集中告警系统全面监控综合通信网的各个设备以及各项进程，以此来保证综合通信网可靠的数据交换能力。

综合通信网的上层系统与控制中心的业务系统必须通过合适的接口接入综合通信网的传输系统，才能够实现自身的业务功能。

3　综合通信网的业务接入

综合通信网业务接入的内涵不仅包括了接入综合通信网的系统业务内容及其相应的通信需求，而且还包括了各个业务系统接入综合通信网的方式，具体来说，接入方式就是指业务系统与综合通信网之间的接口类型以及与接口相对应的通信协议。前述对各个系统的业务内容和通信需求的分析能够为业务系统的接入方式选择提供依据。

3.1　上层系统的接入

上层系统是综合通信网的重要组成部分，线网级的通信业务功能全部由综合通信网的上层系统来实现，综合通信网的骨干架构是传输系统，所有上层系统都是通过接入传输系统来实现自身的业务功能。各上层系统对传输系统的接入如图 2 所示，不同上层系统传输的数据类型和业务容量不同，采用的接口形式也不同。

公务电话系统传输的是语音数据，因此采用 E1 接口来实现和传输系统的连接，同时公务电话系统也可以应用 IP 电话业务来实现语音沟通，所以接入传输系统的公务电话接口可以是以太网接口，根据轨道交通话务量，通常采用 10/100BASE-T 接口来进行传输。

专用电话系统直接用于运营调度和应急指挥，所以其地位十分重要，IP 电话技术无法很好地解决语音通信中的时分复用业务，并且每次进行数据传输时都需要重新建立连接，因此其时延较高，或在秒级以上，这在专用电话系统中是不允许出现的，所以对于专用电话系统调度交换机的接口形式主要采用 E1 接口，数字

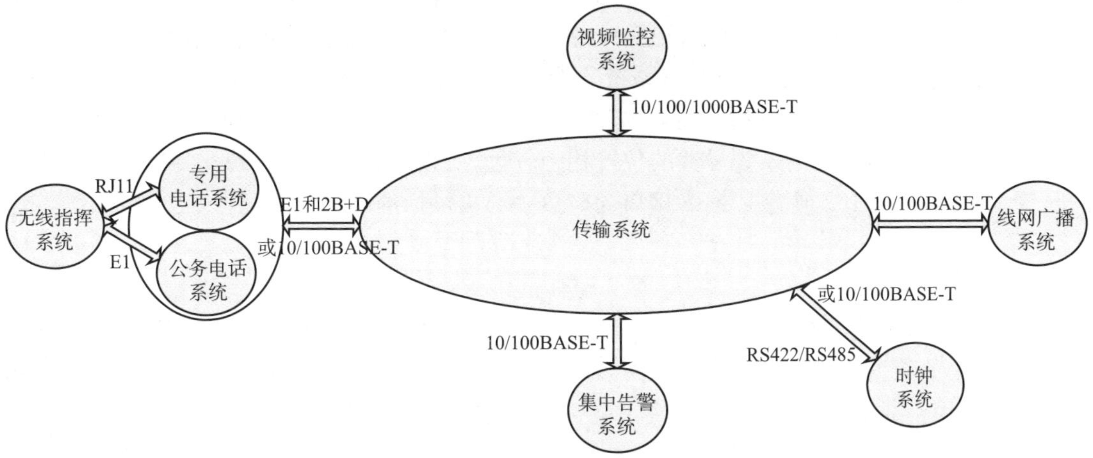

图 2 上层系统接入传输系统的接口形式示意图

终端用户通常采用 2B+D 接口。无线指挥系统的无线集群交换机以 E1 接口连接在公务电话系统的主交换机之上,同时以 RJ11 接口连接在专用电话系统的录音设备之上,方便无线手持台的通话管理。

视频监控系统承载的是视频数据,数据容量较大,通常采用以太网接口接入传输系统。其中视频控制业务采用数据传输量一般的 10/100BASE-T 接口,视频传输业务则采用 10/100/1000BASE-T 接口,以此保证实时视频数据不失真,历史录像调看业务采用 10/100BASE-T 接口就能满足要求。

线网广播系统是覆盖在城市轨道交通全线网内的语音通信辅助管理系统,其主要作用是通过语音广播进行应急疏散和重要信息通告。目前较为高效的广播技术是 IP 广播或者 IP 数据传输音频,所以广播系统采用以太网接口接入传输系统,结合系统的容量可以确定广播数据传输业务和广播控制业务的接口均采用 10/100BASE-T 接口。

时钟系统为整个综合通信网乃至全线自动化系统提供统一的时间标准,时钟系统的业务需求主要是低速数据 TDM 业务,所以其接入传输系统通过 RS422 或者 RS485 接口,如果采用 IP 技术进行传输,接口也可以是 E1 或者 10/100BASE-T。

集中告警系统为综合通信网内部各上层系统提供网络管理、网络设备统一配置以及网络性能和故障监视等各项网络监管服务,所以集中告警系统与综合通信网其他上层系统之间存在相关接口,接口形式采用适用于网络监管服务的 10/100BASE-T 以太网接口。

3.2 控制中心业务系统的接入

根据控制中心业务内容的分析结果来看,控制中心的业务系统之间数据交换频繁,传输的数据类型较多且数据量较大,所以控制中心的业务系统采用容量较大的 1000BASE-T 以太网接口接入综合通信网的传输系统来实现各业务系统之间的互联互通。因为控制中心各个业务系统之间信息交换频繁,为缓解综合通信网骨干传输通道的压力,各个业务系统之间也存在专门的通信路径,这些通信路径也是综合通信网的组成部分。

线网运营信息化系统与应急指挥中心距离近并且实时数据交换少,它们之间的接口可以采用 1000BASE-F。线网运营信息化中心通过 RJ45 接口和信息编播中心相连,通过两者的联合作用可以提升城市轨道交通的管理水平和服务水平。

清分中心和线网数据中心之间同样是通过 1000BASE-F 以太网接口实现各类业务交叉协作,业务系统接入综合通信网使得城市轨道交通内部信息资源得到优化,方便资源的共享管理。清分中心和线网数据中心都是数据存储量较大的业务系统,两者之间存在数量较大的信息交换,所以它们之间的接口是 1000BASE-T 以太网接口。

应急指挥中心系统负责在灾害突发情况下协调各线紧急救援,同时调度线网内各类资源迅速处理灾害事故,保证人员安全以及尽量降低事故损失。应急中心系统通过以太网 1000BASE-F 获取线网数据中心的数据，为可能发生的灾害制定科学的预案，应急中心系统与乘客信息编播系统的接口为冗余 RJ45，在灾害发生时可以通过它对线网发布相关疏散处理信息，应急指挥中心系统与上层系统视频监控系统的接口为冗余 1000BASE-T，在灾害发生第一时间通过大屏系统直观查看灾害的具体情况，准确地判断灾害的性质，从而能够合理地启动正确的应急预案。清分中心为应急中心的客流疏散提供业务支持。因此，两者之间应当具有专门的通信路径，由于通常两个系统设置的位置相距较远，所以两者之间的接口采用 1000BASE-F。综合通信网的时钟系统通过 RS422 或者 RS485 接口为应急中心提供标准的同步时间。

3.3　线路中心的接入

线网中各条线路的线路中心是轨道交通单条线路的运营调度中心，也是轨道交通单条线路的信息汇集点，线路中心将汇集的数据信息通过综合通信网传输到控制中心，为控制中心提供各条线路正线自动化系统的相关数据业务。综合通信网是轨道交通控制中心与线网各线路中心数据上传下达的重要纽带，各线路中心的正线自动化系统通过以太网光纤接口汇集接入综合通信网的传输系统，从而实现线路中心自动化系统与上层系统和控制中心业务系统之间的互联互通。

图 3 是线路中心接入综合通信网的示意图，由于正线自动化系统的专业较多，数据量大，所以应当以 1000BASE-F 以太网接口接入综合通信网。线路中心各个正线系统的数据经过综合通信网分流至控制中心各个业务系统，各个业务系统之间也可以根据需要对这些数据进行交换。

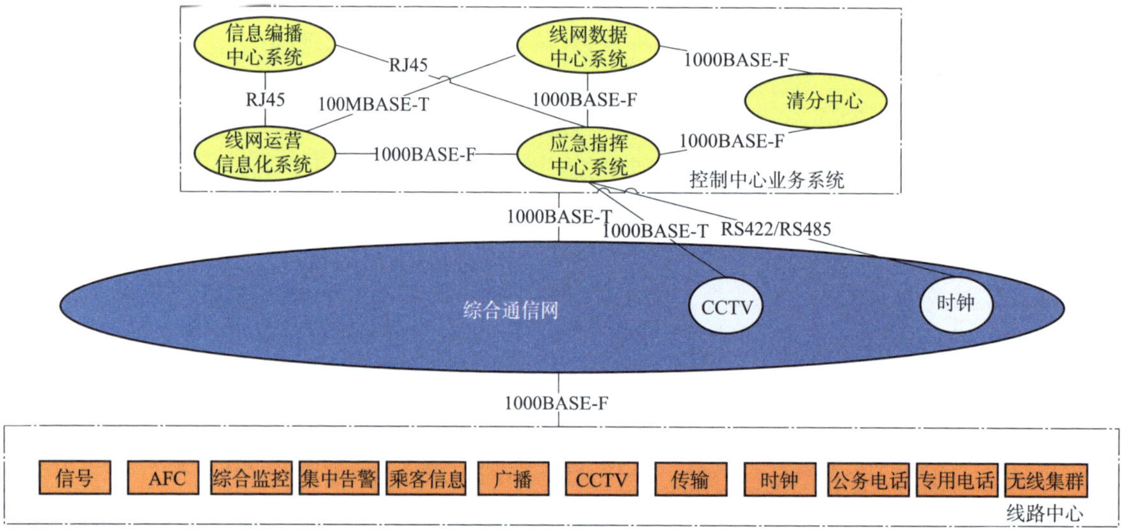

图 3　线路中心及控制中心业务系统接入综合通信网的接口示意图

综合通信网拥有以太网、E1、2B+D 以及 RS422、RS485 等各类数据接口，且以太网接口类型丰富，具有不同基带传输速率的电接口和光接口，可以满足控制中心各业务系统与各线路中心的通信需求。以上分析确定了各个系统接入综合通信网的硬件接口形式，硬件接口只有配备了合适的协议才能正常工作。根据硬件接口的规划内容可以看出，各个系统接入综合通信网的硬件接口主要包括不同带宽的以太网接口、E1 接口、RS485 接口、2B+D 接口和 100BASE-T 的一种具体接口形式 RJ45 接口以及 RJ11 接口等。其中不同带宽的以太网接口和 RJ45 接口采用目前应用最为广泛的通信网络协议 TCP/IP，该协议成熟、稳定、可靠，能够实现综合通信网的各类以太网业务功能。E1 接口较为成熟的协议有两种，分别是 G.703 协议和 V.35 协议，V.35 协议多数设备只符合其协议的部分子集，所以采用 G.703 协议作为 E1 接口的通信协议。RS485 接口在综合通信网中主要传输控制信息，所以采用 Modbus 协议来实现该类接口的通信。2B+D 接口也称 BRI，是 ISDN 网络的一种接口，所以其协议应符合 ISDN 网的相关协议，并且该接口的 B 信道和 D 信道采用的协议也不相同，B 信道在链路层上采用的是 PPP 协议，网络层采用的是 IP 协议，而 D 信道在链路层上采用的是 LAPD 协议，网络层上采用的是 X.25 协议。RJ11 接口的协议是在 TCP/IP 协议的基础上加入了呼叫控制以及网关控制协议而形成的 VoIP 协议堆栈。接入综合通信网的各种硬件接口在相关协议的配合下就能实现与综合通信网进行信息交换。

4 结　语

通过分析控制中心业务系统和线路中心的通信需求，从而确定了各个业务系统在信息类型、业务容量、实时性及可靠性等方面对综合通信网的要求，根据这些具体要求选择合适的接口类型完成了各个业务系统的接入，并且为各类接口匹配了相应的通信协议。控制中心业务系统以及线路中心接入综合通信网的具体形式是由各业务系统的相关通信需求决定的，业务系统的合理接入一方面能够实现综合通信网完成不同业务系统之间的信息交换，另一方面能够为控制中心的业务功能扩展以及新建线路接入控制中心提供借鉴。

南京地铁 AFC 专业 ZLC 系统非功能性设计

姚　远　叶　虞

（南京地铁运营有限责任公司，南京　210008）

摘　要：随着南京地铁 AFC 系统建设的不断推进，3、10 号线第一次采用了 ZLC（区域线路中心）结构以取代 LC（线路中心），对原本分散在各条线路的资源进行了整合。本文重点介绍了 AFC 系统非功能性设计，包括如何合理分配硬件资源进行交易处理，以及应用服务器的结构设计等。

关键词：区域线路中心；集群设计；服务器架构

在进行系统设计时，某些属性的设计并不会直接影响系统核心功能，但它们为系统提供服务和保障，同样非常重要，这些设计需求属于系统的非功能性需求。

我们在设计 ZLC 系统时，为满足交易处理系统的高性能和可靠性需求，采用了集群设计，不仅处理性能得以提升，系统也能在部分服务器失效时保持正常运行；为满足应用服务器系统高性能、可扩展和兼容性需求，应用系统采用了标准的三层架构；为满足交易安全性需求，文件结构也做了相应的设计。这些设计彼此并无直接关联，但它们都是为了满足 ZLC 系统的各项需求、提升 ZLC 系统的可用性而存在的。

1　交易处理集群设计

ZLC 系统中，交易处理部分主要负责接收车站服务器上传的设备交易文件，然后解析并入库。为了应对南京地铁未来可预见的交易量增长，提高交易处理系统的可靠性，ZLC 设计有一个负载均衡集群系统，如图 1 所示。该集群使用 LVS（Linux 虚拟服务器）技术进行搭建，可以降低建设成本，提高设备可扩展性和稳定性。

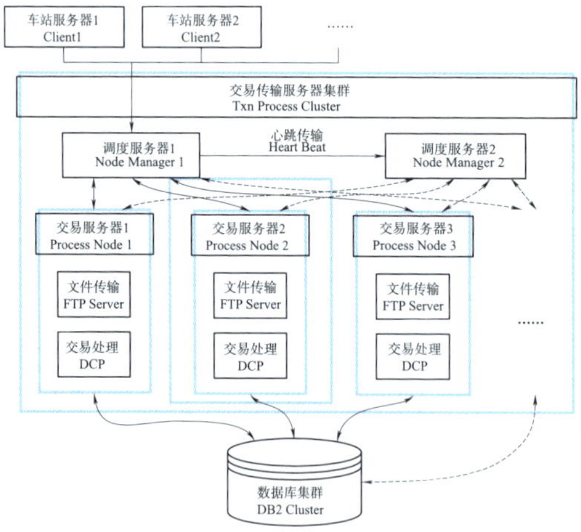

图 1　交易处理集群构架

交易处理集群包含调度服务器和交易处理服务器两种角色。

在区域中心系统中，设计有 2 台调度服务器，形成双机热备。调度服务器的主要功能有：

（1）生成虚拟 IP 地址，形成 SC 和其他系统与 ZLC 之间 FTP 服务的唯一接口。

（2）根据事先配置的权重比例，分配处理任务给多台交易服务器，从而达到负载均衡。

（3）对交易处理服务器的运行状态、负载分发情况进行监控和反馈。

区域中心系统中，交易处理服务器主要部署了 FTP 软件和交易处理软件来接收、处理、传输交易文件，由于采用了集群设计，服务器的数量是可以动态调整的，从而可以应对更庞大的业务需求。目前 ZLC 配备了 3 台交易处理服务器。

2 应用服务器系统架构设计

ZLC 系统中，应用服务器主要用于搭载某些应用程序软件包，如报表/数据分析、设备管理、参数管理、监控管理等。

应用服务器系统采用三层架构：表示层、业务逻辑层(服务层)、数据访问层(持久层)。此外还有基础架构层(使用 AOP 技术)、数据物理层提供支持，如图 2 所示。

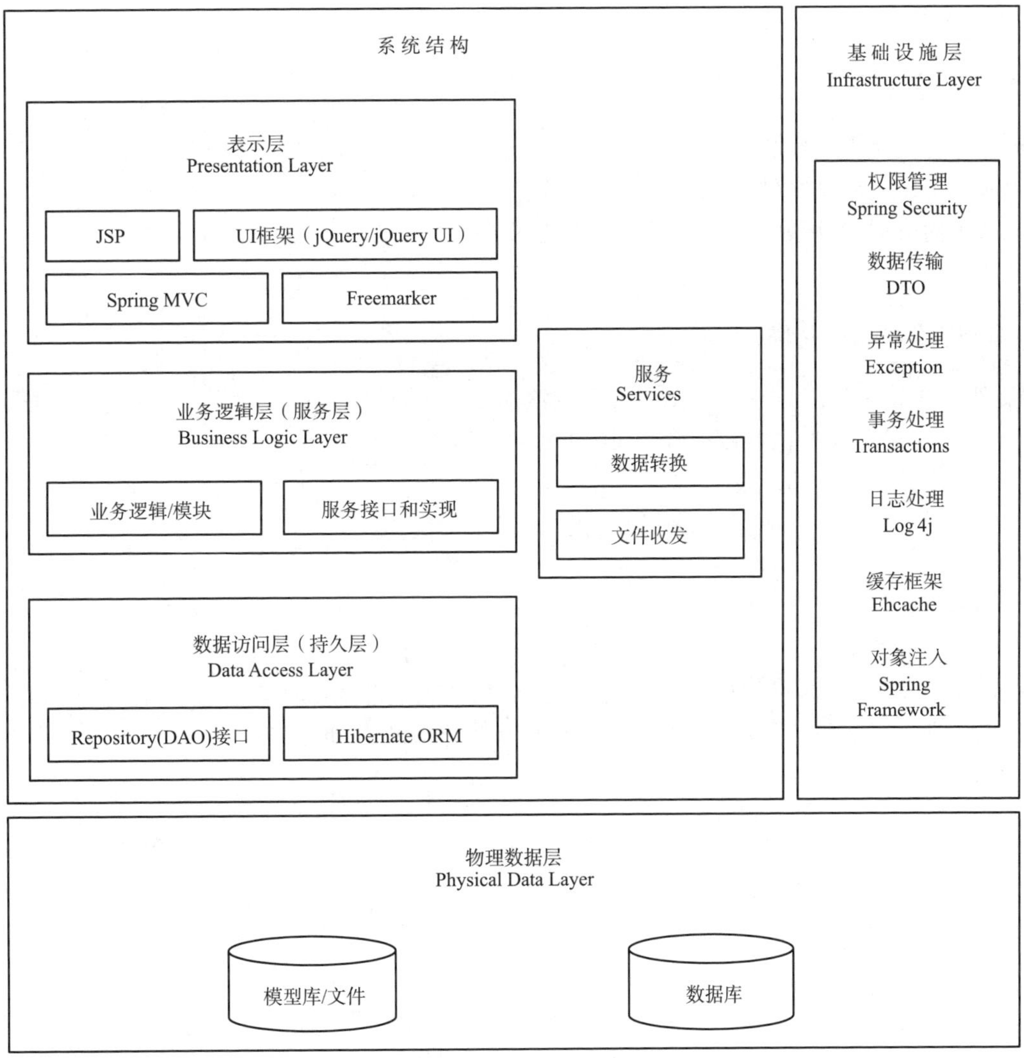

图 2　应用服务器构架

(1)表示层

表示层的主要功能是通过特定界面向用户显示数据及相关信息，同时分析解释用户指令，并把用户的请求发送到业务逻辑层。

表示层使用了 JSP、MVC、HTML、CSS、Java script/jQuery 等主要技术。

(2)业务逻辑层(服务层)

业务逻辑层主要用于协调不同层对象之间的交互或者与基础架构层组件之间的交互，以完成一个指定的系统任务。业务逻辑具体包含：验证、计算、业务规则等。

其中服务层是在交互的两个层(表示层和业务逻辑层)中间又定义的另外一个中间层，它调用业务逻辑层接口。

(3)数据访问层(持久层)

数据访问层主要进行数据库相关操作,读取保存在数据库中的数据并提交给业务逻辑层处理,同时将业务逻辑层处理过的数据写入数据库。

(4)基础架构层

基础架构层包含所有类型的框架、数据访问代码以及公共的帮助方法等,属于纯技术的一层。

(5)物理数据层

物理数据层为交易服务器系统提供底层的数据读取和存储支持。

3　数据安全设计

3.1　交易文件的安全传输

交易数据文件由交易数据、文件签名和设备证书组成,由终端设备不断生成并上传。交易文件在逐级上传的过程中必须保证原始状态不能有任何改动,各级处理系统只能验证签名和证书来确保完整性和合法性。

3.2　EOD 参数文件的安全传输

EOD 文件由参数数据、文件签名和发送者证书组成,由 ACC、ZLC 生成并下发。SC 和终端设备在接收到 EOD 文件后要首先通过证书和签名验证其完整性和合法性。

交易文件和 EOD 参数文件的结构如图 3 所示。

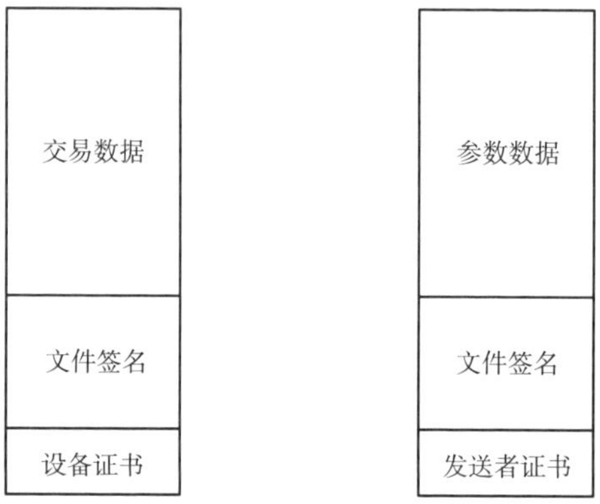

图 3　交易文件和 EOD 参数文件结构

4　结 束 语

南京地铁 3、10 号线 ZLC 的设计是一次创新,是 AFC 体系设计的一种全新思路,它在原本 LC 系统基础上进行了集中改良,做到同时管理多条线路,实现区域化集中管理,同时服务器集群设计满足了高可用性和高扩展性的需求,减少了管理成本和硬件开支。

南京地铁 AFC 区域线路中心的规划设计

吴 娟[1] 毛 建[1] 徐钟全[2]

（1. 南京地铁建设有限责任公司，南京 210017；2. 北京全路通信信号研究设计院有限公司，北京 100073）

摘 要：在介绍南京地铁 AFC 系统建设现状的基础上，本文给出了区域线路中心的概念，分析了建设区域线路中心的必要性，阐述了区域线路中心中的关键问题，介绍了南京地铁 AFC 系统区域线路规划设计情况，并对南京地铁 AFC 区域线路中心仍待解决的问题进行了分析和展望。

关键词：区域线路中心；自动售检票系统；地铁

1 引 言

1.1 南京地铁 AFC 系统建设现状

近年来，随着国内主要城市地铁建设项目的展开，城市轨道交通已步入快速发展时期。南京作为全国第六个拥有地铁的城市，目前南京市轨道交通已开通运营约 85 km，日均客流已达 110 万人次，轨道交通客运量占全市常规公交客运量的三分之一以上。在未来二十年的城市发展规划指引下，在“十二五”发展建设规划驱动下，南京计划建成地铁 3 号线、10 号线、机场线、4 号线一期、宁天城际一期（大桥北路至金牛湖）、宁和城际一期、宁高城际、宁溧城际等 8 条轨道交通线路，总长超过 200 km，同时适时启动 8 号线建设。

自动售检票系统（AFC）是基于计算机、通信、网络、自动控制等技术，实现轨道交通售票、检票、计费、收费、统计、清分、管理等全过程的自动化系统。随着信息技术的发展，城市轨道交通的售检票系统已普遍采用 AFC 系统。南京地铁从第一条线路建设开始就已经采用了 AFC 系统，目前已运营的三条线路，按照单线独立建设并运营的 AFC 模式。

1.2 开展区域中心建设的必要性

在多条新线路同时开建以及现有 AFC 系统改扩建的背景下，若后续多条线路仍采用单线独立建设模式，必然带来建设成本高、管理分散、工作效率低等问题。2010 年，为解决一家运营公司运营多条线路、统一管理的需求，北京地铁建成了多线共用线路中心（Multiple Lines Center，MLC），它是部署在 ACC（票务清分中心）和 LC（线路中心）之间的线路共用中心。

在 MLC 的基础上，我们提出了“区域线路中心（Zone Line Center，ZLC）”的设计要求和相关规划设计理念，它有别于以往以单个线路为单位的 AFC 建设管理模式和多线共用中心系统模式，以区域为建设管理单位。其中“区域”可以是几条线路或者某些车站的集合。区域线路中心模式，能够统一线路中心建设、运营、维护标准，避免因多家集成商分散建设、运营和维护造成的技术壁垒和协调瓶颈，提高路网运营管理维护的工作效率，降低系统建设、运营和维护等各方面成本。其优势主要体现在以下几个方面：

（1）降低多线建设成本。线网高速扩张形势下，可以降低多条新线同期开工的建设成本，避免重复建设多个线路中心系统（LC），缓解资金压力。

（2）实现集中管理，统一协调。在地铁线路形成较大规模时，区域线路中心的集中网络化管理模式，可以使得运营管理更加科学、有序、高效。

（3）提高运营管理及维护的效率。线网形成较大规模时，若以区域为单位进行运营的日常管理和维护保养，可以提高工作效率，节约运营的维护成本。

(4)提高 AFC 系统组织的灵活性。将区域中心设计得具有灵活定制的能力,可根据不同时期、不同用户的需求,以较少代价对区域范围进行调整而提高运营和维护管理的效率。

2　AFC 区域线路中心的关键问题分析

2.1　区域线路中心的规划设计

区域线路中心建设的关键问题之一是线网内线路和车站等元素的区域划分和规划设计。它以利于节省建设成本、便于管理和运营维护为目标,通过优化理论完成对区域线路中心各要素,以及要素之间的连接关系的规划设计。这其中的主要问题又分为面向经济和社会效益的多种建设方案指标体系的建立、基于损益估算的方案评估、基于评估理论的多种方案比较和排序等。

另外,区域线路中心还需要具备一定的接入能力,以满足未来几年内新建线路/车站的接入。因此区域中心在规划设计阶段,就应充分考虑预留相应接入能力,待后续线路接入时,区域中心仅需通过硬件扩容即可实现接入。

2.2　标准化问题

AFC 系统是地铁网络化和信息化的重要标志之一。随着 AFC 各项技术研究深入和相关产业的不断发展,AFC 系统中的各种设备、各类数据、通信报文等必须满足相应的国家或行业标准。传统线路一般按照建设时序采用单线分别采购招标的方式,而区域中心一旦建成后,为保证后续线路能顺利接入区域中心,必须对新线路的接口标准、设备制式、操作流程等进行标准化方面的要求。因此,ZLC 系统本身要求事先建立兼容性强、灵活性好、可靠性高的相关技术标准。

2.3　运营辅助支持问题

ZLC 对运营的辅助支持主要体现在以下三个方面:

(1)票卡及现金的调配:相比以单独线路依赖经验的调配方式,以区域中心为管理单位,可通过分析区域内各车站的历史客流数据使得票卡和现金的调配更加科学、成熟、高效。

(2)客流趋势的预测:通过对区域中心各车站上下客流的票务数据的数据挖掘,对各车站的客流情况进行准确预测,便于车辆调度的适时调整,从而提高地铁的整体服务能力。

(3)客流特征分析:地铁客流数据是开展后续线路规划设计以及其他商业活动的重要参考依据,通过对 ZLC 中存储的大量票卡数据的挖掘,可为规划设计部门、地铁物业或者其他商业机构提供咨询服务。

3　南京地铁 AFC 系统区域线路规划设计情况

3.1　南京地铁 AFC 系统区域线路中心规划情况

由于南京地铁对 ZLC 的建设和运营使用尚无经验,因此最终决定采用循序渐进的方式逐步开展 ZLC 的建设实践,如图 1 所示。在本期工程项目的基础上,近期将按线网建设时序来建设区域中心,即将同期建设的若干条线路划入区域线路中心。远期规划新线路时再按地理位置或运营主体等规则建设区域线路中心。

具体来说:

本期工程:至 2014 年底,建设完成南京南区域线路中心,接入同期建设开通的 3 号线、4 号线一期、10 号线一期;在建各线 AFC 系统仅负责车站系统及现场终端设备的建设。同时,本期区域中心工程在软件上预留了未来 6 条线路的接入条件。

近期:随着江北控制中心和仙林控制中心的后期建设,规划在江北、城东建设区域线路中心。

远期:随着区域线路控制中心建设完成,后续线路 AFC 系统均接入归属区域线路,线路 AFC 系统仅负责车站系统及终端设备的建设。既有线路(1 号线、2 号线、1 号线南延线)暂保持分线管理方式。

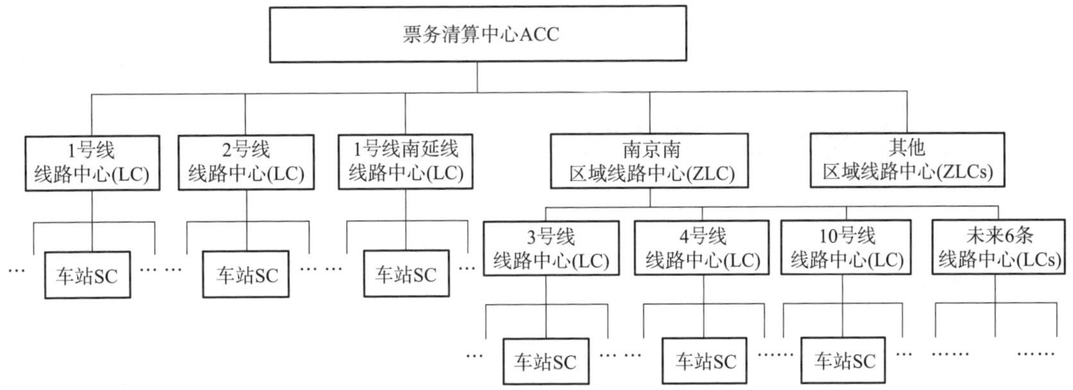

图 1　南京地铁 AFC 系统区域线路中心规划情况

3.2　南京南区域线路中心设计情况

南京南区域线路中心主要包括生产子系统、接入测试子系统、票务子系统、维修子系统、备份中心等。区域线路中心计算机系统是 ZLC 系统的核心部分,用于实现对系统运营、票务、收益、维修的集中管理功能。ZLC 可收集、处理系统内各类数据,制定、维护系统各类参数,接收、下达系统各类指令,接受 ACC 系统的统一管理,并提供高度的安全机制和严格的操作规程;并通过 ACC 实现本线路与轨道交通网络其他线路以及南京公共交通一卡通之间的结算。按照功能架构可将该系统分成以下三大部分:

(1)核心业务系统后台,主要包括:数据管理系统(数据传输、数据解析、数据审核、数据核对、数据备份、数据恢复)、日始日终(日始操作、日终操作)、时钟管理系统。

(2)核心业务系统前台,主要包括:运行管理系统(包括设备管理、设备监控、客流监视、网络管理、系统监视、病毒防护)、票务管理系统(库存管理、现金管理)、参数管理系统(参数管理、黑名单管理)。

(3)支持与分析系统,主要包括:维修维护系统(包括设备台账、备件管理、软件管理、维修计划管理、派工单管理、维修登记及查询)、系统管理系统(权限管理、日志管理、内务处理)、运营分析系统(包括数据统计、收益分析、客流分析、报表管理、差异分析、历史数据查询与分析)。

4　南京地铁区域线路中心其他仍待解决的问题

区域线路中心是地铁网络化集中管理模式的一种体现,对于线网密集的轨道交通的高效运转有着非常重要的应用价值。南京南区域线路中心作为南京地铁本期工程的一个重要组成部分,是区域中心建设模式的一次全新探索。未来几年,我们还将陆续建设其他区域中心,形成区域中心模式下的网络化高效管理。同时根据区域线路中心开通运营后的相关经验对新上区域线路中心加以调整完善,并继续优化票务清算管理中心的各项功能,不断完善南京地铁 AFC 系统的网络化、区域化、智能化的体系架构,为南京地铁安全、稳定、高效运营提供支撑。当前,南京地铁区域线路中心建设中还有以下几个有待进一步解决的问题:

(1)引入 ZLC 后各层级功能划分的重新调整。增加区域线路中心后,ZLC 与 ACC、LC 与 ZLC 之间的功能如何准确界定,以尽可能实现功能解耦并提高工作效率和稳定性。

(2)功能架构与组织架构的协调。具体来说,区域线路中心的功能架构必须与运营的组织架构、业务流程相匹配,才能最大化地发挥区域线路中心的优势。这就必然涉及功能架构的设计优化以及相应的运营组织结构的调整。

(3)区域线路中心的项目管理应考虑南京地铁线路建设的时序安排,考虑施工的风险,采用平稳、安全的过渡方案,分步实施。新线路建设与老线路升级改造均应按照区域线路中心的工作模式进行设计和施工。

5　总　　结

本文在南京地铁 AFC 系统建设现状的基础上,给出了区域线路中心的概念,进而对区域线路中心建设的必要性进行了分析,并总结归纳了区域线路中心建设中存在的若干关键问题。论文在详细介绍了南京地铁 AFC 系统区域线路规划设计情况之后,对区域线路中心仍待解决的问题进行了分析和展望。

轨道交通自动售检票系统区域中心接口设计的探讨

毛　建[1]　王彬彬[2]　何铁军[2]

（1. 南京地铁建设有限责任公司，南京　210017；2. 东南大学智能运输系统研究中心，南京　210018）

摘　要：通过对网络化条件下城市轨道交通 AFC 系统建设需求的分析，提出在 AFC 系统五层标准架构基础上的区域中心（ZLC）的概念。进而以南京为例，在数据接口标准化、数据接口兼容性、数据接口可扩展性三个方面进行了若干探索和思考，实践表明，ZLC 在南京地铁已取得良好应用。

关键词：区域中心；接口标准化；CORBA；可扩展性

1　前　　言

地铁自动售检票（Automatic Fare Collection，AFC）的标准架构体系由系统清结算中心（ACC）、线路中心计算机系统（LC）、车站计算机系统（SC）、车站终端设备（SLE）和车票组成，从功能定位来看，LC 是某条线路 AFC 系统的管理及监控中心，通过对系统数据的采集、统计及管理，以实现系统运作、收益及设备维护集中管理的功能，LC 还是各线路接入线网的节点，通过 LC 与 ACC 的接口进行各类数据的上传与下发，实现网络化的运营。

地铁工程一般以线路为单位进行建设，因此传统的建设方案是各线均设置独立的 LC 系统接入 ACC，除通过线网通用读写器解决与线网内票卡的接口外，其他线路内接口均由线路系统内部保证，该方案具有接口界面清晰、工程责任明确、便于项目实施管理的优点，得到了广泛的应用。

以线路为单位建设的 AFC 系统因各类数据和管理平台是分线独立的，因此运营管理也只能按线路为单位来分线开展。但随着城市轨道线网建设的迅速扩展，线网密度不断加大，基于网络化为导向的建设与运营管理需求越来越突出：

（1）除信息化的数据流以外，AFC 系统的运作过程中还存在着大量的票卡、单据及维修部件等物流工作，实际物理距离的长短影响了现场维护响应速度和物流运输成本。为提高运行效率和响应速度、降低运行成本，在线网不断加密的情况下，提出了建立以换乘站为中心的，覆盖多条线路的区域化运营管理和维修管理模式，以大幅度缩短物流运输及维修人员旅行距离。

（2）随着城市建设的迅速发展，地铁线网规划修编引起的线路规划调整在所难免，加之地铁工程分期建设的特点，AFC 系统会出现如下两种情况：一是先期建设的一条线路的部分车站 SC 以下系统需调整到另一条线路 LC 中；二是一条既有线路 LC 系统需在延伸线建设时接入新增车站的 SC 系统。在单线建设模式下，第一种情况存在着既有车站系统及设备与拟接入线路 AFC 系统接口不兼容的问题，第二种情况则存在着扩容的延伸线车站系统受制于既有线路接口的问题，为解决上述两个问题，需在全网或一定区域内统一接口。

（3）在信息技术迅速发展的今天，提供更多扩展功能和服务的自助设备不断推出，并逐渐得到推广应用；在系统的运营维护过程中，重要部件与设备的选型往往受到原有系统接口的限制。为提高服务水平，降低运营成本，做好 AFC 系统在设备层的接口兼容设计，满足新机种、新设备的灵活接入是一个非常迫切的需求。

基于以上需求和认识，结合南京地铁区域控制中心规划，提出了南京地铁 AFC 系统的区域线路中心（ZLC）的概念。黎庆等人探讨了 ZLC 的功能架构并分析了各模块及其子模块的构成与功能，本文着重从接口标准化的角度，介绍在南京地铁 ZLC 建设过程中对系统兼容性与可扩展性所进行的若干思考与实践。

2 基于 ZLC 的接口需求分析

城市轨道交通 AFC 系统中的 ZLC 是面向城市轨道交通线网的区域化管理而提出的，旨在解决一定规模的线网内相关各线路独立运营所带来的运营管理复杂、维修调配不便，线网建设发展带来的线路升级改造对运营产生的影响，以及新老线路间接口不统一带来的一系列问题。基于 ZLC 特点的 AFC 系统内各层级接口设计需重点考虑如下几个方面的需求：

(1)接口的标准化。无论是建立以换乘枢纽站为中心，覆盖多条线路部分车站的区域化运营管理和维修管理模式，或是以车站为单位开展的工程建设，同属于一个 ZLC 的多条线路的车站设备运行数据、运营数据以及运营管理平台需实现统一，才能真正发挥 ZLC 加快响应速度、提高服务水平、降低运营成本的优点，因此系统各层间及层内的数据定义与数据传输方式必须标准化。

(2)接口的兼容性。在现有的建设管理模式下，同一个 ZLC 系统中必然会出现不同供应商或不同版本的系统与设备，因此作为共同遵守的接口规范必须充分考虑兼容性的要求。在线路延伸线建设、系统设备大修更新或是日常维修维护过程中，良好的接口兼容性设计将会给设备采购带来更多的选择，有利于减少改造工程量，降低工程实施难度。

(3)接口的可扩展性。同一个 ZLC 会承担跨度较长时期的建设任务，ZLC 是一个不断接入新车站、新设备的系统，需适应新技术的发展，例如新出现的互联网购票取票机，未来可能出现的云购票机、云检票机等，接口设计应充分考虑可扩展性，为未来产品预留空间和接口。

3 基于 ZLC 的接口设计

ZLC 架构的实现主要受制于 AFC 系统的数据接口，因此本文着重对此进行介绍。

3.1 数据接口的标准化设计

在基于 ZLC 的 AFC 系统数据接口标准化设计中，主要对数据接口层级的划分、数据的组织方式和数据的传输方式进行了研究和设计。

3.1.1 数据接口层级的划分

AFC 系统 5 层架构体系下，自然存在着 ACC 与 LC/ZLC、LC/ZLC 与 SC、SC 与 SLE、SLE(读写器)与票卡这 4 个层级间的接口。在传统线路为单位的建设模式下，ACC 与 LC/ZLC、SLE(读写器)与票卡这两个接口得到了重视，以满足单线路接入线网的需要。在设备与线路系统集成商为不同厂家的项目中，SC 与 SLE 的接口也需要进行定义，但一般由线路系统集成商进行管理。在 ZLC 建设模式下，则需要对上述 4 个层间接口根据 ZLC 的特点与功能进行完整的定义和验证。

此外，在传统建设模式下，层级内的接口一般看作承包商的软件内部事务，不会纳入线网规范管理的范畴。但在 ZLC 建设模式下，ZLC、SC 内部功能模块的接口也需进行管理。这是因为 ZLC 系统会在较短的时间内完成建设并投入使用，一般与一条线路的建设周期同步，但接入更多其他线路车站的过程需要跨越较长的时间，其间由于管理需求、技术更新、供应商选择等多方面的原因可能需对系统功能模块进行调整或增减。为使新的软件模块能准确获取系统数据，需要在 ZLC 和 SC 的系统层级内划分出数据接口。例如车站和线路都有监控工作站需要监控设备的工作状况和客流，传统模式下并不定义该监控工作站软件如何从 SC 或 ZLC 中获取数据；而在本系统下，定义了系统同一层内的数据接口，监控软件模块与 SC 主程序之间的接口定义如图 1 所示。

3.1.2 接口数据的组织方式

接口数据可分为两种类型：一是非实时类数据；此类数据通常比较重要，要方便运维人员追踪查看，但实时性要求不高，因此我们采用文件方式封装数据，数据包括交易数据、参数数据等；二是实时类数据，此类数

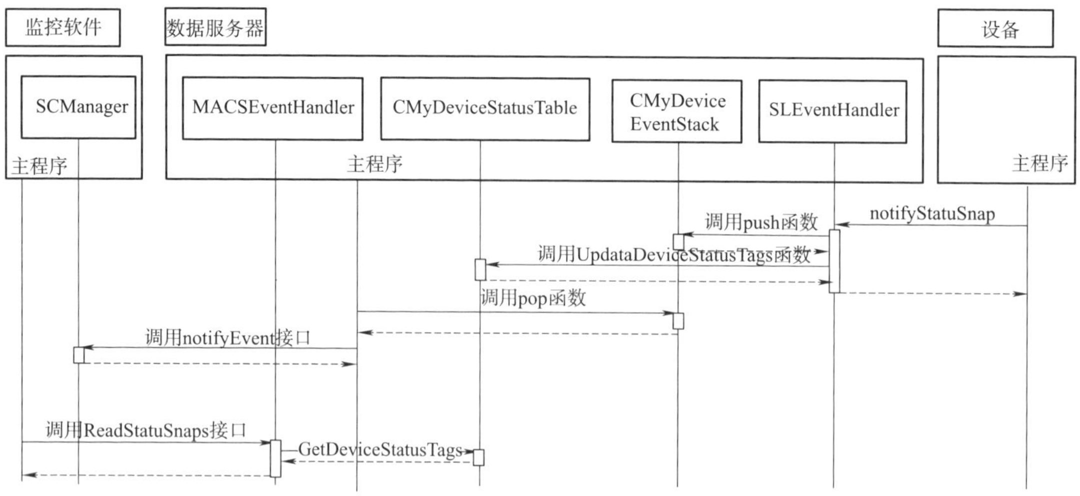

图1　设备事件数据传输接口图

据实时性要求高，但数据刷新频率高，且通常无须记录此类数据的变化过程，数据包括系统命令、设备状态和实时客流数据和各类事件等。

两种类型的数据分别以如下方式进行组织：

非实时类数据采用文件形式对数据进行封装，文件数据通常有二进制、文本、XML 和 XDR 等形式，系统中的文件数据采用外部数据表示(eXternal Data Representation，XDR)格式。XDR 既是一种描述数据的语言，又是一组用于编码的规则。XDR 允许采用一种与体系结构无关的方式进行封装，可以在不同的体系结构和异构计算机系统之间正确地传输数据，XDR 文件就是采用 XDR 编码规则所定义的文件。通过远程过程调用(Remote Procedure Call，RPC)，将 . x 文件转换成多种开发语言源程序，在接口调整时，只需调整 . x 文件即可保证接口的一致性。

实时类数据可采用实时数据库存储，通常采用键值对(Key-value)形式，键值对是一个常用的数据结构概念，每个存放到该数据结构中的值(Value)都对应一个全局唯一的键(Key)。该数据结构的特征是以空间换时间，通过键查询值通常是比较快速的过程，且具有查询速度快、存放数据量大、支持高并发等优点。

3.1.3　接口数据的传输方式

文件类型数据一般对传输实时性要求不高，但需保证较好的安全性、完整性和通用性。采用文件传输协议(File Transfer Protocol，FTP)进行通信是一个较好的选择。FTP 是一种被广泛认可的通信协议，传输效率高，安全性高，同时它也是一个应用程序(Application)。基于不同的操作系统有不同的 FTP 应用程序，而所有这些应用程序都遵守同一种协议以传输非实时数据。

实时类包括命令、事件和状态等，其特点是对传输的实时性和兼容性要求高。CORBA(Common Object Request Broker Architecture)技术是一种面向对象的通信中间件技术，它使得客户可以像调用本地对象的操作一样调用服务器 CORBA 对象的接口操作，从而实现通信双方的信息交换。CORBA 通信中间件具有如下优点：

(1)引入了代理的概念。在分布式环境中，对象请求代理(Object Request Broker，ORB)负责透明地接收请求与发送响应。

(2)实现了客户和服务器的完全分离。在保持接口不变的情况下，客户和服务器可分别独立升级。

(3)提供了软件总线的机制。软件总线是指 CORBA 规范定义的一组接口规范，并且这个接口规范与任何的运行平台及编程语言相独立。服务器将具有标准接口的软件构件挂接到软件总线上，客户通过软件总线访问软件构件，从而实现软件构件的即插即用。

(4)具有良好的语言无关性。客户与服务器可以用不同的编程语言编写。

基于以上优点，南京 ZLC 系统采用了 CORBA 技术进行实时类数据的通信传输。在设备、数据服务器以及监控软件上都部署 CORBA 的接口服务程序，根据 AFC 的需求，最终其实时通信核心接口被抽象为：发送命令、推送事件和读状态三种接口。

3.2 数据接口的兼容性设计

系统同时存在 ACC 和 ZLC 两种参数。ACC 参数主要用于整个线网运营，例如票种、车站、费率、费率等级等。与 ACC 参数不同，ZLC 参数主要用于管理线网设备。在同一 ZLC 系统内的设备因模块或整机不同，部分具体设备参数也不尽相同，如票箱装票数量、设备发声、地图像素、硬币模块参数、纸币模块参数等，即使同一供应商的设备，因为是不同建设时期的设备产品，软件版本也可能不尽相同。

为此，我们对各类型设备进行编码，对同类型设备(如自动售票机)也需根据其部件类型、硬件特点、软件版本等具体情况进行分类，编码为子类型。同时，在统一编码的基础上建立起各类型设备与设备参数的映射关系。当进行设备升级管理时，系统可根据设备编码对应的目录进行各自独立的下载更新。

通过设备参数线网级的兼容性设计，实现了 ZLC 系统软件对不同类型设备的兼容接入，可以对广泛分布于各线车站现场的各类型设备集中进行参数与设备软件的升级管理，提高了运营管理效率，也因此打破了具体设备属于某条线路的限制，大大方便了运营维护过程中根据客流情况进行线网内设备调配和更新的工作开展。

3.3 数据接口的可扩展性设计

随着技术的发展，在 ZLC 生命周期内，为满足具有新功能的新部件模块、新设备机种的接入，除了在系统定义、编码上的设计预留以外，可扩展性还通过如下方面得以实现：

系统交易数据采用 XDR 形式，XDR 通常采用 UNION 的方式，将一些功能相似、数据字段不同的数据抽象成一种数据类型，因此具有良好的可扩展性。例如南京地铁在实施交通部一卡通项目改造过程中，由于进度问题，旧线路上只有部分设备支持城市交通卡，则原有系统沿用原有 .x 文件，而新系统则在新 .x 文件交易类型中新增城市一卡通交易的联合体即可。

命令、事件和状态数据均采用键值对形式，实现了实时通信的良好可扩展性。车站设备一方面需向数据服务器上传状态和事件数据，另一方面需接收数据服务器发来的命令。虽然 AFC 系统各个接口是固定的，但 ZLC 可监控各种设备的键值对参数来增强数据接口的扩展性。当发送命令时，对于新增的设备，增加相应键值对来响应命令；对于旧有设备，则采取抛弃命令措施。除了固定的必备事件，设备向上层进行上报的事件是可配置的，通过配置表文件来配置事件类别、事件级别等来完成对新事件的处理，例如私自打开 TVM、擅闯闸机扇门等事件。

4 南京地铁 ZLC 项目实施

根据南京地铁线网建设相关规划，将在东部、南部、中部及位于江北的北部设立 4 个区域化的线路控制中心，AFC 系统也将同址建设 4 个区域中心 ZLC，其中位于南部的南京南区域中心已经建成，灵山区域中心在建，珠江路区域中心将结合既有 1 号线、2 号线改造进行实施，如图 2 所示。

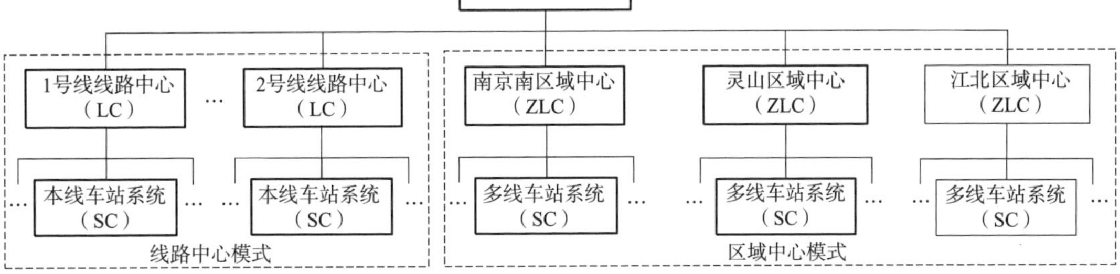

图 2 南京地铁 AFC 系统区域中心实施现状图

目前，南京南 ZLC 已成功接入 3、10 号线并开通运营，宁和城际线正在接入调试中，未来还将接入多条线路，开通运营两年以来，包括售检票交易、设备监控、运营参数下发等主要 AFC 系统功能均运行良好，并且在提高运营管理效率、方便现场维护组织上都体现了较好的优越性。此外，在兼容性方面，南京南 ZLC 系统已经实现对两种子类型的自动检票机的兼容，在建的灵山 ZLC 也已完成了两种子类型自动售票机的现场调试，系统支持对不同子类型设备的统一管理。

5 结　语

通过对网络化条件下城市轨道交通 AFC 系统建设需求的分析，结合南京地铁 AFC 系统建设实践，对轨道交通自动售检票系统区域中心建设思路进行了若干探讨。相信随着各兄弟城市在 AFC 系统建设方面的探索和创新，包括南京区域中心在内的网络化建设模式一定会得到不断的完善和更广泛的应用。

箱式变电站在城市轨道交通中的实际应用

赵　晨

（南京地铁建设有限责任公司，南京　210017）

摘　要：针对南京地铁宁高城际 S9 号线跨湖段区间变电站建筑规模受限的问题，S9 号线在石臼湖上采用了箱式变电站的解决方案。本文介绍了 S9 号线设计、施工、运营情况，就箱式变电站和传统房式变电站的规模、经济性、施工难度、运营情况、适用性等特点进行了对比，对变电站建设提出了一些建议。

关键词：城市轨道交通；箱式变电站；跨湖段

自 2000 年南京地铁 1 号线开工以来，南京市轨道交通的建设进入了飞速发展时期，轨道交通的形式也愈加多元化。轨道交通线路的地下段、地面段、高架段根据城市的规划和地形需要，在不同的线路和区域中各司其职。而南京作为一个南北狭长的水乡城市，在市域轨道交通中必不可少地会出现各种跨江、跨河、跨湖段以及长大区间的特殊区段。作为轨道交通设备系统的核心之一，供电系统应根据线路及自身特点，合理地设置变电站的位置与形式，达到减小建设规模、节约建设投资、缩短施工工期的目的。

1　背景特点

1.1　南京地铁 S9 号线的特点

南京地铁宁高城际 S9 号线北起翔宇路南站，经铜山、石湫、明觉后，与宁高新通道并线上跨石臼湖，经团结圩，进入高淳城北科技新城，南至高淳站，全长 52.42 km，其中地下段 3.61 km，地面段 4.62 km，高架段 44.19 km；共设置 6 座车站，13 座牵引变电站，其中跨湖段自明觉站至团结圩站全长 16.97 km，在石臼湖上设区间变电站 2 座。

湖上区间变电站位于宁高新通道外侧，为减小对公路和湖中自然保护区景观的影响，规划要求变电站应尽量减小建筑规模，并且变电站施工应避免污染水体。因此经多方研究讨论，最后决定采用箱式变电站的方案。

1.2　箱式变电站在轨道交通行业的背景

箱式变电站在美国、英国、法国等西方国家已被广泛采用，有着 40 多年的运营经验，香港地铁、北京地铁、上海地铁等运营单位也有少量的使用经验，ABB、施耐德、西门子等国外厂商均有成熟的箱式变电站生产经验和运营业绩，国内也有部分厂商有生产轨道交通箱式变电站的能力，但国内尚无生产大容量 35 kV GIS 箱式变电站的经验。南京地铁 S9 号线在国内首次使用了大容量 35 kV GIS 箱式变电站（单台变压器容量达 2 000 kVA），同时，这也是国内轨道交通首次在跨湖段水上设置牵引变电所。

2　箱式变电站与传统变电站的构成对比

箱式变电站与传统变电站相比，其内部设备配置相同，包含了中压柜、整流变压器、整流器、负极柜、排流柜、直流柜、动力变压器、控制柜等设备，同时还包含照明、动力电源、通风空调、门禁、火灾报警系统、摄像头等配套设备。

根据设备及地形情况，箱式变电站设计时需在本体底部预留电缆孔洞，同时在土建基础施工时，可能需配合进行电缆层施工并预留电缆层孔洞。箱式变电站通过预留的钢结构电缆上桥通道进入轨道交通正线桥梁。

与传统变电站钢筋混凝土结构不同，箱式变电站采用预制钢板拼装焊接而成，焊接点处需进行防水处理。壳体外进行镀锌并喷涂防腐涂料，满足区段内的防腐要求。在壳体内部布置保温层，以减少钢制外壳带来的四季昼夜温差变化。箱式变电站内的电源一般由交直流屏引出，开关柜室采用工业级空调，整流变压器室可采用风冷或工业级空调的模式进行降温。

图 1 为 S9 号线的跨湖箱式变电站平面布置图，考虑 S9 号线跨湖区间变电站只对通信等少量设备负荷及区间照明供电，在设计中取消了低压柜，利用交流屏进行供电，同时根据跨湖段地形特点，对设备房布置进行优化，将整流器布置在高压室，整流柜和配电变压器布置在控制室，使得整体面积最小化。全所共计高压室、控制室、两个整流变室 4 个模块，高压室和控制室总重 30 t，整流变压器室重 17 t。配电变压器容量 160 kVA，整流变压器容量 2 000 kVA，整流变压器箱体占地面积 3.6 m×5 m，跨湖箱式变电站箱体占地面积 31 m×5 m，对比 S9 号线标准变电站的 400 m^2 占地面积，缩小了 70%的占地面积。

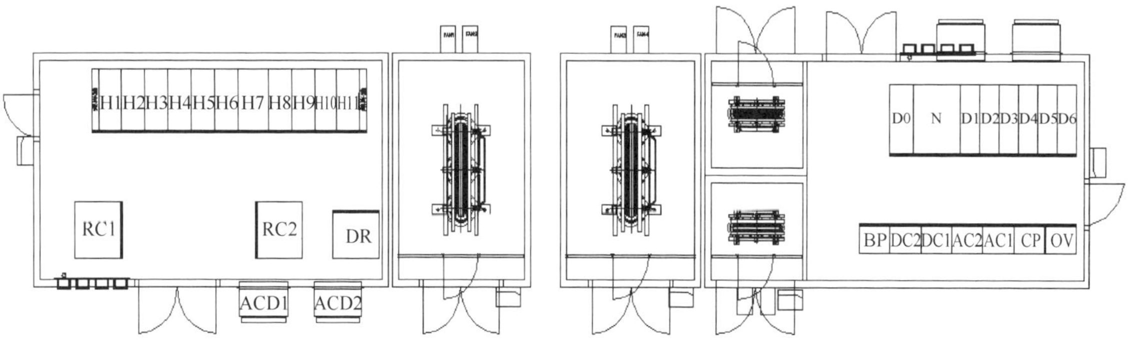

图 1　S9 号线的跨湖箱式变电站平面布置图

3　箱式变电站与传统变电站在施工中的对比

传统的地铁变电站建设周期较长，涉及结构、建筑、暖通、给排水、照明配电、FAS、门禁等大量专业，各专业之间接口众多，施工中包含土建、安装、装修、设备安装调试等步骤，施工过程中易出现配合失误，如漏开孔、管线占用等情况，而设备安装与装饰装修之间的工序交叉，不仅易导致工期延误，更容易对精密设备造成损坏，造成财产损失。而箱式变电站具有“一体化施工”的特点，照明、动力电源、通风空调、门禁、火灾报警系统、摄像头等设备在设计时进行整体设计，在厂内统一组装调试，避免了现场工序交叉。在厂内，不仅可以完成上述的变电站外部专业施工，同时可以对设备进行固定就位、拼柜、接线、调试和试验，将现场工作在厂内无尘环境下完成，到现场吊装后只需进行少量的接线和调试工作，大大缩短了现场的施工周期。不过，箱式变电站因体积和重量远超传统设备，现场运输和吊装时难度较大，需编写专项的吊装方案和交通疏导方案。

南京地铁 S9 号线跨湖段区间变电站在施工时具有其特殊性，由于施工时石臼湖时值枯水期，湖上无法进行浮吊作业，只能采用在公路桥上用汽车吊将箱式变电站吊至水上平台一种方案，石臼湖大桥限重 55 t，吊车自重 43 t。而由于箱式变电站的 4 个模块重量均超过了 12 t，不满足大桥的承重要求，因此，设计联络时最终确定采用“将高压室和控制室一分为二，现场拼接并增加密封条；所有设备分开吊装；现场安装调试”的施工方案。该方案相较于标准的箱式变电站，增加了吊装工作量和现场接线的工作量，并将原计划在工厂内安装调试的工作量改至现场完成，但总体工期并未受到影响。

4　箱式变电站与传统变电站在运营中的对比

为了减少占地面积，箱式变电站在设计时会尽可能地压缩无效面积，安装完成后，很多设备仅保留前维护通道，无法从背面进行维护，这对箱式变电站的设备本身提出了更高的要求，在设备设计上尽量做到前维护甚至免维护。由于内部空间紧张，运营人员的操作难度可能有所提高，但是技术上与传统变电站并无差别。

S9 号线湖上变电站运行后，尚无漏水、高温等因素导致变电站设备故障，箱式变电站运行情况稳定。由于石臼湖上有大量蚊虫，通过空调和通风孔进入了发光发热的变电站，于是运营人员针对运行情况，在变电站的通风孔处额外增加了防虫设施。

5 结论与建议

综上所述，对传统的土建房式变电站和箱式变电站进行了综合比较，见表 1。

表 1 土建房式变电站与箱式变电站的综合比较

变电站形式	土建房式变电站	箱式变电站
经济性	约 1 500 万元(含房建)	约 1 800 万元
外形尺寸	占地面积约 400 m^2	占地面积约 150 m^2 净空高度减少约 2 m
设备安装	设备运输和现场安装方便，现场工序交叉较多、施工周期较长，施工可靠性受现场环境限制	设备运输较为复杂，现场无工序交叉、施工周期短，施工可靠性受现场影响较小
运营维护	无人值班，每日巡检，维护方便	无人值班，每日巡检，维护难度受房间大小及设备特点影响
适用性	适用于土建施工基本不受限的变电站	适用于地面、高架区段空间受限的变电站

箱式变电站的占地面积小于标准变电站，适合于各类地面区间变电站的建设。同时，箱式变电站可以较为灵活地改变设备的布局，满足不同地形的要求，如安置在高架段桥下等区域，考虑征地、拆迁费用等因素，在区间变电站的建设费用上占据优势。若在车站地下空间不足的情况下，也可以考虑在地面设置箱式变电站代替地下车站变电站。

箱式变电站在满足现场运输条件的情况下，可以在厂内完成大部分设备组装、接线、调试工作，现场只需完成少量连接和调试工作。在现场运输条件不满足时，箱式变电站同样可以进行拆分后运至现场组装、安装、调试，整体流程较为灵活。相较传统变电站的土建、机电、装修、设备安装调试流程，箱式变电站减少了工序的交接，缩短了工期，为轨道交通的后续建设提供了新思路。

在实际设计和施工中，箱式变电站应特别注意其位置及周边自然环境，合理设计箱体模块，优化运输方案，减少运行后对其带来的额外影响。

宁高城际轨道交通工程弓网动态仿真分析

蔡彬彬

（南京地铁建设有限责任公司，南京　210017）

摘　要：南京宁高城际轨道交通禄高段工程建设中，采用先进的仿真手段，建立高精度的接触网与受电弓模型，深入研究弓网间的动态关系，通过模拟分析来校核设计参数。

关键词：城市轨道交通；架空接触网；弓网关系

采用电力牵引的列车通过受电弓从架设在线路上方的接触网获取牵引电能，行进中的受电弓作为激励源引发接触网振动，导致受电弓与接触网之间的接触力发生动态的变化，弓网间的力学特性随着列车运行速度的提升会发生显著的变化，严重时会引起受电弓离线，影响列车的取流质量。对弓网之间的接触质量可通过动态接触压力来进行评估。

以往的城市轨道交通工程中，弓网关系没有引起足够的重视，一方面是缺少可靠的验证手段，另一方面是因为在低速行驶时，弓网关系所引发的问题并不突出，接触网的设计取值大多依赖工程经验，严格来说，是不够严谨的。

南京宁高城际禄高段工程线路主要采用高架敷设，部分区段位于地下，最高运行速度达 120 km/h，车辆采用 3 辆编组，建成后将是南京市城市轨道交通线路中运行速度最高的线路。鉴于本工程运行速度高，前后弓间距小，线路复杂，为验证接触网设计参数选择的合理性，在设计阶段引入了受电弓/接触网耦合模拟动态仿真软件，借助计算机模拟手段，验证了设计参数的合理性，为类似线路积累了宝贵的工程经验。

1　工程概况及设计仿真输入资料

本工程采用地铁 B 型车，初、近期采用 3 辆编组，远期采用 3 辆、4 辆编组混行，速度目标值 120 km/h，双弓运行，双弓间距 25.12 m。与仿真相关的其他主要输入资料简述如下：

1.1　隧外接触网设计参数

隧道外主要为高架区段，接触网采用 2×JT150（双承力索）＋2×CTA120（双接触线）的简单链型悬挂方式，柔性接触网直线段跨距按 46 m 设置，拉出值为±200 mm，锚段长度一般不超过 1 200 m，导高按 4 600 mm 设计。

1.2　隧内接触网设计参数

隧道内全部采用刚性悬挂（HL2213＋CTA120），中间悬挂点跨距一般为 8 m，锚段长度一般为 243 m，正弦波形布置，最大拉出值不超过 250 mm，隧道导高按 4 040 mm 设计。

柔性接触网与刚性接触网之间设切槽式刚柔过渡。

2　仿真模型

2.1　仿真平台

本次仿真计算中有限元模型的建立和受电弓/接触网耦合模型的计算利用 ANSYS 软件完成。ANSYS

软件是包含结构分析、流体力学分析、电磁场分析、声场分析、热场分析及多物理场耦合分析于一体的大型通用有限元分析软件，能处理常规静力学、动力学问题，提供线弹性、非线性分析能力，其强大的软件功能能满足弓网仿真计算的需要。

2.2 受电弓模型及输入参数

本次研究采用的接触网为三维接触网，采用六质量受电弓模型较为合适。目前研究弓网系统动力学的受电弓模型一般采用归算质量模型，近几年来的研究发现：将双滑板模型（六质量模型）简化为单滑板模型（四质量模型），计算结果相差很小，但能显著减少计算资源的要求。所以本次研究采用的受电弓模型为四质量模型，如图 1 所示。

图 1 中，F_{c1}、F_{c2}为作用于弓头滑板支撑上的接触压力；F_0为受电弓静态抬升力；y_{11}、y_{12}、y_2、y_3分别为四质量块的垂向位移；m_{11}、m_{12}、m_2、m_3分别为四质量块的等效质量；c_{11}、c_{12}、c_2、c_3分别为连接部件的阻尼；k_{11}、k_{12}、k_2、k_3分别为连接部件的刚度；F_{11}、F_{12}、F_2、F_3为干摩擦力，方向由 y_2-y_{11}、y_2-y_{12}、y_3-y_2、$-y_3$决定。

F_{c1}、F_{c2}之和为总接触压力 F_c。对于单接触线接触的情况，F_{c1}、F_{c2}根据弓头/接触线的接触点与线路中心距离 y_s呈线性变化，如图 2 所示。

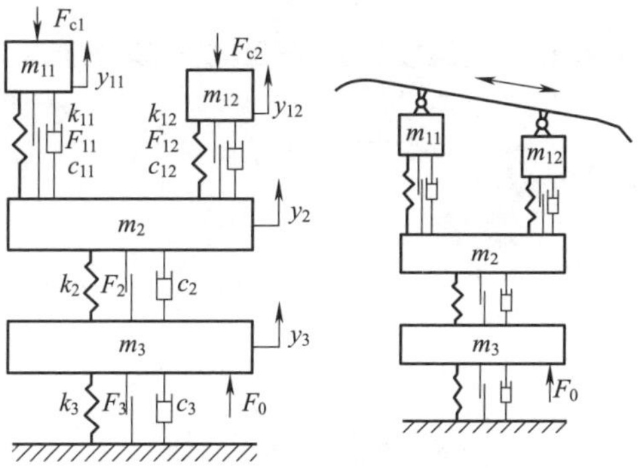

图 1 受电弓的四质量研究模型

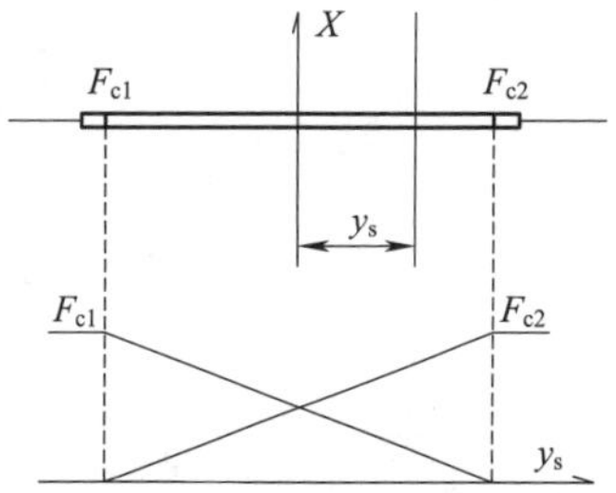

图 2 受电弓的弓头接触压力

F_{c1}，F_{c2}可表示为

$$F_{c1}=\left(\frac{1}{2}-t\right)\cdot F_c \tag{1}$$

$$F_{c2}=\left(\frac{1}{2}+t\right)\cdot F_c \tag{2}$$

$$t=\frac{y_s}{L} \tag{3}$$

式中 F_c——总的接触压力；

L——滑板两支撑点的距离。

3 双线柔性简链接触网仿真

3.1 接触网模型输入

接触网为柔性简链型三维接触网模型。接触网模型由两个锚段的接触网组成。前段为计算准备段，后段为计算工作段。两个锚段通过锚段关节连接。接触网模型如图 3 所示。

工作段为仿真计算的主体。工作段接触网模型为 46 m 跨距，计算锚段共计 10 跨（水平）工作段。

3.2 120 km/h 车速下的仿真结果

120 km/h 车速的仿真结果如图 4 所示。图 4 中，横坐标为受电弓沿线路方向的位移（m），纵坐标为接触压力（N）。蓝线为受电弓前弓与准备锚段接触线的接触压力；棕线为前弓与工作段（后一锚段）接触线的接触压力。

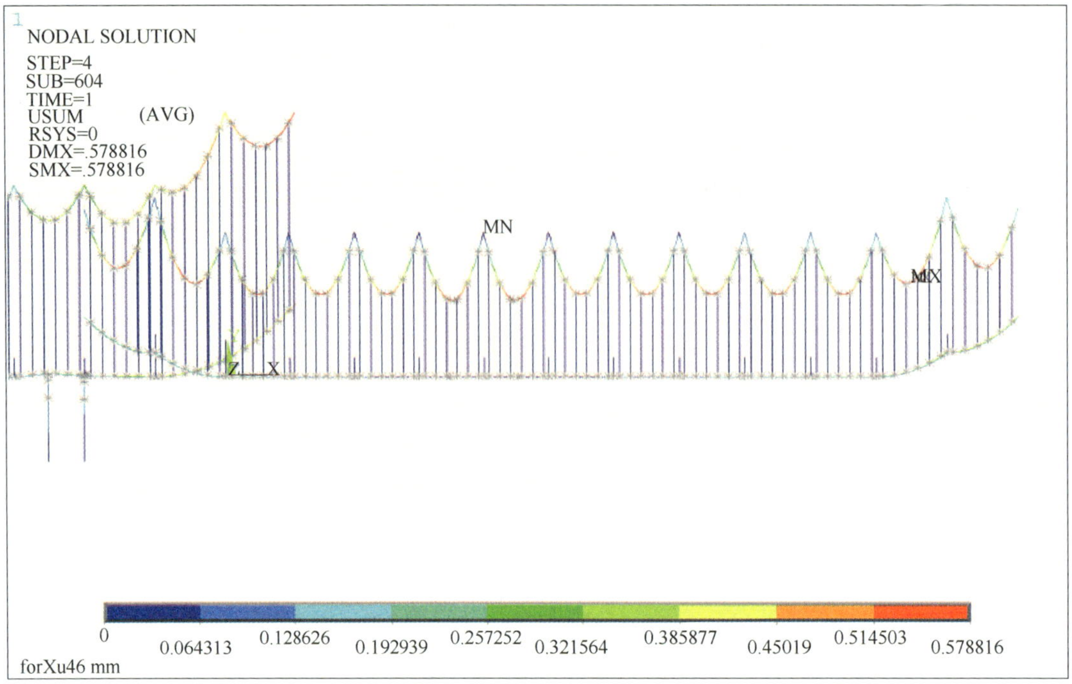

图 3 仿真柔性接触网

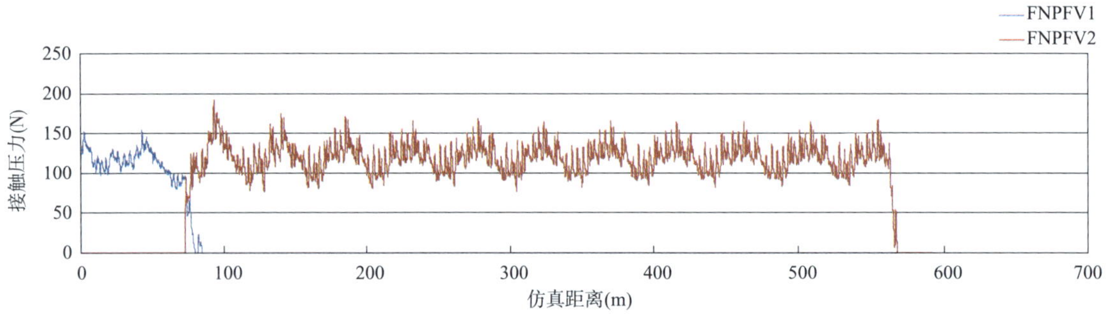

图 4 前弓接触压力

51～101 m 为锚段关节过渡跨，该段内受电弓与两个锚段的接触线都有接触。从图 4 中仿真结果可以看出，在锚段关节过渡跨中，受电弓先是与前锚段接触线接触，经过过渡段以及抬高段后，接触力由大变小，逐渐脱离受电弓；而与后一锚段接触线的接触过程则相反，先是未接触，然后逐渐压力变大，成为主工作支，受电弓顺利过渡到后一锚段。在这个过渡过程中，受电弓始终与接触线有接触力，没有出现离线的情况(即未出现与两支接触线压力同时为零的情况)。

由于与前弓相隔 25.12 m，后弓首先经过 51 m+25.12 m 的准备段，然后 50 m 的锚段关节转换跨、10 跨每跨 46 m 的工作段。后弓的接触压力变化曲线如图 5 所示。76.12～126.12 m 为锚段关节过渡跨。其动态接触压力在锚段关节处的变化过程和前弓是一致的。

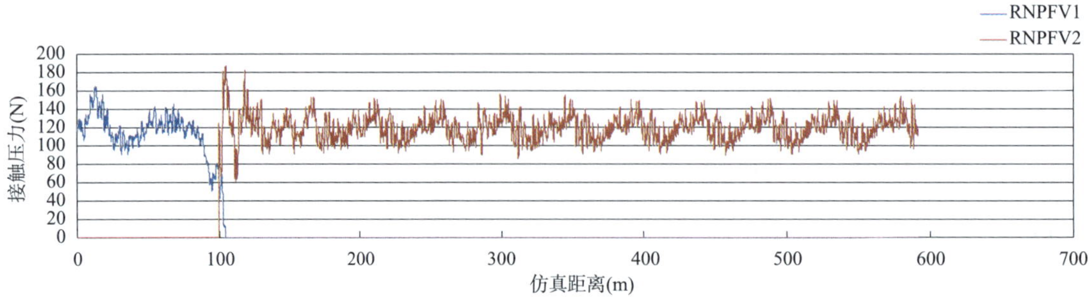

图 5 后弓接触压力

表 1 为 120 km/h 接触压力的统计值。

表 1　120 km/h 接触压力统计值

受电弓位置	平均值(N)	标准差(N)	最大值(N)	最小值(N)
前弓	118.8	16.3	174.8	76.52
后弓	119.5	14.2	187.7	61.21

4　刚性接触网仿真

4.1　接触网模型输入

刚性接触网采用三维建模。接触网模型采用两锚段接触网组成(图 6)。前锚段为准备锚段,是简链柔性接触网。受电弓开始时位于准备锚段。后锚段为工作锚段,由柔性简链接触网、刚柔过渡段、刚性接触网、刚柔过渡段、柔性简链接触网组成。

刚柔过渡段由 5 m 柔性接触线和 10 m 刚柔转换结构组成。刚柔转换结构的结构刚度从柔性接触线到刚性汇流排按长度线性过渡。

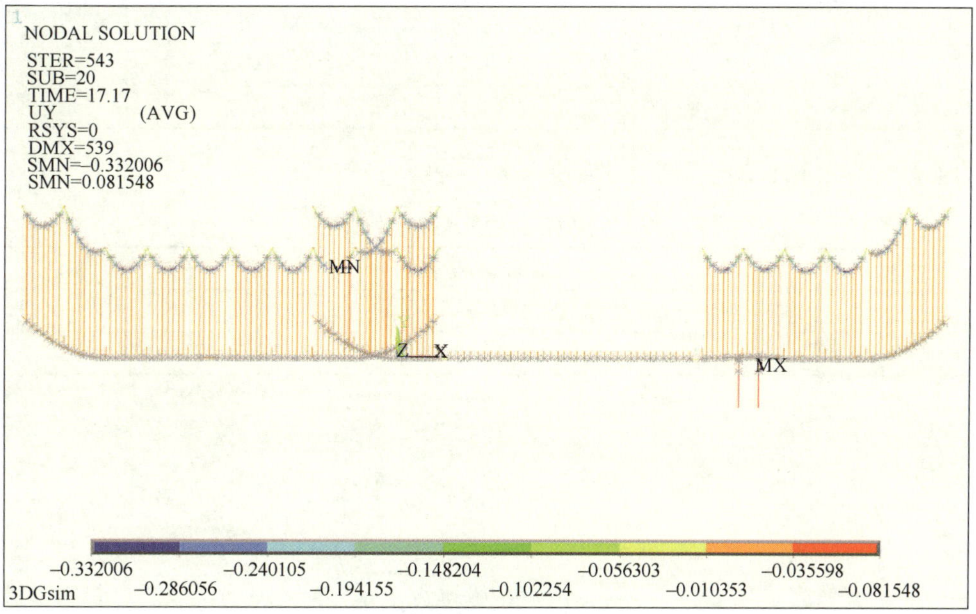

图 6　刚性接触网计算模型

4.2　120 km/h 车速下的仿真结果

前弓的接触压力变化曲线如图 7 所示。图 7 中,蓝线为受电弓前弓与准备锚段接触线的接触压力;棕线为前弓与工作段接触线的接触压力。图中 51～101 m 为柔性接触网关节的过渡跨;151～166 m 为刚柔过渡段;166～454 m 为刚性悬挂段;454～469 m 为刚柔过渡段;其他为简链柔性段。

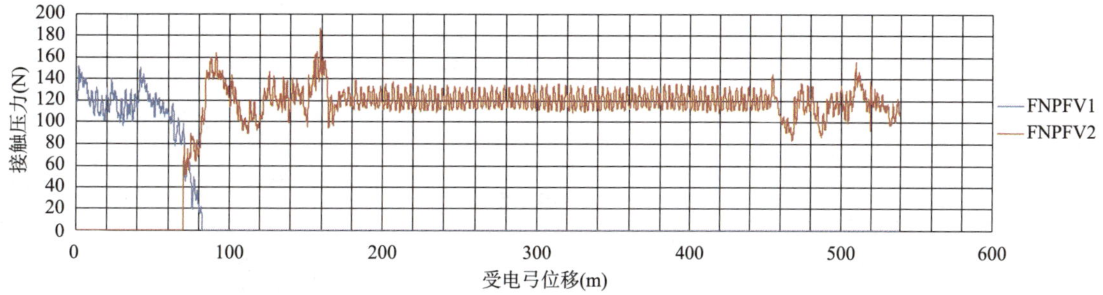

图 7　刚性接触网前弓接触压力

从前弓的仿真结果可以看出，在 120 km/h 车速下，整个区间接触压力最大值出现在柔性网向刚性网转换的区段，但幅值并不大。在刚性网区间，接触压力波动很小。

后弓的接触压力变化曲线如图 8 所示。图 8 中位移与前弓相差 25.12 m，如 191.12～479.12 m 为刚性悬挂段。

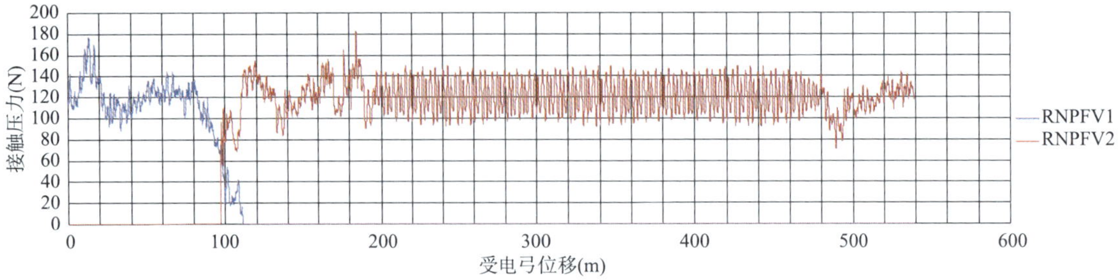

图 8　刚性接触网后弓接触压力

刚性悬挂段接触压力的统计值见表 2。

表 2　刚性悬挂段接触压力统计值

受电弓位置	平均值(N)	标准差(N)	最大值(N)	最小值(N)
前弓	120.9	7.6	138.2	97.0
后弓	121.1	15.9	150.0	91.7

接触压力的最大值和最小值都在刚柔过渡段产生，见表 3。

表 3　接触压力的最大值和最小值

受电弓位置	最大值(N)	最小值(N)
前弓	186.99	83.09
后弓	182.39	71.01

5　总体评价

5.1　评价标准

对接触网—受电弓系统受流质量的评价可以采用平均接触力(F_m)、标准偏差(σ)、最大接触力(F_{max})等评价标准。

(1)对速度 $v \leqslant 200$ km/h 的直流 1 500 V 系统来说，动态接触力平均值与标准偏差应满足以下要求：

$$70 < F_m < 0.000\,228 \times V^2 + 140$$

$$\sigma \leqslant 0.3F_m$$

(2)动态接触力的最大值应满足 $0 < F_{max} < 300$ N。

(3)平均接触力加上 3 倍标准偏差应小于或等于表 3 中的最大值，平均接触力减去 3 倍标准偏差应是正值。

5.2　总体评价

本次仿真的结果汇总见表 4。

表 4　仿真结果汇总表

悬挂类型	受电弓位置	平均值 F_m(N)	标准偏差 σ(N)	最大值 F_{max}(N)	最小值 F_{min}(N)
柔性悬挂	前弓	118.8	16.3	174.8	76.52
	后弓	119.5	14.2	187.7	61.21

续上表

悬挂类型	受电弓位置	平均值 F_m(N)	标准偏差 σ(N)	最大值 F_{max}(N)	最小值 F_{min}(N)
刚性悬挂	前弓	120.9	7.6	138.2	97
	后弓	121.1	15.9	150	91.7
刚柔过渡段	前弓			186.99	83.09
	后弓			182.39	71.01

(1)最大动态接触力

从表 4 可以看出,无论是刚性悬挂还是柔性悬挂,在最高速度运行时,弓网动态接触力最大为 187.7 N,小于行业标准中最大值 300 N 的要求。

(2)动态接触力平均值

当行车速度在 120 km/h 时,根据计算动态接触力平均值在 70 N$\leqslant F_m \leqslant$143.28 N 范围内,满足要求。

(3)动态接触力标准偏差

各区段动态接触力标准偏差计算结果见表 5。从统计计算的结果来看,动态接触力标准偏差小于 $0.3F_{max}$;同时平均接触力加上 3 倍标准偏差小于 300 N,平均接触力减去 3 倍标准偏差是正值,满足规范要求。

表 5　动态接触力标准偏差计算结果

悬挂类型	受电弓位置	平均值 F_m(N)	标准偏差 σ(N)	最大标准偏差 $0.3F_m$(N)	$F_m+3\sigma$(N)	$F_m-3\sigma$(N)
柔性悬挂	前弓	118.8	16.3	35.64	167.7	69.9
	后弓	119.5	14.2	35.85	162.1	76.9
刚性悬挂	前弓	120.9	7.6	36.27	143.7	98.1
	后弓	121.1	15.9	36.33	168.8	73.4

综上,由仿真结果分析可知,接触网设计方案与受电弓的匹配度较好,所选取的设计参数科学合理,在本工程运营条件下弓网间呈现出较高的受流品质。但需说明的是,本次仿真所采用的受电弓模型为通用模型,可能与实际选用的受电弓参数存在一定偏差;此外,本次仿真未考虑电动车组运行过程中的车辆晃动以及来自轮轨、减震道床等弓网系统以外的激扰所带来的影响,这些因素可能会造成仿真结果出现偏差。

音视频编码在LTE车地无线网络中的可靠传输技术

崇昊旻

（南京地铁建设有限责任公司，南京　210017）

摘　要：本文主要介绍一个可靠的数据传输技术，用于在1.8 GHz频段LTE车地无线网络中可靠地传输音视频编码数据。

关键词：LTE；音视频编码；可靠传输；PIS；TS流

1　概　　述

在城市轨道交通系统工程中，乘客信息系统(Passenger Information System，以下简称PIS)的一个重要功能是地铁列车上的音视频直播。要实现该功能，就需要将直播信号的音视频编码数据从PIS的控制中心可靠地传输到列车上。这需要通过地铁线路建设的1.8 GHz频段LTE车地无线网络来实现，该无线网络能够提供给PIS业务的实际带宽大约为6 Mb/s。

音视频编码数据的特点是数据量很大，按照PIS的实际功能要求，经压缩后列车音视频直播的编码码率一般要求达到4 Mb/s左右。在LTE车地无线网络综合承载的三个业务中，信号系统是列车行进控制的安全保障系统，优先级是最高的，视频监控系统则是安防反恐的重要辅助手段，优先级次之，PIS业务是三个业务中优先级最低的。

由于LTE的带宽有限，以及PIS业务的低优先级设定，当瞬时数据带宽超过LTE的带宽时，LTE无线网络将会优先丢弃PIS的音视频直播数据，从而导致列车上的音视频直播出现卡顿和马赛克现象，影响乘客的观感体验，数据丢的越多，卡顿和马赛克现象就越严重。

2　传输链路

在PIS中，控制中心有一台音视频信号的直播编码器，该设备的作用是将来自视频流服务器或者有线电视的直播信号按照DVB标准编码成TS流，并封装成UDP包输出到PIS的以太网中。

为了确保所有车站和车载的播放控制器都能够接收到直播数据，音视频编码的UDP数据包通常采用组播的方式进入PIS网络。车站或者车载的播放控制器只要加入指定的组播组中就可以接收到直播数据。

PIS传输示意如图1所示。

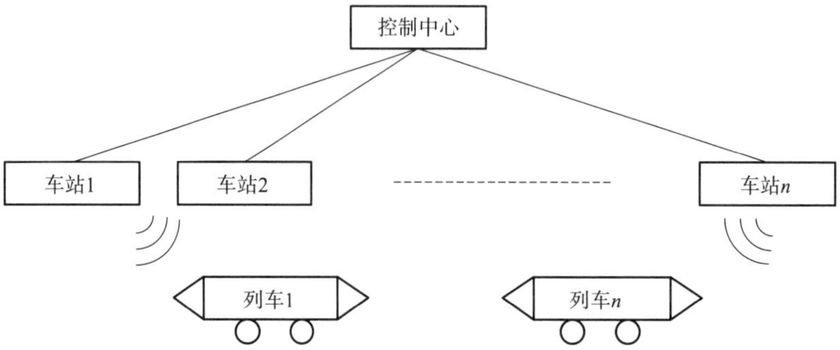

图1　PIS传输示意图

PIS 控制中心通过光纤与各个车站相连，构成星形千兆以太网，各个车站之间的轨道区间铺设 LTE 漏缆天线，车载局域网与地面的 PIS 局域网通过车地 LTE 无线网络实现互联。

根据以上 PIS 传输示意图，对于列车来说，直播音视频数据包的传输流程如图 2 所示。

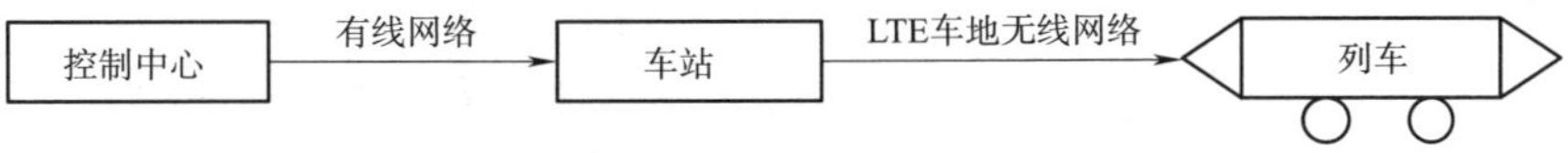

图 2　直播音视频数据包的传输流程

从车载直播数据的传输链路来看，直播数据包从控制中心产生，然后经过有线网络和 LTE 车地无线网络，最终到达列车。有线网络可以认为非常成熟稳定可靠，不会导致数据丢失，而 LTE 车地无线网络由于无线容易受干扰，数据传输过程中会出现丢失的现象。本文正是针对此问题提出一个方法，用于在 LTE 车地无线网络上可靠地传输音视频直播数据。

3　数据缓冲重传

对于车载音视频直播功能来说，数据包带来的后果就是解码播放会出现卡顿和马赛克现象，影响观感体验，要解决此问题，需要将丢失的数据包再找回来。由于直播数据流是实时产生的，一旦经过编码器输出，就成为历史，无法回溯。因此，在后续的传输过程中出现丢失后要能够补回来，首先需要对编码器输出的直播流进行缓冲，车载接收端发现数据包丢失后再从控制中心的数据缓冲中申请丢失的数据包。

数据缓冲重传需要客户端和服务端配合实现。

3.1　服 务 端

服务端采用专门的直播服务器设备来实现，该设备从网络接收来自编码器的直播数据流，采用环形缓冲区缓冲约几分钟，如图 3 所示。

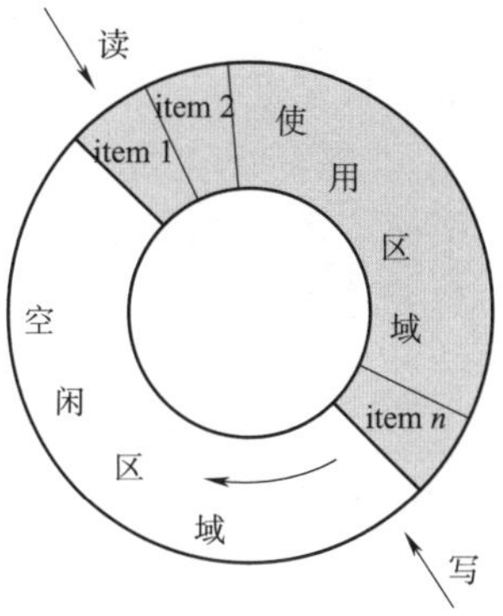

图 3　环形缓冲区

环形缓冲区所有的写和读操作都是在一个固定的存储空间内进行，写满缓冲区后又回到原始点从头开始；对于读操作，也是相同的处理方式。

写操作的算法伪代码如下：

```
WriteData(data,size)
{
if(pos +  size < =  bufsize)
{     copy(buf + pos,data,size);
}
else
{     copy(buf,data,bufsize-pos);
      copy(buf,data + bufsize-pos,size-(bufsize-pos));
}
pos = (pos +  size)% bufsize;
}
```

读操作的算法伪代码如下：

```
ReadData(data,size)
{
if(pos +  size < =  bufsize)
{     copy(data,buf + pos,size);
}
else
{     copy(data,buf,bufsize-pos);
      copy(data + bufsize-pos,buf,size-(bufsize-pos));
}
```

```
    pos = (pos +  size)% bufsize;
  }
```

3.2 车载客户端

车载直播客户端运行后，通过组播方式接收来自直播服务端的缓冲数据，并根据数据包的标识判断是否存在数据包丢失，如果存在，则向服务端发出指定数据包重传的申请，之后直播服务端根据客户端的请求将相应的数据包重新发送给指定的客户端。

由于每个车载客户端丢失的数据包有可能是不一样的，对于重传的数据包，采用单播的方式进行传输，同时为了确保重传数据包的可靠传输，需要建立一套数据传输和确认的机制。

数据接收和重传申请的工作流程如图 4 所示。

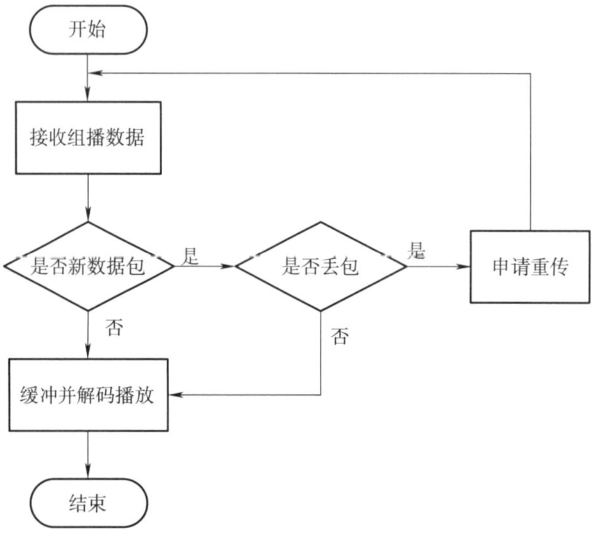

图 4 数据接收和重传申请的工作流程

4 结　　论

根据以上方法所实现的直播服务端和客户端在宁高城际轨道运行中进行了实际测试(表 1)，并与直接传输方式进行了对比。结果表明：如果未采用本文描述的方法来实现直播数据包的传输，列车上解码播放的画面经常能够观察到画面的卡顿和马赛克现象，而采用了本文描述的方法后，基本上不再观察到上述现象。

表 1 宁高 LTE 地面 PIS 第三阶段测试

编码格式	码流	有无补包	紧急文本能否下发	观 感 描 述	占用 LTE 网络情况
MPEG-2	2M	有补包	能	视频全程流畅，偶尔有轻微卡顿	2M～4M，平均 3M
		无补包	能	视频全程较流畅，偶尔有轻微马赛克	1.5M～3M，平均 2M
	4M	有补包	能	视频全程较流畅，有卡顿	4.5M～7M，平均 6M
		无补包	能	视频全程较流畅，有马赛克	4M～6M，平均 5M
H.264	2M	有补包	能	视频全程流畅	2M～4M，平均 3M
		无补包	能	视频全程较流畅，偶尔有轻微马赛克	1.5M～3M，平均 2M
	4M	有补包	能	视频全程较流畅，偶尔有轻微卡顿	4.5M～7M，平均 6M
		无补包	能	视频全程较流畅，有轻微马赛克	4M～6M，平均 5M

城市轨道交通车辆与信号主要接口问题分析

何玉琴　张　潜

（南京地铁建设有限责任公司，南京　210017）

摘　要：针对南京地铁建设过程中出现过的车辆与信号接口问题，梳理了需要在设计阶段注意的接口事项，提出建议解决途径。

关键词：接口；车辆；信号；设计

南京地铁1号线自2000年开工建设以来，先后出现了不少车辆与信号接口问题，接口问题解决不当会影响列车的功能或性能，严重的话会影响列车的正常运行。本文将十多年来南京地铁建设中遇到的车辆与信号接口问题加以梳理，这些接口事项在设计阶段需要重点关注，在车辆与信号接口设计阶段充分沟通、协商解决方案，尽早防范接口问题的出现。

1　安装接口

在安装方面，南京地铁出现过底架天线支架开裂、天线支架刚度不够、雷达安装位置不恰当等问题，机械方面的问题通常在运行一段时间才能暴露，建议对新项目的天线支架不仅要做有限元计算，还要进行疲劳试验，确保天线支架有足够的强度和刚度，与车体同寿命。

支架刚度容易被忽视，刚度不够，在运行过程中会产生变形，导致天线开裂。

雷达的安装位置需要注意避免雷达的工作面靠近轮对附近，以免轮对甩出的雨水污染雷达工作面。

2　驾驶模式定义

在设计阶段车辆应将司机控制器的驾驶模式详细告知信号系统，提交不同驾驶模式下的司控器触点闭合表。地铁车辆司控器通常有两种形式：①模式选择开关＋司机操作手柄（DCH）；②方式方向手柄＋司机操作手柄（DCH）。模式选择开关包括ATO、手动驾驶（CM）、限速向前（RMF）、洗车（WM）、关断（OFF）、限速向后（RMR）共6个挡位，每个驾驶模式中直接包含了方向信号，限速向前、洗车和限速向后模式包含了车辆的限速控制指令，车辆根据司控器的驾驶模式进行限速控制，其中限速向前模式限速25 km/h、洗车模式限速3 km/h、限速向后模式限速10 km/h，这些限速独立于信号系统的限速控制。信号系统也有限制模式，也是限速25 km/h，可以与车辆的限速向前模式整合在一起。方式方向手柄仅仅提供了方向信号，其他驾驶模式需要通过按钮或开关提供。

ATO模式下司机操作手柄（DCH）是否机械联锁要提前告知信号系统，若有机械联锁，ATO模式下DCH无法操作，司机不能干预ATO驾驶；若无机械联锁，车辆需要进行电气联锁设置，在ATO模式和自动折返模式下，来自ATO的牵引和制动指令是有效的，来自DCH的指令则需要进行屏蔽处理，设置为无效。司控器通常有快速制动挡位，对于来自司控器的快速制动指令是否有效可以由车辆与信号商定。

3　无人自动折返时序定义

列车折返可分为ATO驾驶模式无人自动折返、ATP监督下的人工折返模式、限制人工折返模式、非限制人工折返模式。最复杂的折返模式是ATO驾驶模式无人自动折返，在设计阶段信号系统应将折返时序提供给车辆，详细说明在不同的时序下车辆应执行什么指令，车辆应根据信号系统的时序要求绘制出相应的继电器、开关或按钮的工作状态，并和信号系统进行确认，确保在理论上自动折返功能能够实现，最终需在首列车信号系统调试时进行验证。

不同信号系统的无人自动折返控制逻辑不同。有的要求列车在转换轨执行列车换向/换端命令，列车执行“前进”指令；有的则要求在站台执行换向/换端命令，列车执行“后退”指令。不同的控制逻辑对车辆的要求不同，要求执行“后退”指令的信号系统通常要求车辆换端时不能断开高速断路器，若高速断路器（简称“高断”）断开，由于重新闭合高断时牵引主回路中的充电回路充电需要时间，将会影响折返效率。

南京地铁机场线可作为一个典型案例，对其他项目的接口设计具有借鉴意义。

首列车在试车线上测试无人折返功能，按照无人折返的操作步骤进行测试时，车载信号主机 VOBC 发出牵引受阻告警，施加紧急制动(EB)，系统未能正常进入无人折返运行状态。无人折返的操作步骤如下：

(1)列车位于终点站，需要折返；

(2)将两个驾驶室模式选择开关(MSS)都置于关断位置；

(3)司机激活无人折返请求(DMR)按钮至少 0.5 s；

(4)VOBC 获得门关闭并锁闭状态(所有的门都关闭)；

(5)司机拔掉钥匙，并且没有驾驶室被激活，VOBC 施加 EB；VOBC 输出无人折返模式使能(DME)信号，VOBC 进入“DTB”(无人折返)模式，VOBC 输出缓解 EB 请求；VOBC 开始无人折返模式，输出牵引信号，自动控制列车进入折返轨。

经过分析，找出了折返失败的原因：在无人折返时，当司机拔钥匙，VOBC 施加 EB 后，车辆的牵引系统断开了高断；一旦高断断开，缓解 EB 后，需要 10 s 左右的时间车辆才能执行正常的牵引指令；所以 VOBC 进入“DTB”模式，输出缓解 EB 的请求，并输出牵引电流给牵引系统时，牵引系统无法立即执行 ATO 牵引力输出(要等 10 s 左右)；在此时间内，VOBC 的牵引受阻保护功能(VOBC 保护牵引系统的一种功能，即 VOBC 输出牵引电流 9 s 后，如果车辆运行距离少于 1 m，则判定为牵引受阻，VOBC 自动施加 EB)起作用，无人折返操作失败。

解决方案可以从两个方面着手：一是车辆修改设计，在非蘑菇按钮触发的 EB 中不断开高断；二是信号系统延迟牵引受阻保护功能的触发，但可能会影响折返效率，120 s 内难以完成无人折返功能。

4　列车完整性要求

信号系统需要车辆提供列车完整性信号，车辆提供给信号系统的列车完整性信号通常通过车端跨接电缆的方式提供，有的信号系统要求车辆通过触点式车钩连接器的方式提供。由于触点式车钩连接器在运行中不断承受压力和拉力，环境极为严苛，可能会出现触点抖动现象，一旦出现抖动，很容易会被信号系统采集到(信号系统的扫描周期为几十毫秒)，认为列车完整性被破坏，信号系统触发紧急制动。

对于列车的完整性，车辆自身已经做了充分考虑，一旦意外脱钩，由于气路断开将很快触发紧急制动。有的项目还设计了“双重保险”，在车钩连接面上设有触点或行程开关，在气路断开的同时触点断开触发紧急制动。用于车辆紧急制动回路的触点式车钩连接器触点抖动不会导致列车触发紧急制动，因为触点抖动时间不足以让紧急制动继电器失电动作，列车的完整性不会受到影响。

建议车辆提供给信号系统的列车完整性信号采取跨接电缆方式。

5　最高限速值的确定

信号系统的最高限速取决于土建线路限速，标称最高运行速度为 80 km/h 的线路实际最高运行速度可能只有 75 km/h 左右，主要原因在于土建提供的线路限速是 80 km/h，由于信号系统有安全防护距离，对应的最高运行速度会低于土建限速。用户应在初步设计阶段对负责线路设计的设计院提出要求，要求土建限速为 85～90 km/h，以保证在实际运营时最高运营速度能达到 80 km/h。

车辆也设有超速保护，作为最后一级限速保护，车辆的限速要高于信号，且不能干预信号系统的速度控制，最高速度的限值需要车辆、信号系统共同商定。

6 信号 ATP 冗余时的控制策略

不同的信号系统在 ATP 冗余时的控制策略各不相同，有的信号系统会输出紧急制动指令，有的信号系统不能输出有效控制指令，车辆需按照其要求保持冗余前的控制指令或优化控制指令。

冗余时输出紧急制动指令的信号系统会要求车辆根据信号系统的要求自动恢复运行，而不必等列车停下来后重新启动，为此车辆需要在设计阶段结合信号系统发出的指令（旁路零速、紧制复位、紧制缓解）搭建好冗余切换成功后紧急制动自动缓解、牵引恢复的电路。

冗余时不能输出有效控制指令的信号系统通常会要求车辆在 ATP 切换过程中保持冗余前的控制指令。ATP 正常切换时间为 500 ms 左右，故障应该导向安全，建议如果冗余前列车是在牵引状态，冗余过程中改为惰行状态；如果冗余前列车是制动状态，冗余过程中列车保持制动状态；如果冗余前列车是惰行状态，冗余过程中列车保持惰行状态。ATP 冗余故障瞬间，若在折返线、试车线线路终点区段，司机需谨慎观察，以免出现安全事故。

7 自动报站

列车车载广播设有自动报站功能，在自动报站模式下，列车应能根据位置信息和车站代码自动进行广播，自动报站所需的位置信息和车站代码来源于信号系统，信号系统应将位置信息、车站代码、开门侧等信息提供给车辆，不应设置限制条件。只要信号系统设备正常工作，司机既可以在 ATO 模式下也可以在手动驾驶模式下选择自动报站模式。有的信号系统只允许车辆在 ATO 模式下使用自动报站，而其系统在停站时又必须切换到人工驾驶模式，导致自动报站无法使用，给司机带来了不必要的麻烦。

除此之外，信号系统需在设计阶段将详细的车站代码定义提供给车辆，信号系统有的站台设有虚拟站台，应一并提供给车辆，便于准确报站。

需要注意的是，为了提高服务质量，在自动报站模式下，信号系统应在起点站发车前提供目的地和下一站代码，在此之前客室内显示器及目的地显示器显示“××地铁欢迎您”或其他字样，动态地图黑屏。

8 车门控制

在信号控制模式下，车门紧急解锁手柄（DCH）激活后是否触发紧急制动？不同的城市有不同的做法。有的城市在列车尚在站台区域速度低于 5 km/h 时触发紧急制动，高于 5 km/h 后列车运行到下一站；有的城市全程监控，任何时候激活 DCH 都会触发紧急制动；有的城市专门研究制定了规范。

遇到特殊情况乘客激活了 DCH 后列车若触发紧急制动停在区间的话并不能解决问题，反而会延误事情的处理。对于区间运行的列车不能触发紧急制动停车，列车应继续运行到下一站停车开门。

如果列车在区间内停车且无法启动，乘客操作 DCH 后可由司机在一个延时时间内决定是否允许乘客手动打开车门，如果司机在延时时间内没有进行操作，乘客可手动打开车门；若司机在延时时间内进行操作，车门不可以被乘客手动打开。若列车控制电路失电，DCH 激活后应能手动打开车门。

信号系统对于车门的监控是必要的，但不一定以监控 DCH 为目标，DCH 激活后车门仅仅是解锁，列车在运行中并不能手动打开车门，只有在零速条件下车门才能被打开。

建议车门设置“关到位”限位开关，信号系统监控该开关，一旦“关到位”限位开关离开“门关好”位置，信号系统应立即触发紧制。

有一种特殊情况需要在设计阶段考虑：当列车停靠在站台且车门打开状态下，主控车载信号主机死机时，信号系统要求车门保持原来状态，如果车辆需在设计阶段将这一要求考虑进去，需要增加零速列车线并搭建满足其要求的逻辑控制电路，否则车门只能执行关闭指令，因为在信号死机时门使能信号会丢失。

9　湿轨切线方向的紧急制动减速度 GEBR 值的选择

信号系统要求车辆提供湿轨条件下的紧急制动减速度 GEBR 值，作为信号设计安全防护距离的输入值之一。

空气制动属于黏着制动，即利用车轮与轨面之间的黏着力进行制动。受此物理规律限制，需了解车辆减速度与黏着之间的关系，如以下公式：

$$a_e = g \cdot \mu \tag{1}$$

当车辆发生滑行时，车辆本身防滑系统会进行防滑保护，防止轮对擦伤，防滑效率通常大于 85%。

$$a_e = g \cdot \mu \cdot \eta \tag{2}$$

式中　a_e——列车瞬时减速度；

μ——黏着系数；

g——重力加速度，9.81 m/s²；

η——防滑效率。

由此可以看出，列车的瞬时减速度与黏着系数呈线性比例关系。

轨道黏着条件受雨雪、雾霾、霜露等环境条件以及轨面洁净程度等因素影响；同时与平直道相比，在下坡工况下，车辆产生相同的减速度所需要的轨道黏着系数更大。车辆实际能够达到的减速度与轨道黏着条件密切相关，属于客观物理特性。在湿轨条件下制动距离取决于轮轨黏着条件难以保证，那么提供给信号系统的湿轨 GEBR 值多大比较合适呢？通常提供一辆车的制动失效时的 GEBR 值，或者提供特定条件下 GEBR 值（如南京机场线的 0.85 m/s²，紧急制动所需黏着为 0.14）。车辆同时要将制动过程（含响应时间）告知信号方，车辆从接收到制动命令到 10%压力建立和继电器响应时间 t_{10} 是固定的，无论制动起始速度是多少，这个时间都是相同的，车辆提供给信号系统的 GEBR 值要扣除 t_{10}，如图 1 所示。图中，t_{10} 为空走时间；t_e 为等效响应时间；t_{90} 为响应时间；a_e 为等效减速度；v_0 为初速度；s_3 为制动距离。

车辆提供的 GEBR 都是在特定条件下的数值，在设计联络阶段要详细说明。

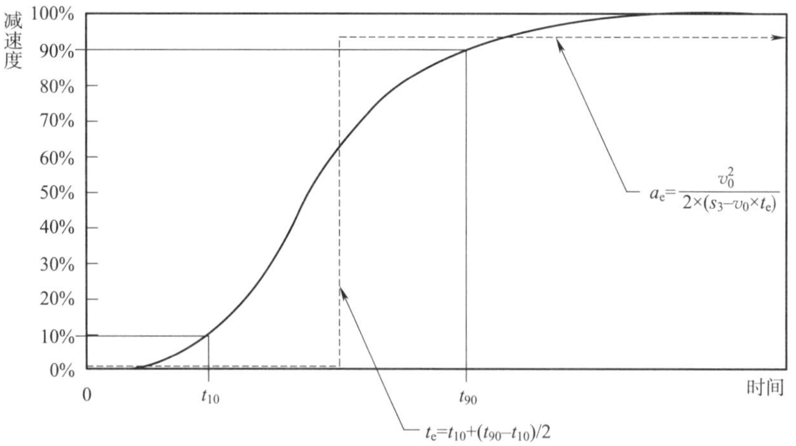

图 1　等效时间计算曲线

10　滑行控制

车辆具有滑行保护功能，在制动过程中一旦检测到轮对滑行，车辆会根据打滑严重程度降低制动力以免轮对擦伤，在严重滑行时会将制动力降到零，车辆滑行保护控制是为了更好地利用最大的黏着力，有效控制制动距离。在 ATO 模式下，由于车辆滑行保护期间制动力会降低，在短时间内达不到信号系统所要求的减速度，信号系统若因此加大减速度需求将会导致滑行加剧，难以恢复到正常状态，所以信号系统在设计阶段要慎重考虑车辆滑行期间的控制策略，根据车辆发送的滑行信号进行控制。

在设计阶段用户要关注信号供应商对车辆滑行期间的控制策略，要防止在ATO模式下由于滑行导致紧急制动，尤其在高架和地面线路上由于天气条件易出现打滑现象，信号系统应在设计阶段充分考虑安全可靠的控制策略，否则会出现区间紧急制动或站台区域紧急制动冲标，影响正常运营。虽然有的信号系统有“雨天”模式，在“雨天”模式下采用较小的制动力、降低滑行几率，但如果控制策略不合理，依然会出现紧急制动，甚至在区间内发生紧急制动。

车载信号系统的测速方法通常采用双速度传感器或速度传感器加雷达的方式，列车运行距离通过测速来计算，列车发生严重滑行时速度传感器测速误差会比较大，计算距离和实际运行的距离误差会比较大，这样信号系统的地面应答器核对列车位置时会得出无法确认列车位置的结论，从而触发紧急制动。若采用速度传感器加雷达的方式，由于雷达测速方式不受滑行影响，测速比较准确，不容易产生较大的误差。建议信号系统采用速度传感器加雷达的测速方式。

11 紧急制动旁路在ATP监控下的使用

根据多年的运营经验，车辆有些故障会产生紧急制动，大多数情况下牵引系统和制动系统并无故障，是可用的，通过旁路紧急制动回路可以让列车依靠自身动力回库，避免救援。从运营的角度，在ATP功能正常的情况下，紧急制动旁路应在ATP监控下使用(在制动旁路电路增加ATC紧急制动触点)，这样便于司机监控速度，行车更安全。信号供应商认为紧急制动旁路时应该切除信号系统，因为信号供应商认为车辆故障状态下无法判断制动性能是否正常，无法判断能否保障列车所需的安全制动距离。为此，用户和信号供应商要充分沟通、互相理解。经过协商，用户向信号供应商提供了紧急制动旁路装置使用规定，信号供应商进行了安全评估，最后同意了用户的需求。在设计控制电路时车辆将此功能加入了控制电路。

12 结束语

经过十多年的经验积累，南京地铁解决接口问题的能力得到了极大的提高，在后续项目的建设中接口问题越来越少。随着城市轨道交通的快速发展，更多的城市加入轨道交通建设队伍中来，对于新建城市，用户要提前关注车辆与信号接口细节，以上提到的几个方面在设计阶段要多交流、多讨论，将问题扼杀在设计阶段，避免在调试阶段甚至在投入运营后才暴露问题。

浅谈南京地铁宁溧线通信机房上走线施工工艺

张　超

（南京地铁建设有限责任公司，南京　210017）

摘　要：以南京地铁宁溧线为例，阐述了通信机房上走线的施工工艺，主要介绍了底座安装、机柜安装、走线槽安装、线缆敷设、设备安装、配线和接地六个施工步骤，并通过上走线与下走线方式比较，突出上走线方式的优越性，希望能为地铁工程建设提供经验借鉴，从而提高工程项目施工质量和水平。

关键词：通信机房；上走线；施工工艺

1　概　　述

通信系统是城市轨道交通内外联系的通道。通信机房是通信系统的核心所在，其施工工艺的水平直接影响整个工程的安全、质量及高效运行，同时也影响未来的扩容、维护、改造。所以，机房工艺质量对整个通信系统至关重要。

2　通信机房施工工艺

通信机房施工工艺主要包括底座安装、机柜安装、走线槽安装、线缆敷设、设备安装、配线和接地。

2.1　底座安装

（1）底座加工：底座加工尺寸应根据机柜底面实际测量，底座顶面应比机柜底面实际尺寸小 5 mm，底座安装后应与机房防静电地板平齐。

（2）确定底座安装位置：按照施工图纸摆放设备底座，底座距离墙的净距不应小于 800 mm（图 1）。

（3）标记安装位置：在底座四个对地安装孔位做出标记后移开底座。

（4）打孔：打孔深度为膨胀螺栓套管长度和锥头之和，确定孔深后，固定冲击钻定位杆，孔眼要求垂直，不得呈喇叭状。

（5）安装锚栓：将膨胀螺栓放入打好的孔内，用橡皮锤打入孔内，膨胀螺栓套管应全部没入孔内。

（6）固定底座：将设备底座对地安装孔套入膨胀螺栓，在膨胀螺栓上依次套上平垫片、弹簧垫片、螺母，旋紧螺母将膨胀螺栓套管拉爆。

（7）调整底座：相邻底座要排列整齐，同一列内底座的机柜正面一侧应平直成一条直线，每米偏差不大于 3 mm。

注：机柜底座采用热镀锌角钢制作，UPS、电池组等设备底座采用热镀锌槽钢制作，同时根据设备用房地板承重能力设置应力扩散架。

2.2　机柜安装

（1）机柜定位：将机柜搬至底座上，机柜安装孔与底座上的安装孔对齐。

（2）安装螺栓：将安装螺栓套上平垫片自上而下穿过安装孔。

（3）机柜固定：在安装螺栓套上平垫片、弹簧垫片、螺母，旋紧螺母。

（4）机柜水平度检查：机柜安装完成后用水平仪放在机柜正面、侧面，查看水平仪的气泡是否居中，不居中，说明机柜安装不水平，可加垫片调整。水平度每米偏差不大于 3 mm。

（5）机柜垂直度检查：用吊线铅垂检查，机柜底部和上部垂直误差不大于机柜高度的 1‰。

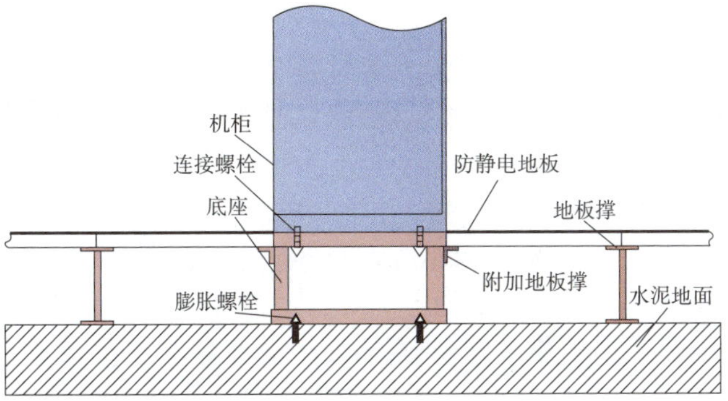

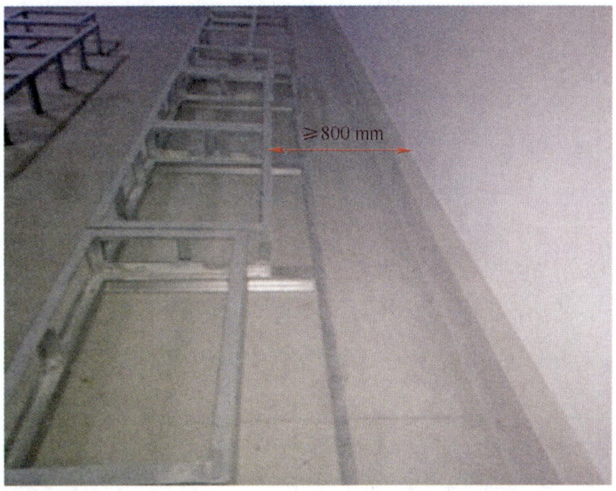

图 1　底座安装

(6)机柜牢固度检查:用手推动机柜上部,机架应无晃动。

(7)将相邻安装的机柜顶部用连接片固定,如图 2 所示。

图 2　机柜顶部用连接片固定

2.3　设备安装

(1)成套设备机框安装位置应符合设计要求;综合类设备盘面布置应符合设计要求或系统集成商集成方案要求;设备之间应预留散热空间,一般间隔 1U。

(2)机框的连接器、插针应平直整齐,电路插板的导轨应平滑,电路插板的锁定器应齐全可靠。

(3)插拔设备板卡需佩戴防静电手环。

(4)机柜内设备应在本机柜汇流排接地,机柜接地汇流排统一接到机房地线排上。

2.4　线缆敷设

(1)根据施工图纸、设备端口表,结合施工现场实际情况,进行线缆走向规划并确定槽内固线器安装位置。一般电缆固线器安装间隔为 200 mm,电源线、光缆固线器安装间隔为 300 mm。固线器在槽内保持平直,间距均匀。

(2)线缆固定时应拉直,固定后松紧适度、顺直、整齐、无交叉。

(3)线槽三通或直角弯处,线缆转弯保持圆滑整齐,同层弧度一致,上下层对齐,线缆最小弯曲半径应符合下列要求:

①大对数对绞电缆的弯曲半径应大于电缆外径的 10 倍。

②非屏蔽对绞电缆的弯曲半径应大于电缆外径的 5 倍。

③同轴电缆的弯曲半径应大于电缆外径的 15 倍。

④光缆的弯曲半径应大于光缆外径的 20 倍。

⑤光纤跳线的弯曲半径应大于 40 mm。

(4)电源线与控制线、数据线缆分开固定，水平间距保证在 50 mm 以上；无法避免交叉时，采取防护措施；使用同一线槽应分别敷设在隔断的两侧；一般采取上走线架布放控制线、数据线，地面线槽布放电源线、地线、光缆。(大连地铁采用两层桥架，电源线与信号线分开敷设，机房引入也走不同的方向，交叉很少)

(5)各类线缆中间不得接头，电缆外护(层)套不得有破损，缆线端头密封性能良好。

(6)光、电缆敷设时的张力、扭转力、侧压力应符合工厂规定；牵引力不应大于光缆允许张力的 80%，主要牵引力应加在光缆的加强构件上。

(7)施工过程中，应避免光、电缆受冲击力和重物碾压。不得使光缆变形；当发生变形时，应进行护套密封性检查及光缆衰减性能和电缆绝缘性能的检查测试。

(8)光缆引入设备后用光时域反射仪(OTDR)进行测试，确保光缆无损伤，备用量(够熔接三次的长度)盘于设备下方绑扎整齐、光缆与尾纤熔接在终端盒内整齐、牢固，多余跳纤绑扎整齐，光纤弯曲半径不小于 40 mm。尾纤、光缆两端标识齐全、字迹清晰；光缆熔接后均要进行损耗测试。单模光纤接续平均损耗不大于 0.08 dB，多模光纤接续平均损耗不大于 0.2 dB。

2.5　设备配线

(1)根据施工图纸选用、估算并裁剪配线电缆。

(2)配线电缆不得破损、发霉和受潮，外皮完整，中间严禁接头，屏蔽对绞线的屏蔽层与插接件终接处屏蔽罩应可靠接触。

(3)数据线与电源线不得绑扎在同一线束内，间距符合规定。

(4)柜内配线应横平竖直，绑扎均匀、弯曲应圆滑，弯曲半径应符合下列要求：

①大对数对绞电缆的弯曲半径应大于电缆外径的 10 倍。

②非屏蔽对绞电缆的弯曲半径应大于电缆外径的 5 倍。

③同轴电缆的弯曲半径应大于电缆外径的 15 倍。

④光缆的弯曲半径应大于光缆外径的 20 倍。

⑤光纤跳线的弯曲半径应大于 40 mm。

(5)各设备配线应根据设备端口按顺序出线，布放应顺直、整齐，无扭绞、交叉，绑扎间隔均匀，松紧适度，塑料扎带头应剪齐并放在隐蔽处。

(6)布线应尽量短而整齐，接入设备或配线架时，应留有一定的余量，长度统一。

(7)光纤跳线宜采用魔术带绑扎，松紧适度。

(8)缆线绑扎应方便设备插拔、不影响板卡扩容。

(9)缆线连接到设备后，应进行线缆校验测试，确保缆线头制作无误，缆线无断线、短路，缆线接入口无错位。

部分设备配线如图 3～图 6 所示。

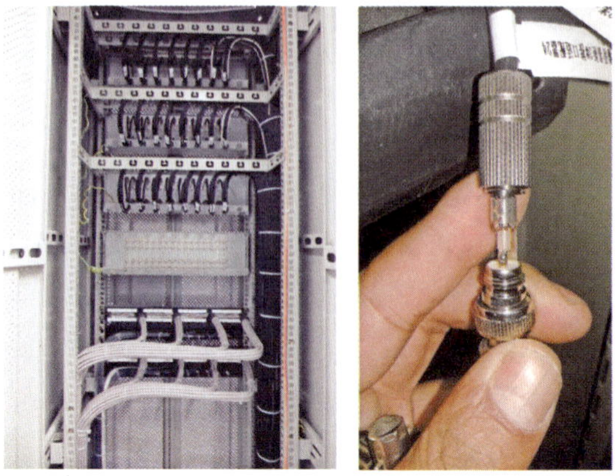

图 3　传输综合配线柜

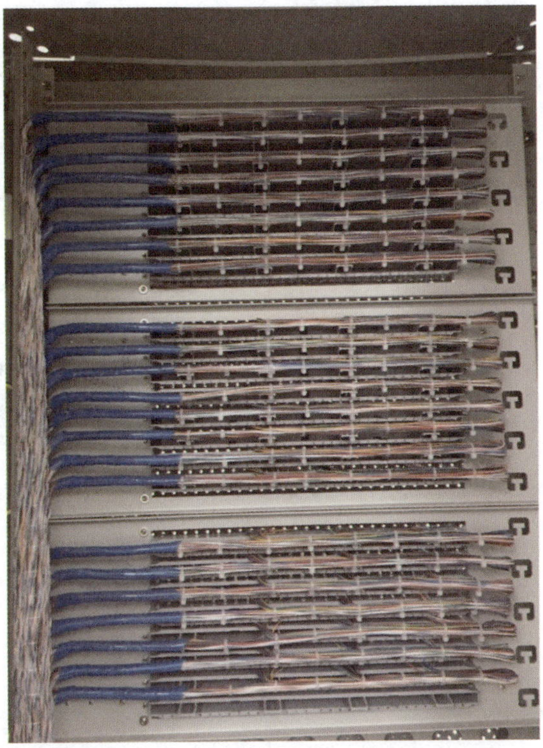

大对数电缆色谱排列(电话线)

序号	颜色	序号	颜色	备注
1	白蓝	16	黄蓝	
2	白橙	17	黄橙	
3	白绿	18	黄绿	
4	白棕	19	黄棕	
5	白灰	20	黄灰	
6	红蓝	21	紫蓝	
7	红橙	22	紫橙	
8	红绿	23	紫绿	
9	红棕	24	紫棕	
10	红灰	25	紫灰	
11	黑蓝			
12	黑橙			
13	黑绿			
14	黑棕			
15	黑灰			

主色：白—红—黑—黄—紫　副色：紫—橙—绿—棕—灰

图 4　总配线柜

图 5　音频配线(电话)

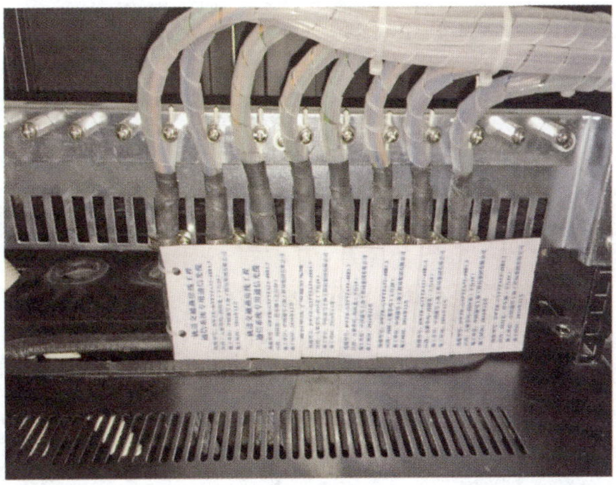

图 6　光缆成端

2.6 接　地

(1)防雷接地与交流工频接地、直流工作接地、安全保护接地必须共用综合接地体，接地电阻不大于 1 Ω。

(2)下走线槽通过自身的接地钢带实现电气连接，在机房接入共用综合接地体，如图 7 所示。

(3)机柜通过不小于 16 mm^2 地线接入共用综合接地体；柜内设备通过设备接地线连接至机柜接地端子，通过机柜地线连接至综合接地体。

(4)接地铜排和螺栓、地线盘端子与室内接地连接导线连接应牢固、接触良好。

(5)上走线方式可在上走线槽内使用接地汇流条方式。与综合接地系统多点引入。各机柜体直接与汇流条连接。

南京地铁宁溧线通信机房上走线槽(接地铜排安装方式)如图 8 所示。

图 7　下走线槽接地安装方式

图 8　南京地铁宁溧线通信机房上走线槽
（接地铜排安装方式）

3　走线槽施工工艺

3.1　（下走线）线槽安装工艺

（1）走线槽规格、型号、安装方式应符合设计要求。

（2）走线槽（图 9）应平整，无扭曲变形，内壁无毛刺，各种附件齐全。

（3）下走线槽的安装应横平竖直，排列整齐，安装位置以设备底座为参考，向外 100～150 mm（预留防静电地板支撑安装位置）；走线槽的边应成一直线，每米偏差不应大于 3 mm。

（4）机柜前后进出线三通长度应与机柜宽度一致。

（5）线槽采用螺栓连接或固定时，必须采用平滑的半圆头螺栓，螺母应在线槽的外侧，如图 10 所示。

（6）走线槽就近采用 16 mm^2 以上接地电缆接入通信地线盘，每节走线槽之间应保持电气连通。

（7）走线槽穿过楼板孔或墙洞处，应进行防火封堵，如图 11 所示。

下走线槽走线如图 12 所示。

图 9　下走线线槽

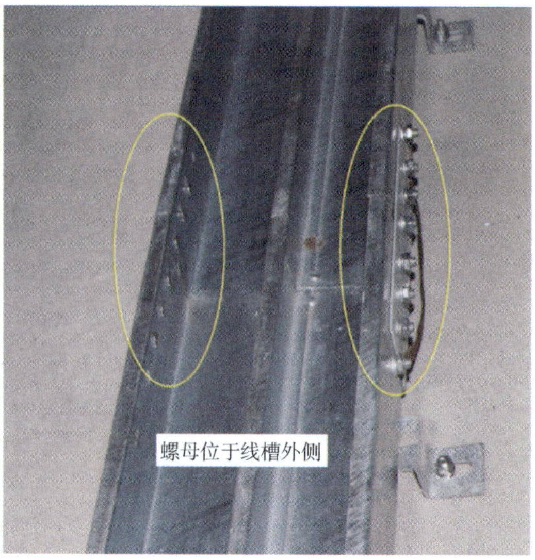

图 10　螺母位于线槽外侧

3.2　（上走线）线槽安装工艺

（1）上走线的上层桥架：敷设进出机房的粗缆、硬缆，如干线光缆、干线铜缆。

图 11　穿过楼板孔或墙洞处防火封堵

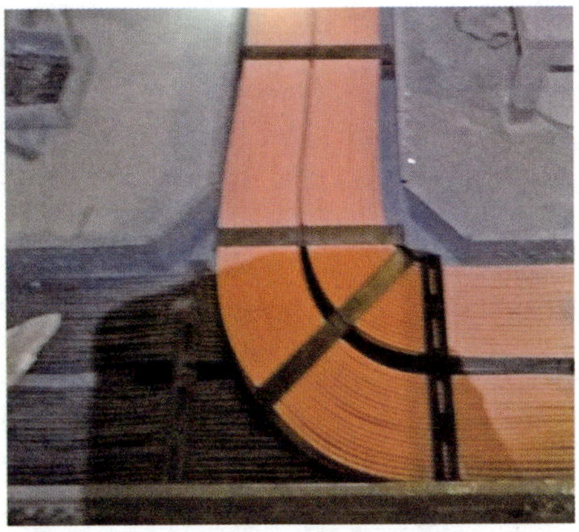

图 12　下走线槽走线

(2)上走线的下层桥架:进出机房的细缆、软缆,机柜排与排之间的光纤、铜缆。

(3)机柜之间的走线,应都通过上走线桥架/下走线线槽进行敷设。

(4)对于上走线方式的线缆桥架,应能根据现场条件,支持多种安装方式,包括设备柜顶安装、墙面安装、天花吊装、地面安装等方式;在条件允许时,应优先选用天花吊装方式,并综合考虑与通风、照明的统一协调,两幅吊架之间的距离在 1～2 m 之间。

(5)在主桥架的上方可叠装 2 层及以上的副桥架,便于各种线缆的分类布线、管理及日后扩容。

(6)有条件的机房,可采用桥架与照明合并安装的方式,为机柜和人员操作提供照明。

(7)若由于通风管道等原因导致吊挂方式无法安装,则可采用机柜顶部安装,并辅以机房墙面安装及少量的机房顶面吊装来组合完成。根据机房的特点和安装规范,支撑点的间隔距离需在 0.6～1.2 m 的范围内。

(8)机柜顶部桥架的安装支撑,由机柜顶部的下层散力支撑架、横担,中间 T 型支撑架(二层桥架用)组成。

(9)机柜顶部的底部散力支撑架横贯于整排机柜顶部。横担按照 0.6～1.2 m 的间隔安装在底部散力架上。

(10)机房内沿墙壁敷设的桥架,在墙壁上的支撑架上安装;挑空的桥架,将由机房顶面用垂直吊杆悬挂安装,吊杆的规格选择需要满足承重的强度要求。

(11)对于采用高压细水雾消防方式的机房,机柜顶部进线口应有挡水设备,防止冷凝水倒灌。

上走线线槽如图 13、图 14 所示。

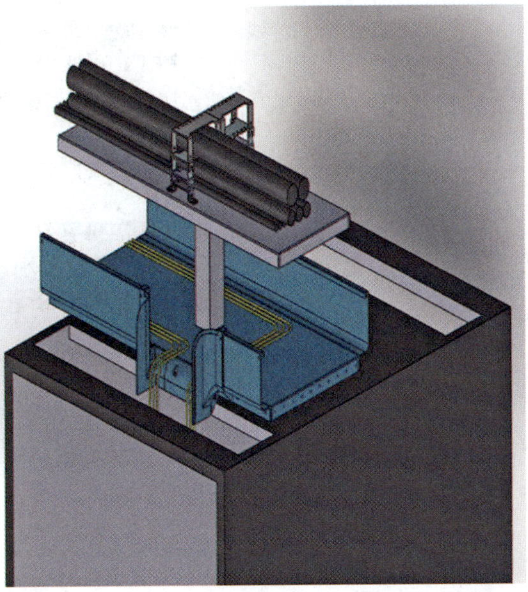

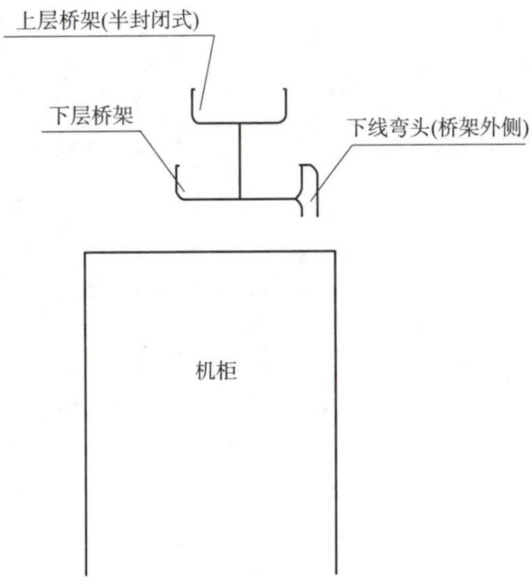

图 13　上走线双层线槽示意图

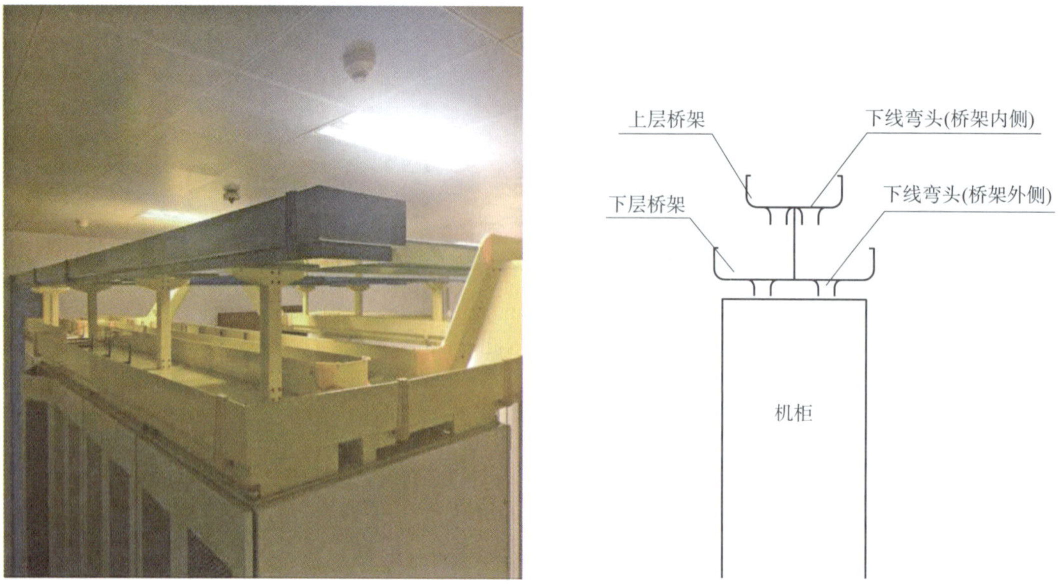

图 14　南京地铁宁溧线通信机房上走线双层线槽图

3.3　上走线的特点

(1)安装线槽、敷设缆线不受装修专业影响。

(2)扩容容易。

(3)防水、防潮、防火、防鼠。

(4)维护简单。

(5)可采用下送风制冷,效果更好。

(6)能更好地做到成品保护。

(7)采用双层结构,强弱电分层,减少相互干扰影响。

(8)采用汇流条方式接地更加合理、可靠。

(9)有效减少孔洞封堵。

南京地铁宁溧线通信机房上走线槽如图 15～图 19 所示。

图 15　南京地铁宁溧线通信机房上走线槽
(强电、弱电分层)

图 16　南京地铁宁溧线通信机房上走线槽
(接地铜排安装方式)

图 17 南京地铁宁溧线通信机房上走线槽安装方式(一)

图 18 南京地铁宁溧线通信机房上走线槽安装方式(二)

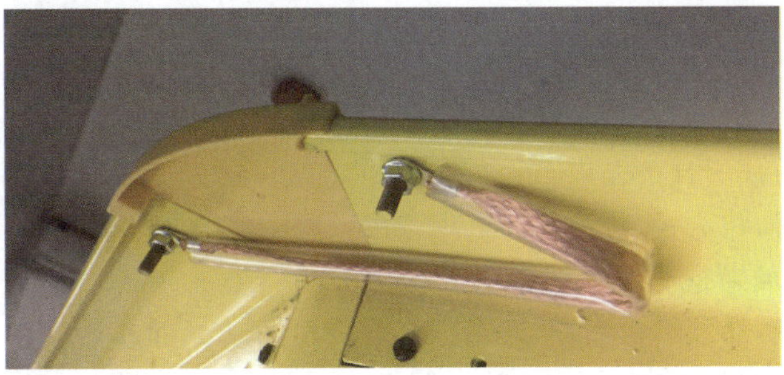

图 19 南京地铁宁溧线通信机房上走线槽接地

3.4 上走线、下走线方式比较

上走线与下走线方式比较见表 1。

表 1 上走线与下走线方式比较

项 目	下走线方式	机柜顶部上走线方式
安装	地板下固定和敷设各类线槽布线,容易踩踏损坏线槽及槽盖板,成品保护难做	施工中交叉作业影响较小,成品保护简单
配电柜扩容	在配电柜内扩容需揭开地板,揭开下走线槽盖板,重新从配电柜地板下放线施工困难	在配电柜内增加开关,沿机柜顶部线槽放线进入机柜,施工相对简单
对机房环境影响	检查故障时反复揭开地板,造成机房内扬灰,凌乱	影响小
扩容	管线扩容困难	管线扩容简单
火灾	如果在地板下的电缆发热、变软、冒烟、起火,这个过程不容易被及时发现,容易从小事故变成大灾难	如果有冒烟起火会被及时发现,人工、摄像、监控系统多重监控
水灾	容易受水灾影响,进而带来人身和设备安全隐患	基本不会受影响
虫鼠危害	容易受危害,且不易及时发现	若受危害,能及时发现咬掉的线缆残渣
对下送风制冷的影响	地板下的走线槽会阻碍冷空气流动,从地板下进入机柜时要在地板上开口,造成冷热空气混合,冷空气逃逸	效果较好
对机房装修的影响	无论哪个专业先做,都将影响对方	施工中交叉作业影响较小
维护	维护比较麻烦,需要反复掀开地板和走线槽寻找	维护最简单,线缆清晰可见
地面	机房需安装静电地板,安装工艺复杂	机房无需安装静电地板,只需抗静电地砖或防静电复合胶

续上表

项　目	下走线方式	机柜顶部上走线方式
机柜底座	需安装，高度需与静电地板一致，需对静电地板进行切割，施工困难	可直接在地面安装，施工简单
接地	传统方式：各机柜接地线引至机房接地排，接地线较长，接地电阻较大，材料浪费较大，施工复杂	在上走线槽内安装汇流铜排，各机柜就近接入，地线短，接地电阻小，施工简单
布线及标识	地面线槽布线施工交叉作业干扰较大，维护时查找标识困难	上走线布线采用双层、强弱电分开敷设方式，干扰较小，维护简单，查找线缆标识方便
投资	施工成本较低	成本较传统下走线方式增加50%左右

4 小　　结

南京地铁宁溧线通信机房上走线方式施工实践证明，上走线施工方式较以往下走线方式具有明显的优越性，具体体现在：

(1)减少施工对土建、装修的影响，更好地做到成品保护。下走线线槽容易被踩踏，当安装地板时，下走线线槽有可能被破坏。

(2)双层结构，强弱电分层设计更合理。

(3)地线采用上走线汇流排方式，接地更加合理、可靠，减少在接地排上的地线数量，减小接地电阻值。

(4)防潮、防水又防鼠，如果是下走线，容易被水淹、受潮。

(5)成品搭接、安装简单，布线结构清晰，缩短施工工期，便于今后维护管理。

建议在今后新线通信机房施工中全面推广使用上走线方式。

南京地铁首条使用 LTE 传输方案的 CBTC 信号系统工程总结

李堂成

（南京地铁建设有限责任公司，南京 210017）

摘　要：南京地铁宁高二期禄高段是南京地铁首条使用 LTE 技术作为传输媒介的线路。宁高二期线路平均站间距 10.35 km，设计最高时速 120 km，多项设计指标处于首次应用实施。LTE 具有高带宽、高移动性、长区间覆盖、高拓展性等特点，可以提供综合业务承载的优先级调度和高移动性支持，并通过抗干扰技术和安全机制，保证 CBTC 系统中的列控信息、车载信号设备状态信息等业务的安全可靠传输。在宁高二期施工调试及运营过程中，基于 LTE 传输方案的 CBTC 控制系统已被验证具有高度的可靠性和稳定性，并可为后续其他线路设计施工提供理论与实践的经验参考。

关键词：宁高城际；LTE；CBTC

南京至高淳城际轨道禄口新城南站（后改名称为翔宇路南站）至高淳段工程（简称宁高城际禄高段）自禄口新城南站，经江宁、溧水、高淳三个区，线路全长约 52.42 km，其中地下线 3.61 km，地面线 4.62 km，高架线 44.19 km。全线设 6 座车站，均为有道岔车站。最大站间距 16.9 km（团结圩站—明觉站），最小站间距 6.24 km（高淳站—团结圩站），平均站间距 10.35 km。全线列车最高运行速度为 120 km/h。

宁高城际禄高段采用基于国际标准化组织 3GPP 标准的 TD-LTE 传输方式作为 CBTC 及其他业务传输的解决方案，使用轨道行业专用的 1.8 GHz 专用频率，保证运营安全。宁高车地 LTE 通信方式采用 A、B 网双网配置，其中 A 网为信号 CBTC 专用网，分配带宽 5 MHz，B 网综合承载 CBTC、集群调度、TCMS、CCTV、PIS 业务，分配带宽 15 MHz。双网冗余，提高了系统的可靠性。

1　简　　介

基于通信的地铁列车控制（CBTC）是目前应用最广泛的信号系统，CBTC 技术关键部分在于列车的定位技术、列车和地面之间的双向通信技术等。通过 CBTC 技术，可以实现列车的移动闭塞，从而大幅提高线路的运量。列车 CBTC 系统主要分为以下几个部分：列车自动防护（ATP）、列车自动运行（ATS）、列车自动监督（ATS）、数据通信系统（DCS）等。

地铁 CBTC 系统通过无线网络实现车地通信，不仅可以稳定双向传输大量信息，而且可以节省大量电缆以及维护成本。目前，通过车地通信网络，轨旁信号系统向车载 OBCU 传输的信息包括：列车车次号、列车移动授权、轨道限速信息、对列车的扣车、越站指令等。车载 OBCU 向轨旁信号设备传输的信息包括：列车定位（来自 OPG、雷达及应答器）、列车车组号、列车运行模式、车门开关模式、站台门开关指令、列车实时速度等。

LTE 技术（长期演进技术）是第三代无线通信（3G）技术向第四代无线通信（4G）技术的一个过渡，它通过改进并增强了空中接入技术，采用 OFDM（正交频分复用技术）和 MIMO（多输入多输出）技术。在分配的专用 1 785～1 805 MHz 的 20 MHz 带宽下，可以提供下行 100 Mbit/s、上行 50 Mbit/s 的速率，即使在小区切换边缘，也能提供足够的速率。

LTE-M 系统是基于先进的 TD-LTE 技术的车地无线宽带通信系统，系统以满足城市轨道交通车地通信业务需求为原则，保证列车运行控制系统安全可靠性的同时，综合承载车地通信业务。一套网络能够同时提供专业的数据传输、视频传输以及宽带集群业务，满足现代化城市轨道交通运营中车辆运行高速化、视频监控实时化、车载业务宽带化的需求。

LTE 技术是 3G 向 4G 跨进的主流，在高速运动的状态下仍能保持较高的稳定性。在 80～200 km/h 范围内，信号的切换以及干扰抑制措施均优于传统车地无线 WLAN 通信方案，并在上海磁悬浮线实现 400 km/h 的运行速度测试。LTE 技术在接入性能、带宽传输、信号切换方面均有优异的特性，是新线建设、旧线改造较好的选择方案。

2　车地通信方案

本项目采用的 CBTC 系统主要由中央控制层、轨旁层、通信层、车载层四个部分构成，如图 1 所示。

中央控制层：列车自动监督（ATS）主要包括 MOCS-CATS 以及 MOCS-LATS。

轨旁层：SICAS®ECC 联锁、TGMT 系统，与信号基础设备、计轴器和应答器一起完成联锁和轨旁 ATP/ATO 功能。

通信层：提供在车站范围内的轨旁与车载之间的连续式通信，保证车地双向信息传输的连续性。

车载层：车载信号设备包括车载 ATP/ATO、驾驶员人机界面 HMI 等。车载 ATP/ATO 提供了自动列车运行模式（ATO）和 ATP 防护下的人工驾驶模式（SM）等功能。

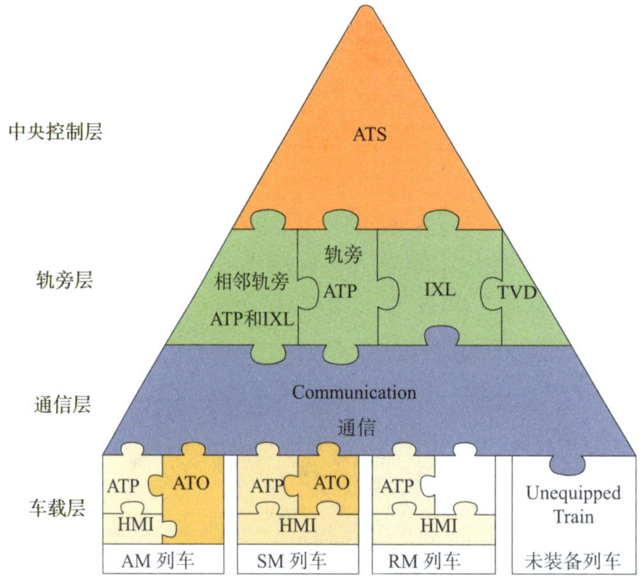

图 1　CBTC 系统结构图

通信层即数据通信系统（DCS），分为有线网和无线网两部分。有线网络基于 TCP/IP 的开放体系结构和标准的路由交换技术，为信号系统数据的主要承载网络，分为 WCN、FEP、SIC、MSS、IXL、ECC 等业务。WCN 网通过位于南京南控制中心内的无线通信服务器（WCC）连接到 LTE 系统。WCN 网中挂载 WCU_ATP、SICAS SIMIS PC、LFEP、TTP、TRC 等设备，WCN 网通过 SICAS SIMIS PC 与联锁总线、ECC 总线连接，通过 L-FEP 与 FEP 总线、SIC 总线连接。DCS 有线骨干网与以往成熟线路方案保持一致。宁高二期 DCS 骨干网如图 2 所示。

传统使用 WLAN 的 DCS 系统，其轨旁无线服务器一般位于正线的一级联锁设备集中站内，冗余无线总线与轨旁通信服务器连接，并挂载沿线所有 AP 天线。使用 AP 天线的传统 DCS 骨干网如图 3 所示。

DCS 车地无线骨干网方面，系统采用 LTE-M 方案进行 CBTC 信号的传输。所使用的 LTE-M 方案的硬件设备包括核心网 EPC、沿线布置的基站基带处理单元 BBU 和射频处理单元 RRU、沿线敷设的漏缆、车载上的接收设备 TAU 等设备。

LTE 网络采用 A/B 双网冗余结构来承载 CBTC 业务。A/B 双网采用相同的结构，拥有独立的核心网和传输设备，只是在车地通信频率上采用不同的频点，A、B 网在各自网络内使用相同的频率进行组网，A 网

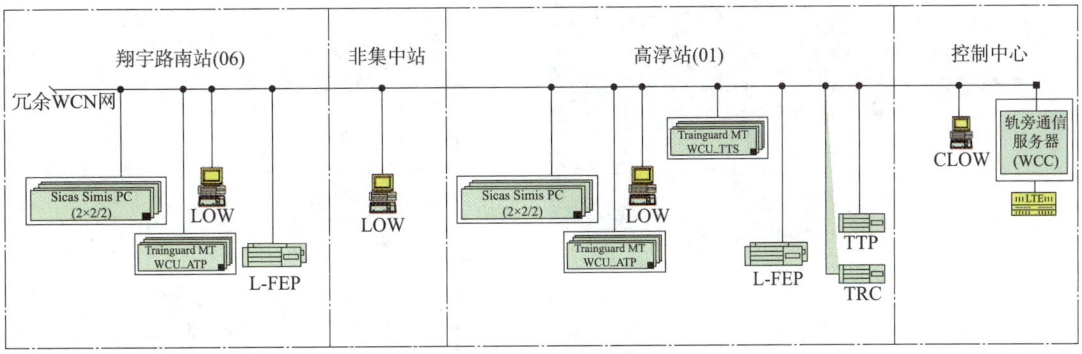

图 2　宁高二期 DCS 骨干网

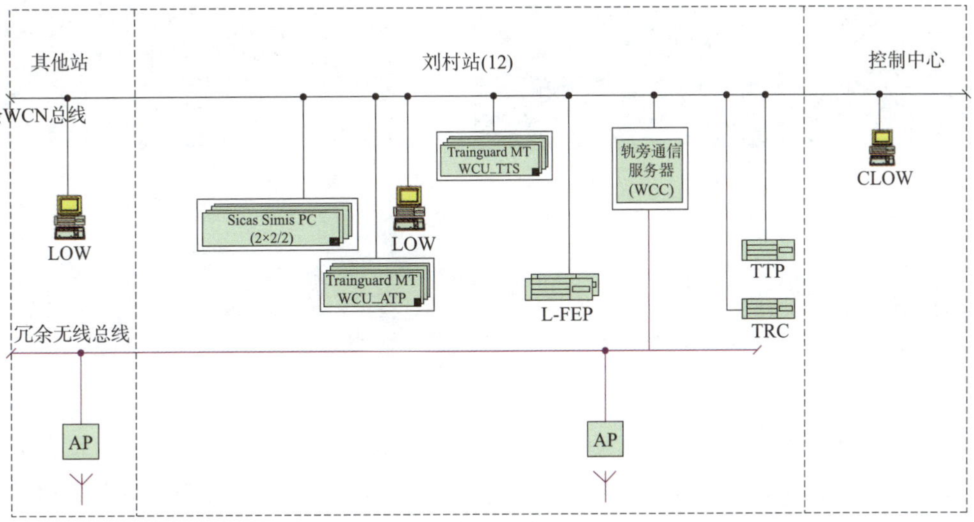

图 3　使用 AP 天线的传统 DCS 骨干网(以南京地铁宁和线为例)

核心网和其无线设备组成 LTE A 网络,B 网核心网和其无线设备组成 LTE B 网络,如图 4 所示。

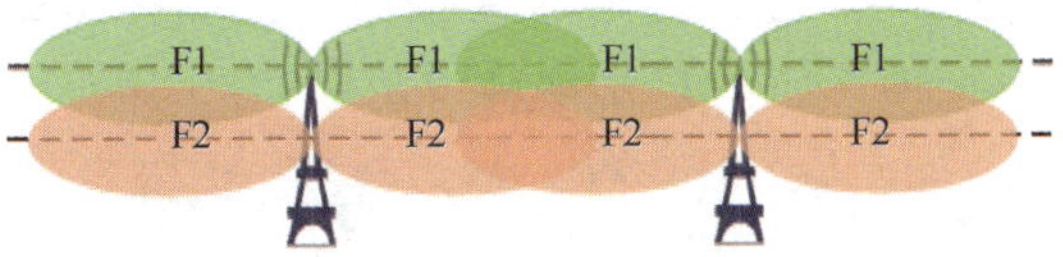

图 4　无线双网的频率规划

TD-LTE 车地无线通信系统采用 A、B 双网设计,双网同覆盖。A 网为 CBTC 专用网络,占用 5 MHz 带宽,B 网为 CBTC 与 PIS、CCTV 等业务共用,占用 15 MHz 带宽。由于目前 CBTC 数据流较小,也有其他城市项目的 CBTC 专用网带宽定为 1.4 MHz,无人驾驶线路仍保持 5 MHz。

车地通信网络覆盖了全线六站五区间、存车线、车辆段和试车线,轨道上下行各布设一根漏缆(图 5),A、B 网共用一根漏缆,BBU 和 RRU(图 6)之间通过光缆连接,信号系统在控制中心通过交换机接入通信专业提供的 LTE 网络。

DCS 系统在试车线单独配置物理独立的网络,与其他系统设备无数据接口,车地通信网络与正线通信网络隔离,确保试车线的任何设备故障不会影响正线的正常运营。

在车载无线系统方面,列车在车头和车尾分别布置车载接入单元 TAU,车地无线信号双向传输,以地到车为例,车地无线信号经列车 LTE 天线至接入单元 TAU 再至车载信号系统的无线组匣,列车两端无线组匣通过以太网连接,构成冗余布置。列车一端接收 LTE 的 A 网频段信号,另一端接收 LTE 的 B 网频段信号。

图 5　漏缆

图 6　RRU

3　LTE 综合承载效果

3.1　安　　装

本项目中 A 网 50 个 LTE 小区，B 网 50 个 LTE 小区，LTE 系统核心设备以及 OTN 中心设备放置于控制中心机房，BBU 和基站 OTN 设备放置于车站机房内，RRU 沿轨道布置，宁高城际的长度较短的隧道范围内基本零设备。若使用传统 AP 方式进行布置，相同线路长度将使用 500 个左右 AP。

在施工过程中，所有的核心网和 BBU 均位于设备房内，设备安装和调试容易。对 CBTC 而言，室外 WLAN 设备的安装工作量占到所有室外设备安装工作量的一半，由通信专业统一建设 LTE 后，信号专业不再需要单独建设 WLAN，为信号专业施工减掉了相应大量的室外设备安装、线缆敷设、光纤熔接等施工作业，有效减少了信号专业的室外设备施工时间，缩短了施工工期，为宁高城际能在很短的时间内开通运营创造了很好的前提条件。

3.2　调　　试

LTE 无线场强覆盖的调试由通信专业负责，信号专业免除了这项工作，只需要在室内调试信号专业的通信服务器与通信专业的 LTE 核心网的接口连通即可。原先基于 WLAN 的 CBTC 场强覆盖需考虑轨旁 AP 天线朝向、小区边缘信号弱等问题，调整工作复杂费时。LTE 车地通信调试可在信号系统正线动车调试期间同步优化。当车载信号设备发现无线信号异常时，可从无线日志中定位故障点，为通信专业排查和优化提供便利。

宁高城际禄高段最高速度达到 120 km/h，旅行速度 86.7 km/h，其旅行速度已超过其他线路的最高时速。在运行过程中，按照旅行速度计算，约 44 s 将切换一个小区。若以传统 AP 方式进行布置，每隔 7 s 左右将切换一个小区。使用 LTE-M 方案，在运行过程中，列车接收到信号的成功率将大大增加，避免了列车车载设备的丢包率，特别是列控信息的丢失将导致列车紧制降级。

车载信号设备的传输测试结果见表 1。

表 1　车载信号设备和轨旁信号设备通信测试

测试项	测试速率	丢包率	平均延时	延迟分布
OBCU A 到 OBCU B	50 kb/s	0.00%	5.82 ms	99.45%<150 ms，100%<2 s

续上表

测试项		测试速率	丢 包 率	平均延时	延迟分布
WCU A到OBCU A	A网	30 kb/s	0.00%	17.76 ms	100%＜150 ms,100%＜2 s
	B网	30 kb/s	0.02%	28.88 ms	98.72%＜150 ms,100%＜2 s
WCU B到OBCU A	A网	30 kb/s	0.00%	18.27 ms	100%＜150 ms,100%＜2 s
	B网	30 kb/s	0.00%	20.29 ms	99.53%＜150 ms,100%＜2 s
WCU A到OBCU B	A网	30 kb/s	0.00%	18.27 ms	100%＜150 ms,100%＜2 s
	B网	30 kb/s	0.00%	17.46 ms	99.98%＜150 ms,100%＜2 s
WCU B到OBCU B	A网	30 kb/s	0.00%	17.52 ms	100%＜150 ms,100%＜2 s
	B网	30 kb/s	0.00%	16.10 ms	100%＜150 ms,100%＜2 s
OBCU A和OBCU B并发高优先级数据		30 kb/s	0.00%	16.37 ms	100%＜150 ms,100%＜2 s

由动车测试数据可知,当使用CBTC专用的LTE A网时,数据包能够100%＜150 ms,平均延时也较低;当使用综合承载的LTE B网时,延时略有增加,但依旧保持100%＜2 s。车载ATP可以设置允许的无线丢失时间,可从5 s到9 s不等,该允许的丢失时间可以确保不会发生因为无线丢失引发的列车紧制降级。

3.3 维　　护

WLAN方式AP数量多,天线安装高度超过3 m,维护时需要登高或用工程车,天线调整难度大、危险性高。采用LTE方式后,大大增强了设备的可维护性。

宁高城际禄高段80%以上线路为高架区域,区间长度大,且区间内没有进入区间的通道,只能通过车站进入轨行区,轨行区维护工作是不容忽视的内容。在LTE-M方案中,轨旁设备减少,可能发生的故障点大大减少,且都使用电信运营商级别的设计封装,在EMC防护、IP防护、抗震等级上已充分考虑并经过电信级别的验证。轨旁信号发射单元采用漏缆,位于轨旁线架上,一次安装,后期几乎免维护。传统AP天线安装位置较高,用于固定的扣件、螺丝螺母多,且受风力大小影响较大,容易松动。

LTE-M的传输状态可以集中监测,不仅通信专业可以监测,信号专业也可通过传输状态进行监测。当线路传输出现状况时,可以精确定位到车载无线终端、轨旁基站等故障点,提高维护效率。

当核心网、BBU设备及传输网发生故障时,技术人员可以在设备房内进行问题定位、维修、坏件替换。车载无线接收设备采用首尾冗余布置,当一端发生故障时,系统会自动切换到另一端进行车地通信,不会影响正常运行。

3.4 成　　本

LTE-M硬件设备数量少,沿线通信介质使用光缆,减少大量电缆铜线材料。目前国内通信厂家众多,有成熟车地通信体系的已有华为、鼎桥、中兴、华三、大唐移动等电信设备厂家,形成充分竞争态势。

LTE综合承载网络提供多业务通道,可以在一张网上综合承载列控、集群、视频、数据等业务,减少了原先WLAN方式下的各专业重复建设,节省了投资和工期,还可降低后期维护成本、备品备件成本以及大修改造成本。

目前LTE方案技术领先且运用稳定,随着LTE技术进一步发展,足够的带宽能够满足未来业务拓展的需求,在整个项目周期内,能够极大地降低综合成本。

4 结　　论

宁高城际2017年底开通以来,信号系统未发生车地无线通信问题造成的列车紧制降级故障,信号专业的室外设备的维护工作量也因采用综合承载LTE网络而减少。列车以120 km/h速度运行过程中,车地通信状态稳定,信号系统数据接收完整可靠。宁高城际基于LTE传播途径的CBTC技术成功实施验证了LTE综合承载方案的可行性,为列车无人驾驶系统使用LTE多业务综合承载方案奠定了基础、树立了信心,为全国的轨道交通类似项目提供了有效的技术参考。

宁溧线与机场线信号贯通运营割接工作的管理提升

周　鹏

（南京地铁建设有限责任公司，南京　210017）

摘　要：重点围绕城市轨道交通基于无线通信的列车控制系统(CBTC)技术需求，详细描述了南京地铁宁溧线与机场线CBTC系统在信号贯通运营的系统技术方案、管理流程和安全保障措施，并结合南京宁溧线工程的实际情况，在实验室测试的基础上，对试运营跑图和第三方安全评估报告方案进行了研究和探讨。

关键词：城市轨道交通；CBTC；宁溧线；机场线；贯通运营

1　概　　况

南京至高淳城际快速轨道南京南站至禄口机场段工程南起禄口机场，经禄口新城、东善桥—秣陵片区、东山副城西侧，止于南京南站，如图1所示，全长约35.8 km，高架车站3座，地下车站5座，初期配置15列列车。宁溧线起点为禄口机场站，终点至秦淮路南段无想山站，线路全长约30.786 km，全线共新设9座车站，其中5座地下站，1座地面站，3座高架站。

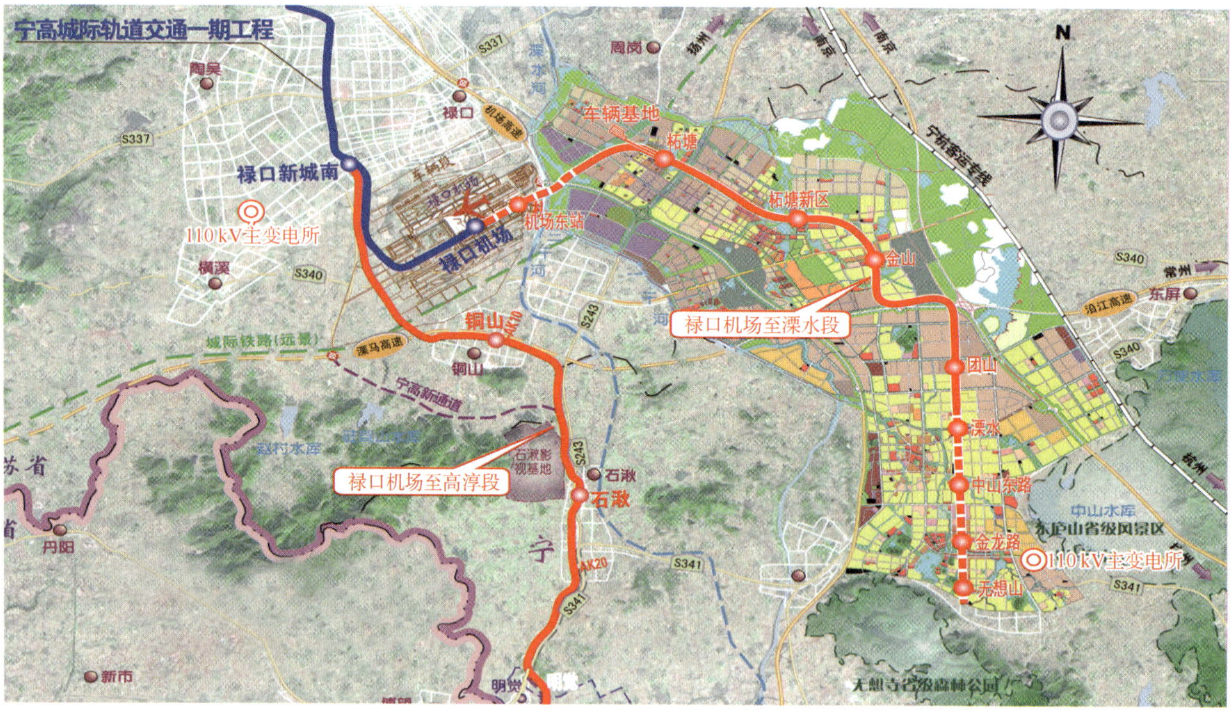

图1　南京至高淳城际轨道交通禄口机场至溧水段工程线路平面走向示意图

2　总体方案

为了实现机场线列车进入宁溧线实现无想山站至南京南站大小交路混跑，把两条独立线的网络成环为一个大的网络，统一两条线的轨旁、车载、ATS软件，实现两条线的一体化管理，便于运营组织调度，利于信号系统的方便统一维护，需组织南京宁溧线与机场线信号系统贯通割接工作，包括如下改造内容：

(1)对机场线既有的正线、车站、停车线、折返线、出入段线、联络线等进行相应的软硬件修改、升级及相应新增设备等。

(2)对与机场线合用的南京南控制中心、维修中心(设于禄口新城南车辆段)等进行相应的软硬件修改、升级及相应新增设备等。

(3)对机场线既有列车车载设备进行的软硬件的修改、升级改造及相应新增设备等。

(4)机场线信号专业与其他相关专业接口的新增及软硬件改造等。

3 实施方案

3.1 控制中心改造

宁溧线控制中心与机场线合用，既有机场线控制中心将进行改造。机场线控制中心的服务器的配置容量满足宁溧线工程延伸接入需要，ATS 系统软件进行升级，新增部分设备，满足宁溧线和机场线共用一个控制中心的需求。根据控制中心用电量对电源屏进行扩容改造，增加相关的电源屏设备以及接口端子。中央级网络构架图如图 2 所示。

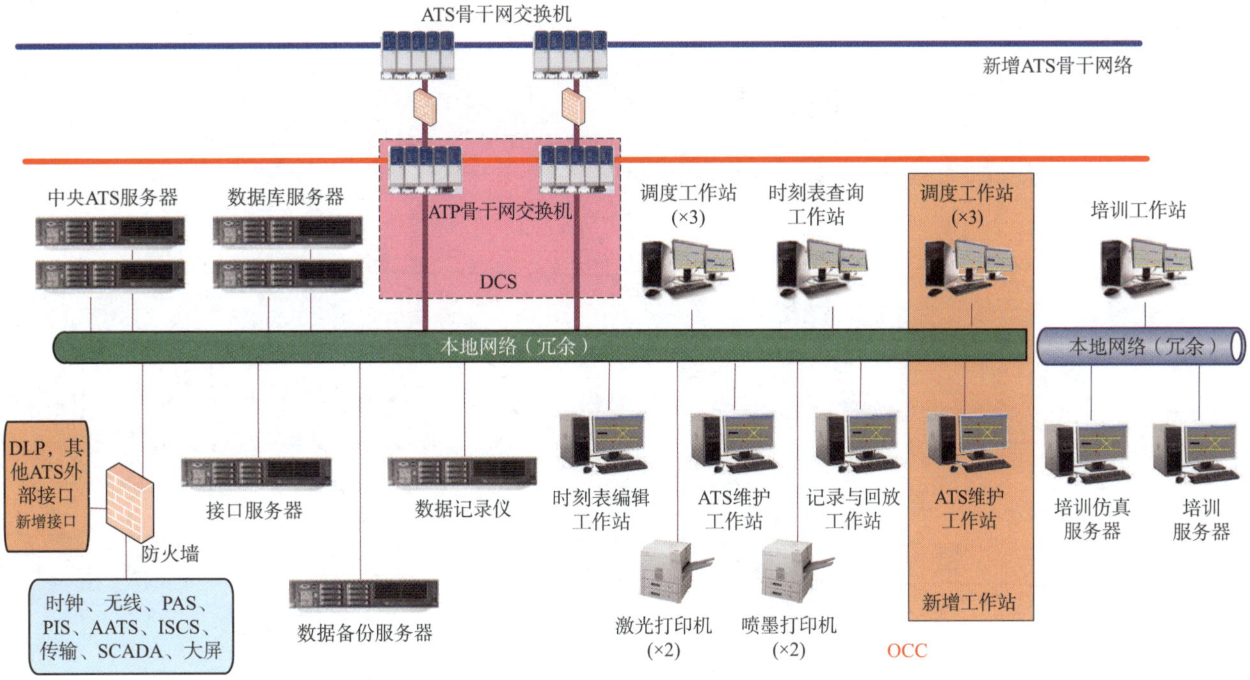

图 2 中央级网络构架图

3.2 机场线禄口机场站改造

宁溧线与机场线接口车站为禄口机场站和机场东站，接口如图 3 所示。

3.3 宁溧线割接调试方案

割接调试的目的是将宁溧线信号系统设备集成到既有机场线正线贯通运营中，同时要满足项目进度的限制，减少对既有机场线运营的影响并保证测试、倒接过程运营的安全。

由于宁溧线属于机场线的延伸工程，将会有临时的操作和安全限制来确保测试区域及运营区域的安全行车，夜间测试与白天运营将实施相应的倒接方案。在宁溧线全线投入运营之前共有两个测试阶段：初始阶段和夜间调试阶段。初始阶段，运营在既有线区域。宁溧线和机场线设备安装和安装检查，宁溧线系统功能测试都将在这一阶段进行。在初始阶段后，进入夜间调试测试阶段，在这一阶段完成与延伸线相关的子系统和系统的安装检查、功能测试。一旦完成全部的功能验证，将进行最终的割接。

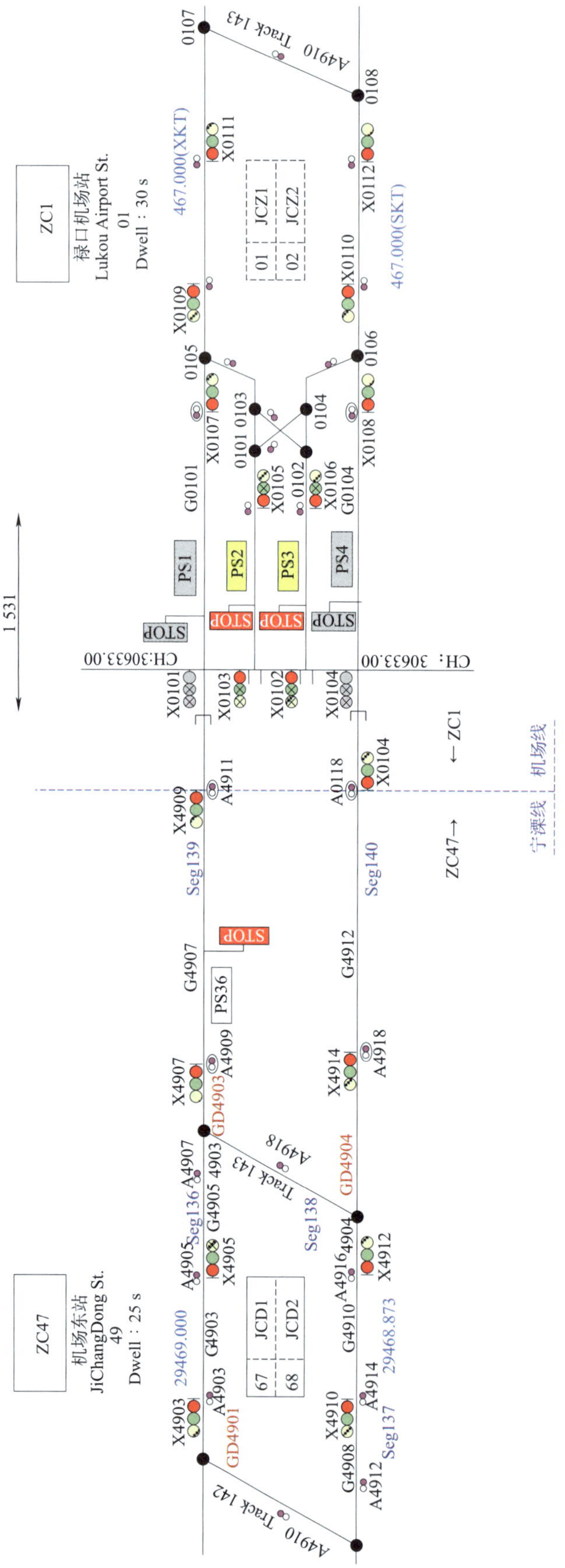
ZC1
禄口机场站
Lukou Airport St.
01
Dwell：30 s
ZC47
机场东站
JiChangDong St.
49
Dwell：25 s
ZC47→
← ZC1
宁溧线
机场线
1 531
PS1
PS2
PS3
PS4
PS36
STOP

图 3　运行交路图

割接步骤如下：

准备：包括准备现场用于倒接的硬件，尤其是延伸线有与禄口机场站相关的设备；完成对禄口机场站的软件升级；完成对既有机场线 DCS 无线系统的软件改造；完成新增加的 ATS 骨干网络的设备安装和调试；完成宁溧线 DCS 设备安装和调试；所有相应升级软件已经准备好，包括 NMS、轨旁和车载的 SD 设备等。

实施：开始已经投运的机场线系统的转换工作，使其包含宁溧线延伸线数据；升级机场东站既有计轴设备与轨旁计轴检测点的配线；在宁溧线投运前，将 2～4 列测试用车倒接成 VOBC“L＋”软件，使其包含完整的线路数据；全线各站工作站激活 ATS 新版软件，机场站更新 PMI 软硬件等。

完成：完成宁溧线工程各子系统测试项目，完成非运营时间与机场线工程贯通测试项目，宁溧线与机场线贯通运行。

项目管理时序图如图 4 所示。

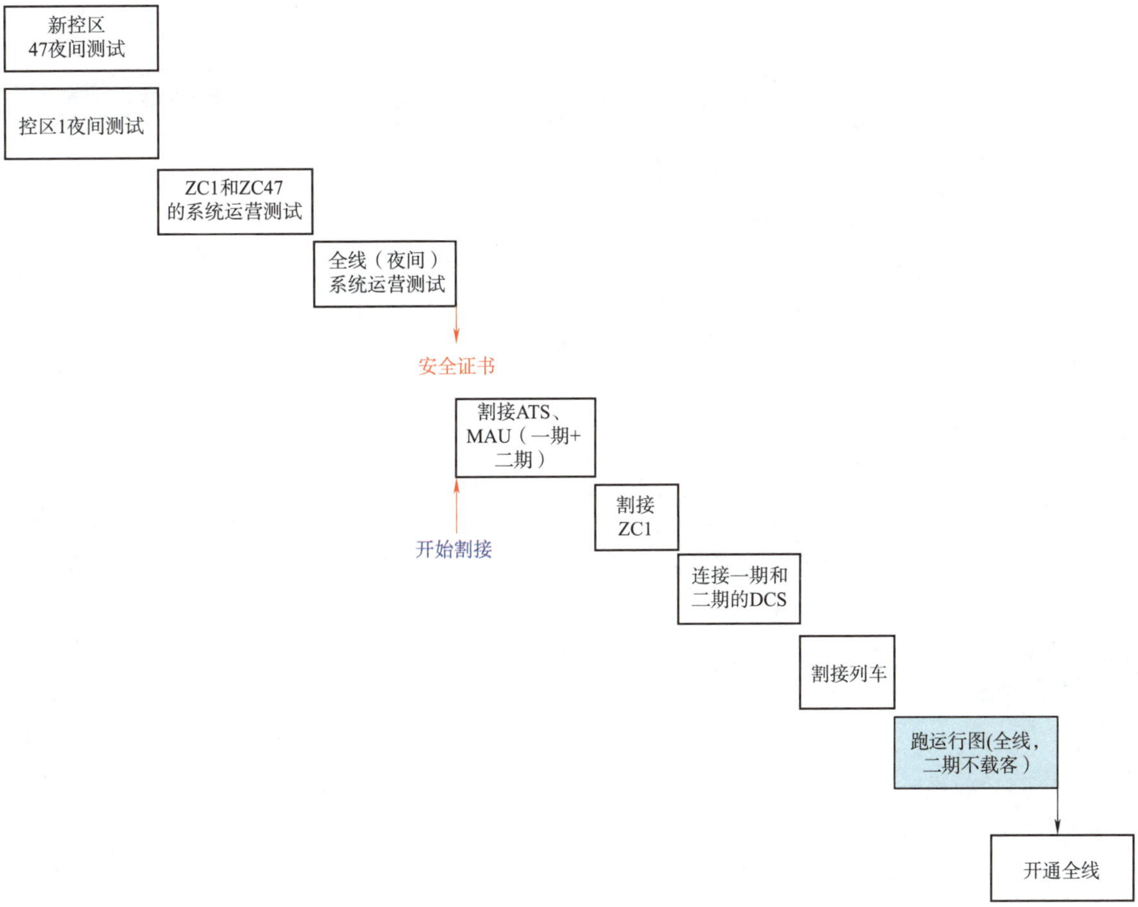

图 4　项目管理时序图

4　管理与验证测试方案

由于网络接入和外部接口状态的不确定性，在与供货商、监理单位和设计院共同商讨后决定，贯通割接分为两个阶段实施。

第一个阶段为预割接阶段，主要发现有无系统软件问题，有无外部接口问题，在正式割接前有机会对信号软件进行微调，保证第二次正式割接可以顺利进行。

第二个阶段为正式割接阶段，将对机场线和宁溧线 DCS 网络、车载软件、轨旁软件、ATS 软件进行全部倒接，实现宁溧线的试运营工作。

为了验证软件的功能完整性，正线对两列车车载软件进行升级后进行机场线全线跑圈测试，同时在车辆段库内进行除正线调试列车外的所有列车的软件升级。

测试车 1 分配时刻表班次 1，交路运行线如图 5 所示。

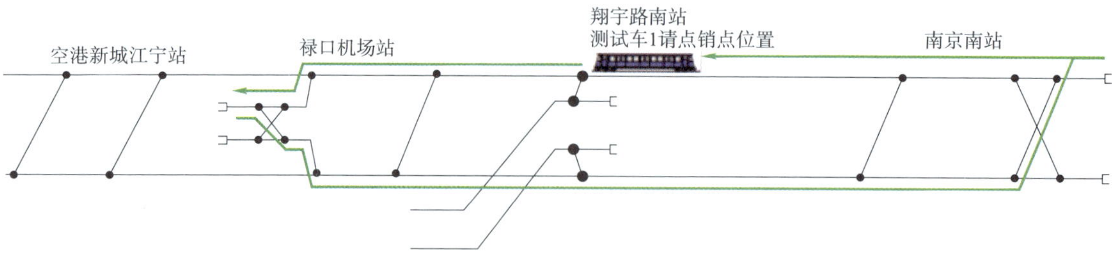

图 5　测试车 1 交路运行线

测试车 2 分配时刻表班次 2，交路运行线如图 6 所示。

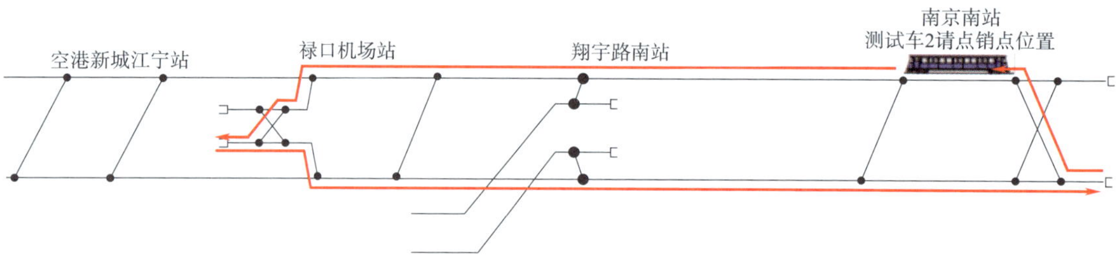

图 6　测试车 2 交路运行线

5　第三方安全评估

宁溧线调试完成后，宁溧线与机场线贯通运营功能调试完成后，系统供货商发布试运行软件，并同时发布第三方安全评估报告。安全评估发布后，进行宁溧线与机场线信号系统贯通正式割接，割接后机场线使用宁溧线和机场线贯通软件运营。

6　试运行方案

根据宁溧线贯通运营要求，试运行交路将包含小交路和大交路。试运行初期，在宁溧线设置临时控制中心，由临时控制中心控制宁溧线小交路独立试运行；试运行后期，宁溧线与机场线贯通，宁溧线和机场线控制中心为一套信号系统，南京南控制中心将兼顾运营和试运行调度组织任务，宁溧线调度台将投入使用，时刻表将与机场线运营用时刻表编制在一起，组织大、小交路混合试运行。宁溧线机场东站至无想山站交路采用 4 辆编组，南京南站至无想山站交路采用 6 辆编组。贯通运营的交路如图 7 所示。

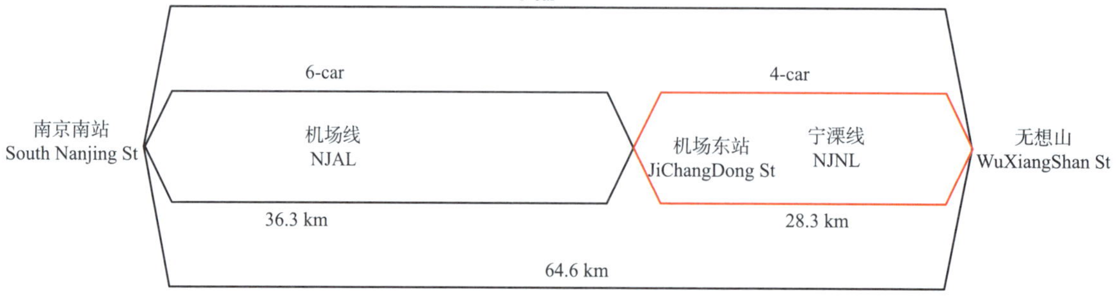

图 7　贯通运营的交路

7 总　　结

7.1 备品备件方面

明确系统供货商加大板卡备件投入力度,加大人力物力的投入,确保正式割接期间不发生备品备件不足的问题。

7.2 外部接口方面

组织系统供货商在正式割接前修改软件并提前配合测试,确保正式割接时 ATS 软件没有问题。

7.3 施工组织管理方面

正式贯通割接时涉及的信号外部接口众多,为了防止各系统供货商配合测试组织混乱,采取了统一由信号系统供应商牵头,申请动车计划,其他各子系统在此基础上统一配合的模式。

7.4 安全防护方面

在测试阶段,在既有线和新线之间加装安全防护装置,制定相应安全措施,避免新线的安装调试施工影响既有线的正常运营。

南京地铁一、十号线割接工程总结与思考

王　健

（南京地铁建设有限责任公司，南京　210017）

摘　要：围绕一号线和十号线贯通运营过程中的技术和组织管理工作进行总结和思考。

关键词：割接；改造；贯通运营

1　割接工程背景

1.1　项目背景

根据南京市轨道交通线网规划，将既有一号线奥体中心站至安德门站段划归十号线独立运营，两线在安德门站换乘（图 1），原属于一号线的小行—奥体中心段 4 站将与新建车站一起组成十号线独立运营。

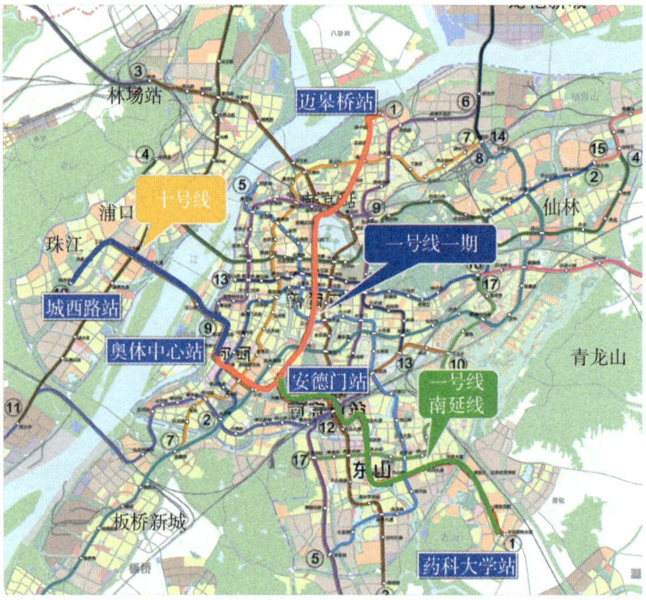

图 1　南京市轨道交通线网规划（截图）

一、十号线割接工程需要对一号线 4 个车站既有轨道和设备进行割接和改造，完成与十号线新建线路的贯通。

1.2　方案论证

2011 年 3 月，初设阶段编制了《南京地铁十号线拆解工程专题研究报告》，确定了曲线连接安德门东侧设站的线路方案。

2012 年底，运营公司提出将小行站前交叉渡线改造纳入本次割接工程范围。

2013 年 11 月，组织编制《割接工程实施方案》，向集团领导汇报，建议停运 15 d 方案。

2014 年 1 月，召开割接实施方案专家咨询会，专家建议安德门节点作业时间增加 2 h。

2014 年 5 月，施仲衡院士主持召开南京地铁专家委员会第三次会议，充分肯定了割接工程实施方案。

2014 年 5 月，经南京市政府研究决定，本次割接工程实施时间为 2014 年 5 月 31 日 21：00（19：00 全线收车）～6 月 16 日 10：00。

2 割接工程组织

2.1 组织架构

为了确保南京地铁一、十号线割接工程的顺利展开，充分组织与调动参与各方的力量，由南京地铁指挥部组建地铁一、十号线割接工程指挥部，下设现场指挥办公室以及轨道工程小组、车站设备工程小组、系统设备工程小组、运营组织小组、质量安全小组、宣传小组，如图 2 所示。

各方责任主体包括：地铁建设公司，运营公司，设计院，监理单位，轨道、供电、信号、通信、AFC 等专业承包商和施工单位。

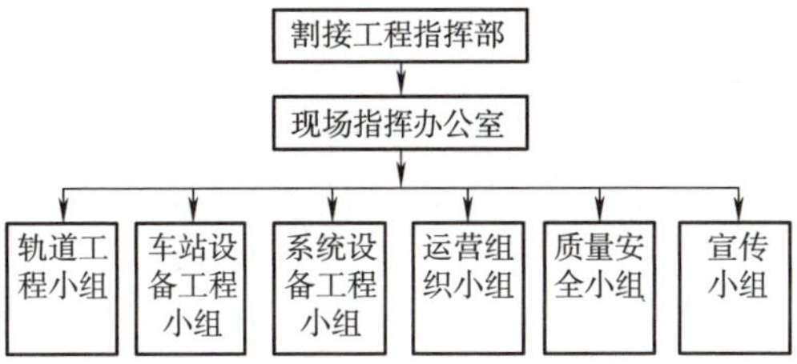

图 2 管理组织架构图

2.2 总体计划

总体上，割接工程包括：三个阶段、六个节点、十个专业。

2.2.1 三个阶段

第一阶段：一号线拆解阶段(5 月 31 日 21:00～6 月 1 日 10:00)

停运后第一夜，安德门节点接触网、变电设备割接，新一号线接触网送电、冷热滑；信号轨旁设备更换、动车调试；通信、AFC 等系统软件升级；小行站后节点轨道施工；新一号线正式贯通运营。

第二阶段：十号线驳接阶段(停运期内第 2～8 d)

5 个区段的道岔拆铺、改拨和拆除，接触网、变电、信号设备安装调试，十号线与小行至奥体 4 站贯通。

第三阶段：系统调试和验收阶段(停运期内后 7 d)

十号线轨道精调养护，冷热滑，系统调试，信号调试，工程验收。

6 月 16 日～ 6 月 30 日，十号线观光运营。

7 月 1 日，十号线正式开通。

2.2.2 六个节点

六个节点如图 3 所示。

图 3 节点平面图

(1)奥体节点

在奥体中心站大里程方向，和十号线连接段的 25 m 既有线路需改为正线无缝线路并拆除车挡，同时信号系统和接触网相应接续。换轨平面示意如图 4 所示。

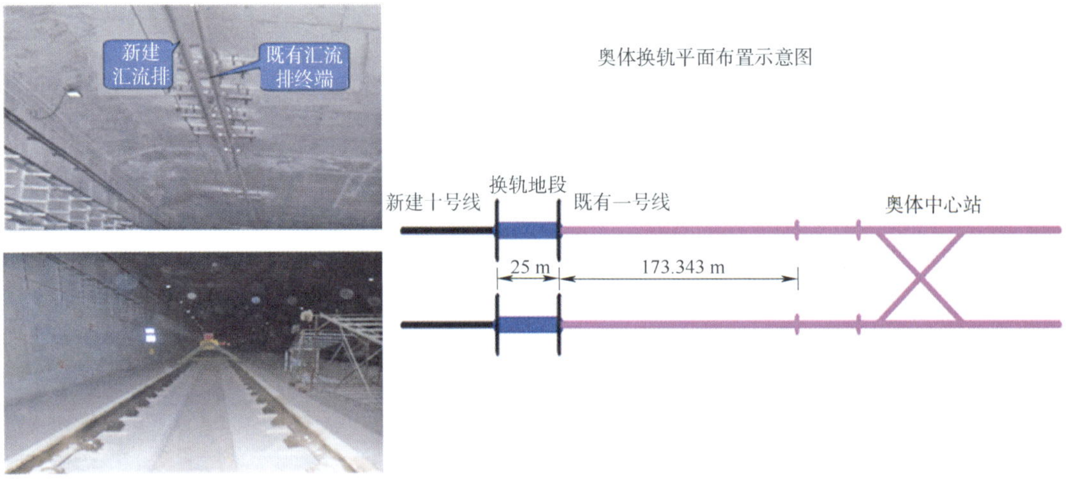

图 4　换轨平面示意图

(2)小行不对称交叉渡线节点(图 5)

小行站前需拆除既有小行站 1 组 11.2 m 间距木枕交叉渡线和 2 组木枕单开道岔及道岔前后 438 m 线路，更换为与新建十号线一致的混凝土枕、道岔、转辙机和轨道电路。

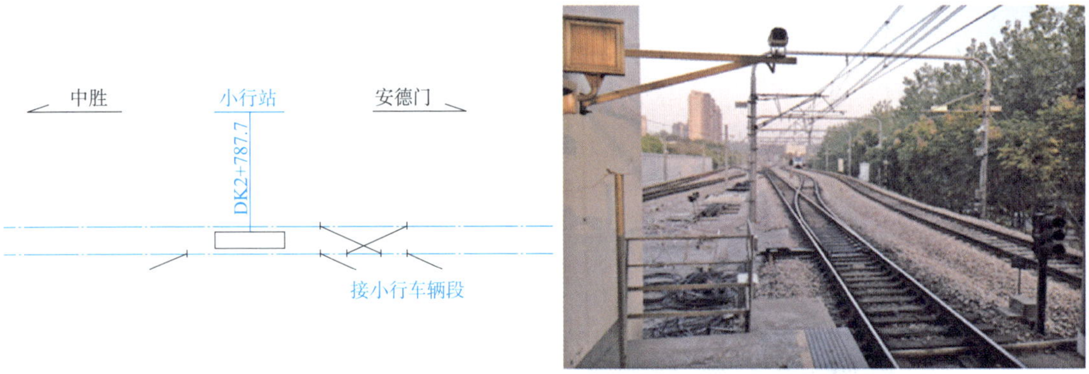

图 5　小行交叉渡线节点图

(3)正线拨道节点(图 6)

拨移小行站外既有线路 465.54 m，最大拨距 8.8 m，并对该段接触网和轨道电路进行拆除和重新安装调整。

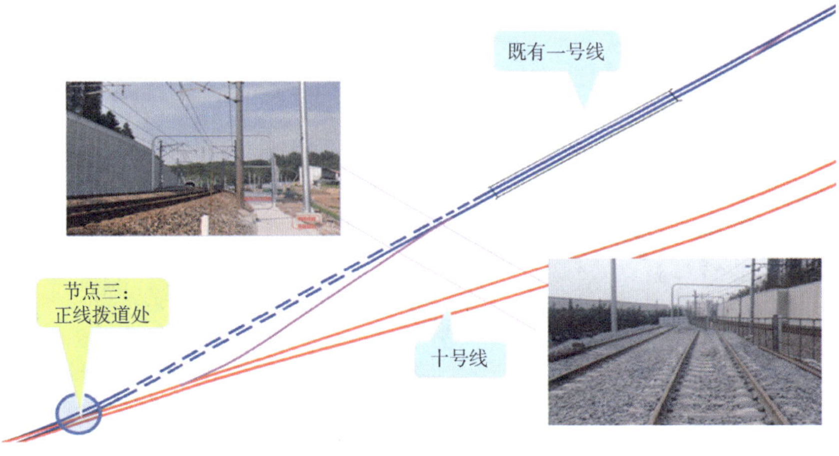

图 6　正线拨道节点图

(4)联络线拨道节点(图 7)

在一、十号线联络线处拨移既有线路 55 m(最大拨接量 5 m),接入新建的一、十号线联络线,并对该段接触网和轨道电路进行拆除和重新安装调整。

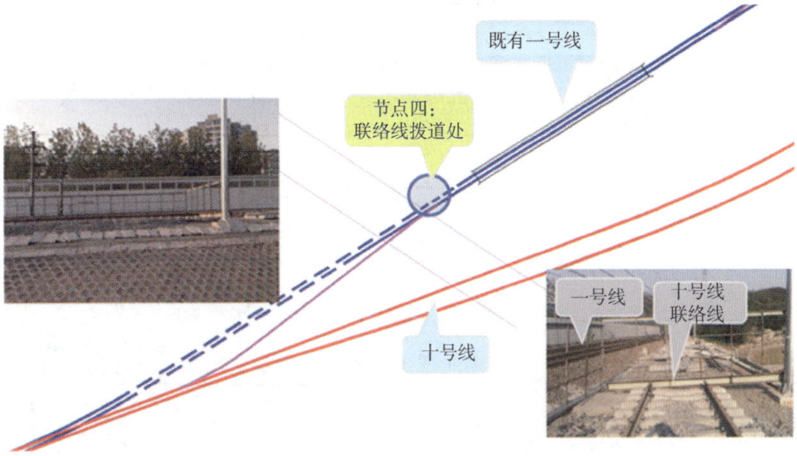

图 7　联络线拨道节点图

(5)3.8 m 单渡线节点(图 8)

在既有线路两隧道之间插入 1 组 3.8 m 线间距的单渡线道岔和 1 组液压滑移式缓冲车挡,并对该段接触网和轨道电路进行拆除和重新安装调整。

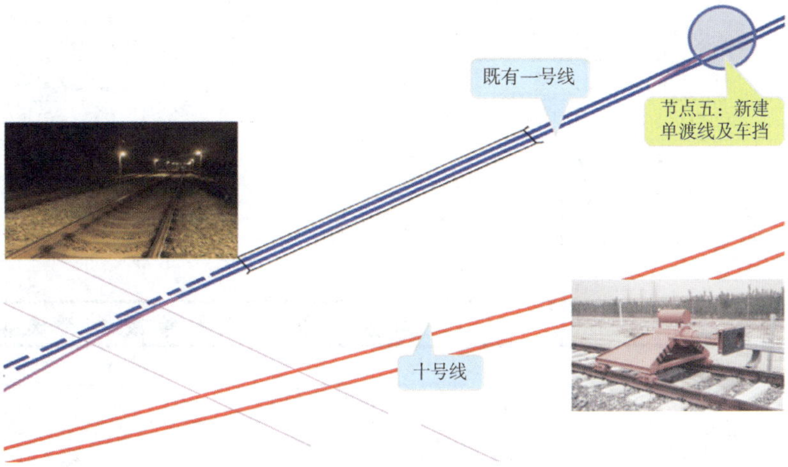

图 8　3.8 m 单渡线节点图

(6)既有安德门站节点(图 9)

对既有一号线安德门站的接触网、主所和变电设备、信号系统进行割接改造,并进行列车冷热滑等调试工作,确保第二天新一号线独立运营。

图 9　安德门站节点图

2.3　任务分解

本次割接工程涉及十个专业,包括:轨道、接触网、变电、信号、通信、AFC、FAS、BAS/IMS、PIS、站台门。其中轨道、供电、信号专业是割接的关键,任务分解详见图 10、图 11、表 1。

图 10　任务分解图

表 1 任务分解表

序号	实施方案	责 任 方
1	割接工程实施总体计划表	现场指挥办公室
2	割接工程总工序和各节点工序安排	各工程小组
3	轨道割接工程实施方案	轨道工程小组
4	信号割接工程实施方案	系统设备工程小组
5	接触网割接工程实施方案	车站设备工程小组
6	变电所割接工程实施方案	车站设备工程小组
7	通信割接工程实施方案	车站设备工程小组
8	AFC 割接工程实施方案	车站设备工程小组
9	运营组织/施工配合方案	运营组织小组
10	限界检测方案	质量安全小组
11	冷热滑方案	系统/车站设备工程小组
12	割接工程验收方案	质量安全小组、各工程小组

图 11　专业配合时序图

3 实施难点和准备工作

3.1 实施难点

3.1.1 第一阶段——既有安德门站拆解

(1)拆解风险

在整个拆解工作中,首当其冲的是本工程控制性节点——一号线在既有安德门站的拆解。其拆解风险体现在:

①夜间施工,工时短,空间小。

②新老设备系统情况复杂、制式不一,技术难度大。

③多专业会战,工序交叉相互制约。

④将直接影响到第二天新一号线的运营,施工难度和风险很大。

(2)时间安排

5 月 31 日 19:00~21:00,既有一号线和南延线全线收车。

5 月 31 日 21:00,割接工程开始实施。

5 月 31 日 21:00~1:30,既有安德门站各系统割接施工、软件升级,4 站从一号线电气拆解,新一号线电气驳接。

6 月 1 日 1:30~2:00,既有安德门站接触网送电、冷热滑。

6 月 1 日 2:00~7:00,信号一致性测试、贯通测试、动车测试。

6 月 1 日 7:00,完成一号线的割接施工调试,销点交运营。

6 月 1 日 7:00~10:00,运营准备和安全检查。

6 月 1 日 10:00,新一号线正式贯通运营。

(3)接触网施工难点:安德门锚段拆改(图 12)

第一阶段施工中工时最紧、难度最大的是停电后 4 h 内完成安德门站从菊花台隧道口至一号线左线这 300 m 的接触网锚段拆旧和装新工作。施工难点体现在:

①该锚段设备数量多,拆装工作量大。

②与一号线接触网锚段并列布置需要保护,增加了作业难度。

③同时存在刚柔过渡段,施工精度要求高。

④接触网作业车从小行车辆段调至安德门站时间长,影响放线。

⑤既有接触网零部件经长期裸露、电腐蚀等因素影响难以拆卸。

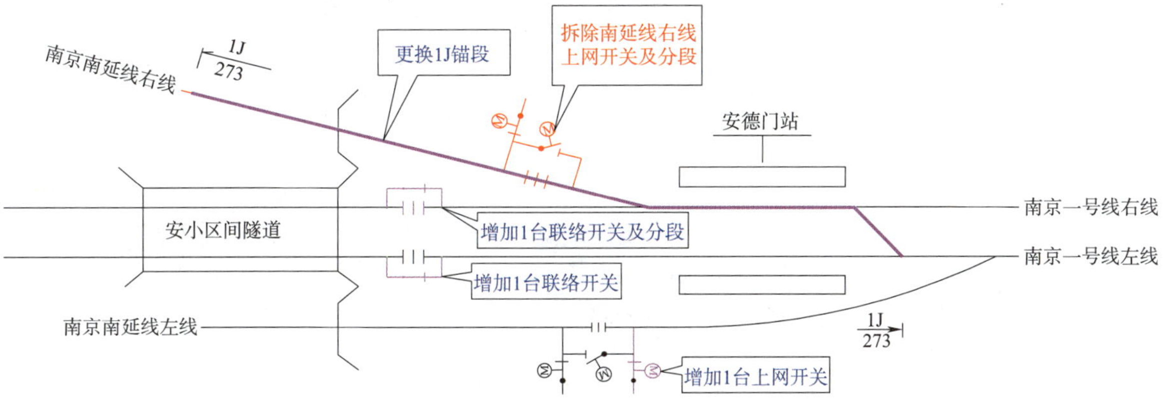

图 12 安德门锚段拆改图

(4)信号施工难点:既有安德门站割接(图 13)

①4.5 h 完成硬件安装、软件更换和配置(控制中心、安德门站和天隆寺站信号软件),安德门站断开与

小行站联系。

②3.5 h完成调试、信号动车测试，取得安全认证，实现新一号线开通运营。

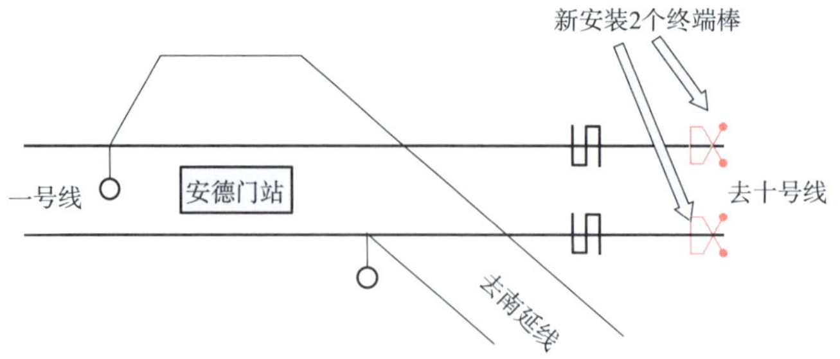

图13 安德门割接示意图

3.1.2 第二阶段——轨道割接

轨道专业在节点2小行站前交叉渡线换枕工作量最大，具体如下：

(1)改造线路拨接总长464 m，最大拨移量8.8 m，枕木1 100根，混凝土枕长6.2 m，单重1 t。线路拨接总长、拨移量和道岔纵移坡度均为国内地铁首次。

(2)施工工期紧凑，工务8 d，收尾7 d，施工人员400人，两班倒24 h连续作业，对施工工序组织要求高，需要优化工效。

(3)施工场地空间有限，拆除材料和新铺材料码放位置狭小。

切割工程平面布置示意如图14所示。

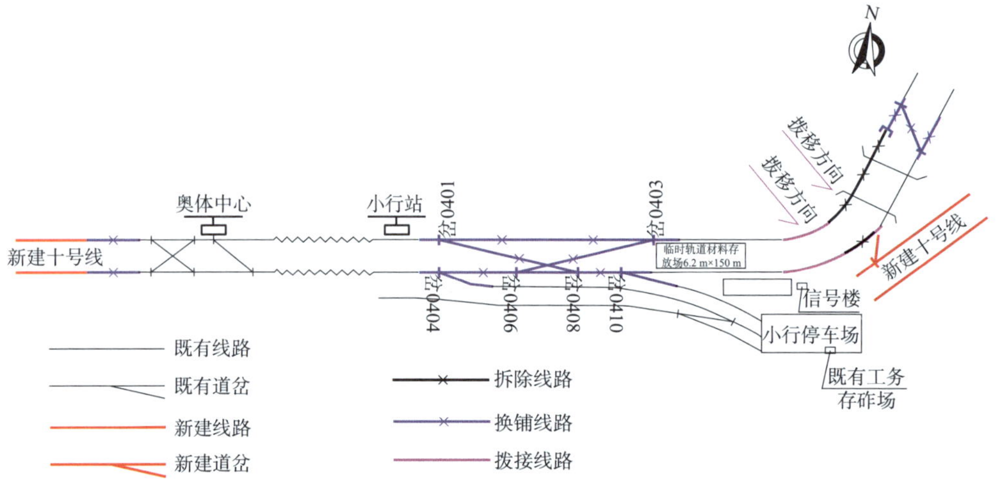

图14 南京地铁十号线轨道工程既有线切割工程平面布置示意图(封锁施工前)

3.1.3 第三阶段——信号安装调试(图15)

(1)信号施工难点：小行不对称交渡线

在轨道精调及钢轨锁定工作完成后，从第9 d开始信号专业的安装工作。需完成小行站后7段轨道电路、12台转辙机、32根钢轨接续线、6片绝缘节安装调试及一致性测试，该处工作是信号安装施工的关键。

(2)信号施工难点：信号系统最终功能测试

包括联锁区ATP、ATS、ATO功能验证，多列车追踪测试，中央控制下的时刻表验证。经过最终8.5 h的最终功能测试，取得安全认证。

3.2 准备工作

3.2.1 技术准备

组织设计、监理、施工、系统承包商对现场既有设备、电缆管线、轨道道岔等进行技术交底，编制详细施工

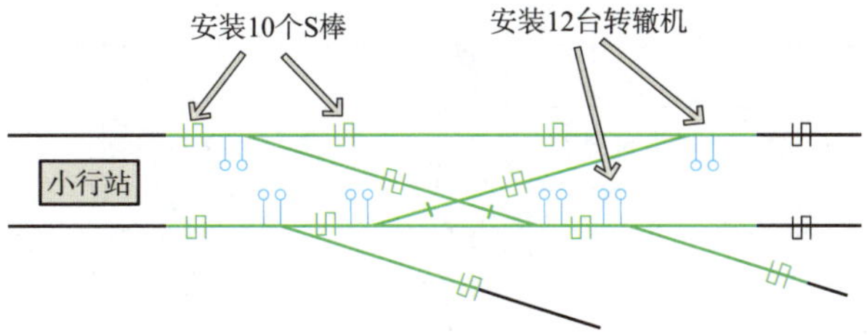

图 15　信号功能测试图

组织方案和施工作业指导书，制定各类风险应急预案。

（1）系统接口准备

组织系统承包商对各专业新旧系统之间、各层级之间、内外部之间的接口进行梳理，完善接口设计，制定接口测试计划，开展接口测试，制定系统升级的实施方案。

（2）施工队伍准备

调配具有丰富施工经验的管理人员和施工队伍，确保施工期间劳动力满足施工需求，做好人员岗前安全、技能培训。

（3）施工机械材料准备

①提前做好施工机具材料配置和检查。

②在封锁割接前将各种作业车和大型材料运输至施工现场。

③现场复测、放线标注和提前演练。

④提前做好接触网和道岔试拼装，确保安装器材配套。

⑤提前请点对现场零部件进行预拆除、再安装。

（4）质量安全验收准备

对割接前准备工作进行全面检查，制定割接工程质量安全和验收方案、限界检测方案、冷热滑方案。

（5）运营配合准备

制定割接期间运营组织和施工配合方案、公交接驳方案、应急保障预案。

（6）宣传工作准备

向媒体发布割接期间过渡方案、十号线观光运营和正式开通预告。

4　割接工程实施情况

割接第一个夜晚，安德门现场指挥部，总指挥一声令下，开始了千人会战。按照部署，现场忙而不乱，紧张有序，一出手就让人觉得信心十足。

地铁进入网络化运营时代，牵一发动全身，相关系统专业在临近的区间、车站、变电所、控制中心、全网各站展开了“无声”的战斗。

施工作业一鼓作气，接口调试一次调通，质量控制、验收开通一气呵成。

十个小时，一个不眠之夜，新一号线按期割接成功！

十五个日夜，连续施工，一、十号线割接工程顺利完成！

4.1　轨　　道

关键节点均比原计划提前完成，轨道专业提前 25 h 完工，见表 2。施工现场如图 16～图 19 所示。

表 2　轨道专业计划施工与实际施工

日　　期	实际施工	计划施工
5 月 31 日	(1)小行站前岔区拆除 0401＃、0403＃道岔。 (2)拆除 3.8 m 单渡线位置线路。 (3)大拨接地段拨砟	(1) 0401＃～0403＃，0401＃～菱形，0403＃～菱形，0401＃岔前，0403＃岔前，0410＃岔后线路换完枕地段新轨对位。 (2)拆除 0401＃道岔和 0403＃道岔。 (3) 3.8 m 单渡线拆除设计道岔岔位线路。 (4)大拨接地段既有下行线拨砟

续上表

日　期	实际施工	计划施工
6月1日	(1)小行站站前岔区0401#、0403#岔前岔枕排布。 (2)拨接地段线路拨砟，大、小拨接口线路拨接。 (3) 3.8 m单渡段道岔插入，线路换轨。 (4)奥体换轨、应力放散、钢轨焊接。 (5)既有4站4区间线路标志施工	(1)小行站站前岔区拆除既有下行线线路和道岔。 (2)正线拨接地段线路拨接就位。 (3)既有4站4区间线路标志施工
6月2日	(1)小行站站前岔区拆除0410#、0408#道岔和菱形块，插入0401#、0403#道岔及岔间线路换轨。 (2)拨接地段线路上砟养护。 (3) 3.8 m单渡线安装车挡，线路养护，精调。 (4)既有4站4区间线路标志施工	(1)小行站站前岔区拆除既有上行线线路和道岔。 (2)正线拨接地段线路上砟养护、放散锁定。 (3)横纵移就位3.8 m单渡线既有下行线部分。 (4)既有4站4区间线路标志施工
6月3日	(1)小行站站前岔区拆除0406#、0404#道岔，插入0408#、0410#道岔及菱形块，线路换轨。 (2) 3.8 m单渡线路养护、精调。 (3)拨接段线路养护，大拨接无缝线路应力放散。 (4)既有4站4区间线路标志施工	(1)小行站站前岔区插入0408#、0410#道岔。 (2)横纵移就位3.8 m单渡线既有上行线部分。 (3)既有4站4区间线路标志施工
6月4日	(1)小行站站前岔区插入0406#、0404#道岔，岔间换轨。 (2)拨接地段上砟养护。 (3)3.8 m单渡道岔及线路养护。 (4)既有4站4区间线路标志施工	(1)小行站站前岔区菱形部位施工。 (2)联络线拨接地段线路拨接、上砟养护。 (3)3.8 m单渡线养护、精调。 (4)既有4站4区间线路标志施工
6月5日	(1)小行站站前岔区0401#、0403#岔后曲股至菱形块，0404#岔后曲股。 (2)拨接地段线路养护。 (3)既有4站4区间线路标志施工	(1)小行站站前岔区插入0406#、0404#道岔。 (2)奥体接轨地段接轨、焊接、放散锁定。 (3)既有4站4区间线路标志施工
6月6日	(1)小行站站前岔区道岔及线路精调。 (2)拆除既有线废弃线路。 (3)拨接地段线路养护。 (4)既有4站4区间线路标志施工	(1)小行站站前岔区插入0406#、0404#道岔。 (2)拆除既有下行线废弃线路。 (3)既有4站4区间线路标志施工
6月7日	(1)道岔打磨。 (2)拆除既有上行线废弃线路。 (3)碎石道床线路道床肩修补。 (4)既有4站4区间线路标志施工。 (5)工务验收	(1)小行站站前岔区岔间线路连接、上砟、养护。 (2)拆除既有上行线废弃线路。 (3)既有4站4区间线路标志施工
6月8日		(1)小行站站前岔区岔间线路连接、上砟、养护。 (2)既有4站4区间线路标志施工。 (3)工务验收

图16　小行站前岔区轨道拆除

图17　与十号线正线拨接

图 18 小行站前交叉渡线更换

图 19 线路补砟、道床整形

4.2 接触网

接触网专业关键节点均按原计划完成,见表 3。施工现场如图 20～图 23 所示。

表 3 接触网专业关键节点

序号	工序名称	计划完成时间	实际完成时间
1	既有安德门站拆解	5 月 31 日～6 月 1 日	
1.1	停电	21:00	20:40
1.2	节点Ⅰ	0:00	0:00
1.3	节点Ⅱ	23:00	23:00
1.4	节点Ⅲ	1:00	1:00
1.5	节点Ⅳ	1:00	1:00
1.6	梯车出场	1:15	1:15
1.7	验收、冷滑	1:30	1:30
1.8	热滑	2:00	2:00
2	一、十号线联络线施工	6 月 5 日～6 月 6 日	6 月 5 日～6 月 6 日
3	十号线接触网施工	6 月 4 日～6 月 6 日	6 月 4 日～6 月 6 日
4	一号线隧道内渡线架设	6 月 6 日～6 月 7 日	6 月 6 日～6 月 7 日

图 20 既有安德门站 1J 锚段拆除

图 21 既有安德门站 1J 锚段架设

图 22　十号线割接段承力索架设

图 23　既有安小区间接触网拆除

4.3 变　　电

变电专业按计划完成，主要割接内容：

(1)新老安德门站与奥体中心站、中胜站、三山街站、天龙寺站之间环网电缆拆解改造，既有安德门站直流解列。

(2)既有安德门站变电所两面开关柜拆除；奥体中心站变电所新增开关柜安装。

(3)小行车辆段出入段线电动隔离开关闭锁及联跳改造。

(4)变电所综合自动化 SCADA 系统拆解改造，隔离开关闭锁及联跳改造、调试和恢复送电，恢复接触网供电。

部分施工图片如图 24～图 26 所示。

图 24　既有安德门主所 35 kV GIS 开关柜

图 25　奥体中心站变电所开关柜

图 26　安德门站直流上网电缆拆解

4.4 信　　号

信号系统的安装工作比原计划提前 2.5 d 完成(表 4),室外单体调试、一致性测试、动车测试均按计划完成。施工现场如图 27～图 30 所示。

表 4　信号系统设计完成时间与实际完成时间

序号	节　　点	设计完成时间	实际完成时间	提前/滞后	备　　注
1	奥体、安小区间拆除设备	5 月 31 日 22:30	5 月 31 日 22:30	正点	以不对称交叉渡线为计算单位,总工期提前 2.5 d
2	正线拨接线路	6 月 3 日 24:00	6 月 3 日 24:00	正点	
3	3.8 m 单渡线	6 月 5 日 24:00	6 月 3 日 24:00	提前 2 d	
4	奥体分界点	6 月 6 日 24:00	6 月 2 日 12:00	提前 4.5 d	
5	联络线	6 月 7 日 24:00	6 月 2 日 24:00	提前 5 d	
6	不对称交叉渡线	6 月 10 日 12:00	6 月 7 日 24:00	提前 2.5 d	

图 27　转辙机拆除

图 28　转辙机安装

图 29　信号配线架割接

图 30　信号设备调试

4.5 通　　信

割接前完成了无线和电话子系统的改造,为现场施工提供通信保障。

割接期间完成传输、广播、时钟、视频监控等子系统施工和调试(图 31、图 32),过程中还穿插进行单位工程验收,按计划完成。

图 31　视频监控子系统割接

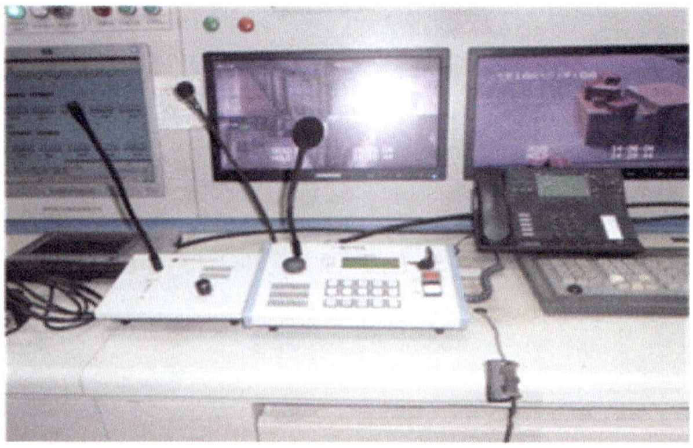

图 32　广播终端设备割接

4.6　AFC

5 月 31 日 21:00 完成既有 4 站 AFC 数据上传后，对一号线、南延线及二号线进行参数更新，在售票界面上屏蔽停运 4 站，6 月 1 日凌晨各线路开站后处于正常运行状态(图 33、图 34)。

随后将既有 4 站 AFC 系统从原一号线剥离接入南京南区域中心，纳入十号线并网运行。

图 33　闸机进出站测试

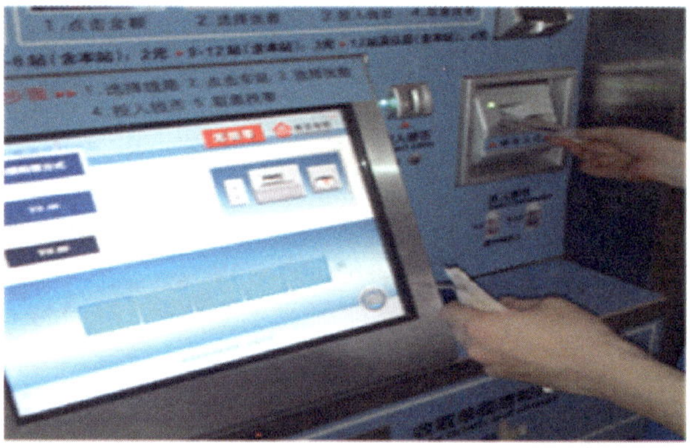

图 34　售票机测试

4.7　FAS

对既有 4 站的消防监控主机、火灾报警控制器、探测器进行更换和调试。

通信网络割接，4 站系统接入十号线控制中心 FAS 系统。

与 IMS、PA、BAS 系统进行接口调试。

4.8　BAS/IMS

既有 4 站 BAS、门禁与一号线中心剥离，与新建车站完成网络调试。

既有 4 站车控室安装新增的 IMS 系统工作站、交换机，互联系统接口调试，接入十号线控制中心 IMS 系统。

4.9　PIS

完成既有 4 机房设备和车站显示屏安装，割接至新线系统，并进行调试。

4.10　站台门

既有 4 站安装网管设备及新版软件。

站台门与 BAS 系统的接口调试。

4.11 运营组织和施工配合

割接期间运营公司全员动员，各专业投入施工配合、检查复核，全程参与，保障割接工程和开通成功。主要工作有：

（1）一、十号线割接行车组织。

（2）施工配合和应急保障。

（3）公交接驳。

（4）乘客宣传。

（5）割接相关导向标识改造。

5 割接工程总结与思考

5.1 领导重视，组织有力，靠前指挥

集团董事长挂帅，建设公司和运营公司参加，组建割接工程指挥部，指导割接实施总体方案（图 35）。

下设现场指挥办公室，建立每日例会和日报制度，检查督促，协调指挥。

参建各方分工明确、衔接有序，安全保障到位。

图 35 领导视察现场

5.2 科学编排，周密计划，论证充分

赴广州调研二、八号线割接的经验，广泛征集设计、施工和多方专家意见，总体院和专业院先后比选安德门线路方案、停运 5 d 和 15 d 时间方案、各专业技术方案，各施工单位群策群力，运营部门积极参与，共同完善实施方案。

建设单位牵头，统筹割接工程的总体目标，制定“三阶段、六节点、十专业”的割接总体计划，引导各专业分析重要节点和关键线路，识别制约因素和难点风险。

5.3 任务分解，工序衔接，务实可行

各小组分工负责，依据总体计划分解任务，形成分专业、节点、工序的三级工期计划，重点部署关键线路，例如 5 月 31 日夜间施工计划细化为半小时。

面对停运时间紧凑、施工场地狭窄、作业点多面广量大、工序搭接交叉多、新老设备制式不一、专业间关联性强等复杂情况，抓住关键矛盾，重点优化同时间、同区域、多节点、多专业在工序转换、场地分配、新老设备兼容性、系统间接口等方面的合理性，关注计划的可实施性。

5.4　投入精兵，准备充分，提前演练

参建单位高度重视，不遗余力，不计成本，全力投入。

抽调精干力量，进行岗前安全、技能培训；调配各类机械设备和工器具；熟悉设计文件和图纸，编制施工组织计划和作业指导书；调查施工区域和既有设备，提前放线标注，开展各种作业的预拆装演练。

在有条件的情况下，提前半年开展轨道、供电、通信、AFC 等专业的部分工序，停运期间集中攻关重点区域重点工序。

5.5　天时地利，团结协作，密切配合

本次工程选择了一个理想的时间段。5 月 31 日晚上虽然下了小雨，但没出现预报中的雷电，保证了接触网作业按原计划进行。

6 月 1 日上午下了半天大雨，将原本酷热的温度降了下来，处于无缝线路锁定轨温，正线拨接地段的无缝线路焊接非常顺利。

割接期间恰逢高考、中考，为保证不影响考生，在现场指挥办公室的晨会上，当机立断及时对工序进行了微调，离居民区近的轨道施工在高考前抢先完成，尽可能减少施工扰民。

施工单位克服困难（夜间施工、高温施工、连续作战），保工期保质量保安全，顾全大局，争先为其他专业创造条件。如：轨道专业经过努力提前 25 h 完成任务，利用这一天临时增加钢轨打磨工作。

5.6　机会难得，经验宝贵，值得总结

一、十号线割接工程，是一次在较短工期内、工序交叉、接力作业、新老设备融合、多专业系统推进的工程实践，达到了预期目标。既锻炼了队伍，也为今后延伸线与老线接驳施工、处置新旧系统接口兼容性、更换既有线老旧设备、加快工序转换等项工作积累了经验。

本次割接工程的顺利实施，是“十二五”期间南京地铁工程全体建设者凝心聚力、迎难而上的一个缩影，值得认真总结！

大胜关长江大桥轨道交通接触网雷电防护措施研究

胡燕玲[1]　向念文[2]

（1. 南京地铁建设有限责任公司，南京　210017；2. 合肥工业大学，合肥　230009）

摘　要：南京大胜关长江大桥轨道交通架空接触网距离地面数十米高，周围环境空旷，空气湿度大，容易遭受雷击，需要采取措施加以解决，而国内轨道交通工程的架空接触网虽然采取了一些雷击防护措施，但是由于采取的措施不当，防护效果有限。架空线路常用的雷击防护措施有安装并联保护间隙、安装避雷器、加强绝缘和降低杆塔接地电阻四种，本文通过分析这四种防护措施对大胜关长江大桥轨道交通架空接触网的防护效果，推荐该工程采用避雷器防护措施。

关键词：雷击防护措施；接触网；避雷器

南京大胜关长江大桥城际轨道交通线在大桥两侧，且跨江大桥距离地面数十米高，周围环境空旷，空气湿度大。其接触网采用 DC 1 500 kV 电压供电方式，本身绝缘水平比较低。根据国家气象信息中心发布的统计数据，南京市属于“多雷区”，其全年平均雷暴日数与全年最高雷暴日数均远高于全国雷暴日数的平均水平。由于以上多种因素导致南京大胜关长江大桥架空接触网容易遭受雷击，雷击故障率较高。所以，针对轨道交通架空接触网的雷击防护措施研究至关重要。

国内城市轨道交通有些工程的架空接触网采取了一些雷击防护措施，但是由于措施选取不当，起到的防护效果有限。我国电力系统在架空线路雷电防护方面有着较为成功的应用经验，取得了较好的防护效果，可以借鉴。考虑架空接触网与电力系统架空线路存在着较大的结构和参数差异，电力系统的雷击防护措施并不能直接应用到架空接触网系统，而是应该借鉴吸收成功经验、结合自身特点进行再开发。相关架空线路研究表明，可采用的防护措施有安装避雷器、安装避雷线和并联保护间隙等。但是，这些雷击防护措施并没有应用于轨道交通架空接触网的运行经验，需要仿真分析这些雷击防护措施对接触网的防雷效果。

本文对安装并联保护间隙、安装避雷器、加强绝缘和降低杆塔接地电阻四种防护措施进行分析，并且通过对南京大胜关长江大桥轨道交通架空接触网防护效果的分析，建议采用安装避雷器防护措施。

1　防护措施

目前架空线路常用的雷击防护措施有安装并联保护间隙、架设避雷线、安装避雷器、加强绝缘和降低杆塔接地电阻等。由于南京大胜关长江大桥轨道交通接触网已架设避雷线，所以下面将针对其他四种保护措施的技术原理和优缺点，以及其是否适用于大胜关长江大桥城市轨道交通架空接触网具体情况进行分析。

1.1　加强绝缘

加强绝缘是通过增加盘式绝缘子片数的方式提高线路的雷电冲击绝缘水平、增强线路的耐雷能力。对于一般 10 kV 架空配电线路而言，由于受到周围构筑物的遮蔽，直击雷发生概率小，感应雷产生的过电压又相对较低，适当加强线路绝缘，使线路能够耐受大部分感应雷过电压的作用，可有效提高线路的防雷性能。但是大胜关长江大桥架空接触网的对地高度较高，直击雷造成线路故障的概率同样较大，并且直击雷产生的过电压远高于感应雷，很难通过加强绝缘的方式来防止闪络。因此，加强绝缘的方式并不适用于本工程项目的实际情况。

如增加一倍接触网绝缘子片数时，则绝缘子 50%雷电闪络电压增加至 270 kV（原绝缘子 50%雷电闪络电压为 135 kV），建立仿真计算模型，计算此时的南京大胜关长江大桥城际轨道交通架空接触网的雷电反击耐雷水平与雷击闪络率，结果见表1、表2、表3。

表1　加强绝缘前后架空接触网的反击耐雷水平

桥墩高度(m)	加强绝缘前反击耐雷水平(kA)	加强绝缘后反击耐雷水平(kA)
5	75.2	147.6
10	67.8	131.6
15	64.2	126.4
20	35.6	70.3
30	12.7	25.4
40	10.3	20.2

通过表1数据可看出，当接触网绝缘子长度增加至一倍时，雷电反击耐雷水平几乎提高至原来的两倍。由于避雷线的保护作用使得南京大胜关长江大桥城际轨道交通架空接触网的雷电绕击闪络率很小，所以不予以考虑。

表2　加强绝缘前后架空接触网的雷电反击闪络率

桥墩高度(m)	加强绝缘前反击闪络率(次/年·100 km)	加强绝缘后反击闪络率(次/年·100 km)	反击闪络率减小率(%)
5	7.756 7	1.475 5	425.699 8
10	10.672 3	2.544 5	319.426 2
15	13.054 5	3.277 4	298.318 8
20	25.555 9	12.779 2	99.980 4
30	33.021 0	27.382 1	20.593 4
40	34.665 9	30.258 5	14.565 8

由表2中计算数据可看出：加强绝缘后，当高架桥墩高度在5～15 m范围内时，城际轨道交通架空接触网线路绝缘子的雷电反击闪络率降低效果很明显；但高度超过20 m时，加强绝缘对接触网线路绝缘子的雷电反击闪络保护效果已不是十分明显，年雷击闪络率依然很高，需要对其进行另外防护。

表3　加强绝缘前后架空接触网的雷电感应闪络率

桥墩高度(m)	加强绝缘前感应雷闪络率(次/年·100 km)	加强绝缘后感应雷闪络率(次/年·100 km)	感应雷闪络率减小率(%)
5	0.352 1	0.000 0	—
10	4.940 0	0.015 4	31 977.92
15	13.977 0	0.104 4	13 287.93
20	25.206 5	0.944 0	2 570.18
30	50.702 0	6.379 1	694.81
40	78.106 8	15.966 4	389.19

表3中计算了加强绝缘对架空接触网感应雷闪络率的影响，通过计算数据可看出，加强绝缘可以明显改善城际轨道交通接触网线路绝缘子的感应雷闪络率，接触网对地高度越小，降低效果越明显。

对于南京大胜关长江大桥城际轨道交通接触网这类低电压供电系统来说，雷电反击耐雷水平的提高意味着绝缘子发生闪络后产生的雷电反击过电压也要比绝缘加强前高出将近一倍，极有可能损坏绝缘设备。由此可见，加强绝缘的防护措施对于高度变化多样的轨道交通接触网并不完全适合，需要进行其他防护。

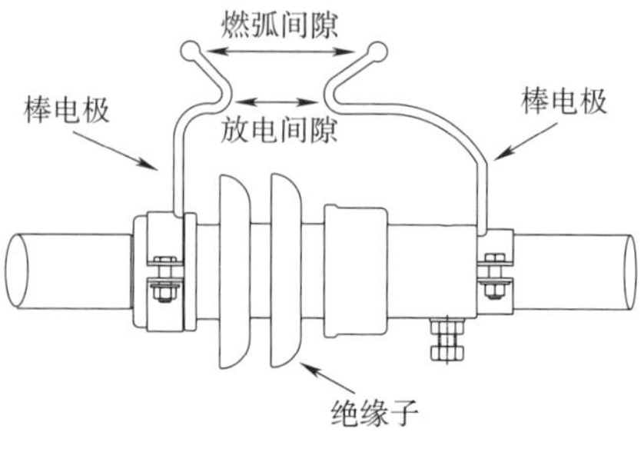

图1　绝缘子并联保护间隙结构示意图

1.2　并联保护间隙

如图1所示，绝缘子并联保护间隙是在绝缘子端部金属件上安装的一对金属电极，金属电极能够疏导短路电弧运动轨迹并耐受电弧烧灼,使雷电放电和工频续流电弧均发生、作用在金属电极上,这样电弧弧根和弧腹远离绝缘子端部金属件和伞群表面,绝缘子就不会发生损坏。保护间隙具有效果良好、实施方便、成本较低等优点,在美国、日本、德国、法国等很多国家的电力系统中得到广泛应用,我国电力系统 220 kV 电压等级以下均有采用。

对于南京大胜关长江大桥轨道交通架空接触网可以尝试采用绝缘子并联保护间隙的防护措施,间隙击穿电压通常设定为绝缘子 50%雷电闪络电压的 0.8 倍,即间隙击穿电压为 108 kV,由于南京大胜关长江大桥城际轨道交通架空接触网感应雷闪络率为主要的雷击闪络率,所以仿真计算得到加装保护间隙前后城际轨道交通架空接触网的感应雷闪络率,见表 4。

表 4　加装保护间隙前后架空接触网的雷电感应闪络率

桥墩高度(m)	加装保护间隙前感应雷闪络率(次/年·100 km)	加装保护间隙后感应雷闪络率(次/年·100 km)	感应雷闪络率增大率(%)
5	0.352 1	2.506 6	611.90
10	4.940 0	12.870 2	160.53
15	13.977 0	26.928 0	92.66
20	25.206 5	42.461 5	68.45
30	50.702 0	75.750 6	49.40
40	78.106 8	109.934 4	40.75

通过加装保护间隙发现,架空接触网的耐雷水平降低至原来的 0.8 倍,线路的雷击闪络率较不装保护间隙时最大增加了 6 倍,当高架桥对地距离达到 40 m 时感应雷闪络率也提高了 40%,对供电系统的安全运行影响很大。由此可见,尽管绝缘子并联保护间隙能够有效保护绝缘子免于雷击损坏,提高线路重合闸成功的概率,并且结构简单、造价便宜,但是其自身缺点也较为突出。保护间隙自身不具备灭弧能力,需要牵引供电所重合闸装置配合,才能使雷击引起的架空接触网短路故障快速清除,不影响架空接触网的正常供电。另外,保护间隙的绝缘水平低于绝缘子,更容易在雷电过电压作用下发生放电。目前,城市轨道交通架空接触网绝缘子雷电冲击绝缘水平已经很低,采用保护间隙会进一步降低雷电冲击绝缘水平、增加雷击跳闸率。因此,除非同时提高绝缘子雷电冲击绝缘水平,否则对于更加注重安全运行的城际轨道交通供电系统,加装绝缘子并联保护间隙并不太适合在城市轨道交通架空接触网上应用。

1.3　避雷器

金属氧化物避雷器电阻片具有良好的非线性特性,在高电压下呈现低阻抗导通状态,在低电压下呈现高阻抗阻断状态。金属氧化物避雷器利用这一特性来释放雷电能量,抑制直击雷或感应雷产生的过电压,从而使绝缘子不发生闪络。相较于其他防护措施,避雷器的保护作用最直接,防护效果最佳,已在世界各国的电力系统中推广应用,而且结构形式合理的避雷器也可做到免维护。其缺点主要是投资较高。

鉴于城市轨道交通接触网对可靠性的要求较高,比较适合采用避雷器作为主要的防雷措施,而且南京大胜关长江大桥主桥段与引桥段的长度较短,采用避雷器的投资在可以接受的范围。

1.4　降低接地电阻

降低杆塔接地电阻的目的是减小雷电流入地路径的阻抗,从而防止杆塔顶部电位抬升,造成反击闪络。如果线路安装有避雷器,避雷器已经能将绕击、反击和感应雷产生的过电压限制在绝缘子闪络电压之下,则没有必要采取降低接地电阻的措施。

轨道交通采用直流供电方式,为防止杂散电流,支柱与大地要电气隔离,虽然采用避雷器时无需降低接地电阻,但保证雷电流入地路径的"通畅"还是很有必要的,可以考虑在支柱和桥梁接地端子之间安装地电位均衡器,保证接触网接地回路的畅通。

2　总　结

(1)南京大胜关长江大桥轨道交通架空接触网距离地面比较高,直击雷造成线路故障的概率较大,并且直击雷产生的过电压远高于感应雷，很难通过加强绝缘的方式来防止闪络。因此，加强绝缘的方式并不适用于本工程项目的实际情况。

(2)目前城市轨道交通架空接触网绝缘子的雷击绝缘水平已经很低，采用保护间隙会进一步降低雷电冲击绝缘水平、增加雷击跳闸率。因此，除非同时提高绝缘子雷电冲击绝缘水平，否则对于更加注重安全运行的城际轨道交通供电系统，加装绝缘子并联保护间隙并不太适合在城市轨道交通架空接触网上应用。

(3)鉴于城市轨道交通架空接触网对可靠性的要求较高，比较适合采用避雷器作为主要的防雷措施。在装设避雷器的情况下，没有必要采取降低接地电阻的措施。

3.3　设备系统创新实践

南京地铁宁高线 LTE 车地无线通信系统工程创新与思考

孙舒森

(南京地铁建设有限责任公司，南京　210017)

摘　要：南京地铁宁高城际禄高段通信项目车地无线通信系统采用 LTE 技术，为南京地铁首条采用该技术的线路，也是全国首条在 120 km/h 高速下采用该技术进行综合承载业务的线路。该项目综合业务承载包括信号 CBTC、PIS、车载 CCTV、车辆状态信息等业务。本文着重论述了 LTE 车地无线通信系统综合业务承载技术方案及实施过程，并验证了 LTE 综合业务承载在城市轨道交通领域应用方案的合理性、抗干扰能力、功能完备性、技术先进性及适应性。

关键词：LTE 车地无线通信；多地形条件；综合承载；抗干扰能力

2016 年至 2017 年，通信项目组依托南京地铁宁高城际禄高段建设项目，在通信系统建设中不断创新思考，其中车地无线通信系统采用 LTE 技术，为南京地铁首条采用该技术的线路，也是全国首条在 120 km/h 高速下采用该技术进行综合承载业务的线路。工程实施期间，认真组织、统筹考虑、周密布局，仅用 16 个月时间成功开通该系统，为宁高二期试运营打下坚实的基础。

1　项目背景

1.1　地铁车地无线通信系统当时现状

2016 年前，轨道交通行业车地无线通信系统的基本做法是 4 张网络并存，如图 1 所示。其中 2 张 WiFi 网络承担 CBTC，1 张 WiFi 网络承担 PIS/CCTV，1 张 Tetra 网络承担无线列车调度。三张网络通常由信号、PIS/车辆、通信等不同专业各自建设，建设标准、设备配置、调试周期不尽相同。

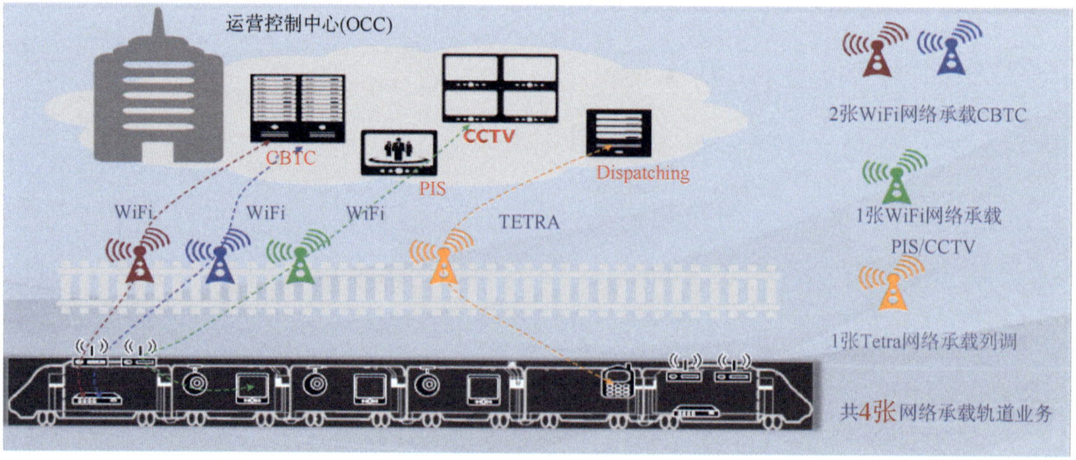

图 1　车地无线通信基本做法

1.2　存在的挑战

(1)覆盖问题

使用 AP 天线等设备带来的覆盖距离短、信号稳定性较差、高速移动性差。

(2)切换问题

因小区切换较多,带来的信号频繁漫游,实时视频流中断及出现马赛克的情况经常发生。

(3)安全问题

其使用的频点,除 Tetra 系统须申请专用频点外,其余一般采用 2.4/5.8 GHz 公共频段,易受干扰,特别是部分城市的地铁 CBTC 曾受到过干扰,给运营带来安全隐患。

(4)管理问题

因分属不同专业建设,现场终端布置各自为政,设备多,管理和维护的难度较大,分散式布置也增加了故障的概率。

1.3 招标方案

随着 LTE 技术的发展,国内部分城市陆续开展试验和项目,根据申请到的不同频宽,方案通常以单独承载 CBTC 业务或综合承载除 CBTC 以外的业务为主。

通信项目组在取得 1 785～1 805 MHz 共 20 MHz 带宽试验频率的基础上,尝试开展宁高城际禄高段 LTE 车地无线通信系统的建设。项目招标方案为:采用 LTE 车地无线综合传输平台验证在高速移动状态下,提供满足宽带、稳定、具有按照优先级调度和实时性要求的车载视频监控图像回传、车载 PIS 实时播放(含紧急文本)、列车运行状态监测信息实际运营业务;同时测试验证 CBTC 信息、集群语音调度等业务承载能力。其中 CBTC 试验段为禄口新城南站—石湫站的三站两区间,约 20 km。

1.4 现实困难前的风险分析

2016 年 9 月,建设公司综合考虑信号系统点连式方案和全线 CBTC 方案的技术特点和成熟性,宁高城际禄高段信号系统升级为 CBTC 制式,并由 LTE 系统承载全线 CBTC 业务。

因此,LTE 系统需要在全线建设 A/B 双网来提供根据优先级保证业务不同的传输时延、丢包率、故障情况下确保带宽的能力。宁高城际禄高段线路全长 52.42 km,其中地下线 3.61 km,地面线 4.62 km,高架线 44.19 km,90%以上线路位于地面。运营最高车速为 120 km/h,线路复杂,存在地下段、路基段、高架 U 梁段、高架箱梁段及隧道段、车辆段开阔区域及高架试车线等不同环境,几乎涵盖了地铁线路所有场景,十分罕见,外部无线环境的复杂也加大了调试难度。通信项目组根据线路复杂情况、技术发展情况、频点申请情况等进行了反复论证,认为在当时的情况下 LTE 承载 CBTC 业务可能存在如下风险:

1.4.1 频率风险

根据宁高城际禄高段向无委申请的频率情况,本项目以频率共存试验为主,20 MHz 频率可用于 LTE 承载业务测试验证,使用时间截至 2017 年 4 月 30 日,后期正式批复频率需要等相关测试结果确定最终分配的频点。

1.4.2 干扰风险

与省无委沟通过程中,根据工信部无〔2015〕65 号文,批复专用频率用于宁高城际禄高段工程的可能性不大,需与机场、电力等行业共用频率。

(1)同期,机场、电力均在向无委申请频率建设 LTE 专网,本工程线路与机场和电力网络存在同频干扰风险。机场与宁高线距离在 2 km 左右,主要考虑翔宇路南至禄口机场西侧地面线干扰影响;电力系统离宁高二期最近站址大约 7.5 km,在铜山到明觉之间有一定程度重叠,天线高度为 60 m。

(2)由于 1 785～1 805 MHz 与电信运营商邻频段,存在中国电信、中国移动无线系统干扰本工程 LTE 系统的风险,其中靠近 1 785 MHz 的 2 m 风险较大(图 2)。

(3)其他处于该频段的随机干扰和非法干扰风险。

1.4.3 接口与测试风险

LTE 系统与信号系统在控制中心、车载设备上存在业务接口(图 3),其接口形式和接口协议需要测试和验证,由于宁高线信号厂家在国内没有相关应用,存在未知风险。

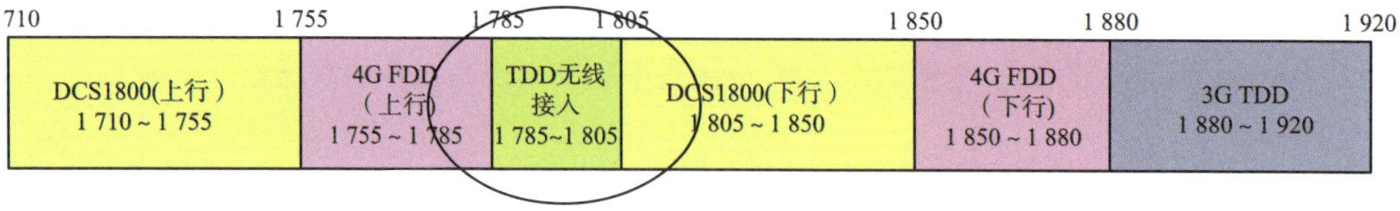

图 2　国家频率指配

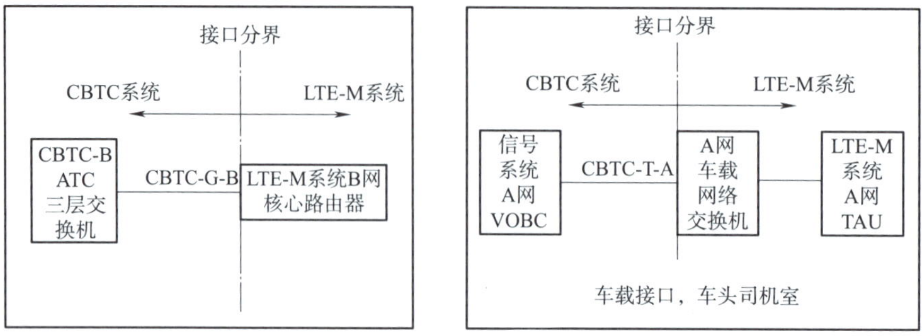

图 3　LTE 系统与信号系统在控制中心、车载设备接口示意图

2016 年,国内 LTE 承载 CBTC 尚无成功运营的项目,北京燕房线预计 2017 年开通,使用的是北京交控信号设备与鼎桥 LTE 设备配合,若宁高线按照 2017 年底通车的计划,在全国属前列。

由于原信号系统建设自成体系、较为封闭,而 LTE 系统由通信专业建设,专业双方都要做好故障管控。一旦 CBTC 系统出现故障,需要迅速排查和鉴定故障原因,存在后期维护界面的划定风险。

1.5　建设目标

三大风险既是挑战,也是通信项目组攻克的目标。在经过充分讨论、论证后,在各级领导的支持下,经集团领导审批,明确宁高城际禄高段工程采用 LTE 车地无线网络综合承载包括 CBTC、PIS、车载 CCTV、车辆信息等业务,目标是将原有 4 张无线网络优化为 LTE A/B 双网一套网络,在节省频点资源和投资的同时保证列车行车安全,为线路的成功开通奠定坚实的基础。

同时,在全国轨道交通范围内,验证 LTE 多业务承载在城市轨道交通领域应用方案的合理性、抗干扰能力、功能完备性、技术先进性,验证新一代无线通信技术 TD-LTE 在城市轨道交通车地传输的适应性,为南京地铁 7 号线全自动驾驶技术积累数据,为相关科研项目收集数据等,具有重大意义。

1.6　LTE 网络方案

网络架构分为 A 网和 B 网,A 网独立承载 CBTC 业务,B 网综合承载 CBTC、TCMS、CCTV、PIS 业务。A 网采用 ATOM GPS 作为基站同步方案,两处互为备份的 ATOM GPS 设备分别安装在控制中心机房和团结圩站机房,新增 GPS 天线作为同步源。B 网采用 OTN 提供的 1588V2 作为基站同步方案,两处互为备份的 OTN 时钟设备也分别安装在控制中心机房和团结圩站机房,新增 GPS 天线作为同步源。LTE 系统核心设备以及 OTN 中心设备放置于控制中心机房,BBU 设备、OTN 设备放置于车站机房内,A 网的 LTE 核心设备与基站设备利用交换机自组网进行连接,B 网的 LTE 核心设备与基站设备通过 OTN 传输设备进行连接。

在车站机房内部署 A、B 网各一台 RRU,沿线敷设 1 根漏泄电缆,用于发送/接收无线信号。其中 A、B 网频率配置如下:

LTE A 网配置频率:1 785～1 790 MHz 共 5 MHz。

LTE B 网配置频率:1 790～1 805 MHz 共 15 MHz。

每列车共安装 4 台 TAU 设备(1 台 TAU A+3 台 TAU B),列车两端司机室各安装 2 台 TAU 设备,通过合路器与车辆左右两侧及车顶天线连接,其中车顶天线与 800 MHz TETRA 设备合用。一端司机室内 1 台TAU A 独立承载 CBTC 业务,另外 1 台 TAU B 设置为承载 TCMS、CCTV、PIS 业务的备用 TAU;另一端司机室内 1 台 TAU B 独立承载 CBTC 业务,另外 1 台 TAU B 设置为承载 TCMS、CCTV、PIS 业务的主用 TAU;CBTC 业务的车载设备与 TAU 通过网线直连,其他业务系统通过网线连接至 LTE 系统的车载交换机。宁高城际禄高段 LTE 车地无线网络架构如图 4 所示。

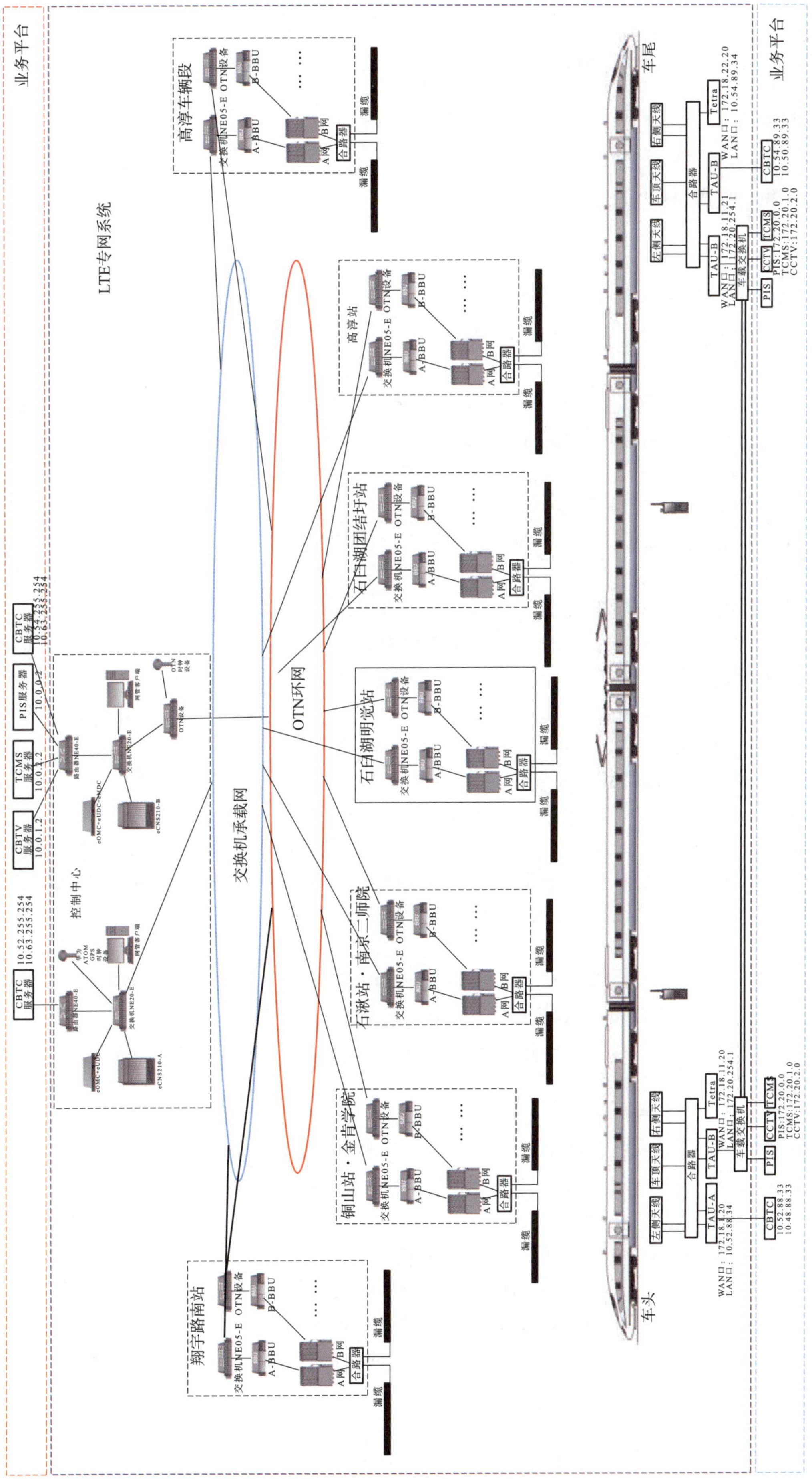

图4　宁高城际禄高段LTE车地无线网络架构图

2 实施过程

2.1 总体进度

项目自2016年9月开始第一次设计联络，仅用16个月时间成功开通LTE系统，为宁高线2017年年底开通试运营提供有力保障，目前系统运行稳定、可靠。

2.2 测试概况

LTE车地无线通信系统是第一次在南京地铁中应用，为了确保宁高城际禄高段工程LTE车地无线通信系统有保障的实施，通信项目组联合设计院、总包单位、LTE设备供货商组织通信、信号、车辆、PIS等相关单位进行了多次现场测试工作。

根据宁高城际禄高段工程土建进展，突破常规，创新性地选取陆续具备条件的区段进行测试，循序渐进。建设公司各部门通力合作，各参建单位密切配合，共安排了三个阶段的测试及一次多车极限测试。

第一阶段：一站一区间测试，2016年12月15日～12月26日

根据宁高城际禄高段工程通信系统项目施工的实际情况，选定翔宇路南站往铜山站·金肯学院的左线2 km作为测试线路，主要完成的工作是：验证设计联络阶段确定的接口，验证LTE系统满足各业务系统数据传输的功能需求。

第二阶段：三站两区间测试，2017年4月20日～5月20日

第二阶段测试区间长度达到17 km，主要完成的工作是：进行了同频、异频同系统干扰以及真实环境下邻频异系统干扰测试，CBTC、TCMS业务模拟了无人驾驶的情况进行测试，CCTV业务采用6路720P标清视频上传，PIS业务采用4 Mb/s码流的视频播放，双倍补包和1.2倍补包的情况进行测试。对使用LTE系统综合承载CBTC（上下行各20～30 kb/s）、TCMS（上行1.6 Mb/s）、CCTV（上行6～9 Mb/s）、PIS（下行4 Mb/s、1.2倍补包）等业务是可行和可靠的。

第三阶段：全线联合测试，2017年8月1日～12月15日

第三阶段测试采用电客车，测试区域包含翔宇路南站至高淳站全线52.2 km以及高淳车辆段，主要完成的工作包括：取得了列车行驶在120 km/h速度下的各项数据，验证了各承载业务在高速下的稳定与可靠性，对LTE车地无线子系统在线路正式运营前进行了充分验证，各承载业务在正式交付前进行了系统联合调试。

多车极限测试：2017年11月17日18:30～11月18日夜间

选取高淳站至团结圩站区间域（DK46＋900～DK52＋138上下行线），多车极限测试采用4列电客车停放在同一个小区的上下行轨道上，每侧轨道上停放两列车，测试过程中逐列车驶入、驶出同一小区，测试LTE车地无线通信系统的极限性能。

通过多阶段的测试，不同程度地进行了LTE网络主要的性能指标测试。主要测试了以下四部分内容：

①LTE无线通信系统的功能以及静态和动态下的性能测试。

②LTE无线通信系统综合承载集群调度业务、CBTC、TCMS、CCTV、PIS业务的相关性能测试。

③LTE系统干扰测试。

④LTE系统可靠性测试。

其中在第一、第二阶段，为尽早开展接口测试及网络优化，我们利用机场线运营公司借用的网轨车，在车上临时安放了与今后一致的设备进行测试，搭建临时网络。从第三阶段开始，利用宁高线电客车，采用工程实际使用设备完成了所有相关试验。测试车辆的速度也从30 km/h逐步提升至120 km/h。

2.3 实施过程

虽然工期紧张，我们仍统筹考虑，安排了多项测试，主要有网络优化、第三方测试、周边扫频测试、模拟干扰测试、可靠性测试、综合承载TAU主用位置对比测试等。在整个过程中，不断总结，系统也逐步

稳定。

2.3.1 网络优化

网络优化的目的:优化网络服务质量,提升网络性能指标,实现网络效率最大化。

网络优化的内容包括:覆盖、接入、切换、吞吐量等。

(1)覆盖

覆盖优化是对无线射频信号进行优化,目的是在优化信号覆盖的同时控制越区覆盖和减少乒乓切换,保证下一步业务参数优化时无线信号的分布是正常的。主要包括:参考信号(RS)覆盖问题优化、切换问题优化、干扰问题优化。

①规范要求

RSRP≥−95 dBm 的概率大于 98%;SINR≥3 dB 的概率大于 98%。

②测试情况

RSRP≥−95 dBm 的概率为 99.95%;SINR≥3 dB 的概率为 99.94%。测试数值截图如图 5、图 6 所示。

A网(5 MHz)

RSRP

区间	比例
>−70	74.07%
−80～−70	21.24%
−95～−80	4.68%
−105～−95	0.01%
<−105	0.00%

SINR

区间	比例
>25	70.05%
5～25	29.75%
3～5	0.14%
<3	0.06%

B网(15 MHz)

RSRP

区间	比例
>−70	56.05%
−80～−70	38.82%
−95～−80	5.13%
−105～−95	0.00%
<−105	0.00%

SINR

区间	比例
>25	75.72%
5～25	24.16%
3～5	0.07%
<3	0.05%

图 5 覆盖指标测试数值(截图)

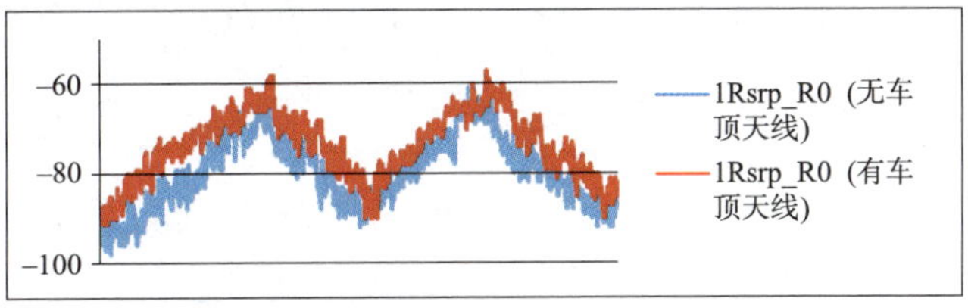

图 6 隧道区间车顶天线对比分析(截图)

③结论

a. 全线覆盖质量优良,完全满足 LTE-M 相关规范要求。

b. 在隧道区间,使用车顶天线可以对 RSRP 提升 6 dB 左右。

(2)切换

在无线的移动环境中,由于终端位置的不断变化以及每个小区覆盖范围的有限性,所以引入基于覆盖的切换来保证终端业务的连续性。当终端移动到小区覆盖边缘时,则触发基于覆盖的切换。基于覆盖的切换是为了保证终端在移动过程中始终连接到当前信号质量最好的小区。通过基于覆盖的切换能有效防止由于小区的信号质量变差而造成的掉话,保证通信业务的连续性。保证切换成功率、切换中断时延、切换吞吐率为切换优化的三个重要指标。

丢包率、时延测试结果见表 1。

表 1 丢包率、时延测试结果

类　型	A 网 5 MHz	B 网 15 MHz
最大时延(ms)	106	59
平均时延(ms)	14	15
最小时延(ms)	7	7
时延超标比例(%)	0	0
丢包率(%)	0	0

A 网和 B 网切换成功率均为 100%,见表 2。

表 2　A 网和 B 网切换成功率

切换类型	eNB 内切换执行次数	eNB 间切换执行次数	eNB 内切换成功次数	eNB 间切换成功次数	切换成功率(%)
A 网	10 294	3 890	10 294	3 890	100
B 网	24 500	9 458	24 500	9 458	100

①规范要求

a. 丢包率——小于 1%。

b. 时延——CBTC 业务，要求最大时延小于 150 ms 的概率大于 98%，最大时延小于 2 s 的概率大于 99.92%；其他业务，要求最大时延小于 300 ms 的概率大于 98%。

c. 切换成功率——CBTC 业务要求达到 10 000 次，切换成功率大于 99.92%。

②结论

a. 系统丢包率、时延满足《 LTE-M 系统测试规范》的要求。

b. 至 11 月 30 日止，统计的切换成功率为 100%，A/B 网切换次数已达到《LTE-M 系统测试规范》中针对 CBTC 业务的要求。

(3)吞吐量(图 7)

吞吐量是一个重要的网络参数，包含最大、平均、最小上下行吞吐量，吞吐量会由于各种原因导致不达标。吞吐量优化主要是针对单小区的吞吐量不达标问题进行分析，并提供相应的优化手段。

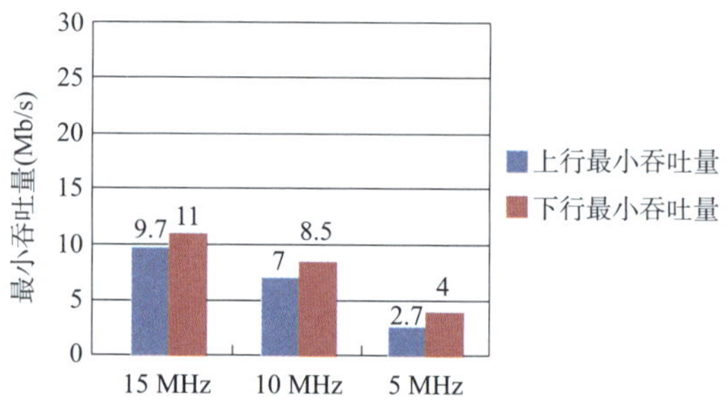

图 7　上下行最小吞吐量

结论：

①15 MHz 系统带宽，上下行时隙配比 2∶2 时，上下行最小吞吐量能满足本项目需求。

②10 MHz 系统带宽，上下行时隙配比 2∶2 时，上下行最小吞吐量不能满足本项目需求。

③下行业务大于上行业务或者上下行均衡时建议采用 SA1，上行业务明显大于下行业务时应采用 SA0。

2.3.2　第三方测试情况

在网络优化通过系统自测之后，安排第三方测试厂家进行进一步测试，测试结果全部符合国家规范，与自测结果一致。上海中铁通信信号测试有限公司的测试结果见表 3～表 6。

表 3　覆盖情况

测试项目	场强覆盖	测试区间	翔宇路南站—高淳站	测试区间	高淳站—翔宇路南站
工作频点	1 787.5 MHz	工作带宽	5 MHz	工作带宽	5 MHz
项目名称	标准要求	测试结果	单项判定	测试结果	单项判定
覆盖率(RSRP≥−95 dBm)	≥98%	100%	合格	100%	合格
SINR(≥3 dB)	≥98%	99.90%	合格	99.98%	合格
工作频点	1 797.5 MHz	工作带宽	15 MHz	工作带宽	15 MHz
项目名称	标准要求	测试结果	单项判定	测试结果	单项判定
覆盖率(RSRP≥−95 dBm)	≥98%	99.99%	合格	100%	合格
SINE(≥3 dB)	≥98%	99.99%	合格	99.98%	合格

表 4 吞吐量

测试项目	TD-LTE 系统性能		测试站点	翔宇路南站—高淳站		
工作频点	1 787.5 MHz		工作带宽	5 MHz		
序　　号	指标名称		单　　位	标准要求	测试结果	单项判定
1	系统无线接口吞吐量	上行(最大)	Mb/s	—	6.93	—
		上行(平均)			3.99	—
		下行(最大)	Mb/s	—	9.84	—
		下行(平均)			8.21	—
工作频点	1 797.5 MHz		工作带宽	15 MHz		
序　　号	指标名称		单　　位	标准要求	测试结果	单项判定
1	系统无线接口吞吐量	上行(最大)	Mb/s	—	19.63	—
		上行(平均)			15.92	—
		下行(最大)	Mb/s	—	34.49	—
		下行(平均)			27.36	—

表 5 时延及丢包率

测试项目	TD-LTE 系统性能		测试站点	翔宇路南站—高淳站往返		
工作频点	1 787.5 MHz					
序　　号	指标名称		单　　位	标准要求	测试结果	单项判定
1	系统时延	最大	ms	—	273.4	—
		平均			35.2	—
		最小			16.0	—
		≤300 ms 概率	%	≥98	100	合格
		≤2 s 概率	%	≥99.92	100	合格
2	系统丢包率		%	<1	0%	合格
工作频点	1 797.5 MHz					
序　　号	指标名称		单　　位	标准要求	测试结果	单项判定
1	系统时延	最大	ms	—	176.8	—
		平均			32.7	—
		最小			19.0	—
		≤300 ms 概率	%	≥98	100	合格
		≤2 s 概率	%	≥ 99.92	100	合格
2	系统丢包率		%	<1	0.06	合格

表 6 切换成功率

测试项目	TD-LTE 系统性能		测试站点	翔宇路南站—高淳站	
工作频点	1 787.5 MHz				
序　　号	指标名称	单　　位	标准要求	测试结果	
1	越区切换成功率	%	≥99.92	尝试 62 次	100
				成功 62 次	
工作频点	1 797.5 MHz				
序　　号	指标名称	单　　位	标准要求	测试结果	
1	越区切换成功率	%	≥99.92	尝试 62 次	100
				成功 62 次	

2.3.3 模拟干扰测试

第一、第二阶段在测试网轨车上搭建可调节干扰强度的干扰源，测试结果见表 7。

表 7　模拟干扰测试结果

频带划分		干扰源时隙配比	业务类型	LTE 系统时隙配比	业务不达标时的干扰源强度(干扰源只能以 10 dBm 步进)			
					−70 dBm	−80 dBm	−90 dBm	−100 dBm
A 网	5 MHz	SA2	CBTC	SA1	√			
B 网	15 MHz		CBTC				√	
			TCMS			√		
			PIS+CCTV			√		
A 网	5 MHz	SA1	CBTC	SA1	√			
B 网	15 MHz		CBTC			√		
			TCMS		√			
			PIS+CCTV		√			

结论：

(1)不同时隙下的干扰源比相同时隙的干扰源对 A、B 网的干扰大。

(2)在后续南京地区各行业 LTE 专网建设过程中，若存在干扰问题，需在无线电管理部门的统一协调下各单位协商解决。

2.3.4　周边扫频情况

(1)频域监测

因周边无线环境复杂，在南京市无线电监测管理站的支持下，管理站于 2017 年 5 月 11 日、18 日两次指派专业技术人员携带专业设备对宁高线周边进行频域监测，所得结果的截图如图 8 所示。

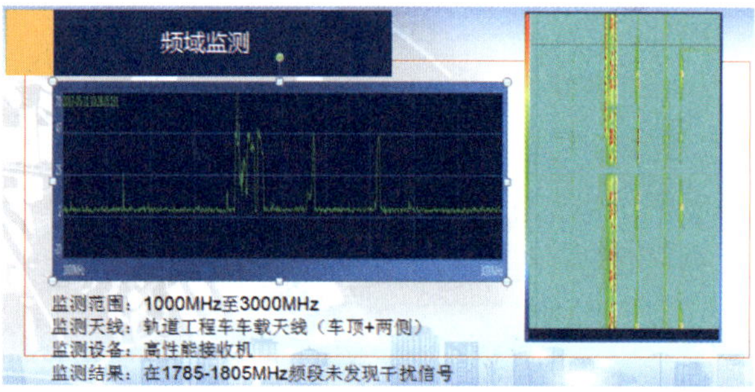

图 8　沿线频域监测结果(截图)

结论：

在 1 785～1 805 MHz 频段未发现干扰信号。

(2)周边无线监测

同时，我们还通过合同中配备的仪器仪表，经常性地进行周边无线环境的自检。在 2017 年 8 月 1 日、17 日监测到同频信号。

结论：

①沿途检测到若干个公众移动通信基站(仅统计出 LTE 类型基站 600 个，其他 2G/3G 未统计)。测试过程中未发现公众移动通信基站对地铁的潜在干扰现象。

②第一次全线扫频发现 5 个外部信号(表 8)，经排查，属于省电网基站；如图 9 所示，信号在翔宇路南站附近较弱，在铜山站附近较强，从明觉站到高淳站信号显著增强，但未发现对宁高城际 LTE 业务造成影响。

表 8　第一次全线扫频结果

序号	中心频率	带　宽	MNC	TAC	CID
1	1 792.5 MHz	15 MHz	95	2	2
2	1 792.5 MHz	15 MHz	95	B	30B
3	1 792.5 MHz	15 MHz	95	C	40C
4	1 792.5 MHz	15 MHz	95	5	105
5	1 792.5 MHz	15 MHz	95	E	40E

③第二次全线扫频发现 2 个外部信号(表 9)，未发现对宁高城际 LTE 业务造成影响。

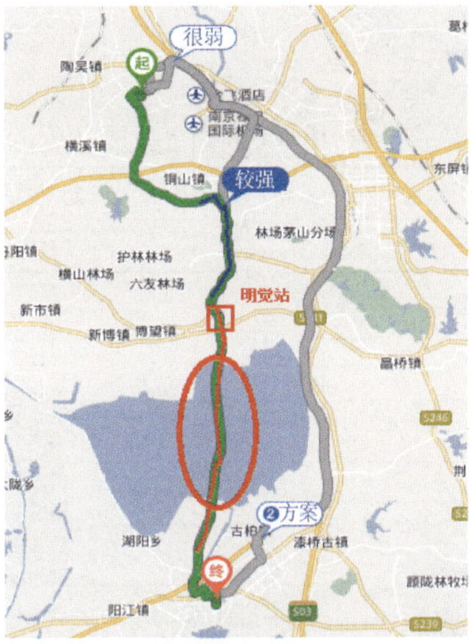

图 9　无线监测结果(截图)

表 9　第二次全线扫频结果

序　号	中心频率	带　　宽	MNC	TAC	CID
1	1 792.5 MHz	15 MHz	95	2	2
2	1 792.5 MHz	15 MHz	95	1	1

周边扫频将是一项经常性的工作,采用的便携式频率监测设备在调试及运营期间,可实时监测线路周边电磁环境,有助于发现电磁干扰,保障本线 LTE 系统的正常运行。

2.3.5　可靠性测试

(1)核心设备单板冗余备份测试

核心网单板冗余备份:测试通过。

核心网电源 1+1 冗余备份:测试通过。

eBBU 电源 1+1 冗余备份:测试通过。

(2)A 网骨干网络单点故障测试

在环网节点数通设备上断掉一个方向的通路(图 10),20 s 后接通该方向通路并断掉另一个方向通路,进行 4 次倒换操作。

测试结果:测试期间,CBTC 最大时延为 40 ms,丢包率均为 0%。

(3)B 网骨干网络单点故障测试

在环网节点 OTN 设备上断掉一个方向的通路(图 10),20 s 后接通该方向通路并断掉另一个方向通路,进行 4 次倒换操作。

测试结果:TCMS 最大时延为 49 ms,PIS/CCTV 最大时延为 58 ms,所有业务丢包率均为 0%。

(4)区间 eRRU 单点故障

区间 eRRU 单点故障示意如图 11 所示。

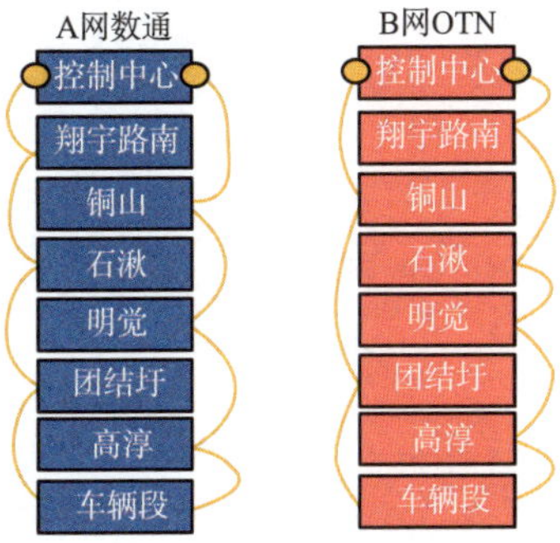

图 10　A、B 网传输示意图

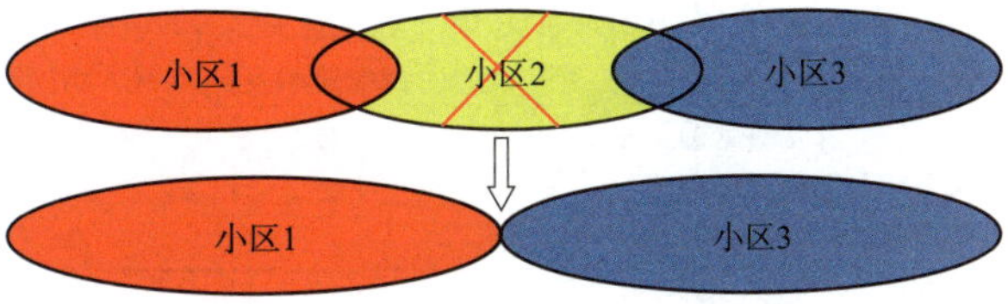

图 11　区间 eRRU 单点故障示意图

(5)综合承载网络性能测试结果

A 网测试结果见表 10、图 12。

表 10　A 网测试结果

A 网 5 MHz	最小时延(ms)	平均时延(ms)	最大时延(ms)	时延基线(ms)	时延超标比例(%)	丢包率(%)
CBTC	9	15	163	150	0.14	0

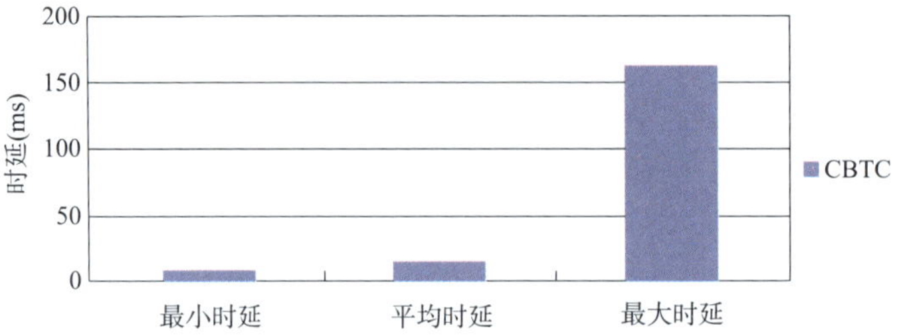

图 12　A 网测试结果

B 网测试结果见表 11、图 13。

表 11　B 网测试结果

B 网 15 MHz	最小时延(ms)	平均时延(ms)	最大时延(ms)	时延基线(ms)	时延超标比例(%)	丢包率(%)
CBTC	9	15	200	150	0.09	0
TCMS	7	17	2 705	300	0.13	0
PIS+CCTV	9	26	2 711	500	0.20	0

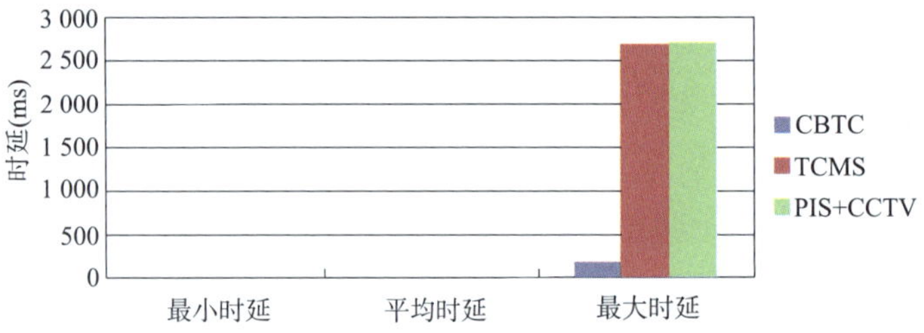

图 13　B 网测试结果

2.3.6　多车极限测试

与已完成的前三个阶段的测试相比，多车极限测试采用四列正式电客车，各系统设备均为本项目正式设备，是列车正式运营前对 LTE 车地无线子系统耐压性能的充分验证。

测试内容及结果见表 12。

表 12　宁高二期项目 LTE 多车极限性能测试内容及结果

测试项目	宁高二期项目 LTE 多车极限性能测试
测试目的	测试 LTE-M 网络的多车性能
预置条件	(1)系统整网设备上电并工作正常。 (2)小区正常建立，终端正常入网。 (3)需要加载的各业务正常运行
测试步骤	(1)分别加载 CBTC、TCMS、PIS、CCTV、紧急文本等各业务，在 LTE 网管侧记录各业务的使用带宽情况。 (2)在 LTE 系统观察各业务加载后所占带宽的变化及越区切换时的变化
测试结果	(1)系统内设备运行正常。 (2)各业务运行正常。 (3)各业务的带宽占用符合预期

测试数据见表 13、表 14。

表 13　多车极限测试数据(一)

综合承载下车辆数减少小区切换		小区内有四列车(1、2、3、4 号车)			小区内有三列车 第 2 列车离开(1、3、4 号车)			小区内有二列车 第 3 列车离开(1、4 号车)			小区内有一列车 第 4 列车离开(1 号车)		
		上行带宽(kb/s)	下行带宽(kb/s)	现象描述	上行带宽(kb/s)	下行带宽(kb/s)	现象描述	上行带宽(kb/s)	下行带宽(kb/s)	现象描述	上行带宽(kb/s)	下行带宽(kb/s)	现象描述
综合承载	CCTV	10 201.416	—	每列车调取两路视频;共 8 路;流畅,无卡顿	9 163.896	—	每列车调取两路视频;共 6 路;流畅,无卡顿	5 876.488	—	每列车调取两路视频;共 4 路;流畅,无卡顿	2 735.688	—	调取两路视频;流畅,无卡顿
	PIS	—	17 763.184	流畅,无卡顿	—	14 755.848	无卡顿	—	8 901.832	无卡顿	—	4 530.896	无卡顿
	TCMS	5 431.536	—	丢包率 0.155% 最大时延 78.798 ms 最小时延 14.274 ms 平均时延<40 ms	4 334.432	—	丢包率 0% 最大时延 67.767 ms 最小时延 15.417 ms 平均时延<40 ms	2 727.504	—	丢包率 0% 最大时延 53.712 ms 最小时延 15.736 ms 平均时延<40 ms	1 400.896	—	丢包率 0% 最大时延 38.591 ms 最小时延 17.78 ms 平均时延<40 ms
	CBTC A 网	1 771.344	1 328.36		861.472	546.784		577.456	509.888		106.4	121.424	
	CBTC B 网	1 771.344	1 328.36		861.472	546.784		577.456	509.888		106.4	121.424	

表 14　多车极限测试数据(二)

综合承载下车辆数增加小区切换		小区内有一列车(1 号车)			小区内有二列车 第 4 列车驶入(1、4 号车)			小区内有三列车 第 3 列车驶入(1、2、4 号车)			小区内有四列车 第 4 列车驶入(1、2、3、4 号车)		
		上行带宽(kb/s)	下行带宽(kb/s)	现象描述	上行带宽(kb/s)	下行带宽(kb/s)	现象描述	上行带宽(kb/s)	下行带宽(kb/s)	现象描述	上行带宽(kb/s)	下行带宽(kb/s)	现象描述
综合承载	CCTV	3 460.48	—	列车调取两路视频;流畅,无卡顿; 最多调取 8 路视频,流畅,无卡顿	4 286.024	—	每列车调取两路视频,共 4 路,流畅,无卡顿; 最多调取 8 路视频,流畅,无卡顿	7 644.296	—	每列车调取两路视频,共 6 路,流畅,无卡顿; 最多调取 8 路视频,流畅,无卡顿	10 201.416	—	每列车调取两路视频,共 8 路;流畅,无卡顿
	PIS	—	4 173.056	无卡顿	—	9 265.544	无卡顿	—	12 120.24	无卡顿	—	17 763.184	无卡顿
	TCMS	1 514.56	—	丢包率 0.234% 最大时延 91.478 ms 最小时延 15.359 ms 平均时延<50 ms	3 131.808	—	丢包率 0% 最大时延 80.547 ms 最小时延 15.389 ms 平均时延<40 ms	3 277.184	—	丢包率 0.098% 最大时延 68.84 ms 最小时延 14.297 ms 平均时延<40 ms	5 431.536	—	丢包率 0.155% 最大时延 78.798 ms 最小时延 14.274 ms 平均时延<40 ms
	CBTC A 网	373.376	216.192		626.88	466.976		1 612.448	1 189.824		1 771.344	1 328.36	
	CBTC B 网	373.376	216.192		626.88	466.976		1 612.448	1 189.824		1 771.344	1 328.36	

2.3.7　综合承载 TAU 主用位置对比测试

B 网综合承载 TAU 主用位置设置在与 CBTC B 网 TAU 同侧，结果如图 14 所示。

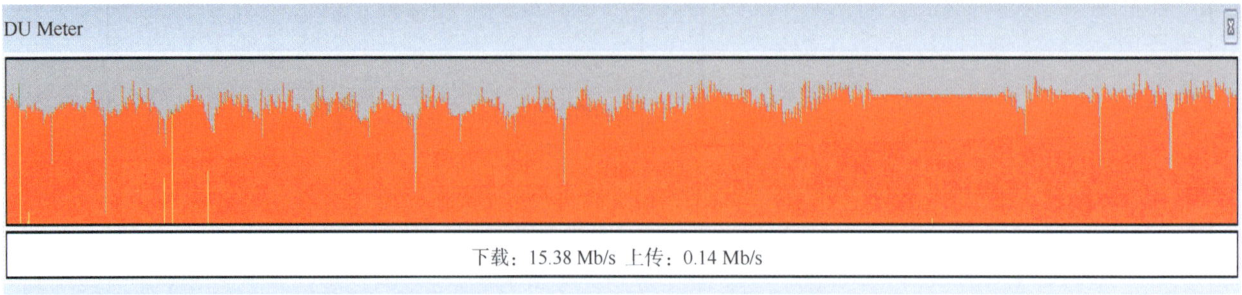

图 14　综合承载 TAU 主用位置对比测试结果(一)

B 网综合承载 TAU 主用位置设置在车头与 CBTC B 网 TAU 不同侧，结果如图 15 所示。

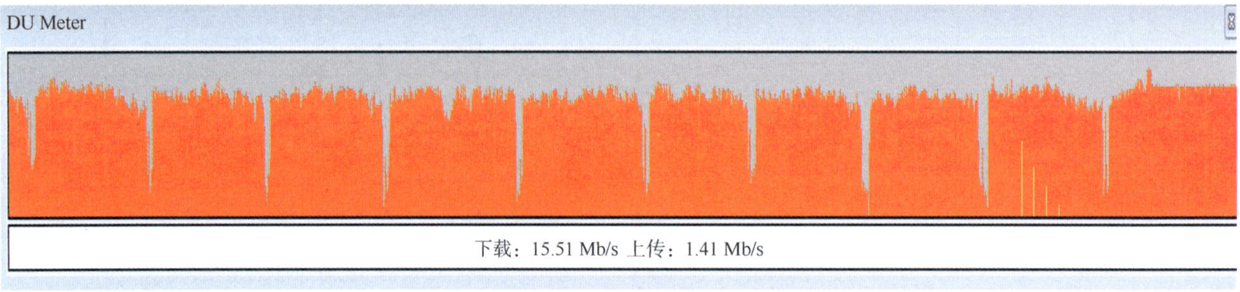

图 15　综合承载 TAU 主用位置对比测试结果(二)

结论：本项目综合承载主用 TAU 放置在与 CBTC B 网 TAU 同侧性能更优。

2.4　综合业务测试结果

2.4.1　CBTC 系统测试结果

LTE A/B 网均满足承载 CBTC 业务的技术指标要求(丢包率应低于 1%，单向传输时延不超过 150 ms 的概率不小于 98%，不超过 2 s 的概率不小于 99.92%)。

2.4.2　TCMS 系统测试结果

在 LTE 系统运行稳定的情况下，测试数据满足《LTE-M 系统需求规范》对列车运行状态监测业务传输时延不超过 300 ms 的概率不小于 98% 、丢包率不大于 1% 的要求。

2.4.3　CCTV 系统测试结果

每列车 CCTV 限制带宽 8 Mb/s 时，可以同时上传 6 路图像；单小区可以同时上传 8 路图像。

2.4.4　PIS 系统测试结果

LTE 系统带宽限制 8 Mb/s 时，QOS 优先级最低，4 Mb/s 码流，1.2 倍补包情况下，视频播放效果清晰，无卡顿、马赛克等现象，未切换本地，播放全程带宽占用稳定在 5.4 Mb/s 左右，个别时间最高为 6 Mb/s；由于采用 1.2 倍补包机制，所以总体带宽不超过限制，可以保证 PIS 系统及时补包，不影响视频播放。

3　项目结论

宁高线 LTE 项目测试样本丰富，数据翔实，各测试项的测试次数均达到《LTE-M 系统测试规范》的要求，测试结果客观可靠。LTE 系统为 2017 年 12 月 30 日宁高线开通试运营提供了坚实的保障。在技术评审会上，也得到了专家的认可，实施结论总结如下：

(1)本工程 LTE 系统在列车运行速度 120 km/h、多地形条件(路基段、高架 U 梁段、高架箱梁段及隧道段、车辆段开阔区域、高架试车线及长区间)下进行车地无线综合业务承载，在国内外城市轨道交通行业属首例，具有示范推广价值。

(2)本工程 LTE 系统设计方案合理，设备选型符合工程需要，测试数据翔实，系统运行稳定。

(3)本工程 LTE 系统采用 A/B 网方案(A 网采用交换机单独组网，B 网采用 OTN 传输设备组网)，A/B 网均运行稳定可靠，在国内外是首创。

(4)本工程 LTE 系统综合承载了 CBTC 业务、TCMS 业务、紧急文本业务、PIS 业务、车载 CCTV 业务，相比 WLAN 技术，LTE 技术在 120 km/h 速度下能提供更稳定可靠的车地无线传输网络，同时将原有 CBTC、PIS、车载 CCTV 三套独立网络优化为 LTE 一套网络，在保证列车行车安全的基础上节省了频点资源和工程投资。

(5)本工程测试数据表明 LTE A/B 网采用 5 MHz+15 MHz 频率组网满足车地综合业务承载的需要，频率资源使用较为合理。采用便携式频率监测设备查找干扰源，在行业内是首次应用。

4 创新思考

4.1 坚定信心

本项目招标和实施方案几经更改，尤其是由通信系统首次为信号 CBTC 系统建设车地无线传输通道，在方案确定之初，通信项目组不是没有动摇过，但是经过反复讨论和技术论证，真理越辩越明，尤其是集团和建设公司领导长期地鼓励和支持，并且在项目执行过程中不断给予指导、肯定，使得通信项目组能够坚定信心，迎难而上，化风险为亮点，最终圆满地完成了建设任务。

4.2 实事求是

项目复杂，场景罕见，工期紧张，调试难度大。我们从四个方面实事求是地开展工作：一是对困难有一定的心理预期，充分考虑各种困难，共同分析可能出现的状况，提前谋划；二是根据项目特点创新性地制定出“三阶段”的技术方案，顺势而为；三是项目执行中多次根据实际情况优化调整，分步骤逐一落实各项接口调试工作，确保了系统的按期开通；四是累积了大量真实数据，在指导南京地铁后续新线建设的同时，也为新建线路申请 LTE 系统频率提供了有力的依据。

4.3 独立自主

宁高线的 LTE 方案和场景环境，在建设过程中，国内外没有一模一样的案例，可以借鉴的类似已开通项目也非常少，这注定让我们要走一条独立自主的道路。兼听则明，偏信则暗。我们的独特方案也是在做了大量调研工作后形成的，包括宁高线本身特点、兄弟地铁情况、各设计院、各类 LTE 设备厂家、各种承载业务的厂家、电力机场行业使用 LTE 的情况等，最终呈现给领导拍板的方案不仅分析了风险源，同时也对解决风险的做法作出了初步判断和论述。

4.4 民主团结

这个项目是多方协作的成果。两年来，原车站设备处、系统设备处车辆、信号、PIS 专业所有同事和我们通信项目组一起，都从各自的角度提出建议、共同研究；设计院——铁四院、监理——上海天佑及通信总包——熊猫、信号供货商——西门子、车辆供货商——浦厂、PIS 供货商——普天，密切配合，工程实施高效有序；原代建处、运营公司在三个阶段测试及多车测试过程中给予了大力支持；在我们寻求支援时，省市无委在频率申请、扫频监测、干扰处理等方面长期指导和帮助；通信项目组内部也非常民主团结，加班加点毫无怨言，现场测试以身作则，要求参建人员做到的，首先要求自己做到，多次参加夜间重点测试，一方面是把控调试的方向,另一方面也鼓舞了现场人员的斗志,均取得良好的效果。

4.5　敢闯新路

从技术管理角度方面,通信专业技术更新快,有这样一种说法:在通信行业三年不更新知识,就要被这个行业所淘汰了。这就要求我们要有敏锐的技术判断能力和学习接受能力。从工程管理角度方面,我们也在探索实践对总包及各类供货商的管理模式,过程中积累了一定的工程管理经验,精细化管理水平还有进一步提升的空间。

敢闯新路的前提条件是:对新技术、新工艺、新模式有了解、能把控。要做到这些,不能不自加压力。通信系统在轨道交通行业作为给所有设备系统提供有线、无线传输通道的基础性的专业,随着宽带集群、线网指挥中心 NCC 和大数据、互联网+等新技术的引入和应用,还应继续努力。

南京地铁综合通信网建设过程中的创新思路与实践

孙舒森

（南京地铁建设有限责任公司，南京　210017）

摘　要：南京地铁网络规划按照“四个区域控制中心、一个线网指挥中心”的格局分布，针对这种特殊的线网架构，南京地铁综合通信网的规划采取了一系列具有针对性和创造性的规划思路。本文着重论述建设背景、建设目标和六大创新做法，探索实践走出了一条具有南京地铁特点的网络化建设之路。

关键词：综合通信网；骨干网；线网架构

2010 年，南京地铁已开通运营 1 号线、2 号线和 1 号线南延线，根据线网规划和十年内的建设任务，通信项目组启动了城市轨道交通综合通信网的规划设计，并在近几年陆续建设实施。

1　南京地铁建设综合通信网的建设背景

1.1　迫切的需求

1.1.1　单线路建设需求

当时南京地铁通信系统的建设主要是一线一建的模式，各通信系统只局限于满足本线路的功能需求，没有充分考虑线间设备资源的共享，缺乏总体的规划。各线的通信设备选型和技术标准也相同，这些问题随着南京地铁建设速度的加快，在线网逐步形成的情况下，对进行设备资源的整合共享、设备互联互通等方面造成了一定的困难，也会导致各线路技术水平和功能需求的参差不齐。

1.1.2　线网 ACC 需求

为适应线网运营的需求，南京地铁 AFC 系统的构建也开始进行统一的规划，提出了各线路至区域中心的通信需求及区域中心至 ACC 的通信需求。

1.1.3　线网 NCC 需求

为了提高全市轨道交通网络的综合协调能力，合理有效利用资源，实现网络化运营管理，提高应急指挥能力，实现统一指挥、协调轨道交通网的运行，构建南京地铁全网的指挥中心(NCC)产生了大量的线网层面的信息互联和共享需求，这也对通信网络提出了线网层的通信要求。

1.2　建设的必要性和意义

南京地铁当时在已建成两条线的基础上，于 2010 年开工建设 3 号线和 10 号线、4 号线一期、机场线、宁天城际，并同时展开宁溧线、宁高城际二期设计工作，到 2015 年有 6 条线路建设开通，建设任务极为紧迫。

根据项目背景提出的问题和新需求的产生，对南京地铁通信网络尽快进行合理的规划研究，并利用规划研究的成果指导建设，以便有效解决存在的问题，适应线网层面的通信需求，满足南京地铁快速建设的要求是十分必要的。

2 南京地铁综合通信网的建设目标

规划中，南京地铁最终将建设 4 个 OCC、1 个 NCC。4 个 OCC 分别位于珠江路、南京南、灵山和江北，如图 1 所示。基于 4 个 OCC 在南京的地理位置和未来管理的线路，我们理解的南京地铁综合通信网的定义就是简化网络结构、统一规划建设、能实现综合业务承载传送、网络能互联互通、能实现相关信息的资源共享。

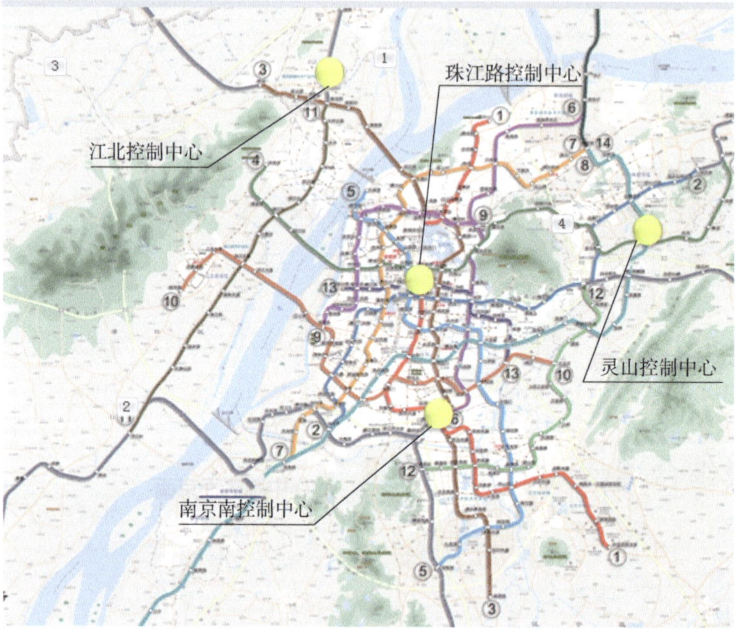

图 1　南京地铁的 4 个 OCC

2.1 简化网络结构

在 NCC、线路控制中心和车站的三层架构下，解决线路控制中心与 ACC 及 NCC、各线路控制中心间、轨道交通各部门与外部单位/管理部门间必然的信息沟通和交流。对线路层和线网层的通信需求进行整体研究分析，在上层综合通信网络规划中提出满足此需求的合理的通信网络功能和构架，提出一个全面整体的合理的网络规划。

2.2 统一规划建设

综合通信网的架构是基于全网搭建的，主要由传输系统、无线通信系统、公务电话系统、视频监控系统和光缆网组成，各系统的建构是基于网络化的架构，而不是单条线路的架构。

2.3 承载综合业务

综合通信网不光承载通信系统内部的信息传送，同时还肩负着传送 AFC、ACC、综合监控、PIS 等重要系统的综合业务信息。

2.4 网络互联互通

在范围上服务于轨道交通全网，实现全网所需信息的网络互连和信息互通，为网络化环境下的轨道交通乘客联运提供运营管理手段和信息服务。

2.5 资源共享

南京地铁综合通信网络的规划研究，将从轨道交通全网的角度考虑各条轨道交通线路的系统建设及设备资源，实现设备资源共享，集中管理，提高效率。

2.6 统一的建设标准

通过关键技术进行分析比选，提出推荐的技术体制，通过功能研究，提出部分必要的强制性功能，使南京地铁通信系统的建设保持高水平及统一的标准。

3 南京地铁综合通信网规划的创新思路

综合通信网在南京市轨道交通网络化建设框架下，将管理者、运营者、服务提供者、使用者紧密地联系在一起，提供语音、文字、图像、数据等综合信息服务的网络，保证轨道交通安全、高效的运营，为乘客提供高质量的出行服务。

南京地铁网络规划按照“四个区域控制中心、一个线网指挥中心”的格局分布，这种多区域中心的轨道交通网络架构，在国内外的城市轨道交通建设中较为少见。针对南京市特殊的线网架构，综合通信网的规划建设采取了一系列具有针对性和创造性的规划思路。

3.1 创新的分层建网方案，适应南京市特殊的线网架构

针对南京市轨道交通线网所具有的四区域一集中的特点，南京市轨道交通综合通信网传输系统按两层传输网络建设，两层网络结构分为骨干层和线路层。

骨干网络以4个区域控制中心为骨干节点，组成骨干层传输网络，骨干层节点设备与各线传输系统的OCC节点设备进行连接，完成NCC、ACC与线路之间，以及各条线路之间业务的互通，实现轨道交通传输网络业务信息的互联互通和资源共享。

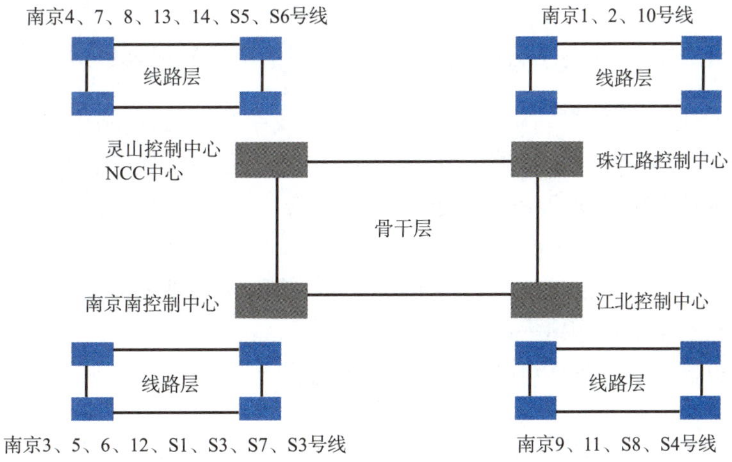

图2 两层网网络结构示意图

3.2 创新的网状骨干光缆网，提高骨干光缆网的安全性

光缆网根据南京四区域一集中的特点，分成骨干层光缆网和接入层网络。

骨干层光缆至少应有两条物理径路，骨干层光缆网以规划期内线路为依托进行建设，创新地形成网状光缆网络，整体规划如图3所示。

3.3 大分布小集中式无线网络结构，实现了专用无线系统网络资源共享

针对南京市轨道交通规划4个区域控制中心的现状，统筹考虑线网集群交换机的设置，采用以线网指挥中心为核心的分布式架构与以区域控制中心为核心的集中式架构相结合的方案。每3～4条线路共用一个集群交换机，在4个区域控制中心分别设置多线共用的集群交换机，对与联网运营相关的线路交换机进行互

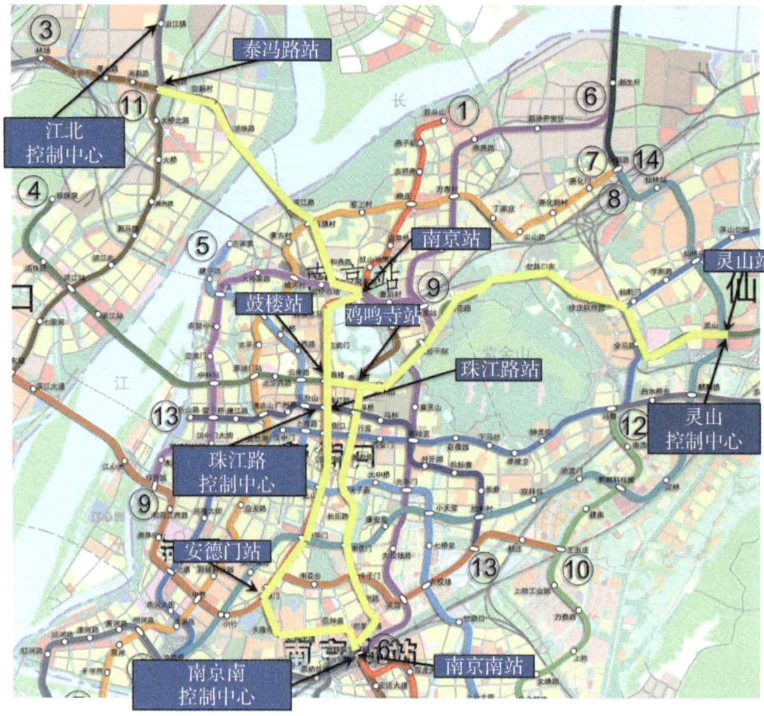

图 3　网状上层光缆网架构

联；对管理多条线路的交换机进行统一维护和管理。既实现数字集群系统资源的有效利用和共享，又避免了交换机过度集中带来的风险。

3.4　分层式公务电话组网规划，满足了公务电话网络组网灵活可靠的规划思路

南京市轨道交通公务电话系统网络由区域汇接交换机、线路交换机、车站级小交换机三级组成。区域汇接交换机分别设置在 4 个区域控制中心，采用 IP 中继总线方式相连；线路交换机设置在各线路控制中心或车辆基地，分别与所属区域汇接交换机中继相连；车站级小交换机设置在各车站或小型停车场，分别与所属线路交换机中继相连。

在各区域汇接控制中心，区域汇接交换机与本区域无线集群交换机中继相连。同时，与就近市话局中继相连，负责本区域各线路的市话集中出入。

同时，为提高公务电话网络的整体可靠性，线路交换机预留与就近市话局中继路由。

3.5　根据上级平台对线路 CCTV 视频信息的调看需求，针对性地提出不同的解决方案和预留要求

南京地铁要求在建、新建线路采用全数字化视频高清技术，实时图像和录像存储均采用 H.264 视频编解码技术。各新建线路视频监控系统和南京地铁日后建设的 NCC 上层视频监控平台均采用统一的 FFMPEG 视频编解码平台，有利于南京地铁上层视频监控平台与各线路视频监控平台的互联互控。

对于既有 1、2 号线分别采用在 NCC 上层网与 1 号线之间建立一定数量的模拟图像通道和将 2 号线视频流通过交换机组播到 NCC 上层网直接解码的方式，逐一解决上层平台对既有线路视频监视信息的调看。

3.6　统一规划、分期建设的方式，将综合通信网建设与线路建设有机结合

综合通信网在 4 个区域中心的节点分三期完成(图 4～图 6)，网络建设随着南京地铁的建设时序，分期逐步完善落实，将综合通信网建设与线路建设有机结合，实现了即时建设即时投入使用，保证了综合通信网规划建设与应用的时效性和经济性，既不会由于超前建设造成不必要的浪费，又及时满足了运营对综合通信网的需求。

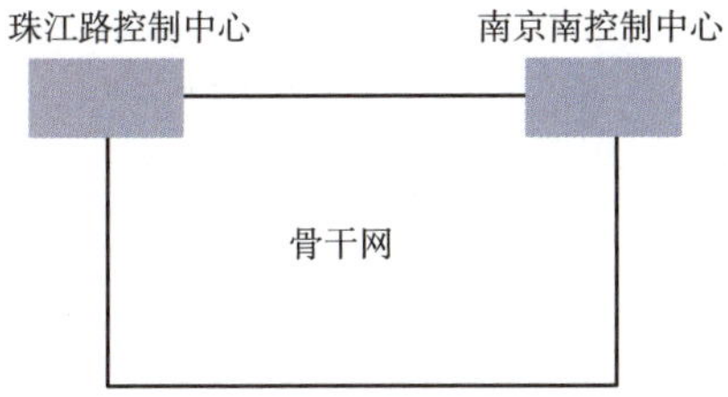

图 4 一期网络

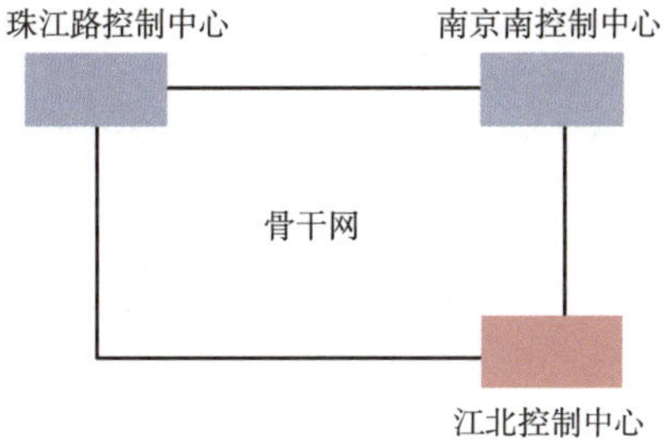

图 5 二期网络

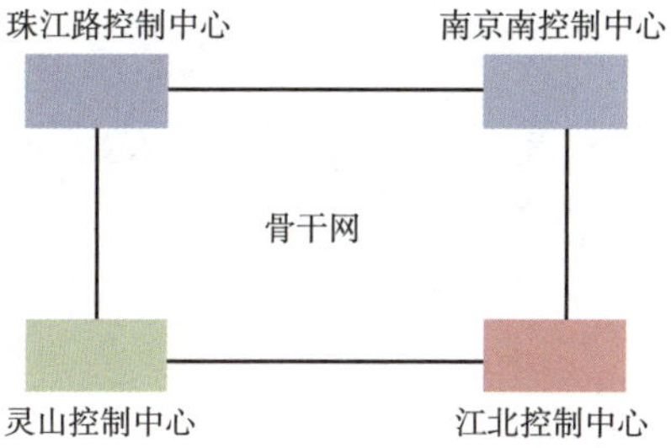

图 6 三期网络

4 南京地铁综合通信网建设实践

南京地铁主要分三个阶段实现综合通信网的建设。

4.1 规 划 期

南京地铁综合通信网的规划研究从 2010 年开始，历时两年，形成了 1 个总报告以及传输、无线、光缆网、视频、公务电话 4 个分报告共 5 本成果报告。其中包括《南京城市轨道交通线网 800 M 数字集群专用无线通信系统技术及频率规划方案(2012—2020)》(已通过省、市无线电管理委员会批准)、《专用无线通信系统编号规划》、《南京地铁在建线路公务电话编号规划方案》、《南京地铁公安光缆网规划初步方案》、《南京地铁专用通信光缆网规划》等专题规划方案。

综合通信网规划研究主要通过以下方法形成上述规划成果：

调研分析：综合通信网规划研究在充分了解国内外轨道交通通信系统现状的情况下，对现有技术做比较；对设备制式统一的可行性进行分析，对将来的技术发展趋势作展望；对南京地铁既有的业务需求进行分析定位；对线网通信业务需求进行分析定位，对新生业务的需求考虑预留，技术选择和容量需求一方面可保证其技术先进性，另一方面可以为轨道交通将来的发展和兼容预留良好条件。规划研究明确适合南京地铁的通信系统建设方式。

新技术分析比选：综合通信网规划研究针对综合通信网的服务目的、运营需要及通信技术发展进行研究分析；结合网络化联网运营的需求和通信各子系统的组成，以整网的线路间和线网间两个方面进行整体规划研究。

网络化运营的考虑：综合通信网规划研究在适应目前运营管理的基础上，用先进的科学技术方法引导今后网络化建设和运营管理。

统一建设标准：综合通信网规划研究为南京地铁通信网实现线网层面的互联互通，为轨道交通的运营者、管理者、服务提供者和使用者提供快速、灵活、高效、全面的信息服务；统一标准，采用国家标准的技术制式和标准。

4.2 建 设 期

综合通信网络的建设主要依靠在各线路建设中进行。骨干层传输网络、公务电话系统的汇接交换机、专用无线通信系统和光缆网由目前在建线路完成先期建设，后期建设的线路在建设中逐步完善直到形成最终规划，以便满足线网建设不同时期的需求。

视频监控系统的建设，各线路按照统一技术要求完成本线路系统的建设和与 NCC 视频监控平台的接口预留，NCC 上层视频监控平台的建设将在 NCC 的建设中完成。

综合通信网规划的落实和网络建设经历了以下几个阶段：

(1)第一阶段(2011 年～2014 年)

随着南京地铁 10 号线工程进度，建设南京南控制中心、珠江路控制中心两个 10G OTN 上层传输网节点、两个公务电话汇接交换机，并在两个节点之间敷设 2 根 72 芯上层网光缆。

(2)第二阶段(2012 年～2014 年)

随着南京地铁宁天城际工程进度,建设大厂东控制中心 10G OTN 上层传输网节点和公务电话汇接交换机,并在南京南控制中心之间敷设 1 根 72 芯上层网光缆,形成以大厂东、南京南、珠江路控制中心为节点的上层综合通信网络。

(3)第三阶段(2013 年～2016 年)

随着南京地铁 4 号线工程进度,建设灵山控制中心 10G OTN 上层传输网节点和公务电话汇接交换机,并在灵山控制中心与珠江路和大厂东控制中心之间敷设各 1 根 72 芯上层网光缆,形成以大厂东、南京南、珠江路、灵山 4 个区域控制中心为节点的上层综合通信网络。

随着 4 号线工程建设完成,南京地铁上层综合通信网的骨干架构及主要节点均建设完成。

目前,上层综合通信网已完成三个节点的建设,除了为通信系统本身服务外,还为办公自动化、乘客信息、自动售检票、综合监控等专业提供传输通道和骨干光纤,为南京地铁网络化运营提供网络支撑。

以 AFC 系统为例,上层综合通信网建成后,打破了一线一中心分线接入 ACC 的传统模式,突破了原网络架构线路系统分散设置、不适应线路建设调整的限制;沟通了 ACC 与 4 个区域中心之间的数据交换;实现了线路 AFC 系统灵活接入区域中心运营管理;通过区域中心相互备份,提高了系统的安全性。

4.3　对后续线路的预留

在上层综合通信网骨干网络及节点建成后,为后续建设线路提供了充分的预留条件,后续线路仅需在现有设备基础上进行简单的扩容和接入,即可接入上层综合通信网,实现南京地铁线网层面的信息交流。

5　南京地铁综合通信网建设总结与思考

5.1　多方努力,共同协作

首先是领导重视,早在 2010 年仅有 1 号线、2 号线、1 号线南延线通车的情况下,就提出这个课题让我们研究,并在项目执行的过程中不断给予指导。第二是部门同事支持,综合通信网的规划和建设,不仅是为通信系统内部子系统提供信息传输,同时也是外专业勾连 4 个 OCC 的唯一通道,AFC、综合监控、PIS、OA 等专业在提出需求的同时也为我们提出好的建议。第三是多方协作的成果,几年来,总工办、代建处、运营公司通号中心、设计院、各设备厂家都从各自的角度或提出建议,或认真执行项目建设,正是所有参与这个项目的人员的努力,才最终使得规划设计一步步变为正常使用的综合通信网系统。

5.2　探索实践,创新优化

因各个城市线网规划的不同,南京地铁这种四个区域一集中的格局,在国内外城市中没有可完全参照的实例。南京地铁综合通信网的建设方式是具有针对性和创造性的。分层建网、网状骨干网等都是基于南京地铁线网现状作出的新的探索和尝试,规划做好也不是一劳永逸,分期建设过程中我们也不断调整规划思路,优化完善,摒弃不合理或不适用的方面,可以说是边摸索边实践,在汲取国内多个城市建设经验的基础上,走出了一条具有南京地铁特点的网络化建设之路。

5.3　项目还具有提升空间

目前,综合通信网的应用已经在与运营管理密切相关的 ACC、PCC、OA 等基本需求中取得了很好的效果。随着南京市轨道交通线网指挥中心 NCC 的建设以及大数据、互联网＋等新技术的引入及应用,综合通信网将为南京地铁网络化运营、容灾备份、南京市应急疏散指挥等方面提供更为广泛有力的支撑。

杂散电流防护的应用与创新

汪　理

（南京地铁建设有限责任公司，南京　210017）

摘　要： 车辆段杂散电流防护一直是城市轨道交通杂散电流防护中的一个薄弱环节，本文结合南京地铁马群车辆段周边范围杂散电流泄露对周边燃气管线造成的影响进行了调查和分析，发现车辆段与正线联系的单向导通装置及排流柜的设计存在系统性的缺陷。通过科研创新采用智能型单向导通装置和排流收集分析系统，彻底解决了车辆段杂散电流泄露的问题。

关键词： 杂散电流；杂散电流泄露；杂散电流防护

1　引　　言

杂散电流的设计在城市轨道交通的设计建造中非常重要，它是指在设计或规定回路以外流动的电流，也被称为“迷流”。杂散电流在土壤中流动与被保护系统无关。杂散电流本质上是一种电化学腐蚀，所以阳极腐蚀较为严重。轨道交通中的土建结构、线路周边的天然气、给排水管道都是杂散电流防护的重点。

2　既有线路存在的安全隐患

2015 年南京某燃气公司正式函告南京地铁，地铁沿线与天然气管道在许多区域相邻，通过高速电位测试仪检测，发现马群区域天然气高压管道上有强烈干扰的杂散电流存在。杂散电流的产生时间和地铁运营时间极为相关，在短时间内极有可能将天然气管道腐蚀穿孔，将严重影响天然气管道的运行安全。埋于马群段沪蓉高速绕城内侧绿化带下方，与地铁 2 号线马群站（高架站）—马群基地十字交叉的天然气管道（图 1），通过地铁 2 号线杂散电流监测系统取得马群区域的数据（图 2）。管地电位正向瞬时偏移值大于 300 mV，而根据《埋地钢质管道直流排流保护技术标准》（SY/T 0017—2006）的规定，当管道任意点的管地电位正向偏移值大于 100 mV，则必须实施防护措施。

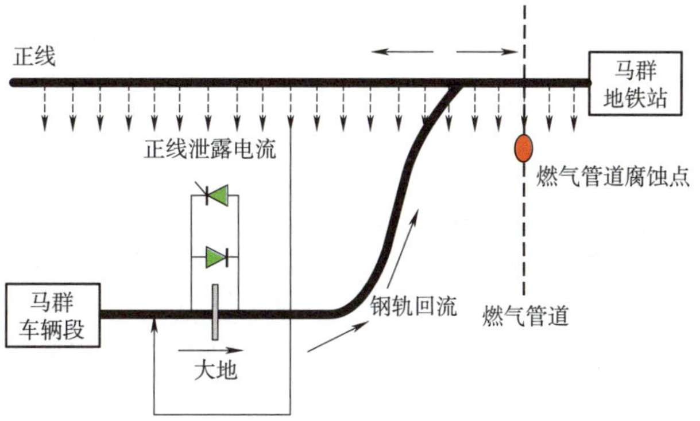

图 1　马群车辆段与燃气管线位置图

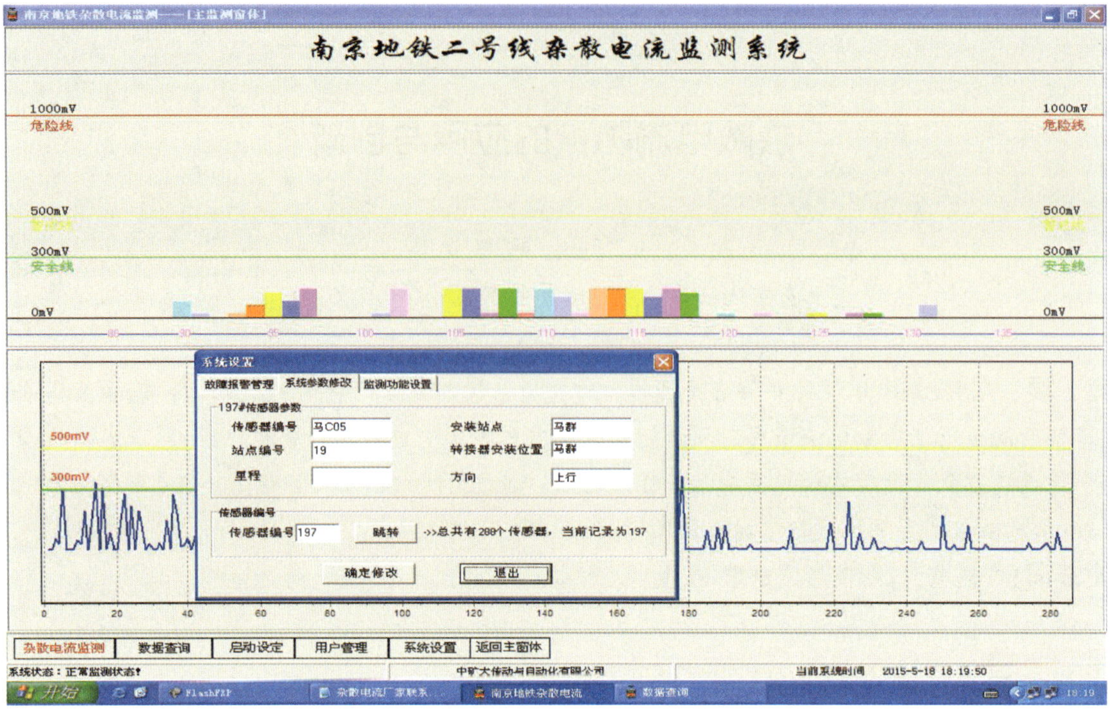

图 2　地铁 2 号线杂散电流监测数据(截图)

3　分析车辆段杂散电流泄露的原因

经现场勘查、调研，发现马群车辆段出入段线上的单向导通柜无法阻止车辆段流向正线的杂散电流，而该杂散电流正是造成燃气管道腐蚀的主要原因。对马群车辆段现场原单导柜分别在晶闸管设置阈值 12 V、阈值 70 V、晶闸管退出及断开单导柜四种情况下进行燃气管道极化电位、车辆段绝缘结两端电压、地铁站极化电位的记录，现场实地测量单导柜导通电压、单导柜通过的电流。

工况 1：晶闸管阈值为 12 V 时，记录燃气管道极化电位(图 3)

参比电极极化基准电压－1 420 mV，最大值 2 498 mV，最小值－2 500 mV，只有 00:00～6:00 小于 100 mV，大部分在 200 mV 以上，18:00 及 8:30 左右更是超过 300 mV。实时值不论正向负向均有较大偏移值，有较强的杂散电流腐蚀。

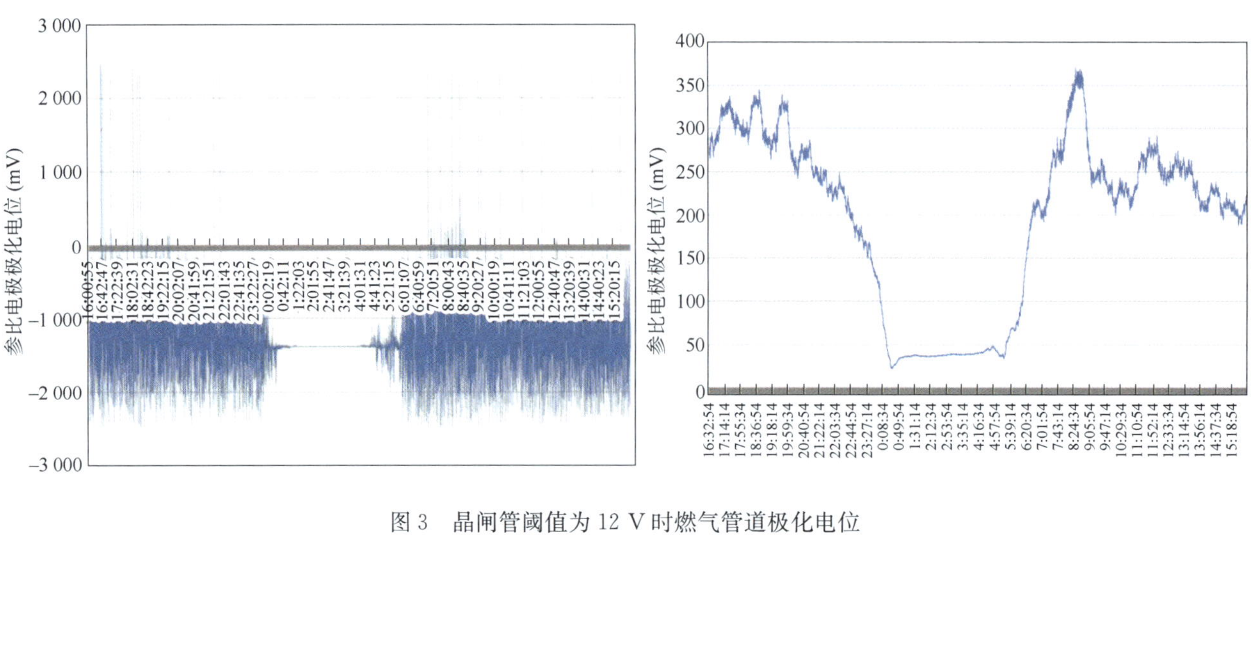

图 3　晶闸管阈值为 12 V 时燃气管道极化电位

工况 2:晶闸管阈值为 70 V 时,记录燃气管道极化电位(图 4)

参比电极极化基准电压−1 420 mV,最大值 2 492 mV,最小值−2 490 mV。相较于单导柜阈值 12 V 时,有所改善,但杂散电流依然严重,超过 300 mV 时间减少,同时 200 mV 以下时间有所增加。

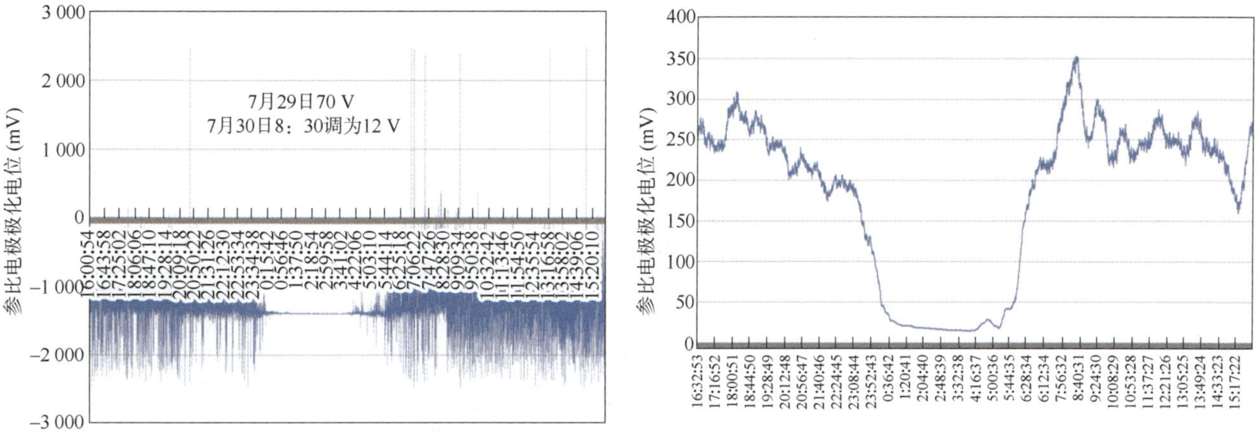

图 4　晶闸管阈值为 70 V 时燃气管道极化电位

工况 3:晶闸管退出,记录燃气管道极化电位(图 5)、绝缘结两端电压、地铁站极化电位

在单导柜晶闸管完全退出时测量燃气管道数据。参比电极极化基准电压−1 420 mV,最大值 116 mV,最小值−2 354 mV。相较于单导柜阈值为 12 V 时,变化不大。

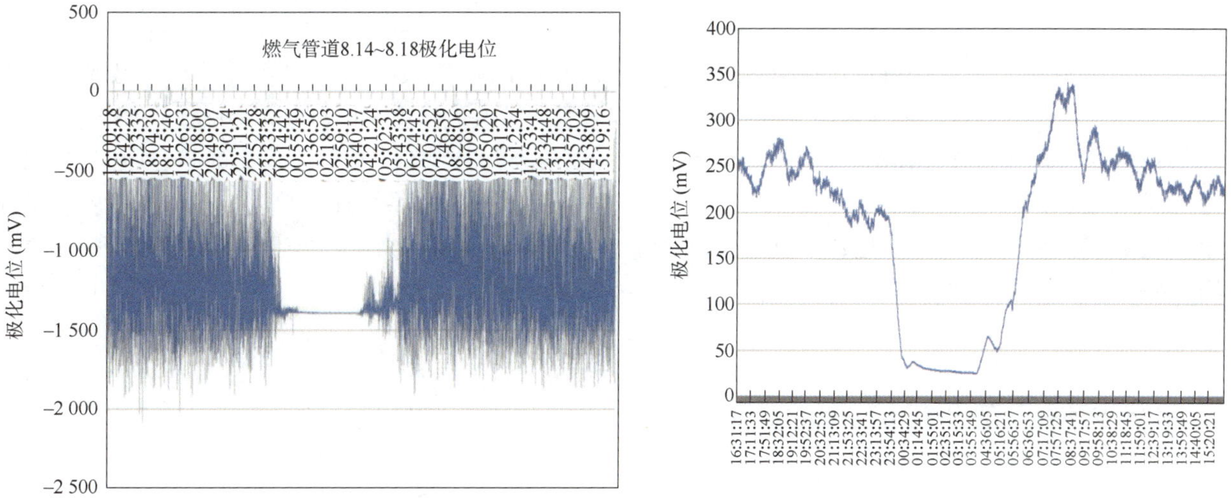

图 5　晶闸管退出时燃气管道极化电位

工况 4:单导柜断开,记录燃气管道极化电位(图 6)、地铁站极化电位

试验当天 16:00 单导柜接线断开,第二天 5:00 恢复,基准电压−1 420 mV。相较于单导柜接线时,有了巨大的改善,并且期间也有列车出入车辆段,但杂散电流值半小时平均值全部处于 100 mV 以下,完全符合燃气管道标准。

综合记录的数据(表 1),通过提高晶闸管的动作电压值能够减小晶闸管导通频率,杂散电流虽有所减小,但依然不符合燃气管道标准。而断开单导柜接线,杂散电流有了明显的减小,并完全符合燃气管道标准。由车辆段流向正线的电流是燃气管道受到杂散电流影响的主要因素,由正线流向车辆段的电流是次要因素。由于目前车辆段到正线方向使用二极管,且一直处于导通状态,所以车辆段有持续的较大电流流向正线,产生对附近燃气管道腐蚀的杂散电流。

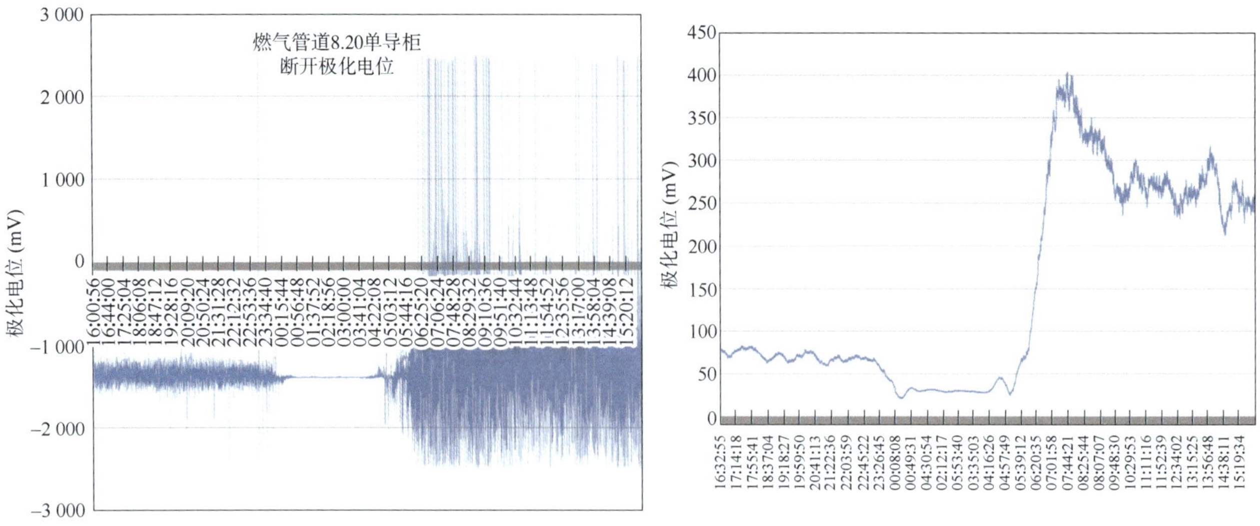

图 6　单导柜退出时燃气管道极化电位

表 1　各种工况试验记录数据

工　况	正向偏移平均值(mV)	负向偏移平均值(mV)	夜间平均值(mV)	<100 mV 占比(%)	100～200 mV 占比(%)	200～300 mV 占比(%)	>300 mV 占比(%)
晶闸管投入 12 V	273.80	−80.46	37.54	42.23	11.54	9.82	36.41
晶闸管投入 70 V	235.69	−41.46	18.34	42.57	16.91	9.52	31.00
晶闸管退出	232.40	−23.48	28.46	37.75	17.49	14.45	30.31
单导柜断开	71.29	−12.09	30.17	68.76	26.92	4.04	0.28

由以上分析可得出，燃气管道受到的杂散电流主要因素为车辆段轨道流向正线轨道的电流，次要因素为正线轨道流向车辆段轨道的电流。杂散电流路径应为：正线杂散电流经由大地至车辆段轨道，流向正线轨道回到地铁站牵引电源负极。控制二极管的导通是造成正线杂散电流是否向车辆段泄露的主要原因，晶闸管是否准确导通也是其中一个因素。同时，原先杂散电流防护设计也存在系统性的缺陷。排流柜设置在手动排流状态，不能够动态跟随极化电位进行投入和撤出，致使杂散电流流入大地。单导柜晶闸管阈值控制模式单一，若阈值设置太低，将导通频繁，引起较大杂散电流；若阈值设太高，将不能及时导通，造成电弧烧绝缘结。

4　单向导通装置及排流柜的创新

4.1　通过对整个系统软硬件的优化升级实现了杂散电流防护在车辆段设置的全新模式

(1)对比现有监测系统，增加了极化电位的监测，信息较原有系统更加丰富，且数据的准确性、实时性也得到了提高。

(2)新的杂散电流监控系统实现了排流柜、采集器、单导柜、监控系统软件的实时数据交换，并且对排流柜、采集器、单导柜的主要元器件进行实时检测，如出现故障，及时上报后台系统，提醒维护人员及时进行维护。

(3)通过系统的数据收集及分析功能，可实时监测各个节点各时间段杂散电流的大小情况，为排流网腐蚀趋势提供理论数据。

(4)系统支持多种展现方式。支持 Windows、Unix、Linux 等操作系统，跨平台使用，支持遥控、OnCall 服务、Web 发布、手机 APP 方式等。

4.2　单向导通装置硬件方案改进

单向导通装置硬件方案改进见表 2。

表 2 单向导通装置硬件方案改进

原单导柜方案	新单导柜方案	改 进 原 因
正向二极管，反向晶闸管	正、反方向均采用晶闸管	在没有列车进出车辆段时，关断两个方向的晶闸管可大幅改善燃气管道的杂散电流
红外模块	超声波模块	左右各设置冗余超声波模块，判断是否有列车通过

4.3 单导柜软件方案优化

单导柜工作可分为正常供电运行（即正线和车辆段均正常供电）、正线支援车辆段及单导柜退出三种情况。

4.3.1 正常供电运行

(1)当有超声波列车通过信号，且绝缘结两端电压大于有车阈值（暂设 5 V，可调）。
(2)当没有超声波列车通过信号，且绝缘结两端电压大于无车阈值（暂设 120 V，可调）。
(3)当超声波模块自检故障，且绝缘结两端电压大于故障阈值（暂设 70 V，可调）。
以上情况下导通两个方向的晶闸管，其他时候关断两个方向的晶闸管。

4.3.2 正线支援车辆段

(1)根据接触网的分段开关的状态来正常控制正反向晶闸管的导通和关断。
(2)直接将隔离开关合闸。
以上两种方式都可以保证正线支援车辆段的运行。

4.3.3 单导柜退出

当单导柜故障、维修或其他原因退出单导柜时，可将单导柜隔离开关合闸，将单导柜旁路。

5 改造创新效果

改造完成后排流柜参比电极工作正常且变化规律与轨道电压基本相同，早晚出车时变化频率较大，夜间变化很小。而且从参比电极变化来看，最大正向偏移不会超过 40 mV，可以看出新单导柜对参比电极电压的减弱有很大效果（图 7）。极化电位正向偏移达到 20 mV，对应的排流回路断路器合闸，回路开始排流，电流传感器检测到电流产生；排流持续一段时间后，极化电位正向偏移降到 20 mV 以下，对应的排流回路断路器分闸，停止排流并且回路没有电流产生。由此测试可以得出，排流柜控制逻辑能够实现，达到设定值开始排流，排流一段时间降到设定值以下后，停止排流。

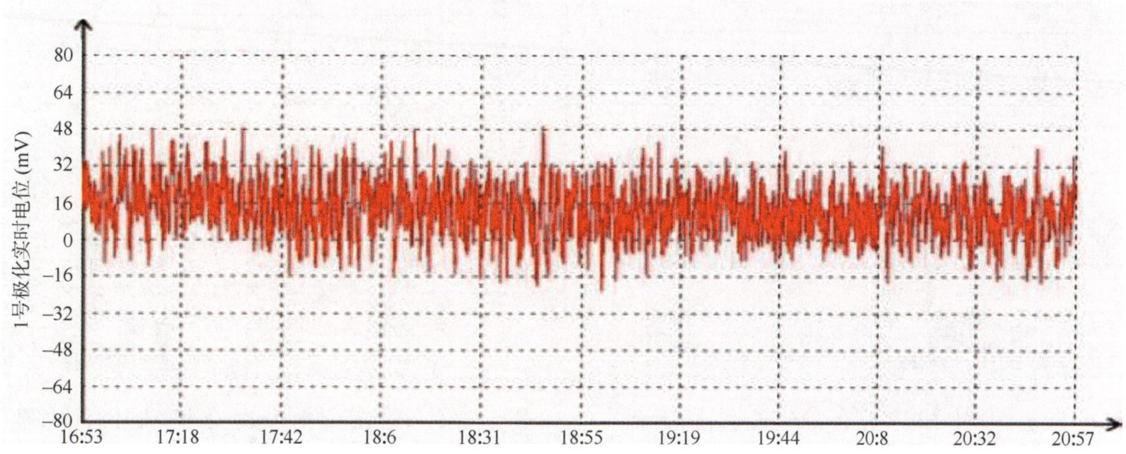

图 7

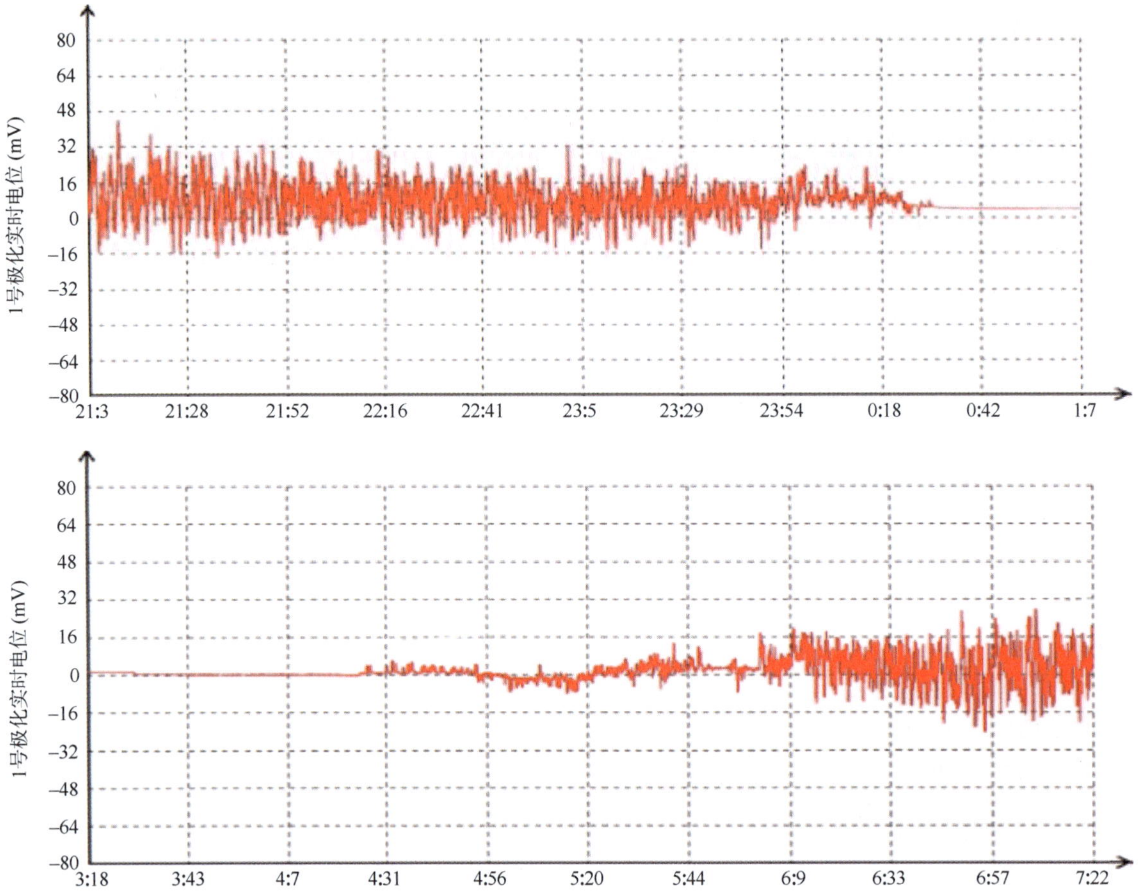

图 7　改造后排流柜极化电位

改造前单导柜晶闸管退出时燃气公司参比电极极化电位半小时偏移平均值：通过曲线发现，只有在夜间停运(1：00～4：00)时数值低于 100 mV，满足埋地钢管排流保护技术标准，其余时候都大于 100 mV，最多时候半小时偏移平均值甚至达到 350 mV(图 8)。改造后燃气公司参比电极极化电位半小时偏移平均值全部都在 70 mV 以内，如图 9 所示，完全符合《埋地钢质管道直流排流保护技术标准》(SY/T 0017—2006)。

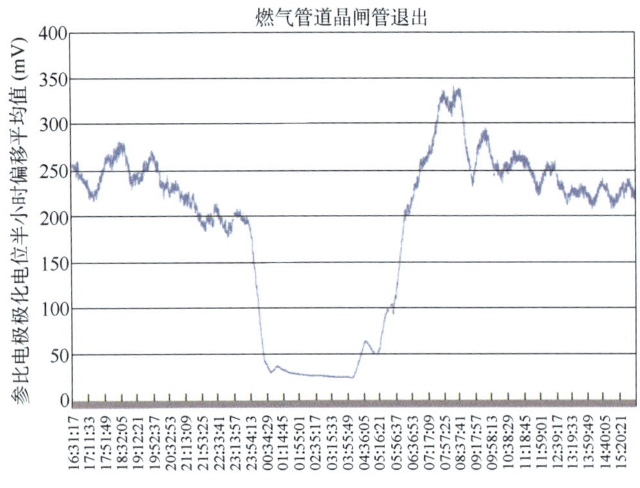

图 8　改造前参比电极极化电位半小时偏移平均值

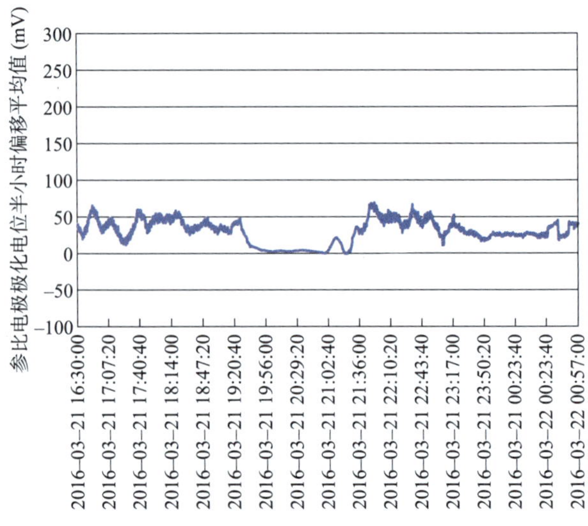

图 9　改造后参比电极极化电位半小时偏移平均值

6 结　　论

(1)通过综合分析杂散电流干扰状态和发生杂散电流腐蚀的原因,全面了解其腐蚀特性及泄露状况,采用综合的一体化治理手段,做到"防堵结合""排疏结合",将杂散电流减小到最低限度,有效限制了杂散电流向地铁外部的扩散,降低与消除其不利影响。

(2)采用全新的杂散电流防控监测系统后,车辆段周边参比电极极化电位变化整体平稳,相对老系统运行时收集的数据,可以明显发现参比电极数值大幅度减小。

(3)全新的杂散电流监测系统收集对比了多年的运行数据,为运营收集了第一手的杂散电流变化数据,是非常宝贵的运行资料。

智能监测系统在地铁工程中的应用探索

毛志轶

（南京地铁建设有限责任公司，南京　210017）

摘　要：南京地铁7号线螺塘街站及高庙路站围护结构采用地下连续墙，主体结构采用明挖顺作法施工，基坑开挖深度大，周边建筑物距离近，具有较大的工程风险。随着信息通信、智能计算等技术的发展，在车站开挖过程中，首次使用智能监测系统，对地铁基坑及周边建筑物实施实时监测，通过预先埋设的全向管和监测盒，采取自动化、数字化、智能化技术，实现系统实时自动监测、数据实时分析上传、远程控制、提前预警等目标。

关键词：智能监测系统；地铁基坑；全向管

1　引　　言

在地铁基坑开挖过程中，周围土体内部力学状态变化复杂，并且随着开挖深度增加，对围护结构物的土压力逐渐增大，使得围护结构物整体位移或局部变形等。另一方面，深层土体也会随着围护结构的变形而产生水平位移，从而引起地面产生不均匀沉降，造成周围建筑物的沉降、倾斜或开裂等。

地铁基坑施工过程中，对土体和地下连续墙深层水平的监测通常采用测斜仪，对建筑物的监测主要采用工程测量法，在建筑物表面布设测点，利用全站仪、水准仪观测建筑物的水平位移和沉降。传统方法人为操作因素影响较大，耗时费力，大都无法实现实时高精度监测且效率较低。

随着信息通信、智能计算等技术的发展，实现监测系统的自动化、数字化、智能化已经成为可能。本文针对南京地铁7号线螺塘街站、高庙路站基坑地下连续墙及周边建筑物的实时监测系统进行研究，以达到系统实时自动监测、数据实时分析上传、远程控制、提前预警等目标。

2　基本工作模式

智能监测系统包括一根全向实时位移管（全向管）和一组建筑物空间姿态和运动监测盒，如图1所示。该系统利用移动物联网（NBIOT）将监测数据发送到云端后台，计算结果直接传送至用户（图2），无需任何附属设备。

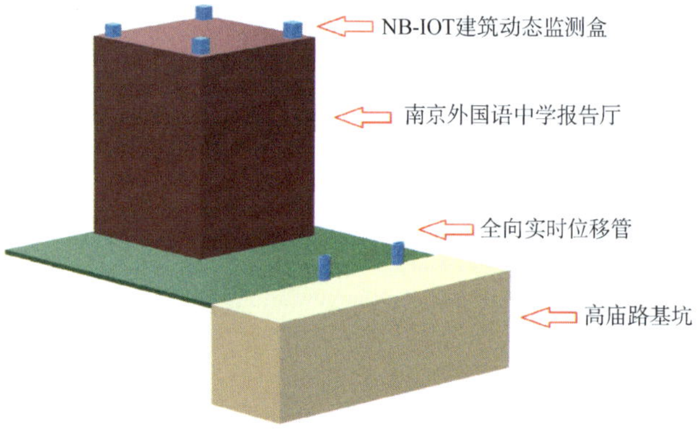

图1　基坑监测系统布点示意图

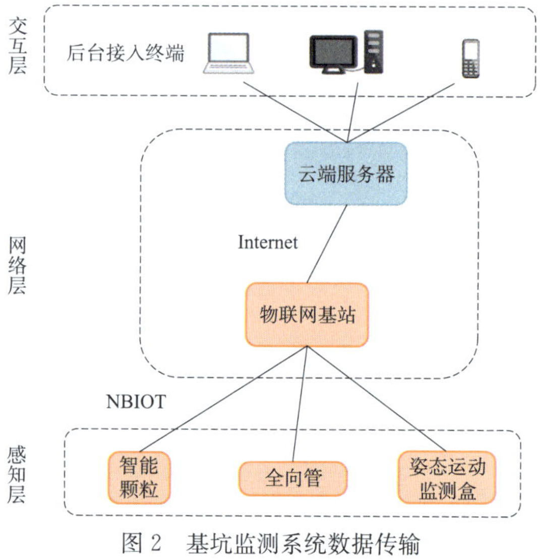

图2　基坑监测系统数据传输

全向管是针对工程中的支挡围护结构物变形监测开发的可串联式棒状传感器，如图 3 所示。在基坑工程中主要用于围护结构物和土体的深层水平位移监测。

图 3　全向实时位移管

全向管可以根据结构物高度自由拼接，使用方便灵活，其主要特点包括：

(1)施工简便，成本低。无需测斜管，无需测斜仪操作人员，安装简便。

(2)实时连续。每秒可监测 50 次以上，连续反映被监测物体指定方向上的位移量，为施工安全提供量化指标。

(3)测量精度高。由 Kalman 的过滤功能能即时、自动、演算修正坐标系的相对正确位置，反映被测物体对大地坐标系中的真实三维位移量(而传统的测斜设备最大缺点是需预先假设转动方向，才能确定测斜管的导槽安装方向)。

(4)安全警告功能。由于装有三轴加速仪，有些微小的局部变化可以比传统测斜管在更短的时间内被反映并传递到业主终端。

全向管的核心是 STRDAL 专利传感器智能颗粒(图 4)，专利号 CN103850153A，智能颗粒能够实时采集加速度、转角等数据，利用卡尔曼过滤(Kalman)算法得到全向管所在监测段的高精度位移数据，再将实测数据与支撑轴力和墙后土压力相结合，采用 STRDAL 专利算法(基于软硬件实时交互的算法，CN105677983A)即可计算出地下连续墙全深度的深层水平位移。

图 4　智能颗粒及便携接收器

全向管性能参数见表 1。

表 1　全向管性能参数

项　目	参　数
NBIOT 规格	频段 B5/B8/B20/B28

续上表

项　　目	参　　数
通信距离	上行 60 kb/s，下行 20 kb/s
姿态角范围	三轴 360°全方位
加速度参数	三轴 16 bits，$\pm 2g/\pm 4g/\pm 8g/\pm 16g$
角速度参数	三轴 16 bits，±250°/s/±500°/s/±1 000°/s/±2 000°/s
地磁传感器参数	三轴 ±4 800 μT，16 bits
数据输出方式	角速度/加速度/磁场强度/欧拉角/四元素
系统采样频率	0～200 Hz
功耗	32 mA@3.3 V
工作温度范围	−20 ℃～+60 ℃
软件	Windows 图形化软件操作界面，数据以日志方式存储

3　地铁工程中的预期使用范围

根据《建筑基坑工程监测技术规范》(GB 50497—2009)的规定，基坑监测项目见表 2。目前，智能监测系统已经能够实现围护墙深层水平位移、土体深层水平位移、周围建筑物变形（竖向位移、倾斜、水平位移）等的智能实时监测。

表 2　建筑基坑工程仪器监测项目

监测项目		一级	二级	三级
（坡）顶水平位移		应测	应测	应测
墙（坡）顶竖向位移		应测	应测	应测
围护墙深层水平位移		应测	应测	宜测
土体深层水平位移		应测	应测	宜测
墙（桩）体内力		宜测	可测	可测
支撑内力		应测	宜测	可测
立柱竖向位移		应测	宜测	可测
锚杆、土钉拉力		应测	宜测	可测
坑底隆起		宜测	可测	可测
土压力		宜测	可测	可测
孔隙水压力		宜测	可测	可测
地下水位		应测	应测	宜测
土层分层竖向位移		宜测	可测	可测
墙后地表竖向位移		应测	应测	宜测
周围建筑物变形	竖向位移	应测	应测	应测
	倾斜	应测	宜测	可测
	水平位移	宜测	可测	可测
	裂缝	应测	应测	应测
周围地下管线变形		应测	应测	应测

4 围护结构深层水平位移监测总结

在南京地铁 7 号线螺塘街站成功搭建地下连续墙实时监测系统，全向管布设位置如图 5 所示。该系统涵盖高精度传感器监测技术、物联网通信技术、计算机智能运算和人机交互等多个领域，按功能可划分为 5 个子系统：数据采集系统、无线传输系统、供能系统、数据处理系统和图形界面系统。

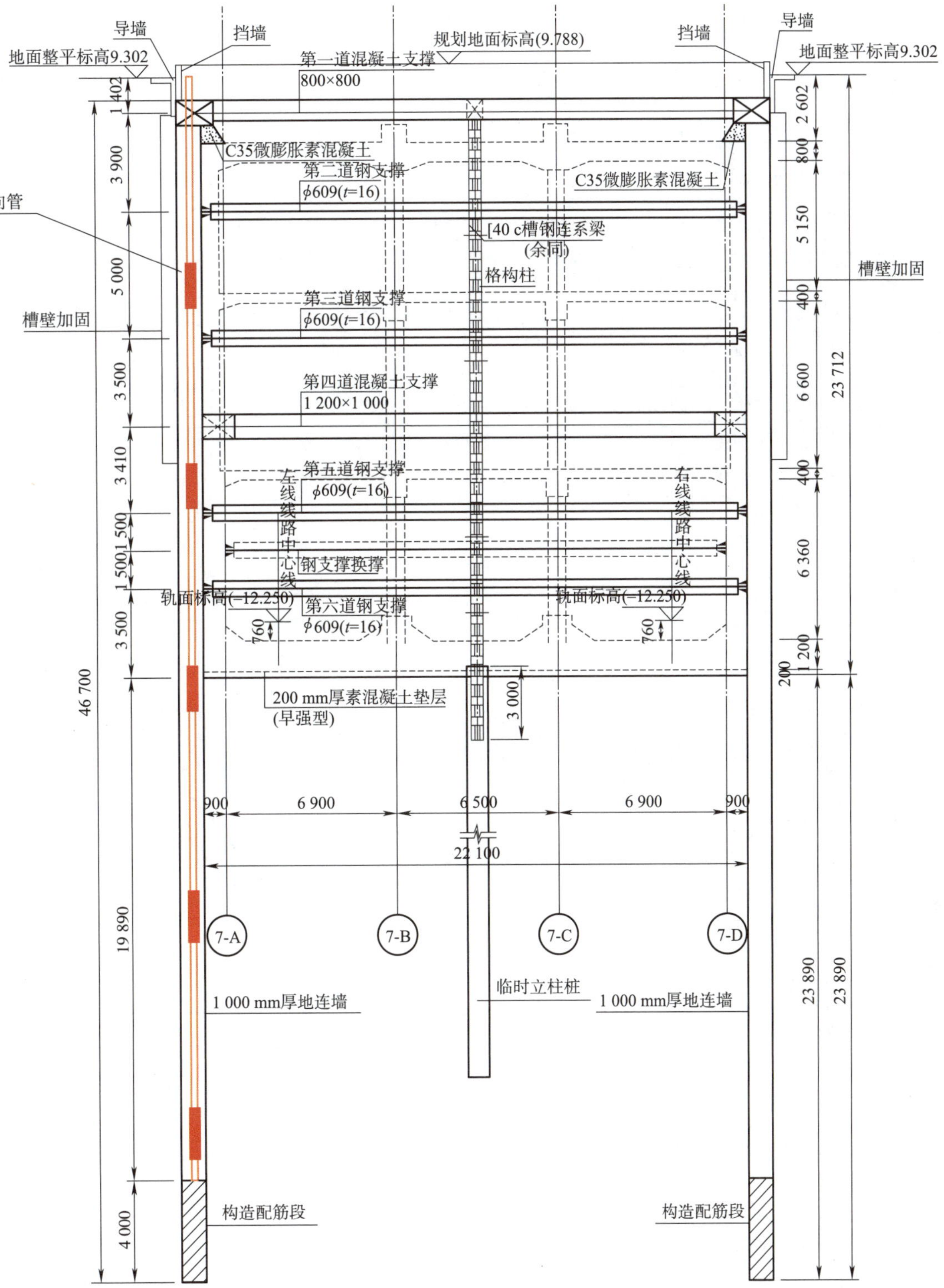

图 5　全向管布设位置图(单位：mm)

从系统安装完成以来，始终处于稳定运行状态，获得大量监测数据。通过比较全向管和附近测斜管连续

4 d(2017 年 12 月 4 日～7 日)的监测数据(图 6)可以看出，墙体最大水平位移监测数据相差约 2～3 mm，考虑到两种方法所监测墙体位置的距离，可以认为两种监测手段精度相近。

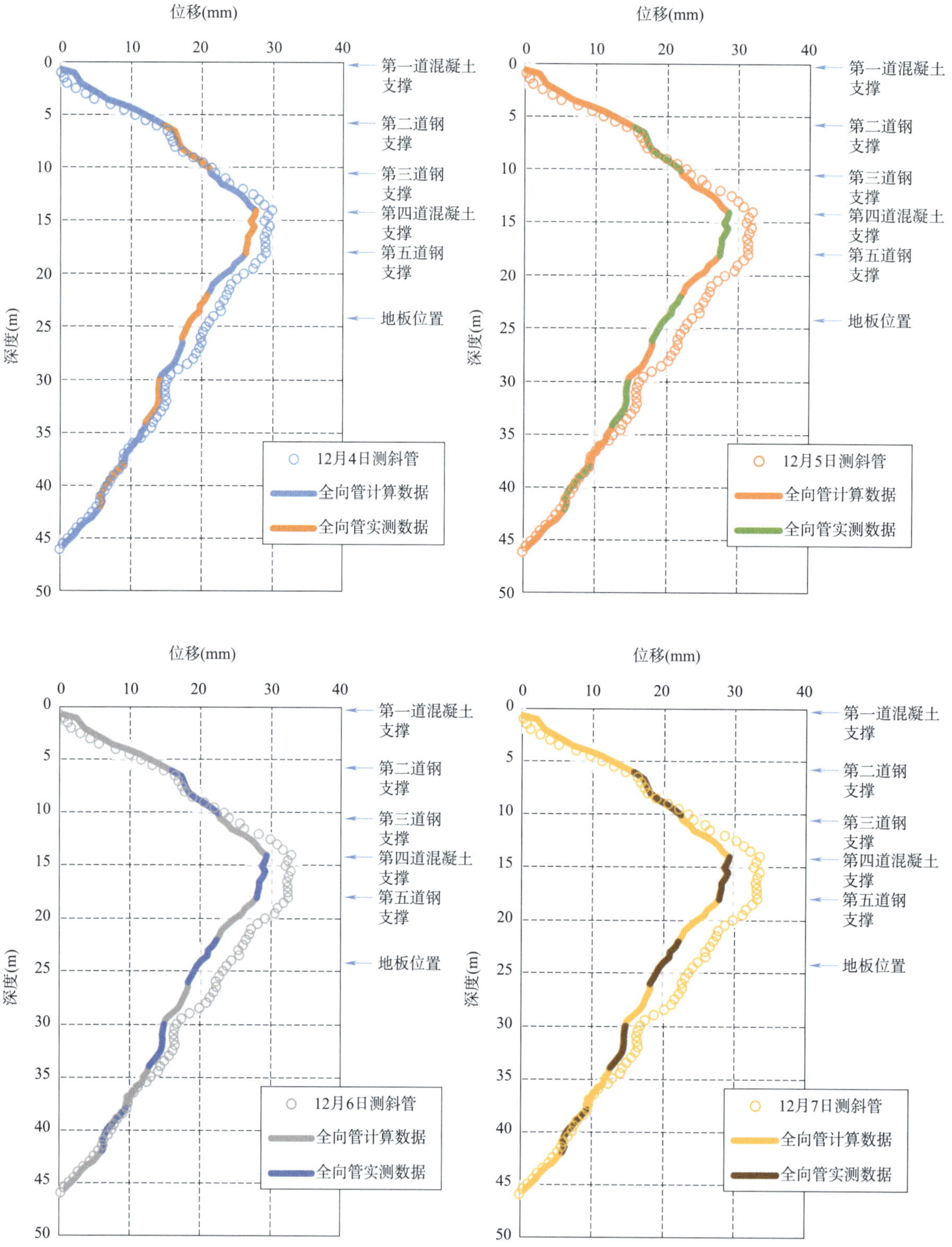

图 6　监测位移和相邻测斜管比较

图 7 为连续 10 d 地下连续墙最大位移连续变化图。从图 7 中可以看出，在每日接近中午的时段墙体最大水平位移减小，随后又增大。首次监测出一天时间内墙体水平位移的变化趋势，并发现墙体随时间的变化规律充分体现出全向管实时监测的优势。

目前该系统已实现全向高精度监测，监测平面不限于墙体的垂面与平行面；实时自动监测，无需人工操

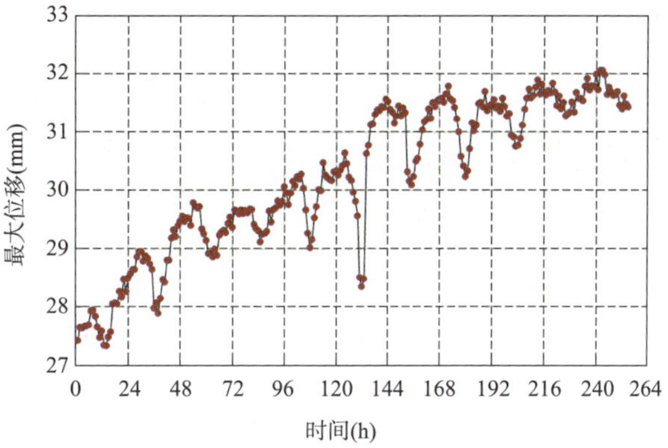

图 7 地下连续墙最大位移连续 10 d 变化图

作;突变预警,通过加速度监测对突发大位移提前预警,帮助及时调整施工方案;无线数据传输,监测数据智能化处理,使相关人员随时随地获取简洁明了的监测数据,解决了传统监测方法中存在的不实时、效率低等问题。

5 地铁基坑周边建筑物变形监测总结

在南京地铁 7 号线高庙路站基坑开挖过程中,对基坑附近建筑物南京外国语中学报告厅进行监测。如图 1 所示,在报告厅楼顶的四角分别安装了建筑物运动与姿态监测盒,采集大量数据。表 3 为 2018 年 7 月 10 日～15 日监测平均值。从表 3 中可以看出,在基坑开挖过程中建筑物只产生微小的位移和倾斜,位移均在 1 mm 以内,倾角不超过 0.02 rad,均在规范要求范围内。

表 3 建筑物姿态监测

日　期	x 方向位移(mm)	y 方向位移(mm)	x 方向转角(rad)	y 方向转角(rad)	z 方向转角(rad)
2018/7/10	4.50035E-15	−0.182 700 219	0.006 868 429	1.68884E−16	0
2018/7/11	−0.025 374 976	−0.223 300 604	0.008 394 76	−0.000 953 946	0
2018/7/12	−0.050 749 8	−0.279 125 49	0.010 493 439	−0.001 907 887	0
2018/7/13	−0.010 150 021	−0.360 325 503	0.013 546 072	−0.000 381 58	0
2018/7/14	−0.055 824 886	−0.385 699 572	0.144 999 84	−0.002 098 68	0
2018/7/15	−0.035 524 996	−0.309 574 796	0.116 381 5	−0.001 335 526	0

6 未来的研发方向

未来的监测系统将更加自动化、智能化,能够自动采集数据、自动分析、自动判断、预测预警,并且未来智能监测系统的监测项目将更加丰富。随着理论的进步,系统中除包含现行规范要求监测项目外,还将出现更多新的监测内容,提高监测精度。

计算机软件、智能算法的研发是真正实现智能监测的核心。随着人工智能技术的发展,未来的监测系统将不仅是对工程数据的采集、传输系统,而且是能够对工程安全、工程进度进行预测和判断的系统。目前已经实现将原始监测数据转化为工程监测指标,对指标数值的分析、判断和预测将进一步研究。

车辆段设备项目管理的创优与创新

周鸣语

（南京地铁建设有限责任公司，南京　210017）

摘　要：总结南京地铁“十二五”期间建成线路中车辆段设备项目管理经验，结合南京地铁车辆检修需求，提前谋划车辆段架大修资源共享与实现深度维修能力，探索架车机、打磨车、静载试验台、列车驾驶仿真培训设备的技术创新，为在建与待建项目提供示范指导。

关键词：车辆段设备；项目管理；资源共享；设备创新

车辆段设备一直被认为是城市轨道交通行业里的小专业，甚至是车辆专业的附属品，但是一条线的车辆段设备清单有1 000多台(套)设备，总投资额1.2亿～2亿，涉及关联专业有车辆、供电、工务、机电设备维护、物资仓储、培训等，单个设备采购金额从几十万到三千多万不等，可谓专业跨度大，供货商水平参差不齐。为了较好地采购到满足用户需求的设备，建设单位必须对每项设备开展细致的调研工作，并完成选型、招标、制造检查、到货安装、调试验收等一系列过程，一条线的车辆段设备会有14～20个合同需同步执行，可谓是麻雀虽小五脏俱全，确实对项目管理者提出了较高的工作要求。

车辆段设备种类庞杂，而管理上却采用单类设备逐一采购与分类实施，这就决定其工作琐碎，不仅采购阶段工作量大，而且安装、调试、验收环节的现场接口协调更多，移交过程中，协调运营公司各生产中心或技术管理部门也多，整个项目的顺利执行完全依赖于建设单位项目工程师的统筹管理与协调能力。正因为车辆段设备的管理者承担着类似于其他系统设备集成商的责任，项目工程师有更多的机会直面工程一线锻炼耐心、细心、恒心，丰富项目管理经验，提高技术管理水平。在南京地铁“十二五”建设期间，车辆段设备专业在人少事多的情况下，勠力同心抓好工程质量，刻苦钻研解决技术难题，勇往直前踏上创新之路。

1　发挥各方力量，统筹多线建设

南京地铁“十二五”期间的工程建设强度是有史以来的高峰期，面对众多的车辆段设备，项目组人员克服人手少的困难，没有简单复制兄弟地铁公司的车辆段设备集成采购思路，通过合理工程筹划，将同期在建的线路中相同或相近的车辆段设备合并招标，减少招标与工程管理工作量；其二，借助运营公司技术力量共同完成车辆段一些辅助检修类设备的采购管理；其三，发挥监理专业人员技术力量，抓好设备生产监造，确保产品交付质量，扎口工程资料管理规范化。通过发挥各方力量，群力群策做好车辆段设备的项目管理。

对比北京地铁、上海地铁车辆段设备集成采购模式，南京地铁在“十二五”期间坚持了车辆段设备单类设备分别采购的模式，为地铁公司节约工程管理费用1 000多万元，同时培养了项目管理者的技术能力，提升了地铁公司的核心竞争力，南京地铁完全具有能力承担其他地铁公司的车辆段设备集成采购服务工作，为南京地铁创造收入。

2　着眼线网全局，改进场段设计

南京地铁“十二五”时期既是建设高峰期，也是老线运营设备进入大修期。由于线网规划调整，老线车辆检修资源的瓶颈凸显，在历次会议评审中被专家提醒车辆欠修的安全隐患。地铁建设公司系统设备处联合总工办、设计院、运营公司车辆专业各部门开展了1号线小行车辆段大架修能力分析，并完成小行车辆段大架修库房扩建设计文件，配合运营公司完成小行车辆段厂房扩建与设备增购(图1、图2)，实现小行车辆段年大架修 180 辆车，有效缓解南京地铁的运营安全压力。

随着南京地铁从单线运营向网络化建设运营方向发展，车辆段占用大量土地与资金资源的矛盾日益突出，系统设备处联合总工办、集团规企部、设计院、运营公司相关部门提前谋划南京地铁线网车辆基地资源共享，合理调整线网联络线设置(图 3)，编制车辆基地资源共享指导文件(图 4)，该文件的主要成果是实现南京地铁车辆检修资源集约化，可节约工程建设费用数亿元，提高了运营自主维修能力。

图 1　小行车辆段扩建的大架修库

图 2　大架修库的转向架检修间

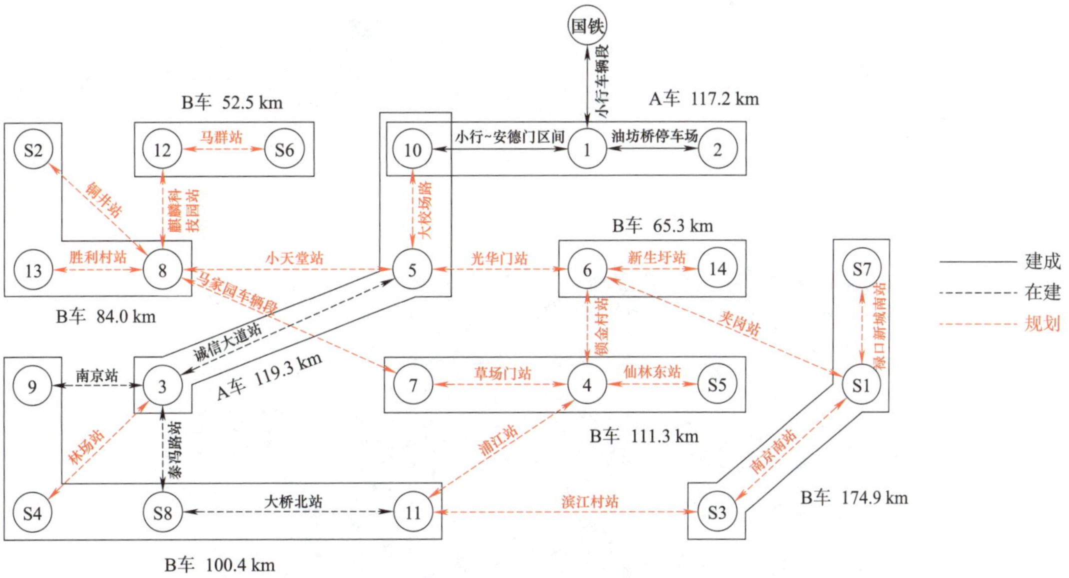

图 3　2050 年南京市轨道交通线网线路及联络线设置图

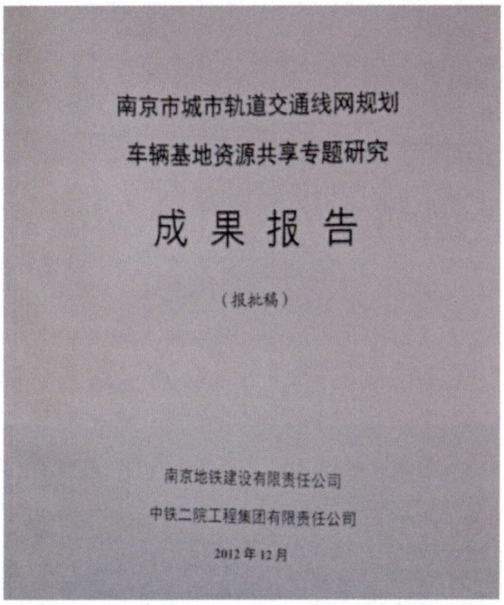

南京市城市轨道交通线网规划

车辆基地资源共享专题研究

成 果 报 告

（报批稿）

南京地铁建设有限责任公司

中铁二院工程集团有限责任公司

2012 年 12 月

图 4　南京地铁车辆基地资源共享研究报告(封面截图)

结合线网车辆基地资源共享，车辆段设备专业继续开展了车辆重要零部件集中维修的可行性研究和相关设计，根据远期 8 个大架修车辆段的规划与建设时序，在充分利用既有库房面积的基础上，分别建成了转向架与轮对大修中心（图 5、图 6）、制动器件大修中心、空调大修中心、电子大修中心、电机大修中心等。其中，秣周车辆段转向架与轮轴车间的建成实现了南京地铁 2 000 条轮对从委外维修转为自主维修，每年维修费就可降低约 3 800 万元。由于采用了轮轴集中维修模式后，其他车辆段的轮轴检修区域规划可以减少，相关设备配置可以减少，只土建和设备的建设成本就可以节约 3 亿多元。

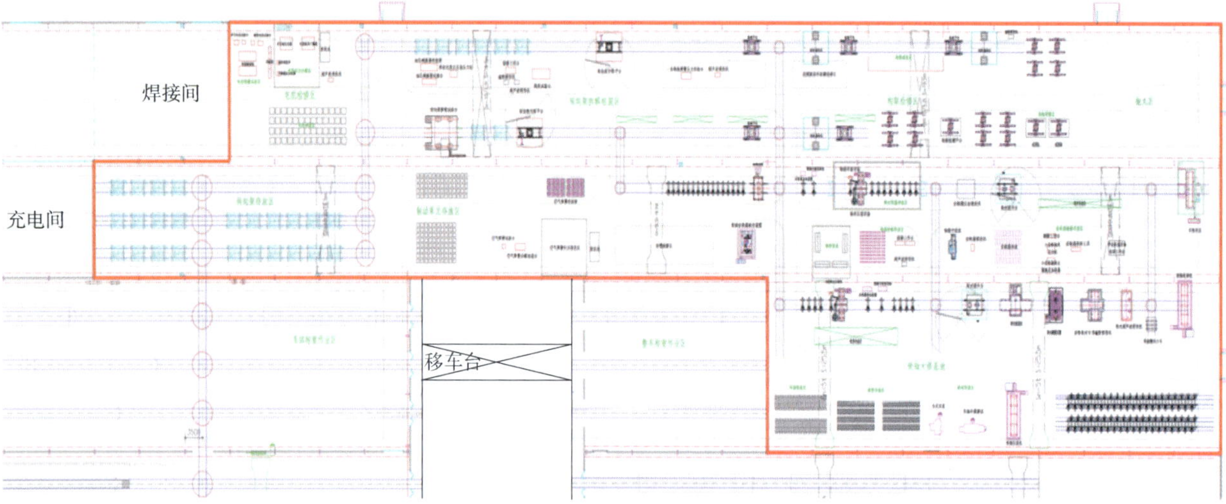

图 5　秣周车辆段转向架与轮轴大修间设计图

图 6　秣周车辆段转向架检修间实景

3　潜心钻研技术，探索设备创新

车辆检修技术的发展日新月异，线路检测检修的自动化需求越来越高，运营大量新进人员培训需求越来越迫切，这些情况的出现都催促着车辆段设备管理者自身的技术水平要与之适应。为此，车辆段设备项目组成员潜心研究技术需求，精心甄别方案优劣，去伪存真、去粗取精，取得了应用技术成熟稳定化、关键设备国产化、创新设备领先化、设备功能拓展化等一系列成绩。

一是针对 3 号线、10 号线、4 号线初步设计文件中提出的轮对与受电弓自动化检测、隧道清洁车等新设备，项目组经过多轮市场、用户、供应商的调研，了解到设备技术尚未成熟，技术指标有待提高，决定南京地铁暂缓采购安装此类设备，仅"十二五"期间建设线路就避免工程投资损失 1 600 多万元。

二是针对小行车辆段轮轨噪声投诉和设计单位提出的降噪措施，精心组织运营公司工务中心、乘务中心、涂覆材料供应商研究降噪方案，通过小行车辆基地大量试验结果验证，原设计思路存在不确定性，为南京地铁避免工程投资损失 300 多万元。

三是推动关键设备逐步实现国产化，且都是在城市轨道交通行业内率先应用，降低工程投资。其中，固定式架车机采用青岛四方所自主设计产品(图 7)，相比于 1 号线原装进口的架车机产品，节约工程投资约 500 万元。钢轨打磨车(图 8)在行业内率先完成走行部、制动系统、液压管路系统的国产化应用，降低工程造价，提高产品可维护性，为运营日常使用与维护提供了国内解决方案。转向架静载试验台(图 9)在行业内普遍采用原装进口产品的情况下，南京地铁联合青岛四方所埋头钻研，自主设计开发了性能相当的国产化静载试验台，节约工程投资 400 万元，并获得多项专利。

图 7　地坑固定式架车机

图 8　Harsco 钢轨打磨车

四是在城市轨道交通行业内率先开发了内燃电传动与接触网供电混合动力工程车(图 10)，响应了国家节能减排、绿色环保的要求。该产品控制技术的实现填补了国际上低功率段工程车的内燃电传动控制技术空白，获得发明专利。

图 9　转向架静载试验台

图 10　双动力电传动工程车

五是在多线同步开通运营后，娴熟的列车司机人员紧缺矛盾凸显，项目组联合运营公司培训学院启动列车驾驶仿真培训设备采购工作，结合学员实际情况，开发了全功能型司机模拟驾驶仿真器(图 11)、简易操纵台仿真器(图 12)、学员观摩学习平台(图 13)、列车调度模拟平台等，为学员从初级到高级成长历程提供了不同阶段的培训措施。

图 11　全功能型司机模拟驾驶仿真器

图 12　简易操纵台仿真器

图 13　学员观摩学习平台

4　厚积薄发志万里，重整行装再出发

车辆段工艺设备能够圆满完成南京地铁"十二五"建设期任务，并取得突破与创新，这得益于每一位参与者智慧与汗水的凝结，得益于行业先辈们的经验总结与传承，得益于城轨装备技术日新月异的快速发展。站在新的起点，南京地铁"十三五"建设高潮已然掀起，车辆段工艺设备专业还将继续在设计人性化、工艺流程化、资源共享化、装备国产化、运维智能化等方面再创佳绩。

南京地铁站台门技术创新与管理提升

周鸣语

（南京地铁建设有限责任公司，南京　210017）

摘　要：针对站台门实施过程中遇到的问题进行总结，为后续项目提供建设经验。

关键词：站台门；创新；管理

南京地铁站台门技术工作起步于2号线，当时城轨行业内仅有上海、广州、深圳等城市各启动了一条线的站台门项目，因此国内站台门专业正处于发展初期。南京地铁通过引进、消化、吸收英国西屋公司的站台门技术，发挥各方技术力量打造了南京地铁2号线站台门项目的精品工程。从3号线、10号线、机场线等线路建设伊始，南京地铁站台门项目组依托有限的工程经验，努力钻研技术，大胆创新，在新线建设中全力推进国产化的站台门技术，带领着南京康尼机电股份有限公司和上海嘉成轨道交通安全保障系统有限公司两个行业新兵，革新技术、反复试验与改进、抓好首件生产质量、协调工程现场接口矛盾、保质保量实现工程如期竣工。

随着地铁工程建设期越来越短，站台门逐步发展为既要保障建设期间调试安全，也要保障运营期间安全，系统安全性要求越来越高。面对国产化技术尚需提高、系统安全性能有待验证、新产品稳定性必须保证、工程建设期只能缩短等多种困境，项目组通过努力，实现站台门工程造价从7.9万元/单元门降到6万元/单元门，国产化率从75%提高到89%，月故障率从8.33%降到1.89%。这期间，站台门系统无论工程管理经验，还是技术与装备的创新发展都值得总结，谨以此文为同行抛砖引玉。

1　立足技术创优创新，保障设备稳定运行

站台门系统作为现场安装工程量较大的机电设备，与土建接口较为复杂，尤其是解决好土建施工误差大与机械设备安装精度高之间的矛盾，成为现场工程管理者的首要职责。同时，还要提高门机运行机构稳定性，减少端门、应急门开关故障，提高电源系统稳定性，降低系统级故障发生概率等，项目组潜心研究站台门系统的机械结构、电气控制、电力供给等设计方案，优化与创新方案30多项。其中主要有：(1)优化门机梁结构设计，实现自重减轻与承载强度提升的效果，如图1所示；(2)加大底部支撑、上部挂件、盖板、封板等结构件的横向、纵向调节量，由螺栓孔改为U形滑槽，调整量由10 mm提高到50 mm；(3)通过设计与土建施工协调，将车站端门区域预留安装宽度标准化为2 500 mm，减少了工程非标设计，加快了产品供货速度与施工进度；(4)针对运营期端门故障率较高，对端门采用整体结构设计，其中门体、安装框架、门锁均在工厂完成组装，经过调整和测试后，以组件状态进入施工现场，在现场整体安装方便，安装调整工作量小，且产品故障率大幅降低；(5)滑动门驱动控制模块、主机监控模块全部选用SIEMENS或者Schneider的工业级PLC，保障了控制系统长期稳定性；(6)电源系统选用更加成熟的交流输变电技术，提高了能源传输效率。

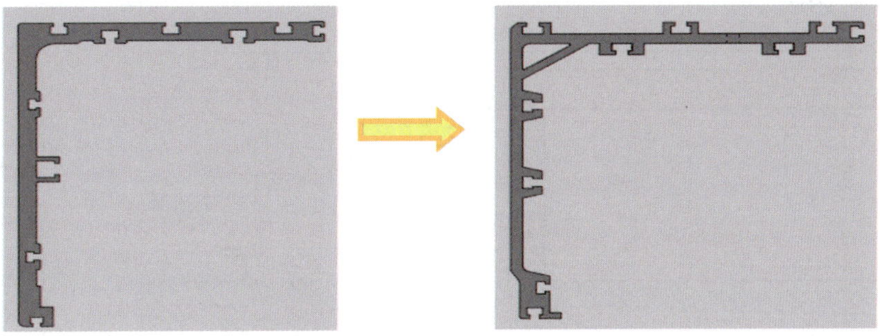

图1　站台门门机梁设计变化

2　抓好工程设计龙头，完善接口边界条件

根据 2 号线、1 号线南延线站台门工程设计和施工经验，站台门与土建、轨道、装修、机电安装、其他设备系统的接口较多，而前期设计如果没有对各专业工作界面有效划分，结果是工程现场互相推诿或者接口调试矛盾较多。为此，项目组召集各专业设计院完成了站台门与其他专业的接口关系表与示意图（图 2、图 3、图 4），并针对关键尺寸向有关专业开展施工交底，将工程建设矛盾化解在前期。

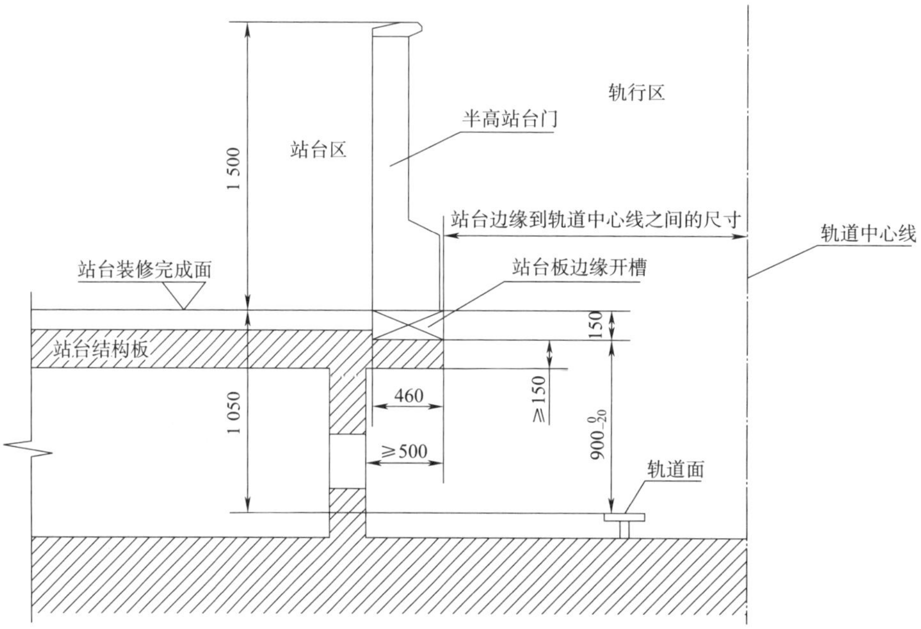

图 2　半高站台门与土建、轨道、机电专业的接口界面（单位：mm）

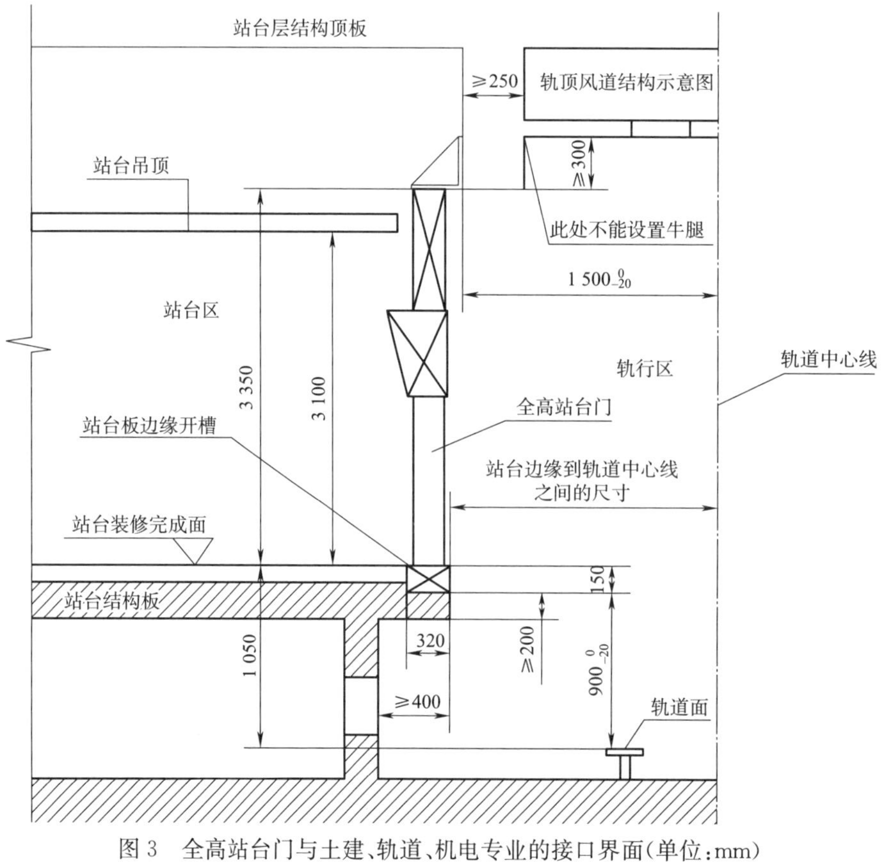

图 3　全高站台门与土建、轨道、机电专业的接口界面（单位：mm）

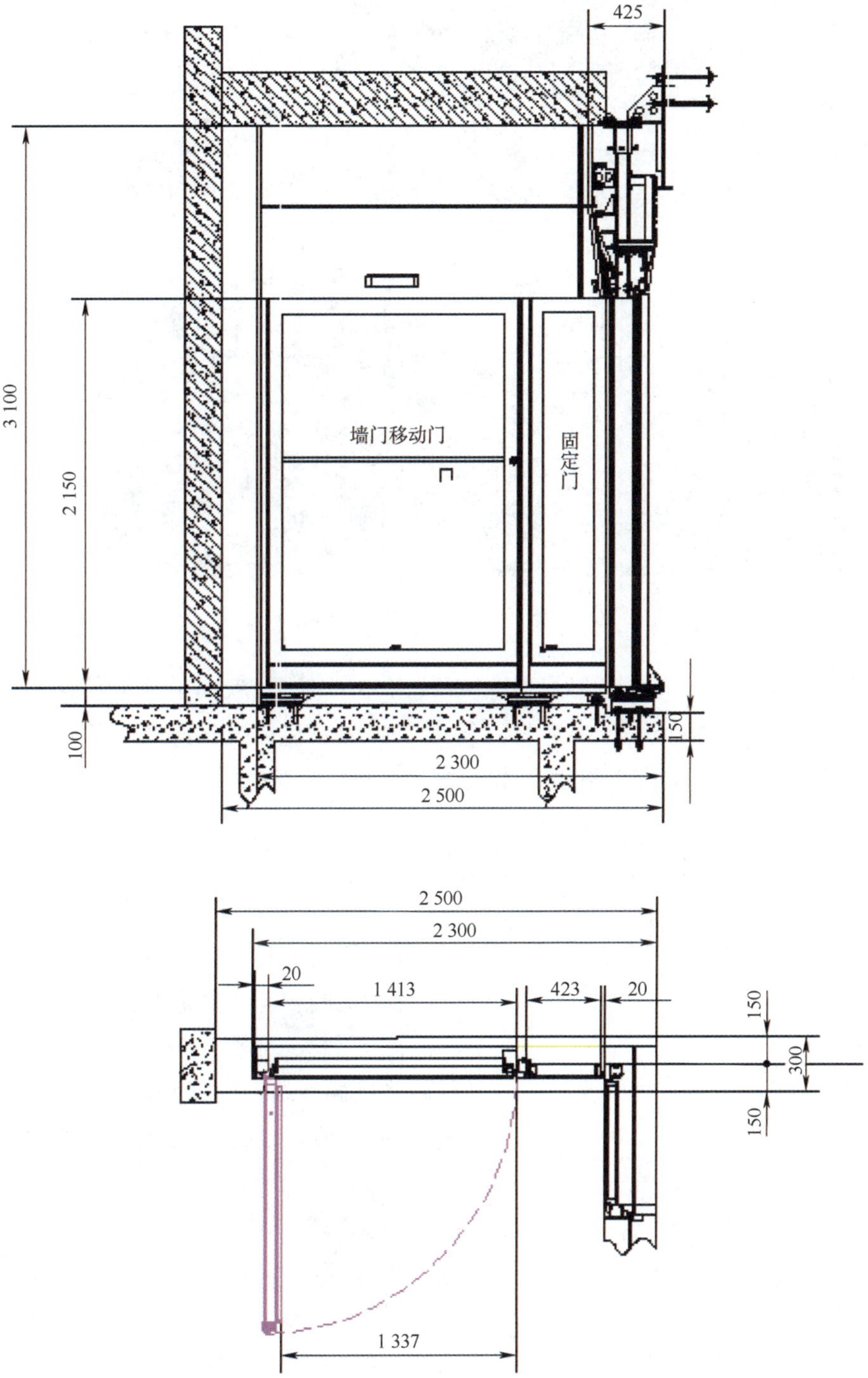

图 4　端门与土建、装修专业的接口界面(单位:mm)

3　严格审查样机试验,抓好首件生产质量

针对国产化产品首次多线运用的特点,为保障工程质量,降低运营故障率,在样机产品生产与组装阶段,项目组与供应商都投入了巨大精力严抓质量,力争为工程初期树立标杆。

(1)涉及样机外观部件严格要求加工精度和装配精度,提高产品外观档次,3 号线站台门样机改做三次,10 号线站台门样机改做两次。

(2)针对全高封闭型站台门系统结构承载风压要求较大的特点,从试验方案编制和现场测试操作两个角度严格要求,使得产品设计性能更加可靠(图 5)。

图 5 10 号线全高封闭型站台门样机结构测试试验

(3)严抓样机零部件生产质量，针对承载结构件的焊接工艺、焊缝质量、热浸锌工艺等作业文件编制、焊接工装改进以及试件制作都提出整改方案。通过项目组、监理、设计院以及供应商的共同努力，康尼公司和嘉成公司的样机产品技术与质量都有了大幅提高，部分技术已可以和国际一线产品相媲美。

4 克服现场接口矛盾，平稳推进工程进度

工程前期虽通过多方努力尽量减少接口矛盾，但工程施工总会一波三折，站台门供应商、监理、建设业主等各方成员发挥才智，一一化解矛盾，确保站台门系统的安全、质量、进度工作顺利推进，实现如期开通。

(1)大行宫站、浮桥站等站台层风管位置与下挂梁距离严重偏离站台门安装需求(图 6)，在仅有 200～300 mm 的安装空间内，施工单位在 3 500 mm 以上的高空进行作业，多次更换不同长度的钻头，以数倍于正常人工的代价完成了站台门上部支撑的安装。

(2)夜间加班完成与 1 号线共用站台的南京南站站台门改造。鉴于南京南站是已投入运营的车站，增加了接驳的新线施工难度，站台门项目组与供应商一道克服了夜间施工时间短、运营安全要保障、既有工程要改造、外协铁路站难沟通等各种困难。

(3)铺轨机龙门架尺寸超过限界，导致已完成安装的站台门拆卸，以保障铺轨进度。3 号线柳州东路站与新庄站因交错施工，站台门较早完成了安装，但遇到了铺轨机龙门架超出限界无法通过轨行区，站台门专业主动做出拆卸重装的牺牲，保证全线工程进度不受影响。

(4)克服土建预留结构超差较大或是缺失的难题，自主完成整改。站台门在施工中时常遇到端门处预留的结构柱或结构梁、车站站台板高低、站台板宽度与厚度、风道梁蛇形等偏差(图 7、图 8、图 9、图 10、图 12、图 13)，甚至部分车站站台板整体抬高 100 mm 或者风道下挂梁缺失(图 8、图 11)。这些无法由站台门机械结构吸收的土建超差或遗漏工程，项目组与设备供应商采取了非标设计与土建整改相结合的办法克服以上困难。

(5)针对装修队伍良莠不齐，不关注与相关专业施工接口要求的问题，导致盲道导向对标错位、导向标识干涉维护盖板开启、端门无法正常开启、破坏站台门绝缘保护等问题(图 14、图 15、图 16、图 17)，站台门专业主动协调，想方设法化解矛盾。

(6)现场施工单位对成品保护意识淡薄,出现了在绝缘地板施工区域内堆放施工垃圾(图 18)、在刚铺贴完成的绝缘地板上洒水(图 19)、在有绝缘要求的底部支撑旁边堆放施工材料(图 20)、在刚完成安装的钢结构件上焊接支架(图 21)、在完成的绝缘地板面上托运尖锐物品(图 22)等问题,这些行为都造成了站台门施工单位的大量返工,站台门项目成员耗费了大量精力在现场协调、劝导、重复施工。

图 6　浮桥站风管干涉钻孔作业

图 7　端门处预留结构梁偏离图纸尺寸要求

图 8　站台板土建结构超高

图 9　站台板宽度不足

图 10　风道下挂梁呈蛇形

图 11　风道下挂梁缺失

图 12　站台板强度加强

图 13　站台板高度不足

图 14　盲道导向对标错位

图 15　端门无法开启 90°

图 16　前维护盖板无法正常开启 70°

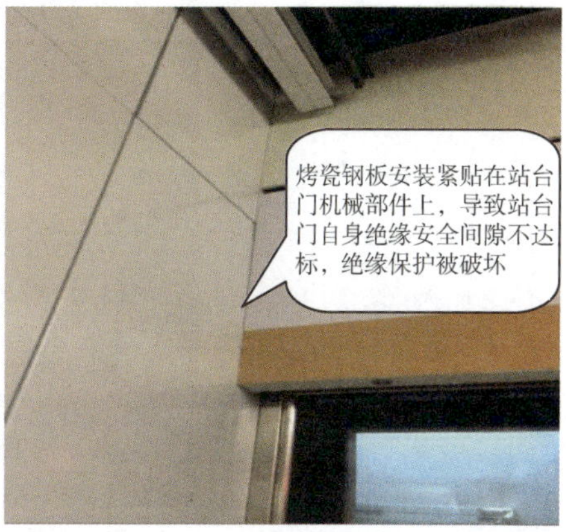

图 17　站台门绝缘安全间隙被破坏

图 18　施工垃圾堆放在绝缘地板施工区域

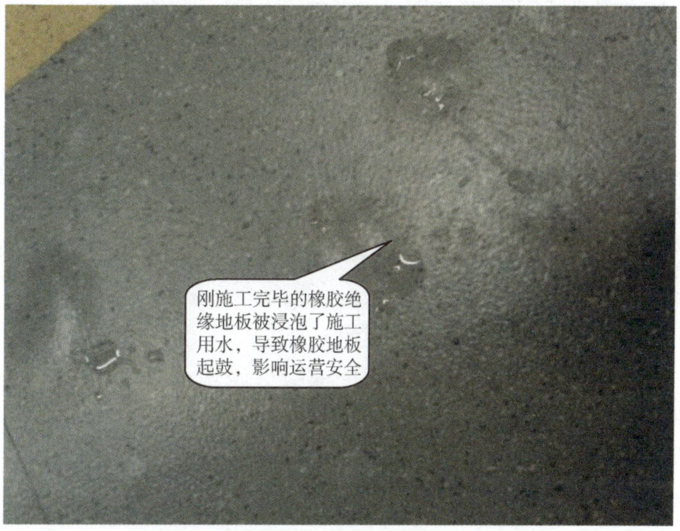

图 19　橡胶绝缘地板浸水起鼓

图 20　施工材料随意倾倒破坏绝缘

图 21　站台门钢结构件上被焊接了支架

图 22　橡胶绝缘地板表层被刮坏

5　总结工程得失，指导新线管理

站台门专业在施工过程中克服了众多困难，同时也为后续项目积累了宝贵的工程经验。在后续新线项目中有以下几点建议：

(1)针对风管尺寸较大的集成闭式系统的车站，充分考虑并严格落实站台门上部下挂梁打孔及设备安装的空间需求。

(2)站台门设备安装与土建、轨道的接口众多，站台门设备的安装对轨道铺设、出入口条件、站台板及下挂梁条件、设备房条件等要求较高，请相关专业重点关注上述条件的进度和质量。

(3)尽量考虑吊装孔不要设置在站台门安装区域，可以考虑设置在车站范围之外的区间或站台中间。

(4)装修单位应落实与站台门的接口问题，对于影响车站的安全、功能、美观等问题，考虑以会签的形式明确责任归属，并加强上述问题在施工过程中的贯彻落实。

(5)车站端门区域土建工程施工按 2 500 mm 标准化设计开展，为站台门端门预留较好的生产和安装条件。

(6)针对新线通风采用全高封闭型站台门式系统，有严格控制风量泄漏的要求，土建工程的下挂梁不能随意缺失。

(7)在站台门端门区域，装修、消防等安装应考虑端门 90°开合需要。

(8)为方便站台门前盖板打开维护设备，车站导向标识、信号 PIIS 屏等设备安装应距离站台门盖板 500 mm 以上。

(9)提高现场施工单位成品保护意识，各家施工单位不仅要对自己的成品采取保护措施，同时也要对其他工程成果不予破坏。

车辆段工艺设备工程管理与技术创新

石鹏鹏

（南京地铁建设有限责任公司，南京　210017）

摘　要：本文介绍了南京地铁建设阶段车辆段工艺设备在“十二五”期间项目工程管理的转变历程，以及“十三五”所做的项目管理和技术创新，对每阶段的管理模式进行优劣分析，并引发后续项目管理的一些思考。

关键词：车辆段工艺设备；集成招标；项目管理；无人驾驶

1　前　　言

1.1　车辆段工艺专业背景

车辆段是唯一一个能覆盖地铁所有设备的工点。南京地铁建设阶段，车辆段专业所采购设备主要围绕服务于车辆全生命周期的检修设备，从日常检修维护到架修大修所用的工艺设备，另包含仓储物流、工务专业的部分设备。表1列举了车辆段工艺专业比较典型的部分采购设备。

表1　车辆段工艺专业比较典型的部分采购设备

专业	设备类型	设备名称
车辆	机床	落轮镟床、不落轮镟床、车床、钻床等
	起重运输	地下固定式架车机、移动式架车机、起重机、叉车、搬运车、手推车等
	清洗	列车自动清洗机等
	动力	移动式空压机、充放电机等
	工程车(组)	内燃机车、轨道平板(吊)车等
供电	接触网作业	接触网检修、架线、放线作业车
工务	轮轨检修	接触网检修作业车、钢轨探伤车、钢轨打磨车
物流	货架	重型货架、阁楼式货架、轻型货架、钢结构平台、托盘、仓储笼等
培训	模拟试验台	司机驾驶模拟操作台等

1.2　车辆段设备特点

车辆段专业在设备专业里概算相对较少，但是麻雀虽小，五脏俱全。其专业涉及设备种类达1 000多种，接口部门也是五花八门，单台设备概算从0～3 000多万不等。每条线路建设阶段车辆段专业合同数目达10多个，项目执行阶段设备的安装需要多单位、多工种的联合调度，涉及车辆、轨道、土建、低压配电、供电、给排水等相关专业。对进度和质量安全的管理要求严格，长大件吊装、深基坑和高空业均有涉及，如此多项目同步执行，非常考验业主的管理和接口协调能力，本文重点论述南京地铁车辆段专业在集成管理化的道路上摸索前进所总结的经验。

2　管理模式探索历程

南京地铁建设早期阶段还沿用单线建设、单种设备招标模式，随着南京地铁多线共建的阶段来临，其模式也随之改变，管理模式历程如图 1 所示。

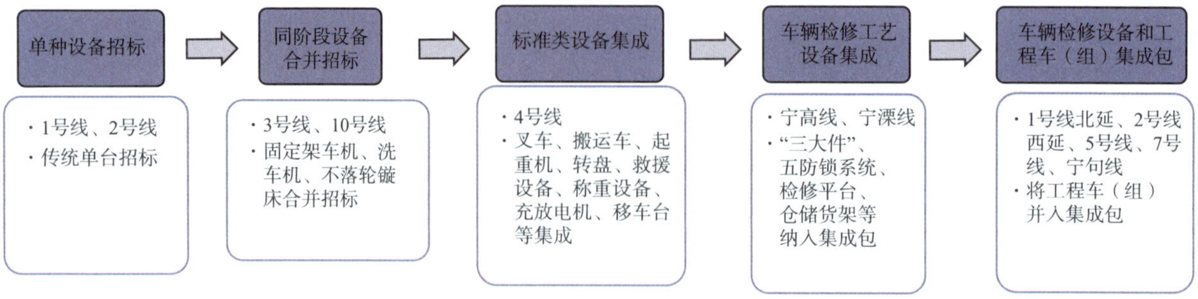

图 1　管理模式历程

2.1　单种设备招标(1999 年～2010 年:1 号线、2 号线)

南京地铁初期 1、2 号线采用了单种设备招标方式，由于有充足的项目建设时间，此时并未体现出单种设备招标方式的局限性。1、2 号线开通后总结发现：根据线网规划，"十二五"期间南京地铁建设将进入 3、10、S1(机场线)、S8(宁天城际)四线共建的第一阶段建设高峰期，如还按原有模式执行，同期工作量会成倍增长，因此改变原有的管理模式势在必行。

2.2　同阶段设备合并招标(2011 年～2015 年:3 号线、10 号线)

为迎接"十二五"建设攻坚任务，车辆段专业调研学习了北京、上海、广州地铁集成化管理经验，结合南京自身状况，最终并未将所有设备直接集成管理，而将同期在建的线路中相同或相近的车辆段设备合并招标，选择当时建设时序较接近的 3、10 号线，合并招标设备选择车辆段设备最主要核心并且是必备的"三大件"——固定式架车机、洗车机、不落轮镟床，大大减少了合同执行、设计联络、出厂验收、支付款项的前期准备工作。

2.3　标准类设备集成(2015 年～2017 年:4 号线)

3、10 号线合并招标方式确实减少了前期招标和后期支付、竣工结算的工作量，但中期的项目执行工作量并没有较大改善。即将步入"十三五"，南京地铁将迎来 10 线共建的建设洪峰期，因此在 4 号线又尝试新的方式，将建设阶段与土建接口较多和市购标准类设备集成招标，集成商协同业主进行后续项目执行，同时借助运营公司力量将一些小的辅助检修类设备由运营后续自行采购。

2.4　车辆检修设备集成(2017 年～2018 年:S9(宁高)、S7(宁溧)线)

通过将前阶段合并招标与小集成包模式的经验融合消化，最终在宁高、宁溧线实现车辆检修设备类和工程车(组)类分成 2 个集成包进行管理。该模式能够较大程度发挥集成商的优势，集成商有优秀的团队来帮助业主分担一部分简单流程化事情，业主有更多的精力去处理大接口的矛盾和技术创新的知识储备。

2.5　车辆检修设备和工程车(组)集成包(2019 年～今:1 号线北延、2 号线西延、5 号线、7 号线、宁句线)

在即将开展的 1 号线北延和 2 号线西延、7 号线上，继续将工程车(组)合并入检修设备形成一个集成包进行项目管理。至此，建设阶段所有采购设备将合并成一体统一集成管理，这将会对集成商的管理水平提出更高要求。

3　集成化项目管理总结

当下，全国的城轨行业都进入快速发展的模式，因此各地铁单位的车辆段工艺专业普遍采用集成包招标方式，其优点也是显而易见的。原有车辆工艺设备由业主一条线路要管理 10 多家供应商，在这些供应商里选择有大体量、技术力量雄厚且有丰富的集成管理经验的公司来承接集成包，由集成商去面对众多供应商，统一协调调配资源。业主管理承包商从一对多变成一对一的关系，将程序化事情下放给集成商，业主有精力管好主要的外部接口矛盾，同时在现场项目执行中减少了设备与土建交接界面的复杂性，内部办事流程上也大大提高了效率，统一了规范技术文件，提高了与合同部门的归口工作(招投标、支付、结算、资产移交)效率。当然，集成管理是把双刃剑，集成商追求利润和包内设备分包商的参差不齐限制了业主单位的选择面，需要在其中取舍权衡，这将是业主在未来的集成道路上面对的矛盾，如何利用现有的合同招标方式去选择较好的集成商成为新的难题。

4 集成化管理实践总结

4.1 宁高施工总结

宁高车辆段洗车镟轮库由于土建招标施工较计划晚 2 个月，正值属地管理单位在车辆段成品保护问题上自身利益受损，当洗车机、镟轮库要进场时，土建方要求提高押金金额和设备方接管整体库房的条件。按照既往管理模式，由设备房接管土建库房的案例从未发生，后来为了顾全整体开通目标大局，该项目集成商接管了库房管理权同时承担施工安全责任和成品保护责任。

4.2 集成商发挥的优势

集成商接管库房在具体的项目执行中是可行的。一是当时的工期确实压缩的紧张，留给集成商施工调试的时间仅 1 个多月，为了顾全整体工期目标做了这一次尝试；二是业主向集成商提前验证这件事情的可行性，因为洗车镟轮库单体内的洗车机和不落轮镟床都是本专业施工范围，尽管中途穿插了 FAS 和土建整改个别专业交叉施工，整体管理还是可控的；最后集成商发挥其高效率集中人员攻坚的优势，仅仅用 40 d 时间完成了所有施工、验收、整体移交等本职任务，同时还要做好现场看管、成品保护和外专业施工进出管理。这相对于单个供应商在人员、精力上是难以匹敌的，大大减少了业主的管理难度，后期有一定的推广性，但是局限性共存。

4.3 总结提高

设计阶段：结合老线常发生的一些设计失误形成总结提前预防，设计阶段反复推敲、模拟验证设计图纸方案。施工阶段：紧密跟进土建施工进程，细致把控土建接口检查，及时发现问题，及时落实整改；为明确属地化管理单位和施工单位之间的管理制度，整合设计、土建、装修、设备各方的接口界面和入场条件，规范化管理责任界面，细致量化土建接口检查，形成《车辆段工艺设备现场条件检查表》写入《设备安装及调试阶段协调管理办法》。以洗车机库房为例，其检查内容见表 2。

表 2 土建装修阶段现场检查表——洗车库

<table>
<tr><td>日　期</td><td></td><td>施工单位</td><td colspan="2"></td></tr>
<tr><td>地　点</td><td></td><td>车辆段工艺集成商</td><td colspan="2"></td></tr>
<tr><td colspan="5">土建阶段检查</td></tr>
<tr><td colspan="3">接　口　条　件</td><td>状　况</td><td>备　注</td></tr>
<tr><td colspan="3">主库以及库外预留坑、预埋件基础尺寸和相应载荷符合要求</td><td></td><td></td></tr>
<tr><td colspan="3">主库和机械水处理间的水沟槽和地沟防水处理，预埋管满足防腐防水要求，地沟标高、管底标高满足相应要求</td><td></td><td></td></tr>
<tr><td colspan="3">洗车区两侧防水墙面到顶，地面自流平，防滑处理符合要求，控制室、机械间和备品库地面铺设地砖</td><td></td><td></td></tr>
<tr><td colspan="3">(1)端洗区域(包括上导轨预埋区域)无横向纵向铺设其他管道设施阻碍端洗工位工作。
(2)上导轨预埋钢板基础，预埋距离和轨面距离符合图纸要求。
(3)端刷走行轨参数和安装位置满足图纸要求</td><td></td><td></td></tr>
<tr><td colspan="3">端洗区域的接触网满足无电区要求，无电区长度和绝缘符合要求</td><td></td><td></td></tr>
<tr><td colspan="3">手拉葫芦上导轨无横向纵向铺设其他管线设施阻碍行走，导轨安装位置符合要求</td><td></td><td></td></tr>
<tr><td colspan="3">循环水池和沉淀过滤池贴瓷砖，侧壁爬梯、池底坡度符合图纸要求</td><td></td><td></td></tr>
</table>

续上表

<table>
<tr><td colspan="3">接 口 条 件</td><td>状 况</td><td>备 注</td></tr>
<tr><td colspan="3">机械水处理间设两处水源至指定位置，水管口径、供给水压力、流量符合图纸要求，进户加装阀门，接口处加装法兰</td><td></td><td></td></tr>
<tr><td colspan="3">控制室门、机械间门、观察窗尺寸和标高满足图纸要求</td><td></td><td></td></tr>
<tr><td colspan="3">库内所有的水沟、集水坑、水池的盖板尺寸、材质、载荷强度满足要求</td><td></td><td></td></tr>
<tr><td colspan="3">轨道接地和环形接地网以及整个库房的等电位接地终点满足要求</td><td></td><td></td></tr>
<tr><td colspan="3">提供临水临电接入条件</td><td></td><td></td></tr>
<tr><td colspan="5">机电安装阶段检查</td></tr>
<tr><td colspan="3">进 场 前 检 查</td><td>状 况</td><td>备 注</td></tr>
<tr><td colspan="3">提供大件货物进场通道和临时存放场地</td><td></td><td></td></tr>
<tr><td colspan="3">库外平交道口设置安全栏杆</td><td></td><td></td></tr>
<tr><td colspan="3">动力电源已提供，配电箱内空开符合要求并接入控制室指定位置</td><td></td><td></td></tr>
<tr><td colspan="3">控制室设置空调，库内设置厕所</td><td></td><td></td></tr>
<tr><td colspan="3">整个库房门窗均能锁闭，保证设备和人员进出安全</td><td></td><td></td></tr>
<tr><td>整改项</td><td colspan="4"></td></tr>
<tr><td rowspan="4">检查人员签字</td><td>土建单位</td><td></td><td>设备供货商</td><td></td></tr>
<tr><td>土建监理单位</td><td></td><td>系统单位监理</td><td></td></tr>
<tr><td>安装单位</td><td></td><td>工程处</td><td></td></tr>
<tr><td>安装监理单位</td><td></td><td>设备处</td><td></td></tr>
</table>

5 新技术探索创新

7 号线是南京首条无人驾驶技术线路，对设备系统来说是一次巨大的挑战，也是一次创新的机会。国内目前已开通的无人驾驶线路北京燕房线和上海 10 号线被视为南京学习的对象，借助 7 号线无人驾驶的创新平台，调研学习各地兄弟地铁和分包商已成熟运用的无人驾驶技术相关设备，形成以下几个新的探索和创新方案：

5.1 智能运维管理

随着国内城轨交通的飞速发展，地铁车辆的运营强度增加与维护时间减少的矛盾愈发明显，为此各地地铁运营单位都在就如何提高车辆维修质量和效率、确保运营安全、减少人工成本的道路上摸索前进，“智能运维”的探索与实践在国内非常火热。

2018 年 7 月，中国轨道交通网举办了“2018 中国城市轨道交通车辆运维专业研讨会”，行业内业主单位、制造商单位等互相分享各自在智能运维方面的经验。智能运维在车辆段工艺设备集中体现就是轨旁轮对弓网在线检测装置(图 2)，通过在车辆段出入段线咽喉区盖检测棚，棚内设置受电弓轮对在线综合检测装置，对过往车辆车顶受电弓和车底轮对状态、参数进行检测，及时发现受电弓和轮对状态异常和参数突变情况，同时可对车顶异物进行检测报警，降低列车行驶安全隐患。

智能运维从国内现状总结来看，是一个耗时久、投资高、技术广的项目，更是需要顶层设计的大项目，要有充分的运营经验积累基础来提出用户需求，调动各方面的资源去改造、整合这套系统，推进难度很大。但是智能运维必要性显而易见，行业内智能运维的应用发展也是必然的。

5.2 可视化验电接地装置

传统五防锁只实现了部分流程的安全联锁，人员操作步骤上进行闭锁，验电结果与地线是否挂好无法验证，会出现流程到位而实际操作不到位的情况导致放炮情况。可视化直流验电接地装置通过验电、放电及接

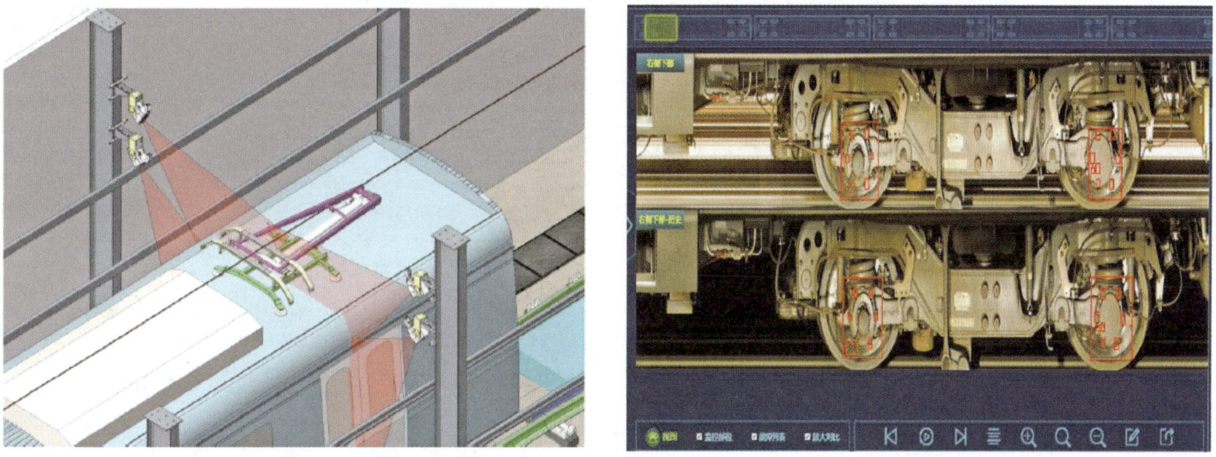

图 2　轮旁轮对弓网在线检测装置

地操作一体化功能，实现每一步的安全互锁和验证，有比较完善的操作安全保障技术措施，在保证接地操作安全的前提下，实现了接触网远程可视化自动接地操作，在提高作业安全管控水平的同时，有效降低了作业人员劳动强度，极大地提高了作业效率。

5.3　无人驾驶洗车机

7 号线的洗车机工作区被列为无人区，因此洗车机必须具备无人驾驶洗车功能。通过对北京燕房和上海 10 号线的调研发现，该两条无人驾驶线路的洗车机供应商均为哈尔滨威克，作为新联铁集团旗下的沃尔新洗车机在国外也有相关业绩。但在后期的实际运营中也有其一定的局限性，洗车机操作人员仍需就地进入洗车库控制室操作，这就没有达到“无人区”的要求。

结合北京、上海的使用结果，本次在 7 号线进行自主创新，采用就地和 DCC 远程双控制台模式操作，人员可在 DCC 远程启动洗车机，实现后续自动洗车，通过现场配备的摄像机实施监控洗车区域，操作人员无需再进入洗车库无人区，实现真正意义地无人值守。

无人驾驶洗车机得益于车辆和信号的自动调度，大大减少了列车场内调度和司机驾驶列车进出洗车库的时间，同时减少了洗车机现场操作人员工作量，但是对洗车机和信号的安全性有较高要求，需要第三方安全评估单位对洗车机 RAMS 指标提出要求和评估审核，保障无人驾驶安全性。

6　总　　结

本文就南京地铁车辆段工艺设备在工程管理和技术创新方面进行了“十三五”阶段性总结。工程管理方面，实现了由传统单招模式到同类合并招标再到部分集成招标，至如今的整个车辆段工艺设备大集成包模式，一步一个脚印将车辆段工艺上百种设备逐步扩大集成招标范围，充分发挥集成招标的优势，减少业主在招标、合同履约等后期项目管理上的工作，有更多的精力去学习去进行技术创新。技术创新方面，结合南京地铁 7 号线无人驾驶技术创新的大背景，向北京、上海、广州地铁看起，调研了关于智能运维、可视化验电接地、无人驾驶洗车机等新技术的应用情况，结合自身情况优化方案，并在 7 号线车辆工艺设备技术方案上进行落实，跟进无人驾驶的技术发展，更好地为车辆检修服务。

火灾报警及气体灭火专业新技术应用

洪　涛
（南京地铁建设有限责任公司，南京　210017）

摘　要：本文针对南京地铁“十二五”期间 FAS 系统中采用的新技术做了简要介绍及总结。

关键词：火灾自动报警系统（FAS 系统）；气体灭火系统；电源监控系统；电气火灾系统

1　前　　言

2011 年开始的“十二五”建设掀开了南京地铁大发展的序幕。3 号线、10 号线、4 号线、机场线、宁天线、宁和线、宁高线、宁溧线分批开工建设，FAS 专业除尽责完成各项工程建设任务外，积极关注技术革新及相关规范变动，与时俱进采用 IG100 气体灭火系统、消防电源监控系统和电气火灾监控系统等新技术。

2　气体灭火系统

气体灭火系统是传统的固定式灭火系统之一，其应用范围非常广泛。近年来，随着对地球环境的日益关注，环保意识与日俱增，为保护环境、减少污染，灭火技术取得了很多喜人的突破。随着气体研究的不断深入，氮气灭火系统优势突出，受到了广泛关注。欧美日等国家、地区已经禁止使用七氟丙烷灭火系统，气体灭火系统有了更新的发展，氮气灭火系统已经成为主流和趋势。目前，国内各类地铁采用的自动灭火消防系统主要有自动喷水、七氟丙烷、气体灭火（IG541/IG100）以及高压细水雾等。

南京地铁积极进行技术革新，除最早的 1 号线采用七氟丙烷外，1 号线南延、2 号线、3 号线、4 号线、10 号线、S1 号线、S3 号线、S8 号线皆采用 IG541，最近的 4 号线灵山控制中心/龙江站和 S7 号线更是采用了更为环保先进的 IG100 系统。

2.1　IG100 灭火系统介绍

IG100 系统采用占大气 78％的氮气为灭火剂，氮气可以从空气中分离制取，其成分纯粹，来源广泛，充装费用低廉。灭火机理为稀释燃烧区内氧气的体积分数，由灭火前的 21％下降到 12.5％，从而达到窒息灭火的目的。氮气对臭氧层的破坏系数为 0，地球温暖化系数为 0，具有保护地球生态环境、安全卫生、无妨视野、无二次污染、灭火效力持久等特点。IG100 灭火系统充分融合了新时代灭火系统的设计理念，产品性能高效、环保。

2.2　IG100 灭火系统的组成

IG100 灭火系统一般由储存容器、容器阀、储瓶架、高压软管、单向阀、安全泄压阀、集流管、压力信号反馈装置、管网、喷头、选择阀、减压装置及电磁阀等组成。

2.3　IG100 灭火系统工作流程

当防护区发生火情时，火灾探测器发出火灾信号，报警控制器即发出声、光信号，同时发出联动指令，关闭连锁设备。经过一段时间延迟（30 s 内），发出灭火指令，打开选择阀和容器阀（瓶头阀），释放灭火剂，实施灭火。IG100 灭火系统工作流程如图 1 所示。

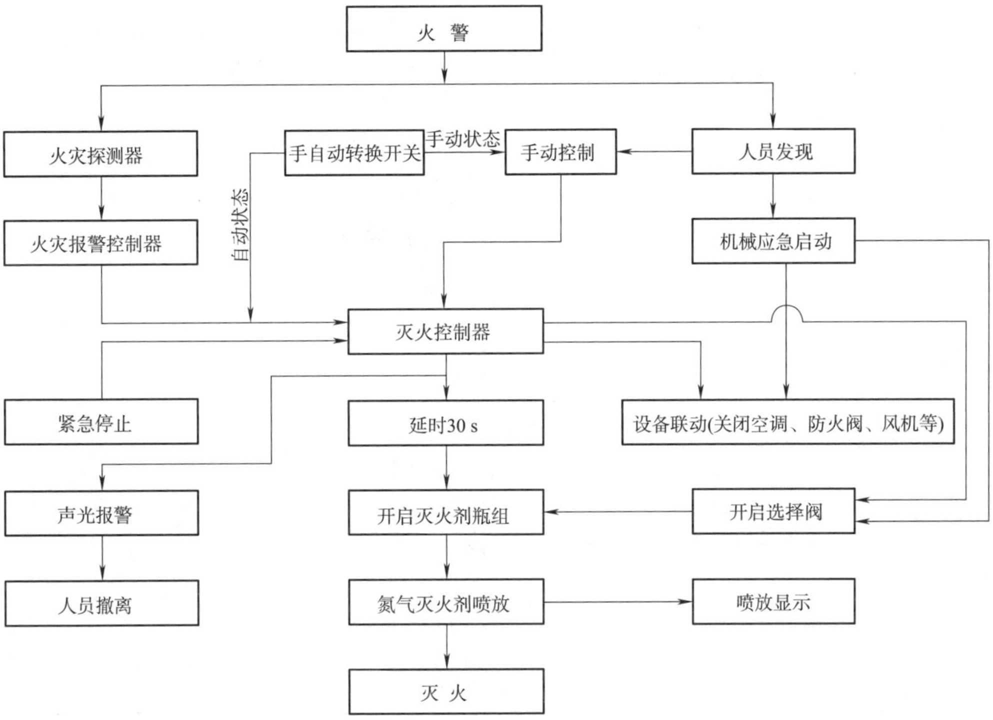

图 1 IG100 灭火系统工作流程图

2.4 IG100 灭火系统在地铁上的应用

地下车站的公安通信设备室、商用通信设备室、通信设备室、信号设备室、0.4 kV 开关柜室、控制室、变电所、整流变压器室等重要设备用房，运用自动喷水灭火系统已经不能满足这类特殊场合消防的需要。这些场合一般都是经常有人活动，因此选择低毒性的灭火剂极为重要。惰性气体灭火剂采用物理灭火机理，虽然灭火效率低，但其环保性能和对设备的安全性能较好。

随着《地铁设计防火标准》(GB 51298—2018)的实施，后续线路还增加环控电控室、AFC 机房、站台门设备室、照明配电室等设备机房的气体灭火保护。

2.5 系统优点

在地铁建筑消防设计中，常用的惰性气体灭火系统 IG541 采用混合气体灭火，其与 IG100 灭火系统机理相似，都是通过降低保护区氧气浓度达到窒息灭火的目的。但对人员保护效果差距明显，IG541 是由氮气、氩气和二氧化碳以 52∶40∶8 的体积比例混合而成的灭火剂，其中的二氧化碳的释放会刺激人体呼吸加速，导致更多的有毒有害气体、烟尘等燃烧产物如一氧化碳、二氧化硫的吸入，而毒烟正是火灾中致人死亡的第一杀手。随着灭火浓度的增大，保护区内的 CO_2 含量接近 4%时，会对人体造成更大的危险。此外，氮气灭火系统的另一优势是喷放之后不会产生雾状气体，无妨视野，能够确保人员有条不紊地安全撤离。

在对财产保护上，IG541 内含有 8%左右的 CO_2，易混入水等杂质，且钢瓶的清洗过程中也易残留水，与 CO_2 结合为碳酸，虽然碳酸本身是弱酸，但长时间的高压状态会对钢瓶有腐蚀作用，使钢瓶壁厚减薄，容易发生钢瓶爆炸事故。IG100 完全由氮气构成，储存状态稳定，在高温条件下即使与火焰接触也不会分解产生有毒或有腐蚀性的分解物，也不会产生冷凝而使温度骤降对设备产生损害。

IG541 与 IG100 灭火系统参数对比见表 1。

表 1 IG541 与 IG100 灭火系统参数对比表

序号	对比项目	IG541 灭火系统	IG100 灭火系统	分 析 说 明
1	灭火药剂化学组成	N_2, Ar, CO_2	N_2	IG541 灭火系统是由 52%氮气、40%氩气和 8%二氧化碳组成的混合气体灭火药剂；IG100 灭火系统是 100%纯氮气(N_2)的灭火药剂

续上表

序号	对比项目	IG541 灭火系统	IG100 灭火系统	分析说明
2	相对空气密度比	1.17	0.97	与空气混合度好，提供更长的浸渍时间
3	灭火原理	物理抑氧	物理抑氧	均为物理灭火，通过抑制氧气浓度而达到灭火目的。IG541 混合气体有少量二氧化碳，与保护区设备有产生化学反应的风险；IG100 则无上述风险，完全洁净
4	工作压力	15 MPa	20 MPa	灭火药剂储存量更多，钢瓶用量减少 25%
5	减压技术	孔板限流	减压器	孔板限流减压，动态压力变化。减压器恒定减压，低压喷放
6	输送距离	≤150 m	≤200 m	储存压力较高(20 MPa)，所以可以输送到较远的距离
7	瓶组间设计	符合要求	优化	瓶组间集优设计，节省占地空间，系统精简
8	遇火情动作时对人员及财产的保护	基本安全	更安全	纯氮气储存状态稳定，喷放时不会雾化，不会影响逃生者视线，在高温条件下甚至与火焰接触也不会分解产生有毒或有腐蚀性的分解物，所以对生命和财产更安全
9	二次充装及维护保养成本	相对较高	低廉	纯氮气来源广泛，充装方便、成本低廉，所以二次充装药剂费几乎可以忽略不计
10	安装难度	简单	复杂	ANSUL 烟烙尽系统除了主钢瓶需要加装电磁阀组件外，其余钢瓶都不需要加装任何启动器。钢瓶只需通过释放软管连接到集流管上即可，安装简单。IG100 系统需要安装主启动瓶和从动瓶之间的启动软管，安装难度大

3 消防电源监控系统

随着社会快速发展，现代大体量建筑、公众集聚场所建筑和一类高层建筑越来越多，其消防控制中心控制着自动报警系统、消火栓系统、应急照明系统等多个消防安全系统的操作，是建筑消防安全的关键，而消防控制室的火灾报警系统以及相关的消防联动设备能否正常工作，又取决于消防设备电源的工作状态。因此，在火灾情况下，如果消防设备电源不能可靠、稳定地工作，投入大量资金的消防设施可能形同虚设。近年来，因消防设备电源失控造成消防设备失灵，致使火灾蔓延的事故也一直屡见不鲜。

3.1 消防电源监控系统介绍

该系统由消防设备电源状态监控器、电源总线、通信总线和其连接的电流信号传感器、电压信号传感器、电流/电压信号传感器、中级模块箱等设备组成，通过传感器对消防设备的主电源和备用电源进行实时检测，从而判断电源设备是否有过压、欠压、过流、断路、短路以及缺相等故障。当故障发生时能快速在监控器上显示并记录故障的部位、类型和时间，并发出声光报警信号，从而有效保证了火灾发生时消防联动系统的可靠性。

3.2 消防电源监控系统监控对象

消防电源监控系统监控对象见表 2。

表 2 消防电源监控系统监控对象

设施名称		监控内容
传感器监控的消防设施	消防栓(消防炮)系统	消防水泵电源
	自动喷水灭火系统、水幕、水喷雾、灭火系统、雨淋喷水灭火系统(泵供水系统)	喷淋泵、稳压泵电源
	泡沫灭火系统	消防水泵、泡沫液泵电源
	干粉灭火系统	供电电源
	气体灭火系统	供电电源

续上表

设施名称		监控内容
传感器监控的消防设施	防烟排烟系统	防烟排烟风机电源、电动防火阀、电动排烟防火阀、常闭送风口、排烟阀、电动排烟窗、电动挡烟垂壁电源
	防火门和卷帘门系统	防火门和卷门机供电电源
	消防电梯	消防电梯、排污泵供电电源
	消防应急照明和疏散指示系统	应急、疏散照明电源
	应急照明配电箱	所有应急照明配电箱(ALE)
	消防设备应急电源	所有消防设备应急电源(EPS)
	消防设备直流电源	分布在竖井或电气设备间给消防设备供电的直流电源

3.3 消防电源监控系统结构

消防电源监控系统结构如图 2 所示。

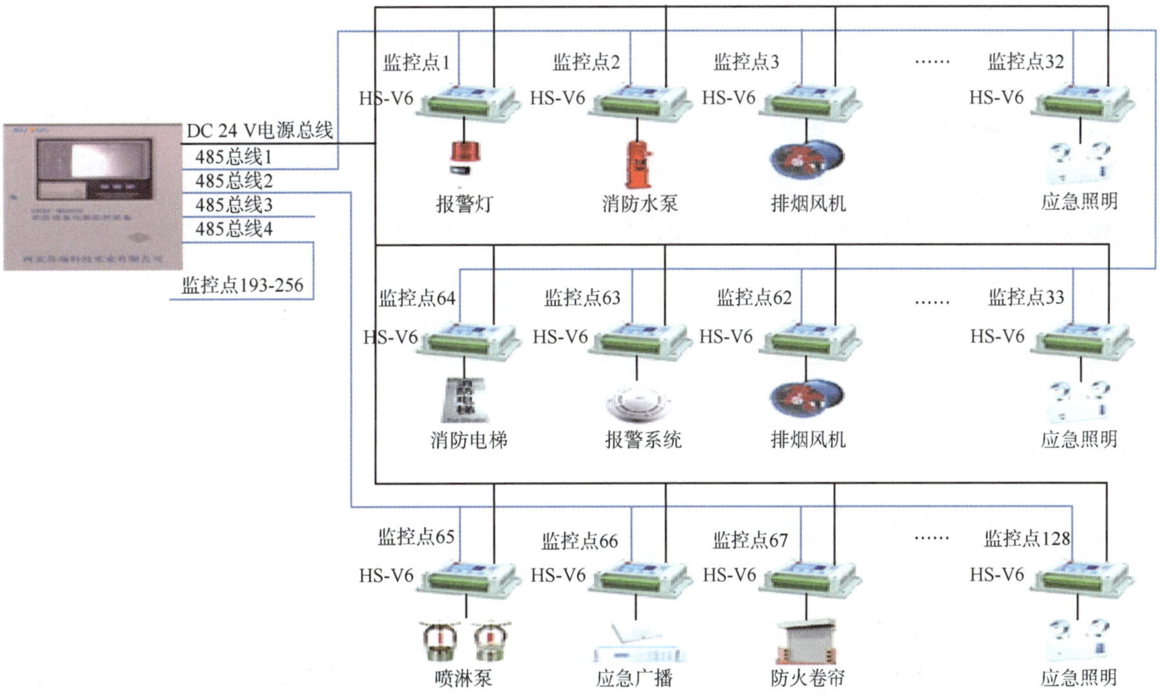

图 2　消防电源监控系统结构

3.4 消防电源监控系统应用

根据《火灾自动报警系统设计规范》(GB 50116—2013)的要求，宁高线、宁溧线全线车站新增消防电源监控系统，对车站消防设备的电源状态实时监控，调试阶段和正式运营时，一改原先被动、落后的故障查报方式，及时帮助站务人员发现掉电和电压不稳的情况，通知专业人员第一时间排除故障，保障消防设备正常、安全运转。

4 电气火灾监控系统

随着社会和经济的发展、科技进步、生活水平不断提高，电能已广泛应用于社会生产和生活的各个方面。目前我国的用电量已经位居世界第二位，但由于安全用电意识淡薄以及电气火灾的突发性和隐蔽性，其对生命财产造成的损失也日益增加，重大、特大电气火灾事故频繁发生，已成为火灾的“第一杀手”，严重威胁着人民群众的生命和财产安全。

4.1　电气火灾监控系统介绍

电气火灾监控系统是指当被保护线路中的被探测参数(漏电流和温度)超过报警设定值时,能发出报警信号、控制信号并能指示报警部位的系统。

4.2　系统功能

当电气设备中的漏电电流、温度等参数发生异常或突变时,终端探测头对变化量进行采集,并输送到监控探测器里,由监控探测器分析、判断,并与自身设定的报警值进行比较,一旦超出设定值则发出报警信号,同时也输送到上级监控设备中,再由监控设备汇总、存储、打印,并将实时的报警信号传送给第三方平台或值守人员,监控设备自身则发出声、光报警信号,同时在液晶显示屏上显示报警等信息。

4.3　电气火灾监控系统与其他系统对比

电气火灾监控系统与其他系统对比见表 3。

表 3　电气火灾监控系统与其他系统对比

对比项目	电气火灾监控系统	其他系统
系统设计理念	先期预报警系统,在没有发生火灾前早期预警,是为了避免损失	传统火灾自动报警系统是在火灾发生时报警,是为了减少损失
漏电监控	系统侧重于防范由电气引发的火灾,它能探知电路中微小的泄漏电流,了解电路绝缘状态的变化,对电气火灾作出预警	传统的漏电断路器侧重于人身安全的防护,其主要作用就是保护人身安全,它在用电线路泄漏电流超过人身安全值时立刻切断电源
温度监控	系统可以对电路中电缆接触点温度进行检测,当发现局部接触电阻过大引起高温时能及时报警,检测内容更加全面精准	传统火灾自动报警系统是对环境温度进行监测,监测对象的精准度不高

4.4　电气火灾监控系统结构

电气火灾监控系统结构如图 3 所示。

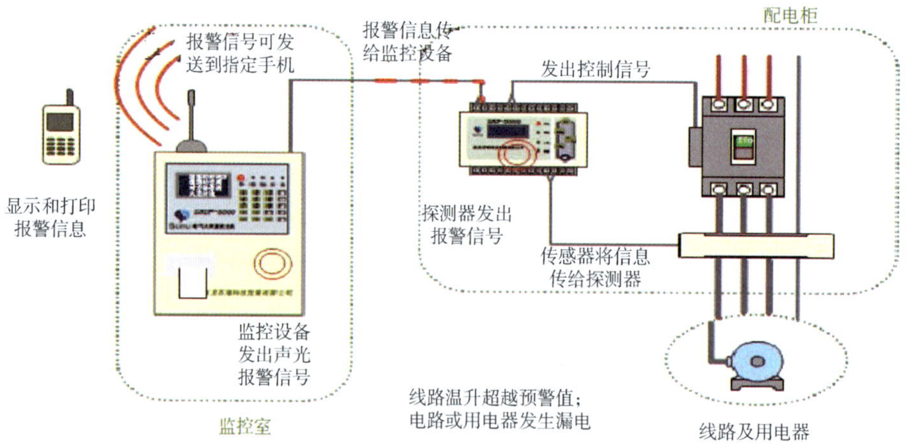

图 3　电气火灾监控系统结构图

4.5　电气火灾监控系统应用

根据《火灾自动报警系统设计规范》(GB 50116—2013)的要求,宁高线、宁溧线全线车站新增电气火灾监控系统。该系统对供电 400 V 柜子中每路抽屉的电源状态实时监控,调试阶段和正式运营时,帮助站务人员发现多个专业施工问题及线缆故障,通知专业人员及时排除故障,保障供电系统正常可靠。

浅析接触网可视化接地系统在2号线的应用

周骏鑫

（南京地铁运营有限责任公司，南京　210008）

摘　要：可视化接地系统自动完成接地线的挂设、拆除，保证工作人员的人身安全、减少抢修时间、缩小事故范围和提高检修的效率，相比传统的接触网验电接地需要人工操作而言，达到运营安全、可靠、经济的目的。但整体应用还只是集中在远程遥控操作和视频监视，在产品功能、性能以及智能化方面还有待改进。本文对可视化验电接地技术在轨道交通供电系统的应用需求进行分析，并结合系统在南京地铁2号线现场使用的情况，阐述可视化接地管理系统的主要功能和效益，为轨道交通接触网作业安全管控提供借鉴和参考。

关键词：接触网；可视化接地；解决方案

1　研究背景

高质量的设备检修是保证地铁供电系统安全运行的重要前提，而接触网可靠接地是安全检修作业的基础保障。传统供电运维模式下的手动验电挂接地线耗时费力，且存在误挂误分潜在隐患，目前已不能满足轨道交通线网运营管理效率和安全保障的迫切需求。

国内外许多轨道交通运营单位和设备厂家都在研究检修自动化解决方案，接地自动化是其中一项重要的研究内容，并且已经取得了不少成果，全国范围内的许多城市，如上海、广州、深圳、宁波、杭州等都已经使用可视化自动接地产品。虽然当前市面上产品众多，但各类产品在功能、性能、使用便捷性等方面还未有统一标准，因此最终应用效果也褒贬不一。本文从现场应用角度对可视化接地系统进行分析，并结合系统在南京地铁2号线现场的使用情况，阐述可视化接地管理系统的主要功能和应用效果，同时对存在的问题展开深入思考和研究，以期提高可视化接地技术水平和应用效果。

2　问题现状

在接触网检修作业过程中，为保障工作人员安全工作，需要在作业区间装设临时接地线。传统操作方式在检修作业时，由检修人员携带接地线和验电器到达现场，手动验电、挂接地线，检修完成后再拆除地线。在整个过程中，存在以下安全隐患：

（1）挂接地线前，没有进行强制验电或验电方式不正确，存在带电挂接地线的可能。

（2）没有采集、上送地线的实时状态，OCC电调不能及时掌握全线接触网接地情况，存在带接地线送电的隐患。

（3）验电、挂接地线作业完全依赖于人工，任务繁重，作业时间长，工作效率低下，严重挤压了正常检修作业时间。

（4）现场操作与任务管理没有技术关联，存在操作设备与作业内容不一致的安全隐患。

统计分析表明，国内外轨道交通事故多是人为因素造成的，而轨道交通的检修天窗时间通常仅有短短几个小时，因此迫切需要一套自动化的接地系统，在确保接地操作安全性的同时，大幅提高检修作业效率。

可视化接地管理系统实现操作人员在远方遥控接地操作，并可直接监视设备视频画面，避免了人工现场作业，有效保障了接地操作中作业人员和接触网设备安全，提高了作业效率，节省了人力和时间。同时，接地装置提升了检修作业智能化、自动化水平，电气倒闸操作远程控制延伸到接地操作一级，向检修措施自动化方向发展，符合轨道交通运营自动化的发展方向。

3　分析研究

相比完全依靠组织措施和管理措施保证安全的传统接地方式，可视化接地系统在保证作业安全和提高作业效率方面已经有了显著提升。但是，由于系统还处于发展阶段，各设备厂家和使用部门对系统应用模式、功能等方面存在各自不同的理解，如何选择一款合适的自动化接地管理系统，对于地铁运营部门来说至关重要。

作为可视化接地系统，尤其是其中最核心的可视化接地装置，不仅仅只是完成远程接地和视频监视，还应具备完善的功能和稳定的性能，并且安全可靠和便于现场使用，满足各种现场环境、使用习惯和管理体系的要求。本文从以下几个方面进行分析：

(1)安全、灵活、智能的遥控操作

接触网几乎每晚都有检修作业，可视化接地装置由电调人员操作，遥控操作相当频繁，如果采用常规单点遥控装置分别操作，势必占用大量有效检修时间，调度人员工作量增多且容易出错。因此，采用多点并行遥控非常有必要，这要求有安全可靠的技术手段来保障执行成功。

(2)自动放电

接触网停电后，当相邻区域带电或环境湿度大时，隔离刀闸拉开后接触网可能存在的残压最高可达1 000多伏(接触网额定电压1 500 V)。残压过高时，遥控操作可能被接地装置控制器拒绝，需要去现场做手动放电操作或等待残压自行下降，都将缩短有效检修时间；如果忽略残压直接合闸，可能会对接地设备、现场作业人员带来严重安全隐患。

(3)操作安全

可视化接地管理系统要求具有防止误遥控、防止现场误操作、防止设备自身误动作等完善的安全保障手段。例如，香港地铁采用让作业人员将现场上网隔离刀闸操作机构远方/就地切换按钮切换到就地并加锁的方法。

(4)便于操作和维护

除了OCC电调遥控操作，可视化接地装置应该方便在接触网检修班组、车站或牵混所控制室、装置现场等多地点操作，并提供多地点操作、多班组作业的妥善管理方案。同时，装置的设计应利于检修维护和现场各种环境。

按照功能完善、性能稳定、安全可靠和便于使用等方面的要求，对目前已经投运的各厂家系统进行调研和综合考核，选择珠海优特电力科技股份有限公司的《JOYO-H轨道交通可视化验电接地操作管理系统》，并在南京地铁2号线进行验证。

4　解决方案

南京地铁2号线西起油坊桥，东至经天路，线路总长37.95 km，全线共设26座车站，全线设12个牵混所车站、1个车辆基地(马群车辆基地)和1个停车场(油坊桥停车场)。接触网工班设置在马群车辆基地，OCC电调设置在珠江路控制中心。

南京地铁2号线接触网可视化接地系统在正线及车辆段停车场所有上网隔离开关与出入段越区开关位置处装设可视化接地装置61套，安装在现场接触网下方轨道旁，实现接触网验电及接地；在上网隔离开关所在站的车控室和车辆段停车场信号楼各设置1台站级监控主机，实现站级远方遥控接地操作或就地安全联锁操作；在OCC电调控制台设置1套远程监控主站，包含系统所需的所有软件、人机界面等，实现全线接地装置监视、操作和管理；在接触网班组设置1套复视终端，与OCC电调显示同步。

系统网络结构如图1所示。

系统采用集中管理、分散布置的模式，分层、分布式系统结构。系统由中央管理层(OCC电调控制中心)、站级管理层(车站综控室、车辆段/停车场信号楼)、现场设备层(正线接触网、车辆段/停车场咽喉区接触

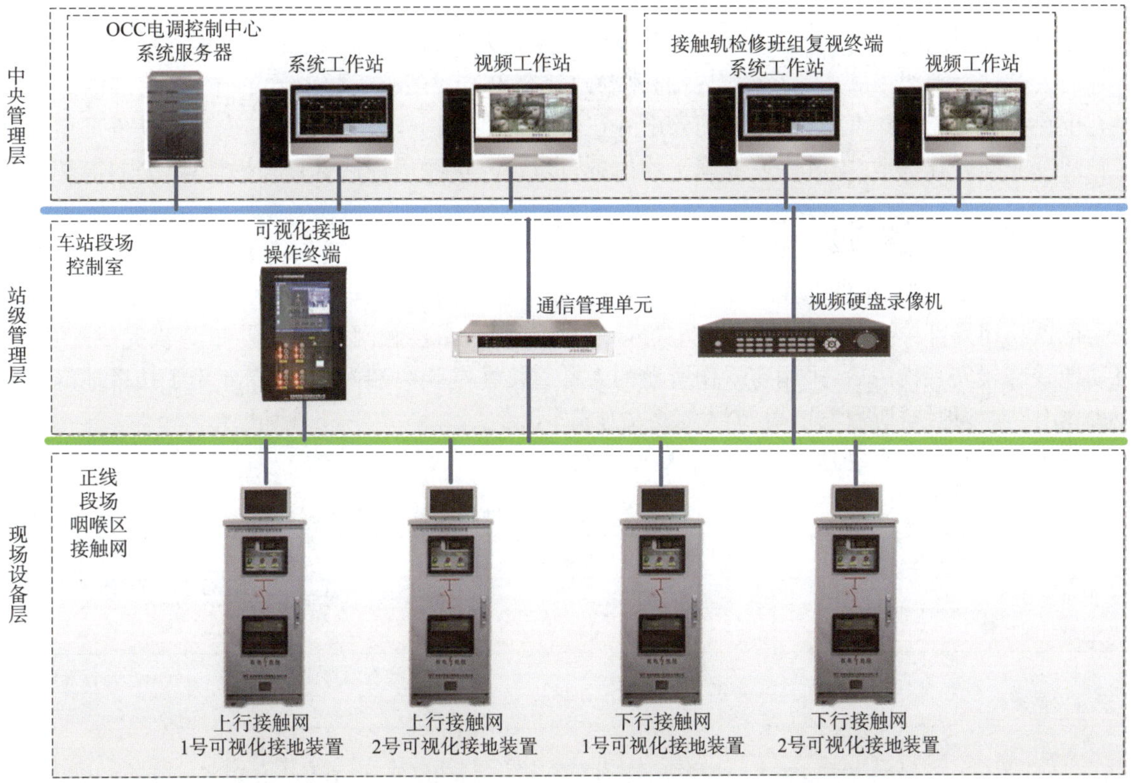

图 1　南京地铁 2 号线可视化接地管理系统网络结构

网)组成,各层之间通信网络采用光纤、以太网方式。

可视化接地管理系统是供电系统接地操作管理的信息化操作平台,主要解决接触网接地操作过程中的作业安全及自动化接地问题,实现了接触网网压监视、接地作业流管理、程序化遥控操作、验放电及接地一体化、接地操作安全管控等功能。

系统通过防误闭锁技术和相应闭锁设备实现了防误逻辑判断、验电接地联锁、刀闸地刀联锁、防止误遥控、就地操作闭锁等基于全线供电系统运行工况的整体操作安全管控功能,无论是远程遥控操作还是现场就地操作,均具有完善的管控手段,还具有设备故障或紧急情况下的应急解决方案。

5　实施效果

该项目于 2018 年 9 月竣工并通过验收,它的实施有效提高了作业效率,解决了接触网专业停电、挂拆地线的配合作业量大、停电检修作业多的问题。通过该系统不仅完成了自动化、远程化的操作,还通过自动验电、自动放电、验电接地联锁、刀闸地刀联锁、遥控/手动操作防误闭锁、接触网电压检测及 LED 显示、视频联动监视、操作权管控等技术手段,保障接地操作中操作人员人身安全和接触网设备安全,降低了现场作业人员的劳动强度,具有明显的先进性。

(1)提高了轨行区设备检修效率和事故抢修速度

完成传统的人工挂拆地线工作(接触网停电、验电、接挂地线、后续拆卸地线以及挂拆地线后确认),正线停电作业一般需要 25 min 左右。传统的人工挂拆地线方式过多占用轨行区内的有限检修时间,严重影响设备设施的作业工时利用率,1 号线目前接触网每天晚上有效检修施工作业时间不到 150 min。为保证有限时间内完成检修,恢复设备的运营状态,只能通过投入更多的人力资源的方式实现。

自动地线装置由远程遥控操作来实现,只需一人在 3～5 min 左右完成地线挂拆的所有工序,在相同的检修时间内将有效作业时间增加 20 min 以上,提高夜班作业工时有效利用率 15%以上,有效提高检修作业效率和检修质量。

如果在运营时间发生紧急抢修,该装置的投用可快速确保抢修区域的作业安全,大大缩短抢修时间,保证运营秩序的快速恢复。

(2)通过地线接挂和拆卸的管理模式的创新降低运营人力资源成本

传统的人工挂拆地线模式人力资源浪费的弊端尤其突出。一般临近接触网的作业(除供电外，工务、机自等中心也存在大量相关作业)均需接触网停电并在作业区域两端挂设地线，目前南京地铁外部重大施工主要由接触网专业配合挂拆地线，其余专业施工均由各自班组人员经培训后各自挂拆地线，公司需配置大量地线挂设人员。

以6月份的非接触网专业的停电挂接地封线工作量来看：正线为22次，车辆段及停车场为33次。每次挂拆地线至少需要2人次，正线需相关作业单位安排44人次完成验电挂接地封线工作，车辆段及停车场作业单位为地铁公司外部单位，不具有自主验电挂接地封线条件，由接触网工班安排66人次完成配合工作。

自动地线装置安装投用后，采用有操作资质的人员直接在电脑终端操作，各专业用于挂拆地线的人员可大幅减少，相比常规地线挂设模式，可节约大量人力成本。

人工挂拆地线与使用自动地线装置效益对比见表1。

表1　人工挂拆地线与使用自动地线装置效益对比

序号	比较项目		人工挂设地线	自动地线装置	采用自动地线装置安全、效率、效益分析
1	地线挂设和拆卸总时间比较	正线(min)	25	5	①地线挂设作业提高效率75%；②轨行区作业工时利用率提高
2	轨行区有效作业时间比较	正线(min)	130	145	①正线有效作业时间增加15 min；②检修施工工效平均提高约15%
3	配合施工时用工人数比较(6月份)	正线(人次)	44	由具备操作资质人员兼职完成	①正线为各自专业自行挂拆地线；②车辆段主要为接触网配合挂拆地线
		车辆段(人次)	66		
		合计	110		

(3)大大加强作业安全效益水平

通过验电接地联锁、刀闸地刀联锁、遥控硬接点闭锁、手动操作防误闭锁等功能对接地安全进行管控，保证了操作安全，避免了人员触电风险，不仅降低了检修成本，还节约了企业的安全管理成本。系统有助于提高轨道交通运营部门安全效益水平和管理水平，实现效益的最大化。

6　问题思考

接触网可视化接地管理系统针对传统检修作业模式的不足，结合当前先进技术，通过智能化、可视化、远程化的接地操作管理模式，有效解决了传统人工模式效率低、安全无保障等问题，提高了轨道交通接触网检修作业的效率和安全水平，降低了企业人力成本和管理成本。随着轨道交通行业对设备自动化要求的不断提高，可视化接地替代人工接地是运营自动化的发展趋势，应用也越来越普遍，许多地铁运营线路正在或计划进行可视化接地改造，或将之列为新线建设必要系统。

可视化接地系统尚在起步阶段，在使用过程中，诸如与上网开关分合闸联锁关系、装置接入SCADA监控系统、生命周期管理、隔离接地逻辑判断、运行检修无缝衔接等方面还可做进一步研究，可在地铁建设设计阶段加以考虑，期待有兴趣的专家和技术人员参与进来，让轨道交通供电系统运维更安全、更智能、更高效。

区块链技术在地铁 AFC 系统中的应用探究

姚　远

(南京地铁运营有限责任公司,南京　210008)

摘　要:随着南京地铁线网规模不断扩大,AFC 系统承载的数据量也在持续增长。区块链作为最近几年的技术热点,首当其冲影响到了数据产业的发展。本文主要介绍区块链的技术含义,并探究区块链在 AFC 数据库及票务管理领域的应用方向。

关键词:AFC;区块链;数据库

1　区块链技术简介

1.1　区块链的发展历史

在 2009 年比特币(Bitcoin)被发明出来时,区块链(Blockchain)作为其底层技术,与比特币是相伴相生的关系。

区块链是一串使用密码学生成的数据块,每一个数据块中包含了区块链网络交易若干有效确认信息。每当有交易产生时,网络中有强大运算能力的节点就开始利用算法解密验证交易,创造出新的区块来记录最新的交易。

在比特币之后,世界范围又诞生了莱特币(Litecoin)、以太坊(Ethereum)等,它们有些是对比特币的纯粹模仿,有些从代码层面做了一定改进,它们被统称为数字加密货币。如今,数字加密货币已经成为区块链技术最为成熟的应用。

其实,基于区块链技术应用的商业场景已经非常普遍,这项服务已经覆盖了金融、零售、餐饮酒店、停车服务、交通行业等多个民生领域。根据融资市场公开资料,自 2013 年至今,区块链重点围绕四个方面发展行业市场,主要包括虚拟货币(37.15%)、行业应用(26.62%)、底层技术(19.45%)和数据服务(16.22%)等细分领域。

1.2　区块链的特点

区块链本质上是一个分布式账本数据库,通过复杂的公钥和私钥的设置,区块链将整个网络的所有交易账本实时广播,实时将交易记录分发到每一个客户端中,同时还能保证每个人只能对自己的财产进行修改。区块链按照访问和管理权限可以分为公有链(Public Blockchain)和私有链(Private Blockchain)。

区块链技术具有以下特点:

(1)去中心化:其没有中介机构,所有节点的权利和义务都相等,任一节点停止工作都会不影响系统整体的运行。

(2)去信任:系统中所有节点之间无需信任也可以进行交易,因为数据库和整个系统的运作是公开透明的,节点之间无法欺骗彼此。

(3)集体维护:系统是由其中所有具有维护功能的节点共同维护的,系统中所有人共同参与维护工作。

(4)可靠数据库:系统中每一个节点都拥有最新的完整数据库备份,修改单个节点的数据库是无效的,因为系统会自动比较,认为最多次出现的相同数据记录为真。

2　对区块链在 AFC 数据系统应用的探究

2.1　AFC 系统数据库特点

AFC(Auto Fare Collection)系统是实现轨道交通售票、检票、计费、收费、统计、清分、管理等全过程处理的系统总称。南京地铁 AFC 系统每天处理的数据量和客流量成正比,其交易数据由终端设备生成,自下而上传输至车站系统、线路中央系统、清分系统,并完成解析、分析等流程。

AFC 系统数据库具有以下特点:

(1)中心化结构:在一个固定区域内,数据由特定节点进行处理,其他节点无法干预,数据库自下而上单向传输。

(2)密钥安全:交易文件由带密钥的设备进行签名后方可生效。

(3)单点维护:如果某个数据处理节点出现问题(比如一个车站系统),则该区域内的数据处理将瘫痪。

(4)定向查询:查询语句、存储过程等只能向特定的数据库发出请求。

2.2　AFC 数据技术发展需求

对于 AFC 数据库来说,由于一直以来处于封闭的专有内部网络中,其中心化的结构特点带来了操作简单、易于维护的特点,同时也将风险主要集中在了上层的中心节点。

从长远角度来看,如果将区块链技术应用于 AFC 数据库系统,可以呈现出如下的技术发展特点:

(1)交易文件不再由终端设备中的密钥设备进行签名,而是改为拥有特定私钥的设备之间相互进行交易确认。也就是说,同站设备甚至同线网设备形成了一个“AFC 系统私有链”。

(2)不再建设集中型数据库,所有交易信息存储于每个网络节点中,基本做到“免维护”。

(3)数据查询不需要向特定主机进行请求,而是从区块链网络中获取。

2.3　面临的问题和解决途径

使用区块链相关技术替代目前的 AFC 数据库系统,还需要经历漫长的过程,这主要是因为我们的系统设计之初并没有为区块链做任何准备和优化,况且现有区块链技术还存在一些不足。

下面列举了 AFC 系统应用区块链技术时可能面临的一些问题:

2.3.1　节点数据量庞大

在区块链结构中,节点之间的关系是对等的,这就意味着所有的节点必须存放有完整的数据库备份。这个数据库会越来越庞大,对于单台设备来说,存储整个数据库存在困难。

AFC 系统通常不需要保存所有历史数据。因此在应用区块链时需要对其底层代码进行优化,舍弃过期数据或者只要求部分节点永久保存数据。

2.3.2　终端设备需要额外的运算能力

“算力”是区块链概念中一个重要的技术指标,所有节点都要用“算力”去“投票”,从而保证得到承认的结果是大多数节点公认的结果。

目前我们所使用的终端设备的工控机性能有限,恐难以胜任大量的区块链交易确认工作。解决此问题需要更换处理性能更好的设备,同时通过减少确认需求数降低运算需求。

2.3.3　交易确认存在延时

一个区块链系统在一定时间内的交易能力是有限的,它不仅与“区块”大小有关,同时也和区块链定义的需要满足多少笔确认后才算交易成功有关。

目前,不管是现金购票还是刷卡进出站,交易记录都能在几十毫秒的时间内生成完毕,如果使用区块链技术在设备之间进行交易确认，对比目前的时间可能会出现几倍甚至几十倍的延迟。

交易确认延迟需要通过修改所需确认数、修改区块大小等途径解决，也可以通过区块链技术中诸如“闪电网络”“隔离验证”等技术更新来实现。

3 对区块链在票务管理应用的探究

2019 年 3 月 18 日，全国首张轨道交通区块链电子发票在深圳地铁福田站开出，“区块链＋移动支付＋发票”的智慧出行时代正式宣告到来。据深圳地铁测算，使用区块链电子发票后，预计每年节约发票印制成本约 40 万元。

3.1 区块链技术在票务管理中的优势

由于区块链技术可通过特定的算法记录每一笔交易事项，交易的每一个后续变化都可以在可追溯的链条下游创建另一个数据区块，前后形成完整数据链条，并且在交易的每一个环节都实时复制一定时间内全部的交易数据，因此这些数据几乎不可能被伪造或销毁，使票务管理过程中“电子发票”等应用的可靠度大大提高。在无需借助第三方平台的情况下，地铁票务管理部门和财务部门压力大减。

3.2 面临的问题和解决途径

区块链现阶段普遍存在一定的 TPS(系统吞吐量)限制，可能制约其技术应用。

对于不同的票务交易类型，视重要程度可以选择不同的记账层次，因此可以采用分布式账本解决该需求。同时税务业务可能涉及商业隐私和个人隐私，分布式账本可以确保只有相关方接触到敏感信息。

4 小　　结

区块链技术乃至计算机技术的发展是极为迅速的，在这样的背景和趋势下，区块链应用过程中需要面对的许多问题都将逐渐得到解决。当区块链技术能够被成熟应用在 AFC 系统中时，必将对整个生产效率起到极大的提升作用。

CORBA 技术在城市轨道交通 AFC 系统中的应用

胡燕玲[1]　张　宁[2]　陈　宇[3]

（1. 南京地铁建设有限责任公司，南京　210017；　2. 东南大学智能运输系统研究中心，南京　210018；
3. 北京全路通信信号研究设计院有限公司，北京　100073）

摘　要：自动售检票(Automatic Fare Collection，AFC)系统是轨道交通面向乘客服务的重要组成部分，已在世界各地得到了广泛应用。随着城市轨道交通线网的形成，对 AFC 系统提出了新的需求。本文在分析 AFC 系统现状和 CORBA 技术特点的基础上，对 CORBA 技术在 AFC 系统中的相关应用进行了阐述，从而为实现 AFC 系统可靠、稳定的数据传输，以及分布式计算环境中不同硬件设备和软件系统的互联提供了解决方案。

关键词：CORBA；轨道交通；自动售检票；通信

随着国内城市轨道交通线网的日益扩大，轨道交通票务管理(售检票以及结算等)已成为各轨道运营公司的一项繁琐而艰难的任务，而信息技术的发展使得自动售检票系统成为各大城市轨道交通运营单位提高票务管理水平和效益的有效手段。

自动售检票系统(Automatic Fare Collection，AFC)是基于计算机技术、网络技术、自动控制技术等技术实现购票、检票、计费、收费、统计、财务结算、客流数据统计分析等功能的自动化系统。AFC 系统是一个城市轨道交通科技水平和管理水平的集中体现，能够实现票务管理、运营管理、财务管理、清结算管理、安全管理、综合监控等功能。因此，AFC 系统的安全、高效运作是城市轨道交通顺畅、合理、高效运营的核心，是实现轨道交通社会效益和经济效益的必要保证。

目前我国 AFC 系统的发展总体上存在如下问题：

(1)各城市 AFC 系统的建设是分线路分阶段进行的，不同线路使用的 AFC 系统不统一，采用的软硬件平台、数据库系统和开发软件也不尽相同，各线路 AFC 系统自成系统，难以做到资源共享、设备共享，造成极大浪费。

(2)不同线路的设备供应商采用的设备制式、软件系统、车票的介质等均不相同，且大多属于供应商的专用标准，不同厂家的产品不兼容，既无统一的软件技术标准，也无系统和接口方面的通用标准，造成不同线路的 AFC 系统相互独立，很难进行互连，难以进行统一管理和升级、维护。

随着我国城轨建设步伐的加快，线网的逐步形成，对 AFC 系统进行网络化整合已经迫在眉睫。显然，已建的 AFC 系统难以适应城市轨道交通规范化、网络化发展的需要，建立统一、标准化、跨平台、跨系统的自动售检票系统应用平台是未来自动售检票系统发展的必然方向。采用通信和数据交换技术构建可靠、安全、易用、可扩展、互联性高的系统架构，是自动售检票系统的要求，也是发展趋势。根据应用业务发展需求，本文结合 CORBA 的技术特点，讨论该技术在城市轨道交通 AFC 系统中的相关应用。

1　CORBA 技术分析

CORBA(Common Object Request Broker Architecture，公共对象请求代理体系结构)是 OMG(Object Management Group，对象管理组织)开发的一种开放式的、不依赖于提供商的、能够使得网络上的应用被很好地调用的一种应用软件体系结构和对象技术规范。其核心是一套标准的语言、接口和协议，以解决分布式计算环境(DCE，Distributed Computing Environment)中不同硬件设备和软件系统的互联，增强网络间软件的互操作性，解决传统分布式计算模式中的不足等问题，它具有跨平台、跨操作系统、跨语言、跨网络协议、跨物理传输媒介的特点。它使用了标准的 IIOP 协议(网际 ORB 协议),使得所有来自任何提供商、任何一台计算机、任何一种操作系统、任何网络上的基于 CORBA 的应用,能够协调地同另外一个来自不同提供商、不同计算机、不同操作系统、不同网络上的基于 CORBA 的应用进行通信。

1.1 CORBA 体系结构

CORBA 体系框架如图 1 所示,其主要内容包括以下几部分:

(1)对象请求代理 ORB(Object Request Broker):负责对象在分布环境中透明地收发请求和响应,它是构建分布对象应用、在异构或同构环境下实现应用间互操作的基础。

(2)对象服务(Object Services):为使用和实现对象而提供的基本对象集合,这些服务独立于应用领域。主要的 CORBA 服务有:名录服务(Naming Service)、事件服务(Event Service)、生命周期服务(Life Cycle Service)、关系服务(Relationship Service)、事务服务(Transaction Service)等。这些服务几乎包括分布系统和面向对象系统的各个方面。

(3)公共设施(Common Facilities):向终端用户提供一组共享服务接口,例如系统管理、组合文档和电子邮件等。

(4)应用接口(Application Interfaces):由集成商提供的可控制其接口的产品,相应于传统的应用层表示,处于参考模型的最高层。

(5)领域接口(Domain Interfaces):为应用领域服务而提供的接口,如 OMG 组织为 PDM 系统制定的规范。

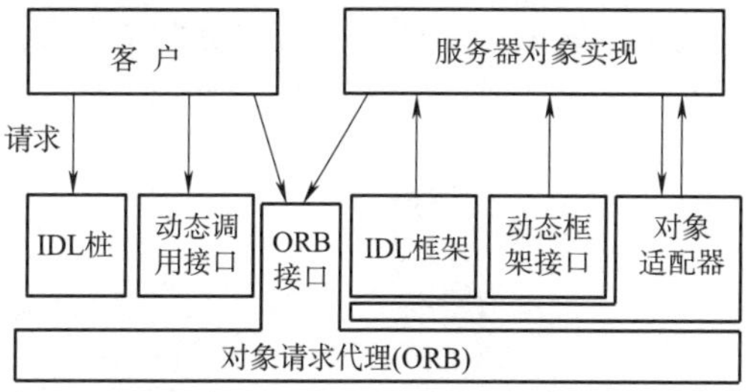

图 1 CORBA 体系框架

1.2 CORBA 技术特点及运行机制

其特点可以总结为如下几个方面:

(1)引入中间件(MiddleWare)作为事务代理,完成客户机(Client)向服务对象方(Server)提出的业务请求。

(2)实现客户与服务对象的完全分开,客户不需要了解服务对象的实现过程以及具体位置。

(3)提供软总线机制,使得在任何环境下、采用任何语言开发的软件只要符合接口规范的定义,均能够集成到分布式系统中。

(4)CORBA 规范软件系统采用面向对象的软件实现方法开发应用系统,实现对象内部细节的完整封装,保留对象方法的对外接口定义。

(5)客户和服务器之间的接口通过接口定义语言(Interface Definition Language,IDL)来定义,它是一种中间定义语言,可以翻译成 C、C++、Java、Delphi 等多种语言,IDL 与具体语言无关,是 CORBA 支持异构系统和独立开发应用程序集成的关键。

在 CORBA 体系结构的中心部分是对象请求代理程序(Object Request Broker,ORB),它作为一个“软件总线”来连接网络上的不同对象。在客户端,ORB 提供一个发送操作调用的接口;而在服务器端,ORB 提供一个将操作调用传输到服务器的 API。ORB 的任务是定位一个合适的服务器,并且通过一个对象适配器(Object Adapter,OA)将操作调用传送给服务器。客户不需要了解服务对象的实现过程以及具体位置。

1.3 线网 AFC 系统通信和数据交换技术基本需求

当采用 CORBA 技术时,对于分布式 AFC 系统:

(1)能够确保平台跨计算机、操作系统、网络提供通信接口。任何系统或者第三方应用程序,只要符合 CORBA IIOP 通信标准,都可以调用接口,并获取相应的信息,其可保证平台的开放性。

(2)具有易扩展性。当有新的业务系统接入时,只需将该系统的业务接口挂接在 CORBA 名称服务上,客户端就可以调用,这使得平台扩展更加方便。

(3)具有可伸缩性。当用户数量增多时,可以适当增加服务的数量,比如可以在 CORBA IIOP 总线上挂接多个名称服务,每个名称服务下面都注册一定数量的业务对象,每个服务都可供一定范围内的用户调用,这能保证平台在面对很多用户访问时，能够最大限度地提供所需的信息服务。

(4)具有可靠性。可以在 CORBA IIOP 总线上挂接多个备份的服务，一旦一个服务发生意外终止，CORBA 的失败转移机制会自动将客户端调用转接到另一个服务上，这样可以确保平台在遇到紧急情况时能提供稳定、可靠的服务。

2　CORBA 技术在城市轨道交通 AFC 系统中的应用

2.1　通信服务平台的建设

CORBA 是一个开放的、标准的分布式对象系统的解决方案，以 CORBA 为基础部署 AFC 系统，可以不用在意用于实现的平台和技术。根据系统数据传输需求，选用 CORBA 中间件技术作为通信的底层技术，设计和实现 AFC 系统的相关通信架构，如图 2 所示。由于 CORBA 支持程序的模块化和软件的再利用，灵活性较强，可以随时通过增加一个服务模块来实现新的功能，而不必对整个系统进行重新编写和重载。因而 CORBA 能够为应用开发提供更强大的服务，实现信息传输的兼容性、标准化，更好地应用于 AFC 系统建设、运营以及日后的维护中，从而减少重复建设、降低建设成本和加快地铁建设步伐。

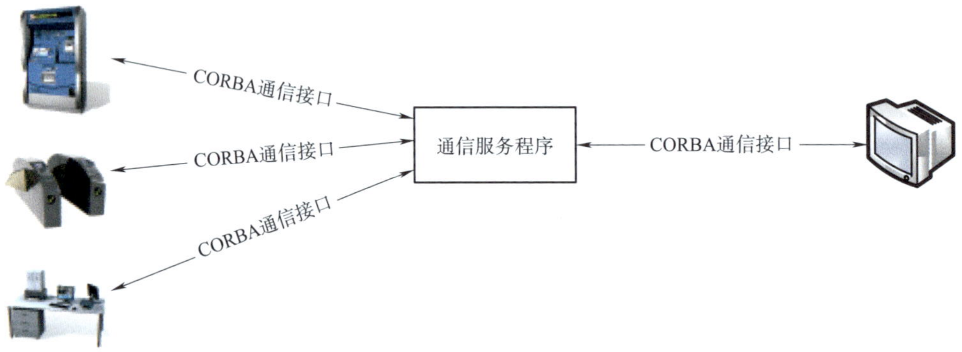

图 2　基于 CORBA 的 AFC 系统通信平台

2.2　程序开发及实现步骤

本文以 AFC 设备监控系统为例，对 CORBA 技术的具体使用进行阐述。轨道交通 AFC 设备监控系统是轨道交通面向运营管理服务的重要组成部分，其数据流主要包括：设备状态、设备事件和设备命令。设备一方面需向数据服务器上传状态和事件数据，另一方面需接收数据服务器发来的命令。监控软件一方面从数据服务器中读取状态，并向数据服务器发送命令，另一方面需接收数据服务器推送的事件信息。CORBA 通信本身是一种发布/订阅(Publish/Subscribe)结构，每次通信只能由订阅方发起，而 AFC 系统包含数千个设备和多个监控软件，监控软件与设备间互为发布方和订阅方，进行双向通信。因而基于 CORBA 中间件技术进行了相关的系统开发，首先是进行组件的功能模块设计，然后按照规范要求编写 IDL 文件，最后通过客户端和服务器端的编译机实现函数功能。

(1)CORBA 应用接口

CORBA 应用借助接口定义语言(IDL)文件描述 CORBA 接口。IDL 文件中包含模块、接口、操作和数据类型等元素。

(2)CORBA 服务和客户程序

生成 IDL 文件后，需要通过特定的编译器将 IDL 文件转换成 C/C++或其他语言代码，并分别编写客户端和服务端程序。服务器需提供 CORBA 接口的一个继承于该接口的 POA 框架类的实现类来提供 CORBA 对象的本地对象实现。对象引用是 CORBA 对象在 ORB 总线上的唯一标识。不同的 ORB 实现对对象引用的封装可能会有所不同。客户是通过对象引用来访问服务器 CORBA 对象的，因此客户首先需获取服务器 CORBA 对象的对象引用。客户获得服务器 CORBA 对象的对象引用后，调用该对象的接口操作。

因此，在设备、数据库服务器以及监控软件上都要部署 CORBA 的接口服务程序。

(3)数据通信连接的建立

设备的注册流程如图 3 所示。

①SC 广播的 UDP 包的接收

SC 启动后，在车站局域网通过指定的端口广播一个包含 SC 注册代理管理的 CORBA 对象引用的 UDP 包；设备从指定的端口接收该 UDP 包，然后根据包格式的定义，获取 SC 注册代理管理员的 IOR。

②设置 CORBA 连接

设备根据取出的 IOR 获取 SC 注册代理的 CORBA 对象，通过调用相应的 Register 方法启动设备的注册过程，接着设备提供 EqRoot 对象给 SC 的注册代理。

③设备的注册

SC 通过 EqRoot::getData 方法获取设备的 MachineID，并验证其合法性；另外，SC 还可从 EqRoot 对象获取 EqControl 对象，通过命令控制设备，并设置车站上下文。

④设备根据 SC 同步自身的状态

成功注册后，SC 通过调用 bulkRead 方法获得设备的当前状态；设备验证是否已装载最新版本的 EOD，以及其操作模式和 IP 地址是否与 SC 相同。

⑤会话异常处理

设备注册失败后的恢复事件中，进行同上的会话初始化过程。会话如果中断，设备会周期性地尝试连接，直到会话恢复，其间设备与 SC 之间的通信被禁止。

通过获取 CORBA 对象的对象引用，设备在注册过程中建立与数据服务器的双向通信。监控软件的注册过程与设备基本相同，当通信连接成功后，就可以使用“推/拉”模式传输设备状态数据、设备事件数据和设备命令数据，直到会话结束。

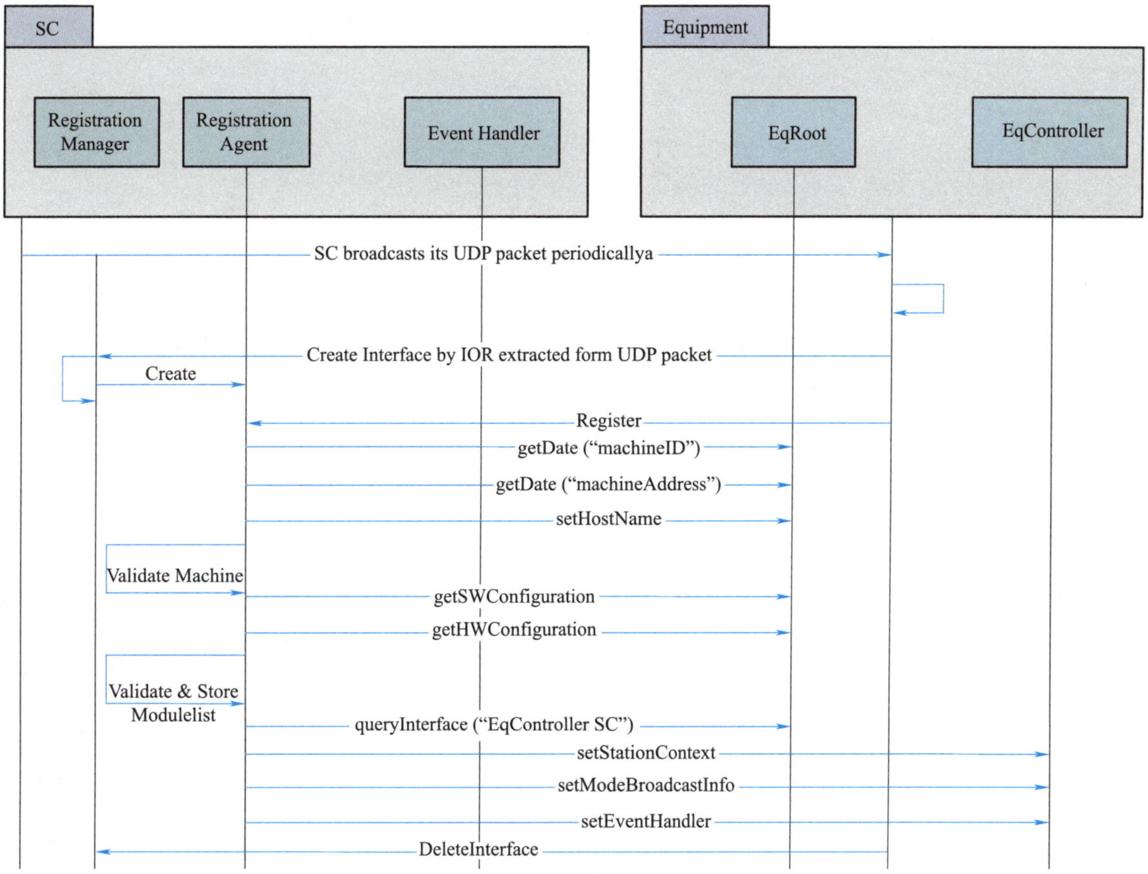

图 3　SC-SLE 的 CORBA 会话建立的流程图

2.3 CORBA 技术的应用效果

CORBA 产品为分布式应用程序的开发和执行提供了一个框架，采用 CORBA 软总线技术，屏蔽了通信底层接口的复杂性，易于实现跨系统平台、跨网络、跨硬件的软件通信，使应用软件的内部数据流更清晰，各种服务与客户端之间可更方便地交互所需要的数据。这样可以让开发者专注于构建业务逻辑的实现，而不用过多考虑复杂的底层，极大地提高了构件开发的效率。CORBA 的使用为 AFC 系统提供了统一标准的协议与应用程序接口，可运行于多种硬件及 OS 平台，方便不同的对象进行通信，从而满足了城市轨道交通 AFC 系统网络化应用的需求，提高了 AFC 系统的可扩展性，为日后新线建设预留接口，进而整合不同的线路，减少资源重复配置造成的浪费，实现资源共享、互联互通。另外，许多公司和组织在 CORBA 技术规范的基础上开发了相关的市场化产品，使得 CORBA 技术在城市轨道交通 AFC 系统中具有广阔的应用前景，进而推动 AFC 系统的模块化和国产化。

3 结　语

随着城市轨道交通网络化的形成，AFC 系统变得越来越复杂。CORBA 技术的应用，不仅方便了软件系统的建设过程，缩短了开发周期，而且提高了通信传输质量和效率，减少了运行维护工作量。另外，CORBA 技术的使用为将来接入 OCC 预留了接口，为系统间集成提供了可能，使 AFC 系统架构更易于扩展和互联，可以更好地适应现有和未来 AFC 的业务发展。

宁溧线信号控制 4/6 辆编组列车混跑的技术创新

李　云

（南京地铁建设有限责任公司，南京　210017）

摘　要：根据南京地铁宁溧线和机场线贯通运营的要求，空港新城江宁站至无想山站小交路需要支持 4/6 辆编组列车混跑运营。信号系统按照混跑要求对车载信号系统和轨旁信号系统进行特殊设计，通过轨旁增加混跑控制设备，配置不同的车载数据库，实现自动识别列车编组。对不同编组列车的定位、超速防护、对标停车、试车线测试以及站台门联动进行设计，增加混跑运营功能，实现 4/6 辆编组列车安全运行控制。

关键词：信号系统；4/6 辆编组列车；混跑运营；方案设计

1　工程概述

南京地铁宁溧线信号系统设计按照南京地铁机场线的延伸线实施，宁溧线工程起点为禄口机场站，经溧水柘塘新区、溧水开发区，至溧水城区，终点为无想山站，是南京中心城区与禄口机场、溧水区的市域快速轨道交通线路，线路全长约 30.160 km，新设 9 座车站，宁溧线不单独设置控制中心和试车线，与机场线合用。南京地铁机场线全长约 35.8 km，共设置 8 座车站，已于 2014 年 7 月 30 日开通试运营。

2　4/6 辆编组列车的混跑需求

2.1　列车配置

宁溧线工程初期配属 4 辆编组列车，远期采用 6 辆编组列车。既有机场线列车为 6 辆编组列车。宁溧线信号系统按照机场线延伸线来实施，信号系统的软硬件设计需要实现 4/6 辆编组列车混跑功能。

2.2　运营交路需求

宁溧线与机场线贯通运营，正常运营交路有 3 个，南京南至空港新城江宁小交路和南京南至无想山大交路采用 6 辆编组列车运营，空港新城江宁至无想山交路采用 4 辆编组列车运营，其中南京南至空港新城江宁仅有 6 辆编组列车运营，空港新城江宁至无想山小交路为 4/6 辆编组列车混跑运营。宁溧线与机场线运营交路如图 1 所示。

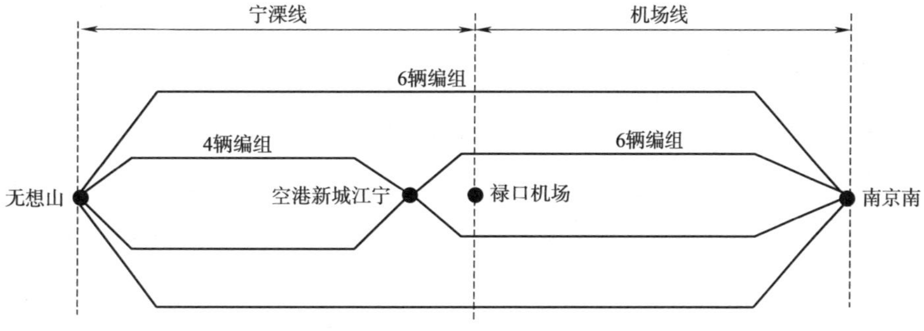

图 1　宁溧线与机场线运营交路

2.3 站台门联动需求

宁溧线初期建设时,站台门系统按照 4/6 辆编组列车混跑需求建设完成,信号系统需要根据运营列车编组实现站台门联动和门状态监督功能。

2.4 试车线 4 辆编组测试需求

为实现既有试车线可以满足新增 4 辆编组列车的试车需求,需要对既有试车线进行软硬件升级改造。

3 技术创新点

根据 4/6 辆编组列车混跑需求,技术创新关键点在于:

(1)在一条线路上部分区域需要支持 4/6 辆编组列车混跑运营,不同控制区域轨旁设备配置方式、系统软件功能设计,不同编组车辆接口设计和车载信号系统软件功能设计,需要做到两种编组列车完全兼容。

(2)不同编组列车建立定位、站台对标精确停车、追踪运行、超速防护的安全防护设计,实现安全、高效的运行。

(3)站台门接口设计,确保不同编组列车可根据运营要求精确对标停车,按照 4/6 编组列车实现站台门联动控制和门状态的监督。

(4)一条试车线满足两种编组列车试车需求。

4 4/6 辆编组列车混跑的方案设计

在同一条线路中信号系统实现不同编组列车混跑运营,需要解决车辆接口、轨旁配置、软件功能、站台门接口、试车线功能等多方面设计问题。

4.1 与车辆专业的接口设计

一套信号系统需要兼容不同编组列车,实现安全运行,6 辆编组列车为机场线既有运营列车,新增 4 辆编组列车必须参照既有车辆参数进行设计。

宁溧线新增 4 辆编组列车车载信号系统设备采用单端 3 取 2 冗余配置,车载信号系统硬件配置仍参照机场线 6 辆编组列车设计。与轨旁有关的信标传感器、接近盘传感器、速度传感器安装位置及参数必须与 6 辆编组列车一致。模式开关及按钮、列车线设计需要与 6 辆编组列车相兼容。针对 4/6 辆编组列车不停车模式转换、无人折返功能、列车车门接口、车辆参数、牵引及制动要求进行了详细讨论,经过多次与车辆专业的接口会议,确定了信号系统与车辆的接口文件。

4.2 轨旁设计

根据运营交路的需求,南京南站至空港新城江宁站仅需要支持 6 辆编组列车运营,空港新城江宁站(含空港新城江宁站站后折返线)至无想山站需要支持 4/6 辆编组列车混跑运营,禄口新城南试车线需要支持 4 辆和 6 辆编组列车的调试使用。

4.2.1 无源信标及接近盘配置

无源信标主要是列车定位使用,接近盘为列车精确停车使用。为了满足同一站台 4/6 辆编组列车站台精确停车要求,宁溧线在每侧站台区域设计安装 4 个接近盘,满足 4 辆编组或 6 辆编组前后端任意配置场景下的运营对标要求。

为了满足同一站台区域列车定位要求,满足列车精确定位要求,站台区域增加布置无源信标,在正、反向运行时都可以满足精准定位和对标的需求。站台区接近盘和无源信标布置如图 2 所示。

6 辆编组列车 A 端安装 VOBC 车载设备,上行方向运行进站时,最后读取无源信标 7 和 A 端接近盘 4-6;下行方向运行进站时,最后读取无源信标 8 和 A 端接近盘 4-6。B 端安装 VOBC 车载设备,上行方向运行进站

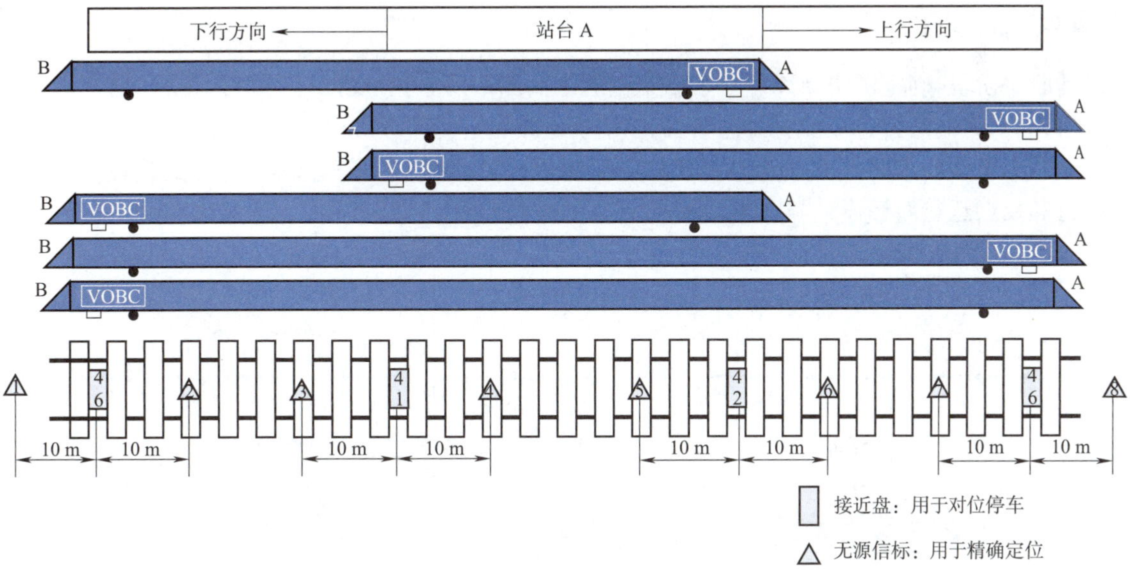

图 2　站台区接近盘和无源信标布置图

时，最后读取无源信标 1 和 B 端接近盘 4-6；下行方向运行进站时，最后读取无源信标 2 和 B 端接近盘 4-6。

4 辆编组列车 A 端安装 VOBC 车载设备，上行方向运行进站前端对标时，最后读取无源信标 7 和 A 端接近盘 4-6，后端对标时，最后读取无源信标 5 和 A 端接近盘 4-2；下行方向运行进站前端对标时，最后读取无源信标 2 和 B 端接近盘 4-6，后端对标时，最后读取无源信标 4 和 B 端接近盘 4-1。

站台区域接近盘和无源信标设计满足 4/6 辆编组列车无论什么场景运行，均能在站台精确定位和对标，并保证±0.3 m 的误差。

4.2.2　有源信标配置

配置有源信标是为列车实现点式 ATP 模式运行功能，系统中正向运行方向和折返要求的信号机均配置了有源信标。宁溧线为了满足 4/6 辆编组列车混合运行，宁溧线信号机有源信标设计安装为 3 组，VOBC 车载设备安装在任意车端时，均可读取相应的有源信标。信号机有源信标配置如图 3 所示。

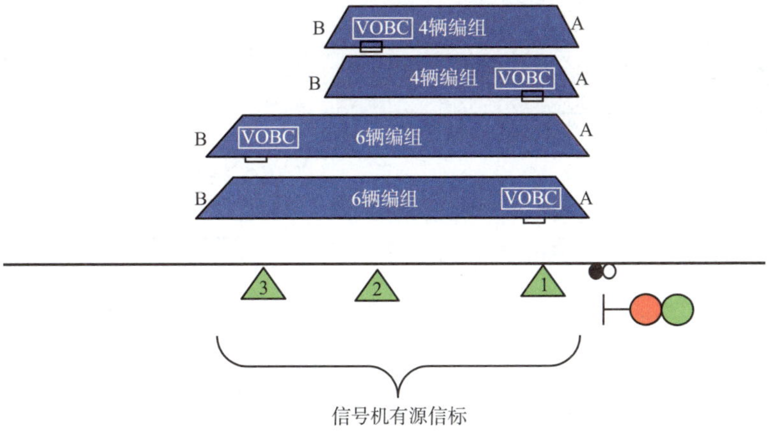

图 3　信号机有源信标配置图

列车根据自身定位确定在什么位置打开有源信标读取窗口，读取数据库中定义的信标。4 辆编组列车 VOBC 车载设备如果安装在 A 端时，读取有源信标 1；VOBC 车载设备安装在 B 端时，读取有源信标 2。6 辆编组列车 VOBC 车载设备安装在 A 端时，读取有源信标 1；VOBC 车载设备安装在 B 端时，读取有源信标 3。不管列车是什么编组，定位的列车车头越过信号机前均应读取到允许信号机的有源信标，如果没有读取到数据库定义的有源信标，列车将实施紧急制动，实现点式模式闯红灯防护功能。

4.3　站台对标位置设计

在设计联络阶段，确定了宁溧线每个车站站台的 4 辆编组列车正、反向运行对标位置，结合运营组织和行车方便原则，对终端站台、折返站台、存车线、站前折返站台进行了详细讨论和确定。

中间车站无特殊要求时，4 辆编组列车正向和反向运行时，均按照列车前端对标方式设计，如中山湖站，其正向运行和反向运行对标设计如图 4 所示。

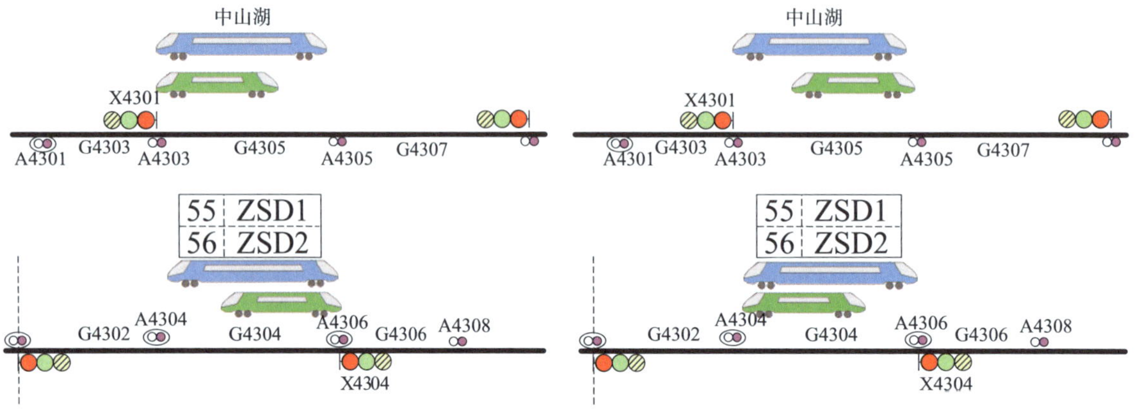

(a) 正向运行对标设计　　(b) 反向运行对标设计

图 4　中山湖站正向运行和反向运行对标设计

其他车站如无想山站为终端折返站，站台正向运行，列车均以前端对标。而反向运行时，上行站台靠 X4108 信号机对标，方便站前折返运行。存车线对标均按照尾端对标，列车走行距离短，效率更高，而且方便司机瞭望信号机。

无想山站正向运行对标设计如图 5 所示。

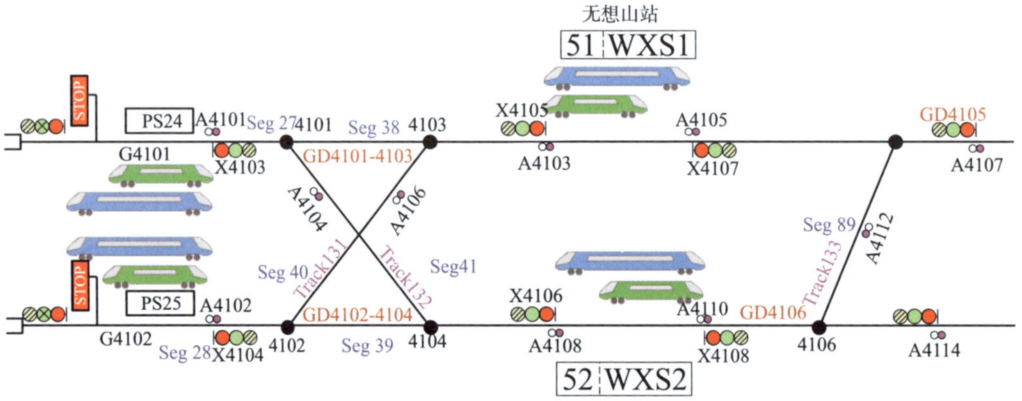

图 5　无想山站正向运行对标设计

无想山站反向运行对标设计如图 6 所示。

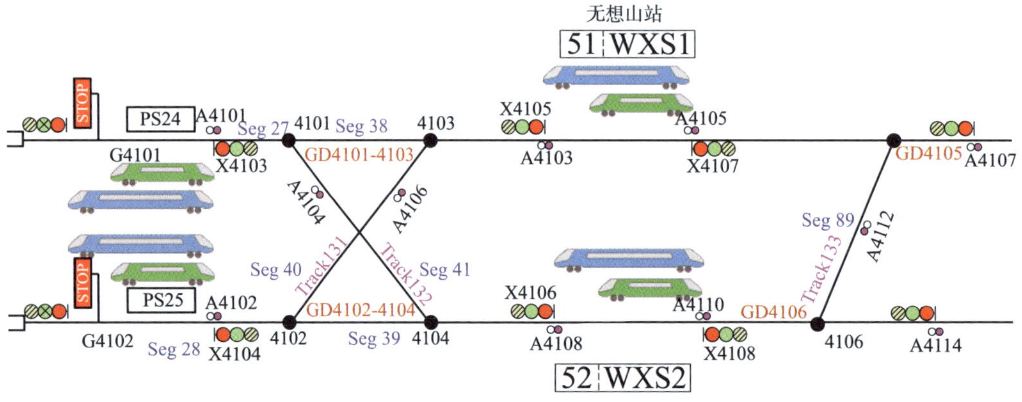

图 6　无想山站反向运行对标设计

空港新城江宁站为宁溧线和机场线换乘站，列车换乘时在空港新城江宁站站前折返，为了方便折返和提高运行效率，确定 4 辆编组列车在空港新城江宁站正向和反向运行对标位置相同，对标位置如图 7 所示。

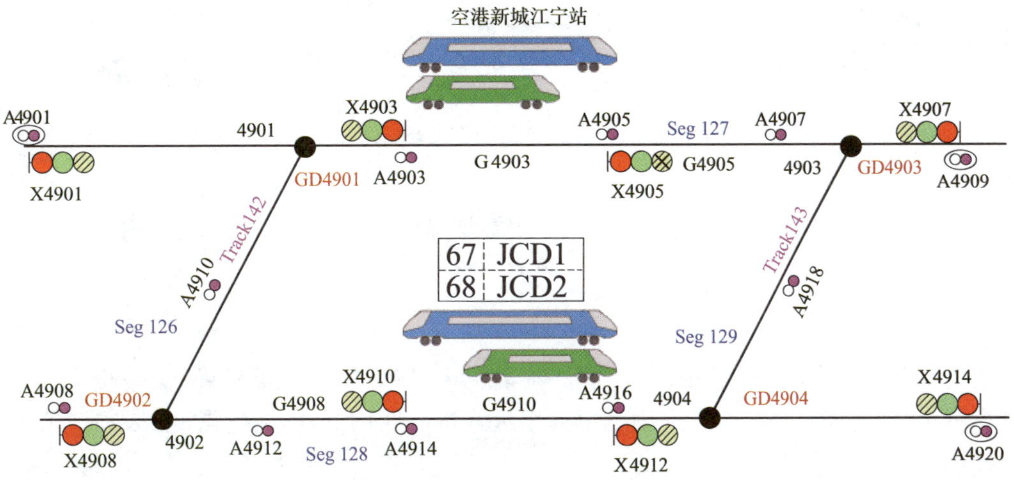

图 7 空港新城江宁站对标设计

柘塘站为正线与车辆段接口车站，按照运营组织，会安排列车出库至柘塘站的上行站台再正向运行至空港新城江宁站，为了提高效率和方便司机驾驶，柘塘站上行站台由车辆段开来的 4 辆编组列车靠信号机 X4808 对标，与正向运行对标位置一致，如图 8 所示。

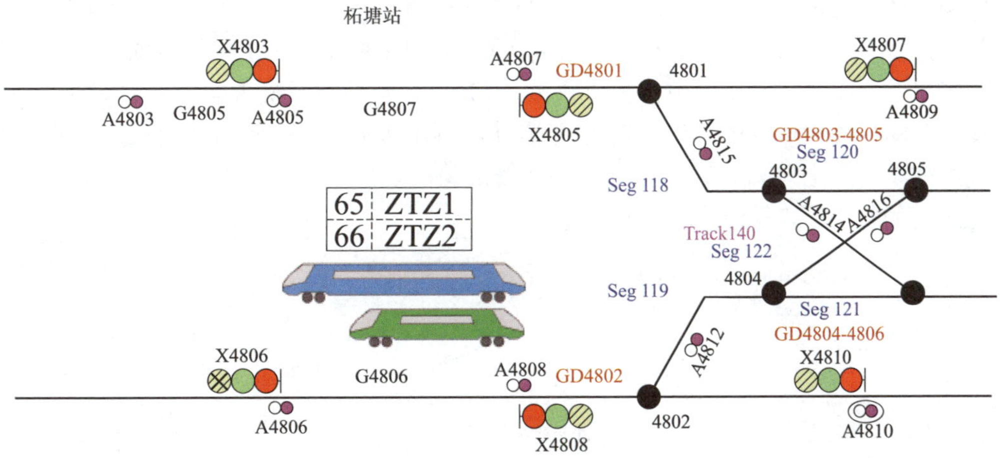

图 8 柘塘站对标设计

4.4 试车线改造设计

宁溧线工程没有新增试车线，与既有机场线合用试车线。禄口新城南试车线原为适用 6 辆编组列车试车设计，需要对该试车线进行改造，改造后将满足 4 辆和 6 辆编组列车试车需要。试车线改造涉及轨旁设备的改造和系统软件的改造。

4.4.1 轨旁设备改造

轨旁设备改造主要内容：

(1)轨旁无源信标改造，增加 4 辆编组列车定位所需无源信标。

(2)有源信标改造设计，增加 4 辆编组列车点式模式下所需有源信标。

(3)试车线虚拟站台区增加 4 辆编组列车精确停车接近盘。

(4)确定 4 辆编组列车在虚拟站台对标位置。

试车线轨旁改造设计如图 9 所示。

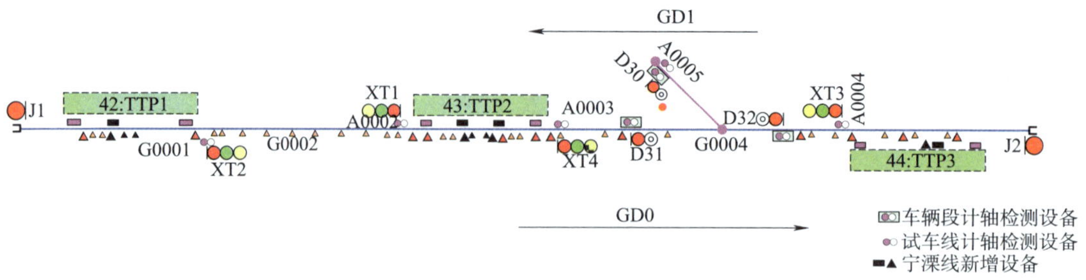

图 9　试车线轨旁改造设计

4.4.2　系统软件改造

软件改造主要有:轨旁设备配置发生改变,相应轨旁数据库进行重新配置,轨旁相应的 ATS、MAU(ATP)软件进行更新,既有机场线所有 6 辆编组列车进入试车线调试,车载数据库需要根据试车线改造后的数据配置进行更新。

4.5　4/6 辆编组列车混跑软件功能设计

每辆车的车载信号设备 VOBC 安装有唯一的 VID 编号,通过硬件 VID 插卡实现,VOBC 车载设备通过读取该插卡中的编号识别列车编组,并向轨旁设备报告自身的编号。在设计车载数据库时,根据两种编组列车参数,生成 2 个编组类型列车数据库和参数,列车根据 VID 编码识别安装的配置软件,自动识别相应编组配置的数据库和参数。

列车在建立定位后,会向轨旁 ATP 设备报告列车车头、车尾位置以及位置的不确定量,向 ATS 报告列车 VID 编号,ATS 显示会提示列车编组情况。轨旁 ATP 设备根据前车报告的准确列车位置信息,为后车实时计算并发送移动授权和障碍物类型,后车根据接收到的移动授权和障碍物类型来计算停车点。由于可以识别不同编组列车和定位列车位置,在列车追踪时既能保证安全,同时也可以提高追踪效率。

列车追踪运行的安全计算模型如图 10 所示。

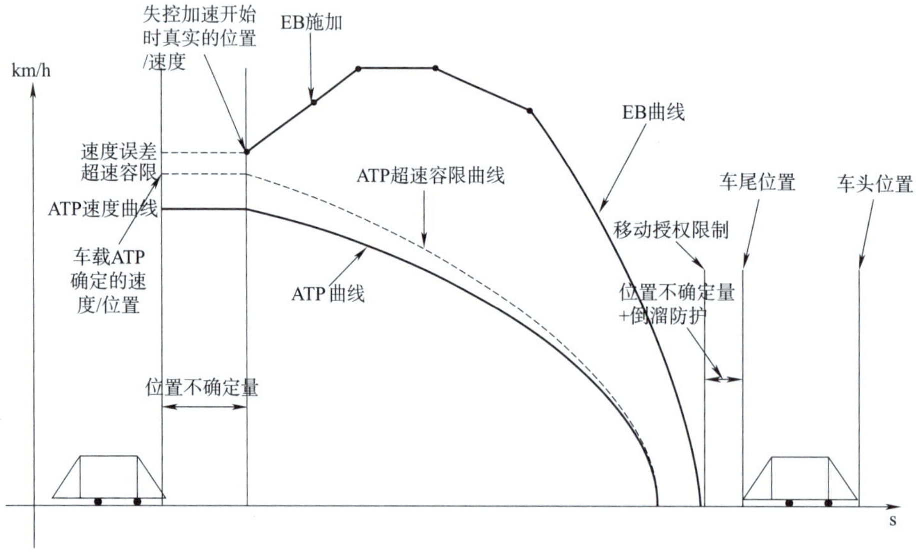

图 10　列车追踪运行的安全计算模型

不同编组列车在每个站台对标的位置配置在车载数据库中,列车到达站台对标停车后,车载信号系统根据数据库定义开关门组,向轨旁 MAU 发送开关门命令,实现站台门联动功能。

信号 ATS 系统根据从列车接收到的 VID 编号,把列车的编组信息发送到车站 LED 屏、PIS 系统、车站广播系统,方便乘客选择乘坐。

4.6 信号与站台门接口设计

4.6.1 站台门配置定义

宁溧线信号专业与站台门专业就系统间的接口进行了多次讨论，确保接口安全可靠，同时满足运营组织灵活、司机驾驶方便等要求。

宁溧线站台按照 6 辆编组长度设计，4 辆编组列车在站台对标有两种选择：列车前端对标和尾端对标。为了实现 4/6 编组列车混跑，将每侧站台门分为 3 个组，组 1-2、组 3-4 和组 5-6，分别对应 6 辆编组列车的每节车厢，无论 4 辆编组还是 6 辆编组，都能灵活实现接口控制。当 6 辆编组列车按正方向驶入站台对位停稳后，VOBC 将通知轨旁 ATP 使能整个站台门组（含组 1-2、组 3-4 和组 5-6）。当开门命令下发后，对应全部站台门组将打开。关门与开门类似，反方向与正方向相同。

站台门分组及 6 辆编组列车对标如图 11 所示。

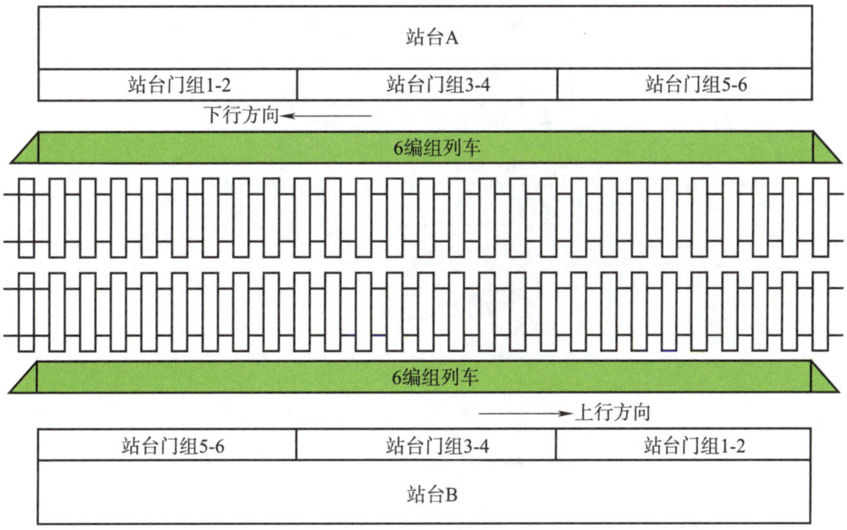

图 11 站台门分组及 6 辆编组列车对标

当 4 辆编组列车按正方向驶入站台对位停稳后，VOBC 车载将通知轨旁 ATP 使能站台门组 1-2 和组 3-4。当开门命令下发后，对应站台门组将打开。反方向时，VOBC 将通知轨旁 ATP 使能站台门组 5-6 和组 3-4。当开门命令下发后，对应站台门组将打开。关门与开门类似。

站台门分组及 4 辆编组列车对标如图 12 所示。

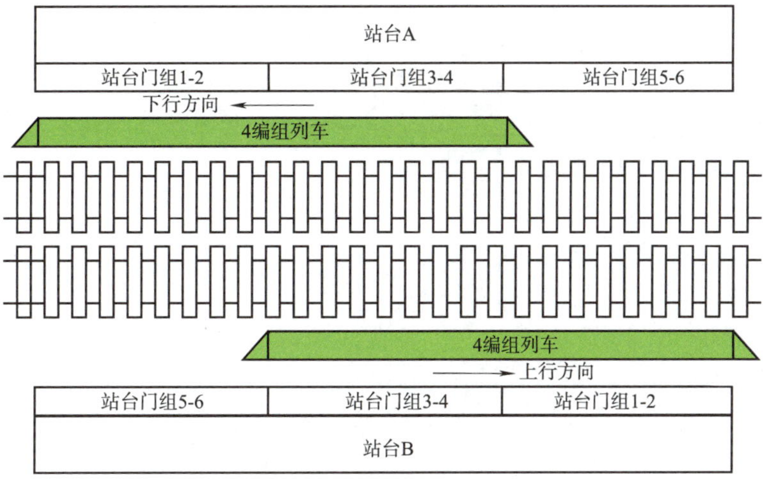

图 12 站台门分组 4 辆编组列车对标

4 辆编组列车在每个站台前端或尾端对标确定后，定义在信号系统车载数据库中。

4.6.2 站台门接口信息

(1)站台门输出给信号系统信息

①站台门关闭且锁闭状态(每侧站台门包含 3 组,分别为 Door Set ＃1,Door Set ＃2,Door Set ＃3)。

②站台门联锁旁路状态。

(2)信号系统输出给站台门信息

①“开门”命令。

②“关门”命令。

4.6.3 站台门控制逻辑设计

信号系统输出到每侧站台门的开关门命令共有 4 个,即 A(前部开门)、B(后部开门)、C(前部关门)、D(后部关门),按照逻辑可以组合成 16 种组合输出(A、B、C、D 分别为信号系统继电器),其中有效命令组合有 4 种。如果站台门接收到无效组合,将保持原状态。命令逻辑组合见表 1。

表 1 命令逻辑组合

A	B	C	D	PSD 动作
0	0	0	0	无效组合,保持之前状态
0	0	0	1	无效组合,保持之前状态
0	0	1	0	无效组合,保持之前状态
0	0	1	1	1-6 关门
0	1	0	0	无效组合,保持之前状态
0	1	0	1	无效组合,保持之前状态
0	1	1	0	1-2 关门,3-6 开门
0	1	1	1	无效组合,保持之前状态
1	0	0	0	无效组合,保持之前状态
1	0	0	1	1-4 开门,5-6 关门
1	0	1	0	无效组合,保持之前状态
1	0	1	1	无效组合,保持之前状态
1	1	0	0	1-6 开门
1	1	0	1	无效组合,保持之前状态
1	1	1	0	无效组合,保持之前状态
1	1	1	1	无效组合,保持之前状态

信号系统会连续监督站台门状态,如果站台门关闭并锁闭状态丢失,正常情况下,信号系统将阻止列车进站和阻止在站台的列车出发,如果站台停站的为 4 辆编组列车,那么非信号系统联动的站台门组关闭状态丢失,信号系统会关闭站台轨道区段,阻止站台列车出发。如果信号系统接收到站台门状态联锁旁路信号,信号系统会忽略站台门关闭并锁闭状态。

5 4/6 辆编组列车混跑实施及效果

宁溧线首先对既有试车线进行改造,确保在机场线与宁溧线贯通割接前既有机场线 6 辆编组列车和新增 4 辆编组列车都可以在试车线进行调试。2017 年 11 月初,首列宁溧线 4 辆编组列车到达试车线进行信号调试。正线开始动车调试后,为了验证 4/6 辆编组列车支持功能,从机场线借用一列 6 辆编组列车,升级为全线数据库。按照调试流程,分别进行 4 辆和 6 辆编组列车单车功能测试,4 追 4、4 追 6、6 追 6、6 追 4 等多种场景的多车追踪功能相关测试。针对 4/6 辆编组列车正反向运行,站台不同对标停车位置,与站台门专业一起验证站台门联动功能。宁溧线于 2018 年 5 月 26 日全功能开通试运营,自开通运营以来,4/6 辆编组列车混跑运营的各项功能指标均正常,达到了预期效果。

3.4 设备系统诊断与故障分析

南京宁天城际线车辆压敏电阻和续流回路故障分析和探讨

何玉琴　张　勇

（南京地铁建设有限责任公司，南京　210017）

摘　要：针对南京地铁宁天城际线车辆在运营初期出现的压敏电阻和续流回路故障现象，从电路保护原理、器件失效和故障数据分析以及试验验证等方面对故障现象进行分析和探讨，并提出整改措施，经长期运行考核表明，车辆运行状态良好，类似故障未再发生。

关键词：压敏电阻；续流回路；雷电冲击；过电压吸收

南京地铁宁天城际线一期工程起自大桥北路站，经大厂、长芦、雄州、八百桥到金牛湖，线路全长约 45.2 km。全线共设置 17 座车站，其中大部分为高架车站（11 座）。全线列车总数为 26 列（4 辆编组，B_2型车），最高运行时速 100 km，对于 B_2型车，本项目是国内首条采用自主研制“两半动＋两全动”架控牵引系统的地铁线路。该线路于 2014 年 8 月正式开通运营，在开通运营 1 个月内，接连出现 4 起压敏电阻和续流回路烧损故障，导致列车清客下线。

1　故障原因分析

4 起故障均发生在雷雨天气，车辆回库后，打开高压电器箱检查，发现箱内的压敏电阻 F1 和续流回路均已烧损（Rd 烧损、V1 击穿），同时辅助母线熔断器 ADF 熔断，防反二极管 VD1 击穿。故障发生后，通过对压敏电阻、避雷器和续流回路元件检测以及雷电冲击试验验证，最终确定压敏电阻烧损故障为压敏电阻本身质量问题导致，续流回路烧损故障为雷击引起主回路过压导致。为避免类似故障再次发生，需从压敏电阻和续流回路在高压回路中的保护原理以及故障数据分析两方面入手，并通过高压试验验证手段来重新评估设置压敏电阻和续流回路的必要性，从而提出整改措施。

1.1　设置压敏电阻和续流回路必要性分析和探讨

如图 1 所示，牵引系统高压回路的直流环节设置有压敏电阻 F1、续流回路（限流电阻 Rd、二极管 V1），设计的初衷是：在线路电抗器（L1～L3）之前设置压敏电阻，对电抗器前端可能产生的浪涌尖峰电压进行吸收；续流回路可以实现当列车牵引时传动控制失效且大电流时高速断路器突然异常断开（此时逆变器控制脉冲未封锁，而正常情况下应先封锁逆变脉冲后跳高速断路器）时的电抗器的能量续流和转移。

但在实际使用过程中，压敏电阻未发生过一次因操作过电压导致压敏电阻动作，反而因为压敏电阻失效引发严重的次生故障，如图 1 中压敏电阻 F1 烧损导致 ADF、AF 熔断，ADF、AF 熔断时产生很高的过电压（3 000 V，如图 2 所示），进而导致连接母排对地拉弧（图 3）。而且压敏电阻炸裂会破坏附近的其他器件，甚至把高压箱体的柜门冲开，具有一定的危险性。

下面分别从外部过电压吸收、实际操作过电压吸收等方面对设置压敏电阻和续流回路的必要性进行分析和探讨。

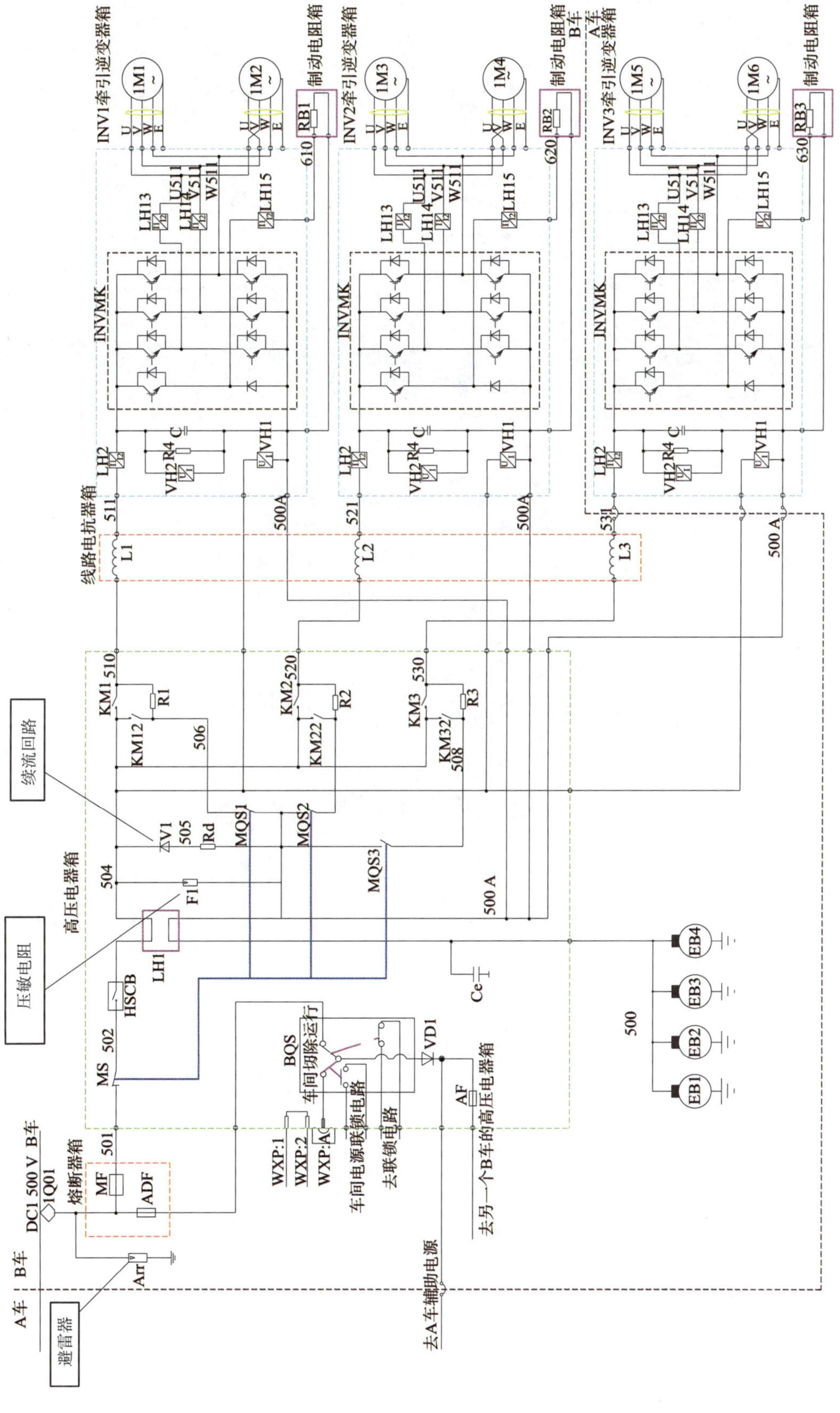
INV1牵引逆变器箱
INV2牵引逆变器箱
INV3牵引逆变器箱
制动电阻箱
INVMK
线路电抗器箱
高压电器箱
熔断器箱
续流回路
压敏电阻
避雷器
A车
B车
DC1 500 V
车间切除运行
车间电源联锁电路
去联锁电路
去另一个B车的高压电器箱
去A车辅助电源

图 1 主电路原理图

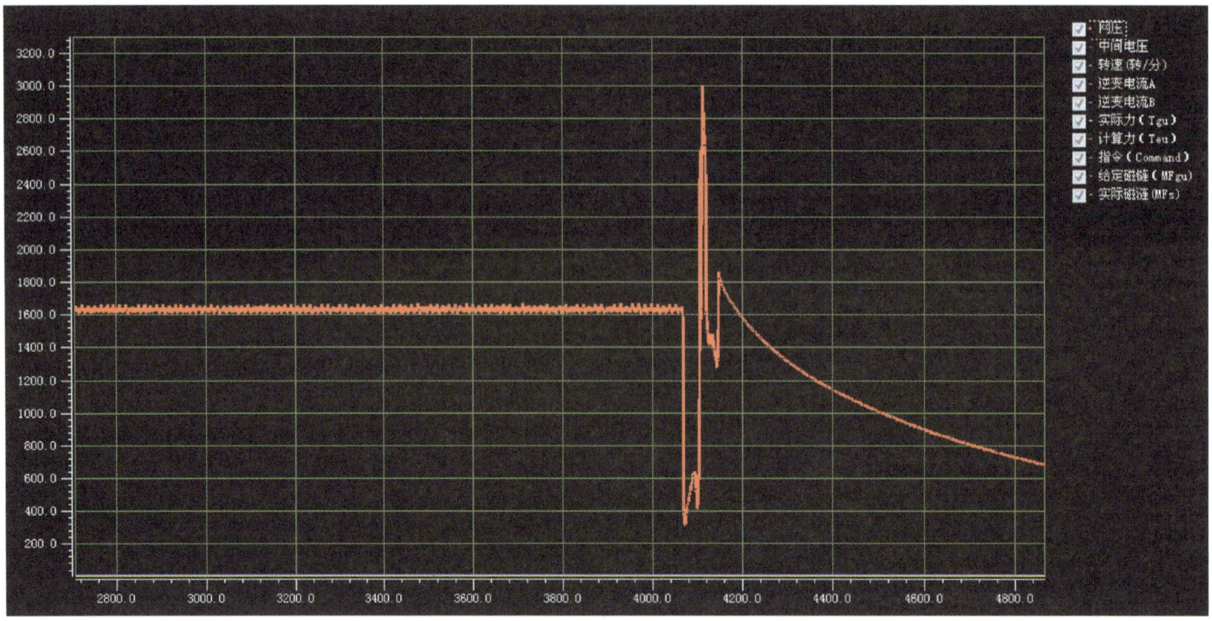

图 2　压敏电阻故障时中间直流电压波形(截图)

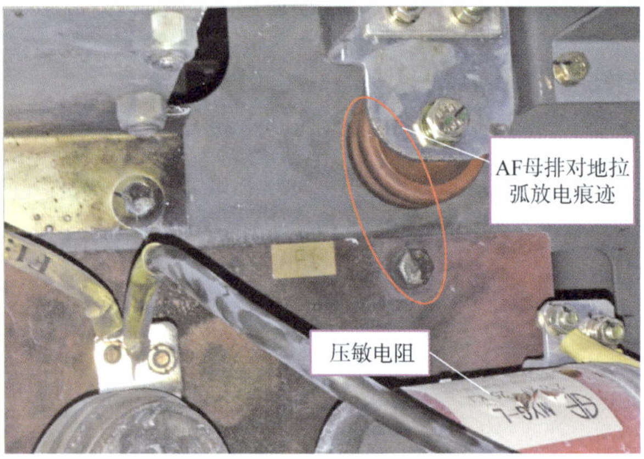

图 3　压敏电阻烧损

(1)外部过电压吸收

图 4 为图 1 的简化原理图,正常工作时,隔离开关 MS 和高速断路器 HSCB 闭合,避雷器 Arr 与压敏电阻 Fs 并联在直流回路中,两者工作原理相同,均为无间隙氧化锌(ZnO)压敏电阻器,对过电压有吸收作用。对比两者参数,见表 1。

表 1　避雷器与压敏电阻参数对比

避雷器主要参数	压敏电阻主要参数
额定电压:DC 2 000 V 8/20 μs 波形标称放电电流:10 kA 2 ms 方波持续时间电流耐受:1 200 A 标称放电电流下的残压:≤4.8 kV 操作冲击电流(500 A)下的残压:≤3.9 kV 额定短路电流(0.2 s):40 kA 操作冲击试验前后残压变化:≤5% 冲击能力释放能力:3.9 kJ/kVR	直流参考电流:(1±0.2)mA 标称动作电压(直流参考电压、压敏电压):2 600 V 动作电压允许偏差:±10% 漏电流:≤ 40 μA(0.75 倍标称动作电压下) 通流量:25 kJ(8/20 kA) 残压比(V1kA/ V1mA):≤1.3

避雷器动作电压为 2 800 V 以上,压敏电阻动作电压为 2 600 V,线路中有浪涌过电压时,压敏电阻会先动作,吸收大部分的能量。为证明这一点,按宁天线车辆实际接线长度、设备搭建如图 4 所示的被试系统进行雷电冲击电压试验,在图 4 的①位置处施加 1.2/50 μs 标准雷击冲击电压,参照《高电压试验技术　第 1 部分:一般定义及试验要求》(GB/T 16927.1—2011),按不同电压等级进行电压冲击。图 5 为冲击电压 4 500 V

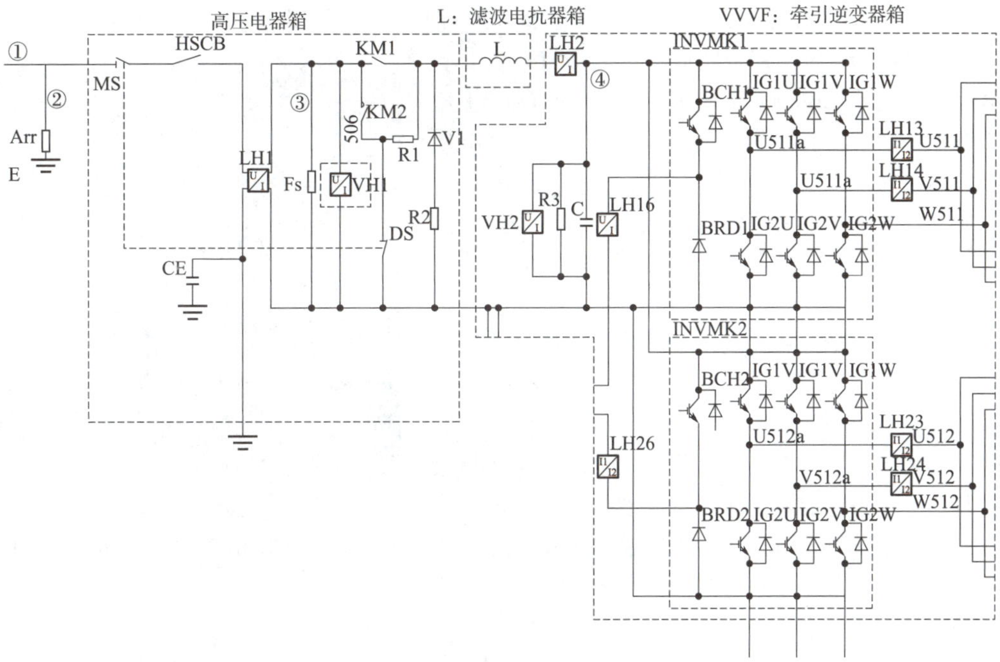

图 4　简化原理图

时的试验波形。由图 5 可知，压敏电阻电流远大于避雷器电流。即当发生雷击时，压敏电阻吸收大部分能量，虽然一定程度上起到了避雷器的作用，但是也可能因能量过大而炸裂，从而导致其他的次生故障。

结合 DC 1 500 V 接触网防雷设计考虑对压敏电阻的不利影响，南京宁天城际架空线结构如图 6 所示，接触网的顶端设置有架空地线，牵引变电所直流 1 500 V 正负极之间、直流 1 500 V 正母线对地、直流负母线对地设置有避雷器，标称放电电流下残压 4.8 kV。如果设计合理，理论上雷击发生时很大概率击中线网，接触网避雷器动作，放电动作后的电压经过线路衰减后仍侵入车辆系统的高压回路，在有压敏电阻的情况下，此电压可能不会引起避雷器动作，但是压敏电阻会动作。如果雷击频繁，压敏电阻多次动作后将导致电阻芯片劣化，漏电流增加，最终导致热崩溃而发生故障。

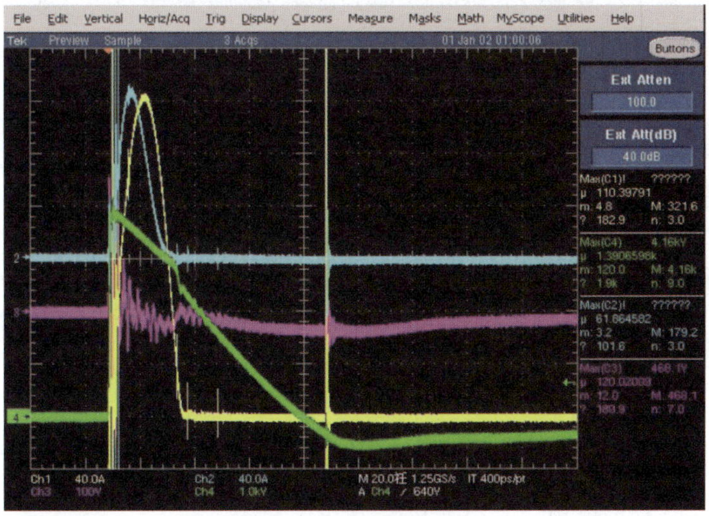

通道 1 (黄色：40 A/格)：电流通道，测量压敏电阻的电流；
通道 2 (蓝色：40 A/格)：电流通道，测量避雷器的电流；
通道 3 (粉色：100 V/格)：电压通道，电抗器输出端；
通道 4 (绿色：1 000 V/格)：电压通道，测量电抗器输入端或避雷器输入端

图 5　冲击电压 4 500 V 时的试验波形(截图)

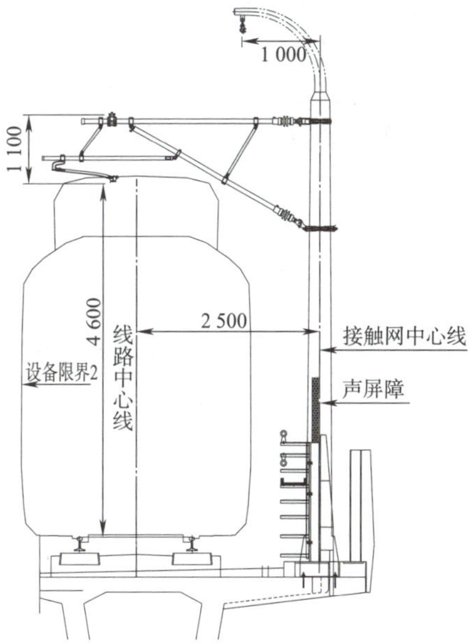

图 6　架空线 DC 1 500 V 接触网结构示意图(单位：mm)

续流回路上的二极管 V1(反向重复峰值电压为 DC 6 500 V)被击穿，其原因为：车辆在遇到 10 kA 以上

的雷电冲击电流时，尽管大部分冲击电流通过避雷器分流，但是由于施加在续流回路两端的电压超过续流二极管 V1 的反向击穿电压 6.5 kV，因此 V1 被击穿。如图 7 所示，当在牵引系统输入回路施加 10 kA 8/20 μs 标准雷电冲击电流时，由于“行波反射”作用，电抗器输入端冲击电压达到 7 kV 左右，从而导致续流回路二极管 V1 被击穿。“行波反射”原理为：线路中均匀性开始遭到破坏的点称为节点，当行波投射到节点时，必然会出现电压、电流、能量重新调整分配的过程，即在节点处将发生行波的折射和反射现象。线路电抗器相对于雷电冲击波来说就是个节点，此时冲击波在遇到电抗器后就会发生反射，从而与之前的电波叠加，出现电抗器输入端电压抬高的现象。

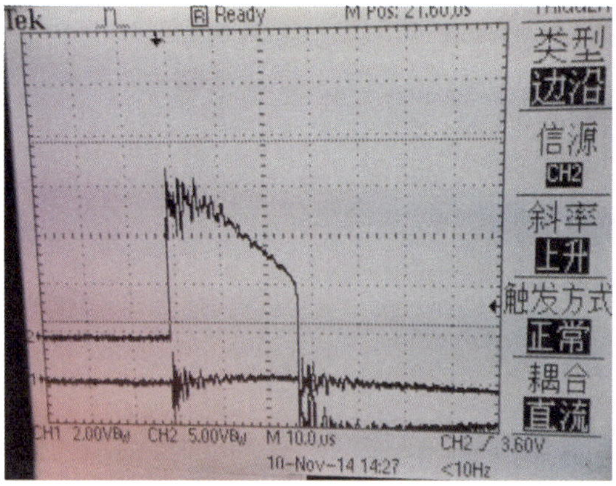

图 7　10 kA 8/20 μs 冲击电流时，电抗器输入电压（通道 2，即续流回路两端电压）（截图）

此外，电子器件（如二极管、电阻等）原则上不直接与接触网相连，而且前侧无电抗器等隔离保护器件，易造成击穿和故障扩大，尤其是在高架线路较长的地铁线路，雷雨天气时列车遭遇雷击的概率较大，并联在接触网上的电子器件很容易被雷电击穿。

为进一步评估设置或不设置压敏电阻和续流回路是否对牵引高压回路有影响，通过雷电冲击电压试验进行验证。

首先对设置与不设置压敏电阻进行了对比试验。试验结果表明：在 12 kV 雷击冲击电压时，不设置压敏电阻与设置压敏电阻的电压残压峰值差别只有 300 V 左右，说明对于外部雷击过电压的保护，设置避雷器已足够，无需增加压敏电阻。

然后对设置与不设置续流回路进行了对比试验。试验结果表明：设置续流回路的车辆高压回路在遇到雷电冲击时，续流二极管被雷电冲击电压击穿的概率很大，从而导致严重的次生故障；不设置续流回路的车辆高压回路在遇到雷电冲击时，即使冲击电流等级很高（达到 90 kA 以上），车辆高压回路及其各部件仍可以正常工作。此外，该试验还验证了车辆高压回路在遇到雷击电流冲击时，避雷器能正常动作，而且绝大部分冲击电流通过避雷器回路分流，避雷器选型合理。

综上所述，在防止外部过电压方面，压敏电阻不是必要的。遭遇雷击时，压敏电阻或续流回路可能会烧损或炸裂，反而可能导致故障范围扩大。

（2）内部过电压吸收

如果从内部过电压吸收方面的保护考虑，设置续流回路的本意是实现大电流时高速断路器突然异常断开（此时逆变器控制脉冲未封锁，而正常情况下应先封锁逆变脉冲后跳高速断路器）时的电抗器的能量续流和转移，同时，在这种异常情况下，在电抗器前端可能产生的高压将通过压敏电阻吸收。

正常工作状态下，故障发生时，牵引控制单元 DCU 先封锁逆变脉冲，再跳高速断路器，逆变器封锁后，负载电流短时间内下降为 0，但此时高速断路器并未分断（从发出断高断命令到高速断路器熄弧完全断开约 90 ms），不管有无续流回路，线路电抗器可以通过线路、支撑电容和地面电源形成 LC 振荡，由于线路阻抗的阻尼作用，振荡很快衰减收敛。对于单个逆变器，即使电抗器的全部能量转移至直流支撑电容，电容上的电压升高也很小。

而在非正常情况下，即高速断路器分断时 DCU 未封锁脉冲或同时封锁脉冲时，为验证压敏电阻和续流回路的作用，进行如表 2 所示的高压试验。

表 2　对比试验结果

序号	试验内容	试验结果	
		含压敏电阻及续流回路	不含压敏电阻及续流回路
1	先跳主断后封逆变脉冲	试验① 牵引工况：续流回路未工作。 制动工况：续流回路未工作	试验② 牵引工况：中间电压略有偏高，因振荡的初始参数不同，中间电压比试验①略高 40 V。 制动工况：未出现过压

续上表

序号	试验内容	试验结果	
		含压敏电阻及续流回路	不含压敏电阻及续流回路
2	跳主断同时封锁逆变脉冲	试验③ 牵引工况：续流回路未工作，产生 LC 振荡，振荡很快收敛。 制动工况：续流回路未工作，产生 LC 振荡，振荡很快收敛	试验④ 牵引工况：产生 LC 振荡，因振荡的初始参数不同，中间电压比试验③略高。 制动工况：与试验③结果一致

试验结果表明：当发生先跳主断再逆变封锁或是逆变封锁同时跳主断的非正常情况时，有无压敏电阻及续流回路都没有太大区别。

1.2 分析结论

根据上述理论分析和试验验证得出：在车辆牵引系统直流侧高压回路中设置压敏电阻和续流回路并没有起到设计预期的作用，反而可能会因为压敏电阻和续流回路故障导致严重的次生故障，因此不必要设置压敏电阻和续流回路。

2 整改措施

基于上述分析结论，为避免类似故障再次发生，先拆除 2 列车上的压敏电阻和续流回路并进行 3 个月的实际运营考核验证，如无相关故障发生，再对后续 24 列车实施分批整改。

3 结　　语

南京地铁宁天城际线 26 列车辆在取消压敏电阻和续流回路后，已经安全可靠运行了一年半，期间也经历了多次强雷电暴雨天气，但均未出现类似故障或因取消压敏电阻和续流回路带来的其他未知故障，列车运行状态正常。实践表明，对于运营初期出现的压敏电阻和续流回路故障，分析及试验结果准确可信，采取的整改措施得当，可以在其他类似地铁车辆上推广应用。

南京地铁4号线弓网磨耗异常原因分析及解决方案解析

诸忠华

（南京地铁运营有限责任公司，南京　210008）

摘　要：南京地铁4号线于2017年底至2018年初发生弓网磨耗异常故障，在碳滑板左右侧距中心线230～250 mm位置先后出现磨损严重的坑槽，经接触网专业优化调整拉出值波形布置（正弦波调整为交替式之字形），目前弓网关系恢复正常。经笔者在现场处理过程中的观察思考，以及对行业内关于弓网磨耗关系研究成果的分析总结，本文对南京地铁4号线弓网磨耗异常的原因进行了分析并对解决方案进行了解析。由于弓网关系的动态性、复杂性、多变性，以及笔者自身知识理论及测试手段的局限性，难以对弓网关系进行定量的研究，只能进行定性的研究。本文主要结论为：(1)南京地铁4号线弓网磨耗异常的原因是：随着列车的不断运行，弓网接触点的温度逐步升高，最终超过了碳滑板的耐受温度，改变了碳滑板接触点处的物理化学性能，导致其耐磨性能严重下降；(2)碳滑板材质对温度的耐受性需要改进提高；(3)就磨耗而言，相较于正弦波，接触网的之字形波形布置有明显优势，对其他引起磨耗的因素也有一定的包容性；(4)在地铁线路设计时，要全面考虑碳滑板选型、线路长度及接触网波形的匹配性。

关键词：弓网磨耗；碳滑板；接触网

1　故障现象及处理过程概况

南京地铁4号线于2017年1月18日正式开通运营，由仙林湖站至龙江站呈东西走向，全长33.8 km，以地下线路为主，采用6B车型，设计速度100 km/h。

2017年11月27日，车辆专业在检修中发现在碳滑板左侧（面朝仙林湖方向）距中心线约230～250 mm位置出现坑槽，磨损情况较其他位置严重，坑槽处磨损面粗糙并伴有铜粉附着，如图1所示。

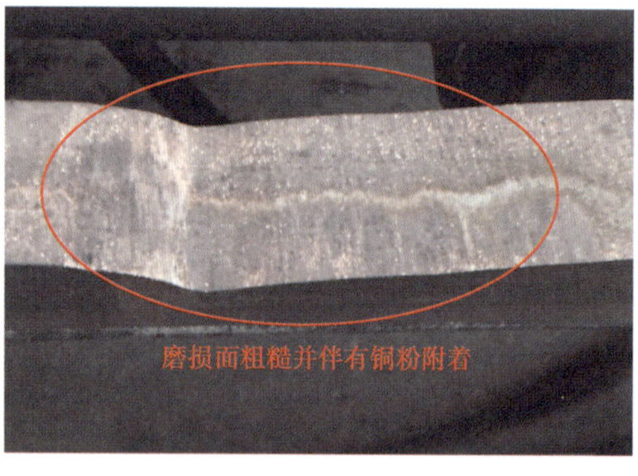

图1　碳滑板异常磨耗位置及磨损表面

接触网专业接报后立即开展多轮全线排查、冷滑及网检，未发现接触网有结构参数变化、硬点和异物悬挂等异常现象，接触网状态正常。随着时间的推移，在排查中渐渐发现由于碳滑板坑槽对接触线的磨损，在接触线最大拉出值处出现侧磨和裹线等现象，这种现象逐步增多、逐步严重，甚至导致部分接触线形成菱角面，使弓网磨损进一步恶化加剧。召集接触网设计院及施工单位分析研讨后，认为4号线接触网本身的设计、施工及检修维护没有问题；在不考虑其他专业因素的情况下，只有刚性接触网的正弦波波形布置可能与异常磨耗有一定的相关性，如果调整为之字形布置，可能会在一定程度上缓解异常磨耗。

异常磨耗导致碳滑板过快的消耗，1根碳滑板的使用时间只有6～7 d，库存开始告急，厂家的供货也难以跟上。为了尽快缓解弓网异常磨耗造成的运营危机，接触网专业将排查分析情况和处理建议汇报公司，经公司许可后，制定方案并组织开展接触网拉出值波形调整作业，同时要求车辆专业对坑槽处进行打磨，减小台阶面的高差，降低坑槽处对接触线的裹线和侧磨。

接触网专业的方案是：先进行 1 次全线的接触线打磨，消除接触线上的菱角面受损面，尽快缓解磨损速度；考虑到作业速度，只对有异常磨损的左侧拉出值波形进行调整。当时考虑到车辆专业对碳滑板的打磨难以达到理想状态（消除坑槽处的台阶高差），出于对接触线的保护，制定的技术方案是：将刚性接触网的拉出值波形调整为 230＋270 交替式之字形，而不是常规的 250 之字形，230 位置的接触线可以避开碳滑板坑槽造成的裹线和侧磨，270 位置的接触线可以打磨碳滑板坑槽的台阶减小高差。

2017 年 11 月 9 日～16 日，供电分公司从各条线路调集接触网工和工器具等资源参与 4 号线拉出值调整作业，由仙林湖向龙江方向顺序推进，8 个夜晚累计投入 800 余人次完成全线刚性接触网的左侧波形调整和 3 遍线面打磨。调整过程中发现接触线上逐渐出现了一些分布不均匀的波状磨耗，同时接触线的底部也出现了较大磨耗。拉出值波形调整完后，碳滑板左侧的异常磨耗逐步好转，但同时右侧却渐渐出现了异常磨耗。最终至 12 月 25 日左右，碳滑板左侧磨耗基本恢复正常，磨面呈镜面状，而右侧 230～250 mm 位置则出现了磨耗异常的坑槽。

2018 年 1 月请西南交通大学进行了轮轨、振动、弓网等的相关检测，未发现异常之处，接触网专业对检测数据中的 4 处疑似硬点进行排查，现场未发现异常，属测量误差。

春节前，2018 年 2 月 6 日～13 日，接触网再次组织人员和资源开展右侧拉出值波形的调整，投入 400 余人次完成 49％的工作量。为了便于人员组织，此次的施工方案和前次有所不同，不是按顺序依次推进，而是分 3 个小组分别在不同的区段调整。在完成 30％～40％工作量的时候，碳滑板右侧磨耗就基本恢复正常，磨面呈镜面状。春节后 2018 年 2 月 16 日～3 月 19 日，基于弓网状态恢复正常，同时兼顾正常检修，接触网放慢调整速度，完成剩余 51％工作量。

目前，碳滑板各个位置均无异常磨耗，整体呈镜面状，弓网关系恢复正常。

2 目前行业内研究情况简述

弓网接触是一种电接触，摩擦行为是一种载流摩擦。载流摩擦问题是涉及多个学科的复杂问题，包括摩擦学、材料学、电化学、电接触学、传热学等。由于其复杂性，目前行业内关于载流摩擦的研究还不够充分全面，主要是对磨损形式和影响因素进行了相关研究。

2.1 磨损形式

弓网载流磨损形式大致可分为三类：机械磨损、化学磨损和电气磨损，如图 2 所示。

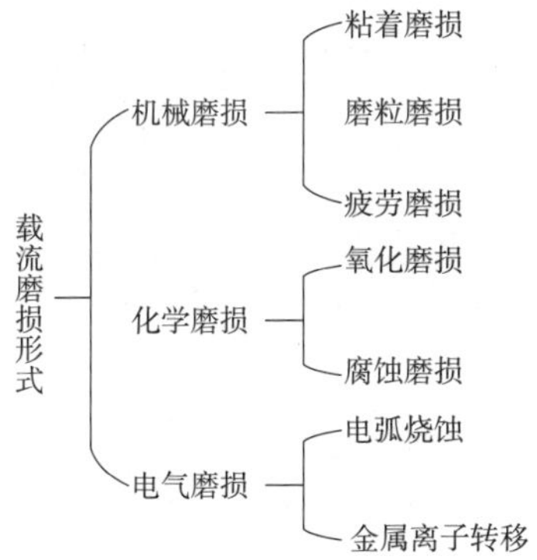

图 2 弓网载流磨损形式

2.2 影响因素

影响弓网磨损的基本因素主要有：接触压力、运行速度、牵引电流和弓网材质等。

（1）接触压力：压力会影响摩擦系数，压力大则摩擦系数大，机械磨损就大；压力小则弓的跟随性差，容易产生电弧，电气磨损就大。磨损率随接触压力呈 U 形变化。

（2）运行速度：速度会影响摩擦系数，也会使弓和网的相对平顺性变差，容易产生电弧。

（3）牵引电流：电流通过接触电阻产生热量，电流大容易产生高温，同时电弧能量也较大。

（4）弓网材质：材质会影响弓网的摩擦系数、耐磨性、耐热性、散热性、亲和性等。

2.3 温度的影响

根据西南交通大学摩擦学研究院关于温度对碳滑板材料磨损影响的试验可知：低温时，摩擦表面有大量的犁沟和磨粒，主要以磨粒磨损为主，对应的磨损量较小；高温时（200 ℃以上），摩擦表面有氧化、熔融的特征，主要以粘着磨损为主，对应的磨损量较大。

分析压力、速度、电流等因素的作用过程，其实它们对磨耗的影响主要都是通过产生热量，造成温度升高而影响碳滑板的物理化学性能，降低耐磨性。弓网之间的温度主要由摩擦热、焦耳热和电弧热叠加产生，它们与影响因素及磨耗形式的相互关系如图 3 所示。

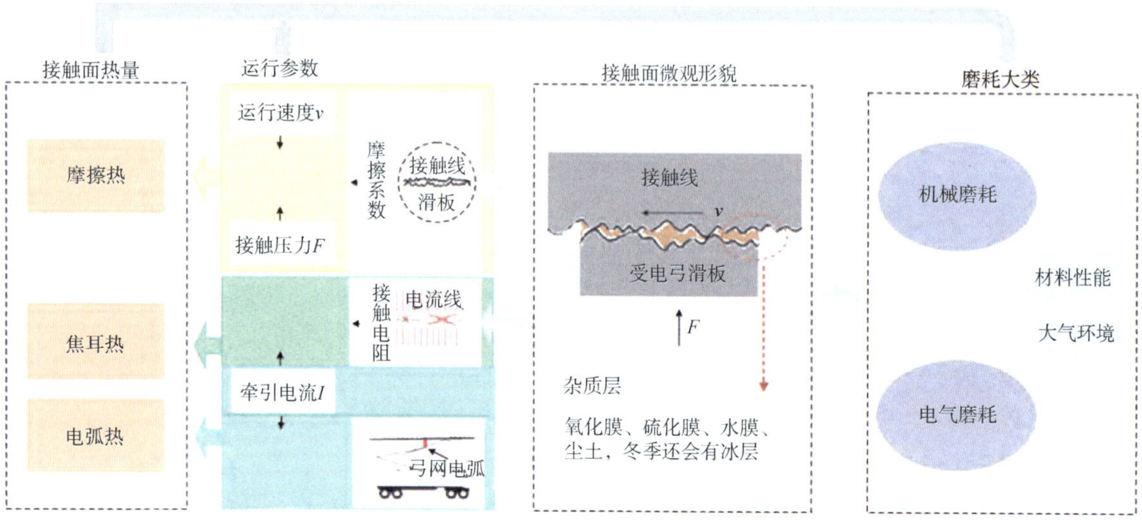

图 3　弓网电接触系统多物理场综合作用示意图

3　4 号线磨耗异常原因分析

行业内的研究从理论和试验上对弓网摩擦的形式、影响因素等进行了分析，而对碳滑板局部异常磨耗研究较少。列车运行中，弓网接触始终伴随着动态变化的压力、速度、电流等因素，还存在着振动、环境等一些其他影响因素。上述单个因素对磨耗的影响就很复杂，不是简单的线性关系，而且各个因素对磨耗的影响还会相互动态关联，因此弓网异常磨耗不会是某个单一因素引起，而是多种相关因素的叠加。这些因素交织在一起，使得弓网异常磨耗的具体原因难以简单分析和判别，不同线路不同设备可能有不同原因，需要根据具体情况具体分析。

3.1　分析角度与思路

根据行业内的研究，压力、速度、电流、材质等因素是弓网磨耗的根本因素，而温度则是直接因素，磨耗和温度呈正相关关系。但由于根本因素对磨耗影响的复杂性、关联性、动态性等原因，从地铁运营商的角度去一一验证排查这些因素对一条运营线路的影响有较大的困难（时间、技术、费用），会产生降级运营、改造成本及社会影响等。

本文从解决问题的可行性、快速性和简单性角度分析思考弓网异常磨耗原因，抛开根本因素及影响的复杂性，认为可以从直接因素温度和碳滑板对温度的耐受性去考虑，从降低碳滑板温度或提高温度耐受性的角度去解决问题。

根本因素对温度的影响是复杂的，但可以换一个角度去思考。温度的变化是需要时间的，温度和时间必然是关联的。列车运行中，弓网是点接触，对应碳滑板上某个位置与接触线接触时升温，分离时冷却，升温时间 t_h和冷却时间 t_c必然影响着接触点的温度。

3.2　温度的相关因素

根据上述思路，从弓网接触时间去考虑，温度变化和接触网的拉出值波形及线路长度有一定的关系。碳滑板的材质对温度也有一定影响。

3.3 接触网拉出值波形的分析

目前接触网拉出值的波形布置有两种：正弦波和之字形，如图 4 所示。柔性接触网一般为之字形布置，刚性接触网有正弦波和之字形两种。它们的区别主要在于波峰（一般为 250 mm）向线路中心线的弯曲半径，正弦波弯曲半径大，而之字形弯曲半径小。

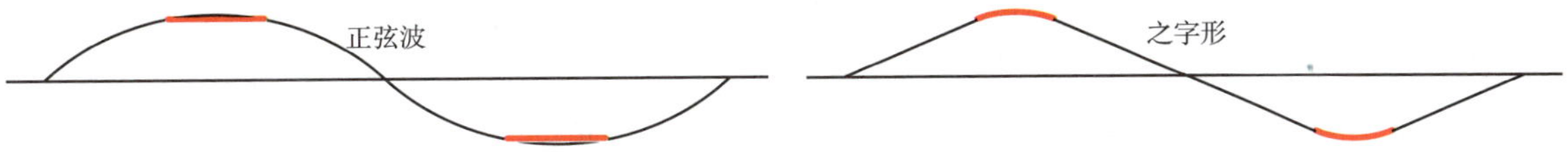

图 4 两种拉出值波形

无论什么波形，波峰处弧线（图 4 红线部分）的拉出值变化幅度都较小。正弦波在波峰处由于弯曲半径大，与碳滑板对应位置的连续接触时间相对长一点；而之字形由于弯曲半径小，波峰处弧线与碳滑板对应位置的连续接触时间相对短一点。

碳滑板的异常磨耗坑槽出现在左、右 230～250 mm 位置，和接触网波峰弧线的拉出值相对应，说明异常磨耗和接触网拉出值波形有一定的关联。但也有很多地铁线路为正弦波布置，却未发生弓网异常磨耗，而且 4 号线弓网异常磨耗也不是刚开通运营时就有的，说明接触网拉出值波形不是异常磨耗的必然因素，只是相关因素。

3.4 刚性接触网长度的分析

一个标准刚性接触网锚段为 243 m（图 4 所示的一段正弦波或之字形），全线接触网是由一个个锚段连接而成的。列车运行中，碳滑板经过一个锚段的温度变化是有限的，但每经过一个锚段就会提升一点温度 ΔT，随着运行温度不断升高。线路越长，锚段数越多，越容易产生高温。

碳滑板的温度 T_B 按下式计算：

$$T_B = T_E + \sum_{i=1}^{n} \Delta T_i \tag{1}$$

式中 T_E——环境温度；

ΔT_i——碳滑板经过第 i 个锚段的升温度数；

n——线路锚段数量。

柔性接触网一般为之字形布置，在 230～250 mm 位置与碳滑板接触时间短，且相对刚性接触网有较好的弹性，与碳滑板的摩擦系数较小，因此不容易造成异常磨耗。所以，对异常磨耗有影响的线路长度主要是指刚性接触网长度。

4 号线刚性接触网线路长 32.1 km，占线路总长的 95%，锚段数为 2×148，因此与异常磨耗也有一定的相关性。

3.5 碳滑板材质的分析

4 号线采用的是浸金属碳滑板（75%碳+25%铜），碳是非金属，铜是金属，它们的亲和性不会很好，与温度相关的物理参数（比热容、导热系数、膨胀系数、熔点等）有较大差异，见表 1。

表 1 碳和铜的相关物理参数（25 ℃）

材　料	比热容[J/(kg·K)]	导热系数[W/(m·K)]	膨胀系数(10^{-6}/℃)	熔点(℃)
碳	710	129	2.6	3 500
铜	389	381	18.5	1 083

随着列车的运行，碳滑板不断吸收热量，由于铜的比热容小，相对碳而言升温会更快更高；同时碳的导热率较小，铜的热量则不容易散出；高温会导致膨胀，而铜的膨胀系数较碳大很多，铜会从碳的孔隙中析出，改变局部微观结构；高温还会导致铜软化，甚至液化、气化，会降低粘结剂的粘结力。因此高温会引起碳滑板物

理化学性能的改变，会导致其耐磨性能的下降。

由于温度对材料耐磨性能的影响，必然会存在一个临界温度 T_f。当温度 $< T_f$ 时，碳滑板的耐磨性能较好，相对稳定；当温度 $\geqslant T_f$ 时，碳滑板的耐磨性能开始下降。不同材质、成分及含量、制造工艺的碳滑板有不同的 T_f 值。对于碳滑板而言，T_f 值越高越不容易发生异常磨损。同样高温下，相同制造工艺的碳滑板，铜的含量越高则膨胀体积越大，析出的越多，对摩擦系数影响越大，对碳滑板的耐磨性能影响越大，意味着 T_f 值越小。

因此，浸金属碳滑板的成分（碳、铜、粘结剂及其他添加材料）及其含量比例，以及制造工艺、结构尺寸都会影响碳滑板的耐磨性、耐热性、散热性、摩擦系数及接触电阻等特性。

3.6　异常磨耗的过程和机理

3.6.1　4号线异常磨耗过程

根据上述分析，对4号线弓网异常磨耗的过程推测如下：

阶段1: 4号线开通之初，接触线线面比较光滑，线面也没有什么磨耗，与碳滑板的接触面积也小，因此弓网的摩擦系数较小，产生的摩擦热较小。同时轮轨关系也较好，弓的振动情况及跟随性也较好，产生的电弧热也较小。因此碳滑板局部温度没有超过 T_f 值，不会产生异常磨耗。

阶段2: 随着时间的推移、运行的持续，接触线不断的磨损，线面光滑度下降，磨损面变宽，与碳滑板的接触面积变大，摩擦系数增大，产生的摩擦热增大。同时轮轨状态也下降，弓的振动变大，跟随性降低，产生电弧的概率变高，电弧热增大。

阶段3: 当弓网摩擦系数及电弧概率大到一定程度的时候，由于碳滑板230～250 mm位置与接触线持续接触时间相对较长，从而使该位置的温度短时间内超过 T_f 值，导致该处磨损性能下降，磨耗加大，逐渐形成浅浅的坑槽。

阶段4: 碳滑板的坑槽导致了230～250 mm位置接触线的异常磨损，使摩擦系数进一步增大，同时坑槽处更容易产生电弧，从而更容易使该位置产生高温长时间超过 T_f 值，导致碳滑板磨损的进一步加剧。量变产生质变，当弓网的这种互相加剧恶化关系逐渐越过一个临界状态时，产生雪崩效应，弓网关系急剧恶化，磨耗突然急剧增大。由于线路（弯道、坡道、轨面）左右的对称性，受电弓左右受力的平衡性及接触网左右分布的均匀性等因素的叠加，使一侧的弓网关系相对更差一点，该侧的碳滑板磨损会更严重一点，相较另一侧更快地越过临界状态产生雪崩效应，先行进入异常磨损状态。

阶段5: 当一侧接触网拉出值波形调整完成，异常磨耗处的碳滑板与接触线接触时间 t_h 变小，冷却时间 t_c 变大，该处的温度降低，磨耗降低，对接触线的磨损也降低，弓网关系脱离恶性循环逐渐恢复正常，异常磨耗消失。但随着时间的推移，碳滑板另一侧也逐渐趋向临界状态，车辆专业将有坑槽的碳滑板掉头使用，使另一侧的接触线受损，则更加加速了这一速度。当另一侧也越过临界状态后，于是也出现了异常磨损。

阶段6: 另一侧的拉出值波形也调整完成后，另一侧的磨耗也消失了，弓网关系全面恢复正常。

3.6.2　4号线异常磨损机理

由于刚性接触网正弦波波形布置，碳滑板在230～250 mm位置与接触线持续接触时间较长，使该处吸收热量较多，温度上升；驶离该区段则温度开始下降，由于冷却介质是空气，冷却效果有限，冷却时间又不够长，冷却的温度低于上升的温度。每经过一个接触网锚段，温度会上升一点，运行距离越长上升的温度越高。随着摩擦系数和电弧频率的变大，经过每个锚段上升的温度 ΔT 也变大，较长的刚性接触网线路使碳滑板230～250 mm处的局部温度 T_B 最终超过了碳滑板耐磨性能的临界温度 T_f 值。

碳滑板 T_f 值低，运行时温度容易超越，此时其中的铜会膨胀软化，膨胀软化的铜会从碳的孔隙中析出，造成局部摩擦系数增大，且和同样材质的接触线（以铜为主）有更好的亲和性，从而吸附转移到接触线上，导致碳滑板接触点处只留下有孔隙的碳层，耐磨性能下降。吸附转移到接触线上的铜冷却后形成铜粉颗粒，在后续列车经过时回落到碳滑板（会有铜粉附着，见图1），产生磨粒摩擦（磨面会很粗糙，见图1），更加加剧碳滑板的磨损，同时也加剧了接触线的磨损。升温过程中，碳滑板局部间较大的温差及膨胀率会在内部产生热应力，严重情况下甚至会导致边缘处崩块。

4 解决方案解析

4.1 解决方案

根据上述分析，解决方案有两种：降温法和提升 T_f法，见表 2。

表 2 异常磨耗解决方案

方案	方法	效用	可行性
降温法	调整接触网拉出值波形，正弦波改为之字形	缩短升温时间 t_h，延长冷却时间 t_c，使经过每个锚段的温升 ΔT 降低	可行，需要接触网专业作出大量的辛劳付出
	缩短刚性接触网线路的连续长度	减少锚段 n，缩短温度的积聚过程	不可行
提升 T_f法	改进碳滑板的材质及制造工艺	提升碳滑板对温度的耐受性能	可行，需要一定改造成本

4.2 230+270 交替式之字形方案解析

将刚性接触网拉出值波形由正弦波调整为之字形，主要是通过缩短升温时间 t_h、延长冷却时间 t_c，使经过每个锚段的温升 ΔT 降低，从而降低 230～250 mm 位置碳滑板温度 T_B的上升速度，延长 T_B升到 T_f的时间（或距离）。由于铝合金汇流排是刚性的，所以弯曲半径是有限的。无论是正弦波还是之字形，在波峰位置都是一段与中心线近似平行的弧线，只是正弦波的这段弧线相对长一点（t_h相对大一点），之字形的这段弧线相对短一点（t_h相对小一点），长短差值也是有限的，根据测算两者大概相差 30%～40%。如果刚性线路足够长，T_B还是有可能升到 T_f的，这需要作定量分析。因此，常规 250 之字形方案或许能解决磨耗问题，或许只能有限缓解磨耗。

由于汇流排弯曲半径的有限性，升温时间 t_h的降低也是有限的，因此要进一步降低 ΔT，只能从延长冷却时间 t_c上想办法。常规 250 之字形方案中 t_h+t_c为固定值，为列车经过一个锚段的时间，因此 t_c无法延长。在 230+270 交替式之字形方案中，t_h值不变，而 t_c值延长了 1 倍左右（图 5），可以更大程度地降低 ΔT，进一步延长 T_B升到 T_f的时间（或距离）（图 6），甚至能使 $\Delta T=0$，使 T_B永远无法升到 T_f。当然，实际效果还需要定量分析。对于解决异常磨耗问题，理论上 230+270 交替式之字形方案优于 250 之字形方案。

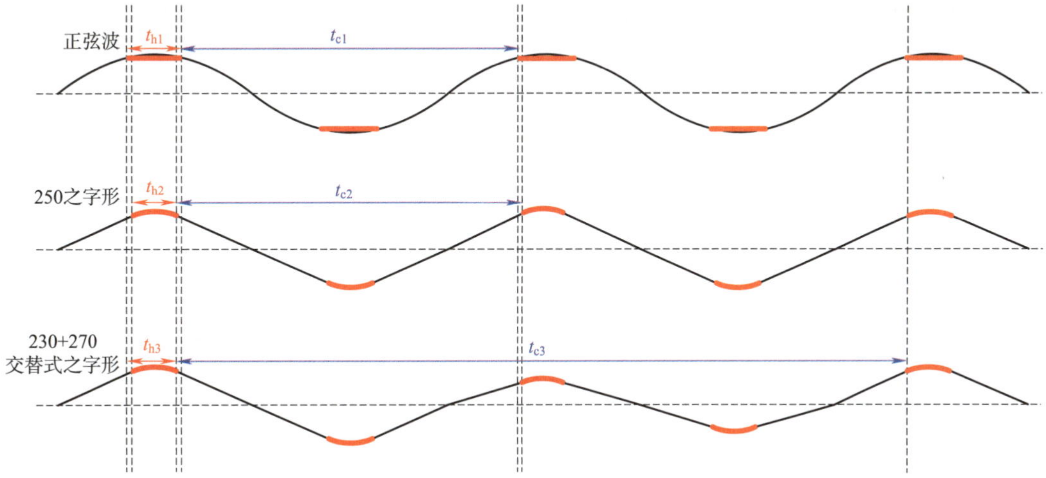

图 5 不同拉出值波形的 t_h与 t_c值比较

根据图 6，在碳滑板 T_f情况下，如果刚性线路连续长度 $S<L_1$，无论接触网拉出值是什么波形，都不会发生异常磨耗；如果 $L_1<S<L_2$，将正弦波调整为 250 之字形就可以解决异常磨耗问题；如果 $L_2<S<L_3$，调整成 230+270 交替式之字形才能解决异常磨耗问题；如果 $S>L_3$，只有改进碳滑板 T_f为 $T_{f'}$才能解决异常

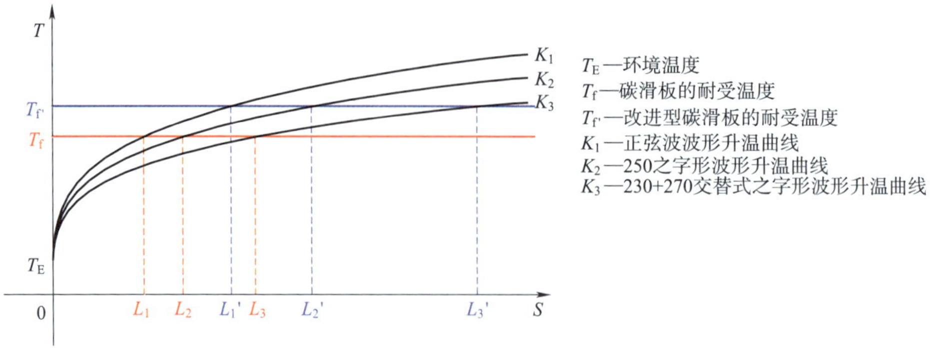

图 6　碳滑板材质、接触网波形及线路长度的相互叠加关系

磨耗问题；如果 $S>L_{3'}$，需要进一步改进 $T_{f'}$，或从根本因素（压力、速度、电流）上去解决问题。

5 结　　语

弓网载流摩擦行为是非常复杂的，不同线路不同设备会有不同的影响因素，所以本文所分析的原因只适用于南京地铁 4 号线，不一定适用于其他线路。虽然通过调整接触网拉出值波形解决了弓网异常磨耗故障，但这不意味着波形是异常磨耗的根本原因，根本原因还是要从压力、速度、电流、材质等因素去研究。压力、速度、电流等因素通过弓网接口向碳滑板传输热量，并决定热量大小，材质决定碳滑板对热量的承受能力，接触网参数决定热量在时空上的分配方式。因此调整波形只是改变了碳滑板局部对热量的接收量和处理时间，使热量在碳滑板各处的分配尽量均衡合理，而未改变系统中热量的传输总量和对热量的承受能力，所以并未从根本上解决磨耗问题。

本文的主要结论为：

(1)南京地铁 4 号线弓网磨耗异常的原因是：随着列车的不断运行，弓网接触点的温度逐步升高，最终超过了碳滑板的耐受温度，改变了碳滑板接触点处的物理化学性能，导致其耐磨性能严重下降。

(2)碳滑板材质对温度的耐受性需要改进提高。

(3)就磨耗而言，相较于正弦波，接触网的之字形波形布置有明显优势，对其他引起磨耗的因素也有一定的包容性。

(4)在地铁线路设计时，要全面考虑碳滑板选型、线路长度及接触网波形的匹配性。

地铁列车长大下坡制动时制动电阻超温故障的分析及处理

王仁庆

（南京地铁建设有限责任公司，南京　210017）

摘　要：针对南京地铁宁溧城际线列车在长大下坡道进站时易发生制动电阻超温故障的现象，结合列车制动控制原理及线路条件，分析故障原因，通过修改车辆牵引系统电制动控制逻辑，并进行现车验证，有效地解决了该问题。

关键词：地铁列车；坡道；电制动；制动电阻

1　概　　述

列车在长大坡道下坡时，如不施加制动力，其势能就会使列车速度逐渐提高，甚至会超过允许的列车最大运行速度，造成车毁人亡，所以列车在长大坡道下坡时，必须施加制动以抑制速度的增加。但如果在长大坡道长时间持续施加制动，所产生的能量是非常巨大的，对列车制动系统将会带来非常严峻的考验。

南京地铁宁溧城际线在进溧水站前有一段长 540 m、坡度为 22.8‰的长大下坡道。2018 年 3 月份，该线某列车在 AW3（超员载重）工况下进行正线调试时，在溧水站进站前发生制动电阻超温预警故障，同时切除电制动力，电制动被切除后空气制动因存在响应时间无法立即进行补充，导致列车短时丧失制动力。其他列车在此区段调试时也多次发生类似问题，对列车安全运行产生了较大影响。

2　车辆运用情况分析

宁溧城际线列车采用 4 节编组（动拖比 3∶1）B 型车，编组型式为 ＝A1＋B1＋B2＋A2＝，其中 A 为半动车，B 为全动车，最高运行速度 100 km/h。列车牵引系统采用架控的 VVVF 逆变器和异步牵引电机构成的交流电传动系统。列车制动方式为电空交叉混合制动，包括电制动、空气制动和停放制动。电制动由再生制动和电阻制动组成，再生制动和电阻制动能连续交替使用，在网压上升到 DC 1 800 V 时，再生制动能平滑过渡到电阻制动。列车设有制动电阻以实现电阻制动功能，制动电阻采用强迫通风冷却方式。在 AW2（定员载重）工况下，网压为 DC 1 650 V，列车速度低于 90 km/h 运行时，电制动可以单独满足全常用制动的要求，如此时电网吸收能力不足，则能量可以全部通过制动电阻进行消耗。

3　故障原因分析

2018 年 3 月份正线调试列车发生制动电阻超温预警故障后，下载故障时刻列车牵引逆变器控制单元（DCU）数据及故障记录进行分析。根据 DCU 故障记录，整列车牵引系统除了 B1 车第 2 转向架外均同时触发了制动电阻超温预警提示。制动电阻带最高工作温度为 640 ℃，制动电阻超温预警提示逻辑为：DCU 通过斩波电流及斩波时间来计算制动电阻带的温度，当计算其温度达到 620 ℃时触发制动电阻超温预警提示。

经过对数据记录的分析，列车触发制动电阻超温预警提示时的运行情况如下：列车在 AW3 载荷下以 91 km/h 的速度开往溧水站，并进入长达 540 m 的 22.8‰坡道开始下坡。列车在下坡过程中连续施加小级位制动，以保证在下坡的过程中速度不会增加。列车在下坡制动时优先使用电制动，由于电网吸收能力有限（调试阶段全线只有该列车在运行），大部分电制动能量通过制动电阻进行斩波消耗；在此过程中制动电阻累计斩波时间约为 10 s，制动电阻消耗了大量的制动能量并且温度不断升高。随后列车开始进站停车，在停车过程中仍是优先使用电制动，且电网的吸收能力仍较弱，此时电制动能量继续通过制动电阻进行斩波消耗，因此制动电阻温度持续上升触发超温预警故障。相关过程的波形图如图 1 所示。

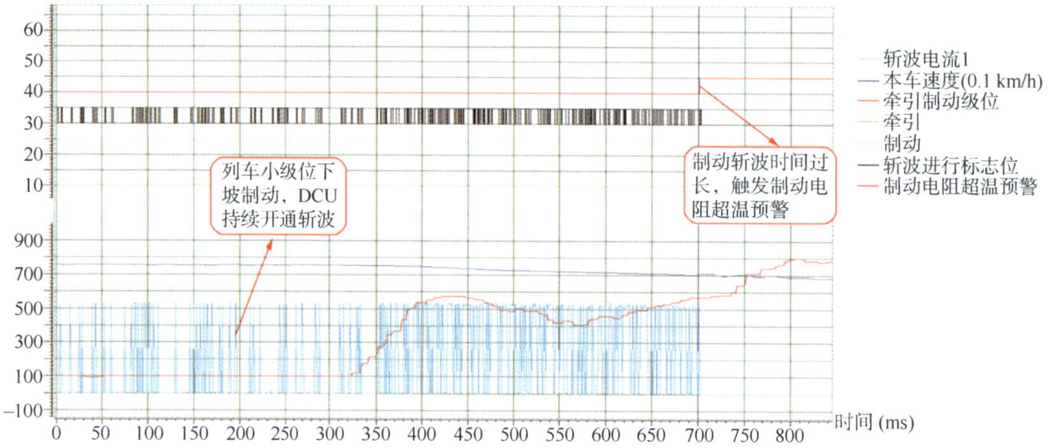

图 1　列车进溧水站前制动过程波形图

宁溧城际线工程车辆采购合同中对电制动能力的要求为："AW2 载荷列车在平直轨道上，半磨耗轮径条件下，从 90 km/h 到电空转换点（6 km/h）的制动过程中，电制动可以单独满足列车常用制动力的要求"。牵引系统的电制动特性根据该合同要求进行设计，同时考虑了最恶劣运营线路工况，即在长大坡道制动后随即进站停车制动时，AW2 载荷列车电制动产生的能量也可以完全通过制动电阻进行斩波消耗，并且该能力已经在宁溧城际线 AW2 载荷列车上进行了型式试验验证。试验结果为：

（1）列车依靠纯电制动能够在 AW2 载荷下满足 90 km/h 到电空转换速度点之间的减速度 $\geqslant 1.0\ m/s^2$。

（2）列车的再生制动能力、再生制动与电阻制动之间的切换满足列车正常使用需求。

（3）列车的电阻制动能力可以单独满足列车正常使用需求。

根据上述分析可知，本项目车辆牵引系统的电制动特性、制动电阻容量均满足合同要求，造成列车制动电阻超温预警的原因主要为：列车在进入溧水站之前有一个长达 540 m、坡度为 22.8‰的长大下坡道，AW3 载荷（超出车辆采购合同的要求）的列车在进站前以较高速度（91 km/h）下坡，并持续施加电制动进行速度控制，下坡后接着开始进站制动停车，在此过程中持续过度使用了制动电阻进行斩波；由于受到车辆轴重及底架设备空间限制，制动电阻无法做到足够大，不能吸收列车在长大下坡制动时所产生的额外能量，从而触发了制动电阻超温预警提示及切除电制动力。

4　解决方案

针对列车通过长大下坡道时持续实施制动，导致制动电阻超温及电制动力被切除，并且电制动被突然切除之后，空气制动因存在响应时间而无法即时补充的问题，笔者通过分析研究，提出如下处理措施：

4.1　控制列车运行模式及速度

在不影响列车旅行速度及正常运行图的前提下，在列车进入长大下坡道之前提前采用惰行方式进行减速，建议控制列车进入坡道时的速度为 70 km/h，在列车下坡过程中继续采用惰行模式（经计算，列车在经过下坡加速后到达坡底时最大速度约为 95 km/h），之后列车按照正常操作进行进站制动停车即可。

4.2 修改车辆牵引系统电制动控制逻辑

通过对制动电阻温度的计算，当制动电阻温度达到一级保护门槛时，主动按照一定的斜率（如 0.75 m/s^3）降低电制动力至较小的值，制动力不足部分由空气制动进行补充；当制动电阻温度达到二级保护门槛时，主动切除电制动功能，由空气制动来完全承担列车制动力。

该措施有如下优点：(1)电制动和空气制动过渡平缓、衔接顺畅，对列车不会造成冲击，可以提高列车舒适度；(2)牵引系统不会有制动电阻超温故障，司机室显示屏信息可以精简，有利于司机的操作。

但该方案可能会对车辆精准对标、闸片温度产生一定的影响。

4.3 设置地面能量吸收装置

在长大坡道附近设置一个地面能量吸收装置（如地面斩波电阻或能馈设备），与车载制动电阻一起配合工作，从而既能实现再生电能的再回收利用，满足节能减排需求，又可使列车在该长大坡道处持续制动过程中不会过度使用车载制动电阻，还能减少在隧道散热方面的能耗。

5 具体改进措施

经过和车辆、牵引、制动、信号等系统多方讨论研究，最终确定根据第二种方案修改牵引系统电制动控制逻辑。

列车原电制动力施加原理为：牵引系统根据车辆请求的制动力施加电制动力，当 DCU 计算到制动电阻即将超温时，牵引逆变器将封锁脉冲，电制动力直接降至零，并上报制动电阻超温预警给车辆进行显示。

改进后列车电制动力施加方案为：牵引系统根据车辆请求的制动力施加电制动力，当 DCU 计算到制动电阻的温度达到一级保护门槛时，电制动力值将主动按照 0.75 m/s^3（可调整）的斜率进行降低，直至降到原电制动力值的 30%；随后 30% 的原电制动力将继续施加，空气制动系统根据牵引系统反馈的电制动力实际施加值进行相应补充。根据相关项目经验，当电制动力按照原值 30% 进行施加时，电网的能力可以完全吸收此时的电制动能量，制动电阻不再需要进行工作。如电网吸收能力仍不足，则将继续触发斩波，当 DCU 计算到制动电阻的温度达到二级保护门槛时，电制动力值将按照 0.75 m/s^3（可调整）的冲击斜率降至零，此时制动力由空气制动系统进行全面接管。

对制动电阻的温升进行计算及仿真，此仿真条件和目标为：当制动电阻已按照设计能力完成能量的斩波后，电制动力值降低至原值的 30%，持续施加电制动情况下的制动电阻温度仿真结果如图 2 所示。

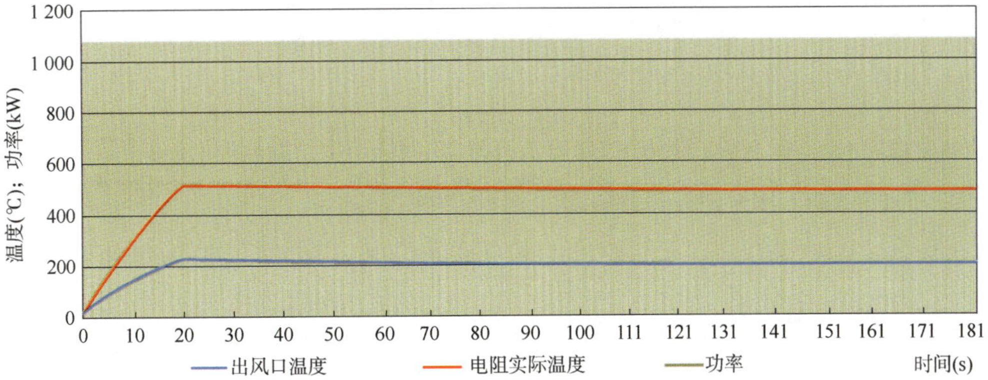

图 2 制动电阻温升仿真图

此时制动电阻一边在低功率斩波消耗能量，一边在由风机进行散热冷却，制动电阻温度保持相对平衡，不会继续上升。因此采用该电制动力施加方案不会对制动电阻造成超温损伤，而且在电制动力未进行降低之前，仍可以满足项目合同中对电制动的能力要求。

2018 年 4 月份在宁溧城际线上选择一列车，将电制动控制逻辑进行了修改，并在试车线上模拟了在溧水站进站前的连续制动情况，制动电阻无超温预警故障，且在电制动力开始下降及退出的过程中，列车运行平稳。此后，该车在 ATO 模式下持续数天在该长大坡道区段进行运行试验，未出现异常情况。待该车正线验证两周无异常后，将修改后的电制动力施加方案更新至宁溧城际线全部列车，至今已有数月，制动电阻超温现象未再出现。

针对该方案可能造成的影响车辆精准对标、闸片温度升高和磨耗增加等问题，进行了跟踪和分析。列车以最高速度 100 km/h、在 AW3 载荷下，采用纯空气最大常用制动进行一个往返的模拟运营，列车盘形制动摩擦副产生的最高温度值低于盘形制动摩擦副的许用温度极限。列车电制动正常，以最高速度 100 km/h 在正线运行时，每站实施空电复合最大常用制动，在 3 个往返的过程中，盘形摩擦副最高温度为 43.1 ℃，摩擦副热平衡温度为 42 ℃，远低于盘形摩擦副许用温度极限。可以看出，该方案的使用虽然增加了空气制动使用频率，但不会造成闸片过热、制动力损失。另外，列车进站停车对标情况良好，运营至今还未出现过欠标或过标停车的情况。

6 结　　论

列车在长大坡道下坡时对制动系统有特殊的要求，应采取相应措施避免制动系统非正常过度工作：

(1)尽量采用电空交叉混合制动方式，以便在部分动车的电制动发生故障时，最大限度地由其他非故障动车在其电制动能力允许的前提下，承担拖车和电制动故障动车的制动力。

(2)设置足够容量的制动电阻，使得在电网有能力吸收时采用再生制动，无能力吸收或吸收能力不足时可自动地由电阻制动补充。

(3)长时间下坡持续制动过程中，需采取有效方案避免过度使用车载制动电阻，以免导致制动电阻超温及电制动力被切除。

(4)可设置地面能量吸收装置，与车载制动电阻一起配合工作。

地铁区间隧道风机故障简析

宋大治

（南京地铁建设有限责任公司，南京　210017）

摘　要：介绍了一起地铁区间隧道风机烧毁故障，通过对风机背压、低压配电设计、风机启动特性、风机控制策略等方面进行分析，逐一明确了电压降、双电源切换、电机烧毁等故障原因，使存在问题得以及时解决。

关键词：地铁；隧道风机；电压降；工频启动

1　前　　言

南京地铁某线路调试验证区间隧道火灾模式时，南新风井 TVF-03-02 和新市风井 TVF-04-02 区间事故风机发生电机烧毁故障。南新风井和新市风井分别位于新庄站两端的南新区间和新市区间内，风井内的 110 kW 事故风机全部由新庄站变电所 400 V 低压柜直接供电；南新风井 TVF-03-02 风机至新庄站变电所 400 V 柜的电缆敷设距离为 1 000 m，新市风井 TVF-04-02 风机至新庄站变电所 400 V 柜的电缆敷设距离为 1 370 m。区间事故风机动力配电系统图如图 1 所示。南京地铁组织专业人员对故障现场进行仔细检查，并从风机背压、低压配电设计、风机启动特性、风机控制策略等方面进行分析，排查找出原因并提出整改措施，使问题得以快速解决，保障了该地铁线路的正常运营。

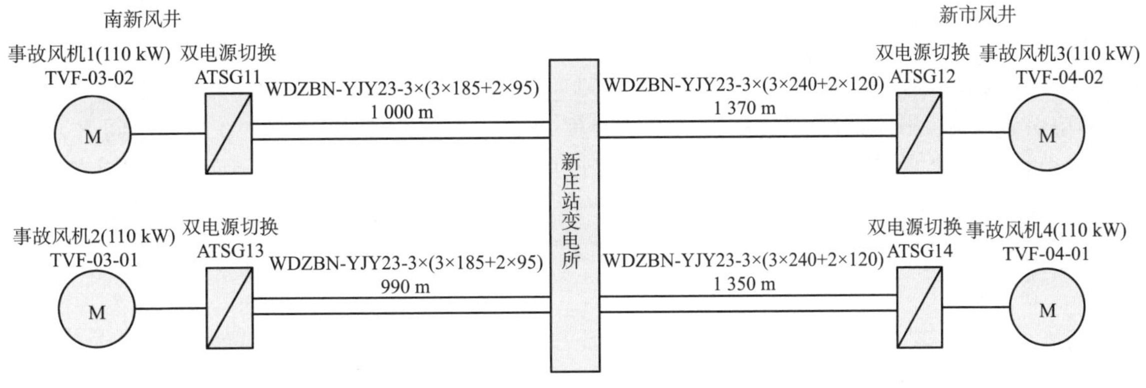

图 1　区间事故风机动力配电系统图

2　故障概况

2.1　故障现象

南新风井和新市风井各 1 台风机电机故障，每台风机的软启动柜内 3 只接触器和 1 套软启动器也故障毁坏。现场故障现象如下：

(1)2 台故障风机电机的三相绕组均对地绝缘为零，风筒内有熔化滴落的电机润滑油，电机绕组喷出来的绝缘粉末沾满了接线盒，拆开损坏电机检查发现三相绕组的整体绝缘完全熔化。

(2)软启动柜内的接触器主触头严重烧毁，动静触点烧熔在一块，旁路运行接触器也被高温熔毁，如图 2、图 3 所示。

(3)软启动柜控制器的代码显示风机最后处于火灾模式运行,即火灾模式下软启动柜切除了所有风机保护功能,即使风机过载保护也不启动开关跳闸。

(4)风机软启动控制柜最后一条事故记录:

新市风井:OCF,过电流故障。

南新风井:USF,失压故障。

(5)BAS 监控记录显示南新风井和新市风井被烧毁风机,在执行火灾模式时,BAS 与软启动柜控制器的通信连续通断,风机有连续启动和停止现象。

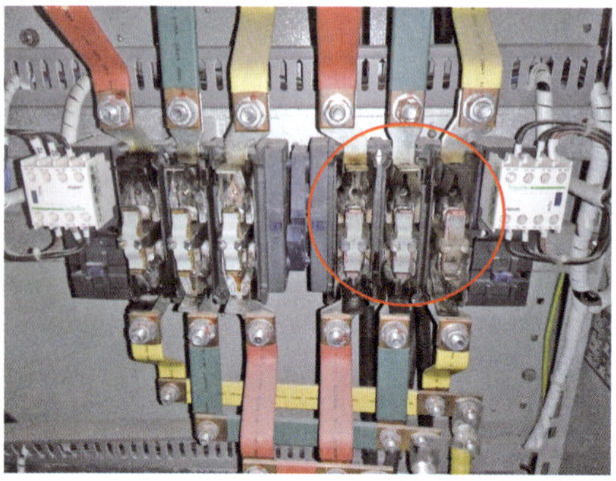

图 2　接触器动静主触点烧熔在一块

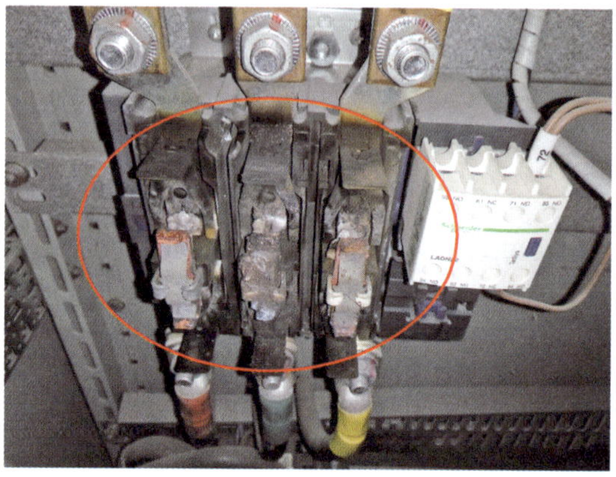

图 3　旁路运行接触器被高温熔毁

2.2　设计及施工情况

(1)新市风井的结构风道断面狭窄

在现场查看时发现新市风井被烧毁风机的结构风道明显的有一段收缩窄口,截面积约为 7 m^2,可能造成风机背压过大影响风机运行过载。

(2)南新风井的组合风阀控制接线错误

现场进一步检查发现,南新风井共有 5 组组合风阀,其中 3 组组合风阀(DM-03-02、DM-03-03、DM-03-04)因施工单位未按施工图风阀就地控制箱的编号安装,导致 BAS 控制接线错误。在执行区间火灾模式时,南新风井的组合风阀未能按设计模式开启,可能造成风机背压过大影响风机运行。而新市风井的 7 组组合风阀和设计图位置、控制对象都相符。

2.3　调试情况

根据从施工单位以及风机厂家了解到的情况,设备安装阶段,风机先后进行了现场手动启停及正反转操作、BAS 远程启停及正反转操作,所有操作均持续 30 min 以上,为单机调试,且一切正常。

根据从运营了解的情况,在施工单位移交运营前尚未进行区间火灾模式的联动调试,现场阀门控制箱接线有误,风机控制线接反,可能导致联动情况下风阀开启错误,造成风机过载而烧毁。

3　故障简析

2 处风井的隧道风机及软启动柜接触器同时都被烧毁,对运营造成严重的影响。从故障现象和可能存在问题的初步分析,大家基本认为是区间火灾模式时风机背压过大造成风机过载,而导致烧毁故障。但随着进一步的分析研究,发现故障原因矛盾重重,这应该不是一起简单的烧毁故障,随后大家对可能的原因逐一展开分析。

3.1　风机背压过大

本工程中可能造成电机负载过大的原因有:风道断面狭窄导致风机背压过大、风机与风阀动作配合不协调导致启动阻力大或者堵转。新市风井的结构风道断面狭窄，南新风井的组合风阀控制接线错误造成组合风阀未按设计模式开启，这两个问题都可能造成风机背压过大。

(1)新市风井风道断面狭窄的影响

该风机房在设计阶段由于需要设置一处转折疏散楼梯间，造成风道内存在一处局部狭窄断面，经核算，狭窄断面处过风风速约为 19 m/s，风速较高，其余断面风速均不超过 10 m/s。该断面长度为 3 m，此处狭窄断面的存在会增加风机的启动阻力，但由于断面很短，因此不会由于此狭窄断面的存在导致风机堵转或者过载。相比而言，各车站在排烟工况下，风管风速普遍在 20 m/s 左右，而且风管长度一般均在 40 m 以上，系统阻力远大于事故风机房风道阻力。因此，基本可以排除狭窄断面的存在对本次事故的影响。

(2)南新风井组合风阀未按设计模式开启

从风机背压过大的原因分析，南新风井组合风阀接线错误导致组合风阀未按设计模式开启是最大可能的故障原因。

(3)存在的疑问

新市风井的组合风阀都正确动作，风道断面能满足要求，但 TVF-04-02 风机电机及软启动柜接触器也烧毁。除风机背压过大，还有什么原因会导致风机烧毁呢？

软启动柜内的主接触器和旁路接触器都严重烧毁，动静触点熔合在一块，而主回路上的三个熔断器(400 A)并没有熔断。这说明不是短路电流把接触器烧毁，可能是接触器频繁地关断，导致拉弧把动静触头烧熔在一块。是什么原因让接触器频繁地关断呢？

BAS 监控记录显示南新风井和新市风井被烧毁风机，在执行火灾模式时，BAS 系统与软启动柜控制器的通信连续通断，风机有连续启动和停止现象，而具体原因不明。

如果简单从风机背压过大的角度分析故障，还无法解释以上存在的疑问。

3.2 低压配电设计

面对以上无法分析解释的现象，我们转而从风机低压配电设计的角度进一步分析。

新市风井的两台 110 kW 风机至新庄站的 400 V 柜的电缆敷设距离为 1 370 m，南新风井的两台 110 kW 风机至新庄站的 400 V 柜的电缆敷设距离为 1 000 m。本工程中事故风机距离变电所较远，设计也考虑电压降问题，计算资料如下：

(1)根据厂家资料，新市风井的事故风机额定容量为 110 kW，额定电流为 208 A，设备设置了无功功率补偿，功率因数由原来的 0.8 提升至 0.98(数值 0.98 未验证，设计时按照最不利情况考虑，取值 0.8)，供电距离按照最远的 1 370 m 考虑。风机采用了 3×240 mm^2 的 YJY 电缆进行供电。

压降计算公式为

$$\Delta U\% = \Delta u_a^{\%} Il \tag{1}$$

$\cos\varphi = 0.8$，YJY-240 mm^2 电缆 $\Delta u_a^{\%}$ 值为 0.054，经过计算，风机额定工作时的电压损失为 5.12%。该风机采用软启动的启动方式，按照常规考虑(软启动电流一般为额定电流的 2～3 倍)，本工程按照较大数值 3 倍考虑，最终线缆的风机启动电压损失为 15.38%。计算数值达到了规范的临界值，理论上满足风机使用要求，风机单机调试也能成功启动。

而后根据现场风机厂家反映的情况，考虑风机背压的影响，启动电流按照 4.2 倍来考虑。按厂家数值计算，启动时风机的计算启动压降为 21.54%，则新市风井风机启动电压为 301 V，低于风机的启动电压(320 V)最低要求。

(2)如按照厂家提供的理论数据考虑($\cos\varphi = 0.98$，启动电流按照最低 3.5 倍计算)，则风机计算电流为 170 A，额定工作时的电压损失为 4.2%，风机启动电压损失为 14.72%，满足规范要求。

(3)双电源切换。风机软启动柜的双电源切换装置整定默认值为 310 V(最低设定值为 290 V)，时间延时为 2 s。当风机启动时，由于压降会导致电源进线电压低于双电源切换装置整定值，造成双电源主、备回路切换。

3.3 风机启动特性

区间隧道风机软启动整定值 $4.5I_e$，即风机启动时，最大电流为 $4.5I_e$，如果全压启动，最大电流为(8～

11)I_e。软启动过程堵转,电流会达到 800～900 A;全压启动堵转,电流会达到 2 000 A 左右。

风机电机只有在额定电压和额定电流下才满功率运行。当电压下降,电机磁感应强度和转矩同样下降,达不到额定功率。在没有达到额定功率的时候,电动机的转矩不够,会导致电机过载。当电机启动电压过低,电机线圈过载电流很大,导致电机发热和效率降低,进一步破坏线圈绝缘和烧毁电机。电机对压降的要求:一般情况要求电压降不超过 5%,不然造成电动机转速过快或过慢,都容易烧毁电动机。

结合风机低压配电设计和启动特性,风机启动电压过低会造成风机烧毁。

3.4 风机控制策略

风机软启动柜存在失电又恢复电压过程,其控制器将会重启,重启时间 25 s 左右,如果有 BAS 火灾工况模式启动命令,风机会再启动。短暂失电,软启动控制器会报故障,当再投入电源时,软启动控制器程序设定为自动切换到旁路工频启动,此时风机的工频启动电流至少为风机额定电流的 8～11 倍以上。

4 故障对策

若要考虑风机软启动器故障退出,将风机切换至工频启动的工况,需要满足风机全压工频启动,则新市风井低压配电设计需采用 10 根 240 mm^2 电缆,从线缆敷设、工程投资等都是无法实现的。

按规范要求,消防用电设备不可采用变频启动,但规范未提禁用软启动器。在工程设计中,设计院会按规范要求执行,采用软启动器而不采用变频器启动隧道风机,另外规范也未提及火灾工况下隧道风机必须工频启动。受本工程区间隧道风机低压配电电压降限制,在区间火灾模式工况下,风机工频启动必然造成风机烧毁,风机无法参与区间火灾通风联动会造成不可估量的损失。因此针对本工程需对风机控制策略进行调整,禁止区间风井隧道风机工频启动。

5 解决方案

5.1 设备参数调整

(1)降低软启动柜的双电源切换装置的整定值,以防止瞬间启动压降过大而导致主、备电源频繁切换。

(2)降低软启动器的启动倍数,同时调整电机启动曲线,适当延长启动时间,以减缓电机的启动负载。

(3)调整风机软启动柜控制程序,在区间火灾模式工况下,禁止区间事故风机工频启动。

5.2 现场修复

为进一步排除设备本体故障或风机背压的原因,在修复过程中,我们拆除风机扇叶,仅对裸电机进行试验,排除软启动控制柜、双电源切换装置等可能产生的问题,确认正常后,再加装扇叶进行下一步调试;上电单机调试,现场监视风机运行正常 30 min 以上,一切都正常后,再启动区间火灾模式工况,现场监视所有运行风机 30 min 以上,正常后停止运行模式。

6 结　　语

本次区间隧道风机故障暴露出低压配电设计、风机控制策略还存在的一些缺陷,经过对故障的分析处理,使存在的问题在一定范围内得以及时解决,从而保障了地铁的安全运营。地铁长大隧道区间风井,尽量设置区间变电所为区间事故风机供电,以解决 400 V 供电电压降问题。如果车站变电所至区间风井事故风井采用 400 V 供电,应严格计算校核电压降问题,并在区间风机处设置无功补偿等设备以提高功率因素;车站、区间风井事故风机应均衡分配到 400 V 两段母线上,以减少电压降;同时区间事故风机在火灾模式工况下禁止工频启动。

本次故障简析供相关工程技术人员参考,其中有分析不妥之处,还请批评指正。